I0351748

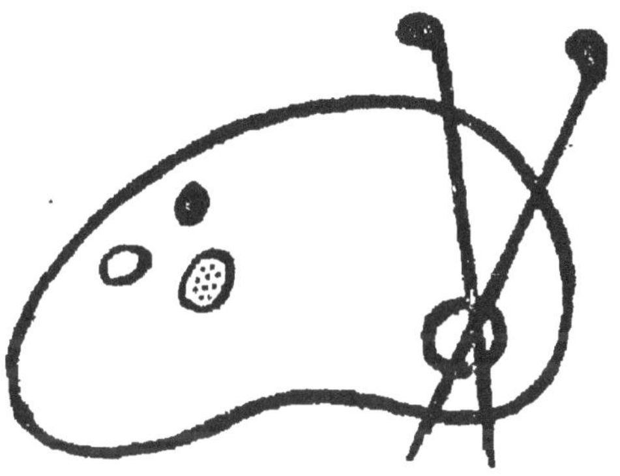

JEAN DE REILHAC

Secrétaire, Maître des comptes
GÉNÉRAL DES FINANCES ET AMBASSADEUR
des Rois
CHARLES VII, LOUIS XI & CHARLES VIII

Documents pour servir à l'Histoire de ces règnes

de 1455 à 1499

« *En faveur de plusieurs bons et grands services qu'il nous a faiz et encore fait chacun jour.* »
(Lettres pat. de Charles VII du 16 janvier 1458.)

« *Bien recors et mesmement consideré le temps comme de quarante ans et plus qu'il avoit bien et loyaulement servy feuz nos ayeux et pere en grans charges et ambassades et autres affaires du royaume.* »
(Lettres pat. de Charles VIII du 11 fév. 1496.)

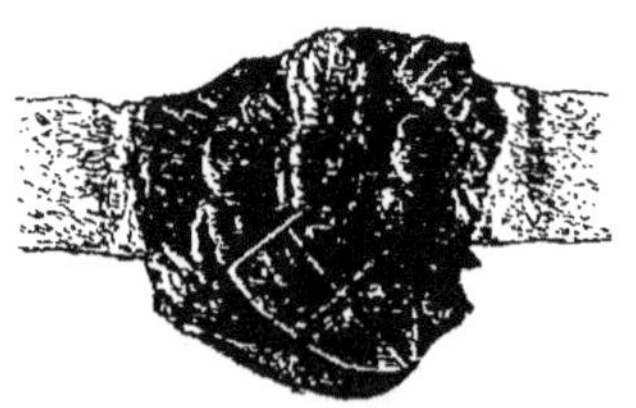

TOME PREMIER

A PARIS,
Chez H. CHAMPION, Libr. spéc. de l'Hist. de France, Quai Malaquais.
M. DCCC LXXXVI

JEAN DE REILHAC

TOME PREMIER

JEAN DE REILHAC
Seign. de la Queue en Brie

JEAN DE REILHAC

Secrétaire, Maître des comptes
Général des finances et Ambassadeur
des Rois

CHARLES VII, LOUIS XI & CHARLES VIII

Documents pour servir à l'Histoire de ces règnes

de 1455 à 1499

> « *En faveur de plusieurs bons et grands services qu'il nous a faiz et encore fait chacun jour.* »
> (Lettres pat. de Charles VII du 16 janvier 1458)

> « *Bien recors et mesmement consideré le temps comme de quarante ans et plus qu'il avoit bien et loyaulment servy feuz nos ayeux et père en grans charges et ambassades et autres affaires du royaume.* »
> (Lettres pat. de Charles VIII du 11 fev. 1496)

TOME PREMIER

A PARIS,
Chez CHAMPION, Libr. spéc. de l'Hist. de France, Quai Malaquais.

M. DCCC. LXXXVI.

JEAN DE REILHAC

SECRÉTAIRE, MAITRE DES COMPTES GÉNÉRAL DES FINANCES ET AMBASSADEUR

DES ROIS CHARLES VII, LOUIS XI ET CHARLES VIII

Il n'est pas d'essai biographique si modeste qui, à un moment donné, ne puisse devenir une pierre utile à l'édifice général de l'histoire, soit qu'il contribue à faire mieux connaître les mœurs d'une époque éloignée, soit que parfois même il jette une certaine lumière sur quelques points négligés ou omis jusqu'ici.

Les pages qui suivent n'ont d'autre but que de retracer l'existence et de réunir les principaux actes émanés d'un personnage du XVe siècle, lequel, durant une carrière de plus de cinquante années remplie par diverses fonctions publiques, s'est trouvé mêlé à bien des événements d'alors et plus spécialement à ceux qui ont marqué les premières années du règne de Louis XI.

Après d'anciens chroniqueurs du temps, tels que Jean de Troyes et Jean Le Clerc, quelques compilateurs des XVIIe et XVIIIe siècles : Lhermite du Soliers, l'abbé Le Grand, Godefroy, Brizard, D. Félibien, Gaignières, ont réuni un certain nombre de documents épars sur Jean de Reilhac, documents dont on retrouve encore la plupart dans les bibliothèques publiques.

Mais parmi ceux qui de nos jours ont écrit l'histoire de Louis XI, il en est peu, ce semble, qui lui aient donné une place suffisante (1).

Quelques-uns même l'ont à peine mentionné de temps à autre, ce qui a lieu de surprendre, étant données les traces si fréquentes laissées par lui dans les archives de l'époque.

Nommé tout jeune, grâce à ses attaches de famille et à ses aptitudes spéciales, Secrétaire intime de Charles VII; investi en même temps de la signature comme Notaire du Roi, c'est-à-dire sorte de Ministre d'Etat chargé d'expédier les affaires du Conseil; puis Maître des Comptes et Général de France (2), Jean de Reilhac a vu se dérouler successivement devant lui les faits multiples qui signalent cette longue période commencée au lendemain de la guerre de cent ans, à l'expulsion des Anglais, et terminée avec la conquête du royaume de Naples; période de trans-

1. Sauf peut-être M. de Barante dans son *Histoire des ducs de Bourgogne*, et M. Legeay, professeur d'histoire à la Faculté des lettres de Grenoble, dans son *Histoire de Louis XI*, Paris, chez Firmin-Didot, 1874.

2. C'est ainsi qu'il est désigné dans les chroniques de l'époque (v. p. 109). Cette expression est remplacée aussi d'autres fois par celle de « général des Finances, général des conseillers du roi ». (V. p. 231,257.)

formation où la rude existence du moyen âge disparaît peu à peu et fait place aux premiers essais d'une administration régulière.

Serviteur fidèle de Charles VII qui lui confia à différentes reprises l'instruction d'importantes affaires diplomatiques, principalement celles du Luxembourg, celles relatives au Concile de Mantoue, la suite de ses démêlés avec la maison de Bourgogne et ses tristes querelles avec le Dauphin son fils, Reilhac n'en fut pas moins un des rares familiers du roi défunt qui surent immédiatement trouver grâce devant Louis XI; témoin les termes par lesquels ce prince, aussitôt son avènement, le confirme dans ses offices : « *Pour consideracion des bons et agreables services que nostre amé et feal Mre Jehan de Reilhac a par cy devant faiz a feu nostre tres chier seigneur et père que Dieu absoille, et esperons que encore plus face le temps a venir, et pour le bon rappor qui fait nous a esté de sa personne et de son gouvernement* » (1).

Et cependant il avait signé ou contresigné plus d'un acte hostile au Dauphin, alors que celui-ci vivait hors du royaume dans un exil volontaire. Son nom apparaît même sur certaines pièces qui avaient dû laisser au prince de bien amers souvenirs.

Quand le Dauphin se plaint de sa pauvreté et envoie Jean de Croy et Toison d'or exposer au Roi sa triste situation : « *A esté deja dit à mondict seigneur le Dauphin de par le Roy,* répond Jean de Reilhac au Conseil devant les

1. Lettres patentes de Louis XI, annee 1461, (Bib. nat., n° 7285. — Titres scelles du F. Clairembault, Pieces Reilhac.)

ducs d'Orléans et de Bretagne (1), *que quand il viendroit et obeiroit ainsi qu'il est tenu le faire, le Roy lui prouveroit qu'il ne devoit estre content.* » Quinze mois plus tard, après un long silence, Louis écrit pour faire part de la naissance d'un fils premier-né. « *Et nous semble bien que desormais seroit temps de vous conduire et radresser comme y estes tenu et que pour votre bien et bonneur devez sur toutes choses desirer* », lui est-il encore dit par l'intermédiaire de Reilhac (2).

De plus ce dernier avait été le protégé et était resté l'ami d'un des hommes que Louis XI avait les meilleures raisons de détester en montant sur le trône, Antoine de Chabannes, comte de Dammartin (3), dont l'influence sur le roi Charles VII s'était toujours exercée contre lui.

Quoi qu'il en soit, à peine réinstallé auprès de Louis XI, Jean de Reilhac gagne rapidement la confiance du nouveau roi qui le charge de diverses missions. Tantôt Louis XI le dépêche à la rencontre du duc de Somerset, envoyé par la reine d'Angleterre pour implorer les secours de la France durant la guerre des Deux Roses ; tantôt il se sert de lui comme ambassadeur pour sonder les dispositions des Cours étrangères à son égard : en Espagne, auprès des États de Catalogne, après la mort de D. Carlos, prince de Viane et roi de Navarre, dont il veut revendiquer l'héritage; à Rome auprès du Pape, à Bruges auprès du duc de Bourgogne, à Milan auprès de François Sforza, etc. Quand il s'agit de racheter les villes de la Somme enga-

1. Réponse aux ambassad. de Monsieur le Dauphin. (Conseil du Roi du 7 mars 1458. v. p. 42.)

2. Réponse faite au Dauphin, a Champagné, le 14 août 1459. (V. p. 64.)

3. Antoine de Chabannes, né en 1391, mort a 97 ans, en 1488. Tres influent sous Charles VII, il fut l'auteur des principales mesures de rigueur adoptées contre le Dauphin. (V. p. 109.)

gées par le traité d'Arras depuis 1435, Reilhac est dépêché dans les provinces pour obtenir une partie de la rançon colossale qui a été fixée par Philippe le Bon. Au moment de payer, il fournit lui-même un appoint considérable pour combler le déficit (1) et révèle en outre l'existence d'un trésor caché par ordre de Charles VII au château du Crotoy, trésor dont il semble avoir eu du feu roi la confidence personnelle (2).

Puis, lors de la guerre du Bien Public, Louis XI emploie ses services pour maintenir dans l'obéissance les habitants du Bourbonnais.

Les rapports personnels de Reilhac avec le duc de Bourbon sont habilement utilisés par le roi qui le charge de missions particulièrement délicates en cette circonstance, notamment auprès du comte d'Armagnac et du duc de Nemours enfermés dans Riom. Lui-même, au moment le plus critique de cette campagne, s'en va loger neuf jours durant chez Reilhac, à Aigueperse, auquel il fait ainsi l'honneur d'être son hôte du 21 au 30 juin 1465 ; marque de confiance assurément singulière, si l'on songe que les jours précédents Louis XI venait d'échapper par miracle au guet-apens dressé contre lui à Montluçon par les personnages les plus intimes de son entourage (3). Puis, après le traité de Conflans, c'est encore Reilhac qui avec le chancelier des Ursins est chargé d'aller détacher de la Ligue les ducs de Bretagne et de Normandie. Dans le même but, il l'envoie auprès du duc de Savoie pour y négocier

1 V. p. 152.
2 V. p. 150
3. V. p. 308.

le mariage du connétable de Saint-Pol avec sa belle-sœur, la princesse Marie. Durant la conquête de la Normandie, il lui confie la tâche de réorganiser cette province encore occupée en partie par les troupes des princes confédérés.

En 1463, il le charge d'assembler les Etats du Languedoc à Montpellier et de les présider comme commissaire royal avec le sire de Clermont. En 1464, semblable mission avec Bertrand de la Tour d'Auvergne pour les Etats des provinces du Centre réunis à Clermont. En 1465, au plus fort des difficultés politiques, autre mission du même genre encore auprès des Etats de Dauphiné réunis à Grenoble. C'est là que le roi, se voyant à bout de ressources, fait demander à ses anciens sujets l'argent et les hommes nécessaires à la reprise des hostilités jusque-là malheureuses pour lui : « *Et en cas que lesditz Estatz feroient aucun reffuz ou delay, nonobstant oppositions ou appellations y procedez tellement que l'autorité nous en demeure* (1) », écrit-il à Reilhac, pressé de plus en plus par les événements.

Tantôt encore il le délègue avec Charles de Melun pour assister aux derniers moments de Philippe le Bon; et de là en Bretagne pour y faire échouer les nouveaux complots ourdis entre le comte de Charolais et le duc François II. Parfois, dans les situations les plus délicates avec les membres de la famille royale, il le charge de rédiger certaines instructions secrètes où le caractère de Louis XI apparaît tout entier, avec toutes ses ruses, tous ses doubles jeux. Ainsi pendant la Ligue du Bien Public, le roi a conçu des soupçons graves contre son oncle, le

1. Arch. de l'Isère, B. 2904, cah. 129.

comte du Maine (1). Au plus fort du combat, à Montlhéry, il a cru l'apercevoir causant avec le héraut du comte de Saint-Pol, du côté des ennemis. Il s'agit d'éclaircir la situation et d'en savoir davantage en faisant adroitement parler le prince : « *Quand comme qui ira devers Monsieur du Mayne aura ouï tout ce que mondit seigneur du Mayne vouldra dire,* » écrit Jean de Reilhac à Boniface de Valperga, l'ambassadeur désigné pour cette difficultueuse affaire, « *s'il montre semblant de le prendre en gré et use de doulces paroles, aussi celui qui ira pareillement usera. Mais s'il est malcontent et use d'aigreur, à lui pourra estre dit meurement et froidement :.... A sceu le Roy que quant la journée de Montlhéry fut, et le jour mesme, ung hérault de Monsieur de Saint-Pol estoit avecque vous, et s'en alla quant et quant...* »

Lorsqu'il se trouve pris au piège à Péronne, Louis XI mande à Reilhac de venir auprès de lui, et ce dernier y sert là de témoin, dans un jour resté célèbre, au fameux serment sur la vraie croix, arraché au roi par Charles le Téméraire : « *Je vous certifye, que j'ai esté ce matin present quand Monsieur de Bourgogne et le Roy sur la croix de saint Charlemagne, ont juré la paix en tres bonne et honneste façon et bon vouloir comme il me semble* (2)... »

Selon les preuves des Mémoires de Philippe de Comines (3), il devint l'un des favoris qui jouirent d'un crédit réel sur l'esprit de ce roi capricieux et difficile

1. *Charles d'Anjou, comte du Maine*, fils de Louis II d'Anjou, *roi de Naples et de Sicile*, et beau-frere de Charles VII, dont il avait epousé la sœur. (V. p. 140.)

2. Lettre de J. de Reilhac a M. du Plessis, 13 octobre 1468. (Bib. nat.. Fr. 20429, fol. 36.)

3. *Mémoires* de Ph. de Comines. Paris, 1747, t. II, p. 222. — *Le cabinet du Roi Louis X* par T. Lhermite du Soliers, chap. I.

à servir, crédit qu'il savait entretenir de temps à autre au moyen d'une certaine intimité de rapports personnels, comme le révèle sa correspondance. Parfois il parle avec Louis XI des faits et gestes particuliers de gens auxquels ce prince s'intéresse (1); parfois même, au milieu des circonstances les plus graves, il entre avec le roi dans des détails personnels : « *Sire,* » écrit-il, pendant la campagne de 1465, en demandant des instructions sur l'occupation de la Normandie par les troupes du duc de Bretagne, « *j'ay laissé icy une petite baquenée pour vous, selle vous semble bonne elle va bien aise et bien seurement* (2). » Et selon le même auteur, cette situation, au début du règne, il ne la partageait guère qu'avec le maréchal Joachim Rouhaut, l'amiral de Montauban et le sire de Valpergue, restés les fidèles compagnons du Dauphin pendant son long séjour hors du royaume (3).

Mais on sait ce que pouvait valoir la faveur d'un prince tel que Louis XI. Heureux encore ceux qui ne l'ont pas payée plus tard de leur fortune ou de leur existence! Ce prince excellait dans la façon de se débarrasser de ceux qui avaient cessé de lui plaire. Aussi dans la seconde moitié de ce règne ne retrouve-t-on plus autour de lui la plupart des amis de la première heure. Beaucoup sont alors

1. Lettre de J. de Reilhac au roi Louis XI à propos de Chaumont d'Amboise et de M. de Saint-Pé. (Bib. nat., Fr. 20485, fol. 34.)

2. Lettre du même au même. (Bib. nat., Fr 20485, fol. 135.)

3. *Joachim Rohaut ou Rouhaut*, sire de Gamaches et maréchal de France. (V. note de la page 111.)

Jean de Montauban, de la maison de *Rohan*, sire de *Landal*, maréchal de Bretagne, accompagna Louis XI en exil, et devint plus tard grand amiral de France. (V. id., p. 109.)

Boniface de Valperga, gentilhomme piémontais, s'était attaché au Dauphin et le suivit également en exil. Louis XI l'employait pour diverses missions secrètes. (V. id., p. 220.)

Mémoires de Ph. de Commes, ibid.

en exil, en prison, ont eu leurs biens confisqués ou même ont péri violemment, témoin le sire d'Esternay cousu dans un sac par ordre du roi en compagnie d'un cordelier, et jeté dans l'Eure en 1466; Charles de Melun, gendre du sire de La Rochefoucauld, ami d'enfance de Louis XI, qui l'appelait son « *compère* » (1), d'abord comblé d'honneurs et de bienfaits, puis décapité en 1467; Antoine de Châteauneuf, sire du Lau, ancien compagnon du Dauphin, enfermé dans une forteresse, et tant d'autres.

Quant à Reilhac, il semble avoir joui relativement assez longtemps d'un certain franc parler avec le roi. Plus d'une fois, comme Général des finances, on le voit résister à Louis XI, dont il ne craignait pas d'affronter la mauvaise humeur. Parfois il obtient du roi qu'il change ses résolutions, comme dans l'affaire du comte de Dammartin; ou tout au moins qu'il en diffère l'accomplissement, notamment à Étampes, en 1466, lorsqu'il s'agit d'élever les impôts sur les paroisses rurales. Convaincu qu'il avait tort, mais rendu impitoyable par le besoin d'argent devant une nouvelle guerre à soutenir contre les princes coalisés, Louis XI ordonne alors qu'on double et qu'on triple les charges qui pèsent sur les villes : « *Arsoyr le Roy me parla et en effet se courroussa de ce qu'on ne vouloit pas deliberer selon son ymaginacion... Il se remit et dist qu'on tierçast ou doublast les impositions ès villes* (2). » Du reste,

1. Terme familier que Louis XI donnait parfois à quelques intimes; on le rencontre notamment pour *Louis de Crussol*, sénéchal de Poitou, *Jean Baillet*, seigneur de Sceaux, maître de Requêtes de son hôtel, *Bertrand de Beauvau*, Président de la Chambre des Comptes, *Tristan l'Hermite*, prévôt de Maréchaux, *Aymar de Poisieu* dit Capdorat, etc.

2. Lettre de J. de Reilhac a Bourré, contrôleur géneral, septembre 1466. (Bib. nat., Fr., 20429, fol. 22.)

un historien du XVIIIe siècle fait observer combien Louis XI souffrait cependant peu la contradiction sur cette matière : « *Nous voyons par une lettre de Jean de Reilhac,* dit-il, *que le Prince se fâchoit aisément lorsqu'on lui représentoit que son peuple étoit surchargé; qu'un jour lui ayant fait voir jusqu'où les impôts se montoient, que ses sujets seroient à la fois épuisés et qu'il perdroit ses finances, tout ce qu'il put obtenir de lui fut qu'il en conféreroit avec Guillaume de Varye, général des Finances, et avec Bourré qui en étoit contrôleur* (1). »

C'est seulement après l'équipée de Péronne et la violente humiliation ressentie par Louis XI durant le triste voyage de Liège à la suite de Charles le Téméraire, que Reilhac paraît devenir suspect à son tour. Que se passa-t-il entre lui et le roi? On peut le deviner par le trouble qui paraît s'être alors emparé de son esprit au moment d'accompagner les deux princes : « *Au regard de vous sur mon âme, je ne vous conseille y venir* », écrit-il à M. du Plessis. Et plus loin, parlant de l'émotion qu'il a éprouvée en arrivant à Péronne : « *Je suis arrivé icy à l'heure que j'eusse voulu avoir esté perdu en Jerusalem!* (2) » Ce moment critique semble du reste coïncider, à quelques mois près, avec la terrible vengeance exercée contre le cardinal La Balue, accusé par Louis XI d'avoir voulu le livrer au duc de Bourgogne, et condamné à finir misérablement ses jours dans une étroite cage de fer.

Alors tout à coup il cesse d'accompagner le roi. Relégué d'abord à la trésorerie, il est ensuite confiné à la Chambre

1. Brizard, *Notes sur le regne de Louis XI.* (Bib. de l'Arsenal, manuscrit no 606.)
2. Lettre de J. de Reilhac, octobre 1468. (Bib. nat., Fr. 20429, fol. 36.)

des Comptes. Partout maintenant il rencontre des adversaires acharnés autour de Louis XI. Seul, le chancelier des Ursins ose encore lui faire bon accueil : « *J'ai presenté mes lettres à Monsieur le Chancelier, lequel m'a reçeu sans difficulté, mais Monsieur de Varye s'y est opposé et en a appelé en Parlement. Monsieur le Cardinal m'a dit que le mieux seroit que je vous visse à Amboise pour mieux appoincter la chose par quoy y voys pour savoir si je demourrai en la Tresorerie ou en la Chambre* (1). »

Peu à peu ses diverses charges lui sont enlevées. On lui retire également ses bénéfices. Après la mort de Jean d'Estampes, son commis principal, il perd aussi la trésorerie de Nîmes et de Beaucaire, une des plus productives du royaume, dont le roi l'avait gratifié en 1461, lors de son avènement.

Au reste la liquidation des comptes de cette trésorerie, commencée en 1469 et terminée seulement en 1474, semble avoir été plutôt onéreuse pour lui, obligé qu'il est finalement de faire saisir les biens personnels de ceux qui ont été ses agents dans le maniement des fonds publics.

On doit remarquer toutefois que durant cette première période la mauvaise humeur du roi contre lui est plutôt apparente que réelle. Il y a des intervalles de réconciliation avec Louis XI qui continue encore à l'appeler dans certains actes privés : « *nostre amé et feal general de nos conseils* ». En outre, en 1473 il reçoit du roi, en cadeau, le fief du grand Gaigni en Brie, près le « chastel de Tournant ». Peu

1. Lettre de J. de Reilhac à M. du Plessis, commencement de l'année 1469. (Bib. nat., Fr. 20488 fol. 85.)

après encore Louis XI lui accorde un nouveau délai pour rendre ses comptes au Trésor, etc.

La faveur même semble un instant sur le point de revenir à Reilhac. En août 1475, il est demandé par le roi à Amiens et figure parmi les douze personnes dont Louis XI est accompagné lors de l'entrevue de Pecquigny avec Édouard d'York.

Mais, après diverses alternatives, une enquête faite par le bailli de Montferrand, au mois de mai 1476, à propos du duc de Nemours, met tout d'un coup en avant le nom de Jean de Reilhac. Nemours, cousin germain du roi, dont la perte est résolue d'avance, est accusé de rapports avec les ennemis du royaume. Au mois de septembre dernier, un mois après l'entrevue de Pecquigny, on a vu, paraît-il, le héraut du roi d'Angleterre traverser l'Auvergne, se dirigeant sur Carlat où est alors le duc de Nemours. Or, en passant sur la route qui va d'Aigueperse à Riom, ledit héraut a rencontré par hasard Reilhac, ils ont causé ensemble, conversation qu'on veut trouver suspecte. Et cependant l'enquête établit clairement que ce héraut se trouvant être lui-même une ancienne relation personnelle de Reilhac, ces rapports purement fortuits ne peuvent donner lieu à aucune supposition mauvaise. Quoi qu'il en soit, lorsque ces renseignements lui parviennent, Louis XI est à Lyon, en train de surveiller les opérations de Charles le Téméraire contre les Suisses, et quelques jours plus tard, le 4 juin, il signe une ordonnance de révocation définitive contre Reilhac, « *pour causes à ce nous mouvans* », ajoute-t-il.

Jean de Troyes, qui passe ces faits sous silence, dit simplement, pour expliquer la révocation susdite, que le roi avait fait la connaissance d'une jeune dame de la ville appelée la Passe-Fillon, que portant beaucoup d'intérêt à cette dame et voulant le lui prouver, il destitua brutalement Reilhac (1) et donna la charge de Maître des Comptes à un inconnu, François Boursier, à la condition que ce dernier épouserait ladite Passe-Fillon (2). Peut-être cet incident permet-il d'affirmer que la galanterie n'a pas été toujours aussi étrangère à Louis XI qu'on a bien voulu le dire. Peut-être aussi n'était-ce là qu'un prétexte occasionnel évoqué par l'auteur de la *Chronique scandaleuse* pour expliquer un acte dont il ignorait le véritable motif. Toujours est-il qu'à partir d'alors Reilhac vit retiré dans sa terre de la Queue-en-Brie, qu'il possédait du chef de sa femme, Marguerite de Chanteprime, petite-fille du général des finances du roi Charles V, épousée par lui au commencement de l'année $146^6/_7$.

Il raconte, il est vrai, lui-même que tout d'abord ayant fait appel de l'ordonnance du roi devant la Chambre des comptes, il avait été trouver Louis XI pour se justifier en personne; que le roi le reçut bien et lui déclara même finalement « *avoir esté mal adverty* » (3), lui promettant une réparation. Mais de nouvelles circonstances plus graves paraissent avoir coupé court à ces démarches.

1. Jean de Troyes, *Chronique scandaleuse*, page 134, édition des Preuves de Philippe de Comines, Paris, 1747.
2. Id., ibid.
3. Proces de J. de Reilhac en usurpation de charge contre François Boursier. Plaidoiries du 20 février 1483. (Arch. nat., X1A, 8317, fol. 239.)

Six mois après, en décembre 1476, le procès du duc de Nemours continue à être instruit. Louis XI veut qu'on trouve ce prince coupable du crime de « *lèse-majesté* », c'est-à-dire de tentatives contre la personne du roi, accusation perfide si jamais il en fut, et qu'on portait alors contre tous ceux qu'on avait décidé de faire disparaître. A défaut du présent, on fouille dans le passé, et on découvre alors que, onze ans plus tôt, en 1465, lors de la guerre du Bien Public, pendant la campagne du Bourbonnais et au moment où le roi se trouvait à Aigueperse l'hôte de Guillaume de Reilhac, père de Jean, une sorte de complot politique a été tramé.

Le duc de Nemours, le sire du Lau, Louis d'Harcourt, sont les principaux conjurés. Il s'agissait, non pas d'attenter à l'existence ou à la liberté du roi lui-même, mais simplement d'une sorte de coup d'État, c'est-à-dire d'obliger Louis XI à subir désormais l'influence de son oncle, le comte du Maine, beau-père de Nemours; du comte de Charolais et autres seigneurs.

Interrogé à la Bastille, le 18 décembre 1476, par le chancelier de France, Pierre d'Oriolles, sur le rôle que Jean de Reilhac a dû nécessairement jouer aussi dans cette espèce de conjuration dont la maison de son père a été le théâtre, le duc de Nemours se livre à des aveux. Une nuit qu'il dormait à Aigueperse, dit-il, Reilhac est entré dans sa chambre, suivi du chancelier de France et de Louis d'Harcourt, évêque de Bayeux; et pendant que ces deux derniers, après l'avoir réveillé, s'entretenaient avec lui des meilleurs moyens de mettre leurs projets communs à exécution, Reilhac accoudé sur le pied du lit les écoutait sans rien dire.

Bien plus, M. du Plessis étant alors survenu de la part du roi pour appeler Reilhac et ayant entre-bâillé la porte, ce dernier aurait immédiatement fait signe à ses deux compagnons d'aller se cacher dans une chambre voisine. Ce serait également Reilhac qui les aurait fait sortir de leur cachette, une fois M. du Plessis retiré.

Poussé de plus en plus dans la voie des révélations, le duc de Nemours est interrogé ensuite sur les rapports qui avaient continué d'exister entre Reilhac et le duc de Bourbon. Selon lui, tout en servant le roi, Reilhac est toujours resté fidèlement attaché à M. de Bourbon. Il disait même parfois « *qu'il estoit au roi, toutefois vouloit servir M. de Bourbon et tout ce qu'il pourroit faire il le feroit* » (1). C'est pourquoi, continue-t-il, dans les missions où il avait charge de travailler contre M. de Bourbon, il n'a jamais fait à celui-ci « *tout le pis qu'il a pu* » (2). Témoin les divers incidents qui se seraient passés à Riom en 1465, toujours selon le duc de Nemours, lorsque Reilhac, chargé par Louis XI de « *pratiquer avec les amis du roy* », c'est-à-dire d'enlever cette ville aux partisans du duc de Bourbon, se serait fait arrêter et emprisonner d'accord avec le duc, plutôt que d'agir contre lui. Et la preuve, ajoute Nemours, c'est que presque aussitôt le duc de Bourbon l'a fait délivrer avec trop d'égards et sans motif plausible pour qu'on puisse se l'expliquer autrement.

Ce sentiment, dit-il encore, sur la conduite de Reilhac

1. Bib. nat., Fr. 5775, fol. 175.
2. Ibid.

pendant la campagne de 1465, a été même, à diverses reprises, ouvertement exprimé par le sire de Langeac, le comte d'Armagnac et le sire d'Albret, lesquels suivaient alors la fortune du duc de Bourbon.

C'en était assez pour le faire condamner, n'eût été que sa condamnation aurait forcément entraîné celle d'une personne autrement compromise que lui par les révélations qui précèdent, le chancelier de France lui-même, Pierre d'Oriolles, qui dirigeait cet interrogatoire et avait charge de mener le procès comme le roi l'avait ordonné. A cette circonstance particulière Reilhac dut probablement son salut.

Cependant, malgré tout, selon le même chroniqueur Jean de Troyes, l'année suivante, le roi voulut le revoir, puisqu'on trouve qu'en décembre 1477 Louis XI fait venir Reilhac et lui demande d'aller s'établir auprès de Creil, afin d'y surveiller la fabrication de nouveaux projectiles en fer pour les bombardes qu'il vient de faire construire. Le fait mentionné par Jean de Troyes est-il bien exact? n'y aurait-il pas là tout simplement une erreur de date, ou faut-il admettre que Louis XI avait eu quelques remords vis-à-vis de son ancien secrétaire? L'incertitude règne ici pour expliquer un fait en apparence contraire au caractère vindicatif du roi.

Quoi qu'il en soit, Louis XI mort, un des premiers actes de la régente, Anne de Beaujeu, est de rappeler Reilhac et de le rétablir dans sa charge, en considération des « *bons et loyaux services* » qu'il a rendus à son père et à son aïeul dans les « *grands charges du royaume* », etc. (1).

1. Charte de Charles VIII en faveur de J. de Reilhac. (Bib. nat., Piec. orig. Reilh., 2456, n° 17.)

Il semble que cette formule suffirait à laver entièrement Jean de Reilhac, s'il en était besoin, des griefs ou des injustes soupçons que Louis XI avait pu un instant concevoir.

Rentré à la Chambre des comptes, en novembre 1483, il traduit maintenant à son tour devant le Parlement ceux qu'il accuse de l'avoir autrefois desservi, « *n'ayant pas osé,* avoue-t-il ingénument, *faire semblable poursuite jusqu'après le trespas du feu Roy* » (1). A partir de cette époque, il figure encore pendant plus de vingt-deux ans sur les rôles comme Maître extraordinaire des Comptes, remplissant, outre les fonctions de son état, diverses missions pénibles à son âge. C'est ainsi qu'en 1488 on le rencontre en Bretagne, avec Louis II de la Trémoïlle, envoyé par le roi pour inspecter la situation des subsistances pour l'armée, lors de la bataille de Saint-Aubin du Cormier : « *Sire, par ledit de Reilhac, pourrez, se c'est vostre plaisir, savoir comme aujourd'hui j'ai fait assembler aucuns sur ce congnoissans pour sçavoir quelle creue de vivres est necessaire à vostre armée et sur ce a esté faict un adviz qu'il vous porte* » (2). En 1489 il est chargé d'une tournée dans les provinces pour demander au nom du roi, à diverses municipalités, la levée de nouveaux subsides nécessaires à l'entretien des gens de guerre. A cette occasion, il séjourne quelque temps à Beauvais et à Amiens et se félicite de l'accueil qu'il y reçoit : « *Sire,* écrit-il à Charles VIII, *de ce que j'en ai pu cognoistre, je ne croy pas que en tout vostre*

1. Arch. nat., X1a, 8317, fol. 139.
2. Bib. nat., Fr. 2923, fol. 33. (Imprimé dans la Correspondance de Louis de la Trémoïlle avec le roi Charles VIII, publiée par le duc de la Tremoïlle, Paris 1877.)

royaume ayez meilleurs et plus loyaulx subjectz que sont ceux d'Amyens et de Beauvais » (1). Enfin il disparaît de ce monde en 1505. Sa carrière publique finit réellement avec Charles VIII, et les actes du règne de Louis XII qui portent sa signature, sont à peu près insignifiants.

Les dernières années de Reilhac semblent occupées tout à la fois par de nombreux procès en Parlement, où il réclame tour à tour différents droits contre le chapitre et l'évêque de Paris, concernant la haute justice des terres qu'il possède dans ce diocèse. En même temps il poursuit la revendication de biens patrimoniaux sis en Limousin, dont il se dit spolié par la maison de Brilhac, alors toute-puissante à la cour de Charles VIII, etc., etc. Il présente au roi des réclamations multiples au sujet d'anciens gages non payés ou d'avances nécessitées par les ambassades dont il a été chargé autrefois par Louis XI sans en avoir jamais été remboursé, ambassades lointaines et dispendieuses, et pendant lesquelles, dit-il, « *il a frayé moult du sien* (2). »

Mais l'affaire personnelle qui semble le préoccuper le plus alors, c'est la revendication de la seigneurie de Ferrières-en-Brie détenue par Martin de Bellefaye, conseiller au Parlement. Il s'adresse à Charles VIII, pour qu'il écrive lui-même aux gens du Conseil et intercède en sa faveur : « *Sire,* mande au roi Louis de la Trémoïlle, dans une lettre datée de Châteaubriant, *ledit de Reilhac, m'a requis*

1. Lettre de J. de Reilhac au roi Charles VIII, commencement de l'annee 1489. (Bib. de Saint-Pétersbourg, Autogr. LXXI, n° 92.)

2. Arch. nat., X1a, 8318, fol. 239.

que vous voulsisse escrisre en sa faveur, à ce que vostre plaisir soit faire veoir en Conseil ung placet qui lui touche pour ung proces et s'il est raisonnable le lui octroyer et pour ce qu'il vous a servy et prent peyne de vous bien servir, se c'est vostre plaisir, je vous en supplie, l'aurez pour recommandé (1). »

Sur la fin de ses jours, on le voit se répandre en dons et en libéralités pour les églises et les ordres religieux. Animé d'une dévotion particulière pour le bienheureux François d'Assise, ce sont les Capucins et les Clarisses qui semblent avoir la préférence de ses bienfaits, ainsi que le monastère de Douy-la-Ramée, de l'ordre de Fontevrault, au diocèse de Meaux, où sa fille Marie était religieuse avant de devenir Abbesse de Chelles (2).

En échange de ses aumônes, il reçoit des brefs d'indulgences et de participation aux prières, aux jeûnes et aux pénitences pour lui, sa femme et ses enfants (3) : « *Considerant votre sincere pieté et ne pouvant vous rendre dans l'ordre temporel les bienfaits dont vous nous comblez, nous pensons qu'il sera agreable au Seigneur de vous offrir une compensation dans l'ordre des biens spirituels...* (4). »

Une grande souplesse d'esprit, une intelligence vive,

1. Lettre de Louis de la Trémoille au roi Charles VIII, du 1er mai 1487. (Correspondance publiée par M. le duc de la Trémoille. Ibid.)

2. *Marie de Reilhac* choisie en 1499 par l'évêque de Paris, pour réformer le Monastère royal de Chelles tombé dans les plus grands désordres.

3. Ses autres enfans étaient : *Jean* IIe du nom, qui lui succéda, marié à *Barbe de Vaudetar*, dame d'*Esbly, Condé, Mareuil*, les *Hautes-Maisons de Montry*, fille du vidame de Meaux et d'Antoinette Baillet, — *Tristan*, seigneur de Pontault, commandant du grand Podestat du Duché de Milan sous Louis XII ; — *Louise*, mariée à *Mathieu de Vielchastel*, seigneur de Vertilly, chancelier de Bourgogne (V. à l'*Appendice*).

4. Lettre du général des franciscains à J. de Reilhac, du 25 mars 1491. (Bib. nat., Piéc. orig. Reilh., no 19.)

pénétrante et cultivée pour le temps, un grand entendement des affaires allié à un jugement précis, une véritable clarté de style à une époque où cette qualité était presque inconnue, tels sont les points saillants de cette personnalité active et laborieuse, telle qu'elle apparaît encore aujourd'hui d'après les vestiges laissés par elle et malgré la distance qui nous en sépare. Les ordonnances de 1464 par exemple, qui réglementent l'état de l'armée, visent les détails les plus spéciaux de la discipline, établissent les moyens de répression proportionnés aux fautes, (1) etc., ne pourraient-elles pas être considérées encore de nos jours comme une sorte de modèle pour une rédaction aussi technique?

Parmi les documents qui se trouvent réunis ici, tant ceux insérés dans le texte biographique que d'autres destinés à paraître en un second volume, sous forme de pièces justificatives, les premiers ont trait à l'existence personnelle de Jean de Reilhac ou aux charges qu'il a exercées, tels que lettres, quittances, rapports, etc. ; les seconds se rattachent d'une façon générale à l'histoire de Charles VII, Louis XI et Charles VIII, tels qu'ordonnances, mémoires, etc., rédigés, signés ou contresignés par lui. Un certain nombre de ces derniers a déjà été imprimé dans la collection des Ordonnances des Rois de France.

Quant aux lettres de rémission, de légitimation, d'anoblissement expédiées par Reilhac, de 1456 à 1470, dont la plupart trouveront également une place parmi les pièces

1. V. page 164.

justificatives, elles sont, croyons-nous, presque toutes encore inédites. Déjà l'éminent directeur de la section historique aux Archives nationales, M. Douët d'Arcq, en publiant dans la Collection de la Société d'Histoire de France (1) un grand nombre de lettres de rémission analogues, a initié le lecteur aux mœurs du temps de Charles VI. Peut-être l'intérêt évident qui s'attache à quelques-unes de celles qui ont trouvé place ici, aura-t-il un résultat semblable en ce qui concerne les règnes de Charles VII et de Louis XI.

Du reste, en parcourant ces Extraits du Trésor des Chartes si justement qualifiés par les auteurs compétents de « véritable Gazette des Tribunaux » (2), on se rend compte des sentiments et des passions qui agitaient la société d'alors, tour à tour dans les classes les plus élevées, comme dans les plus modestes.

Certains renseignements permettent de regretter que toute une série de documents laissés par Jean de Reilhac et arrivés successivement jusqu'au siècle dernier, par la voie des héritages, entre les mains de MM. de Lameth et de Béthune-Charost. ne puisse se retrouver aujourd'hui (3). De ce nombre était, paraît-il, la correspondance des agents envoyés dans les provinces pour les détails de son administration ; divers registres partant de l'année 1463, contenant la solde de tous les hommes d'armes, la mise

1. *Choix de pièces inédites relatives au règne de Charles VI.* (Collection de la Société de l'Histoire de France, Paris, 1864.)

2. Lettres de rémission, publiées par la *Bibliothèque de l'École des chartes*, 2e série, vol. IV, p. 257.

3. Augustin de Lameth, marquis de Baule, gouverneur de la Bastille en 1611, en avait hérité de sa grand'mere Corneille de Reilhac, dame de la Queue-en-Brie, arrière-petite-fille elle-même de Jean. Catherine de Lameth, sa fille unique, épousa, le 27 mai 1693, Armand de Béthune, duc de Charost, qui est resté le dernier détenteur connu des pièces dont il s'agit ici.

en état de défense des places fortes; enfin des lettres du comte de Dunois avec lequel il entretenait un commerce suivi. Peut-être, enfouis dans quelque coin ignoré, se retrouveront-ils un jour.

Qu'il nous soit permis d'adresser nos remerciements à MM. Léopold Delisle, directeur de la Bibliothèque nationale; Thompson, directeur du British Museum; à MM. les Conservateurs des Archives impériales à Vienne et à Saint-Pétersbourg; des archives de Stockholm, du Vatican, de Milan; à M. de Boislisle, membre de l'Institut; à M. le marquis de Beaucourt, l'historien de Charles VII; à MM. Vaesen (1), Omont et Berger, archivistes paléographes; à MM. les archivistes de Bordeaux, Dijon, Grenoble, Laon, Limoges, Melun, Orléans, Poitiers, Versailles, Bruges et Tournay; M. Mandrot, l'aimable chroniqueur d'Imbert de Batarnay, sire de Bouchage; à M. l'abbé Arbellot, président de la Société archéologique du Limousin, pour les conseils et indications qu'ils ont bien voulu nous donner, les recherches qu'il ont fait faire à notre demande personnelle ou à celle d'intermédiaires obligeants dont nous avions l'appui.

Enfin remercions M. le duc de la Trémoïlle, qui, voulant bien se rappeler les « relations » (2) de son illustre aïeul avec Jean de Reilhac, nous a donné en cette circonstance une

1. *M. Vaesen* est l'éditeur bien connu des *Lettres de Louis XI*. C'est à son obligeance que nous devons la communication d'un certain nombre de pièces qu'on rencontrera au cours de ce travail.

2. En nous envoyant un exemplaire de la *Correspondance du roi Charles VIII* et du *Chartrier de Thouars*, recueil des pièces les plus importantes de la maison de Trémoïlle où *Jean de Reilhac* figure à diverses reprises, *M. le duc de la Trémoïlle* a bien voulu y inscrire lui-même la dédicace suivante : « *En souvenir des relations du* XIVe *siècle, continuées avec bien du plaisir au* XIXe ».

nouvelle preuve de sa complaisance si connue ; et M. le marquis des Monstiers-Mérinville qui a mis à notre disposition les nombreuses archives de sa famille étroitement reliée, au XVe siècle, avec le personnage dont il s'agit ici.

Montry (Seine-et-Marne), septembre 1884.

A. DE R.

TABLE DES PIÈCES

INSERÉES DANS CE VOLUME

. — 15 août 1455. — Quittance à Guill. Gaignon, commis au paiement des gens de guerre. 16

II. — 27 juillet 1456. — Ambassade envoyée par les *États du Languedoc* auprès du roi Charles VII. 17

III. — 22 juillet 1457. — Lettre aux gens des comptes en faveur de *Jean d'Orléans, comte de Dunois*. 21

IV. — 26 août 1457. — Lettre *aux gens du Parlement* pour qu'ils pressent l'expédition du procès intenté aux officiers du pays de la Marche. . . . 18

V. — 21 mars 1457. — Lettre *à Louis de Laval*, gouverneur du Dauphiné, pour qu'il interdise aux nobles de quitter le pays. 23

VI. — 24 mars 1457. — Lettre au même pour défendre que personne ne se rende auprès du *Dauphin* à peine d'emprisonnement et de confiscation. 24

VII. — 25 avril 1458. — Lettre aux échevins, eswardeurs et consuls de la *ville de Tournai*. 27

VIII. — 26 mai 1458. — Lettre à *Olivier de Coëtivi*, sénéchal de Guyenne, à l'occasion de son mariage projeté avec *Marie de Valois*, fille de Charles VII et d'Agnès Sorel 28

IX. — 26 juillet 1458 — Lettre au *sénechal* et juge-mage du *Rouergue* au sujet des fraudes commises dans l'administration des biens saisis sur *Jean V, comte d'Armagnac* 31

X. — Septembre 1458. — Paiement des gages du *canonier du Roi*, Robin Avisse, pour le semestre écoulé. 37

XI. — 18 novembre 1458. — Lettre au *duc de Bretagne* à propos des abus commis par l'évêque de Nantes. 38

XII. — 8 janvier 1458. — Don à *Antoinette de Maignelaiz*, vicomtesse de la Guerche, pour faciliter le mariage de sa fille avec le sire de Rochefort. 39

XIII. — 7 mars 1458. — Réponse faite au Conseil à *Jean de Croy* seigneur de Chimay, au sire *de Lannoy* gouverneur de Hollande, et à Jean le Fèvre, seigneur de Saint-Remy, roi d'armes de la *Toison d'Or*, ambassadeurs de *Mgr de Bourgogne* parlant au nom du *Dauphin*. 42

XIV. — 7 mars 1458. — Autre réponse faite à *Toison d'Or* et au sire *de Chimay* au sujet des différends qui existent entre le roi et le duc de Bourgogne. 48

XV. — 11 mars 1458. — Conclusions définitives signifiées aux *ambassadeurs de Bourgogne* au nom du roi. 58

XVI. — 24 mars 1458. — Lettre remise au bailli de Sens qui doit se rendre auprès du *duc de Milan* pour lui reprocher sa perfide conduite envers le roi et les princes de la maison d'Anjou. 59

XVII. — 11 mai 1459. — Autorisation à *Renaud et Geoffroy Cœur*, et à Guillaume de Varye, de recueillir les biens non encore confisqués de feu *Jacques Cœur*. 62

XVIII. — 14 août 1459. — Lettre *au Dauphin* pour lui reprocher sa conduite et son manque d'égards envers le roi auquel il n'a pas notifié la grossesse de la *Dauphine Charlotte*. 65

XIX. — 17 novembre 1459. — Lettre aux habitants de Tournay. Le bailli du Berry et Richard de Longueil, évêque de Coutances, envoyés en ambassade auprès du *duc de Bourgogne*. 65

XX. — 31 décembre 1459. — Paiement de ses gages à Pierre Jumelin, *canonier du roi*, pour une année écoulée. 71

XXI. — Janvier 1459. — Répartition des subsides votés par les États d'Auvergne. Recompense octroyée *à Jean de Reilhac* pour les bons et loyaux services qu'il a rendus et rend chaque jour au roi. 59

XXII. — 6 avril 1459. — Instruction à Thierry de Lenoncourt, bailli de Vitry, et à Jean de Veroil son lieutenant, pour qu'ils se rendent auprès de l'*archevêque de Trèves, de l'évêque de Metz, du comte Palatin du Rhin, des ducs Simon d'Autriche et Guillaume de Saxe, du comte Ulrich de Wurtemberg et du Margrave de Brandebourg*. 73

XXIII. — 8 mai 1459. — Autorisation à la *ville de Rouen* de faire prélever un droit de gabelle supplémentaire pour réparer ses fortifications. 82

XXIV. — 11 septembre 1459. — Seconde instruction pour les ambassadeurs du roi qui s'en vont à *Mantoue* selon la convocation du pape. . . 79

XXV. — 11 avril 1459. — Lettre *aux gens du Parlement de Toulouse* pour les prier d'envoyer deux des leurs assister au procès d'*Otto Castellani*, trésorier du Languedoc. 84

XXVI. — 24 septembre 1460. — *Aux gens de l'Université* pour leur dire qu'avant la Toussaint prochaine ils devront avoir fait amende honorable des troubles suscités par eux à la commission des Aydes. 85

XXVII. — 14 octobre 1460. — Renouvellement des ordonnances de *saint Louis* concernant les peines a infliger aux blasphémateurs. 87

XXVIII. — (Sans date) 1460. — Note de diverses personnes qui doivent être consultées pour *affaires du royaume*. 95

XXIX. — (Sans date) 1461. — Lettres patentes de *Louis XI* confirmant *Jean de Reilhac* dans les offices qu'il remplissait auprès du feu roi. 100

XXX. — Août 1461. — Rapport au roi Louis XI sur un voyage accompli à Eu, à Dieppe et à Arques, pour arrêter et faire interner le *duc de Somerset*. envoyé de la reine d'Angleterre. 102

XXXI. — Août 1461. — Inventaire des papiers saisis sur les seigneurs anglais, savoir dans la boîte de *Mgr de Somerset*, dans celle de *Mgr de Molins* et dans celle de *sir Robert Huntingham*. 104

XXXII. — Août 1461. — Jean de Reilhac n'abandonne pas *Antoine de Chabannes* dans sa disgrâce Récit trouvé dans un manuscrit du temps. . . 109

XXXIII. — 17 septembre 1461. — Confirmation pour la *Viguerie de Nîmes*. 113

XXXIV. — 23 septembre 1461 — Ordre de maintien pour les serviteurs de *l'Hôtel du roi* 114

XXXV. — 13 octobre 1461. — *Ambassade d'Espagne*. Lettre de crédit adressee aux Catalans pour Jean de Reilhac et Aymar de Poisieu dit Capdorat. . 117

XXXVI. — 3 novembre 1461. — Procès-verbal de la réception aux *Etats de Barcelone*. 117

XXXVII. — 3 novembre 1461. — Traduction en catalan de la lettre de credit donnée aux ambassadeurs. 118

XXXVIII. — 3 novembre 1461. — Discours des ambassadeurs aux Etats pour exprimer les regrets du roi touchant la mort du *prince D. Carlos* et déclarer en même temps ses prétentions sur la *Navarre*. 119

XXXIX. — 7 novembre 1461. — Réponse donnée par les *Etats de Catalogne*. 119

XL. — 6 janvier 1461. — Paiement d'une année de ses gages à Jehan Gourdin. *canonnier du roi* . . . 123

XLI. — 19 mai 1462. — Exemption d'impôts pour la *ville de Bayonne* ruinée par la guerre des Anglais . . . 126

XLII. — 16 juin 1462. — Note de réparations a payer pour le *château de Beaucaire* . . . 134

XLIII. — 24 juin 1462. — Lettre *aux gens des comptes* pour leur dire d'enregistrer la création d'une baronnie au bailliage d'Evreux en faveur de *Charles de Melun, Grand Maître de France* . . . 127

XLIV. — 18 octobre 1462. — Compromis imposé au *duc de Bretagne et a l'évêque de Nantes* pour faire cesser leurs dissensions réciproques . . . 129

XLV. — 19 octobre 1462. — Traitement du desservant pour une chapelle fondée en l'honneur de *saint Louis* au château de Beaucaire . . . 135

XLVI. — 30 octobre 1462. — Lettre du *Président de Beauvau* dénonçant la conduite du duc de Bourgogne pour retenir les villes de Picardie . . . 131

XLVII. — 9 juin 1463. — Lettre *au gonfalonier de la ville de Florence* pour le prier de bien traiter les marchands du Roussillon et de la Cerdagne . . . 138

XLVIII. — 11 juin 1463. — Restitution aux habitants du *Dauphiné* du droit de pêche et de chasse qu'ils exerçaient autrefois moyennant une simple redevance . . . 139

XLIX. — 13 juin 1463. — Commission pour assembler les *Etats du Languedoc à Montpellier*, à l'effet de supprimer les tailles et de les remplacer par un droit sur la vente de diverses denrées . . . 140

L. — 4 août 1463. — Publications nécessaires à cette réunion des Etats. 144

LI. — 23 octobre 1463. — Invitation aux habitants des pays de *Berry, Gien, Nivernais. Bourbonnais, Forez, Lyonnais, haute* et *basse Auvergne* à envoyer des députés aux *Etats* qui ont été réunis à *Montferrand* . . . 151

LII. — 23 octobre 1463. — Etat des contributions offertes pour racheter les *villes de la Somme* engagées au duc de Bourgogne par le *traité d'Arras en 1435* . . . 152

LIII. — 15 novembre 1463. — Appointements de six mois payés à Robert Jouvenel, *sénechal de Beaucaire* . . . 154

LIV. — 27 mai 1464. — Lettre *au duc de Milan* pour lui recommander un chevalier français, *Robert de Balsac*, qui veut aller guerroyer à l'étranger. 156

LV. — 6 juin 1464. — Ordonnancement de l'état des troupes à la solde du roi pour l'année courante. Désignation des *capitaines* chargés d'un commandement de cent lances et au-dessous . . . 158

LVI. — 6 juin 1464. — Autres lances cantonnées au pays de *Normandie*. 162

LVII. — 6 juin 1464. — Réglementation pour l'entretien et la discipline des *hommes d'armes*. Monstres. Soldes. Congés. Permutations. Punitions. Institution de *six commissaires royaux* chargés de faire un rapport tous les trois mois. 164

LVIII. — 14 juin 1464. — Lettre *au duc de Bretagne* pour se plaindre de ce qu'il n'empêche par les marins de *Saint-Malo* de se livrer à la piraterie contre les Anglais. Ordre de faire restituer *deux navires anglais* confisqués à leurs légitimes propriétaires 169

LIX. — 5 juillet 1464. — Lettre de *Pierre de Brezé*, sénéchal de Normandie, demandant des instructions pour la garde du *château de Lille*. 170

LX. — 16 juillet 1464. — Commission pour réglementer les situations de *Montreuil-sur-Mer* et mettre la ville en état de résister aux Anglais. . . 171

LXI. — 7 août 1464. — Rapport sur l'état de la ville de *Montreuil* et de ses fortifications. — Ordonnances édictées par les commissaires royaux pour obliger les échevins à faire un meilleur usage des deniers publics 173

LXII — 13 août 1464. — Ratification desdites ordonnances concernant *la frontière anglaise* 181

LXIII. — 13 septembre 1464. — Pension accordée a *Bernard de Marmont*, gardien du *Petit Scel* à Montpellier. 185

LXIV. — 13 septembre 1464. — Paiement de dépense effectuées pour aller découvrir un trésor caché jadis par ordre du roi *Charles VII* dans le *château du Crotoy* en Picardie 186

LXV. — 18 mars 1464. — Mandement à *Dreux Budé*, trésorier des chartes, de livrer les titres de la donation faite en 1442 par *Charles VII* ou *Dauphin*, relativement aux seigneuries de *Parthenay* et autres, pendant la conquête de la *Guyenne* contre les *Anglais* 186

LXVI. — 26 mars 1464. — Récépissé desdites pièces accusé à Dreux Budé. 187

LXVII. — 27 mars 1464. — Construction d'une tour pour défendre l'accès du pont sur le Rhône à *Villeneuve-lez-Avignon*. 185

LXVIII. — 4 avril 1464. — Lettre au *sire d'Esternay* pour dénoncer la conduite du *duc de Bourbon* qui vient de faire détrousser la *dame de Crussol* sur le chemin de Lyon, pendant qu'elle se rendait en sa maison du Languedoc. 182

LXIX. — 4 avril 1464 — Même lettre aux habitants de *Lyon* avec quelques variantes. 184

LXX. — 4 avril 1464. — Lettre à *Albéric Maletta*, secretaire du *duc de Milan*, pour avoir l'explication d'une lettre chiffrée écrite par lui et dont le bailli de Lyon s'est emparé. 188

LXXI. — (Sans date) 1465. — Couplet composé à l'occasion de la fuite de *Monsieur*, frère du roi, avec *Odet d'Aydie*. 191

LXXII. — 20 avril 1465. — Ordre à Antoine Raguier, trésorier des guerres, d'équiper *Jean de la Fosse* et ses hommes d'armes. 192

LXXIII. — 11 mai 1465. — Autre ordre au meme d'équiper *le petit Nicolle* qui autrefois a servi les *Anglais*. 193

LXXIV. — 20 mai 1465. — Envoi d'une députation aux habitants *d'Aigueperse* pour les engager à rester fidèles au roi 194

LXXV. — 27 mai 1465. — Pension accordée à *Robert* de *Grandmont*, bailli du *Gévaudan*. 222

LXXVI. — 30 juin 1465. — Traité fait à Aigueperse avec le *comte d'Armagnac et le duc de Nemours* 197

LXXVII. — 13 juillet 1465. — *A Michel Juvénal des Ursins*, bailli de Troyes, pour qu'il convoque immédiatement les *nobles* et les *francs archers* de son baillage, afin d'aller contre les rebelles. 199

LXXVIII. — 22 juillet 1465. — Don de la capitainerie de Pinet au pays de *Dauphiné* à Morellet Clavel au lieu de Guillaume Buffevaut qui a pris parti pour *M. de Charolais*. 224

LXXIX. — 27 juillet 1465. — Gages du *gouverneur de Montpellier*, Remy de Marmont. 222

LXXX. — 12 octobre 1465. — Hommage prêté au roi par *Louis de Luxembourg, comte de Saint-Pol*, nommé *connétable de France* 201

LXXXI. — 29 octobre 1465. — Redevance annuelle servie par la *Trésorerie de Nîmes et de Beaucaire* à l'ordre des frères mineurs de *Saint-Louis* à *Marseille*. 222

LXXXII. — 30 octobre 1465. — Dons et cessions faits à *Charles d'Anjou, comte du Maine*, oncle du roi 203

LXXXIII. — 31 octobre 1465. — Lettre aux habitants d'Amiens. Envoi du sire de *Mouy, bailli de Vermandois*, et du sire de *Torcy, Grand Maître des arbalétriers*, pour leur dire de remettre la ville aux gens de *M. de Charolais*. 204

LXXXIV.— 2 novembre. — Commission pour recevoir le serment des *ducs de Normandie* et *de Bretagne* 205

LXXXV. — 2 novembre 1465. — Procès-verbal de l'entrevue des délégués royaux à Pontoise avec les deux princes du sang 207

LXXXVI. — 9 novembre 1465. — Déclaration faite à la Chambre des monnaies pour autoriser le *duc de Bretagne* à conserver la sienne propre. 208

LXXXVII. — 4 novembre 1465. — Convocation des *Etats du Dauphiné* pour leur demander un *subside de guerre* évalué à 45.000 florins. 210

LXXXVIII. — 24 novembre 1465. — Ordre aux mêmes d'avoir a fournir immédiatement *cent lances* à l'armée du roi et de pourvoir également à leur solde. 213

LXXXIX. — Janvier 1465. — Lettre au roi pour lui envoyer une *haquenée* et lui demander en même temps ses instructions relativement à la levée des impôts dans les villes de *Normandie* encore acceptés par les troupes du *duc de Bretagne*. 216

XC. — 6 mars 1465. — Instructions secrètes données à *Boniface de Valperga*. ambassadeur envoyé vers *M. du Maine* pour convaincre ce prince de trahison 218

XCI. — 21 mars 1465. — Réparation d'une erreur commise au détriment de *Jean d'Apchier*, bailli du *Vivarais* 223

XCII. — mai 1466. — Rapport sur la mission donnée par le roi d'enlever la seigneurie de *Chaudesaigues en Auvergne*, au *comte d'Armagnac*, pour la remettre tre au *duc de Bourbon*. 227

XCIII. — 10 juillet 1466. — Ordre à Pierre Jobert, trésorier du Languedoc, de pourvoir aux gages de *Messieurs du Parlement*. 233

XCIV. — 21 juillet 1466. — Négociations pour le mariage de la princesse *Marie de Savoie*, belle-sœur du roi, avec le *connétable de Saint-Pol*. . . . 230

XCV. — 20 septembre 1466. — Lettre *à M. du Plessis*, pour lui dire l'irritation manifestée par le roi à propos des décisions prises par le *Conseil des Finances*. Ordre lui est donné. ainsi qu'à Guillaume de Varye, de venir a *Etampes* pour en conférer 232

XCVI. — 1er janvier 1466. — Compte de gages et indemnités diverses pour *chevauchées* dues pour l'année commencée le 12 octobre 1466 et finissant le 30 septembre 1467, à prélever sur les recettes de la *Haute-Auvergne*. 235

XCVII. — 12 janvier 1466. — Autre partie des mêmes gages et indemnites dues pour la même année à prélever sur les recettes de pays au delà de la *Seine* et de l'*Yonne*. 235

XCVIII. — 11 janvier 1466. — Gages payés aux officiers du roi pour la *sénéchaussée de Beaucaire* et de *Nîmes* 237

XCIX. — (Sans date). — Compte d'indemnités diverses reçues et à recevoir par les mains de Pierre Jobert, receveur du Languedoc, tant pour *chevauchees* particulières que voyages accomplis en Auvergne, Nivernais, Lyonnais. et en compagnie de l'*Evêque de Clermont* et de *Bertrand de La Tour d'Auvergne*, années 1463-1464. 236

C. — 1er avril (1467). — Rapport au roi sur l'ambassade à la *Cour de Bourgogne* pour y rencontrer les envoyés du roi d'Angleterre. — Grave maladie du duc *Philippe*. — Détails sur la belle réception faite, de sa part, aux ambassadeurs par *Jean de Croy et Pierre de Bauffremont* 245

CI. — 5 avril 1467. — Entrevue avec le *Chancelier de Bretagne* et vives remontrances qui lui sont faites à propos de la conduite suspecte de M. de Charolais, allié de son maître 247

CII. — 30 septembre 1467. — Subvention au *seigneur de Brigueil* pour l'agrandissement du sanctuaire de *Notre-Dame du Pont a Saint-Junien-en-Limousin*.

CIII. — Indemnité pour un voyage à *Milan* 252

CIV. — Indemnité de 2.940 livres reçue pour voyages et *chevauchees* de l'année commencée au 15 decembre 1466 et finie le 30 septembre 1467 252

CV. — Gages de *Christophe de Beausse*, clerc, pour la même année 253

CVI. — 15 décembre 1467. — Procès contre *Nicolas de Mauregard* relativement à la seigneurie de la *Queue-en-Brie* — Défaut prononcé . . . 253

CVII. — 16 fevrier 1468. — *Mission a Lyon* pour demander au *chapitre* de cette ville de prêter au roi l'argent indispensable aux dépenses de la guerre à soutenir contre les rebelles 254

CVIII. — (Sans date) 1468. — Lettre au roi à propos de la pension à payer a *Charles d'Amboise* et demandant ce qu'il faut faire au sujet des dettes de *M. de Saint-Pé*, dont Briçonnet le jeune, pourra acquitter le montant a divers hostelliers et bouchers de Tours 256

CIX. — 12 octobre 1468. — Lettre a *M. du Plessis* pour lui raconter comment le roi et M. de Bourgogne *ont juré ce matin la paix sur la croix de saint Charlemagne en tres bonne et bonnête façon* 258

CX. — 17 octobre 1468. — Paiement de « escoz gaiges et souldes » des *archers de la garde du roi* avec la liquidation du compte présenté par le grenetier a sel de *Nimes* 260

CXI. — (Sans date). — Remboursement d'*avances faites au roy*, 610 livres d'une part, 13.710 livres tournois de l'autre, prêtées en avril 1468, le tout porté sur les comptes arretes au 12 septembre suivant 261

CXII. — Gages d'*Antoine Bayart* et *Christophe de Beaune*, clercs. — Indemnite de 2.940 livres tournois pour *voyages* et *chevauchées* de l'année . . . 261

CXIII. — 11 mars 1469. — Lettre à *M. du Plessis* pour lui exposer les difficultes de sa situation et lui demander s'il doit se rendre à *Amboise* selon le conseil du *cardinal La Balue*, pour savoir à quoi s'en tenir 265

CXIV. — janvier 1470. — Saisie des biens de *Jean d'Estampes*, gérant de la trésorerie de Nîmes pour sauvegarder les sommes qu'il n'a pas versées. 267

CXV. — 7 septembre 1471. — Plaintes de *M. de Vaudemont* à propos du grenier à sel de Joinville que le roi lui avait donné à *Meaux*. 269

CXVI. — 14 février 1471. — Commission pour procéder à l'inventaire de tous les biens appartenant aux religieux *Célestins de Mantes*. 269

CXVII. — 28 février 1471 — Intitulé de l'inventaire et clôture de l'information. 271

CXVIII. — 18 novembre 1471. — Enregistrement de cette opération par la Chambre des comptes 272

CXIX. — 18 mars 1472. — Procès contre le *Chapitre* et l'*Évêque de Paris* à propos de leurs prétentions sur la justice de plusieurs paroisses dépendantes de la baronnie de *La Queue*. 286

CXX. — 24 mars 1472. — Commission d'enquête nommée par le *Parlement* afin d'examiner l'affaire. 289

CXXI. — 12 mai 1472. — Requete d'*Olivier de Coëtivi*, sire *de Taillebourg*, réclamant la confiscation, à son profit. de la terre des *Goux en Saintonge*, tombee en forfaiture parce que le seigneur a donné sa fille en mariage à un *Anglais* 289

CXXII. — 9 juillet 1473 — Délais demandés pour l'apurement des comptes de la *Trésorerie de Nîmes et de Beaucaire*. 291

CXIII. — 7 novembre 1475. — Exéquatur donné à la nomination d'*André de Mauregard*, ancien tresorier du Dauphiné, comme clerc des Comptes. 293

CXXIV. — Mai 1476 — Enquête du *Bailli de Montferrand*. — Déposition de *Gerault de Pheletin*, prevôt des ressorts et exemptions d'*Auvergne* 298

CXXV. — Mai 1476. — Enquête du *Bailli de Montferrand*. — Déposition de vénérable *Thomas Pichereau*, pretre. 300

CXXVI. — Mai 1476. — Enquete du *Bailli de Montferrand*. — Déposition de *Jean Javé*, hostellier a *Montferrand*. 300

CXXVII. — Mai 1476. — Enquête du *Bailli de Montferrand*. — Déposition de *Guillaume Amy* bourgeois de *Riom*. 301

CXXVIII. — 4 juin 1476 — Lettre patente de Louis XI. prononcant la *destitution de Reilhac* au profit de François Boursier 302

CXXIX. — 18 décembre 1476. — Interrogatoire de *Jacques d'Armagnac, duc de Nemours*. sur le complot qui aurait éte tramé a Aigueperse. en 1465, durant le séjour du roi chez *Reilhac* 306

CXXX — La matière de ce complot. 308

CXXXI. — 11 decembre 1476. — Suite de l'interrogatoire du *duc de Nemours*. — Les rapports de *Reilhac* avec le *duc de Bourbon* pendant la guerre du Bien Public 310

CXXXII — 5 mai 1480. — Nouveau procès avec le *Chapitre* et l'*Évêque de Paris* pour la haute justice de la *Queue-en-Brie*. — Réclamation d'un prisonnier coupable de crimes commis entre *Creteil* et *Bonneuil-sur-Marne*. . . 314

CXXXIII. — 16 juillet 1482. — Citation délivrée à *Clément de Brilhac*, évêque de Saint-Papoul, et à son frère *Robert de Brilhac*, chevalier, pour avoir à repondre des excès qu'ils ont commis. 317

CXXXIV. — 23 avril 1483. — Décision du *Parlement*, autorisant l'Evêque de Saint-Papoul à produire de nouvelles pieces malgré la forclusion encourue contre lui. 318

CXXXV. — 19 juin 1483. — Rejet définitif des prétentions de l'Évêque de *Saint-Papoul* et maintien d'un arrêt rendu le 15 mai précédent. 319

CXXXVI. — 8 août 1483. — Nouveau traitement assigné sur le produit du grenier à sel de la ville de *Verneuil*. 322

CXXXVII. — 20 février 1484. — Procès reconventionnel en usurpation de charge contre François Boursier. Énumération de services rendus pendant plus de *trente ans aux rois Charles VII et Louis XI*. 323

CXXXVIII. — 7 septembre 1483. — Rétablissement du cierge de la *comtesse Marie*, en faveur du *Chapitre de Meaux* 325

CXXXIX. — 17 septembre 1483. — Ordre conforme transmis au receveur du bailliage de Meaux. 326

CXL. — 2 janvier 1486 — Revendication de la seigneurie de *Ferrières-en-Brie* contre *Martin de Bellefaye*. — Appel formé par Reilhac contre une décision du Parlement qui avait rejeté cette demande 327

CXLI. — 27 mars 1486. — Nouvel arrêt du *Parlement*, déboutant Reilhac de sa prétention. 330

CXLII. — 27 mars 1486. — Cloture définitive de l'affaire prononcée en Parlement. 331

CXLIII. — 1er mai 1487. — Lettre de *la Trémoille* à *Charles VIII* le suppliant d'écrire lui-même aux gens du Conseil afin que le proces soit repris 332

CXLIV. — 11 février 1487. — Décision de la Chambre des requêtes refusant à *Reilhac* d'ajouter de nouvelles pièces au dossier Appel interjeté par lui de cette décision et demande d'etre admis à produire certaines lettres où il y a *deux aigles* et *deux lions rampans*. 328

CXLV. — 12 juillet 1489. — Constitution de rentes sur une maison sise au quai de Seine, attenante à celle de l'*Image saint Jean* 350

CXLVI. — 4 juin 1489. — Lettre *au roi Charles VIII* pour lui faire part de l'heureux résultat d'une tournée entreprise en *Picardie*, afin d'obtenir de nouveaux subsides pour la guerre 335

CXLVII. — 19 septembre 1489. — Bail à rente de plusieurs lots de terre sis dans la seigneurie de *Bonneuil-sur-Marne* 351

CXLVIII. — 25 mars 1491. — Bref d'indulgences et de participations aux prières et aux bonnes œuvres de toute sorte, accordé par le *général de l'ordre de Saint-François* à *Jean de Reilhac*, *sa femme* et *leurs enfans*, comme reconnaissance de leurs bienfaits. 352

CXLIX. — 6 avril 1491. — Établissement de nouveaux règlements concernant l'autorité et la juridiction de la *Chambre des comptes*. Présentation de ces ordonnances. 337

CL. — 18 juillet 1491. — Réclamations au roi. Mandement de *Charles VIII* énumérant les nombreux services rendus par Reilhac à son père et à son aïeul *depuis* 40 *années* et faisant droit à sa réclamation. 340

CLI. — 17 septembre 1491. — Ratification par la *Chambre des comptes* et autorisation aux receveurs d'y faire droit. 341

CLII. — 1er mai 1492. — Ordre de paiement par les receveurs généraux 342

CLIII. — (Sans date). — Prévisions de *Jean Lallemand*, *trésorier de France*, pour l'année 1492, relativement aux gages de *Reilhac*. 342

CLIV. — 3 janvier 1493. — Paiement des sommes en litige, reçues par les mains d'*Antoine Bayart*, *trésorier du Languedoc*. 343

CLV. — 13 février 1493. — Procès contre *Robert Thiboust*, premier président du Parlement de Paris, à propos du fief des Petites-Ruelles, à Crécy-en-Brie. 344

CLVI. — 5 mars 1495. — Emprunt forcé pour les dépenses de la *guerre d'Italie*. 345

CLVII. — 11 février 1496. — Nouvelle réclamation au roi. Seconde lettre patente de *Charles VIII* enumérant les *services rendus par Reilhac* à son *père et à son aïeul*, dans les *grandes charges du royaume* 346

CLVIII. — 11 avril 1499 — Arbitrage entre le contrôleur général *Jean Dubois* et son commis *Taillandier*. 348

I

SOMMAIRE

Origines pres Saint-Junien sur la Vienne. — Pierre de Reilhac, abbé de Brantôme. — Ordonnance de Philippe de V. lois contre les meurtriers de Séguin de Reilhac (1317). — Pierre II de R (1), conseiller du roi Jean le Bon (1350-1369). — Clément I de R., avocat du Roi (1380-1399). Il rachete la seigneurie de Brigueil par droit de « retrait lignaigier » après la mort d Isabeau de Rochechouart (1397). — Fond. tion d'une chapelle a Saint-Medard-lez-Paris (1410-1411) — Pierre III de R. conseiller au Parlement (1388-1402.) — Guillaume I de R, attaché à Louis de Bourbon, dauphin d'Auvergne. — Pierre IV de R., seigneur de Brigueil, tué a la bataille de Verneuil contre les Anglais (1424). — Marguerite de R., femme de Junien le Fevre, premier president du Parlement (1402). — Leurs deux fils, Etienne le Fevre, prévôt de Saint-Junien, et Clément III de Reilhac, seigneur de Brigueil. — Jean le Fèvre, seigneur de Saint-Remy, dit Toison d'Or. — Confiscations à la guerre des Anglais. Secours de Charles VII. — Entree de Jean de Reilhac comme secrétaire du Roi en octobre 1456.

'UNE ancienne maison du Limousin qui paraît avoir tiré
son nom patronymique d'un bourg situé non loin de 1317.
Saint-Junien sur la Vienne (2), et dont une branche avait
été transplantée au Parlement de Paris sous Philippe de Valois, du

1. Pour éviter de répeter trop souvent le même nom, on se servira frequemment de cette abreviation.

2. Saint-Junien (arrondissement de Rochechouart, Haute-Vienne), 6,700 hab. Bien qu'il existe dans le Lot et la Haute-Loire deux autres localités qui portent le même nom, c'est Reilhac-Champniers (Relhacum) a 20 kilom de Saint-Junien, sur les confins de la Dordogne et de la Haute-Vienne, qui semble devoir être le berceau de cette maison alliee des l'origine aux importantes familles du pays et dont les principales possessions se trouvaient encore situees dans les environs, au xvie siecle (Brigueil, 30 kilom., Monterollet, 35 kilom., etc., v. page 5).

Les premiers du nom qu'on rencontre sont pour la plupart des personnages ecclesiastiques ou militaires *Seim de R*, témoin a la donation de la terre de Lentillac — en l'annee 1114 Spicil Col. t. II. p 447); *Rahuet de R.*, donat a l abb. de Marmoutiers — ann. 1163 (Bib. nat.

temps où l'un de ses membres avait failli tomber victime d'un guet-
1317. apens (1), Jean de Reilhac était le petit-fils et le petit-neveu de
magistrats qui avaient brillé d'un certain éclat au siècle précédent.

D. Villevieille, Trés. gén.), *Rudel et Hugues de R.*, donat. par testament à l'abb. de Saint-Florent — ann. 1201 (Bib. nat., D. Villevieille, Trés. gén. id.); *Helie de R.*, prieur de Cosmas — ann. 1226-1235 (Layette du Trés. des Ch., par Teulet, t. II, p. 90), *Gerald de R.*, 1er abbé d'Eyssex, ann. 1229 (*Gall. christ.*, t. IV, p. 927), auquel l'abbaye de Saint-Martial de Limoges était redevable d'une collection de manuscrits précieux (Bib. nat., Cab. des manus., t. I, p. 391); *R. de R.*, donataire à Sainte-Marie de Valette — ann. 1288, id. (*Gall. christ.*, t. IV, p. 682). *P. de R.*, 2e abbé d'Exeat — ann. 1264 — (Id., p. 435); *N. de R.*, abbé de Saint-Pierre de Maurtio — ann. 1332 (id., p. 408), *Jean de R.*, doyen de l'église de Limoges (id., p. 545), *Pierre de R.*, abbé de Brantôme, ann. 1316-1324 (id., p. 1492).

Sceau primitif : *un lion de sable sur fond d'argent*, auquel on voit ajouté plus tard, et probablement en souvenir d'un fait ou d'une alliance oubliée aujourd'hui, un aigle d'argent sur fond de gueules. Parfois aussi au XVIe siècle, on voit au dernier quartier une étoile d'or à six pointes, variation qui semble avoir été adoptée alors par certains officiers du Parlement, et se trouve sur plusieurs anciens sceaux de Pierre II et de Clément I de Reilhac conservés à la Bibl. nat. et aux Arch. de Laon, ès années 1390, 1393, 1396, 1397. En 1398, pour la première fois, Clément de Reilhac écartèle au 1er et au [illegible] d'argent au lion de sable, au 2 et 3 de gueules à l'aigle d'argent, le tout chargé d'une fasce d'azur (Arch. de Dijon, B. 344), disposition qui n'a pas varié depuis lors, sauf la fasce d'azur qui a disparu.

1. En l'an 1314, *Seguin de Reilhac*, proche parent de *Pierre de R.*, abbé de Brantôme (v. ci-dessus), tomba dans une embuscade dressée contre lui et dont les principaux auteurs étaient Ebbo, fils de Milon, Aymeric, fils d'Ebrard, et Arnaud de Chabot. Laissé pour mort, il guérit néanmoins et obtint du roi les lettres suivantes pour faire arrêter ses assassins que leur suzerain naturel avait refusé de punir

Du 24 octobre 1317.

Mandement du roi Philippe de Valois pour faire arrêter les meurtriers de Seguin de Reilhac.
Sur parchemin.)

« Philippus, etc., dilectis prenominatis salutem et dilectionem. Ex insinuacione SEGUINI DE RELHIACO armigeri, et familiaris dilecti nostri abbatis monasterii Brancolie graviter conquerentis, accepimus quod licet ipsi abbas et conventus monasterii predicti una cum familiaribus et bonis suis omnibus in nostra sunt protectione et gardia speciali, *Ebbo Milonis*, *Arnaldus Petri*, *Armandus* et *Aymericus Ebrardi Arnaldus Chaboti*, nonnullique eorum complices in hac parte pensatis insidiis et cum armis, plenitudinis Regie nostre majestatis immemores et obliti, in dictum armigerum manus armatas non sine effusione sanguinis crudeliter injecerunt, ipsumque letaliter vulnerarunt et posse fecerunt interficere eumdem que premissa ad notitiam domini de Granolio in cujus juridictione delicta hujusmodi perpetrata esse dicuntur, illicito delata, licet ipse et ejus baiulus in recenti malefactorum invenerunt presentes, ad punitionem eorum nullatenus processerunt. Cum igitur armorum portationis nostre gardie fraccionis occasione ad nos pertineat cognicione premissa, vobis et omni cuilibet insolidum committimus et mandamus quatinus vocato procuratore nostro et aliis evocandis, vos omnes duo et unus unum alius non expectatis inquiratis super premissis et ea tangentibus cum qua poteritis celeritate et diligentia veritatem, et quos culpabiles inveneritis de premissis taliter puniatis prout facti qualitas exegerit, quod eorum punicione ceteri terreantur nobisque exinde condignas præstari emendas, et *dicto armigero* dampna sua de quibus liquebit ut justum fuerit restitui faciatis et reddi. Damus autem in mandatis omnibus justitiis et subditis nostris ut in premissa et ea tangentibus vobis pareant et intendant.

« Datum Parisius die vicesima quarta octobris anno Domini M°CCC° decimo septimo

« Per Dominum Pontium de Omel et B. de Ruppenegata
Gyem »

(Arch. nat. X[2A] fol. 66 — B.

[illegible] B. de Rippenegata

[illegible]

Philippus etc. Dilecto suo [illegible] salutem et dilectionem. Ex insinuatione [illegible] de [illegible]
armigeri et familiaris dilecti nostri abbatis monasterii [illegible] graviter conquerentis
accepimus quod licet ipse abbas et conventus monasterii predicti una cum familiaribus
et bonis omnibus suis in nostra sint protectione et gardia speciali, Eblo [illegible]
[illegible], Arnaldus Petri, Armandus [illegible] clerici, Arnaldus
[illegible] nonnulli que eorum complices in hac parte pensatis insidiis et cum armis, postposito
timore regie nostre magestatis immemores et obliti in dictum armigerum manus
armatas non sine effusione sanguinis crudeliter iniecerunt ipsum que letaliter
vulneraverunt et posse tamen fecerunt interficere eundem. Et quod premissa ad notitiam
dicti [illegible] in cuius jurisdictione delicta huiusmodi perpetrata esse dicuntur
[illegible] delata, licet ipse et eius baiulus in [illegible] maleficorum [illegible]
presentes ad punitionem eorum nullatenus processerunt. Cum igitur [illegible] portationis
nostre gardie fractionis [illegible] ad nos pertineat cognitio premissorum, vobis [illegible]
[illegible] committimus et mandamus quatenus vocato procuratore nostro et aliis evocandis
vos vel alter vestrum [illegible] aliis non expectantis inquiratis super premissis et
ea tangentibus cum qua poteritis celeritate et diligentia veritatem, et quos culpabiles
inveneritis de premissis taliter puniatis quod [illegible] eorum
punitio ceteris [illegible] nobis [illegible] condignas proferri emendas, et dicto
armigero dampna sua et gravamina [illegible] restitucionem faciatis
et reddi. Damus autem in mandatis omnibus justiciariis et subditis nostris ut vobis
in premissis et ea tangentibus vobis pareant et intendant. Datum Paris. die xxiii
octobris anno Domini M° CCC° decimo septimo.

Per dominum Pontium de Omelas

et B. de Rippenegata

[illegible]

Un coup d'œil rétrospectif ne paraîtra peut-être pas déplace ici, si 1351.
l'on estime qu'il peut être intéressant à un point de vue quelconque de connaître l'histoire d'une famille parlementaire importante du XIVe siècle, histoire restée jusqu'ici dans les cartons d'archives privées, et que Blanchart (1) ou les auteurs plus modernes qui ont publié des documents sur l'ancien Parlement de Paris n'ont pu reconstituer tout à fait, faute de matériaux suffisants.

Il est vrai cependant qu'au siècle dernier l'abbé Nadaud et son continuateur Legros, dans leurs travaux sur l'ancien Limousin, avaient réuni un grand nombre de pièces sur les origines de cette maison devenue plus tard, sous les Valois, une des plus considérables de la province. Mais par une singulière fatalité, presque tous les folios où ces pièces se trouvaient mentionnées ont été depuis peu arrachés de leurs manuscrits (2), sans qu'on puisse s'en expliquer le motif.

Pierre de Reilhac, deuxième du nom, licencié ès lois et avocat en Parlement (3), fut Conseiller du roi Jean le Bon et représenta le plus souvent devant le Parlement de Paris les intérêts des Limousins ses compatriotes. C'est ainsi qu'on le voit choisi pour arbitre dans diverses affaires, notamment en 1351, dans un procès entre Jean de Chambart et Guillaume de Jullian renvoyé par le sénéchal de Limoges (4), puis en 1354, dans un démêlé entre la ville de Châlus et le vicomte de Turenne (5). Il mourut après 1369, avec le titre de chanoine séculier de l'église de Chartres (6), en raison des biens

1. Blanchart. *Les Presidents au Mortier du Parlement de Paris depuis l'an 1331*, et *Catalogue des Conseillers au Parlement de Paris, depuis l'an 1260* ouvrage publié en 1647 et considéré géneralement comme le plus important sur cette matiere.

2. Ils sont actuellement conservés a la bibliothèque du Séminaire de Limoges.

3. On appelait alors avocat *en* parlement ceux qui avaient obtenu certains grades universitaires mais n'exerçaient pas, et avocat *au* parlement ceux qui exerçaient.

4. « Johannes Dei gratia, etc., Pierre de Reilhac advocat en Parlement ordonneront et decideront et voudra et tiendra ce qu'ils feront comme arrest du Parlement. » (Archiv. nat., X1c, no 6.)

5. Arch. nat., X1c, no 8.

6. Prieuré de Mondoville, t. II., fol. 134. (Bib. nat., F. fr., 2524.)

qu'il avait acquis dans ce diocèse, en Beauce, et laissa deux fils
1396. Clément et Pierre.

L'aîné, Clément, premier du nom, entré au Parlement, s'éleva bientôt par son talent à une haute fortune. Protégé par Jean, duc de Berri, frère du roi Charles V, qui devint plus tard régent du royaume durant la maladie de Charles VI, puis par le duc de Bourgogne dont il était aussi le conseiller (1), il fut mêlé à la plupart des affaires importantes de l'époque (2) et pensionné par diverses villes de France, ainsi que par un certain nombre de chapitres ecclésiastiques (3). Outre les terres considérables dont il avait hérité (4), il en acquit de nouvelles telles que la seigneurie d'Angerville-la-Gaste relevant des abbés de Saint-Denis (5), plusieurs hôtels

1. Arch. de Dijon, B-344. — Quittance pour l'annee 1398.

2. On a conservé un certain nombre d'actes de Clément de Reilhac, tels que : Sentence arbitrale du 14 mars 1380 (Proces de Jean de Cloys devant le Prévôt de Paris. Arch. nat., X[1c], 42); Arbitrage du 29 août 1388 (fondation de diverses chapelles — Arch. nat., X[1c], 57); du 28 mars 1389 (Proces de Jehannin le Voirrier, son propre valet, poursuivi en raison de differents vols et brûle vif devant la porte Saint Honore (Reg. crim. du Chât., annee 1389-1392 — Publie par les Bibl. de Fr., p. 186); Sentence arbitrale du 20 août 1395 (succession de Jeanne d'Eu, vicomtesse de Thouars et attribution a Guy de la Tremoille dans l'île de Ré. — Bib. nat., F. lat., 18401, p. 321); id. du 25 février 1398 (testament de Pierre de Giac — Bib. nat., F. fr., 20689, fol. 7), etc.

3. Exemples :

Du 21 novembre 1396.

Arrerages de la pension servie à Clément de Reilhac par la ville de Laon.

(Orig. sur parchemin.)

« Sachent tuit que je Clement de Reilhac advocat et conseiller du Roy nostre sire en Parlement de Paris confesse avoir receu des gouverneurs bourjeois et habitans de la ville de Laon par la main de Maistre Gobert le tonnelier procureur de la dite ville la somme de dix francs d'or pour ma pension de ce presens parlement de laquelle somme de dix francs d'or je me tiens pour bien content et paie et en quicte les dessusdicts et tous aultres tesmoing mon propre scel dont je use en ce cas.

« Donné a Paris le xxie jour de novembre l'an mil CCC IIII[xx] et seze.

(Sceau en cire rouge.) REILHAC, *sic est.* »

(Arch. de la ville de Laon. — Comptes des Receveurs de 1393 a 1398. — cc. 334.)

Année 1388.

Arrerages de la pension servie par le chapitre de Chartres

« *Clemens de Rilhiaco* advocatus Parlementi Consiliarius capituli. »

(Bib. nat. Fr. 24134 fol. 170 2°. — Mem. du Prieuré de Mondoville.)

4. C'etaient les terres de Grosbois, Souverines, etc. en Limousin et en Poitou. (Arch. Reilhac. — Transaction de 1445.)

5. V. Hommage du 30 octobre 1400 par sa veuve Perennelle de Maignac a l'abbe de Saint-Denis (Arch. dép. de S.-et-O. Angerville — Liasse unique.)

Sceaux divers de PIERRE *et* CLEMENT DE REILHAC

XIVe Siècle

Arch. Municip. de Laon CC. 318 et CC. 334

Arch. Municip. de Laon CC. 339 Biblioth. Nat. Pièc. Origin. Reilhac N° 1

Arch. Départ. de Dijon B 344

ÈS ANNÉES 1351 A 1398

à Paris (1) et divers enclos au bourg de Saint-Marcel-lez-Paris, dont 1397.
il enrichit la paroisse Saint-Médard, en y faisant bâtir une chapelle adossée au chœur de l'église, sous le vocable « de Notre-Dame de Reilhac, » pour lui servir de sépulture, à lui et aux siens (2); avec fondation d'une rente pour qu'on y célébrât trois fois par semaine un obit solennel en sa mémoire (3). Pendant les guerres des Anglais, il prêta de l'argent au trésor, ainsi qu'on le voit par les divers comptes de Miles Baillet, Trésorier de France (4), et les quittances données au Receveur général des aides. Après Jean Le Coq, il fut nommé avocat du Roi au Parlement, charge importante alors nouvellement créée (5), et mourut en 1399, ayant acquis au mois de mars 1397, et par droit de « retrait lignaigier », après le décès d'Isabeau de Rochechouart (6), la terre de Brigueil

1. Notamment un hôtel où il habitait, sis rue des Deux-Portes, près la place Maubert, avec une sortie sur la rue Galande, et qu'on retrouvera pendant longtemps dans sa descendance. Trois hôtels rue Saint-André-des-Arts contigus au *séjour d'Orléans*, habité par Louis Ier duc d'Orléans, frère de Charles VI, et assassiné en 1403. Ces hôtels furent confisqués ensuite par le roi d'Angleterre en 1418. (V. note de la page 11.)

2. L'abbé Lebeuf, *Hist. du diocèse de Paris*, t. II. Paroisse Saint-Médard. (V. note de la page 7.)

3. Arch. nat., T. 202[1] (Volumineux dossier intitulé : *N.-D. de Reilhac à Saint-Médard*).

4. Miles Baillet, trésorier de France sous Charles VI, fils de Jean Baillet, trésorier de France sous le roi Jean, grand-oncle de *Jean Baillet*, seigneur de Sceaux, l'un des favoris de Louis XI.

5. Cette charge, dont le but était de représenter le pouvoir royal aux séances du Parlement, eut pour premiers titulaires Jean de Vassoignes (1300), Jean Pastoureau (1301), Raoul de Presles (1315), Pierre de Cugnières (1329), Jean de Fourci (1344), Robert le Coq (1347), Jean Desmarest (1365), Jean d'Ay (1375), Jean Le Coq (1393), Clément de Reilhac (1398), Jean de Popincourt (1403), Jean Juvénal des Ursins (1431). (*Abrégé chronol. de l'hist. de France*, par le Président Hénault, Paris, 1775, t. I., p. 357.)

6. On appelait droit de retrait lignagier celui en vertu duquel un parent, issu de la même lignée que le vendeur d'une terre féodale, avait le droit d'évincer un acheteur étranger, à la condition cependant de rembourser audit acheteur son prix d'acquisition et tous les frais accessoires.

La seigneurie de Brigueil (v. à la page suivante) était alors depuis un siècle environ dans la maison de Rochechouart. *Isabeau*, dame de Brigueil, fille de *Louis de Rochechouart*, étant morte sans enfant, son mari, Jean, vicomte de Villemur, qui en avait hérité, consentit plusieurs ventes partielles de cette terre à *Clément de Reilhac*, par actes des 23 mars, mai, 22 juin 1397, avec faculté de *réméré* à son profit personnel et valable pour deux années seulement. Mais dans l'intervalle il mourut, après avoir toutefois consenti encore une dernière vente, le 16 mai 1398, pour le reste de la terre, à *Simon de Cramaud*, patriarche d'Alexandrie, prélat turbulent et l'une des figures les plus singulières de ce temps, tout à la fois évêque de Poitiers, d'Angers, Béziers, Carcassonne, cardinal au titre de Saint-Laurent. *Clément de Reilhac* invoqua contre *Simon de Cramaud* le droit de *retrait lignagier*, au nom d'*Isabeau de Rochechouart*, et après un long procès au Parlement de Paris, sa veuve et ses héritiers obtinrent

au bas Poitou, seigneurie alors considérable, érigée peu après
1397 en vicomté (1). De sa femme Perenelle de Maignac, fille de
Pierre de Maignac (2), seigneur du Châtelard près Saint-Junien,
secrétaire du roi Charles V, nièce de l'Évêque de Paris (3) et petite-
nièce du Prévôt de Saint-Junien, il laissait trois filles et un fils
sur lesquels on devra revenir.

gain de cause. La totalité de la seigneurie de Brigueil leur fut attribuée par arrêts des 19 avril, 7 mai 1401, 7 septembre 1403 (Arch. nat., X[1A], 43, fol. 61-2; X[1A], 50, fol. 169-171; X[1A] 1478, fol. 17 d. fol. 129, et X, 4785, fol. 118-119).

Brigueil relevait alors du *duc de Berry*, oncle de Charles VI qui fit remise à Clement de Reilhac des droits féodaux exigibles pour une semblable transmission en reconnaissance des services personnels qu'il en avait reçus.

« Karolus, etc. Et eidem *patruo nostro* ventas seu deveria sibi debitas ad summam VIIIXX librarum vel circa ascendentes persolverat, aut sibi *patruus noster in remuneracione serviciorum eidem patruo nostro impensorum donaverat*, prout hæc per litteras super hoc confectas dicti defensores apparere dicebant. » (Arch. nat., X[1A], 50, fol. 169-171.)

Le duc de Berry eut pour petit-fils *Louis de Bourbon, comte de Montpensier, dauphin d'Auvergne* (V. note nº 4 de la page 7.)

1. Brigueil L'Asne, ou l'*Aîné* ou l'*Ancien* (dénommé *Brigolies* par acte de l'an 1094), petite ville de 2000 hab., à 11 kil. de Saint-Junien, sise dans une position fortifiée auprès d'un ancien camp romain, était autrefois une annexe du bas Poitou, enclavée au milieu du Limousin, aujourd'hui département de la Charente, arrondissement de Confolens. L'église et le château ont été donnés au XIᵉ siècle par *Arveus*, trésorier de Saint-Martin de Tours, au monastère de Saint-Martin de Limoges. — Elle offre un type curieux d'ancienne place féodale. Les murs du château dominant la colline sont défendus par une double enceinte. La ville groupée au-dessous est enfermée elle-même dans une troisième enceinte, dans laquelle on rencontre encore plusieurs manoirs aux armes de différents nobles du pays, lesquels en temps de guerre venaient y chercher un refuge.

Les principaux fiefs qui en relevaient alors directement étaient la baronnie de *Monterollet*, les fiefs du *Monteil*, de *Pers*, du *Buisson*, de *Lâge*, du *Puy-Merigoux*.

2. La maison de Maignac éteinte depuis longtemps paraît avoir été aux XIIIᵉ et XIVᵉ siècles la plus considérable de cette partie du Limousin. Son nom s'est écrit successivement *Manhac*, *Maignac* et *Magnac*. Elle portait comme armes parlantes une *main d'argent* sur fond d'azur, ainsi qu'on peut le voir encore sur le tombeau de granit à demi effacé d'*Etienne de Maignac, 21ᵉ prévôt de Saint-Junien*, de 1358 à 1362, dans l'église collégiale de cette ville. Ledit Etienne de Maignac était lui-même neveu de *Jean de Maignac, cardinal d'Ostie*. On trouve la signature de *Pierre de Maignac*, damoiseau, sur un grand nombre des actes de *Charles V* dont il était le secrétaire. Son testament conservé aux Archives nationales est du 17 sept. 1407 (X[1A], 9807, fol. 207). Néanmoins il vivait encore le 10 avril 1410 où *Charles* V lui accorde une pension de 400 l. en supplément des nombreux dons qu'il avait reçus du feu roi. (Bib. nat., Pièc. orig. Maignac, nº 18.)

3. *Aymeri de Maignac* neveu et frère des précédents, fut conseiller du roi Jean le Bon, puis cardinal et évêque de Paris, et mourut à Avignon le 20 mars 1384. Son corps rapporté à Paris fut inhumé dans le chœur de l'église Notre-Dame, où il a été découvert le 11 mai 1699. Sauval (t. I, p. 379) décrit son tombeau et rapporte son épitaphe. Ce fut sous le pontificat d'Aymeri de Maignac que furent transférés les restes de saint Cloud, fils du roi Clovis. A cette occasion sa famille reçut de lui un bras entier du saint. Cette précieuse relique fut envoyée au Chatelard : on verra plus tard qu'en 1405 sa nièce, *Perenelle de Maignac*, veuve de *Clément de Reilhac*, en fit hommage solennel à l'église de Saint-Junien.

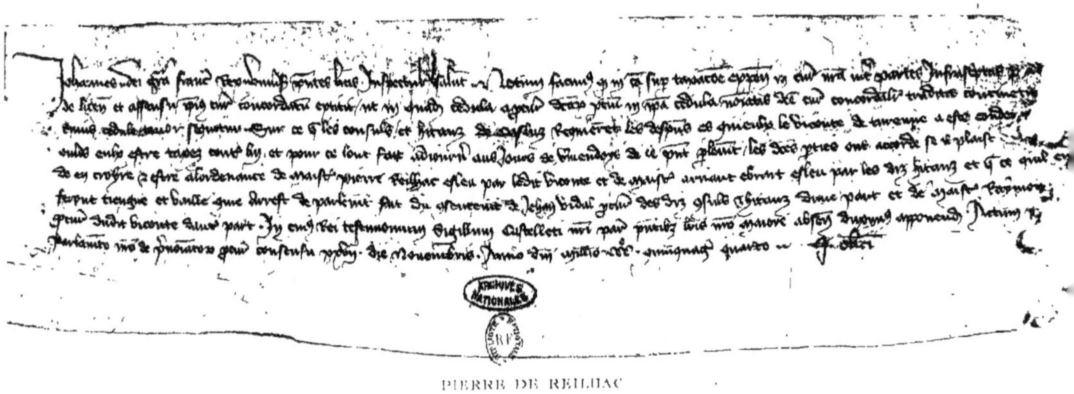

PIERRE DE REILHAC

(Arbitrage entre les habitants de la ville de Chalus et le Vicomte de Turenne

(24 Novembre 1354)

Pierre de Reilhac IIIe du nom, frère puîné de Clément, devint conseiller du Roi le 6 mars 1388. Il siégea en la grand'Chambre jusqu'en 1402. 1402, mourut le 10 juillet de cette même année et fut inhumé, en présence de la cour, dans cette même chapelle de Reilhac fondée par son frère en l'église Saint-Médard (1). Sa descendance fut Clément IIe du nom, Maire de la Chambrerie de France (2), né en 1394 et compromis en 1444 dans l'affaire de Jacques de Pons (3);

1. (Arch. nat., X1A, 1469, fol. 309, v°) — Huit ans plus tard cette chapelle reçut une nouvelle fondation pour l'entretien d'un chapelain particulier. A cet effet, les 30 avril et 28 octobre 1400 et 20 avril 1411 par-devant Jean Prudhomme et Tesson, notaires au Châtelet de Paris, dame Perenelle de Maignac, veuve de Clement de Reilhac, constitua une rente sur diverses maisons de la rue Mouffetard. On devait y dire trois messes chantées par semaine pour les defunts de la maison de Reilhac, ainsi que d'autres cérémonies aux principales fêtes de l'année. Cette fondation a subsisté intégralement pendant quatre siecles, jusqu'en 1747, époque où elle fut reduite a treize messes annuelles par l'archevêque de Vintimille, puis supprimee, comme toutes autres, a la revolution de 1789. — La plaque commémorative suivante en l'église Saint-Médard a perpétué ce souvenir :

« *Cette chapelle,*
connue depuis le XIVe siecle sous le nom de
NOTRE-DAME DE REILHAC,
a ete fondee derriere le chœur de l'ancienne église Saint-Medard,
vers l'an 1380
par CLÉMENT DE REILHAC, *seigneur de Brigueil,*
avocat du Roi au Parlement.
Et le 2 juillet 1402
en presence de la Cour,
PIERRE DE REILHAC, *son frere, conseiller au Parlement,*
y a ete inhumé,
ainsi que depuis nombre de leurs descendants.
Par actes des 28 decembre, 10 avril 1410 20 avril 1411,
Dame PERENNELLE DE MAIGNAC,
veuve du fondateur et niece de l'evêque de Paris,
y a etabli a perpetuite 157 messes chantees par an,
avec mémoire des trepasses
pour les défunts de la famille de Reilhac,
et a constitue une rente sur diverses maisons
de la rue Mouffetard
afin de payer l'entretien des chapelains
lesquels ont subsiste jusqu'en 1790 »

(*Memoires de la Societe de l'Histoire de Paris et de l'Ile de France.* — Tome XII, page 242. — Champion, libraire, 13, quai Malaquais Paris 1885.)

2. On le voit notamment agir avec cette qualité dans une contestation à propos de l'hôtel du duc de Bourbon, sis a N.-D.-des-Champs, les 4-6 mars 1449. (Arch. nat., P. 1363, cote 1159[37].)

3. Interrogé le 2 mars 1444 devant le Parlement par Philippe des Courtilz, conseiller du Roi, il se défendit énergiquement de l'accusation de complicité portée contre lui, dans l'évasion du sire de Pons. Il s'etait contenté, dit-il, de recommander le prisonnier a messire *Antoine de Maignac*, chevalier, et

1424. Guillemin ou Guillaume Ier du nom, qui s'attacha à Louis I de Bourbon dit le Bon, comte de Montpensier, Dauphin d'Auvergne (1) et resta pendant de longues années le maître de la chambre aux deniers de ce prince, père lui-même de Jean, Secrétaire et Maître des Comptes des rois Charles VII et Louis XI, sujet de ce travail, et aussi de Jacques de Reilhac, conseiller au Parlement de Paris de 1458 à 1471, dont il sera question plus tard, principalement à l'année 1466.

C'est à Aigueperse, aujourd'hui petite ville de la Limagne d'Auvergne (2), mais alors capitale du comté de Montpensier, que naquit Jean de Reilhac dans une résidence que son père y possédait (3). Les fonctions remplies par ce dernier l'obligeaient à de fréquents voyages pour les affaires de la province qu'il administrait. Forcé d'être tout à la fois en rapports constants avec le duc de Bourbon et le roi, on rencontre Guillaume de Reilhac en de continuels déplacements, soit auprès du duc (4) soit à la cour de Charles VII. Chaque année, de 1440 à 1447, avant ou après l'assemblée des Etats d'Auvergne, il se rend vers le roi pour lui soumettre les représentations desdits Etats. En 1445 il y fait deux séjours, accompagné du héraut d'Auvergne, pour réclamer contre les exigences et excès des gens de guerre (5). En février 1444, il y

a l'*eveque de Limoges*. (Bib. nat., Fr. 20194, fol. 87 intitulé « *Confession de Clement de Reilhac* »)

Reconnu plus tard innocent, il reçut a titre de dommages et interêts 500 livres parisis pour le payement desquelles le Parlement fit saisir les biens de Jacques de Pons, le 28 juillet 1449. (Bibl. nat., Fr. 20178, fol. 167.)

1. *Louis I de Bourbon*, fils de *Jean I, duc de Bourbon*, et de *Marie de France*, fille du duc de Berry, *comte de Montpensier, dauphin d'Auvergne* en 1436, par son mariage avec Jeanne fille de Béraud III et de Jeanne de la Tour d'Auvergne, remariee en 2e noces a Gabrielle fille de Bertrand VI de la Tour d'Auvergne, niece de sa premiere femme. Son administration douce et paternelle lui fit donner par ses sujets le surnom de *Bon* Il mourut en 1486 et fut enterre dans la chapelle Saint-Louis de l'église d'Aigueperse.

2. *Aigueperse* 4,000 hab. , chef-lieu de canton du departement du Puy-de-Dôme.

3. Ainsi que le constate le registre de déliberations de la ville d'Aigueperse « Franchise donnee le 3 juillet 1442 par les consuls de la ville a noble et saige Guillaume de Reilhac, maistre de la Chambre aux deniers de Monseigneur le comte. » (Arch. d'Aigueperse., Reg. de délibér. de la ville, fol. XXXVII)

4 Voyage de Guillaume de Reilhac en Bourgogne « pour aller devers Mg de Bourbonnais » en septembre 1442 (Bib. nat., Fr. 22296 nº 5.)

5. Bib. nat . Fr. 22296, nº 7.

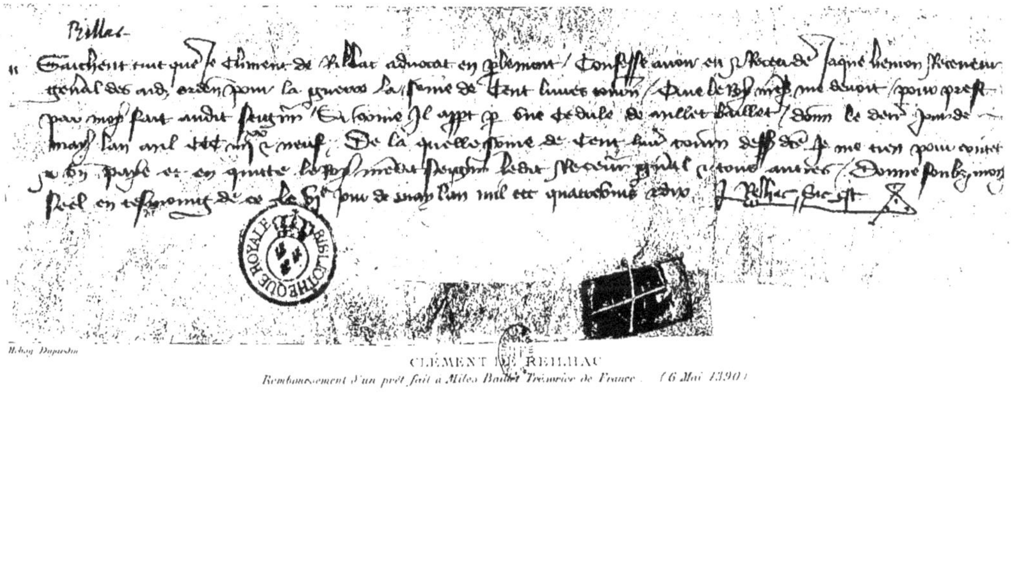

Héliog. Dujardin

CLÉMENT DE REILHAC

Remboursement d'un prêt fait à Miles Baillet Trésorier de France. (6 Mai 1390)

retourne envoyé en ambassade par les Etats du pays avec Draguinet de Lastic, neveu du Grand Maître de Rhodes et chambellan du Dauphin (1), Jean Le Viste, lieutenant du sénéchal d'Auvergne, et le sire de Dampierre (2). En 1447 nouveau voyage auprès de Charles VII (3). Il semble permis de supposer que son fils dut l'y accompagner souvent et que le roi apprit ainsi à connaître ce dernier tout jeune encore. 1424.

Toutefois, élevé dans la maison de Bourbon, Jean de Reilhac conserva pour les princes de cette famille un attachement qui ne se démentit jamais, même au milieu des circonstances délicates où les calculs de la politique tortueuse de Louis XI le placèrent (4).

Avant de clore cet avant-propos, revenons un instant à la postérité de Clément Ier du nom. Pour éviter la confusion, il est utile de la faire connaitre, attendu qu'elle a formé une branche aînée, dont on retrouve également divers membres dans l'entourage des rois Charles VII et Louis XI. Cependant, comme on va le voir, quoique continuant à porter le nom de Reilhac, cette branche ne tenait plus à la souche commune que par le côté féminin, fait assez anormal, ce semble, au premier abord, dans une famille qui comptait en même temps d'autres représentants mâles placés aussi en évidence que les collatéraux susmentionnés.

Des quatre filles et du fils unique laissés par Clément, ce dernier, Pierre de Reilhac, IVe du nom, chevalier, haut seigneur de Brigueil, combattit, le 24 août 1424. sur le champ de bataille de Verneuil, sous les ordres de l'Écossais Jean Stuart, comte de Buchan, et

1. *Draguinet*, seigneur de Lastic, de Valeilles, de Montsuc, etc., chambellan du Dauphin d'Auvergne (Louis de Bourbon, comte de Montpensier), puis de Charles VII, et *Grand Maître de l'Hôtel* de la reine, mort au mois de juillet 1472 Il etait neveu de *Jean de Lastic*, qui prit le premier le titre de *Grand Maître de l'ordre de Saint-jean de Jérusalem* (alors de Rhodes).

2. Bib. nat., Fr. 3654, fol. 77 (Nouvelles acquisit.).

3. Bib. nat., Piec orig. Reilh., n° 5.

4. V. p. 195, 197

1424. y fut tué par les Anglais. Il n'avait jamais été marié, et l'aînée de ses sœurs, Marguerite (1), recueillit sa succession. Celle-ci avait épousé, dès 1402, Junien le Fèvre, fils de Pierre le Fèvre, premier Président du Parlement de Paris (2), et cousin germain du chroniqueur Jean Le Fèvre de Saint-Remy, premier roi d'armes de la Toison d'or, confident du duc Philippe le Bon, et, selon Blanchart, tige des seigneurs de Caumartin (3). Junien le Fèvre devint lui-même premier Président du Parlement transporté à Béziers, puis à Toulouse, pendant l'occupation étrangère en 1424.

De ce mariage étaient nés huit enfants; entre autres, deux fils, Étienne et Clément, lesquels, quoique frères, prennent chacun un nom de famille différent.

L'aîné, Étienne, entre dans les ordres, et se fait ordonner diacre pour obtenir la Prévôté de Saint-Junien, bénéfice ecclésiastique recherché alors, que nous avons déjà rencontré dans sa famille (4). Conservant le nom de son père, il s'appelle, dans l'his-

1. Arch. Reil., Trans. de 1445. Les autres filles étaient : 1° *Guillemette*, mariée vers 1407 à *Guillaume de Claustre* ou *du Cloître* (*Claustri*), conseiller du Roi, d'une ancienne famille parlementaire alliée à la maison *de Vauldetar*, et éteinte au XVIe siècle (v. p. 297). Elle portait *d'azur au cœur d'or en abîme*. 2° *Olive*, mariée seulement en 1420 à *Pierre de Sauveterre*, chevalier, et 3° *Alix* ou *Alisson*, morte fille.

2. *Pierre le Fèvre*, d'une famille noble du Ponthieu, fut élu conseiller du roi en 1383 et succéda comme premier président à *Jean du Drac* en 1413. Il portait pour armes d'azur à cinq fasces d'argent. (Blanchart, *les Prés. au Parlem.*, p. 43-44.)

Le nom de *Junien* donné à son fils, nom exclusivement porté en Limousin, indique clairement que cette famille avait alors déjà des racines dans cette province, fait qui est confirmé encore par la dignité de prevôt de Saint-Junien conférée à son petit fils Étienne en 1446 (v. p. 13).

3. *Pierre le Fèvre* avait un frère, *Huard le Fèvre*, auquel le roi Charles VI concéda divers privilèges en l'an 1400 en considération de ses services. Ce Huard le Fèvre fut le père de *Jean le Fèvre de Saint-Remy* né en 1394, qui s'attacha plus tard à la maison de Bourgogne et fut le premier roi d'armes de la *Toison d'or*. Ce dernier a laissé des Mémoires très connus qui vont de 1407 à 1436. De lui est descendu le célèbre chancelier *Le Fèvre de Caumartin* (Blanchart, ibid., p. 43). On le rencontrera plus loin chargé de fréquentes missions diplomatiques auprès de Charles VII et de Louis XI (p. 42, 48).

4. *Étienne de Maignac*, son grand-oncle (v. note de la page 7). — Le chapitre de Saint-Junien, un des plus anciens connus puisqu'il remonte à l'an 950, était gouverné par un prévôt choisi dans les familles les plus importantes du Limousin. Le premier fut saint Israel qui mourut le 31 décembre de l'an 1014. Puis vint Amelius qui reconstruisit l'église collégiale, vaste et beau spécimen de l'art roman en France, classé actuellement parmi les monuments historiques. A différentes époques l'élection de ce prévôt a donné lieu aux plus vives compétitions, les rois de France y présentant aussi leur candidats. Ce bénéfice, ainsi qu'on le verra plus loin, devint au XVIe siècle l'apanage des familles les mieux en cour.

Héliog. Dujardin

GUILLAUME DE REILHAC MAITRE DES COMPTES DE LOUIS DE BOURBON, DAUPHIN D'AUVERGNE

Remboursement des avances faites par lui pour divers voyages à la Cour du Roi Charles VII

toire de l'époque, Étienne le Fèvre, prévôt de Saint Junien, vicomte 1429.
de Mérinville, baron de Rougemont (1), conseiller intime du roi Charles VII. Voué au célibat, il mène cette existence moitié ecclésiastique, moitie laïque, qu'on rencontre souvent encore à cette époque et meurt en 1471, possesseur d'une très grande fortune.

Mais le cadet, Clément, seigneur de Brigueil du chef de sa mère, quitte le nom de le Fèvre pour adopter celui de Reilhac. Les actes du temps le désignent tour à tour successivement sous le nom de « Clément le Fèvre, dit de Reilhac » (2), puis sous celui de « Clément de Reilhac, IIIe du nom, seigneur de Brigueil » (3). Il meurt en 1469, laissant un fils aîné, Pierre de Reilhac, V[e] du nom, seigneur de Brigueil, vicomte de Mérinville, grand échanson du roi Louis XI (4), marié avec Marguerite de Chabot, fille du vicomte de Jarnac; lequel continue la tige des seigneurs de Brigueil qui ont porté le nom et les armes de Reilhac jusqu'au milieu du XVIe siècle où ils se sont éteints dans les maisons de Crevant-Humières et des Monstiers-Mérinville, après la mort de Jean de Reilhac, 6e seigneur de Brigueil et 4e vicomte de Mérinville, tué sans postérité en 1567, à la bataille de Saint-Denis (5).

1. *Merinville*, aujourd'hui *Mereville* chef-lieu de canton de l'arrondissement d'Etampes, 1,800 hab., terre considerable dont la juridiction s'etendait sur un grand nombre de paroisses, siège d'une ancienne vicomte possedee au XIIIe siecle par la maison des Ligneris. Achetée au milieu du XIVe siecle, par Etienne le Fevre, a cause des nombreux fiefs qu'il possédait déjà dans le pays du chef de sa mere, elle passa ensuite par voie d'heritage à la maison de Reilhac et plus tard a celle des Monstiers on y voyait un château fortifié, sis au bord de la Juisne, restauré au siècle dernier et autour duquel a été crée un des plus beaux parcs de France par le célebre fermier general de Louis XV, M Benjamin de Laborde. Puis par un singulier retour des choses, rachetee ensuite sous la restauration par Jacques de Serres, comte de Saint-Roman, pair de France cette terre a appartenu après lui à sa petite-fille, *Gabrielle de Reilhac*, comtesse de Saint-Roman, decedee le 18 mars 1878. (V. a l'Appendice.)

Rougemont, l'une des quatre baronnies de l'ancien Orleanais, également achete par Etienne le Fevre, a passe ensuite à la maison de Buz, par le mariage d'Anne de Reilhac avec Abel de Buz, seigneur de Villemareuil-en-Brie panetier du roi Charles VIII.

2. Arch. Reil., transact de 1472.

3. Id., transact. de 1457, 1474, 1476. — Bib. nat., Fr. 20685, fol. 401-411.

4. Arch. de S.-et-O, Angerville, liasse unique — Du 27 juin 1482. Hommage par Pierre de Reilhac vicomte de Merinville, grand echanson du Roi Louis XI, a Jean de Foix, comte d'Etampes. (V. p. 283.)

5. Par les mariages de *Jacquette de Reilhac, vicomtesse de Brigueil*, en 1561, avec *Louis de Crevant*, grand-pere du marechal duc d'Humieres, et de *Françoise de Reilhac, dame de Merinville*,

1446. Semblable substitution du nom maternel au nom paternel, à une époque où le titre féodal était tout, ne doit pas étonner, puisque la désignation patronymique n'était encore soumise à aucune règle précise comme aujourd'hui et ne constituait pas une propriété aussi exclusivement limitée à la descendance masculine. Elle s'explique surtout si l'on considère que le seigneur de Brigueil, appelé Clément comme son grand-père maternel et probablement en mémoire de lui, résidant au pays qui était le berceau de cette maison, se sera cru autorisé à bénéficier ainsi davantage de l'autorité qui pouvait s'attacher alors au souvenir de Clément de Reilhac? Quant aux neveux que cette question de nom aurait pu intéresser, rien n'indique qu'ils l'aient vue de mauvais œil, puisque tout à l'heure on verra le seigneur de Brigueil et son frère aîné, Etienne le Fèvre, dans l'entourage de Charles VII en même temps que Jean de Reilhac.

Cette branche de la famille avait cruellement souffert des guerres civiles et plus encore de la guerre étrangère. Forcée de prêter serment, le 28 août 1418, entre les mains de Jean sans Peur (1), elle s'était, lors de l'entrée des Anglais à Paris, réfugiée à Poitiers, auprès du Dauphin, et tous les biens qui lui appartenaient dans les provinces envahies avaient été confisqués au nom du roi d'Angleterre sous prétexte « d'absence ». Cet état de choses dura jusqu'en 1436, époque où les Français rentrèrent à Paris, ainsi que le témoignent les registres de « l'Ordinaire de la Prévôté » (2).

C'est pourquoi, dans une ordonnance datée de Chinon, le 22 mai 1424, Charles VII accorde à Junien le Fèvre, alors premier Président du Parlement établi à Toulouse au moment de l'invasion

en 1564, avec *Eusebe des Moustiers*, seigneur du Fraisse, dont la descendance a depuis lors ajouté à son nom celui de *Merinville*.

1. Le Roux de Lincy, *Paris et ses historiens*. — Du 28 août 1418.

2. Sauval, t. III, p. 317 — « Trois hostels joignant le sejour d'Orleans seis rue Saint-André-des-Arcs qui furent a mademoiselle de Reilhac absente, » etc., id., page 580. (Comptes des annees 1423 à

anglaise, et à Marguerite de Reilhac, sa femme, un don de 400 livres tournois pour subvenir aux besoins les plus pressants de leur 1446.
existence, « en consideration, dit-il, à la bonne loyaulté qu'il a toujours eue envers nous, qu'il a perdu la plus grant partie de ses biens en la ville de Paris, à l'entrée de nos ennemis rebelles et desobeissans, et en icelles considerans aussi les bons et agreables services que chaque jour nous fait tant audit Parlement qu'autrement, et qu'il est chargé de femme et enfans en grand nombre, entre lesquels enfans y a une fille en aage de marier » (1). Le 4 novembre 1429, lors de la suppression du Parlement de Béziers transféré à Poitiers, et à propos d'une rivalité avec Guillaume le Turc qui voulait être nommé premier président, Junien le Fèvre se démet de ses fonctions. Plus tard son fils aîné, Étienne le Fèvre, élu à l'unanimité 28e prévôt de Saint-Junien, le 21 juin 1446, entre au grand Conseil du roi où étaient alors Gaston IV, comte de Foix; Jean, bâtard d'Orléans, comte de Dunois; Guillaume Cousinot; les frères Bureau, dont l'un, Gaspard, grand maître de l'artillerie; l'autre Jean, sire de Monglat, trésorier de France; Pierre de Brezé, sénéchal de Normandie; Antoine de Chabannes, comte de Dammartin; Jean Dauvet, ambassadeur du roi à Rome, au concile de Bâle et plus tard premier président des Parlements de Toulouse et de Paris; Odet d'Aydie dit « l'aîné », sire de Lescun; Pierre d'Oriole, Maître des Comptes et ensuite chancelier de France. En 1455, Étienne le Fèvre est créé maître des Requêtes (2) et, l'année suivante, on le rencontre à la cour du roi Charles VII au moment même où son neveu à la mode de Bretagne, Jean de Reilhac, y fait ses débuts.

1. Bib nat., Piec. orig. Le Fevre, vol. 1138, p. n° 27. — Il s'agit ici de *Perette le Fevre*, mariée ensuite à *Pierre Barthon, vicomte de Montbas*, neveu et frere des deux evêques de Limoges sortis de cette famille et dont on voit les tombeaux dans le chœur de la cathedrale. Il fut chambellan du roi Charles VII et gouverneur du pays de la Marche en 1440. (Bib. nat., Piec. orig., vol. 207, n° 28.)

2. Blanchart, p. 8[illegible]

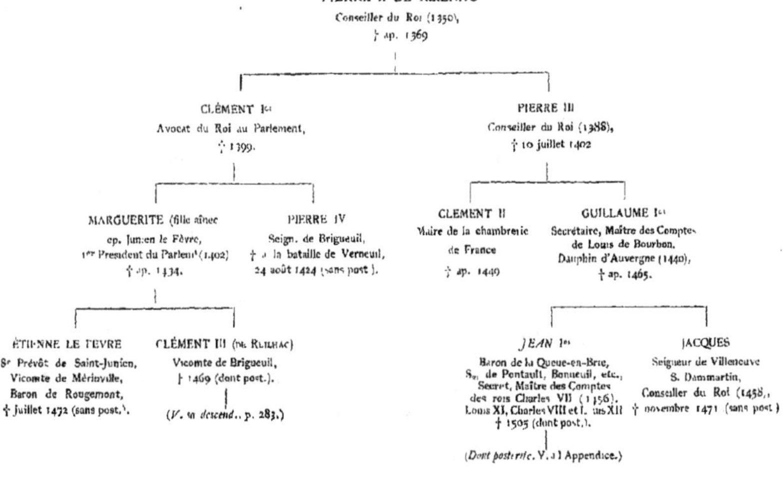
PIERRE II DE REILHAC
Conseiller du Roi (1350),
† ap. 1369
CLÉMENT Ier
Avocat du Roi au Parlement,
† 1399.
PIERRE III
Conseiller du Roi (1388),
† 10 juillet 1402
MARGUERITE (fille aînée
ép. Junien le Fèvre,
1er President du Parlemt (1402)
† ap. 1434.
PIERRE IV
Seign. de Brigueuil,
† à la bataille de Verneuil,
24 août 1424 (sans post.).
CLEMENT II
Maire de la chambrerie
de France
† ap. 1449
GUILLAUME Ier
Secrétaire, Maître des Comptes
de Louis de Bourbon,
Dauphin d'Auvergne (1440),
† ap. 1465.
ÉTIENNE LE FEVRE
28e Prévôt de Saint-Junien,
Vicomte de Mérinville,
Baron de Rougemont,
† Juillet 1472 (sans post.).
CLÉMENT III (DE REILHAC)
Vicomte de Brigueuil,
† 1469 (dont post.).
(V. sa descend., p. 283.)
JEAN Ier
Baron de la Queue-en-Brie,
Sgr de Pontault, Bonneuil, etc.,
Secret, Maître des Comptes
des rois Charles VII (1456),
Louis XI, Charles VIII et Louis XII
† 1505 (dont post.).
(Dont postérité. V. à l'Appendice.)
JACQUES
Seigneur de Villeneuve
S. Dammartin,
Conseiller du Roi (1458),
† novembre 1471 (sans post.)

II

ANNÉES 1456 ET 1457

(L'année 1456 commence le 28 mars.)

(L'année 1457 commence le 17 avril.)

SOMMAIRE

Débuts de J. de Reilhac en Limousin (1455). — Son entrée au service de Charles VII pendant le voyage de Lyon (octobre 1456). — Missions d'Étienne le Fèvre prévôt de Saint-Junien, auprès du duc de Bourgogne et aux états du Languedoc. — Campagne du Roi contre le Dauphin. — Tentative infructueuse de Chabannes. — Séjours à Vienne et à Lyon. — Retour par le Bourbonnais (1457). — Procès des officiers du pays de la Marche. — Premiers actes du conseil expédiés par J. de Reilhac. — Rémissions. — Légitimations. — Lettres de Noblesse. — Nominations — Nouvelles mesures contre le Dauphin. — Lettres au sire de Chastillon.

BIEN *recors et mesmement considéré le temps comme de*
quarante ans et plus qu'il avoit bien et loyalement 1455.
servy feuz nos ayeux et pere en grans charges et
ambassades et autres affaires du royaume (1). »

Tels sont les termes d'une charte délivrée à Jean de Reilhac, en 1496, et qui, indiquant l'époque officielle de son entrée aux affaires, la placent, d'accord avec les documents existants, au milieu de l'année 145$^{5}/_{6}$.

1. Lettres patentes accordées par Charles VIII à Jean de Reilhac, Lyon le 11 février 1496. — Bib. nat., Pièc. orig. Reilh., 2456, n° 17.

Déjà, l'année précédente, le 15 août 1455, sa signature apparaît
1455. pour la première fois sur une quittance délivrée au Commissaire des gùerres pour émoluments d'un modeste emploi rempli par lui à ses débuts, au bas pays de Limousin, celui de secrétaire et greffier des Élus chargés d'établir l'impôt dit de « l'Équivalent » (1). Fils d'un puîné de famille (2), ainsi qu'on vient de le voir, il semble tout d'abord avoir voulu, comme son père, faire l'apprentissage du métier des finances (3).

Puis, bientôt il est demandé par le roi qui le nomme son secrétaire particulier et le garde désormais auprès de sa personne : « Il fust longtemps serviteur du roi Charles VII, fait-il dire plus tard en parlant de lui-même, et y a trente ans que le roi Charles, le fist son secrétaire, et joyst dudit office jusques au trespas dudit feu roy Charles » (4).

Voici dans quelles circonstances :

On connaît les dissentiments de Charles VII avec son fils. C'est alors le moment où la rupture définitive vient d'éclater. Dès le

1. Du 15 aoûst 1455

Quittance pour salaire de peines et ecritures

(Orig autogr sur parchemin

« Jehan de Reilhac greffier des esleuz ou commiſſaires sur le fait de lequivalent ou bas pais de Limoſin, confeſſe avoir eu & receu de Guille Gaignon commis & receveur le paiement des gens de guerre ou dit bas pais de Limosin, la somme de vint et cinq livres tournois, laquelle le Roy noſtre Seigneur & Meſſeigneurs de ses finances mont tauxee pour mes peines davoir fait et eſcriptes les commiſſions particulieres papiers affectés & autres eſcriptures neceſſaires pour mettre ſus et lever ledit paiement pour lannee preſente, commençant en janvier derrenier paſſe, de laquelle somme de xxv ltz je me tient pour content & bien paye, & en quicte le dit Gaignon & tous autres. En tesmoing de ce jay signe ceſte quictance de mon ſeing manuel le xve jour de aouſt lan mil quatre cent cinquante cinq.

« DE REILHAC. »

(B., Piec. orig. Reilh , 2456, n° 8)

2. Il est qualifié dans les premiers actes qui le concernent personnellement : « Fils d'un puîne du baron de Brigueil ». (Arch. Reilh. — Doc. genéalog. collat. pour une admission à l'ordre de Malte. e 28 mars 1571.)

3. V. page 7.

4. Arch. nat. X1a [illegible], fol. [illegible]. Plaid. du [illegible]

printemps de l'année 1457 (1), le roi, qui cherche à s'emparer 1456.
du dauphin, quitte la Touraine et se dirige vers Lyon.

Il séjourne quelque temps au Châtelard, près de Gannat en Bourbonnais. Étienne le Fèvre, prévôt de Saint-Junien, vient l'y rejoindre pour lui apporter les remontrances des trois états du Languedoc (2); et son arrivée coïncide avec la première apparition de Jean de Reilhac à la cour. C'est là que ce dernier rencontre également l'appui du comte de Dammartin, alors tout-puissant, et auquel, selon sa propre expression, il devient bientôt « redevable plus qu'à aucun homme au monde » (3).

Le premier acte du grand Conseil du Roi, sur lequel on voit apparaître le nom de Jean de Reilhac, est daté de *Lyon, octobre 1456* (4). C'est une grâce accordée à un paysan du pays de Bourgogne, coupable d'avoir assommé son débiteur récalcitrant.

Après le coup de main avorté d'Antoine de Chabannes pour surprendre le dauphin, lequel échappe durant une partie de chasse

1. L'annee commençait alors à Pâques.

2. *Etienne le Fevre*, envoye en juin 1455, avec *Jean le Bouvier*, sire d'Esternay, et *Jean Dauvet*, vers le duc de Bourgogne, avait eté de la assister aux états du Languedoc, au nom desquels il revenait alors en ambassade vers Charles VII, ainsi que le temoigne la quittance suivante :

A Gannat. — Du 27 juillet 1456.

Remboursement a Etienne le Fevre de ses frais de voyage comme delegué par les etats du Languedoc.

(Orig sur parchemin.)

« Je Estienne le Fevre, conseiller maistre des Requestes de lostel du Roy nostre sire, confesse avoir eu & receu de maistre Estienne Petit aussi conseiller dud. seigneur & tresorier general de Languedoc, la somme de cent livres tournoys, a moy ordonnee & deppartie, par le Roy nostred. seigneur, de la somme de X m lt mise sus oultre & pardessus layde de CXXI m lt octroye aud. s. a Montpellier le premier jour de mars derrenier passe, *tant pour le fait de l'ambassade envoye devers le Roy nostred. seigneur par les gens des trois estaz* dud pays, que aussi pour espcces ainsi que par les lectres pactentes dud seigneur sur ce par lui faictes du deppartement desd. X m. lt peut plus a plain apparoir. Delaquelle somme de C lt. je suis content & en quicte led. tresorier general & tous autres. Tesmoing mon seing manuel, cy mis. A Gannat le XXVIIe jour de juillet, l'an mil cccc cinquante & six.

« E. Le Fevre. »

(B., piec. orig. Le Fevre, 1138, no 32.)

3. V. plus loin a l'année 1461, les pieces relatives a la disgrâce d'Antoine de Chabannes.

4. Arch. nat., Reg. J. J. 187, fol. 109. V. t. sec., Piec. justific., no LXXIII.

1457. et se réfugie chez le duc de Bourgogne, Charles VII assemble les états du Dauphiné à Vienne et s'y établit. Là, Reilhac expédie diverses lettres de rémission :

Guyot Mercier, clerc tonsuré. Coupable d'avoir tué un prêtre en défendant son droit de terrage. — *Vienne, octobre 1456. (Signé :)* J. DE REILHAC (1).

Jean de Châteaupers, noble homme, recteur de l'Université de Poitiers et neveu de Guillaume de Châteaupers, écuyer; meurtre commis sur un clerc. — *Id., novembre. (Signé :)* J. DE REILHAC (2).

Jean Blanchart, de Mortagne, au diocèse de Lisieux. Querelles et rixes à propos d'une chambrière. — *Lyon, février* 145 6/7 *(Signé :)* J. DE REILHAC (3).

Georges Ferrier et *Phelipon Fourny*, de Confolens. Ravages occasionnés dans les récoltes par incursions d'animaux domestiques. — *Id., 1er mars. (Signé :)* J. DE REILHAC (4).

En juin 1457, départ pour la Touraine et nouveau séjour en Bourbonnais. A Thory, une députation des habitants du pays de la Marche vient solliciter du roi qu'il fasse activer le procès commencé contre les officiers de cette province. Reilhac en écrit pour le Roi aux gens du Parlement. Ceux-ci devront soumettre le « dictum » de leur sentence avant de la prononcer en public :

A Thory près Moulins. — Du 26 août 1457.

Lettre aux gens du Parlement.

(Orig. sur parchemin.)

De par le Roy,

Nos amez et feaulx, nous avons pieça receu vos lettres de ixe jour de Fevrier derrenier paſſe, faiſans mencion que bonnement ne pouvez proceder au jugement

1. Arch. nat., Reg. J. J. 187, fol. 106. V. t. sec. Pièc. justific., no LXXIV.
2. — — — fol. 110. — — — no LXXV.
3. — — 191 fol. 117. — — — no LXXVI.
4. — — — fol. 127. — — — no LXXVII.

1457.

du proces des officiers du pays de la Marche, introduit & pendant par devant vous, obstant labsence de Maistre Regnault Bonin, lequel sen estoit venu en sa maison, & aussi quil vous sembloit que pour le bien de la matiere & mesmement pour nostre interest & prouffit, le tresorier dud. pays de la Marche devoit preablablement compter de toutes les receptes dont il a eu charge de par nous; & pour ce quil y a ja long temps que led. proces est introduit par devant vous auquel avons grant interest, et que croyons que veu le temps quil y a que nous avez escript vos dictes lectres auxquelles avons differe de vous faire responce, que led. tresorier ait compte & pose quil ne lait fait, si semble il que ne deveriez differer de proceder oultre au jugement & expedicion dud. proces. Nous voulons & vous mandons que tres *diligemment procediez a lexpedition dud. proces ainsi que par plusieurs fois nous avons rescript le faire et pour ce faire vous envoions Jaques de la Fontaine*; & au regard dud. Me Regnault Bonin, nous lui rescripvons presentement quil se tire & soit par devers vous dedans le xe jour du mois de septembre prouchainement venant, pour assister & estre present avecques vous. Toutetfoiz quand il ny seroit ou pourroit estre, nous nentendons pas que differiez a proceder, pour son absence, au jugement & expedicion dud. proces; mais voulons que besongniez diligemment & tellement que led. de la Fontaine puisse estre retourne devers nous dedans le xie du jour du mois de novembre prouchainement venant, ainsi que lui avons ordonne & charge; et par lequel nous pourrez envoier le dictum de vostre sentence avant que icelle prononcer, ainsi que autreffoiz vous avons rescript. Donne a Thory pres Molins, le xxvie jour d'Aoust.

Ce procès dure depuis trop longtemps.

Il faut l'expédier d'urgence.

DE REILHAC.

Apporté par Jacques de la Fontaine, le ve jour de septembre lan mil IIII^c^ LVII.

(Bib. Nat. F. franc. 25.712, Chartes Roy. XVI, n° 318.)

Parmi les autres actes du Conseil signés par lui, on voit encore, durant ces diverses étapes :

Lettres de rémission pour :

Mathieu Copin, habitant d'Estalliers. Propos injurieux tenus contre une femme honnête et vengeance de son mari. — *Lyon, mai 1457*. (*Signé* :) J. DE RILHAC (*sic*) (1).

1 Arch. nat., Reg. J J. 187, fol. 125, V. t. sec. Pièc. justific. LXXVIII

Noël Sarre, du Boulonnais. Espionnage sur les frontières
1457. anglaises auprès de Calais. Compétition pour épouser une riche
veuve. — *Thory, août id.* (*Signé :*) J. DE RILHAC (1). Présens
le comte de Dunois, Jean d'Auvet.

Jean Delaunay, attaché à la Cour, brigandinier du Roi, natif d'Orléans. Flagrant délit d'adultère sur la femme d'un « espinglier » avec lequel il logeait durant la nuit que la Cour séjourna à Feurs-en-Foretz. *La Chaussière, 20 octobre id* (*Signé :*) J. DE REILHAC (2).

Guillot Carre, archer des ordonnances. Réquisitions à main armée chez des paysans. Brutalités des gens de guerre. — *Tours, mars* 145 $^{7}/_{8}$. (*Signé :*) J DE RILHAC (3). Présens : Jean Tudert, François Halle, rapporteur de la Chancellerie.

Lettres de légitimation pour :

Jean de Montargues, du diocèse de Saint-Privas au Vivarais, fils de Jean et de Jeanne Germon. — *Lyon, mai 1457* (*Signé :*) J. DE RILHAC (4). Présens : Gérald le Boursier, François Halle, *id.*

Catherine Guichard et Louis, fille et fils naturels de Guichard de Tho, prêtre. — *Bléré, novembre id.* (*Signé :*) J. DE REILHAC (5).

Jean Boucquart, habitant de Reims, fils de Jean et de Jeannette la Parmentière. — *Tours, mars id.* (*Signé :*) J. DE REILHAC (6).

Lettre de noblesse pour :

Les frères Dax, de Carcassonne. — *Au manoir d'Aule, 12 juillet 1457.* (*Signé :*) J. DE RILHAC (7). Présens : le duc de Bourbon, le comte de Foix, le comte de Dunois, Etienne le Fèvre, prévôt de Saint-Junien, Jean Bureau, trésorier de France.

1. Arch. nat., Reg. J J. 187, fol 33 — V. t. sec. Pièc justific., nº LXXIX
2. — — 189, fol. 61 — — nº LXXX.
3. — — 187, fol 10 — — nº LXXXI.
4. — — id fol. 26. — — nº XLVI
5. — — 189, fol. 62. — — nº L
6. — — 188, fol. 1. — — nº LI.
7. — — 187, fol. 21 — — nº XLVII

Guillaume Monachi, Français devenu grand maître de l'artillerie du roi d'Aragon. — *Nonneville, 3 oct. id.* (*Signé :*) J. DE REILHAC (1). Présens : les comtes de Foix et de Dunois, le sire du Monteil, Jean Dauvet. 1457.

Privilèges et autorisations diverses :

Faculté d'acquérir des biens en France et de tester pour *François Norri*, marchand florentin, demeurant à Lyon. — *Changy, juillet* 1457. (*Signé :*) J. DE REILHAC (2). Présens : le comte de Dunois, Jean Bureau.

Mandement à la Chambre des Comptes de reconstituer les titres seigneuriaux des vicomtés de Rouen, d'Arques et de Caudebec en faveur de *Jean d'Orléans, comte de Dunois*. — *Id., 22 juillet.* (*Signé :*) J. DE REILHAC (3).

1. Arch. nat., Reg. J. J 185, fol. 230. — V. t. sec. . Pièc. justific . XLIX.
2. — — 187, fol. 30. — — XLVIII.
3. La suscription a été couverte par une feuille de papier sur laquelle est collée cette ordonnance qui doit être certainement adressée à la Chambre des Comptes.

Jean d'Orleans, comte de Dunois et de Longueville, se plaint de ce que, par suite des guerres contre les Anglais qui ont si longtemps désolé la Normandie, on ne peut plus retrouver les titres qui doivent servir au recouvrement de plusieurs droits seigneuriaux lui appartenant. La Chambre des Comptes devra rechercher dans ses archives les actes et dénombrements desdites terres et les mettre à la disposition du requérant, notamment les comptes des vicomtés de Rouen, Arques et Caudebec :

A Changy — Du 22 juillet 1457

En faveur de Jean d'Orleans, comte de Dunois.

(Orig. sur papier.)

« De par le Roy,

« Noz amez & feaulx, notre chier et feal cousin le comte de Dunois nous a fait remonstrer que à cause de sa conté de Longueville il a plusieurs droiz et dommaines qui viennent chacun jour en grant diminucion a loccasion de ce que pour les guerres qui longuement ont esté en notre païs de Normendie ne puet trouver ne recouvrer les lettres. escriptures et autres enseignemens servans a ce, et pour ce que comme lai dit en notre Chambre des Comptes on doit avoir aucune chose et que avons interest a la conservacion des droiz de lad. conté Nous voulons et vous mandons que vous faites querir bien et diligemment en notred. Chambre les livres des aveuz et denombremens de lad. conté. Ensemble les comptes et escriptures des vicontes ou Receveurs de Rouen Arques, Monstiervilliers et

1457. Privilèges pour la ville de *Tournai*. Nomination d'une commission composée de : Richard de Longueil, évêque de Coutances; Jean le Boursier, sire d'Esternay; François Halle, rapporteur de la chancellerie. — *Id.*, *26 juillet*. (*Signé* :) J. DE REILLAC (1).

Confirmation au profit de *Poncet de Beauville* de la terre de Castel-Serrat en Guyenne, donnée à son bisaieul par Edouard III, roi d'Angleterre. — *Thory, 19 août id.* (*Signé* :) J. DE REIHAC (2). Présens : les comtes de Foix et de Dunois, Jean Búreau, Georges Havart, Jean d'Auvet ou Dauvet.

Protection à l'*abbaye de la porte Saint-Léon*, dépendante de Cluny. — *Avor-en-Bourbonnais, septembre id.* (*Signé* :) J. DE RILHAC (3). Présens : le comte de Dunois, Gérald le Boursier, Jean Dauvet.

Nomination de *Jacques de Clermont* comme bailli du pays de Caux à la place de Jean Havard. — *Souvigny, 26 septembre id.* (*Signé* :) J. DE REILHAC (4). Présens : le comte de Dunois et l'archevêque de Narbonne.

Arrivé à Tours, on apprend que du fond de sa retraite, à Genappe, Louis envoie des émissaires en Dauphiné pour attirer à lui la noblesse du pays. Alors, sous prétexte d'une guerre éventuelle avec l'Angleterre, le roi fait défendre aux nobles Dauphinois de passer la frontière :

Caudebec et tout ce qui servira a notredict cousin touchant ladicte conté et les droiz dicelle luy bailliez ou faites bailler en forme auctentique pour s'en aidier par tout ou besoing lui sera et lui valoir a la confervacion des droiz dicelle conte. Ce que de raison et gardez que en ce n'ait faulte Donne a Changy le xxiie jour de juillet. CHARLES.

« J DE REILHAC »

(Bib. nat., Fr 20382. fol 1)

1. Ordonn. roy., t. XIV, p. 451. V. t. sec. Piec. justific., n° I.
2. Arch nat., Reg J. J. 187, fol 160. — — n° II
3 — — 187. fol. 41. — — n° III.
4 Bib nat., Fr 21405. fol 130 — — n° IV

1457.

A Tours. — Du 21 mars 145⁷/₈.

Lettre au gouverneur du Dauphiné interdisant aux nobles de quitter le pays

(Copie du temps sur papier.)

Charles, &c., faifans régir le pays du Daulphiné soubz noftre main, a noftre chier & feal coufin le fire de Chaftillon (1), gouverneur dudit pays du Dauphiné, falut & dilection. Come nous ayons entendu de plufieurs & divers lieux, que nos anciens ennemys adverfayres les Anglois ont fayt une certaine groffe armée, en intencion de fayre deftruyre en aucuns lyeux de noftre réaume, affin de pourter domage à noz fubgez d'icelluy, & soyt ainsy que pour refifter aux dictes deftruites & entreprifes & obvier à ce que nos dictzs ennemys ne pourtent ou puissent (*sic*) fayre mectre sus & tenir preftz les nobles de noftre royaulme & semblablement ceulx dudit pays du Dauphiné, afin que nous nous puiffions servir d'eux, fe meftier en eft, pourquoy nous, ce que dit eft confidere, & en (suivant) sur ce l'advis & deliberacion d'aucuns des seigneurs de noftre sang & plus de noftre confeil, vous mandons & comectons par ces prefentes que vous faictes affavoir & figniffier de par nous à tous & chafcuns les nobles dudit pays du Dauphiné qui se mectent fus & en bon & foffifant eftat & abillement & se tiennent preftz por nous venir servir, quand ilz seront par nous mandez, & ce fait vous informés quel nombre defditz nobles & vaffaulx s'en pourra trouver audit pays du Dauphiné, pour venir en noftredit service en faifant ou faifant fayre inhibition & deffance de par nous à tous & chacuns *lesditz nobles vassaulx, sur payne de confiscation de corps & de biens, qu'ilz ne soyent si osés ne aidiz de partir dudit pays du Dauphiné pour eux mectre en service de quelque parsone que ce soyt* deça ne dela les montz, sans nous congié & licence; & au cas que aucuns seroyent trouves faifans le contrayre, *prennes les ou faictes prandre et arester en mectant leurs biens en nostre main*, jufques à ce que par juftice autrement en soit ordonné. Et afin que aucun ne puiffe pretendre jufte caufe d'ignorance, des chofes deffusdictes, nous vollons que ces prefentes soient publiées en heure accoftumez à faire criz & publications audit pays du Dauphiné : de ce faire vous donnons pouvoir, auctorité & mandament especial.

Pretendues entreprises des Anglais.

Les nobles doivent se tenir prêts à se rendre à la premiere convocation.

On confisquera les biens des absents.

1. *Louis de Laval*, sire de Châtillon, fut gouverneur du Dauphiné apres que le roi eut prononcé la confiscation de cette province contre son fils, par acte daté de Saint-Symphorien-d'Ozon. Ce fut un de ceux auxquels Louis XI refusa plus tard de pardonner.

1457. Donné à Tours, le xxıı[e] jour de mars l'an de grâce mil quatre cens cinquante sept & de noftre regne le xxxvı[e].

Par le Roy en son confeil auquel les contes de Foix, de Dunoys, de Dampmartın, le S. de Laforeft & du Monteil, Odet d'Aydie & aultres eftoient.

J. DE REILHAC.

(Arch. dép. de l'Isère. B, 2961, fol. 337 v°.)

Cette défense, il la fait renouveler plus expressément encore quelques jours plus tard à Louis de Laval, en apprenant que les ordres ne sont point exécutes.

Le dauphin y est maintenant désigné de la façon la plus explicite; et le sire de Châtillon a l'ordre formel d'appréhender au corps ceux qui seraient tentés de prendre parti pour lui et de confisquer leurs biens :

A Tours. — Du 24 mars 145⁷/₈.

Défenfe aux habitants du Dauphiné de se rendre auprès du Dauphin sous peine de confiscation de leurs biens.

(Copie du temps sur papier.)

Insubordination du Dauphin.

Charles, &c. Comme nos ayons eftés adverty que puys nagayres noftre fils le Daulphin de Viennoys ayt mandé & fayt favoir à plufors des nobles & subgés du pays de Daulphiné eulx tirer par devers luy pour le servir en armes, & ja soyt ce qu'il ne soyt loifible aufditz nobles & vaffaulx eulx partir de celuy pays du Dauphiné pour aler au fervice d'aultre que de nous sans nous congié & licence. néantmoins les aulcuns defditz nobles s'en font partiz dudit pays et alés devers noftre dit filz. & les autres fe mectent sus pour y aller sans nous congié & license en venant droytemant contre les feremans & promeffes qu'ils ont faictes en noftre préfence, nous eftant derrenierement audit païs du Dauphiné, de non servir aultre que nous fans noftre vouloir & confentement, & que nous savons si par le confeil de ceulx qui ont confeillié noftre dit filz de partir dudit païs fans noftre seu y cellui noftre filz vouldroit aucune voye de fait entreprendre à l'encontre de nous aliés & bienveillance tant dez pays d'Alamagne que autres, qui feroit à noftre defpleance et ne vouldrions souffrir ne toulerer, nous voullant obvier aux chofes dessus dictes & mefmement que avons entencion de fayre mectre

Ses coupables manœuvres pour attirer à lui les nobles du Dauphiné

1457.

ſus les nobles de noſtre royaulme et aussi ceux dudit païs du Dauphiné qui tousiours nous ont bien & grandement servi en nous guerres pour reſiſter à l'entreprinse de nous ancians ennemys, les Anglois qui come l'on dit se mettent pour pourter domage à noſtre royaulme & surpriſe ; l'advis et delibération d'aucun des ſeigneurs de noſtre sanc et autres de noſtre conſeil en bon et grant nombre aſſe appelés, vous mandons eſpreſſement & enjoignons que vous faites ou faites faire inhibition & deffences de par nous & par cri public que, ſe métier eſt, à tous et à chacun les nobles vaſſeaux & subjetz dudit pays du Dauphiné, *que nul de eux ne soit si auſé ni si ardi de partir dudit pais du Dauphiné pour aler au mandement de noſtre dit filz*, ny d'autre perſone, quelle se soit, sans noſtre congié & licenſe, *sur poine de confiſcation de cors & de biens, & ceux que trouveres faisant le contrayre, prenès les ou faictes prendre au cors enſemble leurs biens terres et ſeigneurie en noſtre main, pour en fayre telle pugnition que au cas appartiendra, et talement que ce soyt exſemple a tous autres;* de ce fayre vous donnons povoir, autorité, commiſſion & mandement eſpecial.

Nul ne doit obéir au Dauphin. Penalites contre ceux qui enfreindraient cet ordre Il faut faire un exemple qui effraye ses partisans.

Donné à Tours le 24e jour de mars, l'an de grace mil cccc cinquante sept, de noſtre regne le xxxvie.

Par le Roy en son conſeil,

J. DE REILLAC.

(Arch. dép. de l'Isere, B. 2961, fol. 340.)

III

ANNÉE 1458

(Elle commence le 2 avril.)

SOMMAIRE

Suite des dissentiments avec le Dauphin. — Privileges a la ville de Tournai. — Leur cause. — Mariage d'Olivier de Coetivi avec Marie de Valois, fille de Charles VII. — Confiscation des biens de Jean V, comte d'Armagnac — Fraudes de l'administrateur. — Hugues de Lasseran, bâtard de Massencourt — Faux monnayeurs. — Rivalités et haines régionales. — Principaux actes expédies durant l'année. — Lettres de rémission, de noblesse, de naturalisation. — Dame Colette le Turc. — Guillaume de Vic. — Monopole aux fabricants de drap de Rouen. — Payements au canonnier du roi pour 1458. — Abus du pouvoir ecclésiastique. — Don à Antoinette de Maignelay, maîtresse du Roi. — Réponse à Toison d'Or et a Jean de Croy, ambassadeurs du Dauphin et du duc de Bourgogne.

LA mésintelligence du roi avec son fils prend maintenant des proportions si aiguës, que la ville de Tournai obtient des privilèges comme récompense d'avoir refusé l'entrée de ses murs au Dauphin. Le Parlement étonné fait des difficultés pour les enregistrer. Charles VII lui force la main, malgré l'avis du Procureur général (1) : 1458

1. A Tours. — Du 25 avril 1458.

Aux eschevins, eswardeurs et consuls de Tournai

(Orig. sur parchemin.)

« De par le Roy,

« Chiers & bien amez, nous avons receu vos lettres du xxe jour de ce present mois par vostre greffier, porteur de cestes, par lesquelles vous escrivez *comment nostre Procureur general vous a voulu*

1458. En même temps le roi s'occupe de marier sa fille bâtarde, Marie de Valois, au sénéchal de Guyenne, Olivier de Coëtivi (1). Il fait écrire à ce dernier son plein consentement à ce mariage, qui aura lieu « le plustost possible », lui promettant de lui donner à cette occasion les places de Royan et de Mornac.

Dans la lettre écrite à ce sujet au sénéchal de Guyenne, on trouve également, à propos d'un homme d'armes appelé le « Limosin », qui avait servi sous La Hire et était maintenant sous les ordres du maréchal de Xaintrailles, certains détails d'administration militaire qui établissent l'ordre alors introduit dans les différents corps d'armée :

A Montrichard. — Du 26 mai 1458.

Lettre à Olivier de Coetivi, sénéchal de Guyenne, sur son mariage avec Marie de Valois.

(Copie sur papier.)

De par le Roy,

Noſtre amé et feal. Nous avons receu vos lettres esſcriptes à Bourdeaux le dix huictiesme jour de ce preſent mois de may, faisant mention comme noz amez et feaulx conſeillers maiſtres Jean Bureau & Pierre Doriole nous ont faict sçavoir,

et veult donner empeschement a ce que nos lettres de confirmacion des ordonnances et modifficacions faictes de par nous, sur aucunes nos autres ordonnances touchant les privileges de noſtre ville de Tournay, ne soient publiees ni enregistrées en noſtre cour de Parlement, en nous requerant que, sur ce, vous vueillions donner proviſion Et pour ce que nous voulons que joyſſiez de l'effect de noſdites lettres de confirmacion, & voz faiz et affaires eſtre traictez en toute bonne faveur, nous mandons presentement a noſtre dicte court du Parlement, tant par nos lettres closes que patentes, auſſi a nos presidens & a noſtre Procureur general, en noſtre dicte court, *que ilz facent incontinent publier et enregistrer nosdites lettres patentes de confirmacion sans plus faire difficulte et delay*. Et semblablement eſcrivons a noz officiers de noſtre dicte ville qu'ilz vous facent & seuffrent joyr de l'effect de noſdites lettres de confirmacion Car nous avons tousiours eu & avons les affaires de noſtre dicte ville en bonne et singuliere recommandacion, comme de nos bons & loyaulx subgiez Donné a Tours le XXVe jour d'avril. CHARLES.

« DE REILHAC »

(Arch. de Tournay, Chartrier, layette 1454-1459.)

1. *Marie de Valois* était fille de Charles VII et d'*Agnès Sorel*. Elle épousa *Olivier de Coëtivi*, et le mariage fut celebre à Vendôme, le 28 octobre 1458.

1458.

que *nous estions contans du mariage dentre vous et Marie qui est à Taillebourg;* duquel mariage estes de vostre part delibere dentendre, en nous supplians que veillons au surplus faire procedder à laccomplissement dicelluy & plustost quil sera possible, surquoy vous signiffions que en faveur de vous & pour consideracion des services que vous & vos predecesseurs nous avez tousiours faict dudit mariage avons esté & sommes bien contans ; & de la forme comment entendons quil soit traicté, avons signé certains articles desquelz avons chargé ledit Me Pierre Doriole qui les a pardevers luy, vous envoyer le double & au regard de ce que requerrez quelle chose soit acomplie le plustost que possible sera *nous avons entention dedans la fin du mois daoust prochain venant, ou plustost si possible est, envoier homme expres par dela avecq puissance de y besongner* et den traicter passer et accorder les lettres aussy de vous bailler la pocession des places de Royan & Mornac ainsy que contenu est esdictes articles ; et plustost y eussions envoié, mais pour aucuns grans affaires que à present avons à expedier, nous ne pouvons bonnement plustost laisser partir ceulx que avons entention y envoyer. Au surplus nous avons oy les causes que Messignac porteur de cestes nous a dit, pour lesquelles avez delaie de recevoir en vostre compagnie le Limosin. Et pour ce que pour consideration des services quil nous a faictz tant en la compagnie de feu la Hire (1) que aultrement *nous avons despieça voulu ordonne et mande mareschal de Santrailles* (2), *que icelluy Limosin fust en vostre dicte compagnie,* nous voulons que le receviez et lui faictes paier ses gaiges depuis le temps quil a esté passe aux monstres & doresnavant continuer tant quil servira en vostre dicte compagnie, et par ce *nentendons pas quant aucuns vouldroient vendre eschanger ou muer leurs places dune compagnie à autre, ilz y soient receuz sans quelque cause raisonnable* et sans le gré et consentement de vous ou autres capitaines soubz qui seroient lesdictes places. se non que ce fust de nostre exprès commandement et ordonnance ; & ainsy lavons escript et mande audit mareschal. Donné à Montrichard le xxvi may. CHARLES.

Le mariage sera traite en août prochain.

Instructions concernant « le Limosin ».

Les permutations restent défendues.

DE REILHAC.

(*Subscript* :)

A nostre amé et feal conseiller chambellan Olivier de Coëtivy, chevallier seneschal de Guyenne.

(Bib. nat., Fr. 20178, fol. 164 v°.)

1. *Étienne de Vignolles,* dit *La Hire,* ne vers 1390. mort le 11 janvier 1443.

2. *Jean,* dit *Poton,* seigneur de *Xaintrailles,* marechal de France Avant 1419, il etait deja écuyer d'écurie de Charles VII Mort le 7 octobre 1461. Tous deux combattirent aux côtes de Jeanne d'Arc.

1458.

Par ordre du commencement de juillet 1458, les biens de Jean V, comte d'Armagnac, sont frappés de confiscation. Ce prince coupable d'inceste, puisqu'il avait épousé sa propre sœur était en outre, accusé d'avoir trempé dans un complot avec les Anglais (1). Antoine Chabrol, commis à recevoir les revenus de ces biens, est soupçonné d'en recéler une partie et de cacher ses fraudes tant par des évaluations inférieures que par l'inscription de dépenses fictives. Le roi ordonne d'en écrire aux sénéchal et juge-mage du Rouergue, pour qu'il fasse faire à cet égard une enquête secrète, et en communique les résultats :

A Beaugency — Du 26 juillet 1458.

Aux sénéchal et juge-mage du Rouergue.

(Copie sur papier.)

Nouſtre Procureur nous a fait remonſtrer que en baillant par Anthoine Chabrol commis a recevoir les deniers venans de la revenue des terres de notre couſin Darmignac eſtans de ça la Garonne, la declaration & valeur desd terres tant a vous treſoriers comme aux comis de noz comptes à Paris. *Il a recelé plusieurs parties sans dicelles faire aucune mention et semblablement a employé en ses eſtats plusieurs parties en moindre extimation quelles ne valent ;* & avecques ce a donne a entendre aux gens de nosd. finances quil avoit employées pluſieurs sommes de deniers tant reparation, come en paiement des gaiges de pluſieurs perſonnes quil disoit contre verité estre officiers esd. terres de noſtred. couſin Darmaignac & par ces moiens *a recellées et detenues plusieurs grans sommes de deniers* & icelles apliquees a son prouffit en noſtre grans prejudice & dommaige & plus seroit se proviſion ny eſtoit sur ce par nous données ainsy que noſtred. procureur nous a fait remonſtrer. Pourquoy nous ces choses considerées nous mandons et commectons

Fausseté des écritures.

Detournements.

1. *Jean V, comte d'Armagnac,* fut ensuite gracie par Louis XI en 1461. Il avait éte assez audacieux pour se procurer a prix d'argent d'un célebre faussaire une bulle apocryphe du pape, qui l'autorisait a se marier avec sa sœur, ce qu'il fit publiquement. Plus tard, dévoré de remords, il implora le souverain pontife. Le pape *Pie II* lui infligea une sévere punition, qu'il accomplit, et sa sœur Isabelle prit le voile a Barcelone, dans un couvent de l'ordre de Saint-Dominique. Le comte Jean d'Armagnac périt dans Lectoure en 1473. Il etait le cousin germain du duc de Nemours, décapite en 1476 (p. 295). (Legeay, *Histoire de Louis XI*, t. I p. 269.)

par ces prefentes et a chafcun de vous que appellez avecques vous noftre procureur & confervateur du domaine en la Conté de Rondes ou lun deulx vous vous informes ou faictes deuement informer diligemment & secretement & bien & sur les chofes deffusd. leurs circonftances & deppendances; & linformation que sur ce avons faictes renvoiez semblablement close & sellee. par devers nous ou nosd. treforiers, pour au surplus y pourveoir, ainsy qu'il appartiendra; par raison de ce faire nous donnons pouvoir autre commission & mandement especial a..... Mandons & commandons a touz nos jufticiers officiers et subgectz que a vous voz commis & depputez en ce faisant obeiffent & entendent diligemment. Donné a Baugenci le xxvie jour de juillet lan de grace mil IIII cinquante huit & de nostre regne le xxvie.

1458.

Enquête faite par le Procureur de la comte de Rodez.

Par le Roy
J. DE REILHAC.

(Bib. nat., Fr. 6967, fol. 162.)

Parmi les actes de cette année 1458 qui portent le nom de Reilhac, il en est quelques-uns qu'il peut être intéressant de mentionner plus spécialement.

On est encore au lendemain de l'occupation anglaise; aussi tout homme qui a lutté contre elle a-t-il droit à la clémence du roi. Exemple : *Hugues de Lasseran*, bâtard de Massencourt, étant en train d'acheter « des sonnettes pour ses oyseaulx de chasse », se prend de querelle avec le consul de la ville de Condom et le tue d'un coup de dague. Il est gracié comme ayant combattu les Anglais en Normandie et pour avoir été longtemps prisonnier de milord Talbot (1). — *Tours, mai* 1458. (*Signé :*) J. DE RILHAC.

Cependant *Pierre de Taupens*, seigneur de Favars près Dax, qui déclare être resté personnellement fidèle au roi, reçoit sa grâce, bien qu'il ait reçu à sa table et caché chez lui des partisans des Anglais. — *Beaugency, juin id.* (*Signé :*) J. DE REILHAC (2).

1. Arch. nat., Reg. J. J. 187, fol. 13. — V. t. sec. Piece justific., n° LXXXVII.
2. — — 188, fol. 97. — — n° LXXXVIII.

1458. Les faux monnayeurs sont alors très communs. Il y a de véritables fabriques de fausse monnaie et des industriels qui font le métier d'intermédiaires pour aller la chercher au lieu de sa production. — Affaire de *P. de Humont. — Aumônerie de Citeaux, août id.* (*Signé :*) J. DE REILHAC (1). Présens : l'évêque de Coutances, Georges Havart, Jean Bureau, Pierre d'Oriolle.

C'est à Utrecht et à Cernay que se trouvent les fabriques les plus importantes de fausse monnaie. Affaire de *Guillaume de Bonfis. — Vendôme, novembre id.* (*Signé :*) J. DE REILHAC (2). Présens : Henri de Marle, Georges Havart.

Les châtiments sont sévères ; on punit même ceux qui de bonne foi s'en sont inconsciemment servis. — *Guillaume du Doit. — Tours, id.* (*Signé :*) J. DE REILHAC (3). Présent : Henri de Marle.

L'homogénéité française est loin d'être constituée. Les rivalités entre habitants de provinces voisines sont vivaces : Trois Bretons entrent à Tours à l'auberge du « Lyon d'or ». Un habitant d'Angers les apostrophe : « Bretons, il y en a gens de trois manières : les ungs sont larrons, les autres ne peuvent se tenir d'embler (4). » L'un des Bretons répond : « Or diz de rechief ce que tu as dit es je te donray un soufflet sur la joue. » L'Angevin continue sur le ton de la moquerie : « Bretons, il y en a de trois manières : les ungs sont chevaliers, les aultres escuiers et les aultres gentilz hommes. » Il s'ensuit des coups de dague, l'Angevin est tué et les meurtriers graciés sur l'intervention du duc de Bretagne. — Affaire de *Jean de la Motte. — Montbazon, mars* 145 8/9 (*Signé :*) J. DE REILHAC (5). Présens : Antoine d'Aubusson, sire du Monteil, Jean Tudert.

1. Arch. nat., Reg. J. J. 187, fol. 128. — V. t. sec., Piece justific., nº LXXXIX.
2. — — — fol. 186. — — nº XCII.
3. — — 188, fol. 4. — — nº XCVI.
4. *Voler*, en vieux français.
5. Arch. nat., Reg. J. J. 188, fol. 30. — V. t. sec., Piece justific., nº XCV

1458

Si la justice du temps paraît rigoureuse, si la punition habituelle du vol est la pendaison, il existe aussi, grâce à l'inviolabilité des églises et des territoires ecclésiastiques, une classe de malfaiteurs récidivistes qui ne reculent devant rien, habitués qu'ils sont à ne sortir de leur refuge qu'après un pardon qui semble n'être jamais refusé. — *Raymond Gaigni. — Vendôme, juillet 1458.* (*Signé :*) J. DE REILHAC (1).

Citons encore les rémissions accordées cette année à :

Thomas Cuissart, de Beaulieu. Attaque à main armée. Paysans et sauniers (2). — *Tours, avril 1458.* (*Signé :*) J. DE RILHAC (3).

Guillaume la Faurie, d'Annonay. Homicide par imprudence pendant un exercice de tir à l'arbalète. — *Id.* (*Signé* :) J. DE REILHAC (4).

Thibault Aubertin, de Tours-sur-Marne. Fausse accusation, vengeance. — *Id.* (*Signé* :) DE RILHAC (5).

Colin Bouchart, près Coutances. Querelles entre paysans. — *Id.* (*Signé :*) J. DE REILHAC (6).

Dominges de Vidallot, du pays de Comminges. Brigandages de guerre. *Id.* (*Signé*) J. DE REILHAC (7).

Drouet de Saint, de Nogent-les-Ambert. Attaque nocturne. — *Aumônerie de Citeaux, août 1458.* (*Signé*) J. DE REILHAC (8). Présens : l'évêque de Coutances, Georges Havart, Jean Bureau.

Raymond Clavier, de la sénéchaussée de Toulouse. Dispute et coups. — *Château-Renault, novembre id.* (*Signé :*) J. DE REILHAC (9).

Richard Thierry, de Saint-Maixent. Description curieuse des réjouissances usuelles à cette époque pendant le carnaval. —

1. Arch. nat., Reg. J. J. 187, fol. 134. — V. t. sec. Pièce justific., nº XCI.
2. On appelait ainsi certains agents du fisc chargés de la *gabelle*.
3. Arch. nat., Reg. J. J. 187, fol. 129. — V. t. sec., Pièce justific., nº LXXXII.
4. — — — fol. 85. — — nº LXXVIII.
5. — — — fol. 12. — — nº LXXXIV.
6. — — — fol. 88. — — nº LXXXV.
7. — — — fol. 89. — — nº LXXXVI.
8. — — 188, fol. 29. — — nº XC.
9. — — 187, fol. 188. — — nº XCIII.

Montbazon, février 145 $^{8}/_{9}$. (*Signé*) : J. DE REILHAC (1).

1458. Les lettres de légitimation pour :

Jean de Fresnes, fils naturel de noble Jean de Fresnes, écuyer, et d'une femme de mœurs légères (*minime uxorate*). — *Tours, 13 mai* 1458. (*Signé* :) J. DE REILHAC (2). En présence d'Étienne le Fèvre, prévôt de Saint-Junien, et de Georges Havart.

Jean, bâtard d'Orléans, fils naturel de Jean d'Orléans, comte d'Angoulême, et d'une femme non nommée. — *Beaugency, juin id.* (*Signé* :) J. DE REILHAC (3). En présence de Pierre d'Oriole.

Yvette de Taillefer, fille naturelle de défunt Guillaume de Taillefer, ecclésiastique, et de Jeanne Chambine. — *Aumônerie de Citeaux, août id.* (*Signé* :) J. DE REILHAC (4). En présence de Georges Havart, Jean Bureau et Pierre d'Oriole.

Claude de Vienne, noble homme, seigneur de Saint-Georges et de Sainte-Croix, fils naturel de Guillaume de Vienne, « nostre cousin », et de Marguerite de Sainte-Croix. — *Thucy en Touraine, décembre* 1458. (*Signé* :) DE REILHAC (5). En présence du sire de Monteil, de maître Henri de Marle et d'Étienne le Fèvre.

Jean Boiol, fils naturel de défunt Guy de Boiol et de Catherine Alle. — *Montbazon, mars id.* (*Signé* :) J. DE REILHAC (6). En présence d'Henri de Marle.

Les naturalisations pour :

Jean Euchièvre, demeurant à Paris, natif de la Franche-Comté de Bourgogne. Il lui est permis d'acquérir des biens dans le royaume et de tester valablement. — *Vendôme, 6 octobre id.* (*Signé* :) J. DE REILHAC (7). En présence du sire du Monteil.

1. Arch. nat., Reg., J.J 185, fol. 21 — V. t sec. Pièce justific. n° XCIV.
2. — — 187, fol. 125. — — n° LII.
3. — — — fol. 130. — — n° LIII.
4. — — fol. 168. — — n° LIV.
5. — — 188, fol. 5. — — n° LVIII.
6. — — — fol. 83. — — n° LXI.
7. — — 190, fol. 18. — — n° LV.

Jean Toignel, lieutenant général du roi au bailliage de Vitry, et sa femme *Colette le Turc*, fille de noble homme Guillaume le Turc, jadis premier président au Parlement de Paris, après Junien le Fèvre (1). 1458.

Mariés en l'an 1416, ils avaient eu plusieurs proches parents tués à la bataille d'Azincourt. Obligés de quitter Paris devant l'invasion anglaise, ils se sont réfugiés en Barrois, où le père dudit suppliant était chancelier du cardinal de Bar. Là, ils ont eu une fille, Marguerite, mariée depuis lors à Guillaume Varlet, seigneur de Brancecourt. Ils demandent qu'elle soit déclarée apte à leur succéder, quoique née sur la terre étrangère. — *Tusseau*, *décembre id.* (*Signé :*) J. DE REILHAC (2). En présence de maître Henri de Marle.

Lettres de noblesse pour :

Jean Cabriol, de la ville de Castres en Albigeois. — *Vendôme*, *novembre* 1458. (*Signé :*) DE REILHAC (3). En présence des comtes de Foix et de Dunois, du sire du Monteil et de Jean Dauvet.

Jean Péré, seigneur de Lavau et de Blanzac, en récompense des services signalés qu'il a rendus pendant les guerres des Anglais et à la requête du comte de la Marche. — *Vendôme*, *novembre id.* (*Signé :*) J. DE REILHAC (4). En présence du sire du Monteil.

Jean de Rochefort, docteur ès lois, juge de la comté de Foix. — *Tusseau*, *décembre id.* (*Signé :*) J. DE REILHAC (5). En présence du sire de Châteaubrun.

Les nominations de :

Jean du Palais, écuyer, prorogé comme bailli d'Alençon. — *Montbazon*, 12 *février* 1458. (*Signé :*) J. DE REILHAC (6). En présence de Jean d'Orléans, comte de Dunois, et du sire de Torcy.

1. V. page 11
2. Arch nat, Reg J J 188, fol. 4 — V. t. sec Piece justific, nº IX
3. — — 187, fol. 18;. — — nº LVII
4. — — 188, fol. 13. — — nº LVI
5. — — 190 fol. 66 — — nº LIX
6. Bib nat Fr. 21405, fol. 133 — — nº VII

1458. *Martin Henriquez de Custellâ*, capitaine espagnol, sénéchal de Saintonge à la place de Guillaume Gouffier, écuyer. — *Tours*, 11 *mars*, *id*. (*Signé* :) J. DE RILHAC (1). En présence des comtes de Foix, de Dunois et de Sancerre (2), des sires de Torcy, de la Varenne, du Monteil (3) et de Jean Bureau.

Le droit de chasse du xve siècle :

Permission à noble homme *Guillaume de Vic*, seigneur de Villiers-sur-Orge, conseiller au Parlement de Paris, d'avoir une garenne à lapins sur la terre de la Boëssiere, qu'il possède en la chastellenie de Montlhéry. « Il lui loise construire une garenne à connilz et ilec faire « faire murgiers, fousseys, plesseys et tous autres choses necessaires « et appartenans à garenne ». *Château-Renault*, *novembre* 1458. (*Signé* :) J. DE REILHAC (4). En présence du comte de Dunois, de maître Richard de Longueil, évêque de Coutances, et de Jean Bureau.

Protection accordée à l'industrie et propriété reconnue de la marque de fabrique :

Les fabricants de draps de la ville de Rouen se plaignent qu'on contrefait la triple lisière avec laquelle ils ont pris l'habitude de border leurs marchandises, comme marque spéciale de leur production. Ordre est donné aux officiers du roi de faire saisir, dans le délai d'un mois, tous les draps ainsi contrefaits et de les déposer entre les mains de la justice locale. — *Vendôme*, 30 *octobre* 1458. (*Signé* :) J. DE REILHAC (5).

Payements à l'artillerie, dont Gaspard Bureau est le grand maître. *Robin Avisse*, canonnier de Charles VII, reçoit 50 livres tournois pour l'année 1458 :

1. Bib. nat., Fr. 21405, fol. 131. V. t sec Piece justific. n° VIII.

2. *Jean de Bueil*, comte *de Sancerre*, plus tard amiral de France.

3. *Antoine d'Aubusson*, seigneur de *Monteil-au-Vicomte*, ne en 1413, conseiller et chambellan de Charles VII, bailli de Touraine le 13 mars 1451, et de Caen en 1466, mort apres 1480. Il etait fils de *Rainaud d'Aubusson* et de *Marguerite de Comborn* et frere du celebre *grand maître de l'Ordre de Saint-Jean de-Jerusalem*.

4. Arch. nat., Reg. J. J. 188, fol. 75. V t. sec. Piece justific., n° VI.

5. — — 187, fol. 184 n° V

1458.

Septembre 1458.

Gage du canonier du Roi pour le semestre ecoulé.

(Orig sur parchemin.)

En la presence de moy Jehan de Reilhac clerc notaire & secretaire du Roy nostre sire, Robin Aviffe, canonier forgeur a cong [neu], confeffe avoir eu & receu de Jaspar Bureau (1), Maiftre de lartillerie du Roy noftre sire, la somme de vingt cinq livres to[urnois] pour ses gaiges de demi an commançant le premier jour de janvier derrenier paffé. qui est au pris de quatre livres trois s[ols] deniers tournoiz par mois, de laquelle somme de XXVlt led. Robin Avisse seft tenu pour content & bien paye & en a quitte & quitte ledit Maiftre de lartillerie & tous autres. Tefmoing mon saing manuel cy mis le[...] du mois de septembre mil CCCC cinquante huit.

DE R[EILHAC].

(*Signature a moitié déchirée.*)

(Bib. nat., Piec. origin. Reilh. n° 6.)

Comme on vient de le voir, un certain nombre de ces actes sont datés de Vendôme, où la Cour s'était transportée en septembre 1458, pour y suivre le procès du duc d'Alençon, cousin du roi, et condamné à mort, pour crime de lèse-majesté, le 10 octobre suivant, après un débat resté célèbre, où le duc de Bourgogne se fit représenter, comme on le verra plus loin.

Les abus du pouvoir ecclésiastique amenaient alors parfois de singuliers conflits avec l'autorité de la justice séculaire.

Sur les conclusions du procureur du roi, l'évêque de Nantes avait perdu un procès, devant le Parlement de Paris, contre un

1 *Gaspard Bureau*, frere de Jean, seigneur de *Villemonble*, de *Nogent* et de *Montfermeil*, capitaine de Poissy et du château du Louvre, maître de l'artillerie le 27 décembre 1444. Il fut nomme Reformateur général et Visiteur des œuvres et ouvriers du royaume de France, à l'avénement de Louis XI, et mourut après 1469. sans avoir ete marié

Son frere aine, *Jean Bureau*, chevalier, seigneur de *Montglat* et de *la Houssaye*, conseiller et chambellan des rois Charles VII et Louis XI, mort a Paris le 5 juillet 1443, avait epousé Germaine Hesselin Il fut aussi maitre de l'artillerie de France, mais avant 1439.

1458. chevalier nommé Jean d'Albiest. Par considération pour le duc de Btetagne et l'évêque lui-même, le roi avait mandé de surseoir à l'exécution de cet arrêt. L'évêque en profite aussitôt pour fulminer chaque jour des monitions, censures ecclésiastiques, excommunications, contre son ancien adversaire, lequel, ne sachant plus que devenir, envoie sa femme et plusieurs de ses enfants devant le conseil du roi supplier qu'on mette fin à sa triste situation spirituelle et en même temps qu'on fasse enfin exécuter l'arrêt rendu en sa faveur :

A Château-Renault — Du 18 novembre 1458

Au duc de Bretagne.

(Orig. sur parchemin.)

De par le Roy.

Tres chier et tres ame cousin

Jehan Dalbiest, chevalier, a envoye par devers nous & les gens de notre grant conseil sa femme & plusieurs de ses enfans & nous a fait remonstrer que *au contempt du proces* que luy & notre procureur ont en notre court de Parlement a l'encontre de l'evesque de Nantes & des arretz sur ce par ledit Dalbiest & notre dit procureur *obtenuz contre ledit evesque*, icellui evesque non obstant que par le moyen de la surceance que en votre faveur avons octroyee pour differer l'execucion desditz arretz, deust faire absouldre ledit Dalbiest, sa femme, enfans & serviteurs au moins a cautelle (*sic*).

Singuliers procedes de l'eveque.

Neantmoins il ne cesse point de proceder a lencontre d'eulx par monicions, fulminacions & autres sensures ecclesiastiques, tant de court de Romme que de sa court spirituelle de Nantes, qui est directement venu contre ce qui fut appoinctée en ladite matiere, quant octroyasmes la derniere surceance & en grande irreverence de nous, de vous & de l'autorite de notre court souveraine & au grant prejudice dud. Dalbiest, lequel tres instamment a ceste cause nous a requis lui estre pourveu de remede de justice.

Et combien que ces choses des susdites considerees, la matière sembloit bien disposee pour y être donne provision attendu que ledit evesque de sa part n'avoit pas fourny ca qu'il devoit fournir, toutes voyes en faveur de vous et que lad. surceance à votre requeste avoit este octroyee, nous n'avons point volu donner lad. provision, jusques a ce que premier vous euffions de ce adverty. 1458.

Pour laquelle caufe & afin que faciez donner provifion en ces chofes & que led. evefque de Nantes face ceffer lefdites sentences, fulminacions et censures ecclefiastiques et abfouldre led. Dalbieft sa femme, enfans & serviteurs ainfi que deffus nous envoyons prefentement par devers vous notre amé & feal confeiller maiftre Jehan Daniel, vous priant que en ces choses veuillez tellement pourveoir que ledit Dalbiest sad. femme, enfans & serviteurs n'ayent plus cause d'en retourner plaintifs par devers nous ne qu'il soit besoin y donner autre provision. Urgence de porter remede à cet abus

Donne à Chasteau-Renault, le 18 novembre.

DE REILHAC

(Arch. de la Loire-Inferieure, E-75.)

A la fin de l'année, Antoinette de Maignelaiz, vicomtesse de la Guerche, qui a succédé à sa cousine Agnès Sorel (1) dans la faveur de Charles VII, veut marier sa fille au sire de Rochefort. A cette occasion, elle obtient un cadeau de deux mille sept cent cinquante livres :

Du 8 janvier 1458

Don à Antoinette de Maignelaiz, vicomtesse de la Guerche, pour le mariage de sa fille avec le sire de Rochefort

(Orig. sur parchemin.)

En la presence de moy Jehan de Reilhac, notaire & secretaire du Roy noftre sire, Damoiselle Anthoinette de Maignelaiz, vicomteffe de la Guerche & de Saint-Sauveur-le-Viconte, a confeffe avoir eu & receu de maiftre Eftienne Petit,

1. *Agnes Sorelle*, nee en 1409, à Fromentau en Touraine etait fille de *Jean de Mont-Soreau*, seigneur de Saint Géran, et de *Catherine de Maignelaiz*. Elle fut ainsi surnommee à cause de l'habitude où l'on était alors de féminiser tous les noms propres.

Antoinette de Maignelaiz, sa cousine, dont il s'agit ici, etait fille de Tristan II de Maignelaiz. Nee vers 1420, Charles VII la maria en 1450 à *Andre de Villequier*. Apres la mort du roi elle se retira à la cour de François II, duc de Bretagne, et mourut en 1477.

1458.

Ces fonds seront pris sur le subside des états du Languedoc.

tresorier & receveur general de Languedoc la somme de deux mille sept cens cinquante livres tournois a elle ordonnee par le Roy noſtred. seigneur par son roolle de layde de CXVIIm lt. a lui octroye par les gens des trois eſtaz dud. pays de Languedoc a l'aſſemblee par eulx faicte à Carcaſſonne en mars derrenier paſſe, & ce pour le tiers & derrenier payement de la somme de VIm escuz que le roy noſtred. seigneur donna pieça pour lacroissement du mariage de Jehanne de Maignelaiz & du sire de Rochefort ; ainsi que par led. roolle puet plus aplain apparoir. De laquelle somme de IIm VIIc lt. lad. damoiselle Anthoinette de Maignelais seſt tenue pour bien contente & payee ; & en a quicte par ces presentes le Roy noſtred. seigneur led. maiſtre Etienne Petit & tous autres. Tesmoing mon seing manuel cay mis à requeſte de lad. damoiselle Anthoinette le VIIIe jour de janvier lan mil CCCC cinquante & huit.

DE REILHAC

(Bib. nat., Piec. orig. Reilh., no 7.)

Un registre spécial de pièces intimes relatives aux démêlés du roi avec le Dauphin et le duc de Bourgogne, compris dans l'ancienne collection de l'abbaye de Saint-Germain des Prés (1), renferme une série de documents à peu près tous émanés de Jean de Reilhac, à la fin de cette année 1458/9.

C'est en effet le moment où les rapports se compliquent de plus en plus. Il y a douze ans que le Dauphin n'a revu son père. Il continue à demeurer dans les États de Philippe le Bon. Il réclame le Dauphiné, que le roi a confisqué, et se plaint de la pauvreté dans laquelle il se voit forcé de vivre.

De son côté aussi, le duc Philippe de Bourgogne, voulant se rendre de plus en plus indépendant, refuse de faire exécuter dans ses États les arrêts du Parlement de Paris. Il maintient dans sa charge Jean du Bos, bailli de Cassel. qui méconnaît l'autorité de cette cour souveraine. De plus, une nouvelle et grave question diplomatique vient de se lever entre lui et Charles VII, à propos de l'héritage de la maison de Luxembourg.

1. Actuellement Bib. nat., Fr. 17517.

Le 22 décembre 1458, Richard de Longueil, évêque de Coutances, 1458.
et Jean le Boursier, sire d'Esternay, se présentent de par le roi devant le Dauphin et lui récitent une longue remontrance dont le texte se trouve *in extenso* au début de ce manuscrit qui porte à chaque page la signature de Reilhac et est écrit de la même main que toutes les pièces suivantes (1).

Le 9 février suivant, profitant d'une ambassade que son oncle de Bourgogne envoie à Charles VII, le Dauphin charge le roi d'armes de la Toison d'or, Jean Le Fèvre, Sgr de Saint-Remy, de répondre pour lui à son père, en compagnie de Jean de Croy, sire de Chimay, et du sire de Lannoy, gouverneur de Hollande.

Ils se plaignent tout d'abord des accusations dont leur maître a été l'objet dans un réquisitoire violent du Procureur du roi, lors du lit de justice tenu quelques mois plus tôt à Vendôme, accusations si nombreuses que si on voulait les énumérer toutes, il faudrait, a dit le Procureur lui-même « plus de xv jours », pour le faire. Ils rappellent le traité d'Arras conclu par les soins du duc en 1435 et dont Charles VII a tiré tant de profits, traité grâce auquel il a pu recouvrer Paris sur les Anglais l'année suivante, etc., etc...

Le 7 mars 145$^{8}/_{9}$, à une séance du grand Conseil, où assistent comme témoins le comte du Maine, beau-frère du roi, les ducs d'Orléans et de Bretagne, ils reçoivent par l'entremise de Reilhac la double réponse que voici :

Au Dauphin, ils diront : que depuis douze ans qu'il est absent du royaume, son « devoir » était tout au contraire d'y résider, de prendre part aux expéditions victorieuses faites depuis lors au nom du roi, de se mettre au courant de tous les détails d'administration, de tous les secrets d'Etat que sa situation d'héritier de la couronne l'oblige à connaître.

1. V. au même manuscrit. Fr. 17517, fol. 1.

1458. Ils ajouteront : 1° que les motifs pour lesquels la confiscation du Dauphiné a été prononcée de la part du roi sont trop graves pour que cette confiscation soit désormais rapportée; 2° que le roi sera disposé à lui donner les moyens de tenir son rang, lui et son épouse, le jour où il aura fait sa pleine et entière soumission en revenant demeurer à la cour de France, « où il obéira ainsi qu'il est tenu de le faire », mais pas autrement :

A Montbazon — Du 7 mars 145$^{8}_{9}$

Première réponse faite à Jean de Croy, seigneur de Chimay, au sire de Lannoy, gouverneur de Hollande et à Jean le Fèvre de Saint Remy, roi d'armes de la Toison d'Or, Ambassadeurs du duc de Bourgogne parlant au nom du Dauphin.

(Copie du temps sur parchemin.)

Ce sont les refponses faictes de par le Roy aux choses que *vous Messire Jehan de Croy, Sr de Cimay* (1), *le sire de Lannoy*, *Gouverneur de Hollande* (2) & *Thoison d'Or* (3), Confeillers & Ambaffadeurs de Monseigneur de Bourgogne, avez dictes

1 *Jean de Croy, seigneur de Tour-sur-Marne*, troisième fils de *Jean, sire de Croy* et de *Marie de Craon*, chevalier de la Toison d'or à la premiere promotion en 1430, créé comte de Chimay en 1468, par le duc de Bourgogne, et gouverneur de Hainaut, mort a Valenciennes, en 1472. Il avait epouse *Marie de Lalaing*.

2. *Jean IIe du nom, seigneur de Lannoy*, chevalier de la Toison d'or en 1451, gouverneur de Hollande en 1458 mort en 1497, était fils de *Jean de Lannoy*, et de *Jeanne de Croy*. Il avait épousé : 1° *Jeanne de Poix*, et 2°, *Jeanne de Ligne*.

3. *Jean le Fèvre*, S^{gr} de Saint-Remy, dit *Toison d'or*, à cause de cet ordre de chevalerie dont il fut le Ier roi d armes, était le cousin germain d *Etienne le Fevre*, Prévôt de Saint-Junien (V. p. 8). Il a laissé des Mémoires (V. id.) Les termes par lesquels il finit ici son discours au roi ne sont pas sans interêt, pour l intelligence des pieces qui suivent :

« Au surplus, Sire, vous savez que Monseigneur vient de la tres noble et tres chrestienne maison de France, si prouchain que vostre filz aifné et heritier et se est ja aagé de XXXVI ans et mieulx qui est a bien vivre la moitie de son aage. Il est marie a dame de noble et haulte maison. Il vous supplie que pour lonneur de la couronne de France, il vous plaise avoir regard a son fait *et lui donner provision telle que a vostre aisné appartient et de quoy lui et Madame sa compaigne puissent tenir leur estat et supporter leurs charges*. Et il mectra peine toute sa vie de vivre en la grace et amour de Dieu nostre benoist créateur et en la vostre Sire qui estes son seigneur et pere qui sont les choses sur toutes que son cueur plus desire.

« *Presentez a Tours au Conseil du Roy par* THOISON DOR, *le samedi X^e jour de fevrié l'an mil IIIILVIII* »

(Bib. Nat. Fr. 17517, fol. 20)

au Roy, *de par Monseigneur le Daulphin* et dont vous dictes avoir charge de lui. 1458.

Et premièrement, à ce que vous avez dit de par mondit seigneur que le plus grand desir que lui peust advenir est qu'il puisse recouvrer la bonne grace du Roy & demourer en icelle & faire chose qui lui soit plaisante et agreable & qu'il n'est chose en ce monde à lui possible honneste & licite qu'il ne voulsist faire & accomplir pour retourner à la bonne grace du Roy, le recouvrer et permaner en icelle.

Le Roy vous fait dire que par les gens et ambaxadeurs par lui envoiez devers monseigneur le Daulphin lui estant encores au Daulphiné pareillement par les gens et ambaxadeurs de monseigneur le Dauphin par lui envoiez devers le Roy pour la ditte matière. Après par les gens & ambaxadeurs de mondit seigneur de Bourgogne venez devers le Roy pour icelle mesme cause dont *vous Messire Jehan de Croy* estiez le principal et *vous Thoison dor* en estiez lur comme dernièrement par *Monseigneur de Coustances* (1) *et le sire Desternay* envoyez devers mondit Seigneur le Daulphin pour mieulx et plus clèrement lui déclaire l'intention du Roy. Le Roy lui a tousjours fait savoir que le greigneur desir qu'il eust en ce monde après salut estoit que mondit Seigneur le Daulphin se voulsist redrecer, venir et reduire envers lui, comme bon et obeissant filz est tenu faire envers son bon seigneur & père. En quoy faisant le Roy a tousiours esté disposé et prest de le recevoir et traictier en toute faveur et doulceur comme bon humain et piteux père doit faire son bon & obéissant filz et de mettre en oubly & hors de sa mémoire à jamais toutes desplaisances passées. Et afin que mon dit Seigneur le Daulphin cogneust mieulx et plus specialement le bon doulx & raisonnable vouloir du Roy, lui fist dire qu'il ne queroit autre chose sinon qu'il venfist devers lui pour lui obeyr et servir le Royaume et la chose publique par bons et vertueux faiz en maniere qu'il peust acquerir honneur et louange. Et que pour ce faire feust acompaigné de gens notables ainsi qu'il appartient à son estat et à prince de si haulte Maison.

Le roi toujours bien disposé.

Et a ce que mon dit seigneur le Daulphin requiert que le Roy lui accorde les

1. *Richard-Olivier de Longueil*, né vers 1410, mort le 15 août 1470, appartenait à une bonne famille de Normandie. D'abord archidiacre d'Eu, il fut elu en 1453, évêque de Coutances, ensuite chef du Conseil de Charles VII et premier président de la Chambre des comptes de Paris. Le pape Calixte III lui donna, en 1456, le chapeau de cardinal. Il se trouva au sacre de Louis XI en 1461, mais étant tombé dans la disgrâce de ce prince, qui lui confisqua ses biens, il se retira a Rome, ou le pape Pie II lui donna les évêches de Porto et de Sainte-Ruffine, le fit archiprêtre de Saint-Pierre, et le nomma légat d'Ombrie et des lieux circonvoisins,

1458. deux poins, dont autreſſoiz il la fait suppleer & requerir, qui sont de sa venue & du fait de ses gens, lesquelz vous avez déclairé que lentendement de mondit seigneur le Daulphin eſt qu'il requiert au Roy quil puiſſe demeurer en la franchise et passer encores ung peu de temps jusques a ce quil soit hors d'aucunes craintes & ymaginations qui encores loccupent et travaillent, et qu'il plaise au Roy eſtre content des serviteurs de mon dit Seigneur le Daulphin et que mon dit seigneur se puiſſe servir deulx.

Vous savez que par pluſieurs fois le roi a fait reſpondre aux dittes requeſtes si bien & si raiſonnablement que mon dit Seigneur le Daulphin en devoit eſtre bien content.

Et en ce que vous dictes touchant la venue de mon dit seigneur que il demeure en sa franchise, qui est en effet à dire qu'il ne viengne point devers le Roy sil ne lui plaist; ainsi que pluſieurs foiz il a fait dire et déclairer au Roy.

Torts du Dauphin ; 12 ans d'absence.

Cest une requeſte qui semble bien dure considéré quil y a *douze ans* ou environ que mon dit Seigneur le Daulphin ne fut devers le Roy au grand regret & deſplaisance du Roy qui leust tres volentiers veu & feroit encores, & eust eſté moult joieux que durant le temps de son abſence il se fut trouvé es victorieuſes beſognes qui se sont faictes pour la recouvrance du Royaume, & nest homme de soin entendement qui deust conſeiller à mondit Seigneur le Daulphin de non venir devers le Roy son pere ne au Roy de accorder la ditte requeſte, car selon Dieu sainte Eglise & tout droit naturel divin & humain le filz est tenu de donner & exhiber au père reverence & conſolation filiale tant en commutation de perſonne que de doulceur de parole laquelle choſe ne se pourroit faire sans ce que mon dit seigneur le Daulphin feust en la préſence du Roy son père & pareillement nest poſſible que sans sa venue devers le Roy, il lui peust faire les services qui luy doit faire, ne le Roy lui donner a cognoiſtre les affaires du Royaume & ses grans secretz qui est choſe bien neceſſaire & est bien temps quil les deust savoir & entendre & aussi accorder la ditte requeſte seroit aprouvé, par expres l'absence de mondit Seigneur le Daulphin & lerreur que par aucuns a eſté semée tant en ce Royaume que aillieurs que le Roy ne veult point mondit Seigneur le Daulphin venir en sa préſence ne se servir de luy, ce qui nest pas & seroit mal contenter les Seigneurs du sang, les prelas nobles & autres notables gens de ce Royaume qui tousjiours ont déſiré & conſeillié la preſence de mondit Seigneur le Daulphin avec le Roy son père. Et pour ces cauſes leſquelles le Roy par pluſieurs foiz lui a fait dire & remonſtrer le Roy par ses dits ambaſſadeurs que derrenierement il a envoiez devers lui expreſſément lui fist dire pour la conſolation & plaiſir du Roy

Devoirs non remplis.

1458.

le bien & honneur de mondit Seigneur le Daulphin, la joye de Meſſeigneurs du sang, & l'utilité de la choſe publique il deſiroit & vouloit que mondit Seigneur le Daulphin vint devers lui & encore le desire & veult.

Prétendues craintes du Dauphin.

Et au regard des peurs & craintes dont pluſieurs foiz & des longtemps il a parlé & quil dit que encores loccupent & travaillent, ja crois ce quil neust & nait cauſe raiſonnable de doubter aincois sur tous autres doit prendre seurté & confience au Roy son père soubs la benegnité & doulceur duquel tous autres tant du Royaume que eſtrangiers & meſmes ses ennemis se sont tousiours confiez. Néantmoins le Roy par plusieurs foiz lui a fait dire & derrenierement par ses dits ambaxeurs que sil avoit aucunes doubtes ou craintes quil les vouloist déclarer & si faire ne vouloit quil venſiſt devers le Roy, qui eſtoit la plus convenable soye pour les oſter & les meſtre dehors. A quoy ne devoit faire aucune difficulté; mais seurement il le pouvoit faire & amener avec lui telz gens & serviteurs quil lui plairoit, car en venant devers le Roy & lui declarant les dits doubtes & les craintes quil se dit avoir, & les cauſes dicelles, le Roy lui eſclairciroit tellement son couraige & lui donneroit tel remède & proviſion sur ce quil cognoiſtroit par effect qu'il n'a eu & na cauſe de jamais doubter ou craindre & apres quil auroit eſté devers le Roy & parlé à lui pourroit demourer ou sen retourner & ceulx de sa compaignie si bon leur sembloit.

Et quant a ce que vous avez dit que mondit Seign. le Daulphin a eſté adverty que aucuns sefforcent donner au Roy ymagination ou occasion de penſer qu'il ait le vouloir de faire quelque chose qui soit à sa desplaiſance et au preiudice de son Royaume et Seigneurie. Et pour ce supplie au Roy qu'il ne vueille croire telz siniſtres rapportz & vueille oſter de son cœur toutes choſes qui pevent eſlongner mon dit Seign. le Daulphin de sa grace & amour & sil a fait choſe en laquelle le Roy ait prins ou preigne deſplaisance quil plaiſe au Roy le lui pardonner.

Le Roy na pas acouſtumé quant aucuns rapportz lui sont faitz de legierement y adjouſter foy ainſi que chaſcun scet, & qu'il eſt aſſez notoire. Et au surplus de ce que mondit Seign. requiert avoir la bonne grace & amour du Roy et quil luy plaiſe lui pardonner sil a fait choſe ou le Roy ait prins deſplaisance semble quil neſtoit ja besoing denvoir requerir ces choſes de nouvel actendre que de pieca le Roy les lui envoyé offrir par ses dits ambaxeurs comme dessus. Mais ce non obstant pour tous iours monſtrer le bon vouloir et affection paternelle que le Roy a, il eſt content de recueillir & davoir mondit Seigneur le Daulphin en sa bonne grace, soy servir de lui, lui pardonner & obliger toutes deſplaiſances paſſées, &

1458.

les meçtre hors de sa mémoire en venant devers lui en la manière et ainſi quil doit faire; car le Roy ne pourroit penſer que mondit Seigneur le Daulphin demourant abſent auſſi loing de lui, & sans vouloir venir en sa préſence ait la voulenté de le servir, & avoir sa bonne grace ainſi que vous avez dit.

Refus formel de la part du Roi.

Et au regart de ce que vous diçtes que mondit Seigneur le Daulphin a longtemps joy de la seigneurie & pais du Daulphiné, & que puis ancien temps en ça le Roy a prins le Daulphiné en sa main en suppliant quil plaiſe au Roy le lui rendre & lui en bailler la joiſſance & poſſeſſion. Et avec ce lui donner telle provision que au filz aiſné du Roy appartient & de quoy lui & Madame sa compaigne puiſſent tenir leur eſtat & supporter leurs charges.

Il eſt vray que après la gracieuſe & raiſonnable reſponſe que le Roy fiſt faire aux Ambaxadeurs de mondit Seigneur le Daulphin, lui eſtant encores au Daulphiné & dont mondit Seigneur quant elle lui fut raportée se devait fort esioyr & eſtre content. Néantmoins, sans le sceau du Roy & sans conſeiller ceulx dudit pais du Daulphiné soudainement se départyrent du dit pais petitement acompaigné & délaiſſant pluſieurs places & forteresses dicellui pais es mains daucuns éſtrangiers & autres mal renommez dont le Roy neſtoit ne devoit eſtre content pour leſquelles cauſes le Roy juſtement meu pour le grant loiaulté quil avait trouvé en ceulx du dit pais & les grans & agréables services quilz avoient fait au temps paſſé au Roy & a ses predeceſſeurs & a la couronne de France, se tira vers icellui pais pour le mettre en seureté, & y donne tel ordre de juſtice & proviſion comme le cas

Tout d'abord le Dauphin obeira.

requeroit, ainſi quil a fait & beſoing en eſtoit. Et au regart desdittes requeſtes autreſſoiz a eſté dit a mondit Seigneur le Daulphin de par le Roy que quant il viendroit devers lui & lui obeirait ainſi quil eſt tenu de faire le Roy lui prouveroit tant par manière que par raiſon quil ne devoit eſtre content. Parquoy doit penſer que lui venu devers le Roy ainſi quil doit comme dit eſt cy-deſſus le dit Seigneur pourvera a sesdittes requeſtes si bien & si grandement quil sen devra contenter.

La reſponce deſſus diçte a eſté faiçte de par le Roy en sa préſence ausdits ambaxeurs ou eſtoient Meſſeigneurs les ducs d'Orleans & de Bretaigne, le comte du Maine & autres seigneurs du sang, Prelatz & gens du grand Conſeil du Roy.

A Montbazon, le VIIe jour de mars l'an mil IIII c LVIII.

DE REILHAC.

(Collationné à l'original ainsi signé.)

[illegible]

Pour le duc de Bourgogne, on lui fait savoir à son tour que l'attitude prise envers lui par le roi au lit de justice de Vendôme ne l'a été qu'après mûre délibération des gens du grand Conseil et avis des princes du sang; que la conduite du duc motive les accusations du Procureur du Roi. Que la paix signée à Arras en 1435 n'a pas été la cause de tous les bienfaits énumérés, attendu que déjà le roi avait recouvré une partie de son royaume, quand elle fut signée, notamment les provinces de France, Brie, Champagne, Beauvoisis, Picardie, etc. Que les secours fournis contre les Anglais n'avaient point l'importance que leur attribue maintenant le duc, bien que cependant, il est vrai, la valeur du seigneur de l'Isle-Adam et du fameux chevalier Simon de Lalaing, tous deux sujets du duc et à la tête de 4 ou 500 hommes, aient contribué dans une certaine mesure aux victoires du roi. Que la prise de Paris a été due uniquement à la valeur du comte de Dunois et du connétable, vassaux du roi, qui, eux, avaient réuni 5 à 6000 combattants; qu'ensuite le duc a fait preuve du plus grand mauvais vouloir pour rendre au roi les places qu'il lui devait. Qu'il n'a été formé, à l'instigation du roi, ainsi que le prétend le duc, aucune coalition contre la maison de Bourgogne, dans laquelle soient entrés les rois de Danemarck, de Bohême, de Hongrie, l'empereur d'Allemagne. Que le séjour du Dauphin dans les Etats du duc semble avoir fort mal réussi pour le bien du prince qui paraît y puiser de nouveaux sentiments de résistance contre le roi son père. Que les arrêts du Parlement de Paris doivent être respectés dans les Etats de Bourgogne, etc., etc. Enfin que l'intervention de la maison de Bourgogne dans l'affaire du Luxembourg est chose regrettable. Que le duc semble oublier ce qui a été convenu lors du mariage de son fils, le comte de Charolais avec madame Catherine de France, etc., etc., etc. : 1458.

1458.

A Montbazon — Du 7 mars $145^{8}/_{9}$.

Deuxieme réponse faite à Thoison d'or et au sire de Chimay, au sujet des différends qui exiſtent entre le roi et le duc de Bourgogne

(Copie du temps sur parch.)

Ce sont les refpons faictes de par le Roy aux chofes que vous, *Meffire Jehan de Crouy*, seigneur de Cimay, *le sire de Lannoy*, gouverneur de Hollande, et *Thoison d'Or*, confeilliers & ambaxadeurs de mondit Seigneur de Bourgoigne avez dictes au Roy *de par mondit Seigneur de Bourgoigne.*

Et *premièrement* à ce que vous avez dit que par les refponses qui dernierement furent faictes à Vendosme aux gens et ambaxadeurs de mondit Seigneur de Bourgoigne sur ce qu'ilz avoient dit et expofé en la préfence du Roy, mondit Seigneur de Bourgoigne a trouvé que sefdis ambaxadeurs avoient bien peu proufitté : Le Roy vous faict dire que les refponces qui leur furent faictes de par le Roy furent faictes par l'advis et deliberaison de Meffeigneurs du sang & autres notables gens du confeil eftant lors à Vendosme, et eftoient et sont bonnes & raifonnables et telles que mondit Seigneur de Bourgoigne en doit eftre bien content.

Et à ce que vous avez dit que le Procureur du Roy en la présence des Princes et Seigneurs du sang et autres, a chargé mondit Seigneur de Bourgoigne de plufieurs desobéissances ; en oultre plus a dit que en xv jours on n'auroit pas récité les désobeissances.

Griefs.

Le Roy eftoit adverty que, en plufieurs cas particuliers, les *arretz de sa cour de parlement,* ses mendements & ses officiers n'avoient efté obéyz ès-terres et seigneuries que mondit Seigneur de Bourgoigne tient & possède en son royaume, & pour cefte caufe, le Roy fist dire & remonftrer aufdis ambaxadeurs, en son confeil. par son Procureur general aucuns defdis cas, afin d'en advertir mondit Seigneur de Bourgoigne pour y donner, faire donner par ses gens & officiers obeiffance telle qu'il appartient & qu'il est tenu de faire.

Paix d'Arras en 1435.

Et au regart de ce que vous avez dit touchant la matière de la paix (faicte à Arras), c'est affavoir que mondit Seigneur de Bourgoigne n'a pas à ce efté contrainct ne meu par neceffité, mais le fist par honneur & reverence de Dieu, notre Créateur, pour l'amour aussi naturelle qu'il avoit à la très-noble maifon de France, dont il étoit party, & pour pitié et compaflion du pauvre peuple qui ant

1458.

Le Roy scet bien & cognoift les grans biens que, en tous royaumes & seigneuries, adviennent par le moien de paix ; pour laquelle caufe, & l'onneur & reverence de Dieu, le soulagement aussi du peuple & edviter les inconveniens qui communement adviennent par fait de guerre, mesmement quant les subgetz et ceulx qui sont descendus de maison roial sont divifez & separez de leur chief ; quant l'ouverture de ladicte paix lui fut faicte liberalement à cè se condescendit eftant hors de sa memoire toutes les chofes du temps paffé, & sans riens y voloir efpargner du fien ; jaçoit ce que, en temps que le traictié fut faict entre le Roy & mondit seigneur de Bourgoigne, le Roy euft jà recouvert grant partie de sa seigneurie & avoit bien confience en Dieu de recouvrer le demourant, ainsi que grace à Noftre-Seigneur il a depuis faict. Et n'eftoit pas le Roy en néceffité de ce faire, car déjà avoit recouvert grant partie des cités, villes, terres & seigneuries de ses païs de France, Brie, Champaigne, Beauvoisis, Picardie et autres, que, au temps qu'il vint à la couronne, eftoient en la main de ses ennemis ainsy que chafcun scet.

Victoires antérieures de Charles VII.

Et quant aux services que vous dictes que mondit seigneur de Bourgoigne fist au Roy, en faisant guerre à ses ennemis : le Roy avoit bien confience en mondit seigneur de Bourgoigne après le traictié & appoinctement fait entre eulx, que comme son bon parent il le deuft aider, servir & conforter à l'encontre de ses ennemis, ainfy que tous les seigneurs de son sanc sont tenuz de faire.

Campagnes inutiles contre les Anglais.

Et quant au cas contenu en l'article, c'est affavoir de la guerre qu'il fit par mer et par terre *contre les Anglois*. Le Roy est bien souvenant de l'armée que mondit seigneur de Bourgoigne fit pour le temps de lors, & s'il eust communiqué au Roy son intencion de ce qu'il voloit faire, le Roy l'eust adverty de bon cueur de ce qu'il lui euft semblé plus utile & prouffittable en ladicte matière, & de sa part se y fuft tellement employé, tant de gens comme de sa perfonne, se befoing en euft efté, qu'il en euft peu ensuir grant bien au Royaume.

Et au regart de ce que vous dictes que la ville de Paris a efté baillée & mise es mains du Roy par mondit seigneur de Bourgoigne & ses gens souldoyez de ses deniers & sans la charge ne defpence du Roy.

Reddition de Paris.

Il est tout notoire que *monfeigneur le conneftable* (1), que Dieu abfoille, et *monfeigneur de Dunois* eftoient chiefz commiz & ordonnez de par le Roy pour le faict & l'en-

1. *Artus de Richemont*, connétable de France depuis 1425, lequel devint ensuite *duc de Bretagne*

1458.

treprinse qui fut faicte pour ladicte caufe. Et en leur compaignie eftoient plusieurs aultres notables seigneurs, cappitaines & chiefz de guerre en grant nombre & puiffance de gens d'armes, jufques au nombre de quatre à cinq mil combatans ou plus, aux defpens du Roy & par le plaisir de Dieu & par la bonne conduite de ceulx qui là estoient, & la faveur des gens de la dicte ville qui avoient bon vouloir de retourner en l'obeyssance du Roi, leur souverain et naturel seigneur, ladicte ville fut reduitte en son obeyssance & les chafteaux de la Bastille & du Louvre renduz depuis à mondit seigneur le conneftable au nom du Roy. Bien est vray que le seigneur de l'Isle-Adam, le seigneur de Ternaut, meffire Simon de Lalain & autres des gens de mondit seigneur de Bourgoigne jusques au nombre de VI à VII cens combatans, furent à faire les chofes deffusdictes, de par mondit seigneur de Bourgoigne et à ses defpens; & que bien & honorablement se y pourtèrent, dont le Roy fut bien content, et dès paravant, le Roy avoit recouvert les principales places d'entour Paris & les clefz des rivières dessus & deffoubz, & y tenoit grand nombre de gens de guerre qui eftoient à ses defpens, réfervé les gens de mondit seigneur de Bourgoigne dont deffus est faicte mencion qui eftoient dedens la ville de Pontoise.

Dunois, Simon de Lalaing, l'Isle-Adam.

Touchant les aultres bonnes villes & places que mondit seigneur de Bourgogne dit avoir efté reduittes par son moien, en l'obeyffance du Roy & mifes hors des mains de ses ennemys.

Mauvaise volonté du duc.

Il est vray que en faifant ledit traictié entre le Roy & mondit seigneur de Bourgoigne, il fut dit que chafcune des parties devoit faire wider ses gens des places & des forteresses qui apartenoient à l'autre partie ou aux siens, réfervé celles que le Roy laiffoit à mondit seigneur de Bourgoigne selon la forme dudit traictié, laquelle chofe le Roy a faict & accomply de sa part, ainfy qu'il appartenoit, sans ce que mondit seigneur de Bourgoigne ne les siens aient eu aucufnes peine ou defpence à recouvrer les places qui leur apartenoient, au moins qui soit venu à la cognoiffance du Roy, mais ainfy n'a pas efté fait de la part de mondit seigneur de Bourgoigne, car excepté la ville de Noyon & de Soiffons, il y a eu peu de places apartenans au Roy et aux siens tenues & occupées par les gens de mondit seigneur de Bourgoigne que le Roy ou les siens aient peu avoir, sy non les aucunes à grans fraiz & defpens & les autres par grans sommes d'argent baillées à ceulx qui les tenoient & partie d'icelles longtemps après ledit traictié.

Et quant aux services que vous dictes que les nobles vassaux & subgetz de de mondit seigneur de Bourgoigne ont fait au Roy en sa conquefte de Normandie.

1458.

il veufist aucunes gens de guerre de par mondit seigneur de Bourgoigne, mais bien est vray que en la compaignie de *monfeigneur le conte d'Eu* & de *monfeigneur le conte de Saint-Pol*, parens, subgetz & serviteurs du Roy, vindrent au service dudit seigneur & à ses gaiges & souldes, à ladicte recouvrance de Normandie plufeurs chevalliers, efcuiers & aultres subgetz du Roy, tant des pays de Picardie & ailleurs, qui s'y gouvernierent bien & hounourablement & dont ledit seigneur fut bien content.

Faux prétexte qu'il prend.
Coalition supposée.

Et au regart de ce que mondit seigneur de Bourgoigne a fait dire en oultre par vous que, dès la paix faicte, il se delibera & conclud de cherir le Roy, aimer, servir, honorer & obeyr & supplie au Roy qu'il veuille cognoiftre que encore est il tel & sera jufques à la mort, se par tort evident, il n'est contrainct au contraire que Dieu ne vueille.

Le Roy scet bien & cognoist l'amour, charité, service, honeur & obeyffance que mondit seigneur de Bourgoigne & les aultres seigneurs du sang doivent avoir envers lui, & auffi le Roy n'a jamais voulu, ne vouldroit faire aultre chofe par quoy mondit seigneur de Bourgoigne ait raifonnablement caufe d'avoir aultre voulenté envers lui que celle que doit avoir.

Et à ce que oultre plus vous avez dit que mondit seigneur de Bourgoigne est adverty que le Roy est induict & preffé par ses heyneux de prendre & querir aliances & confederacions à l'encontre lui, & en les particularifant, parlez des aliances de Dannemarche, Berne, Liége, du roy Lancelot, de l'empereur & des princes électeurs de l'empire & autres seigneurs d'Alemaigne & auffi que le Roy quiert faire trèves generales avecques les Anglois pour nuyre & grever mondit seigneur de Bourgoigne.

Le Roy est bien efmerveillé de ceulx qui ainsi contre vérité, ont adverty mondit seigneur de Bourgoigne des chofes deffus dictes, car comme vous povez savoir toutes bonnes aliances & confederaisons sont bien requifes entre les Roys & princes souverains pour le bien d'eulx, de leurs royaumes & de leurs subgetz.

Le roi de Danemark.

Et pour entrer ès cas particuliers, est vray que dès le temps du feu Roy de Dannemarche, que Dieu abfoille! por le moien d'aucuns princes d'Alemaigne, prouchains parens du Roy & dudit roy de Dannemarche, fut ouvert de faire aliance entre lefdits deux roys & après le dexcez duquel roy de Dannemarche, la matière s'est continuée entre le Roy noftre souverain seigneur & le roy de Dannemarche qui à préfent est : & par leurs commis ambaxadeurs ont efté lefdictes

1458.

pas trouvé que en toutes lesdictes aliances, soit faicte mencion d'aucune chose contre mondit seigneur de Bourgoigne, ne en son prejudice, ainçois comme prouchain parent & subgetz du Roy, pevent estre lesdictes aliances à son avantaige comme des aultres seigneurs & princes du sang du Roy & doit estre chose bien agreable à tous lesdis seigneurs du sang & aultres du royaume, de veoir joincts par aliances ung tel & si puissant prince comme le roy de Dannemarche au Roy nostre souverain seigneur.

Voyage du Prévôt des Maréchaux à Liège.

Et au regart de ce que vous avez parlé touchant l'alée du prevost des mareschaulx au païs du Liége, & des aliances que le Roy a contendu y trouver contre mondit seigneur de Bourgoigne, il ne sera pas trouvé que ledit prevost des mareschaulx eust oncques charge de par le Roy de besoigner avecques ceulx dudit païs du Liége pour ladicte matière, mais y étoit allé pour aucunes choses qui touchoient le fait de justice & l'onneur du Roy, à cause de certaines parolles qu'on disoit avoir esté dictes & semées par le seigneur de Camois, Anglois, qui lors estoit audit païs du Liége; et aussi n'estoit besoing que le Roy envoiast par delà pour faire aliance avecques eulx; car tousjours les Liegeois ont eu le Roy et la couronne de France en grand amour, honeur & reverence & offert plusieurs fois de le servir à l'encontre de ses ennemys; par quoy le Roy les a & doit bien avoir en son especiale recommandaison.

Et quant au fait de ceulx de Berne, le Roy a bien voulu les avoir & recevoir en bonne amour et intelligence avecques lui, en quoy sont comprins tous ses subgects, amis & aliez; & n'y a en faicte chose prejudiciable contre mondit seigneur de Bourgoigne. Touchant les aliances que mondit seigneur de Bourgoigne dit que le Roy avoit prinses contre lui avecques le roy Lancelot, & aussi le mariage qu'il avoit accordé de Madame Magdelene avecque lui, nonobstant qu'il feust ennemy d'icellui monseigneur de Bourgoigne, & que de ladicte inimitié il eust faict advertir le Roy.

Le roi de Hongrie et de Bohême.

Au regart desdictes aliances, il n'y en a esté aucunes faictes entre le Roy & le roy Lancelot, roy de Hongrie & de Bahoigne, ne aussi n'en estoit il jà besoing; car de grande ancienneté & dès le temps du roy Jehan & du roy de Bahoigne qui lors estoit, les aliances perpetuelles furent faictes entre les Roys & les Royaumes de France & de Bahoigne, tant pour eulx que pour leurs successeurs, es quelles aliances fut comprise nommeement feu monseigneur Phelippe, duc de Bourgoigne qui à présent est, & ses successeurs.

Et quant au mariage, chacun scet qu'il n'est pas defendu entre princes crestiens

1458.

moien desdis mariages, en adviennent souventes fois plusieurs biens. Et n'y a aucune chose ou traictié faict entre le Roy & mondit seigneur de Bourgoigne, qui empesche le Roy que ainsi ne le puisse faire de messeigneurs & dames ses enfans ; & comme il est tout notoire, Madame Magdelene estoit des lors en aage de marier; & entre les princes crestiens n'y avoit pour ledit temps plus grant mariage que audit roi de Hongrie & de Bahoigne & dont vraisemblablement peust ensuir plus de biens & honeurs, & mesmement à la defense & exaltacion de la Foy.

Et aux inimitiez que mondit seigneur de Bourgoigne se disoit avoir à l'encontre dudit roy de Hongrie & de Bahoigne & dont il advoit faict advertir le Roy.

Parenté avec le roi de Hongrie et de Bohême.

Le Roy sceut oncques qu'il y eust publiques inimitiez entre le roy de Bahoigne & mondit seigneur de Bourgoigne ; & aussi n'avoit-il aucune cause de le penser ainsi, tout le contraire, attendu la prouchaineté de lignaige dont ilz se attenoient l'un à l'autre, & les aliances dessusdictes faictes entre les maisons de France & de Bahoigne, es quelles est comprins mondit seigneur de Bourgoigne comme dit est; & avecques ce, qu'il estoit tout notoire que mondit seigneur de Bourgoigne avoit fait offrir par ses ambaxadeurs de aler en la compaignie & soubz la conduitte dudit roy de Hongrie & de Bahoigne, à l'encontre du Turq & pour la defence de la Foy. Et ce on vouloit dire qu'il y eust aucune difference entre eulx, à cause de la duchié de Luxembourg, le Roy ne tenoit pas que pourtant le roy de Hongrie & de Bahoigne feut ennemy de mondit seigneur de Bourgoigne, attendu que le Roy estant a Lion, ledit roy de Hongrie pour apaisier ladicte difference envoya devers le Roy, offrant s'en soubmettre à lui & tenir son ordonnance, pourvu que mondit seigneur de Bourgoigne le feist pareillement; de laquelle chose le Roy fist advertyr mondit seigneur de Bourgoigne par les ambaxadeurs, ce qu'il ne volt accepter au faict des aliances que mondit seigneur de Bourgoigne dit que le Roy quiert avecques l'empereur, les princes électeurs de l'empire & autres princes d'Alemaigne à l'encontre de lui.

L'Empereur d'Allemagne allié perpétuel de la France.

Mondit seigneur de Bourgoigne peut bien savoir que de tout temps il y a aliances entre les empereurs & les Roys de France ; et à ceste cause, en toutes les aliances que le Roy a faictes avecques aultres princes, il excepte nommeement l'empereur; & pareillement s'il a fait paix ou trève avecques ses ennemis, il y comprent l'empereur comme son alyé. Et au regart des électeurs & autres princes d'Alemaigne, plusieurs d'iceulx sont dès pieça aliez avecques le Roy; mais esdictes aliances n'a esté faicte chose au prejudice de mondit seigneur de Bourgoigne.

1458.

Trêves avec les Anglais.

verty que le Roy requiert faire trèves generales avecques les Anglois, pour lui nuyre & grever.

Mondit seigneur de Bourgoigne peut avoir affez souvenance des bons termes qui luy furent tenuz par le Roy es trèves que derrenierement il fit avecques les Anglois, là où ses gens ambaxadeurs furent presens & affiftans, & es quelles mondit seigneur de Bourgoigne fut nommeement compris comme les autres seigneurs du sang. Et quant aux parolles qui sont le present de ladicte matière, le Roy n'a point quis, ne quiert trèves avecques les Anglois; car Dieu merci, il n'y a point neceffité de le faire. Mais pour ce qu'il a efté plufieurs foiz exhorté par noftre Saint Père & par ses legatz qui sont venuz en France, de vouloir entendre à paix ou trèves avecques les Anglois, en faveur de la deffence de la Foy, le Roy, quant on lui en a parlé, a toufjours refpondu que pour l'onneur de Dieu principalement & en la faveur que deffus, il eftoit content de y entendre par tous bons & raifonnables moiens.

A ce que mondit seigneur de Bourgoigne dit que aucuns lui ont donné à cognoiftre que le Roy est mal content de lui, pour ce que monfeigneur le Dauphin s'est reftrint par devers lui & se tient en ses païs & seigneuries & en soy excusant sur ce dit : que s'il a receu mondit seigneur le Dauphin, il lui est advis qu'il a fait, honeur au Roy, & se aultrement l'euft fait, ce lui euft efté & seroit reprouche & blasme à jamais.

Accueil fait au Dauphin par le duc.

Auftreffois a efté fait refponce à mondit seigneur de Bourgoigne touchant cefte matière, que le Roy a bien cognoiffance que à mondit seigneur le Dauphin est bien deu eftre fait honneur & bon recueil par mondit seigneur de Bourgoigne & aultres princes de ce Royaume quand ils sauroient & cognoiftroient que mondit seigneur le Dauphin se maintiendroit envers le Roy son père comme bon & obeiffant filz doit faire, & autrement ne se doit faire par raison, car l'onneur qui lui est deu deppend du Roy son père & son seigneur.

Ses résultats fâcheux pour le Roi.

Et combien que tantoft après que mondit seigneur le Dauphin fut es mains de mondit seigneur de Bourgoigne, mondit seigneur de Bourgoigne euft fait dire au Roy, par ses gens & ambaxadeurs, que se c'eftoit son plaifir, il s'emploieroit voulentiers à reduire mondit seigneur le Dauphin à la bonne grace & obeyffance du Roy, ainse que filz doit eftre envers son père, dont le Roy fut bien content & en mercya mondit seigneur de Bourgoigne, en le priant que ainse le voulfist faire et emploier soy comme il vouldroit qu'ils fift pour lui en cas pareil, & avoit bien le Roy fiance que aucun bon frinct en deuft enfuir neantmoins & que mondit seigneur le Daulphin ait efté par longtemps es mains de mondit seigneur de

Bourgoigne, le Roy ne s'est point apperceu qu'il en soit ensuy aucun bon effect.

Quant à l'excufaison que mondit seigneur de Bourgoigne pretend, à cause des trèves par lui prinfes à certains temps & trois mois de defdit avecques les Anglois, anciens ennemys et adversaires de ce Royaume, pour aucuns de ses païs, soubz umbre de ce que ancien cappitaines et gens de guerre du party du Roy estoient lors entrez en ses pais. & que trop grant charge euft efté à mondit seigneur de Bourgoigne de faire guerre aufdis Anglois & aufsi avoir à faire avec gens du Roy. 1458.

Mondit seigneur de Bourgoigne peut bien savoir que à cause de l'adverfité de la guerre, les gens d'armes pour le temps de lors eftoient en grand desordre, faifoient plufieurs maulx & excès en divers lieux en ce Royaume, tant es païs qui sont mefmement au Roy, que en tous les autres dudit Royaume, dont le Roy eftoit bien desplaifant; & sitost qu'il lui a efté poffible, il y a mis l'ordre & remède que chafcun a veu. Et supposé que aucuns excès particuliers eussent este faiz es païs de mondit seigneur de Bourgoigne par lefdis gens de guerre ainfi qu'ilz faifoient es autres païs, si n'eftoit ce pas cause suffifante ne raifonnable pour prendre trève avecques les ennemys du Roy & du Royaume, sans le congié, confentement & bon plaisyr du Roy.

Et au regart des autres trèves longues & qui encores durent & que mondit seigne a prinfes avecques les Anglois, pour tous ses païs, à ung an de defdit, soubz couleur du mariage fait de la fille du roy de Secille avecque le roy d'Engleterre, & auffi des advertiffemens qu'il dit avoir euz, que par le moien dudit mariage on devoit recompenfer les Anglois des païs de Hollande & Zellande pour le païs de de Normandie, & les autres terres & seigneuries de mondit seigneur de Bourgoigne se devoient conquerir par commune main, du Roy & des Anglois, & contendoit-on, par ce moïen, à deftruire entièrement mondit seigneur de Bourgoigne.

Il est vray que, en traictant ledit mariage, ne fut oncques parlé des chofes deffus dictes, dont mondit seigneur de Bourgoigne dit avoir esfté adverti. Et se efmerveille fort le Roy comment mondit seigneur de Bourgogne a si légièrement adjoufté foy, & si longuement perfeveré, à telles chofes ainsi contreuvées contre vérité, & s'il en eust fait aucune doubte, il deuft avoir envoié devers le Roy; pour eftre informé de la vérité, & non pas prendre lefdictes trèves qui sont prejudiciables au Roy & à la chofe publique de son Royaume. Et auffi par experience il a depuis bien peu veoir & cognoiftre tout le contraire des advertiffemens qu'il dit lui avoir efté faiz; & neantmoins il a continué & continue encore en

Singuliere crédulité du duc.

1458. icelles trèves, jafoit ce qu'il ne loise à lui, ne à autre prime de ce royaume, faire trèves ou abftinences de guerre avecques les ennemis, sans le congié & confentement du Roy, comme dit est.

Et à ce que mondit seigneur de Bourgoigne dit que aucuns dient que la cause du mal contentement du Roy est pour les defobeiffances qu'on fait es païs de mondit seigneur de Bourgoigne au Roy et à sa court de parlement ; & pour son excufacion requiert que les charges dont le procureur general du Roy l'a chargé en la presence des seigneurs qui eftoient à Vendosme, & toutes les aultres charges qu'il lui a volt imposer lui soient baillées par escript, & que au plaisyr de Dieu il refpondra à tout tellement que le Roy, les princes en la presence desquelz il a efté chargé, & ung chascun verra qu'il a efté chargé par ledit procureur sans cause & sans raison.

Désobéissance au Parlement.

Mondit seigneur de Bourgoigne scet bien que le Roy doit & est tenu faire justice à ses subgetz & de faire exécuter les arrestz & jugemens de sa court de parlement qui est sa court souveraine & auffi l'a juré & promis a son sacre & couronnement. Et pour ce qu'il a eu de grans plaintes que pluseurs des arretz de sadicte court & ses mandements n'ont pas efté bien obeys par mondit seigneur de Bourgoigne, & que le Roy eftant à Vendosme, vindrent aucuns desdis plaintifz par devers lui, pour cefte cause, il fit remonftrer par son procureur general aux gens & ambaxadeurs de mondit seigneur de Bourgoigne, les cas particuliers dont les plaintes adonc lui estoient venues, à ce qu'ilz en advertissent mondit seigneur de Bourgoigne pour y faire donner l'obeiffance qu'il appartient et qu'il est tenu de faire.

Et quant à ce que mondit Seigneur de Bourgoigne requiert que tous les cas dont le Procureur general du Roy le vouldra charger, lui soient baillez pour y refpondre :

Le Roy, par diverfes foiz, a fait remonftrer à mondit Seigneur de Bourgoigne & à ses gens & ambaxeurs, plufeurs plainctes & doleances que l'en avoit fait au Roy, touchant les chofes deffufdictes, efperant que mondit Seigneur de Bourgoigne y deuft donner provifion, ce qui n'a efté fait. Mais neantmoins le Roy efcrira à son procureur general qu'il face diligence de recueillir toutes les plainctes & doleances qu'il a, touchant lefdites matières, & les fera savoir à mondit Seigneur de Bourgoigne par ses gens qu'il envoiera devers lui pour cefte caufe.

Le Roi formulera ses griefs et enverra des ambassadeurs.

Au regart de ce que mondit Seigneur de Bourgoigne se plainct de la court de parlement difant qu'elle ne voeult entendre à wider chofe qui soit pour lui, ne pour ceulx qui sont à lui, mais sont ses caufes & celles des siens immortelles

1458.

Sinon qu'elles soient contre lui & les siens. Il eſt bien vray que le Roy eſtant à Vendoſme, il parla de cette matière aux gens de sadiƈte court de parlement, leſquelz lui affermèrent qu'il y a eu autant & plus de cauſes expédiées en ladiƈte court de parlement, des païs de mondit seigneur de Bourgoigne & de ses subgetz, que de nul autre pays ou contrée de ce Royaume. Mais neantmoins le Roy derechef mandera voulentiers sadiƈte court qu'elle face ès cauſes de mondit Seigneur de Bourgoigne & des siens, bonne & breve expedisſion de juſtice. Et quant à ce que vous diƈtes que se plainƈtes ou doleances devoient eſtre ouvertes ou déclairées, mondit seigneur de Bourgoigne a mieulx cauſe de soy douloir que nul autre, & que le traiƈté d'Arras n'a pas eſté fourny né accomply.

Il sera ordonné au Parlement d'expédier plus brievement les causes concernant le Duc.

Il semble au Roy que mondit Seigneur de Bourgoigne n'a cauſe de faire plainƈtes & doleances à cauſe dudit traiƈtié, comme chaſcun peut aſſez savoir & cognoiſtre, & n'a le Roy aucune choſe fait au contraire. Mais adviſe mondit seigneur de Bourgoigne se de sa part il a eſté bien entretenu. Et deuſt bien avoir mondit Seigneur de Bourgoigne memoire des parolles qui furent diƈtes en diƈtant le mariage de feue Madame *Catherine de France* (que Dieu absoille) & de mondit Seigneur de Charolois son fils.

Clauses de mariage de Madame Catherine de France.

Et au regard d'aucunes autres plaintes que mondit Seigneur de Bourgoigne fait, de certaines injures qu'il dit avoir eſté faiƈtes, tant à lui, comme à ses gens par matière de défriſion.

Telles choses & semblables doivent eſtre deſplaiſans à tous princes, & quand il vient à leur cognoiſſance, ils devroient en faire pugnicion, mais pour ce que communément elles ſe dient & font par gens de mauvaise voulenté & petite reputaiſon, jaçoit ce que bien largement en ait eſté dit & fait contre la personne du Roy & de plusieurs greſves & énormes choſes, neantmoins il se depporte de plus avant en parler pour le preſent.

Offenses contre la personne du Roi.

Et finablement, à ce que mondit Seigneur de Bourgoigne supplie au Roy que son plaiſir soit de l'avoir en sa bonne grâce, & le tenir & lui faire comme à son parent & serviteur & que au plaiſir de Dieu, il le trouvera touſjours bon, vray, franc, loyal, humble & obeiſſant.

Mondit Seigneur de Bourgoigne peut avoir aſſez veu & cogneu par expérience que, depuis le traiƈtié faiƈt entre le Roy & lui, le Roy lui a tenu termes bons & raiſonnables, comme il appartient faire envers son bon parent & serviteur, & seroit le Roy bien joyeux que mondit Seigneur de Bourgoigne se gouvernaſt touſjours tellement envers lui, qu'ils euſt cause de continuer & de l'avoir & tenir en sa bonne grâce.

1458. La refponce deffufdicte a efté faicte de par le Roy en sa prefence aufdis ambaxadeurs, où eftoient Meffeigneurs les ducz d'Orléans & de Bretaigne, le conte du Maine & les autres Seigneurs du sang, Prelatz & gens du grant Confeil du Roy, à Montbazon, le VIIe jour de Mars, mil IIII c. LVIII.

Mécontents de cette réponse, les ambassadeurs de Bourgogne insistent. Le récit de Jean de Reilhac continue :

Du 11 mars 145 8/9.

Après lefquelles refponces faictes ausdits ambaxadeurs lan & jour que deffus, le lendemain qui fut VIIIe jour de Mars, ilz envoierent par Thoifon dor, lung diceulx ambaxadeurs, certaine scedule laquelle il prefenta de par lesdits ambaxadeurs à Meffeigneurs du confeil du Roy & à laquelle par l'ordonnance du Roy a efté refpondu en la manière qui sensuit :

Nouvelles explications demandées au nom du Duc.

Et depuis la refponce faicte de par le Roy & en sa prefence a vous Meffire *Jehan de Croy Seign*r *de Cimay, Meffire Jehan de Lannoy, gouverneur de Hollande* & *Thoison dor* confeillers & embaxadeurs de Monfeigneur de Bourgongne, vous avez baillé au Confeil du Roy une scedule par laquelle dictez que vous avez efté envoiez devers le Roy pour deux poins. Lun pour ouvertement & clerement lui faire déclairer quel a efté mondit Seignr, quel il est & quel il veult demourer envers le Roy. Lautre pour savoir se le Roy eft indigné ou mal content de mondit Seignr de Bourgogne & les caufes pourquoy, & que se le Roy à aucune chofe en son cueur qui le mouve a eftre mal content de mondit Seignr de Bourgogne, que son plaisir soit le declairer & le lui signiffier. Et dictes que ausdits deux poins qui sont la principale cause de voftre venue na riens efte refpondu par quoy suppliez au Roy que sur ce vous peussiez savoir son vouloir & bon plaifir.

Il a été bien suffisamment répondu.

Pour refpondre à laquelle scedule, le Roy vous fait dire que par les refponfes qui vous ont efté baillées, vous povez bien veoir & cognoiftre que chafcun defdits deux poins dont vous parlez & a tous les articles que vous avez baillez par efcript a efté bien & suffifammènt refpondu de par le Roy & néantmoins par ce que requerez avoir plus ample déclaration sur le contenu en voftre dicte scedule. Le Roy envoiera devers mondit Seignr de Bourgongne aucuns de ses confeillers pour lui faire, sur ce, son vouloir & entencion & pour cognoiftre si mondit Seignr de Bourgongne eft & veult eftre par effect envers le Roy tel que vous avez dict & baillé par efcript. 1458.

Fait à Montbazon le XIe jour de Mars lan mil IIII c. LVIII (1).

(Collationné à l'original.) DE REILHAC.

(Bib. nat., Fr. 17517, fol. 13 a 18.)

Le ton aigre et hautain de ce dernier document démontre combien la situation était alors tendue.

En même temps, le nouveau duc de Milan, François Sforza (2), trahit ses promesses d'amitié à la France. Non seulement il favorise secrètement les factions hostiles à la suzeraincté du roi dans la ville de Gênes, les Adorni et les Campofregosi (3), mais encore il s'emploie à nuire aux revendications du roi de Sicile et du duc de Calabre (4) sur le royaume de Naples. On lui envoie le bailli de Sens, porteur d'une lettre de vives récriminations (5).

Le 16 janvier 1458, est accordée une récompense extraordinaire à Jean de Reilhac et Jean de la Gardete, prévôt de l'hôtel du roi, « en faveur de plusieurs bons et grands services qu'il a faiz et encore fait chacun jour » :

Du 31 decembre 1459.

Repartition des subsides votés par les Etats d'Auvergne, le 16 janvier 1458.

(Origin. sur parch.)

C'est la distribution de la somme de 1361 l 17 s 6 d tournois... octroyee par le

1. Cette piece a été imprimée en grande partie dans les chroniques de *Mathieu d'Escouchy* par M. le marquis de Beaucourt, p. 395 à 414.

2. *François Sforza*, gendre de *Philippe-Marie Visconti*, reconnu duc de Milan depuis 1450, après la mort de son beau-pere.

3. Anciennes et puissantes familles de la Republique de Gênes.

4. *René d'Anjou*, ne en 1408, successivement duc de Lorraine et comte de Provence, connu sous le nom du *Bon Roi René*, avait hérité, de son pere Louis II, de droits sur la couronne de Naples. Il portait alors le nom de *Roi de Sicile*. Il avait pour fils aîné *Jean*, duc de *Calabre*.

5. A Rasilly — Du 24 mars 1458.

Ambassade du bailli de Sens auprès du duc de Milan pour lui reprocher son attitude envers le roi de Sicile.

1458. roy... estre mis sus ou bas pays d'Auvergne par lectre patentes données à Montbason le 16e jour de janvier 1458. pour les estats assemblés à Riom . . . .

A... GARDETE (1) escuier prevost de l'ostel du roy nostred. Sr la somme de cent livres tournois a luy ordonnee par lesd. seigrs en faveur de plusieurs bons et grands services qu'il nous a faiz et encore fait chacun jour. CL.

« A Mre JEHAN DE REILHAC, secretaire du roy notred. Sr, pour semblable cause pour ce. . . . (illisible).

(Bib nat., Fr. 22296 No 12.

et prie que à nostre beau neveu de Calabre & à nos subgetz de nostre cite et Seigneurie de Jennes voulsissiez donner toute faveur & aide touchant le bien de nous & de nostredite Seigneurie de Jennes A quoy avez fait response que ainsi le feriez en vous offrant tousiours a nous faire service. Toutesvoyes nous avons este adverty & par gens notables et dignes de foy que vous avez tenu la main avec les Adornes & les Campofregoses et leurs complices a faire les entreprinses qui par cy devant ont este faictes sur nostre dicte cite et Seigneurie de Jennes Et que iceulx vous avez tousiours portez et favorisez et que de jour en jour y perseverez tant par vos voyes indeues que autrement dont nous avons este et sommes fort esmerveillez. Actendu la confiance que nous avons es choses que nous avez souventesfoiz escriptes et fait dire par ceulx que pour ceste cause avons envoyez devers vous.

« Et pour ce que ne pourrions plus ne vouldrions dissimuler telles choses nous envoyons presentement devers vous nostre ame et feal Conseiller et Chambellan *le bailli de Sens* pour vous dire sur ce notre vouloir, et afin de savoir par effect comme vous avez entencion de vous demonstrer tel que voulez estre envers nous. Aussi nous avons este adverty que vous avez contrarie et contrariez en plusieurs manieres nostre beau neveu de Calabre, touchant le recouvrement du Royaume de Napples et que pour empescher ledit recouvrement y avez envoye de vos gens dont nous sommes esmerveillez, *actenduz les plaisirs, honneurs et biens qui vous ont este faiz par ceulx de la maison d'Anjou a vous et aux vostres* qui sont bien notoires Et pour ce que ceste matiere touche lonneur de nous et de la maison de France nous vous en avons bien volu escripre nostre voulente qui est telle, car nostre entencion est de porter aide et soustenir *nostredit beau frere de Secille et nostredit neveu de Calabre a la recouvrance dudit Royaume.* Et ne pourrions ne vouldrions respecter pour amys et bienveillans ceulx qui leur seront au contraire Parquoy vous prions que vous vueillez deporter, de leur donner aucun empeschement ainczois leur aider comme raison est et quil nous semble que raisonnablement estez tenu de faire ainsi que ces choses avons dictes audit bailly de Sens pour les vous dire plus a plain de par nous. Donne a Razilly le xxiiie jour de Mars

« CHARLES DE REILHAC »

(*Au dos est ecrit*) « A nostre tres chier et ame cousin le comte *Francisque Sforce* »

(Bib nat. Fonds italien, no 1588 fol 46

1. *Jean de la Gardele*, maitre d hotel du roi, qualifie « escuier chevalier conseiller du roi, seigneur de Fontenilles, gouverneur de l Isle Jourdain pour le duc de Bourbon », reparait sous Louis XI qui le recompense de nouveau en 1466. Il va ouvrir le Parlement a Montpellier en 1467 Est nommé baill du Vivarais par Charles VIII en 1483, place dans laquelle on le retrouve encore en 1493, dans un âge

IV

ANNÉE 1459

(Elle commence le 25 mars.)

SOMMAIRE

Restitution aux enfants de Jacques Cœur. — Sevestre de Carne, chevalier breton, meurtre d'un usurier de Nantes. — Georges de la Trémoïlle, seigneur de Craon, accusé de séquestration. — Lettre du Dauphin pour la naissance d'un fils. — Sèche réponse du roi. — Visite aux Tournaisiens. Rémissions de l'année. — Légitimations. — Privilèges pour la ville de Savone. — Affaires du Luxembourg. — Rivalité avec la maison de Bourgogne. — Thierry de Lenoncourt envoyé auprès des princes allemands. — Instructions qu'il reçoit relativement à l'évêque de Metz, l'archevêque de Trèves, le duc d'Autriche, le marquis de Brandebourg, etc. — Croisade projetée contre les Turcs. — Ambassade au concile de Mantoue. — Prudentes recommandations qui lui sont faites. — Fortifications de Rouen.

IL y a six ans que Jacques Cœur est monté sur l'échafaud pour y faire amende honorable et aller mourir 1459.
ensuite sur la terre étrangère. Les remords semblent
envahir l'esprit du roi. Il fait maintenant arrêter deux des juges
du malheureux argentier, Otto Castellani, qui a succédé à Jacques
Cœur dans la recette du Languedoc, et Guillaume Gouffier; puis
il consent à écouter les réclamations de Jean et de Geoffroy
Cœur, ainsi que celles de Guillaume de Varye qui avait été son
commis principal.

1459. recueillir entre les mains des tiers ce qui peut encore exister des biens de Jacques Cœur (1).

A la suite de cette ordonnance, les héritiers de Jacques Cœur purent en effet recouvrer quelques parcelles de leurs biens. Guillaume de Varye lui-même, redevenu riche, et de nouveau en faveur.

1 A Rasilly. — Du 11 mai 1459.

Abolitio pro illis qui contra publicationem retinuerunt et justitiæ non revelaverunt bona defuncti Jacobi Cueur

Copie sur parch.

« Charles, etc. Comme apres la prinse faicte par nostre ordonnance de la personne & biens de feu Jacques Cueur pour certains crimes dont il auoit este chargie nous eussions fait crier & publier de par nous que tous ceulx qui auroient aucuns biens en garde ou autrement ou qui seroient tenus en aucune sommes de deniers ou autres choses envers ledit Jacques Cueur pour quelque cause ne en quelque maniere que ce fust ilz venissent denoncer aux commissaires par nous ordonnez a faire le proces dudit feu Jacques Cueur dedens certains temps sur ce prefix et ja passe soubz certains et grans peines a nous a applicquer plus a plain declairees en noz lettres sur ce octroyees et publiées des le temps dessus dit & depuis par arrest donne par nous, donné en nostre grand conseil ledit Jacques Cueur ait esté condempne envers nous en la somme de quatre cens mille escus d amende & le surplus de ses biens déclaire a nous confisqué. Pourquoy toutes lesdictes sommes de deniers & autres choses qui pourroient estre deues audit Cueur par quelques persones que ce fust nous compettoient et appartenoient ou au moins estoient subgetz ou paiement de la dicte amende par le moien du dit arrest au moïen duquel plusieurs desdiz biens sont venuz a cognoissance & ont este convertiz & employez au paiement de ladicte somme de quatre cens mil escuz & certain temps apres pour certaines causes & consideracions a ce nous mouvans *avons fait certain octroy a Renaud et Geofroy Cueur, enfans d'icelluy feu Jacques Cueur et a Guillaume de Varie, facteur dudit Jacques Cueur par lequel leurs avons donnez et delaissez tous les biens debtes et autres choses deues audit Jacques Cueur, dont paiement restitucion ou denonciacion ne nous auoient este faiz au jour dudit octroy* Moiennant ce qu ilz seroient tenus fournir aucunes choses ainsi que audit appoinctement est plus a plain faicte mencion & soit ainsi que depuis lesdiz enfans nous aient fait remonstrer que plusieurs personnes ont recellées certaines sommes de deniers lettres & cedules, comptes de marchandise & autres biens dont les aucuns feroient voulentiers restitucion et denonciacion s'ils osoient & les autres les detiennent indeuement au desceu desdiz supplians ausquelz n en oloient ne peuvent bonnement faire poursuite obstant lesdictes deffences & peines que l en pourroit pretendre estre par eulx encouruz. Et pour ce nous ont humblement supplye et requis lesdiz enfans de Varie que attendu que par ledit appoinctement leur auons laissez tous les biens et actions appartenans audit feu Jacques Cueur reserve seulement ceulx que nous auons reservez par ledit appoinctement pourquoy n auons point d interest que tout leur soit rendu et restitue, il nous plaise sur ce leur impartir nostre grace pourquoy nous ou sur ce l advis et deliberacion des gens de nostre conseil auons voulu octroye & consenty, voulons, octroyons & consentons & nous plaist que tous ceulx qui ont recele ou recelent aucuns biens qui appartiennent audit feu Jacques Cuer et Guillaume de Varye quelz qu ilz soient ne pour quelque cause ne en quelque maniere que ce soit les puisse reveler, rendre & restituer ausdiz supplians & que iceulx supplians les puissent poursuir requerir et demander en jugement et dehors tout ainsi qu ilz eussent fait et peu faire par auant lesdites deffences et sans ce que a ceulx qui ainsi les restitueront reueleront et rendront ne a aucun d eulx en soit ou puisse estre demandee aucune chose par nostre procureur ou autre soubz couleur desdictes inhibicions et peines ne autrement en quelque maniere que ce soit Et lesquelles peines et autres faultes qu'ilz pourroient a ceste cause auoir encouru enuers nous et justice nous leur

fut nommé quelques années plus tard trésorier général du Languedoc et sa fille Françoise de Varye épousa dans la suite Charles de Brilhac, seigneur d'Argy, Grand Maître de l'Hôtel du roi, un des personnages les plus considérables au temps de Charles VIII. 1459.

L'intermédiaire de cette mesure réparatrice fut Jean Briçonnet le Jeune, receveur pour la Touraine, de la célèbre famille de ce nom qui a fourni tant de financiers au xve siècle et s'allia aux principales familles du Parlement de Paris (1).

On trouve également le nom de Jean de Reilhac sur deux lettres de rémissions importantes, au commencement de cette année 1459; celles pour Sevestre de Carné et Georges de la Trémoïlle.

Sevestre de Carné, chevalier breton, et son frère Guy, tous deux criblés de dettes, avaient engagé leur terre de la Roberdière à un usurier de Nantes, appelé Guillaume Grangier, pour 1.500 salus d'or. Pour cet argent, ils avaient ensuite vendu une autre de leurs

mettons du tout au néant de grace espécial, plaine puissance & auctorité royal par ces dictes présentes En imposant sur ce silence perpétuel à nostre procureur, pourveu que les receleurs desdiz biens par nostre procureur ou autres noz officiers parauant la date de ces présentes a cause desdiz recelemens desdiz biens n'aient esté ou soient mis en proces, auquel cas nous voulons que lesdiz recéleurs desdiz biens ne se puissent aucunement aider de ces presentes. Si donnons en mandement par ces presentes aux seneschaulx de Beaucaire, de Nysmes & de Thoulouse & de Carcassonne, bailliz de Touraine, Berry, de Montferrant, de Saint-Pierre le Moustier & de Mascon, seneschal de Lyon & à tous noz autres justiciers & officiers presens & auenir & a leurs lieutenans & a chacun d'eulx si comme a luy appartendra, que de noz présens grace, octroy, pardons & abolissions ilz facent, seuffrent & laissent les dessuz diz & chacun d'eulx joir & user plainement & paisiblement sans leur faire ou donner ne souffrir estre par ce fait ou donné ores ne pour le temps auenir aucun arrest destourbier ou empeschement en corps ne en biens en aucune maniere, ainsi leurs dy corps ou aucuns de leurs diz biens sont ou estoient pour ce prins, saisiz, arrestez ou empeschez les leur mettent ou facent mettre sans délay à plaine deliurance. Et afin, etc., sauf, etc. Donné a Razilly le xie jour de May l'an de grace mil cccc cinquante neuf & de nostre régne le xxxviie. Ainsi signé.

Par le roy en son Conseil.

J. DE REILHAC.

Visa contentor

(laissé en blanc.)

(Arch. Nat. Reg. J. J. 188 fol. 51 V°.)

1. Les principaux furent : *Guillaume Briçonnet*, marié à *Jeanne Boilesve*, fille de *Mesmin Boilesve*, général des finances du roi Charles VII (sœur de *Marguerite Boilesve, dame de Poisan*, qui épousa le *chancelier de Ganay*), *Jean Briçonnet*, dit *l'aîné*, receveur pour le Languedoc, *Jean Briçonnet*, dit *le jeune*, receveur pour la Touraine.

terres au duc de Bretagne. Mais ce prince n'ayant pu s'acquitter
1459. lui-même, Grangier n'est pas payé et veut se mettre en possession du gage par la violence. Il s'ensuit alors une véritable bataille dans laquelle l'usurier est tué. — *Rasilly, mai* 1459 (*Signé* :) J. DE REILHAC (1).

Georges de la Trémoïlle, seigneur de Craon (2), se trouvant malmené par Péan de la Vallée, qui habitait avec lui à l'île Bouchard, chez la dame de la Trémoïlle sa mère, résolut de s'en débarrasser. Durant une partie de chasse au faucon, il le fait arrêter et le retient en prison jusqu'à ce que le dit Péan ait juré sur le « corpus christi » de ne plus retourner chez la dame de la Trémoïlle. Poursuivi par le Sénéchal de Touraine pour cette séquestration arbitraire, il obtient sa grâce. — *Chinon*, 31 *août id* (*Signé* :) J. DE REILHAC (3).

Sur ces entrefaites, le roi, dont les rapports avec son fils n'ont pas cessé d'être aussi mauvais, reçoit du Dauphin une missive l'informant que la Dauphine, Charlotte de Savoie, vient de donner le jour à un fils. La réponse de Charles VII montre de nouveau combien la situation reste pénible, car les félicitations y disparaissent à peu près complètement sous d'amers reproches. Cette lettre, d'un caractère absolument privé, semble même avoir paru assez importante à Jean de Reilhac pour qu'il ait voulu en lever une copie de sa propre main et pour son compte personnel, avant d'en expédier l'original :

A Champagné — Du 14 août 1459.

Nouveaux reproches au Dauphin.

(Copie autog. de J. de Reilhac.)

Caroli VII, regis Francorum ad Delphinum filium suum quem increpat, quod secum non moretur, quodque cetius de nato filio non monuerit.

Tres cher & tres ame fils, nous avons receu vos lettres, par lesquelles nous

1. Arch. Nat. Reg. J J. 188, fol 53. V. Tom. Sec. . — Pièc. justific , n° XCIX.

2 Il était 2e fils de *Georges de la Tremoille* et de *Catherine de l'Isle-Bouchard* (publie par *Mr le duc* de la Trémoïlle dans le « Chartrier de Thouars » pages 207-211).

faites savoir que le vingt septieme jour du mois de juillet dernier paffé noftre tres chere & tres aimée fille la Daulphine delivra d'un beau fils, nous nous donnons bien merveilles que paravant ne vous avez aucune chose notiffié de sa groiffe, car combien que vous ne soyes par devers nous comme deuffies eftre, & que de tout noftre cuer le defirons, ainfi que plufieurs fois le vous avons fait savoir, ce nonobftant que vous n'en euffiez adverty nous euffions voulentiers envoyé devers elle, pour y faire & regarder les formes & solemnités en tel requifes & accouftumées en la maison de France. *Et nous semble bien que desormais seroit temps que vous advifaffiez de vous conduire & radreffer envers nous comme y estes tenu*, & que pour voftre bien & onneur devés sur toutes chofes defirer. Donné à Champagné le quatorfiesme jour d'Aouft. 1459.

Coppie faite à l'original signé de la main du Roy, & de moy ainfi signé

DE REILHAC.

(Bib. Nat. Fr. 15537 fol. 4.)

Malheureusement, cet enfant, nommé Joachim, mourut peu après, le jeudi 20 novembre 1459. Il avait eu pour parrain le duc Philippe le Bon.

La situation de plus en plus tendue avec la maison de Bourgogne nécessite une nouvelle ambassade. Elle est encore confiée à l'évêque de Coutances et au Bailli du Berry. Charles VII profite lui-même de cette occasion pour donner aux habitants de Tournai une marque de sa singulière affection (1).

1. A Chinon, du 17 novembre 1459.

Aux habitants de Tournai.

(Orig. sur parchemin.)

« De par le Roy,

« Chiers & bien ames, nous envoyons préfentement par devers noftre beau-frere de Bourgongne noftre ame et feal confeiller, l'évêque de Couftances, et nos amez et féaulx Jehan du Mefnil-Simon, Bailly de Berry, noftre premier varlet tranchant, Maiftre Françoys Halle, auffi nos confeilliers Et pour ce que, entre noz autres subgetz, nous avons, vous et vos affaires, en especiale et singuliere recommandacion, nous leur avons chargé, a leur retour de devers noftredict frere, paffer par noftre

Parmi les actes de l'année qui portent encore le sceau de
1459. Reilhac, on peut citer :

Lettres de Rémission pour :

Bertrand de Montesquin, escuier, sous la charge du Sénéchal de Saintonge. Rixes entre hommes de guerre et villageois. — *Tours, avril* 1459 (1). Présens : Jean Tudert, Jean de la Réaute.

Jean de Montesquin, frère du précédent, inculpé dans la méme affaire. — *Tours, id.* (*signé* :) J. DE REILHAC (2). Présents : Jean Tudert, Jean de la Réaute.

Raimonnet Desplaint, de Virieu. Guet-apens et assassinat. — *Id.* (*signé* :) J. DE REILHAC (3).

Guillaume Arnault, de l'Albigeois. Blessure et meurtre. Pièce originale, rédigée moitié en français, moitié en patois albigeois. On y trouve toute la vivacité du discours méridional. Le plaignant s'est pris de querelle avec un voisin nommé Bodas, auquel il reproche d'avoir battu sa fille : « Si zé m'y mets... si zé m'y mets », répond Bodas plein de colère, « la daubarei talaman qué la calra anar serquar am una flessada » (4). A quoi le suppliant a répondu : « An te avisas, bé ribault, que no la toquesses may

ville de Tournay *pour vous veoir et visiter Et leur pourrez dire et communiquer vos dictes affaires, car nous desirons iceulx estre traictez, en toute bonne faveur*, comme de nos bons et loyaulx subgez ainsi que leur avons chargé vous dire plus à plain de par nous — Donne a Chinon le XVIIe jour de novembre, CHARLES.

DE REILHAC. »

« Lues devant les consaulx ; le mardj v[e] jour de Febvrier, l'an LIX.

« A noz chiers et bien amez les Prevoftz, Jurez, Efchevins, Efwardeurs, Doyens et Sous-Doyens Confeil et Communaulté de noftre ville et cité de Tournay. »

(Arch., Mun. de Tournay, Chartes. — Layette 1454-1459.)

1. Arch. Nat Reg. J. J. 190. fol. 50. V. Tom. Sec. Piec. justific., n° XCVII.
2. — — — — fol. 89 — — n° XCVIII.
3. — — — 188. fol. 152. — — n° C.
4. « Si je m'y mets... je la frapperai tellement, que tu seras obligé de venir la chercher avec une couverture de lit. »

per ton pro... » (1). — *Chinon, mai id.* (*Signé* :) J. DE REILHAC (2).

Pierre Ménart, bailli de Loches, coupable d'homicide envers un 1459.
de ses parents, qui l'avait insulté dans l'exercice de ses fonctions. — *Chinon, juillet id.* (*Signé* :) J. DE REILHAC (3)

Bernard Denuyer, cousturier de Bordeaux. Assassinat d'un gentilhomme qui refusait de le solder. — Guy de la Borde, noble Bourbonnais, est en garnison à Bordeaux avec Guérin le Groing et le sire de la Chastre ; tous trois de la « retenue » du duc de Bourbon. Criblé de dettes, il a pour habitude de rouer de coups tous ceux qui lui réclament de l'argent. Un jour, il engage une lutte avec son « cousturier », dans laquelle il périt lui-même d'un coup de dague. — *Août id.* (*Signé* :) J. DE REILHAC (4).

Bertin des Naux, également gentilhomme du Bourbonnais, complice involontaire dans le meurtre d'un sergent royal. — *Id.* (*Signé* :) J. DE REILHAC (5).

Antoine Austre, de Béziers, querelles au jeu de quilles, injures suivies de meurtre. — C'est un dimanche. Un groupe de Bitterrois s'est réuni dans une auberge des faubourgs pour se livrer à ce jeu favori. Vient le tour du plaignant à lancer la boule, quand un nommé Debedou, qui lui débite, en langue d'oc, une série d'injures drôlatiques et fort délicates pour la réputation de sa femme. — *Id. septembre.* (*Signé* :) J. DE REILHAC (6).

Pierre de Gramont, demeurant à Symorre dans la sénéchaussée de Toulouse, meurtre d'un sergent royal. — *Id.* (*Signé* :) J. DE REILHAC (7).

1. « Je t'engage, beau ribaud, a ne pas la toucher..... »
2. Arch. Nat. Reg. J. J. 188, fol. 54. V. Tom. Sec. : Pièc. justific., nº CI.
3. — — — fol. 65. — — — nº CII.
4. — — — fol. 16. — — — nº CIII.
5. — — — fol. 74. — — — nº CIV.
6. — — — fol. 88. — — — nº CVI.
7. — — — fol. 86. — — — nº CVII.

1459. *Jacques Guyneuf*, gentilhomme et capitaine des Francs-Archers de Fontenay-le-Comte et de Thouars, en garnison à Bordeaux, au portail dit de *la Grave*, coupable d'homicide par imprudence sur des marchands bretons. Après l'expulsion des Anglais, le suppliant avait été chargé de garder avec sa compagnie le portail dit de *la Grave*. Un soir qu'il était absorbé par la lecture de Lancelot du Lac (1), on vient lui dire qu'une véritable bataille a lieu au bord du fleuve entre un groupe de bourgeois et l'équipage d'une « nef marchande ». Il sort avec ses archers, et dans la bagarre plusieurs riches négociants de Nantes, patrons de la nef, perdent la vie. — *Id., octobre.* (*Signé :*) J. DE REILHAC (4).

Jean Picault et huit autres *archers des ordonnances*, sous la charge de Joachim Rouhaut, sire de Gamache, compromis avec Jacques Guyneuf. — *Id., novembre.* (*Signé :*) J. DE REILHAC (5).

Jacques de Médicis, commis d'Otto Castellani, trésorier du Languedoc. Parjure et meurtrier, il profite de la clémence du roi pour son maître. *Rasilly, décembre id.* (*Signé :*) J. DE REILHAC (6).

Michel le Noir, de Sainte-Allyre, aux montagnes du Bourbonnais. Attentat contre la propriété. — *Bourges, id.* (*Signé :*) J. DE REILHAC (7).

Pierre Malet, de Vendôme. Injures et meurtres. — *Id.* (*Signé :*) J. DE REILHAC (8).

Jean de la Lande, du diocèse de Périgueux. Meurtre involontaire de sa femme. — *Chinon, février id.* (*Signé :*) J. DE REILHAC (9).

Pierre Faure, de la Châtellenie de Cognac en Angoûmois. Meurtre de son beau-frère. — *Id.* (*Signé :*) J. DE REILHAC (10).

1. Auteur du fameux roman de chevalerie : *Les Chevaliers de la Table ronde.*

4. Arch. Nat. Reg. J. J. 188. fol. 94. id. — — n° CVIII.
5. — — — fol. 103. id. — — n° CIX.
6. — — 190. fol. 21. id. — — n° CX.
7. — — — fol. 109. id. — — n° CXII.
8. — — 188. fol. 108. id. — — n° CXI.
9. — — 190. fol. 5. id. — — n° CXIII.

Guilhem de Gramont, compromis avec son oncle Pierre de Gramont dans le meurtre d'un sergent royal, — *Id mars* (*Signé :*) J. DE REILHAC (1). 1459.

Jeanne, fille de *Georges de Dieppe*, jeune fille à marier de vingt ans, complice involontaire du meurtre d'un prêtre. — *Id, mars* (*Signé :*) J. DE REILHAC (2).

Martin Occommaille, de Rouen, meurtre par accident d'un jeune page. — *Id.* (*Signé :*) J. DE REILHAC (3).

Helyot de Congotte, de Sauveterre, incendie d'une vigne par malveillance. — *Id.* (*Signé :*) J. DE REILHAC (4).

Jean Deudebat, de Castelgeloux, meurtre par méprise durant une chasse au chevreuil. — *Id.* (*Signé :*) J. DE REILHAC (5).

Antoine de Sercy, gentilhomme du Berri, affaire de fausse monnaie achetée en Allemagne. — *Les Roches Tranchelyon, avril id.* (*Signé :*) J. DE REILHAC (6). Présens : Jean Tudert, Jean de la Réaute.

Jean Sausse, natif du Laonnais, autre affaire de fausse monnaie. — *Id.* (*Signé :*) J. DE REILHAC (7). Présens : les mêmes.

Jean de la Chappelle, gentilhomme d'Aviré en Anjou, tentative de viol. — *Id.* (*Signé :*) J. DE REILHAC (8). Présens : Etienne le Fèvre, prévôt de Saint-Junien, Jean Tudert, Jean de la Réaute.

Perrotin Richier et Consorts. Batailles entre paysans et gens de guerre sous les ordres du sénéchal de Saintonge, Martin Henriquez. — *Id.* (*Signé :*) J. DE REILHAC (9). Présens : Etienne le Fèvre, prévôt de Saint-Junien, Jean Tudert, Jean de la Réaute.

1. Arch. Nat. Reg. J. J. 190, fol. 15. V. Tom Sec Piec. justific nº CXV.
2. — — — fol. 11. id. — — nº CXVI.
3. — — — fol. 13. id. — — nº CXVII.
4. — — — fol. 16 id. — — nº CXVIII.
5. — — — fol. 17. id. — — nº CXIX.
6. — — — fol 53. id. — — nº CXX.
7. — — — fol. 26. id. — — nº CXXI.
8. — — — fol. 25. id. — — nº CXXII.
9. — — — fol. 30. id. — — nº CXXIII.

Les lettres de légitimation pour :

1459. *Antoine de Podio*, fils de Pons de Podio, seigneur de Coignac et d'Agnès. — *Rasilly, mai* 1459 (*Signé :*) J. DE REILHAC (1). Présent : Henri de Marle.

Jean Garnier, fils de Jean et de Jeanne Boilleaue. — *Id.* (*Signé :*) J. DE REILHAC (2). Présent : le même.

Bénédicte la Damoiselle, fille naturelle de maître Jean le Damoisel, conseiller au Parlement, et de Marie Lescorché. — *Chinon, septembre id.* (*Signé :*) J. DE REILHAC (3). Présents : le comte de Dunois, Etienne le Fèvre.

Lettres de noblesse pour :

Jean Travesse, conseiller et médecin du Roi — *Razilly, décembre* 1459 (*Signé :*) J. DE REILHAC (4). Présent : Estienne Le Fèvre Prévôt de Saint-Junien.

Les nominations de :

Guillaume de Prunnellé, chevalier, S^gr de Herbant, nommé bailli de Calais (?) au lieu de Jacques de Clermont. — *Chinon, 26 mai* 1459. (*Signé :*) J. DE REILHAC (5).

Guy Filloul, trésorier de la Sénéchaussée d'Agen et de la Guyenne, au lieu de Jean de Montrovau. — *Id.*, 12 *juillet id.* (*Signé :*) J. DE REILHAC (6).

Guillaume Lachon, bourgeois de Paris, maître général des monnaies, au lieu de Jean Gencian, (7). — *Montrichard*, 16 *juillet id.* (*Signé :*) J. DE REILHAC (8).

1. Arch. Nat. Reg. J. J. 188 fol. 54. V. Tom. Sec : Pièc. justific., n° LXII.
2. — — — fol. 40. id. — — n° LXIII.
3. — — — fol. 100. id. — — n° LXIV.
4. — — — fol. 108. id. — — n° LXV.
5. Bib. Nat. Fr. 21405 — fol. 133. id. — — n° IX.
6. — — — fol 133 id. — — n° X.
7. Famille qui a fourni un nombre considérable d'officiers des comptes sous les premiers Valois et dont il sera plusieurs fois question ultérieurement.
8. Bib. Nat. Fr 21405, fol. 134. V. Tom. Sec. . Piec. justific n° XI

. *Jean Egret*, procureur royal à la Chambre des Comptes, au lieu de feu Etienne de Noviant. — *Chinon*, 16 *novembre id.*, (*Signé :*) J. DE REILHAC (1). En présence d'Etienne le Fèvre, Jean Bureau, Pierre d'Oriole. 1459.

Tanneguy (*Duchâtel*), chambellan du Roi, vicomte *de Joviense* ou de *Joyeuse* (?), bailli de Macon et sénéchal de Lyon, au lieu de feu Guy de Blanchefort. — *Rasilly*, 20 *février id.* (*Signé :*) J. DE REILHAC (2). En présence du comte de Foix, des sires de Vauvert, du Monteil, et de Henri de Marle.

Privilèges pour la ville de *Savone* renouvelés de ceux accordés par Charles VI, au temps du maréchal de Boucicaut. — *Tours, mars* 1459 (*Signé :*) J. DE REILHAC (3).

Paiements à l'artillerie. De quatre livres par mois l'année précédente, le canonnier du roi est passé maintenant à quinze livres, soit 180 livres tournois par an, au lieu de 50 qu'ils recevaient en 1458 :

Gages du canonier du roi du 1er janvier 145 8/9 au 31 décembre 1459.
(Orig. sur parchemin.)

En la préfence de moy, Jehan de Reilhac, notaire et secretaire du roy, noftre sire, Pierre Jumelin, canonier ordinaire dudit Seigneur, a confeffé avoir eu et reçue de Jafpar Bureau, maiftre de lartillerie du Roy. noftrediĉt Seigneur, la somme de neuf vings livres tournois *pour ses gaiges dun an entier, commenceant le premier jour de janvier lan mil cccc cinquante huit et finissant le derrenier jour de decembre derrenier paffe l'an revolu iiii* *neuf* qui eft au pris de xv ltz par mois de laquelle somme de ixxx ltz, le diĉt Pierre seft tenu pour content & bien paye & en a quictie lediĉt maiftre et tout autres a qui quittance peut et doit appartenir. Tefmoing mon feing manuel cy mis a la requefte dudiĉt Pierre Jumelin le second jour de janvier lan mil cccc cinquante neuf.

DE REILHAC.

(Bib. Nat. Piece orig. Reilhac, nº 9.)

1. Bib. Nat. Fr. 21405, fol. 133. V. Tom. Sec. Piec. justific. nº XII.
2. — — fol. 134. id. — — nº XIII.
3. Ordonn. Roy T. XV, p. 338. id. — — nº XIV.

1459. Au printemps de l'année 1459, la question du Luxembourg complique de plus en plus les rapports épineux de Charles VII avec le duc Philippe.

On a vu, en effet, que dès l'année précédente, le roi, sous prétexte de se constituer médiateur et juge d'un différend pendant entre le roi de Bohême et le duc de Bourgogne pour l'héritage de l'ancienne maison de Luxembourg, s'était emparé de Thionville, dont il avait contraint les habitants à lui prêter serment de fidélité. Philippe le Bon continue à s'en plaindre amèrement, et fait faire de nouvelles représentations à la Cour de France, toujours par ses mêmes ambassadeurs, Jean de Croy, seigneur de Chimay, et Jean le Fèvre seigneur de Saint-Remy, roi d'armes de la Toison d'Or (1). Ils requièrent maintenant que l'affaire du Luxembourg soit examinée publiquement, à une journée spéciale tenue à Paris (2). Mais Toison d'Or ne reçoit encore à cet égard qu'une réponse ambiguë, fixant cependant la discussion de l'affaire sur certains points au 15 juin suivant (3).

Charles VII comprend enfin tout l'intérêt qu'il y a pour lui à se procurer avant cette époque des pièces à opposer aux prétentions sans cesse renaissantes du duc de Bourgogne et se décide à envoyer de son côté une ambassade immédiate auprès des princes allemands qui peuvent lui être utiles en cette occurrence. A cet effet, Reilhac rédige une longue instruction qu'il remet le 6 avril à Thierry de Lenoncourt, bailli de Vitry (4) et à Jean de Veroil, son

1. V. p. 42.

2. On appelait *journées*, certaines sessions solennelles tenues par le Parlement.

3. Voici la réponse faite à *Toison d'Or (Rasilly le 27 mars 1459, après Pâques)* :

« Le roi a reçu les lettres que vous lui avez apportées de par monsieur de Bourgogne et ouï ce que vous avez voulu dire, et aussi ce que vous avez fait ouïr en son conseil. En tant que touche la journée que monsieur de Bourgogne requiert être tenue à Paris le 15 juin prochain pour le fait du duché de Luxembourg, le roi l'en délibérera avec son conseil, et fera savoir à monsieur de Bourgogne son vouloir ; mais à l'égard des matières qui touchent ses droits et sa souveraine justice il n'a pas l'intention d'en journoyer. » (Legeay. *Hist. de Louis XI*. T. I, p. 224).

4. La maison de *Lenoncourt*, une des plus importantes de la Lorraine, possédait la Baronnie

lieutenant, choisis pour remplir cette mission. Ceux-ci iront trouver d'abord l'archevêque de Trèves, puis l'évêque de Metz, et enfin les ducs Albert d'Autriche, Guillaume de Saxe, le margrave de Brandebourg et le comte de Wurtemberg.

1459.

A l'Isle-Bouchard. — Du 6 avril 1459.

A Thierry de Lenoncourt, bailly de Vitry.

(Orig. sur papier.)

Inſtruction de par le Roy à Thierry de Lenoncourt, eſcurier, conſeiller du Roy, bailly de Vitry, et maiſtre Jehan de Veroil, licencié en lois, auſſi conſeiller du Roy, lieutenant dudit bailly, sur ce qu'ilz ont à beſongnier au pais d'Allemaigne, devers les Princes et Seigneurs qui s'enſuivent.

Démarches à faire auprès de l'archevêque de Trèves et de l'évêque de Metz.

Premiers se tranſporteront par devers les *Arceveſque de Trièves et Eveſque de Metz* et chacun d'eulx et leur préſenteront les lectres de créance que le roy leur reſcript, en faiſant les salutacions accouſtumées.

Item, pour expoſicion de ladicte créance, leur diront comment le Roy a sceu bien au long par la relacion dudit Bailly le *bon vouloir* qu'ilz ont envers le Roy et sa Seignorie, et la bonne reſponſe qu'ilz ly ont faicte dernierement, tant en genéral comme en particulier, touchant ce dont le Roy leur avoit dernierement fait parler par ledit bailly, en leur diſant oultre que de ce, le Roy eſt tres content d'eulx et les en mercie.

Ce qu'ils diront à ces prelats.

Item, communiqueront auſdiz Arceveſque et Eveſque comment le duc de Bourgongne a n'a gaires fait prier au Roy que son plaisir feuſt lui aſſigner journée ponr remonſtrer le droit de gagière que il prétend sur le duchié de Lucembourg et autres choſes touchant le fait dudit duchié, de laquelle journée accorder ou non accorder le Roy n'eſt encores délibéré, & que, apres ce qu'il aura eu adviz et conſeil sur ce, il le fera savoir auſdiz Arcevesque & Evesque & leur prieront les deſſuſdiz de par le Roy que toujours veuillent perſiſter & demourer en leur bon vouloir envers luy.

Item, pour ce que le chancellier dudit Arceveſque de Trièves & de son prédéceſſeur a dit audit bailly & à son lieutenant qu'il savoit bien que ledit Arceveſque

de *Coupvray-en-Brie* près *Lagny-sur-Marne*, dont le château actuel, l'un des plus beaux des environs de Paris, a été bâti, dit-on, vers l'an 1610 par le cardinal de Lenoncourt.

auoit plusieurs eſcriptures et besongnes touchant le fait du duchié de Lucembourg,
1459. qui fort povoient servir au Roy, & meſmement y avoit délibéracions de pluſieurs docteurs des univerſitez de Italie et Alemaigne sur ung poſitif fait par ledict Arcevesque, contenant que audit duchié monseigneur de Bourgongne n'avoit aucun droit touchant les demandes qu'il faisoit au feu roy *Lancelot* (1), & luy a eſté promis par ledit bailly que, en faiſant diligence de trouver leſdictes deliberacions & autres munimens servans dudit duchié, il ly fera donner par le Roy cent eſcus pour une robe, et a promis ledit chancellier de en faire diligence, leſditz bailly et lieutenans recouverreront ce que ledit chancellier vouldra baillier et le paieront selon ce qu'il leur semblera qu'il l'aura deſſervy.

Ils iront ensuite voir le Comte Palatin.

Item, touchant ce que ledit Evesque de Metz a fait remonſtrer au Roy pour le fait d'Eſpinal, leſdiz bailly et lieutenant diront audit Eveſque que, bien brief, il fera delibérer ceſte matière par les prelatz et gens d'Egliſe eſtans de son conſeil, leſquelz sont de préſent abſens et ly fera faire bonne et raiſonnable reſponce. En apres yront deuers le conte Palatin du Rin, auquel pareillement préſenteront les lettres de créance que le Roy ly eſcript en faiſant les salutacions acouſtumées.

Item, recitacion faicte de la créance expoſée au Roy de par ledit Conte par meſſire *Didier de Montereul*, chevalier, et de la reſponſe que le Roy a deſjà sur ce faicte audit chevalier, remonſtreront audit conte les grans affaires que le Roy a de preſent et doubte plus avoir bien brief de ses gens de guerre, meſmement pour ce qu'il a eſté naguères adverty que les Angloiz ont entencion en brief faire deſcente en ce royaume par quoi le Roi n'a pas esté conſeillé de fournir pour le préſent son royaume de gens, ne rompre son ordonnance. Et pour ce que le Roi désire le bien, honneur et proufit dudit Conte son alyé et parent, il s'emploieroit voulentiers à l'apaiſement dudit Conte avecques ses adverſaires par voie amiable, lui semble au roi eſtre choſe plus prouffitable pour ledit Conte que ly envoyer ou faire aide de gens de guerre.

Le roi désire du bien au comte son allié et parent.

Item pour ces cauſes le roy eſcript lectres de creance aux Princes et Seigneurs qui s'enſuiuent : c'eſt assauoir aux *Ducz Alberth et Simon d'Octriche, et Guillaume de Saxen, aux Arceuesque de Trièves et Euesque de Metz, aux marquis Alberth de Brandeberch et celluy de Baude et au conte Oulry de Wirtemberch* et ennoye leſditz Bailly et Lieutenant devers eulx audit conte Palatin, pour leur prier & requérir très acertes de par le roy que au bien dudit appaiſentement seullent employer.

1. *Lodislas*, roi de Naples, appele le *roi Lancelot*, mort à la suite de ses debauches. Il avait eu a [illegible]

1459.

Item remonſtreront de par le roy audit conte Palatin que de sa part il se mecte en tel debvoir que à luy ne tiengne que ledit appaiſentement ne soit fait, & ce fait déclaire aux deſſusdiz Bailly et Lieutenant les moyens qu'ilz ont à tenir à son aduis pour y paruenir, en diſant audit conte qu'ilz ont charge du roy de oyr l'advis dudit Conte; & au surplus eulx emploier & travoillier au bien dudit appaiſentement, comme bons médiateurs.

Avis du comte à demander.

Item, selon ce que ledit Conte Palatin adui sera & requerra auſdiz Bailly et Lieutenant, ilz yront deuers les Princes et Seigneurs deſſuz nommez, auſquelz le roy reſcript lectres de creance, ou aucuns d'eulx leur preſenteront ou enuoyeront leſdictes lectres de creance & leur expoſeront ou reſcripront le grant deſir que le roy a que les queſtions & debatz qui sont entre ledit Conte Palatin & ses aduerſaires soient appaiſées, tant pour le bien deſdictz Princes qui sont parents du roy comme pour le bien de leurs pays & seigneuries & de toten la Creſtienté, en leur priant & requérant bien acertes & affectueuſement de par le roy que ence se veueillent employer, car c'eſt une choſe que le roy a fort à cuer, & en ce faiſant ilz ly feront très agréable plaiſir & leur en saura bon gré.

Querelles entre lui et l'archevêque de Mayenee et le comte de Wurtemberg, etc.

Item, tiendront moyen, se faire se puet, leſdiz Bailly et Lieutenant que toutes euvres de fait ceſſent dès maintenant & que ledit Conte Palatin d'une part & ses parties aduerſes qui sont l'Arceueſque de Mayence, le Duc Loys de Bauière, Conte de Waldens & le Conte Oulry de Wirtemberg d'autre part, se voulſiſſent laiſſer appoincter par aucuns deſdiz princes et seigneurs neutres auecques leſdiz Bailly & Lieutenant.

Et ou cas que ledit appoinctement ne pourroit eſtre fait si brief ou sommérement que leſdictes parties en oulsiſſent chargier aucuns desdiz princes neutres, ou autrement, procédront au bien de la matière dudict appaiſement selon ce qu'ilz trouueront ladicte matiere diſpoſée & auſſy que ledit conte conſeillera et requerrá, sens ce touteſſois que le roy entende que leſditz Bailly et Lieutenant se doiuent demontrer parcialz pour nulle deſdictes parties, mais médiateurs de accord & traictié, en eulx y tellement gouernant, que leſdictes parties aient cause d'en sçauoir gré au roy.

Remontrances concernant la conduite du duc de Bavière.

Item, pour ce que le riche duc de Bauiere eſt tenu au roy en grande somme de deniers pour pluſieurs bagues et joyaulx et auſſi detient pluſieurs belles places qui sont l'eritage maternel du roy, leſditz Bailly & Lieutenant remonſtreront audit conte Palatin le tort que le duc tient au roy, lequel duc eſt prochain parent & allyé dudit conte et ly requèrent que il se ueuille emploier par bon moyen ad ce que

1459.

Item, remonstreront audit conte Palatin que, se le roy euft uoulu ou uoulot entendre et pourfuir ladicte reftitucion par autre moyen, il l'euft bien trouué ei trouueroit ; mais pour ce que ledit conte eft allyé du roy, il aimeroit mieulx auoir son droit amiablement & par le moyen dudit conte que autrement.

En 3ᵉ lieu, ils se rendront auprès du duc de Saxe et du Margrave, Albert de Brandebourg.

Item, en faifant ledit voiage ou après le fait dudit conte accomply, iront deuers fe duc de Guillaume de Saxe et le marquis Albert de Brandeberch, aufquelz & chacun d'eulx ilz préfenteront les lectres de créance que le roy leur refcript, en faifant les salutations accoutumées.

Et pour expoficion de ladicte créance leur diront & à chacun d'eulx comment le roy a ueu par efcript et oy de bouche par la relacion dudit Bailly de Vitry les offres & préfentacions qu'ilz font au roy de eftre de son conseil, ly faire ferment, & pour ce faire enuoyer deuers luy gens aiant puiffance de par eulx, ou en lieu moyen où le roy enuoye deuers eulx, ou que il face compofer telz capitres & articles de alliances ou intelligences que bon ly semblera, et ilz les pafferont & accorderont, etc., comme plus à plain eft contenu en ce que le Docteur Knorre a baillé derrain par efcript au lieu de Couuelence (1) aufdiz Bailly & Lieutenant.

Item, diront lesdiz Bailly & Lieutenant que le roy les mercie de leurs dictes offres et présentacions ensemble du bon uouloir qu'ilz demonstrent auoir enuers luy et sa seigneurie et à les dictes offres bien agréables.

Prétention du duc de Bourgogne concernant le duc et la duchesse de Saxe.

Item, en tant qu'il touche le forniffement d'icelles, leur diront comment le duc de Bourgongne, après sommacion & requefte à luy n'aguères faicte de par le roy de ly rendre & reftituer ce qu'il tient ou duchié de Lucembourg, a fait responce que ledit duc de Saxen, et la duchesse, sa femme, qui ont transporté au roy ledit duchié, n'auoient aucun droit en icellui ; & que de ce, ensemble du droit de gaigière que prétend ledit de Bourgogne sur ledit duchié il fera apparoir au roy par plufieurs lectres & enfeignemens qu'il a deuers luy, & prie au roy qu'il ly plaise ordonner des gens de son confeil, enfemble jour & lieux, pour ueoir lefdictes lectres.

Item, que le roy n'eft encore délibéré se il octroiera ladicte requefte ou non, & se il l'octroye a entencion de le faire sçauoir audit duc de Saxen affin qu'il enuoye de ses gens inftruis pour refpondre sur ce, auec lefquelz ledit marquis pourroit enuoyer des siens, & lors. tout d'un oiage, pourroit eftre procédé a l'accompliffement defdictes offres.

Documents rapportés de Bruxelles.

Item, ledit Bailly & Lieutenant monftreront audit du de Saxen les articles que

(1) Coblenz.

l'evesque de Coutances et autres ambaxadeurs du roy ont apporté dernièrement de Bruxelles touchant le fait dudit duchié de Lucembourg, desquelz ilz portent coppie auecques eulx & ly requerront de par le roy que, ou cas qu'il octroyra la requeste dont mencion est faicte cy dessus & esdiz articles (ce que le roy ly fera sçauoir de bonne heure), que il enuoye de ses gens à ladicte journée suffisamment entstruis garnis de lectres, pour respondre aux allegacions contenues esdiz articles et monstrer que le roy fait bien à recevoir à demander ledit duchié, en remonstrant audit duc comment il est tenu de garantie.

1457.

Avec ce, lesdiz Bailly & Lieutenant se informeront des responces que il semble audit duc & son conseil que l'en puet faire ausdictes allégacions pour en aduertir le roy à leur retour, ou plus tost, s'il leur semble expedient, & les pourront renuoyer par le chevaucheur de l'escuirie qu'ilz meinnent auec eulx.

Item, requerront audit duc de Saxen, eue les alliences & affinitez qu'il a au roy George de Behogne que il face confermer par ledit roy George le transport du duchié fait au roy par ledit duc, lequel il est tenu de garendir comme dit est.

Mission à donner au chapelain Laurent Coulon.

Item, iront ou enuoiront Lorend Coulon, prebstre, chapelain du sire de Rodemach deuers le docteur George qui congnoist fort le fait dudit duchié de Lucembourg comme on dit, pour ce qu'il a fait les proposicions qui pour le feu roy Lancelot ont esté faictes aux journées sur ce tenues contre le duc de Bourgongue, & ly peesenteront les lettres close de créance et patentes de retenue de conseiller que le roy ly envoye. Avec ce ly bailleront ce que le roy a ordonné, pourueu touttesfois que il baille aux dessusdiz ou l'un d'eulx ce qu'il a par escript, et declaire ce qu'il scet qui puet seruir et aloir au fait du roy touchant ledit duchié de Lucembourg en ly baillant aussi plus bonne espérance que le roy en ceste matière se vuelt seruir de ly et ly fera des biens.

Passage par Thionville. Declarations aux habitants.

Item, en alant ou retournant, passeront par *Thionville* et diront aux nobles du païs, qui ont fait *serement* au roy et aussi aux habitans de ladicte ville, la prière que fait au roy le duc de Bourgongne de ly assigner journée pour remonstrer le fait dudit duchié de Lucembourg de laquelle octroyer ou non octroyer le roy n'est encore délibéré, mais il a entencion y déhbérer bien brief, et que soit que il octroye ou non octroie ladicte journée, il les ara pour se commandez comme ses bons & loyaulx subgetz en leur entretenant ce que autreffois leur a rescript & fait dire.

Fait à l'Isle-Bouchard, le sixiesme jour de auril. l'an mil cccc cinquante-neuf.

DE REILHAC (1).

Bib. Nat. Fr. 6964, fol. 14.

1459.

C'est aussi l'époque où le pape Pie II cherche à organiser une nouvelle croisade (1) contre les envahissements rapides de l'Islamisme en Europe, depuis la chute toute récente de l'empire de Byzance (2).

Le duc Philippe de Bourgogne a répondu à cet appel par le célèbre vœu du faisan (3). Louis III, marquis de Mantoue, dit le Turc (4), obtient alors la promesse d'être nommé généralissime de toutes les armées chrétiennes. Le pape convoque alors à Mantoue même une réunion générale pour le mois de mai 1459, réunion qui se proroge jusqu'à la mi-janvier suivante.

A la fin d'octobre, Charles VII y envoie des ambassadeurs. Ce sont les Évêques de Paris et de Chartres, Guillaume Cousinot, maître Thomas de Courcelles, docteur en théologie, que devait diriger Jean de Jambes (5), alors ambassadeur du roi à Venise. Mais ceux-ci font connaître que le dauphin et le duc de Bourgogne semblent vouloir profiter de la circonstance pour donner du retentissement à leurs plaintes contre le roi et le desservir auprès du Saint-Père. L'un se plaint de la confiscation du Dauphiné et du traitement dont il se dit l'objet, l'autre du procédé employé par le roi pour s'emparer du Luxembourg.

C'est pourquoi au mois de septembre suivant, on rencontre ces « secondes et tierces » instructions secrètes expédiées par Jean de Reilhac aux mandataires du roi.

1. La dernière tentative de ce genre avait été l'expédition conduite, cinquante ans plus tôt, par le comte de Nevers (depuis Jean sans Peur, duc de Bourgogne), et qui aboutit en 1396 au désastre de Nicopolis, ou la plupart des seigneurs français restèrent entre les mains du sultan Bajazet.

2. Mahomet II, venait d'entrer a Constantinople le 29 mai 1453.

3. En février 1454, dans un repas magnifique offert au légat du pape, dans la ville de Lille, le duc de Bourgogne et, apres lui, la plupart des seigneurs de sa cour, avait juré sur un faisan de se croiser contre le Turc.

4. Surnom qui lui fut donne précisément a cause de l'expédition projetée, dont il devait être le chef.

5. *Jean de Chambes*, seigneur de Fauguernon, baron de Montsoreau, conseiller et chambellan du roi Louis XI, plusieurs fois ambassadeur, et nomme en 1467 conjointement avec *Tanneguy du Châtel*, pour tenir les Etats du Languedoc. Il avait épousé, le 17 mars 1445, *Jeanne de Chabot*, premiere

1459.

A Rasilly, du 11 septembre 1459.

Aux ambassadeurs du Roi qui s'en vont à Mantoue pour répondre à la convocation du pape contre les Turcs.

Orig. sur papier.

Secondes instructions pour les ambassadeurs du Roy à Mantoue :

Avant tout, ne parler que si on est contraint de le faire et après mûre réflexion.

Et premièrement, pour ce qu'il eſt bruyt en pluſieurs lieux des différends qui sont entre le Roy monſeigneur le Daulphin & monſeigneur de Bourgogne & dont peut être la queſtion se pourroit offrir a laſſemblee qui se fera au lieu de Mantue, l'intencion du Roy neſt pas que ses ambaxeurs se mettent en seſd. matières si non en deffendeurs & par grande & meure deliberation.

Item. Mais se les ambaſſadeurs de Monſeigneur de Bourgogne avoyent dit ou propoſé aucune choſe publicquement en conſiſtoire qui fauſt a la charge du Roy soit pour le fait de Monſeigneur le Dauphin ou a cauſe du traicté dArras ou de lexcuſacion que mondit Seigneur de Bourgogne prétend de non avoir eſté contre le thurcq ainſi qu'il avoit veue & promis pour le doubte qu'il a eu du Roy & des empeſchemens, qui a ceſte coure lui sont advenuz ou en autre manière quelconque.

S'informer de ce qu'ont pu dire les ambassadeurs du duc de Bourgogne et du Dauphin, soit en public, soit en secret.

Ou que leſd. ambaſſeurs de Bourgogne euſſent informé & adverty notre saint pere à part & Meſſieurs les cardinaux d'aucune choſe au préjudice du Roy, & a sa charge dont a ceſte cauſe notred. Saint pere feuſt meu faire aucunes exhortacions au Roy en ceſte partie en la faveur de noſd. seigneurs le Daulphin & de Bourgogne en parlant aux perſonnes deſd. ambaxeurs du Roy pour & au nom deuſd. seigneur.

Ou que notred saint pere. de lui meſmes en parlaſt monſtrant vouloir le bien des parties & non avoir eſté adverty par leſd. ambaxeurs de Bourgogne.

Ou suppoſé qu'il n'en parlaſt. que leſd ambaxeurs feuſſent advertiz des choſes qui auroient eſté a Notred Saint Pere par leſd. ambaxeurs de Bourgogne au prejudice du Roy & dont l'erreur pourroit demeurer es oreilles de ceulx qui l'auroyent ouy au grant prejudice & à la charge dud. seigneur sy ny eſtoit reſpondu & que la verite en feuſt sceue.

Leſd. seigneurs en chacun des cas deſſuſd. Veult qu'il ſoit reſpondu a toutes

Le roi exige qu'on

1459.

de par mondit seigneur le Dauphin, ou de par monfeigneur de Bourgogne, par la mefme forme que les chofes auront efté dictes & expofées. Ceft afavoir que si lefds ambaxeurs de Bourgogne ont parlé en public, les ambaxeurs du Roy refpondront en public. Et si lefd. de Bourgogne ont parlé à part & en secret, ce semblable soit fait de la part des ambaxeurs du Roy. Et toufjours es plus doulx termes que faire se pourra en juftifiant le fait du Roy raifonnablement & en vérité. Remontrant sa bénégnité & clémence & les gracieux & bons termes qu'il a toufjours tenus en ces matieres & les moyens qu'il a quiz pour toufjours les adoulcir. Les eftranges termes auffi qui lui ont efté tenuz en plufieurs manières qui raifonnablement ne se pevent souftenir & dont plufieurs plainctes lui sont venues pour y donner provifion ainfi que raifon eft & que la matière le requiert. Et en concluant finablement qu'au Roy na tenu, ne tient que en ces matières na efté une bonne fin & conclufion. Et que en ce il a toufjours efté bien enclin & difpofé & eft encore.

Rester dans la modération la plus grande.

Item. Et pour ce que on dit que levefque dArras ou autre ont dit à notre Saint pere que les refponfes faictes par le Roy a Monfeigneur le Daulphin ne sont pas telles comme on les monftre par efcript ne auffi ce que mond. seigneur le Dauphin a fait expofer au Roy & que ce sont efcriptures falcifiées. Lefd. ambaffeurs pour myeulx fonder & justifier les chofes qui seront dittes de par le Roy en cefte partie empourteront avecques eulx le double de toutes les lettres appointement ambaffades, refponfes mémoires & advertiffemens, qui ont efté faitz touchant lad. matière & toutes les chofes que l'on advifera qui pourront servir ou bien d'icelle.

Emporter le double des lettres pour faire tomber l'accusation d'avoir falsifié les écritures.

Item. Et si le cas advenoit que entre autres chofes lefd. ambaffeurs de Bourgogne euffent fait comme l'on dit quilz ont ou quilz feiffent aucunes plainctes

J. DE REILHAC (1).

à notre saint pere de la part de Monfeigneur le Daulphin pour ce que le roy a prins & mis en sa main le Daulphigné par la proposition faite par Monseigneur de Coustance quant il fut devers mond seigneur le Daulphin, & les responses faictes à Montbazon. Il est suffisamment refpondu a ceft article lefquelles choses lefd. ambaffeurs empourteront avecques eulx & selon cela se gouverneront en lad. matière.

Item se lefd. ambaffeurs de Bourgogne avoient fait ou faifoient aucunes plainctes ou doléances du Roy touchant le fait de Luxembourg soit a cause de la garde

Le duc de Bourgogne a-t-il parlé du Luxembourg?

prinse par le Roy dud. pais ou du transport a lui fait par le duc de Saxe prétendant a ceste occasion l'excusacion de mond. seigneur de Bourgogne de non avoir esté contre le Thurcq ou voulant sur ce donner charge au roy en quelque manière remonstront lesd. ambasseurs du Roy le demene de lad. matière de Luxembourg tant au regard de lad. garde que aussi de recevoir led. transport & selon que lesd. ambasseurs de Bourgogne auront parlé y respondront lesd. ambasseurs du Roy ainsi que les matières le requerront. Pour laquelle chose faire & adce que lesd. ambasseurs du roy soyent mieulx instruicts ils emporteront avecques eulx par manière d'advertissement tout ce qui a été fait en lad. matière depuis que le Roy estoit à Lyon jusques a present. 1459.

Election du chief général de l'armee chretienne pour la Croisade.

Item, & s'il advenoit que notre Saint Père parlast de faire un chief general qu'auroit la conduite de toute l'armée, & auquel toutes les autres nacions deussent obeyr, difront lesd. ambasseurs quil sembleroit estre plus expediant pour le bien & conduite de la matiere & comme aucunesfoiz a esté fait, que les nacions premièrement feissent entre eulx chacuns chiefs particuliers qui eussent la charge & conduite de ceulx de leur nation jusques es lieux prouchains ou toute l'armée se devroit assembler & la d'un commun consentement diceulx chiefs particuliers & de l'auctorité de notred. Saint Père ou de son légat feust esleu ung chief general a eulx le plus agréable, & en qui ilz se peussent mieulx concorder. Et par ce moyen n'y auroit jamais debat ne question entre les nations ; & estoit la considération du Roy et de plusieurs princes & autres du royaume que ainsi se deust faire. Et leur sembloit que en ceste manière les matières tant de la foy que autres que là se doyvent traicter sen pourroyent mieulx & convenablement conduire sans aucune différence ne autre advis, conseil ne consentement ny pourroyent pour le present donner es matières. Mais voulentiers ils en advertiront le roy pour sur ce avoir tel adviz quil lui semblera plus utile & prouffitable pour le bien de lad. matière.

Fait a Razilly le XIe jour de septembre l'an mil cccc LIX.

CHARLES (1).

(Bib. Nat., collect. Touraine, vol. 28², fol. 103.)

Mais la réunion des princes chrétiens à Mantoue n'eut pas, comme on le sait, les suites que le pape espérait en obtenir. Les divisions étaient trop fortes entre ceux-ci pour qu'ils voulussent

1459. sincèrement unir leurs efforts contre l'ennemi commun, et la future croisade en resta là.

Cette même année, la ville de Rouen est frappée d'un impôt extraordinaire pour la mettre à même de réparer les fortifications qui doivent la défendre contre les tentatives futures des Anglais. Le fermier des droits de gabelle est autorisé à prélever un supplément de six sols huit deniers tournois pour chaque mine de sel vendue dans cette ville (1).

1. A Rasilly. Du 8 mai 1459.

Droit de gabelle supplementaire à prélever sur le grenier a sel de Rouen

(Orig. sur parchemin.

Charles VII, etc., A noz amez & ſeaulx les generaulx conseillers par nous ordonnez sur le fait et gouvernement de toutes noz finances, salut & dilection. Receu avons humble supplicacion de noz bien amez les *bourgeois manans & habitans de noſtre bonne ville de Rouen,* contenant comme pour les grans fraiz missions & necessitez de noz affaires quilz ont aporte, & soustenir tant pour *la fortiffication et emparement de noſtre ditte ville qui eſt grande et spacieuse,* que pour les gaiges et penſions des officiers de noſtredicte ville et les rentes et charges deues tant a nous que a autres par icelle ville que pluſieurs autres commis affaires qui leur surviennent Il avait par noſtre octroy *depuis la redduction de noſtre dicte ville* eu licence entre autres aides davoir prendre, cueillir et lever sur chascune mine de sel vendu au grenier a sel de nostre ditte ville six solz huit deniers tournois. Et pour le present en aient néceſſité aussi bien que oncques mais si comme ilz dient requerans sur ce nostre gratieuſe provision. Pourquoy nous ces choſes conſiderées aians conſideracion aux choſes deſſus dictes, inclinans a leur supplication aus dits bourgeois, manans et habitans de noſtre ville, avons octroie et octroyons de grace special par ces presentes, que du premier jour d'octobre prouchain venant jusques à trois ans lors ensuivant, tout le sel qui sera vendu et diſtribué au grenier a sel par nous eſtably audit lieu de Rouen, soit vendu par le grenetier du dit grenier *a la creue de six solz huit deniers tournois sur chascune mine de sel oultre et par dessus nostre droict de gabelle* et porcion dudit marchant pour iceulx deniers eſtre emploiez en aide du paiement des deniers qui nous sont deulz par lesdits supplians par chaſcun an et autres charges et affaires de la ditte ville de Rouen et non ailleurs.

Si vous mandons que les dits supplians vous faictes, souffrez et laissez paisiblement jouir et user de noz presens graces & octroy. En faiſant vendre par le grenetier dudit grenier durant le dit temps de trois ans tout le sel eſtant en icelui a la ditte creue de six solz huit deniers tournois sur chascune mine de sel. Et les dits six solz huit deniers tournois bailler auxdits supplians ou a leur receveur et procureur pour ceulx convertir et emploier, ainsi que dit est sans leur faire ou donner ne souffrir eſtre fait ou donne aucun destourbier ou empeſchement à ce contraire. Et par rapportant ces presentes avecques quictance des dits supplians on a leur dit procureur ou receveur. Nous voullons tout ce que paié et baillié leur en aura eſte estre alloué es comptes et rabatu de la recepte du dit guernetier du guernier du dit Rouen par nos amez et faulx gens de nos comptes ausquelz nous mandons ainsi le faire sans difficulté Donné à Rasilly, le huictiesme jour de May l'an de grace mil cccc cinquante neuf, et de noſtre regne le XXXVII.

Par le Roy, le comte de Dunoy, les sires de Torcy et Desternay, Maiſtre Pierre Dorile et autres preſens.

DE REILHAC.

V

ANNÉES 1460-1461

Jusqu'au 22 juillet 1461, jour de la mort de Charles VII.

L'année 1460 commence le 13 avril.)
L'année 1461 commence le 5 avril.)

SOMMAIRE

Proces d'Otto Castellani, ancien juge et successeur de Jacques Cœur. — Prétentions abusives de l'universite de Paris pour eviter les impôts. — Excommunication des officiers des Aydes. — Suppression des sermons. — Edit contre les Blasphemateurs. — Severite de la répression. — Endurance de Charles VII pour les injures personnelles. — Remissions de l'année. — Guillaume de Pons assiege dans la commanderie de Celles. — Amortissement pour Jean de Flavy. — Privileges aux vassaux du bailli de Chaumont. — Reglements concernant la ville de Vernon. — Le roi se croit empoisonné et se laisse mourir de faim. — Derniers actes expedies par Reilhac en juin. — Mort de Charles VII (17 juillet)

TTO Castellani, l'un des juges et successeur de Jacques Cœur à la Trésorerie générale du Languedoc. arrêté à son tour maintenant sous la prévention de magie et de fraude, est prisonnier à Tours. Son procès 1460.

1460. lers du parlement de Toulouse pour assister aux débats (1).

Otto Castellani fut condamné, mais le roi, plus clément envers un vrai coupable qu'il ne l'avait été envers l'innocent Jacques Cœur, lui fit grâce ensuite, comme il avait fait à Jacques de Médicis son premier commis, ainsi qu'à tous ceux qui avaient participé à ces malversations (2).

Au mois de juillet 1459, Charles VII quitte la Touraine qu'il ne doit plus revoir et se rend à Bourges. On se préoccupe vivement alors d'un grave désordre provoqué à Paris par les singulières prétentions des gens de l'Université. Ceux-ci, en effet, sous prétexte de maintenir leurs privilèges, se refusent au paiement de certains impôts. Bien mieux, ils ont fait citer devant la barre de l'Université le président de la Cour des Aydes, l'évêque de Troyes et le conseiller Guillaume de Longuejouë et les ont déclarés excom-

1 Aux Roches Tranchelyon. — Du 11 avril 1459

Aux gens du Parlement de Toulouse.

Copie du temps sur papier)

De par le Roy Noz amez et feaulx. Nous avons puis aucun temps en ca evoqué en nostre grant conseil le proces Docto Castellan comme vous savez et pour la besongne en lexpedition dicellui a este amene le dict Octo en nostre ville de Tours. Et depuis avons delibere et conclut *quil est bien expédient avoir des conseillers de nostre court de Parlement de Thoulouse* pour estre et assister au dit proces avecques ceulx de nostre dict conseil que avons ordonnez et depputez a ce. Si voulons et vous mandons que dedans le premier jour de May prochain venant vous envoiez par devers nous deux de noz conseillers laiz en nostze dicte court telz que adviserez et en ce ne faictes faulte Donne aux Roches trenchelion le XIe d'avril. CHARLES

DE REILHAC

(Et en la queüe desdites lettres est escript)

A noz amez et feaulx conseillers les gens de nostre parlement a Thoulouse
(Et au doz dicelles)

Présentées a la court le XXI jour d'avril mil IIII LIX apres pasques par ung nommé Jehan Guillory habitant de Thoulouse.

(Bib. Nat. Piec. Orig. nº 23

muniés, défendant en outre qu'aucun sermon soit prêché dans la ville de Paris jusqu'à c qu'il ait été fait droit à leurs demandes. 1460.

Par une lettre datée de la Salle-le-Roy, il leur est enjoint d'avoir à lever avant la Toussaint prochaine les excommunications prononcées, sous peine de voir, en cas de non obéissance, la confiscation de toutes leurs franchises :

A la Salle-le-Roy — Du 24 septembre 1460

Lettre aux gens de l'Université de Paris

Charles, etc. Comme de par le Recteur. Maîtres, Docteurs, Régens, Escolliers, Estudians suppôts de nostre tres aimée fille, l'Université de Paris, nous aient esté faictes aucunes requestes, & entre autres que leur voulsissions garder & entretenir leurs privilèges, desquels ou des vidimus d'iceulx ils ont fait exhibition : lesquels veus et eu sur ce grande et meure délibération avec les Gens de nostre Grand Conseil, avons fact dire aux Gens de ladicte Université, que noz vouloir & entention est faire garder et entretenir lesdits privilèges : mais d'aucuns abus ou entreprises s'étaient faites contre et au préjudice de noz Aides, soubs couleur de ladite Université & desdits privilèges, que ceulx abus soient réparés & les delinquans pugnitz par les Esleux et Généraulx ausquels la cognoissance en appartient. En oultre pour ce que en abusant d'iceulx privilèges au pourchaz d'aucuns suppôts d'icelle Université, on a fait citer certains Fermiers de nosdites Aides, & fait admonester & excommunier nos Officiers Esleuz de *Paris* et d'Alençon, et aussi aucuns Fermiers d'iceulx nos Aides fait priver de ladite Université, et déclarer parjures notre-amé et féal Conseiller l'Evêque de Troyes, Président à la Chambre desdis Aides, maistre Guillaume Longuejoë et Charles Rapioust, Conseillers en ladite Chambre, et fait *cessation de sermons en la ville* de Paris avons ordonné et ordonnons par ces présentes, que *dedans la feste de Toussaints prouchain venant, lesdites citations, monitions, excommuniemens, privations et déclarations faictes contre les dessusdits nos officiers et autres, à l'occasion de ce que dit est, soit par ladite Université réparer;* c'est à sçavoir, les *excommuniez absobz, l'Evesque de Troyes, Longuejoë et Rapioust, réincorporer en ladite Université;* & lesdites cessations ostées; et que de ce soient baillées Lettres convenables; & que doresnavant icelles entreprinses cessent en telle manière que contre nosdits

1460. leur pourchaz par telles manieres et citations, monitions, privations, déclarations et cessations, pour choses qui dépendent du fait de nosdites Aides, sur peine de privation de leursdits priviléges : lesquelles choses ainsi faites et réparées, comme dit est par ladite Université. Nous les perverrons *sur leurs autres requestes, tellement qu'ils devront être contens*. Si donnons en mandement au premier de nos amez et féaulx Conseillers les Présidens en nostre Cour de Parlement, Maistres des requestes de nostre Hostel et Conseillers en icelle Cour, sur ce requis que nostre dite Ordonnance, vouloir & entencion ils signifient aufdits Recteur, Maistres, Docteurs, Escoliers, officiers et suppôts d'icelle Uviversité, en leur faisant commandement exprès de par nous, sur la peine dessusdite, c'est à sçavoir, *de privation de leurs priviléges, que dedans la feste de Toussains,* ils accomplissent le contenu en nostre dite présente Ordonnance, en nous certifiant deument de ce que fait aura été sur ce : Ainsi nous plaist-il estre fait. En tesmoing de ce, nous avons fait mettre nostre séel à ces présentes. Donné à la Salle-le-Roy en Berry, le 24e jour de septembre, l'an de grace 1460, et de nostre règne le XXXVIII. Ainsi signé :

Par le Roy en son Conseil.

J. DE REILHAC.

(Ordonn Roy. T XIV, p. 497.)

Quelques jours plus tard apparaît aussi un édit contre les blasphémateurs, renouvelé des ordonnances rendues par Saint Louis. La sévérité des peines qui y sont promulguées a quelque peu lieu de surprendre aujourd'hui. Ceux qui sont convaincus d'avoir blasphémé le saint nom de Dieu ou de la Sainte-Vierge seront, pour la première fois, mis en prison durant un mois, au pain et à l'eau; pour la deuxième fois, exposés au pilori avec la lèvre supérieure fendue par un fer rouge; pour la troisième fois, on leur fendra également la lèvre inférieure; enfin, pour la quatrième fois, on leur coupera la langue. Ceux qui, les ayant entendus, ne les auront pas dénoncés, deviendront eux-mêmes, comme complices, passibles d'un emprisonnement au pain et à l'eau. Des punitions

des jurons moins graves, et les ordres les plus stricts doivent présider à l'application de cet édit : 1460.

A la Salle-le-Roy. — Du 14 octobre 1460.

Punitions à infliger aux blasphémateurs.

Charles etc. Comme défpieçà, du temps du roy Sainct-Loys, & autres nos progéniteurs rois de France. & depuis de noftre temps, ait efté par ordonnance & édit publique, & par lettres patentes, notoirement défendu à tous que aucun ne blasfémaft ou injuriaft Dieu noftre Créateur ne la glorieuse vierge Marie sa mère, ne feift de eulx villain serement ; aussi que on ne regniaft, defpitaft ou maugreaft Dieu, sa dite benoifte mère, ne les sains & saintes de paradis, & que on ne feift aucuns seremens ou juremens illicites de Dieu, de sadicte benoifte mère, ne defdiz sains & saintes, sur peine de griève punition, & ayons entendu que néanmoins plufieurs de nos subgiez. plains de mauvais efprit, non ayans Dieu ne leur salut devant les yeulx, le blafément et injurient, et sadicte glorieuse mère & font villain serement de lui & de sadicte benoifte mere, les regnient, despitent, maugréent & défadvouent souventeffois, & les sains & sainctes de Paradis & font de jour en jour plufieurs seremens & juremens illicites de Dieu, de la glorieufe vierge Marie sa mere, & defdict, sains & sainctes de Paradis, laquelle chofe eft à noftre très grant déplaifance ; & doubtons, ainfi que vraisemblablement eft à doubter, que à cette occasion noftre dit Créateur justement offenfé, ait permis advenir en notre royaume plufieurs & grandes tribulations, guerres & afflictions pour ce eft-il que Nous, en enfuivant les commandemens de Dieu, les ordonnances de nos très chrétiens prédéceffeurs, & voulans Dieu noftre Créateur, sadicte benoifte mere, & lefdiz sains & sainctes de Paradis eftre révérez, serviz & honorez ; voulans auffi extirper & totalement énerver de noftre royaume tous blasfèmes & villains sermens de Dieu & de sadicte benoifte mere, auffi tous regniemens, defpitemens, maugreemens & déffavouemens deffudiz, & autres juremens & seremens illicites, que tous nos subgez, de quelque état ou condition qu'ilz soient. qui dorefnavant diront, de mauvais & félon courage, malinjure ou blasfème de Dieu ou de sadicte glorieufe mere, ou jureront d'eulx ou de l'un d'eulx villain serement, soient *pour la première fois* qu'ils en seront attains & convaincus, *mis et tenuz en prison ung mois, au pain et à l'eaue* & soient condamnez en l'amende de vingt solz tournois, à appliquer moytié au

commis lesdiz cas, & moitié au seigneur dudit lieu; & s'il leur avient *la seconde*
1460. *foiz qu'ils soient mis au pilloty a jour de marché ou autre jour solennel et aient la lèvre dessus fendue à ung fer chaud* & s'il leur avient *en tierce fois.* qu'ilz soient semblablement pillorizez à jour de marché ou autre jour solennel. *et aient la lèvre dessoulz fendue à un fer chaud comme celle de dessus* et s'ilz y rencheent *la quarte fois qu'ils aient la langue coppée tout oultre* afin que lors en avant il ne puissent dire ne proferer teles blasfèmes ou injures détestables, & ne faire villain serement de Dieu & ladicte glorieuse vierge Marie sa mere. Et s'aucuns en y a qui les oyent dire & proférer & ne les dénoncent incontinent à justice, qu'ilz soient comdamnez en la somme de vingt sols tournois, pour être appliqué comme dessuz, lesquelz se ainsi estoit que par povreté ne la peussent paier, qu'ils soient détenuz en prison au pain & à l'eaue, jusqu'à ce qu'ilz aient souffert pénitence convenable. Et quant à ceulx qui doresnavant, regnieront, depisieront, maugréeront ou desavœront Dieu, sadicte benoiste mère & les sains & sainctes du Paradis, ou feront autres semblables cas, qu'ils soient pugnitz pour la première fois pécuniellement, à l'arbitrage du juge soubz la juridicion duquel se feront lesdiz regniemens, malgréemens, despitemens ou desavœmens, selon la qualité. puissance & faculté de celui qui ainsi délinquera; à icelle amende, appliquer moitié au luminaire & fabrique de l'église parrochial du lieu ou sera fait le délit, & l'autre moitié au seigneur dudit lieu; en doublant la somme pour la seconde fois, & que pour la tierce fois, les délinquans soient mis au pillory, à jour de feste ou de marché; et s'il leur advient la quarte foiz qu'ilz aient la langue *percée d'un fer chaud*; et s'ils y renchéent plus avant, qu'ils soient pugniz plus griefvement, comme blasfémeurs de Dieu & des sains, & comme transgresseurs de statut ou édit royal en telle manière que ce soit exemple à tous autres. Et au regard de ceux qui doresnavant feront seremens ou juremens illicites de Dieu, de Nostre-Dame ou des sains & sainctes, comme en jurant la mort, le sang, le ventre, la teste, les plaies & autres seremens semblables illicites & réprouvez, qu'ils soient condamnez en amende pécunielle, c'est à sçavoir pour la première fois, en XII deniers tournois, à appliquer moitié â l'église parrochiale du lieu où ilz auront fais lesdiz tournois, où juremens illicites, & l'autre moitié au seigneur du lieu, comme dessus; pour la seconde foiz, qu'il soient condemnez au double, c'est à sçavoir en ij sols tournois; pour la tierce fois au quatruple; c'est à sçavoir en quatre sols tournois & pour la quarte fois en l'otuple, c'est à sçavoir en viij sols tournois, & s'ils y renchéent la ve fois, qu'ilz soient mis en prison au pian & a l'eaue pour certain

lesdiz seremens illicites : & se pour les peines dessusdictes ilz ne s'en veulent chastier, & delaisser leurs mauvaises coustumes, qu'ilz soient pilorisez publiquement à jour solennel ou de marché, afin de donner exemple à tous de non faire doresnavant telz seremens ou juremens illicites. Si donnons en mandement par ces mesmes presentes, à nos amez & féaulx conseillers les gens tenans & qui tendront nostre parlement à Paris & à notre prevost dudit lieu de Paris, ou à son lieutenant, que nostre présente ordonnance ils facent ouïr & publier, chascun en droit soy, incontinent après la réception d'icelles, & doresnavant de *trois en trois mois*, par tous les lieux accoutumez à faire cris & publicacions en leurs juridiccions, afin que aucun n'en puisse pretendre ignorance ; & icelle ordonnance tiennent & gardent & exécutent *rigoureusement et sans depport* & facent tenir & exécuter de point en point, sans enfraindre, ne y epargner aucun de *quelque estat* qu'il soit, sur peine de privation d'office, & d'en estre autrement pugny ; car, ainsi nous plaist-il estre fait, & que au *vidimus* de ces présentes, fait souz séel auctentique, foi y soit ajoutée comme à cest présent original, auquel en tesmoing de ce nous avons fait mettre nostre séel. Donné à la Salle-le-Roy en Berry, XIVe jour d'octobre, l'an de grace mil cccc soixante, et de nostre regne le xxxviie.

1460.

Cette ordonnance sera publiée tous les trois mois.

(*Sic signatum* :) Par le roy en son Conseil

J. DE REILHAC (1).

(Ordonn. Roy. t. XIX. p. 498.)

Si le respect des choses saintes était toujours protégé par d'aussi rigoureuses prescriptions, il n'en était pas de même pour ce qui concernait la personne du roi. Ainsi, à quelques semaines de là, on voit des lettres de justification remises à l'abbé de Saint-Michel en Thiérarche, Thomas Bouqueneau, lequel disait et répétait publiquement que la dynastie des Valois avait pour source « la mesaillance d'une princesse avec un boucher de Paris. » *Bourges, 3 décembre 1460. (Signé :) J. DE REILHAC* (2).

Parmi les actes expédiés par J de Reilhac, durant les quinze mois

1. Publié d'après le registre du Parlement intitulé *Ordinat. Barbinae*, cote D. fol. 207 v°.

1461. qui finissent le règne de Charles VII (*13 avril 1460 au 22 juillet 1461*), on peut citer encore les lettres de rémission pour :

Pierre Legougat. Vexations faites aux paysans par les gens de guerre sous les ordres de Martin Henriquez, sénéchal de Saintonge. — *Les Roches Tranchelyon, avril 1460* (*Signé :*) J. DE REILHAC (1). Présents : Etienne le Fèvre, prévôt de Saint-Junien, Jean de la Réaute.

Piètre de Salamanque, Espagnol servant comme archer sous la charge de Joachim Rohaut, sire de Gamaches, « escuier » de l'écurie du Roi. Querelles de soldats. — *Tours, mai id.* (*Signé :*) J. DE REILHAC (2).

Arnauld de Bolhon, de la Sénéchaussée des Lannes (Landes). Rixe et meurtre. — *Id.* (*Signé :*) J. DE REILHAC (3).

Mathieu Perrocl, de Bretteville-l'Orgueilleuse. Garde de moissons sur pied, vengeance. — *Id.* (*Signé :*) J. DE REILHAC (4).

Jehannot de Duransa, de Mont-de-Marsan, établi à Saragosse (Espagne). Inconduite notoire, et meurtre d'une femme mariée — *Id., juin* 1460 (*Signé :*) J. DE REILHAC (5).

Jean Petit, page de Pierre de Commarque, homme d'armes, sous la charge de Pierre de Louvain, chambellan du roi. Rixes et coups d'épée. — *Id.* (*Signé :*) J. DE REILHAC (6).

Arnauld Caule, de Saint-Cierge en Auvergne. Faux monnayeurs entretenus dans un château. — *Id.* (*Signé :*) J. DE REILHAC (7).

Peyron du Garboy, habitant Samboer (?). Querelles de jeu. — *Id.* (*Signé :*) J. DE REILHAC (8).

1. Arch. Nat. Reg. J J. 190, fol. 111 v°. Tom. sec. Pièc. justific. nº CXXIV.
2. — — — fol. 52 — — nº CXXV.
3. — — — fol. 29 — — nº CXXVI.
4. — — — fol. 27 — — nº CXXVII.
5. — — — fol. 57 — — nº CXXVIII.
6. — — — fol. 57 — — nº CXXIX.
7. — — — fol. 63 — — nº CXXX.
8. — — — fol. 57 — — nº CXXXI.

Peyroton de Borme, du pays d'Armagnac. Haines entre paysans. 1461.
Scènes de violence et meurtre. — *Romorantin, juillet id.* (*Signé :*) J. DE REILHAC (1).

Menyolet de la Claverie, aussi de l'Armagnac. Mort par accident en abattant un chêne. — *Id.* (*Signé :*) J. DE REILHAC (2).

Wastre Arthur, natif d'Ecosse, archer de la garde personnelle de Charles VII. Querelles à Tours avec ses camarades qui l'accusent d'avoir servi les Anglais. Ils s'en vont aux Montilz pour vider leur différent. L'un d'eux est tué devant la porte du château royal. — *Montrichard, juillet id.* (*Signé :*) J. DE REILHAC (3).

Henry du Glas, ou *Douglas*, également « natif du royaulme d'Ecosce, archier de nostre ordonance. » Querelle avec un habitant de Gennes à propos d'un chien volé. Meurtre. — *Bourges, août id.* (*Signé :*) J. DE REILHAC (4).

Guillaume Fournier. Crime de bestialité. — *Id., octobre, id.* (*Signé :*) J. DE REILHAC (5).

Jean Chuppart, du gouvernement de la Rochelle, entrepreneur de transport. Brutalités entre conducteurs de bœufs et de chevaux. — *Id., novembre* (*Signé :*) J. DE REILHAC (6).

Jean Gillot, d'Aigremont. Meurtre involontaire. — *Id., janvier* 1461 (*Signé :*) J. DE REILHAC (7).

Fourcauld (*Jean et Lion*), ainsi que plusieurs membres de leur famille, demeurant à Voisines. Vengeance exercée sur un prêtre accusé de mauvaises mœurs. — *Id.* (*Signé :*) J. DE REILHAC (8).

Jean Duprat, de la cité de Rieux, tentative coupable sur une

1. Arch. Nat Reg. J J. 190, fol. 68. V. Tom. Sect. Piec. justific. n° CXXXIV.
2. — — — fol. 73 — — n° CXXXII
3. — — — fol. 67 — n° CXXXIII.
4 — — — fol 41 — — n° CXXXV.
5. — — — fol 93 — — n° CXXXVI.
6 — — — fol 102 — — n° CXXXVII
[illegible]

femme mariée. Meurtre. — *Id.* (*Signé :* J. DE REILHAC (1).

1461. *Pierre de Montault*, de la ville d'Aux (?). Inconduite d'un ecclésiastique. Attaque à main armée de sa maison. — *Id.*, *février id.* (*Signé :*) J. DE REILHAC (2).

Samson de Vidallet, du comté de Comminges. Meurtre en voulant défendre une femme. — *Id.* (*Signé :*) J. DE REILHAC (3).

Guillaume de Pons, chevalier de Saint-Jean de Jérusalem, commandeur de Celles en Auvergne. Blocus de sa commanderie par 120 hommes de guerre durant six semaines. Sortie et mort du chef des assiégeans, Pierre de Bresons, autre chevalier de Saint-Jean de Jérusalem, qui voulait enlever à Guillaume de Pons le bénéfice de cette commanderie. — *Bourges*, *mars id.* (*Signé :*) J. DE REILHAC (4). Cette affaire singulière démontre combien l'administration royale était encore impuissante à empêcher de pareils désordres, en plein temps de paix et au centre même du pays.

Antoine de Villebœuf, seigneur de Salilergues, beau-frère du précédent et impliqué dans la même affaire. — *Id.* (*Signé :*) J. DE REILHAC (5).

Jean de Peyta, de l'Agenais, vol avec effraction dans une maison habitée et complicité de divers vols. — *Id.* (*Signé :*) J. DE REILHAC (6).

Amortissement « à nostre amé et feal *Jean, seigneur de Flavy*, » condamné à construire une chapelle et à fonder différents obits, en réparation d'un meurtre par lui commis sur la personne de Jean de Fresses, fils de noble Waleran de Fresses, chevalier. Déclaration lui est donné qu'il a suffisamment réparé son crime. — *Bourges*,

1. Arch. Nat. Reg J J. 192, fol 40. V. Tom Sec. Piec. justific n° CXLI.
2. — — — fol. 42 — — n° CXLII.
3 — — — fol 41 — — n° CXLIII.
4 — — — fol 62. — — n° CXLIV
5 — — — fol [illegible] — — n° CXLV

24 mars 1461 (Signé :) J. DE REILHAC (1). Présents : l'évêque de Coutances, le sire de la Tour, Jean Hardoin, trésorier de France. 1461.

Jean Heurtault, du pays du Maine. Franchise des cimetières pour le refuge des coupables, pièce des plus curieuses. — *Mehun-sur-Yèvre, mai 1461 (Signé :)* J. DE REILHAC (2).

Lettre de légitimation pour :

Jeannicotin, fils naturel de Guillaume le Bourguignon, chevalier. — *Les Roches Tranchelyon, avril, après Pâques 1460 (Signé :)* J. DE REILHAC (3). Présents : le maréchal de Saintrailles, Etienne le Fèvre, prévôt de Saint-Junien.

Marie, fille naturelle de Jean Hardoin, trésorier de France. — *Bourges, septembre id. (Signé :)* J. DE REILHAC (4). Présent : le sire de Crussol.

Naturalisation, pour *Pierre de Sainte-Marthe*, attaché à Jean Hardoin.—*La Salle-le-Roy, septembre id. (Signé :)* J. DE REILHAC (5).

Noblesse, pour *Jean Gueydon*, avocat à Rouen. — *Bourges, mars 1461 (Signé :)* J. DE REILHAC (6). Présents : l'evêque de Coutances, Jean Hardouin.

Permission à *Gabriel du Cros*, chevalier, de construire un château fortifié à Lienean, sa seigneurie, en la sénéchaussée du Rouergue. — *Saint-Cosne-lez-Tours, 10 mai 1461 (Signé :)* J. DE REILHAC (7). *Id.*

Même permission à *de la Roche*, sénéchal d'Angoumois, pour sa terre de Verneuil. — *Bourges, novembre id.* (8), et à *Jean de Mondon*, « escuier » pour sa terre de Cousteaux au pays de Poitou. — *No-*

1. Arch Nat. Reg. J J. 192, fol. 9. V Tom. Sec. Piec. justific. n° CXLVII.
2. — — — fol. 16. — — n° CXLVIII
3. — — 190, fol. 23 — — n° LXVI
4 — — — fol 87 — — n° LXVII.
5. — — — fol. 87. — — n° LXVIII.
6 — — — fol. 1 — — n° LXIX.
7 [illegible] fol. [illegible] n° XV[illegible]

1461. *vembre, id.* (1). Autorisation à *Guillaume de Carbonnel*, seigneur d'Andreville, de construire une garenne. — *Maurepas, mars id.* (*Signé :*) J. DE REILHAC (2).

Annexion de diverses terres au domaine de Boulogne-sur-Marne, en faveur de *Geoffroy de Saint-Belin*, bailli de Chaumont, maréchal de France. *La Salle-le-Roy, 18 septembre id.* (*Signé :*) J. DE REILHAC (3).

Règlement concernant la vente des denrées alimentaires de la ville de Vernon. — *Bourges, 8 février 1460* (4); et sur l'admission de certains marchands dans la même ville. — *Id., 20 février* (*Signé :*) J. DE REILHAC (5).

A la fin de juin 1461, le Roi, malade et dégoûté de l'existence, se refuse à prendre toute nourriture, s'imaginant qu'il est empoisonné, et le 22 du mois de juillet, il expire à Mehun-sur-Yèvre entre les bras du comte de Dammartin, et désignant pour son exécuteur testamentaire, Étienne Chevalier, trésorier de France.

Né en 1403, Charles VII n'avait que cinquante-huit ans. Monté sur le trône en 1422, il était dans la 39e année de son règne; un des plus féconds en événements que la France ait à enregistrer. D'abord « roi de Bourges », ainsi que le nommaient les Anglais, on sait avec le concours de quelles heureuses circonstances il parvint à les expulser du royaume; et les dernières années de son existence apparaissent toutes remplies d'utiles réformes. Malgré ses repentirs tardifs, l'histoire lui a reproché et lui reprochera toujours son ingratitude envers Jeanne d'Arc et Jacques Cœur. Avec son goût pour le faste, sa faiblesse pour Agnès Sorel et Antoinette

1. Arch. Nat. Reg. J. J. 190, fol. 110 V. Com. Sec. Piec. justific. n° XVIII.
2. — — 192, fol. 64 — — n° XXI.
3. — — 190 fol. 100. — — n° XVI.
4. Ord. Roy. T. XIV — [illegible] n° XIX.

de Maignelaiz, il forme un singulier contraste avec son fils et successeur Louis XI. 1461.

Le dernier acte de ce règne, signé par J. de Reilhac, porte la date de *juin 1461* (in domo *de la Vernusse*). Noblesse pour *Jean Bouchier* (1). Elle lui est octroyée en récompense des importants services qu'il a rendus pendant les guerres contre les Anglais, et des dépenses personnelles qu'il y a faites pour le service du roi. Présent : le sire de Montaigu (2).

1. Arch. Nat. J J. 192, fol 66. V. Tom. Sec. Piec. justific. nº LXX.

2. L'extrait suivant provient d'une note anonyme écrite postérieurement à l'année 1459, et probablement au moment de la mort de Charles VII. C'est une sorte de mémoire mentionnant certaines difficultés survenues depuis la mort du feu *roi Lancelot* et pour l'éclaircissement desquels, dit le rédacteur inconnu, il faut prendre l'avis des personnes suivantes qui peuvent en faciliter la solution.

(Note sans date précise et d'un auteur inconnu.)

Designation de ceux qui doivent estre consultés pour diverses affaires du royaume

(Orig. sur papier.)

. . . .

« J'ay parlé à *M. de Chamb[illegible]*

« Au *Prevost de l'ostel*

« Messire *Estienne Le Fevre* (prevôt de Saint-Junien)

« Me *Denis Daussurre* (évêque d'Auxerre)

« Me *Pierre Doriole* (maître des comptes).

« *Item* s'ensuivent ceulx à qui il fault en parler pour en savoir

« Messire *Jehan Bureau* (tresorier de France).

« Messire *Guillaume Cousinot* (ambassadeur du Roi).

« Mre *Jehan Adam* (?)

« Le *Prevost des Mareschaulx* (Tristan l'Hermite)

« Maistre *Jehan le Boulenger* (président au Parlement)

« Me *Henry de Marle* (conseiller du Roi)

« Me *Anthoine Reynault* (greffier du conseil du Roi)

« REILHAC *Secrétaire du Roi*.

(Bib. Nat., Fr. 20491, fol. 31.)

VI

FIN DE L'ANNÉE 1461

SOMMAIRE

Enterrement du feu Roi à Notre-Dame. — Incertitude des officiers de Charles VII compromis devant Louis XI. — Jean de Reilhac a Avesnes. — Accueil du nouveau Roi. — Confirmation dans ses offices. — Mission aupres du duc de Somerset. — Voyage à Eu. — Surprise du duc a table. — Il le fait interner à Dieppe. — Saisie et inventaire des papiers apportes d'Angleterre.

Affaire du comte de Dammartin. — Sa disgrâce. — Reilhac fait surseoir a la confiscation de ses biens. — L'écuyer Voyault à Avesnes — Sacre du Roi. — Retour à Paris. — Don de joyeux avènement. — Pardon au bailli de Cassel. — Confirmation des serviteurs de l'Hôtel. — Viguerie de Nîmes. — Reilhac fermier de la Trésorerie de Nîmes et de Beaucaire. — Projets de Louis XI sur la Navarre. — Reilhac en Espagne. — Réception des Etats à Barcelone.

DEPUIS lequel trespas du feu Roy Charles, le Roy Loys le recueillit, lui dist qu'il se serviroit de lui (1). » 1461.

C'est ainsi que Jean de Reilhac explique lui-même comment, Charles VII mort, il passe immédiatement au service de Louis XI; transition qui, bien que dans l'ordre des choses, n'en était pas moins alors des plus délicates.

En effet, les divisions qui avaient existé entre le père et le fils rendaient la situation de ceux qui avaient formé l'entourage du feu Roi très difficile.

1. Arch. Nat. [illegible]

1461. Tous compromis plus ou moins dans les querelles de Charles VII contre le Dauphin, ils avaient, à divers degrés, participé aux mesures de rigueur adoptées contre ce dernier depuis plus de dix ans. De plus, Louis XI ramenait avec lui un groupe de fidèles qui avaient été les compagnons de son exil volontaire et les confidents de ses rancunes. Parmi ceux-ci, on voyait Antoine de Châteauneuf, sire de Lau; Louis de Crussol, plus tard sénéchal du Poitou; un Piémontais, le sire de Valperga; Montauban, gentilhomme breton de la maison de Rohan; Aymar de Poisieu, dit Capdorat, le favori préféré, etc., tous désireux de se partager les avantages dont avaient joui leurs devanciers.

La dépouille mortelle de Charles VII fut ramenée à Paris, et le jeudi 6 août 1461 eut lieu, à Notre-Dame, la cérémonie funèbre, devant tous les corps de l'État assemblés.

Selon la chronique de Mathieu de Coucy (1), on y voyait, après les princes du sang, divers personnages considérables, savoir : « à la main senestre, aux premiers sièges, Messeigneurs le Chancelier de France (2), les deux premiers Présidents (3) Bureau Boucher (4), Etienne le Fèvre (5), Jean le Damoisel (6), et maître Mathieu de Nanterre » (7).

1. Dont le vrai nom est, paraît-il, *Mathieu d'Escouchy*.

2. *Guillaume Juvénal des Ursins*, seigneur de Trainel, conseiller du Roi depuis 1424, chancelier de France, que Louis XI destitua et remplaça par Pierre de Morvilliers. Il reprit sa charge en 1465, où on le retrouvera chargé de diverses missions avec Jean de Reilhac. Ce fut un des hommes les plus remarquables de ce siecle.

3. Celui du Parlement : *Arnauld de Marle*, maître des requêtes depuis 1414 et premier Président depuis 1444 Il était fils de Henri de Marle, chancelier de France, assassiné par les Armagnacs en 1418;
Et celui de la Chambre des comptes *Bertrand de Beauvau*, seigneur de Précigny, alors déja tres âgé.

4. Beau-frère d'Arnauld de Marle. Il avait épouse Gillette Raguier, dame d'Orsay, fille du trésorier des guerres du roi Charles VI.

5. *Prevôt de Saint-Junien*, vicomte de Mer nville, maître des requêtes de l hôtel du roi, fils de Pierre le Fevre et de Marguerite de Reilhac (p 8).

6. Fils de *Jean le Damoisel*, conseiller du roi Charles VI mort en 1420. Il a laissé une fille bâtarde legitimee en 1459 (p. 70).

7. Fils de *Simon de Nanterre*, premier Président du Parlement en 1409, et premier President

On raconte que le découragement était grand alors, et l'appréhension causée par le nouveau souverain tellement vive, qu'après le repas funèbre le comte de Dunois prit la parole et dit : « Nous avons perdu notre maître, pour lors que chacun se pourvoie » (1). 1461.

Cependant il s'en était déjà trouvé quelques-uns qui avaient voulu tenter la chance, et de ce nombre, Jean de Reilhac. En effet, à peine son ancien maître avait-il rendu le dernier soupir, qu'il partait pour la Flandre, où nous le retrouvons immédiatement établi auprès de Louis XI, à la fin du même mois de juillet 1461.

Ce prince, voulant utiliser un homme qu'il croyait susceptible de le servir avec intelligence, lui avait fait bon accueil, faisant taire ses rancunes et déclarant à Reilhac qu'il l'emploierait volontiers, eu égard « aux bons rapports qui lui avaient été faits de sa personne et de son gouvernement ». Chose étrange! Louis XI réputé à juste titre pour si vindicatif semble avoir pardonné, tout à coup, la participation plus ou moins active que, comme conseiller et secrétaire intime de Charles VII, Reilhac avait eue nécessairement dans les nombreux actes hostiles au Dauphin au bas desquels on a trouvé sa signature (2).

Et même en considérant la rapidité de cette évolution, ne serait-on pas amené à croire que, probablement déjà, avant la mort de Charles VII, Reilhac, soucieux de l'avenir, avait fait préparer sa rentrée en grâce auprès du futur souverain et cherché à faire oublier le passé? Peut-être a-t-il dû exister à ce sujet quelque correspondance qu'il eût été intéressant de connaître, afin d'éclairer ce point resté dans l'ombre.

De plus, en lisant les nouvelles lettres patentes qui avaient été préparées pour l'ancien secrétaire de Charles VII, on remarque qu'elles ne portent ni nom de lieu, ni date, ni même de signature royale. Tout cela est resté à remplir. Ce qui paraît indiquer que ce brevet de confirmation lui avait peut-

1461. être été remis en blanc avant la mort du feu roi (1).

Aussi cette situation particulière a-t-elle fait dire à un historien qui semble avoir eu pour objectif de réhabiliter la mémoire de Louis XI contre le reproche qu'on lui fait généralement, à l'égard de ceux qui avaient été en faveur sous le règne précédent : « Loin d'éloigner de lui les serviteurs de son père, il chercha à se les attacher, prenant même pour secrétaire intime le sire de Reilhac, qui tout récemment l'avait été de Charles VII » (2).

1. Année 1461. Date et signature en blanc.

Confirmation de la charge de secrétaire du Roi.

(Orig. sur parchemin.)

« Loys, etc. Pour consideracion des bons et agreables services que nostre amé & feal clerc notaire & secretaire Maistre JEHAN DE REILHAC a par cy devant faiz a feu nostre tres chier seigneur et pere que Dieu absoille audit office & autrement, et aussi a nous et espérons que encores plus face le temps avenir et *pour le bon rapport qui fait nous a este de sa personne et de son gouvernement* audit office confians par ce de ses sens loyaute souffisance et bonne preudommie, nous pour ces causes et autres a ce nous mouvans, avons ledit Maistre JEHAN DE REILHAC conferme et confermons en sondit office de nostre clerc notaire et secretaire. Et icellui office en tant que par le trespas de feu nostredit seigneur et pere et nostre nouvel advenement a la coronne il seroit et pourroit estre vaccant, lui avons donné et donnons de nouvel ce mestier et de grace especial par ces presentes pour le voir tenir et doresenavant exercer par ledit Maistre JEHAN DE REILHAC comme il a fait par cy devant aux gaiges de six solz parisis par jour et dix livres par an pour manteaulx avecques les bourses ordinaires et des collacions, honneurs, prerogatives, privileges, franchises, libertez, droiz, prouffiz et emolumens acostumez et qui y appartiennent. Si donnons en mandement par ces mesmes presentes a nostre ame et feal chancelier que prins et receu dudit Maistre JEHAN DE REILHAC le serement en tel cas acostumé icelui mecte et institue ou face mectre, instituer de par nous en possession et saisine dudit office. Et dicelui ensemble des honneurs, prerogatives, privileges, franchises, libertez, droiz, prouffiz et emolumens appartenans audit office. Le face seuffre et laisse joire et user plainement et paisiblement et a lui obeir et entendre de tous ceulx et ainsi quil appartiendra es choses touchans et regardans ledit office. Et avec ce, mandons a noz amez et feaulx les audiencier et contrerolleur de nostre chancellerie que noz presens confirmacion et don ilz enregistrent ou facent enregistrer es registres, papiers et escripts de nostredicte audience. Mandons en oultre a nos amez et feaulx les tresoriers de France que par le changeur de nostre Tresor qui a present est ou sera le temps avenir ilz facent paier bailler et delivrer doresenavant par chascun an audit Maistre JEHAN DE REILHAC lesd. gaiges de six solz parisis par jour et dix livres parisis par an pour manteaulx aux termes et en la maniere acostumez. Et par, rapportant ces presentes ou vidimus dicelles fait soubz seel Royal pour une foiz avec quictance sur ce souffisant dudit Maistre JEHAN DE REILHAC tant seulement. Nous voulons lesditz gaiges et manteaulx ou ce que payé en aura esté estre allouez es comptes et rabatuz de la recepte dicelui ou ceulx qui paiez les aura ou auront par noz amez et feaulx gens de noz comptes ausquels nous mandons ainsi le fere sans difficulte. En tesmoing de ce nous avons fait mectre nostre seel ces presentes. Donne a. ... le... jour de.. .... lan de grace m. cccc soixante et ung et de nostre regne le premier. »

(Bib. Nat., collect. Clairamb Titr. scellés, vol. 190, no 7285.)

Toujours est-il que non seulement il reprend ses fonctions, mais encore il paraît aussitôt investi de toute la confiance du roi. 1461.

Ainsi, dès le 2 août, il reçoit de lui une mission délicate. En ce moment l'infortunée Marguerite d'Anjou, femme de Henri VI, roi d'Angleterre, se débat avec énergie au milieu des incertitudes de la guerre des deux Roses. — Après avoir délivré son mari tombé prisonnier des Yorkistes à Northampton, elle a été complètement battue à Townton où les Lancastriens ont laissé, dit-on, 36,000 des leurs sur le champ de bataille. Réfugiée en Écosse avec le duc de Somerset, elle envoie ce dernier en France pour y solliciter l'intervention de Charles VII en sa faveur.

Mais quand Somerset débarque à Calais, ce prince vient de mourir. Il se dirige vers le comte de Charolais en passant par Eu. Louis XI apprend cette nouvelle, et voulant être le premier à interroger les seigneurs anglais, afin de savoir à quoi s'en tenir sur le but de cette ambassade, il dépêche de suite Jean de Reilhac à leur rencontre.

Le lundi 3 août 1462, après dîner, Reilhac part d'Avesnes avec le sénéchal de Berry, Claude de Vaudenay. En passant par Abbeville, ils y rencontrent un envoyé du duc de Bourgogne, qui allait précisément lui-même attendre à Eu le duc de Somerset. Ils font si bonne diligence, qu'ils parviennent à arriver les premiers, ayant franchi plus de cinquante lieues en deux jours, ce qui, pour l'époque, est un voyage des plus rapides.

C'est à table qu'ils surprennent les deux envoyés de la reine d'Angleterre. Ils font garder les issues, s'emparent de leurs personnes et des documents qu'ils ont sur eux, — dont Reilhac dresse lui-

termine encore son travail par une observation analogue. Parlant de la réconciliation postérieure de Louis XI avec Antoine de Chabannes en 1466, au moment du traité de Caen, réconciliation assurément alors intéressée, il ajoute : « La plupart de ceux qui avaient servi le feu roi devinrent ensuite *ses fidèles confidents*, et il prenait alors même pour secrétaire *le sire de Reilhac*, qui venait de l'être de Charles VII » (Legeay, t. II, p. 550). Cependant M. Legeay semble peu fondé à généraliser ainsi son dire touchant la prétendue générosité du roi, puisque lui-même, en dehors de Jean de Reilhac et d'Antoine de

1461. même l'inventaire. Après, il les conduit chez le comte d'Eu, où pour honneur du roi « madame d'Eu leur fait faire très bonne chiere ».

Puis, le lendemain jeudi 6 août, au moment même où, à Notre-Dame, on célébrait les obsèques de Charles VII, Reilhac et le sénéchal s'en vont à Arques, et de là à Dieppe, pour y faire interner les seigneurs anglais, sous une escorte empruntée aux hommes d'armes sous le commandement de Dunois. Ensuite il revient seul trouver Louis XI pour lui adresser le compte rendu de ce voyage :

A Avesnes. — Du mois d'août 1461.

Rapport au Roi

(Copie du temps sur papier.)

Senfuit ce que par nous GLAUDE DE VAUDENAY (1) et JEHAN DE REILHAC a este fait touchant la charge quil a pleu au Roy nous bailler, pour aler devers le duc de Sommercet.

Arrivée à Eu.

P°. Nous partifmes de Avennes le lundi tiers jour daouft apres difner. Et nous eftans sur chemin, rencontrafmes a Hableville ung des gens de monfeigneur de Charoloiz qui nous dift qu'il aloit a Eu. Et pour ce que, doubtafmes quil aloit devers mond. sieur de Sommercet, feifmes diligence poflible deftre les premiers a Eu *et y feufmes le mercredi au difner; et pas ainfi meifmes deux jours entiers a faire led. chemin auquel a cinquante lieues.*

Arrestation des ambassadeurs.

Quant fufmes arrivez aud. lieu de Eu, sceufmes que ledit de Sommercet *eftoit a table*, et avec lui le seigneur de Molins, et incontinent alafmes en leurs logiz *dire secretement aux hoftes quilz gardaffent bien leurs boetes et bougetes*. Et ce fait parlafmes aud. sieur de Sommercet et lui difmes que aucuns avoient dit au roy quil eftoit arrive par deca et que pour en savoir la vérité ledit sieur nous y avoit envoiez. Et avant que plus avant parler a lui il nous dit quil eftoit venu par deca en entencion daler premierement devers monseigneur de Charoloiz (2) son cousin pour le requerir quil se voulsift emploier au fait de laide de la Royne Dangleterre et eftre moien envers Monfeigneur le Daulphin que de sa part il se y voulsift emploier ainfi que faifoit le Roy trefpassé et que ceftoit en effect la

1. *Claude de Vaudenay*, sénéchal du Berry, témoin le 29 novembre 1463 à la quittance donnée par Jean de Foix comte de Candale a Olivier de Coetivi Sgr de Taillebourg (d'apres Mr Vaesen, t. II, p. 163).

2. *Charles, comte de Charolais*, fils de Philippe le Bon, héritier du duche de Bourgogne, connu plus

principalle caufe de sa venue par deca. Et aussi que il avoit a parler a mondit Seigneur de Charroloiz daucuns ses affaires.

1461.

Déclaration du duc de Somerset

Apres lui difmes quil lui pleuft nous monftrer toutes les lettres tant saufconduit que autres qu'il portoit pour en certiffier le Roy. Lors il refpondy quil navoit que une lettre adrecant à monfeigneur le Daulphin et quil navoit point de saufconduit, car il venoit soubz la seureté de la Royne Dangleterre, laquelle lettre il nous bailla et la print en sa boete en noftre préfence, et ce fait prinsmes ladicte boete, en laquelle trouvafmes plusieurs autres lettres lefquelles prinfmes et non autre chose. Et lors il nous requift tresfort que a personne du monde ne voulsiflions monftrer aucunes desd. lettres fors au Roy et a monfeigneur de Charroloiz.

Déclaration du sire de Molins.

Et en celle mefme heure parlafmes aud. sieur de Molins lequel refpondy quil venoit par deca pour aler devers le feu Roy de par la Royne Dangleterre lui porter certaines lettres et a autres seigneurs de France comme a meffieurs du Mayne grant senefchal et autres et quil avoit bon saufconduit. Et que les causes principalles de sa venue estoient pour requerir au Roy quil voulsift faire tirer son armee a Neufchaftel. Aussi pour requerir aide dargent comme de XX mille efcuz et pour faire treves entre les roys Dangleterre et de France, afin que pendant ledit temps lesdits Roy et Royne Dangleterre se peuffent retraire par deca silz ne povoient avoir aide.

Et ce fait en leurs presences feifmes apporter la boete dudit Sr de Molins et une autre de l'un de leurs gens. Et de toutes les lettres et inftructions eftans dedans feifmes inventoire en leur présence, et leurs difmes que lesd. lettres mectrions en lieu bien seur et secret. Et afin que le Roy soit mieulx adverty de tout, *ledit* REILHAC *les a apportées et dicelles fait ung petit extrait et mises par inventoire* (1).

Réception chez le comte et la comtesse d'Eu.

Item, apres ces choses ainsi faictes leur deifmes qu'il leur pleuft eulx tenir en loftel de monseigneur Deu (2) pour ce jour et que, le lendemain matin, parlerions encores ung peu a eulx, dont ils furent bien contens. Et aussi fut madame Deu *qui leur feift tres bonne chiere, les logea bien honnestement et leur donna a soupper pour honneur du Roy.*

1. Voir cet inventaire à la suite (p. 105).

2. *Charles, comte d'Eu.* Ce seigneur, alors plus qu'octogénaire, fut le Nestor de l'époque. En 1414, il combattait les bouchers avec la garnison de Paris pendant la guerre des *Armagnacs* et des *Bourguignons*, et commandait l'avant-garde française a la bataille d'*Azincourt*, contre les Anglais en 1415. Il parut aux États d'Orléans en 1450. Pour le récompenser, en août 1458, Charles VII l'avait élevé à la pairie. Quelques jours après cet épisode, on le retrouve assistant au sacre de Louis XI à

1461.

Et au regart de leurs gens en feiſmes prendre garde et aussi des portes de la ville et faire bon guet celle nuyt.

Et envoyaſmes, ce jour mesme, le procureur de Dieppe qui estoit venu avecques nous de Avennes aud. lieu de Dieppe et eſcripvismes a Charlot des Mares ou a son lieutenant qu'il eſt venir, le lendemain matin, audit lieu Deu le nombre de XV ou XX hommes de guerre, de ceux de Monseigneur de Dunoys, pour conduire les deſſusd. à Arques et à Dieppe, leſquelx gens de guerre led. lieutenant amena en perſonne.

Escorte demandée à monseigneur de Dunois.

Item & incontinent qu'ilz furent arrivez *diſmes a Monſr de Sommercet que moy*, Reilhac, *men vouloyt retourner devers le Roy* lui faire savoir ce que led. de Sommercet nous avoit dit, afin que, incontinent, il feiſt savoir aud. Sr son bon plaiſir. Et que, ce pendant, il lui pleuſt soy en venir a Arques, pour ce que la ville eſt au Roy & ledit de Molins a Dieppe & leurs gens & que, dedans briefz jours le Roy leur ſeroit savoir de ses nouvelles et que, ce pendant, ils feiſſent bonne chiere & que, pour tenir compaignie audit Sire de Sommercet, led. Glaude demourroit volentiers avecques lui.

Les seigneurs anglais conduits à Arques et à Dieppe.

Le jeudi, après diſner, nous menaſmes le Sr de Sommercet audit lieu de Darques & six de ses gens & ledit de Molins a Dieppe, & tous les autres de leur compaignie qui sont, en tout, bien XL & avons chargie au lieutenant de Dieppe soy en prendre bien garde & faire tenir pres deulx des gens de la garniſon de Dieppe.

Item au regart de lomme de mondit Sr de Charoloiz, nommé Petit Jehan de la Porte, il arriva audit lieu Deu, ledit jour de Mercredi, troys ou quatre heures apres ce que y fusmes arrivez, et nous deiſt que venoit devers luy de par mond. Sr de Charroloiz, pour lui apporter certaines lettres & que lui voulſiſſions donner congie, daler devers lui, lui bailler lesd. lettres. A quoy lui feiſmes reſponſe que, veu qu'il eſtoit mis de par le Roy au lieu ou il eſtoit, que sans le sceu dudit Sr, ne scavons donner ledit congie. Lors, il nous requiſt qu'il le peuſt veoir & lui faire recommandacion, de par mondit Sr de Charoloiz dont nous feusmes contens &, en noſtre presence, il lui feiſt recommandacion seulement de par mondit seigneur de Charroloiz &, ce fait, sen ala.

(Bib. Nat. Fr. 20. 430, fol. 63.)

Etat des papiers saisis sur les ambassadeurs d'Angleterre

(Copie sur papier.)

Inventoire des lettres eſtants en la boete de Monſeigneur de Somercet.

Po unes lettres addreſſees au Roy eſquelles a eſcript au deſſus : A tres hault &

Item unes lettres en angloiz adressees a mondit sieur de Sommercet ; signees p. B 1461.

Item autres lettres aussi efcriptes en angloiz a lui adreffees ; signees p. C

Item unes autres lettres commençant : Je me recommande a vous, et signees deffoubz : Voftre a jamais ; efquelles na point de sufcription ; cotees p. D

Item unes lettres lyees de fil subfcripte en angloiz ; cotees par E

Item ung rollet de papier auquel a deux lignes deffus efcriptes en angloiz ; coté par F

Item unes lettres signees de la main de la Royne Dangleterre commençant cousin, signees par G

Item ung petit roolle en papier, efcript en angloiz ; signé par H

Item unes lettres en angloiz adreffee a Monf^r de Sommercet ; signees par J

Item unes lettres en latin adreffees a Monf^r de Sommercet de par la Royne Descosse ; cotee par K

Item autres lettres en angloiz efquelles na point de adresses ; signees par L

Item autres semblables lettres en angloiz ; signees par M

Item autres lettres en angloiz ; signees par N

Item autres lettres ; signees par O

Item unes lettres de Monf^r de Ongerfort (1) adreffees a mondit sieur de Molins ; cotee par P

Item ung memoire efcript en angloiz ; coté par Q

Inventoire des lettres trouvees en la boete de Monsr de Molins.

P° ung sauf conduit pour luy ung an donné a Maurepas lez Mehun le XXVIIe de Mars dud. auquel le double a efte apporte et semblablement d'un an.

Item ung blanc scelle de quatre seeaulx auquel est efcript seulement le nom de Edouart ; coté par B

Item une lettre donnee par le Roy Dangleterre, eelle, par laquelle il fait led. de Molins son lieutenant pour recevoir et conduire larmee de France en Angleterre ; cotee par C

Item unes lettres adreffee à Monsr de Dunois, signee par D

Item unes autres adreffees au bailly de Rouen ; signee par E

Item unes adreffee a bel oncle de France ; signee par F

1461. *Item* une lettre donnee par le Roy Dangleterre, seellee de son seel, par laquelle il donne povoir a Monſ[r] de Hongnefort & deux autres de traictier la paix avec le Roy de France; signee par G

Item ung povoir adreſſé à Monſ[r] de Sommercet, pour recevoir larmee de France & lemploier a lencontre des rebelles du Roy Dangleterre; signee par H

Item ung povoir adressé a Monſ[r] de Hongnefort & a deux autres pour faire emprunt du Roy et autres sirs de France, de telles sommes de deniers qu'il pourra recouvrer & a les paier obligier le Roy et le Royaulme Dangleterre; signee par

Item unes lettres commençant : Couſin, signées par Marguerite; cotees par K

Item unes lettres adreſſee à Monsr Desternay ; cotee par L

Item unes lettres cloſes et seellees adreſſees a tres hault & excellent Prince noſtre tres chier et tres ame oncle de France; cotees par M

Item unes lettres cloſes & seellees, & na rien escript deſſus; cotee par N

Item unes autres lettres adreſſees a Monſ[r] le conte de Maulevrier; signee par O

Item autres lettres adreſſees à Monſ[r] de Dampmartin, signees par P

Item autres lettres adreſſees à Monſ[r] de Bueil, signees par Q

Item certains articles en angloiz, signes par R

Item les instructions de Monſ[r] de Molins & de deux autres, a eulx baillees par la Royne Dangleterre, signées : Marie; cotees par S

Item une mynute de lettres de paix; signee par T

Item une lettre close signee de Hongerfort commenchant : Madame Yf; cotee V

Item une lettre signees par Marguerite, eſcripte en angloiz ; cotee par X

Item unes lettres de Monſ[r] le Cardinal Destouteville, adressee a mons[r] de Molins; cotee par Y

Item autres lettres qui ont esté trouvees en la boete de Meſſire Robert Hutingan (1). serviteur de Monſ[r] de Molins.

P° deux lettres patentes, lune deſquelles le Roy Dangleterre done povoir a la Royne de conclurre la paix avec les Eſcoſſoys; cotee par A

Et lautre touchant le mariage du Prince Dangleterre avec la fille Deſcoſſe.

Item unes lettres eſcriptes & signees de la main de Monſ[r] le grant seneſchal, adreſſee a la Royne Dangleterre; cotee par B

(1) [illegible]

Item lettres closes adreſſees a Monsieur et a Madame du Mayne, de par la Royne Dangleterre, cotees par C

1461.

Item unes lettres ouvertes eſcriptes en angloiz; cotees par D

Item certains articles en angloiz; cotées par E

Item unes lettres en angloiz adreſſees a Monsr de Molins; cotees par F

Item ung petit rollet seelle ouquel a deux lignes deſſus eſcriptes en angloiz; coté par G

(*Id.* fol. 65).

Cependant, malgré les bons traitements donnés à ces ambassadeurs, Louis XI ne fournit jamais que de faibles secours en hommes et en argent à Marguerite d'Anjou, bien qu'il eût aimé à soutenir cette cause sympathique à la France. Il laissa la maison d'York triompher, et quelques mois plus tard, Somerset lui-même, retourné en Angleterre et tombé aux mains de ses ennemis, était décapité à la Tour de Londres.

Puis le 10 août 1461. la nouvelle cour quitte Avesnes et se dirige vers Reims, où le roi va se faire sacrer. Ici on trouve le récit d'un incident personnel à Jean de Reilhac et à Antoine de Chabannes, comte de Dammartin, incident qui montre que Reilhac ne craignait pas de faire emploi de son nouveau crédit pour défendre ceux qui au temps de Charles VII avaient été ses premiers protecteurs, bien qu'ils fussent maintenant tombés en disgrâce. Ce rôle auprès d'un prince tel que Louis XI n'a pas toujours été sans danger.

On se souvient que Chabannes avait été chargé par le feu roi de s'emparer de Louis Dauphin, en 1456. De plus il était accusé de la plupart des mesures vexatoires prises alors contre le prince, telles que la confiscation du Dauphiné. Aussi les courtisans de la nouvelle cour, ceux surtout qui étaient restés fidèles à Louis dans sa mauvaise fortune, ne tardèrent-ils pas à exploiter à leur profit son ressentiment. Ils réclamaient la confiscation des biens du comte de Dammartin, espérant, selon le triste usage de l'époque,

1461. Charles de Melun, sire de Nantouillet, son voisin (1) et son ennemi le plus acharné; le sire du Lau et Jean de Sallazar (2).

C'est que, grâce au triste rôle joué par lui dans le procès de Jacques Cœur, Chabannes possédait maintenant une fortune considérable, entre autres la seigneurie de Saint-Fargeau qui avait été la résidence de l'ancien argentier. Il se savait entouré d'ennemis; et, Charles VII mort, il s'était rendu de Mehun-sur-Yèvre au château de Chaluz en Limousin, qui lui appartenait aussi. C'est de là que, n'osant pas se présenter en personne devant Louis XI, il envoie à Avesnes son écuyer Voyault, pour essayer de faire parler en sa faveur au Roi par les sires de Montauban et de Valpergue, autrefois ses obligés personnels. Mais ceux-ci, pleins d'ingratitude, pour toute réponse veulent faire noyer l'envoyé de Chabannes.

Voyault rencontre alors un des serviteurs de Jean de Reilhac qui le mène chez son maître. Ce dernier, qui était resté précisément ce soir-là fort tard à travailler avec le Roi, revenant au milieu de la nuit, aperçoit un étranger qui cause avec ses gens. Il s'informe qui il est. Puis, l'ayant appris, le fait monter, s'enferme secrètement avec lui pour écouter les doléances du comte de Dammartin, le fait coucher dans une chambre à côté de la sienne, et, le lendemain matin, lui ayant donné la preuve tangible que jusqu'ici les lettres de confiscation sollicitées n'avaient pas encore été signées par Louis XI, il écrit à Antoine de Chabannes et l'assure qu'il va employer tous ses efforts pour obtenir le pardon du Roi, « attendu, ajoute-t-il en se reportant aux services personnels qu'il en avait autrefois reçus (3), que je suis plus tenu à votre maître qu'à aucun homme au monde. »

1. La terre de Nantouillet était située près celle de Dammartin

2. *Jean de Sallazar*, fameux capitaine espagnol qui avait succédé a *Rodrigues de Villandrando* dans le commandement des mercenaires de ce pays à la solde de Charles VII. Il mourut à Troyes, le 12 novembre 1479, et fut enterré dans l'église du Prieuré de Marcheret en Champagne, ou l'on voyait son tombeau.

3. V. p. 16.

Cet épisode se trouve ainsi raconté dans un manuscrit de l'époque (1). Après avoir dit le triste accueil fait à l'envoyé de Chabannes par l'amiral de France et Boniface de Valpergue, l'auteur continue ainsi : 1461.

A Avesnes. — Premiers jours d'août 1461.

Jean de Reilhac n'abandonne pas Antoine de Chabannes (2) *dans sa disgrâce.*

(Manuscrit sur parchemin.)

Après que ledit Boniface eut leu lesd. lettres, il fist tel recueil aud. Voyaul que avoit fait ledit admiral (3), qui pareillement le vouloit mettre en prison neust esté aucunes remonstrances qui luy furent faictes et aussi quil y eust aucuns gentilzhommes qui le furent voyr et le laisserent aller, et misdrent hors de la maison. Et ainsi que ledit Voyaul sen sortist hors dicelle maison, qui ne savoit où sen aller loger, & estoit bien deux heures de nuyt, quant il apparceut à la lune ung des clercs de maistre JEAN DE REILHAC, secretaire du Roy Loys, qui depuis fut *General de France*, lequel led. DE REILHAC avoit autreffoys congneu en la cour dud. feu roy Charles; si se tyra vers ledit clerc et le salua, et quand ledit clerc l'apperceut, si le congneut bien, et luy demanda dont il venoit et sil avoit souppé, lequel lui respondit que non, et quil ne faisoit que arriver; et quant ledit clerc ouyt quil n'avoit point souppé & quil ne savoit où aller loger, il le mena au logis de son Maistre, et le fit soupper avec eulx, de quoy led. Voyaul fut joyeulx, car il ne savoit où se retirer, tant pour ce quil estoit desjà tard, que aussi quil ne feust congneu daucuns, qui luy eussent poeu faire quelque desplaisir, car comme dit est, il avoit esté menacé par ledit admiral, que sil le trouvoit il le feroit noyer.

Menaces de l'amiral.

L'ecuyer rencontre un des clercs de Reilhac

1. Ce manuscrit, enrichi de nombreuses et fines miniatures, est, selon M. Quicherat, qui en a fait une etude spéciale, dû a la plume de *Jean le Clerc*, Seigneur du Tremblay, qui fut conseiller clerc a la Cour des Comptes sous Louis XII.

2. *Antoine de Chabannes*, né en 1391, seigneur de Saint-Fargeau, comte de Dammartin, chevalier de l'ordre du Roi, grand panetier, puis grand maître de France, etait le second fils de Robert de Chabannes, seigneur de Chaslus, et d'Alix de Bort. — Il avait épousé, en 1439, Marguerite de Nanteuil, comtesse de Dammartin, et mourut le 25 décembre 1488.

3. *Jean, sire de Montauban*, seigneur de Romilly, de Marigny et de Landal, maréchal de Bretagne sous les ducs Pierre II et François II et fait amiral de France par Louis XI avant le 8 octobre 1461. Il était fils de Guillaume, sire de Montauban, et de Bonne Visconti, et avait épousé Anne de Kerenrai. Il mourut à Tours au mois de mai 1466. Sa fille unique fut mariée à Georges de la Tremoille, Sgr de Craon (p. 51).

1461.

Et quand ilz eurent souppé, il se print a devifer avec lesd. serviteur en attendant ledit Maiftre Jehan de Reilhac, qui eftoit au logis du Roy. le quel ne vint quil ne fust plus de mynuit. Et quand icelluy de Reilhac fut arrivé en sond. hoftel et monté en sa chambre, il demanda a lun de ses serviteurs, qui eftoit en ladite chambre, qui eftoit celluy quil avoit veu en bas parler a son clerc, et quil serchoit; & alors ledit serviteur luy refpondit que ceftoit ung qui avoit autreffoys efté serviteur du conte de Dampmartin, et quil serchoit son adventure, car il avoit laiffé son maiftre comme il disoit; et quand led. de Reilhac ouyt quil se disoit avoir efté serviteur dud. conte de Dampmartin, il se doubta bien quil eftoit venu en court pour aucunes affaires, car il scavoit bien que le Roy lavoit en hayne du temps quil eftoit Daulphin, jacoit ce que il leust bien et loyament servi, sans y espargner crainte de vie en plufieurs lieux, si manda le dit Voyaul venir secretement en sadite Chambre, & si fist sortir hors dicelle tous ceulx qui y eftoient, et luy demanda quil eftoit et quil avoit affaire en court, si luy refpondit ledit Voyaul qu'il avoit servy autreffoys le conte de Dampmartin, et quil lavoit laiffé depuis ung peu de temps en ça, et quil eftoit venu en court pour trouver quelque bon maiftre. Et lors ledit maiftre Jehan de Reilhac luy fit faire serment quil luy diroit verité de ce quil luy demanderoit, ce quil fist. Et puis luy demanda ou il avoit laissé sond. maiftre, et ledit Voyaul luy refpondit quil lavoit laiffé a Meun sur Yeure bien troublé et pensif, et adonc luy dist lesd. de Reilhac que ce neftoit pas bien fait a ung bon serviteur de laiffer son maiftre en son adverfité, et sans autre chose luy dire pour celle nuyt, le fist mener coucher en une belle chambre pres de la syenne.

Interrogatoire de Voyaul.

Le lendemain au matin il envoya encores querir ledit Voyaul et luy dist quil neuft doubte de luy et quil luy dist hardiment ce qui le menoit, et quil luy pourroit bien ayder en ses affaires. Et quant le dit Voyaul vit que ledit Reilhac luy tenoit si bons termes, si se pensa en luy mefmes quil se découvreroit du tout à luy, et que en tant qu'il eftoit secretaire du Roy quil luy pourroit dire quelque bonne nouvelle, et voyant ledit Voyault que ledit Reilhac parloit si franchement a luy se descouvrit du tout a luy, en luy difant telles parolles ou semblables : « *Monfeigneur, puifquil vous plaift que je vous dye la cause qui me mayne par de ça, je vous la diray; il eft vray que depuis que le feu Roy Charles, que Dieu abfoulle, eft trefpaffé, il a efte faicts aucuns rappors à Monseigneur mon maiftre, que le Roy lavoit tres fort en hayne, et que sil le povoit tenir, qu'il le feroit mangier aux chiens* » ; et quant led. de Reilhac l'euft ainfi ouy parler, et auffi quil scavoit bien quil en eftoit, car comme dit eft, il eftoit secretaire du Roy, si luy demanda iceluy de Reilhac

Ses aveux.

Propos de Louis XI contre Chabannes.

EPISODE D AVESNES EN HAINAUT

Jean de Reilhac et Antoine de Chabannes

Aout 1461

Apres que ledit Boniface eut leu les
lettres il fist tel recueil aud. Romul
que avoit fait ledit admiral qui pareillement
le vouloit mettre en prison neust este aucunes
remonstrances qui luy furent faictes et
aussi quil y eust aucuns gentilz hommes
qui luy furent bons Et le laisserent aller
et issirent hors de la maison. Et ainsi que
ledit Romul sen sortist hors dicelle maison
qui ne savoit ou sen aller logier et estoit bien
deux heures de nuyt quant il apparceut a
la lune ung des clercs de maistre Jehan de
Reilhac secretaire du roy lors qui depuis fut
general de France lequel led. de Reilhac avoit
autreffois congneu en la court dud. feu roy
Charles si se tira vers ledit clerc et le salua
et quant ledit clerc lapperceut si le congneut
bien et luy demanda dont il venoit et sil
avoit souppe Lequel luy respondit que non
et quil ne faisoit que arriver. Et quant
ledit clerc ouyt quil navoit point souppe
et quil ne savoit ou aller logier il le mena

au logis de sond. maistre et le fist souper avec
eulx, de quoy ledit Bonnel fut joyeulx car il ne
savoit ou se retirer tant pource quil estoit
desja tard que aussi quil ne fust congneu
daulcuns qui luy eussent peu faire quelq̃
desplaisir car comme dit est il avoit este
menasse par ledit admiral que sil le trouvoit
quil le feroit noyer

Et quant ilz eurent souppe il se print
a deviser avec lesd. serviteurs en attẽdãt
ledit maistre Jehan de reilhac qui estoit au
logis du roy lequel ne vint quil ne fust plus
de mynuit. Et quant icelluy de reilhac
fut arrive en sond. hostel et monte en sa chãbre
il demanda a lun de ses serviteurs qui estoit
en ladite chambre qui estoit celluy quil
avoit veu en bas parler a son clerc et quil
serchoit. Et alors ledit serviteur luy respondit
que cestoit ung qui avoit autresfois este serviteur
du conte dampmartin et quil serchoit son
adventure car il avoit laisse son maistre
comme il disoit. Et quant led. reilhac
ouyt quil se disoit avoir este serviteur dud.
conte dampmartin si se doubta bien quil
estoit venu en court pour aucunes affaires
car il scavoit bien que le roy lavoit en hayne
du temps quil estoit dauphin. iacoit ce q̃
il leust bien et loyaument servi sans soy
espargner commite de vie en plusrs lieux si mã
da ledit Bonnau venir secretement en ladite
chambre et si fist sortir hors dicelle tous
ceulx qui y estoient et luy demanda quil
estoit et quil avoit a faire en court si luy

respondit ledit Bonnail quil auoit serui autffois le conte de dampmartin et quil lauoit laissé depuis vng peu de temps en cza et quil estoit venu en court pour trouuer quelque bon maistre. Et lors ledit maistre Jehan de reilhac luy fist faire serment quil luy diroit verite de ce quil luy demanderoit ce quil fist. et puis luy demanda ou il auoit laissé sond' maistre. et ledit Bonnail luy respondit quil lauoit laissé a meun sur yeure bien trouble et pensif. Et adonc luy dist led' de reilhac que ce nestoit pas bien fait a vng bon seruite de laisser son maistre en son aduersite et sans autre chose luy dire. pour celle nuyt le fist mener coucher en vne belle chambre pres de sa femme.

Le lendemain au matin il enuoya encores querir ledit Bonnail et luy dist quil neust doubte de luy et quil luy dist hardiment ce qui le menoit et quil luy pouoit bien ayder en ses affaires. Et quant ledit Bonnail vit que ledit reilhac luy tenoit si bons termes si se pensa en luy mesmes quil se descouuroit du tout a luy et que en tant quil estoit secretaire du roy quil luy pourroit dire quelque bonne nouuelle. Et voyant ledit Bonnail que ledit reilhac parloit si franchement a luy se descouurit du tout a luy en luy dist telles parolles ou semblables. monseigneur puis quil vous plaist que ie vous die la cause qui me mayne par deça ie la vous diray.

Il est vray que depuis que le feu Roy charles que dieu absoulle est trespasse il a este faites

aucuns rapports a monseigneur mon maistre
que le Roy lauoit tresfort en hayne et que sil
le pouoit tenir quil le feroit mengier aux chiens
Et quant led. de reilhac leust ainsi ouy
parler et aussi quil scauoit bien quil en estoit
car comme dit est il estoit secretaire du Roy
si luy demanda ledit de reilhac sil auoit ap/
porte nulles lettres de par ledit conte a aucuns
pour pourchasser sa paix enuers ledit seigneur.
Lequel luy respondit que ouy et quil en
auoit apportees unes a ladmiral de montauban
pour le ioindre et venir au seruice du roy. et
unes autres a boniface. Lesquelz le conte
de dampmartin tenoit po[ur] ses amys et quil
pensoit que ilz luy eussent aide et secouru en
ses affaires. ainsi que plusieurs fois il auoit
fait pour eulx et luy dist aussi quil les leurs
auoit baillees mais quilz lauoient voulu
faire noyer neust este aucuns qui luy auoient
fait le passaige et quilz les appaiserent
Et lors ledit reilhac appella ung clerc qui auoit
nom robert et quant ledit clerc fut venu ilz
luy dist ces motz ou semblables baille moy ce sac
ou sont ses mandemens de ses ennemys qui
demandent les confiscations du conte de dampm[art]in
Et quant ledit clerc eut apporte lesdicts
mandemens ledit reilhac les monstra aud. Rommul
en luy disant que cestoient les mandemens po[ur]
auoir la confiscation de sond. maistre que sallezart
et anthoine du lau pourchassoient mais que le
roy ne les auoit pas voullu signer
Apres ces choses ainsi dictes que dit est
led. Rommul dist audit de reilhac quil auoit

encores deux paires de lres a bailler lune au duc
phelippe de bourgongne prince tresbon et de haulte
renommee auquel le roy estoit tres tenu du secō
qui luy auoit fait en sa necessite . auquel domin
led maistre Jehan de Reilhac respondit quil ne
pourroit bailler lesdites lres pource que ledit
duc estoit vng peu mal dispose . et unes autres
en auoit pour bailler a Joachim rouault
et lors ledit de Reilhac luy dist quil les luy mon
strast ce quil fist ¶ Et que au regart de celles
de Joachim rouault seigneur de gamaches il ne
luy pourroit bailler car il sen estoit alle prād
la possession de ce que le roy luy auoit donne
en lan en launoys et quil sen retournast har
diment deuers le conte son maistre . et pria
audit domin de luy dire quil se recommandoit
bien fort a luy et quil ne se souciast que de
garder sa psonne car auant quil fust peu
de temps que on le rappelleroit bien voluntiers
et aussi que tous les plaisirs quil luy porroit
faire quil le feroit voulentiers . car il se sentoit
estre plus tenu a luy que a homme du mōde .
et deffendit bien audit domin quil se gardast
bien de se renōmer estre audit conte en qlque ma
niere q ce fust ⁊ luy bailla unes lres ¶ Et atant
print congie ledit domin dud de Reilhac
en le merciant treshumblement des bonnes
nouuelles quil luy auoit dictes

1461.

sil avoit apporté nulles Lettres de par ledit conte à aucuns pour pourchasser sa paix envers ledit seigneur; lequel luy respondit que ouy, et quil en avoit apportées unes à ladmiral de Montauban pour le joindre & une au service du Roy et unes autres à Boniface, lesquelz le conte de Dampmartin tenoit pour ses amys, et quil pensoit que ilz luy eussent aide et secouru en ses affaires, ainsi que plusieurs foys il avoit fait pour eulx, et luy dist aussi quil les leurs avoit baillées, mais quilz lavoient voulu faire noyer. neust esté aucuns qui luy avoient fait le passaige, et quilz les appaiserent. Et lors ledit REILHAC appella ung clerc qui avoit nom Robert, et quant ledit clerc fut venu, ilz luy dist ces motz ou semblables : *Baille moy ce sac ou sont ses mandemens de ses envieulx qui demandent les confiscations du conte de Dampmartin*, et quand ledit clerc eut apporté lesdits mandemens, ledit REILHAC les monstra audit Voyaul en luy disant que cestoient les mandemens pour avoir la confiscation de sond. maistre, que Sallezart et Anthoine du Lau (1) pourchassoient, mais que le Roy ne les avoit pas voullu signer.

Requêtes de Sallazar et d'Antoine du Lau.

Lettres pour le duc de Bourgogne.

Apres ces choses ainsi dites que dit est led. Voyaul dist audit de Reilhac quil avoit encores deux paires de lettres à bailler, lune au duc Pheilippe de Bourgongne, prince très bon & de haulte renommée, auquel le Roy estoit tres tenu du secours qu'il luy avoit fait en sa nécessité, auquel Voyaul led maistre JEHAN DE REILHAC respondit qu'il ne pourroit bailler lesdites lettres pource que ledit Duc estoit ung peu mal dispofé, & unes autres en avoit pour bailler à Joachim Rouault & lors ledit de Reilhac luy dist que les luy monstrast, ce quil fist. Et que au regart de celles de Joachin Rouault, seigneur de Gamoiches (2), il ne les luy pourroit bailler, car il sen estoit alle prandre la possession de ce que le Roy luy avoit donné en Lan en Lansnoys, et quil sen retournast hardiment devers le Conte son maistre, et pria audit Voyaul de luy dire quil se recommandoit bien fort a luy, & quil ne se souciast que de garder sa personne, car avant quil fust peu de temps que on le rappelleroit bien voluntiers, & aussi *que tous les plaisirs quil luy pourroit faire quil le feroit voulentiers, car il se sentoit estre plus tenu a luy que a homme du monde*, et deffendit bien audit Voyaul quil se gardast bien de se renommer estre au

Joachim Rouhaut.

1. *Antoine de Châteauneuf*, seigneur et baron *du Lau* en Armagnac, grand chambellan et bouteiller de France, senechal de Guyenne, très aime de Louis XI, puis disgracié en 1468, mort apres 1483 Il avait epouse Jeanne de Fleurigny.

2. *Joachim Rouault* ou *Rouhaut*, seigneur de Boismenart, de Gamaches, de Châtillon et de Fronsac, maréchal de France, gouverneur de Paris, etc., etait fils de *Jean Rouault* et de *Jeanne du Bellay*, il avait commence sa carriere en 1441. a la prise de Creil et de Saint-Denis sur les Anglais Il mourut le 7 août 1478, et fut inhumé dans l'eglise des cordeliers de Thouars. Sa femme, Françoise de Volvire, étant veuve, se remaria a Navarot d Anglade, seigneur de Colombiere et de Savonnieres, favori de Louis XI.

1461. dit conte, en quelque manière que ce fuſt, & lui bailla unes lettres. Et a tant print congié ledit Voyaul dud. DE REILHAC en le merciant très humblement des bonnes nouvelles quil luy avoit dictes, & sen alla ledit Voyaul en Lan en Lansnoys, & ainſi que ledit Voyaul sen alloit parmy ladicte ville de Lan, ledit Jouachin Rouault, qui eſtoit en une feneſtre de sa chambre, le congnut avec lequel eſtoit le baſtard Darmignac et Sallezart, & incontinant ledit Joachim envoya ung sien serviteur par devers ledit Voyaul luy demander quil serchoit & quand led. serviteur fut devers led. Voyau, si luy demanda quil cherchoit, & il luy reſpondit quil avoit ung peu a parler audit Jouachim Rouault, maiſtre dudit serviteur. Et quant Joachim Rouault sçeut quil vouloit parler ce luy fut, si renvoya son serviteur par devers ledit Voyaul, luy dire quil ne vinst point vers luy, juſques a ce qu'il le mandaſt, & quil se gardaſt bien de se renommer eſtre au conte de Dampmartin; & quand ledit Rouault eust laiſſé lesd. baſtard Darminag & Sallezart, & quil se feuſt retiré en sa chambre, il envoya querir led. Voyau secretement par ung de ses serviteurs et quand ledit Vauyaul fut vers luy, il luy demanda quil serchoit, car il sçavoit bien que le Roy avoit ledit conte de Dampmartin en hayne, dont il eſtoit fort marry, car il congnoiſſoit ledit conte long temps eſtre bon et hardi chevalier, que de long temps il avoit une ancienne amytié entre eulx pour les plaiſirs que ilz seſtoient faite lun à lautre, & ledit Voyaul voyant quil avoit opportunité de lui bailler lesdictes lettres, les luy preſenta, et quant il les eut eues se print à plorer diſant telles parolles : Très doulx amy, si se neſtoit de paour que vous fuſſies charche en chemin, & detenu priſonnier, je reſcriroys voluntiers à Monseigneur de Dampmartin, voſtre maiſtre; lors luy monſtra led. Voyaul les lettres de maiſtre JEHAN DE REILHAC, et quand ledit Rouault les eut eues luy bailla autres lettres pour porter audit conte & entre autres choſes luy dit de bouche que le plus fort de son affaire eſtoit de mettre sa personne en seureté, et que le Roy sen alloit à Rains pour se faire sacrer; & quil ne faiſoit nulle doubte que on le rappelleroit voluntiers, et quant il eust fermé sesdites lettres, ilz les bailla audit Voyaul en luy priant quil le recommandaſt bien fort audit conte, & que là où il luy pourroit faire plaiſir, il le feroit voluntiers, & lors print congié de luy ledit Voyaul & monta à cheval pour sen aller à Sainct-Fergeaul vers ledit conte son maiſtre, qui y eſtoit, qui eſtoit troublé en son cueur, car de plus en plus avoit rappors que le Roy de tous poincts eſtoit delibere de le faire mourir, & serchoit de tous poinctz sa deſtruction par le rapport ung nommé Georges Damancy son serviteur, qui leur dist quil lavoit ouy dire pour vray, et ainſi que ledit conte se vouloit mettre à table

Entrevue avec le maréchal.

Lettres de Reilhac.

pour disner, ledit Voyaul va arriver, et luy fit la reverance ainſi quil appartenoit, et quant ledit Conte le vit se mua couleur, et sans aultre choſe dire luy demanda quelles nouvelles il apportoit, lequel luy reſpondit qu'il les apportoit bonnes selon le temps; & lors se leva ledit Conte de sa table, qui vouloit commencer à disner, & le print par la main et le mena parmy la Court dudit Chaſtel dudit Sainct-Fergeaul en luy demandant quelles nouvelles il avoit apportées, & il lui conta comment il avoit trouvé ladmiral & Boniface, auſquelz il avoit baillé les lettres quil luy eſcripvoit; mais ilz luy avoient fait tres mauvais recueil, & neuſt esté par le moyen aucuns seigneurs quil avoit autrefoys congneus, ilz le vouloient faire noyer; de quoy ledit Conte fut fort dolent et marry, en diſant que ceſtoit mal congneu à eulx les plaiſirs quil leur avoit faits. Et après que ledit Voyaul luy eut compté bien au long les parolles que REILHAC luy avoit dittes, il en fut moult resjouy et leva les mains vers le ciel en rendant graces à Dieu des nouvelles quil avoit eues (1).

1461.

Joie du comte de Dammartin.

(Bib. nat., F. Clairambault, n° 481, fol. 9 à 14.)

Toutefois l'Hermite du Soliers, dans son *Cabinet du roi Louis XI* (2), ajoute qu'ensuite Reilhac abandonna Chabannes comme les autres, et que seul le maréchal Joachim Rouhaut resta son ami dans l'adversité.

Quoi qu'il en soit, les biens du comte de Dammartin furent confisqués, Charles de Melun en obtint une partie, et lui-même fut banni du royaume. Ce n'est que plus tard, en 1465, après le traité de Conflans et celui de Caen, qu'il reviendra en faveur, grâce aux intercessions du duc de Bretagne. En 1466, comme dédommagement des pertes qu'il a subies, le roi lui accordera une grosse pension par lettres patentes, sur lesquelles on verra la signature de Reilhac.

Après avoir été sacré à Reims, Louis XI fait son entrée à Paris le 31 août. Là, il reçoit la supplique des officiers et serviteurs

1. Imprimé dans les *Preuves des Mémoires de Philippe de Commes*, t. II, p. 314 et suiv.).

2. « *Le Cabinet du roi Louis XI*, contenant fragments, lettres, missives et secrètes intrigues de ce monarque et autres pieces très curieuses ». — Imprimé dans les *Preuves des Mémoires de Philippe de Commes*. — Paris, 1747. (V. t. II, p. 222.)

1461. ordinaires de l'Hôtel de Charles VII et leur fait adresser un ordre de maintien (1).

Par des lettres datées du 8 septembre suivant, contresignées par le sire de Lau et Jean de Bar, maître des comptes (2), les conseillers au Parlement sont également confirmés dans leurs charges. Parmi eux figurent Jacques de Reilhac, frère de Jean, reçu le 18 janvier 1458 en succession d'Albert de Saint-Simon (3), Yves de Scépeaux, Guillaume de Montboissier, Jean le Boulanger, Barthélemy Claustre, Guillaume de Corbie, Mathieu de Nanterre et Robert Thiboust, qui fut premier président du Parlement en 1487.

1. A Paris. — Du 23 septembre 1461.

Ordre de maintien pour les serviteurs de l'hotel du roi.

« Loys, etc., receu l'humble supplicacion des serviteurs et officiers ordinaires et familiers de feu nostre tres cher seigneur et pere, que Dieu absoille, contenant que par nostredit feu seigneur et pere leur furent et ont esté octroyées certaines lectres de privileiges, en lacs de soye et cire verte, desquelles la teneur s'ensuit : « Charles, par la grace de Dieu, » etc...

« En nous humblement requerant que lesdits previlleges il nous plaise de nostre grace avoir agreables, et iceulx leur confermer. Pourquoy, nous, considerans les bons services faiz par lesdits supplians a notredit feu seigneur et pere, iceulx previlleges avons confermez, louez et approuvez, confermons louons et approuvons de grace especial et auctorité royal par ces presentes pour en joyr franchement, et quictement et iceulx avons euz et avons pour agreables. Si donnons en mandement par cesdites présentes, à nos amez et feaulx les gens de notre parlement et de nos comptes, les generaulx conseillers par nous ordonnez sur le fait et gouvernement de noz finances, les maistres des requestes de nostre hostel ; à nostre Prevost de Paris, aux esleuz sur le faiz des aides ordonnez pour la guerre et à tous noz autres justiciers et officiers et a leurs lieuxtenans presens et avenir, et à chacun d'eulx se comme à luy appartendra que de noz presens grace et confirmacion facent seuffrent et laissent lesdits exposants et chacun d'eulx ensemble et en particulier et leurs successeurs ou temps avenir, joyr et user plainement et paisiblement par la manière que dit est, sans les souffrir, travailler, molester, ne empescher ores ne pour le temps avenir en aucune maniere, au contraire : mais tout empeschement qui fait et donné leur seroit ou a chacun d'eulx, leur mectent et facent mectre sans délay, à plaine delivrance, en contraignant à ce tous ceulx qu'il appartendra réaument et de fait. Et afin que ce soit ferme chose et estable a tousjours, nous avons fait mectre nostre seel a ces presentes. Donné à Paris, le vingt-troisième jour de Septembre, l'an de grace mil CCCC soixante ung, et de nostre regne le premier. Par le Roy en son conseil.

« J. DE REILHAC. »

(Ordonn. Roy., t. XV, p. 29.)

2. Ordonn. Roy., t. XV, p. 13. — *Jean de Bar*, Sgr de Baugy et La Guerche en Berry, maître des Comptes, est précisément celui qui, en 1466, résigna ses fonctions en faveur de Jean de Reilhac. (V. p. 194.)

3. Arch. nat. X[1c] 1484, fol. 39. — *Jacques de Reilhac* était Sgr de Villeneuve sous Dammartin, et avait épousé *Jeanne de Fleury*. (V. p. 13.)

C'est alors que Louis XI retire à Jean d'Estampes la trésorerie de Nîmes et de Beaucaire pour la donner à Reilhac. 1461.

Cette recette, qui comprenait les sénéchausées de Nîmes et de Beaucaire jusqu'à Villeneuve-lez-Avignon, était très productive à cause de la foire de Beaucaire, fréquentée à cette époque par le monde entier. Comme celle du Languedoc, elle avait enrichi ceux qui en avaient été les fermiers. Jean d'Estampes en était déjà titulaire en 1436, et après sa révocation il resta néanmoins comme simple fondé de pouvoir et commis de Reilhac, au nom duquel il continuera désormais ses payements à partir de l'année 1462 (1).

Jean de Reilhac n'y résida jamais lui-même, ce qui lui causa ensuite de grandes pertes. En effet, en 1469, après la mort de Jean d'Estampes, il fut obligé de faire saisir les biens de ce dernier et de plusieurs autres commis pour couvrir d'importants déficit. D'où il résulta finalement des embarras au moment de rendre ses comptes définitifs. Le premier acte de cette gestion paraît concerner la viguerie de Nîmes (2).

Ici commence à se révéler publiquement la politique pleine de finesses qui est restée comme l'expression même du règne de Louis XI.

A peine monté sur le trône, on le trouve déjà attentif à surveiller les divisions de ses voisins. Il cherche par tous les moyens possibles à en tirer son bénéfice personnel. En ce moment même une occasion de s'emparer de la Navarre, ou tout au moins d'en préparer l'annexion, s'offre à lui, au milieu des discordes qui agitent la Péninsule.

1. V. p. 134.

2. A Paris. — Du 17 septembre 1461.

Viguerie de Nîmes.

(Orig. sur parchemin.)

« Loys, etc., pour le bon rapport qui fait nous a esté de la personne de Loys Faure et de ses sens

1461. La triste fin de Don Carlos de Viane (1), qui, soutenu par le roi de Castille allié de la France, revendiquait, les armes à la main, ce trône de Navarre dont il était l'héritier du chef de sa mère, fin attribuée généralement au poison d'une marâtre, Jeanne Henriquez, avait allumé la révolte chez les Catalans. Louis XI se décide à les soutenir dans cette lutte contre le roi d'Aragon, et son premier acte de politique en Espagne est de leur envoyer Jean de Reilhac et son favori Capdorat, soi-disant comme gage de l'amitié qu'il leur porte, mais en réalité pour faire valoir ses prétentions devant les Etats de Catalogne (2).

père que Dieu absoille et nostre nouvel advenement a la couronne l'office de soubz viguier de nostre ville de Nysmes lequel a leure dudit trespas il tenoit et exercoit et en estoit paisible possesseur seroit et pourroit estre vacant. Avons confermé et confermons led. office de soubz viguier et se mestier est le lui avons donné et donnons de nouvel de grace especial par ces presentes pour lavoir tenir et dorenavant exercer par led. Loys Faure comme il a fait par ci devant aux gaiges drois proffis et emolumens acoustumez et qui y appartiennent tant qu'il nous plaira. Si donnons en mandement par ces mesmes presentes au seneschal de Beaucaire et de Nysmes ou a son lieutenant que dud. Loys Faure prins et receu de nouvel se mestier est le serement en tel cas acoustume, icellui mette et institue ou face mettre et instituer de par nous en possession et saisine dudit office. Et dicellui ensemble des gaiges drois proffis et emolumens dessusd. le face seuffre et laisse joir et user plainement et paisiblement et a lui obeir et entendre de tous ceulx et ains quil appartendra es choses touchans et regardans ledit office, mandons en oultre a nos amez et et feaulx les trésoriers de France que par nostre tresorier et receveur ordinaire de Beaucaire et de Nysmes ilz facent lesd. gaiges qu'on dit estre de quatre deniers tournois par jour bailler aud. Loys Fabre doresenavant par chascun an aux termes et en la manière acoustumez et par raportant ces presentes ou vidimus dicelles fait soubz seel royal pour une fois et quictance sur ce souffisant tant seulement. Nous voulons lesd. gaiges ou ce que paié en aura este estre allouez es comptes et rabatuz de la recepte dudit tresorier et receveur ordinaire par nos amez et feaulx gens de nos comptes. Ausquelz nous mandons ainsi le faire sans difficulte. En tesmoing de ce nous avons fait mettre nostre scel a ces presentes. Donné à Paris le XVIIe jour de septembre, l'an de grace mil CCCC soixante et ung, et de nostre regne le premier. Ainsi signé.

« Par le Roy a vostre relacion,

« J. DE REILHAC. »

(B. Fr. 25,713, pièce 8)

1. *Charles IV, roi de Navarre, prince de Viane, comte de Barcelone,* né le 19 mai 1421, mort le 23 septembre 1461. Il était fils de Jean II, roi de Navarre et d'Aragon, et de Blanche, fille et héritière de Charles III, roi de Navarre. Il avait épousé lui-même, en 1439, Ines, fille du duc de Clèves. Son père Jean II s'était remarié, en 1444, à Jeanne Henriquez. et c'est cette dernière qui, dit-on, fut cause de sa mort. Ce prince est reste une des figures les plus sympathiques de l'époque.

2. *Aymar de Poisieu,* dit *Capdorat* ou *Cadorat,* ainsi nommé a cause de la couleur de ses cheveux (tête dorée, *caput auratum*), fut l'un des favoris les plus intimes de Louis XI. Plus d'une fois il eut

Partis de Tours à la mi-octobre 1461, les ambassadeurs arrivent le jour des morts à Barcelone. Le lendemain 3 novembre, les 1461. États et le Conseil de Catalogne se réunissent pour les recevoir :

A Barcelone. — Du 3 novembre 1461.

Extrait du procès-verbal des États de Catalogne.

3 de noviembre.

Reunieronse, en este dia, los señores Deputados y consejo, para recibir á los señores *Aymar de Puysen*, llamado CAPDAURAT, y maestro JUAN DE REHILLACH(*sic*), secretario del Rey de Francia, quienes, de parte este, entregaron la carta que sigue a continuacion.

(Levantamiento y guerra de Cataluna al tiempo de D. Juan II. — Colleccion de Documentos ineditos del archivo general de la corona de Aragon, vol. XVIII, p. 206.)

Voici maintenant le texte de cette lettre diplomatique, quelque peu défiguré malheureusement par les copistes espagnols de l'époque. Louis XI y paye tout d'abord un tribut de justes regrets à son parent et ami D. Carlos, prince admirablement doué, dont l'existence a été si vertueuse, sur la tombe duquel s'opèrent, paraît-il, maintenant, tant de nombreux miracles! Il prie en outre les États d'ajouter la plus grande confiance à tout ce que les ambassadeurs vont leur dire de sa part, mais sans y indiquer toutefois le motif réel de leur mission :

A Tours. — Du 13 octobre 1461.

Aux députés de Catalogne.

Lettre de crédit pour Jean de Reilhac et Capdorat.

A noz chiers e speciauls amys les dipputez e conseil di Cathaloygne.

Loys, etc. Tres chiers e speciauls amys. Nous avons puis nagueres esté adver-

l'honneur, grand à cette époque, de partager le lit du roi. Il était fils de Pierre, seigneur de Meyrieu. On le voit écuyer et maître d hôtel du Dauphin en 1444, titres qu'il prend dans son ambassade a Rome. Puis il fut envoyé, le 9 décembre 1450, en Savoie, avec Yves de Scépeaux, pour traiter le mariage de ce prince avec Charlotte de Savoie. A l'avenement de Louis XI, il était chevalier, bailli de Mantes, capitaine de Montereau et un des capitaines généraux des francs archers du royaume.

1461.

Tristesse causée par la mort du prince D. Carlos.

tiz du deces de noftre tres chier e tres aut cosin le prince primogenit Darragon duquel deces avons efte e sommes tres correzes e desplasants, tant pour le lignatge dont il nous attenoit comunt par la bonne grande e ferme amour quę eftoit entre nous & luy. Ainfy que pourez affez savoir. Semblantement avons efté advertiz des grans e louables miracles que notre dit coufin par la grace de Dieu a faiz envers plufieurs perfones depuys son deces e tellement que dacia par plufents lieux en pore eftre memoire dont nous e tous ses autres parents sommes bien tenuts & obligez en louer & grandament mercier notre Createur, & que a nous fait e ferons de notre part au mieulx de notre pouvoir aufiro plus pour aucunes matières dependents de notre dit fiu cofin e de vous e por autres envoyons prefentament par devors vos noz amez e feaulx *Aymar Depuyzieu*, dit CAPDORAT, chevalier, notre confeillier meftre doftall e noftre bayly de Vayennoys e meftre JOHAN DE REILLACH, notre notaire & secretayre aus que avons cargié illes vous dire e expofer, si vous prions que a iceulx vuelliez adiofcer foy ecreença en tout acquilz vous diroyt de part nous. Donné a Tours le XIIIe jour doctobre. LOYS (1).

Communications à faire aux États de Catalogne.

(Id., même source)

Pour l'intelligence de ceux des Députés qui ne comprenaient pas le français, cette lettre fut aussitôt traduite en catalan (2).

Après quoi, les deux ambassadeurs prirent successivement la parole et manifestèrent, de la part du roi de France, le vif senti-

1. L'auteur espagnol fait suivre cette transcription de l'avis suivant :

« Se reproduce esta carta, tal como se halla en el registro, prescindiendo las transformaciones que en su copia pudo hacer el escribiente, las que podra colejir el lector, sin embargo de la differencia que hay entre el lenguage frances actual y el del siglo XV, y de la que se nota entre el original y la traduccion que la sigue. »

2. « Para inteligençia de los que no conocian el idioma francès, se mando hacer la siguiente traduccion en catalan :

« Loys, per la gracia de Deu, Rey de Franca. Nostres molt cars e molt amats amichs specials. Nos « no hs gayres som stats avisats de la mort de aqueix nostre molt amat cosi lo Princep primogenit « Darago de la qual mort havem stat e som molt corrussats e desplasents tant per lo linatge don « nos atanyia com per la bona gracia e fervent amor qui ere entre nos e ell axi com porets assatz « saber. Semblant a nosaltres es stat dit e avisato dels grans e loables miracles que nostre dit cosi « per la gracia de Deu ha fets envers moltes persones despuys de sa mort e talment que daci a molts « lochs ne pot esser memoria don nosaltres e tots « sos altres parents som be tenguts e obligats en « loor e grantment regraciar a nostre Creador lo que « nos farem de nostra part lo mills que porem. Encara « mes per algunes materies dependents de nostre dit cosi e de vos e per autres enviam prestament a « vosaltres los nostres amats e feells *Aymar « de Puyzen* dit CAPDAURAT, cavaller « nostre conseller « mestre dostall e nostre bayle de Vianoys e mestre JEAN DE REHILLACH, nostre notari e secretari als « quals havem dat carrech queus digane e exposen. E per çous pregam que a ells vullau dar fere creença « en tot e quant vos diran de nostra part, Scrita en Tours en lo XIII jorn de octobre. LOYS. » (Id., même source.)

ment de douleur causé par la mort du Prince héritier, félicitant la principauté de Catalogne de tout ce qu'elle avait fait pour tâcher de délivrer D. Carlos. Ils offrirent, de la part de Louis XI, tous les secours dont le pays pouvait avoir besoin, ajoutant qu'on pouvait d'autant mieux compter sur cet appui, que désormais le roi de France se croyait en droit de réclamer pour lui-même la possession de la Navarre : 1461.

Leida la carta que antecede, manifestaron verbalmente *los Embajadores*, de parte de su Rey, el sentimiento que este habia tenido al saber la muerte del señor Primogenito; al propio tiempo felicitaron à los senóres Diputados por lo que habia hecho el Principado cuando se trató de libertar al Principe, y por ultimo, les ofrecieron cualquier clase de ayuda que el pais necesitase, asegurando a tal objeto, que Francia contaba en aquella ocasion con grandes fuerzas, puesto que su Rey pretendia entonces tener derecho *al reino de Navarra*.

(Id., même source.)

Quatre jours après, la réponse suivante, rédigée en catalan, leur fut remise. On y parle également de la mort édifiante de D. Carlos; des miracles qui, dit-on, s'accomplissent journellement par son intercession : estropiés guéris, aveugles ayant recouvré la vue, sourds-muets trouvant l'usage de l'ouïe et de la parole, etc.; enfin des intérêts du roi de France relativement à la Navarre et des offres de services que les Catalans lui font avec plaisir ;

A Barcelone. — Du 7 novembre 1461.
Réponse des États de Catalogne.

Al Rey de França,

Molt excellent e christianissimo Senyor. De Vostra Altesa havem rebuda una letra feta en Tours a XIII del mes prop passat per la qual e per la crehensa en virtut de aquella explicada per lo magnifich mossen *Aymar de Puyzen*, dit CAPDAURAT, cavaller conseller e mestre dostal, e mestre JOAN REILHAC, notari e secretari de Vostra Celsitud, ambaixador per aquella a nosaltres trames som avisats entre les altres coses del gran enug que vostra Serenitat ho hagut de la mort del illustrissimo senyor don Carlos, de gloriosa memoria, fill primogenit

1461.

del serenissimo senyor lo senyor Rey et de la comendacio que vostra Excellencia fa dels actes e serveys fets per los cathalans en liberacio de la persona sua stant detenguda e apres e de les ofertes a nosaltres e aquest Principat fetes de part de vostra Dignitat reyal e del interes que vostra Senyoria preten haver en lo regne de Navarra e finalment de la gran puxança e bon stament en que vostra Altesa se trobe. A les quals coses Excellentissimo Senyor responento creem fermament la mort del dit Illustrissimo Senyor don Carles esser stada en molt enug a vostra real persona per quant les virtuts sues e la consanguinitat e amor que entre vostra Serenitat e ell eren aquella hi accompangyn. La vida del qual es stada virtuosissima e singularissima e ha pres la malaltia de la qual naturalment es mort ab grandissima paciencia e apres la recepcio dels sagramento ecclesiastichs molt devotament e religiosissima com a catholich christia ha retuda la anima al universal Creador lo qual per sa infinida omnipotencia decontinent per merits de aquell obra e obre continuament innumerables e evidentissimos miracles com es contrets manchos geperuts e debils fer adrets illuminar sechs sorts e muts a natura fer oyr e parlar paralitichs sanar e de cranchs polipus trenchadures e infladures de coll de cames de ventre e de porcellanes e altres diverses malalties perfetament guarir los quals miracles per la virtut divina ab molt major eficacia son imprimits e obrats en aquells qui confessats e combregats devotament lo reclamen. Les ofertes senyor christianissimo summament regraciam a vostra Excellencia e per lo semblant nosaltres e aquest Principat, nos dispondriem a aquella fer tots serveys possibles. Salva empero tots temps la fidelitat honor e reverencia degudes a nostre Rey e Senyor del qual aire que humanitats virtuts gracies e benignitats en los cathalans e en tots los vassalls dels altres regnes e terres de sa reyal corona no proceepen ne prucehir se speren segons sempre ha loablament acustumat. Al fet del pretes interes del realme de Navarra Senyor molt Excellent no cove a nosaltres la resposta e per ço remetem aquella a la majestat del dit Serenissimo Senyor Rey. E sia la sancta Trinitat proteccio e guarda de vostra Excellencia la qual nostro Senyor Deu mantingue. Scrita en Barchinona a VII de noembre del any mil CCCCLXI.

Prétentions du roi de France sur la Navarre.

Eloge de D. Carlos. — Ses vertus; sa mort édifiante.

Miracles accomplis par son intercession.

Les Catalans sont à la disposition du roi de France.

De la Excellencia vostra devost servidors.

Los DIPUTAT DEL GENERAL CONSELL LUR REPRESENTANTS LO PRINCIPAT DE CATHALUNYA.

Al molt excellent e christianissimo Senyor lo Rey de França.

(Id., même source).

1461.

Jean de Reilhac était de retour auprès du roi, à Paris, dans le courant de décembre 1461, ainsi que le témoignent les actes signés par lui (1).

Mais le sentiment de son intérêt, seul guide de Louis XI dans cette affaire, devait lui faire bientôt abandonner le projet de soutenir les Catalans. Bien au contraire, l'année suivante on le voit conclure une alliance avec leur adversaire, Jean II d'Aragon, et les troupes françaises envahissent l'Espagne. Préoccupé uniquement des moyens de s'agrandir en s'emparant de la Navarre, puis du Roussillon et de la Cerdagne, le roi variait ses alliés selon les circonstances.

On trouve encore cette année, depuis l'avènement de Louis XI, avec la signature de Reilhac, une exemption de droit de gîte pour l'*Abbaye de Bec-Helluyn*, près Senlis. — *Tours, décembre* 1461 (*Signé :*) J. DE REILHAC (2), et diverses lettres de rémission, la plupart accordées à titre de joyeux avènement, notamment celles pour :

Létard Meurisse, habitant du Tournaisis. Affaire de meurtre par vengeance. — *Abbaye de Saint-Thierry, août 1461* (*Signé :*) DE REILHAC (3) ;

Jean Hellebont. Vol pour acquitter le payement des impôts. — *Id.* (*Signé :*) J. DE REILHAC (4). Présents : les sires du Lau et de Crussol ;

Baudichon Pourchelet. Nombreux crimes, commis en Italie principalement. — *Reims, août id.* (*Signé :*) J. DE REILHAC (5) ;

Olivier Trigault. Contumace non purgée. — *Villemonble-lez-Paris, août* 1461 (*Signé :*) DE REILHAC (6) ;

1. Les pièces relatives à cette ambassade nous ont été communiquées par l'obligeance de M *Vaesen*, archiviste paléographe, auteur de la publication des *Lettres de Louis XI.*

2. Arch. nat., reg. J. J. 198, fol. 75. — V. Tom. Sec. Pièc. justific., no XXII.

3. — — fol. 137. — — no CL.

4. — — fol. 142. — — no CLI.

5. — — fol. 139. — — no CLIII.

1461. *Yvonnet Troiselou*, orfèvre de Nevers. Complicité avec des fabricants de fausse monnaie. — *Saint-Denis-en-France, août* 1461 (*Signé* :) J. DE REILHAC (1).

Aléaume de Caux, de Normandie. Guet-apens et meurtre. — *Id.* (*Signé* :) DE REILHAC (2). Présents : les sires du Lau et de Crussol ;

André Paillerot, changeur juré à la Rochelle. Contrefaçon de l'étalon monétaire, et fabrication de monnaies d'or à un titre illégal. — *Paris, septembre id.* (*Signé* :) J. DE REILHAC (3),

Étienne Quenement, de Mons. Discussion suivie de meurtre, pour conserver une place dans une église. *Id.*—(*Signé* :) DE REILHAC (4);

Robert Cuvert, boucher à Sucy-en-Brie. Lutte pour défendre des récoltes. — *Id. janvier* 146¹/₂. (*Signé* :) DE REILHAC (5) ;

Bernard de Gallard, dit *Bernicot*, de Laon. Attaque d'une habitation. — *Saint-Nacaire, avril. id.* (*Signé* :) J. DE REILHAC (6). Présents : Georges Havart et le sire du Lau.

La plus importante est celle remise à *Jehan du Bos, bailli de Cassel* en Flandre, donnée « par consideracion pour nostre bel oncle de Bourgogne ». On sait que ce bailli, exerçant la justice locale au nom de Philippe le Bon, était accusé d'avoir par ses manœuvres empêché un prévenu nommé Guillaume Dubuisson, vassal du sire de Thil, châtelain de Cassel, de faire appel à la justice du roi de France, et par conséquent porté atteinte aux prérogatives de Charles VII, comme suzerain et haut justicier. On se rappelle le singulier accueil fait par le duc au conseiller du Bouchet chargé par le Parlement de Paris de lui faire des représentations à cet égard, et les amers reproches que ses ambassadeurs

1. Arch. nat., reg. J. J. 198, fol 137. — Tom. Sec. Piec. justific., n° CLV.
2. — — fol. 209. — — n° CLII.
3. — — fol. 164. — — n° CLVI.
4. — — fol. 469. — — n° CLVII.
5. — — fol. 129. — — n° CLVIII.
6. — — fol. 140. — — n° CLIX.

ont reçus, pour ce fait, trois ans plus tôt à Montbazon (1). Aussi le premier acte de Louis XI est-il de faire oublier ce différend, qui a si violemment froissé la susceptibilité des deux cours rivales de France et de Bourgogne. — *Avesnes-en-Hainaut, août* 1461 (*Signé :*) J. DE REILHAC (2). 1461.

Les gages du canonnier du roi redescendent pour l'année 1461 à 84 livres sur les années précédentes (3). C'est du reste le dernier payement de ce genre qu'on rencontre (4).

1. V p. 56.
2. Arch. nat., reg. J. J. 198, fol. 207. — V. Tom. Sec. . Piec. justific., n° CXLIX.
3. V. p. 37 et 71.
4. Du 6 janvier 1461.

Payement d'une annee de gages au canonnier du roi

(Orig. sur parchemin.)

« En la presence de moy Jehan de Reilhac, secretaire du Roy, nostre Sr, Jehan Gourdin cannonier ordinaire dud. Sr, a confesse avoir eu et receu de Jaspar Bureau, maistre de lartillerie dicellui Sr la somme de quatre vings quatre livres tournois, *pour ses gaiges d'un an entier commencant le premier jour de janvier M IIIIc LX et finissant le dernier jour de Decembre includz et derrenier passe* qui est VII ltz par mois. De laquelle somme de IIIIxx IIII ltz led. Gourdin s'est tenu pour content et bien paye et en a quittie et quitte le dit maistre de lartillerie et generalement de tout le temps passe jusques au premier jour de ce present mois. Tesmoing mon seing manuel cy mis a sa requeste, le huitieme jour de janvier, l'an mil CCCC soixante un.

« DE REILHAC. »

(Bib. nat., piec. orig. Reilh. 2,456, p. 10.)

VII

ANNÉE 1462

(Elle commence le 18 avril.)

SOMMAIRE

Premier voyage à Bordeaux (avril 1462). — Echange avec Jean de Pont. — Misère de la ville de Bayonne. — Séjour à Montferrand. — Retour à Amboise (fin juin). — Création d'une baronnie pour Charles de Melun. — Difficulté avec le duc de Bretagne. — Compromis entre ce prince et l'évêque de Nantes. — Procès-verbal de cette convention. — Lettre du président de Beauvau. — Ruses du duc de Bourgogne pour empêcher le rachat des villes de la Somme. — Création du Parlement de Bordeaux (janvier 1462-1463). — Delimitation de la juridiction de ce Parlement. — Les cinq ordonnances. — Principaux actes expédiés durant l'année. — Réparations au château de Beaucaire. — La chapelle Saint-Louis.

DÉSIREUX de se rapprocher des Pyrénées où s'agite toujours cette lutte dynastique pour la succession au trône de Navarre qui vient de motiver six mois plus tôt l'ambassade de Reilhac et de Capdorat auprès des États de Catalogne, Louis XI se rend d'abord à Saint-Jean-d'Angely, où il conclut le mariage de sa sœur avec Gaston de Foix; puis de là, à Bordeaux. Dans cette dernière ville, Jean de Reilhac, qui l'accom- 1462.

pagne, signe, le 17 mai 1462, un échange avec Jean de Pont, par
1462. lequel le roi abandonne à ce dernier un hôtel à Bordeaux contre la seigneurie de la Sauzaye, près la Rochelle (1).

De là, séjour à Montferrand près Bordeaux. Les affaires de la ville de Bayonne y préoccupent le Conseil du roi. Cette ville, dans une misère affreuse depuis l'occupation anglaise, est gratifiée de deux foires annuelles et affranchie de tous impôts (2).

1. Arch. hist. de la Saintonge, vol. IV, p. 117.

2. A Montferrant. — Du 19 mai 1462.

Exemption d'impôts pour les habitants de Bayonne.

« Loys, etc., nous avoir receue l'umble supplicacion de noz bien amez les maire, eschevins, conseil et communauté de nostre ville et cite de Bayonne, contenant que à l'occasion des guerres et divisions qui longuement ont dure es nostre pays et duchie de Guyenne, *et pour l'usurpacion que en ont faicte par longtemps nos anciens ennemis et adversaires, les Anglois*, comme pour autres grands affaires et nécessitez que lesdiz supplians ont portez, soufferts et soutenuz le temps passé, ladicte ville, qui est située en pays infertile et en l'extremité de nostre royaume, confrontant à plusieurs royaumes étranges, est tellement apouvrie et devenue en nécessité, mesmement pour les grans charges de repparacions de ponts, tours, porteaux d'icelle, qu'il leur a convenu et convient soustenir et faire repparer, que les habitans en icelle n'y pourroient plus bonnement fournir, ne eulx entretenir, s'il convenoit qu'ilz payassent doresenavant les tailles et impostz qui par cy devant y ont esté levez et en cours, ains leur conviendroit laisser et abandonner ladicte ville, et a ceste cause nous ont supplié et requis qu'il nous plaise, de nostre grace a ce qu'ilz puissent doresenavant mieulx vivre et eulx employer à la garde d'icelle, les affranchir de toutes tailles et imposicions quelxconques, et sur ce leur impartir nostre grâce Pour ce est-il que nous, considérant la povreté de ladicte ville, laquelle icelle nous avons veue et seue nous estans puis aucuns jours en icelle, aussi la bonne et vraye loyaulté que lesdiz habitans ont eue par cy-devant et ont envers nous et affin qu'ilz puissent mieulx vivre et entretenir en icelle notre ville : pour ces causes et consideracions, et autres a ce nous mouvans, audiz supplians, par l'advis et delibéracion des gens de nostre Conseil, nous avons octroyé et octroyons, de grace espécial, par ces presentes, qu'ils *soient et demeurent doresenavant et à tousiours francs, quictes, exempts de toutes tailles, imposicions qui sont ou pourroient estre doresenavant mises*, de par nous, entre nostre royaume et en nostre ville, et desdictes tailles, impostz les avons affranchiz et les affranchissons a tousiours, comme dict est de nostredicte grace par cesdictes presentes, sans qu'ilz y soient assis ou imposés en quelque maniere ne pour quelconque cause que ce soit, sauf et réservé que lesdiz habitans seront tenus de fournir une quantite de maneuvres telle que pourra monter leur cote et porcion des aides qui doresenavant seront mis sus de par nous, en la seigneurie des *Lannes*, pour lesdiz maneuvres employer en l'edifice des chasteaulx de ladicte ville de Bayonne. Si donnons en mandement, par cesdites presentes, a nos amez et feaulx les thresoriers de France, généraux conseillers par nous ordonnez sur le fait et gouvernement de toutes nos finances, aux seneschaulx de Guyenne et à tous noz autres justiciers, ou a leurs lieuxtenans presens et a venir, et a chascun d'eulx, si comme à lui appartiendra, que de nos presens grace, affranchissement et octroy facent, seuffrent et laissent lesdiz supplians joyr et user plainement et paisiblement, sans leur faire ou donner, ne souffrir estre fait ou donné, ores pour le temps a venir, auscun arrest,

De retour à Amboise, à la fin de juin 1462, Louis XI crée une baronnie en faveur de Charles de Melun, bailli de Sens, qui venait de s'enrichir d'une partie des dépouilles de Chabannes. Dans la lettre écrite à cette occasion par Reilhac aux gens des Comptes, le roi ajoute un impérieux post-scriptum « de sa main » : 1462.

A Amboise. — Du 24 juin 1462.

Baronnie créée en faveur de Charles de Melun.

(Copie sur papier.)

De par le Roy.

Noz amy et feaulx, pour ce que nous désirons les maisons et seigneuries des nobles de notre pays de Normandie, estre entretenues en leur entier sans estre separées et divisées en petites portions, afin que mieux en puissions estre servis. Nous, pour ces causes et aussy *pour consideration des bons et agréables services qui nous ont esté faits par notre amé et feal Conseiller et Chambellan Charles de Melun Bailly de Sens dès son jeune âge* autour de nostre personne, et encore fait et continue chacun jour, luy avons uny plusieurs fiefz nobles à luy appartenans situez au bailliage d'Evreux et dicelluy ensemble avons fait et crée une baronnie en laquelle luy avons octroyé haute justice durant sa vie seulement, ainsy que pourez voir par noz lettres patentes sur ce octroyées à notred. Conseiller et pour ce que nous voulons que led. don sortisse son plein effet, nous voulons et vous mandons très expressément que icelles nos lettres vous vériffiez selon leur forme et teneur, sans y faire aucun reffus, restriction et difficulté et telle- Services rendus par Charles de Melun.

destourbier ou empeschement en corps ne en biens, en aucune maniere, mais s'aucun empeschement leur estoit fait, au contraire, si l'ostent et repparent ou facent oster et repparer sans delay au premier estat et deu. Et afin, etc. — Sauf, etc. Donne a Montferrand, le XIXe jour de may l'an de grace mil CCCC soixante et deux, et de nostre regne le premier. Ainsi signé :

« Par le Roy en son conseil, ouquel, vous, le Conte de Comminges, les Sires du Lau, de Monglat et autres estoient

« J. DE REILHAC.

« Visa contentor

« *J. Dorchere.* »

(Tresor de Chartres, Reg. 198, piece 4243. — Imprimé dans les Ordonn. Roy., t. XV, p. 468)

ment qu'il n'ait cause d'en retourner par devers nous. car tel est notre plaisir.
1462. Donné à Amboise, le XXIIIIe jour de juin.

(Il y a de la main du Roi :)

Et gardez que en ce n'y ait point de faulte efcrit de ma main *(Signé :)* LOYS.

(Et plus bas :) DE REILHAC.

(Bib. Nat., D. Fontanieu, vol. 128-129, — année 1462.)

Depuis la mort de Charles VII les relations devenaient des plus délicates avec le duc de Bretagne, François II. Ce prince en effet avait accueilli à sa cour Antoinette de Maignelaiz, dame de Villequier, la maîtresse qui, comme on le sait, avait exercé un empire tout-puissant sur les dernières années du feu roi.

Poussé par les conseils de cette dame, le duc se montrait jaloux d'affirmer sa situation de souverain indépendant et ne voulait pas accepter que le roi intervînt dans les appels relevés par ses sujets. De plus, il prétendait maintenant exercer le droit de régale (juridiction temporelle) sur l'évêché de Nantes. A ce sujet, il avait alors de graves démêlés avec Amaulry d'Acigné, évêque de Nantes, auquel il prétendait interdire l'exercice des fonctions spirituelles, s'il ne s'engageait à lui prêter foi et hommage. L'évêque refusait, prétendant que la question avait déjà été tranchée dans un sens négatif par la cour de Rome. Et dans sa résistance, il rencontrait naturellement l'appui du roi.

Au mois d'octobre, Louis XI est en Anjou et en profite pour citer devant lui les deux parties qui s'y font représenter savoir : le duc de Bretagne par les seigneurs de la Biche et de Coëtlogon, l'evêque de Nantes par l'archidiacre de Dol. Le procès-verbal suivant, dressé « au logis du Roy » en présence de Jean de Bueil comte de Sancerre et de Pierre Doriole, dit que les envoyés de Bretagne conviennent de suspendre les poursuites jusqu'au

11 novembre suivant (Saint-Martin d'hiver), et que Louis XI se réserve à lui-même d'intervenir ensuite finalement comme juge de la querelle : 1462

A Montlyerne (1). — Du 18 octobre 1462.

Compromis imposé au duc de Bretagne et à l'évêque de Nantes.

(Origin. sur papier.)

Le XVIIIe jour du mois doctobre lan mil quatre cent soixante deux, le Roy noſtre sire (ou seigneur) eſtant au lieu de Montlyerne en Aniou, Reverend père en Dieu Monsr leveſque de Poictiers, noble et puiſſant seigneur, Monsr du Bueil, conte de Sancerre et Maistre Pierre Doriolle, conſeilliers dicelui seigneur et à ce commis et ordonnez de par lui firent venir par devant eulx Messires Jehan Labbé, *Seigneur de la Biche et... de Coetlogon* ambaxadeurs envoiez devers ledit s[r] par Monſeigneur le duc de Bretaigne et aussi... arcediacre de Dol soy portant commis et procureur de Monsr levesque de Nantes ausquels ambaxadeurs et arcediacre leſd. commis de par le Roy disdrent et reciterent par la bouche dud. *Doriolle* qui lors portoit la parolle (2). Comme le Roy avoit ordonné que dedans le jour de la *Saint Martin prouchain* venant, mond. s[r] de Bretaigne envoieroit aucuns de par lui devers led. s[r] bien instruiz et garniz de tous ses droiz et tiltres pour beſoigner sur les queſtions et différences qui estoient *touchant le fait de leveſque de Nantes.* Et pour ce quon disoit que Monſ[r] de Bretaigne avoit donné empeſchement audit eveſque de Nantes, en la spirituaulité de son Eveſchié et que aussi ledit Eveſque de Nantes avoit fait citer mondit s[r] de Bretaigne devant *larceveſque de Tours*, et avoit obtenu certaines proviſions contre lui. *Il avoit eſté dit et ordonné par le Roy que mondit s[r] de Bretaigne ne donneroit aucun empeſchement audit Eveſque de Nantes ou fait de la spiritualité dudit Eveſchié et que aussi toutes citactions faictes à la requeſte dudit Eveſque contre mondit s[r] de Bretaigne et autres choſes quelxconques dont il se vouldroit aider contre lui surcoyeroient* pendant ledit jour. Desquelles choses leſdits Meſſires Jean Labbé et Coetlogon avoient eſté contens pour et ou

Le duc de Bretagne cite devant l'archevêque de Tours à la requête de l'évêque de Nantes.

Sursis exige au nom du roi.

1. Aujourd'hui *Mouliherne*, arrondissement de Baugé (Maine-et-Loire).

2. *Pierre Doriole* ou *d'Oriolles*, né à la Rochelle, dont il fut maire en 1451 et 1456, maître des comptes par lettres du 11 novembre 1456, prêta serment comme Chancelier de France, le 28 juin 1472, et mourut le 14 septembre 1485. Il avait été marié deux fois : 1°, à Colette Lureau, 2° à Charlotte de Bar, le 18 décembre 1479.

1462. nom de mondit sr de Bretaigne, et semblablement led. arcediacre de Dol pour et ou nom dudit Evefque de Nantes. Parquoy et afin que les chofes feuffent plus certaines et cogneues sur chafcune des parties, le Roy avoit ordonné à mesd. sr, levefque de Poictiers, seigneur de Bueil (1) et Doriole de dire et reciter ce que dit est en la prefence desd. parties. A quoy le dit Coetelogon repondy que en la prefence dud. arcediacre ilz ne vouloient point parler, mais quilz feroient tenir par mondit sr de Bretaigne ce quilz avoient dit. Et lors le dit arcediacre se retrahy, et fut led appoinctement de rechief recite aud. Labbé et Coetelogon et leur fut demande si led. appoinctement neftoit pas tel que cy dessus est dit. Lefquelx par la bouche dud. Coetelogon refpondirent quil eftoit vérité et quilz le feroient tenir. Et après fut appellé ledit arcediacre lequel semblablement dit que led. appoinctement eftoit tel et quil le feroit tenir par ledit Evefque de Nantes son maistre. Lefquelles chofes furent faictes dictes et recitées en la manière que cy deffus est escript ou longiz du Roy audit lieu de Moulyerne le jour et an que deffus diz.

Promesses demandées aux parties.

J. DE REILHAC.

(Bib. nat. Fr. 20.458, fol. 78.)

Cette affaire paraît avoir eu des suites interminables. Un long Mémoire qui forme comme la suite du procès-verbal qui précède et qui paraît avoir été écrit de la main de Reilhac (2), fait connaître qu'ensuite une autre réunion eut lieu sans résultat à Poissy, en septembre 1462, puis une troisième à Tours, le 16 janvier 1463, dans laquelle le roi délégua son oncle le comte du Maine, pour le représenter. Ce Mémoire conclut à l'infirmation des droits revendiqués par le duc de Bretagne, représenté lui-même alors par Antoine de Beauvau (3).

Sur ces entrefaites, Jean de Croy, sire de Chimay, l'ambassadeur ordinaire du duc de Bourgogne, avait été dépêché

1. Jean V, sire de Bueil, de Montrésor, etc., comte de Sancerre, chevalier, conseiller et chambellan du roi, amiral de France, et chevalier de Saint-Michel le 1er août 1469. Il vivait encore en 1474. Il avait épousé . 1° Jeanne de Montejan ; 2° Martine Turpin par contrat de 1456.

2. Bib. nat., Collect. Touraine, vol. 28², fol. 94 (origin. sur pap., sans signature).

3. V. note de la page 132.

près de Louis XI, pour établir les bases de la politique à suivre envers le nouveau souverain d'Angleterre (1). Le roi charge maître Bertrand de Beauvau, seigneur de Précigny, président de la Chambre des comptes, de rédiger la réponse et de la remettre à Croy. A cet effet il avait envoyé Reilhac à Paris trouver le président de Beauvau. En chemin ce dernier est informé que, pour jouer un mauvais tour au Roi et se rendre lui-même populaire, le duc de Bourgogne vient de faire remise de tous impôts aux villes de Picardie, dites les villes de la Somme qu'il détient en gage. 1462.

On appelait ainsi différentes places du Nord que Charles VII avait, en 1435, par le traité d'Arras (2), engagé à la maison de Bourgogne avec faculté de rachat pour la somme de 400.000 écus d'or.

C'est qu'en effet depuis son avènement Louis XI songeait toujours au rachat de ces villes. De son côté, le duc Philippe faisait tout pour rendre cette opération impossible, au cas peu probable où le roi parviendrait à réunir une somme assez forte pour la tenter. C'est ainsi que, maintenant, par ces remises inattendues d'impôts, il espérait s'attacher davantage les habitants et les rendre d'autant plus récalcitrants à tout retour à la couronne de France :

A Paris. — Du dernier octobre 1462.

Maître Bertrand de Beauvau au Roi.

(Origin. sur papier.)

Sire, je ay presentement resu les lettres que vous a pleu mescrire par ce chevaucheur poxteuur, de ceftez *touchant lexpedicion des lettres de Croy*. Croyez Sire que je y fere tout aincy que m'avez mande et cy vous nen aves escrit à autre il ne sera novelle dont la chouse procède. Et sur ma foy Sire en ce & toutez autres chouses que vous plera me comandes & le fere & acomplire a mon povair a qui qui plese ou desplese. Sire par Mestre Jehan de la Loyiere vous ay escrit bien o lonc la grant obaissance que ie trove a Monsieur Destampes oincy que avez peu

1. Edouard d'York.
2. V. p. 57.

1462.

Assemblée des notables de l'Université.

Ruses du duc de Bourgogne pour retenir les villes données en gage.

voir & depuis le prevouſt de Richemont eſt alé devers vous par led. de la Loyierie et par led. prevouſt avez eſté averty de tout ocy du fet de Partenay. Sire ojourdui le premier Preſident de Parlement & ung autre Preſidant & voſtre avocat & procureurs & trois autres de voſtre cort de Parlemant & M. Étiene Chevalier & moy & avon aviſé que mercredi prochen nous feron venir en la Chambre du Conſeil en voſtre palais le recteur de lunyverſite & les quatre procureurs des facultez & X ou XII des plus notables de lad. unyverſite et sera parlé o eux en bone forme en guardant votre auctorité led. Me Etiene et moy parleron o les plus notables de lad. unyversité entre cy & led. jour de mercredi & ocy le baillif de Sans & ay eſſeperance que tout ira bien.

Sire, voſte segretaire Mre JEHAN DE RELIAC nous a baillé les lectres de conmyſion & clouſes qui vous a pleu nous eſcrire a quoy illa fet bone delingence. *Le dit* DE RELIAC *ma dit que on luy a dit que Monſ^r^ de Bourgogne a remys et les inpositions et quatrièmes ès-paix qui tient en gaige qui sont numant de voſtre courone; cy leſt ai icy il procede dune grant maliſe qui vous pourroint tournez a grant inconvenient.* Je men aquere & ce que ien face le vous eſcrire. Sire touſiours me recomiande tant humblement que je puis à voſtre bone grace priant le benoiſt filz de Dieu qui vous doint bone vie & longe & tout ce que deſires. Eſcrit en voſtre ville de Paris le darain jour d'octobre.

Le dit RELIAC ma envoyé querir celui qui lui a dit les chouſes deſſusd. afin que je l'en quierre plus avant & avant qui parte dicy car il eſt desmarches desd. pays.

Voſtre tres humble & très obaiſſant suget & serviteur.

B. DE BEAUVAU (1).

(*Au dos eſt écrit :*) Au Roy mon souverain Seigneur.

(Bib. nat. — Fr. 20. 428., fol. 21.)

Parmi les pièces de l'année 1462 signées Jean de Reilhac, on remarque les lettres de rémission pour :

Arnaulton de la Fargue, Prévôt de Saint-Sever. Rixe entre paysans et gens de guerre. Meurtre d'un homme d'armes sous la

1. *Bertrand de Beauvau*, Seign^r^ de Précigny, président de la Chambre des Comptes. Il eut pour successeur son propre fils, *Antoine de Beauvau*, chevalier, seigneur de Lille, reçu président lay à la

tout ita bien / sire vostre secretaire maistre Jehan de Reilhac m'a [illegible]
lettres de commission et closes qu'il vous a pleu m'escrire a quoy il a fet bonne
delingence / le dit de Reilhac m'a dit que vous luy avez dit que monseigneur de Bourges
arcevesque et les impositions et quatriesmes es pays qu'il tient en gaige
qui sont mouvant de vostre couronne ne laisse alors il [illegible] d'une grant
malice qui vous seront tournez a grant recommendacion je m'en acquite
et en quiers faire le bon estre / Sire tousiours me recommande tant humblement
que je puis a vostre bonne grace priant le benoist filz de dieu qui vous doint
bonne vie et longue et tout ce que desirez escript en vostre ville de Paris
le derrain jour d'octobre / le dit Reilhac m'a envoye querir a luy
qui luy a dit [illegible] affin que [illegible] querre plus avant
et avant que partir d'icy car il est des marches de ces pays

charge du capitaine espagnol Jean de Sallazar. — *Dax, mars 1462.* (*Signé* :) J. DE REILHAC (1); 1462.

Maurice de Jaulhac, bourgeois du châtel de Limoges. Querelle dans une auberge, suivie de meurtre. — *Bordeaux, mai id.* (*Signé* :) JEHAN DE REILHAC (2).

Les lettres de noblesse pour *Jean Salomon*, canonnier du roi. (*Signé* :) J. DE REILHAC (3). Présent : le sire du Lau.

Diverses autorisations telles que :

L'établissement de foires annuelles dans la ville de *Bayonne*. — *Montferrant, mai 1462* (*Signé* :) J. DE REILHAC (4). Présents : le comte de Comminges, les sires du Lau et de Montglat.

Une convention entre le roi et l'abbé de *Maussiade* en Vivarais. — *Montferrand, mai id.* (*Signé* :) J. DE REILHAC (5). Présents : Jean, bâtard d'Armagnac, comte de Comminges, maréchal de France; les sires du Lau, de Crussol, de Montglat.

L'érection des terres de Poylant, Conforr, Deffins, la Fonte, Poix et Magelle en baronnie en faveur d'*Armand de Balausun*, écuyer, seigneur de Poylant, dans la sénéchaussée des Lannes (Landes) — *Montferrant, mai id.* (*Signé* :) J. DE REILHAC (6). Présent : le sire du Lau.

Un renouvellement d'association entre le roi et l'*évêque de Limoges*. — *Amboise, juin id.* (*Signé* :) DE REILHAC (7).

Jusque-là, la Guyenne avait appartenu aux Anglais, et depuis son retour à la France elle relevait du Parlement de Toulouse. L'éloignement considérable entre ces deux villes entravait la marche des affaires. Un Parlement est créé à Bordeaux et cinq

1. Arch. nat., | J. 198, fol. 482. V. Tom. Sec Piec. justific. n° CLX.
2. — — fol. 303. — — n° CLXI.
3. — — fol. 500. — — n° LXXI.
4. — — fol. 384 — — n° XXIV.
5 — — fol. 347. — — n° XXIII.
6. — — fol. 350. — — n° XXV.
7. — — fol. 471 — — n° XXVI

1462. ordonnances sont rendues concernant l'étendue et la juridiction de ce nouveau Parlement ; l'Angoumois, le Limousin, le Quercy, la Saintonge, l'Agenais, le Condomois, les Landes en ressortiront désormais. — *Bordeaux*, 7 *février* 1462. (*Signé* :) J. DE REILHAC (1). Présents : les sires de Chaumont, du Lau, Maistre Girault de Crussol (2).

Au mois de juin suivant, Louis XI y nomma un Premier Président. Cette charge fut alors donnée à Jean Tudert, ancien Conseiller et Maître des requêtes de l'hôtel du feu roi Charles VII, qu'on a jadis vu figurer souvent parmi les membres du grand Conseil (3).

On rencontre aussi différentes pièces relatives à la gestion de la Trésorerie de Nîmes et de Beaucaire, telles que réparations à l'arsenal du château et à la redoute (4), entretien du desservant pour

1. Arch. dép. de la Gironde. B. 29, fol. 114-125, et Ordonn. Roy., t. XV, p. 608-612, — V. Tom. Sec. . Piec. justific., nes XXVII, XXVIII. XXIX, XXX, XXXI.

2. *Girault* ou *Gerard de Crussol*, 3e fils de Géraud Bastel, *Seigneur de Crussol*, et de *Jeanne de Tournon*, comte et chanoine de Lyon en 1460, maire des requêtes en 1461. Il accompagnait le chancelier des Ursins en novembre 1463, lorsque celui-ci etait a Amiens, par ordre du Roi, pour retirer au duc de Bourgogne les villes situées sur la Somme. Sacré archevêque de Tours le 13 octobre 1466; patriarche d'Antioche, évêque de Valence et de Die, le 19 mai 1468, mort le 28 août 1472.

3. Principalement aux années 1457-1459 (V. p. 20 à 69). *Jean Tudert* mourut à Bordeaux, le 13 septembre 1485. Il était petit-fils de Jean Tudert, doyen de Paris, qui « pria merci » pour le meurtre du duc *Jean sans Peur*, en 1435, au moment du traité d'Arras.

4. A Nîmes. — Du 16 juin 1462.

Ordre de Bernard d'Olms Seneschal de Baucaire à Jehan d'Etampes, fondé de pouvoirs de Jehan de Reilhac pour payer les réparations faites au château de Beaucaire.

(Origin. sur parchemin.)

« BERNARD DE DOMS, Conseiller et Chambellan du Roy nostre Sire et son Seneschal de Beaucaire et de Nismes A JEHAN DESTAMPES, commis à la Tresorerie de Nismes, pour et ou lieu de Mre JEHAN DE REILHAC, salut.

« Nous vous mandons et expressement enjoignons que des deniers de vostre recepte vous paiez, baillez et delivrez a Jehan des Coteaux, fustier, habitant dudit lieu de Beaucaire la somme de huit livres

la chapelle fondée audit lieu de Beaucaire en l'honneur de saint Louis, roi de France (1). 1462.

dix solz tournoy laquelle sommes nous lui avons tauxée et ordonnée, tauxons et ordonnons par ces presentes, *pour certaines reparacions par lui faictes de nostre ordonnance et commandement au chasteau de Beaucaire.* Cest assavoir en la Chambre de lartilherie et en la Chambre du Chasteau de la Redoute; desquelles a mis certaines quantité de fustailles et pieces, comme sont travesons, geynes, cabisons postan et autres manieres de fustes ou couvert et solliers desd. chambres; et forny tuylles, chaux et arène et autres matières necessaires a faire lesdittes reparacions et a lentour desd. couvert faire les sarrades bien et deuement, et par marché fait avec luy. Lesquelles reparacions il a bien et deuement faictes a ses despens, ainsi qu'il nous est apparu par le notaire qui en a recu sa quictance et par rapportant ces presentes avec lad. quictance sur ce souffisant dud. Jehan des Coteaux tant seulement. Lad. somme de VIII^{l} X S. T. sera allouée en noz comptes et rabatue de vostred. recepte par ceulx qu'il appartiendra.

« Donné à Nismes le XVIe jour de Juing, l'an mil CCCC. LXII.

« F. Jarii. »

(Bib. Fr. 26.088, n° 75.)

1. A Beaucaire. — Du 19 octobre 1462.

Paiements faits au nom de Jehan de Reilhac

pour traitement du desservant de la chapelle Saint-Louis sise au Château.

(Origin. sur parchemin.)

« In presencia mei Notarii infrascripti Guimetus Aguilhe, alter ex servientibus garnisionis castri regii Bellicadri ut procurator et nomine procurationis Domini Guillermi Guihur presbiteri et cappellani capelle seu capellanie fundate in dicto castro regio Bellicadri *ob honorem et reverentiam inclite memorie beati Ludovici quondam Francorum Regis* confessus fuit habuisse et recepisse ab honorabili viro Magistro JOHANNE DE REILHAC, Notario et secretario Domini nostri Regis ejusque thesaurario senescallie Bellicadri et Nemansi summam sex librarum unius solidi et trium denariorum turonensium sibi debitorum, et per ipsum capellanum deseruit pro uno termino seu quarteno vadiorum suorum sive pensionis dicte capellanie finite in festo beati Michaelis ultime lapso millesimo quadringentesimo sexagesimo secundo; in quo termino seu quarteno comprehendentur IIII^{xx} XVII dies facientes per diem XV denarii turonenses ad rationem XXII librarum XVI solidorum III denarorium turonensium per annum assendentes pro dicto termino ad jamdictam rationem dictam summam sex librarum : un. sol. trium. den. tur. de qua quidem summa VI librarum unius solidi et trium denariorum dictus Guimetus Aguilhe nomine procuratorio predicto se tenuit pro bene contento et plenarie satisfacto dictumque Dominum nostrum Regem ejusque thesaurarium prefatum ac omnes alios quos tangit et tangere potest quictant et quitat. Teste signo meo manuali hic apposito die decima nona mensis Octobris. Anno Domini millesimo quadringentesimo sexagesimo secundo.

« Sic recognitum

« Tharterii. »

(B. Pièc. origin. Reilh. 2,456, n° 14.)

(La signature *Tharterii* semble une traduction latine du nom : *de Tarteron*, ancienne famille noble de cette province.)

VIII

ANNÉE 1463

(Elle commence le 10 avril.)

SOMMAIRE

Séjour à Toulouse (mai-juillet 1463). — Faveurs aux habitants de la Cerdagne et du Roussillon. — Droit de chasse et de pêche pour le Dauphiné. — Franchises pour les villes de Milhaud et d'Albi, etc. — Suppression de « l'Equivalent » et de la « Taille » en Languedoc. — Assemblée des Etats à Montpellier (13 juin). — Retour du roi par le Limousin — Séjour à Saint-Junien. — Pelerinage à Notre-Dame-du-Pont (3 juillet). — Privilège aux habitants de cette ville — Subvention au seigneur de Brigueil, pour la construction d'une nouvelle chapelle. — Rachat des villes de la Somme. — Contributions des provinces. — Voyages avec le sire de la Tour d'Auvergne. — Etats de Montferrand (décembre). — Principaux actes de l'année. — Rémissions. — Comptes de la Trésorerie de Nîmes. — Appointements du sénéchal de Beaucaire.

ÈS le mois de février, 146 $^{2}/_{3}$, on retrouve Jean de Reilhac à Bordeaux (1), auprès de Louis XI, qui a quitté de nouveau la Touraine après Noël 1462, se rendant une seconde fois dans le Midi, et laissant pour régents du royaume, en son absence, Charles de Melun, bailli de Sens, et Maître Bertrand de Beauvau, Président de la Chambre des Comptes. 1463.

A la fin d'avril, a lieu, sur la Bidassoa, une entrevue avec Henri IV, roi de Castille, à la suite de laquelle Reilhac expédie les lettres de ratification du traité conclu le mois précédent en

1. On vient de voir (p. 134) que le 7 février 1462 il y a signé les cinq ordonnances réglementant la juridiction du Parlement nouvellement institué dans cette ville.

1463. Espagne pour le compte de Louis XI, par l'amiral Jean de Montauban. — *Bayonne,* 28 *mars* 1463 (*Signé :*) J. DE REILHAC (1). Puis au mois de juin il accompagne le roi à Toulouse.

Pendant son séjour dans cette ville, Louis XI s'occupe tout d'abord, des habitants du Roussillon et de la Cerdagne dont il cherche à se concilier la sympathie (2). Il demande qu'ils soient aussi favorablement traités au point de vue commercial que les habitants des autres provinces du royaume, voire même à l'étranger, et à cet effet il fait écrire aux Prieur des Arts et Gonfalonier de la justice de Florence (3). Puis il revient à ses anciens sujets, les Dauphinois. Il fait régler leurs droits en matière de chasse. Désor-

1. Bib nat. Fr 6970, fol. 46, v°. Collection Legrand Le texte de cette pièce est perdu. Elle figure seulement à l'inventaire des titres de 1463 (Perpignan-Roussillon et Catalogne).

2. Par lettres datées de Dax, le 2 mars 1463, Louis XI avait nettement manifesté son intention de réunir à la couronne le Roussillon et la Cerdagne. (Bibl. nat., Fr. 6970, fol, 31 — Note de *M. Vaesen.*)

3. A Toulouse. — Du 9 juin 1463.

Aux Prieur des Arts et Gonfanonier de la justice de la ville de Florence, en faveur des Marchands du Roussillon et de la Cerdagne.

« Loys, etc., Tres chiers et bons amys, pour ce que la ville de Perpignan, ensemble tout le conte de Rossillon et de Sardaigne, nous competent et appartiennent et que tenons et reputons les marchans desdiz lieux pour noz bons et loyaulx subgetz, comme les autres de nostre royaume, et par ce desirons lesdiz marchans et leurs marchandises estre traictez favorablement, nous vous prions bien affectueusement que lesdiz marchans et leurs marchandises desdiz ville de Perpignan et conté de Rossillon et de Sardaigne, quant ilz yront en la ville et seigneurie de Florence pour faire fait de marchandise, vous les vueillez traicter doulcement et favorablement, comme avez acostumé faire les autres de nostre royaume sans les contraindre à paier autre. ... pour leurs marchandises, si non en la forme que avez acoustumé aux autres marchans de nostredit royaume, et tellement que lesdiz de Perpignan, Rossillon et Sardaigne cognoissent, que pour contemplacion de nous les desirez traicter amyablement, en quoy faisans nous ferez tres agreable plaisir. Donné a Thoulouze, le ixe jour de juing. LOYS.

« J. DE REILHAC.

« A noz tres chiers et grans amys les prieur des ars et gonfanonier de la justice de la cité de Florence. »

(Arch. de Florence. Riformazioni. A. P. XLVI. — Communiqué par M. Vaesen.)

mais ils auront comme autrefois faculté de pêcher et de chasser moyennant une simple redevance (1). 1463.

Il fait défendre aussi qu'en matière criminelle on enlève les Dauphinois à leurs juges ordinaires. — *Toulouse, 11 juin 1463.* (*Signé :*) DE REILHAC (2); présent : le comte de Comminges.

Puis ce sont des franchises pour la ville de Milhaud. — *Id.* (*Signé :*) DE REILHAC (3); présent : Guillaume de Varye.

Des lettres pour régler la juridiction de l'évêque d'Albi. — *Id.* (*Signé :*) DE REILHAC (4); présents : le comte de Comminges, le sire du Lau.

Le haut Languedoc, alors sans commerce et sans industrie, était dans la misère. La dépopulation s'y accentuait de jour en

1. A Toulouse. — Du 11 juin 1463.

Restitution du droit de chasse et de pêche en Dauphinois.

« Noz bien-amez les gens des trois estats de nostredit pays de Dauphiné nous ont fait exposer que de toute ancienneté ils ont accoustumé de chasser es bestes et oisaux, et pescher es rivieres audit pays, sans ce qu aucun empeschement ou contredit leur ait este mis ne donné jusques a puis nagueres, que par le maistre des eaux et forests par nous ordonné audit pays a esté faite deffense générale audit pays de chasser a aucunes bestes, et pareillement de non pescher, en quelque lieu que ce fust, en quoi lesdiz supplians ont grand interest et dommage, mesmement les nobles, pour ce qu a l'occasion de ladicte deffense de chasser ils deviennent oyseux et sans occupation, et les habitans du pays, parce que les aucuns d'eux ont accoustume et nous sont tenus payer rente annuelle, ou autres droicts a l'occasion de ladicte chasse, et pareillement de ladicte pescherie, et pour ce nous ont fait humblement supplier que nostre plaisir soit faire cesser lesdictes deffenses, et sur ce leur impartir nostre grace — Pourquoy, nous, ce que dit est considéré, et autres consideracions à ce nous mouvans, vous mandons et expressement enjoignons que s'il vous appert que lesdiz nobles ayent de toute anciennete accoustumé chasser et pescher en nostredict pays de Dauphine, que les habitans d'iceluy pays ayent droit, ou leur ait este autrefois par nous permis de chasser et pescher, moyennant le payement de ladicte rente ou droicts, qu icelle rente soit payee et continuee a nostre tresorier dudit pays ou aultres, vous, audit cas, permettez et *souffrez ausdiz supplians chasser et pescher en lieux qui ne sont prohibez et deffendus, ainsi qu'ilz ont accoustume d'ancienneté*, jusqu'à ce que par nous autrement en soit ordonné, car tel est nostre plaisir, nonobstant lesdictes deffenses faictes par ledict maistre des eaux et forestz, et quelconques lectres impetrees ou a impetrer a ce contraires Donne à Toulouse, le onziesme jour de juin, l'an de grâce mil quatre cens soixante trois, et de nostre regne le second. Ainsi signe Par le Roy, le Comte de Comminges, et autres presens.

« J. DE REILHAC. »

(Arch. de l'Isere B. 3231, fol. 11. — Impr. dans les Ordonn. Roy, t XVI, p. I.)

2 Ordonn Roy, t XVI p 3 V. Tom. Sec, Pieces justific., n° XXXII.

3. Ordonn. Roy. t. XVI, fol 19. V. Tom. Sec. pieces justific., n° XXXIII.

4. Arch. nat J. J 100. fol. 100 V. Tom. Sec. : pieces justific., n° XXXIV.

1463. jour. Ce n'est qu'au moyen des vexations les plus dures que le trésor y percevait quelque argent. De plus une grande inégalité avait toujours régné dans cette province pour la répartition de l'impôt dit de « l'Equivalent » et l'établissement des « tailles ». Frappé de cette triste situation, le roi cherche à y porter remède et se décide à assembler les Etats pour leur demander la suppression de ces deux impôts. A leur lieu et place on établira un droit sur certaines marchandises et denrées. C'était déjà le prélèvement sur la consommation, c'est-à-dire la contribution indirecte substituée à des taxes personnelles écrasantes pour le peuple : acheminement progressif vers un système qui a prévalu dans les temps modernes.

A cet effet, le Roi charge son oncle, Charles d'Anjou, comte du Maine, gouverneur du Languedoc, et le lieutenant de ce dernier, Pons Guilhem, sire de Clermont-Lodève ; Jean Dauvet, premier président du Parlement de Toulouse ; Etienne Petit, trésorier de la province, et Guillaume de Varye, général des finances, d'assembler lesdits Etats à Montpellier.

Il délègue pour le représenter lui-même son secrétaire, Jean de Reilhac, qui prend également en cette circonstance la qualité de trésorier de Nîmes :

A Toulouse. — Du 13 juin 1463.

Commiſſion au comte du Maine, à Jean Dauvet, à Guillaume de Varye et à Jean de Reilhac d'assembler les États du Languedoc à Montpellier.

Louis, etc, à noz amez & feaux conseilliers le SIRE DE CLERMOND en Lodève noſtre couſin (1), lieutenant en noſtre pays de Languedoc pour noſtre tres cher et tres aimé oncle le COMTE DU MAINE (2), gouverneur dudit pays, maiſtre JEAN D'AUVET, pre-

1. *Pons, Sgr de Clermont en Lodève*, vicomte de Nebouzan, était de la maison *de Caylus*. Marié a *Antoinette Guilhem*, héritiere de la maison de *Clermont-Lodève*, il en avait relevé le nom et les armes. (Note de M. Vaesen. Lettres de Louis XI, t. II, p. 115.)

2. *Charles d'Anjou, comte du Maine*, beau-frere du feu roi Charles VII, fils de Louis II d'Anjou, roi de Naples et de Sicile. On verra qu'en 1466, après la guerre du Bien public, Louis XI l'accusa

1463.

mier Président en noftre cour de Parlement de Toulouse(1), GUILLAUME DE VARIE(2), général de nos finances, maiftre ESTIENNE PETIT (3) tresorier general de Languedoc & JEAN DE REILHAC noftre secretaire treforier de Nismes, salut et dilection.

Comme puis noftre advenement à la couronne nous ayent efté faites plufieurs plaintes des grands charges et oppreffions que a eues le temps paffé & a encore chacun jour noftre peuple de Languedoc *pour l'inégalité qui toujours a efté en la manière d'impofer les tailles* qui ci-devant ont efté levees, ce qui aisement sans grand depense et long trait de temps ne se peut reparer, aussi pour les grands sommes de deniers qui se mettent sus en chacun dioceze, outre et par deffus le principal des dites tailles; les pertes & interes que nos subjets du dit pays ont à souffrir et porter à cause de ce, & des rigoureufes exactions qui se font, tant de personnes que ez bien qui a monté et monte chacun an prefque autant que les deniers que en avons dont plufieurs sont vexez et travaillez par l'execution & cenfures ecclefiaftiques, qui tenons nosdits subjets a plus grand dommage ennuy et defplaisance que ne fait la somme principale que en avons; en oultre les maifons, héritages et possessions à caufe des grands eftimes et charges qui se mettent sur iceux, se abandonnent & vont du tout à démolition & ruine, dont grande partie en demeure inhabitez pour ce que les pays circonvoifins qui lievent sur eux plus grands sommes, ont autre maniere plus aifée de liever leurs denrées, que par taille qui eft la caufe principale qui nous a efté dit et rapporté qui plufieurs fait vuider et dépeupler ledit pays. Semblablement avons eues plufieurs grandes plaintes de la grande & exceffive charge que nosdits subjets de Languedoc ont long temps portée povreté et soutenence, à caufe de l'équivalent qui a cours au dit pays, en lieu des aydes, pour les grands fraudes mangeries vexations et abus qui s'y font et commettent chacun jour, tant par les fermiers et vendeurs dicelluy que autres à loccasion, à loccasion defquelles charges iceux nos subjets ont efté et sont grandement travaillez et apovris; nous pour ces caufes et pour le grand defir et affection que toujours avons eu & avons de soulager le plus que possible nous sera les subjets de noftre royaume, mesmement ceux de noftre pays de Languedoc; voulans toutes lesdictes charges leur pourvoir au mieux et plus convenablement que poffible nous sera, en manière que les deniers qui nous eft befoin y prendre pour fournir aux affaires de nous & de noftredit

Minime rendement produit par le régime actuel.

Ruine et dépeuplement du pays par la façon dont est prélevée la « taille ».

Il est indispensable de

1. Il y avait été nommé le 21 septembre 1461. (V. sur *Jean Dauvet*, un des personnages les plus importants de cette époque, la note de la page 173.)
2. Ancien facteur général de *Jacques Cœur*. (P. 62.)
3. Il occupait déjà cette fonction en 1458 sous Charles VII. (P. 40.)

1463.

trouver un autre système d'impôts.

royaume se puiſſent recueillir en autre façon plus aiſée pour nosdits subjets, aux bien et soulagement d'eux que par cy-devant n'a eſté fait. Et premierement eu sur ce ladvis d'aucuns des Seigneurs de noſtre sang, & gens de noſtre grant Conſeil auſſi de pluſieurs gens d'Église, nobles, bourgeois, marchands & autres de l'estat commun tant dudit pays que dallieurs avons voulu, ordonné, appointé et conclu, voulons, ordonnons, appointons et concluons, par ces preſentes, mettre sus et faire cueillir et lever dores en avant en noſtredit pays de Languedoc pour & *au lieu des deniers qui chacun an se levoient en icelluy, par tailles et autrement certaines sommes de deniers sur aucunes denrées, marchandiſes* et autres membres cy aprez declarez, qui aiſément le pourront porter, pour voir & essayer, si la chose se pourra mieux conduire au bien & soulagement de nosdits subjets qu'elle n'a eſté par cy-devant.

Droit à mettre à titre d'essai sur les marchandises vendues.

C'est à sçavoir sur chacune livre carnaſſière de chair, tant de bœuf que de mouton, & autre vendue a detail, sur chacun bœuf & porc qui seront tués pour provision; c'est à sçavoir pour bœuf, dix sols tournois, sur chacun quintal de poiſſon vendeu en gros ou détail, tant frais que salé, cinq sols tournois, reservé que de la première vente à la mer ne se payera rien, sur charge de vin qui sera vendeu en gros quinze deniers tournois, leſquels l'achepteur payera.

Sur la viande.

Sur le vin.

Item, le sixieme du vin vendeu à detail; sur chacune charge de vendange pesant trois quintaux ou environ, dix deniers tournois: sur chacune charge d'huile & de paſtel vendeu ou à vendre, au partir du moulin, cinq sols tournois; sur les draps de laine faits au pays de Languedoc se payera au partir du tisserant du scel, douze deniers tournois pour livre; sur tous draps de laine eſtrangers, de quelque part qu'ils soient, non contribuables audit droit, douze deniers tournois par livre à l'entrée ou autrement, & se y mettra un scel; sur toute beste chevaline, mules, mulets qui se vuideront hors dudit pays de Languedoc, vendus ou pour vendre, sept sols six deniers; bœuf ou vache d'un an & au-dessus qui pareillement se tirera hors dudit pays de Languedoc, cinq sols tournois; sur chacun porc & veau qui semblablement se tirera hors dudit pays, xx den. tournois: sur chacun quintal de fromage vendeu en gros, ou qui sortira dudit pays de Languedoc, cinq sols tournois, & un denier chacun pour livre de ce qui sera vendeu en avenir; sur toute eſpicerie & droguerie entrant en Languedoc, six deniers; sur toute mercerie, pelleterie & canabaſſerie, douze deniers tournois pour livre; sur charge de bled tiré hors du pays, xx den. tournois; sur quintal de laine qui entrera audit pays, ou qui en sauldra, cinq sols tournois; sur quintal de laine du cru du pays qui y demeurera, posé qu'il ne se vende, deux sols six deniers tournois;

Sur les draps.

Sur l'exportation des chevaux, mulets, mules, bœufs, vaches, porcs, fromages

Sur l'importation des épices, pelleterie, etc

1463.

Les Etats s'assembleront le 30 juin à Montpellier, sous la présidence des principaux membres du Conseil du Roi ci-dessus dénommés.

Et pour ces choses remonstres à iceux nos subiects & les mettre sus & faire lever en la meilleure forme & manière que sera mise au bien de noſtredit pays, avons mandé assembler les gens des trois Eſtats dicelluy pays en noſtre ville de Montpellier ce xxxe jour du present mois de juin ; *par quoy nous soit besoing y envoyer aucuns notables de noſtredit Conseil* pour leur remonſtrer les choſes deſſusdites, et mettre noſtre ordonnance a volonté & execution; & eſt-il que nous ces choſes conſiderées, qui de tout noſtre cœur deſirons le soulagement de nosdits subjets de Languedoc, & ayant conſideration à la grand loyauté bonne & vraie obeiſſance qu'ils ont toujours eu à nos predeceſſeurs, à nous & à la couronne de France, voulans pour tous les meilleurs moyens que faire se pourra trouver manière de soulagement d'iceux, confians à plain de vos grans prudences, loyautez & bonnes diligences, *vous mandons et commettons par ces presentes, et aux trois et deux de vous en l'absence des autres que vous vous transportiez en noſtredite ville de Montpellier au jour deſſusdit*, & après que aurez bien au long remontré les choſes deſſusdites auxdits gens des trois Eſtats, qui illec seront venus & aſſemblez, mettez sus & aſſeez réaument, sur les denrées, marchandiſes & autres membres cy-deſſus spécifiez, les sommes de deniers & autres charges deſſus contenues & declarées ; leſquels membres nous voulons que baillez & livrez à ferme close, pour une, deux ou trois années à venir, commençant le premier jour de septembre prochain venant, ou pour autre tel temps que verrez eſtre à faire, soit en general pour tout ledit pays, ou en particulier pour seneſchauſſée, dioceze ou autrement, ainſi que verrez le plus proffitable pour nous, & plus aisé & agréable auxdits subjets, aux plus offrans & derniers encheriſſeurs, qui soient gens solvables & bien cautionnez ; moyennant lequel bail, avons eſperance, que les sommes bien levées seront beaucoup plus aizees, plus plaiſans & moins grevables auxdits subjets, que ne sont leſdites tailles et équivalent, en la forme que se levoit, & que en auront chacun en si grande somme que d'icelle taille & équivalent, dont nous, audit cas, nous contenterons, sans d'illec en avant faire sus, ne imposer autre taille ou subside en noſtredit pays de Languedoc. Toutefſfois, si voyez que leſdits membres & charges pour les années à quoy les baillerez, ne puiſſent par ledit arrentement monter chacun an à la somme que avons accoutumé, & nous eſt beſoin d'avoir & prendre audit pays pour fournir aux affaires, nous voulons & vous mandons que pour suppléer & fournir à noſtredite somme, vous auſdits autres membres, sur leſquels plus aisément & à moindre charge de noſdits subjets, se puiſſe mettre sur ce que en reſtoit & dependroit, en les faisant cueillir & lever comme les autres deſſus déclarées par les fermiers à qui leſdites

Ceux-ci se transporteront a Montpellier et apres en avoir avisé les Etats, imposeront d'autorité, si besoin est, les droits en question, les donneront a baux, et mettront leur fermage en adjudication publique.

Si le produit de ce fermage ne suffit pas les délégués royaux auront a aviser d'office pour y ajouter d'autres ressources similaires.

1463.

Tout ce qu'ils feront sera sanctionné et exécutoire.

fermes seront baillées & livrées, ou les faites lever en noſtre main, se vous voyez que mieux soit, en baillant sur tout vos lettres auxdits fermiers, arrendeurs, pour en jouir durant le temps & terme de leurdit arrentement selon la forme dudit bail ; leſquelles vos lettres & bail nous voulons eſtre de tel effet & valeur, comme se par nous eſtoit fait ; & les ratifierons & confirmerons par les noſtres, toutes les fois que requis en serons. Et pour garder, entretenir & observer noſtredite ordonnance, & tout ce que par vous en sera fait en cette matière. & auſſi de payer les sommes qui par vous seront ordonnées, miſes sus & impoſées, contraignez, ou faites conſtraindre tous ceux qu'il appartiendra, par toutes voyes & manières accoutumées de faire pour nos propres debtes & affaires, nonobſtant opposition ou appellation quelconques, pour leſquelles ne voulons par vous par ce eſtre aucunement differé : de ce faire vous avons donné & donnons, & aux trois ou deux de vous, pouvoir, authorité, commiſſion & mandement spécial pas ceſdites preſentes : voulons que au *vidimus* d'icelles fait soubs scel royal, foy soit adjouſtée comme à l'original. Mandons & commandons a tous nos juſticiers, officiers et subjets que à vous, vos commis et deputez en ce faiſant obéissent & entendent diligemment, preſtent & donnent conseil, confort, ayde et priſon, se meſtier eſt, & par vous requis en sont. Donné à Toulouse le XIIIe jour de juin l'an de grace MCCCCLXIII, de noſtre regne le IIe.

Ils auront tout pouvoir pour contraindre par tous moyens, les habitants à payer.

(*Hist. du Languedoc*, par D. Vayssettes, t. V. *Preuves*, p. 24.)

Le 4 août suivant, les délégués du roi mirent à exécution l'ordonnance(1). L'assemblée ratifia leurs demandes; la taille fut supprimée et l'impôt de l'équivalent transformé en d'autre droits.

1. A Montpellier. — Du 4 août 1463.

Convocation des Etats par les commissaires royaux.

« Pons Guillem, seigneur de Clermond en Lodeve, Chevalier, Chambellan du Roy nostre sire, et lieutenant général de Monseigneur le Comte du Maine, gouverneur de Languedoc, Jean d'Auvet premier President de la Cour du Parlement de Toulouse; Guillaume de Varie general des Finances du Roy nostredit Seigneur, Estienne Petit tresorier et Receveur general de Languedoc, Conseiller du dit Seigneur, et JEHAN DE REILHAC notaire et secrétaire dicelluy Seigneur, et tresorier de Nismes, Commissaires ordonnez par ledit Seigneur en cette partie, a tous ceux qui ces presentes lettres verront salut. Comme nagueres par l'ordonnance et commandement expres du Roy nostre dit Seigneur, et par vertu de ses Lettres patentes donnees à Toulouse le XIIIe jour dernier passé, desquelles la teneur sensuit, etc., » (suivent les lettres du Roi).

(*Hist. du Languedoc*, id., t. V, p. 24.)

Mais le roi n'attendit pas la réunion des États pour retourner vers le Nord. Il avait un vœu à accomplir. 1463.

De Toulouse, il se rend directement en pèlerinage à Notre-Dame-du-Pont sur les bords de la Vienne, dans la ville de Saint-Junien, en Limousin. C'est là qu'Étienne le Fèvre, prévôt de Saint-Junien, venait de faire bâtir, quelques années plus tôt (1451), une chapelle à la Vierge sous le vocable de Notre-Dame-du-Pont, à l'emplacement où s'élevait jadis un modeste oratoire vénéré dans toute la contrée.

En effet, pour expliquer la préférence qui a déterminé plusieurs fois Louis XI à surmonter les fatigues de voyages relativement pénibles alors, et à choisir, comme but de pèlerinage, cette petite ville du Limousin, il paraît vraisemblable d'admettre qu'il se rendait aux sollicitations de l'ancien conseiller de son père.

C'est par Gailhac, Villefranche de Rouergue, Rocamadour, Martel et Brive que le roi se dirige vers le Limousin, à la fin de juin 1463. Le long de la route, il refuse les présents que lui font les différentes villes, répondant « qu'il s'en va pèlerin » (persoque anava romiou) (1).

De Brive, où il entend la messe le jour de Saint-Pierre (29 juin), le roi va dîner à Donzenac et couche à Uzerche. Le vendredi 1er juillet, à l'heure de vêpres, il est à Limoges. Le lendemain il en repart, dîne à Verneuil et arrive dans l'après-midi à Saint-Junien.

Il semble certain que cette fois Jean de Reilhac n'a pas dû accompagner le roi dans ce voyage à son propre pays d'origine. Il n'y contresigne aucune des ordonnances qui y sont rendues, reste en Languedoc pour y attendre la prochaine réunion des États le 30 juillet suivant; au commencement de septembre, on le retrouvera dans cette même province, chargé d'une nouvelle mission avec le sire de la Tour d'Auvergne, et à la fin de ce dernier mois seulement il rejoindra le roi en Picardie :

1463. Néanmoins quelques détails sur ce célèbre pèlerinage de Louis XI, empruntés à M. l'abbé Arbellot, président de la Société archéologique du Limousin, trouveront leur place naturelle ici, précisément à cause du prévôt Étienne le Fèvre et de son frère Clément de Reilhac, seigneur de Brigueil, qui y jouent un rôle et reçoivent le roi.

Voici comment, d'après les anciens auteurs, a été reconstituée l'entrée de Louis XI à Saint-Junien (1) :

« C'est le samedi 2 juillet, fête de la Visitation de la sainte Vierge, que le roi, après avoir entendu la messe à Limoges, partit de là pour coucher à Notre-Dame-du-Pont.

« Les consuls de Saint-Junien revêtus de leurs robes mi-parties de rouge et de vert allèrent à cheval au-devant du roi pour lui présenter les clefs de la ville. Une cavalcade nombreuse, composée des principaux bourgeois, les accompagnait. Il y avait là des représentants de ces anciennes familles qui, dès le XVe siècle, avaient l'honneur de fournir des consuls (2). »

Suit la réception faite à Louis XI par les députés de la ville :

« Le roi, qui chevauchait sur une mule, avait en sa compagnie son jeune frère Mgr le duc de Berry, c'est-à-dire Charles de France, à peine âgé de seize ans ; — le prince de Navarre, ou son beau-frère, Gaston, fils du comte de Foix ; — René, fils aîné du duc d'Alençon ; plusieurs autres princes du sang, puis le sire du Lau, un des favoris de Louis XI, — et les principaux seigneurs du pays, qui faisaient à Sa Majesté une escorte d'honneur. Louis XI dédaignait les pompes extérieures, et, suivant les expressions d'un chroniqueur du temps, « il ne tenoit compte de soi vestir ne parer richement, et se mettoit si mal, que pis ne pouvoit ». Couvert d'un habit de gros

1. Même ouvrage de l'abbé Arbellot, p. 7 à 13.

2. Ici M. l'abbé *Arbellot* cite divers noms d'après les tables des consuls de Saint-Junien dans la seconde moitié du XVe siècle

1463.

drap qui le serrait extraordinairement, il mettait par-dessus un pourpoint de futaine. Sa tête était à peine ombragée d'un petit chapeau presque sans bords, en forme de calotte, orné d'une médaille de plomb où l'on voyait une figure de Notre-Dame.

« Quand le roi vit arriver la députation de Saint-Junien, il s'arrêta, ainsi que toute sa compagnie. Les consuls et les autres bourgeois, descendus de cheval, se mirent à genoux devant Sa Majesté. Alors, en présence de tous, l'un des consuls, parlant en son nom et au nom de la ville, tint à peu près ce langage : « Sire, nous sommes « ici vos très humbles sujets, les consuls et habitants de votre « bonne ville de Saint-Junien-le-Vigen. Plaise à vous nous suppor- « ter en pitié, et prendre en gré notre pauvreté et petitesse! C'est « la première fois que nous avons l'honneur de recevoir un roi de « France. Nous apportons à votre royale Majesté les clefs de votre « dite ville. »

« Alors les consuls lui présentèrent les clefs des portes, qu'ils tenaient entre les mains. Le Roi, après avoir entendu les consuls, leur dit, ainsi qu'à leur compagnie, de se lever, il ajouta : « Nous « savons que, du temps de nos prédécesseurs, vous avez été bons « et loyaux sujets, et vous avez bien gardé la ville ; et avons espé- « rance que encore la garderez bien au plaisir de Dieu et de Notre- « Dame. Nous venons en pèlerin à votre chapelle du Pont pour y « faire nos dévotions et nous mettre sous la protection de Notre- « Dame. » Puis, mettant la main à son chapeau et se découvrant, « il leur dit : « Levez-vous, mes amis, et nous en allons à la « ville. »

« Les consuls et les bourgeois de leur compagnie se levèrent alors, et, remontant à cheval, prirent la tête du cortège. Ils allèrent ainsi, précédant le Roi, jusque près des remparts de Saint-Junien, où les attendait le clergé, au milieu d'une foule immense accourue de tous les environs. La bannière de France flottait sur les clochers

1463. et au sommet des tours. On avait peint sur la porte du Pont-Levis, par où devait entrer le Roi, un grand écusson d'azur à trois fleurs de lis d'or. Le défilé commença, et le cortège, traversant les fossés, entra dans la ville.

« En tête, marchaient plusieurs ménétriers avec des trompettes; puis des enfants de la ville en grand nombre, vêtus de robes blanches ornées de fleurs et portant des couronnes de fleurs sur la tête, s'avançaient sur deux lignes, de chaque côté de la rue; ils tenaient à la main des baguettes blanches, au sommet desquelles étaient suspendus des panonceaux ou écussons aux armes de France; ils faisaient retentir les airs de leurs cris répétés : *Noël! Noel! vive le Roi!* (1) Les Frères-Mineurs venaient ensuite; après eux, le couvent des Frères-Prêcheurs, puis les prêtres et les chanoines, présidés par le prévôt du Chapitre, Étienne le Fèvre (*Fabri*).

« Tous ensemble, dès que le Roi fut arrivé, chantèrent l'hymne d'actions de grâces *Te Deum laudamus!* Aux versets du *Te Deum* les enfants et les gens du peuple répondaient par le cri joyeux: *Noël! Noël! vive le Roi!* Le concert harmonieux des cloches, qui sonnaient à toute volée, se mêlait au bruit des acclamations enthousousiastes. Les quatre consuls, descendus de cheval, portaient un magnifique pavillon semé de fleurs de lis, sous lequel s'avançait Louis XI, au milieu des flots pressés d'une foule curieuse et émerveillée. Le cortège traversa ainsi la rue du Pont-Levis, dont les maisons, pavoisées, étaient ornées de riches tentures, de guirlandes de feuillages et de fleurs.

« Après que le Roi fut entré dans l'église et eut vénéré les reliques de saint Junien, de saint Amand, de saint Rorice et de saint Cloud (2), il alla loger dans la maison du consul Surin, située sur la

1. *Les Chroniques de Saint-Martial*, par Duplès-Agier, p. 204. (Note de M. l'abbé Arbellot.)

2. Cette importante relique était un don fait le 5 juillet 1405 à l'église de Saint-Junien par Perencelle de Maignac, veuve de Clément I de Reilhac (V. note de la p. 6) Elle le tenait elle-même de son

place de l'Église: C'est en effet cette maison que la tradition immémoriale désigne comme ayant hébergé Louis XI. 1463

« Le lendemain 3 juillet, le roi descendit à la chapelle de Notre-Dame-du-Pont, où il entendit la messe et communia. C'était un dimanche ; toute la noblesse du pays et tout le peuple des environs s'étaient donné rendez-vous : la foule était aussi nombreuse qu'aux fêtes de l'Assomption et de la Nativité de la Vierge. Louis XI acquittait son vœu : il pria longuement pour lui, pour sa famille et pour la France.

« Ce jour-là, le Roi voulut donner aux habitants de Saint-Junien, en l'honneur de Notre-Dame, une marque particulière de sa bienveillance. Par ses lettres patentes datées du 3 juillet 1463, il leur octroya l'appétissement ou la huitième partie du vin qui se vendait en détail à Saint-Junien. Le produit devait être employé aux réparations de la ville ou à ses autres besoins. »

Frappé de la foule de fidèles qui se pressaient autour du sanctuaire, Louis XI résolut de le faire agrandir à ses frais. Il commanda qu'on construisît ce qui forme actuellement la nef de la chapelle, et chargea de ce soin Clément de Reilhac, seigneur de Brigueil (1), auquel il envoya ensuite et à cet effet diverses allocations prises sur la cassette royale (2). La plupart des nobles Limousins, entre autres les seigneurs des Cars, de Lambertye et de Rochechouart, participèrent eux-mêmes aux frais de cette construction (3).

De retour à Paris, le 26 juillet, le roi se décide à mettre enfin à exécution son projet de rachat des villes de la Somme engagées à la maison de Bourgogne par le traité d'Arras en 1435 ; et le 20 août il convient avec les envoyés du duc Philippe d'effectuer ce rachat,

1. V. p. 9.

2. Comptes de *Jean Briçonnet*, l'aîné, receveur du Languedoc du 15 décembre 1466 au 30 septembre 1467. (Bib. nat. Fr. 20.685, fol. 401-411.)

malgré l'opposition violente du comte de Charolais, futur héritier du
1463. duché de Bourgogne.

Mais il s'agit de réunir les 400.000 écus nécessaires, somme énorme pour l'époque. Le chancelier de Morvilliers, Guillaume Juvénal des Ursins, son prédécesseur, rentré maintenant en grâce, le président de Beauvau et Charles de Melun, grand Maître de France, s'en vont au Parlement de la part du roi et obtiennent 48.600 livres. La ville de Tournay, désireuse de faire oublier à Louis XI l'injure qu'elle lui avait faite alors qu'il n'était que dauphin (1), prête 20.000 livres.

Le 27 septembre, Étienne Chevalier, trésorier de France, va faire un premier versement de 200.000 écus d'or.

Cependant pour arriver à parfaire l'appoint nécessaire, Jean de Reilhac est demeuré en Languedoc après la dissolution des états; il a parcouru les diverses élections de ce pays, assisté de l'évêque de Clermont et de Bertrand de la Tour d'Auvergne, sire de Montgascon (2). Vers le 20 septembre, de retour auprès du roi à Gaillefontaine, il l'accompagne à Abbeville et à Eu.

Là, il révèle qu'à sa connaissance un trésor appartenant à Charles VII a été jadis caché au château du Crotoy (3). Louis XI l'y envoie aussitôt avec une escorte pour en indiquer l'emplacement aux commissaires chargés de le recueillir (4).

Le 8 octobre suivant, un nouveau payement est effectué.

Mais il s'agit maintenant de rembourser une partie des fonds qui ont été ainsi empruntés à la hâte. Louis XI s'adresse alors aux différentes provinces.

1. V. p. 27.

2. Ainsi qu'on le verra par le compte de *Pierre Jobert*, receveur pour cette province durant l'année 1463, compte dont on trouvera plus loin un extrait à la fin de l'année 1466.

3. Le château du Crotoy (Somme) avait soutenu un siège mémorable contre les Anglais, Jeanne d'Arc y fut enfermée en 1431. Il est vraisemblable que le trésor en question y avait été enfermé à l'époque de ce siège.

4. Compte de *Guillaume de Varye* pour l'an 1466. (V. page 186.)

(Arch. de la ville de Lyon A A 147. Publié par M. Vaesen, auteur des lettres de Louis XI. vol. II. p. 156.)

Le 23 octobre, Jean de Reilhac, l'évêque de Clermont, le bailli de Lyon et le sire de la Tour d'Auvergne reçoivent ordre de convoquer à Clermont-Ferrand les États des pays de Berry, Gien, Nivernais, Bourbonnais, Foretz, Beaujolais, Château-Chinon, Lyonnais et Auvergne : 1463.

A Abbeville. — Du 23 octobre 1663

Invitation à envoyer des Députés aux Etats convoqués à Montferrant.

Aux habitants de Lyon.

(Copie)

De par le Roy,

Chiers & bien amez, nous avons ordonne les gens des trois eftas des pais de Berry, Gien, Nivernois, Bourbonnois, Foureftz, Beaujolois, Chafteau-Chinon, Lyonnois & d'Auvergne, hault & bas, eftre affemblez, pour leur dire & remonfttrer aucunes chofes de par nous. Si voulons & vous mandons expreffement que envoiez aucuns d'entre vous à la dicte affemblée, aux jour & lieu que par noz amez & feauls confeillers L'EVESQUE DE CLERMONT (1), LE SIRE DE LA TOUR D'AUVERGNE, LE BAILLI DE LION (2) et maiftre JEHAN DE REILHAC, noftre notaire & secretaire, vous sera mandé pour oïr & conclure tout ce que par nofdiz confeilliers ou les deux d'eulx vous sera de par nous requis & remonftré. Et gardez que en ce n'ait faulte. Donné à Abbeville le XXIIIe jour d'octobre.

(*Ainsi signé :* LOYS.)

A nos chiers & bien amez les gens d'Eglise, bourgeois & habitants de la ville de Lyon.

(*Au dos :*) « Coppie des lettres royaulx & des commiffaires sur le fait de l'affemblée des trois eftas mandez à Montferrant. »

(Arch. de Lyon, A. A. 147, communiqué par M. Vaesen.)

En même temps, l'évêque de Limoges devait présider ceux

1. *Jacques I*[er] *de Comborn*, evêque de Clermont.

2. *Bertrand de la Tour*, V[e] du nom, *comte d'Auvergne, sire de Montgascon et de Boulogne*, mort au château de Saint-Saturnin le 26 septembre 1464. Il avait épousé Louise de la Trémoille, fille de Georges, seigneur de la Trémoille, et de Catherine de l'Isle Bouchard.

1463. du haut et bas Limousin, de la Marche, du Rouergue, Quercy, Périgord.

Reilhac, la Tour d'Auvergne et le bailli de Lyon obtinrent 26.592 livres, l'évêque de Limoges 14.322 livres.

Voici comment Legrand rend compte de cette contribution d'après le 3e compte de Guillaume de Varye :

Contributions offertes par les diverses provinces,
pour racheter les villes engagées au duc de Bourgogne
par le traité d'Arras en 1435.

Le roy pour rembourser les sommes qu'il avoit empruntées depescha dans toutes les provinces, afin d'y assembler les Etats.

Les Etats du haut et bas Limosin, de la Marche, Combraille, Rouergue, Francaleu, Quercy, Périgord, assemblés par L'EVESQUE DE LIMOGES ET D'ESCARS. 14.322 livres 5 sous

Ceux des pays de Berry, Gien, Nivernois, Bourbonnois, Chasteau-Chinon, Forrest, Beaujolois, Lyonnois, haute et basse Auvergne ou presidoient L'EVESQUE DE CLERMONT, MONGACON, LE BAILLY DE LYON (1) et JEAN DE REILHAC. . . . . 26.592 livres 15 sous 5 d.

(Bib. nat. Fr. 6.960, fol. 535.)

Parmi les actes de cette année qui portent le sceau de Jean de Reilhac on trouve encore :

Lettres de rémission pour :

Pierre Béchet, de la sénéchaussée d'Agen, scène curieuse de jalousie avec un Béarnais à propos de Guillemette, femme « de petit gouvernement » du diocèse de Lisieux. — *Toulouse, 3 juin 1463* (*Signé :*) DE REILHAC (2). Présent : Maistre Girault de Crussol;

Jean Faure, de Fourquevaux, sénéchaussée de Toulouse.

1. *François Royer*, bailli de Lyon qu'on trouve déjà envoyé en 1462 en cette qualité, vers le duc de Milan vec Charles d'Amboise et le President de Beauvau. (Publication de M. Vaesen, V. t. II, p. 58.)

2. Arch nat. J. J. 199. fol 105. (V. Tom. Sec., Pieces justific., n° CLXII.)

Brutalités envers un ecclésiastique suivies de mort. *Id.* — *juin* 1463.
Signé :) DE REILHAC (1).

Benoît Mabire, du diocèse de Lisieux. Combat à cheval entre gens de la campagne. Blessures et meurtre. — *Gaillefontaine, septembre. Id.* (*Signé* :) DE REILHAC (2).

Jean Robert, demeurant à Villeroye, près Abbeville. Querelle suivie de meurtre. — *Abbeville, septembre. Id.* (*Signé* :) DE REILHAC (3); présent : Georges Havart.

Guillaume le Comte, du Boulonnois, rixe et meurtre. — *Eu, septembre. Id.* (*Signé* :) J. DE REILHAC (4); présents : le comte d'Eu et Girault de Crussol.

P. et *G. du Flosc.* — Discussion pour ne pas payer dans une auberge. — *Abbeville, id.* (*Signé* :) J. DE REILHAC (5); présent : Georges Havart.

Jehannet Lebrun, du Laonnais. Coups et blessures sur plusieurs personnes. — *Id.* (*Signé* :) J. DE REILHAC (6); présent : Georges Havart.

L'autorisation à Bernard Angevin, seigneur de Pujols, Rozan, Cuisat, etc., de relever ces places fortifiées sises au bord de la Dordogne et en Guyenne, détruites pendant les guerres des Anglais. — *Toulouse, juin 1463.* (*Signé* :) RELHAC (*sic*) (7); présent : le sire du Lau.

1. Arch. nat J. J. 190 fol. 190 V. Tom. Sec. Pier Justific. n° CLXIII.
2 — — 195 fol. 58 — — n° CLXVII.
3. — — 199 fol. 81 — — n° CLXIV.
4. — — — fol. 153 — — n° CLXV.
5. — — — fol. 154 — — n° CLXVI.
6. — — — fol. 155 — — n° CLXVIII.
7. — — — fol. 194 — — n° XXXV.

1463. Divers comptes de la trésorerie de Nîmes et de Beaucaire; appointements du sénéchal Robert Juvenal ou Jouvenel, etc. (1).

1 On ignore s'il s'agit ici d'un membre de la famille *Juvenal des Ursins*.

Du 15 novembre 1463

Appointements du Senechal de Beaucaire pour un trimestre

(Copie sur papier.)

« Noverint universi quod Ego Robertus Jouvenelli Judex Regius Bellicadri, confiteor habuisse et recepisse ab honorabile viro JOHANNE DE RILHAC (*sic*) Thesaurario Regio Nemansi summam viginti quinque librarum Turonensium mihi debitam ad causam vadiorum meorum perme desservitorum a die Beati Johannis Baptistæ anno Domini M IIII^c LXIII° usque ad festum Beati Michaelis ultimo lapsum, de quibus XXV libris Turonensibus sum contentus et Dominum nostrum regem suumq. predictum Thesaurarium et omnes quos tangit quicto. In quorum testimonium signetum et sigillum meum hic apposui. Die XV mensis novembris anno Domini M IIII^c Sexagesimo tertio.

« R. JOUVENELLE. »

(Bib. nat., Fontanieu, vol 128-129, ann. 1462-1463.)

IX

ANNÉE 1464

(Elle commence le 1er avril)

SOMMAIRE

Sejour en Auvergne. — Logement des gens d'armes — Robert de Balzac. — Réglementations pour l'entretien et la discipline des gens de guerre. — Institution des commissaires royaux. — État des troupes du roi et leur solde pour l'année 1464. — Piraterie des Bretons. — Reprimandes au duc de Bretagne. — Instructions a Pierre de Brézé, sénech l de Normandie. — Mission à Montreuil-sur-Mer, pour rétablir les fortifications de la frontiere avec les Anglais. — Sourd mécontentement des princes du sang. — Brigandages du duc de Bourbon. — Détroussement de la dame de Crussol. — Lettre au sire d'Esternay. — Ambassade de J. de Reilhac a Rome. — Mort du pape Pie II et élection de Paul II. — Sejour à Milan. — Cession au duc de Milan des droits de la France sur Gênes. — Le petit scel de Montpellier. — Fortifications du pont de Villeneuve-les-Avignon. — La seigneurie de Parthenay. — Dreux Budé. — Albéric Maletta.

Au début de cette nouvelle année Jean de Reilhac se trouve encore au pays de haute et basse Auvergne où il est resté depuis l'assemblée des États, chargé maintenant par le roi d'aller « mettre ordre sur le faict du lojis des gens d'armes (1). » Pierre Maudonier, ancien receveur pour cette province depuis l'an 1440 (2), l'accompagne. 1464.

C'est qu'en effet, prévoyant les coalitions qui vont bientôt se former contre lui, Louis XI prend déjà les mesures indis-

1. Comptes de Pierre Jobert, receveur du Languedoc (V. plus loin a la fin de l'annee 14[illegible].)
2. V note de la page 7

1464. pensables à la répartition de ses troupes dans les provinces menacées.

De retour auprès du roi le 27 mai, Reilhac expédie au duc de Milan, François Sforza, une lettre de recommandation pour un chevalier français, Robert de Balzac, fils du Sr d'Entragues, qui désirait courir les aventures et guerroyer à l'étranger. Robert de Balzac venait alors se mettre à la solde du duc de Milan :

A Paris. — Du 27 mai 1464.

Au duc de Milan.

Recommandation pour Robert de Balsac.

(Origin. sur parchemin.)

Loys, etc., Très cher & tres amé oncle, pour ce que entre noz serviteurs avons en especial recommandacion noftre bien amé serviteur, Robert de Balsac, escuier, & pour ce que ledit de Balsac, comme nous a dit, a grand desir & affection d'aler veoir le monde & de soy employer en fait de guerre soubs aucuns de nos parents & especiaulx amis ; que sommes informés deuement que ledit Robert eft de bonne maison & noble (1) & bien expert au fait de la guerre, & qu'il eft homme pour bien servir, & que vouldrions son bien & avancement, nous desirerions bien que ledit Robert vous peust faire aucun bon service. Pourquoy nous prions bien affectueusement que, pour amour & contemplacion de nous, vous le vueilliés prendre & employer en voftre service & l'avoir pour especialement recommandé, comme vouldriés que eussions ung de voz serviteurs en cas semblable. Et, en ce faisant, nous ferez singulier plaisir. Donnez à Paris le xxviie jour de may, LOYS.

DE REILHAC,

A noftre très cher & très amé oncle le duc de Millan.

(Extr des Arch. de Milan, et publ. dans la Corr. de Louis XI p. M. Vaesen. — Vol. II, CXV, p 183.)

Les premiers mois de cette année semblent déjà tout aux préoccupations militaires. Suit une série de réglementations pour faire observer la discipline aux hommes d'armes répartis

1. Il était fils puîné de *Jean de Balzac*, seigneur d'Entragues, et d'*Agnès de Chabannes*, frère de *Roffec de Balzac*, sénéchal de Beaucaire, et lui-même senechal de Gascogne et d'Agenois apres son

dans les différentes provinces, et protéger le peuple contre les « pilleries » et exactions auxquelles ils avaient l'habitude de se livrer. 1464.

Désormais il y aura six commissaires chargés de faire les « monstres » (1) des dix-sept cents lances qui composent l'ordonnance royale. Ces « monstres » auront lieu de trois en trois mois, sur les lieux mêmes occupés par les hommes d'armes, lesquels devront, autant que possible, être logés dans des maisons et non camper dehors. Chaque commissaire aura avec lui un clerc du trésorier des guerres pour faire payer directement les troupes, et l'argent ne sera jamais remis à l'avenir entre les mains des capitaines. Les hommes d'armes devront donner personnellement quittance aux gens de guerre.

Il leur est interdit d'entretenir plus de serviteurs (2) et de chevaux que l'ordonnance ne le comporte.

Les commissaires auront également avec eux un lieutenant du Prévôt des maréchaux pour punir ceux qui le mériteront.

Si les paysans se plaignent que les soldats les ont volés, il sera retenu sur la solde de quoi satisfaire aux réclamations.

Défense de compter dans les « monstres » ceux qui n'y sont pas effectivement présents. Néanmoins, les hommes en congé régulier, ou malades, pourront y figurer, à la condition d'y faire présenter leurs chevaux et armes. Défense de donner à la fois des congés qui excèdent plus de quinze pour cent des effectifs présents. Défense de faire permuter les archers avec les arbalétriers sans une approbation personnelle du roi. Défense aux capitaines d'emprunter ou de retenir sous quelque prétexte que ce soit l'argent des hommes.

Il sera perçu 30 et 40 sous par mois, suivant les régions, pour

1. On appelait ainsi les revues où devaient se montrer les gens de guerre.

2. La lance comprenait six combattants et six chevaux. Chacun des combattants avait en outre plusieurs valets ou serviteurs. De là survenaient de fréquents abus qui entravaient la marche des troupes.

1464. le logement et l'entretien des hommes d'armes. Ceux-ci ne devront rien prendre sans le payer.

Ces règlements sont précédés d'une autre pièce indiquant l'état des lances et de leurs capitaines; nomenclature qui ne manque pas d'intérêt, puisqu'on y retrouve les principaux noms de l'époque : le Bâtard d'Armagnac, Joachim Rouhaut, Tristan l'Hermite, Sallazar, Crussol, Conyngham le chef des archers écossais, La Tour d'Auvergne, Poncet de Rivière, etc. :

A Lehons en Santerre. — Du 6 juin 1464.

Ordonnancement de l'état des troupes à la solde du roi pour l'année commencée du 1er janvier dernier et finissant au 31 décembre 1464.

(Copie sur papier.)

Les hommes d'armes a la grand'paye ont chacun quinze livres par mois & chaque archer 7 livres dix sous & ceux qui sont a la petite paye n'ont que dix livres & chaque archer ou arbalestrier cinq livres par mois.

Monseigneur le comte du Maine a dix lances fournies.

Poncet de Rivière	100
Monseigneur de la Tour	100
Monseigneur le comte de Comminge	100
Jean de Garguesolle, grand escuier	100
Joachim Rouault, marechal	100
Monseigneur de Crussol	100
Tristan l'Hermite	100
Geoffroy de Saint-Belin	96
Gaston du Lyon	50
Étienne de Thoulerette	30
Le Bailliz de Bourbonet	
Regnauld du Chattelet	20
Thomas, escuier	50
Robert Conegham	50
Jean de Sallesart	100
Guille Chenuet	
Monseigneur de Candale	70

1464.

Monseigneur le comte du Maine (1) n'eſt tenu faire aucune montre & revue & eſt tenu sur sa quittance de luy payer par chaque quartier neuf cent cinquante livres pour trente archiers a raiſon de dix livres chaque archer par lettres données a Paris par le Roy le 8e de mars 1463.

Poncet de Riviere.

Poncet de Rivière (2), cent lances par lettres signées a Bordeaux le 10 de février 1462, la dernière revue len fit a Bordeaux le 14 de janvier 1463.

Bertrand de la Tour d'Auvergne.

Monseigneur Bertran de la Tour (3), comte de Boulogne et Dauvergne, a cent lances, sa personne comprise, la 2e revue faite a Villefranche de Rouergue, le 15 d'avril 1464 & 23 juillet, la 3e a Saint-Gaultier en Berry, le 17 & 18 de novembre, la 4e, faite a Sainte-Laresne au moine, le 28 janvier 1464, a Domphront & à Vire, le 3 & 4 de fevrier.

Le Bâtard d'Armagnac.

Monseigneur le Bastard d'Armagnac (4), comte de Comminges, conseiller & vice chambellan du Roy, mareschal de France, lieutenant general pour le Roy en ses pays du Dauphiné & duché de Guienne & ayant la charge de cent lances fournies. sa personne en ce comprise par lettres données a Saint-Thierry-les-Rheims. le 12e daouſt 1461. 1e revue a Bordeaux le 15 de mars 1463; 2e a Blaye & Bourdeaux, le 11, 14 & 16 de juillet; la 3e a Montreal, en Armignac & a Barbesieux. les 25 & 26 octobre 1464, le 10 de novembre 1464; la 4e a Bordeaux les 3 & 4 de feuvrier 1464; a chaque quartier neuf mille liures pour cent hommes d'armes & deux cens archers qui sont a 15 livres pour homme darmes & 7 livres 10 sols pour chaque archer.

Le Grand Ecuyer.

Jean Garguesclles, premier ecuier ayant la charge de cent lances par lettres données a Amboiſe, le 3 de novembre 1461 : 1e revue a Laberelle, le 15 davril 1464; la 2e, en Forest Lyonnois & Beaujoloiz depuis le 12 d'aoust jusque en septembre; la 3e a Chateau-Gontier, Laval & Maine a la fin doctobre; la 4e aux mêmes lieux, le 17 fevrier 1464.

1. V. note de la page 140

2. *Poncet de Riviere*, conseiller et chambellan du roi. M. Vaesen a publie sur ce personnage jusque-l peu connu, une longue note fort intéressante. Chargé par Louis XI, au debut du regne, de punir les Liégeois, il commande les archers a la bataille de Montlhéry, puis est accusé d'intelligences avec les princes. Privé de son commandement, il part en 1465 pour faire un pelerinage à Jérusalem, sert ensuite le parti bourguignon, assiste à l'entrevue de Péronne et vit encore en 1487.

3. V. note de la page 152.

4. *Jean, bâtard d'Armagnac*, comte de Comminges et de Briançonnais, maréchal de France, gouverneur de Dauphiné. Il n'avait que le titre de seigneur de Tournon et de Gourdon en 1450. Apres la mort de Charles VII, il fut créé maréchal de France, le 3 août 1461. Louis XI, par lettre du même jour, lui fit don du comte de Comminges. En 1464, il prenait les qualités de « *conseiller et premier chambellan du roy, comte de Comunges, marechal de France, lieutenant general au duché de Guyenne et gouverneur de Dauphiné* » Mort apres le 26 avril 1473. Il etait fils d'Arnaud-

1464.

Joachim Rouhaut.

Joachim Rouault (1), Seigneur de Boimenard Vicomte de Fronsac et marechal de France ayant la charge de cent lances par lettres données à Avesnes en Hainault le 3ᵉ d'aouſt 1461. 1ᵉ revue à Saint-Lo et Villedieu le 16 et 19 d'avril 1464 la 2ᵉ à Saint-Lo Villedieu Pont au Bas en aouſt 1464 la 3ᵉ à Saint-Lo Villedieu et Avranches à la fin d'octobre 1464 la 4ᵉ à Briſſac, Thouars Chemille & Beaupreau le dernier de feurier 1464.

Le sire de Crussol.

Louys Seigneur de Crussol (2) grand Penetier de France ayant la charge de cent lances par lettres données à Montlehery le 25 de septembre 1461. 1ᵉ revue en Poitou entre Saint-Maixan & le village de Souldant en la conté de Poitou le 14 de mars 1464, la 2ᵉ à Poitiers Niort & Lussac à la fin d'aouſt, la 3ᵉ a Montaigue-Roche-Serriere Tiffauges à la fin d'octobre ; nota que dans cette montre il prend la qualité de Senechal de Poitou qu'il n'a prise dans les deux precedentes, la 4ᵉ à la Garnoche & autres mesmes lieux le 3 & 4 de fevrier 1464.

Tristan l Hermite.

Messire Triſtan L'hermite (3) Chevalier Prevoſt des Marechaux de France ayant charge de dix lances fournies par lettres données à Saint-Denys le 28ᵉ d'aoust 1461. Il n'a point de commissaires & eſt payé sur ses quittances par lettres données à Nogent le Roy le 25 d'avril 1464.

Le Bailli de Chaumont.

Messire Geoffroy de Saint Belin (4) Chevalier de Saint Belin & Bailli de Chaumont ayant la charge de 86 lances par lettres données à Lussac le 6 de juillet 1463 payées par la premiere revue par les quitances du Sieur Bailli de Chaumont attendu la grande diſtance ou ils sont logés les uns eſtans en Aniou les autres en Roussillon & ce par lettres données à l'Isle en Flandres le 23 fevrier 1464, 2ᵉ reveue ils sont diſperſes en Champagne & Bourgogne, 3ᵉ revue à Caourgi & Gien-sur-Loire 4ᵉ elles sont payées sur la quittance du capitaine par lettres du Roy données à Chinon le 13 janvier 1464/5.

Gaston du Lion.

Gaſton du Lion (5) Senechal de Saintonge Seigneur de Besaudun et 1ᵉʳ Varlet

1. V. note de la page 111.

2. *Louis de Crussol*, sénéchal du Poitou, grand panetier de France, favori de Louis XI, qui l'avait marié a *Jeanne de Levis*. (V. p. 182).

3. *Tristan l Hermite*, chevalier, seigneur de Moulins et du Bouchet, conseiller et chambellan du roi, prévôt des maréchaux de France et grand maître de l'artillerie, fils de Jean l'Hermite et de Marguerite Sigonneau. Il est resté célebre par divers actes de cruauté qu'on lui impute, principalement a la fin du regne de Louis XI.

4. *Geoffroy de Saint-Belin*, chevalier seigneur de Saxe-Fontaine et de Bielle, bailli de Chaumont, tue a Montlhery en 1465, avait éte chambellan du roi avant 1463. Il était fils de Pierre de Saint-Belin, sire de Blaisy, et de Simonne de Nogent. Il avait épousé *Marguerite de Baudricourt*. Il fut tué à la bataille de Montlhery.

5. *Gaston du Lyon*, chambellan du Dauphin (Louis XI), envoyé le 15 mai 1460 au duc de Milan. Il fut nommé sénéchal de Saintonge, le 12 août 1461, puis de Guyenne, le 27 avril 1468, et de Toulouse,

1464.

trenchant du roy ayant la charge de 50 lances par lettres données à Sainct-Thierry ès Rheims le 12 d'aoust 1461. 1re revue à Bayonne le 20 d'avril 1464, la 2e a Dax en aoust, la 3e à Pierre Forade à la fin d'octobre, la 4e à Bayonne le 15 janvier 1464.

Le bailli de Montferrand.

Estevenot de Tauleresse (1), ecuier decurie du roy & Bailli de Montferrant ayant la charge de trente lances par lettres données à Paris le 9e de septembre 1461, 1e revue a Bayonne le 20 d'avril, 2e revue a Daxe le 12 d'aoust 1464, 3e à Pierre Forade a la fin doctobre, 4e à Bayonne, le 15 de janvier 1464.

Le Bâtard de Bourbon.

Louys bastard de Bourbon (2), seigneur de Roussillon ayant la charge de 20 lances par lettres de retenue donnees à Paris le 4 septembre 1461. 1re revue à Lyon le 18e septembre 1464, 2e en Dauphiné le 10 et 12 daoust mai par lettres données à Neuville-pres-Arques le 28 juillet 1464.

Renaud du Châtelet.

Regnault du Chastelet (3), ecuier valet tranchant du roy, 3e revue a archiers elles sont exemptes de la 4e par lettres du roy données à Chinon le 15 de janvier 1464.

Le bailli de Caen.

Thomas escuyer *Bailli de Caen* ayant la charge de 50 lances par lettres données à Bordeaux le 24e jour de mars 1461. 1re revue à Issoire le 15 dauril 1464, 2e a Sainct Poursain, Cuisset, Escurolles, Aigueperse, Clermont, Maringues, Lerone, Thiart, Corpierres, etc. depuis le 9 jusqu'au 22 daoust, 3e revue aux mesmes lieux en novembre la 4e.

Robert Conyngham.

Robert Conigham ayant la charge de 50 lances par lettres données à St-Thierry les-Rheims le 13e daoust 1461. 1e revue à Saint-Flour 1er may 1464, la 2e a Brioude, Laniac, Alègre, etc. & a fin daoust la 3e aux mesmes lieux, a la fin de novembre la 4e.

Sallazar.

Jehan de Sallezart (4), seigneur de Saint-Just, cent lances, par lettres données à... le. . cent lances 1re revue à Vienne en Dauphiné le 7 auril 1464, 2e reveue ibid. le 8 de juillet.

1. *Estevenot de Talauresse,* dit *de Vignoles,* seigneur d'Aussemont, baron de Saint-Sulpice, bailli de Montferrand en 1462, conseiller et chambellan de Louis XI, senéchal de Carcassonne; assistait au siege de Beauvais en 1472.

2. *Louis, bâtard de Bourbon,* comte de Roussillon en Dauphiné et de Ligny, chevalier de l'ordre de Saint-Michel, gouverneur du Dauphine, fut cree amiral de France en 1466 et mourut le 19 janvier 1486. Il etait fils de Charles Ier, duc de Bourbon, et avait epouse en 1465 Jeanne, batarde de France, fille naturelle de Louis XI, morte en 1519.

3. *Renaud du Châtelet,* chevalier, comte de Vignory, souverain de Vauvillars, seigneur de Châteauneuf, Sorcy, etc., conseiller, chambellan et ecuyer tranchant du roi Louis XI En 1466, bailli de Chaumont et de Sens, il ne vivait plus le 21 avril 1493. Sa femme, Charlotte d'Alleman, d'une ancienne famille du Dauphiné, lui avait apporte la dignite de marechal de Dauphiné, et Louis XI, en consideration de ce mariage, lui fit don de 10 000 livres.

4. V. la note de la page 108. *Jean de Sallazar* avait epouse une fille bâtarde de la maison de la

1464. Guillaume Chenu. *Guillaume Chenu*, seigneur de Portneau 70 lances par lettres données à Amboise le 1er novembre 1462. 1re revue faite a... par Jean Foucault, cheualier, gouuerneur d'Orléans et commissaire pour cette reuue par monseigneur le comte de Dunois et de Longueuille seigneur de Partenay lieutenant du roy deça les monts le 8 feurier 1463, & ces 70 lances furent données par lettres données à Rouen le

Jean de Foix. 13 d'aoust 1462 a *Jean de Foix comte de Candale* (1), de Benauge de Lavau, captal de Buch 1re montre en Roussillon et Cerdagne faite par Gabriel de Saint-George ecuier Bailly de Perpignan a ce commis par commission particulière du roy faite a Lions en Santerre le 6 de juin 1464. 2e de la même manière et ainsi de la 3e faite en feurier 1465.

Aultres lances des pays Normandie.

Monsieur le comte de Dunois	100 lances
Monseigneur du Lau	100 —
Monseigneur de Laborde	100 —
Ladmiral Montauban	100 —
Monseigneur du Pont Labbe	70 —
Floques dit Floquet	100 —
Jean du Fou.	30 —

Le comte de Dunois. *Monseigneur le comte de Dunois* (2) et Longueville ayant la charge de 100 lances par lettres données aux Porcherons le 29 d'aoust 1461. — 1ere reveue à Romans en Dauphiné, le 23 avril 1464; la 2e *ibid.*, en aouft 1464; la 3e *ibid.* : le 1er décembre le Roy détache neuf hommes d'armes & 18 archers qu'il donne a Artus de Longueval, par lettres données à Paris le 22 de may 1462.

Le roy par lettres donnees à Baugency le 2 decembre 1464 exempte six hommes d'armes & autant d'archers de se trouver aux revues.

Guillaume de Bigars & deux archers à la même exemption par lettres données à Noyon le 15 de septembre 1464.

Hector d'Uselles. *Hector d'Uselles*, même exemption par lettres données à Sauve? le 12 daouft 1464, deux hommes d'armes et 4 archers : le 6 de janvier 146⁴/₅ par lettres données à Tours.

1. *Jean de Foix*, comte de Candale et de Benauge, captal de Buch, chevalier de l'ordre de la Jarretière, fils de Gaston de Foix 1er de sa branche, et de Marie d'Albret; mort vers 1485. Il avait épousé Marguerite de La Pole-Suffolk, issue de la famille royale d'Angleterre.

1464.

Messire Antoine de Chasteauneuf, seigneur du Lau, (1) seneschal de Guienne & capitaine de Falaise ayant la charge de cent lances par lettres données à... 1461. Ces hommes d'armes en Normandie & les revues dans les temps marqués a peu près comme cy-dessus. Le sire du Lau.

Jean Deteuil(2), *chevalier, seigneur de la Borde et senechal de Limosin* ayant la charge de cent lances par lettres de retenue données à Aveines le 3e d'aoust 1461. 1re revue à Tulles le 15 d'avril 1464; la 2e à Cadenat, Limoges, Tulle, &c., le 21 & 22 juillet; la 3e à Saint-Denis en Anjou, le 23 d'octobre; la 4e à Craon, Pouencé, Segré, le 20 février 146⁴/₅. Le sénéchal du Limousin.

Jean seigneur de Montauban (3), *admiral de France* ayant la charge de cent lances par lettres données à... 1462: 1re revue à Valognes, le 25 février 146³/⁴: la 2e à Valogne, Montebourg, Carentan en juillet 1464; la 3e à Avranche, Montebourg, le 3e de novembre; 4e reveue de 86 hommes seulement *ibidem*. L'amiral.

Nota. Le roy par lettres signées à Tours le 24 d'avril 1465 donna à l'admiral de Montauban tout ce qui pouvoit estre deu jusqu'au 1er avril aux hommes d'armes & archers de sa compagnie qui avoient quitté & estoient passés en Bretagne.

Jean, seigneur du Pont & de Rostrennen, bailli de Costentin ayant la charge de 70 lances par lettres données à Paris le onze de septembre 1462. 1re revue a Caudebec, Montivilliers, Fescamp, Neufchastel. La 2e *ibid*, pour 68 hommes seulement. Mais le Roy par lettres données à Abbeville le 10 d'octobre 1464 veut que l'on paye Olivier Plusquellec homme d'armes, & 8 archers quoiqu'absens & par autres données à Novion près Abbeville le 15 de septembre 1464, il veut que l'on paye Brun de Bouteville. La 3e *ibidem et eodem modo*. La 4e, faite à Rouen, il ne se trouva que 51 hommes d'armes: six hommes d'armes & 15 archers furent excusés: les autres estoient passés en Bretagne & le Roy donna a Guillaume de Ricarville, son maître d'hostel & commis pour la reveue de ceste compagnie ce qui estoit deu a ces deserteurs, a condition qu'il payeroit ce qu'ils pourroient avoir empruntés pendant leur dernier quartier & devoir a certains marchans. Par lettres données à Montargis le 23 de juillet 1466 & confirmées par autres données à Orléans le 5 octobre 1471. Le bailli du Cotentin.

Robert de Floquet (4) dit *Floquet*, bailly d'Evreux, ayant la charge de 100 lances Le bailli d'Évreux.

1. V. note de la page 111.
2. *Jean d'Estuer*, Sr de la Barde, senéchal du Limousin.
3. V. note de la page 109.
4. Robert de Floques dit Floquet conseiller et Chambellan du Roi, bailli et capitaine d'Evreux, tué

par lettres données à Saint-Thierry-lés-Rheims, le 12 d'aouſt 1461 : 1re reveue a
1464. Honfleur, Pont-l'Evesque, Pont-Audemer, en mars 146$^{3}/_{4}$. La 2e *ibid.* en juillet : la 3e *ibid*, en octobre : la 4e à Saint-James de Beuvron à Saint-Guillaume de Mortain & à Honfleur en février 146$^{1}/_{5}$. Il ne s'y trouva que 96 hommes, mais le Roy par les lettres données le 19 de may 1465 à Monluçon ordonna que les quatre autres fussent excusés & payez.

Le grand Échanson.

Jean du Fou (1), premier échançon du Roy, ayant trente lances par lettres données à Saint-Thierry le 12 d'aouſt 1461. 1re reveue à Cherbourg, la 2e & 3e de mesme, la 4e se fit encore a Cherbourg le 19 de janvier 146$^{1}/_{5}$, mais il ne s'y trouva que 21 hommes d'armes ; neuf & treize archers eſtoient paſſés en Bretagne, & le Roy par ses lettres signées à Razilli le 29 de janvier 1465 donna au capitaine ce qui leur pouvoit eſtre dû de leur solde :

(Bib. nat. Fr 6.971, fol. 239 v°.)

Suit le texte des Règlements en question. Après y avoir rappelé les essais de son père Charles VII pour introduire dans l'armée une bonne discipline, le roi y fait déclarer que les présentes ont été tout d'abord soumises à l'approbation du Grand Conseil et des princes du sang :

Réglementation pour l'entretien et la discipline des hommes d'armes.

Monstres. — Soldes. — Congés. — Permutations. — Punitions, etc.

(Copie du temps sur papier.)

Création de six commissaires royaux pour faire les monstres tous les trois mois.

Et premièrement nous voulons & ordonnons que pour faire les monſtres & loyers de dix-sept cens lances de noſtre ordonnance y ait six commissaires dont les cinq feront chacun les monſtres de deux cents lances lesquelles monſtres se feront de trois mois en trois mois sur les lieux ou lesdits gens de guerre sont logez sans les faire partir desdits lieux, se nous ne le mandons expressement. Et fera l'on loger lesdits gens d'armes sous en lieux clos, s'il eſt possible, ou en

1 *Jean du Fou*, seigneur de Rustenan et de Nouastre, conseiller, chambellan et premier échanson de Louis XI, capitaine de Cherbourg et sous Charles VIII grand echanson de France, vivait encore en

1464.

grosses bourgades sans loger en villages, affin qu'on les puisse mieux faire tenir en ordre ; & voulons & ordonnons que lesdits commissaire facent continuelle residence avec lesdits gens de guerre & que avec chacun desdits commissaires y ait un clerc du tresorier des guerres bien cautionné, duquel ledit tresorier des guerres repondra ; lequel clerc fera les paiemens ausdits gens de guerre à chacun particulierement à sa personne & non à autre & sur sa vie ne baillera aucune chose aux capitaines, ne à leurs eleves fors seullement la soulde du capitaine & son eftat, quelque don que leur en facent lesdits gens de guerre. Et aussi y aura un notaire commis & ordonné de par nous & a nos gaiges, lequel notaire recevra les quittances desdits gens de guerre & à cause d'icelles, ne autrement, ne prendra ne exigera aucune chose sur eulx.

La solde sera payée directement aux hommes par un clerc du tresorier des guerres, et non par les capitaines.

Item & voulons que en faifant lesdictes monftres lesd commissaires preignent bien garde que lesd. gens de guerres ne tiengnent point plus grant nombre de gens ne de chevaulx que leur ordonnance porte.

Nombre d'hommes et de chevaux fixe par l'ordonnance.

Item et voulons que avec chacun desdits commissaires y ait ung lieutenant du prevoft des mareschaulx, lequel avec les bailliz, seneschaulx & aultres juges royaulx ordinaires là où il y aura juges royaulx, & là où il n'y aura juges royaulx led. lieutenant du prevoft des mareschaulx face bonne justice desd. gens de guerre ; et quant ils feront ou commettront aucuns excès, violances et délits les pugnissent selon l'exigence des cas.

Un lieutenant du Prevôt des maréchaux accompagnera chaque commissaire.

Item & se lesd. gens de guerre prennent aucune chose sans paier ou font aucune exaction sur le peuple ledit clerc du tresorier des guerres, par l'ordonnance dudit commissaire paiera & restituera sur les gaiges de ceulx qui l'auront fait ou fait faire tout ce qui aura efté prins & exigé & voulons que le paiement que en fera ledit clerc tourne en acquit dudit tresorier des guerres en apportant certiffication desd. commissaire & lieutenant & quictance de celui à qui le paiement aura efté fait par leur ordonnance pareillement que se ledit paiement avoit efté fait à l'homme de guerre sur qui ladicte reparation sera ordonné faire ; & nonobstant ladicte réparation que juftice soit faicte de celui qui aura prins & exigé, selon que le cas le requerra, car nous ne voulons point que lesd. gens de guerre facent chose qui ne soit licite & convenable aux nobles & autres gens de noftre royaulme ; & quant lesd. gens de guerre feront le contraire nous voulons qu'ils soient pugniz comme les autres.

La valeur de tout objet pris sans payer sera retenue sur la solde des hommes.

Item & ledit commissaire ne recevra à lad'cte monftre fors seulement ceulx que seront presens en personne & en habillement souffisant pour passer ; toutesfois s'il

On devra être effectivement present aux monstres.

1464.

Proportion relative des congés qui peuvent être donnés.

& pour cause raisonnable feuſt absent il sera excusé & receu à ladiƈte monſtre, pourveue que ses chevaulx & habillement seront en son logeis & que ledit commissaire les voye ; & ceulx qui seront absens signera en ladiƈte monſtre pour absens & ne pourront lesdits cappitaines donner congié senon à quinze lances fournies pour une foys sur le nombre de cents lances & du plus, plus, & du moins, moins & juſques lesdiƈtes quinze lances retournées soient, n'en donnera congié à nulz aultres. Toutesfoys, quand il nous plaira mander lesdits gens de guerre, lors lesdits capitaines ne pourront donner congié à aucuns d'eulx, & se, lorsque les manderions, aucuns d'iceulx gens de guerre demanderont congié ausdits capitaines & vouloient lors laisser ladite ordonnance, celui qui le fera sera pugny cappitalement.

Les capitaines n'ont pas le droit d'admettre ou de congedier les hommes sans contrôle.

Item & se d'aventure aucun cappitaine vouloit meƈtre un homme nouvel en leur ordonnance pour oſter ung aultre, nous voulons que cellui que ledit capitaine y aura mis de nouvel ne soit point passé & que le clerc du tresorier des guerres retiengnent ses gaiges devers lui juſques à ce qu'il nous en ait adverti pour en ordonner à noſtre bon plaisir & que aucun cassement ne soit valable se le commissaire ne le casse.

Toute fraude dans la présentation aux monstres sera rigoureusement punie

Item & se prendra bien garde ledit commissaire qu'il ne se passe aucuns arbaleſtriers en lieu d'archiers & aussi que ausdiƈtes monſtres ne passent aucunes gens par noms empruntez, ne que les personnes ou les habillemens qui auront passé à la monſtre soubz une compagnie, ne se viengnent representer à la monſtre de l'autre pour fournir les places vuides ; & voulons que tous les gens de guerre & autres qui se essaieront à y faire fraude soient pugniz rigoreusement & selon l'exigence du cas.

Il sera fait justice aux plaintes du peuple contre les exactions des gens de guerre.

Item & au regard des crimes, excès & delitz qui seront commis par lesditz gens de guerre, nous voulons que lesdits commissaire & lieutenant du prevost & chacun d'eulx recueillent les plaintes du peuple & pareillement se informent de leur part des maulx qui seront faiz par lesditz gens de guerre, & ce fait, soient lesdits excès & malefices pugniz & reparez par ledit lieutenant, appellez nos officiers de noſtre juſtice s'aucuns en y a sur les lieux. Et s'il advenoit que entre lesdits gens de guerre, eust aucuns queſtion, ledit lieutenant du prevost en aura la congnoissance.

Indiscipline dans le service.

Item & s'il advenoit que aucun homme de guerre feust desobeissant à son cappitaine en aucune chose qui touchast noſtre service, sera pugny ainsi qu'il eſtoit par avant.

1464.

ment & loyaulment par lettres signées de sa main du nombre qu'il aura trouvé en chacune compaignie & de l'abillement en quoy ils seront, aussi de ce qui deffauldra & le nom de ceulx qui deffauldront, avec ce nous certiffiera des excès crimes & deslitz que lesdits gens de guerre feroient sur le peuple & de la justice & reparation qui en aura esté faicte, aussi de ceulx qui verra estre de mauvaise voulenté ou qui diroient mauvaises parolles sonnans ceditions ou desobeissances, ou vouloir d'estre à autres que à nous, ou qui vouldroient soustenir ceux qui pilleroient ou roberoient le peuple.

commissaire adressera son rapport. Il constatera l'état des hommes et leur conduite.

Semblablement ledit clerc du tresorier des guerres nous certiffiera des paiemens qu'il aura faiz à chacune desdictes monstres; et s'il est trouvé que lesdits commissaire, lieutenant du prevost des marechaulx, clerc du tresorier des guerres et notaire dessusdits facent faulce certiffication, ne autrement commectent aucune faultes ou abuz touchant les matières dessusdictes ilz seront pugniz de peine cappitale comme fraudateur de la deffense de la chose publique & crimineux de crime de leze-majesté.

Peine capitale contre le commissaire ou lieutenant qui serait convaincu de fraude.

Item, & affin que lesdits gens de guerre puissent mieulx vivre & eux entretenir en habillement & fournir à paier ce qu'ils prendront nous faisons deffence generalle à tous les cappitaines desditz gens de guerre qu'ilz ne soient si hardiz de prendre, retenir, ne exiger aucune chose sur lesditz gens de guerre, soit par forme de don, d'emprunt ne autrement en quelque maniere que ce soit, & s'il y a aucun qui face le contraire, cellui qui le fera sera privé & debouté de sa charge & dès à présent nous desclairons sadicte charge & tous offices bienffaiz & pensions qu'il auroit de nous perdus & confisquez & encourir l'indignation de nous.

Interdiction aux capitaines de rien recevoir ou conserver de ce qui appartient aux hommes.

Item, & voulons & entendons que doresenavant lesdits gens de guerre soient pourveuz de logeiz & ustenciles d'hostel & les paient sur ce qu'ilz ont de nous; c'est assavoir ceulx qui reçoivent leur soulde & paiement à forte monnoye paieront pour lesdits logeiz & utencilles trente sols tournois par mois, ainsi que selon les anciennes ordonnances il a esté acoustumé de faire; & ceulx qui sont paiez à faible monnoye courant en Normandie, tant que leurdit paiement se fera à ladicte monnoye payeront pour moys quarante sols tournois de ladicte monnoye, ainsi que par ci-devant ilz faisoient. Et en paiant ce que dit est lesdits commissaires & la justice des lieux où ils seront, leur fera fournir lesdits logeiz & utenciles raisonnables sans excès.

Les gens de guerre payeront leur entretien sur la solde, à raison de trente et quarante sous par mois.

Et deffendons que lesdits gens de guerre sur peine d'estre privez de l'ordonnance & pugniz corporellement, comme le cas le requerra, ne soient si hardiz de

Défense de violenter les gens du peuple.

1464. non ainsi que par lesdits commissaires & la justice desdits lieux sera ordonné.

Si donnons en mandement par ces presentes à nos amez & feaulx les mareschaux de France & à tous cappitaines & chefs de guerre, aux commissaires par nous ordonnez pour lexecution dicelles ordonnances, & a tous nos jufticiers officiers & subgets que noftre presente ordonnance ils gardent & entretiennent & facent garder & entretenir de point en point selon sa forme & teneur, sans aucunement venir ne souffrir eftre fait aucune chose au contraire. En temoing de ce, nous avons fait mettre noftre seel a ces dictes presentes; donné a Lihons en Xanterre le VI[e] jour de juing lan de grace mil IIII[c] LXIV & de noftre regne le III[e].

(*Ainsi signé :*) Par le roy en son confeil.

J. DE REILHAC.

(Arch. de l'Isere Ch. des Comptes B. 2904. fol. 119) (1).

Ces mesures avaient pour but de réprimer les agitations intérieures qui se préparaient déjà dans le royaume et nullement la guerre étrangère. Pour s'en assurer, on peut voir que peu de jours après le roi exige qu'on respecte scrupuleusement la trêve conclue avec l'Angleterre, trêve qui fut renouvelée encore le 12 avril 1465.

En effet, le 14 juin, on retrouve Reilhac à Amiens, signant une remontrance au duc de Bretagne, où Louis XI se plaint en termes vifs de pirateries exercées contre deux navires anglais par les habitants de Saint-Malo, actes de violence dont le résultat pouvait créer un nouveau prétexte de guerre à ces anciens ennemis. Quoique au courant de ces faits, le duc de Bretagne s'obstine, paraît-il, à fermer les yeux. Ordre formel lui est donné d'envoyer immédiatement les deux derniers navires capturés à Cherbourg,

1 On retrouve aussi une copie imparfaite de ce document, à la suite de celui qui precede, dans la

où le capitaine du port les remettra au nom du Roi à leurs propriétaires anglais qui les réclament : 1464.

A Amiens. — Du 14 juin 1464.

Au duc de Bretagne (1)

De par le Roy,

« Très chier & très amé neveu (2) nous avons efté advertiz que puis naguères de ceulx de Saint-Malo ont prins sur la mer deux navires d'Anglois avec les biens dedans eftans, & contrainct ceux qui y eftoient à habandonner lesditz navires, lesquelz, comme ont dit, ilz ont emmenez à Saint-Malo ; dont sommes fort esmerveillez, attendu la tresve par mer prinse pour nous & pour noz subgectz avec lesdits Anglois, ainsi que povez avoir sceu par la publication de ladite tresve que avons fait faire puisnaguères & par avant la dite prinse par tous les ports de mer de noftre royaume ; et ne croyons pas que en ce voulsissiez souftenir ceulx qui l'ont fait, car aussi ne le povez ne devez faire, se de tous pointz ne nous voulez désavouer. Et pour ce que noftre entencions eft de faire faire bonne réparation dudit cas, ainsi qu'il appartient. Nous vous en efcripvons afin que faciez prandre & arrefter lesdiz navires & biens avec les gens qui eftoient demourez & iceulx amener à Chierbourg, pour le tout eftre mis & baillé en garde soubz noftre main au cappitaine dudit lieu, afin que par lui ledit navire & biens soient reftituez à ceulx à qui ils appartiennent, car ledit cappitaine eft informé de ce qui a efté fait en cefte matière ; & pour la poursuite d'icelle, envoions presentement par devers vous ce chevaucheur de noftre efcuierie, par lequel nous vueillez escripre ce que en a efte fait. Donné à Amiens le XIIIIe jour de juing. » Ainsi signé : LOYS.

J. DE REILHAC. »

(Annuaire-Bulletin de la Soc. de l'Hist de France, ann. 1867, vol. V, p 171.)

Pierre de Brézé, sénéchal de Normandie, auquel Louis XI a rendu son office, est chargé de la garde des places récemment rachetées.

1 La piece qui suit est précedee de l'en-tête suivant

« En ce cayer sont contenues les matieres tant de lettres closes que autres escriptures faictes entre le Roy et le Duc, depuis la premiere rescripcion faicte par le Roy au Duc, au moys de novembre mil IIII^{c} LXIII..... jusques au cinqu^{e} jour daoust l'an mil IIII^{c} LXIIII. »

2. Francois II, duc de Bretagne, fils aîné de Richard, comte d'Estampes, quatrième fils de Jean IV et de Marguerite d Orleans, fille du frere de Charles VI. Il succéda à son oncle Arthur III au di che

1464. On lui accorde un renfort pour la protection du château de Lille, et il reçoit des instructions par Reilhac et la Loëre (1).

La frontière anglaise n'en attire pas moins aussi l'attention du roi. Calais et le territoire avoisinant étaient toujours restés au pouvoir de ces anciens ennemis; ceux-ci, malgré la trêve, ne cessaient d'y construire d'importantes fortifications. En face, sur la frontière française, se trouvait la ville de Montreuil-sur-Mer, avec son enceinte et sa forteresse dans un état de délabrement complet. Louis XI voulait qu'on y rétablît les ouvrages tombés en ruine; mais les finances de cette cité étaient alors dans un tel désordre par suite des maux dont elle avait souffert pendant la guerre de Cent ans, que toute dépense devenait matériellement impossible. Les habitants, obligés continuellement à des emprunts forcés, s'étaient imposés trop lourdement pour eux. L'annuité à payer s'élevait alors à 3.846 livres parisis

1. A Chartres, du 5 juillet 1464.

Le sénechal de Normandie à Guillaume de Varye

(Orig. sur papier.)

« Monsieur le general je me recommande a vous tant comme je puis. Aujourduy jay receu vos lettres et pareillement ceulx que le Roy escript a monsieur le trésorier Chevalier et vous prie que de par moy merciez le tresplus humblement que faire poures le Roy de ce quil efcript comme que l'on me baille la somme dargent contenue en cesd lettres car il me met hors de la plus grant malaise que jeusse en tout le monde *cest du fait de la garde du chasteau de Lille*, ou incontinent jenvoyeroy pourvoir et autrement je ne leusse seu faire et eust esté lad. place en danger de perdicion, le porteur de ceftes nommé Mathelin du Puis lequel autreffois a efte cappitaine des frans archiers du Maine ma dit que se le plaisir du Roy est de luy donner commission quil me amenera *cent bons hommes* pour venir avec moy sy vous prie que parles au Roy le plus diligeamment que faire se poura pour lad. commission car vous saves quil ny a plus du dumourer et puis que aller y fault je vouldroye que fusson desia la; monsieur le general je prie Dieu quil vous doint ce que plus desires. Escript a Chartres, le V[e] jour de juillet.

« Le tout vostre

« Presté »

« *Item*, qu il plaise au Roy commander a Maistres Jehan de la Loerf et Rillac (*sic*) que tous les mandemens lettres et instrucions que je doy porter soient pretes.

« (*au dos est ecrit*) A monsieur le general du Languedoc »

Mons[eigneu]r le general, je suis [illegible] dont tant comme je puis du lundi [illegible]
[illegible] que le Roy estoit [illegible] le
[illegible] lettres [illegible]
besoing [illegible] et vous prie que [illegible] par moy [illegible] ce qu'il estoit [illegible] que [illegible]
[illegible] que [illegible] pour [illegible] ce qu'il [illegible] tout [illegible]
[illegible] d'argent contente [illegible] tout le monde est du fait
[illegible] de la plus grant [illegible] pouvoir
de la [illegible] plus [illegible] dung
de la [illegible] plus [illegible]
[illegible]
de [illegible] archiers du [illegible]
quel [illegible] a este rapp[orté] [illegible] commission qu'il [illegible]
que [illegible] du Roy est [illegible] vous [illegible]
[illegible] homme pour [illegible] plus [illegible]
que [illegible] le plus [illegible]
commission [illegible] vous [illegible]
[illegible] que [illegible] le plus [illegible]
Le quel je prie Dieu qu'il vous doint [illegible]
[illegible] le [illegible] jour de juillet

plus encore neuf ou dix mille livres d'arrérages qui restaient dus sur les exercices précédents. Par cet état de choses la ville restait ouverte et courait de grands dangers. Elle était même constamment pillée par des bandes de malfaiteurs ou de gens sans aveu qui parcouraient le pays (1). 1464.

C'est pourquoi, le 16 juillet 1464, paraît une ordonnance du Roi nommant Jean de Reilhac, et Jean Dauvet premier président du Parlement de Toulouse, commissaires royaux à l'effet d'aller examiner la situation de la cité de Montreuil-sur-Mer, leur donnant pleins pouvoirs de réduire ces charges et créer des ressources afin de mettre cette frontière à l'abri d'un coup de main (2).

1. « Sous Louis XI, les *Montreuillois* se trouvaient constamment harcelés par des bandes de malfaiteurs et de gens sans aveu qui parcouraient les campagnes, détroussaient les voyageurs et rançonnaient même les bourgeois. Le roi permit de repousser leurs attaques à main armée. Le prince s'émut aussi du déplorable état des finances que l'échevinage dilapidait à plaisir. La ville était endettée, le commerce à demi ruiné, on avait constitué des rentes bien supérieures aux ressources municipales, qui ne dépassaient pas 5,040 livres produit de l'impôt sur les marchandises et les boissons. Il fallait des mesures énergiques. LE PREMIER PRÉSIDENT DU PARLEMENT ainsi que JEAN DE REILHAC vinrent examiner les causes du déficit, ils reconnurent que l'administration était au pouvoir de gens incapables et de bas étage (Dictionn. historique du Pas-de-Calais, publié en 1869. p. 354.) »

2 A Noisille — Du 16 juillet 1464.

Commission à J. Dauvet et à J. de Reilhac pour réglementer la situation de Montreuil sur Mer et mettre la ville en état de résister aux Anglais.

« Loys, etc., a noz amez et feaulx, maistre JEAN DAUVET, nostre conseiller et premier president en nostre court de parlement a Tholose, et JEAN DE REILHAC, nostre notaire et secretaire, salut et dilection. Receue avons l'umble supplicacion de nos bien-amez les mayeur, eschevins, bourgois et habitans de nostre ville de Monstereul sur la mer, contenant que nostredicte ville de Monstereul, qui nous appartient, de nostre domaine ancien, est ville de grand circuit, mal emparée et peuplée, penible à garder et entretenir, *assise en la frontiere de Calais et autres places occupees par noz anciens ennemis et adversaires les Anglois*, à deux lieues de la mer, vers la coste d'Angleterre, sur une petite riviere non portant navire, dont marchandises y puisse avoir cours : laquelle nostre ville, qui est loing de noz autres villes et enclavée de toutes parts entre les contez d'Artois, Boullenoys et Pontieu sans avoir pays appendant a icelle, a, durant les guerres qui longtemps ont esté en ladicte fronctière et par les autres guerres qui ont eu cours en nostre royaume, par mortalitez, sterilitez, ou autrement en plusieurs manières, eu et souffert innumerables dangiers, pertes, despenses et inconveniens, a l'occasion desquelles choses lesdicts supplians et leurs predecesseurs ont, par l'auctorité de nous et de noz prédecesseurs, imposé et assis plusieurs imposts sur eulx et leurs denrées et marchandises les

Les deux commissaires se mettent aussitôt à l'œuvre. Arrivés
1464. à Montreuil, à la fin de juillet, ils se font présenter les livres, interrogent les échevins, et décrètent diverses ordonnances, en vertu desquelles les rentiers devront subir une perte dans les intérêts

lesdicts supplians et leursdicts prédécesseurs vendu sur eulx et sur le corps de nostredicte ville, plusieurs rentes viagères en la vendicion desquelles lesdits supplians et leursdicts predecesseurs ont tant continué, que de présent lesdictes rentes se montent trois mille huit cent quarante trois livres six solz parisis ou autres grans sommes chascun an, et neuf ou dix mille livres parisis d'arreraiges, avec ce qu'elle nous doict deux cent douze livres six solz parisis de rente hereditable par deux parties a la recepte de nostre domaine d'Amiens, d'une part, et mille livres tournois à la recepte des aides ordinaires de l'élection dudict lieu d'Amiens, par composicion ancienne, pour leur porcion desdictes aydes, d'autre part, et si doivent oultre payer à nostre cappitaine dudict lieu de Monstereul, cent livres tournois chascun an : et ainsi, ont lesdicts supplians a payer, chascun an, cinq mille livres parisis ou environ, sans lesdits arreraiges, *avant qu'ilz aient auscuns deniers pour la retenue et entretenement de la forteresse*, des chaussées et des édifices, pour gaiges d'officiers ne por autres affaires de nostredicte ville, lesquelles charges sont si grandes et les receptes d'icelle nostre ville si petites, que, en années communes, lesmises excédents les receptes de XVJc livres chascun an ou environ, parquoy les arreraiges croissent et multiplient grandement chascun an. Pour pourveoir et remedier auxquelles choses, lesdicts supplians ont, puis auscun temps en ça, obtenu lectres de feu nostre tres chier seigneur et pere, que Dieu pardoint, et de nous, pour mectre et imposer auscuns imposts nouveaulx sur les heritaiges assis en la jurisdicion de nostredicte ville, sur les bois venduz ou admortiz en icelle, et sur autres choses . mais auscuns particuliers, en petit nombre, y ont résisté par voyes de fait, menaces et excez, et si ont appellé en nostre court de parlement de l'enterinement de nosdictes lectres, en laquelle nostre court lesdicts supplians sont tenuz en grande involucion de procès, tellement que icelles lettres leur ont esté jusques a present comme inutiles. Et encores, oultre les choses dessusdictes, nostredicte ville a nagueres este assise et imposée a quinze cents livres pour sa porcion du don et octroy a nous fait pour le rachat de nos terres de Picardie, lesquelles charges sont importables à nostredicte ville, et par le moyen d'icelles, se pourroit icelle nostre ville entierement dépopuler, et tout le cours de la marchandise interrompre tellement, qu'elle viendroit à totalle ruyne et désolacion ; et si n'y pevent lesdicts supplians pourueoir sans nostre bon moyen et provision, si comme ilz dient, requerans humblement iceulx. Pourquoy nous, ces choses considérées, voulans nostredicte ville estre ressourse et déchargee des dictes grans charges importables et icelle estre maintenue et gardée en son entier, confians de voz bon sens, et bonne preudommie, vous mandons et commectons par ces présentes, que vous vous transportez en nostredicte ville de Monstereul, et illec vous informez des choses dessusdictes avec gens notables, non suspectz ne favorables, tant au regard desdictes charges que de la maniere de la descharge et ressource de nostredicte ville, et aussi des abus et exces sur ce faitz, et ce fait, procédez a ladicte descharge et ressourse d'icelle nostre ville en faisant adnuller, raquicter et diminuer, et descharger lesdictes rentes, gaiges d'offices, et aultres despenses de nostredicte ville, et pour ce faire, mectant sus, se voyez que faire se doyt, telles autres charges et imposts, tant sur les habitans de nostredicte ville que sur les denrées et marchandises et autres biens d'celle ville que verrez estre a faire, et a la moindre charge de nostredicte ville que faire se pourra et voyant se, si mestier est, les receptes et despenses qui par cy-devant y ont esté faictes, et aussi, la forme et maniére tant de l'élection de l'eschevinaige et communauté comme de la police de ladicte ville, et des statutz et usaiges d'icelle, et le tout corriger, moderer ou amender, en punissant criminellement et civillement tous ceulx que trouverrez avoir abusé es choses

qui leur sont dus, proportionnellement au laps de temps couru pour chacun d'eux depuis l'origine de leurs prêts. Ils réglementent également la nomination des échevins et conseillers, déclarant que la mauvaise situation est due en partie à l'incapacité des administrateurs actuels « gens de petite façon et estat » : 1464.

A Montreuil sur mer. — Du 7 août 1464.

Rapport des Commissaires Royaux
et ordonnances édictées par eux.

JEHAN DAUVET (1), conseiller du Roy noſtre seigneur et premier president en sa court de parlement de Tholoze, et JEHAN DE REILHAC notaire et secretaire dudiƈt seigneur, & son tresorier en la seneschauſſée de Beaucaire et de Nysmes, commissaires en ceſte partie, à tous ceulx qui ces presentes leƈtres verront et orront, salut.

Comme le Roy noſtrediƈt seigneur, adverti des grans & importables charges, tant de rentes viagères que d'autres choses, qui par cy-devant ont eſté & encores sont sur les mayeur & eschevins, habitans & communauté de la ville de Monſte- Motif de leur mission.

nostre ville, ainsi que verrez estre à faire au bien de nous et de nostredicte ville, en contraignant tous ceuls qui seroient a contraindre, a obeyr, tenir et accomplir les choses qui par vous seront sur ce faictes et ordonnées, par prinses arrest et detencion de leurs personnes et exploictacion de leurs biens et autrement, ainsi que verrez estre a faire, nonobstant opposicions ou appellacions quelzconques faictes ou a faire, par lesquelles ne voulons pas vous estre differe de ce faire, vous donnant povoir et commission et commandement especial, mandans et commandans à tous noz justiciers officiers et subgets, que a vous, en ce faisant, obeyssent et entendent diligemment, prestent et donnent conseil. confort, ayde et prisons, se mestier est et par vous requis en sont Donne a Noville, le XVIJe jour de juillet, l an de grace mil cccc LXIIII, et de nostre regne le troisiesme

Ainsi signée. Par le Roy, *l'Amiral, les sires du Lau et de Basoches, Guillaume de Varie,* et autres presens »

(Ordonn. Roy, t. XVI, p. 235.)

1. *Jean Dauvet*. seigneur de Clagny, fils de *Jacques Dauvet*, et de *Yolande de Villeprouvee,* d'une ancienne famille etablie en Picardie au XIIIe siecle, était Procureur géneral au Parlement de Paris en 1446, puis successivement ambassadeur a Rome, aux Concile de Bâle et de Constance en 1455. Ce fut lui qui dirigea personnellement le mémorable procès de Jacques Cœur. En 1454, il avait ete député par Louis XI, avec Louis de Luxembourg et plusieurs autres personnages, vers le duc de Bourgogne pour réconcilier ce prince avec les Gantois révoltes Le 23 septembre 1461, le roi le nomma président au Parlement de Toulouse et par lettres patentes du 7 novembre 1465 premier président du Parlement de Paris. Il mourut a Paris, le 23 novembre 1471 et fut inhumé avec sa femme *Jeanne de Boudrac* morte en 1460 dans l'église de Saint-Landry. Sa descendance s'est alliée aux

1464. reul sur la mer, & des grans arreraiges desdictes rentes & autres debtes qui ont esté & encores sont de present sur ladicte ville, à l'occasion desquelles icelle ville estoit & est en voye de tourner en grant ruine, depopulacion & desolacion ; à ces causes, & pour pourveoir à la ressource des charges & acquits de ladicte ville, & aux folles & excessives despenses qui y ont esté faictes les temps passés, & aussi au fait, conduite & renouvellement de la loy, mairie et eschevinaige d'icelle ville, le Roy notredict seigneur, par ses lectres patentes, desquelles la teneur s'ensuit (*suit la teneur de la commission du roi citée précédemment*) (1).

Nous ait commis & depputez pour besongner vacquer & entendre ou fait et contenu de ladicte commission, à la reformation & ressourse de ladicte ville, & à y donner ordre de provision, ainsi que le Roy par sesdictes lectres le veult & mande ; nous soyons transportez en ladicte ville, & après ce que avons dict & exposé en général ausdicts mayeur, eschevins & habitans de ladicte ville, le contenu et effect de nostredicte commission, & le grant & bon vouloir que le Roy a à la reformation, ressourse, augmentation entretenement de ladicte ville, & nous avons veu & visité les papiers & registres de l'estat, police, receptes & despenses d'icelle ville, & sur ce avons eu communicacion & conference, par plusieurs & diverses journées, avec plusieurs gens notables d'icelle ville, de divers estatz, & sur ce avons délibéré d'appeller & faire adjourner par devant nous, tous & chascun les rentiers prenans rente sur le corps & les habitans de ladicte ville, pour veoir les lectres de leursdictes rentes, les causes pour lesquelles elles furent vendues & constituées & par quelle auctorité, et quelz arreraiges en estoient & sont deuz ; lesquelz rentiers qui sont demourans tant en cestedicte ville de Monstereul, que es villes de Saint-Omer, Boulongne, Abbeville, Amiens, Hesdin, que ailleurs ont esté adjournez & appelez par devant nous à certaines journées passées, avec intimacion que, vinssent ou non, nous procederions à donner ordre & provision au fait desdictes rentes & arreraiges, la pluspart desquelz rentiers se sont comparuz par devant nous, & nous ont monstré & exhibé les lectres des vendicions desdictes rentes, & de plus, les arreraiges qu'ilz disoient leur estre deuz ; sur quoy, depuis, nous avons conféré avec lesdicts mayeur & eschevins & auscuns notables hommes de ladicte ville de Monstereul, & à ceste fin, veu les livres & registres dicelle ville, avons trouvé que lesdictes rentes viageres en quoy la dicte recette est de present tenue & obligée, se montent trois milles huit cent quarante-trois livres six sols parisis, et les arreraiges qui en sont deuz et escheuz

Examen des creances constituees contre la ville. Ordre a tous rentiers de venir en justifier devant les commissaires du roi

1464.

Total de la Dette publique.

jusques au temps de present, se montent *Neuf mille trois cent dix-huit livres. six sols parisis;* & avec ce, avons trouve que ladicte ville a d'autres charges par chascun an, tant envers le Roy, pour la composicion de huit cents livres au lieu des aydes, que de deux cent douze livres parisis pour le minage (1), & autres choses qui sont deuz par chascun an au Roy, à sa recepte ordinaire, & pour les réedifications & reparacions des murailles, chaussées & autres edifices de ladicte ville, gaiges d'officiers, & autres charges & despenses d'icelle ville, se montant en somme, tout comprins, lesdictes rentes de la somme de VJ^c mille IIIJ l. ou environ; & les receptes & revenues que ladicte ville a & prent par chascun an, tant des impoftz qu'ilz tiennent sur les vins, cervoises & autres brevaiges, & sur les autres denrées & marchandises de ladicte ville, & autres revenues tant ordinaires que extraordinaires, se montent & peyent monter, communes années à la somme de V^m XL^l ou environ: & ainsi, les charges et despenses qui sont sur ladicte ville montent plus que les receptes & revenues de XIIJ^c LX^l ou environ, sans les arreraiges desdictes rentes qui se montent, comme dit eft, IX^m IIJ^c XVIIJ^l VJ sols: sur lesquelles charges & despenses, & grans arreraiges, nous avons parlé avec lesdictz mayeur & eschevins pour sçavoir d'où procedoit ladicte grant charge tant de rentes que d'arreraiges. & à cefte fin, avons veu & visité lesdicts

Visite des comptes municipaux.

papiers & regiftres de ladicte ville, & avons trouvé que lesdictes vendicions desdictes rentes ont efté faictes pour subvenir et supporter les grans despenses qu'il a convenu faire durant le temps de la guerre & pour garder & conserver cefte dicte ville, & obvier & resifter à l'encontre des Anglois; & si avons trouve que

Necessite de mettre la ville en defense contre les entreprises des anglais.

plusieurs années, par faulte d'avoir eu en la mairie & eschevinaige de ladicte ville gens notables & de bonne conduite, les affaires d'icelle ville, tant ès receptes que ès despenses, que aussi ou fait de la juftice & police d'icelle, n'ont pas efté si bien conduitz & gouvernez, comme besoing euft efté & seroit, & que, à ces causes icelle ville, en partie, a efte & eft conftituee esdictes grans rentes & arreraiges; ausquelz rentiers & prenans rente sur ladicte ville, nous avons remonftre les grans

Beaucoup de charges et peu de revenus.

charges qui eftoient sur ladicte ville, & la petite recepte & revenue d'icelle, & tellement que lesdictes despenses & charges montoient à trop plus grant chose que lesdictes receptes, & qu'il eftoit impossible à ladicte ville de povoir supporter ne acquitter lesdicts arreraiges & autres debtes & charges, par quoy eftoit besoing & chose raisonnable que lesdicts rentiers quictassent partie de leurs dictes rentes & arreraiges au moins jusques à auscuns temps pour aidier à ressourdre

1. [illegible]

1464.

Un trop grand nombre de rentes vendues.

remectre sus & descharger ladicte ville, actendu mesmement que, au moyen de la grant charge defdictes rentes & arreraiges qu'il avoit convenu continuellement payer ausdicts rentiers, ladicte ville avoit efté mise en nécessité de tousjours vendre rentes sur rentes, & par ce moyen eftre tombée en arrière de si grans sommes & debtes, comme dit eft dessus; & si avoient grant partie desdictes rentes, au moyen de ce qu'ilz avoient par long-temps efté payez desdictes rentes, recouvré beaucoup plus largement que les deniers qui avoient efté baillez pour lesdictes rentes, en leur remonstrant oultre que lesdictes rentes avoient efté vendues & constituees sans le congié & auctorité du Roy, ce qu'ilz ne povoient ne devoient faire, & que par ce moyen, à rigueur, lesdictes rentes seroient forfaictes & acquises au Roy, & lesdicts vendeurs & achapteurs encheuz en grosses amendes envers le Roy; & avec ce nous sommes informez de la forme & récréation de la loy & élection des mayeur, eschevins & conseillers de ladicte ville, et avons trouvé que la forme de ladicte recréacion & renouvellement, telle qu'elle eft de present, n'eft pas bonne ne prouffitable, & qu'il est expédient & necessaire d'y mectre et donner autre forme et maniere de faire pour le bien du Roy & de ladicte ville; sçavoir faisons que, veuz par nous et visitez les comptes, registres, chartes & cartulaires de ladicte ville, & eu sur ce advis & deliberacion avec plusieurs notables hommes, tant officiers du Roy que autres bourgeois, marchands & autres habitans de ladicte ville, de tous eftats, lesquels nous ont baillé leursdicts advis par escript tant en commun & par compagnies que particulièrement, pour donner bon ordre et provision à la conduite, justice & police de ladicte ville, & aussi, à la ressource acquit & descharge d'icelle, & à ce qu'elle se puisse d'ores en avant conduire & entretenir en bon ordre, justice & police, ou bien du Roy et de ladicte ville, & oy sur ce lesdicts rentiers ou procureurs pour eulx, en tout ce qu'ilz ont voulu dire & alleguer, avons, par vertu de noftre povoir et commission dessus incorporez, fait, statué et ordonné, faisons, statuons & ordonnons par ces presentes les choses qui s'ensuivent:

Emprunts continuels faits sans le consentement du roi.

Remedes à trouver.

Reduction des arrerages.

Premièrement. Pour ce que ladicte ressource et descharge de ladicte ville ne se peut bonnement faire que par le moyen de l'acquit, diminucion & descharge desdites rentes & arreraiges ou de partie d'iceulx, considérées les chofes dessus dictes, *nous avons ordonné et ordonnons que au regard des rentiers qui ont leurs rentes conftituées de par avant trente ans, ladicte ville demourra quicte des arreraiges escheuz de deux années*, se tant en est deu, & se non, lesdictes deux années, ou ce qui sera deu d'icelles, sera rabbatu et acquicté jusques au parfait desdictes deux

1464.

entre les divers rentiers pour effectuer ces reductions.

de XXX ans jusqu'à XV ans apres ensuivant, ladicte ville demourra quicte des arreraiges qui en seront escheuz d'un an et demi, se tant en est deu, et se non, sera prins & acquicte sur les années prochaines à venir, comme dit est dessus. *Et en tant que touche les rentes constituées de quinze ans en ça, ladicte ville demourra quicte d'une année d'arreraiges* se tant en est deu. et se non. sera reprins sur les années advenir, comme dit est; l'acquit et rabat desquelles années, pour et au lieu desdits arreraiges, se monte cinq mille IJ^c livres quatorze sols parisis; & ainsi, ne resteroit à payer & acquicter de tous iceulx arreraiges, que la somme de quatre mille cent XVIIJ^l XIJ^s parisis.

Abandon force du quart des arrerages durant six ans a venir.

Abus et fraudes dans la repartition et la perception « des Aydes ».

(2) *Item.* Avons ordonné & ordonnons que lesdits rentiers ne prendront que les trois quarts de leursdictes rentes par chascun an jusques a six ans prochainement venant. lesquelles six années eschues, lesdicts rentiers se pourront faire payer entièrement, pour le temps lors à venir, de toutes leursdictes rentes, durant les vies d'iceulx.

(3) *Item.* Affin que ladicte ville se puisse acquicter de ladicte rente et reste desdicts arreraiges montans a ladicte somme de quatre mille cent dix livres XIJ^s parisis, & aussi des autres charges que ladicte ville a à supporter, qui se montent, comme dit est dessus, beaucoup plus que les receptes & revenues que ladicte ville a de present, avons ordonné et ordonnons que pour et au lieu de VJ^d pour livre que ladicte ville a accoustumé prendre et lever sur toutes denrées et marchandises vendues et revendues en ladicte ville & banlieue elle prendra & levera d'ores en avant XIJ$_d$ pour livre, ainsi que on fait & qu'il est accoustumé de faire pour le Roy en la pluspart des bonnes villes de ce royaulme à commencer à la Chandeleur prochainement venant que les fermes de ladicte ville ont accoustumé d'estre baillées, jusques a six ans prochains après suivant. Et parce que nous avons esté advertiz et informez que ou fait desdictes aydes de VJ^d pour livre, ont esté faiz & commis plusieurs faultes, fraudes & abus, & tellement que ceulx aydes ne sont venus ensi a leur raison ne à beaucoup près, & vauldroient beaucoup plus que n'ont fait par cy-devant s'ils estoient cueilliz ainsi qu'il appartient, nous avons ordonné, pour obvier ausdictes fraudes, que toutes denrées et marchandises qui seront admenées en ladicte ville & banlieue pour icelles vendre, seront inventoriées & estimées par gens en ce cognoissans qui seront à ce depputez par les mayeur & eschevins; & au regard des denrées & marchandises qui ont esté et sont ja advenues & descendues en ladicte ville & es maisons des

Nouveaux impôts a lever.

1464. ainsi qu'il est accouftumé de faire à Hesdin, Saint-Omer & autres villes des marchés de par deçà.

(4) *Item*. Et avec ce avons ordonné que les impofts que le Roy a dernièrement octroyez eftre levez en ladicte ville et banlieue, par ses lectres patentes données à Bordeaulx, le XXIIIJ[e] jour de mars mil IIII[c] LXI. seront levez selon le contenu desdictes lectres; & oultre & pardeffus les dicts XIJ[d] que on a accouftumé prendre sur chascune charée de bois, seront prins aultres XIJd qui seront deux sols pour la charée, & des aultres foilles à l'avenant, & ce, jusques à six ans, à compter de la chandeleur prochainement venant.

Impôt sur le vin vendu au détail à être payé sans aucune faveur ni exception.

(5) *Item*. Et affin que les autres impoftz que ladicte ville a accouftumé de cueillir & lever par auctorité du Roy, tant sur les vins, cervoises & autres beuvraiges que sur autres choses, puissent mieulx venir au prouffit de ladicte ville, & pour obvier a toutes fraudes qui se pourroient commectre, avons ordonné que auscuns, de quelque eftat ou condicion qu'ilz soyent, soyent gens d'esglife, nobles, officiers du Roy, le geolier du chasteau, ou autres, ne pourront vendre ne faire vendre en détail vins, cervoises ne autres beuvraiges, en ladicte ville & banlieue, sans payer l'impoft que ladicte ville a accouftumé de prendre sur les dicts vins, cervoises & autres beuvraiges venduz en detail; & seront jaugiez les vins de Poictou et tous autres vins qui seront admenez en ladicte ville & banlieue comme sont les vins de Bourgongne, de France & d'autre part.

Défense d'introduire dans la ville aucune boisson sans payer les droits.

(6) *Item*. Que d'ores en avant aucuns ne pourront aler querir ne achapter hors ladicte ville & banlieue, vin, cervoise ou autres beuvraiges en caques, barreaulx, bouteilles ne autrement, pour apporter ne admener, en la dicte ville, que ce ne soit en payant l'impoft, sur peine de forfaire & confisquer lesdits beuvraiges, caques, barreaulx, bouteilles & autres vaisseaulx, & d'amende arbitraire.

(7) *Item*. Et pour acquicter le surplus des arreraiges desdictes rentes, montans à la somme de IIIJ[m] CXVIJ[l] XIJ[s] parisis, avons ordonné que lesdicts arreraiges se payeront par porcion, apres deux années prochainement venant en quatre années prochaines après ensuivans, c'est assavoir, en chascune desdictes quatre années, le quart desdicts arreraiges.

Aucune nouvelle rente ne sera plus inscrite a la charge de la ville.

(8) *Item*. Avons ordonné, enjoinct & deffendu, enjoignons, ordonnons & deffendons auxdicts mayeurs, eschevins & habitans de ladicte ville, que d'ores en avant ilz ne vendent ne constituent aucunes rentes sur le corps & communauté de ladicte ville, & à tous qu'ils n'achaptent icelles rentes, sur peine de forfaire & confisquer icelles rentes, & les deniers qui en seroient baillez, au prouffit

1464.

Defense au maire et aux echevins de donner des festins qui coûtent plus de douze livres parisis.

(9) *Item.* Avons deffendu & deffendons auxdicts mayeurs & eschevins, que d'ores en avant, à la recréacion & renouvellement de leur loy, ilz ne facent aucunes despenses en disners, feftoiemens ne autrement, qui exèdent plus de XIJ[l] parisis.

(10) *Item* Avons ordonné que d'ores en avant le bailly d'Amiens, ou son lieutenant, qui orra les comptes de ladicte ville, aura pour son salaire cent sols parisis par chascun an & non plus; & n'y ait autre qui ait salaire pour ladite audicion que ledit bailly ou son lieutenant.

Danger de laisser les affaires publiques entre les mains de personnes incapables et sans responsabilite Mauvaise administration des « gens de petit etat ».

(11) *Item.* Et parce aussi que nous avons efté informez que grant partie des charges & despenses de ladicte ville, et aussi les receptes & revenues, nont pas efte de si grant prouffit que ilz deussent, & que la juftice & police na pas esté exercée ne gardee comme besoing euft efté & seroit en ladicte ville, procede de ce que est offices & eftats de mayeurs, eschevins & autres officiers de la ville, nont pas efté nommez ne commis gens dauctorité, expers & cognoisseurs en telles choses ainçois y ont efte esleuz et commis *gens de petite façon et eftat*, qui nont sceu conduire, porter ne souftenir les faiz & affaires de ladicte ville, mais les ont laisse decheoir & diminuer au grant prejudice du Roy & dicelle ville. & tant parce que depuis aucun temps en çà le renouvellement & recreacion de la loy & lelection des mayeurs & eschevins de ladicte ville ont efte faicts par gens mecaniques & de petit eftat, sans ce quil y ait eu ne quon y ait appelé aucuns gens, ou bien peu dauctorité & deftat, avons ordonné & ordonnons que pour mectre en train & donner bon ordre, & faire entretenir & garder vigoureusement noz presentes ordonnances au bien & ressource de ladicte ville, seront prins par nous, pour les trois prouchaines années a venir ensuivans, commençant le jour de la Saint-Simon & Saint-Jude que on a accouftumé de renouveller la loy de ladicte ville, douze personnes, c'eft assavoir un mayeur & XJ eschevins, dont les deux seront second & tiers mayeur, ainsi quil eft accouftume : & des a present avons nommé & nommons pour lesdictes trois années prouchainement venans, maiftre Gillebert Dausque, premier mayeur, maiftre Jehan Lebrun, second mayeur. Porus de Hodic, tiers, Antoine de Bechancourt. Jehan de Romily, Jehan Palete, Antoine Galabart, Jehan Hulot, Jehan de Noyelle, Jean de Crequerel. Colart de Pardieu & Guillaume Godefroy, eschevins, lesquels mayeurs & eschevins promectront & jureront deulx employer de tout leur povoir à tout mectre en train & bon ordre, & de faire entretenir & garder vigoureusement lesdictes ordonnances, en diminuant les charges deppendantes de ladicte ville, & augmentant les receptes & revenues dicelle, & faisant & adminiftrant juftice au mieulx quils pourront.

Nomination de nouveaux mayeurs et echevins.

1464. de ladicte ville pour lesdictes trois annees, maistre Jehan de Bors, maistres Loys le Mire, Mathieu Dubos, Gilles de Cumiers, Robert le Vasseur, Jehan le Bergier, Charles Ducrocq, Jehan Grignete, Jacques Hasterel, Fremin Delerest, Guillaume Hordel et André Davenes, lesquelx feront serrement comme dessus.

Renouvellement tous les trois ans.

(12) *Item*. Et pour renouveller ladicte loy et eslire lesdicts mayeurs & eschevins & conseillers, après lesdicts trois ans passez & escheuz, avons ordonné que, ledit jour Saint-Simon & Saint-Jude, les mayeurs & eschevins esliront quatre d'entre eulx, & pareillement quatre des conseillers ou autres gens de justice du chastel, lesquelz huit ensemble esliront quatre notables bourgeois ou marchans de ladicte ville, et pareillement se assembleront les gueudons des sept gueudes, chascun en sa gueude, et esliront de chascune gueude l'un de leurs prevosts, lesquelz sept prevosts se assembleront avec les XIJ personnes dessusdictes, qui seront en tout XIX personnes, lesquelles XIX personnes renouvelleront la loy & esliront les mayeurs & eschevins, & avec ce, esliront XIJ conseillers, lesquelx mayeurs, eschevins & conseillers exerceront le fait de la mairie & eschevinaige, ainsi qu'ilz ont accoustumé par cy-devant, & pareillement sera renouvellée & recrée, ladicte loy de an en an d'ores en avant, par la forme & manière dessusdicte; & avant que faire ladicte election, jureront és mains du mayeur qu'ilz esliront gens notables, preudes & loyaulx, et telz qu'il leur semblera estre les plus prouffitables & convenables à estre de ladicte loy, & avoir lesdicte charges & estats de mayeurs, eschevins & conseillers de ladicte ville.

(13) *Item*. Et si advient que auscun desdicts mayeurs, eschevins ou conseillers, aille de vie à trespas, ou qu'il se absente de ladicte ville, tellement que il ne puisse plus exercer, lesdicts mayeurs, eschevins, conseillers esliront promptement autres notables hommes pour fournir le nombre & achever le temps desdicts eschevinaiges.

Émoluments accordés aux administrateurs

(14) *Item*. Et affin que ledit premier mayeur soit plus enclin à vaquer & entendre au fait de ladite mairie, nous avons ordonné que ledit mayeur aura de recompense LX[l] parisis de gaiges par an, et les deux conseillers pensionnaires de ladicte ville auront chascun VIIJ[l] parisis de gaiges ou pension par an, qui leur seront payez par l'argentier de ladicte ville.

Publication de ces ordonnances.

Lesquelles ordonnances dessusdictes nous avons aujourd'hui recitées & declairées, & faire lire & publier en l'ostel commun de ladicte ville, presens les mayeurs, eschevins, prevosts de gueudes et grant assemblée de gens de ladicte ville, de tous estats, & leur avons commandé & enjoint, commandons & enjoignons de par le Roy icelles entretenir & garder, faire entretenir & garder sans enfraindre. Et affin que auscun n'en puisse pretendre cause d'ignorance, avons ordonné icelles estre derechief publiées ès carrefours et lieux plus publiques de ceste dicte ville. En tesmoing desquelles choses nous avons mis et apposé à ces presentes, audit lieu de Monstereul, nos sceaulx et seings manuels, le VIJ[e] jour d'août mil CCCCLXIV. 1464.

(*Ainsi signé :*)

J. DAUVET. JEHAN DE REILHAC.

Ordonn. Roy., t. XVI, p. 235.

Par ses lettres datées d'Hermanville (1) le 13 août 1464, Louis XI ratifie ensuite les opérations des deux délégués à Montreuil-sur-Mer, et donne force exécutoire à leurs décisions (2).

Cependant le mécontentement des princes grandit sourdement. Il court partout des ferments de sédition et le pays tout entier semble se diviser peu à peu en deux camps. Pendant que les comtes d'Armagnac et de Foix, les habitants du Dauphiné, de la Savoie, de la Guyenne et de la Normandie, ont assuré le roi de leur fidélité, le duc de Bourbon et ses adhérents commencent à lever l'étendard de la révolte. Ils proclament publiquement qu'ils veulent soulager le peuple et supprimer les impôts. Deux lettres contresignées Reilhac, adressées de Saumur le 6 avril 1464, l'une aux habitants

1. Hermanville près de N.-D. de la Délivrande (Calvados).

2. A Hermanville. — Du 13 août 1464.

Ratification des ordonnances edictées par les commissaires du Roi

« Loys, par la grâce de Dieu, roy de France, a tous ceulx qui ces présentes lettres verront, salut. Comme puis nagueres nous eussions esté advertis que, pour occasion de plusieurs grans rentes rentes viageres que les mayeurs, eschevins et habitans de nostre ville de Montreul-sur-la-Mer, ont par cy-devant vendu sur le corps et commun d'icelle ville, pour subvenir a auscuns leurs grans et necessaires affaires, lesquelles montoient a l'extimacion et valeur de IIJ[m] VIIJ[c] XLIIII[l] VJ[s] parisis par chascun an, dont ils devoient de grans arreraiges montans a IX[m] III[c] XVIIJ[l] VJ[s] parisis, et pour autres grans charges et despens qu'il a convenu et convient supporter a ladicte ville, les mises et despens d'icelle nostre ville exédoient les rentes en années communes de la somme de XIII[c] livres ou environ et tellement que, pour occasion desdictes grans charges, plusieurs des habitans en icelle eussent este contraints a delaisser et abandonner ladicte ville, laquelle estoit en voye de bref tomber en grant ruine et desolacion, se prompte provision n'y eust par nous este donnee

1464. de Lyon, l'autre à Jean le Boursier, sire d'Esternay (1), apprennent que la malveillance du duc est telle, qu'il vient de faire détrousser la dame de Crussol (2), auprès de Lyon, pendant qu'elle se rendait en sa maison de Florensac, au pays de Languedoc, et que, sans la moindre pudeur, on l'a laissée sur la route n'ayant sur elle pour tout vêtement qu'un simple jupon dit alors « petite cotte »; ce qui, estime le rédacteur, « est chose bien inhumaine » (3).

Toutefois si par ordre du roi ces faits scandaleux sont ainsi publiés au Nord et au Midi de la France, c'est uniquement « afin que puissez mieux congnoistre la mauvaise et dampnée entreprise desdits rebelles et desobeissants ». Aussi, décidé à châtier de pareils méfaits, Louis XI fait-il ajouter en même temps d'autre part :

« A quoy avons bien entencion de donner si bone et si briefve provision que à l'ayde de Dieu chacun y prendra exemplé. » C'était indiquer clairement que, dans l'esprit du roi, une répression énergique ne se ferait pas attendre.

ville, eussions ordonnez certains noz commissaires, c'est assavoir nos amez et feaulz, maistre JEAN DAUVET, *nostre conseiller et premier president en nostre court de parlement a Tholose et* JEHAN DE REILHAC *nostre notaire et secretaire*, et trésorier de Beaucaire et de Nysmes, ausquelz eussions baille noz lectres de commission donnees *a Noaille*, le *XVIIe jour de juillet derrenier* passe, pour lesquelles mectre a execucion, iceulx noz commissaires se soyent transportez en ladicte ville de Monstereul; et apres ce qu'ilz ont veu et visite et qu'ilz se sont a plain informez de l estat et des grans charges et affaires d'icelle ville, ilz ont fait certaines ordonnances dont la teneur s'ensuit, etc. » (Ici la copie du rapport des commissaires.)

(Ordonn. Roy., t. XVI, p. 235.)

1. *Jean le Boursier*, sire d Esternay, chevalier, maître des comptes et receveur genéral de Normandie noye ensuite dans l'Eure, le 1er janvier 1466, par ordre du roi.

2. *Jeanne de Levis*, femme de *Louis de Crussol*, senechal du Poitou, l'un des intimes de Louis XI (V. note de la page 160). Elle possedait en Languedoc la terre de Florensac.

3. A Saumur. — Du 6 avril 1464

Lettre au sire d'Esternay, receveur pour la Normandie

« Nostre ame et feal depuis noz dernieres lettres a vous escriptes, nous avons eu nouvelles de noz tres chiers et tres ames cousins les contes d Armagnac et de Foix, et de noz gens du Daulphine et de ceulx de Savoye, et aussy de noz bourgeois et habitans de nostre ville et cite de Bourdeaux, qui tous sont deliberez de nous servir de corps et de biens et vivre et mourir pour nous. Et semblablement avons eu pareilles nouvelles de noz bonnes villes de Paris et de Rouen, et de nos païs de

La suite montrera combien il dut en coûter à Jean de Reilhac de signer ces lettres qui dénonçaient ainsi à la vindicte publique le prince dont il avait été le protégé, et envers lequel il chercha toujours, dans les circonstances les plus difficiles, à témoigner un attachement secret. 1464.

C'est ici que se place une ambassade de Jean de Reilhac à Rome et à Milan. Il reste absent pendant les sept mois qui s'écoulent, du 13 août 1464 au 13 mars suivant, époque où éclate la guerre du Bien Public.

Dans la nuit du 15 au 16 août 1464, le pape Pie II (Æneas Silvius Piccolomini) étant mort à Ancône, le conclave élit un Vénitien, le cardinal Barbo, qui prend le nom de Paul II. Les registres de la nonciature de France, conservés au Vatican, commençant seulement quelques années plus tard, il n'a pas été possible de retrouver jusqu'ici à Rome d'autres pièces concernant l'ambassade de J. de Reilhac, qui semble avoir été chargé soit de représenter Louis XI à l'installation du nouveau Pape, soit d'une mission immédiatement postérieure. Les frais de cette ambassade coûteuse, il dut les payer en partie de ses propres

France, Normandie, Picardie, Champaigne, Gascoingne et Languedoc, et de touz nos autres pais Et pour ce que aucuns de noz rebelles et desobeissanz ont faict semer que nostredict cousin estoit de leur bande, nous vous envoïons le double des lettres qu'il nous a escriptes, par lesquelles appert bien clerement du contraire. Au surplus, puis huict jours en ça, nostre bel oncle le roy de Secille, et nostre frere de Berry, le duc de Bretaigne et le conte de Dunois ont esté ensemble a la Roche-au-Duc pres Angiers, et ont eu aucuns pourparlers dont nostredict oncle nous a adverti, sur quoy avons, faict dire et remonstrer aucunes choses aux gens de nostredict oncle que leur avons faict baillier par escript, ainsy que verrez par la coppie que vous envoyons sur laquelle vous pourrez communiquer aux bourgeois, conseillers et habitans de nostre bone ville de Rouen et autres telz que adviserez Et a nostredict oncle envoïe ladicte remonstrance a nostredict frere et audict duc de Bretaigne desquelz encores n'a eu sur ce responce, mais ainsy que nostredict oncle nous a escript, il espere avoir dedans samedy prochain, et icelle cogneue, nostredict oncle viendra incontinent par devers nous. Aussy vous envoïons la coppie d'un petit advertissement que avons faict faire, adressant au conte de Bouloigne, pour respondre à aucunes faulces et sedicieuses semences et publicacions que ledict duc de Bourbon et ses adherens ont faict faire aux gens des villes et du pais d'Auvergne, en disant *qui abatront les tailles et aydes*, *pour et affin* que se on faisoit semblables semences et publicacions par dela, que vous y puissez respondre et faire respondre selon le contenu oudict advertissement. Nous avons aussy sceu que ledict duc de Bourbon et ses gens, en persevérant en leur mau-

1464. deniers, comme naguère celle d'Espagne et ensuite d'autres encore; le roi n'ayant mis à sa disposition que des ressources insuffisantes, comme il s'en plaint amèrement vingt ans plus tard : « Et après son advenement à la couronne lui fist faire plusieurs loingtains voiages, mesmement l'envoia à Romme, en Espaigne, à Millan, à Bruges vers le duc de Bourgongne et fraya moult du sien esd [itz] voiages, combien qu'il eust peu de bien du Roy (1). »

A son retour, il s'arrête à Milan et c'est à la même époque que Louis XI fait cession à François Sforza, duc de Milan (2), de droits qu'il avait sur la ville de Gênes.

Parmi les actes de l'année 1464 portant la signature de Jean de Reilhac on trouve :

Lettre royale faisant don à *l'abbaye d'Hières près Senlis* de la dîme de tout le pain qui se consomme à la cour du roi à Paris. Ce privilège avait déjà été autrefois donné aux religieuses par

Poictou qui s'en alloit en sa maison en Languedoc, nonobstant qu'elle eust eu seurte dudict duc de Bourbon, *l'ont mise en sa petite cote, et ne luy ont riens laisse, qui sont choses bien inhumaines*. Et courent les dessusdictz destroussant et pillant tout ce qu'ilz peuvent, a quoy avons bien entencion de donner si bone et si briefve provision que a l'aide de Dieu chacun y prendera example. Si veuillez bien amplement remonstrer ces choses partout ou verrez que bon sera, et tousjours vous emploier ou bien de noz affaires de par dela, en nous advertissant des choses qui survendront, en toute diligence. Done a Saumur, le VIe jour d'apvril. LOYS.

J. DE REILHAC.

Et en la suscription est ecrit « A nostre amé et feal conseiller et chambellan, le sire d'Esternay. »

(*Doc. ined. de l'Hist. de Fr.* par Champollion-Figeac, vol. II, p 211.)

Dans la même lettre envoyée au Lyonnais, on remarque seulement a la fin la variante qui suit « Si voulons bien vous advertir de ces choses, pour ce que savons que vous serez joieux de oyr de noz bonnes nouvelles, et aussi afin que puissiez mieulx congnoistre la mauvaise et dampnee entreprise desdits rebelles et desobeissants. Et vous prions que toujours veuillez acquicter vos loiaultez envers nous, ainsi que en vous avons parfaicte fiance. Donne a Saumur, le vi[e] jour d'avril. LOYS.

DE REILLIAC ».

Arch. Mun. de Lyon, A A no 45. Publie par M Vaesen, t. II. p. 255.

1. Arch. nat., X[1]a, 8.317 fol. 239. — Plaidoirie du 23 février 1483.

2. *Francois Sforza* 1er du nom, *duc de Milan*, ne le 23 juillet 1401, proclame le 25 mars 1450 et mort le 8 mars 1466. V. note de la page 50.

le roi Charles VI, en décembre 1380. — *Senlis*, 13 *juin* 1464. (*Signé :*) DE REILHAC (1). Présents : le comte de Comminges, Louis d'Harcourt, patriarche de Jérusalem, l'évêque de Bayeux, Georges Havart, sire de la Rosière. 1464.

Un mandement adressé aux *gens du Parlement*, leur indiquant le moyen de statuer lorsque deux ou plusieurs personnes se présentent munies d'un brevet pour occuper le même office. — *Amiens*, 14 *juin*. *Id.* (*Signé :*) DE REILHAC (2).

Diverses pièces concernant la trésorerie de Nîmes et de Beaucaire; notamment les gages de Bernard de Marimont, gardien du Petit Scel et frère du gouverneur de Montpellier (3); le compte des dépenses faites pour établir des fortifications en tête du pont de Villeneuve-lez-Avignon, lequel servait alors de frontière avec les domaines des Papes, etc... (4).

1. Ordonn. Roy, t. XVI, p. 207. V. Tom. Sec., pièc. justific., n° XXXVI.
2. Id. — id. — 212. Id. id. — — — n° XXXII.

3. A Montpellier. — Du 13 septembre 1464.

Pension à Bernard de Marimont, gardien du Petit Scel à Montpellier, autorisé à la prélever sur sa recette.

(Orig. sur parchemin.)

« Thesaurus Domini nostri Regis recepit et reddidit eidem a Magistro JOHANNE DE REILHAC. Receptore ordinario senescallie Bellicadri Nemansi summam IIII^{c} X LX l t. super hoc quod debere potest causa recepte sue ex decimis aut clamoribus curie parvi sigilli Montispessulani anni finiti die festo nativitatis beati Johannis Baptiste nuper et ultimo lapsis comptis per Johannem Bernardi de Marimont dicti parvi sigilli custodem pro medietate IX^{c} XX l. t. sibi per Dominum nostrum Regem annuatim per modum pensionis ultra vadia sua ordinaria que sunt IIIIxx l. t. anno quolibet ordinatarum. Et hoc pro sex mensibus inter se sequentibus die prima Jnuarii novissime fluxi incipientibus septum in dicto thesauro die XIIIe mensis septembris. Anno Domini millesim. cccc^{mo} LXIIII^{to}.

HARDOIN. SAINT-AMAND. LIGIER. »

(Bib. nat., Pièc. orig. Reilh., 2456, n° 11.)

4. Du 27 mars 1464.

Construction d'une tour pour défendre la tête du pont de Villeneuve-lez-Avignon.

(Orig sur parchemin.)

« Noverint universi quod in presentia mei notarii Regii infrascripti Anthonius Moyne habit. Villenove secus Avenionem gratis confessus fuit habuisse recepisse ab honorabili viro magistro JOHANNE DE REILHACO notario et secretario Domini nostri Regis et pro eodem thesaurario Regis senescallia Bellicadri et Nemansi et per manus Domini Remigii de Marimont militis magistri portuum

1464. Egalement aussi la note des frais du voyage accompli au Crotoy l'année précédente, ainsi qu'on l'a vu (1) :

Septembre 1464.

(Copie sur papier.)

Extrait du 3e compte de sir Guillaume de Varie, conseiller et général des finances du Roy, commis à tenir le compte du fait de sa chambre pour l'année finie en septembre 1464.

Deniers payez par ordonnances & mandemens du Roy.....

Trésor du Crotoy.

Mre JEHAN DE REILHAC notaire et secrétaire du Roy LV^l pour conduire certaines gens au Crotoy pour monstrer au chastel dudit Crotoy *la place où pièca fust mucié certain tresor apartenant au Roy.*

(Bib. nat., Cabin. des Tit., vol. 685, fol. 301-304.)

Un mandement du Roi à Dreux Budé, trésorier des Chartes, de remettre à Jean de Reilhac une expédition des lettres concernant le don fait par Charles VII, durant la campagne de Guyenne, de la seigneurie de Parthenay autrefois possédée par Jean Larchevesque.

Cette seigneurie avait été donnée au dauphin en récompense de sa vaillante conduite lors de la délivrance de Tartas assiégé par les Anglais le 24 juin 1442 :

A Thouars. — Du 18 mars 1464.

Au trésorier des chartes pour qu'il remette à Jean de Reilhac les titres de donation pour les seigneuries de Parthenay et autres, faites par Ch. VII durant la campagne de Guyenne.

(Origin. sur parchemin.)

LOYS, etc., A noftre amé et feal Conseiller et garde de noz Chartes Maiftre

secus Avenionem facte de quibus octo libre turonensium dictus Anthonius Moyne fuit contentus et dictum Dominum thesaurarium et alios quos tangit, quittavit : in quorum fide et testimonio Ego Johannes Perifrat notarius Regis presentem quittanciam scripsi et signeto meo manuali signavi. De XXVII mensis Martii anno Domini millesimo quadragentesimo sexagesimo quarto »

Sic recognitum

PERIFRAT.

(B. Piec. orig., Reilh 2456, p. 12.)

DREUX BUDÉ (1) salut &. dilection Pour ce que nous avons necessairement a besoingner des lectres du don que feu nostre tres chier seigneur & pere que Dieu absoille nous fist de la terre & seigneurie de Partenay, Voimont, Mervieu, Herven & Chastellaillon & autres que tenoit feu Jehan Larcevesque ou voyage de Tartas lesquelles lectres sont en la chambre du tresor de nos chartres. Nous voulons & vous mandons que lesdittes lectres dudit don vous baillez a nostre amé & feal notaire et secretaire Maistre JEHAN DE RILHAC (*sic*) pour icelles apporter par devers nous. En les lui baillant vous tiendrons quicte & descharge de la garde dicelle. Et en ce ne faictes faulte. Donné à Thouars, le XVIIIe jour de mars lan de grace mil cccc soixante & quatre & de nostre regne le quatriesme.

1464.

Récompenses de Charles VII au Dauphin en 1442, pendant l'expedition de Gascogne.

Par le Roy,

ROLANT.

(Bib. de l'Institut. — Collect. Godefroy, vol. 140, fol. 164.)

A Paris. — Du 26 mars 1464.

(*Quittance au gardien du trésor, écrit au dos de la pièce précédente.*)

Reçu par moy JEHAN DE REILHAC, notaire et secretaire du Roy, les lectres du don de la seigneurie de Partenay et autres terres nommées au doz fait par feu le Roy Charles au Roy Loys son filz. Et ce par la main de Maistre Dreux Budé garde des chartes du Roy. Presens Maistre Jehan Balue (2) et Jehan Symon (3). Et ce je certiffie sous mon seing manuel. Fait a Paris le XXVIe de mars mil IIII^c LXIIII.

DE REILHAC.

(Même source.)

Une lettre missive aux Bourgeois de Poitiers. Louise Jamine, fille d'Étienne Jamin, l'un des cent de la ville et greffier des assises du Poitou, était une filleule de Louis XI qui l'avait mariée avec Jean de Moulins. Il veut que ce dernier fasse « dorenavant sa principale residence en nostre dicte ville de Poictiers »,

1. *Dreux Budé*, Sr de Marly-la-Ville et de Villiers-sur-Marne, d'après l'abbé Lebeuf, conseiller et trésorier des Chartes du roi, etait fils de Jean Budé, secretaire du Roi. (Renseignements recueillis par M. Vaesen, t. II, p. 219.)

2. Devenu plus tard le célebre cardinal *La Balue*. Il venait d'être placé auprès du roi par Charles

1464. et fait écrire aux Échevins de le faire recevoir au lieu et place d'Etienne Jamin. — *Nogent-le-Roi*, 13 *mai* 1464. (*Signé* :) J. DE REILHAC (1).

Enfin une lettre à Albéric Maletta, secrétaire du duc de Milan. Le bailli de Lyon a intercepté un courrier adressé audit Maletta, l'a ouvert et envoyé à Louis XI. Mais il se trouve dans les pièces ainsi saisies plusieurs passages écrits « en chiffres », le roi en fait demander une explication immédiate au dit Maletta.

A Saumur. — Du 11 avril 146 ⁴/₅.

A Albéric Maletta. Demande d'explication pour une lettre rédigée en chiffres.

(Copie.)

Dilecte et fidelis noster, hesterna die per cursorem quendam transmisit ad nos baylivus noster Lugdunensis quamplures missivas litteras vobis directas, quasquidem predictus cursor tradidit apertas. Vidimus itaque contenta in eisdem, quod idcirco facere voluimus, ut si aliquid festinatione dignum per eas mandaretur significare nobis, de hoc remanere possemus advisati. Sed nihil aut parum importantie quod nos tangeret, in eisdem litteris repperimus, salvo eo quod in earum una per zifra et signa singularia describitur, ex quo nullum excerpere clarum potuimus intellectum. Si ergo per illa signa denotetur quicquam nostre notitie conveniens, ad plenum super his nos informare velitis, quam cicius illas receperitis litteras, quas una cum ceteris omnibus ad vos remittimus rogando... (*Suit un passage en chiffres.*) Datum Salmuri, die XI mensis aprilis LOYS.

DE BELACH (2).

(Arch. de Milan. — Publié par M. Vaesen, t. II, nº CLXIII.)

1. Imprimé dans les Arch. histor. du Poitou. — Vol. I, p. 149. — V. Tom. sec., Piec. justific., nº XXXIX.

2. Lisez « De Reilhac ». Sur une transcription italienne de cette même lettre se trouve le *post-scriptum* suivant « Dapoi la data dele presente e arivato qui el nostro carissimo barba, re Ranero, apparechiato ad fare ogni cosa, a nuy grata, ne più adherrise ad altra parte che alla nostra como piu largamente dira el presente portatore. » (Note de M. Vaesen.)

X

ANNÉE 1465

(Elle commence le 14 avril.)

SOMMAIRE

La Ligue du Bien Public. — Deuxieme voyage du roi à Saint-Junien. — Odet d'Aydie. — Fuite de Monsieur, frère du Roi. — Mission de Reilhac aupres du duc de Nemours — Assurances qu'il en reçoit. — Préparatifs et armements. — Campagne du Bourbonnais. — Voyage de Reilhac à Aigueperse. — Sa mission secrete a Riom. — Son emprisonnement. — Fausse situation vis-a-vis du duc de Bourbon. — Sejour du roi chez Reilhac, a Aigueperse, du 21 au 30 juin 1466. — Incident qui s'y produit. — Le traité d'Aigueperse. — Bataille de Montlhery. — Don de la charge de Maître des Comptes. — Traité de Conflans. — Le comte de Saint-Pol nommé connétable de France. — Ambassade de Reilhac et du chancelier des Ursins auprès des ducs de Normandie et de Bretagne. — Procès-verbal de leur entrevue a Pontoise. — Protestation du roi. — Permission de battre monnaie au duc de Bretagne. — Les dix sergents du « Parlouer aux Bourgeois ». — Louis XI envahit et reprend la Normandie. — Mission de Reilhac a Rouen. — Levee des impôts dans les provinces occupées. — Don d'une haquenée au roi. — Sejour a Orléans et à Montargis. — — Enquêtes rétrospectives. — Instructions secretes touchant le duc du Maine. — Rémissions diverses aux gens de guerre. — Comptes de la trésorerie de Nîmes. — Robert de Grandmont, bailli de Gévaudan. — Remi de Marimont, gouverneur de Montpellier. — Les frères mineurs de Saint-Louis à Marseille. — Le bailli du Vivarais.

La ligue dite « du Bien Public » se trouve formée secrètement. Elle comprend entre autres Charles de France, frère du roi, duc de Berri ; le duc Jean de Bourbon, et son oncle Louis, comte de Montpensier, dauphin d'Auvergne; Louis de Luxembourg, comte de Saint-Pol; le duc de Calabre, fils du roi de Sicile; le duc de Bretagne; le duc de Nemours; le comte de Charolais; le comte de Dunois, etc. Mais celui que les princes 1465.

comptent mettre en avant est « Monsieur », frère du roi, lequel,
1465. mécontent de son apanage, réclame le duché de Normandie.

Le centre de cette révolte semble être dès le principe dans la maison de Bourbon elle-même (1). De plus le comte de Charolais est le beau-frère du duc Jean et le duc de Nemours son cousin germain. Remarque qui peut avoir sa valeur pour expliquer la situation délicate où Reilhac, lié par un devoir de reconnaissance envers le duc de Bourbon, se trouvera fréquemment engagé au cours de différentes missions que Louis XI lui confiera durant cette lutte (2).

Le comte du Maine, oncle du roi et gouverneur du Languedoc, tenu au courant de tout, non seulement se garde bien d'avertir Louis XI, mais encore n'a rien fait pour empêcher son gendre, le duc de Nemours, d'entrer dans la Ligue.

Apprenant cette nouvelle perfidie dans sa propre famille, Louis XI dépêche Reilhac à son cousin de Nemours afin d'être fixé, et lui fait rappeler ses récentes protestations.

Après une entrevue cordiale où ce dernier paraît échanger avec l'envoyé du roi les témoignages d'une grande confiance, Reilhac, trompé par ces bonnes paroles (3), revient vers Louis XI avec les réponses les plus favorables. Mais la suite prouve bientôt combien toutes les protestations de ce genre étaient alors peu sincères, puisqu'on trouve le duc de Nemours au premier rang parmi les coalisés.

Convaincu du danger qui le menace, le roi se décide à prendre l'offensive et à envahir le duché de Bretagne. Mais François II, pour gagner du temps, lui envoie une nouvelle ambas-

1. V. p. 182.
2. V. p. 16.
3. Legeay. *Hist. de Louis XI*, t. I, p. 405. L'auteur n'indique pas où il a puisé ce renseignement particulier, et malgré de nombreuses recherches il a été jusqu'ici impossible d'en retrouver la source. Toutefois les rapports particuliers existant entre le duc et Jean de Reilhac ne permettent

sade conduite par Odet d'Aydie « l'aîné », et fait annoncer sa propre venue avec les intentions les plus conciliantes. Louis XI se laisse 1465.
encore prendre à cette promesse, comble les ambassadeurs de prévenances, puis, se décidant à faire un nouveau pèlerinage à Notre-Dame-du-Pont, part pour Saint-Junien, où il arrive le 4 mars (146$^{4}/_{5}$), premier dimanche de carême. Cependant, le duc de Berry, son frère, a refusé de l'accompagner sous prétexte d'une partie de chasse au faucon concertée avec Odet d'Aydie (1). C'était, en réalité, pour mettre à exécution un plan dès longtemps conçu.

Au lieu de la partie projetée, Odet d'Aydie (2) emmène le jeune prince en Bretagne. Cette fuite est le signal de la guerre civile.

Alors commencent d'actifs armements. De tous côtés on

1. Les chroniques du temps nous apprennent qu'on avait composé alors le couplet suivant sur cette prétendue partie de chasse, inventée par Odet d'Aydie « l'aîné » pour cacher un jeu autrement sérieux :

« Mettez sus chiens et oyseaulx,
Aussi toute gaudisserie
Jusqu'à ce que *Odet d'Aydie*
Aura mis sus jeux nouveaux,
Lesquelz ne seront trouvez beaux,
Mais ils pourroient bien cher couster,
Un grand mal est bon à oster. »

2. La maison *d'Aydie* qui a joué un rôle considérable aux xive et xve siecles, s'est éteinte dans les deux freres dont il s'agit ici, et qu on rencontre chacun dans un camp différent. *Odet d'Aydie l'aîné*, sire de Lescun, fut un des plus vaillants chevaliers de cette époque. Il avait eu longtemps les faveurs du roi Charles VII, qui le créa amiral de Guyenne et comte de Comminges en 1472, après la mort du bâtard d'Armagnac qui portait ce titre. Il mourut le 25 août 1498, ne laissant qu'une fille de son mariage avec Marie de Lescun. Elle epousa *Jean de Foix*, vicomte de Lautrec, dont vint *Thomas de Foix*, maréchal de France, tué à Pavie en 1524.

Son frère cadet, *Odet d'Aydie*, dit *le jeune*, *vicomte de Riberac*, *de Turenne et de Caylus*, *conseiller et chambellan du Roi*, mort apres 1531, avait epousé *Anne de Pons*, *vicomtesse de Riberac*, le 14 février 1483. La fille unique de ce dernier, Françoise d'Aydie, qui épousa *Francois de Mortemer*, fils du seigneur d'Ozillac, laissa elle-même deux filles, Anne et Jacquette, la premiere mariée en 1540 à *Francois de Reilhac*, *seigneur de Brigueil et vicomte de Merinville* (V. tabl. généalog.,

1465. cherche à enrôler des gens de guerre pour le service du roi :

A Tours. — Du 20 avril 1465.

Ordre au trésorier des guerres

(Orig. sur papier.)

« De par le Roy

« Maistre Anthoine Raguier nous avons donné à Jehan de la Fosse la somme de cent livres tz. pour lui aider a soy habiller *pour nous servir en la guerre* : si vous mandons que vous luy paiez lad. somme de Cl t et nous lemploierons en votre roolle en rapportant ceste cedulle signée de nostre main. Donné à Tours le XX d'avril.

LOYS. J. DE REILHAC. »

(Bib. nat., Fr. 20496, fol. 15.)

Bourbon et ses adhérents publient de nouveaux manifestes, proclamant toujours, pour attirer le peuple, qu'ils veulent l'abolition des impôts. Le roi y répond par un contre-manifeste, qui selon le rapport de Pierre Maudonier (1), receveur pour l'Auvergne, obtient alors le plus grand succès parmi les populations du centre (2)

Confiant dans ces dispositions, Louis XI se décide à commencer ses opérations militaires en frappant un grand coup au cœur même du Bourbonnais.

Le sire de la Barde, sénéchal du Limousin. et le bailli de Rouen partent avec 200 lances des compagnies Sallazar et Crussol. Le roi les suit. Il quitte Tours le 28 avril avec Reilhac, et va coucher à Saint-Aignan ; puis, laissant Bourges derrière lui, emporte d'assaut la forteresse de Montrond, et passe par Issoudun :

1. V. sur Pierre Maudonier la note de la page 7
2. Legeay, t II, p. 411-416.

A Issoudun. — Du 11 mai 1465. 1465.

Autre ordre au trésorier des guerres.

(Orig. sur papier.)

« De par le Roy,

« Tresorier de noz guerres baillez au petit Nicolle qui autrefoiz a tenu le party des Angloiz et sest piecia retourne par devers nous vint escuz pour luy aider à soy mectre en habillement *pour nous servir en la guerre* et nous emploierons lad. somme en votre rolle. Donné à Yssoldun ce IIe jour de may.

LOYS. J. DE REILHAC. »

(Bib. nat., Fr. 6603, fol. 9.)

De là il pénètre en Bourbonnais et s'arrête à Montluçon du 14 au 28 mai, et ensuite à Saint-Pourçain jusqu'au 11 juin. Arrivé là, le duc de Nemours, encore plein d'incertitude, apparaît. De longues négociations s'engagent entre le sire de Langeac d'une part pour le duc, et Louis d'Harcourt, évêque de Bayeux, assisté du sire du Lau pour le roi. Au milieu de ces pourparlers, Nemours, paraissant tout d'un coup vouloir se rapprocher des princes coalisés, va rejoindre le duc de Bourbon, le comte de Montpensier, le comte d'Armagnac et le sire d'Albret, pour se renfermer avec eux dans la place fortifiée de Riom, ancienne capitale du duché d'Auvergne.

Mais Louis XI, en politique habile, a déjà profité de sa présence en Bourbonnais, pour frapper le duc Jean ainsi que le comte de Montpensier dans leurs intérêts personnels. Ces princes ont, comme on le sait, justifié leur révolte aux yeux du peuple en accusant le roi d'élever perpétuellement les impôts. Louis XI s'empare de cette arme et la retourne contre ses propres auteurs.

Profitant des intelligences que Reilhac et Merlin de Cordebeuf, le grand écuyer (1), ont conservées dans le pays d'Auvergne, il les envoie trouver les consuls de la ville d'Aigueperse (2), capitale du

1. *Martin* ou *Merlin de Cordebeuf, Sgr du Coteil*, était fils de Durand de Cordebeuf. Il transigea le 14 juin 1452 avec les consuls de la ville d'Aigueperse (Arch. de la ville d'Aigueperse). Par ses qualités, il avait gagné la confiance de Louis XI qui le nomma son écuyer (Bouillet).

1465. comté de Montpensier, et les fait accompagner par Antoine Reynault, greffier du grand Conseil. Cette ville avait, paraît-il, déjà donné de nombreuses preuves de fidélité à la couronne de France durant les guerres des Anglais, malgré les coupables tentatives de ses comtes, et en particulier du dauphin d'Auvergne, Louis de Bourbon, au service duquel s'était autrefois attaché Guillaume, père de Jean de Reilhac (1). Partis le 20 mai 1465, les délégués royaux reçoivent à leur arrivée les protestations des habitants; en échange de quoi, ils leur promettent une exemption perpétuelle de tailles (2).

Le lendemain, ils retournent vers le roi, suivis par une députation des notables de la ville. Louis XI, apprenant le bon accueil fait à ses envoyés et voulant continuer à rassurer les sujets du duc de Bourbon par une marque singulière de sa bienveillance, y ajoute encore le droit de posséder des fiefs nobles pour tous les habitants

1. V. p. 7.

2. A Montluçon. — Du 20 mai 1465.

Mission a Aigueperse de Merlin de Cordebeuf, grand ecuyer, de Jean de Reilhac, et d'Antoine Reynau. greffier du grand Conseil.

« Louis, etc , nous avoir humble (*sic*) de nos chers et bien aimez les consuls Bourgeois et habitans de la Ville d'Aigueperse contenant que laditte Ville est la quatriesme des treise bonnes Villes du bas pais d'Auvergne, representant l'un des Estatz dud. pais et ont les habitans en icelle de toute anciennoté estre bons et loyaux seruiteurs envers nos Predecesseurs rois a la couronne de France, quelque tems ou aduersité qui aient este et aduint pieca pour ce qu'ils ne vouldrintobeir aux Anglois qui estoient en ce royaume. *Le comte de Montpensier qui lors estoit que la ditte Ville estoit comme encore est sujette* mis lesdits Anglois en icelle a leur tres grand deplaisance en furent. laditte Ville et les habitans en icelle *pillée* et *detournés* et depuis ont continuellement persevére en leurs loyauté et obeissance a la couronne de France et mêmement du temps de feu notre tres cher seigneur et Pere que Dieu absoille, que le feu Duc de Bourbon et autres seigneurs du sang s'eleuerent contre luy iceux supplians qui lors estoient enuironnés de toute parts de Places desobeissantes a notredit Seigneur et Pere en continuant leursd loyauté abandonnerent corps et biens pour luy faire ouverture et obeissance ainsi que faire devoient, et par ce moyen eut entrée, et obeissance de plusieurs autres Places de la plusparts dud. pays d'Auvergne et dernierement après ce que notre frere Charles s'en est par la seduction daucuns sans nostre congé parti de notre compagnie et alla deuers le Duc de Bretagne au moien de laquelle alee, nostre frere led. Duc de Bretagne *aussi le Duc de Bourbon et autres et leurs adherans desquels estoit nostre cousin le conte leur Seigneur naturel, oncle dudit Duc de Bourbon se sont mis sus les armes et fait guerre ouverte a tenant de nous* susdits supliant durant icelles divisions se sont entretenues en leurd loyauté et ont gardé laditte Ville comme tous les dessusd. en notreditte obeissance, et quant ils ont sceu nostre approuchement en ces marches et incontinent que leur avons fait sçauoir par nos amez et feaulx Merlin de Cordebeuf Seigneur de Beauvergier nostre

d'Aigueperse. — *Montluçon*, 2 *mai* 1465 (1); présents : le comte de Comminges, les sires du Lau et de Montsoreau, Pierre d'Oriolles. 1465.

Alors toujours perplexe devant cette attitude ambiguë des princes, le roi ordonne à Reilhac de pénétrer dans Riom où ils se sont retirés, sous prétexte de reprendre les pourparlers, mais en secret pour « y pratiquer avec les amis du roi » et faire en sorte de « mettre ainsi cette ville en l'obéissance ». Il paraît recevoir à cet effet de Louis XI les pourvoirs les plus étendus (2).

A peine entré dans la place, il est reconnu et appréhendé au corps, puis jeté en prison, lorsque Nemours vient lui-même le faire

Ecuyer d'Ecurie m[e] JEHAN DE REILHAC nostre notaire et secretaire et tresorier de Nysmes et [ANTOINE] REYNAULT greffier de notre grand Conseil que nous enuoyez par devers eulx, ils sont venus deuers nous pour nous faire le serment et toute pleniere ouverture et obeissance ainsy que bons et loyaulx subjets sont tenus faire a leur Souverain Seigneur en nous suppliant que en ayant consideration aux choses dessusd. il nous plaise les afranchir perpetuellement de tailles aydes impositions [huitiesmes] de toutes autres choses. et faire leur [impartir] nostre grace. Surquoy nous ces choses consideres, et mesmement la bonne loyauté et obeissance que lesd. supplians et leurs Predecesseurs ont de tout temps et dancienneté eue enuers nosdits predecesseurs et nous a la couronne de France, voulans ces choses enuers eulx recongnoistre afin qu'il en soit memoire ou temps avenir pour donner exemple a autres ausd. Consuls Bourgeois et habitans Daigueperse qui a present y sont et qui y seront dors enauant demourant avons octroyé et octroyons voulons et nous plaist qu'eux et leurs successeurs habitans en icelle Ville soient et demeurent perpetuellement francs quittes et exempts de toutes les tailles qui seront dors enavant mises sus depart nous et nos successeurs en nostre royaume pour quelque cause et occasion que ce soit et tant du payement de nos gens de guerre que autrement et de ce les auons exemptez et affranchis, exemptons et affranchissons perpetuellement et a tousjours de grace especial plaine puissance et autorité royalle par ces presentes sans ce qu'ils y soient ne puissent estre assis, imposez ne contrains a aucune chose en payer en aucune maniere. En payant par eux les aydes ordonnez pour la guerre ou lequivalent iceulx et le huitieme du vin vendu en detail seulement. Si donnons en mandement par cesd. presentes a nos amez et feaux conseillers sur le fait de toutes nos finances, et de toute la justice desdites aydes, aux Esleus du bas pays d'Auvergne, et a tous nos autres justiciers et officiers ou a leurs lieutenans presens avenir, et a chacun d'eux a luy appartenant que lesd. habitans de lad. Ville d'Aigueperse ils facent .. [seuffrent] et laissent jouir et user plainement paisiblement et a tousjours de nos presens affranchissemens et octroy sans leur faire [ne souffrir estre fait] et afin *(la formule ordin.)* sauf (id). Donné a Montluçon le 20[e] jour de may l'an de grace mil IIII[c] LXV et de nostre regne le IV[e] ainsi signé. J DE LA LOFRE.

« Par le Roy

« Le Patriarche de Jerusalem, le comte de Comminges, les Sires du Lau, de Montsoreau et de Monstereuil, maistre Pierre Doriole et aultres presens. »

(Bib nat , Fr. 6971, fol. 39.)

1. Ordonn. roy., t. XVI, p. 328. V. Tom. Sec., piec. justific. (XI.)

1465. relâcher sur l'ordre formel du duc de Bourbon (1). Les négociations reprennent alors entre lui et le sire de Langeac au nom des princes, négociations dans lesquelles Reilhac apporta un esprit de conciliation probablement trop grand, puisque quelques jours plus tard le sire de Langeac se félicita avec son maître, en présence du sire d'Albret et du comte d'Armagnac, de ce que Reilhac avait cherché en cette occasion à ménager les intérêts du duc de Bourbon, auquel, selon sa propre expression, « led. de Reilhac n'avoit pas fait en sa charge tout le pis qu'il avoit pu » (2).

Pour qui se rappelle les obligations personnelles que Reilhac avait au duc, il est facile de comprendre combien cette mission était alors difficile pour lui. Déjà celle d'Aigueperse lui avait paru trop lourde, « il estoit au roy, » dit-il lui-même naïvement, « toutefois vouloit servir monsieur de Bourbon et tout ce qu'il pourroit faire il le feroit (3) ». Aussi quand plus tard il tombera en disgrâce, les circonstances de ce séjour avec les princes lui seront-elles violemment reprochées.

Pendant ce temps, le 21 juin, le château de Gannat emporté d'assaut par le bâtard d'Armagnac se rendait, et Louis XI, après avoir mangé un œuf pour tout dîner, se rendait lui-même à Aigueperse avec le sire du Lau et suivi de son artillerie pour aller coucher dans une maison « appartenant au père de Mre Jehan de Reilhac », dont il resta l'hôte pendant le séjour qu'il y fit (4).

Il y demeura neuf jours, du 21 au 30 juin, et y établit son quartier général.

C'est de là que le lendemain de son arrivée, le 22 juin, le roi s'avança jusqu'à une lieue de Riom, résolu, pour en finir avec les incertitudes, à livrer bataille aux princes ligués ou à les assiéger dans

1. Bib. nat., Fr., 5775, fol. 175.
2. Id.
3. V. à l'année 1476 la confession du duc de Nemours.
4. [illegible]

la ville. Cependant au bruit de son arrivée, le duc de Bourbon s'était retiré à Moulins. Nemours, le comte d'Armagnac et le sire d'Albret vinrent seuls au-devant du roi, que Reilhac était venu de son côté rejoindre au village de Marsac, à un quart de lieue de Riom. Là on convint de reprendre encore une fois les négociations. 1465.

Louis XI invite alors le duc de Nemours à le suivre et à venir coucher aussi à Aigueperse, pour traiter plus rapidement.

Onze ans plus tard, sur le point de monter sur l'échafaud, l'infortuné duc de Nemours racontera les incidents bizarres qui survinrent pendant cette nuit, et la visite qu'il y reçut de Louis d'Harcourt, patriarche de Jérusalem, et de Pierre d'Oriolles, depuis chancelier de France, guidés par Jean de Reilhac lui-même; incidents dont le lecteur pourra mieux se rendre compte lorsqu'ils lui seront présentés en temps et lieu (1).

Enfin le 30 juin, au moment du départ du roi, on tomba d'accord sur les termes d'un traité provisoire entre le roi d'une part, le duc de Nemours et le comte d'Armagnac de l'autre. Ce traité, appointé en la présence de Louis XI dans la maison de Jean de Reilhac, fut le suivant :

A Aigueperse. — Du 30 juin 1465.

Traité pour l'accord du comte d'Armagnac et du duc de Nemours avec le Roi.

De ce qui a esté apoincté aujourd'huy en la présence du Roy.

Premierement Mons. d'Armignac et Mons. de Nemour partiront demain de Riom, et s'en iront au gite à Volvic.

Item, et le lendemain, qui sera mardi prochain, s'en yront a Herment pour départir les gens, ainsy qu'il leur a esté ordonné.

Item, dudit Herement en hors, ils se rendront à Montagu, pour aller devers le roy qui sera à Monlusson.

1465.

Item, dudit Monlusson en fors mondit sieur de Nemour s'en yra voir Madame de Nemours, et se rendra devers le Roy, quelque part qu'il soit, dedens la fin du mois de juillet, et amenera quant à lui, les gens d'armes, dont le roy lui a donné charge.

Item, et mondit sieur d'Armignac s'en yra pié a pié avec le roy pour aller espouser sa femme, et fera tirer les gens d'armes, dont le roy lui a donné charge, outre la.

La ville de Riom sera rendue à M. de Bourbon.

Item, le roy est content que mondit sieur d'Armignac rende la ville de Riom a mondit seigneur de Bourbon, ou a aucun de ses gens. et le roy baillera seurté et souffrance à ladicte ville, parmy ce qu'ils païent ses finances, comme ils avoient par avant accoustumé, et promectront qu'ilz ne mectront aucuns gens d'armes dedens ladicte ville, qui portent aucun dommage au roy, à son royaume, ne au pays d'Auvergne.

Item. le Roy est content que mondit seigneur d'Armignac envoye devers Monseigneur de Bourbon pour sa descharge du mariage de luy et de sa sœur.

Le roi apanagera son frere

Item. est content le roy que mesdiz seigneurs d'Armignac et de Nemours envoyent devers monseigneur Charles frère du roy, auquel le roy et content, faicte premièrement l'obéissance qu'il doit, de luy faire tel partaige ou appanaige, que raisonnablement il se devra contenter, et luy pardonnera et mettra en sa bonne grace, et aussy qu'ils envoyent en Bretaigne, et devers monseigneur de Charollois devers chascun ung homme, pour leur nottifier, de chascun d'eulx, l'appointement qui a esté prins, et leur porter les articles sur ce, et les enhorter pour qu'ilz les veullent accepter et se mettre en devoir envers le Roy, ainsy qu'ilz doivent et sont tenuz, et cesser des voyes de fait qu'ils ont commancées à l'encontre du Roy et de son royaume, et reparer le mesfait, car, quand ilz vouldroyent y perseverer, ils sont deliberez de servir le Roy, comme leurs predecesseurs ont fait, et mieulx, se mieulx pevent, et veult le roy que, comme que yra en Bretaigne, passe par monseigneur du Maine... Fait à Aigueperce. le dernier jour de juing l'an mil CCCc soixante cinq. »

On enverra des emissaires au duc de Bretagne et au comte de Charolais

(Bib. nat., Fr. 6927, fol. 37.)

Le duc de Nemours et le comte d'Armagnac devaient donc quitter Riom. De son côté le roi retournait à Montluçon. Le comte d'Armagnac devait rompre son mariage incestueux avec sa propre sœur. Tous deux Nemours et Armagnac s'engageaient enfin à

1465.

rejoindre Louis XI dans le courant de juillet avec les hommes d'armes placés sous leurs ordres et à combattre pour lui. — Ce qui n'empêcha pas ces princes de se trouver, quinze jours plus tard, contre le roi à Monthléry.

Après cette dernière bataille (16 juillet 1465), le roi, revenu à Paris, tente de nouveaux efforts pour concentrer des troupes. Une lettre écrite par son ordre à Michel Juvénal des Ursins, bailli de Troyes, le 31 juillet, et contresignée Reilhac, ordonne de convoquer de suite tous les nobles et francs archers :

A Paris. — Du 13 juillet 1465.

Au bailli de Troyes ou à son lieutenant. — Ordre de convoquer immédiatement les nobles et frâncs archers de son bailliage pour aller contre les rebelles.

« De par le Roy,

« Nostre amé et féal. nous voulons et vous mendons bien expressement, que incontinent ces lettres veues, vous faictes crier et publier et avec ce mandez expressement par voz lettres, partout ou verrés estre neccessaire, que tous les nobles ou tenans en fief noble de vostre bailliage se facent prestz en armes dedans XII jours prouchainement venans, pour nous venir servir en vostre compagnie, ou voſtre lieutenant, quelque part que nous soyons. Et voulons que ad ce ilz soient tous contrains par la prinse de tous leurs héritaiges. lesquieulx, en cas de reffuz, voulons estre mis en nostre main nonobstant opposicions ou appellacions quelxconques. Et s'ainsi eſt qu'il ne soient en estaz et disposicion de leurs personnes pour y povoir venir, et que toutes excusations cessant ilz y envoyent homme en eſtat et habillement souffisans, pour eulx, sur paine pour ceulx qui deffandront de faire les choses dessusdites, de perdre tous leurs fiefs et noblesses. Et pareillement vous mandons que faictes assembler tous les francs archiers de voſtre bailliage et qu'ils se rendent par devers vous dedans ledit terme; et tant iceulx francs archiers, comme tous autres non nobles qui seront en estat et habillement de guerre, et dont pourront eſtre serviz à l'encontre de noz rebelles & desobeyssant, soient gens de bonnes villes ou de plat pays, vous

1465. gens desdictes bonnes villes qu'ils se mectent sus en armes pour nous servir en vostre compaignie ; & comment qu'il soit, qu'il n'y ait faulte. Donné à Paris, le derrenié jour de juillet. LOYS.

J. DE REILHAC. »

(Arch. de la ville de Troyes. — Publié par M. Vaesen, t. II, p. 343.)

C'est au milieu de ces circonstances critiques que, peu de jours après, le 10 août, Louis XI octroie à Reilhac une charge de Maître des Comptes à la place de Jean de Bar (1), en reconnaissance de ses services; office alors beaucoup plus important qu'il ne l'a été au siècle suivant et qui comportait même certaines missions diplomatiques, comme on va le voir plus loin. Le nombre des Maîtres des Comptes encore fort restreint, sous les deux présidents de Beauvau, fut ensuite augmenté sous Charles VIII. Et plus tard, sous les présidents de Nicolay, la Cour des Comptes devint la nombreuse corporation qu'on sait (2).

Cette charge se payait habituellement, mais Jean de Reilhac la reçut gratuitement de Louis XI, ainsi qu'il l'apprend lui-même : « Et en eust don du Roy en récompense des services qu'il avoit faits » (3). Du reste il est à noter que l'investiture de ce nouvel office paraît avoir été pour lui simplement honoraire dès le début, car il ne résigna pas pour cela les fonctions intimes qu'il avait remplies jusque-là auprès de Louis XI. Ce n'est que plus tard, après sa disgrâce, qu'il se trouvera exclu de l'entourage du roi et confiné à la Chambre des Comptes.

Par le traité de Conflans si durement imposé à Louis XI, ce dernier dut rendre les villes de la Somme péniblement rachetées

1. *Jean de Bar*, seigneur de Baugy, La Guerche en Berri, fut successivement Chambellan, maître des comptes, general des Finances, capitaine des châteaux de Tours et d'Amboise, bailli de Touraine et sénéchal de Rouergue, le 3 août 1461.

2. Le premier Maître des comptes avait été institué au siècle précédent par Philippe le Bel, en 1316. — C'était Foulques, doyen de Bourges.

3. Arch. nat. X1a 8,317, fol. 20. Plaid. du 20 février 1482.

l'année précédente. A son frère, il abandonne le duché de Normandie; à Antoine de Chabannes, il rend ses biens confisqués; au comte de Saint-Pol, il donne la connétablie. Alors ce dernier, qui avait été l'un des instigateurs et des principaux chefs de la Ligue, prête hommage de sa charge entre les mains du roi. Le procès-verbal de cette cérémonie, signé Reilhac, est dressé en présence de tous les principaux personnages qui forment la cour de Louis XI : le sire de Torcy, grand maître des Arbalétriers; Jean de Montauban, amiral de France; Pierre de Beauffremont, sire de Charny, maréchal de Bourgogne; Jean Baillet, seigneur de Sceaux, maître des requêtes de l'hôtel; le chancelier Juvénal des Ursins, seigneur de Trainel; Jacques de Ladriesche, trésorier de France; Ferry de Mailly; le sire de la Barde, sénéchal du Limousin; Jean Dauvet, premier président du Parlement de Toulouse; le bâtard d'Armagnac, comte de Comminges; le comte du Maine, oncle du roi, et plusieurs des princes ligués (1).

1465.

Habile à dissimuler, Louis XI fait contre fortune bon cœur. Même au premier instant il sait se contenir et ne laisse pas échapper en public un mouvement d'irritation, feignant même de considérer cette paix désastreuse comme un succès. Ainsi, soi-disant pour remercier le comte du Maine de la part que celui-ci y avait prise, il va jusqu'à lui faire don, par lettres signées Reilhac, de la seigneurie de Rochefort en Saintonge : en considération, dit-il, « des grands, bons et louables services » rendus par

1. A Paris. — Du 12 octobre 1465.

Hommage au roi de l'office de connétable de France, par Louis de Luxembourg, comte de Saint Pol.

(Copie sur papier)

« Louis, etc. a noz amez et feaux les gens de nos comptes et tresoriers a Paris, salut et dilection. Sçavoir, faisons que nostre tres cher et amé cousin Louis de Luxembourg, Comte de St-Paul Connestable de France, nous a aujourd'hui fait foy et hommage lige à cause dud. office de Connestable ausquelz foy et hommage nous l'avons receu sauf nostre droit et lautruy, si vous mandons et a chacun de vous si comme a lui appartiendra que des droits franchises, libertez, proffits et autres esmolumens

1465. ledit prince dans ce traité « qui redondonne au bien de la chose publique (1). »

Mais il est permis de croire que dans l'esprit du roi cet acte

accoustumez aud. office appartenans le faites souffrez et laissez jouir et user, plainement et paisiblement tout en la forme et maniere que ses predecesseurs Connestables de France en ont deuement jouy et usé sans luy mettre ne souffrir estre mis aucun empeschement au contraire en aucune maniere lequel se mis y estoit ostez ou faites oster sans delay et mettre du tout a plaine délivrance, et nos presentes lettres faites enregistrer partout ou il appartiendra.

« Donne à Paris le douziesme jour d'octobre, l'an de grace mil quatre cens soixante cinq et de nostre reigne le cinquiesme ainsy signé.

Par le Roy.

« Monseigneur le Comte du Mayne.
« Messire Jacques de Luxembourg.

Les Comtes { de Marle. de Brienne. de Roussy. de Penthievre. de Comminges.

« Le Maistre des Arbalestriers.
« L'Admiral.
« Le Mareschal de Bourgongne.
« Le Sire de Treinel.
« Le Sire de Gaucour.
« Le Sire de Genly.
« Le Sire de Montagu.
« Le Sire de la Borde.
« Le Sire de Mouy.
« Messire Ferry de Mailly.
« Le premier président de Thoulouze.
« Messire Jacques de Ladriesque, trésorier de France.
« Me Jehan Baillet.
« Me Jean Simon
« Me J. de St Romain et autres presens.

JEAN RHAILLAC (*sic*). »

(Bib. nat., Fr. 21409, fol. 493.)

1. A Paris. — Du 30 octobre 1465.

(Copie sur papier.)

Dons et cessions faites par le roi à son oncle le Comte du Maine.

« Louis, etc., comme des le mois de mars dernier, nous eussions donné, ceddé, transporté et délaisse a nostre très cher et tres amé oncle le Comte du Mayne les terres et seigneuries de Partenay, Secondigny, Vouvent, Meyrenent, Chastillon, Coudray et Sablé et leurs appartenances et appendances, quelconques a nous appartenans par don et transport a nous faict par feu nostre tres cher Seigneur et Père (que Dieu absolve) preceddans tous autres dons et transports, et desquelles terres et seigneuries nostre cousin le Comte de Dunois qui s'en disoit possesseur estoit en proces en nostre cour de Parlement a

1465.

de générosité n'était qu'une façon d'amuser son oncle. Pour s'en convaincre, il suffit de le comparer aux instructions particulières que, peu de semaines ensuite, Louis XI dictait à Jean de Reilhac pour qu'on dépêchat secrètement des envoyés vers ce même prince, et dans un but tout autre, instructions dont on trouvera le libellé plus loin.

Le lendemain 31 octobre, le roi, commençant de lui-même l'exécution du traité de Conflans, se décide à envoyer à Amiens le sire de Mouy, bailli de Vermandois, et le sire de Torcy,

la requeste de nostre Procureur general pour d'icelles terre et seigneuries et de leurs appartenances jouir et user par nostred. oncle et ses hoirs en la forme et maniere plus a plain déclarée es lettres de don que luy en avoit fait par le moien desquelz, don, cession et transport dont les lettres avoient esté expédiees et publiées en nostre court de [illegible]ement et Chambre des Comptes, nostredit cousin ay jouy des terres et seigneuries dessus [illegible]ommées jusques a present et en icelles faict plusieurs réparations et emparemens en quoy et par la seurete et deffence desd. places, et les garder en nostre obeissance ainsy que besoing estoit *a l'occasion des divisions et differends que depuis ledit mois de mars sont et ont eu cours en nostre Royaume* luy ait convenu faire plusieurs frais et despences, et soit ainsy que par les traitez et appointemens de paix faits entre nous et nostre frere le duc de Normandie et aucuns des seigneurs de nostre sang et lignage joins et adherans avec luy sur lesd questions et differends qui s'estoient meus entre nous et eulx et pour raison desquelles estoient divisions et voies de faict en nostred. Royaume dont plusieurs grands maux estoient ja advenuz et se peussent estre encores ensuivis si elles n'eussent esté appaisées et pacifiees nous ayons promis par exprès et par articles contenus et inserez esdicts accords et traitez retirer, des mains de nostred. oncle les d. terres et seigneuries de Partenay, Secondigny, Vannes, Marant, Le Coudray, Chastillon, Sablé et Chastelaines et transport que d'icelles en avoit fait nostredit oncle, pour les bailler et transporter audit Comte de Dunois lesquelles choses avons dict et remonstre et fait dire et remonstrer a iceluy nostre oncle du Mayne, et a ce que icelles terres et seigneuries nous voulsist bailler et delaisser ensemble tout le droit a luy appartenant en icelles en luy *promettant de bonne foy et en parolle de Roy, de l'en recompenser bien et denement.* A quoy nostredit oncle qui de tout son cœur a tousiours desire et desire bonne paix et amour entre nous et nostredit frere estre et entre lesd. Seigneurs de nostre sang et lignage s'est liberallement condescendu et de faict, ait transporte, cedde, delaisse en nos mains lesd. terres et seigneuries dessus nommees en tout autre droit qu'il y pouvoit avoir et avoit, et lesquelles nous ayons ceddees baillées et transportées aud. Comte de Dunois et en ce faisant ayons *promis et accorde, remunerer et recompenser nostred. oncle, et ja pour partie de lad. recompense luy avons cedde et transporte la baronnie terre et seigneurie de Taillebourg* avec ses appartenances. Sçavoir faisons que nous les choses dessusdites considerées et mesmement *les grands bons louables et recommandables services que nous a par cy devant faits nostred. oncle tant es traitez et appointemens dessusdits qui redondent au bien de la chose publique de nostredit Royaume en general et en particulier et autrement en plusieurs et diverses manieres dont il est digne de grande remuneration*, voulans accomplir nostredite promesse sur ce faite a nostred. oncle de nostre certaine science plaine puissance et authorite Royalle, avons pour partye de laditte remuneration et recompence, donné, ceddé, quitté et transporté et par ces presentes donnons, ceddons, quittons et transportons a tousiours a nostredit amé et feal oncle et a ses hoirs successeurs et ayans cause au temps

1465. grand maître des Arbalétriers, pour opérer de nouveau la remise de cette place, ainsi que celle des autres villes de la Somme entre les mains du comte de Charolais. Le style calme de la lettre écrite par Reilhac dans cette pénible occasion aux habitants d'Amiens démontre combien Louis XI savait se posséder. Il les remercie simplement de la neutralité qu'ils ont observée durant la guerre civile, et se déclare au surplus satisfait de la paix qu'il vient de conclure avec les princes :

A Paris. — Du 31 octobre 1465.

Aux habitants d'Amiens. Envoi des sires de Mouy et de Torcy chargés de remettre au comte de Charolais les villes de la Somme cédées de nouveau par le traité de Conflans.

De par le Roy.

Chiers & bien amez, nous avons bien à plain esté informez du bon vouloir & affeccion que vous avez monſtré par effet au bien de nous & de noſtre couronne meismement, attendu la bonne & vraye loyauté que vous avez gardée jusques à

Charante avec ses appartenances et appendances tant en justice, cens, rentes, moulins, eaux, estangs, forestz, prez, bois, vignes et autres revenues quelconques sans rien y retenir ne reserver fors nostre ressort et souverainete et les foy et hommage que pour ce nous sera tenu de faire, duquel chastel terre et seigneurie de Rochefort et ses appartenances et de tout le droit, nom, raison et action que avions et pouvions avoir a quelque tiltre ou moien que ce soit nous en sommes desaisis et despouillez et nostred. oncle, sesd. hoirs et ayans cause en avons vestus et saisis par ce bail et octroy de ces presentes, et luy avons octroye que en la ditte terre et seigneurie de Rochefort, il puisse mettre tels officiers que bon luy sembiera sans que aucuns officiers qui estoient commis de par nous en laditte terre s'entremettent doresnavant en aucune maniere et lesquels nous en avons deschargez et deschargeons et promectons de bonne foy, et en parolle de Roy comme dessus contre cette presente cession don et transport par nous fait a nostred. oncle pour le parfaict de laditte recompence que luy sommes tenus de faire pour les causes dessusd. comme dit est non venir ne faire venir par nous ne par autres au temps advenir au contraire. Ains icelle cession don et transport, tiendront, garderont et accompliront et voulons estre tenuz gardez et accompliz par nos hoirs et successeurs et renonçons a tout ce que dire ou alléguer pourrions au temps advenir contre cette presente cession don et transport. Si donnons en mandement a nos amez et feaux gens de nos Comptes et tresoriers et a tous nos autres justiciers et officiers ou a leurs lieutenans et a chascun d'eux si comme a luy appartiendra que, etc.

« Donné à Paris le dernier jour d'octobre 1465 et de nostre regne le cinquiesme ainsi signe par le Roy, Me Jehan Dauvet, Me Jehan Simon et autres presens.

I. RHEILLAC (*sic*). »

(Bib. nat., Fr. 21409, fol. 504.)

present, sans aucunement faire ne venir au contraire pour quelque difference qui soit survenue entre nous & aucuns des seigneurs de noftre sang, dont vous en remercions bien & affectueusement, & nous en repputons à tousjours tenus à vous. Et au surplus, pour ce que, grâces à Dieu, sommes à present en paix & accord final avec lesdits seigneurs, & que, pour le bien de paix nous avons transporté & delaissié à noftre trez chier & trez amé frère & cousin, le conte de Charolois, noftre ville de Amiens & toutes les terres & seigneuries de Picardie, tant deçà que delà dans la rivière de Somme à nous appartenans ; nous, pour ces causes, envoions presentement par delà noftre trez chier & feal cousin, conseiller & chambellan, le seigneur de Torcy, maiftre des arbaleftriers de France, le seigneur de Mouy, chevalier, bailly de Vermandois (1), pour vous dire sur ce noftre vouloir. Sy les vueuilliez croire & adjoufter foy à ce qu'ilz vous diront de par nous. Donné à Paris, le derrain jour de octobre, LOYS. 1465.

DE REILHAC.

(Mon. de l Hist. des Tiers-Etats. t. II, p. 309)

Cependant, malgré les énormes sacrifices qu'il avait été contraint de faire pour obtenir cette paix provisoire, rien ne semblait assuré. C'était surtout la sincérité de son frère, le nouveau duc de Normandie, et celle du duc de Bretagne, que le roi se croyait en droit de suspecter. En effet, ceux-ci étaient restés à Pontoise dans une douteuse expectative. Alors Louis XI se transporte lui-même à Villiers-le-Bel et délègue Reilhac avec le chancelier Juvénal des Ursins vers ces deux princes, leur demandant de jurer le traité de Conflans sur l'Évangile :

A Villiers-le-Bel. — Du 2 novembre 1465.

Commission au chancelier des Ursins et a Jean de Reilhac pour recevoir le serment des Princes.

Louis par la grace de Dieu Roy de France, a noftre amé & feal conseiller &

1. *Louis de Soyecourt*, dit le *Grand*, fils de Charles et d Emmelaye de Rosemberg, Sgr de Mouy, successeur de Colart de Mouy dans le bailliage du Vermandois, pendant ou peu apres la ligue du

1465. Chambellan JUVENAL DES URSINS, chevalier, seigneur de Trinal (1), et a noftre amé & feal notaire et secretaire Mre JEHAN DE REILHAC salut & dilection ;

Comme il soit ainsi que par aucun jour en la presence d'aucuns des seigneurs de noftre sang ayons promis de garder le traicté & appointement d'entre nous & lesdits seigneurs ainsi & par la forme que lesd. seigneurs le promettroient eux-mêmes, & à cette cause ayons ordonné envoyer devers noftre tres-cher & tres amé neveu le duc de Bretagne, pour sçavoir & ouyr leur intention touchant ledit serment. Pourquoy nous confians de vos sens, loyauté & bonne prudhomie, *vous mandons et commettons par ces présentes que vous transportiez pardevers nos dits freres et neveu*, & a iceux sçachez de par nous s'ils veulent promettre & jurer ledit appointement, & de la reponse que ils & chacun d'eux vous auront faite, nous certifier le plus diligemment que vous pourrez. Donné à Villiers-le-Bel le deuxième de novembre l'an de grace mil IIII[c]LXV de noftre règne le 5[e].

Par le Roy
L'admiral et aultres presens
BOURRÉ (2)

(D. Morice, Mém. pour servir de preuves à l'histoire de France, t. III, p. 112)

Reilhac et le chancelier des Ursins trouvèrent les princes campés près de Pontoise et accompagnés du comte de Dunois. Dès le premier jour, le duc de Normandie, avec la confiance et la spontanéité de son jeune âge, ne fit pas difficulté de prêter le serment demandé ; mais le duc de Bretagne qui, sur certains points accessoires, avait demandé à réfléchir jusqu'au 3 novembre, fit pressentir des arrière-pensées et finalement y mit de telles restrictions, que le roi, sur le rapport que lui firent ses deux commissaires, se crut de son côté en droit de protester devant le Parlement. Cette protestation, inscrite à la suite même du procès-verbal dressé

1 *Juvénal des Ursins, Sgr de Traignel, chancelier de France*, venait alors d'être rétabli dans cette charge qu'il avait occupée sous Charles VII (p. 98).

2 [illegible]

par Reilhac et le chancelier, fut enregistrée dès le lendemain : 1465.

A Pontoise, — Du 2 novembre 1465.

Procès-verbal du serment prêté aux délégués royaux par les ducs de Normandie et de Bretagne

Le IIe jour de novembre l'an 1465 par le commandement & ordonnance du Roy nous Guillaume JUVENAL DES URSINS chevalier conseiller & Chambellan du Roy & JEHAN DE REILHAC secretaire dud. seigneur, *nous transportames par devers Messeigneurs les ducs de Normandie* (1) *et de Bretagne et comte de Dunois* (2) *eſtant a Pontoise*, & a iceux diſmes de par led. seigneur qu'il nous envoyoit devers eux pour les serments qu'ils devoient faire d'entretenir les appointemens & traités nouvellement faits, ainsi que le Roy l'avoit promis de sa part. A quoy nous fust fait response par la bouche de mondit seigneur de Normandie, que en la forme & manière que les traitez & appointemens ont eſté passez & leuz en la cour de Parlement, il les jugeroit & promettroit, & fiſt led. serment en la main de mond. seigneur de Dunois. Et au regard du duc de Bretagne, il dit qu'il juroit led. traité de paix, mais au regard de ce qui touche le fait de trente & six hommes, il dit quil répondroit sur ce le lendemain IIIe novembre, lequel lendemain retournasmes par devers led. duc pour avoir lad. reponse touchant led. serment, lequel fiſt venir deux notaires & en leur presence proteſta de ne soy soumettre des lois de la Duché de Bretagne à ce qui seroit fait ne dit pas lesdits trente & six hommes, & en tant que touchoit le comté de Montfort & autres terres eſtants par deça il consentoit bien soy y soumettre. Lors par nous fut semblablement proteſté de par le Roy de faire touchant lesdits trente et six hommes protestation que ledit seigneur seroit conseillé de faire.

Le lendemain retournasmes devers noſtredit seigneur, auquel feismes rapport de la forme & manière comme lesdits seigneurs avoient fait lesdits sermens, & les proteſtations faites par ledit duc de Bretagne de non soy soumettre en son

1. *Charles de France, duc de Berry*, puis un instant duc de Normandie, 4e fils de Charles VII et de Marie d'Anjou, né au château de Montilz-lez-Tours le 28 décembre 1446, mort à Bordeaux, le 12 mai 1472. Crée duc de Berry, en novembre 1461, et duc de Guyenne le 29 avril 1469

2. *Jean d'Orleans, comte de Dunois* et de Longueville, grand chambellan de France, fils naturel de *Louis de France, duc d'Orléans*, et de Mariette d'Enghien, était né en 1402. Il avait d'abord été destiné à l'Église, puis ensuite, il suivit la carriere des armes. Le comte de Dunois mourut le jeudi

pays de Bretagne à ce qui seroit dit par les trente & six hommes. Et ouy ledit
1465. rapport par le Roy nous fut dit & chargé aller en la cour du Parlement pour pareillement faire ledit rapport en la main du greffier dicelle cour pour protester de par le Roy que ainsi que ledit duc de Bretagne avoit dit & protesté comme dessus, que semblablement *le Roy protestoit quil demoureroit en son entier pour faire telle protestation que bon luy sembleroit.* Lesquelles choses ainsi escrites à ladite cour de Parlement & chargées au greffe dicelle, les enregistrer. *Et ces choses certifions estre vrayes.* En tesmoin de quoy nous avons signé ces presentes de nostre main les an & jour dessous dits.

G. JUVENAL. J. DE REILHAC.

(D. Morice, Mem. pour servir de preuves à l'Hist. de Bretagne, t. III, p. 112-113.)

Mais les revers et l'insuccès, loin de décourager Louis XI, semblent aiguiser sa finesse politique.

Son adversaire le plus sérieux est le duc de Bretagne, il s'emploiera désormais à le détacher de la Ligue et à le gagner à sa propre cause. — Connaissant le faible de François II pour jouer au souverain indépendant, il flatte ce sentiment en lui maintenant le droit d'avoir sa monnaie particulière, droit refusé jusqu'alors. C'est pourquoi, huit jours après l'entrevue de Pontoise, il envoie Reilhac faire à la Chambre des monnaies la déclaration suivante, déclaration contraire à celle faite précédemment sur le même sujet aux officiers du duc :

A Paris. — Du 9 novembre 1465.

Déclaration faite par Jean de Reilhac à la Chambre des monnaies en faveur du duc de Bretagne.

Le samedy neufviesme jour de novembre, l'an mil CCCC LXV, fut present au comptouer, en la chambre des monnoyes, Maistre JEHAN DE REILHAC, notaire & secrétaire du Roy nostre Sire, qui dist & exposa que le Roy nostredict seigneur luy avoit ordonné & commandé ce jour mesme venir en ladicte chambre & aux generaux maiſtres de ses monnoyes déclarer que son plaisir eſtoit que les lectres, en forme de chartre, octroyées à monsieur le *Duc de Bretaigne* touchant le faict des monnoyes d'or et d'argent, soyent en ladicte chambre des monnoyes leues, publiées & enregiſtrées, ainsy que puis n'agueres a eſté faict en la court de Parlement à Paris, & que ainsy soit faict, nonobſtant les delaiz & reffuz qui sur ce ont été faictz en ladicte chambre, aux officiers dudict Duc. 1465.

(Ordonn roy., t XVI p. 407.)

En même temps, pour remercier les Parisiens de leur fidélité, paraît un édit par lequel « les dix sergens du Parlouer aux Bourgeois » obtiennent certains affranchissements d'impôts, ainsi que ceux « de la marchandise ». *Paris, novembre* 1465. (*Signé*) : J. DE REILHAC (1). Présents : le duc de Calabre et le comte de Penthièvre.

La situation générale reste des plus critiques et il s'agit de subvenir aux dépenses de la lutte qui va recommencer. Le roi s'adresse alors à ses fidèles Dauphinois pour leur demander un secours extraordinaire. Le 24 novembre, il charge le sire de Châteauvillain, chambellan, et Pierre Gruel, président du Parlement de Dauphiné, d'assembler aussitôt les États de la Province pour demander 12 deniers par livre, le vingtième du vin vendu en gros, le quart du vin vendu en détail, ou, à défaut de ces impositions, une somme liquide de 45.000 florins. Lui-même, comme pour les États du Languedoc et d'Auvergne, les années précédentes, s'y fait représenter par Jean de Reilhac qui se rend à Grenoble. Cette circonstance paraît la première où le roi lui donne le titre de « nostre conseiller et maître ordinaire de nos comptes ».

1465.

A Orléans. — Du 24 novembre 1465.

Convocation des Etats du Dauphiné.

Littere subsidii XLVm florenorum directe dominus Castri-Villani, Petro Gruelli, presidenti Dalph. et Johanni de Reilliac, consiliario et magistro ordinario computorum Parisiis.

(Origin. de la ch. des Comptes de Grenoble.)

Grandes charges resultant pour le tresor du Traite de Conflans. Accroissement des depenses et diminution des ressources.

Loys, etc., daulphin de Viennois, conte de Valentinoys et de Dyois, à nos amez et feaulx : le sire de CASTEAUVILLAN, chevalier, noſtre chambellan, PIERRE GRUEL, docteur président en noſtre païs du Daulphiné et JEAN DE REILHAC noſtre conseiller et maiſtre ordinaire de noz comptes à Paris. Comme par l'apaisement des defferences nagueres menés entre nous, noſtre beau frère le duc de Normandie et autres seigneurs de noſtre sang eslevez à l'encontre de nous, nous ait convenu transporter pour le bien de paix ledit duchié de Normandie à noſtredit frère, et plusieurs autres noz terres & seigneuries à autres desd. seigneurs & avec ce nous ait convenu leur faire plusieurs grands obligations de payement d'argent pour l'année presente, pour lesquelles causes nos finances & revenues soient fort amendries & dyminuees & ne nous seroit bonnement possible fournir aux payemens dessusdits & aux gaiges charges & affaires que avons a supporter pour l'entretenement de l'Eſtat de nous & de noſtre tres chiere & tres amé compaigne la Royne, & fournir a noz autres affaires de noz royaume et Daulphiné, sans l'aide de nos subgiez de noſtre pays du Daulphiné & combien que soyons assez mémoratifs & informez des grans aides & secours que noz bons & loyaulx subgez dud. pais nous ont faiz, tant pour le fait de la guerre que autrement, & que par ce eussions très grant desir & voulenté de les soullager, se possible nous euſt eſté, néantmoins veu les tres grans et insupportables afferes que avons à supporter. comme dessus est dit, est tres necessere que par nosd. bons & loyaulx subgez de noſtredit pais du Daulphiné soions encores secouruz d'aucun aide, par le moyen duquel & des autres aides que avons fait meƈtre de creue par tout noſtre royaulme nous puissions du tout meƈtre hors des obligations dessusdiƈtes et remeƈtre les subgez des nos

1465.

que, comme avons eſté informez par plusieurs notables gens cognoissans le fait dudit pays du Daulphiné et, veu que par autres noz lectres avons ordonné faire lever audit pais le paiement de cent lances fornies, que le mieulx et plus convenable & aisé sera pour led. pays y faire cueillir & lever les impositions tant de XII deniers pour livre que du vingtiesme du vin vendu en gros & quatriesme en détail & autres selon les ordonnances royaulx que y mectre sus autre aide. Et par ce soit besoing commettre & ordonner aucuns de par nous, pour remonſtrer ces choses à nosdits subgez du Daulphiné & y fere mectre sus & imposer lesd. aides & impositions. Savoir faisons que nous confians à plein de voz sens souffisances, loyaultez, preudommie & bonnes diligences, vous avons à ce commis, ordonnez & deputés, commectons ordonnons & depputons & vous avons donné & donnons par ces presentes pouvoirs, commission & mandement especial & aux deux de vous en l'absence de l'autre de vous transporter en toute diligence en noſtre ville de Grenoble en laquelle avons pour lad. cause mandé assembler les gens des Trois Etatz dud. pais au XVᵉ jour de décembre prochain venant. Et après ce que aurez remonſtré ausdictes gens desd. trois estaz les grans charges que nous convient supporter ceste annee & la grant diminution de nosd. revenus a l'occasion desd. divisions, vous leur requerez de par nous qu'ils vueillent consentir & accorder que lesd. impositions soient cueillies & levées aud. pays ainsi qu'elles sont levées en noſtre royaume: & après lad. requeſte ainsi faicte voulons & vous mandons que lesd. impositions de douze deniers pour livre, vingtiesme de vin vendu en gros & quatriesme du vin vendu à detail & autres selon lesd. ordonnances royaulx vous faictes cueillir & lever aud. pays ès lieux & ainsi que adviserez en les baillant à ferme & delivrant aux plus offrans & derreniers encherissans, ou les faisant lever soubs noſtre main & tellement y faictes que lesd. impositions puissent monter a aussi grand valeur que l'aide que avons accouſtumé prendre oudit pais; en commectant tous officiers neccesseres pour le fait desd. aides tant en recepte, justice que autrement telz que verrez eſtre necessere, & leur baillant sur ce voz lectres lesquelles aurons agreables & les conformerons; & en cas que les habitans d'icellui pays vous feront aucunes remontrances par lesquelles puissiez mieulx cognoiſtre & entendre que la charge desdictes impositions feuſt plus grevable oudit pays que y mectre sus & lever l'aide accouſtumée, vous en ce cas mectez sus audit pais l'aide de quarante cinq mille florins, qui eſt semblable aide que ceulx dudit pays nous octroyèrent l'année derrenière. & icellui aide faictes oudit cas diligemment

Les commissaires du roi devront se transporter rapidement a Grenoble et assembler aussitôt les Etats

Impots a prelever

1465.

tout ledit pays, & icelui cueillir & lever au plus grand soullaigement de nosdits subgets que faire se pourra; & à paier lesdictes impositions ou ledit aide au lieu d'icelles contraingnez ou faictes contraindre tous ceulx qu'il appartiendra par pruise de corps & de biens, comme il est accoustumé pour noz propres affères, non obstant oppositions ou appellations quelconques; & ou cas que les gens desdits estaz seroient reffusans ou dilayans de fère consentir que lesdictes impositions soyent mises sus ou ledit aide, vous en leur reffus ou délay y mectez sur lesdictes impositions, vingtiesme ou quatriesme ou ledit aide en lieu d'icelles c'est assavoir ce que verrez estre le plus aisé pour les subgez dudit pays & proffitable pour nous; & à ce faire & souffrir contraingnez ou faictes contraindre tous ceulx qu'il appartiendra & comme pour noz propres affères, non obstant oppositions ou appellations quelconques. De ce faire vous donnons pouvoir, auctorité, commission & mandement espécial, Mandons & commandons à tous nos justiciers, officiers & subgez que a vous & à chacun de vous voz commis & deputez en ce faisant obéissent et entendent diligemment prestent, donnent conseil confort aide & prisons se mestier est & requiz en sont.

Si les Etats ne consentent pas, on passera outre et on procédera par la force.

Donné à Orléans le xxive jour de novembre l'an de grace mil quatre cent soixante cinq & de notre règne le cinquiesme.

Par le Roy daulphin, monseigneur le duc de Bourbon, le comte de Comminges, l'admiral, le seigneur de Crussol, maitre Estienne Chevalier, Guillaume de Varie & autres presens.

De La Loère.

(Arch de l'Isere, B. 2904, f° 128.)

Par suite de la cession de la Normandie, on se trouvait également manquer de combattants. En effet, depuis le retour de cette province à la couronne, sous Charles VII, c'était là qu'on avait pris l'habitude de recruter une grande partie des hommes d'armes. Le traité de Conflans privait donc en outre Louis XI de 600 lances, soit 3600 combattants et 3600 chevaux. Pour combler en partie ce vide considérable, le roi donne encore mission à Jean de Reilhac et au sire de Chasteauvillain de faire lever en toute hâte, les Etats, le 15 décembre prochain, un autre subside de 31 francs, forte monnaie, pour la paye mensuelle de chaque lance, y compris les gages du capitaine. Ils feront recruter les hommes et feront asseoir ces nouveaux impôts dans le Dauphinois, le Dyois et le Valentinois. Et dans le cas où les Etats de la province refuseraient ces sacrifices, ils se passeront de tout consentement et agiront en employant la force contre les populations susdites : « Y procedez tellement que l'autorité nous en demeure ». Formule assurément brutale et despotique qui peut s'excuser tout au plus par le besoin pressant où se sentait Louis XI de reconstituer son armée : 1465.

A Orléans. — Du 24 novembre 1465.

Ordre aux mêmes de faire lever cent lances et de prelever au besoin, par la force, les subsides nécessaires à leur entretien.

Alie littere supranominatis directe quod faciant levari solutionem vadiorum centum lancearum ad rationem XXXI francorum pro qualibet lancea.

Loys, etc., daulphin de Viennois, conte de Valentinois & Dyois à noz amez & feaulx le sire de CHASTEAUVILLAIN chevalier, noftre chambellan, PIERRE GRUEL, docteur président de noftre pays du Dauphiné, & JEHAN DE REILHAC, noftre conseiller & maiftre ordinaire de noz comptes à Paris, salut & dilection.

Comme de longtemps a feu noftre très chier s^r^ & père (que Dieu absoille) eust par grande meure deliberation des gens de son grand conseil ordonné conclu & delibere de faire entretenir & souldoyer en noftre royaume pour la preservation d'icellui certain grant nombre de gens de guerre lesqueulx despuis que nous sommes pervenuz à la coronne, nous avons semblablement par la deliberation de plusieurs de noftredit sang & gens de noftre grant conseil fait entretenir & souldoyer & a efté leur paiement mis sus par chacun an sur nos pais & subgez, c'est assavoir en chacun païs certain nombre, ainsi qu'il est assez notoire : & soit ainsi que puis naguères en pacifiant les questions qui survenues eftoient entre nous & aucuns des seigneurs de noftre sang, nous avons entre autres choses baillié & transporté les païs & duchié de Normandie à noftre tres cher & très ami

1465.

grant partie du payement de nosdits gens de guerre, lequel de present, à l'occasion desdits bail & transport ne se peult prendre & pour ce ait efté advisé, conclud & deliberé par les gens de noftre sang & lignaige & ceulx de noftre grant conseil pour la seurté & deffense de nosdits royaume et Daulphiné & affin que durant l'année presente puissions mectre ordre & seurté en nosdits royaume & Daulphiné de fère encores entretenir tous nosdits gens de guerre & de esqualler & faire asseoir le paiement d'iceulx qui avoient accoustumé eftre levé esdits pais & duchié de Normandie, qui eftoit de 600 lances & plusieurs mortes-payes sur tous les autres pais de nosdits royaume & Daulphiné, oultre le nombre que ceulx de noftredit royaume ont accoustumé payer : c'est assavoir en noftredit pais du Dauphiné le payement de cent lances fournies chacune de six personnes & six chevaulx & illec les faire payer au feur de trente ung francs pour lance fournie, forte monnoye, comprins l'eftat du cappitaine par moys, en la manière qu'il se paye en noftre royaume durant cette presente année seulement; & soit besoin commectre & ordonner aucuns de par nous pour remonstrer ces choses à nosdits subgez dudit pais du Dauphiné & y faire mectre & imposer le paiement desdictes cent lances fournies par l'année presente commençant le premier jour d'octobre derrenier passé. Savoir faisons que nous, confians de voz sens loyaultez & bonnes diligences, vous avons commis, ordonnez & depputez, commectons, ordonnons & depputons, & *aux deux de vous en l'absence de l'autre* & vous avons donné & donnons par ces presentes pouvoir, commission & mandement especial de vous transporter *en toute diligence* en noftre ville de Grenoble, oudit pais du Daulphiné en laquelle avons fait pour la cause dessusdicte mander assembler les gens des trois eftaz dudit pais au quinziesme de decembre prochainement venant, afin de leur remonftrer les grans charges & affaires que avons à supporter pour l'entretenement de nosdits royaume & Daulphiné & icelles remonstrances faites de requerir de par nous lesdittes gens desdits trois eftaz qu'ils vueillent consentir & nous octroier que le paiement desdictes cent lances soit assiz & imposé en noftredit pais du Daulphiné pour ladite année présente commençant ledit 1er jour d'octobre derrenier passé; &, ce fait, de asseoir, imposer & mectre sus par tout ledit pais du Daulphiné & contez de Valentinois & de Dyois, le plus justement & esgallement que faire se porra, le fort portant le faible, ledit paiement des dictes cent lances fournies pour ceste année sur toutes manières de gens laycs, exemps & non exemps, previlligiez & non previlligiez, & sans prejudice de leurs previlleges pour le temps

Deficit causé par la cession de la Normandie.

Demander aux Etats de Dauphiné de quoi payer l'entretien des cent lances.

1465.

les armes ou qui par vieillesse & impotence ne les peuent plus suivir, les officiers ordinaires & commençaulx de nous & de noftre très chière & très amée compaigne la Renne & povres mendiens; & ladicte assiette faite contraindre ou faire contraindre tous les habitans dudit pais contribuables audit payement à payer leur portion d'icellui payement à noftre tresorier general dudit païs ou à ses commis & deputez aux termes sur ce par vous ordonnez & iceulx echeulz & passez reaument & de fait ainsi qu'il est accoustumé de faire pour noz propres affaires, non obstant oppositions ou appellations quelzconques: & se de partie à partie naist sur ce débat, lesdits denier premierement payez, de faire ou faire faire par ceux qu'il appartiendra auxdictes parties oyes bon & bref droits & accomplissement de justice, & généralement de faire tout ce que verrez eftre à faire en ceste partie pour le bien de nous et le recouvrement dudit paiement en manière que faute d'icellui n'en viengne aucun inconvénient ou rompture au payement desdictes gens de guerre: *et en cas que les dictes gens desdits trois eftatz feroient aucun reffuz ou delay de accorder et consentir que ledit paiement desdictes cent livres feust mis sus oudit pais pour cefte dicte année commençant comme dessus, vous en leur reffuz ou delay, mectez sus ledit paiement desdictes cent lances par tout ledit païs au mieulx et le plus esgallement que faire se pourra;* & a ce faire & souffrir contraignez & faictes contraindre tous ceux qu'il appertiendra, comme pour noz propres affaires non obstant oppositions ou appellations *et y procedez telement que l'autorité nous en demeure;* & ou cas que, par accident, lesdits estatz n'auroient esté mandés audit XVe de decembre & que noz lectres sur ce envoyées eussent esté adirées, nous voulons que vous faictes mander & assembler iceulx estaz a certain brief jour ainsi que adviserez : de ce faire vous donnons plain povoir, auctorité, commission & mandement especial par cesdictes presentes, mandons & commendons à tous noz justiciers, officiers & subgez que a vous & ung chacun de vous, vos commis & depputéz, en ce faisant obeissent, et entendent diligemment prestent & donnent conseil, confort, aide & prisons, se mestier est, & par vous requiz en sont.

Si les Etats refusent, on procedera par la force contre les populations.

Donné a Orleans le 24e jour de novembre l'an de grace mil cccc soixante cinq & de notre regne le cinquiesme.

Par le Roy-Daulphin, monseigneur le duc de Bourbon, le comte de Comminges, l'admiral, le sire de Crussol, maistre Estienne Chevalier, Guillaume de Varie & autres presens.

De La Loère.

1465. Enfin, fidèle à sa devise : « Diviser pour règner », le roi a réussi à mettre en défiance l'un contre l'autre « Monsieur » son frère et le duc de Bretagne. Maintenant il entrevoit une excellente occasion de reprendre ce qu'il vient d'être forcé d'abandonner deux mois plus tôt. En effet la Normandie est occupée par les troupes du duc François. Il se rapproche complètement de ce dernier et signe à Caen un traité secret aux termes duquel il s'engage même à recevoir en ses bonnes grâces son ancien ennemi personnel, Antoine de Chabannes.

Le comte de Dammartin reçoit aussitôt un commandement dans l'armée du roi. Louis XI envahit alors la Normandie, s'empare de Louviers et de Pont-de-l'Arche.

« Monsieur », ne se fiant plus aux Bretons tous prêts à le trahir, n'ose plus quitter Rouen. Louis XI, toujours à Pont-de-l'Arche, lui fait offrir une trêve de dix jours pour traiter de la rétrocession de son duché à la France. Alors il donne à Reilhac revenu du Dauphiné l'ordre de se transporter de suite à Rouen pour y poursuivre cette négociation. Celui-ci, avant de se mettre de nouveau en route, recommande au roi d'écouter désormais les conseils d'Antoine de Chabannes, et de lui faire savoir le plus tôt possible si on doit continuer à lever les impôts dans les villes occupées par les Bretons : Caen, Bayeux, etc.

En même temps il envoie « une petite haquenée », espérant qu'elle sera trouvée agréable, parce que, dit-il, « elle va bien aise et bien seurement ».

(Janvier 1465)

J. de Reilhac au roi Louis XI

(Orig. autogr., sur parchemin.)

Depart pour Rouen. Sire je men voiz à Rouen ainſi quil vous a pleu ordonner & bien toſt seray

Sire, je m'en voiz a Rouen, ainsi qu'il vous a pleu ordonner, et bien tost seray de retour devers vous se Dieu plaist.

Quant vous avez oy parler mons. de Dampmartin touchant la treve, s'il vous plaist ferez savoir a messs. les commissaires estans a Rouen, se par lad. treve on se pourra aider au fait de la taille des villes de Caen, Bayeux et autres [illegible], ou des paroisses d'environ [illegible], car il est besoing le savoir pour faire l'assiete, ainsi qu'il a esté advisé pour le mieulx.

Sire, j'ay laissié yci une petite haquenee pour vous, s'elle vous semble bonne, car elle va bien aise et bien seurement.

Vostre humble et obeiss...

Quant vous aurez oy parler Monſieur de Dampmartin touchant la treve, sil vous plaiſt ferez savoir à Messieurs les commiſſaires eſtans à Rouen, se par lad. treve on se pourra aider au fait de la taille des villes de Caen, Bayeux & autres occuppees ou des parroiſſes denviron seulement, car il eſt besoing le savoir pour faire laſſiete ainſi quil sera advisé pour le mieulx.

1465. Tréve avec les Bretons

Sire jay laiſſié icy *une petite haquenee* (1) *pour vous*, selle vous semble bonne elle va bien aiſe & bien seurement.

Voſtre très humble & très obéiſſant subget & serviteur.

DE REILHAC.

(*Au dos eſt écrit*) : Au Roy Monſeigneur

(Bib. nat., Fr. 20485, p. 135.)

Ces négociations n'aboutissent qu'à un acte autoritaire.

En effet, malgré les récriminations de son frère, Louis XI, par lettre du 21 janvier 1466, déclare reprendre la Normandie. En quittant Rouen, Jean de Reilhac va rejoindre le roi à Orléans.

L'esprit de Louis XI est alors tout entier aux enquêtes rétrospectives. Étonné qu'on ait pu organiser presque à son insu une Ligue aussi puissante, il promène maintenant tour à tour ses soupçons sur chacun des siens. Une des pièces les plus curieuses en ce genre est assurément l'instruction secrète écrite par Reilhac concernant le comte du Maine, propre oncle du roi, instruction remise ensuite au sire de Valpergue envoyé vers ce prince.

Le comte du Maine, gouverneur du Languedoc (2), frère du roi de Sicile (3) beau-frère du feu roi Charles VII, et beau-père

1. On appelait alors ainsi un cheval d'allures douces et élégantes. Le mot anglais *hack*, qui en est dérivé, a conservé cette signification.

2. V. p. 140.

3. *Charles d'Anjou, comte du Maine*, était fils de *Louis II d'Anjou, roi de Naples et de Sicile* et frère cadet de René d'Anjou, appelé vulgairement le *bon roi René*.

1465.

du duc de Nemours, était maintenant soupçonné lui-même d'avoir un instant pactisé avec les coalisés.

Quelques semaines plus tôt, averti par Pierre Brézé, sénéchal de Normandie, du traité que les princes venaient de signer contre Louis XI, il n'en avait rien dit. Il avait écrit même à Guillaume Cousinot pour empêcher le roi de venir à Bourges où des renseignements précis auraient pu lui parvenir. Il avait sollicité du comte de Charolais la confirmation de sa charge comme gouverneur du Languedoc, donc il ne comptait pas finir ses jours au service du roi. Il avait eu avec son gendre, le duc de Nemours, certaines conférences secrètes au plus fort de la Ligue. De plus, pendant la bataille de Montlhéry, sa tenue avait été plus que suspecte. On l'avait vu causer avec le héraut d'armes du comte de Saint-Pol :

A Orléans. — Du 6 mars 1465.

Instructions secrètes relatives au comte du Maine, oncle du roi.

(Origin. autogr. sur papier.)

Contenance à observer suivant l'attitude que prendra le comte du Maine.

Quant lomme qui ira de par le Roy devers mons^r du Mayne aura baillé ses lettres, dicte sa créance et ouy tout que mond. s^r du Mayne vouldra sur ce dire, & *sil monstre semblant de le prendre en gré &* use de doulces parolles aussi cellui qui ira pareillement usera de mesmes selon le contenu desdites instructions.

Et sil est mal content et use daigreur en parolle reprochant les services par lui faiz, et quil lui seroit grant foule de lui oster et casser ses gensdarmes qui lui ont esté baillez.

Griefs du roi.

A ce lui pourra estre dit par celluy qui ira meurement et froidement ce qui s'ensuit. *Monseigneur le roy, ma charge vous dire quil luy semble quil y a beaucoup de causes et raisons qui ont peu mouvoir a avoir aucune merencolie sur vous et en quoy vous avez failly.* Car le Roy est informé que vous avez pourchassé et en assurance et confirmation de vos estaz & offices de mons^r Charles, pour lors adversaire capital du Roy et actemps quil estoit contre led. S^r. Par quoy vous demonstriez clerement que vous ne teniez plus le Roy, qui a present est pour votre Roy et seigneur, car ce sont eſtas et offices qui ne dependent de nul aultre en provision et confirmation.

1465.

Rapports avec le comte de Charolais.

Et que vous nentendiez plus eſtre soubs son regne; ne naviez eſperance dy eſtre le temps avenir de y uſer vos jours, et vous déclairiez & confeſſiez ja eſtre soubs le regne dud. mons[r] Charles en prenant de lui lad. confirmacion, & renonçant a votre Roy pour acepter son adverſaire qui ny avoit nul tiltre. Et neſt point creable que vous aiez renoncé a votre Roy comme deſſus eſt dit pour adherer a son adverſaire sans lui avoir volu faire quelque service contre la perſonne du Roy directement ou indirectement & contre la couronne & le Royaume et a la dilapidation, amendrissement & confusion dicelle; car en telz cas on ne la point veu faire autrement. Et si cuide savoir le Roy que vous baillaſtes lors votre seelle a mond. s[r] Charles et aux s[rs] eſtans avecques luy & priſtes le leur : qui semble au Roy choſe bien estrange & non sans cause, veu la grant confiance qu'il avoit en vous, & que pour lors sa perſonne & tout son fait eſtoit couchié entre vos mains.

Conduite suspecte du duc de Nemours. Le comte du Maine y a adhere aussi.

En après mons[r] vous savez que le Roy vous donna a congnoiſtre a votre parlement de Paris la meſſiance quil avoit de monſeigneur de Nemours pour aucunes choſes dont l'en avoit averty le Roy, et promiſtes audit seigneur que quelque volenté que eust mondit seigneur de Nemours, si n'eſtiez vous pas dentencion de adherer en riens avecques luy.

Touteffoiz le Roy a bien sceu que mondit seigneur de Nemours tantost après paſſa devers vous & y eut des parolles, promeſſes et aliances nouvelles. Ne oncques de ladite venue ne de choſe en parolle que y fuſt entre vous faicte ou dicte, n'en feiſtes rien savoir au Roy, dont il a bien eu raiſonnable occaſion d'y penſer beaucoup de choſe.

Propos rapportés au roi.

Oultre plus, de votre alée Dangiers (1) que le Roy soit mal content, se vous eſtes alé veoir le Roy de Cicile & mons[r] de Calabre, non est; maiz vous povez penſer que de pluſieurs parolles que par vous y ont eſté dictes, le Roy est bien adverty.

Auſsi le Roy est bien informé que vous fuſtes advertyz par feu mons[r] le grant senechal au commencement des alliances des s[rs] avec mondit seigneur Charles & de ce que leſdits seigneurs devoient faire, & don sest depuis ensuy tel inconvenient au roy et au Royaume comme avez veu. Néantmoins vous n'en deiſtes, ne revelaſtes rien au Roy, si ce fut bien fait ou non; monſ[r] vous y devez bien penſer.

Ce qu'on a aperçu sur

Et encore a sceu le Roy que *quant la journée de Montlhery fut et le jour mesmes*,

1. D'Angers.

1465.
le champ de bataille de Montlhéry.

ung herault de Monsr de Saint-Pol eſtoit avecque vous & sen alla quant & quant. Toutefois vous n'en fiſtes jamais rien savoir au Roy. Et semble que ce n'eſtoit point choſes à celer & ne taire au Roy.

Fait à Orléans, le VIe jour de mars mil CCC soixante-cinq. Loys.

J. DE REILHAC.

(Au dos : Objections.)

(Bib. nat., Fr. 10237, fol. 198.)

Toutefois Louis XI ne poussa pas à l'extrémité les choses avec son oncle. Il avait trop d'intérêt à ménager le roi de Sicile dont il convoitait l'héritage, et se contenta de retirer à Charles d'Anjou le gouvernement du Languedoc.

Parmi les actes de l'année 1465 qui portent le sceau de Jean de Reilhac on voit également :

Lettre de rémission pour :

Guérin d'Apchier, escuier, homme d'armes sous la charge de Jean de Sallazar. Il avait reçu en don les seigneuries de Saint-Albin et Massillargues, en Languedoc, confisquées sur Guillaume Louvet compromis dans la Ligue du Bien Public. Mais ce dernier refusant d'abandonner ses terres, Guérin d'Apchier a dû prendre d'assaut le château de Saint-Albin, avec effusion de sang. — *Paris, septembre* 1465. (*Signé :*) J. DE REILHAC (1).

Macé Fouchier, de Nohant-le-Fuzellier, au pays de Sologne. Scènes d'auberge. Accusations de vol sans preuves, suivies de violences et de mort. — *Saint-Aignan, novembre* 1465. (*Signé :*) J. DE REILHAC (2).

Jehan le Viguereux, franc archer natif de Ferrières-en-Brie et en

1. Arch. nat., Reg. J. J. 194, fol. 30. V. t. sec., Pièces justific., n° CLXIX.
2. Id. id. J. J. id., fol. 8. Id — n° CLXX.

garnison à Meaux, vol de son cheval par un habitant de Lagny,
rixe et meurtre du voleur. — *Pont-de-l'Arche, janvier* 1465. 1465.
(*Signé :*) J. DE REILHAC (1).

Christophe Budes, archer des Ordonnances. — *Pont-Audemer, février* 1465. (*Signé :*) J. DE REILHAC (2).

Lettre de légitimation pour *Jacques Michel*, fils de Nicolas. — *Orléans, mars, id.* (*Signé :*) J. DE REILHAC (3).

Lettre d'amortissement en faveur de l'abbaye de *Saint-Martin-lez Pontoise*. — *Paris, août* 1465. (*Signé :*) J. DE REILHAC (4).

Ratification au *sire d'Albret* d'un don qui lui avait été fait par Charles VII, pour le dédommager des pertes subies durant la guerre des Anglais. — *Paris*, 28 *octobre, id.* (*Signé :*) J. DE REILHAC (5). Cet acte peut être considéré encore comme une des conséquences du traité de Conflans. En effet, on sait que le sire d'Albret avait été quelques mois plus tôt, avec les ducs de Bourbon et de Nemours, au premier rang des princes ligués.

Ordonnance concernant le cours pour lequel sont tolérées dans le royaume certaines *monnaies étrangères*. — *Jargeau, 3 avril* 146 4/5 (*Signé :*) J. DE REILHAC (6).

Don à *Arnou, seigneur de Saint-Martin*, du revenu du bailliage d'Assigny en la sénéchaussée des Lannes. — *Orléans*, 25 *mars, id.* (*Signé :*) J. DE REILHAC (7).

Également, diverses pièces de la Trésorerie de Nîmes, telles qu'une pension à *Robert de Grandmont*, bailli du Gévaudan, les gages du *capitaine de Saint-Andry*, la rente perpé-

1. Arch. nat. J. J. fol. 62. V t. sec., Piec. justific., n° CLXXI.
2. Id. id. id. fol. 71. id. — n° CLXXII.
3. Id. id. id. fol. 8. id. — n° LXXII.
4. Id. id. id. fol. 47 id. — n° XLI.
5. Id. id. id. fol. 49. id. — n° XLII.
6. Ordonn. roy., t. XVI p. 471. V. t. sec., Pieces justific., n° XXXVIII.
7. [illegible]

tuelle fournie aux *Religieux* de *Saint-Louis*, à Marseille. (1).
1465. Les gages de *Jean d'Apchier*, bailli du Vivarais, payés en vertu

1. Du 27 mai 1465.

Pension à Robert de Grantmont, bailli du Gévaudan

(Orig. sur parchemin.)

« Thesaurus Domini nostri Regis recepit et eidem reddidit a magistro JOHANNE DE RILHAC notario et secretario dicti domini eiusque thesaurario seu receptore ordinis senescallie Bellicadri et Nemansi summam II c. XXV lt. super hoc quod debet aut debere potest ad causam sue recepte de anno finiendo ad festum nativitatis beati Johannis Baptisti millesimo CCCC L. XIIII comptum per Robertum de Grantmont scutiferum baillavici Goualdini pro dono sibi facto per modum pensionis ultra vadia ordinaria dicte baillevie et pro dicto anno scriptum in eodem thesauro die vicesima septima mense Maii anno Domini millesimo CCCC sexagesimo quinto.

« Berart, St-Amand, Ligier. »

(B. Fr., 26091, n° 603.)

Du 27 juillet 1465.

Gages de Remi de Marimont

Gouverneur de Montpellier, Capitaine de St-Andry.

(Orig. sur parchemin.)

« Je Remy de Marimont chevalier gouverneur de Montpellier et cappitaine de St-Andry de Villeneufve-lez-Avignon, Confesse avoir eu et receu de Maistre JEHAN DE REILHAC, notaire et Secrétaire du Roy nostre Sire et son tresorier a Nismes par les mains de Maistre *Jehan Menou*, son commis a lad. tresorerie, la somme de soixante et dix livres tournois et ce pour mes gaiges de lad. cappitainerie dud. Saint-Andry pour l'année commençant à la Sainct Jehan Baptiste mil IIII^{c} L. XIIII, et finissant a la Sainct Jehan Baptiste ensuivant et derrenier passee IIII^{c} L XV de laquelle somme de LXX ltz je me tieng pour comptent et en quicte lesd tresorier Menou et tous autres a qui quictance en peult appartenir. En tesmoing de ce jay signe ceste presente de mon seing manuel et seellee de mon seel le XVIIme jour de juillet l'an mil CCCC soixante cinq.

« Marimont. »

(B. Fr., 26090, n° 408.)

Du 29 octobre 1465.

Redevance annuelle servie par la trésorerie de Nîmes et de Beaucaire à l'ordre des frères mineurs de Saint-Louis, à Marseille.

(Orig sur parchemin.)

« Noverint universi quod in presencia mei Notarii regis subsignati religiosus vir frater Johannes Faraudi ordinis fratrum minorum civitatis Nemansi ut procurator et *nomine procurationis venerabilis conventus fratrum minorum beate Ludovici Massiliensis* confessus fuit et recognovit habuisse et recepisse a nobili et honorabili viro magistro JOHANNE DE REILHAC secretario Domini nostri Regis ac pro eodem thesaurario senescallie Bellicadri et Nemansi et per manus Johannis Menou locum tenentem

d'une cédule spéciale signée *Étienne Chevalier* et *P. Bureau*, trésoriers de France, parce qu'ils avaient été omis sur l'évaluation des dépenses de la Trésorerie de Nîmes pour l'exercice 1465 (1). 1465.

Enfin, le don de la capitainerie de Pinet, en Dauphiné, à Morellet Clavel, écuyer, pour ses bons offices dans la guerre contre le comte de Charolais et autres rebelles « et desobeissans

summam vigenti librarum et decem solidorum turonensium. Et hoc pro pencione annua quam percipit singulis annis dictus conventus massiliensis in thesaurario Regis Nemansi et pro termino finito ad sanctum Michaelem proxime lapsum de quibus vigenti libre decem solidi turonensium dominum nostrum Regem dictumque thesaurarium ac alios quos tangit quittavit per presentem concessionnem die XXIX Mensis Octobris anno Domini millesimo quadringentesimo sexagesimo quinto. In presencia et testimonio magistorum Bertrandi Deliquas et Anthonii Michaelis notarii Nemansi ad hoc vocatum — in quolibet festo beati Michaelis. »

« Sic recognitum,

« LORRAN. »

(B Piece orig. Reilh. 2456, P. 13)

1. A Orléans. — Du 21 mars 1465.

Mandement spécial d'Étienne Chevalier et de P. Bureau, trésoriers de France, pour les gages du bailli du Vivarais omis par inadvertance sur les dépenses prévues de l'an 1465.

(Orig. sur papier.)

« De par les Treforiers de France, Maiftre JEHAN DE REILHAC notaire et secretaire du Roy nostre Sire, et tresorier de Nifmes. Pour ce que avons obmis en leftat de vostre recepte que vous avons fait par extimacion de cefte prefente année finiffant a la Saint Jehan Baptifte prouchain venant IIIIc LXVI a y coucher les gaiges extraordinaires que le Roy a donnez à Meffire Jehan Dapcher chevalier baron de Viverois qui sont de IIIIc lt. par an et de laquelle nous avons levée defcharges pour voftre acquit. Nous vous mandons que sur ce que voftre recepte pourra valoir en la fin de lanné plus quelle na efté extimée vous paiez baillez et delivrez aud. chevalier des deniers venans & yffans du domaine dudit bailliage de Viverois la somme de cent cinquante livres tournois faifant la moictié de la somme de IIIc l. t. & que le Roy lui a ordonnée pour la creue de ses gaiges par an de son office de baillif & lad. somme de C L ltz. sera emploiée & couchée en voftre estat qui sera fait au vray en la fin de la dicte année. Fait à Orléans, le xxie jour de mars mil CCCCLXV.

« P. BUREAU. CHEVALIER. »

1465. adversaires ». Il est à remarquer que dans cette pièce encore, Louis XI prend le titre de Roi Dauphin (1).

1. A Paris. — Du 22 juillet 1465.

Littere nobiles Morelleti Clavelli de Castellania Pineti.

(Orig. sur parchemin.)

« Considérans les bons & agreables services que noſtre bien amé Morellet Clavel, eſcuier, nous a faitz ou fait de noz guerres & mesmement en ceſte preſente armee a l'encontre du conte de Charoloiz & autres noz rebelles & deſobeiſſans adversaires, à l'encontre d'esqueulx il s'est vaillamment porté de sa personne en gardant sa loyauté envers nous & esperons que mieulx fasse au temps advenir, & auſſi pour le recompenser de certaines sommes d'argent qu'il dit luy eſtre deue par nous. Confians auſſi de ses sens, loyaulté & bonne diligence, nous à icellui Morellet Clavel, pour ces cauſes & autres à ce nous mouvans avons donné & octroyé, donnons & octroyons par ces preſentes, de grace especial l'office de cappitainerie de la place & chaſtellenie de Pinet, en noſtredit païs du Daulphiné, que tient & occupe à present, comme l'on dit, Guillaume Buffevaut, aux honneurs, preeminences, prerogatives, gages, droitz prouffiz & esmolumens accouſtumiez & qui y appartiennent, tant qu'il nous plaira. Si donnons en mandement par ces dictes preſentes a noſtre gouverneur en noſtredit païs du Daulphiné ou a son lieutenant que dudit Morellet Clavel prins & receu le serment en tel cas accouſtumé, cellui mecte ou institue, ou face mectre & inſtituer en posseſſion & saiſine dudit office, & d'icellui ensemble desdits honneurs, preeminences, gaiges, droiz prouffiz qui y appartiennent le face, seuffre et laisse joïr & user plainement & paisiblement, & à luy obeir & entendre diligemment de tous ceux et ainsi qu'il appartiendra es chouses touchans & regardans ledit office; oſte & deboute d'icellui office de cappitainerie ledit Guillaume Buffevaut expressement.. Et nonobstant oppositions ou appellations quelzconques & tout autre non aiant sur ce noz lettres de don precedees de ces preſentes, par lesquelles nous mandons a noſtre tresorier de noſtre païs du Daulphiné que audit Morellet Clavel il paie baille & delivre les gaiges audit office appartenans ou les lui seuffre prendre par ses mains, ainsi que ont fait ses predecesseurs audit office. Et par rapportant ces preſentes ou vidimus d'icelles fait soubz seel royal pour une foiz avec quittance souffisamment faicte dudit Morellet Clavel, nous voulons lesdiz gaiges eſtre rabbatuz de la recepte de noſtredit tresorier par noz amez et feaulx gens de noz comptes en noſtredit pais du Daulphiné et autres qu'il appartiendra auxqueulx nous mandons ainsi le faire. Car tel eſt noſtre plaisir. En tesmoing de ce nous avons fait mectre noſtre seel a ces preſentes. Donné à Paris, le 22e jour de juillet, l'an de grace mil IIII soixante cinq & de noſtre regne le quatre. Par le roy Daulphin, le sire du Lau et autres presens.

« J DE REILHAC. »

(Arch de l'Isere. Bib 3276 fol 85.)

XI

ANNÉE 1466

(Elle commence le 6 avril.)

SOMMAIRE

Installation de J. de Reilhac à la Cour des Comptes. — Confiscations des biens d'Armagnac au profit du duc de Bourbon. — Mission de Jacques de Reilhac (frère de Jean) en Auvergne (avril-mai). — Difficultés qu'il rencontre. — Il échoue. — Louis XI à Étampes. — Augmentation des impôts. — Discussion avec le roi. — Sa mauvaise humeur. — Lettre de J. de Reilhac à Bourré et à G. de Varye. — Il est nommé Général des Finances. — Payement des gens du Parlement de Paris — Le grenier à sel d'Évreux. — Abolition pour le duc de Bourbon. — Pension au comte de Dammartin. — Mariage de Jean de Reilhac avec Marguerite de Chanteprime, dame de la Queue-en-Brie, Pontault, Bonneuil, etc. — Histoire de cette terre. — Loys Blanchet, secrétaire de Charles V. — Renaude Blanchet, femme de François de Chanteprime, sa nièce

Le 17 mai 1466 Jean de Reilhac fut installé à la Chambre des Comptes (1) et prêta le serment accoutumé entre les 1466.
mains du Président Bertrand de Beauvau, seigneur de Précigny, lequel, quelques semaines plus tard, se retira à cause de son grand âge, et qui eut pour successeur Antoine de Beauvau, son fils (2).

Au même instant, Jacques de Reilhac, son frère, remplissait en

1. Extrait de l'Armorial de la Cour des Comptes par mademoiselle Denis. — Le texte des lettres d'installation n'a pu être retrouvé.

1466. Auvergne une mission difficile contre les partisans du comte Jean V d'Armagnac et au profit du duc de Bourbon. Fidèle à son système de détacher peu à peu les princes de la Ligue, Louis XI voulait se montrer agréable à ce dernier, qui avait été l'un des premiers à lever l'étendard de la révolte.

La seigneurie de Chaudesaigues, sise au milieu des montagnes de l'Auvergne, au diocèse de Saint-Flour, avait été donnée autrefois par le roi au comte d'Armagnac, bien qu'à une époque plus reculée elle eût appartenu à la maison de Bourbon. — Le duc Jean de Bourbon la revendique, Louis déclare alors par ses lettres adressées au Parlement le 5 avril 1466 (1) que la donation ayant été viciée à son origine, elle doit être annulée et la terre rendue au duc de Bourbon. Ordre est alors donné à Jacques de Reilhac de s'y transporter et de procéder séance tenante à la confiscation prononcée contre le comte d'Armagnac.

Mais la ville est fortifiee et gardée par les troupes du comte. Ce voyage se présente plein de difficultés.

Après avoir quitté le roi à Orléans le 14 avril 1466, Jacques de Reilhac arrive à Saint-Flour le 25 du même mois. Chemin faisant, il s'est arrêté un instant à Moulins où le duc de Bourbon lui donne un procureur spécial, nommé Daignet, pour l'accompagner. De là ils parviennent tous deux à Chaudesaigues où ils voient arriver à leur rencontre des groupes d'hommes armés qui leur défendent l'entrée de la ville. En vain ils invoquent leur qualité d'envoyés du roi. Forcés de camper dans les faubourgs, ils doivent se borner à lire devant le consul de la ville, Amblard Champanhac, chaud partisan du comte d'Armagnac, les lettres de confiscation, auxquelles celui-ci, assisté d'un conseiller nommé de Camps, répond par une longue protestation en latin, dans laquelle il prend à partie Jacques de Reilhac, lui disant qu'il « est une créature du duc de Bourbon, et qu'il

1. Arch nat., P. 1357-1.

n'accomplit une pareille mission que pour complaire à ce dernier, attaquant jusqu'à sa qualité de conseiller du roi, laquelle 1466.
serait due uniquement au « pourchaz qui en auroit été fait par le
duc de Bourbon », ajoute-t-il (1).

1. Voici quelques extraits du rapport présenté au Parlement en mai 1466

Rapport de Jacques de Reilhac conseiller du Roy sur sa mission contre le comte d'Armagnac.

(Sur papier.)

« L'an mil quatre cens soixante six le quatorziesme jour du mois d avril apres Pasques furent a nous JACQUES DE REILHAC conseiller du roi nostre sire en sa Court de Parlement présentees en la ville d'Orléans de la part de haut et puissant Prince *Monseigneur le duc de Bourbonnoys et d'Auvergne* les lettres royaulx dont la teneur s'ensuit. ... (*suivent ici les lettres royales conferant a Jacques de Reilhac sa mission*). En nous requerant que a lexécution desdites lettres voulsissions proceder, & pour nous faire apparoir de la partie dudit Seigneur du contenu en icelles lettres, nous voulsissions nous transporter en la ville de Molins en Bourbonnoys & ailleurs ou besoing seroit, & ce fait, que nous nous transportissions en la ville de Chaudesaigues. Ce que accordasmes audit Seigneur & pour lesdictes choses par nous accompli, partismes dudit lieu d'Orléans, & nous transportasmes audit lieu de Molins, auquel lieu arrivasmes le XVIe jour dudit moys d'avril.

« Et nous illec arrivez nous furent en la Chambre des Comptes de mondit Seigneur de Bourbon présentées par maistre Jehan Cordier licencié en loix au nom et comme procureur dicelluy Seigneur plusieurs lettres, tiltres & comptes de receveurs touchant ladicte ville terre & Seigneurie de Chaudesoiges pour ledit Seigneur desquelles lettres tiltres & comptes fismes certains extraictz: & ce fait, partismes dudit lieu a Molins & nous transportasmes en la ville de Saint Flour, es montaignes d'Auvergne, auquel lieu arrivasmes le vendredi XXVe jour dudit moys.

« Et apres fusmes requis par ledit Daignet de nous transporter audit lieu de Chaudesaigues distant dudit lieu de Saint Flour de quatre grosses lieuez du pays qui peuvent monter de six a sept lieuez françoises pour par nous proceder a ladicte execution de lettres. A ceste cause combien que plusieurs personnes nous eussent dit tant audit lieu de Saint-Flour que ailleurs et pareillement leussent dit audit Daignet si comme il le nous relata que icelluy Daignet & nous serions en da gier de noz personnes se alions audit lieu de Chaudesaiges pour y faire aucune execution de lettres contre *monseigneur le comte d'Armignac*, neantmoins nous & ledit Daignet, partismes du dit lieu de Saint Flour, le XXIXe jour du dit moys, pour aller audit lieu de Chaudesaigues. & ainsi que feusmes sur le bort dune riviere, estant oultre plusieurs grans montaignes, et laquelle convient passer a bac pour tirer au dit lieu de Chaudesaigues, distant d'icelluy lieu de Chaudesaigues dune li ue ou environ, trouvasmes que ledit bac estoit au bord de ladicte riviere du cousté de devers ledit Chaudesaigues, & veismes que sur le bout dudit bac avoit ung homme tenant une javeline, qui sembloit estre homme de guerre et avecque luy estoient deux batelliers lequel nous demanda incontinent que feusmes arrivez sur le bort de ladite riviere pour icelle passer se estions le commissaire qui devoit venir audit lieu. A quoi respondismes que *estions au Roy* & avions besongner au dit lieu. Lors ledit homme de guerre feist signe de la main audis batelliers quilz venissent à nous, ce qu'ils feirent; et incontinant que lesditz batelliers furent partiz d'avec ledit homme de guerre, pour nous venir querir, s'en monta hastivement par ung hault chemin, entre deux montaignes, par lequel chemin l'on va audit Chaudesaigues, & sur le point que feusmes descenduz en terre oultre ladicte riviere du dit cousté de Chaudesaigues, vindrent au devant de nous deux hommes à cheval ayans brigandines seulz leurs robbes et chacun d'eux une javeline, lesquelz estoient du pais de basque de la garnison dudit Chaudesaigues pour mondit Seigneur d'Armignac.

1466. Ce ne fut que plus tard, en 1469, que le duc de Bourbon devint

ou nous devrions eftre logez. Lefquelz nous menèrent es faulx bourgs du dit lieu par autre chemin que par le grant & plus commun en ung petit hoftel auquel n'a aucune enseigne d'oftelleryе: et trouvasmes que audit hoftel avoit un seul lit qui eftoit de bien petite valeur, et ancuns chaliz vuides, sans ce quil y euft aucunes uftencilles d'ostel, au moins que tres peu. Et demy heure apres, ou environ, nous fut envoyé ung autre petit lit seulement de dedans ladicte ville, & en icelle mefme heure, vint en noftredit logis ung homme, qui dift a ung noftre serviteur, que icelluy homme eftoit envoyé de par les Consulz de ladicte ville & auffi de par le Gouverneur dicelle, Jehan d'Armignac, fils dung feu baftard d'Armignac pour aller querir dans icelle ville a noz defpens ce qui seroit neceffaire pour nous & noz chevaux, & fut ledit homme ainfi commis & envoyé par lesditz consuls & gouverneur, affin que nous, ne aucuns de noftre compaignie, ne euft cause dentrer en ladicte ville, si comme le nous fut dit en secret par aucuns es portes de laquelle ville euft, tant que feusmes audit lieu, plus grant garde tant de gens de guerre que autres (fois). dans ladicte ville qui est tres petite avoit cent ou six vingts gens de guerre pour ledit Seigneur des pais de Basque Armignac, Roddez & Gascongne eftans en divers habillemens de guerre.

« Ne nous mifmes en effort de vouloir entrer dans ladicte ville, auffi quant euffions effaye d'y entrer ny euffions entré. si comme il nous fut semblablement dit par aucuns, & de ce euft apparence, par ce ledit jour de mercredi matin, ainfi que nous et ledit Daignet alions ouyr la meffe à une Eglise située es ditz faulxbourgs, et que paffasmes près la porte de ladicte ville, qui eftoit noftre chemin pour aler en la dicte Eglise, survint au devant de nous ung compaignon de guerre ayant une javeline comme tout efchauffé, auquel demandafmes quil vouloit & faisoit mal de ainfi venir contre ceulx qui venoient de par le Roy dont se monftra aucunement esbahy, et au retour de ladicte Eglife nous fut en noftredit logiz produit ung tefmoing par ledit Daignet affin de plus amplement faire aparoir du contenu esdictes lettres duquel feifmes rediger par efcript sa deppoficion. Et ledit jour de mercredi les deffus diz vindrent par devers nous & notredit logiz entour l'eure de midi et avecques eulx ung nommé Maiftre Amblard Champanhac, procureur de mondit Seigneur d'Armignac, garny de lettres de procuration.

« Lors ledit de Camps soy monstrant toujours eschauffe, proposa par devant nous que *avions esté sollicitcur et a la penfion de mon dit Seigneur de Bourbon* en ladicte court du Parlement par avant que fuffions pourveuz audit office de Confeillier en icelle court ainsi *que avions esté pourveuz en icelluy office au pourchaz et requefte dudit Seigneur et par ce nous avoit efleu pour proceder a lexecution des dictes lettres et eftions de la maifon et famille d'icelluy Seigneur par quoy nous avoit mondit Seigneur d'Armignac pour suspect* ».

« Refpondifmes, audit de Camps, comme la verite eftoit, telle que *oncques navions efté solliciteur ou confeillier de la famille ne heu bien fait penfion ou quelconque autre prouffit de mondit Seigneur de Bourbon*, ne aucunement efté pourveu dudit office de confeillier par le moyen pourchaz ou requefte d celluy seigneur, & auffi jufques alors que lesdictes lettres nous avoient efté prefentées, n'avions oncques eu charge de matiere que le touchaft, mais au contraire, avions, par avant que fuffions pourveu du dit office de Conseillier, aucunes fois (esté) en charge en ladicte court contre icelluy Seigneur, parquoy avoit ledit de Camps grand tort d'avoir propofé lesdictes caufes de recufation, neantmoins icelluy de Camps deift lors quil appelloit de nous pour mondit Seigneur d'Armignac, nous bailla ledit jour devers le soir par efcript le libelle appellatoire du dit Seigneur

. . . .

. . . .

« Sciens & manifefte cognofcens dictum dominum meum Comitem gravatum & oppreffum in « juribus suis diminutum *a vobis Egregio viro Domino Magiftro* Jacobo Reillaco commiffario afferto & « vos portante quem quo supra nomine suspectum & merito gero & repputo multumque favorabilem « & propicium ac benevolum Domino duci Borbonnii & Alvernie & ea de caufa fuiftis ad veftram « pretenfam commiffionem electus per dictum dominum ducem seu suas gentes cum hactenus fueritis « eius solicitator penfionatus & negociorum geftor & de eius domo & familia & habetis ergo sua

enfin maître de Chaudesaigues, ainsi que le prouve l'information qui fut alors faite contre Amblard Champanhac (1). 1466.

Cependant le roi poursuivait ses enquêtes. Il accusa le sire d'Esternay, receveur de la Normandie, d'avoir secrètement travaillé à exciter les esprits contre lui.

« negocia portum favorabilem fuiſtiſque aſſumptus & vocatus precibus & interceſſione dicti domini « ducis ad officia que aſſeritis ut fertur vos habere...., et quia dicto Domino meo comiti vos eſtis « quam plurimum ſuſpectus cauſis & racionibus supra dictis appello provoco & reclamo ad predictum « dominum noſtrum Regem & eius magnum conſilium & ad eius honorandas parlamenti curias Pari- « ſius & Tholoſe ad illum seu ad illos ad quem seu quos appellare seu recurrere poſſum & debeo « *vosque suspectum reputo.* »

« Après laquelle plaidoirie faicte par ledit de Camps, le dit Daignet, ou dit nom de procureur de mondit Seigneur de Bourbon, faiſant de sa procuration, reſpondit ausdictes raiſons propoſées par ledit de Camps. Et au surplus nous requiſt que procediſſions oultre a lexecution desdictes lettres, lesquelles responce & requeſte dudit Daignet, il nous bailla depuis par eſcript contenant la forme qui sensuit.

« Nonobſtant les ſuſpections allegacions & autres choſes propoſées par devant vous, Monſeigneur « Maiſtre JACQUES DE RIHAC, conſeillier du Roy noſtre sire en sa court de Parlement a Paris, « commiſſaire delegue en ceſte partie par ledit Seigneur, par le procureur de Monſeigneur d'Armignac et lappellacion par luy faicte comme il eſt dit, et vous mondit Seigneur le Commiſſaire, a « l'encontre de Monſeigneur le duc de Bourbonnois & d'Auvergne, pour aider empeſcher lexecution « & enterinement des Lettres de voſtre dicte Commiſſion, vous, mondit Seigneur, devez proceder « a lexecution & enterinement desdictes Lettres, & en icelles enterinant, faire joyr & uſer, mon- « dit Seigneur le duc, de sa terre ville & chaſtellenie de Chaudesaigues, auſſi ne devez surceoir a « l'occasion de l'appellacion interiectée de vous par le procureur de mondit Seigneur d'Armignac « car par voz dictes lettres, il vous eſt mande proceder nonobſtant oppoſicion ou appellacion « quelconqne »

« Ledit jour de lendemain eſcheu, lesdictes parties comparans par devant nous, leur deiſmes qu'ils avoient semblablement grand tort de prétendre cauſe dignorance que fuſſions conſeiller en ladicte Court de Parlement, attendu que aucun d'eulx nous avoit veu en icelle court, comme eulx meſmes diſoient, & par ce nous pouvoient aſſez congnoiſtre, lors lesdiz de Camps & Guanigues nous dirent quils savoient bien des piece que *eſtions Conſeiller* du Roy en ladicte Court, & en tant que touchoit les causes de refusacion quilz avoient propoſé contre nous, dirent quilz avoient ce fait, par ce quon les leur avoit eſcriptes a Paris, deiſmes en la preſence desdiz procureurs de Camps & Guanigues que, icelles nonobſtant, procederions a lenterinement desdictes lettres en ce que venions eſtre a faire, et au surplus, en procedant par nous a ladicte exécution des lettres, feiſmes en la presence dudit Raſtaulh subſtitut dudit Procureur de mondit Seigneur d'Armignac, commandement a icelluy Seigneur a la peine de *cent marcz d'or* quil souffriſt & laiſſaſt joyr mondit Seigneur de Bourbon desdictes ville terre & seigneurie de Chaudeſaigues... toutes leſquelles choſes deſſus dicte nous certiffions par ceſte noſtredit preſent proces-verbal, signe & scelle de noz seel & seing,

« JACQUES DE REILHAC »

(Arch. nat. — N. P. 1357[1].)

1466. Saisi dans la rue déguisé en cordelier en compagnie d'un religieux augustin qui l'accompagnait, ils furent tous deux, par ordre de Louis XI, cousus dans un sac et jetés dans l'Eure, à Louviers, durant la nuit. Ainsi périt Jean le Boursier, Chevalier, sire d'Esternay, Maître des comptes, auquel, l'année précédente, Reilhac avait expédié de la part du roi certaines lettres confidentielles (1).

Malgré ces cruels exemples et toute l'habileté de Louis XI, une nouvelle ligue se reformait partiellement. « Monsieur frère du roi » s'était de nouveau rapproché du duc de Bretagne et lui avait fait oublier le traité de Caen. La guerre semblait inévitable et la peste sévissait avec fureur. Quarante mille personnes, dit-on, y périrent (2).

L'influence du connétable de Saint-Pol inquiétait surtout Louis XI. Il résolut de se l'attacher en lui faisant épouser sa propre belle-sœur, la princesse Marie de Savoie.

Les intermédiaires de cette proposition furent Jean de Reilhac, qui dans cette circonstance est qualifié par le roi : « Général de ses Conseillers »; et Jean de Ladriesche, trésorier de France, chargé de régler la dot à laquelle Louis XI s'engageait à contribuer.

De son côté, le connétable commet son cousin David de Poix, seigneur de Verrières, et son procureur Jean Jonglet pour le représenter dans cette négociation qui se trouve réglée le 21 juillet :

Au château de Vandeuil. — Du 21 juillet 1466.

Négociation pour le mariage de la princesse Marie de Savoie, belle-sœur de Louis XI avec le connétable de Saint-Pol.

(Copie du temps sur papier.)

Loys de Luxembourg, conte Sainct Paoul de Liney de Conversan & de Brienne, seigneur de Enghien, de Beaurevoir & chaftellain de Lisle, connestable de France

1 V. p. 182.

2 Legeay, *Histoire de Louis XI*, t. I, p. 484.

1466.

à tous ceulx qui ces presentes lectres verront salut. Comme puisnaguières pour le très grand desir et singulière affection que toujours avons eu destre et demourer vray serviteur du roy mon souverain seigneur, & pour iceulx desir & affection affermer par affinité & lyen de mariage affin de plus en plus par ce moyen notre maison augmenter & accroistre & aussi perseverer en la bonne grace & amour du roy, nous eussions par noz amez & feaulx cousin, Messire David de Poix, chevalier seigneur de La Verrière & maistre Jehan Jouglet, licencié en loix, notre conseiller fait supplier & requerir au roy que son plaisir fust *nous donner et accorder par mariage damoiselle Marie de Savoye sa belle-sœur* pour estre notre femme & espouse. Ce que de sa grace, il a tres agréablement voulu & consenty & pour traicter & appoincter les convenances necessaires a ce il ait commis & depputé de sa part le seigneur de la Fourest, Maistre JEHAN DA LE DRISCHE (*sic*) (1) *docteur en decret et en loix, tresorier de France* JEHAN DE RILHAT (*sic*) *General de ses conseilliers*, lesquelz & notredit cousin & conseilliers pour nous & en notre nom & communicqué ensemble par diverses foys & sur le fait dudit mariage traité et pourparler certains poincts & articles que par ledit tresorier envoyé & ayant charge de par le Roy pour sur iceulx prendre conclusion arrestée, nous ont esté rapportez & apres plusieurs communiquacions par nous et aucuns de notre conseil sur ce eues avec ledit tresorier, finablement lesd. articles sont demourez telz comme la teneur s'ensuit. Pour parvenir au mariage de monseigneur Loys de Luxembourg, conte de Sainct Pol, connestable de France, & de Mademoiselle (2).

Marie de Savoie demandée en mariage.

Conclusion du projet.

(Bib. nat., Fr. 4330, fol. 19.)

En septembre 1466, le roi, toujours à Orléans, se transporte à Etampes où vient le trouver une Commission nommée par le Parlement à l'effet d'aplanir les difficultés pendantes sur les matières des finances. On y retrouve : Étienne le Fèvre, prévôt de Saint-Junien ; Jean Dauvet, premier président du Parlement ; et le comte de Dunois. Mais les avis qu'elle donne ne sont guère écoutés.

Le 20 septembre, Reilhac, que Louis XI a chargé d'une mission en Picardie pour y étudier une nouvelle assiette des tailles, est de

1. *Jean de la Driesche*, seigneur de Passy, successivement trésorier de France en 1465, commissaire aux aides en Normandie, premier président de la Cour des Comptes (1468 à 1483), concierge et bailli du palais royal de Paris en 1471.

2. Suit le texte du contrat de mariage, imprimé dans *Guichenon Histoire de la Maison de Savoie*,

1466.

retour après avoir séjourné quelque temps à La Motte. Le soir même de son arrivée, il se rend chez le roi qu'il trouve très préoccupé de cette question des nouveaux impôts devenus indispensables pour subvenir à l'épuisement du trésor.

En apprenant alors par Reilhac que le Conseil des finances a rejeté ses demandes, Louis XI entre dans une violente colère. En vain Reilhac lui fait-il observer que les mesures demandées par lui auraient pour résultat de tripler les impôts déjà existants sur les paroisses rurales, et d'écraser le peuple des campagnes! Cependant à la fin le roi se calme et charge Reilhac de faire venir de suite le contrôleur général Bourré ainsi que Guillaume de Varye, pour en conférer :

A Etampes. — Du 20 septembre 1466.

J. de Reilhac à Monsieur du Plessis.

(Orig. autogr. sur parchemin.)

Monseigneur le Controlleur (1),

Je me recommande à voſtre grace si humblement que je puis, je suis retourne de Picardie & y ay fait ce que le Roy mauoit commande & depuis apres ce que ieuz eſte trois iours a la Mothe (2) pour obuier a la preſſe & auſſi quil ne meſt eſté poſſible fournir aux requeſtes de finance. Je m'en vins icy, pour la matiere de Champaigne ou la deliberation a eſte prinſe & en effect, ceſt choſe impoſſible que le peuple portaſt léquivalant & le fait des Villes. *Arſoir* le Roy men parla & en effect se *couroussa* de ce quon ne vouloit faire deliberer selon son ymagination & *ie luy deiz que j'auoye oy dire a messieurs qu'il perdroit son peuple et mettoit en dangier le feit de son argent* & aussi que la paroiſſe qui ne

Écrasement du peuple dans les campagnes.

1. *Jean Bourré, seigneur du Plessis* en Anjou, où il fit bâtir un magnifique château qui subsiste encore sous le nom du *Plessis-Bourré*, était fils de *Guillaume Bourré*, sieur de la Brosse, et de *Bertrande Briand de Brez*. Né à Château-Gontier, il fit ses études à l'université de Paris, et fut pendant dix-huit ans au service du Dauphin. A son avenement, ce prince le créa son clerc par lettres du 29 juillet 1461. Il fut successivement contrôleur de la chancellerie de France, receveur général des finances de Normandie, conseiller et chambellan du roi, maître de ses comptes et tresorier de France, gouverneur des châteaux de Langeais en Touraine, de Montaigne en Poitou, et gouverneur du Dauphin depuis Charles VIII, qu'il servit plus tard jusqu'à sa mort survenue apres 1500.

2. Ce doit être La Motte-Beuvron, en Sologne.

JEAN DE REILHAC A MONSR DU PLESSIS

Discussion avec le Roi Louis XI - 22 Septembre 1466

paye que IIc lt. en *payera VI* ainſi il eſtoit impossible a le faire. Il *se remit*, & diſt qu'on tierçaſt ou doublaſt les impoſitions es Villes & que ledit equivalent eust cours ou pais plat, je luy ay dit qu'il luy pleuſt le dire a Meſſieurs & les oyr: il n'en veult rien faire.

1466.

Dangers du système preconisé par le roi.

Contre projet pour les impôts.

Je luy monstray voſtre memoire des grands sucraiz (*sic*) de finances que nous auons donné. Il fut eſmerveillé & en concluſion veult que M. le General Varye & vous viengnez incontinent. Parquoy je vous enuoye ce porteur affin que vous en viengnes incontinent & quelque affaire que vous ayez me semble que deuez venir & me semble que ainſi le deuez faire, & aussi vous verrez le breuet cy encloz : parquoy me semble que ne deuez tant soit peu delayer a venir, & Dieu sçet s'il y a icy a reſpondre & si vous avez point de amortiſſement en payant finances. Vous y serez reçu.

Monſieur je prie noſtre Seigneur que vous donne bien toſt venir & ce que deſirez. Eſcript a Eſtampes le XXIIe de septembre.

Voſtre serviteur jusques a la fin perpetuel.

JEHAN DE REILHAC.

(*Au dos est écrit :*) Monſieur le Contrerolleur maistre Jehan Bourré.

(B. Fr., 20429, fol. 22.)

C'est au 10 juillet 1466, à la suite d'un ordre de payement pour les gages des gens du Parlement de Paris, adressé à Pierre Jobert, receveur du Languedoc, que Jean de Reilhac signe pour la première fois comme général des Finances (1).

Puis le 17 août il comparaît avec la même qualité dans l'acte

1. *Pierre Jobert* fut receveur général du Languedoc avant *Jean Briçonnet* l'aîné, qui lui succéda le 14 décembre 1466.

Voici l'exequatur mis par J. de Reilhac au bas de la cédule royale pour les payements des gens du Parlement :

10 juillet 1466.

J. de Reilhac au Receveur gén. du Languedoc.

(Autogr. sur papier.)

« Pierre Jobert, en accompliſſant le contenu en la cedule du Roy cy deſſus eſcripte levez deſcharge sur le grenetier de Chartres de la somme de huit vings livres tournois par Guillaume Colombel commis a faire le paiement des gaiges de Meſſieurs de Parlement a Paris : pour les cauſes & ainſi que led. seigneur le veult & mande.

« Fait le Xe jour de juillet lan mil cccc soixante six.

« DE REILHAC. »

1466. d'abolition accordé au duc de Bourbon et à ses vassaux pour leur complicité dans la révolte. — *Montargis*, 17 *août* 1466 (*Signé :*) JEHAN DE REILHAC GÉNÉRAL (1), « les sires de Craon, de Laforest (2) et autres presens ».

Louis Toustain, fermier du grenier à sel d'Évreux, qui fut plus tard conseiller laï aux Comptes, vient alors se plaindre qu'à l'entrée des princes coalisés dans cette ville, en septembre 1465, tout son sel a été volé et vendu à vil prix. Depuis lors il a essayé de poursuivre ceux qu'il soupçonne d'avoir acheté frauduleusement ce sel, mais les frais qu'il a faits dans ces poursuites sont supérieurs aux sommes qui lui ont été restituées. Sur l'avis de Reilhac et de l'Évêque d'Evreux, le roi ordonne au receveur de rembourser par annuités Louis Toustain de ses pertes. — *Étampes*, 23 *septembre* 1466 (*Signé :*) JEHAN DE REILHAC GÉNÉRAL (3), « l'evesque d'Evreux et autres presens ».

C'est à la même époque qu'Antoine de Chabannes obtient du roi une pension de neuf mille livres en considération de ses anciens services auprès du roi Charles VII. Singulier retour des choses, si l'on se rappelle qu'il avait été, pour les mêmes motifs, dépouillé de ses biens quelques années plus tôt. — *Orléans*, 19 *octobre* 1466 (*Signé :*) JEHAN DE REILHAC GÉNÉRAL (4). « Monseigneur le duc de Bourbon, le sire de Basoges et autres presens ».

Dans le compte principal des dépenses pour l'année 1466, arrêté à Bourges par le roi au 1er janvier de cette année, on trouve les gages et indemnités alloués à Reilhac pour ses chevauchées, le tout à prélever sur les pays au delà de la Seine et de l'Yonne,

1. Arch nat., Reg. JJ, 194, fol 104 — V. Piec. justific., no CLXXIII.

2. *Louis de Beaumont*, chevalier, seigneur de *La Forest*, du Plessis-Macé, conseiller et chambellan du roi, capitaine du Mans en 1449 et senechal du Poitou. Il vivait encore en 1472. (Chronique de Mathieu d'Escouchy, par M. de Beaucourt.)

3. Bib nat., Fr. 25713, fol 91 — V t. sec., Piec. justific., no CLXXXX.

4. — Fr. 2898, fol. 83. — — — no CLXXX.

ainsi que sur le produit de l'équivalent dans la haute Auvergne : 1466.

A Bourges. — Du 1er janvier 1466.

Prévision des charges à acquitter sur les recettes de la Haute-Auvergne pour une année commencée au 12 octobre 1466 et finissant au 30 septembre 1467.

(Sur papier.)

Hault Auvergne. Eftat de lequivalent du hault pays dauvergne pour ung an commençant le premier jour doctobre mille cccc soixante six & finiffant le dernier jour de septembre mil cccc soixante sept. *Mont.* IIIIm IXc IIIIxx XIl IXs IIIId.

Charges sur ce :

Au maiftre de la chambre aux deniers de la Royne pour convertir & emploier en la defpence argenterie & efcuierie de la dicte dame. m. ltz

A Monfeigneur de Calabre (1).....

A Maiftre JEHAN DE REILHAC général des Finances pour partie de ses gaiges & chevauchees . . . . (*effacé*)

Généralité des Finances et chevauchees.

Aux esleuz pour leurs gaiges & chevauchers... IIIIm IXe IIIIxx XIl IXs IIIId.

Fait à Bourges le premier jour de janvier mil cccc soixante six.

Loys. Bourré.

(Bib. Nat. Fr. 20497, fol. 88v.)

A Bourges. — Du 12 janvier 1466.

Prévisions des charges à acquitter sur les recettes des pays au delà de la Seine et de l'Yonne pour la même période de temps.

(Sur papier.)

Charge sur les aides de la recepte generale des pays eftans sur et dela les rivieres de Seine & Yonne de l'année commençant en octobre mil cccc LXVI...

A meffieurs des comptes pour partie de leurs gaiges. VIIm VIIc ltz.

A Monfieur le conneftable.. . . . .

A Mre JEHAN DE REILHAC, pour semblable IIIIc XLltz.

. . . . fait à Bourges le premier de janvier mil cccc soixante six.

Loys. Bourré.

(Bib. nat., Fr. 20498, fol. 12.)

1. *Charles d'Anjou, duc de Calabre*, dernier rejeton de la maison d'Anjou, etait le fils du comte du Maine et par conséquent le cousin de Louis XI. Il hérita du duche de Provence par legs que lui fit le *Roy Rene* en 1480 [illegible]

1466. On trouve également dans le compte de Pierre Jobert, receveur du Languedoc, et de Jean Briçonnet l'aîné, arrêtés en septembre 1469, une suite d'articles concernant, soit les gages et indemnités dus à Reilhac durant l'année courante, soit le remboursement de ses déboursés antérieurs, notamment ceux relatifs au voyage de 1463 en Auvergne et en Languedoc avec l'évêque de Clermont et le sire de la Tour d'Auvergne :

« Extrait du 5e compte de Pierre Jobert, receveur général des finances au pays de Languedoïl pour l'année finie en septembre 1466. »

(Copie sur papier).

« Voyages et ambaxades.

Voyages et chevauchées.

« Mre JEHAN DE REILHAC, confeiller & general sur le fait & gouvernement des « finances pour ses voyages & chevauchées pour 5 mois finis en septembre IIIc ltz.

« . . . .

« Menus voyages.

Séjour de 1463, en Auvergne.

« Pierre Maudonier, receveur du bas pays d'Auvergne pour avoir efté en 1463 « en plufieurs lieux du haut & bas Auvergne avec M. JEHAN DE REILHAC « & Alexandre Barry pour mettre ordre sur le fait des logis des gens d'armes.

« Cl et IIIIxx. ltz. »

Voyage pour le rachat des villes de Picardie.

« Monfeigneur l'Evesque de Clermont IIIIxx pour avoir efté en 1463 es « pays de Berry, Nivernois, Bourbonnois, Chasteau-Chinon, Lyonnois & haut & « bas Auvergne mettre sur la portion de Cm efcus d'or pour fournir au rachapt « des terres de Picardie engagées par le traitté d'Arras à Mons. de Bourgogne.

« Mre JEHAN DE REILHAC, notaire & secretaire du Roi pour avoir efté en 1463 « avec l'evefque de Clermont et le seigneurs de Montgafcon en plufieurs elections « du pays de *Languedoïl* pour mettre sus la portion es C m efcus.

. . . .

. . . .

« Gages d'officiers.

Généralite des Finances.

« Mre JEHAN DE REILHAC confeiller & general sur le fait & gouvernement des « finances pour ses gages du 1er may au dernier septembre IIIc XII ltz Xs. »

(Bib. nat., Cab des Tit., vol. no 685, fol. 246-250.)

Parmi les actes de l'année qui portent encore la signature de J. de Reilhac comme général des finances, on voit aussi : 1466.

Nomination de *Louis de la Pallu*, chevalier, comme maître des eaux et forêts pour l'Ile de France et la Brie. — *18 avril* 1466 (*Signé :*) J. DE REILHAC (1).

Toute une série de privilèges relatifs aux habitants des Cévennes, tels que :

Amortissement en faveur de l'église de Bedresq, au diocèse de Mende. — *Montargis, août* 1465 (*Signé :*) JEHAN DE REILHAC *GÉNÉRAL* (2). En présence de « l'arcevesque de Tours ».

Droits du seigneur pour la commune de Pierre en Gévaudan. *Id.* (*Signé :*) JEHAN DE REILHAC *GÉNÉRAL* (3). En présence du même.

Privilèges pour l'église de Mende. *Id.* (*Signé :*) JEHAN DE REILHAC *GÉNÉRAL* (4). En présence du même.

Privilèges pour l'évêque de Mende (*Signé :*) JEHAN DE REILHAC *GÉNÉRAL* (5). En présence du même.

Amortissement en faveur de l'église de Lodève (*Signé :*) JEHAN DE REILHAC *GÉNÉRAL* (6). En présence du même.

Et différentes pièces relatives à la trésorerie de Nîmes et de Beaucaire qui paraissent être les dernières qu'on rencontre avant la mort de Jean d'Etampes (7).

1. Bib. nat., Fr. 21405, fol. 168. — V. t sec., . Piec. justific., nº LXXLV.
2. Arch. nat., Reg. II, 202, fol. 52. — — nº CXXLIV.
3. Arch. nat., Reg. II. 224, fol. 54. — — nº CLXXX.
4. — — 200, fol. 31. — — nº CLXXVII.
5. — — 202, fol. 52. — — nº CLXXVI.
6. — — 224, fol. 51. — — nº CLXXVIII.

7. 11 janvier 1466.

Gages de Pierre Quotin, procureur du roi pour la Sénéchaussée de Beaucaire.

(Orig. sur parchemin.)

« Noverint Universi quod Ego Petrus Quotin procurator Domini nostri regis in senescallia Bellicadri & Nemosi confiteor habuisse et recepisse ab honorabili viro magistro JOHANNE DE REILHAC

1466.

Toutefois on trouvera encore, au 17 octobre 1468, un acte isolé de cette gestion concernant le fermage du grenier à sel de Nîmes (1), et il est à remarquer que les comptes définitifs n'ont été rendus par Reilhac qu'à Noël 1473 (2).

Dans les derniers jours de cette année (1466) eut lieu le mariage de Jean de Reilhac avec Marguerite de Chanteprime. Elle était fille de Jean de Chanteprime, écuyer, Maître des Comptes, seigneur de Bonneuil-sur-Marne, et de Marguerite de Vérac, fille elle-même de Pierre de Vérac, prévôt de Paris. Marguerite apporta en dot les terres de la Queue-en-Brie, Pontault, Bonneuil-sur-Marne, les Bordes, etc., dont les seigneurs avaient le rang de baron.

La terre de la Queue (3), vendue au XIIe siècle par Hascherus de Cauda à Constance, fille de Louis le Gros, a été ensuite possédée de 1235 à 1363 par la maison de Meullant, branche cadette de celle d'Harcourt (4).

En 1365, elle passe avec les terres de Pontault, Bonneuil-sur-Marne, les Bordes, etc., entre les mains de Pierre Blanchet (5)

meorum jam dicti officii mei procuratoris que sunt LX lt. — per annum defervitorum in uno anno finito ad sanctum Johannem millesimo CCCC LXV summam vigenti quinque librarum turonenfium de quibus XXV ltz sum contentus dictumque Dominum noftrum Regem ac jam dictum dominum thefaurarium quicto per prefentes signo meo manuali signatas et sigillatas sigillo proprio die undecima mensis januarii anno domino millefimo CCCC sexagefimo sexto

« QUOTIN »

(A. Reilh., ann 1466.)

1. Bib nat., Fr. 26091, n° 750. — V. t. sec., Piec. justific., n. CLXXXVIII.

2. V page 292.

3. Ce nom etait venu, dit-on, de ce que la forteresse de la Queue a laquelle la ville doit son origine, avait ete batie au XIe siecle, pres la queue d'un étang desseché depuis lors. Cette forteresse, défendue par les Armagnacs a soutenu un siege memorable contre les Anglais commandés par le *comte de Suffolk* qui en ordonna la demolition le 9 octobre 1430. Une seule tour, haute de trente metres, fut respectee et ne s'est ecroulee completement qu'en 1866. Chastillon l'a dessinee au XVIe siecle pendant les guerres de religion.

4. En l'an 1235, *Alix de Beaumont, dame de la Queue*, epousa *Amaury I de Meullent*. Puis viennent : *Amaury II*, seigneur de la Queue, marié a *Marguerite de Neubourg*, mort en 1277 ; *Waleran II*, seigneur de la Queue, mort en 1330, marié a *Jeanne de Bouville*, *Amaury III*, seigneur de la Queue, marie successivement a *Jeanne d'Harcourt* et a *Jeanne de Tite*. — 1363 (Pere Anselme.)

5. *Pierre Blanchet*, secretaire du Roi Charles V, mort pendant une ambassade à Londres, en l'annee 1400, âgé de pres de cent ans, avait epousé successivement N... dame *du Chemin* ou *de Guermantes* (« *Le Chemin* », c'était le nom que portait alors le village de Guermantes, pres Lagny),

Secrétaire du roi Charles V, alors marié à la dame du Chemin, ou de Guermantes près Lagny ; puis à son fils, Loys Blanchet, lequel, 1466.
n'ayant pas d'enfant de sa femme Guillemette Baillet et victime d'un horrible attentat de la part d'un neveu qu'il considérait comme son héritier (1), la légua vers 1412 à sa sœur Renaude Blanchet, mariée à François de Chanteprime, oncle de Marguerite (2).

puis *Isabeau Pelletier* et *Guillemette de Vitry*, belle-sœur de *Juvenal des Ursins* et tante de *Marie de Vitry*, femme de *Jean Baillet*, seigneur de Sceaux (v. p. 201). Il laissa 1° *Loys* seigneur de la Queue-en-Brie, 2° *Hughes*, grand aumônier de France en 1391, 3° *Renaude*, mariée à *François de Chanteprime*, maître des Comptes et tresorier de France en 1412

PIERRE BLANCHET
Secret. du Roi Charles V
ep. 1° N··· dame du Chemin
ou de Guermantes, 2° Isabeau Pelletier,
3° Guillemette de Vitry.
† à Londres, en 1400, âgé de cent ans.

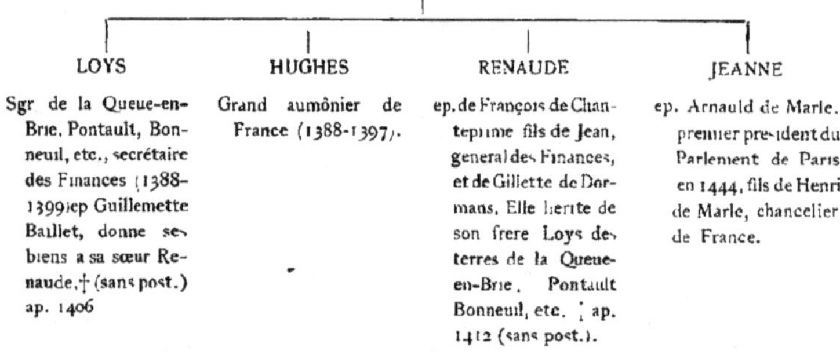
LOYS
Sgr de la Queue-en-Brie, Pontault, Bonneuil, etc., secrétaire des Finances (1388-1399) ep Guillemette Baillet, donne ses biens a sa sœur Renaude. † (sans post.) ap. 1406
HUGHES
Grand aumônier de France (1388-1397).
RENAUDE
ep. de François de Chanteprime fils de Jean, general des Finances, et de Gillette de Dormans. Elle herite de son frere Loys des terres de la Queue-en-Brie, Pontault Bonneuil, etc. † ap. 1412 (sans post.).
JEANNE
ep. Arnauld de Marle, premier president du Parlement de Paris en 1444, fils de Henri de Marle, chancelier de France.

1. Il existe à la mairie de Pontault (Seine-et-Marne) un curieux manuscrit ou l'on voit qu'un jour *Loys Blanchet*, voulant faire voir à son neveu l'étendue des domaines qu'il comptait lui laisser, monta avec lui au sommet d'une tour fort elevée et qu'aussitôt ledit neveu précipita son oncle par cette fenètre. Revenu à la santé, Loys Blanchet le déshérita, donna une partie de son bien aux communes de la Queue-en-Brie et Pontault pour l'usage des paysans et le reste à sa sœur *Renaude*.

2. La maison de *Chanteprime*, éteinte depuis le xvie siècle, a tenu une place importante sous les premiers Valois. Elle a pour auteur *Jean de Chanteprime*, seigneur de la Prime, pres Sens, en 1332. Son petit-fils *Jean II de Chanteprime* fut général de finances du roi Charles V et épousa *Gillette de Dormans*, sœur du chancelier de France *Guillaume de Dormans*. Ils eurent entre autres enfants 1° *François*, trésorier de France, marie à *Renaude Blanchet*, 2° *Jean*, maître des Comptes, marie à *Marguerite de Verac* (pere de Marguerite, femme de *Jean de Reilhac*), 3° *Marguerite*, epouse de *Pierre de Vaudetar* seigneur de Pouilly-le-Fort. (V. Extr. généalog. ci-contre, p. 241.)

1466. Au siècle dernier, quand l'abbé Lebeuf composait son ouvrage et visitait les Églises du diocèse de Paris, il rencontra, dit-il, dans l'église de la Queue-en-Brie divers tombeaux et pierres commémoratives du XIVe siècle relatives aux Blanchet et aux Chanteprime, souvenirs qui ont disparu depuis lors (1).

La baronnie de la Queue relevait partie du chapitre et de l'évêque de Paris, partie du chancelier des Ursins, partie de Marie duchesse d'Orléans, qui octroya un acte de souffrance (2) à Jean de Reilhac quelques mois plus tard, à l'occasion de son mariage en sa qualité de nouveau seigneur dudit lieu (3).

1. *Histoire du Diocese de Paris*, par l'abbé Lebeuf, t. XIV, p. 386.

2. On appelait ainsi une dispense de foi et hommage accordé par le suzerain féodal.

3. Arch. Reilh., année 1467. — Il était d'usage, comme on sait, qu'à chaque mutation on rendît un nouvel acte de foi et hommage.

Héliog. Dujardin

LA BARONNIE DE LA QUEUE EN BRIE

Vue du Chateau au XVIe Siècle (Dessiné par Chastillon)

Marguerite de Chanteprime

Dame de la Queue-en-Brie

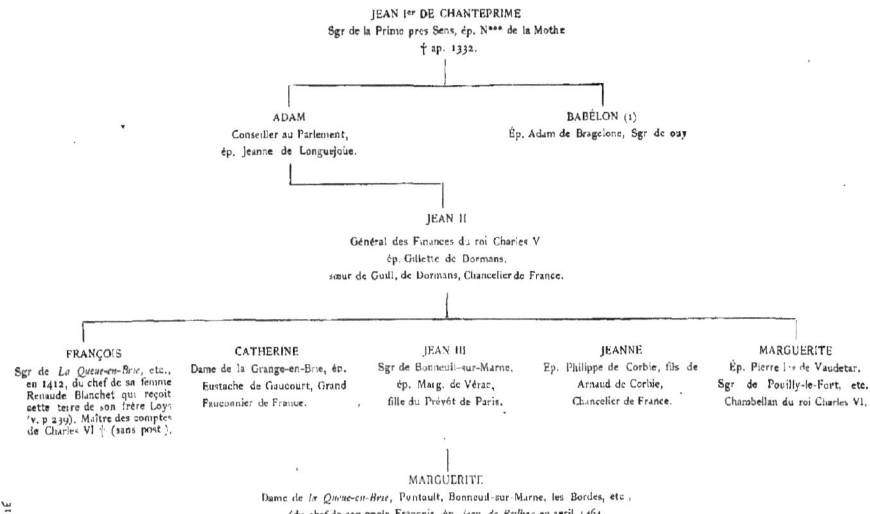
JEAN Ier DE CHANTEPRIME
Sgr de la Prime pres Sens, ép. N*** de la Mothe
† ap. 1332.
ADAM
Conseiller au Parlement,
ép. Jeanne de Longuejoue.
BABÉLON (1)
Ép. Adam de Bragelone, Sgr de ouy
JEAN II
Général des Finances du roi Charles V
ép. Gillette de Dormans,
sœur de Guill, de Dormans, Chancelier de France.
FRANÇOIS
Sgr de *La Queue-en-Brie*, etc., en 1412, du chef de sa femme Renaude Blanchet qui reçoit cette terre de son frère Loys (v. p 239). Maître des comptes de Charles VI † (sans post.).
CATHERINE
Dame de la Grange-en-Brie, ép. Eustache de Gaucourt, Grand Fauconnier de France.
JEAN III
Sgr de Bonneuil-sur-Marne,
ép. Marg. de Vérac,
fille du Prévôt de Paris.
JEANNE
Ep. Philippe de Corbie, fils de
Arnaud de Corbie,
Chancelier de France.
MARGUERITE
Ép. Pierre Ier de Vaudetar,
Sgr de Pouilly-le-Fort, etc.,
Chambellan du roi Charles VI.
MARGUERITE
Dame de *la Queue-en-Brie*, Pontault, Bonneuil-sur-Marne, les Bordes, etc.,
(du chef de son oncle François, ép. *Jean de Reilhac* en avril 1464.

XII

ANNÉE 1467

(Elle commence le 29 mars.)

SOMMAIRE

Maladie du duc Philippe le Bon à Bruxelles. — Jean de Reilhac, Charles de Melun et le Sénéchal de Limousin envoyés en ambassade. — Récit de leur voyage. — Ils le trouvent à son lit de mort. — Accueil qui leur est fait. — Repas offerts par Jean de Croy et Pierre de Beauffremont, maréchal de Bourgogne, au nom du duc. — Rendez-vous à Saint-Omer avec les ambassadeurs du roi d'Angleterre. — Lettre du comte de Warwick. — Messages pour Louis XI rapportés par Reilhac.

Ambassade de Reilhac en Bretagne avec Guillaume Cousinot. — Proces-verbal de leur conférence avec le Chancelier de Bretagne. — Reglements concernant l'importation des monnaies étrangeres. — Fabrication de liards en Dauphiné et en Guyenne. — Exemption aux rois des archers et des arbalétriers. — Comptes pour l'année 1466-1467. — Indemnités de voyages. — Subvention du roi à Clement de Reilhac, seigneur de Brigueil. — Procès contre Nicolas de Mauregard.

1467.

Le duc Philippe le Bon était gravement malade à Bruxelles et le caractère hautain du comte de Charolais, son héritier présomptif, pouvait faire craindre de nouveaux embarras à Louis XI. On apprit alors au Plessis-lez-Tours que le comte de Warwick, qui gouvernait l'Angleterre depuis l'avènement d'Edouard d'York, s'était décidé à envoyer une ambassade à la cour de Bourgogne.

1467. Louis XI tenait essentiellement aux bons rapports avec les puissances voisines, ayant assez à contenir les intrigues continuelles des princes du sang. Aussi, quoique ancien adversaire de la maison d'York, pendant la guerre des Deux Roses, il saisit là une occasion de se rapprocher d'Édouard, et se décide à envoyer de son côté une ambassade auprès du duc Philippe, dans l'espérance d'y rencontrer les Anglais.

C'est le grand maître de France, Charles de Melun, qu'il charge de cette mission, en lui disant de s'adjoindre Jean de Reilhac et Henri de Marle.

Mais Reilhac, tout récemment marié, était absent. Charles de Melun fait courir après lui et c'est à Amboise, sur la route de Paris à Tours, au moment où il retournait vers le roi, que le messager le rencontre. Aussitôt il revient sur ses pas et s'en va seul, et « à ses dépens », rejoindre l'ambassade à Bruxelles. Et il le fait « de bon cuer pour un nouveau maryé » (1).

Les envoyés de Louis XI reçoivent un excellent accueil à la cour de Bourgogne. Quant au duc, il est mourant. On ne peut lui parler, tant sa faiblesse est grande. Cependant, au bout de cinq jours, il a une première entrevue avec les ambassadeurs, mais sa voix est si basse qu'on saisit avec peine ce qu'il veut dire.

Entre-temps le sire de Lannoy, et son cousin Jean de Croy, sire de Chimay, Pierre de Beauffremont, maréchal de Bourgogne, sont commissionnés par le duc pour fêter les Français. Ils font plusieurs fois tous ensemble « grande chière », mais l'absence des Anglais retire à la mission son principal objet. Le duc leur propose alors de les faire conduire en Angleterre. Après hésitations, le sénéchal du Limousin accepte. Il part avec un sauf-conduit et une lettre du duc pour le comte de Warwick, dont Reilhac rapporte au roi la copie

1. V. p. 247.

avec d'autres missives écrites par Jean de Croy et Pierre de Beauffremont. En outre, rendez-vous est pris à Saint-Omer pour la Saint-Jean-Baptiste suivante avec les envoyés du roi d'Angleterre :

1467.

A Paris, — Du 1er avril 1467.

Rapport au Roi sur l'ambassade à la Cour de Bourgogne.

Sire je me recommande très humblement à voftre bonne grace Sire. Il vous pleut de voftre grace moy (1) envoyer en la compaignie de monfr le Senefchal de Limosin (2), meffire Henry de Marle (3) & maiftre JEHAN DE REILHAC deuers monfieur le duc de Bourgoigne lequel voyage les deffusd. & moy auons fait. Et vous plaife savoir Sire que quant nous arriuafmes a Bruxelles nous trouuafmes led. sr en article de mort, & feufmes cinq jours avant le pouoir veoir. Mais bien recueilliz & accompaignez de tous les grans de sa maifon feufmes & auons efté, & tout lonneur qui nous a peu estre fait pour lonneur de vous : croyez Sire qu'il nous a efté fait comme je croy que defia lauez sceu par maiftre Jehan de La Loere. Sire nous lauons veu par deux foiz : la premiere il eftoit si foible (4) que moy ne nul de nous nentendifmes oncques mot quil nous deist & eftoit pitie de le veoir : deux jours apres feufmes requis & priez par son maiftre dostel daller difner en ung hoftel hors lad. ville de Bruxelles ou mondict seigneur le duc à acouftumé faire les grans chieres, & apres ce difner illec mefmes se trouuerent le sr de Croy leuefque de Tournay le marefchal & le Sire de Lannoy : & là en une cham-

Le duc Philippe a la mort

Sa faiblesse.

Repas offert en son nom aux ambassadeurs de France.

1. *Charles de Melun, seigneur de Nantouillet*, conseiller et chambellan du Roi, grand maître de France, bailly de Sens, eut la tête tranchée sur la place du marché aux Andelys, le samedi 20 août 1468. Il avait épouse le 21 janvier 1453 *Anne-Philippe de Larochefoucaud.*

2. *Philippe de Melun*, alors *Sénechal du Limousin*, conseiller et chambellan du roi, était le père de Charles de Melun. Il avait epousé *Jeanne de Nantouillet.*

3. *Henri de Marle*, seigneur de Versigny, fils aîné d'Arnauld de Marle (v. p 98), conseiller du roi et maître des requêtes de son hôtel, il fut ensuite premier president à la cour du Parlement de Toulouse. Il avait ete, en 1460, un des commissaires députés par Charles VII pour terminer les differends entre son procureur et les échevins de la ville. Il mourut en 1518 Sa femme, *Jeanne de Cambray*, etait fille d'un premier president au Parlement de Paris.

4. *Philippe le Bon*, né à Dijon le 30 juin 1396, fils de Jean-sans-Peur et de Marguerite de Bavière, succéda a son père au duché de Bourgogne, le 10 septembre 1419, et mourut le 15 juin 1422. Il avait épousé : 1° *Michelle de France* au mois de juin 1409, morte près de Gand le 8 juillet 1422 : 2° *Bonne d'Artois*, morte en 1425, et 3° *Isabelle, fille de Jean Ier, roi de Portugal*, morte à Dijon le 17 décembre 1472.

1467.

bre appart en la presence de voz Seruiteurs dessusd. & de maiſtre Jehan de La Loere et non autres nous fut dit par led. Euesque de Tournay de par mond. s^r le duc que derechief nous feuſſions les tres bien venuz : et oultre nous deist que monſ^r le Duc les auoit chargiez de venir deuers nous & de sauoir a moy sil me plaiſoit leur dire la creance dont les lettres quil vous auoit pleu eſcripre aud. S^r faiſoient mention, apres sa propoſition faicte. nous tiraſmes appart & concluſmes que ie diroye lad. creance et la deiz, & en effect je deiz seulement que vous nous auiez enuoyez par de la pour ce que monſ^r le Duc vous auoit eſcrit que les Angloiz y venoient et deiz que Vous nous auiez chargiez de faire ce quil plairoit a mond. S^r le Duc nous commander & nous sembla Sire que ceſtoit aſſez veu que leſd. Angloiz neſtoient poinct venuz, & que le moins parler de noſtre couſté eſtoit le meilleur. Sire pour deux ou trois autres fois nous sommes aſſemblez & toujours sont venuz en noſtre logeiz & pour concluſion a eſté tellement pratiqué pour entre nous que a la requeſte dud. S^r a esté deliberé par eulz & a nous requis quil nous pleust nous condeſcendre denuoyer lun de nous juſques en Angleterre a laquelle requeſte nous sommes fait fort pryer diſans que nauions point ce pouoir de vous & a la fin nous y sommes condeſcendus & y est alé le Seneſchal deſſusd. & a eſté prins la charge par mond. S^r le Duc de luy faire auoir saufconduit comme porrez veoir Sire par le double de la lettre que mond. S^r le Duc eſcript au Conte de Warvic & oultre Sire à la requeſte dudict Sieur a prins journee auec les Angloiz de soy trouuer a Saint-Homer au jour de la Saint-Jean-Baptiſte pour la communiquer & traicter de pluſieurs matieres ainsy que pourrez veoir par les lettres que led. S^r vous eſcript leſquelles vous porte ledict maiſtre Jehan de de Reilhac; & nous a fait requerir que vous dyons quil vous plaise envoyer a ladite journee car sans aucuns de par vous ne vouldroit aucunement communiquer auec leſd. Angloiz et seroit bon, Sire, dy enuoyer gens bien notables pour telles matieres sauoir bien conduire. Vous pouriez eſtre aduerty par leſd. de La Loere et Reilhac plus a plain de ce quilz ont oy qui a esté dit & fait, ledict Reilhac sire vous porte unes lettres de mond. Sr de Croy unes autres de leuesque de Tournay, unes du Mareſchal de Bourgoigne (1) et unes du Sr de Lannoy, leſquelles contiennent creance sur moy quy eſt quilz ayme-

Declarations du but reel de l'ambassade

Voyage en Angleterre.

Lettres que rapporte Reilhac.

1. *Pierre de Beauffremont*, comte de Charny, Sgr de Molinot, Montfort, Marigny, Arnay-le-Duc Salins, etc., conseiller et chambellan du duc de Bourgogne, capitaine genéral (en 1432) et senechal herédital de Bourgogne, chevalier de la Toison d'or, mort en 1473. Il avait epousé par contrat du 30 septembre 1448 *Marie*, fille légitimée du duc *Philippe le Bon* et *de Jeanne de Presle*.

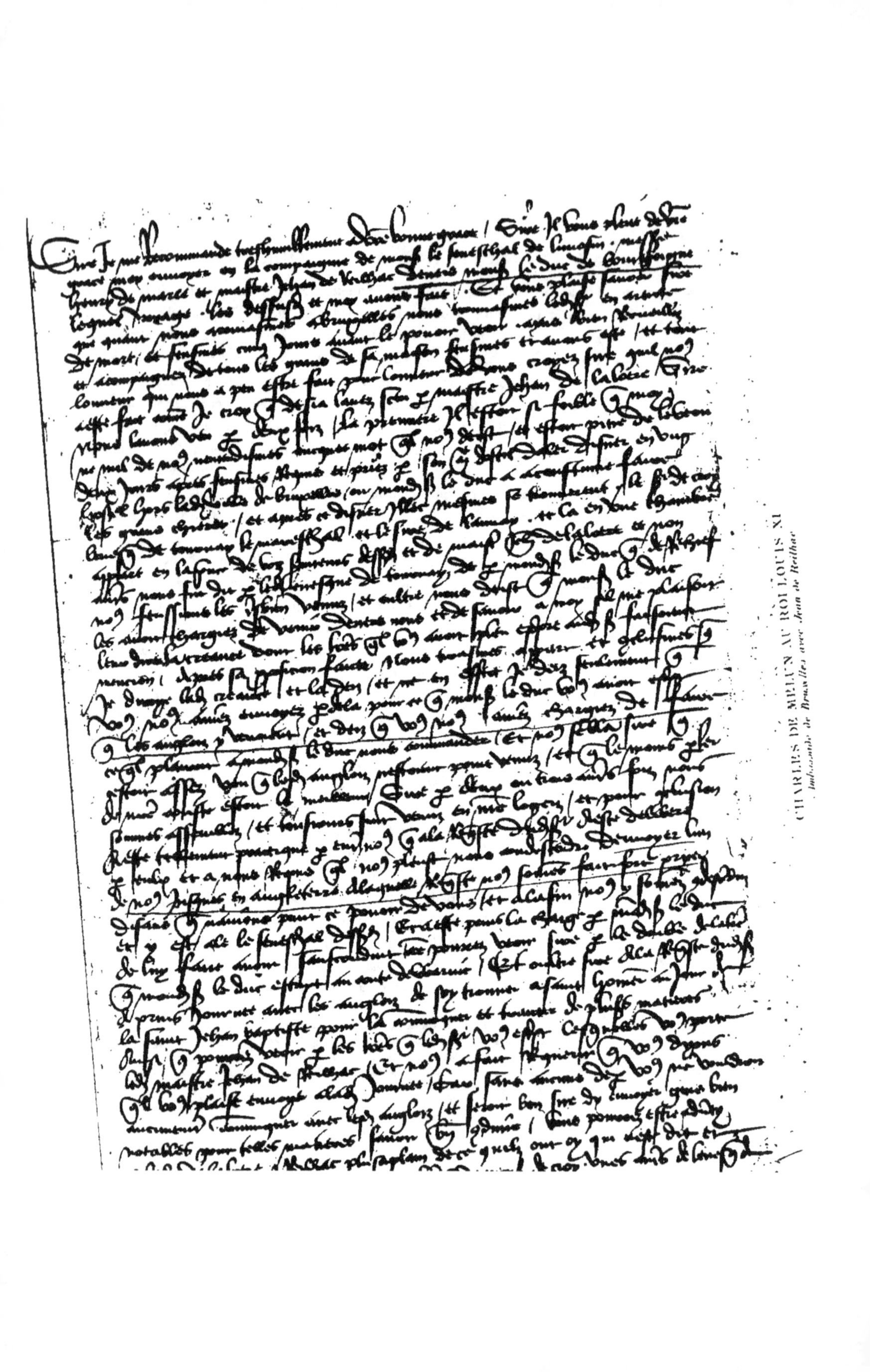

CHARLES DE MELUN AU ROI LOUIS XI

Imbassade de Bruxelles avec Jean de Reilhac

tournay / venues du mareschal de bourgoigne / et venues du s^r de lau
lesquelles contiennent [illegible] sur moy qui est ceulx ayme [illegible]
[illegible] ilz ne feussent tous venus et pour honneste de tousiours vous [illegible]
[illegible] quant je [illegible] en ceste ville je ne tournay pas les de [illegible]
[illegible] pour estre icy pour aler devers vous [illegible] je envoyay apres
et luy envoyay voz lectres quil receut a amboyse [illegible]
et dist [illegible] nous apres [illegible] et la fait de bon cueur pour ung
nouveau mariage / Escript je prye a dieu qui vous doint [illegible] vie et
longue Escript a paris le premier jour davril

Vre treshumble et obeissant s^r

J. d'Mellun

rovent mieulx mourir quilz ne feuffent tous voftres & sont prestz de tousjours vous obeir. Sire quant ie arriué en ceste ville *ie ne trouuay pas led.* DE REILHAC *pour ce quil sen eftoit party pour aler deuers vous parquoy jenvoyay apres et luy enuoyay voz lettres quil receut à Amboyse et incontinent sen retourne et a esté auecques nous a ses defpens et la fait de bon cuer pour ung nouueau maryé.* Sire ie prye à Dieu que Vous doint tres bonne vie & longue. Escript à Paris le premier jour dauril. 1467.

Voftre tres humble et tres obeiffant serviteur,

DE MELUN.

(B. Fr., 20855, fol. 94.)

Puis, à peine de retour de Belgique, Reilhac est dépêché vers le duc de Bretagne avec le célèbre Guillaume Cousinot, qui dans cette ambassade prend le titre d'évêque de Langres. Le roi a encore appris qu'il se trame une nouvelle alliance entre le comte de Charolais et le duc de Bretagne. La mort imminente du duc de Bourgogne peut compliquer les événements et les précipiter.

Eustache de Lespinai et Guillaume Chauvin, chancelier de Bretagne, viennent à la rencontre des ambassadeurs de la part du duc François. Reilhac, « general des finances », et Guillaume Cousinot, parlant les premiers, établissent les bonnes intentions du roi, et la perfidie du comte de Charolais sur laquelle ils s'étendent longuement. Ils rappellent que malgré tous ses efforts pacifiques, le roi est toujours en butte aux mauvaises intentions du comte, qui cherche à usurper partout l'autorité royale, notamment dans les villes de la Somme si péniblement rachetées en 1463 et cédées de nouveau au duc de Bourgogne en vertu du traité de Conflans. Ils se plaignent des rassemblements d'hommes d'armes ordonnés en ce moment même par le comte de Charolais, et dans un but évidemment hostile :

Du 4 avril 1467.

Conférence entre les Ambassadeurs de France et de Bretagne.

Le quatriesme jour d'avril 1467 apres Pafques, par l'ordonnance & commandement du Roy Reverend père en Dieu Monfieur l'EVESQUE DE LANGRES, appellé

1467.

GUILLAUME COSINOT, chevalier seigneur de Monftreuil (1), confeiller & chambellan dudit sire & Maiftre JOHAN DE REILHAC, aussi *Conseiller dudit sire et General de ses Finances*, moi Adam Rolland notaire & secretaire du Roy, eftant en leur compagnie, vindrent devers Messire Guillaume Chauvin chevalier Chancelier de Bretagne & Euftache de Lefpinai seigneur de Trienc ambassadeurs de Monfieur le duc de Bretagne pour leur faire les remonftrances cy apres defplacées touchant les excès & entreprises faites par *Monsieur le Comte de Charolois* & les officiers à l'encontre & au préjudice du Roy, de ses droits royaux & domainiaux des droits de la couronne & prérogative de la majesté & dignités Royalles.

Bonnes intentions du roi

Et premierement fut dit & remonftré aux Ambaffadeurs de Bretagne par nos dits seigneurs de Langres, Monstreuil & LE GENERAL (2) que le Roy avoit tousjours defiré & defiroit le salut de son peuple, le bien & l'entretenement de son royaume, & que ses sujets peuffent sous lui vivre en bonne paix repos & tranquillité ; & que à cette fin il s'estoit travaillé & pené en plufieurs manieres, & que tousiours vouloit & estoit disposé de faire : & bien l'avoit montré en ces dernieres divisions, qui avoient efté depuis deux ans en ça. Pour lefquelles aider & pacifier, & defcharger son peuple des maux & oppressions que a cefte cause il souffroit & eftoit encore en voye plus longuement de souffrir, si aucun remede & moyen n'y eftoit trouvé, il n'a rien voulu efparner du sien, mais s'est si avant eflargi & mis en tel devoir, comme chacun l'a peu voir & connoiftre

Mauvais desseins de M. de Charolais.

Item, & combien que Monsieur de Charolois se deuft bien eftre tenu pour content des peines que le Roy avoit prifes touchant ladite matiere, & que ledit sire n'euft fait chose, dont mondit sieur de Charolois euft caufe de soy douloir; neantmoins, par mauvais esprit ou autrement il avoit depuis les divifions apaifées fait plufieurs entreprifes & excés, & faifoit chaque jour au prejudice du Roy & de ses droits royaux & domaniaux, des droits aussi de la couronne & des prerogatives de l'autorité & majefté Royalle, sans vouloir reparer lesfdits torts & griefs, par lui & ses officiers faits au prejudice que deffus, ne se vouloit deporter

1. *Guillaume Cousinot*, 2e de ce nom, seigneur de Montreuil, neveu du chancelier du duc d'Orléans, etait né vers 1400. C'est un des personnages les plus marquants du XVe siècle. Tour à tour magistrat, homme de guerre et ecclesiastique, il fut successivement maître des requêtes, premier president du Parlement de Grenoble sous Charles VII, membre du grand Concile du roi, puis chargé d'une expédition contre les Anglais et enfin évêque de Langres. Il assistait, en 1459, au Congrès de Mantoue, comme envoyé du roi de France. Louis XI, après l'avoir emprisonné, le nomma ensuite son chambellan, concierge de la Conciergerie du Palais à Paris, gouverneur de Montpellier, et autres charges. Mort apres 1484.

2. C'est l'appellation donnée ici à *Jean de Reilhac*.

de plus en faire, quelques remontrances et exhortations tant par lettres comme par Ambaſſadeurs & autres, que le Roy lui en fait faire.

1467.

Item, & pour entrer ès cas particuliers, combien que nul ne l'oyſe ne appartienne mettre sus gens d'armes, ne faire aſſemblee de gens en forme de guerre dedans le royaume de France, meſmement ès terres de Picardie appartenantes au Roy, leſquelles ledit Monſieur de Charolois tient de preſent tant deça que dela la rivière de Somme sur les peines à ce introduites de droit & par les Conſtitutions Royales et par la coutume notoirement gardée par tout le royaume : néanmoins ledit *Monſieur de Charolois de son autorité privée a fait publier mandement pour aſſembler gens d'armes par toutes leſdites terres* et contraint les vaſſaux d'icelles par la prise & détentions de leurs fiefs et autrement à eux mettre sus. Et comme aucuns diſent & que la voix en eſt aſſés commune, *il fait leſdits mandemens et proclamations pour contrarier et préjudicier au Roy*, qui eſt un bien grand trouble & dont il a eu & en aura les peines eſtablies en tel cas.

Il a rassemblé des troupes en Picardie sans motif connu

Pareillement mondit sieur de Charolois a voulu & s'eſt efforcé de recevoir & de fait a receu & reçoit chacun jour les hommages & services de fidelité des vaſſaux deſdites terres, & contraint tous leſdits vaſſaux par la priſe de leurs fiefs et seigneuries sans aucun titre valable ne droit qu il y ait, ou eut oncques Monſieur de Bourgogne son père ou temps qu'il tenoit leſdites terres ; mais en jouiſſoit le Roy qui Dieu pardoint sans aucune difficulte, & même Monſieur de Croy & autres des principaux d'entour mondit sieur de Bourgogne ont fait l'hommage au Roy, qui Dieu pardoint, des terres qu'ils tenoient es pays, que tient de préſent mondit sieur de Charolois, & toutefois il veut uſurper & uſurpe sur le Roy leſdits hommages, sans vouloir en ce entendre aucune raison ni prendre la voye de juſtice, mais veult en ce cas estre juge & partie.

Il veut usurper la suzeraineté royale dans les pays de la Somme.

Hommage fait au Roi par le sire de Croy.

Semblablement, il s'eſt efforce & efforce d'empeſcher que le Roy leve ès foreſt de Bimou, Beauvoisis & Fouloy qui font deça la rivière de Somme les droits royaux qui de longtemps y ont eſté mis & levez pour la tuition & defenſe du Royaume qui font grandes entrepriſes, & leſquelles ne sont à souffrir ni a tolérer.

Aussi il s'eſt efforcé et efforce de lever les hauts paſſages qui sont des anciens droits royaux, dont jamais monſieur de Bourgogne son pere ne prit; & qui plus est si aucuns queſtions se meuvent de ces matieres devant le Maistre des hauts paſſages, auquel & non à autre de toute ancienneté en appartient la connoissance il évoque les procès pardevant ses juges, et en oste la connoissance au Roy & à ses officiers et constitue prisonniers les officiers du Roy en cette partie.

La question des hauts passages.

Il eſt aussi tout notoire que de toute ancienneté le reſſort de Mortaigne

Usurpation contre la justice royale.

1467.

vient devant le bailli de Touairſis, & y sont toujours mis les officiers de par le Roy : & ainsi en a eſté joui & uſé au temps que mondit sieur de Bourgogne tenoit leſdites terres & que le sieur de Habourdin & messire Jehan de Croy possedoient ladite terre de Mortagne. Et néanmoins ledit monſieur de Charolois par voye de fait s'efforce d'en occuper le reſſort & y ont eſté faits par ses gens pluſieurs excès & outrages aux gens & officiers du Roy touchant lad. matière.

La Prévôte de Saint-Quentin.

Il eſt vrai aussi que combien que ledit monſieur de Charolois n'ait que voir que connoiſtre en l'exemption de la Prevoſté de Saint-Quentin, dont monſieur de Bourgogne ne joint oncques ; neanmoins il a voulu & s'eſt efforcé de faire & avoir la poſſeſſion & jouiſſance de l'exemption de ladite Prevoſté sans en vouloir prendre la voye ni le train de juſtice, mais seulement son plaiſir.

Le sel de Salins vendu en concurrence avec le sel provenant des greniers du roi.

Il s'est pareillement efforcé & efforce chaque jour de faire courir le sel de Salins qui eſt hors du royaume avec le sel de Pecques en la ville de Macon & ès pays Masconnois en venant droitement contre les ordonnances royaux faites de toutes anciennetés, & dont semblablement mondit sieur de Bourgogne son père ne jouist qui eſt bien grande entreprise contre le Roy & grande diminution des droits Royaux & de la Couronne. Et en outre combien que selon raison & la teneur de l'appointement de Paris chacun doit retourner franchement en ses maisons, places, heritages, rentes, revenus & biens immeubles, quels qu'ils soient au Royaume ou dehors sans que rien en puiſſe eſtre retenu, & que l'on doit demourer en la jouissance saiſine en quoi on eſtoit auparavant les diviſions. & qu'il soit permis à tous de y entrer de leur autorité sans aucun miſtere de juſtice; ce nonobſtant & monſieur de Neesle soit homme & vaſſal du Roy, & quil lui ait fait hommage & serment de fidelité, & se soit toujours monſtré bon & loyal vaſſal dudit Sire ; néanmoins ledit sire de Charolois lui a longtemps tenu & occupé depuis le Traité de Paris la terre et seigneurie de Neesle & celle de Beaulieu mouvant du Roy à cauſe de sa Comté de Vermandois, & encore detient ladite place de Baulieu sans en vouloir faire aucune restitution, quelques prières & requeſte que luy en ayent eſté faiſtes par le Roy, ledit sieur de Nesles & autres & fait fortifier lad. place de Baulieu, & y tient gens d'armes, qui pillent chaque jour les sujets du Roy qui eſt grand excès & entrepriſe contre le Roy, son autorité, la paix du royaume, & contre ledit traité

M. de Charolais a refusé de restituer au sire de Nesle, vassal du roi, les terres qui lui appartiennent.

(D Morice, *Mém. pour servir de preuves à l'Hist. de Bretagne*, t. III, p. 167.)

Le 15 juin 1467 le duc Philippe mourut à Bruxelles, et selon l'expression de Legrand « il quitta le tric trac de ce monde pour jouir en l'autre du repos éternel » (1). 1467.

Par suite de l'insuffisance des monnaies courantes, « lyards, hardiz de France, etc., » les monnaies étrangères envahissaient alors le royaume, et ceux qui les importaient parvenaient presque toujours à leur donner un cours fictif supérieur à leur véritable valeur, et cela au grand détriment du trésor. Au mois de septembre, le roi charge Reilhac, Guillaume le Picart (2) et Guillaume de Varye (3) d'étudier le moyen d'y remédier. Alors paraissent trois ordonnances contresignées par les mêmes pour la fabrication de nouvelles monnaies (4); en même temps sont nommés quatre inspecteurs chargés de parcourir chaque année les provinces pour y vérifier le cours des monnaies en circulation et punir les délinquants. — *Paris*, 18 *septembre* 1466. (*Signé* :) JEHAN DE REILHAC *GÉNÉRAL*, GUILLAUME DE VARYE, GUILLAUME LE PICART (5).

Parmi les autres actes de cette année signés par Reilhac en sa qualité de général des Finances on voit encore :

La nomination de *Louis Toustain* comme maître lai des comptes, — *Chartres*, 30 *juin* 1467. (*Signé* :) LE DUC DE BOURBON, JEHAN DE REILHAC (6). Présents : le sire de Blot, Pierre d'Oriolles.

Règlements sur la fabrication des *Hardiz de France*, pour la

1. Legrand, Hist de Louis XI. B. Fr. 6976.

2. Fils de *Martin le Picart*, maître des comptes du roi Charles VII et petit-fils de *Jean le Picart*, maître des comptes du roi Charles VI. Cette famille, une des plus considérables de Paris aux XIVe et XVe siecles, a fourni un grand nombre de maîtres de comptes et s'est éteinte au commencement du XVIIe siecle. Elle possédait en Brie de nombreuses terres, entre autres celles de *La Grange* et de *Chanteloup*, auprès de Lagny, qu'on retrouve encore deux siecles plus tard, sous Louis XIII, en la possession de *Gaulois le Picart* et de sa femme *Hélène de Bréda*, enterres tous deux dans le chœur de l'eglise de Jossigny (v. a l'Appendice). Elle portait d'azur au lion d'or.

On trouve le portrait de *Martin le Picart* à côté de celui du roi Charles VII dans une jolie miniature de l'époque composée à propos de l'ordonnance sur la Cour des Comptes rendue à Nancy en l'an 1447. (Livre ferré de la Chambre de comptes dépose au Musée des Arch. nationales.)

3. Ancien principal commis de Jacques Cœur.

4. Ordonn. roy., t. XVII, p. 12. V. Piec. justific., n° CLXXXIII.

5. Id. — — p. 14 V. id. — n° CLXXXIII.

6. Bib. nat, Fr. 20405, fol. 163. V id. — n° CLXXXII.

1467. Guyenne, — *Paris, le 18 octobre, id.* (*Signé :*) JEAN DE REILHAC GÉNÉRAL (1). Présens : Guillaume le Picart, Guillaume de Varye et autres.

Une exemption perpétuelle de taille pour les rois des Archers et des Arbalétriers dans la ville de Laval, afin d'encourager l'exercice de ces armes, sur les frontières de la Bretagne. — *Montilz-lez-Tours, février, id.* (*Signé :*) LE COMTE DE FOIX et JEHAN DE REILHAC GÉNÉRAL (2).

Dans le compte du 16 décembre 1466 au dernier septembre 1467, présenté au roi par Jean Briçonnet l'aîné (3), receveur général du Languedoc, on relève sous la rubrique : « Deniers payés par ordonnance » ce qui suit :

Du 15 decembre 1466 au 30 septembre 1467.

Extrait du compte de Jean Briçonnet l'aîné présenté au roi.

Chapelle de N.-D. du Pont.

CLÉMENT DE REILHAC, *ecuyer seigneur de Brigueil pour employer a l'édifice d'une chapelle que le roy fait faire en son église au diocèse de Limoges en l'honneur de Notre Dame-du-Pont.* 616 ltz. 7^{s} 3^{d}.

Messire Rolland Lescouët chevalier grand veneur de France pour la nourriture & despense de plusieurs chiens de chaffe de la venerie. 2,000 lt.

Voyage de Milan.

Messire JEHAN DE REILHAC general des finances 65^{l} donnez au seneschal de Xaintonge pour un voyage naguere fait a Milan 65 lt.

Et plus loin sous la rubrique :

Gages et chevauchees

Gages d'officiers.

Mre JEHAN DE REILHAC, conseiller & general sur le faict & gouvernement des finances tant pour ses gages que pour *ses voyages et chevauchées*, 2.500 livres sur 2.940 livres.

1. Ordonn. roy., t. XVII, p. 24. V. t. sec., Piec. justific., n° CLXXXIV.
2. Arch. nat., Reg. J. J 201, fol. 2. V. — — n° CXXXV.
3. La dynastie des *Briçonnet* a fourni une quantite d'hommes de finance au xve siècle. Elle etait alors representee par *Jean Briçonnet, l'aîné*, receveur du Languedoc, et *Jean Briçonnet, le jeune*, receveur de la Touraine, ainsi que par Maîtres *Andre* et *Guillaume Briçonnet*. *Guillaume Briçonnet* avait epousé *Jeanne Boylesve*. (Voir note de la page 63.)

Pierre Jobert nagueres receveur general des finances du 1er octobre 1466 jusques du 16 decembre suivant pour semblable cause, 434 livres 13 sous 4 deniers. 1467.

Jehan Briçonnet, receveur general au lieu dudit Jobert du 16 decembre 1466 pour semblable.

Dons et recompensations.

Gages de clercs.

Christophle de Beausse, clerc de Mre JEHAN DE REILHAC & Jehan Billon, clerc de Jehan Briçonnet, 40 l. pour leurs salaires d'avoir escript plusieurs regiſtres touchant le fait des finances.

(Bib. nat., Fr. 20085, fol. 401-411.)

Cette même année aussi, on trouve dans les registres du Parlement (15 décembre 1467) mention d'un *défaut* prononcé contre Jean de Reilhac et Marguerite de Chanteprime, sa femme, dans un procès qu'ils avaient engagé pour leur terre de la Queue-en-Brie contre Nicolas de Mauregard défendeur.

Le texte de ce jugement par défaut fait voir combien était rigoureuse la formule usitée à cette époque :

Du 15 décembre 1467.

Defaut au profit de Nicolas de Mauregard contre Mre Jehan de Reilhac general des Finances et sa femme Marguerite de Chanteprime, dame de la Queue-en-Brie.

Peine contre les defaillants.

Defaut a Maiſtre JEHAN DE REILHAC, conseiller du Roy & general de ses finances, damoiselle *Marguerite de Chanteprime* sa femme, seigneur de la Queue-en-Brie à cause delle, Guillaume le Maiſtre, leur fermier & le Procureur general du Roy adiourné avec eulx demandeur en cas dexcès & daċtamptat contre Nicolas de Mauregart defendeur adiourne a comparoir ceans en personne *suspeine de bannissement de ce Royaume, de confiscacion de corps et de biens* & deſtre aċtaint & convaincu des cas a lui imposez non comparant appelle par le Mercier.

(Arch. nat., X_{2a}, fol 35.)

Aux derniers jours de cette année 146⁷/₈, on rencontre Reilhac à

1467. Lyon pour une mission particulière. En effet, les agissements du nouveau duc de Bourgogne ne cessent d'inquiéter le Roi. A la fin de cette année il envoie à Lyon « Jean de Reilhac, conseiller, maistre de nos comptes, general de Finance », avec Pierre Burdelot, pour notifier au chapitre primatial de cette ville sa décision de lui faire un emprunt « pour resister, dit-il, aux entreprinses que font à present contre nous et nos bons et loyaulx subgetz aucuns seigneurs de noſtre royaulme qui s'efforcent de usurper noſtre seigneurie ». La lettre écrite à cette occasion par le roi au chapitre de Lyon a été perdue, et une simple analyse en existe aux Archives du Rhône (1).

1. « Lettres patentes de Louis XI, du 16 février 1467/8, au chapitre primatial de Lyon, lui notifiant sa decision de faire un emprunt pour resister aux entreprinses que font a present contre nous et nos bons et loyaux subgetz aucuns seigneurs de nostre Royaulme qui s'efforcent de usurper nostre seigneurie, et qu'il a choisi à cet effet pour commissaire JEHAN DE REILHAC, conseiller et maistre de nos comptes, general de Finance, et PIERRE BURDELOT. » (Archives du Rhône, G, 3005, fol. 113. Communiqué par *M. Vaesen.*)

XIII

ANNÉE 1468

(Elle commence le 17 avril.)

SOMMAIRE

Pension de Charles d'Amboise. — Les dettes de M. de Saint-Pé. — Réclamations de Michel Gaillard, fermier du quart de sel en Poitou. — Le roi à Meaux. — Concession du grenier à sel à René de Vaudemont. — Refus de Reilhac pour la ratifier. — Charles le Téméraire et les Liegeois. — Louis XI va à Péronne. — Séquestration du roi. — Il fait demander Reilhac. — Procès-verbal de l'entrevue des deux princes. — Lettre à M. du Plessis — Signature du traité. — La croix de saint Charlemagne. — Voyage à Liege avec le roi et le duc de Bourgogne. — Comptes de l'année 1467-1468. — Avances, gages et indemnités,

A maison d'Amboise qui possédait la vicomté de Thouars, le comté de Benaon et l'île de Ré, avait vendu une partie de ses terres à Louis XI par acte du 26 janvier 1461, moyennant 100,000 écus et le payement d'une pension. 1468.

Charles d'Amboise, fils de Chaumont d'Amboise, devait en recevoir le montant sur les finances de Normandie. Quant à M. de Saint-Pé, dont il est aussi question dans la lettre suivante,

1468. et dont le roi semble avoir pris l'engagement de payer les dettes, les renseignements manquent à son égard :

Jean de Reilhac au roi Louis XI

(Orig. autogr. sur papier.)

Pension de Charles d'Amboise.

Sire Charles d'Amboise a eu son expedition du reste de sa pencion dont il avoit assignacion en Normandie & au regard de monsieur de Saint-Pé comme je vous deiz il monſtre par ung papier quil doit de V à VI^c escuz.

Dettes de M. de Saint-Pé

Sire quant voſtre plaisir sera le faire acquicter jusques a III^c eſcuz quil doit a plusieurs hostelliers bouchers et autres de Tours & sur ce commander une cedulle que Brissonnet le jeune sur sa recepte de Tours de lannée prouchaine en reſponde pour led. de Saint-Pe je croy quil se devra contenter & que aussi sa cedulle quil demande pour lever sa deſcharge des VI^c ltz & de sa pencion de laide des chaſteaulx luy soit expédiée sil y avoit autre lui que de prendre sur lesdits III^c eſcuz sur lannée a venir seroit le mieulx mais pour ceſte heure ne scay autre remede surtout en commanderez vostre bon plaisir.

Vostre très humble et très obeissant subiect et serviteur.

DE REILHAC.

(Bib. nat., Fr. 20485, fol. 34.)

Michel Gaillard, fermier du quart de sel pour le Poitou, la Saintonge et l'Angoumois, moyennant quinze mille livres tournois par an, expose qu'il est ruiné par une décision de la commission des Aides en vertu de laquelle cet impôt devra être perçu désormais, en se basant uniquement sur le prix coûtant du sel sur les lieux où on le récolte, et non pas sur la valeur maxima qu'il peut atteindre dans l'intérieur du royaume par suite des différents transports et de reventes successives (1).

Deux ordonnances rendues à Amboise le 6 juin 1468 donnent

1. Ordonn. roy., t. XVII, fol. 86 V, t sec., Pièc. justific. n° CLXXXVI.

Sire, Charles d'Amboise a eu son expedicion du reste de sa pension dont il avoit assignacion [illegible]. Et au regard de mons. de Saint Pere [illegible] je vous diz il monstra
ung papier qu'il doit [illegible] estre.

Sire, quant vostre plaisir sera de faire acquiter [illegible] a mes estre qu'il doit
a plusieurs hostelliers bouchiers [illegible] de Tours, et faire garder une cedulle
que [illegible] de Saint Pere [illegible] de Tours et [illegible]
[illegible] de Saint Pere [illegible] qu'il se devra contenter. Et
[illegible] la cedulle qu'il demande pour avoir sa descharge des [illegible] de sa
pension [illegible] des chasteaulx [illegible]. Il y avoit aucun
bien [illegible] de prendre sur [illegible] estre [illegible] avoir [illegible]
[illegible] pour estre [illegible] remede. Sire, tout en [illegible] vostre
bon plaisir.

Vostre [illegible] subget
et serviteur: DE REILHAC

Heliog. Dujardin

JEAN DE REILHAC AU ROI LOUIS XI

satisfaction à cette réclamation, et, cassant l'arrêt de la commission de Aides, enjoignent aux sénéchaux desdits pays de faire prélever l'impôt sur la valeur maxima acquise par le sel. Acte très dur et bien arbitraire, ce semble, puisqu'il avait pour effet immédiat de frapper le peuple en doublant et triplant le prix auquel il était obligé de payer cette denrée (1). — Amboise, 6 juin 1468. (*Signé*) : LE DUC DE BOURBON, J. DE REILHAC *GÉNÉRAL DES FINANCES*, TANGUY-DUCHASTEL (2). 1468.

A la fin du même mois, Reilhac suit le roi dans une tournée en Brie. Le 27 juin il est à Meaux. Durant le séjour qu'il y fait, René de Vaudemont, depuis duc de Lorraine, vient solliciter de Louis XI la continuation du grenier à sel de Joinville. Elle lui est accordée, mais ensuite, sous prétexte d'irrégularités dans la forme de cette ordonnance, Reilhac refuse de lui donner « l'exequatur » en sa qualité de Maitre des Comptes. M. de Vaudemont s'en plaint amèrement au roi, cependant il n'obtient gain de cause que trois ans plus tard, après la disgrâce de Reilhac (3).

Alors s'instruit le triste procès de Charles de Melun, cet ancien favori du roi, joyeux compère et de noble maison, comblé de faveurs ; quelques années plus tôt, créé baron et grand maître de France, il succombait devant les intrigues d'un homme dont il avait fait la fortune, le cardinal La Balue ; et poursuivi en même temps par la haine d'Antoine de Chabannes, son ennemi juré, maintenant revenu en faveur. Livré au grand Prévôt des maréchaux, Tristan l'Hermite, Charles de Melun fut décapité par ordre du roi, le 22 août 1468, sur la place du Marché, au Petit-Andely, un an à peine après l'ambassade remplie par lui avec Reilhac à la cour de Bourgogne (4).

Ceux qui avaient joui les premiers des faveurs de Louis XI,

1. Ordonn roy., t. XVII, fol. 87. V. t. sec., Piec. justific., n° CLXXXVII.
2. *Tanneguy-Duchâtel*, alors très âgé. Il accompagnait Charles VII encore Dauphin lors de son entrevue avec *Jean-sans-Peur*, au pont de Montereau, en 1419.
3. V. p. 269.
4. V. p. 246.

1468. disparaissaient ainsi les uns apres les autres. Mais un nouvel événement, en aigrissant le caractère du roi, semble l'avoir indisposé davantage encore vis-à-vis de ceux qui restaient autour de lui.

Le nouveau duc de Bourgogne, Charles le Téméraire, se trouvait en difficulté avec les Liégeois qui avaient renvoyé Louis de Bourbon, leur prince évêque. Pour les observer, le duc vint camper avec une armée aux bords de la Somme. Sous prétexte de se faire le médiateur, Louis XI intervint et envoya des émissaires aux Liégeois. Alors La Balue persuada au roi d'avoir une entrevue avec le duc de Bourgogne pour arranger l'affaire, et Péronne fut choisie comme lieu de rendez-vous.

On sait ce qui s'y passa. Comment Charles le Téméraire, apprenant que les Liégeois venaient de se révolter ouvertement contre son autorité, en accusa violemment le roi et le tint enfermé plusieurs jours dans une tour célèbre où le dernier Carlovingien était mort autrefois captif d'un comte de Vermandois, obligeant même Louis XI à se séparer de ceux qui l'avaient accompagné, et cherchant à lui imposer l'humiliant traité qui porte le nom de Péronne, en vertu duquel le roi devait s'obliger à marcher contre ces mêmes Liégeois qu'on l'accusait d'avoir poussés à la rébellion. Louis XI fait mander Reilhac qui arrive tellement plein de trouble, comme il le dit lui-même, qu'il eût préféré « avoir été perdu en Jérusalem ». Le duc Charles permet qu'il ne quitte pas son maître, et il est l'un des rares témoins de ces tristes scènes dont il raconte ainsi le dénouement dans une lettre adressée au contrôleur général Bourré, lettre dont l'écriture elle-même révèle une précipitation marquée, en même temps qu'une certaine émotion.

A Peronne. — Du 13 octobre 1468.

J. de Reilhac à Mr du Pleſſis.

Monſieur le Controleur, je vous certifie que j'ay à ce matin eſté preſent, lorſque

[illegible]

[illegible]

Monfieur de Bourgoigne (1)& le Roy, sur la croys de saint Charlemagne, tous deux ont juré la paix en très bonne et honeste façon et en bon vouloire, comme il me semble.

1468.

Serment du Roi pour le traité.

Le Roy sen va demain avec Monsieur de Bourgogne en Liège & y va de très bon cuer, et incontinent qu'il y aura apparence que Monsieur de Liège soit lâché, qui est prisonnier, le Roy sen retournera et par ce que je puis entendre, ny a nul deubte en sa perfonne.

Départ pour Liège

Demain à Bapaumes et de la en Liège. Au regard de vous, sur mon ame, je ne vous confeille y venir; je vous feray savoir des nouvelles plus à plein, et sur ce vous dy adieu. — Escrit à Perronne, ce vendredi XIIIIe jour d'octobre. Votre serviteur.

REILHAC.

Pour Dieu, envoyez-nous maiftre André Brissonnet. puifque la paix eft créée, il peut bien venir ; je suis arrivé à lheure que j'euffe voulu avoir efté perdu en Jhérufalem; mais, Dieu mercy, le maiftre et ses serviteurs sont en seureté.

Lommaige se fera sur chemin, si ainfi a efté promis & juré (2).

L'hommage du duc Charles.

(B. Fr. 20429, fol 36) (3).

Le lendemain il accompagne le roi et Monsieur de Bourgogne à Liège, et assiste aux horribles massacres ordonnés alors par le duc Charles, pour intimider Louis XI.

Ici se trouvent les dernières pièces concernant la trésorerie de Nîmes. Guiot Faure, adjudicataire des greniers à sel de Nîmes, verse le montant de son fermage. Guillaume de Varye, auquel ces deniers ont été remis, déclare en même temps les avoir employés au

1. *Charles*, surnommé *le Hardi* ou *le Téméraire*, fils de Philippe le Bon et d'Isabelle de Portugal, né à Dijon le 10 novembre 1433, porta d'abord le nom de comte de Charolais. Il succéda à son père comme duc de Bourgogne, le 15 juin 1467, et mourut devant Nancy en 1477. Il avait été accordé en 1439 et ensuite marié à Catherine, fille de Charles VII, morte en 1446. Il avait épousé en secondes noces, le 30 octobre 1454, Isabelle, fille de Charles Ier de Bourbon, morte à Bruxelles le 25 septembre 1465.

2. Par le traité d'Arras conclu en 1435, le duc Philippe de Bourgogne s'était fait dispenser de tout hommage au Roi de France. Mais ce privilège qui lui était personnel ne pouvait s'étendre alors à son fils.

3. Imprimé dans les Preuves des Mémoires de Philippe de Commines.

1468. payement des « escoz, gaiges et souldes des gens de la garde du roi ». La quittance est signée Reilhac et contresignée Jean de la Loëre, aujourd'hui receveur général pour le Languedoc (1).

Dans les comptes partant du 1er septembre 1467, arrêtés au 1er septembre 1468, et présentés au roi par Jean Briçonnet l'aîné, on trouve :

Compte presenté au Roi par Jean Briçonnet l'aîné pour l'année commencée au 1er septembre 1467 et finissant au 12 septembre 1468.

(Sur papier.)

Compte de debours.

Mre JEHAN DE REILHAC. General des finances 610lt 18s 9d qu'il avoit deboursez pour le Roy.

(P. 425.)

Anthoine Bayart / Christophle de Beausse } Clercs de Mre JEHAN DE REILAC (*sic*) General des finances pour leur sallaires 60.

(P. 430.)

Avances au Trésor.

Mre JEHAN DE RHEILHAC (*sic*). General des finances 137,10lt qu'il avoit presté au Roy en avril.

(P. 434.)

1. 17 octobre 1468.

Liquidation du compte de grenetier a sel de Nimes et payement des archers de la garde du roi.

(Orig. sur parchemin.)

« Les Generaulx Conseilliers ordonnez par le Roy nostre Sire sur le fait et gouvernement de toutes les finances tant en Languedoil comme en Languedoc ont fait recevoir par Maistre Jehan de la Loere Conseillier dudit Seigneur tresorier et *Receveur general desdictes finances oudit pais de Languedoc de Guiot Faure grenetier du grenier a sel establi par le Roy nostredit Seigneur à Nismes* sur ce qu'il peut et pourra devoir à cause de la revenue prouffit et emolument dudit grenier de ceste présente année commancée le premier jour de septembre derrenier passe, et dont ledit receveur général a pour ce baillé sa cédule au contrerolleur de ladicte recepte generale qui en ceste a mis son signe, la somme de *cinq cens livres tournois* par *Sire Guillaume de Varye Conseiller dudit Seigneur lun de nous et par lui commis au payement des escoz et gens de sa garde* pour la pourpaye de XLI m a lui ordonné par ledit Seigneur pour convertir ou fait de sadite commission *ou payement des gaiges et souldes desdiz gens de ladicte garde* de ceste presente année commencee le premier jour de ce present mois Escript le xviie jour doctobre lan mil cccc soixante huit.

« DE LA LOERE. DE REILHAC.

« SAMOGNAT. »

(Bib. nat. Fr. 26091, no 751.)

Gages d'officiers.

1468. Voyages et chevauchees.

Mre JEHAN DE REILHAC, General conseiller sur le faict desd. finances et pour ses voyages & chevauchées. 2940 ltz.

(P. 438)

(Bib. nat., Fr. 20685.)

Comme général des Finances, il recevait donc alors du roi environ trois mille livres par an, somme considérable pour l'époque.

Un double des comptes détaillés concernant les recettes et dépenses effectuées durant sa gestion des finances depuis l'année 1464, est resté dans les archives de ses descendants jusqu'au commencement du siècle dernier où il est passé par voie d'héritage dans les mains de M. le duc de Charost et a disparu depuis lors (1). On y trouvait notamment la paye faite chaque année à toute la gendarmerie de France et les dépenses diverses faites pour la mise en défense de plusieurs villes frontières, ainsi qu'une correspondance entre lui et le comte de Dunois. Cette perte est d'autant plus regrettable que les originaux de la cour des comptes pour cette période ont été également perdus.

1. Mémoires domestiques. — Arch. Reilh. — Ces manuscrits sont passés successivement aux maisons de Lameth et de Bethune-Charost, par le mariage de Catherine de Lameth, dame de la Queue-en-Brie, petite-fille et héritiere de Jean de Reilhac avec Armand de Bethune, duc de Charost. (V. p. XXI de la Preface.)

XIV

ANNÉES 1469-1471

SOMMAIRE

Premiere disgrâce de Reilhac. — Malveillance qu'il rencontre dans l'entourage du roi. — Il est relégue à la trésorerie. — Hostilité de Guillaume de Varye. — Lettre à Bourré. — Avances personnelles au comte de Foix. — Incertitudes pour leur remboursement. — Plaintes de Rene de Vaudemont. — Hommage pour la Queue-en-Brie. — Mort de Jacques de Reilhac, conseiller du roi, seigneur de Villeneuve. — Mort d'Etienne le Fevre, 28e Prévôt de Saint-Junien, vicomte de Mérinville (1471). — Chapelle bâti au bord de la Vienne (1451-1454). — Les Prevôts qui ont suivi : Barthon de Montbas, son neveu, 30e Prévot (1431). — Jean I de Reilhac, évêque de Sarlat. 31e Prévôt. — Son élection en 1510. — Jean II de Reilhac, 33e Prévôt (1530). — Nicolas de Reilhac, grand lecteur de Madame Marguerite de France, 34e Prévôt (1547) — Epîtres et poesies de ce dernier. — Mort de Clément de Reilhac, seigneur de Brigueil (1469). — Son héritage. — Pierre V de Reilhac, vicomte de Mérinville, Grand Echanson du roi Louis XI.

E ton de la lettre de Reilhac datée de Péronne, et les appréciations qu'elle renferme sur la manière dont ce traité avait été obtenu de Louis XI, sembleraient indiquer que son auteur ne manifestait pas alors une vive réprobation personnelle pour les procédés dont son maître venait d'être l'objet de la part du duc de Bourgogne. Aussi soit qu'il en ait été ainsi, soit toute autre cause, il est certain qu'à partir de ce moment Reilhac perdit de son crédit auprès du Roi. 1469.

1469. Le traité de Péronne fut ratifié le 24 mars 1469. C'est peu après que Louis XI, surprenant une correspondance secrète entre le cardinal La Balue et le duc Charles, fait arrêter le cardinal et l'enferme dans cette fameuse cage de fer où il passa onze ans de son existence, l'accusant de l'avoir entraîné traîtreusement à cette entrevue. Faut-il supposer que Louis XI, dans son amour-propre si violemment froissé et sa colère si longtemps dissimulée, voyait désormais avec déplaisir celui qui n'avait eu d'autre tort que d'avoir été le témoin d'une si lamentable aventure? Sentiment injuste assurément, et difficile à comprendre devant les témoignages publics donnés par Charles VIII à Reilhac vingt ans plus tard, touchant la façon loyale dont il avait toujours servi son père et son aïeul (1).

Toujours est-il cependant qu'à partir d'alors Reilhac n'accompagne plus le roi comme il l'a toujours fait auparavant. Et en même temps on constate que dans l'entourage du prince il rencontre maintenant à son tour des ennemis, comme il arrive souvent à ceux que la faveur abandonne.

Relégué désormais à la Cour des comptes, il reçoit du roi, un ordre daté de Bray en septembre 1469, lui ordonnant de ne plus quitter le service de la trésorerie. Mais là aussi, malgré le bon vouloir du chancelier des Ursins, il se butte contre l'opposition de Guillaume de Varye, l'ancien commis de Jacques Cœur, qui maintenant se montre son adversaire, après avoir été son ami et son collègue. Émù de cet obstacle qu'il ne peut comprendre, Reilhac s'en ouvre au cardinal La Balue dont la disgrâce n'a pas encore éclaté, et sur le conseil du cardinal, il en écrit à Bourré dans un style plein de réticences et d'incertitudes,

(1) V. p. 335 et 342.

annonçant qu'il va aller jusqu'à Amboise, pour avoir à cet égard une explication complète avec le contrôleur général :

1469.

A Gres (Gretz?). — 11 mars (1469).

J. de Reilhac à Mr du Plessis.

(Sur papier.)

Monseigneur, je me recommande a voſtre grâce si très humblement que je puis & vous plaiſe savoir que depuis que je prins congie de vous ainsi que vous partiez de voſtre logiz Maiſtre Baude mescrivie une cédulle par laquelle il me mande le roy eſtant a Braiz *que le roy luy avoit chargée mescripre que je men alasse faire le service de la trésorerie* et que sur ce il feiſt lettres à monsieur le Chancellier & quant led. maiſtre Baude ne le meust escript si estoye je délibere de men aler voir mon petit mesnaige et me tenir en la chambre. Jay présente mes lettres a monsieur le Chancellier lequel ma reçeu sans difficulté, *mais monsieur de Varye y est oppose et en a appelé en parlement* parquoy plus avant ny ay procede ne feray jusques a ce que mond. Sr le président en est parlé au Roy & sceu plus a plain son plaisir *monsieur le cardinal ma dit que le mieulx seroit que je vous visse a Amboyse pour mieulx appoincte la chose par quoy y voys pour savoir en quoy je demourray ou en la trésorerie ou en la chambre* & au regard de moy pour honneur de mond. Sr le président lequel se dit voſtre cousin & principalement pour honneur de vous et le désir que jay de demeurer votre serviteur se voſtre plaisir eſtant adviser & dire aucune chose touchant cette matière de ma part my conduiray tout ainsi qu'il vous plaira comme celluy qui désire vostre service & complaire de tout son petit pouvoir. Mond. Sr le président & autres ont ymagination que j'ay poursuy que le roy ait commande la lettre et que jay dit ou fait dire que il vouloit vendre l'office, mais sil eſt vray je prie à Dieu que des aprésent je puisse mauvaisement morir. Monseigneur pardonnez moy si je vous ennuye et donne peyne de vous advertir de mon fait, car je ne cuyde point jamaiz avoir fait chose envers vous que je ne me tiengne toujours lun de voz amys & serviteurs. Et a tant je prie noſtre Seigneur que vous doint ce que deſirez eſcript a Gres ce Dymanche XI de mars.

Le roi lui a enjoint de faire le service de la Trésorerie.

Opposition de M. de Varye.

L'avis de La Balue est qu'il aille a Amboise.

Je vous recommande ma partie des debtes en ces estaz, jen ay baillé de ma bource les deniers & suis en proces pour payer celui a qui monsieur de Foys a

Il est en avance ave le Tresor.

1469. Cédule remise au comte de Foix.

baille ma cedulle : si je perdoye cecy je seroye un bas persé & vous supplye que my ayez pour recommande mesmement en faveur de ce que je basty comme savez.

Vostre humble serviteur.

J. DE REILHAC,

De plus en plus je demeureray a tousiours vostre tenu et obligé & si le vous (reste en blanc dans l'orig.) au pla (id).

(*Au dos est ecrit :*)

A mon très cher & honoré seigneur, monseigneur du Plessys

(Bib. nat., Fr. 20488, fol 85.)

On ignore quel fut le résultat de cette démarche et si Reilhac fut remboursé de ses avances au comte de Foix. Le fait est cependant qu'il garda sa charge de maître des comptes.

Alors mourut Jean d'Estampes, gérant de la Trésorerie de Nîmes pour son compte personnel depuis l'an 1457, et depuis 1461 pour celui de Jean de Reilhac. Durant cette dernière période de son administration, il avait cautionné pour trois mille livres tournois Pierre Quotin, principal adjudicataire des fermages de ladite trésorerie qui occupait aussi en même temps l'office de Procureur du roi pour la sénéchaussée de Nîmes et de Beaucaire, Pierre Bonin et Guillaume Vysse, bourgeois de Nîmes, dont il avait fait ses sous-commis. Les héritiers de Jean d'Estampes n'ayant fait aucune démarche pour se faire relever de cette caution, la Chambre des comptes, d'accord avec Jean de Reilhac, demande et obtient du roi la saisie de tous les biens meubles et immeubles ayant appartenu à Jean d'Estampes, ainsi que ceux appartenant à Pierre Quotin. Lesdits biens, dit l'ordonnance, seront administrés par un séquestre, jusqu'à ce que le Trésor ait été totalement désintéressé. il est à remarquer que dans cette pièce, datée de janvier 1469,

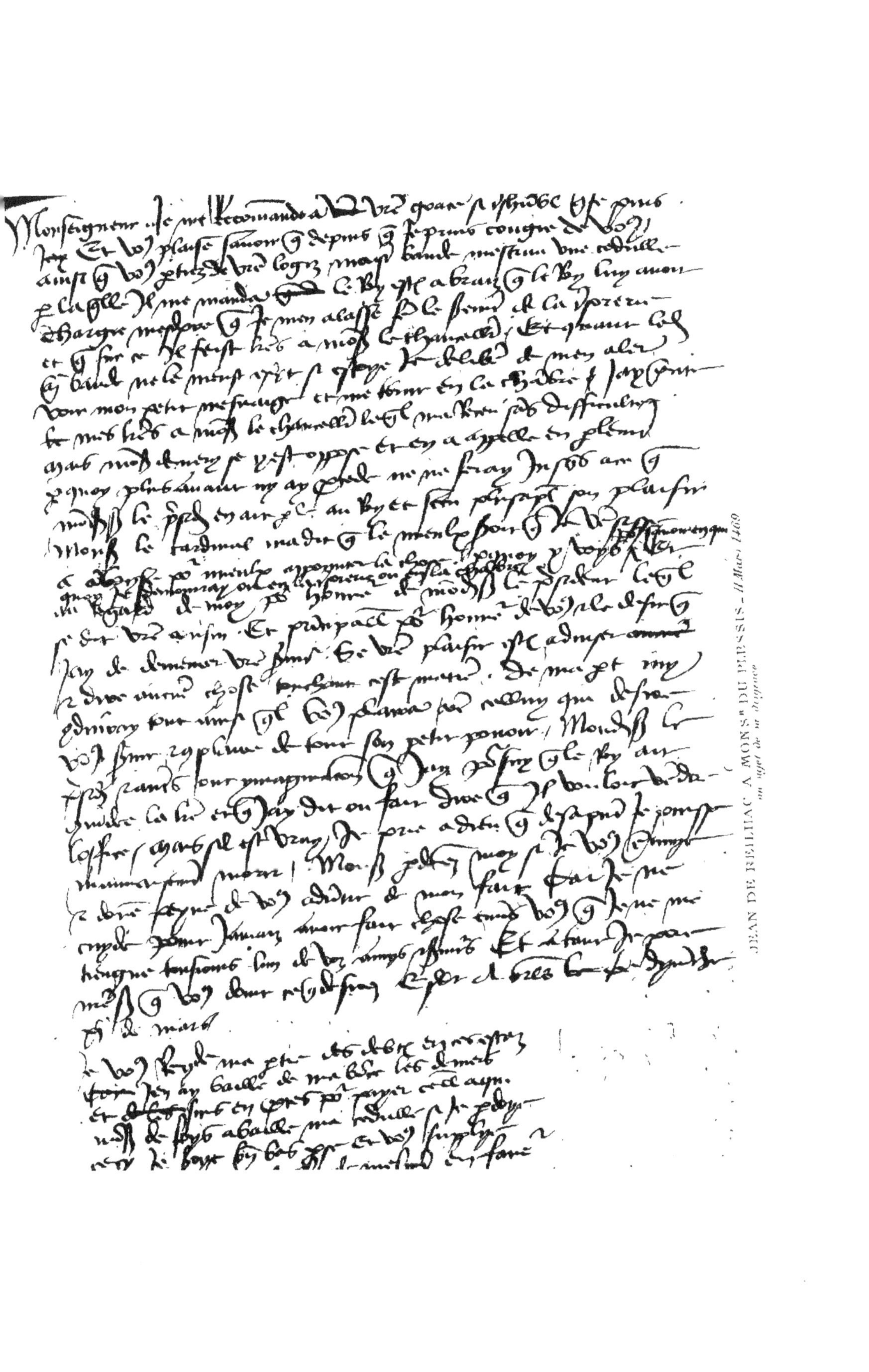

JEAN DE REILHAC A MONS.R DU PLESSIS _ 11 Mars 1469

au sujet de sa disgrâce

Reilhac continue néanmoins encore à être appelé par le roi « nostre amé et feal general de nos conseils » :

1469.

A Paris. — Janvier 1469

Saisie des biens de Jean d'Estampes, gérant de la trésorerie de Nîmes et de Beaucaire pour le compte de Jean de Reilhac.

Jean d'Estampes avait geré pour son compte jusqu'en 1465.

Loys, par la grace de Dieu Roy de France. Au premier huissier de noftre parlement de la chambre de noz comptes ou noftre sergent sur ce requis salut. Notre procureur en lad. chambre nous a exposé que feu JEAN D'ESTAMPES (1) avoit au jour de son trespas a compter en son propre & privé nom du fait de la tresorerie & recepte ordinaire de Beaucaire & de Nismes depuis lan m IIII^c LVII jusques à lan m IIII^c LXI & aussi comme commis de noftre amé & feal conseiller et maistre de nosd. conseils, maistre JEHAN DE REILHAC depuis led. an m IIII^c LXI jusques a son trespas pour le fait de laquelle commission il fut pleige & caution de la somme III^m ltz pour Pierre Quotin, Pierre Bonin & Guillaume Vysse demourans aud. lieu de Nysmes ainsi quil appert par lettres. Desquels comptes rendus eftans en notred. chambre des Comptes les heritiers biens tenans & aians cause dud. deffunt ne lesd. pleiges & cautions nont fait aucune diligence tenant noftre tres grand interest prejudice & dommaige les plus pourroit eftre se sur ce neftoit par nous mise & donne provision. Premierement & ledit exposant requerant icelle pourquoy nous ces choses considerées par ladvis & deliberation de noz amez & feaulx conseillers les gens de nosd. comptes et mandons & commectons par ces presentes que pour la seureté & conservation de noftre droit en ces matiere tu preignes saisisses & mettes réaulement & de fait en noftre main tous les biens meubles & immeubles demeurez du decez dudit feu Jehan Destampes & aussi tous les heritaiges qui lui apartenoient au jour quil est pourveu & charge de laditte tresorerie & recepte & ont depuis appartenu posé que aucuns en aient efté venduz ou alienez & semblablement les biens meubles & immeubles dudit Quotin qui a eu la principale entremise & adiudication dicelle recepte. Et par & soubz icelle les baille a regir & gouverner

Coupable incurie de ses heritiers.

Tous les biens meubles et immeubles lui ayant appartenu seront saisis

1. *Jean d'Estampes*, était déja trésorier de Nîmes et de Beaucaire en 1436, maître des requêtes de l'hôtel du Roi en 1440, général des finances sous Charles VII, evêque de Carcassonne en 1445. Il etait fils de *Robert d Estampes*, souche des seigneurs de Valençay, conseiller et garde des joyaux de Jean de France duc de Berry, frère du roi Charles V

1470.

Les héritiers de Jean d'Estampes devront comparaître a jour fixe.

par bon & léal interest a personnes souffisantes & solvables qui en puissent & sachent respondre & rendre bon compte & reliqua ou & ainsi quil appartiendra. Et avec ce adiourne lesd. heritiers biens tenans & aians cause dudit feu Jehan Destampes & lesd. pleiges & caucions dessuz nommez a certain & competent jour par devant nosd. gens des Comptes à Paris pour illec aler rendre lesd. comptes sur peine de vint marcs dargent damende chascuns cas que dessus y aura, & aussi icelluy Quotin pour veoir adiugier aud. exposant le prouffit de certaine deffense contre ly sur ce obtenu. O inthimacion que comparoir ou non sera non obstant son absence procede ou surplus ainsi quil apartiendra. En faisant tout ce que dit est aux despens raisons desdits biens & heritaiges & certiffiant souffisamment audit jour nosd. gens des comptes de ce que fait en auras & leurs envoiant le double dud. inventaire deument signé & approuvé. De ce faire te donnons pouvoir confort & mandement especial par cesd. presentes non obstant opposicions ou appellacions quelzconques faictes ou a faire en cefte matiere sans préjudice dicelles pour lesquelles ne voulons en ce eftre aucunement differe. Mandons & commandons a tous noz justiciers officiers & subgectz que a toy et a tes commis et desputez en ce faisant soit obey & entendu diligemment. Donné à Paris le..... jour de janvier lan de grace m cccc soixante & neuf & de noftre regne le IXe.

(Bib. nat., Piec. orig. de la maison d'Estampes, vol. 1076, fol. 67.)

Depuis lors, jusqu'en 1475, on peut dire que l'existence publique de Reilhac semble interrompue, et les actes qu'on recueille de lui, durant cette période, deviennent de plus en plus rares. L'année 1470 n'en fournit pas qui méritent la peine d'être cités. Quelques délégations de la Chambre des comptes, diverses pièces concernant l'administration de sa fortune personnelle sont à peu près tout ce qu'on trouve.

En 1471, Monsieur de Vaudemont envoie une requête à Louis XI, pour demander que l'on passe outre les difficultés faites trois ans plus tôt par Reilhac pour lui accorder la continuation du grenier à sel de Joinville, ainsi que le roi l'avait ordonné à Meaux (1) :

1. V. p. 257.

7 septembre 1471.

1471.

Mémoires au Roi pour M. de Vaudemont.

(Copie sur papier.)

Sire vous eftant nagaires a Meaulx ils vous pleuft commander a REILHAC la continuation du don de grenier de Joinville pour monfieur de Vaudemont (1) & combien que ou memoire fuft faicte mencion de la nominacion des offices du dit grenier, *neantmoins le dit* REILHAC *en ce fait difficulté* pour ce quil dit que nommement il ne fut pas parle de lad. nominacion. Ce cest voftre plaisir commandez a Bourré qui eft secretaire des finances led. don dud. grenier & nomination en la forme acouftumee.

Difficultés faites par Reilhac.

(*D'une autre écriture :*)

Commandé ainfi quil en a joy le temps paffe, & non autrement ; à Paris le VII[e] jour de septembre mil IIII[c] LXXI. Presens : Croy, cardinal ; & autres.

(B. nat., Fr. 20487, p. 85.)

Au mois de février de la même année, on rencontre encore une ordonnance royale enjoignant à Jean de Reilhac de faire inventorier les biens appartenant aux religieux célestins fondés en l'honneur de la sainte Trinité dans la ville de Mantes. A cet effet, il reçoit lui-même une délégation de la Chambre des comptes :

A Paris. — Du 14 février 1471.

Commission delivrée de la Chambre des comptes.

(Orig. autogr. sur parchemin.)

Les gens des comptes & tresoriers du Roy notre sire a Paris a Mre JEHAN DE REILHAC, conseiller & maiftre desdits comptes salut.

Affin que nous puissons proceder comme de raison sur l'enterinement des lettres patentes dicellui seigneur faites & scellées en forme de chartre & signees de sa main, au vidimus desquelles collatione a l'original en la chambre desdits comptes ces presentes sont attachées soubz l'un de noz signetz obtenues & a nous presentées de la partie des Religieux prieur & couvent de l'église des celes-

1 *René de Vaudemont*, depuis duc de Lorraine.

1471.

Le prieur et les religieux devront faire eux-mêmes la declaration de leurs biens.

Ils devront prêter serment de ne rien omettre

tins fondez en l'onneur de la saincte Trinité & de saincte Chriftine lez la ville de Mantes. Par lesquelles & pour les causes dedens contenues dicellui seigneur leur a amorty tout ce que ilz & leurs predecesseurs ont acquiz en cens, rentes, revenues, heritaiges, possessions & biens immeubles nobles & ruraulx jusques a la somme de trois livres parisis par an comme plus applain est contenu & declaire es dictes lettres. Nous vous mandons que apres ce que de la partie desdits Religieux prieur & couvent vous aura efté baillée la declaration des heritaiges revenues & possessions quilz entendent eftre employees ou dit admortissement & fait exhibicions de leurs tiltres en diceulx, vous appellez les procureurs & receveurs royaulx ou leurs substitus & commis chacun en sesmettes vous informez bien & deuement que cest diceulx heritaiges revenues & possessions tant en general comme en particulier, ou ilz sieent de qui comment & a cause de quoy ilz sont tenuz. Quelz droiz & appartenances il y a tant de juftice censive que autrement & combien tout peult valoir de revenu annuel. En quoy consifte le dit revenue comment il vient eus de quoy il est chargié envers qui & pourquoy & affin que mieulx puissez proceder a la jufte prisee dicelles & de leursdits droitz & appartenances selon les couftumes eftimacions & mesures des lieux faictes conuenir & assembler pardevant vous gens de tous eftats diceulx lieux & des environs non suspects & cognoissans en assiete & prisee de terre & les faictes jurer sollempnellement de vous y conseiller & aider loyaument sans faveur hayne ne autre regard illicites informez vous aussi du prouffit ou dommaige que en ladmortissement diceulx heritaiges Rentes Revenues & possessions & en l'expedicion dudit admortissement pourroit vraisemblablement ensuir au Roy noftredit seigneur & à la chose publique, en quoy comment & pourquoy & generallement vous informez sur tout ce que verrez eftre assavoir & enquerir en la matiére. Et de ce que fait y aurez nous certiffiez par escript en ung ou plusieurs volumes de parchemin. Au commancement ou desquelz soient transcriptes lesdittes lettres de chartre & ces presentes & ladite declaracion & lesdits tiltres ou les vraiz extraitz soumaires diceulx selon l'ordre dicelle declaracion & consentement lesdites informacions & prisee avec la designacion & evaluacion desdits mesures. Et mesmement les adviz de vous & desdits officiers ou leurs commis tout en forme deue & feablement cloz donne a Paris le xiiij jour de feurier lan mil cccc soixante onze. Ainsi signé *J. Badoulier*

(British Museum, Additional Ms. 17306.)

Cet inventaire est aussitôt commencé et clos à Pontoise le

28 février suivant. Il remplit tout un volume de 140 folios, conservé actuellement aux archives du British Museum à Londres. En voici l'intitulé clôture : 1471.

Du 28 fevrier 1471

Intitulé de l'information faite par Jean de Reilhac.

Informacion faicte par nous JEHAN DE REILHAC, conseiller & maistre des comptes du Roy notre Sire, A CE COMMIS ET ORDONNE PAR MESSEIGNEURS DESDITS COMPTES ET TRESORIERS, *et par* VERTU DE LEURS LETTRES DE COMMISSION ATTACHÉES, *soubz lung de leurs signetz au vidimus* de certaines lettres d'amortissement du Roy nostre dit seigneur en forme de chartre par ledit seigneur octroyées aux Religieux prieur & couvent de l'eglise & monastere des celestins fondes en l'onneur de la sainte Trinité, & de madame sainte Christine. lez la ville de Mante, de pouvoir admortir tout ce que ilz & leurs predecesseurs en ladite eglise & monastére ont acquis jusques à present. Jusques à la somme de trois cens livres parisis de Rente ou Revenu, requerans par eulx leur estre baille, commissaire pour soy informer & faire la prisee des heritaiges possessions cens Rentes & autres Revenues quilz ont entencion de bailler par declaracion & faire comprendre on dit admortissement desquelles lettres de vidimus & commission de nosdiz seigneurs des comptes & tresoriers les teneurs les unes apres les autres s'ensuivent. »

(Suit le vidimus des lettres patentes de Louis XI contresignées *Robert d'Estouteville* & le détail de tous les biens & revenus évalués.)

(British Museum, id., fol. I.)

Clôture de ladite information.

Laquelle information a este par nous parfaite ce vendredi xxviiie jour de present mois de fevrier ondit an mil cccc lxxi. Lequel jour nous partismes dudit lieu de Pontoise pour nous en retourner a Paris. Et pour ce que par notre dit commission vous est mandé bailler & mettre par escript tout ce que fait & besongne aurions en ceste matiere. Certiffions toutes les choses dessusdites estre vraies. Et nous semble que les prisees dessusdites sont souffisaument faites selon la

1471. situacion diceulx heritages. Et au sourplus nous nous en rapportons & remettons le tout au bon plaisir & a la correction de nosdits seigneurs des comptes & tresoriers. Fait & signe les an & jour dessusdiz.

(British Museum, id., fol. 137.)

Huit mois plus tard ce document fut approuvé par la Chambre des comptes :

A Paris. — Du 18 novembre 1472.

Enregistrement par la Chambre des comptes.

Visis presenti informacione et tenore litterarum admortizamenti Regis aliisque suis considerationibus moti consensuit domini qui in prefato admortizamento implicentur et allocentur et pro totali summa trecentorum librarum parisiensium possessiones et Redditus in dicta informatione declaratos tradendo hominem morientem et viventem domino nostro Regi de feodis ab eo in homagium monentibus secundum feodorum naturam. Et suo in aliis aliorumque dominorum particularium si quevis feoda ab ipsis teneantur semper salvo. Et sine prejudicio oppositionis per procuratorem mediante proposite, que discutetur et determinabitur prout fuerit rationis. Mediante summa centum quadraginta librarum turonensium per dictos Religiosos in thesauro soluta. Scriptum in camera computorum dicti domini nostri Regis die decima octava mensis novembris anno domini M° cccc° septuagesimo secundo. Sic signatum.

J. DE REILHAC.

(British Museum, id., fol. 139.)

Le 30 juin de cette année (1471), Jean de Reilhac rend hommage au chancelier des Ursins pour une partie de la terre de la Queue-en-Brie. L'acte est passé à Sucy le 13 août (1).

Ici disparaissent divers personnages, proches parents de Reilhac, dont il a été souvent fait mention. Aussi le lecteur permettra sans doute qu'on suspende un instant le cours de ce récit, pour suivre leurs dernières traces.

1. Arch. Reilh., ann. 1471.

Au mois de novembre (1471) meurt Jacques de Reilhac, frère de Jean, conseiller du roi depuis le 19 janvier 1458, en remplacement 1472.
de maître Albert de Saint-Simon. Il avait été chargé à diverses reprises des affaires importantes et notamment, comme on l'a vu, en août 1466 d'une mission quelque peu périlleuse à Chaudesaigues en Auvergne contre le comte d'Armagnac (1). Marié à Jeanne de Fleury, dame de Villeneuve-sous-Dammartin, fille de Jean de Fleury, secrétaire de Charles VII en 1425, et de Symone Filleul, il avait échangé cette terre, le 6 février 1468 (2), avec Antoine de Chabannes qui lui avait cédé en retour celle de Beaumont avec tous ses fiefs, arrière-fiefs et dépendances. Cet échange avait eu lieu à la suite d'un procès soutenu par Jacques de Reilhac contre Michel d'Estouteville et sa femme, Marie de la Rocheguion (3). On ne lui a point connu de postérité.

L'année suivante, en juillet 1472, meurt également à Paris, dans un hôtel qu'il habitait près la place Maubert entre la rue Galande et la rue des Deux-Portes (4), Etienne le Fèvre, prévôt de Saint-Junien, maître des Requêtes de l'hôtel du Roi, jadis membre du grand conseil du roi Charles VII, vicomte de Mérinville, baron de Rougemont, oncle à la mode de Bretagne de Jean de Reilhac et l'un de ses premiers protecteurs.

Possesseur d'une fortune considérable, il s'était, après son aïeule (5), appliqué à honorer le chapitre de Saint-Junien et à enri-

1. V. p. 227.

2. (Arch. Reilh.). Cet échange eut lieu par devant *Pierre Quatrelivres*, notaire au Châtelet. *Jean de Fleury* et *Symone Filleul* avaient eux-mêmes acquis cette terre par échange, le 13 mars 1410.

3. Arch. nat., Accords du Parlement de Paris (cartons en classement).

4. C'était l'hôtel où habitait son grand pere *Clément de Reilhac* 1er du nom, sous Charles V (p. 5).

5 Dame *Petrenelle de Magnac*, veuve de *Clément I de Reilhac* (p. 6), niece d'*Etienne de Maignac*. 22e prévôt de Saint-Junien (1358-1363), et d'*Aymeri de Maignac*, évêque de Paris, avait fait plusieurs dons à l'église et au chapitre, notamment le 5 juillet 1405, ce fut elle-même qui, pieds nus, transporta à Saint-Junien le bras de saint Cloud :

« *Translation de la relique de saint Cloud*. En 1405, noble dame Pétronille de Magnac, veuve de maître Clément de Reilhac, seigneur de Brigueil, porta elle-même, du Châtelard à Saint-Junien, le bras de saint Cloud, le dimanche après la fête de saint Pierre et de saint Paul qui était le 5 juillet. Le prévôt et le chapitre s'engagèrent à faire à perpétuité le même jour la procession de cette relique. On sait,

1472. chir l'église. Aussi le 21 juin 1446 en avait-il été élu prévôt à l'unanimité, après la mort de Guillaume de l'Ermite.

Ce fut sous son gouvernement que fut élevée cette célèbre chapelle de Notre-Dame du Pont qui est restée encore aujourd'hui une des merveilles de l'art gothique en Limousin.

Le 27 mai 1451, il avait obtenu de l'évêque de Limoges, Pierre de Montbron, le droit de faire bâtir cette chapelle sur l'emplacement d'un petit oratoire. Commencée aussitôt, elle se trouva terminée avec une rapidité merveilleuse en novembre 1454, ainsi que le témoigne l'inscription suivante qu'on voit toujours à gauche du maître-autel :

Anno milleno novis L, I semel, ista
Regine celi facta capella fuit.
Quamque sequens ternus miranter perfecit annus.
Principium prœbet Maius, finemque november
CCCCLIV

Traduction : *L'an mil neuf fois cinquante et une seule fois une (1451), cette chapelle dédiée à la Reine du Ciel a été faite. La troisième année d'après a vu s'achever admirablement les travaux. Mai fut le mois où l'on commença et novembre celui où l'on finit.*

Cette chapelle de Notre-Dame du Pont était devenue, comme on le sait, un pèlerinage favori de Louis XI. Non seulement ce prince y vint deux fois, notamment en mars 1464, à la veille de la guerre du Bien Public, mais encore il voulut ensuite la faire agrandir de ses propres deniers ; on a vu qu'à cet effet il fit envoyer plusieurs fois des sommes importantes à Clément de Reilhac, seigneur de Brigueil.

Après Étienne le Fèvre, la dignité de prévôt resta dans sa

dit Nadaud, qu Aimerie de Magnac, eveque de Paris et natif de Saint-Junien, transfera les reliques de saint Clo.d dans le chœur de l'eglise haute de son nom, au diocese de Paris. Il avait vraisemblablement donne cette relique a ses parents du Châtelard. »

(Chron de Maleu, chan. de Saint-Junien par l abbe Arbellot, p. 184.)

famille jusqu'au milieu du XVIe siècle, et passa successivement à ses neveux, petits-neveux et arrière-petits-neveux : 1472.

Jean Barthon de Montbas, trentième prévôt de 1482 à 1510 (1);

Jean I de Reilhac, frère du vicomte de Brigueil, protonotaire apostolique, abbé de Saint-Jean-d'Angely, de Lesterps, et évêque de Sarlat, trente et unième prévôt de 1510 à 1530 (2);

Jean II de Reilhac, neveu du précédent, trente-troisième prévôt de 1530 à 1547 (3);

Nicolas de Reilhac, dit « Monsieur de Plaisance », protonotaire apostolique, prieur de Périgueux, abbé de Lesterps, trente-quatrième prévôt de 1547 à 1559.

1. Il était fils de *Pierre Barthon, vicomte de Montbas*, gouverneur de la province de la Marche, chambellan du roi Charles VII, et de dame *Perette le Fèvre*, fille elle-même de *Junien le Fèvre* et de *Marguerite de Reilhac*. (V. p. 12.) Il mourut le 13 septembre 1510.

2. Neveu du précédent. Fils de *Pierre de Reilbac* V[e] du nom, vicomte de Mérinville, et de *Marguerite de Cbabot*.

Abbé de Saint-Jean-d'Angely (ordre de Saint-Benoît) et Protonotaire apostolique en 1505 par la resignation de son grand-oncle *Martial Formier* (p. 281); élu prévôt de Saint-Junien le 2 décembre 1510; évêque de Sarlat en 1529 après *Guy d'Aydie*; mort à Pérignac (diocese de Saintes) le 8 janvier 1530; rapporté à Brigueil dans une caisse de plomb et inhumé dans l'église. (Gall., vol. II. p. 1523 — Chr. de Maleu, par l'abbé Arbellot.)

Voici comment est racontée son élection dans la Chronique de Maleu, chanoine de Saint-Junien, continuée par M. l'abbé Arbellot, président de la Société d'archéologie du Limousin

2 décembre 1510.

Élection de Jean de Reilhac, XXXe prevôt.

« En 1510, quand la prévosté devint vacante par la mort de *Barton de Montbas*, le roi *Louis XII* manda au chapitre d'élire pour prévôt noble *Jean de Reilhac*, chanoine de Saint-Junien, de la famille des seigneurs de Brigueil. Le roi écrivit aussi aux consuls et aux principaux habitants d'engager le chapitre à faire cette election. *L'amiral de France* écrivit de son côté à *François du Péry*, seigneur de la Chaufie, qui porta la lettre au chapitre : *M. de la Rochefoucaud* s'occupa activement de cette affaire enfin *M. de la Martonie*, premir président au Parlement de Bordeaux, assista par ordre du roi à l'élection.

« Le 2 décembre 1510, on elut en effet par la voie du scrutin, *Jean de Reilhac*, licencié en décrets, protonotaire du Saint-Siege, frere de *Bertrand de Reilhac, vicomte de Brigueil*. Jean de Reilhac était depuis quelques annees abbé commendataire de Saint-Jean-d'Angely.

« On vit à cette élection *Clément de Brilhac*, évêque de Tulle et abbé de Lesterps, qui fit la harangue en plein chapitre en faveur de Jean de Rheilhac et presenta les lettres du Roi; *François, vicomte de Rochechouart* et ses fils; M. *de la Villate*, le premier président de *la Martonie*, son fils, *Jean de la Martonie*, abbé de Guitres, et son frère, le protonotaire de *Montbrun*, etc. »

3. Neveu du précédent, fils de *Bertrand de Reilhac*, vicomte de Mérinville et de *Renee de Brilbac*. Né en 1514, élu prévôt apres son oncle, décédé le 29 avril 1547, au château d'Estilly, laissant pour héritières ses deux nieces *Louise de Reilhac*, mariée a *Gaspard de Chamborant*, et *Anne de Reilhac*, femme de *Baudoin de Valori*. Le chroniqueur Legros dit que, contrairement a l'usage, il portait une longue barbe. (Bib. du Sém. de Limoges, *Manuscrit de Legros*.)

Ce dernier personnage, qui a joué un certain rôle alors, mérite
1472. de fixer un instant les regards. Grand lecteur de Madame Marguerite de France (1) pour laquelle il manifestait un attachement profond, ami de Clément Marot, Sagon, Roussin, etc., il fut un des beaux esprits du temps et a laissé un certain nombre de poésies (2)

1. *Marguerite de France*, duchesse de Berri, fille de François 1er, fut la protectrice des premiers littérateurs de la Renaissance. Elle fit fleurir l'Université de Bourges qu'elle avait fondée dans la capitale de son duché.

2. *Nicolas de Reilhac*, dit « Monsieur de Plaisance », était frère cadet du précédent. Né en 1518, prieur de Périgueux et abbé de Lesterps en 1531 par succession de son oncle l'evêque de Sarlat, 34e prevôt de Saint-Junien en mai 1547. Il mourut à Paris en octobre 1559, après une longue et douloureuse maladie, dans une maison qu'il habitait rue de la Huchette, ayant pour enseigne : « A l'Annonciation ». Par son curieux testament daté du jeudi 5 octobre 1559, il demande à être enterré dans l'église Saint-Séverin, legue tous ses meubles, y compris les belles tapisseries à ses armes qui décorent sa chambre, à une dame Françoise Huot, sauf cependant ses chevaux, cédules et obligations Donne 3.000 livres à sa sœur *Anne*, femme de *Baudoin de Valori*, 400 livres à son neveu *François*, son bénéfice d'abbé de Lesterps a son frère *Abel* déjà abbé de Saint-Jean d'Angely. N'oublie ni ses palefreniers, ni ses laquais, ni *Marcelle*, son médecin, ni *La Floyel*, son apothicaire; et élit exécuteur testamentaire son frere aîné *François de Reilhac, vicomte de Mérinville*. Cinq jours apres, il y ajoute encore un codicille en faveur de la fille aînee de « *Simone la Marigaulde* », demeurant a Lesterps en Limousin. Il lui legue une dot pour quand elle sera en etat d'être mariee et veut qu'elle reste « bien honnefte » jusqu'a l'âge de vingt ans.

On a conservé de lui un certain nombre de stances, de dizains et « d'epiftres » échangés avec *Roussin*, *Sagon*, *Bouchet*, *Clement Marot*, morceaux assez curieux tout à la fois par la naiveté du style et la prétention des idées qui avaient cours alors. En voici quelques exemples :

Nicolas de Reilhac à François Roussin.

ÉPITRE

I

« Voulant tefcripre *Doubte* à moy se présente.
Monftrant la pleume, dict que du tout me exempte
Dun faix si hault, & laiffe le vouloir
De efcripre a cil qui surpaffe en savoir
Ung Cicero, ung Orace, ung Virgille;
Et que lon dict en rhyme plus utille,
Que neft Marot, du Bouchet ou Sagon.
Car poinct ne treuve en ceft art de second.

II

« Mais *Bon Vouloir* alors print la parolle
En digérant tous ses motz-cy par rolle :
Homme poureulx, quelle crainte as-tu
Defcripre a cil qui de grace & vertu
Atent en luy, qui tout aultre homme paffe,
D'autant que l'or tous les metaulx surpaffe ?

tout à la fois naïves et prétentieuses. Nourri des anciens auteurs, cherchant à appliquer à la langue française les règles de la pro- 1472.

III

« Ne doubte donc a eſcripre soudain
Vers celuy la qui oncques en deſdain
Ne priſt tes faicts, mays toujours au contraire
S'eſt efforcé en tout te voulloir plaire!

V

« Voilla commant jay ce faict entrepris;
Me confiant que si j'en suys repris,
jaccuſeray d'un tel blaſme, grand vice,
Le Bon Vouloir de te faire service. »

Remerciements à Madame Marguerite qui, à sa prière, avait bien voulu donner une recommandation à un ami.

HUITAINS

« Si de l'ayment le penser convenable,
Faict céder lieu à la craincte honnorable
En mectant hors toute peur mal prospere
Il n'en aura ainsi, comme j'espère,
De son esfort reproche aucun ou blasme,
Car tu sceis bien que les objectz de la Dame
Ont tel effaict de leur force ou pouvoir
Qu'ils ne sont poinct aux termes du voloir.

« En ces objectz, amour est une essence
Si fort en soy que l'humaine puissance
Foible seroit pour rédiger en caige
Le hault pensser de l'amoureulx couraige.
Ce qui fera que audacieuse emprise
Trouverra lieu en lexcuse requise.
Et puis amour de soy subtil mordonne
En second poinct une excuse fort bonne

« Car quant sur moy eut delasché son dard,
Et m'eust navré par le subtil regard
De tes doulx yeux, dont le parfaict object
Me parforça me rendre ton subject;
De mon esprit leva la liberté,
En contemplant ta parfaicte beauté
Pour convertir en plus heureux service,
Et en cela me fut tres mal propice.

sodie latine, il paraît en outre se complaire à envelopper sa pensée
1472. dans les figures les plus compliquées de la rhétorique.

« Car en tel lieu mon esprit adressa,
Ou ses penssées en une heure laissa,
Pour diriger le bien de lesperance
Sans en avoir dicelluy cognoissance.
Fors qu'à ung jour, amour fort favorable,
Te presenta recommande honnorable
D'un tien servant, qui, par juste devoir,
Avoit prié ung tien parent vouloir
Se monstrer tant propice a sa demande,
Que te donner en mon nom recommande.
Voilà commant amour ma contrainct faire
Chose a la peur & crainte fort contraire.
Ayant espoir que doulceur dont tu use,
Tiendra pour moy & sera mon excuse »

Dialogue entre Nicolas de Reilhac et François Roussin.

DIZAINS

I

(Fr. Roussin.)

« Si tu sçavoys ma volunté entiere
Mon bon voulloir & mon affection,
Poinct ne useras envers moy de prière,
Car veulx branler soubz ta permission,
Ainsi que faict au grand vent le sion.
Par quoy ne fains me mender ta penssée,
Car si je puis par peine dispensee
Aucunement complaire à ton désir,
Je la tiendray assez recompenssée
Si je congnoys qu'elle tayt donné plaisir.

II

(Nicolas de Reilhac.)

« Très bien parler et daucun ne mocquer,
Escouter tout & daucun ne mesdire,
Cela pour vray, sans mon dict revoquer
Vous appartient selon le commun dire,
Mais quant le bruict tous les jours me vient dire

Peut-être quelques fragments de ces essais rudimentaires ne paraîtront-ils pas trop déplacés ici, puisqu'ils serviront tout au 1472.
moins à secouer quelque peu, après quatre siècles d'oubli, la

Que a touz propoux en mal de moy parlez.
Lors pour certain je concluz que nallez
Selon raison ou le bruit quon vous donne.
Taisez vous donc, se faire ne voullez
Que vostre honneur en deshonneur se torne.

III

(Encore le même

« Oncques Venuz ne receut tel plaisir
Quant par Paris, au Val de Tapissonde,
Du fruict dore veit avoir son desir ;
Comme je eu, lors que la pomme ronde
Mas presente, car tout plaisir habonde
En ceste cy, pour ce qu'elle est venue
De bonne main, et lautre fut conceue
Par dissention, dont la ville de Troye
Fut myse en feu : mais celle quay receue
A mon las cueur ung feu damour octroye

IV

(Francois Roussin)

« Lexcelant bruit de ton haultain savoir
Tres cher seigneur duquel nay congnoissance
Ma invite a faire mon debvoir
Par cest escript vous rendre obeyssance
Me soubmectant du tout a ta puissance
Car cest raison que tout homme y incline
A reverer ta muse Palladine.
Et de ma part en mon sens humble et nu,
Veulx adorer ton art de Pallas digne.
Ce non obstant que me soyt incongnu.

V

(Nicolas de Reilhac.

« Adieu le cueur que j'estimoys si bon
Juste loyal que nul nestoit semblable.
Dune chose vous demende pardon :
Cest que par trop vous ai cru veritable
Adieu le siege ou amour honnorable
Devoit regner, mais je voys quamour folle
Le conduit tant quil en est trop muable
Adieu le cueur, pour la fin de mon rolle,
Donnant au mien mal irremediable
Je ne puis plus escripre une parolle. »

poussière où repose ce poète resté inconnu des premiers temps de
1472. la Renaissance.

Étienne le Fèvre survivait deux ans à peine à son frère puîné, Clément de Reilhac, le seigneur de Brigueil. Ce dernier était mort en 1469, laissant deux fils de son mariage avec Anne Formier, fille de Jacques Formier (1), conseiller du roi, seigneur de la Vilatte, et de Denise de Vaudetar (2), savoir : Pierre, né en 1455, et Jean, né en 1458.

Les deux frères Étienne le Fèvre et Clément de Reilhac avaient toujours vécu communs en biens. Ils avaient hérité de nombreuses

« *A Mess. les Protonotaires de Reaillhac* (sic) *frères :*

QUATRAINS

Le morceau qui suit, signé : « Vela de quoy » (« Voilà de quoi », sobriquet qui semble avoir appartenu a Sagon), *est adressé à Monsieur de Plaisance et à son frere, Abel de Raillhac, également protonotaire et abbé de Saint-Jean-d'Angely :*

« Tout au contraire ay damour les doulceurs
Que na Marot lequel ayme deux seurs
De fol amour. Et j'ayme tant deux frères,
D'honneste amour, que nous sommes contraires.

« Et en aimant, et en toutes nos meurs,
J'ay le cueur sain, il a remply d'humeurs.
Son faict ne gist quen plaincte ou clameurs ;
Et par doulcez je conduictz mes affaires
Tout au contraire.

« Je me contente, je aspire aux honneurs,
Je veult blasmer, je hay les blasonneurs.
J'ayme le teste, je hayt les commentaires,
Et puis il n'est que des élémentaires !
Voila comment Dieu nous a mis les cueurs
Tout au contraire.

« Vela de Quoy ».

(Bib. nat., Fr. 4967, folios 201, 205 209 et 233.)

1. Cette famille, éteinte depuis longtemps, dont le nom s'est écrit ensuite par corruption *Fournier*, semble originaire du Limousin, et est établie au Parlement de Paris vers le commencement du xve siecle. — Un de ses membres se rencontre parmi ceux qui accompagnent Charles VII à la prise de Paris en 1435. Elle portait écartelé au 1er et au 4 d'or, au 2 et au 3 à cinq points d'or équipollés à 4 de sable, à la bande échiquetée de gueules brochant sur le tout, ainsi qu'on le voit sur le tombeau de *Martial Formier*. (V. note de la page suivante.)

2. Fille elle-même de *Pierre Ier de Vaudetar*, chambellan du roi Charles VI, et de Marguerite de Chanteprime, 1re du nom (p. 241), *Anne Formier* était la sœur du sire de la Villatte, ainsi que de

terres par leur aïeul maternel, et chacun d'eux les avait ensuite augmentées au moyen d'acquisitions successives. 1472.

Clément avait accru la seigneurie de Brigueil, y avait fait établir des foires annuelles, en vertu d'une ordonnance que Charles VII rendit à sa requête le 20 février 1435, et ajouté à sa juridiction un grand nombre de fiefs qui ne relevaient pas autrefois de la maison de Rochechouart.

Étienne avait acquis beaucoup en Beauce, en Gâtinais, dans l'Ile-de-France et à Paris. C'est ainsi que dans sa succession on voit figurer entre autres la vicomté de Mérinville, les seigneuries de Chastenay, d'Angerville, d'Arnouville en Beauce; la baronnie de Rougemont, une des terres les plus importantes de l'Orléanais; les seigneuries de Verde en Dunois, de Faye, de Pontchevron, de Glandelles, Portonville, Fromonville, Moncourt, Palay, Basoges, Mainbervilliers, Boissy-le-Repos, la Chapelle-la-Reine, etc., en Gâtinais; plusieurs résidences à Paris, de nombreux fiefs à Corbeil et à Montlhéry, diverses possessions à Saint-Junien en Limousin, à Chabanais en Angoumois, etc., etc.

Voué au célibat en raison de la dignité ecclésiastique dont il était revêtu, il ne laissait d'autres héritiers que ses neveux, les deux fils du seigneur de Brigueil. Mais le second, Jean, seigneur de Verde-en-Dunois, s'étant fait religieux (1) après avoir étudié à l'université de Paris, ce fut l'aîné qui recueillit toute cette fortune.

Martial Formier, né en 1423, protonotaire apostolique, maître des requêtes le 4 avril 1474, archiprêtre de Brigueil, chanoine de Limoges et de Saint-Junien, abbé de Saint-Jean-d'Angely et de Lesterps (bénéfices passés apres lui a son neveu, Jean de Reilhac, évêque de Sarlat (p. 275).

On voit dans l'église de Saint-Junien le remarquable tombeau en cuivre de Martial Formier, fait en l'an 1513. Il est placé entre le maître-autel et le tombeau de saint Junien. Martial Formier est representé la mitre en tete, la crosse a la main, et entoure d'un ornement gothique du plus bel effet. Autour règne l'inscription suivante en partie cachée, malheureusement, par la marche inférieure du maître-autel.

« *Ci gist noble homme maître Marcial Formier, licencie en droit canon, jadis abbe de Sainct-Jehan-d'Angely, et chanoine de ceans, et mourut en aige de quatre-vingt-dix ans, le quatorziesme jour de mars mil cinq cens et treize. Anima ejus requiescat in pace. — Amen.* »

1. Jean de Reilhac, seigneur de Verde entra dans les ordres en 1482 et mourut en decembre 1497, prieur de Méréville, bénéfice qui semble avoir été cree pour lui et que l'evêque de Chartres

1472. Ce dernier, Pierre de Reilhac, vicomte de Mérinville (1), baron de Rougemont, épousa Marguerite de Chabot, fille de Renaud de Chabot, vicomte de Jarnac, et d'Isabeau de Rochechouart (2). Louis XI le créa son Grand Echanson. Il fut un des plus riches seigneurs de cette époque et mourut en 1501, laissant entre autres enfans : 1° Bertrand, fils aîné, qui lui succéda, épousa le 15 novembre 1503 Renée de Brilhac, fille du seigneur d'Argy, grand maître de l'Hôtel du roi Charles VIII (3) et mourut en novembre 1522, après avoir encore augmenté considérablement ses terres de Beauce (4) et du

avait alors rattache au monastere de Saint-Florent. (Collatio prioratûs de Mereville nobili viro magistro *Joanni de Reilhac* clerico in nobili ab utroque parente et Baronum genere procreato. — Annales du Prieuré de Mondoville. Bib. nat., Fr. 24124, fol. 48.)

1. Un aveu de 1482 fait connaitre comment Etienne le Fevre, avait acquis Mérinville :

Du 27 juin 1482.

Aveu du vicomte de Merinville au prince Jean de Foix.

« A tous ceux qui ces presentes lettres verront PIERRE DE REILHAC, ESCHANSON DU ROY NOSTRE SIRE, *seigneur de Brigueil, de Mereville et de Rougemont*, salut.

« Sçavoir faisons que tiens et advoue tenir en fief à une foy et hommaige de TRES HAUT PRINCE JEAN DE FOIX, comte d'Estampes et de Pardiac, viconite et seigneur de Narbonne, mon chastel et chastellenie baronnie de Mereville si comme le tout se comporte.

« *Item*, la vicomte de Mereville que je tiens en main, qui a esté naguieres acquise par mes prédécesseurs de *Aignan de Saint-Mesmin*.

« *Item*, le fief que souloit tenir *Me Pierre de Brye*, chevalier, etc., etc... (suit le dénombrement des fiefs). »

(Arch. dép. de Seine-et-Oise, liasse d'Angerville.)

2. Celle-ci etait fille de *Jacques, vicomte de Rochechouart* et de *Marguerite de Montfaucon*. Ne pas la confondre avec *Isabeau de Rochechouart*, fille de *Louis, vicomte de Rochechouart*, dame de Brigueil, après la mort de laquelle, en 1396, *Clément de Reilhac*, en vertu du droit lignaigier, s'etait fait adjuger cette derniere terre (p. 5) Marguerite de Chabot fut la tante du célèbre *amiral Chabot*

3. Née du premier mariage de *Charles de Brilhac*, seigneur d'Argy, maître d'hôtel du roi Charles VIII, avec *Françoise de Varye*. Elle mourut en couche, jeune encore, en 1518, et fut inhumée en l'église de Brigueil. Dans la même église, on voit également un tombeau que tout indique comme devant être celui de Marguerite de Chabot, sa belle-mère. Il occupe tout le dessous d'une fenêtre dans la chapelle des anciens seigneurs. Elle y est représentée en plein relief, avec un manteau tres long et les mains jointes. Malheureusement la statue a eté mutilée à la Revolution. Aujourd'hui les habitants y vont encore en pèlerinage pour la guérison des enfants malades.

4. Grâce à ses efforts, Meréville devint alors l'entrepôt du commerce de toute cette partie de la Beauce. Au mois de novembre 1511, il obtint de Louis XII la création d'un marché chaque semaine et de quatre grandes foires annuelles ou se rendaient les marchands de tous pays :

Novembre 1511.

Concession faite par Louis XII à Bertrand de Reilhac, vicomte de Méréville, pour l'établissement des foires et marchés.

(Origin sur parchemin.)

« LOYS par la grâce de Dieu roi de France savoir faisons à tous presens et advenir nous avoir reçu humble supplicacion de *nostre bien amé* BERTRAND DE REILHAC SEIGNEUR VICOMTE DE MEREVILLE contenant que ledict bien de Mereville est assis en bon pays et bien fertil ou il croist bled et vin par lequel passent et repassent chacun jour plusieurs marchands venans de tous pays. A ceste cause pour

Limousin (1) ; 2° Jean, évêque de Sarlat, dont il a été tout à l'heure question parmi les prévôts de Saint-Junien (2) ; 3° Anne de Reilhac, 1472.
qui épousa en premières noces Jacques de Naillac, et en secondes Abel de Buz, Panetier de France, seigneur de Villemareuil et Nanteuil-lez-Meaux, dont on voit encore le tombeau, un des plus intéressants de l'époque, dans l'église de Villemareuil-en-Brie.

la decoration et augmentation dudict lieu et aussy pour le bien prouffit et utilité de la chose publique et du pays denviron seroit tres requis et necessaire qu'il y eut audict lieu quatre foires et un marché par chacune semaine se nostre plaisir estoit et eriger lesdicts foires et marché. Pourquoy nous ces choses considerées, etc... »

(Mairie de Meréville. Archives communales, cote n° 98)

1. Un aveu et denombrement de la ville de Saint-Junien conservé aux Archives de la Vienne, en date du 28 avril 1517, dressé par « Honorable et saige Junyen Chastenet, procureur de *tres-noble et puissant seigneur* BERTRAND DE REILHAC, VICOMTE DE MERINVILLE, *baron de Rougemont et de Brigueilh,* » montre que ce dernier possédait alors en propriéte la presque totalité de la ville.

2. Cette branche s'est éteinte au XVIe siecle. *François de Reilhac*, fils aîne de Bertrand et de Renee de Brilhac, epousa *Anne de Mortemer*, dame d'Ozillac, fille du vicomte de Ribeyrac et petite-fille d'Odet d'Aydie (p. 191). Il eut deux fils et deux filles avec lesquels finirent les vicomtes de Mérinville et de Brigueil du nom de Reilhac.

Des deux fils, l'aine, *Jean*, fut tue a la bataille de Saint-Denis en 1567, sans postérite ; le second, *François*, embrassa le protestantisme et mourut en 1581 sans enfants de sa femme *Bonaventure de Sainte-Maure*.

Des deux filles, l'aînee, *Jacquette*, mariée a *Louis de Crevant*, seigneur de Cingé, hérita de la vicomte de Brigueil, passee apres elle a son petit-fils, le *maréchal duc d'Humieres*. La seconde, *Françoise*, mariee en 1566 a *Eusèbe des Monstiers*, seigneur du Fraisse en Limousin, hérita de la vicomté de *Merinville*, dont ses descendants portent encore aujourd'hui le nom ajoute au leur.

Les terres de Brigueil et de Meréville relevaient directement du roi .

« NOUS FRANÇOIS DE REILHAC VYCOMTE DE MÉRENVILLE ET SEIGNEUR DE CHASTEL VILLE ET CHASTELLENYE DE BRIGUEIL LASNE cognoissons loyaument et en bonne foy tenir et debvoir tenir soubz hommaige lige et serment de toy du ROY NOSTRE SEIGNEUR a cause de son conté de Poictou les choses cy dessoubz déclairées : Premierement nostre dit *Chastel Ville et chastellenye de Brigueilh Lasne*, etc., etc..... »

(Arch. de la Vienne. Liasse de Brigueil. Aveu du 3 septembre 1542.)

Un autre aveu du 4 août 1539, pour la terre de Méréville contient une description sommaire du château fortifie tel qu'il existait alors

« FRANÇOIS DE REILHAC *haut chastelain baron et* VICOMTE DE MEREVILLE, *au duche d'Estampes seigneur de Brigueil, Morteroulet, Saint-Ranne, Rougemont et Angerville La Gaste*, a tous ceux qui ces presentes lettres verront *Salut*, sçavoir faisons que nous tenons et advouons a tenir en fiet du ROY NOSTRE SOUVERAIN SEIGNEUR, a cause de son chatel et duché d'Estampes, les choses cy apres déclarees qui furent a deffunct *noble et puissant Seigneur Mre Bertrand de Reilhac nostre pere qui succeda de feu noble et puissant seigneur Pierre de Reilhac son pere, lui vivant Eschanson du Roy nostre sire*, scavoir est nostre chastel chastellenie baronnie et vicomté dudit Mereville ainsy que ledit chastel se conciste en *dongeon fortiffié de grosses tours et murailles*, court devant ou a plusieurs ediffices chapelle fondée en l'honneur de saint Nicolas, bassecourt ou y a colombier a pigeons, pressoir a vin banier et autres ediffices, lesdits toicts court fortifies de grosses murailles. Le *portail* et entrée dudit chastel a *pont levis*, jardin et aisance a l'environ dudit chastel *clos de grands fossez plains deaue.* »

(Arch. de Seine-et-Oise. Liasse d'Angerville.)

(V. page 14 les degrés precedents.)

PIERRE V DE REILHAC
Sgr de Brigueil, Vicomte de Mérinville
Baron de Rougemont, etc — Grand Echanson du roi —
ép. Marguerite de Chabot, fille de Renaud de Chabot,
Vicomte de Jarnac, et d'Isabeau de Rochechouart.
(1455-1503).

BERTRAND
Vicomte de Merinville, etc.
ép. Renee de Brilhac (1503),
fille de Ch de Brilhac, Sgr d'Argy,
Gd Mre de l'Hôtel du roi
Ch. VIII, et de Françoise de Vatye.
† novembre 1522.

JEAN
Abbé de St-Jean d'Ang et de Lesterps
(1505).— 31e Prév. de
St-Junien (1510). — Evêque
de Sarlat (1529).
† 8 janvier 1530.

ANNE
ép. 1o J. de Naillac, Sgr des Roches;
2o Abel de Buz, Sgr de Villemareuil, Panetier de France
† 23 juillet 1522.

PHILIPPE
ép. le Sire de Nieulle,
† av. 1547 (sans post).

FRANÇOIS Ier
Vte de Mérinville, etc, ép. Anne
de Mortemer (1540), fille de Fran-

ABEL
Abbé de St-Jean d'Ang (1552),

JEAN
33e Prév. de St-Junien (1531),

NICOLAS
dit « Monsieur de Plaisance »,
Prieur de Periguei x, abbe de

LOUISE
ép 1o Jean Frottier, baron de Preuilly
Sgr d'Azay-le-Feron et du Blanc-en
Berri;

ANNE
ep Baudoin de Valori,

XV

ANNÉES 1472-1475

SOMMAIRE

Procès contre l'Évêque et le chapitre de Paris. — Requête d'Olivier de Coetivi. — Restitution des terres confisquées au temps de la guerre contre les Anglais. — Rentrée en faveur de Reilhac. — Le fief du Grand-Gaigni-en-Brie. — Prorogation de délai pour les comptes de la Trésorerie de Nîmes. — Voyage d'Étienne de Montry, sergent du châtelet à Beaucaire. — Difficulté de réunir les pièces comptables. — André de Mauregard, ancien trésorier du Dauphiné. — Séjour à Amiens. — Entrevue de Louis XI avec Édouard d'York (août 1476). — Le heraut d'Angleterre — Séjour en Auvergne. — Arrestation du duc de Nemours. — Delations contre Reilhac. — Son remplacement intérimaire par Robert des Roches. - Voyage du roi a Lyon. — Les nouveaux soupçons qu'il conçoit.

Au commencement de cette année 1472, on trouve un procès entre Jean de Reilhac et Guillaume Gencian d'une part, et le chapitre de Paris d'autre part, relativement à l'exercice de la haute justice sur différents villages relevant de la terre de la Queue-en-Brie. 1472.

Un nommé Jean Le Sueur, de Sucy, est surpris chargeant des voitures avec le bois qu'il vole dans un héritage appartenant au chapitre de Paris et nommé « les Haies du chapitre ». Arrêté par un tenancier de Jean de Reilhac, il est constitué prisonnier dans la

tour de la Queue-en-Brie; ses voitures et ses chevaux sont
1472. séquestrés et dans la lutte un homme perd la vie. Le meurtrier est aussitôt revendiqué par « le chambrier » dudit chapitre qui se prétend seul juge du cas, en tant, dit-il, que la haute justice des dix-sept paroisses dépendant de la baronnie de la Queue appartient par exception à l'Evêque de Paris (1) depuis l'empereur Charlemagne.

Reilhac en appelle de ces prétentions singulières de l'Evêque et du chapitre, affirmant que seul il a droit de haute justice sur tous les villages enclos dans la chastellenie de la Queue. Il est représenté dans cette affaire par Artus de Vaudetar (2). Le chapitre de Paris lui réplique que ce droit au contraire n'appartient qu'à lui seul, et comme preuve il ajoute que dernièrement encore il y a fait pendre un homme de sa propre autorité, bien que ce malheureux eût fait appel aux officiers du roi :

Parlement de Paris. — Du jeudi 18 mars 1472.

Affaire de Jean de Reilhac et de Guillaume Gencian contre le chapitre de Paris. — Revendication du droit de haute justice sur la chastellenie de la Queue et les paroisses voisines.

(Reg. sur parchemin.)

« Entre maiſtre Jehan de Reilhac & Guillaume Gencian (3), seigneurs de la Queue-en-Brye, appellans du chamberier lay des doien & chappitre de l'Eglise de Paris, demand[ant] l'enterinement d'une requeſte, d'une part, & lesditz doien & chappitre, defend[eurs] sur ladite requeſte, d'autre part.

1. *Guillaume Chartier*, né à Bayeux vers 1400, appelé en 1432 auprès de Charles VII, fut nommé successivement chanoine de la cathédrale en 1436, conseiller au Parlement de Paris, chancelier de Notre-Dame et enfin évêque de Paris le 4 décembre 1447. En 1459, il prit part à l'assemblée de Mantoue, et mourut le 1er mai 1472.

2. *Artus de Vaudetar*, conseiller au Parlement, chanoine de Notre-Dame, Sr de Lires, du Mez, Boissette près de Melun, mort en 1504, était fils de *Pierre, 3e du nom, seigneur de Pouilly-le-Fort, et de Marguerite de Chanteprime*, 1re du nom. (V. p. 241.)

3. Il était fils de *Jean Gencian*, général des Monnaies sous Charles VI. Cette famille qui paraît s'éteindre au XVe siècle, avait pour auteur Jean Gencian 1er du nom, qui sauva par son courage la vie du roi *Philippe le Bel*, à la bataille de *Mons-en-Puelle*, le 18 août 1304. Elle possédait un fief enclos dans la terre de la Queue, et c'est là même que s'était passé le délit dont il est question ici.

« Vaudetar pour les appelans d[ist] quilz sont seigneurs chastell[ains], & ont plus[ieurs] villages enclavez en leur chaftellenie, où ont toute juftice & séel & contractz; entre autres villages Sucy y est enclavé, où, en tout ledit village, ont toute juftice haulte, moienne & basse; & de cecy appert par adveuz anciens. Et pour ce que le char avoit efté querir du bois en ung bois ou lesd[itz] appellans ont ladite juftice, & leur appartient en demaine, l'ont les intimez fait conftituer prisonnier & ses chevaulx, & a efté X ou XII jours détenu. Dit que lesd[itz] demandeurs & appellans leur ont requis leur eftre rendu, mais ilz en fur[ent] refus[és]. Dont appela Reilhac ou son serviteur ou mettaier, & a releve ; si conclud pertinent en cas d'appel mal refusé par lesd[itz] de chappitre, bien appellé par les appellans. Et au regard de leur requefte, dit que *Jehan le Sueur, qui a tué ung homme, est subgect, hoste et justiciable desd[itz] de Reilhac et Gencian*, a efté prins par ceulx de chappitre; dont est procès ceans, & pour ce s'ilz se fussent teuz, ceulx de chappitre l'eussent peu tirer a consequence; par quoy ont baillé leur requefte, requerant eftre oyz. Si conclud en sa requefte & requiert que ledit le Sueur leur soit rendu comme leur subgect & jufticiable, & demande despens. 1472.

« Breban pour lesd[itz] de chappitre dit que l'Eglise de Paris est bien notable & ancienne Eglise, & à elle competent & appartiennent plus[ieurs] villages jusques au nombre de XVII, dont Sucy est l'un, & ont ceulx de chappitre toute juftice & juridiction haulte, moienne & basse, esd[itz] XVII villages, & du temps de Charles Maigne fut ordonné que ladite Eglise auroit ladite juftice, ce qui a efté confirmé par le Roy Clotaire, & par les Roys subsequens a efté aussi defendu que nul, quel qu'il fust, ne print esd[itz] villages cens ne autre chose, ne exerçast quelque juftice. Dit que du temps de Charles le Quint (1) fut queftion ceans de ladite juftice, mais par accord fait ceans avec le procureur du Roy fut dit qu'ilz auroient juftice esd[itz] lieux, & y auroient leur maire, & de lui en ressortiroit a la barre de chappitre, & de la barre de chappitre ceans, & n'auroient les officiers du Roy congnoissance d'aucune chose esd[itz] XVII villaiges, si non en tant que toucheroit les droiz r[oyaulx], comme de crime de leze-majefté & autres droiz Royaulx. Dit aussi que l'usaige est notoire, car toujours en ont usé, & a Posne (?) ung prisonnier fut prins que le chambrier condempna a eftre pendu, dont fut appellé ceans, & par arrest a efté dit bien jugié & mal appellé & renvoyé ledit prisonnier par d[evant] ledit chambrier pour meftre sa sentence a execucion. Dit

1. *Charles V*, roi de France.

que pour ung murtre commis par le Sueur audit Sucy a efté mis prisonnier ès
1472. prisons desd[itz] de chappitre, mais Du Liz examinateur au pourchaz de Reilhac a la requefte du procureur du Roy en chaftellet fist commendement audit chamberier de lui bailler, & pour ce qu'il en fut refus[ant] le menaça adiorner à comparoir en personne par devant le prevost. Et pour ce lesd[itz] doien & chappitre ont baillé r[eques]te, veue laquelle ledit prisonnier a efté ceans amené, mais maintenant parties requierent que leur soit rendu comme leur jufticiable. Dit que ladite requefte est surreptice, etc., & ne sont r[eceva]bles a en demander l'enterinement, car la juftice en appartient ausd[itz] doien & chappitre, qui sont fondez par privileges anciens, par arretz & par usaige, a ce que partie sont seigneurs & chaftellains de la Queue, etc., dit que s'ilz sont seigneurs il s'en rapporte a ce qu'il en est, mais ilz ne sont point chaftellains. & qui les vouldroit croire, ilz vouldroient eriger ladite seigneurie en une conté. Dit que veu que ceulx de chappitre sont possesseurs, veu aussi leurs privileges & leurs usaiges, desquelz ilz offrent prouver promptement, le prisonnier leur doit eftre rendu. Si conclud a ce par provision, attendu mesmement que ledit Reilhac est demandeur & lesd[itz] de chappitre defendeurs, & que la requefte ne sera enterinée. Et pour défendre à la cause d'appel, dit que ung bois nommé *les Haies de chappitre* appartient a chappitre de tout temps & n'y ont partie quelque juridiction. Or pour ce que ung qu'il nomme a efté trouvé coppant des boys desd[itz] de chappitre en commettant furt & larcin, si fut amené prisonnier en chappitre, & après que la cause fut liticonteftée, *Reilhac disant qu'il eftoit son subgect*, request qui lui fust refusé ; dont appella. Si conclud par les moiens dessusd[itz] qu'il ne fait a recevoir, ains a mal appellé, & a despens.

« Appoincté est mettre par devers la court & au Conseil, & dedans VIIIe les parties informeront la court sur le contenu ou plaid[oiries] par maiftre Jehan Gouge & Jehan Avin, conseillers ceans. Et ce fait le procureur du Roy verra les besongnes des parties, pour en venir dire ce qu'il appartendra. »

(Arch. nat., X^{1A}, 4814, fol. 116 v°.)

Le Parlement ordonna une enquête et nomma trois commissaires. Ces derniers reçurent la semaine suivante les pouvoirs nécessaires et durent procéder à leurs opérations : 1472.

Du 24 mars 1472.

Commission pour examiner la queftion pendante entre Jean de Reilhac et le chapitre de Paris.

« La Court a ordonné en le cas d'entre le doyen & chapitre de Paris d'une part & maiftre JEHAN DE REILHAC & Guille (Guillaume) Gentian d'autre, que les trois commissaires qui ont efté nommés par la Court à faire l'enquète desdites parties ou les deux d'iceux puissent besongner ensemble à faire ladite enquete.

« Fait en Parlement le 24 mars 1472. »

(Arch. nat., XIA, 1486, fol 17 v°.)

Cette affaire resta sans solution, comme le prouve un nouveau procès intenté en 1480 pour un motif analogue (1).

Le 12 mai suivant, Olivier de Coetivi, gendre du feu roi Charles VII, dont il avait épousé la fille Marie de Valois (2), fait remettre à Reilhac une supplique à l'effet d'obtenir de la Chambre des Comptes qu'elle rapporte un arrêt de confiscation touchant la seigneurie des Goux en Saintonge. Cette terre appartenait, dit-il, avant l'an 1380 au sire d'Angost dont la fille avait épousé un Anglais, et, par conséquent, était tombée en forfaiture. Or, depuis le traité de Bordeaux, il a été convenu que les terres ainsi confisquées sur les anciens partisans des Anglais seraient rendues à leurs légitimes possesseurs, et le sire de Taillebourg, substitué aux droits du sire d'Angost, vient en conséquence faire cette réclamation.

1. V page 314
2. V page 20

1472. Reilhac inscrit la date de sa main sur cette curieuse pièce, ainsi qu'une recommandation spéciale :

Du 12 mai 1472.

Requête d'Olivier de Coëtivi pour demander qu'on rapporte la confiscation de la seigneurie des Goux en Saintonge, tombée au pouvoir d'un Anglais.

(Origin. sur parchemin.)

En tête de cette pièce est écrit de la main de J. de Reilhac :

Videant compoti et referatur.
Audita relatione fiat ut petitur.
Datum die XIIe maii M°CCCCLXXII. J. DE REILHAC.

A Messieurs des Comptes.

Le traité de Bordeaux restitue les biens autrefois confisqués sur les partisans des Anglais.

Supplie humblement Olivier de Coitivy, chevallier seigneur de Taillebourg, comme la terre et seigneurie des *Goux et ses appartenances* estans affiz et situez en la prevosté sub urbes de Xaintes qui furent pieca au sire Dangost au paravant lan mil CCCIIII^xx et de présent a son heritiere *qui depuis le trespas dud. seigneur. Dangost se maria avecques un Angloys* tenant le party des Anglois antiens ennemis de ce Royaume soit venue et escheu au Roy par forfaicture et confiscation parquoy le Roy en a joy depuis par bien longtemps & depuis par le traicté fait à Bourdeaux chascun qui avoit tenu le party diceulx Anglois sont remis en leur heritaiges et mesmes les heritiers de lad. fille dud. s^r des Goux desquelz led. suppliant a eu le droit et au moien dicellui sen est voulu icellui suppliant en saisiner et prendre possession, dont procès cest meu par devant le seneschal de Xaintonge et depuis renvoyé par vertu de certaines lectres du Roy en son tresor à Paris entre led. suppliant & le procureur dud. S^r ou tant a esté procedé quil a esté dit que la main dud. S^r qui avoit esté mise en icelle terre et seigneurie des Goux seroit levée & ostée au prouffit dud. suppliant en paiant par lui au Roy nostred. S^r les droiz & devoirs pour le deubz à cause dicelle terre et seigneurie de laquelle sentence ne fut proclame et ne appelle par le procureur du Roy ou dict tresor et passa en chose de force jugée. Mais depuis en icelle sentence mectent à exécution le procureur du Roy en lad. seneschausse de Xaintonge se opposa et de fait en appella en la court de Parlement en laquelle les parties ont esté oyes et par arrest dicelles court a esté lad. sentence confirmee & lad. mainmise levée et ostée au prouffit dud. suppliant comme par les extraicts du dictum de lad. sentence & du dictum dud.

arrest cy atachés peut plus a plain apparoir. Et pour ce soit besoing aud. suppliant avoir par extraict des comptes des receveurs ordinaires du duchié Guienne en lad. seneschaucie de Xaintes la declaracion des parties couchées esd. comptes de lad. terre et seigneurie des Goux depuis l'an mil CCCIIII^{XX} ou environ que lad. terre fut mise en la main du Roy par lad. confiscation & depuis en autres comptes ensuivans esquelz lad. terre est bien à plain decleree pour monstrer que lad. seigneurie des Goux appartenoit aud. s[r] Dangoust avant lad. forfaicture faicte par sad. héritière. De laquelle ou de ses héritiers led. suppliant a le droit comme dit est & ad ce quil puisse mieulx recueillir la dicte seigneurie et les revenues dicelle quil vous plaise de vos graces bailler a icellui suppliant à ses despens par extraict signé et certiffié de la main dicelle chambre les parties de ce que trouvé en sera es comptes de Ostelin de la Folie ou dautres qui pour lors furent & depuis ont esté receveurs de la terre de la Guienne en lad. seneschaucie de Xaintes pour valoir aud. suppliant ce que raison douvra et vous ferez bien.

1472.

La confiscation remonte a l'an 1380.

(B. Pièce origin. 797, n° 65.)

Quelques semaines plus tard, les Mémoriaux de la Chambre des Comptes enregistrent cette fois une confiscation faite au profit de Reilhac lui-même. Chose quelque peu étrange, si l'on considère que le roi faisait en général ces libéralités qui ne lui coûtaient rien, au profit seulement de ceux qui étaient ses favoris du moment. Il aurait reçu alors en don de Louis XI le fief du grand Gaigni-en-Brie, relevant du « chastel de Tournan », fief dont le roi s'était emparé par faute d'hommage de la part du seigneur qui en était investi (1). Ce fait semble prouver que malgré la défaveur publique dont il avait frappé Reilhac depuis l'affaire de Péronne, Louis XI conservait encore de la bienveillance pour celui qui l'avait servi, lui et son père, durant de si longues années.

Et en effet, le 9 juillet suivant, Reilhac obtient encore une nouvelle prorogation pour rendre ses comptes de la Trésorerie de Nîmes. Déjà il a envoyé à Beaucaire, dit-il, « un sergent à cheval

1. Bib. nat., Fr. 18484, fol. 160. (Extrait des Mémoriaux de la Chambre des comptes où cette pièce figurait autrefois avec le classement suivant : L. O., fol. CIX v°.)

1473. du Chastelet nomme Etienne de Montry (1) » pour obliger ses propres mandataires à lui rendre leurs comptes. Mais certains « clavaires », ou pièces de contrôle, n'ont pu encore parvenir. Pour tout dernier délai on lui fixe cette fois Noël 1473 :

Du 9 juillet 1473.

Prorogation demandée par J. de Reilhac au delà du temps qui lui a été fixé pour rendre les comptes de la trésorerie de Nimes et de Beaucaire.

(Orig. sur papier.)

A Messieurs des Comptes,

Supplie humblement JEHAN DE REILHAC Confeiller du Roy noftre S^r & maiftre desd. comptes. Comme pour compter du fait de la tresorerie & recepte ordinaire de la senefchaucie de Nyfmes laquelle il a tenue & fait exercer pour aucunes années, vous lui euffiez affigne jour au jour Saint Jehan Baptifte derrenier paffe MCCCCLXXIII. Et soit ainfi que pour satisfaire a lad. affignation led. suppliant ait envoie ung nomme Eftienne de Montery sergent a cheval ou chaftellet de Paris par devers ses commis a Beaucaire ou pays de Languedoc afin de les contraindre a venir rendre les comptes de lad. tréforerie pour luy comme tenuz & obligez y sont tant envers le Roy noftred. S^r come envers lui. Au moien de laquelle contrainte iceulx commis ont envoie en cefte ville de Paris tous esd. comptes groffoiez & doublez & la plufpart des acquiz servans a iceulx. Lefquelz comptes il a fait veoir & visiter par aucuns des procureurs de la chambre lefquelz lui ont rapporte qu'il y deffault aucuns clavaires & certificacions servans pour la verification de sa recepte & pareillement aucunes quictances pour la defpence. Pour lefquelz acquez recouvrer lui eft de neceffité renvoier par devers sesd. commis a ce que nectement il puiffe faire rendre sesd. comptes ce qu'il defire de tout son cuer. Ces chofes confiderees & que sans avoir iceulx acquiz il ne pourroit bonnement rendre lesd. comptes il vous plaife lui prolonger lad. journe jufques a tel autre temps qu'il vous plaira pendant lequel il fera diligence de recouvrer ce que dit eft. Et vous ferez bien.

Il manque encore quelques pieces comptables.

Sans signature.

1. *Etienne de Montry*, sergent a cheval au Châtelet de Paris, peut-être ainsi désigné, selon l'usage du temps, parce qu'il était originaire du village de *Montry-en-Brie*.

La réponse à cette demande est ainsi inscrite sur la même pièce :

Prorogatur tempus computandi usque ad festum Natalis proxime pro omni dilatione ordine Dominorum. 1475.

Actum IX jullii m° IIII°LXXIII.

(Bib. nat., piece orig. Reilh. 2456, n° 15.)

L'année 1474 ne présente pas trace de nouveaux rapports entre Louis XI et Reilhac. Mais en 1475 il semble tout près de retrouver son ancienne faveur. Le 22 août il accompagne le roi à Amiens, et le 29, il est, en même temps que le duc de Bourbon, le sire de Comines et autres, un des douze personnages qui assistent à l'entrevue de Louis XI avec le roi d'Angleterre au château de Pecquigny, entrevue qui, selon ses propres termes, « fut cause des grands biens qui vindrent en ce royaulme passé à longtemps et que ce fut une chose miraculeuse » (1). Là aussi, « en l'assemblée qui fut faicte entre le Roy et le roy d'Angleterre », il se trouva placé près du Héraut d'armes d'Édouard d'York, connaissance qui allait entraîner pour lui à bref délai des conséquences bien imprévues. Après quoi on le trouve encore une fois en Auvergne, au commencement de septembre, faisant une tournée de villégiature. Au mois d'octobre, il est de retour à la Chambre des comptes, mais pour peu de temps, car un nouvel orage va éclater sur lui.

C'est le 7 novembre 1475 qu'on trouve le dernier acte de Reilhac comme maître des comptes sous Louis XI. Il s'agit d'un « exequatur » à l'ordonnance qui nomme André de Mauregard, ancien trésorier du Dauphiné, à la charge de clerc des comptes :

Paris — Du 7 novembre 1475

Exequatur donné a la nomination d'André de Mauregard comme clerc de la Chambre des comptes

(Copie sur papier.)

Au bas des lettres patentes de nomination, on lit :

1. V. page 298.

1475. « A nos seigneurs des Comptes supplie humblement Andry de Mauregard clerc du Roy notre Sire en sa Chambre des Comptes qu'il vous plaife voir & visiter les lettres patentes dudit seigneur auxquelles cette prefente requefte est attachée, & icelles veriffier & enteriner, selon leur forme et teneur et vous feres bien.

(*Et sur la même requête on voit ensuite de la main de Jean de Reilhac :*)

« Habeat vadia usque ad beneplacitum Domini nostri Regis provisio quod ordinarii osidentis primitus sunt soliti. Actum die sexta novembris millesimo quadragentesimo septuagesimo quinto. Sic signatum.

J. DE REILHAC.

(Arch. nat., Reg. P. 2300, fol. 135.)

Tout à coup paraît une ordonnance du roi qui le suspend de ses fonctions. Louis XI le remplace provisoirement « pour causes à ce nous mouvans », dit-il, par un ancien conseiller appelé Robert des Roches (1). En même temps, préoccupé de suivre Charles le Téméraire dans son expédition contre les Suisses, le Roi se rend à Lyon.

Quelles étaient ces causes ainsi mystérieusement indiquées par le roi : « à ce nous mouvans »? On va s'en rendre compte.

C'est l'époque des terribles justices de Louis XI. La tête du connétable de Saint-Pol vient de tomber quelques mois plus tôt. Aujourd'hui un prince du sang royal, qui a joué un rôle considérable dans tous les événements passés depuis vingt-cinq ans, le duc de Nemours, vient d'être arrêté, et certaines délations ont indiqué Reilhac comme pouvant se trouver compromis dans le procès qu'on instruit.

Jacques d'Armagnac, duc de Nemours et comte de la Marche, avait été camarade du Dauphin, tandis que son père, le comte de Pardiac, second fils du connétable massacré en 1418, en était gouverneur. Par sa mère, Éléonore de Bourbon, il appartenait à la maison de France, et par son mariage avec Louise d'Anjou, fille du

1. Arch. nat., Reg P. 2300, fol. 139

comte du Maine, il était le neveu du feu roi Charles VII. Une lettre de Robert Newil le dépeint comme un prince d'un commerce facile, doux et prévenant (1). 1475.

On a vu ses hésitations durant la guerre du Bien Public et les diverses missions que Reilhac avait été chargé de remplir auprès de lui (2). Nommé gouverneur de Paris au traité de Conflans, il avait depuis été entraîné, en 1469, dans un complot avec les Anglais par son cousin Jean V d'Armagnac. Il s'était soumis ensuite à Antoine de Chabannes et le roi lui avait pardonné.

Mais certains documents trouvés dans les papiers du comte Jean V d'Armagnac, tué dans Lectoure en 1473, viennent de nouveau réveiller les soupçons de Louis XI contre son cousin. De plus, il devient positif qu'au mois de septembre 1475, un mois à peine après la trêve conclue à Pecquigny avec Édouard d'York, le Héraut d'armes d'Angleterre a été aperçu se dirigeant secrètement à travers l'Auvergne vers Carlat, où était le duc. Alors le sire de Beaujeu reçoit l'ordre d'arrêter Nemours et de faire procéder à une enquête minutieuse sur les circonstances qui ont accompagné le passage de ce Héraut.

On vient dire maintenant au roi que ce dernier fait a été connu de Reilhac, qui, au lieu de le dénoncer, en a gardé le secret. Non seulement il a su le passage du Héraut, mais encore, se trouvant en Auvergne à ce moment, il s'est entretenu avec lui sur la route qui va de Riom à Montferrand, sous prétexte qu'il avait déjà rencontré cet Anglais parmi les seigneurs de la suite d'Édouard VI lorsqu'il accompagnait Louis XI à l'entrevue de Pecquigny.

1. Legeay tome II. p. 283.
2. V. pages 190, 195, 197.

XVI

ANNÉE 1476

SOMMAIRE

Enquête du bailli de Montferrand. — Dépositions de Geraud de Pheletin, prevôt des exemptions d'Auvergne, — de Thomas Pichereau, — de Jean Jave, — de Guillaume Amy, etc. — La Gigonne et la Passe-Fillon — Complaisances de Louis XI. — Disgrâce finale de Reilhac et sa destitution. — Il va trouver le roi. — Derniere entrevue. — Interrogatoire du duc de Nemours a la Bastille sur le prétendu complot d'Aigueperse en 1465, pendant le séjour du roi chez Reilhac. — Les relations de Reilhac et du duc de Bourbon pendant la guerre du Bien Public.

NE ordonnance d'enquête expédiée de Lyon, le 6 mai 1476, au bailli de Montferrand ouvre l'instruction officielle de cette affaire. 1476.

Les témoins sont appelés des différentes localités où on a vu le héraut : Montferrand, Aigueperse, Riom, etc. Ils comparaissent devant Antoine du Claustre (1), Jean du Puy, Gaspard de Rivière, commissaires désignés par le roi.

La première déposition est celle du prévôt des ressorts et exemptions d'Auvergne, Géraud de Pheletin.

« Géraud de Pheletin, prévôt des ressorts et exemptions d'Auvergne pour le roi nostre sire, aagé de quarante-cinq ans ou environ, » déclare sous la foi du serment qu'au mois de septembre dernier

1. appartenait a une ancienne famille du Parlement de Paris. (V. page 9.)

1476. (1475), un certain samedi dont il ne peut autrement préciser la date, il rencontra Jean de Reilhac en la ville de Montferrand, lequel lui déclara qu'il se disposait à retourner auprès du roi. Mais, ayant ensuite causé ensemble du mariage projeté d'une de leurs parentes, le temps passa et Reilhac ne put repartir que le lendemain dimanche. Ledit Pheletin l'accompagna sur le chemin de Riom, et, arrivé non loin de cette dernière ville, il fut témoin de la rencontre du héraut; mais il s'éloigna, ainsi que les autres personnes qui accompagnaient Reilhac, lorsqu'il vit ce dernier causer avec l'Anglais :

Mai 1476. — Enquête du Bailly de Montferrand.

Déposition de Gérard de Phelctin. Prévôt des Ressorts et Exemptions d'Auvergne.

. . . .

Le lendemain après disner jour de dimanche partirent ensemble dud. Montferrand pour tirer à la ville d'Aigueperse au giste. et eux estant sur les champs entre lad. ville de Montferrand et de Riom rencontrèrent un chevaucheur ou heraut sur le grand chemin ou bien prez dud. Riom qui venoit aud. Riom, auquel herault led. DE RILHAC demanda dont il venoit ne à qui il etoit, lequel herault respondit qu'il etoit au roy d'Angleterre, et qu'il venoit devers le Roy et en alloit parler à Mons. le duc de Nemours qui etoit à Carlat pour ce que le roy luy envoyoit. Ne sçait il depposant se le herault entendoit du Roy ou du Roy d'Angleterre. Et après ce led. depposant ensemble autres de la compagnie dud. DE RILHAC ou nombre desquels etoit un nommé Guillaume Amit, bourgeois de Riom passèrent avant et laissèrent ensemble parler lesd. DE RILHAC et herault et peu aprez led. DE RILHAC quand il eut parlé aud. herault, laissa aller led. herault son chemin tirant à Montferrand et illec trouva led. depposant et autres de la Compagnie qui le attendoit, ausquels led. DE RILHAC *dit que led. personnaige etoit un herault du Roy d'Angleterre et l'avoit veu en l'assemblée qui avoit esté faite en Picardie dernierement entre le Roy et le Roy d'Angleterre* et que l'appointement qui fut lors fait entre lesd. Roys fut long (*sic*) des grands biens qui vint en ce royaume passé a longtemps, et que cestoit une chose miraculeuse. Et autre chose n'en oyt dire touchant le contenu esd. lettres royaulx oud. DE RILHAC ne a autre. Et iceux arrivez en lad. ville de Riom demoura led. DE RILHAC ensemble sa compagnie oud. Riom à la maison d'une sienne sœur, et led. jour led. depposant s'en alla au giste en la ville d'Aigueperse tirant à Paris devers le Roy et oyt lors dire aud. DE RILHAC qu'il s'en alloit le landemain à Marenges a disner et au giste à la Motte près de Chastellade en l'hostel d'une sienne sœur. et environ huit jours après led. DE RILHAC se trouva à Paris. ainsy que led. qui parle l'oyt dire a un nommé Me Marcial Robinet procureur en parlement à Paris et autrement du contenu esd. lettres ne scauroit depposer et plus n'en dit du contenu esd. lettres sur iceluy diligemment enquis et secrettement examiné. GIRAULT DE PHELETIN. 1476.

(Bib. nat., Fr 5773. p 224.)

Vient ensuite Jacquette Vigier, femme de Pierre Brachier, bourgeois de Montferrand. Elle déclare ne rien connaître, sinon que Me Jean de Reilhac logea chez son mari au mois de septembre dernier, un certain samedi, et en repartit le dimanche. Elle ignore même pour quels motifs il est venu.

Puis c'est Thomas Pichereau, prêtre de Montferrand, qui avait reçu de Reilhac ordre de se trouver à Aigueperse, à l'auberge du *Chapeau rouge*, tenue par un certain Jean Chambon, pour y parler « des affaires de l'Évêque de Clermont » (1). En attendant l'arrivée de Reilhac qui se fit attendre pendant deux jours, il est vrai qu'il apprit du maître de l'auberge le passage du héraut d'Angleterre, encore tout récent. Il exprima même à ce dernier tout son étonnement que les habitants de la ville, en ayant connaissance, ne l'eussent pas arrêté et mené devers le roi. Mais Reilhac à son arrivée n'en dit pas un seul mot.

1. *Jacques de Comborn*, évêque de Clermont, beau-frere de *Ramand d'Aubusson*, sire de Montenl (v. p. 36) on l'a rencontré chargé de plusieurs missions avec Reilhac. (V. p. 151, 152, 236.)

1476.

Mai 1476. — Enquête du Bailli de Montferrand.

Déposition de Thomas Pichereau, prêtre.

Venerable personne messire Thomas Pichereau prestre, a present demourant à Montferrand aagé de 38 ans ou environ dit que du contenu esd. lettres il ne scauroit depposer, fors seulement pour ce que Maistre JEAN DE RILHAC certain jour de samedy ou mois de septembre dernier passé luy etant en cette ville de Montferrand l'avoit chargé soy rendre et trouver en la ville d'Aigueperse le lundy lors prochain ensuivant pour luy parler des affaires de son maistre, ce que fit led. deposant, et illec luy etant en lad. ville de Aigueperse en l'hostellerie du Chappeau Rouge attendant la venue dud. DE RILHAC, l'hoste de lad. hostellerie appelé Jean Chambon entre autres parolles dit et demanda aud. déposant s'il avoit point trouvé et rencontré en sond. chemin *un chevaucheur ou heraut du Roy d'Angleterre*, lequel etoit party un jour devant de lad. hostellerie tenant le chemin de Clermont et Montferrand sans dire autre chose, lequel depposant respondit qu'il ne l'avoit point veu ne trouvé, mais dit aud. Chambon que çavoit esté mal fait aux habitans d'Aigueperse qu'ils ne l'avoient pris pour icelluy mener devers le Roy; et le landemain ou un jour après led. DE RILHAC arriva aud. d'Aigueperse auquel led. depposant parla tout seulement des gaiges et affaires de Monsr sond. maistre *sans parler dud. herault ne chevaucheur ne de sond. voyaige et autre chose* n'en dit surtout diligemment examiné. Examinez par nous Anthoine de Moucher et en nostre logeis à Montferrand le vandredy 10e jour de may l'an 1476, appelez avec nous maistre Anthoine de Claustré avocat, Jean du Puy procureur dud. S[r] et Jaspart serviteur ousd. aud. bailliaige.

(Id., fol 226.)

Jean Javé, « hostellier de Montferrand », ne sait rien d'intéressant sur le sujet :

Mai 1476. — Enquête du Bailli de Montferrand.

Déposition de Jean Javé.

Jean Javé marchand et hostellier de la ville de Montferrand aagé de 35 ans ou environ après serment par luy fait, dit sçavoir du contenu esd. lettres et en tant dit que plusieurs gens de diverses contrées et pays logent en sa maison, pas ne sçait que jamais ait logé *nul herault d'Angleterre*. Et bien dit qu'en sa maison depuis un an en ça y avoient logé aucuns heraulx de Bourgogne pour faire la poursuitte de certains prisonniers dudit Bourgogne etant prisonniers au chastel de Montferrant : et dit que depuis un an en ça, il trouva maistre JEAN DE RILHAC auprez de Riom qui venoit le chemin de Clermont et Montferrand et du contenu esd. lettres et entendit autre chose n'en dit sur le tout examiné. 1476.

(Id., fol 227, v°.)

Guillaume Amy, bourgeois de Riom, qui accompagnait également Reilhac sur la route de Montferrand à Riom, ne veut pas se compromettre et se contente de dire qu'il a bien vu le héraut, lequel bien que déguisé portait au pied un émail aux armes d'Angleterre pour se faire reconnaître ; mais qu'ayant ensuite pris les devants il n'a pu remarquer la conversation que ce héraut et Reilhac ont pu avoir ensemble :

Mai 1476. — Enquête du Bailli de Montferrand.

Deposition de Guillaume Amy, bourgeois de Riom.

Guillaume Amy bourgeois de Riom âgé de 66 ans dit et deppose par son serment sur le contenu esd. lettres royaulx ce qui s'ensuit c'est à sçavoir que certain jour de septembre dernier passé, du jour autrement ne scauroit dire, ainsy qu'il venoit de la vallée de Montferrand pour venir en cette ville de Riom ensemble Me JEAN DE RILHAC et autres il trouva un personnaige a deux chevaulx sur le grand chemin entre lesd. deux villes, lequel avoit un email au pie aux armes d'Angleterre. Parquoy luy sembla que, c'estoit un herault ou chevaucheur du Roy d Angleterre, lequel personnaige ou chevaucheur demanda a deux hommes de labour le chemin de Carlat et de Murat, lesquels hommes laboureurs adressans led. herault ou chevaucheur aud. luy qui parle en luy demandant led. chemin ainsy qu'il avoit fait aud. laboureur ; et lors led. qui parle luy dit qu'il falloit passer par la ville d'Yssoire, et illec prendre guide pour le guider aud. lieu de Murat ou de Carlat : lequel chevaulcheur dit qu'il voudroit avoir trouve guide pour deux ecus pour le conduire jusques aud. lieu de Murat

1476. ou Carlat pas ne sçait se led. chevaucheur parla aud. maistre JEAN DE RILHAC pour ce que led. DE RILHAC venoit après led. qui parle et plus n'en dit.

(Id., fol. 234.)

Bien que cette enquête n'ait absolument rien prouvé contre Reilhac, sinon qu'il avait rencontré par hasard, entre Clermont-Ferrand et Riom, ce héraut du roi d'Angleterre, dont il avait fait la connaissance à l'entrevue de Pecquigny le mois précédent, la seule présence de son nom sur les pièces d'accusation qu'on récoltait ainsi contre le duc de Nemours devait suffire pour animer de nouveau le roi contre lui. Aussi, quelques jours plus tard, le 4 juin, il est révoqué de sa charge au profit d'un nommé François Boursier, qui peu auparavant était venu de Paris chercher fortune dans un commerce qu'il avait entrepris à Lyon (1); homme inconnu jusqu'alors, mais parvenu lui-même tout d'un coup dans les faveurs du roi d'une façon assez singulière.

En effet, pendant son séjour dans cette ville, Louis XI, au dire du chroniqueur de Troyes, dérogeant aux habitudes sévères de moralité que la postérité lui prête, y avait fait la connaissance de deux jeunes dames, appelées l'une la Gigonne et l'autre la Passe-Fillon. Désireux de les attacher à sa suite, il maria la Passe-Fillon à ce François Boursier, et ce « beau fils » (2) reçut en dot, pour prix de sa complaisance, la charge de Maître des comptes occupée par Reilhac :

A Lyon. — Du 14 juin 1476.

Destitution de Reilhac au profit de F. Le Boursier.

Louis, etc. Pour *la grant et singulière confiance* que nous avons de la personne de

1. Arch. nat., X1A 8317, fol. 239. Plaid. du 20 février 1485, contre François Boursier.

2. « Et maria la Passe-Fillon à *ung beau fils* de Paris auquel il donna la charge de maître des comptes a la place de *Me Jehan de Reilhac, auquel pour cette cause elle fust ostee.* »

(Chron. de Jean de Troyes, autrement dite Chronique scandaleuse. — Ephémérides de juin 1476.)

notre cher & bien-aimé *François Bourfier* & de ses sens suffifance, loyaulté, preud'hommie & bonne diligence à iceluy pour ces caufes & autres confiderations a ce nous mouvans, avons donné & octroyé, donnons & octroyons de grace efpreciable par ces prefentes l'office de notre Confeiller & Maiftre de nos Comptes ordinaires à Paris que NAGUERES tenoit & exerçoit Me JEHAN DE REILHAC, lequel POUR ET AUTRES CAUSES ET CONSIDERATIONS A CE NOUS MOUVANS *en avons puis* NAGUERES *defcharge*, & iceluy baillie & reftitue a notre ame & feal confeiller *Maiftre Robert des Roches* qui iceluy office paravant avoit tenu & exercé, & lesquels DE REILHAC et des Roches, & chascun deux nous en avons defchargé et defchargerons parces dictes presentes sauf & reservé toutes voyes que ledist maître *Robert des Roches* aura & prendra sa vie durant la moitié des gaiges diceluy office & laquelle moitié nous luy avons refervé, et refervons par cesd. prefentes pour iceluy avoir tenu, & dorenavant exercer par ledit François Bourfier aux droits honneurs prerogatives, preeminences, gaiges, manteaux prouffits et efmolumens a accouftumes, & au dit office appartenant tant qu'il nous plaira. Si donnons en mandement par ces mefmes prefentes a nos ames & feaux gens de nosdits comptes que prins & receu dudit François Bourfier le serment en tel cas accouftume iceluy mettent & instituent en possession & saifine du dit office, & diceluy enfemble des droits honneurs prerogatives preeminences, gaiges, manteaux prouffits, efmolumens deffus dits et facent sueffrent & laiffent joyr & user pleinement & paisiblement & a luy obeir & entendre de tous ceux & ainfy qu'il appartiendra es chofes touchans & regardans le dit office ofte & deboute diceluy les dits DE REILHAC & des Roches lesquels & chafcun nous en voulons eftre oftes & deboutes nonobstant oppofition ou appellation quelconques pour lefquelles ne voulons eftre differe en aucune maniere sauf comme dict est, la moitié defdicts gaiges par nous refervee audit des Roches, & avec ce luy facent bailles ses cedulles de debentier desdits gaiges, manteaux & droicts audit office appartenans & len facent payer & contenter par ledict commis au payement desdicts gaiges qui a prefent est ou sera le temps avenir aux termes, & en la manière en tel cas accouftume & ainfy qu'a nos difts autres Confeillers & maiftres de nos comptes ordinaires de noftre dicte Chambre. Et par rapportant ces prefentes ou vidimus dicelles fait soubs scel Royal pour une fois avec les dictes cedulles de debentier signees & expedies comme dit est, & quittance dudict François le Bourfier sur ce souffisante tant seulement, nous voulons lesdicts gaiges manteaux & droicts, ou ce que payé et baillé luy en aura efté eftre alloue es comptes & raporte de la recette audit commis prefent & avenir par nosdits gens des Comptes auxquels nous mandons ainfy le faire 1476.

sans difficulté car ainſy nous plaiſt il eſtre fait. En teſmoing de ce nous avons
1476. fait mettre notre scel a ces dictes preſentes. Donné à Lyon sur le Rhoſne le dix neufvieme jour d'avril l'an mil quatre cent soixante-seize & de notre regne le quinzieme après Paſques. Ainsi signe par le Roy, Me Guillaume Picart général & autres preſents M. Picot & scellé & sur leſdictes lettres est ecrit : Preſtitit juramentum & receptus fuit ad Burellum in camera computorum domini nostri Regis Parisiis die decima quarta Junii anno Domini millesimo quadragentesimo septuagesimo sexto. Sic signatum. *J.Badouiller.*

(Arch. nat., Reg., p. 2300, fol. 139.)

Il est à remarquer que l'intérimaire Robert des Roches reçoit comme retraite la moitié de son traitement, alors que Reilhac, dont on connaît les états de service, est simplement révoqué sans la plus petite compensation.

En apprenant cette nouvelle, il semble que Reilhac n'ait pu résister à un mouvement d'irritation. En effet, malgré qu'il n'y ait pour lui aucune chance de succès, mais, tout au contraire, le danger de porter l'animosité de Louis XI à son comble, on le voit saisir la Cour des comptes d'une réclamation publique et faire un procès en usurpation de charge à ce François Boursier. Bien entendu, le Président, Jean de la Driesche, rejette sa demande et le condamne aux dépens (1).

Alors, et ceci peut démontrer combien dans l'affaire du héraul il se sentait innocent, il prend le parti d'aller trouver le Roi. Il fait entendre des plaintes amères. Louis XI le reçoit bien, fait l'étonné, déclare « qu'il a été mal adverty » (2) et lui promet de réparer cette injustice. Mais pour l'instant tout en reste là.

Cependant l'enquête du bailli de Montferrand terminée, le duc de Nemours a été envoyé à la Bastille et mis par ordre exprès du

1. Arch. nat., X1a 8317, fol 239
2. Arch. nat., X1a 8317, fol. 239

roi dans une cage de fer de quelques pieds carrés, d'où on ne devra jamais le laisser sortir, pas même pour l'interroger. 1476.

Le chancelier de France, Pierre d'Oriolles, est chargé de conduire cette affaire selon le désir de Louis XI et de continuer l'instruction du procès. — Le roi veut qu'on condamne Nemours comme coupable du crime de lèse-Majesté, c'est-à-dire de conspiration contre sa propre personne. Depuis longtemps déjà il a eu vaguement connaissance d'un complot qui aurait été tramé onze ans plus tôt, en 1465, durant la guerre du Bien Public; complot dans lequel auraient trempé alors les personnes les plus intimes de son entourage, entre autres le sire du Lau, dont la disgrâce a été due en partie à cette cause. Il sait maintenant que Nemours a été au courant de cette conspiration et veut qu'on obtienne de lui des aveux complets. Nemours, se sentant perdu devant cette persistance à vouloir le trouver coupable, cherche en vain à fléchir le cœur de Louis XI : « J'ai tant méfait envers vous et envers Dieu que je vois bien que je suis perdu, écrit-il, si votre miséricorde ne s'étend sur moi (1). » Le 18 décembre on procède à un nouvel interrogatoire, toujours « sur la matière de M. du Lau », c'est-à-dire sur la conjuration de 1465.

Or, voici maintenant encore le nom de Jean de Reilhac qui apparaît. Non seulement Reilhac, lui aussi, doit avoir été au courant, mais encore il se trouve maintenant que c'est dans la propre maison de son père, à Aigueperse, pendant les dix jours que le roi y a logé, en juin 1465 (2), que les conjurés ont tenu leurs principaux conciliabules. Et qui voit-on parmi les coaffidés dont Nemours révèle aujourd'hui les noms ? Le chancelier de France lui-même, qui préside en ce moment à son interrogatoire, Pierre d'Oriolles. Chose étrange, en effet, celui qui

1. Legeay, tome II, p 286.
2. V. page 196.

1476. est chargé de diriger ce procès au nom du roi comme accusateur, se trouve tout d'un coup le plus compromis de tous par les révélations qu'il provoque. Quant à Reilhac, c'est bien lui qui a amené les conjurés dans la chambre où était couché Nemours, dans la nuit qui suivit l'expédition avortée du roi contre Riom. Il était même tranquillement accoudé sur le pied du lit, pendant que ceux-ci agitaient les questions les plus brûlantes. — Était-il vraiment au courant de tout? Nemours ne l'affirme pas, mais il paraît difficile de supposer le contraire, puisqu'au moment où M. du Plessis, venant le demander de la part du roi, entr'ouvrit la porte, il aurait fait signe à Louis d'Harcourt et à Pierre d'Oriolles d'aller immédiatement se cacher dans une pièce voisine, où il serait ensuite lui-même venu les faire sortir après tout danger passé :

A la Bastille. — Du 18 décembre 1476.

Interrogatoire de Jacques d'Armagnac, duc de Nemours, sur le complot tramé à Aigueperse en juin 1465 pendant le séjour du roi chez Reilhac.

(Copie sur papier.)

Du mercredy de relevée 18e jour de décembre 1476 en la Bastille St Anthoine pardevant Mond. Sr. le Chancellier (1), Monsr de St-Pierre (2), Mons. le Vigeroy, etc.

. . . .

. . . .

Après ce a esté interrogué touchant de lad. matière de Monsieur de Lau dont aujourd'huy matin a parlé, sur quoy il a dit ainsy que autrefois a depposé que Lancelot de Haucourt devoit gagner Monsieur de Lau, et sur ce eut parolles avec Monsr le patriarche. . . . . .

Et dit que lors le Roy etant a Aigueperse durant la commotion du bien public et que led. qui parle etoit devers LE ROY LOGÉ CHEZ LE PÈRE DE Mre JEAN DE REILHAC, et Messire PIERRE DORIOLE a present chancellier qui lors n'estoit

1. *Pierre d'Oriolles*, chancelier depuis le 28 juin 1472. (V. p 129.)

2. *Jean Blosset*, seigneur de Saint-Pierre, qui etait avec le connétable de Saint-Pol, lorsque celui-ci fut arrêté l'année précédente.

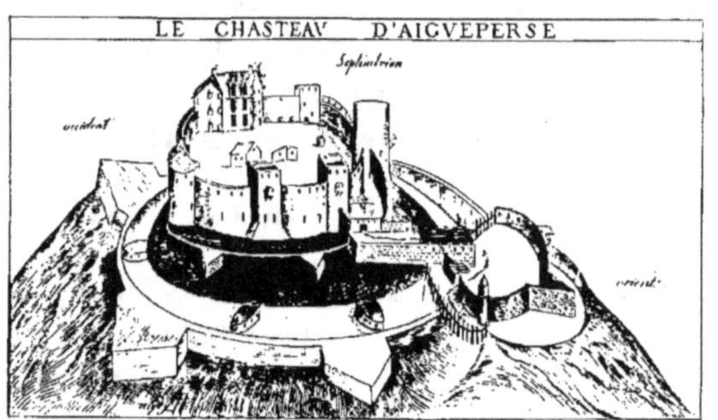

LE CHÂTEAU D'AIGUEPERSE EN AUVERGNE

(D'après un document conservé à la Bibl. Nat. Fr. 26365, fol. 97)

encore chancellier, monsieur le patriarche evesque de Bayeux (1) alloient un soir devers luy qui parle aud. lieu d'Aigueperse en sond. logis et parlèrent ensemble de la matière dud. Lancellot de Haucourt (2) ainsy que luy qui parle a autrefois depposé; auquel logis led. Maistre JEAN DE REILHAC les mena par devers luy qui parle et quand lui qui parle et lesd. patriarche et D'oriolle parloient ensemble, led. Maistre JEAN DE RIELHAC etoit dans la chambre acoudé sur le pied du lict, et y demeura jusques a ce que Monsr Du Plessis, maistre Jehan Bourré survint pour parler de par le Roy a luy qui parle; à la venüe duquel lesd. Chancellier et patriarche se retrahirent et mussèrent et dit luy qui parle qu'il luy semble que led. maistre JEAN DE REILHAC les emmena ou lieu où ils se mussèrent et quand ledit du Plessis s'en fut allé, led. Mons. le Chancellier et patriarche se retournèrent devers luy qui parle et parachevèrent de parler de la matière. et fut appointement fait entre eux que led. Lancellot de Haucourt parleroit encore à Mond. Sr de Lau, et qu'il le feroit parler à luy qui parle comme luy semble, et de ce se rapporte a ses deppositions que autrefois il a faites l'une pardevant Maistre Pierre Chevalier lieutenant du gouverneur d'Orléans, et l'autre devant M. Sohier lors juge de Tourraine ausquelles deppositions il se rapporte.

1476.

Reilhac etait dans la chambre accoudé sur le pied du lit.

Interrogué se depuis il parla aud. Mr de Lau. dit que oy.

Interrogué se entre luy et Monsr du Lau ne fut pas traitté de prendre la personne du Roy : dit que de la prinse du Roy jamais n'en fut parlé et aussy ne trouva oncques Monsr du Lau en volonté ne consentement de le faire, mais bien tendoient afin de entreprendre toute l'authorité et gouvernement entour le Roy, et etoit l'intencion dud. sieur de Lau de attirer monsieur du Mayne, luy qui parle et feu Mes[r] Jean d'Armignac, pour avoir la grand main et autorite et emprès du Roy, et sous eux led. Monsr du Lau demeurast en l'état qu'il etoit emprez de la personne du Roy et mons[r] le patriarche et eux eussent le maniement des matieres, et au regard dud. Monsr le Chancellier, ils le vouloient bien pour le maniement des finances et entendoient

1. *Louis d'Harcourt,* évêque de Bayeux et patriarche de Jerusalem Pendant la guerre du Bien Public, il prit ensuite ouvertement parti contre le roi et fit livrer le château de Rouen aux confédérés, abandonnant même ses bénéfices pour suivre le duc de Normandie· Louis XI ne voulut pas lui pardonner et il avait été ensuite excepté dans l'amnistie générale.

Il était fils de *Jean d'Harcourt, comte d'Aumale, et de Marguerite de Preuilly*. Nommé archevêque de Narbonne en 1459, président en la cour de l'Échiquier de Normandie, il fut successivement abbe de Lire, evêque de Bayeux en 1459, et *patriarche de Jerusalem* en 1460. Mort le 14 decembre 1479.

2. *Lancelot de Haucourt*, chevalier, avait epouse *Louise d'Estouteville*, fille du *grand maitre des Arbalétriers de France*. il était capitaine et bailli de Gisors en 1461. Cette famille de Haucourt s'est fondue dans celle de *de Mailly*.

1476. que led. Monsr de Nemours *qui parle* seroit plus souvent prez du Roy mond. Sr du Mayne aussi quand il y viendroit auroit la grand main, et au regard dud. Mre Jean d'Armignac ils luy bailleroient des charges sur les gens d'armes pour le fait de la guerre pour ce qu'il aimoit la guerre.

Interrogué si led. maistre JEAN DE REILHAC avoit quelque entendement esd. matières, dit qu'il sçait bien que led. maistre JEAN DE REILHAC envoya lesd. mons^{r} le Chancellier et patriarche, mais si led. patriarche et chancellier luy communiquèrent de la matière il n'en sçait riens ; mais au regard de luy qui parle il ne luy en communique riens.

(Bib. nat., Fr 5775, fol. 175.)

Veut-on savoir « la matière exacte de ce complot », on la trouve détaillée dans le passage suivant. Il s'agissait d'effrayer Louis XI et d'obtenir de lui, par la crainte, qu'il se soumît aux influences du duc de Nemours, des comtes du Maine et d'Armagnac. Chacun des plus importants seigneurs, tels que MM. de Charolais, de Saint-Pol, le maréchal de Lohéac, s'étaient à l'avance fait une part déterminée, et le chancelier Pierre d'Oriolles s'était réservé le maniement des finances, comme on vient de le voir :

Juin 1465 (1).

La matière du complot d'Aigueperse.

En ce temps comme le roy revenoit de Rion, il alla à *Aigueperse* là où le Patriarche vint une foys par nuyt au logis de Monseigneur de Nemours, que le roy avoit mandé venir par devers luy et remonstra comment les Bretons estoient desja sur les champs et les Bourguignons aussi, et que le royaulme estoit en dangier d'estre perdu et destruit : et puisque ainsi estoit que l'entreprinse et pourparlée de prandre le roy à Monlusson estoit rompue et n'avoit été exécutée, il convenoit de faire et penser autre chose. Et lui dit et declaira que eldit lieu de Monlusson, ou au chasteau en aculant ou sus les champs on prendroit bien

1. Extrait d'un article de M. Quicherat sur un manuscrit interpolé de la *Chronique scandaleuse* Classé dans le Fonds de Clairambaut, sous le n° 481.

1476.

aisement le Roy, et en l'espovantant et mettant en crainte des armées dessusditez, et en luy remonstrant les inconvéniens advenir, legèrement il se mettroit en la main de Monseigneur de Nemours, et auroit le gouvernement du roy; et par ce moyen et des saiges du royaulme, toutes les divisions seroient apaisées entre ledit. Patriarche et eulx fut parlé de la maniere de contenter lesditz seigneurs.

C'est assavoir que Monseigneur de Berry auroit son appanaige raisonnablement, et que le Roy donroit audit duc, sa vie durant, les droits dont il estoit question entre eulx; a Monseigneur de Charroloys argent pour la recompense; à Monseigneur de Dugnois seroient renduz ses gens d'armes et bonne pension et le gouvernement de la Duché de Normendie, et seroit chief du conseil; et monseigneur de SaintPol auroit le gouvernement du hault païs de Picardie avec bonne pension; à Monseigneur de Bourbon la charde (*sic*) Lyonnois jusques a Paris, ses gens d'armes et croissemens de pensions; à Monseigneur d'Armignac l'office de connestables de France; à Monseigneur de Lohiac (1) l'office de mareschal pour contente le Duc (2); que mondit seigneur de Nemours auroit le gouvernement et lieutenance de l'isle de France et cappitaine [rie] de Paris; et que on prendroit ung bon chancelier, si on veoit que celluy qui y estoit ne fust bon, deux evesques pour le conseil dont ledit Patriarche en seroit l'un, huit bons et notables maistres des requestes, ung correcteur de chancellerie, et douze notables chevaliers pour assister au conseil du Roy; et que toutes choses seroient bien conduites.

Charles de France.

Mr de Charolais.

Le comte de Dunois.

Le comte de Saint Pol

Mr de Bourbon.

Mr de Nemours.

Et en oultre dist ledit Patriarche à Monseigneur de Nemours qu'il parlast à Monseigneur du Lau et qu'il le trouveroit prest a entendre ausditez matieres; ce que ledit de Nemours fit, et confera de ceste matière audit du Lau par plusieurs fois et en plusieurs lieux, et le trouva prest d'y entendre; et conclurent lesditz de Nemours, Patriarche et du Lau, d'executer laditte matière, mais ce seroit en telle façon qu'ils auroient l'auctorité et gouvernement par la plus doulce voye qu'ilz pourroient. Mais ilz ne parfirent point laditte execution pour ce que le Roy s'en partit hastivement et s'en alla au long de la rivière de Loyre. Et furent lesdittes parolles tenues *tant en la Chambre du roy à Aigueperse* que ailleurs; et touchant ceste matiere qui estoit de grant importance n'en fut par ledit du Lau parlé si clèrement qu'il fut à la fin deliberé d'executer laditte forme de faire.....

Ces propos furent tenus a Aigueperse dans la chambre du Roi.

1. *André de Laval*, seigneur de Loheac et de Rais, conseiller et chambellan du roi, maréchal de France, mort le 29 décembre 1485.

2. Il s'agit ici du duc de Bretagne.

M. Quicherat attribue a ce complot la *disgrâce du sire du Lau* qui etait alors en grande faveur aupres de Louis XI « et couchoit ledit Du Lau avec le Roy », dit cette même chronique. (V. p. 111.)

Et est a noter que ceulx qui se meslèrent de ceste matiere, les aucuns en mou-
1476. rurent confez et repentans; et avoit le Patriarche mal retenu ung proverbe qui se dit en basque qui s'ensuit : « *Reguea contragarue ereua* », c'est à dire qui se rebelle contre le roy est fol..... »

(Bib. de l'Ec. des Ch., 4e série, vol. I, p. 412-417.)

Cette conjuration d'Aigueperse, tramée ainsi dans la propre maison de Reilhac, ne visait donc nullement la vie ni même la liberté du roi. Ce devait être simplement une sorte de coup d'État, ayant pour objectif de faire prévaloir certaines influences dans la conduite des affaires publiques.

Eu égard à l'esprit du temps, où chacun trahissait à plaisir, où les serments les plus sacrés étaient violés chaque jour, il était assurément étrange de revenir ainsi sur des événements d'une importance aussi relative, déjà vieux de onze ans, et d'y chercher aujourd'hui matière à de vindicatives représailles.

Dans la suite de cet interrogatoire, c'est maintenant Reilhac qui seul reste visé. C'est sur la conduite de Reilhac durant la guerre du Bien Public qu'on veut faire parler Nemours. A-t-il sincèrement servi le roi dans les missions qu'on lui a confiées? N'avait-il pas conservé un attachement secret pour M. de Bourbon? Quelle a été sa conduite à Riom en face du comte d'Armagnac, du duc de Bourbon et du sire d'Albret? Pourquoi, après avoir été tout d'abord emprisonné avec fracas aussitôt son entrée dans la ville, a-t-il été si légèrement délivré ensuite par le duc de Nemours lui-même :

A la Bastille. — Du 18 décembre 1476.

Suite de l'interrogatoire du duc de Nemours.

Dit plus qu'il croit bien que led. maistre JEAN DE REILHAC avoit entendement avecques Monsr de Bourbon, car icelluy maistre JEAN DE REILHAC *luy dit plusieurs fois qu'il estoit au Roy, mais toutefois qu'il vouloit servir Mons*[r] *de Bourbon, et tout ce qu'il pourroit faire qu'il le feroit*, et croit luy qui parle qu'il advertissoit monsieur de Bourbon de tout ce qu'il sçavoit, et la cause qui le meut de le croire se est par les manières que tint led. maistre JEAN DE REILHAC quand il fut present à Rion, car il se alla descouvrir a des gens de la ville de tout ce qu'il avoit à faire, lesquels gens de la ville le dirent aud. feu Mre Jean d'Armignac et a Monsr *Le Grand Maistre* qui a present est; et ne sçait luy qui parle se led. maistre DE REILHAC en dit rien à Mons. d'Archambault de la Roque (1). mais bien dit luy qui parle de Monsr de Lanjhac luy dit que led. DE REILHAC luy avoit dit toute la charge qu'il avoit pour le Roy. et réduire ceux de la ville de Rion. et de praticquer avec ses amis de mettre lad. ville en l'obeissance du Roy; et dit outre led. de Lanjhac (2) à luy qui parle a Mr Jean d'Armignac a feu Mr Dalbret (3) eux etant ensemble que led. DE REILHAC ne luy avoit pas fait en sa charge tout le pis qu'il avoit pu.

1476.

Il voulait servir Mr de Bourbon.

Interrogué si led. de Lanjhac dit à luy qui parle que led. DE REILHAC luy eut dit qu'il n'y avoit pas fait tout le pis qu'il avoit pu, dit luy qui parle que led. de Lanjhac ne luy en parla point, et est bien a croire que se led DE REILHAC y eut fait chose qui leur eut esté préjudiciable ils ne l'eussent pas si legièrement delivré qu'ilz firent au moyen de luy qui parle veu que luy qui parle n'avoit pas la plus grande puissance de lad. ville.

Interrogué qui sont ceux de lad. ville ausquels led. DE REILHAC descouvrit lad. charge qu'il avoit en lad. matière, dit qu'il ne sçauroit les nommer. car il n'y en reconnoist pas un.

(Bib. nat., Fr. 5775, fol. 175).

Ici finit l'interrogatoire du 18 décembre 1476. La fin de cette déclaration semble indiquer qu'on avait encore fait venir tout exprès

1. *Antoine II, dit Archambaud de la Roque*, chevalier seig[r] de Senezergues. chambellan de Jean II duc de Bourbonnais et d'Auvergne, bailli ducal de Salers, avait épousé le 3 avril 1473 *Anne de Lescure*.

2. Ce *Langeac* qualifie capitaine de Riom, devait être un des fils de *Jean I*[er] *seigneur de Langeac et de Brassac*, sénéchal d'Auvergne et de Beaucaire, chambellan de Charles VII, qui fut present au mariage de *Louis de Bourbon, comte de Montpensier*, avec *Jeanne Dauphine d'Auvergne* en 1426; sans doute c'était l'ainé, *Jacques sire de Langeac*, lequel avait succedé à son pere comme senéchal d'Auvergne et chambellan du roi. Il épousa *Marie de Clermont*, alliance qui le rendit beau-frère de *Ferdinand d'Aragon*, plus tard roi de Naples.

3. *Charles 2*[e] *du nom, sire d'Albret, comte de Dreux*, mort en 1471 mari d'Anne d'Armagnac, tante de Jacques, duc de Nemours.

Il était l'arriere grand-pere de Jeanne d'Albret qui epousa Antoine de Bourbon.

1476. des habitants de Riom afin d'y trouver matière à nouvelles charges contre Reilhac, mais que cet espoir avait été déçu.

D'avance Nemours était condamné. Piqué par les révélations qui s'attaquaient à sa propre personne, le chancelier Pierre d'Oriolles pressa le procès.

En vain, le 31 janvier, il écrit au roi une lettre datée de « la cage de la Bastille », où il résume ses révélations et signe : « Le pauvre Jacques » (1). Louis XI, inexorable, avait voulu sa mort. Le 4 août 1477, il fut exécuté sur la place des Halles. Brantôme raconte que, par un raffinement de cruauté qui fait peine à dire, le roi exigea que les enfants du duc fussent amenés sous l'échafaud, « vestus de blanc, testes nues et mains joinctes », après leur avoir préalablement fait arracher les dents. Toutefois ce fait odieux n'a pas été depuis lors confirmé, et il semble juste d'ajouter que la plupart des auteurs modernes ont contredit cette version.

1. Legeay, tome II, page 285.

XVII

1477-1482

SOMMAIRE

Nouvelle réconciliation avec le roi — Fabrication de boulets de fer pour l'artillerie. — Séjour aux forges de Creil — Nouveau procès contre l'évêque de Paris pour la juridiction de la Queue-en-Brie. — Homicide de Créteil — Procès contre Clément de Reilhac, évêque de Saint-Papoul. — Le bénéfice de Saint-Quentin en Limousin. — Issue douteuse de cette affaire.

RESQUE tous les complices de 1465, dont les noms ont été révélés tout à l'heure, avaient disparu depuis 1477.
longtemps. Le sire du Lau jeté en prison s'était échappé. Louis d'Harcourt avait fui, au moment du traité de Conflans, abandonnant ses bénéfices (1). Restaient Pierre d'Oriolles, actuellement chancelier de France, et Reilhac. La situation bizarre du chancelier fut peut-être ce qui sauva Reilhac. En effet, le roi, embarrassé, pouvait-il sévir maintenant contre l'homme auquel il avait demandé le service de faire condamner Nemours, et pouvait-on, d'autre part, se montrer plus rigoureux pour Reilhac que pour le

(1) Voir page 307.

1480. chancelier lui-même, bien autrement compromis que lui par toutes ces révélations? Quoi qu'il en soit, Louis XI, forcé cette fois d'oublier ce qu'il venait d'apprendre, semble même avoir voulu mettre définitivement de côté toutes ces vieilles rancunes, puisque selon Jean de Troyes, quelques mois ensuite, voulant augmenter son artillerie, il fait redemander Reilhac, et, à l'étonnement général, ce dernier réapparaît encore une fois, chargé maintenant d'inspecter la fabrication de six grosses bombardes et de « boules de fer » que le roi avait commandées à des forges sises dans les bois, près de Creil (1).

Puis c'est tout. Après cela Reilhac disparaît totalement de la vie publique, jusqu'à la mort de Louis XI; employant ces trois années de loisirs à soutenir de nouveaux et perpétuels procès contre le Chapitre et l'Évêque de Paris, toujours pour la haute justice sur certaines paroisses dépendant de la Queue-en-Brie. Cette fois, c'est un homme de Bonneuil-sur-Marne, nommé Pierre Leroy, qui a commis un meurtre près de Créteil. Cet homme, appréhendé par le Chapitre de Paris, est réclamé, pour être pendu, par le prévôt de la Queue-en-Brie, officier qui exerce la justice au nom de Reilhac :

Parlement de Paris. — Du 5 mai 1480.

Litige entre Jean de Reilhac et le Chapitre de Paris pour la haute justice de Créteil et de Bonneuil-sur-Marne.

« Luiller, pour la cause d'appel de Reilhac, dit qu'il eſt seigneur chastellain de la Queue-en-Brie, en laquelle il a plusieurs beaulx droitz, haulte justice, moyenne et basse, et tout ce qui en deppend; aussi eſt seigneur en partiel de Sucy; laquelle s'extend au lieu de Cretueil & Bonneil; laquelle juſtice il fait exercer par *ses maire, prevost et autres officiers;* aussi y a ressort de Cretueil et Bonneil, et de toutes les justices subjectes à sa haulte jusſtice par devant

1. « Et durant le dit temps fist faire très grande quantité de boules de fer ès forges estans ès bois pres de Creil, dont il bailla la charge à Mre *Jean de Reilhac.* » (Chron. de Jean de Troyes. — Ephémérides de décembre 1477.)

son prevost de ladicte Queue, dont il a joy de tout temps. Dit que nagueres Pierre le Roy, son hoste & justiciable, laboureur, demourant à Bonneil, a tué & occis ung nommé Courtault entre Cretueil & Melly, en la haulte justice de la Queue. De ce adverti le maire de Bonneil par le maire de Cretueil & autres officiers pour l'appellant firent deligence de prendre le cremineux, lequel ilz suivirent jusques à Sussy, où il fut arresté par deux laboureurs; et combien que les intimez n'ayent justice audict Bonneil, & que ledict le Roy soit hoste & justiciable dudict appellant, & que le cas ayt esté fait et commis en sa haulte justice, lesdicts laboureurs icelluy delinquant menèrent aux officiers desdictz intimez. De ce adverti l'appellant s'est tiré par devers leur chambrier lay, auquel il a requis ledict delinquant luy estre rendu, et offert informer de sa haulte justice, & qu'il estoit son hoste & justiciable, qui reffusa lui rendre, & du reffuz a appellé ceans & relevé. Si conclut qu'il a esté mal fait, denyé & reffusé, & bien appellé par luy, offre prouver, & demande despens, dommaiges et interestz.

1480.

« Vaudetar pour les intimez deffend & dit que l'Eglise de Paris a plusieurs belles terres et seigneuries tant de fondacion que augmentacion, & entre autres d'ancienne fondacion de Cretueil et Sucy en Brie, esquelz lieux ilz ont toute haulte justice, moyenne & basse & nul autre que eulx, et ressortissant ceans par appel sans moyen. Dit que ung nommé le Roy a eu noise et debat a ung quidam, lequel il a occis et conmist le cas a Cretueil, en leur haulte justice, qui fut prins par les officiers desdictz intimez, et amené a la barre dudict chappitre pour luy faire son procès. Mais, ne scet qui a meu, l'appellant a voulu avoir le delinquant, lequel il a requis au chambrier lay desdictz intimez; auquel fut dit qu'il avoit conmis le cas en la justice des intimez, et sans ce que lui ayt reffusé à appellé (*sic*). Si dit qu'il n'est recevable comme appellant car lesdicts intimez ont haulte justice a Cretueil, en laquelle le delict a esté fait & commis & esté poursuivy le cremineux par leurs officiers. Par quoy la detencion & pugnicion leur en appartient. A ce que l'appellant a haulte justice & est chastellain de la Queue, dit qu'il n'en scet riens, & le luy nye; a ce qu'il a ung fief à Bonneil dependant de la Queue, dit qu'il s'en rapporte à ce qui en est s'il y a fief audict Bonneil, mais ne s'en suit que par ce il ayt justice: car aussi n'en y a il point, & oncques n'en joyt. A ce que le lieu où a esté conmis le cas est en sa justice, dit qu'il n'est pas vray, & a esté prins par les officiers de l'appellant *in flagranti delicto* & en leur haulte justice. A ce qu'on luy a reffusé bailler le delinquant, dit que se avoit esté à bonne cause. Si conclut que l'appellant ne fait à recevoir, *alias* mal appellé, offre prouver, nye et demande despens.

1480. « Gavay pour le procureur du Roy dit que en la plaidoirie des parties a troys choses : *Primo de crimine omicidii, quod est de majoribus criminibus*; 2° du lieu où il a efté commis; 3° une maxime que meƈt en avant Reilhac appellant, dont la consequence ne vault riens : car s'il eft seigneur chaftellain, non pourtant n'a il pas haulte juftice en tous lieux mouvans de ladite chaftellenie; car de ce qui en seroit hors d'icelle chaftellenie fauldroit qu'il monstrast sa haulte juftice; & dit oultre que il est queftion de murdre, qui eft *de majoribus criminibus*. Requiert, si la matière prend delay, que juftice soit faiƈte du cremineux par la court par main souveraine, sans préjudice des droitz des parties.

« Luillier repplicque & dit qu'il a efté grevé, car en sa terre & juftice a efté commis le deliƈt par son hofte & justiciable, & poursuivy le cremineux; par ce luy devoit eftre rendu tant *racione persone quam etiam racione loci*. A ce que les intimez ont haulte juftice à Sucy, dit qu'il ne se trouvera point, & en la plus-part de Sucy s'extend la juftice de la Queue. A ce qu'ilz ont haulte juftice à Cretueil, & que le deliƈt y a efté commis, dit que s'ilz y ont juftice, il ne scet qu'il en eft; mais quoy que soit le lieu où a efté commis le deliƈt, eft en sa haulte juftice, fait par son hofte & jufticiable; & supposé que le lieu feust en la terre de Cretueil, si esse (*sic*) en la part & porcion du fief de l'Oftel Dieu, lequel eft assis ès fins & meƈtes de sadiƈte chaftellenie & haulte juftice, tenu de luy, à ce que à bonne cause on luy denye le cremineux. Dit que sans cause luy a efté denyé; car supposé que le lieu où le deliƈt a efté commis feuft en leur haulte juftice, que non toutes voyes, aƈtendu que le delinquant eft son hofte & jufticiable, il luy doit eftre rendu; & conclut comme dessus.

« Vaudetar pour les dupplicques des intimez dit qu'il eft bien fondé; car ausdiƈtz intimez d'ancienne fondacion appartiennent lesdiƈtes terres & seigneuries de Sucy et Cretueil, où ilz ont toute haulte juftice, & non autre. Ont aussy previlleige que tous delinquans prins en leursdiƈtes terres ilz pevent pugnir sans que nul autre y ait que congnoistre. A ce que la haulte juftice de l'appellant s'extend à Cretueil, dit que *nihil est*. A ce que à Cretueil y a ung fief tenu de ladiƈte Queue es fins & meƈtes d'icelle, dit qu'il n'en scet riens; & conclut comme dessus.

« Appoincté eft à meƈtre par devers la court & au conseil, & fera la court le proces au cremineux par main souveraine sans prejudice des droitz des parties. »

Arch. nat., X2a 44 folio non marqué dans la seconde moitié du volume.

1482.

En même temps, il entreprend une instance pour la revendication des terres et bénéfices patrimoniaux sis en Limousin dont la maison de Brilhac, alors toute-puissante, cherchait à le dépouiller. Il soutient en 1482 un long procès contre Clément de Brilhac, alors évêque de Saint-Papoul (1), à propos de la cure de Saint-Quentin (2) bénéfice auquel ce dernier prétendait avoir le droit de nommer.

Le 16 juillet, parut un ordre au premier huissier du Parlement de citer devant la Cour, à la requête de Jean de Reilhac, Jean Dortoys, curé de Saint-Quentin; Colin, serviteur de Clément de Brilhac; l'évêque lui-même et son frère Robert de Brilhac, chevalier, sur l'inculpation des crimes d'excès et rébellion :

Parlement de Paris. — Du 16 juillet 1482.

Citation délivrée sur la requête de Jean de Reilhac à l'Evêque de Saint-Papoul, à Robert de Brilhac, chevalier, et à divers.

(Reg. du Parlement sur parch.)

« Ludovicus, etc. Primo Parlamenti nostri hostiario, etc. Visis per noſtram Parlamenti curiam certis informacionibus factis ad requestam dilecti nostri JOHANNIS DE REILHAC, curati parrochialis ecclesie Sancti Quantini de et super quibusdam excessibus actemptatis et rebellionibus per dictum, curatum *Johanne Dortoys* (*sic*) cuidam vocato *Colino*, servitori episcopi Sancti Papuli *Johanni Dauge* dictoque episcopo Sancti Papuli, *Roberto de Brilhac* militi, dicti episcopi fratris, es *Merigoto Lebastard* impositis, ac consideratis in hac parte considerandis, tibi ex ipsius curie nostre ordinacione et ad procuratoris nostri generalis et dicti magistri Johannis de Reilhac requestam, tenore presentium commictimus et mandamus quatinus prefatos Johannem Dartoys (*sic*) Colinum dicti episcopi [Sancti] Papuli servitorem et Johannem Daugue (*sic*) personaliter, sub pena quod de

Autorisation d'ajourner devant le Parlement l'Evêque de Saint-Papoul et son frère, Robert de Brilhac, chevalier.

1. *Clement de Brilhac*, évêque de *Saint-Papoul*, paraît être le meme que celui qui fut ensuite évêque de *Tulle* et assista en 1510 à l'élection du Prévôt de Saint-Junien, Jean de Reilhac (v p. 275). Il était oncle de *Renée de Brilhac*, mariee à *Bertrand de Reuillac, vicomte de Merinville*. (V p. 282.)

2. *Saint-Quentin*, gros village du Limousin, sis pres de l'abbaye de *Lesterps*, dont le benefice appartenait aux seigneurs de Brigueil (v. p 276) La paroisse de Saint-Quentin a eté réunie a celle de Lesterps au momen du Concordat.

1483. dictis excessibus actemptatis et rebellionibus pro convictis et superatis habeantur et reputentur, ac jamdictos episcopum Sancti Papuli, Robertum de Brilhac ejus fratrem et Merigotum Bastard simpliciter adjornes ad certam et competentem diem ordinariam vel extraordinariam nostri presentis parlamenti, si comode fieri possit, vel nostri proximo futuri parlamenti, non obstante quod non existant in dicta curia nostra, comparituros, predicto procuratori nostro ad omnes fines quos eligere voluerit, et dicto magistro Johanni de Reilhac ad finem similem dumtaxat super dictis excessibus actemptatis et rebellionibus suisque circumstanciis et deppendenciis responsuros, ac ulterius processuros et facturos prout fuerit racionis. de adjornamento hujusmodi eandem curiam nostram decite certificando. Ab omnibus vero justiciaris et subditis nostris tibi in hac parte pareri volumus efficaciter et jubemus. Datum Parisius in Parlamento nostro, die decima sexta Julii, anno Domini millesimo cccc^{mo} octuagesimo secundo, et regni nostri vicesimo primo ».

Ce procès, très long, souleva divers incidents. Il y eut une commission envoyée par le Parlement de Paris et un rapport déposé.

Mais par une dérogation spéciale à la loi, Clément de Brilhac obtint, le 23 août 1483, que malgré la forclusion encourue contre lui, il lui fût permis de produire de nouvelles pièces et de recommencer le procès :

Parlement de Paris. — Du 23 avril 1483.

Décision autorisant l'évêque de Saint-Papoul défendeur, a produire de nouvelles pieces au procès malgré la forclusion encourue contre lui.

Sur la requeste baillee a la Court par Messire Clemens de Brillac Evesque de Saint Papoul le XXIe jour de ce present moys par laquelle il requerroit estre receu a mectre sa production pardevers laditte court en certain proces de provision pendant en icelle entre Maistre JEHAN DE REILHAC demandeur dune part & ledit de Brilhac defendeur dautre part & que luy feust reserve de povoir produire & mectre dedans sondit sac & production dedans IIII ou cinq jours deux pieces de lettres quil avoit envoiees querir au pays moyennant les forclusions obtenues en ceste partie par ledit DE REILHAC veue par la court laditte Requeste ensemble la production dudit de Brilhac & oy le rapport du commissaire commis par laditte court a parler ausdittes parties. Et tout consideré.

1483.

Délai de quatre jours accordé à l'Évêque.

Il sera dit que la court a receu & reçoit laditte production dudit de Brilhac & lui reserve icelle court de povoir produire & mectre en sondit sac & production dedans quatre jours pour toutes prefixions & delaiz & sans plus y retourner sur peine de lamende desdictes deux pieces de lettres quil requiert estre receu a produire & ce nonobstant lesdictes forclosions obtenues par ledit de Reilhac les despens de ceste instance reservez en definitive (*en marge est écrit*). Dit aux parties le XXIIIe avril mil cccc IIII[xx] & troys.

(A., X1A, 1490, fol. 287.)

En dépit de la faveur dont jouissait alors son adversaire, Reilhac paraît avoir finalement obtenu satisfaction par un arrêt du 15 mai 1483, arrêt dont il a été impossible jusqu'ici de retrouver le texte, et que l'Évêque de Saint-Papoul chercha inutilement à attaquer ensuite :

Du 19 juin 1483.

Décision refusant à l'Evêque de Saint-Papoul d'attaquer l'arrêt rendu le 15 mai 1483 au profit de Jean de Reilhac.

Entre Maistre Clemens de Brilhac, Evesque de Saint Papoul demandeur & requerant lenterinement de certaines Requestes par luy baillees a la court & en ce faisant que certain examen affuteur & information produiz par Maistre JEHAN DE RILHAC sa partie adverse, & que il emploie pour son inventoire au proces pendant en laditte court entre icelles parties en matiere d'excès & de spoliacion pour raison & a cause de la cure de Saint Quentin ou diocese de Limoges selon larrest ou appoinctement de laditte court donne entre lesdittes parties le XVe jour de may derrenier passe dune part & icelluy Maistre JEHAN DE RILHAC defendeur a lenterinement desdictes Requetes dautre part & veues par la court lesdittes requestes le dit arest ou appoinctement du XVe jour de may derrenier passé advertissement des parties & tout ce quelles ont baillee & produit pardevant certain commissaire par laditte court commis pour parler auxdittes parties. Oy le Rapport dicelluy commissaire.

1483. Il sera dit que ausdittes Requeftes ne sera aucunement obtempere mais de leffect dicelles laditte court la forclost & deboute, & si le condemne es despens de cefte inftance la tauxion diceulx reserve pardevers elle.

(A., X[1a], 1490, fol 318.)

C'est le dernier acte connu de ce procès qui paraît se terminer en faveur de Reilhac.

Cependant, comme dans la succession laissée par lui on ne voit figurer aucun des bénéfices revendiqués ici, il paraît peu probable que, pour une cause ou pour une autre, il ait, malgré cela, jamais pu en reprendre la possession effective.

XVIII

ANNÉES 1483-1488

SOMMAIRE

Mort de Louis XI. — Reilhac réintégré maître des comptes extraordinaires (24 oct. 1483). — Réaction contre le régime précédent. — Procès en usurpation de charge contre François Boursier. — Ingratitude de Louis XI. — Énumération des services rendus. — Affaire du chapitre de Meaux. — La seigneurie de Ferrières-en-Brie. — Procès contre Martin de Bellefaye. — Arrêt du Parlement. — Voyage en Bretagne (1487). — Lettres de la Trémoille à Charles VIII. — Reprise du procès devant le Conseil. — Réclamations concernant différentes lettres.

E samedi 30 août 1483 mourut Louis XI, et le 24 octobre suivant, par une ordonnance datée de Blois (1), Reilhac fut réinstallé maître des comptes avec Martin Le Picart (2), Eustache de Sansac (3) et Antoine de Pompadour (4). 1483.

1. *Hist. de Paris*, par Félibien, 1725, t. III, p. 310-312. — Preuves tirées des registres de la Chambre des comptes pour l'année 1483.

2. *Martin II Le Picart*, seigneur de la Grange-Nevelon, fils de *Martin I* et de *Jeanne de Marle*, petit-fils du chancelier de France assassiné en 1418. Il avait été reçu maître extraordinaire dès le 5 octobre 1454, charge qu'il exerça jusqu'à sa mort arrivée le 4 septembre 1496. Il portait d'azur au lion d'or. (V. p. 251, note sur la maison *Le Picart*, descendue de Jean le Picart, chevalier poitevin, nommé *grand Maître des Arbalétriers de France* en l'an 1298.

3. *Eustache de Sansac* était clerc de la Chambre des comptes depuis le 30 septembre 1469 et mourut en février 1499.

4. *Antoine de Pompadour*, baron de Laurière, de Treignac, de Bret, maître de l'hôtel du Roi; il était le neveu de Geoffroi de Pompadour, premier président de la Chambre des comptes, évêque d'Angoulême et de Périgueux, et appartenait à la grande famille de ce nom en Limousin.

1483. Son traitement paraît avoir été prélevé alors sur le produit du grenier à sel de Verneuil (1).

Comme il arrive chaque fois à la disparition d'un prince redouté, un mouvement de réaction violente et subite se produit alors. Les favoris dont le roi aimait à s'entourer durant les dernières années de sa vie, en butte à la haine de ceux dont ils avaient pris la place, tombent maintenant à leur tour. Plusieurs expient même cruellement leur fortune passagère.

Quant à Reilhac, à peine réintégré dans son ancienne charge, il se rend aussitôt à la Chancellerie, obtient, par une faveur assez singulière, que l'arrêt de la Cour des comptes, rendu contre lui huit ans plus tôt, soit considéré, par exception, comme nul et non avenu. puis traduit aussitôt devant le Parlement celui au profit duquel Louis XI l'a dépouillé. Il veut lui faire rendre tous les émoluments qu'il a pu toucher, et le faire condamner en outre aux dommages et intérêts comme ayant « usurpé » sans le moindre titre une charge à laquelle lui seul avait droit, dit-il.

L'affaire vient le 20 février. Reilhac se fait représenter par Robert Piédefer. Il rappelle ses longs et anciens services auprès de Charles VII, dans l'intimité duquel il a vécu dès le début de sa

1. Du 8 août 1487.

Versement du grenetier a sel de Verneuil a Robert Cailletel, huissier comptable de la Chambre des Comptes, pour partie des émoluments dus à Reilhac.

(Orig. sur parchemin.)

« Je Robert Cailletel commis de Marc Cename huissier de la Chambre des comptes et commis a la recepte et paiement des gaiges et droiz de Mesrs desd comptes, confesse avoir eu et receu de Guillaume Berthin grenetier de Vernueil la somme de quarente livres tournois emploiée ou compte dud. grenetier de lannée finie aud. dernier jour de decembre mil cccc IIIIxx trois cloz le XVIIIe jour daoust m cccc IIIIxx sept et a moy ordonnee pour convertir et emploier au paiement de partie des gaiges de Maistre JEHAN DE REILHAC conseiller et maistre desd. comptes de lannee finie m cccc IIIIxx six de laquelle somme de XL lt. je me tiens pour content et en quicte ledit grenetier et tous autres. Tesmoing mon seing manuel cy mis le huitiesme jour daoust ou dit an m cccc IIIIxx sept.

« CAILLETEL. »

(Bib. nat., piec. orig. Reilh., 2456, n° 16.)

carrière, il y a plus de trente ans; les promesses à lui faites par Louis XI, à son avènement, les ambassades et lointains voyages entrepris pour ce dernier prince, les dispendieux séjours qu'il a faits pour le roi à l'étranger, obligé de débourser sur sa fortune personnelle, parce qu'il ne recevait qu'un traitement insuffisant; le don qu'il a reçu de sa charge, en 1466, «en récompense de ses services»; la façon brutale et humiliante dont il en a été dépouillé, au bénéfice d'un homme d'extraction inférieure; l'intention que le roi lui a manifestée ensuite de l'indemniser, sans jamais cependant le faire. Mais il est à remarquer qu'il se tait sur les incidents soulevés par le procès du duc de Nemours, cause véritable de sa révocation. De plus, signe caractéristique de la terreur inspirée par Louis XI à la fin de son règne, il ajoute naïvement : « Et n'a icelui appelant osé en faire poursuite jusque après le trespas du feu Roy ». 1483.

Parlement de Paris. — Du vendredi 20 février 1483.

Jehan de Reilhac contre François Boursier. Procès en usurpation de charge.

(Reg. sur parchemin.)

« Entre maiftre JEHAN DE RILLAC, app[ell]ant de messire Jehan de la Drisque (1), naguères president des comptes & aussi des gens desd[itz] comptes, d'une part, & François Boursier, intimé d'autre part.

« Piédefer (2) pour ledit appelant dit que ledit appellant fut longtemps serviteur du roy Charles VII[e], & aussi du feu Roy, ET Y A TRENTE ANS QUE LE ROY CHARLES LE FIST SON SECRETAIRE, & joist dudit office jusques au trespas dudit feu Roy Charles, depuis lequel trespas le feu Roy le recueillit, lui dist qu'il se serviroit de luy, & après son advènement à la couronne lui fist faire plusieurs loingtains voiages, *mesmement l'envoia a Romme, en Espaigne, a Millan et a Bruges en Flandres vers le duc de Bourgongne, et fraya moult du sien esd[itz] voiages*, combien qu'il eust peu de bien du Roy. Or après ce qu'il eut longtemps servy messire

30 ans de services.

Ambassades a l'étranger.

1. *Jean de la Driesche* ou *de la Drisque*, le même qu'on a déja rencontré dans une mission en Savoie avec Reilhac au mois de juillet 1466 (p. 231). Il fut successivement trésorier de France et Président de la Chambre des Comptes après Antoine de Beauvau.

2. *Robert Piédefer*, conseiller et avocat du roi, mort le 28 mai 1500. Il avait épousé *Perrette Bracque*.

1484. Jehan de Bar, lors maiftre des comptes, resigna ledit office de maiftre des comptes au prouffit dudit appelant, qui l'accepta & en eut don du Roy, au moien duquel fut receu par les gens des comptes, & en a depuis joy XI ans paisiblement (1), sans avoir efté inquiété, & jusques ad ce que ledit intimé a entreprins sur lui, & ne le voult blasmer, mais a l'eure de l'entreprinse faiɛte par ledit Boursier il eftoit merchant demourant a Lyon, croit bien qu'il fut suscité par aucuns de faire ladite entreprinse, & demanda ledit office au Roy, en obtint don, qu'il presenta a La Drisque, & luy requist que l'inftituast & mist en possession dudit office; a quoy s'opposa l'appelant & remonftra son droit, sa joissance, & qu'il eftoit possesseur de bonne foy, & aussi qu'il lavoit eu EN RECOMPENSE DES SERVICES QU'IL AVOIT FAIT, ne le voult La Drisque recevoir a opposicion, dont il appella & protefta des attemptaz: depuis le Roy, adverty q[ue] avoit baille audit Boursier l'office dudit appellant, lui promist rebailler ledit office, *et dist quil avoit efté mal adverti*; or partie a depuis prins les gaiges dudit office, & detient encores de present ledit office, & N'A ICELUI APPELLANT OSÉ EN FAIRE POURSUITE JUSQUES APRÈS LE TRESPAS DU FEU ROY, qu'il s'est tiré a la chancellerie, & *a obtenu son relièvement en cas dappel, par lequel a esté relevé du laps de temps encouru*, & a fait intimer ledit Boursier. Si conclud pour ledit appellant qu'il a efté mal fait, procédé & refusé par ledit de La Drisque & gens des comptes, & bien appellé par l'appellant & requiert que partie soit condamnée *a reftituer tous les gaiges dudit office depuis l'empeschement a lui donné* par icelui intimé, & par provision en implorant l'office de la court qu'il soit réintégré.

Craintes de la colere de Louis XI.

« Appoinɛté est meɛtre par devers la court & au conseil sur tout, & bailleront les parties le residu de leur plaid[oieries] par escript de trois jours en trois jours selon l'ordonnance autreffois faicte, & sans contrediɛtz sur la provision. »

(Arch. nat., X1a 8317, fol. 239.)

On ignore la fin de cette curieuse revendication. Les registres du parlement étant muets à cet égard, il est vraisemblable qu'elle dut s'arranger à l'amiable.

Le 17 décembre 1485, Reilhac présente à la Chambre des comptes et recommande une supplique du chapitre de Meaux

1. De 1465 à 1476.

1485.

ayant pour but le rétablissement du cierge dit « de la comtesse de Champagne ».

D'après un legs très ancien, fait au chapitre de Meaux par la comtesse Marie de Champagne, veuve du comte Thibaut, un cierge devait brûler perpétuellement devant le Saint-Sacrement aux frais du roi. Cette disposition toujours observée depuis la réunion de la Brie et de la Champagne à la France, et consacrée de nouveau par un arrêt du 12 décembre 1397, se trouvait maintenant combattue par le receveur du bailliage, lequel refusait les fonds pour y subvenir :

Du 7 septembre 1485.

Supplique du chapitre de Meaux pour demander le rétablissement du cierge dit « de la Comtesse de Champagne ».

(Copie sur papier.)

A nos Seigneurs des Comptes,

Ce legs date de la fondation de l'eglise de Meaux.

Supplient humblement les doyen & chapitre de l'Eglife de Meaux, comme des la première fondation de la dite Eglife de Meaux, feue noble dame de bonne mémoire la *Comteffe de Champaigne* qui lors étoit, que Dieu abfoille, meue de dévotion euft ordonné que un cierge de cire ardroit perpetuellement de jour & de nuit devant le *précieux corps Jésus-Christ* en la dite Eglife de Meaux après le trepaffement de ladite dame, a prendre le dit cierge sur la recepte de Meaux lequel cierge y a toujours été entretenu jufques ce puis trois ou quatre mois en ça, que le receveur de la dite recepte de ce requis a esté *refusant de le fournir*, que les chofes confiderees, & que le dit *cierge est pour l'honneur* de Dieu & de Sainte Eglife seulement sans aucun prouffit des dits suppliants, auffi que les Comtés de Brie & de *Champagne* sont advenus au Roy par le decès de la ditte dame ou de ses fucceffeurs, & que vos predeceffeurs ont autrefois en pareil cas sur ce donne bonne provifion ainfi que par leurs lettres du 12 *décembre* 1397 dont le vidimus

Ordonn. de 1397.

1485. eſt cy attaché appert il vous plaiſe y pourveoir ainſi que veves eſtre à faire & vous feres bien.

(*Ici J. de Reilhac a écrit de sa main la recommandation suivante à la Cour pour qu'elle faſſe droit à la supplique qui précède :*)

Videantur computi & recferatur uſis computis antiquis & litteris comere hic affixis continuetur solutio dicte cerri prout in antiquo fieri eſt conſuetum & super hoc fiat mandatum ordinatione dominorum : datum septima septembris millesimo quadragínteſimo octogeſimo quinto.

J. DE RELHAC.

(Arch. nat., Reg. P. 2848. fol. 505.)

Dix jours plus tard, un mandement de la Chambre des Comptes au receveur ordinaire du bailliage de Meaux lui enjoignait de rétablir le cierge traditionnel en question (1).

Ici on rencontre la trace d'un litige qui durait alors déjà depuis plusieurs années, paraît-il, et semble avoir singulièrement absorbé l'attention de Reilhac dans cette dernière partie de son existence. Malheureusement les quelques pièces retrouvées sont plutôt relatives à des incidents et non au principal de sa demande. Martin de Bellefaye, riche conseiller du parlement de Paris,

1. A Paris. — Du 17 septembre 1485.

Ordre transmis au Receveur du bailliage de Meaux

(Copie sur papier.)

Les gens des Comptes du Roy, nostre sire, a Paris, au *Receveur ordinaire du bailliage de Meaux*, salut Veue la Requeste cy dessus escripte a nous presentée de la partie des doyen et chapitre de l'église du dit lieu de Meaux et les comptes anciens du domaine du dit bailliage. Ensemble le vidimus de la provision pieça donnée en la chambre des dits comptes touchant le cierge dont mention est faite en la ditte requeste, duquel vidimus il nous est apparu, nous vous mandons que le dit cierge vous baillez et continuez ainsy qu'il est accoutumé a faire dancienneté et tellement que les dits supplians n'ayent cause de plus en retourner plaintifs devers nous. Donné a Paris, le 17 septembre 1485. Signé *Badouiller*.

Collationné par nous, Signé *Bejeau*.

(Arch. nat., Reg. P. 2848. fol. 505)

s'était fait donner par Louis XI la seigneurie de Ferrières-en-Brie. Reilhac prétendit avoir des droits acquis sur cette terre; et une fois le roi mort, il en réclame la moitié indivise. Un long mémoire établissant sa prétention fut rédigé par un avocat au Parlement alors célèbre, nommé Guillaume Poinçot, et présenté aux gens des requêtes du Palais. Ceux-ci avaient, paraît-il, d'abord rejeté la demande de Reilhac et le condamnaient même à une forte amende sur un motif resté inconnu. Il en appela. L'amende fut retirée, mais le 24 mars survint un arrêt du Premier Président Thibault Baillet qui le débouta finalement :

1486.

Parlement de Paris. — Du 27 mars 1486 (av. Pâques).

Arrêt déboutant Jean de Reilhac de sa revendication contre Martin de Bellefaye concernant la seigneurie de Ferrières-en-Brie.

(Reg. sur parchemin.)

« Cum in certa causa mota et pendente coram dilectis et fidelibus consiliariis nostris gentibus requestas palacii nostri Parisius tenentibus, commissariis a nobis in hac parte deputatis inter dilectum et fidelem nostrum magistrum JOHANNEM DE REILHAC in nostra computorum camera magistrum et Guillelmum Poinsot, actores et conquerentes in casu novitatis et saisine ex una parte, et dilectum eciam et fidelem nostrum magistrum Martinum de Bellefaye (1) in nostra Parlamenti curia consiliarium, defensorem ex altera, pro parte dictorum actorum plura facta et raciones proposite extitissent, ad finem seu fines quod mediis et causis in processu declaratis ipsi actores in possessione et saisina, quilibet eorum videlicet pro media parte pro indiviso *se dominos et possessores terre et dominii de Ferrieres in Brya dicendi, gerendi et nominandi,* nec non fructus eorumdem levandi ac percipiendi, et ad eorum libitum et voluntatem applicandi, in possessione et saisina baillivum et prepositum, receptores ac alios officiarios ad excercicium justicie predicte terre ponendi, ac fructus ejusdem justicie recipiendi, in

Prétentions des parties.

1. *Martin de Bellefaye*, conseiller du Roi, seigneur de *Ferrieres-en-Brie*, mourut l'an 1502. On voyait jadis son tombeau a Saint-Germain-l'Auxerrois. (Blanchart. p. 28.)

possessione insuper et saisina quod dictus defensor et opponens in dicta terra de
1486. Ferrieres dominum se dicere, nec fructus et emolumenta ejusdem recipere et ad utilitatem suam applicare aut baillivum, prepositum, receptorem seu alios officiarios sine licencia predictorum actorum ponere, predictosque actores in eorum possessionibus et saisinis perturbare aut impedire minime poterat et debebat in possessione etiam et saisina, quod si dictus defensor contrarium dictarum possessionum facere nisus fuerat, illud contradicendi et impediendi ac in statum pristinum reduci et reparari faciendi, manum nostram et omne impedimentum in dicta re contenciosa appositam seu appositum ad utilitatem dictorum actorum tollendo et amovendo, manutenerentur et conservarentur et in casu dilacionis recredencia rei contenciose ipsis fieret et adjudicaretur, dictusque defensor in eorum expensis condamnaretur, pro parte vero dicti defensoris plura in contrarium facta et racione proposite extitissent, ad finem seu fines quod mediis et causis etiam in processu declaratis, predictos actores ut conquerentes inadmissibiles fore et esse, et si admittebantur ipsos ad malam et injustam causam conquestos fuisse, dictum vero defensorem ad bonam et justam causam se opposuisse diceretur et declararetur, ipseque defensor a demandis, requestis et contensionibus supra dictorum actorum absolveretur medioque ejus oppositionis in possessione et saisina predicte terre et dominii de Ferrieres, ac appendenciarum eorumdem dominum se dicendi, gerendi et nominandi, ac illorum justiciam et juridicionem excercendi, ac pro eo et nomine suo excercere faciendi, necnon fructus, revenutas et emolumenta predicte terre, pertinentiarum et appendenciarum ejusdem levandi et percipiendi, in possessione et saisina quod predicti actores aut alii supradictum defensorem in suis possessionibus et saisinis perturbare aut impedire non potuerant aut debuerant, in possessione etiam et saisina quod si predicti actores aut alii sepedictum defensorem in suis possessionibus in toto vel in parte perturbare nisi fuerant, illud contradicendi et impediendi, et in pristinum per justiciam reduci faciendi manum nostram et omne aliud impedimentum super dicta re contenciosa ob ipsarum parcium debatum appositam seu appositum ad utilitatem sepedicti defensoris tollendo et amovendo, manuteneretur et conservaretur, et in casu dilacionis, status seu recredencia rerum contenciosarum predicto defensori fieret et adjudicaretur, et in ipsius defensoris expensis dicti actores condemnarentur, tantumque, processum extitisset quod dictis partibus auditis ac in factis contrariis et inquesta, ipsaque postmodum hinc inde facta et ad judicandum recepta, litterisque et munimentis dictarum parcium una cum contradictis et

1486.

salvacionibus earumdem, reprobacionibus testium pro parte dictorum actorum duntaxat traditis et productis et tandem in jure appunctatis, supradicti consiliarii nostri per earum sententiam quod hujusmodi processus absque super factis dictarum reprobacionum veritatem inquirendo bene judicari poterat, antedictos eciam actores ad malam et injustam causam se conquestos fuisse, dictum vero defensorem ad bonam et justam causam se opposuisse dixissent (1) et declarassent, et insuper prenominatum defensorem in possessione et saisina terre et dominii de Ferrieres, fructuum, proficuorum, revenutarum ac emolumentorum pertinenciarum et appendenciarum ejusdem, necnon dominum, proprietarium et possessorem antedicti (*sic*) terre seu dominii se dicendi, gerendi et nominandi, justiciamque et juridicionem pro eo et suo nomine excercere faciendi fructus eciam et revenutas levandi et percipiendi, et ad suam utilitatem et voluntatem disponendi manum nostram et omne impedimentum in dicta re contenciosa ob ipsarum parcium debatum appositam seu appositum ad utilitatem dicti defensoris tollendo et amovendo, dictosque actores in expensis dicti processus a tempore litis contestate erga dictum defensorem factis condamnando manutenuissent et conservassent, fuit a dicta sententia pro parte dictorum actorum ad nostram Parlamenti curiam appellatum. Auditis igitur in dicta curia nostra partibus antedictis, in causa appellacionis predicte processuque an bene vel male fuerit appellatum, salvo quod dicti appellantes pecias a dicto processu, si que aliene ab ipso processu extarent, reici petere possent ad judicandum, recepto eo una cum duabus requestis per dictos appellantes, advertissamentis antedictarum parcium super dictis requestis penes dictam curiam nostram traditis et productis, viso et diligenter examinato, memorata curia nostra per suum judicium appellacionem predictam ac eciam sententiam quatenus per eam prefati consiliarii nostri antedictos actores in expensis dicti processus a tempore litis contestate erga predictum defensorem facti condemnaverant, predicta sen-

Renvoi des parties et annulation de l'amende.

1. Parlement de Paris. — Du 2 janvier 1486.

Ordonnance recevant l'appel formé par Jean de Reilhac contre Martin de Bellefaye.

(Reg. du Parlement.)

« Le procès par escript d'entre maistres JEHAN DE REILHAC et *Guillaume Poincot*, appellans des gens ten(ans) les requestes du Palais, et anticipez, d'une part, et maistre *Martin de Bellefaye*, conseiller du Roy nostre sire en la court de ceans, anticipant, d'autre part, estre receu pour juger *an bene vel male fuit appellatum, petitis expensis hinc inde et emenda pro Rege*, sauf a faire collacion et a requerir le reject par lesdicts appellans d'autres pieces que du proces, s'elles y sont. »

(Arch. nat., Reg X1a, 4828.)

tentia in ceteris firma remanente, absque emenda et expensis predicte cause
1486. appellacionis, adnullavit et adnullat et ex causa et per idem judicium sepedicta curia nostra ipsos actores a predictis ipsius processus expensis absolvit atque absolvit.

« Pronunciata XXVIIIIta Marcii, m° cccc° octuagesimo sexto, ante Pascha.

« *Briçonnet.* » « BAILLET (1). »

(Arch. nat., X1a. 122. Arrêts et jugés, fol. 208-209.)

Après quoi les parties sont déclarées mises hors de cause et de procès :

Parlement de Paris. — Du 27 mars 1486.

Clôture de l'affaire entre Jehan de Reilhac et Martin de Bellefaye pour la seigneurie de Ferrières-en-Brie.

(Reg. du Parlement.)

« Entre maiſtre JEHAN DE RILHAC, appellant de certaine sentence donnée par les gens tenans les requeſtes du Palais au proufit de maiſtre *Martin de Bellefave*, conseillier du Roy en la court de ceans le XIIIIe jour de novembre dernier passé, par laquelle a eſté dit que la complainte prinse par ledit Rilhac pour raison de la moitié par indivis de la terre et *seigneurie de Ferrières en Brie* à l'encontre dudit de Bellefaye seroit fournie verbalement, & reſtablissement fait par figure tant seulement, d'une part, & ledit maiſtre Martin de Bellefaye, anticipant, d'autre part, après ce que *par arrest diffinitif ledit de Bellefaye a eſté maintenu et gardé en possession et saisine de ladite terre et seigneurie de Ferrières*, par quoy ledit fournissement est vuidé, appoincte a eſté que ladite appellacion mise au neant sans amende & sans despens de la cause d'appel & de l'incident, *les parties ont eſté et sont mises hors de court et de procès.* » .

Bien qu'ayant succombé devant le Parlement, Reilhac ne se tient pas pour battu. Il va porter sa demande devant une autre

1. *Thibaut Baillet*, fils aîné de Jean, seigneur de Sceaux, et de *Colette de Fresnes* fut pendant quarante-trois ans premier president du Parlement (1483-1525). Il avait épousé *Jeanne d'Aunoy*, fille de *Philippe d'Aunoy* et de *Catherine de Montmorency*. Il eut pour frere Pierre Baillet, evêque d'Auxerre, et pour sœur Antoinette Baillet, femme de Pierre de Vaudetar, vidame de Meaux, seigneur de Conde Sainte-Libiaire, la Haute Maison de Montry, etc. (V. *à l'Appendice*.)

juridiction où il espère que l'influence du roi pourra se faire sentir en sa faveur.

1487.

Deux mois plus tard, au commencement de l'année 1487, on le rencontre en Bretagne, chargé qu'il est par Charles VIII d'inspecter la situation des vivres « de la charge d'Orléans » à l'armée que commande Louis de la Trémoïlle.

Il profite de cette occasion pour faire demander au roi d'écrire lui-même aux gens de son Conseil pour qu'ils reprennent l'affaire et lui octroient le bénéfice de ses conclusions :

A Châteaubriant. — Du jeudi 1er mai 1487.

Louis de la Trémoïlle au roi Charles VIII.

(Sur parchemin.)

Sire, maiftre JEHAN DE REILHAC eft venu devers moi pour le fait des vivres de la charge d'Orléans, et a été sur les lieux d'icy autour où lefditz d'Orléans avoient fait defcendre lefditz vivres, pour vifiter quels vivres il y a, tant blez, farines, avoynes & autres, & savoir s'il n'y a quelque faute ; & de tout m'a rapporté la declaracion, et s'en y eft trouvé bonne quantité.

Sire, jufques-ci lefditz d'Orléans ont très bien fait leur devoir, comme j'ai été adverti par le prevots des maréchaulx & autres qui le sçavent.

Et au surplus, sire, par ledit DE REILHAC pourrez, si c'eft votre plaifir, savoir comme aujourd'hui j'ai fait affembler aucuns en ce cognoiffants pour savoir quelle creue de vivres eft néceffaire pour votre armée ; & sur ce a été fait un adviz qu'il vous porte, & lequel il vous plaira faire veoir, & commander lettre addressant aux commissaires et villes affin de accomplir en toute diligence le contenu, ainfi que j'ai chargé ledit DE REILHAC vous dire plus à plaise :

Ledit DE REILHAC m'a requis que *vous voulsisse escripre en sa faveur*, à ce que voftre plaifir soit de faire veoir au confeil ung placet qui lui touche *pour ung procès et s'il est raisonnable le lui octroyer*, & pour ce qu'il vous a servy & prent peine de vous bien servir, se c'eft voftre plaifir, & je vous en supplie, l'aurez pour recommandé.

Le Roi voudra bien écrire en faveur de Reilhac aux gens de son Conseil.

1487. Sire, je prie Dieu qu'il vous doint très bonne vie & longue.

Efcript à Chateaubriant, le premier jour de mai.

Voftre très humble & très obéiffant subject & serviteur,

L. DE LA TRÉMOILLE (1).

(Bib. nat., Fr 2923, fol. 13 (2).)

Le placet en question si chaudement recommandé par la Trémoïlle et l'intervention du roi amenèrent-ils Reilhac à une solution meilleure? Il est supposable qu'on lui accorda tout au moins de faire recommencer le procès, puisque huit mois après, bien que l'affaire eût été précédemment déclarée close, on la voit encore reparaître sous une autre forme devant le Parlement. Le Registre du Conseil montre, à la date du 11 février 1487, que Reilhac prétendait faire rectifier un nouveau dossier soumis à la Cour toujours pour la seigneurie de Ferrières, et être admis à produire « certaines lettres où il y avait *deux aigles et deux lions rampans* », c'est à dire son propre sceau, bien qu'une décision contraire eût déjà été rendue à cet égard par la Chambre des Requêtes :

A Paris. — Du 11 février 1487.

Appel par J. de Reilhac d'une décision de la Chambre des requêtes lui refusant d'admettre la production de différentes pièces nécessaires au complément du dossier de sa réclamation relative à la seigneurie de Ferrieres-en-Brie.

(Sur parchemin.)

Entre JEHAN DE REILHAC, conseiller & maiftre des comptes du Roy noftre sire, & GUILLAUME POINÇOT advocat au chaftellet de Paris appellans des gens tenans les requeftes du Palais demandeur & requerant l'enterinement de deux requeftes

1. *Louis II de la Tremoille*, surnommé le *Chevalier sans Reproche*, reste une des plus grandes figures de la fin du XVe siecle et du commencement du XVIe. Son eloge a ete fait par du Bouchet. Il avait epousé Gabrielle de Bourbon, fille du Dauphin d'Auvergne.

2. Imprimé dans la correspondance de Charles VIII avec Louis de la Tremoille, publiée par M. le duc de la Trémoille, p. 229.

[illegible]

Sire, maistre Jehan de Vilhac est venu devers moy pour le fait des vivres de la charge [illegible], et aussi sur les lieux d'icy autour en lesd. [illegible] avoit fait despendre lesd. vivres pour visiter quelz vivres il y a tant blez, farines, avoynes et autres, et savoir s'il y a quelque faulte, et de tout m'a rapporte la declaracion, et s'i y est trouve bonne quantite.

Sire, jusques cy lesd. [illegible] ont bien fait leur devoir comme j'ay este adverti par le prevost des mareschaulx et autres qui le scevent.

Et au surplus, Sire, par led. de Vilhac pourrez, se c'est vostre plaisir, savoir comme aujourd'uy j'ay fait assembler aucuns gens de congnoissance pour savoir quelle creue de vivres est necessaire pour vostre armee, et sur ce aussi fait ung advis qu'il vous porte, et lequel se bon vous plaist ferez veoir, et commanderez lettres adressans aux commissaires et villes, affin de acomplir en toute diligence le contenu d'icelluy. (Sire) J'ay charge led. de Vilhac vous dire plus a plain.

Led. de Vilhac m'a requis que vous escripsisse estant en sa faveur [illegible] vostre plaisir soit de faire veoir en conseil ung placet qui luy touche pour ung proces, et s'il est raisonnable le luy ottroyer. Et pour ce qu'il vous a servy et peut servir de vous bien [illegible], Sire, s'il est vostre plaisir, et je vous en supplie, l'avoir pour recommande. Sire, je prie Dieu qu'il vous doint bonne vie et longue. Escript au Chastel Beauvoir le premier jour de may.

Vostre tres humble et tres obeissant subgect et serviteur

[illegible]

par eulx presentées à la ditte court le premier le XIIIe jour de février derrenier passé par laquelle il requerroit que certains examens affectier produit par maistre Martin Bellefoy comme en la ditte court fust receu, & *lautre* du XIIIIe jour du dit mois par laquelle il requerroit certaines lectres & sceaulx mis ou dit proces par ledit Bellefoye feussent reiectées dicellui, autrement qui feust receu à les contredire & que certaines lettres et sceaulx *ou il y a deux aigles et deux lions rampans* (1) estans es dictes requestes fussent apportées et mises par devers la ditte cours une part. Et le dit de Bellefoye intimé et défendeur sur lenterinement des dictes requestes dautres. Veues par la court les dictes requestes les advertissements des dictes parties & tout ce quelles ont mis et produit par certains commissaires commis a oyr les dictes parties et tout considére dit aux parties le XXI février Il sera dit que les dictes requestes & ensemble les productions sur ce faictes par les dictes parties seront mises en ung sac appart pour en jugeant le proces par escript — dentre les dictes parties faire préalablement droit sur l'interinement des dictes requestes, despens reservez en definitive.

1487.

Lettres scellees de deux aigles et de deux lions rampants.

(Arch. nat., X1A, vol. 1494, fol. 100, v°.)

1. Voir au faux titre de ce travail la reproduction du *Sceau* de Jean de Reilhac.

XIX

ANNÉES 1489-1495

SOMMAIRE

Mission dans les provinces du Nord. — Vote de subsides pour la guerre — Les Échevins de Beauvais et d'Amiens. — Lettre au roi Charles VIII. — Reglements pour la juridiction de la Cour des comptes (1491). — Réclamations au roi pour complement de traitement depuis 1483. — Ordonnance de Charles VIII y faisant droit en considération de « quarante ans » passés de services rendus. — Ratification par la Chambre des comptes. — Proces contre Robert Thiboust, premier président du Parlement, pour le fief de Petites-Ruelles pres Crécy-en-Brie.

u printemps de 1489, Reilhac est envoyé par le roi en tournée dans les provinces du Nord pour obtenir des municipalités les subsides nécessaires à l'entretien des troupes. Il se félicite du résultat de sa mission, surtout à Amiens et à Beauvais, et le fait savoir à Charles VIII par la lettre suivante : 1489.

A Beauvais. — Du 4 juin 1489.

Jean de Reilhac au roi Charles VIII.

(Orig. autogr. sur parchemin.)

Sire, si tres humblement que je puis me recommande à voſtre bonne grâce.

Sire, touchant les sommes de deniers que le lieutenant general d'Amyens &

1489. moy à ce par vous commis avons requises MM. les mayeur & eschevins des villes d'Amyens & de Beauvais pour le faict du payement d'aucun nombre de gens de pié pour six moys, lesquels mayre & eschevins, en conclusion, & après tout remonſtré de couſté & d'autre, ont accordé liberallement vous subvenir & ayder chacun deulx de la somme que leur avons requise de par vous, après quelque moderacion que leur avons faicte selon l'inſtruction qui nous a eſté baillée.

Et en oultre nous ont dit en bonne assemblée que il vous plaise eſtre seur que s'il vient affaire ou quartier, que ils emploieront corps & tous leurs biens a vous garder lesdites villes en voſtre obeissance, & quils vivront & mourront tous en ce vouloir; & à la vérité, Sire, de ce que jen ay peu congnoiſtre, je ne croy pas que en tout voſtre Royaume ayez meilleurs & plus loyaulx subgects que sont cesdits d'Amyens & de Beauvais.

Deputation envoyée au roi par les villes d'Amiens et de Beauvais.

Sire, je vous advertiz que lesdits d'Amyens envoyent devers vous deux notables hommes pour vous faire quelque requeſte d'avoir aucun ayde sur le sel qui se vent en leur ville, qui est matiere, comme il me semble ou MM. de vos finances, avant y proceder plus avant doivent avoir regard sur l'interest de vous & de la chose publicque. Et aussi soyez adverty que ledict octroy qui nous a eſté fait par ladite ville n'a pas eſté fait condicionnellement & moyennant ledit ayde, mais a eſté accordé sans quelque condicion.

Priant a Dieu, Sire, qu'il vous doint bonne vie & longue. Escript a Beauvais le dimanche iiij[e] jour de juing.

Voſtre tres humble & tres obeissant subject & serviteur

I. DE REILHAC (1)

(*Au dos est ecrit*).

Maiſtre Jehan de Reilhac au Roy, mon souverain Seigneur.

(Bib. de St-Pétersbourg. Autog. LXXI, n° 92.)

L'année 1490 ne présente rien qui vaille la peine d'être cité. Mais au commencement de 1491, les besoins du fisc étant pressants, Charles VIII donna des ordres pour qu'on fît rentrer au trésor toutes les sommes restées en litige depuis plusieurs années. En maintes

1. Cette lettre, classée autrefois dans les manuscrits de l'abbaye de *Saint-Germain-des-Prés*, se trouve aujourd'hui à la Bibliothèque de Saint-Pétersbourg.

Sire je treshumble que je puis me recommande a vostre bonne grace . Sire
Sire touchant les sommes de deniers que le lieutenant general damyens
et moy avec par vous comme avons requis a messrs les mayeurs
et eschevins des villes damyens et de beauvais pour le fait du payement
daucun nombre de gens de pie pour Sire moye lesd mayeur et eschevins
en conclusion et apres tout remonstre de costé et dautre ont accordé
liberallement vous subvenir et ayder chacun endroit de la somme
que leur avons requise de par vous apres quelque moderacion
que leur avons faite selon linstruction qui nous a esté baillée
Et davantage nous ont dit en bonne assemblee que se vous plaise
estre seur que se vient affaire en quartier que ilz emploieront
corps et tous leurs biens a vous garder cesd villes en vostre obeissance
et quilz vivront et mourront tous en ce vouloir et a la verité
Sire de ce que jen ay peu cognoistre je ne croy pas que en tout
vostre royaume ayez meilleurs et plus loyaulx subgetz que sont
ceulx damyens et de beauvais

Sire je vous advertiz que ceulx damyens envoyent devers vous
deux notables hommes pour vous faire quelque requeste davoir
aucun ayde sur le sel qui se vent en leur ville qui est matiere
comme il me semble ou messrs de voz finances auront y prendre
plus avant regard entendu avoir regard sur lentretien de vous et de
la chose publique Et aussi soiez adverty que ceulx octroy qui
nous a esté fait par ceulx ville na peu estre fait conditionnellement
et moyennant ceulx ayde mais a esté accordé sans quelque condicion
Priant a dieu Sire quil vous doint bonne vie et longue
Escript a beauvais le dimenche iiiie jour de juing

JEAN DE REILHAC AU ROI CHARLES VIII
Rapport sur les Villes d'Amiens et de Beauvais — 4 Juin 1489

1491.

occasions, les arrêts rendus sur cette matière par la Chambre des Comptes se trouvaient aussitôt frappés d'appel au nom des intéressés, et pour le trésor il ne s'ensuivait aucun accroissement. Pour remédier à cet état de choses le conseil du roi décida de fixer d'une façon plus positive la juridiction de la Chambre des Comptes en restreignant les cas d'appel et en obligeant les contribuables à payer « mesme nonobstant appel ». Reilhac fut délégué par la Chambre des Comptes pour étudier avec le chancelier cette nouvelle réglementation qui se trouva définitivement arrêtée le 6 avril 1491. Et le 9 avril suivant, il est envoyé en la cour de chancellerie pour assister à la publication des ordonnances et les recevoir officiellement au nom de la Chambre des Comptes :

Du 6 avril 1491.

Reglement concernant l'autorité et la juridiction de la Chambre des Comptes.

Ou confeil du Roy tenu au Bureau en sa Chambre des Comptes à *Paris* ouquel Monfeigneur le Chancelier, Noffeigneurs defdits comptes, Tresoriers, & Meffieurs maiftre Pierre de Sacierges, eflu Evefque de Luffon, Charles de la Vernade, chevalier maiftre des Requêtes ordinaires de l'oftel dudit seigneur, Meffire Michel Gaillart chevalier, maiftres Guillaume Briçonnet & Denis de Vidam conseillers & generaulx de ses finances, maiftre Jehan le Maiftre, Pierre Cohardy, & Jehan Luilier, advocats d'iceluy seigneur en sa cour de Parlement, & Christophe de Carmonne son procureur general en la dite Cour eftoient. Sur ce qui a efté mis en deliberation & pour le bien du Roy, de sa justice & de ses Finances, *et pour obvier aux abus qui par cy devant ont efté faiz touchant plufieurs Lettres, tant reliefvement en cas d'appel, que autres* qui souventeffois & au defceu de Monfeigneur le chancelier comme il eft vraysemblable, se baillent en la chancellerie, *au préjudice et diminution des droiz et demaine et deniers des Finances dudit Seigneur et de l'autorité et jurisdiction de la dite Chambre,* & après ce que par Noffeigneurs ont efté veues bien au long plufieurs anciennes ordonnances faiċtes par les Roys trefpaffez, enregiftrées en icelle Chambre touchant la jurisdiċtion & autorité d'icelle Chambre, a efté par Noffeigneurs conclu, advisé & determiné les points & articles cy après efcripts, & ordonné iceulx eftre dorefenavant entretenus & gardez selon leur forme & teneur, en la maniere qui s'ensuit.

Abus qui se sont introduits dans les appels relevés des décisions de la Chambre des Comptes.

1491.

I

Aucun ajournement, ayant pour effet de retarder les payements à faire au roi, ne sera plus admis.

Et *premierement*, que doresenavant les Lettres d'adjournement en cas d'appel qui seront presentées à Monſeigneur le Chancelier, ou à Meſſieurs des Requestes ordinaires de l'Ostel touchant le fait de ladite Chambre & du Trésor, & les dependances qui toucheront le demaine dudit seigneur, ou les finances extraordinaires ne soient signées ne scellées, sinon que la clauſe qui s'ensuit y soit au long declairée, c'est aſſavoir : pourveu que les droiz, demaine & deniers du Roy, tant du dommaine que de l'extraordinaire n'en soient aucunement retardez, ou prealablement en advertir Noſſeigneurs des Comptes, Trésoriers & Generaulx, chacun pour tant que à eulx pourra toucher à cause de leurs offices & charges.

II

Les appelants devront a l'avenir justifier d'une procédure rigoureuse, à peine de decheance.

Item que doreſenavant les appellans, quant ils voudront relever leurs appeaulx qui toucheront & concerneront le fait du demaine & deniers du Roy tant ordinaires, seront tenus declairer amplement les exploits dont ils seront appellans, & les noms de ceulx de qui ils appelleront et en quelle qualité ils procederont, & que les dites lettres soient signées en queue de l'un desdits Maistres des Requeſtes ordinaires, & en tous cas qui toucheront les deniers du Roy, que la clause du pourveu deſſuſdite y soit entièrement declairée, & sera deffendu aux Secretaires de non signer leſdites lettres, ne les mettre au scel, sinon qu'elles soient en la fourme deſſuſdite, sur peine d'eſtre privez de suivre la chancellerie.

III

Les appels seront visés et scellés en cour de chancellerie.

Item que les Lettres Patentes délibérées par Noſſeigneurs des Comptes audit Bureau, & signées par l'un des greffiers de ladite Chambre qui sont secretaires, auſſi celles qui seront signées en queue par leſdits Tresoriers & Generaulx, chacun pour tant que à leurs offices & charges peut touchier, que mondit seigneur le Chancelier les fera sceller, sinon qu'il y treuve quelque difficulté ou il y ait apparance, ouquel cas il envoyera l'un de mesdits sieurs des Requeſtes ordinaires de l'Oſtel, devers leſdits gens des Comptes, si c'est de matiere qui leur touche, pour les advertir de ladite difficulté, laquelle par eulx decidée mondit seigneur le Chancelier fera sceller les dites lettres; & si c'eſt pour matière qui touche leſdits Treſoriers ou Generaulx, les envoyera querir pour leur en parler & communiquer avec eulx.

IV

1491.

Item. Sera escript & mandé aux Procureurs & Receveurs ordinaires du Roy en ses Bailliages & Seneschaulsées, que quand il sera question des droiz, Demaine deniers du Roy, tant ordinaires qu'extraordinaires, & il y a appel interjetté, que incontinent ilz envoyent devers Messieurs les Gens du Roy à Paris, afin de obtenir Lettres d'anticipation, au cas qui contiendra clause de faire joyr le Roy de son Demaine pendant ledit appel par maniere de provision, & à ce que les Deniers du Roy n'en soyent aucunement retardez, & que ledit seigneur ne soit dessaisy, & lesdits Gens du Roy les poursuivront, & les fera, mondit seigneur et Chancelier sceller, ou celuy qui gardera le scel à Paris en son absence.

On devra paye au trésor, nonobstant les appels interjetés.

V

Item. Et pour ce que souvent advient que aucuns condempnez envers le Roy ne appellent point des sentences, mais pour foyr, appellent des exécutions d'icelles Sentences, a esté advisé que *non obstant ledit appel interjetté de l'execution seulement, on peut et doit contraindre lesdits condempnez, à cette fin en obtenir provision pour les faire payer, non obstant ledit appel*, en ensuivant les Ordonnances & Usaiges sur ce gardez, laquelle provision mondit seigneur le Chancelier fera sceller.

Il ne sera plus admis de sursis quant à l'execution des sentences.

Lesquelles ordonnances ont esté veues et publiées en la Chancellerie par l'ordonnance et en la presence de mondit seigneur le Chancelier, MOY JEAN DE REILHAC, *Maistre desdits Comptes cy dessoubz souscript present, et envoyé par mesdits seigneurs des comptes devers mondit seigneur le Chancelier pour ladite cause. Fait le neuvième jour d'avril mil quatre cent quatre vingt et unze.*

(*Signé*) : DE REILHAC.

(Mémoriaux de la Ch. des Comptes, T. fol 4 vo, imprimé dans Gosset · *Ordonn.*, Paris, 1728, t. I, ann. 1491.)

Ici Reilhac commence une série de réclamations au roi plusieurs fois renouvelées jusqu'en 1496, pour insuffisance de traitement depuis huit, douze et quatorze ans, c'est-à-dire depuis son rétablissement en 1483; réclamations auxquelles Charles VIII fait droit chaque fois par considération pour les « *quarante années et plus de loyaulx services* rendus par lui, en *grans charges, ambassades et aultres affaires du royaume* » :

1491.

Aux Montilz-lez-Tours. — Du 18 juillet 1491.

Mandement du roi Charles VIII faisant droit aux réclamations de Reilhac et rappelant les services qu'il a rendus depuis plus de quarante ans aux rois Charles VII et Louis XI.

(Sur parchemin.)

Charles par la grace de Dieu Roy de France. A noz amez & feaulx les gens de noz comptes & generaulx conseillers sur le fait et gouvernement de toutes noz finances salut & dilection. Nostre ame & feal Conseiller & Maistre extraordinaire de noz comptes Maistre JEHAN DE REILLHAC nous a fait remonstrer que a nostre nouvel advenement a la couronne il fut par nous & en a la charte par nous commandée touchant le nombre de Maistres ordinaires & extraordinaires & autres officiers de nostre Chambre des comptes ordonné lung des Maistres extraordinaires et a telz gages & droiz comme les Maistres ordinaires. Neantmoins depuis en aucunes années il na este couche ou roole de lassignacion des gages desd. officiers d'icelle Chambre que pour cinq cents livres tournois & en autres que pour trois cens; ja soit ce que ses compagnons maistres *extraordinaires de semblable qualité* y ayent este couchez pour plus *grans sommes*. Et parce a convenu a aucun deulx obtenir de nous mandemens particuliers pour estre paiez dud. reste dont ilz nestoient couchez es dicts rooles. Et par ce moyen sont deubz aud. DE REILHAC aucunes restes de sesd. gaiges de plusieurs années ainsi quil entend faire apparoir par ces cedules de debentur & a ceste cause doubté que par inadvertence ou autrement es années prochaines en faisant le roole de lad. chambre il ny soit couche que pour semblable somme de IIIc lt. Et que tousjours tant quil soit led. office il demeure ainsi en reste de partie de sesd. gaiges et droiz aud. office appartenans qui sont de VIIc lt & telz que les gaiges & droiz desd. Maistres ordinaires en ensuivant lad. Chartre & Institucion. En nous humblement requerant sur ce nostre provision. Pour quoy nous attendues les *causes pour lesquelles led.* DE REILHAC *fut par nous ordonné estre lung desd. Maistres extraordinaires desquels sommes bien recors et mesmement considere lestat de general quil avoit eu de feu nostre très chier Pere que Dieu absoille* ET LE TEMPS COMME DE QUARANTE ANS QUIL AVOIT BIEN ET LOIAULMENT SERVY FEUZ NOZ AYEUL ET PERE EN GRANS CHARGES ET AMBASSADES ET AULTRES AFFAIRES DE NOSTRE ROYAUME. *Pour ces causes* avons voulu & ordonné, voulons & ordonnons que led. DE REILHAC soit entierement

Longs et loyaux services rendus jadis à Charles VII et à Louis XI.

payé des restes de sesd. gages & droiz qui luy sont & pevent eftre deubz a caufe de sond. office & dont il fera apparoir par ses cedules de debentur de tout le temps paffe jufques a aujourdhuy & semblablement quil soit paye entierement desd. gages & droiz de VII^{c} lt par chafcun an dorefnavant comme lesd. Maiftres ordinaires, & tout ainfi qu'il fut par nous ordonne par nosd. lectres de Chartre. Et sil advenoit que par inadvertance ou autrement es Rooles que cy apres seront par nous ordonnez pour laffignacion desd. gages et droitz desd. officiers de la Chambre il ny feuft couche que pour lad. somme de III^{c} lt ou autre & qu'il ny feuft entierement couche pour lesd. VII^{c} lt. Nous voulons que du refte & jufques au parfait desd. VII^{c} lt il en soit appoincte & affigne par vous gens des comptes ou par vous generaulx sur telz de noz recepveurs que adviserez enfemble desd. reftes que luy pevent eftre deues du temps paffe comme dit eft ou sur les recepveurs particuliers qui le pourront porter & par ses quittances & cedules de debentur sans ce quil soit befoing en lever autres defcharges. Et que les deniers qui luy seront a cefte caufe payez soient aloez par vous gens de noz comptes a celuy ou ceulz de nosd. recepveurs & autres officiers comptables qui les luy auront payez, en rapportant ces prefentes signees de noftre main ou vidimus dicelles avec les cedules de debentur & quittances dud. DE REILHAC tant seulement. Car tel eft noftre plaifir; non obftant quelzconques ordonnances reftrinctions mandemens ou deffenses a ce contraires. Donne aux *Montilz lez Tours le XVIIIe jour de Juillet lan de grace mil CCCC quatre vingts unze* & de noftre regne le huiftiefme. Ainfi signes

1491.
Il sera fait droit de la réclamation tant pour le passé que pour l'avenir.

CHARLES.

Par le Roy : les sires de Graville, admiral, de Myolans, de Grunault & d'Aubigny & autres prefens.

(Bib. nat., pieces orig. Reilh., 2456, n° 17.)

Le 17 septembre 1491, la chambre des Comptes ratifie cette ordonnance (1) et l'on voit sur les dépenses du trésorier Jean

1. A Paris. — Du 17 septembre 1491.

Ratification par les gens des comptes

(Sur parchemin.)

« Nous les gens des comptes du Roy nostre sire à Paris veues les lectres patentes dud. seigneur a nous adressans signees de sa main et de Maistre Thomas Bohier secretaire de ses finances donnees aux Montilz lez Tours le XVIIIe jour de juillet derrenier passe ausquelles ces presentes sont atachees soubz lung de noz signetz par lesquelles et pour les causes dedens contenues il octroye a Maistre

1493. Lallemand que pour l'année courante 1491 le traitement de Reilhac fut en outre augmenté de 200 livres tournois (1). Néanmoins le rôle publié à Baugé le 22 novembre suivant (2) n'ayant pas maintenu cette augmentation pour l'année 1492, Reilhac s'adresse aux conseillers des finances qui lui donnent satisfaction (3). Et le 3 janvier 1493, il reçoit un nouveau complément par les

JEHAN DE REILHAC conseiller et maistre extraordinaire desd. comptes que de ce qui luy est et sera deu des gages et droiz dud office tant quil la tenu et tendra et dont il na este entieremen appoincte le temps passe ou roole de lassignacion de la chambre ne ne soit ou temps advenir. Il soit paie au feur et pris de *sept cens livres tournois* par an comme plus a plain le contiennent lesd. lectres. Consentons en tant que a nous estre lenterinement dicelles a prendre led. payement par les mains des Recepveurs generaulx des finances dicelluy seigneur ou de celuy ou ceulx deulx qui porter le pourra ou pourront en tout ou partie et lune annee portant lautre par ses cedules de debentur et quittances sur ce souffisantes respectivement. Donné a Paris. le dix-septiesme jour de septembre lan mill cccc quatre vings unze. Ainsi signe Badonilier. »

(1) Annee 1491.

Neuvieme compte de Jehan Lallemand, tresorier. — Deniers paies par mandement du Roi

(Copie sur papier.)

« Me JEHAN DE REILHAC, conseiller du Roy et Maistre des Comptes auquel le Roy par ses lettres patentes donnees aux Montilz lez Tours, le 18 juillet 1491, expedices par Mrs des Comptes le 17 septembre ensuivant a octroye quil soit doresnavant payé de 700 lt par an pour les gages de sa charge sur toute sorte de finance par vertu desquels luy a este paye 200 lt »

(Bib. nat., Fr. 20685, fo 771.)

(2) Ce role donne les attributions suivantes

« *Jehan Bourre*.	700	livres tournois
« JEHAN DE REILHAC	500	id.
« *Guillaume Briçonnet*.	700	id.
« (au lieu de feu *Martin le Picart*)		
« *Eustache de Sansac*.	500	id.
« *Jacques le Picart*	280	id.
« *Jehan la Pite*.	280	id. »

(*Hist. de Paris*, par Félibien. 1725. t. III, p 312-313)

(3) Du 1er mai 1492.

Mandat de payement aux receveurs des finances en vertu des lettres royales du 18 juillet 1491.

(Sur parchemin.)

« Les generaulx conseillers du Roy nostre sire sur le fait et gouvernement de toutes ses finances. Veues les lectres patentes dud. seigneur a nous adressans signees de sa main et de Maistre Thomas Bohier secretaire de ses finances donnees aux Montilz lez Tours le XVIIIe jour de juillet derrenier passe ausquelles ces presentes sont atachees soubz lung de noz signetz. Par lesquelles et pour les causes dedens contenues il octroye a Maistre JEHAN DE REILHAC conseiller et Maistre extraordinaire desd. Comptes que de ce qui luy est et sera deu des gages et droiz dud. office tant quil l

mains de son ancien commis, Anthoine Bayart (1), parvenu lui-même aujourd'hui, au bout de vingt-cinq ans de services, à la trésorerie générale du Languedoc : 1493.

Du 3 janvier 1493.

Complément de traitement passé à J. de Reilhac par le trésorier du Languedoc.

(Orig. sur parchemin).

Je JEHAN DE REILHAC conseiller Maiftre des comptes du Roy noftre Sire, confesse avoir eu & receu de Maiftre Anthoine Bayart tresorier general de Languedoc la somme de deux cens livres tournois qui deus meftoient. Cest assavoir sixvings cinq livres tournoys pour mes gaiges des moys de juillet aoust & septembre mil cccc IIII^xx & treize & soixante quinze livres tournoiz pour mes droiz de robe pour les trois premiers quartiers de l'année finie au derrenier jour de septembre mil cccc IIII^xx & douze. Laquelle somme de II^c lt, je me tiens pour content & en quicte led. tresorier & tous autres tesmoing mon seing manuel cy mis le troysiesme jour de janvier mil cccc IIII^xx & treize

(Bib. nat., Pieces orig. Reilhac, 2456, n° 17.)

A la fin de cette année 1493, Reilhac soutient un procès contre Robert Thiboust, alors premier président du Parlement de Paris depuis 1487, au sujet du fief des Petites-Ruelles sis près de Crécy-

tenu et tendra et dont il na entierement este appoincte du temps passe ou roole de lassignacion de la Chambre ne ne soit ou temps advenir, il soit paye au feur et pris *de sept cens livres tournois* par an comme plus a plain le contiennent lesd. lectres Consentons en tant que nous est lenterinement dicelles a prendre ledit payement par les mains des Recepveurs generaulx desd. finances dicelluy seigneur ou de celuy ou ceulx deulx qui porter le pourra ou pourront en tout ou en partie et lune annee portant lautre par ses cedules de debentur et quittances sur ce souffisantes respectivement. Donne soubz lung de noz signetz le premier jour de may lan mil cccc quatre vingts et douze. Ainsi signe : Bidaut. »

(Bib. nat., Pieces orig. Reilhac, 2456 n° 17.)

1. Durant les années 1465-1467. V. page 260.

en-Brie dont Robert Thiboust se trouvait riverain à cause de sa
1493. seigneurie de Saint-Martin-lez-Voulangis (1).

Le fief en question est resté longtemps dans sa descendance et passa après lui aux seigneurs de Pontault (2) :

Du 13 fevrier 1493.

Demande formée par J. de Reilhac contre Robert Thiboust, premier président du Parlement de Paris.

(Sur parchemin.)

Entre Messire *JEHAN DE REILHAC conseiller* et Maistre des Comptes du Roy nostre sire et seigneur du fief et seigneurie des petites ruelles au pays de Brye demandeur et requerant que Maistre *Robert Thiboust* aussi *conseiller* du dit seigneur et *President en la ditte court de ceans* feust tenu de prendre par devant les commissaires ordonnez par la court pour oyr les dictes parties sur la demande et requeste de provision faicte par le dict demandeur par devant les dicts commissaires ou autrement que la dicte provision lui soit faicte durant le proces en cas dappel pendant en la dicte court entre les dictes parties dune part et le dit Maistre Robert Thiboust aussi tendant afin de non proceder et defendre dautres Veu par la court les advertissemens des dittes parties et tout ce quelles ont mis et produit par devers les dits commissaires. Oy leur rapport et tout considere, il sera dit que les dictes parties procederont en la ditte cause d'appel et sera cest incident joinct a icelle cause dappel pour en icelle jugeant faire prealablement droit sur le dict incident. Despens reservez en definitive.

(Arch. nat., X1A vol. 1500, fol. 91, vo.)

1. *Robert Thiboust*, chevalier, seigneur de Bailly-en-Brie, de Saint-Martin-les-Voulangis, etc., nommé en 1487 premier president du Parlement, avait épouse, le 31 juillet 1473, *Oudette Baillet*, fille de *Jean Baillet*, seigneur de Sceaux, et de *Colette de Fresnes*.

(Blanchart, *les Présidents au mortier*, pages 127, 181.)

2. Ainsi que le prouve un acte de souffrance accordé par le roi François Ier a *Antoine de la Pite*, ecuyer, seigneur de Chauffour, tuteur des enfants de *Tristan de Reilhac* (v. page VII de l'Appendice), le 23 juin 1544.

XX

ANNEES 1495-1505

SOMMAIRE

Emprunt forcé pour la guerre d'Italie. — Seconde reclamation au roi pour insuffisance de traitement. — Nouvelle ordonnance de Charles VIII. — Avenement de Louis XII. — Arbitrage de Reilhac dans l'affaire du contrôleur général Dubois. Sa mort. — Dons et libéralités aux églises et aux monasteres. — Indulgences de l'ordre des Franciscains.

L'EXPÉDITION de Charles VIII en Italie et la conquête du royaume de Naples exigeaient de nouvelles ressources, 1495.
et, le 5 mars 1495, le roi, par une ordonnance datée d'Amboise, décrète un emprunt forcé à répartir sur les villes de Troyes, Reims, Chartres, Langres, Laon, Amiens, Beauvais, Meaux. Il charge de l'exécution de cette mesure le président de la Cour des Comptes, Jean de Reilhac, Jean Raguier et Guy Aurillot, seigneur de Champlâtreux :

A Amboise. — Du 5 mars 1495.
Emprunt forcé a répartir entre différentes villes du royaume.

Charles, roi de France, de Sicile et de Jherusalem a nostre amé et feal

1496. l'evesque de Troyes nostre conseiller, le prevost de Paris, nostre chevallier, JEAN DE LA VACQUERIE chevallier (1) premier president de nostre cour de Parlement à Paris, JACQUES COTTIER (2) aussy chevalier vice-president de nos comptes Mᵉ JEAN DE RILHAC et JEAN RAGUIER (3) maistres de nosd. comptes, GUY AURILLOT (4) clerc et *Nicole Gilles* controleur de nostre tresor etc. leur mande quil est obligé pour soutenir les frais de la guerre de faire un emprunt sur les villes de son Royaume a sçavoir sur Paris de 30,000 escus. Troyes 3,000, Reims 1,000. Chartres 1,000, Langres 600, Laon 600, Amiens 3,000, Beauvais 1000. Meaux 250, et ordonné que la levée de ces deniers sera remise a son notaire et secretaire Louis de Pontcher commis de lextraordinaire des guerres. Donné à Amboize le 5 mars 1495 : de son regne de France le 15ᵉ et de Sicile le 2ᵉ.

NICOLAS LE VIGNERON. grenetier du sel de Paris.

Suit la liste des bourgeois de Paris par quartiers qui etaient imposés pour faire le montant de cet emprunt.

(B., Fr. 20684. fol. 819.)

Cependant, malgré l'ordonnance royale de 1491, les gens des Comptes continuaient à marchander à Reilhac le traitement fixé par Charles VIII. En 1494, il avait été de nouveau diminué; il s'adresse encore au roi qui, séjournant à Lyon au retour d'Italie, lui octroie sa requête, rappelant encore une fois à cette occasion les longs services rendus par Reilhac « à son pere et à son ayeul ». Cette ordonnance constate aussi que, malgré son grand âge, Reilhac sert « continuellement » dans l'exercice de ses fonctions :

A Lyon. — Du 11 février 1496.

Deuxieme mandement du roi Charles VIII faisant droit aux réclamations de Reilhac.

(Origin. sur parchemin.)

Charles par la grace de Dieu roy de France. A nos amez & feaulx gens de

1 *Jean de la Vacquerie*, reçu conseiller le 12 novembre 1479 et depuis premier president. (Blanchart. *Catalogue des Cons.*, p. 32.)

2. *Jacques Cottier*, ancien favori de Louis XI, dont il avait été le medecin, rôle sous lequel il est resté célèbre dans l'histoire.

3. *Jean Raguier*, fils de l'ancien trésorier des guerres sous Charles VII.

4. *Guy Avrillot*, seigneur de Champlâtreux, maître des Comptes, dont le fils *Nicolas Aurillot* épousa *Perette de Vaudetar*, fille de *Pierre*, vidame de Meaux.

noz comptes & treforier à Paris & generaulx Confeilliers par nous ordonnez sur le fait & gouvernement de noz finances salut & dilection. Noftre ame & feal Conseiller & Maiftre de nosd. Comptes extraordinaires, Maiftre JEHAN DE REILHAC nous a fait remonfter que tant par les lettres de Chartre touchant linftitucion des Prefidens Maiftres & autres officiers de noftre Chambre desd. Comptes comme par autres noz lettres particulieres a vous addreffantes et pour les caufes en icelles contenues. Nous avons voulu & ordonné que led. de Reilhac feuft et soit payé des gages et droiz dud. office de Maiftre de nosd. comptes extraordinaires au feur & en la manière que font les autres maiftres ordinaires de lad. chambre par chacun quartier dan & mesmement de ce que reftoit luy eftre deu & dont par le Roole dicelle chambre il navoit efte entierement couche ainsi que par lesd. lectres qui sont par vous veriffiees cy atachez soubz le contre seel de noftre Chancellerie eft plus a plain faicte menfion. Toutesfoiz il doubte que soubz couleurs de ce que puis nagueres & mefmement en lannee mil IIII^c IIII^{xx} & quatorze il n'a efte couche ou rolle de lassignacion de lad. Chambre que pour la somme de quatre cens quarante livres tournois tant seulement qui neft pas pareille somme que prennent lesd. maiftres ordinaires aussi quon dit que led. mandement et semblables obtenus par led. de Reilhac ont efte par nous revocquez que vous faciez difficulte de luy assigner le refte de sesd. gages & droiz sans avoir sur ce nouvelle provifion de nous, en nous requerant humblement que ATTENDU LE LONGTEMPS COMME DE QUARANTE ANS ET PLUS QUIL NOUS A SERVY ET NOS PREDECESSEURS EN DIVERS ESTAZ TANT COMME GENERAL DE NOZ FINANCES *que autrement et encores soit continuellement en lexercice de son dit Office de Maiftre de nosd. comptes*, il nous plaife lui donner lad. provifion. Pour quoy nous les chofes deffusd. considerees vous mandons & a chafcun de vous en droit soy que noftred. Confeiller vous faictes entierement paier & appoincter du refte de sesd. gages et droiz dont il naura efte appoincte par lesd. Rooles de noftred Chambre en fourniffant de ses cedulles de debentur. Et dorefnavant comme les maiftres ordinaires de noftred. Chambre aud. feur de sept cens livres tournois par chacun an tout ainfi que par nozd. autres lettres luy avons octroyees et accordees. Et par rapportant ces presentes signees de noftre main & de nosd. autres lettres avecques lesd. cedulles de debentur & ses quictances. Nous voulons les sommes qui luy seront payees & affignees pour les caufes deffusd. eftre alouees es comptes des Recepveurs generaulx ou particuliers qui payees les auront par vous gens de nosd. comptes sans difficulte, car tel eft noftre

1496.

Nouveau rappel des anciens services rendus a Charles VII et a Louis XI.

plaifir et ainfi voulons eftre fait, non obftant quelzconques ordonnances
1499. reftrinctions ou mandemens a ce contraires. Donne a Lyon le XIe jour de fevrier lan de grace mil CCCC quatre vingt et seize & de nosftre regne le XIIIe. Ainsi signé :

CHARLES.

Par le Roy : Le sire de Graville admiral et autres presens.

(B., Pieces orig. Reilh., 2456, n° 17.)

Nouvelle ratification par la Chambre des Comptes qui clôt enfin cette longue série de réclamations (1).

En 1499 encore, sous Louis XII, on trouve trace de l'activité de Reilhac, ainsi que le témoigne le rôle d'arbitre accepté par lui dans l'affaire de Jean Dubois, contrôleur des Finances, contre un ancien commis nommé Jacques Taillandier. Cette pièce semble au reste être une des dernières où il ait figuré :

Du 11 avril 1499.

Arbitrage entre le contrôleur général Dubois et son commis Taillandier.

Le samedi 11 avril 1499, sur le débat & différend d'entre Me Jean Dubois, contrôleur général des finances du roi, & commis anciennement à la recette des plaisirs & secrètes affaires du Roi, d'une part, & Jacques Taillandier son commis

1. A Paris — Du 14 mars 1496.

Ratification par les gens des Comptes

(Sur parchemin.)

« Nous les gens des Comptes du Roy nostre sire a Paris, veues les lectres patentes du Roy nostred. seigneur signees de sa main ausquelles ces presentes sont atachees soubz lung de nos signetz par lesquelles et pour les causes y contenues il veult et ordonne que maistre JEHAN DE REILHAC, conseiller et maistre extraordinaire desd. comptes, soit paye et appoincte entierement de ses gages et droiz dud. office dont il naura este appoincte le temps passe par les rooles de lassignacion des gages et droiz des officiers de la chambre diceulx comptes au feur de *sept cens livres tournois* par chacun an en fournissant par luy de ses cedules de debentur sur ce et doresnavant comme les maistres ordinaires de lad. chambre tout ainsi et par la forme et maniere que led. seigneur le luy avoit octroye par ses autres lectres y atachees soubz le contre scel de sa chancellerie comme plus a plain lesd. lectres le contiennent et considere ce que en ceste partie faisoit a considerer. Consentons lenterinement dicelles lectres selon leur forme et teneur. Donne a Paris soubz nosd. signetz le XIIIIe jour de mars lan mil cccc quatre vings seize. Ainsi signe

« LEBLANC. »

(B., Pieces orig. Reilh., 2456, n° 17.)

à ladite charge, d'autre part, pour raison de certaines parties & sommes de deniers que ledit Dubois fait difficulté d'allouer à icelui Taillandier, ès comptes qu'il lui a rendus d'icelle charge et commission, appoincté est du consentement desdites parties, pour ce comparantes en leur personne au bureau, que la Cour a commis & commet M EUSTACHE LHUILLIER (1), JEAN DE REILLAC, conseillers-Maîtres, JEAN LE CLERC (2) & JEAN DE LAPITE (3) Clercs des comptes dudit seigneur en la Chambre de ceans, qui auparavant avoient esté commis à ouïr lesdites Parties sur lesdits différends, pardevant lesquels susdits, ainsi commis pour icelui différend et dependances, lesdites Parties procederont, pour le tout veu par lesdits sieurs Commissaires, en estre appoincté & ordonné par eux, ainsi qu'il appartiendra par raison, laquelle Ordonnance, qui par eux sera sur ce faite & ordonnee sera d'un tel effet, force & vertu, que si elle estoit faite ou donnee par ladite Cour de ceans. 1505.

(Mémorial de la Ch. des comptes, L., page 107, transcrit au registre R du secretariat. Cote 22. — Imprimé dans la Dissertation sur la Ch. des comptes. Paris 1765, in-4°, p. 125.)

Néanmoins il ne disparaît des rôles qu'en 1505, époque de sa mort, dont, par une lacune assez extraordinaire, on n'a pu retrouver la date précise, ni dans les registres de la Chambre des Comptes, ni dans les archives publiques, ni même dans les archives privées des siens qui ne donnent à cet égard que des renseignements assez vagues. Ce manque de détails sur les derniers instants d'un personnage qui avait occupé l'attention de ses contemporains, ne semble pouvoir s'expliquer que par la retraite absolue dans laquelle s'est achevée cette période finale de son existence.

La même incertitude règne également sur le lieu de sa sépulture. Il semble que, selon l'usage de l'époque, il a dû être inhumé en l'église de la Queue-en-Brie. Cependant, en relevant les tombeaux qui s'y trouvaient encore au siècle dernier,

1. *Eustache L'Huillier, Sr de Saint-Mesmin*, reçu maître des Comptes le 6 août 1491, en exercice jusqu'en 1523. Il avait epouse Marie Cœur.

2. *Jean Le Clerc*, seigneur du Tremblay (V. page 109.)

3. *Jean de la Pite*, reçu clerc ou auditeur des comptes le 4 novembre 1469, en exercice jusqu'en mai 1472, nomme clerc extraordinaire en 1483, reçu le 4 octobre 1485, fut autorisé par declaration du roi a garder la place sa vie durant, mort le 14 août 1504.

1505. notamment ceux de divers membres de la maison de Chanteprime (1), l'abbé Lebeuf n'en fait aucune mention. Il est donc à croire que la sépulture lui fut donnée plutôt en une église de Paris, soit à l'église Saint-Paul où, vingt ans plus tard, son second fils, Tristan, seigneur de Pontault, a été inhumé le 27 août 1525 (2); soit même, de préférence encore, dans la chapelle de « Notre-Dame de Reilhac », sise à Saint-Médard, chapelle dont il partageait le patronage avec les seigneurs de Brigueil et dans laquelle leurs ancêtres communs avaient été inhumés depuis la fin du XIVe siècle (3). Cette hypothèse paraît d'autant plus fondée que l'on retrouve ensuite la propriété exclusive de cette chapelle chez son petit-fils, Guillaume de Reilhac, IIe du nom, maître de l'Hôtel du roi Henri II, qui lui-même la transmit à sa descendance directe, laquelle n'a pas cessé ensuite d'y avoir sa sépulture, conservant ce patronage jusqu'en 1789 (4).

On possède, de ces dernières années de sa vie, un certain nombre d'actes relatifs à ses affaires personnelles et à celles de sa femme, tels que constitutions de rentes sur maisons de Paris (5),

1. L'abbé Lebeuf, *Hist. du Diocèse de Paris*, t. XIV, p. 386.

2. Blanchart, *Conseillers du Parlement de Paris*, in-fo, p. 52.

3. V. page 7.

4. V. id., page 7. Le patronage de cette chapelle, construite par Clément Ier du nom, sous Charles V, appartenait en premier lieu à la descendance de ce dernier, à cause des fondations faites en 1410 et 1411 par sa veuve, dame Perennelle de Maignac, nièce de l'évêque de Paris. Mais en 1579, François II de Reilhac, vicomte de Brigueil, ayant embrassé le protestantisme, cette fondation devint la propriété exclusive de Guillaume, petit-fils de Jean (Voir *Mém. de la Soc. de l'Hist. de Paris*, volume de 1886, Champion libraire, quai Malaquais. « Notice sur la Chapelle de Reilhac à Saint-Médard ».)

5. A Paris. — Du 12 juillet 1491.

Constitution d'une rente au profit de J. de Reilhac et de Marguerite de Chanteprime, sur une maison sise au quai de Seine, attenante à celle de « l'Image Saint-Jean ».

(Orig. sur parchemin.)

« A tous ceulx qui ces presentes lettres verront Jaques Destouteville, chevalier seigneur de Beyne de Blainville, baron D'ivry et de Saint-Andry-en-la-Marche, conseiller chambellan du Roy nostre sire et garde de la prevoste de Paris, salut. Savoir faisons que par devant Pierre Pichon et Anthoine Satrin, clercs notaires du Roy nostred. seigneur, de par lui establys en son chastellet de Paris, fut presente en sa personne Jehanne vefve de feu Jehan Dufour, en son vivant marchant demeurant

baux à cens et à rente pour terres de la Queue-en-Brie et de Bonneuil-sur-Marne (1). 1505.

à Paris, laquelle de sa bonne voulente sans aucune force, erreur, seduction ou contrainte, recongnut et confessa en la presence et devant lesd notaires, comme par devant nous en droit jugement, quelle estoit et est a present detempteresse et proprietaresse dune maison et ses appartenances assavoir à Paris sur le quay de la riviere de Seine ou sont les ormes devant le noyer tenant dune part a lostel de limage Saint-Jehan et dautre part a Thomas Johannet aboutissant par derriere a Jehan Malet icelle maison et appartenances chargee de quarante solz parisis de rente apres fons de terre paiables aux quatre termes a Paris acoustumez a et envers nobles personnes Mre JEHAN DE REILHAC, *seigneur de la Queue-en-Brye*, conseiller et maistre des Comptes du Roy nostre sire et damoiselle MARGUERITE DE CHANTEPRIME sa femme, *à cause delle*. Lesquelz quarante solz parisis de rente lad. Jehanne promist et gaigea en bonne foy rendre et paier doresenavant par chascun an ausd. maistre JEHAN DE REILHAC et Damoiselle Marguerite Chanteprime sa femme ou au porteur de ces lectres pour eulx esgaulment aux quatre termes a Paris acoustumez premier terme de paiement commencant et escheant au jour saint Remy prouchain venant en et sur lad. maison et appartenances dessus declairee et speciffiee, que lad. Jehanne promist tenir entretenir et maintenir en bon estat et souffisant tellement et si bien que lesd. quarante solz parisis de rente y soient et puissent estre prins et parceuz bien aisement par chascun an ausd. quatre termes tant et si longuement toute voyes que lad. Jehanne en sera detempteresse et proprietaresse et sans prejudice des arreraiges deubz et escheuz par avant luy que la dicte veufve sera tenu promist et gaigea rendre et paier aus dictz mariez ou au dict porteur. Avecques tous coustz fraiz mises despens dommaiges et interestz que faiz eux souffers et encouruz seroient par deffault de paiement et en ce requerant et pourchassant, soubz lobligacion de tous ses biens et de ceulx de ses biens meubles et immeubles presens et advenir quelle en soubzmist et soubmect pour ce du tout ce justicier vendre et exploicter par nous nos successeurs prevostz de Paris et par toutes autres justices ou trouvez seront. Et renonça en ce fait expressement a toutes exceptions de deceptions fraudes baras cautelles caullacions a toutes graces franchises previlleiges respitz delais impetracions dispensacions et absolucions, données et a donner a tout droit escript et non escript canon et civil Et generallement a toutes autres choses et aides quelzconques que len pourroit faire dire ou venir contre ces lectres leur contenu et effect et au droit disant general renonciation non valoir. En tesmoing de ce nous a la relacion desd. notaires avons mis le scel de la dicte prevoste de Paris a ces lectres qui furent faictes et passees l'an mil cccc quatre-vings et unze le mardi douziesme jour de juillet.

« PICHON. »

Bib. nat., Pieces orig Reilh., 2456, n° 18.)

1\. Du 19 septembre 1489.

Bail à rente d un lot de terres sises a Bonneuil-sur-Marne.

(Orig. sur parchemin.)

« Noble home et sage Mre JEHAN DE REILHAC, conseillier et maistre des Comptes du Roy nostre sire, seigneur de Bonneuil sur Marne et de la Queue en Brye et damoiselle *Marguerite de Chanteprime* sa femme, a cause delle, de lui suffisamment auctorisee, confessent avoir baille et delaissé a tiltre de par et chef — cens, et rente annuelz et perpetuelz, portant lotz, ventes, saisines et amendes des maintenant a tousiours et promect garenter, et a Andry Pasquier, laboureur, demeurant au dit lieu de Bonneuil, preneur au dit tiltre, pour ses hoirs trois — quartiers de terre en friche, — assavoir ou terouer du dit lieu en une piece ou lieu dit *au Pendret de Clarisy*, tenant dune part aus dits Baillinot et dautre part a Maistre Simon Belin, aboutissant dun bout a Simon Gouraneau, et dautre bout a Jehan Rougault: pour en joyr a bail, delaissement, pour douze deniers parisis de chef, cens, prets, lotz, ventes, faisant amendes, comme dit est paiables chascun an au jour et

1505. Il partageait la foi de son époque, comme le prouvent ses nombreuses libéralités aux églises et aux ordres religieux. Déjà en 1491, le général de l'ordre de Saint-François, par une bulle datée du monastère des Clarisses à Paris, déclare que, ne sachant comment reconnaître la charité et les bienfaits de Jean de Reilhac, il sera désormais admis lui, sa femme Marguerite et ses enfants en participation spéciale de tous les mérites à gagner par les religieux franciscains, tels que messes, prières, célébration des offices divins, prédications, jeûnes, veilles, disciplines, etc. :

A Paris. — Du 25 mars 1491.

Au monastère des Clariffes.

Bref d'indulgence et de participation aux bonnes œuvres, accordé par le général des Franciscains à J. de Reilhac, à sa femme Marguerite et à leurs descendants.

(Origin. sur parchemin.)

Nobili viro Magistro JOHANNI DE RILLAC ac MARGARITE ejus uxori *cum liberis eorumdem* Deo et beato Francifco devotis frater Johannes Crohin Reverendiffimi patris miniftri generalis ordinis sacri minorum super omnes fratres Cifmontanarum partium de obfervancia nuncupatos generalis vicarius salutem in Domino ac bonis perfrui sempiternis. Licet caritatis debito omnium electorum teneamur optare salutem, illis autem longe amplius obligamur quorum dilectionem beneficiorum indiciis frequentius experimur. Proinde veftræ devotionis sinceritatem attendens quam ad nostrum ordinem et familiam gerere noscimini dignum

terme saint Remy en leur hostel seigneurial du dict Bonneuil sur poine de lamende en tel cas accoustume et de trois sols parisis de rente aussi paiables chascun an au jour et terme saint Martin diver, premier et termes de paiemens commençant des jours et termes saint Remy et saint Martin diver prouchans venans en ung an su. le dit lieu qui en demeure chargé et lequel le dit preneur sera tenu defricher et mecte tenir soustenir et maintenir a tous iours en bon estat et souffisant labour. Tellement et ce bail fait par et soubz telle condicion que si il estoit trouve que la ditte piece eust este baillee par avant leuy a autres personnes ou quelles ne fust ou apportent aux ditz bailleurs en ce cas ledit present bail sera et demourera nul et ne les pourra ledit preneur poursuivre pour la garantie. Promettant et obligeant et renonçant, etc.

« Fait et passe lan mil IIIIc IIIIxx et neuf le XIXe jour de septembre.

« A Maire Crozon. »

(Arch. Reilh , Pièce communiquée.)

Nobili viro Magistro Johanni de Killac ac Margarite eius uxori cum liberis eorundem deo et beato francisco devotis frater Johannes croliny Reverendissimi patris Ministri generalis ordinis sacri minorum super omnes fratres Cismontanarum partium de observantia nuncupatos generalis vicarius Salutem in domino ac bonis perfrui sempiternis. Licet caritatis debito omnium electorum teneamur optare salutem. illis autem longe amplius obligamur quorum dilectionem beneficiorum indiciis frequencius experimur. Proinde vestre devocionis sinceritatem attendens quam ad nostrum ordinem et familiam gerere noscimini dignum putamus divine quoque placitum pietati ut qui in temporalibus vicem vestre caritati rependere non valemus In spiritualibus tamen quantum cum deo possumus et prout vestra promeretur caritas gratitudinis debito recompensam concinnit Quapropter vos ad confraternitatem nostram et universa nostre familie suffragia ac divina officia in vita recipio pariter et in morte plenam ac specialem participationem omnium carismatum et operum meritoriorum videlicet Missarum. oracionum. divinorum officiorum. suffragiorum. predicacionum. confessionum. ieiuniorum. vigiliarum disciplinarum penitenciarum Ceterorumque operum virtuosorum ac deo acceptorum Tenore presencium vobis conferendo que per fratres michi subditos sorores sancte Clare necnon fratres et sorores de penitencia nuncupatos fieri dederit auctor omnium bonorum dei filius ut multiplici suffragiorum adiuti presidio et hic augmentum gratie et in futuro merceamini eterne vite premia possidere In cuius concessionis testimonium Sigillum prefati officii mei cum manuali subscriptione duxi presentibus appendendum Datum parisius in Monasterio sororum sancte clare Anno domini Millesimo quadringentesimo nonagesimo primo die mensis Marcii vicesima quinta

f. J. V. G. C.

putavi divineque placitum pietati utque in temporalibus vicem vestre caritati rependere non valemus in spiritualibus tamen quantum cum Deo poſſumus et prout 1505.
vestra promeretur caritas gratitudinis debito recompenſare conemur. Quapropter vos ad confraternitatem noſtram et univerſa noſtre familie suffragia ac divina officia in vita recipio pariter et in morte plenam ac specialem participacionem omnium carismatum et operum meritoriorum videlicet miſſarum, oracionum, divinorum officiorum, suffragiorum, predicacionum, confeſſionum, jejuniorum, vigiliarum, diſciplinarum, penitenciarum, ceterorumque operum virtuosorum ac Deo acceptorum, tenore presencium vobis conferendo que per fratres mihi subditos, sorores sancte Clare necnon fratres et sorores de Penitencia nuncupatos fieri dederit auctor omnium bonorum Dei filius, ut multiplici suffragiorum adjuti presidio et hic augmentum gerere et in futuro mereamur eterne vite premia poſſidere. In cujus conceſſionis teſtimonium sigillum prefati officii mei cum manuali subscriptione duxi presentibus appendendum. Datum Parisiis in monasterio sororum Sancte Clare. Anno Domini millesimo quadringentesimo nonagesimo primo, die mensis Martii vicesima quinta.

F. J. C. V. G. C.

(Bib. nat., Piec. origin. Reilh., 2456, n° 19.)

Un obituaire conservé à l'église de Pontault et datant de la fin du xve siècle mentionne également diverses fondations, et entre autres une donation pour l'obit de Marie ou Marion de Reilhac, sa fille, depuis abbesse de Chelles.

Sa femme, Marguerite de Chanteprime, lui survécut jusqu'en 1510, où leurs deux fils, Jean IIe du nom et Tristan, transigèrent pour sa succession, le 17 mai 1511, devant Barthélemy Perrault et Jean le Séneschal, notaires au Châtelet de Paris.

Telles furent, d'après les documents conservés, les diverses étapes qui ont marqué la longue carrière de cet homme témoin ou acteur des événements multiples accomplis en France depuis l'occupation anglaise jusqu'à la fin du xve siècle. Charles VII avait eu en lui un serviteur fidèle et assidu pendant les dernières années de

1505. son règne. Et il suffira de rappeler comment Louis XI, ce fin connaisseur en hommes, employa Reilhac dans les missions difficiles, pour en conclure à son intelligence remarquable des affaires et à sa singulière souplesse d'esprit. Quand il fut en faveur, il n'abandonna pas ses amis tombés dans l'infortune, et plus tard lui-même en disgrâce, il sut se tirer habilement d'une situation critique où tant d'autres ont alors laissé leur vie. Utilisé de nouveau dans sa vieillesse, il a travaillé jusqu'à la fin.

Et maintenant, en souvenir des services que Jean de Reilhac a pu rendre pendant ces cinquante années aux rois de France qui ont jeté les premiers fondements de l'unité nationale, le lecteur excusera peut-être la témérité de celui qui a cherché à faire revivre ici cette figure d'un siècle lointain et à demi effacée par le temps.

FIN DU PREMIER VOLUME

INDEX

DES NOMS PROPRES ET DES NOMS DE LIEUX

MENTIONNÉS DANS CE VOLUME

A

ABBEVILLE (ville d'), 101, 150, 151, 153, 173.

ACIGNÉ (Amaury d'), évêque de Nantes, 128.

ADAM (le sire de l'Isle), 47, 50.

ADORNI (la faction des) à Gênes, hostiles a la France, 59.

AGEN (Roffec de Balzac, sénéchal d'), 156.

AGENAIS (pays d'), 92, 134, 156.

AGUILHE (Guilhem), en garnison au château de Beaucaire, 135.

AIGNAN (ville de Saint-), durant la guerre du Bien public, 192, 220.

AIGREMONT (lieu dit d'), 91.

AIGUEPERSE (ville d'), capitale du comté de Montpensier, 7, 8, 161, 193, 194, 195, 196, 197, 198, 296, 297, 299, 300, 305, 306, 309, 310.

ALBI (l'évêque d'), 139.

ALBIEST (Jean d'), chevalier breton, 38, 39.

ALBIN (la terre de Saint-), au Languedoc, 220.

ALBRET (Jeanne d'), 311.

ALBRET (Charles d'), comte de Dreux, 193, 196, 197, 222, 310, 311.

ALBRET (Marie d'), comtesse de Foix, 162.

ALENÇON (le duc), 37.

ALENÇON (René de France, fils du duc d'), 146.

ALENÇON (ville d'), 85.

ALLEMAGNE (l'empereur d'), 47, 51.

ALLEMAGNE (pays d'), 24, 74.

ALLEMAN (Charlotte d'), femme de Regnault du Châtelet, maréchal du Dauphiné, 161.

ALLYRE (lieu de Saint-), en Bourbonnais, 68.

AMAND (les reliques de saint), 148.

AMBOISE (Charles d') comte de Benaon, 152, 255, 256.

AMBOISE (Chaumont d'), 255.

AMBOISE (Jean de Bar, capitaine d'), 200. V. *Bar*.

AMBOISE (ville d'), 127, 128, 133, 159, 162, 244, 257, 265, 344, 346.

AMÉLIUS (prévôt a Saint-Junien), 10.

AMIENS (le bailli d'), 79.

AMIENS (ville d'), 134, 168, 169, 173, 174, 185, 203, 204, 205, 335, 336, 345, 346.

AMIENS (entrevue d'), 292.

AMIRAL de France (Jean de Bueil, comte de Sancerre). V. *Bueil*.

AMIRAL de France (Chabot), 282.

AMIRAL de France (le sire de Graville), 341, 348.

AMIRAL de France (Jean de Montauban), 109. V. *Montauban*.

AMIRAL de Guyenne (Odet d'Aydie), 191.

AMY (Guillaume), bourgeois de Riom, 30.

ANCÔNE (ville d'), 183.

ANDELYS (le Petit), 259.

ANDRÉ-DES-ARCS (la rue Saint-), à Paris, 12.

ANDREVILLE (Guillaume de Carbonnel, seigneur d'). V. *Carbonnel.*

ANDRY (Bernard de Marimont, capitaine de Saint-), 222, 223. V. *Marimont.*

ANGELY (ville de Saint-Jean d'), 125.

ANGELY (Abel de Reilhac, abbé de Saint-Jean d'), 276, 280, 283. V *Reilhac.*

ANGELY (Jean de Reilhac, abbé de Saint-Jean d'), 273, 281. V. *Reilhac.*

ANGERS (ville d'), 32, 183, 220.

ANGERVILLE La Gaste (la seigneurie d'), 281.

ANGEVIN (Bernard), seigneur de Pujols en Guyenne, 153.

ANGLAIS (les), 5, 9, 12, 23 25, 30 31, 41, 47, 49, 51, 54, 55, 68, 74, 82, 91, 94, 95, 111, 126, 150, 153, 169, 175, 194, 222, 238, 244, 246, 294.

ANGLETERRE (Edouard III, roi d'), 21.

ANGLETERRE (Edouard IV, roi d'), 273, 292.

ANGLETERRE (Henri V, roi d'), 5, 12.

ANGLETERRE (Henri VI, roi d'), 101, 103, 106.

ANGLETERRE (Marguerite d'Anjou, reine d'), 101, 102, 103, 105, 106, 107.

ANGLETERRE (royaume d'), 107, 131, 168, 298, 301.

ANGOST (le sire d'), en Saintonge, 290.

ANGOUMOIS (pays d'), 134, 281.

ANJOU (Charles d'), comte du Maine, beau-frère de Charles VII. V. *Maine.*

ANJOU (Louis II d'), roi de Naples et de Sicile, 217.

ANJOU (Louise d'), duchesse de Nemours, 106, 206, 294.

ANJOU (Marguerite d'), femme de Henri VI, roi d'Angleterre. V. *Angleterre.*

ANJOU (René d'), dit le Bon, 59, 217, 235.

ANJOU (province d', 128, 160.

ANTIOCHE (Girault de Crussol, patriarche d'), 134.

APCHIER (Guerin d'), homme d'armes de la Compagnie Sallazar, 220.

APCHIER (Jean d'), bailli du Vivarais, 222, 223.

ARAGON (don Carlos de Viana, héritier d'), 119.

ARAGON (Ferdinand, roi d'), 311.

ARAGON (Jean II, roi d'), 21, 116, 117, 121.

ARAGON (le maître de l'artillerie du roi d'). V. *Monachi.*

ARBALÉTRIERS (N... d'Estouteville, grand maître des) 307.

ARBALÉTRIERS (le sire de Torcy, grand maître des), 204, 205.

ARBALÉTRIERS (le roi des), à Laval, 252.

ARBRESLE (ville de l'), 159.

ARC (Jeanne d'), 29, 94, 150.

ARCHERS écossais (Robert Conyngham, capitaine des). V. *Conyngham.*

ARCHERS (les Francs-), de Troyes, 199.

ARCHERS (Jacques Guyneuf, capitaine des), de Fontenay-le-Comte et de Thouars. V. *Guyneuf.*

ARCHERS (le roi des), à Laval, 252.

ARGY (Charles de Brilhac, seigneur d'), grand maître de l'hôtel du roi Charles VIII, 283.

ARMAGNAC (Anne d'), 159.

ARMAGNAC (Jean V, comte d'), 30,

181, 193. 197. 198, 226, 227. 228. 229, 273. 294. 307. 308. 309. 310, 311.

ARMAGNAC (Jean, bâtard d'). comte de Comminges, maréchal de France. V. *Comminges*.

ARMAGNAC (Isabelle d'), 30.

ARMAGNAC (Jacques d'), duc de Nemours. 294. V. *Nemours*.

ARMAGNACS (les), 105. 238.

ARNAULT (Guillaume), de l'Albigeois, 66.

ARNOUVILLE (la seigneurie d'). 281.

ARQUES (la vicomté d'). 21.

ARQUES (la ville d'). 102. 104.

ARRAS (l'évêque d'). 80.

ARRAS (Traité d'), 57. 80, 131. 134, 149, 236.

ARTOIS (Bonne d'). deuxième femme de Philippe le Bon. 245.

ARTOIS (province d'). 171.

ARTS (le prieur des) à Florence. 138.

ARVEUS, trésorier de Saint-Martin de Tours. 6.

ASSIGNY (le bailli d') en la sénéchaussée des Lannes. 221.

AUBERTIN (Thibault), 33.

AUBUSSON (Antoine d'), sire de Monteil. 36.

AUBUSSON (Rainaud d'), 36, 299.

AULE (le manoir d'), 20.

AUMALE (Jean de Harcourt, comte d'), 307.

AUMOY (Jeanne d'). 330.

AUMOY (Philippe d'). 330.

AUMOY (Catherine de Montmorency, dame d'). 330.

AURILLOT (Guy). seigneur de Champlâtreux. 345. 346.

AURILLOT (Nicolas), 346.

AUSSEMONT (Estévenot de Taulresse, seigneur d'). V. *Taulresse*.

AUSTRE (Antoine). de Béziers. 67.

AUTRICHE (Albert, duc d'), 74.

AUTRICHE (Simon, duc d'), 74.

AUVERGNE (Bertrand de la Tour. comte d'), 159. V. *Tour*.

AUVERGNE (Béraud, dauphin d').

AUVERGNE (pays d'). 90, 92, 151. 152, 155. 183, 195, 228, 229 235. 236. 293, 295.

AUVERGNE (Etats d'), 8.

AUVERGNE (Jeanne, dauphine d'). 311.

AUVERGNE (Louis de Bourbon, dauphin d'). 6, 7. 14, 189, 193. 194. 311.

AUX (ville d'), 92.

AUXERROIS (Saint-Germain l'). 327.

AVESNES en Hainaut, 101, 102. 104, 107. 108, 123, 160, 163.

AVIGNON (ville d'). 6. 186, 222.

AVIRÉ (lieu d'), en Anjou. 69.

AVISSE (Robin), canonnier du roi. 36. 73.

AVOR-EN-BOURBONNAIS, 22.

AVRANCHES (pays d'), 160.

AY (Jean), avocat du roi. 5.

AY (Jacquette, vicomtesse d'), femme de Jean du Drac, 5.

AYDES (la Cour des), 84, 85. 86, 256. 257.

AYDIE (Françoise d'), dame de Ribérac, 283.

AYDIE (Odet d'), l'aîné, sire de Lescun. comte de Comminges, 13, 21, 191.

AYDIE (Odet d') le jeune, vicomte de Turenne, 191.

AYMERIC, fils d'Ebrard. 2.

AZINCOURT (bataille d'), contre les Anglais. 35, 103.

B

BAILLET (Antoinette), femme de Pierre de Vaudetar. vidame de Meaux. 330.

BAILLET (Guillemette), femme de Loys Blanchet, 239.
BAILLET (Jean I), trésorier de France, 5.
BAILLET (Jean II), seigneur de Sceaux, 20, 239, 330, 334.
BAILLET (Miles), trésorier de France, 5.
BAILLET (Oudette), dame de Bailly-en-Brie, 344.
BAILLET (Pierre) évêque d'Auxerre, 330
BAILLET (Thibaut), premier président du Parlement, 327-330.
BAILLY-en-Brie (seigneurie de), 344.
BAJAZET (sultan), 78.
BALAUSUN (Armand de), écuyer, 133.
BALE (concile de), 13.
BALSAC (Jean de), seigneur d'Entraigues, 156.
BALSAC (Louise de), femme du seigneur d'Argy, 284.
BALSAC (Robert de), 156
BALSAC (Roffec de), sénéchal de Beaucaire, 156
BALUE (cardinal La), 187.
BAPAUMES (ville de), 259.
BAR (cardinal de), 35.
BAR (Charlotte de) femme de Pierre d'Oriolles, 129.
BAR (Jean de), 114, 200, 324.
BARBEZIEUX (ville de), 159.
BARBO (le cardinal), 183.
BARCELONE (comte de), 116.
BARCELONE (ville de), 117, 120.
BARDE (le sire de la) sénéchal du Limousin, 201.
BARROIS (le pays de), 35.
BARRY (Alexandre), 236.
BARTON (Jean), prévôt de Saint-Junien, 275.
BARTON (Pierre), vicomte de Montbas, 12.
BASOGES (seigneurie de), 283.
BASOGES (le sire de), 173, 234.
BASQUE (pays), 228.
BASTEL (Géraut), sire de Crussol, 134.
BASTILLE (château de la), 50, 304, 306.
BAUDE (M^e), 265.
BAUDRICOURT (Marguerite de), femme du bailli de Chaumont, 160.
BAUGÉ (ville de), 342.
BAUGY (seigneurie de), 114, 200.
BAVIERE (Louis, duc de), 75.
BAVIÈRE (Marguerite de) 245.
BAYART (Antoine), clerc des Comptes, puis trésorier du Languedoc 261, 343.
BAYEUX (ville de) 216, 217, 286, 307.
BAYONNE (ville de), 126, 133, 161.
BEAUCAIRE (sénechaussée de), 63, 115, 156.
BEAUCAIRE (trésorerie de), 115, 134, 135, 137, 154, 173, 182, 237, 267, 291, 292.
BEAUCE (pays de), 281.
BEAUFFREMONT (Pierre de), sire de Charny, 201, 244, 245, 246.
BEAUGENCY (ville de), 30, 31, 34, 162.
BEAUJEU (Pierre de Bourbon sire de), 295.
BEAUJOLAIS (pays du), 151, 152, 159.
BEAULIEU (seigneurie de), 250.
BEAUMONT (Alix de), femme d'Amaury de Meullent, 238.
BEAUMONT (seigneurie de), 273.
BEAUPREAU en Anjou, 160.
BEAUREVOIR (seigneurie de), au comte de Saint-Pol, 230.
BEAUSSE (Christophe de), clerc, 253, 261.
BEAUVAIS (siège de), 161.
BEAUVAIS (ville de), 335, 336, 345, 346.
BEAUVAU (Antoine de), président de la Chambre des comptes, 130, 132, 200, 225, 323.
BEAUVAU (Bertrand de), seigneur de

Précigny, président de la Chambre des comptes, 131, 132, 150, 152.
BEAUVOISIS (pays du), 47, 49.
BEC HELLUYN (l'abbaye de) 121.
BECHET (Pierre), 152.
BEDRESQ (église de) en Gévaudan, 237.
BELIN (Geoffroy de Saint-), bailli de Chaumont, 94, 158, 160.
BELIN (Pierre de Saint-), seigneur de Blaisy, 160.
BELLAY (Jeanne du), femme de Jean Rouhaut, sire de Gamaches, 111.
BELLEFAYE (Martin de), conseiller au Parlement, seigneur de Ferrières-en-Brie, 326, 327, 329, 330, 333.
BENAON (comté de), à la maison d'Amboise, 255.
BENAUGE, (Jean de Foix, comte de), 162.
BERNE (ville de), 51, 52.
BERRY (le bailli du), 63, 65.
BERRY (Charles de France, duc de) frere de Louis XI, 146 183 189, 191, 207. V. *Monsieur*
BERRY (Claude de Vaudenay), sénéchal du), 101, 102.
BERRY (Jean de France, duc de) frere du roi Charles V, 6, 7, 309.
BERRY (pays du), 89, 151, 152, 236.
BESAUDUN (seigneurie de), 160.
BÉTHUNE (Armand de), 173, 261.
BÉZIERS (parlement de), 10, 12
BÉZIERS (ville de), 67.
BICHE (Jean Labbé, sire de la), 128, 129.
BIDASSOA (rivière de la), 137.
BIELLE (seigneurie de), 160.
BIEN PUBLIC (la ligue du), 183, 189, 202, 220, 226.
BIGARS (Guillaume de), archer, 162.
BILLON (Jean), clerc de Briçonnet, 253.
BIMON (forêt de), 249.
BLAISY (seigneurie de), 160.
BLANCHART (Jean), 18.
BLANCHEFORT (Guy de), sénéchal de Lyon, 71.
BLANCHET (Hugues), grand aumonier de France sous Charles VI, 239.
BLANCHET (Loys), seigneur de la Queue-en-Brie, 238, 239, 241.
BLANCHET (Pierre), secrétaire de Charles V, 239.
BLANCHET (Renaude), femme de François de Chanteprime, 239, 241.
BLASPHÉMATEURS (peines contre les), 87.
BLAYE (ville de), 159.
BLÉRÉ en Touraine, 20.
BLOIS (ville de) 321.
BLOSSET (Jean), sire de Saint-Pierre, 306.
BOHÊME (Georges, roi de), 47, 52, 53, 77.
BOHIER (Thomas), 341.
BOILESVE (Jeanne), 63, 253.
BOILESVE (Marguerite), dame de Persan, femme du chancelier de Ganay, 63.
BOILESVE (Mesmin), général des finances sous Charles VII, 63.
BOILÈVE, V. *Boilesve*.
BOILLEAUE (Jeanne), 70.
BOIOL (Guillaume et Jean), 34.
BOISMÉNART (Joachim Rouhaut, seigneur de), maréchal de France, 111, 160.
BOISSETTES (Artus de Vaudetar, seigneur de), 286.
BOLHON (Arnaud de), 90.
BONFILS (Guillaume de), 32.
BONIN (Pierre), bourgeois de Nîmes, 266, 267.
BONIN (Regnault), procureur du roi, 19.
BONNEUIL-sur-Marne (seigneurie de), 14, 238, 239, 241.
BORDE (Guy de la), gentilhomme de la retenue du duc de Bourbon, 67.

BORDEAUX (parlement de), 133, 134, 137.
BORDEAUX (ville de), 125, 126, 132, 137, 159, 161.
BORDES (seigneurie des), 238.
BORME (Perrotin de), de l'Armagnac, 91.
BORT (Alix de), femme de Robert de Chabannes, 109.
BOS (Jean du), bailli de Cassel, 40.
BOUCHART (Colin), 33.
BOUCHER (Bureau), beau-frère d'Arnauld de Marle, chancelier de France, 98.
BOUCHET (Tristan l'Hermite, seigneur du), 160.
BOUCHIER (Jean), anobli pour avoir combattu les Anglais, 95.
BOUCICAUT (le maréchal de), 71.
BOUCQUART (Jean), 20.
BOUDRAC (Jeanne de), femme de Jean Dauvet, 173.
BOULANGER (Jean, le) conseiller au parlement, 114.
BOULOGNE (Bertrand de la Tour-d'Auvergne, comte de), 151, 159.
BOULOGNE-sur-Mer (ville de), 174.
BOULOGNE-sur-Marne (Geoffroy de Saint-Belin), 94.
BOULONNAIS (pays du), 20, 171.
BOUQUENEAU (Thomas), abbé de Saint-Michel en Thiérache, 89.
BOURBON (Antoine de), 311.
BOURBON (Eléonore de), comtesse de Pardiac, 294.
BOURBON (Gabrielle de), 332.
BOURBON (Isabelle de), 259.
BOURBON (Jean I, duc de), 7, 309.
BOURBON (Jean II, duc de), 8, 20, 67, 181, 184, 189, 192, 193, 197, 198, 212, 215, 226, 227, 228, 235 249, 257.
BOURBON (Louis de), comte de Montpensier, 6, 7, 14, 189, 190, 194.
BOURBON (Louis, bâtard de), 161.
BOURBON (Marie de France, duchesse de), 7.
BOURBONNAIS (le bailli du), 18, 158.
BOURBONNAIS (pays du), 20, 151, 152, 171, 192, 193, 227, 229, 236.
BOURGES (Foulques doyen de), 202.
BOURGES (le roi de), 94.
BOURGES (université de), 276.
BOURGES (ville de), 68, 84, 89, 92, 93, 94, 192, 235.
BOURGOGNE (Charles le Téméraire, comte de Charolais, puis duc de) 301. V. *Charolais*.
BOURGOGNE (Marie légitimée de), 248.
BOURGOGNE (Philippe le Bon, duc de), 18, 42, 47, 48, 49, 50, 52, 53, 101, 111, 123, 184, 245, 247, 249, 250, 254, 259.
BOURGOGNE (Pierre de Beauffremont maréchal de), 246.
BOURGUIGNON (Guillaume Le), chevalier, 93.
BOURGUIGNON (Jeannicotin le), 93.
BOURGUIGNONS (la faction des), 103, 308.
BOURRÉ (Jean), seigneur du Plessis-en-Anjou, 206, 232, 233, 235, 258, 269.
BOURRÉ (Guillaume), 234.
BOURSIER (Gérald le), conseiller du roi, 20.
BOURSIER (François), maître des Comptes, 302, 303, 304, 323, 324.
BOURSIER (Jean de), sire d'Esternay, 17, 22, 141, 182.
BOUTTEILLIER N., grand de France.
BOUTTEVILLE (Brun de), homme d'armes, 163.
BOUVILLE (Jeanne de), femme de Waleran II, seigneur de la Queue, 238.
BRACQUE (Perette), 323.

BRAGELONGUE (Adam de), seigneur de Jouy, 241.

BRANCECOURT (Guillaume Varlet, seigneur de), 35.

BRANDEBOURG (le margrave de), 73, 74, 76.

BRASSAC (le sire de), 311.

BRAY (ville de), 264.

BRESONS (Pierre de), chevalier de Saint-Jean de Jérusalem, 92.

BRETAGNE (duché de), 128, 129, 163, 164, 191, 198, 201, 216, 247, 252, 331.

BRETAGNE (François II, duc de), 32, 38, 39, 41, 46, 49, 58, 64, 113, 128, 130, 168, 169, 183, 189, 194, 205, 206, 207, 208, 209, 216, 248.

BRETAGNE (Jean de Montauban, amiral de), 109.

BRETTEVILLE-l'Orgueilleuse (pays de), 90.

BRÉZÉ (Pierre de), sénéchal de Normandie, 13, 169, 218.

BRIANÇONNAIS (comte de), 159.

BRIAND de Brez (Bertrande), femme de Guillaume Bourré, 232.

BRIÇONNET (André), 251, 259.

BRIÇONNET (Guillaume), 254, 337, 342.

BRIÇONNET (Jean l'aîné), receveur du Languedoc, 62, 149, 252, 253, 256, 260.

BRIÇONNET (Jean le jeune), receveur pour la Touraine, 63, 253, 256.

BRIE (le pays de), 47, 49, 233, 251, 257.

BRIENNE (Louis de Luxembourg, seigneur de), 228.

BRIGUEIL (l'archiprêtre de), 279.

BRIGUEIL (Bertrand de Reilhac, vicomte de), 282, 283, 284.

BRIGUEIL (Clément III de Reilhac, seigneur de), 10, 14, 146, 149, 281, 284.

BRIGUEIL (François I de Reilhac, vicomte de), 282, 283, 284.

BRIGUEIL (François II de Reilhac, vicomte de), 283.

BRIGUEIL (Jean de Reilhac, vicomte de), tué à la bataille de Saint-Denis, en 1567, 11, 282, 284.

BRIGUEIL (Isabeau de Rochechouart dame de), 5, 282, 283.

BRIGUEIL (Jacquette de Reilhac, dame de), 282, 283, 284.

BRIGUEIL (Pierre IV de Reilhac, seigneur de), tué à la bataille de Verneuil, en 1424. V. *Reilhac*.

BRIGUEIL (Pierre V de Reilhac, vicomte de), grand échanson, 283, V. *V. Reilhac*.

BRIGUEIL (la vicomté de), 5, 11, 12, 16, 275, 280, 282, 350.

BRILHAC (Charles de), seigneur d'Argy, grand maître de l'hôtel du roi Charles VIII, 63, 282, 284.

BRILHAC (Clément de), évêque de Saint-Papoul et de Tulle, abbé de Lesterps, 317, 318, 319.

BRILHAC (Renée de), femme de Bertrand de Reilhac, 275, 282, 284.

BRILHAC (Robert de), chevalier, 317, 318.

BRIOUDE (ville de), 161.

BRISSAC (ville de), 160.

BRIVES-la-Gaillarde, 145.

BRUGES (ville de), 184, 323.

BRUXELLES (ville de), 243, 245, 248.

BUCHAN (Jean Stuart, comte de), connétable de France, 9.

BUDÉ (Dreux), gardien du trésor des Chartes, 186, 187.

BUDE (Jean), 187.

BUDES (Christophe), archer des Ordonnances, 223.

BUEIL (Jean V de), comte de Sancerre, 36, 106, 129, 130.

BUFFEVAUT (Guillaume), capitaine de Pinet, 222.

BURDELOT (Pierre), 254.

BUREAU (Gaspard), grand maître de l'artillerie, 13, 37, 71, 123.
BUREAU (Jean), trésorier de France, 13 21, 22, 28, 32, 33, 34, 36, 37, 71.
BUREAU (P.), 223.
BUZ (Abel de), seigneur de Villemareuil, panetier de France, 10, 282, 283.
BYZANCE (ville de), 78.

C

CABRIOL (Jean), 35.
CAEN (le bailli de), 161.
CAEN (traité de), 101, 113, 232.
CALABRE (Jean d'Anjou, duc de), 59, 60, 209, 219, 235.
CALAIS (ville de), 20, 101.
CALIXTE III, 43.
CAMBRAY (Jeanne de), 245.
CAMOIS (le sire de), Anglais.
CAMPOFREGOSI (la faction des), a Gênes, 59.
CAMPS (de), conseiller du comte d'Armagnac, 225, 226, 227.
CANDALE (Jean de Foix, comte de), 151, 162.
CAPDENAC (ville de), 163.
CAPDORAT (Aymar de Poisieu dit), 98, 116, 117, 118, 119, 125.
CARBONNEL (Guillaume de), 94.
CARCASSONNE (Jean d'Estampes, évêque de), 269.
CARCASSONNE (Estévenot de Taulresse, sénéchal de), 161.
CARCASSONNE (ville de), 20, 40.
CARENTAN (pays de), 163.
CARLAT (ville de), en Auvergne, 295, 296, 301.
CARLOS de Viane (de), prince héritier d'Aragon, 116, 117, 119.
CARNÉ (Guy de), chevalier breton, 63.
CARNÉ (Sevestre de), frère du précédent, 63.
CARRE (Guillot), 20.
CARS (le sire de), 149.
CASTELLANI (Otto), receveur du Languedoc, après Jacques Cœur, 68, 83, 84.
CASTELSERRAT (seigneurie de), en Guyenne, 22.
CASTILLE (Henri IV, roi de), 116, 137.
CATALANS (les), 119, 121.
CATALOGNE (les États de), 116, 117, 119, 120.
CATALOGNE (principauté de), 138.
CAUDA (Hascherus de), seigneur de la Queue-en-Brie, 238.
CAUDEBEC (vicomté de), 21, 163.
CAULE (Arnaud), faux monnayeur, 90.
CAUMARTIN (le Fèvre de), 9.
CAUX (Aléaume de), 122.
CAUX (pays de), 22.
CAYLUS (la maison de), 140, 191.
CÉLESTINS de Mantes (les religieux), 269, 271.
CELLES en Auvergne (commanderie de), 92.
CENAINE (Marc), huissier de la Cour des comptes, 332.
CENT ANS (la guerre de), 170.
CERDAGNE (pays de la), 121, 138, 162.
CERNAY-en-Alsace (la ville de), 32.
CÉVENNES (habitants des), 235.
CHABANNAIS (ville de), en Angoumois, 281.
CHABANNES (Antoine de), comte de Dammartin, 13, 17, 24, 101, 107, 108, 109, 113, 127, 201, 216, 235, 257, 273.
CHABANNES (Agnes de), 156.
CHABANNES (Robert de), 109.
CHABOT (amiral), 228.
CHABOT (Arnauld de), 2.

Chabot (Guy de), évêque de Sarlat, 275.

Chabot (Jeanne de), femme de Jean de Chambes, chambellan de Charles VII, 78.

Chabot (Marguerite de), femme de Pierre de Reilhac, vicomte de Mérinville, 11, 275, 282, 283.

Chabot (Renaud de), vicomte de Carnac, 284.

Chabrol (Antoine), administrateur des biens d'Armagnac, 30.

Chalus (les habitants de), en Limousin, 108, 109.

Chambart (Jean de), bourgeois de Limoges, 3.

Chambes (Jean de), chambellan de Charles VII, 78.

Chambive (Jeanne), 34.

Chambon (Jean), à Aigueperse, 299, 300.

Chamborant (Gaspard de), seigneu de la Clavière, 275.

Chambrier de France (Clément II de Reilhac, grand), 14.

Chambrun (M. de), 95.

Champagne (comtesse Marie de) 335.

Champagne (pays de), 47, 49, 183, 232.

Champagne (Thibaut, comte de), 325.

Champagné (près Tours), 64, 65.

Champanhac (Amblard), consul de Chaudesaigues, 226, 228, 229.

Champlatreux (Guy Aurillot, seigneur de), 345, 346.

Champs (Notre-Dame des), 7.

Chancellerie (la Cour de), 339.

Chanteloup en Brie, 251.

Chanteprime (Adam de), 241.

Chanteprime (Babélon ou Isabelle de), 241.

Chanteprime (Catherine de), femme d'Eustache de Gaucourt, grand fauconnier de France, 241.

Chanteprime (Jeanne de), femme de Philippe de Corbie.

Chanteprime (François de), seigneur de la Queue-en-Brie, 279, 241.

Chanteprime (Jean I de), seigneur de la Prime, 240.

Chanteprime (Jean II de), général des finances 241.

Chanteprime (Jean III de), maître des comptes, 238, 241.

Chanteprime (Marguerite), femme de Pierre I de Vaudetar, seigneur de Pouilly-le-Fort, 241, 286.

Chanteprime (Marguerite), dame de la Queue-en-Brie, Pontault, Bonneuil, femme de Jean de Reilhac, 247, 249, 253, 351, 352, 353.

Chapeau rouge (l'auberge du), 299, 300.

Chapelle (Jean de la), 69.

Chapelle-la-Reine.

Charlemagne (la croix de saint), 259.

Charlemagne (l'empereur), 287.

Charles V (roi de France), 4, 6, 238, 239, 267, 287.

Charles VI, 4, 6, 71, 98, 221 241, 286.

Charles VII, 7, 8, 9, 10, 12, 13, 14, 16, 17, 22, 23, 24, 27, 28, 29, 36, 37, 40, 41, 63, 64, 65, 66, 72, 78, 84, 90, 94, 97, 98, 99, 100, 101, 102, 107, 108, 110, 114, 128, 131, 140, 141, 150, 164, 185, 191, 208, 212, 217, 235, 245, 248, 254, 267, 281, 286, 289, 294.

Charles VIII, 14, 15, 63, 164, 200, 232, 258, 264, 280, 281, 331, 335, 336, 339, 340, 341, 344, 345, 347.

Charles le Téméraire (comte de Charolais, puis duc de Bourgogne),

198, 205, 218, 248. V. *Bourgogne* et *Charolais*.

CHARNY (Pierre de Beauffremont, sire de), 201, 248.

CHAROLAIS (Charles, comte de), 47, 57, 101, 102, 103, 104, 150, 189, 190, 223, 243, 247, 248, 249, 250, 258, 259, 308, 309.

CHAROST (Armand de Béthune, duc de), 263.

CHARTIER (Guillaume), évêque de Paris, 286.

CHARTRES (le chapitre de), 3.

CHARTRES (l'évêque de), 78, 283. 299.

CHARTRES (grenier à sel de), 235.

CHARTRES (ville de). 345, 346.

CHASTELLADE (lieu de), 299.

CHASTELLAILLON (seigneurie de), 187.

CHASTELLET (Regnault du), maréchal du Dauphiné, 158, 161.

CHASTENAY (seigneurie de), 281.

CHASTILLON (seigneurie de), 111, 201.

CHASTILLON (Louis de Laval, sire de), gouverneur du Dauphiné, V. *Laval*.

CHATEAUBRIANT (ville de). 331, 332.

CHATEAUBRUN (le sire de), 35.

CHATEAU-CHINON (pays de), 150, 152, 238.

CHATEAU-GONTHIER (ville de), 159, 234.

CHATEAUNEUF (Antoine de), sire du Lau, 98, 111, 163. V. *Lau*.

CHATEAUPERS (Guillaume de), chevalier poitevin, 18.

CHATEAUPERS (Jean de), recteur de l'Université de Poitiers, 18.

CHATEAURENAULT (lieu de). 33. 36. 83.

CHATEAUVILLAIN (le sire de), chambellan du roi Louis XI, 209, 210. 214.

CHATEL (Tanneguy du), vicomte de Joyeuse, bailli de Lyon, 78.

CHATELARD (château du), près Saint-Junien, 6.

CHATELARD (lieu du). en Bourbonnais, 17.

CHATRE (le sire de la), 67.

CHAUDESAIGUES (ville de), en Auvergne, 226. 227, 229, 273.

CHAUFFOUR (Antoine de la Pite, seigneur de). 344.

CHAUMONT (Geoffroy de Saint-Belin, bailli de), 94, 134, 160, 161.

CHAUSSIÈRE (lieu de la), 20.

CHAUVIN (Guillaume), chancelier de Bretagne, 247, 248.

CHELLES (monastère de) 353.

CHEMILLÉ en Anjou, 160.

CHEMIN (N. du), dame de Guermantes, 239.

CHENU (Guillaume), seigneur de Portneau, 158, 162.

CHERBOURG (ville de), 164, 168, 169.

CHEVALIER (Etienne), trésorier de France, 94, 132, 140, 211, 214, 222.

CHIMAY (Jean de Croy, sire de), 130. 244. V. *Croy*.

CHINON (ville de), 12, 64, 67, 70, 71, 160, 161.

CHRISTINE (les religieuses de Sainte-), à Mantes, 269, 271.

CHUPPART (Jean), 90.

CIERGE en Auvergne (lieu de Saint-). 90.

CINGÉ (seigneurie de), 280. 281.

CLAIRE (le monastère de Sainte-), 353.

CLARISSES (les religieuses), 352.

CLAUSTRE (Antoine du), conseiller du roi, 295. 300.

CLAUSTRE (Barthélemy du), conseiller au Parlement, 114.

CLAUSTRE (Guillaume du), conseiller au Parlement, 7.

CLAVEL (Morellet), capitaine de Pinet. 223, 224.

CLAVERIE (Meynolet de la), 90.

CLAVIER (Raymond), 33.

CLERC (Jean le). seigneur du Tremblay, 109, 349.

CLERMONT en Auvergne (ville de). 161.

CLERMONT (Jacques de). bailli de Caux, 22, 30, 70.

CLERMONT (Jacques de Comborn, évêque de), 150, 151, 236, 299, 302.

CLERMONT (Marie de), 311.

CLERMONT-Lodève (Pons Guilhem, sire de), 140, 144.

CLEVES (Inès de), 116.

CLOTAIRE (le roi). 287.

CLOUD (les reliques de saint), 6, 148, 273.

CLOYS (Jean de), 4.

CLUNY (abbaye de). 22.

COËTIVI (Olivier de), sénéchal de Guyenne, sire de Taillebourg, 28. 29. 289.

COETLOGON (le sire de). 128. 129 130.

CŒUR (Geoffroy). 61, 62.

CŒUR (héritiers de Jacques), 62.

CŒUR (Jacques), 61, 62. 83, 84. 94. 108. 141.

CŒUR (Marie). femme d'Eustache Lhuillier. 349

CŒUR (Renaud). 62.

COGNAC en Angoumois (le chastel de). 68.

COIRON (lieu de). en Bretagne. 169.

COLIN, serviteur de l'évêque de Saint-Papoul, 317.

COLOMBEL (Guillaume). 235.

COLOMBIÈRE (Navarot d'Anglade. sire de la). 111.

COMBORN (Jacques Ier de), évêque de Clermont, 151, 299. V. *Clermont.*

COMBORN (Marguerite de). femme de Raynaud d'Aubusson, sire du Monteil, 36.

COMBRAILLES (pays de), 149.

COMINES (Philippe de). 113.

COMMINGES (le comte de), 92.

COMMINGES (Jacques. bâtard d'Armagnac. comte de). maréchal de France), 127, 133, 139. 158, 159, 185, 191, 195, 201, 212, 215.

COMMINGES (Odet d'Aydie, dit l'aîné, comte de), amiral de Guyenne, 191

COMPTES (chambre des), 200. 203. 227, 262, 270, 271, 274, 293. 324, 326. 337. 348.

CONDÉ Sainte-Libiaire (seigneurie de). 330.

CONDOM (ville de), 31, 134.

CONFLANS (traité de). 200, 203. 204, 205, 211. 213, 222. 294, 313.

CONFOLENS (ville de). 18.

CONFORR (seigneurie de), 133.

CONGOTTE (Hélyot de). 69.

CONSEIL (grand) du roi. 83. 85.

CONSTANCE (fille de Louis le Gros), 173.

CONTE (Guillaume), 153.

CONVERSAN (seigneurie de), 232.

CONYNGHAM (Robert), capitaine de la Garde écossaise, 158. 161.

COPIN (Mathieu). 19.

COQ (Jean le), avocat du roi. 5.

COQ (Robert le). 5.

CORBEIL (ville de), 279.

CORBIE (Arnault de). chancelier de France, 239.

CORBIE (Guillaume de), conseiller au Parlement, 114.

CORBIE (Philippe de), premier président du Parlement, 239.

CORDEBEUF (Durand de), seigneur du Coreil, 193.
CORDEBEUF (Martin ou Merlin de), seigneur de Beauvergier, 193, 194.
CORDIER (Jean), procureur du duc de Bourbon, 227.
COREIL (seigneurie du), 193.
COSINAS (abbaye de), 2.
COSNE-lez-Tours (Saint-), 93.
COTEAUX (Jean des), à Beaucaire, 134.
COTENTIN (Jean du Pont, bailli du), 163.
COTTIER (Jacques), médecin du roi, 346.
COUCY (Mathieu de), 98.
COUDRAY (seigneurie du), 203.
COULON (Laurent), prêtre, 77.
COUPVRAY-en-Brie (seigneurie de), 73.
COURTILS (Philippe des), conseiller au Parlement, 7.
COUSINOT (Guillaume), sire de Montreuil, capitaine, puis évêque de Langres, 13, 78, 218.
COUTANCES (Richard de Longueil, évêque de), 22, 32, 33, 36, 43, 65, 77, 93.
CRAON (Georges de la Trémoille, seigneur de), 64, 236.
CRAON (Marie de) femme de Jean de Croy, 42.
CRAON (pays de), 163.
CRÉCY-en-Brie (ville de) 343.
CREIL (ville de), 111, 314.
CRÉTEIL (lieu de) 313, 314, 316.
CREVANT (Louis I de), seigneur de Cingé, 282, 283.
CREVANT (Louis II de), duc d'Humières, maréchal de France, 282, 283.
CROHIN (Jean), de l'ordre des Franciscains, 352.
CROIX (Claude de Vienne, seigneur de Sainte-), 34.
CROIX (Marguerite de Sainte-), 34.
CROS (Gabriel du), chevalier, 95.
CROTOY (le château du), 150, 186.
CROY (Le cardinal de), 269.
CROY (Jean de), sire de Chimay, 41, 42, 43, 48, 58, 72, 130, 131, 246, 245, 249, 250, 256.
CROY (Jeanne de), femme de Jean de Lannoy, gouverneur de Hollande, 42.
CRUSSOL (Géraut de), 134, 152, 153.
CRUSSOL (Jeanne de Levis, dame de), 182.
CRUSSOL (Louis de), grand panetier de France, 93, 122, 133, 158, 160, 182, 192, 212, 215.
CUISAT (seigneurie de), 151, 153.
CUISSART (Thomas), 33.
CUVERT (Robert), 122.

D

DAIGNET, procureur du duc de Bourbon, 226, 227.
DAMANCY, serviteur d'Antoine de Chabannes, 112.
DAME de Paris (le chancelier de Notre-), 286.
DAME de Paris (Notre-), 112.
DAMMARTIN (Antoine de Chabannes, comte de), 13, 106, 107, 109, 110, 111, 112, 113, 216, 217.
DAMOISEL (Jean le), conseiller au Parlement, 70, 98.
DAMOISELLE (Bénédicte la), 70, 98.
DAMPIERRE (le sire de), 8.
DANEMARK (le roi de), 47, 51, 52.
DANIEL (Jean), 39.
DAUGE (Jean), 317.
DAUPHIN de Viennois (Louis de France), 24, 27, 40, 41, 42, 43, 44, 45, 46, 48, 54, 98, 102, 103, 104, 107, 110, 117, 124. V. *Louis XI*.

DAUPHINE (Charlotte de Savoie), 64, 65.
DAUPHINE (Etats du), 18.
DAUPHINÉ (pays du), 22. 23, 24, 25, 40, 42. 159, 209, 210, 211, 212, 213. 214. 216, 223, 224.
DAUPHINÉ (Regnault du Châtelet, maréchal du), 161.
DAUPHINÉ (trésorerie du), 295.
DAUVET (Jacques), 173.
DAUVET (Jean), président des Parlements de Toulouse et de Paris, 13, 17, 20, 21. 22. 140, 144. 173. 181. 182, 191, 201, 204.
DAX (les frères). de Carcassonne. 133, 138. 161.
DAX (ville de). 31.
DEFFINS (seigneurie de), 133.
DELAUNAY. brigandinier du roi. 20.
DÉLIVRANDE (Notre-Dame de la), 181.
DENIS (l'abbé de Saint-), 4.
DENIS en France (ville de Saint-). 111, 112, 160.
DESMARETS (Jean), avocat du roi Charles VI. 5.
DESPLAINT (Raimonnet), 66.
DEUDEBAT (Jean). de Casteljaloux, 69.
DEUX-PORTES (rue des). à Paris. 5, 273.
DIE (Géraut de Crussol. évêque de), 134.
DIEPPE (Jeanne de). jeune fille à marier, 69.
DIEPPE (Georges de), 69.
DIJON (ville de), 245. 259.
DOIT (Guillaume du). 32.
DOMFRONT (ville de), 159.
DONZENAC (lieu de). 145.
DORDOGNE (rivière de la), 153.
DORIOLE (Pierre), conseiller du roi, puis chancelier de France, 28, 29, 32, 306, V. *Oriolles*.
DORMANS (Guillaume de). chancelier de France, 241.
DORMANS (Gillette de), femme de Jean de Chanteprime, 239, 241.
DORTOYS (Jean), serviteur de Clément de Brilhac, évêque de Saint-Papoul 317.
DOUGLAS (Henry), archer écossais de la Garde de Charles VII, 91.
DRAC (Jean du), premier président du Parlement, 9.
DREUX (Charles d'Albret, comte de). 311.
DRISQUE (Jean de la) ou de la Driesche, président de la Chambre des Comptes. 304. 323, 324.
DUBOIS. intendant des plaisirs de Charles VIII. 348, 349.
DUFOUR (Jeanne), à Paris, 035.
DUNOIS (Jean. bâtard d'Orléans, comte de). 13. 20, 21. 22. 24. 36. 47. 49. 70. 98. 99. 102. 103. 104. 107, 110. 117, 232. 263.
DUPRAT (Jean). 91.
DURANSA (Jean de), de l'Agenais, 90.
DYOIS (pays du), 214. 215.

E

EBBO. fils de Milon, 2.
ECHANSON de France (Pierre V de Reilhac, vicomte de Mérinville, grand), 282, 283. 284.
ECOSSE (la fille du roi d'). 101.
ENGHIEN (Mariette d'), mère du comte de Dunois, 207.
ENGHIEN (seigneurie d'). 230.
ENTRAIGUES (Jean de Balsac, seigneur d'), 156. 282.
ERMITE (Guillaume de l'), XXVIIe prévôt de Saint-Junien, 276.
ESCOUCHY (Math. d'), 58, 98.
ESCUROLLES (lieu d'), en Bourbonnais, 161.

ESPAGNE (pays d'). 121, 138. 184, 323.

ESTAMPES (Jean d'), commis à la Trésorerie de Nimes. 134. 266, 267, 270.

ESTAMPES (Robert d'). 269.

ESTAMPES (Richard. comte d'). 169.

ESTERNAY (Jean le Boursier, sire d'). 22, 43, 106. 182. 184, 232.

ESTOUTEVILLE (le cardinal d'). 106

ESTOUTEVILLE (Jacques d') 350.

ESTOUTEVILLE (Louise d'), femme de Lancelot de Haucourt, 307.

ESTOUTEVILLE (Robert d'). 271.

ESTOUTEVILLE (Michel d'), 273.

ESTUER (Jean d'), sire de la Barde, sénéchal du Limousin, 163.

ETAMPES (ville d'), 232, 233.

EU (Jeanne d'). vicomtesse de Thouars, 4.

EU (Charles, comte d'). 51. 102, 103, 153.

EU (la comtesse d'), 102.

EU (ville d'), 101, 102, 150.

EURE (rivière de l'), 182, 230.

EVREUX (le bailli d'), 127, 163.

EVREUX (le grenier à sel d'), 235.

F

FALAISE (ville de). 163.

FARGEAU (Jacques Cœur, seigneur de Saint-). 108, 109, 112, 113.

FARGUE (Arnaulton de la), 132.

FAUCONNIER DE FRANCE (Eustache de Gaucourt, grand), 239.

FAUGUERNON (Jean de Chambes, seigneur de). 78.

FAURE (Guiot). grenetier à sel de Nimes, 260.

FAURE (Jean), 152.

FAURE (Loys), viguier de Nîmes 15.

FAURE (Pierre), de Cognac, en Angoumois, 68.

FAURIE (Guillaume la). du Vivarais. 33.

FAVARS (Pierre de Taupens, seigneur de), dans la sénéchaussée des Lannes, 31.

FAYE (seigneurie de). 281.

FÉCAMP (ville de). 163.

FERRIER (Georges). de Confolens, 18.

FERRIÈRES-EN-BRIE (la seigneurie de) 327, 329. 330. 332.

FEURS-EN-FORETZ (ville de), 20.

FÈVRE (Clément le), 10, 11.

FÈVRE (Etienne le), prévôt de Saint-Junien. 10. 12. 13. 14. 17. 21. 34. 35, 69. 70. 71. 93. 98, 145, 146, 273. 274. 280. 281.

FÈVRE (Huard le), 9.

FÈVRE (Jean le), seigneur de Saint-Remy. roi d'armes de la Toison d'Or, 9. V. *Toison d'Or*.

FEVRE (Junien le), 9, 12, 13, 14.

FÈVRE (Pierre le), premier président du Parlement de Paris en 1391, 8. 9.

FILLEUL (Simone), 273.

FILLOUL (Guy), trésorier d'Agen. 70.

FINANCES (le conseil des), 232.

FLANDRE (le pays de). 99, 323.

FLAVY (Jean, seigneur de), 92.

FLEURIGNY (Jeanne de), femme du sire du Lau, 111.

FLEURY (Jean de). seigneur de Villeneuve. 273.

FLEURY (Jeanne de), femme de Jacques de Reilhac, 114, 273.

FLOQUET (Robert de Flocques, dit). bailli d'Evreux, 162, 163.

FLORENCE (le gonfalonier de la ville de). 138.

FLORENSAC (Jeanne de Lévis, dame de), 182.

FLORENT (abbaye de Saint-), 2, 284.

FLOSC (G. du). 153.
FLOSC (P. du), 153.
FLOUR (ville de Saint-), en Auvergne, 227.
FLOYEL (la), apothicaire, 274.
FOIX (Gaston, comte de), 13, 21, 22, 24, 36, 71, 125, 146, 181, 252, 266.
FOIX (Jean de), comte de Candale, 102.
FOIX (Jean de), vicomte de Lautrec, 191.
FOIX (la comté de), 36.
FOIX (Thomas de), maréchal de France, 191.
FOLIE (Ostelin de la), receveur de la Guyenne, 290.
FONTAINE (Jacques de la), messager du roi, 19.
FOREST (Louis de Beaumont, sire de la), 231, 234.
FORETZ (pays du), 151, 152, 159.
FORMIER (Anne), 280.
FORMIER (Jacques), sire de la Villatte, 280.
FORMIER (Martial), abbé de Lesterps, de Saint-Jean d'Angély, doyen de Saint-Junien, protonotaire apostolique, 275, 281.
FOSSE (Jean de la), aventurier militaire, 192.
FOUCHIER (Macé), de Rohant, en Sologne, 219
FOULCAULT (Jean), chevalier, 162.
FOULOY (forêt du), 249.
FOULQUES, doyen de Bourges, 200.
FOURCAULD (Jean), 91.
FOURCAULD (Léon), 91.
FOURNIER (Guillaume), 91.
FOURNY (Philipon), 18.
FOURQUEVAUX (lieu de) en la sénéchaussée de Toulouse, 152.
FRAISSE (Eusèbe des Monstiers, seigneur du), 282, 283.
FRANCE (Marie de), duchesse de Bourbon, 7.
FRANCE (Catherine de), deuxième femme de Charles le Téméraire, 47, 57, 259
FRANCE (Charles de), duc de Berry, frère de Louis XI, 146, 189, 208, 214.
FRANCE (Ile-de-), 47, 49, 183, 235, 237.
FRANCE (Louis de), duc d'Orléans, frère de Charles VI, 207.
FRANCE (Jean de), duc de Berry, frère de Charles V, 267.
FRANCE (Madeleine de), 52, 53.
FRANCE (Michelle de), femme de Philippe le Bon, 243.
FRANCE (Marguerite de), 276.
FRANCHE-COMTÉ (la) de Bourgogne, 34.
FRANÇOIS Ier, roi de France, 276.
FRANÇOIS II, duc de Bretagne. V. *Bretagne*.
FRANÇOIS (ordre de Saint-), 352.
FRESNES (Colette ou Nicole de), femme de Jean Baillet, seigneur de Sceaux, 330, 344.
FRESNES (Jean de), chevalier, 34.
FRESNES (Jean), fils du président, 34.
FRESNES (Pierre de), seigneur de la Potherive, 330.
FRESSES (Jean de), tué par Jean de Flavy, 92.
FRESSES (Waleran de), chevalier, son père, 92.
FROMENTEAU en Touraine, 39.
FROMONVILLE (seigneurie de), 281.
FRONSAC (Joachim Rohaut, sire de), maréchal de France, 111, 160.

G

GAIGNON (Guille), commis des guerres au bas Limousin, 16.

GAIGNY (Raymond), 33.

GAIGNY-EN-BRIE (le fief du Grand-). 291.

GAILLAC (ville de). 145.

GAILLARD (Michel). fermier du sel en Poitou, 256. 337.

GAILLEFONTAINE (lieu de). 153.

GALANDE (rue), 5.

GALLARD (Bernard de. dit Bernicot de Laon). 122.

GAMACHES (Joachim Rohaut, sire de). maréchal de France. 90. 111.

GANAY (le chancelier de). 63.

GANNAT (ville de), 17.

GANTOIS (les). révoltés, 173.

GARBOY (Perrotin du). 90.

GARGUESELLE (Jean), grand écuyer. 158, 159.

GARNIER (Jean). 70.

GARNOCHE (lieu de la). 160.

GARONNE (pays en deçà de la). 30.

GASCOGNE (sénéchaussée de). 156. 183.

GATINAIS (pays du), 281.

GAUCOURT (Eustache de). grand fauconnier de France. V. *Fauconnier*.

GAULTIER (Saint-), en Berry.

GAVAY (Jean) procureur du Roi, 316.

GENCIAN (Guillaume), maître des monnaies, 70. 285. 286, 287, 289.

GENCIAN (Jean). 286.

GÊNES (la République de). 59. 91. 184.

GENNAPE (ville de). 22.

GENNES (ville de), en France, 91.

GEORGES (Gabriel de Saint-), écuyer, 162.

GEORGES (seigneurie de Saint-), 34.

GÉRAN (Jean de Mont-Soreau, seigneur de Saint-), père d'Agnès Sorel, 39.

GERMAIN des Prés (l'abbaye Saint-), 40, 226.

GERMON (Jean), 20.

GERMON (Jeanne), 20.

GÉVAUDAN (Robert de Grandmont, bailli du), 221.

GÉVAUDAN (pays du), 220, 221.

GIEN (pays de), 151. 152, 160.

GIGONNE (la), 302.

GILLES (Nicolas) 346.

GILLOT (Jean), d'Aigremont, 91.

GISORS (Lancelot de Haucourt, bailli de). 307.

GLANDELLES (seigneurie de), 281.

GOUFFIER (Guillaume). sénéchal de Saintonge, 36, 61.

GOURDIN (Jean), canonnier du roi, 123.

GOUX (seigneurie des), 289, 290.

GRAMONT (Guilhem de). 69.

GRAMONT (Pierre de), 67, 69.

GRANDMONT (Robert de), bailli du Gévaudan. V. *Gévaudan*.

GRANGE-EN-BRIE (Catherine de Chanteprime, dame de la), femme du grand fauconnier de France. 241, 251.

GRANGE-NEVELON (Gaulois le Picart sire de la). 254.

GRANGIER (Guillaume). usurier de Nantes. 63. 64.

GRANOLS (le sire de), 2.

GRAVE (porte de la), à Bordeaux, 68.

GRAVILLE (le sire de), amiral de France, 341. 348.

GRENOBLE (parlement de). 248.

GRENOBLE (ville de), 209, 211, 214.

GRETZ (ville de), 267.

GROING (Guérin le), gentilhomme attaché au duc de Bourbon, 67.

GROSBOIS (seigneurie de), 4.

GRUEL (Pierre), président du parlement du Dauphiné, 209, 210, 213.

GUERCHE (vicomté de la), 39.

GUERCHE-EN-BERRI (Jean de Bar. seigneur de la). V. *Bar*.

GUERMANTES (la dame de), près Lagny-en-Brie, 239.

GUEYDON (Jean), avocat à Rouen. 93.

GUILHEM (Antoinette), héritière de la maison de Clermond-Lodève, 140.

GUILHEM (Pons de Caylus dit Pons), mari d'Antoinette Guilhem, lieutenant du comte du Maine au Languedoc, 140, 144.

GUILLEMETTE, « femme de petit gouvernement », 152.

GUILLORY (Jean), habitant de Toulouse, 84.

GUYENNE (Odet d'Aydie, amiral de). 191.

GUYENNE (pays de), 22, 126, 133, 153, 159, 163, 186, 228, 291.

GUYENNE (Olivier de Coëtivi, sénéchal de), 28.

H

HAINAUT (pays du), 42.

HALLE (François), rapporteur de la Chancellerie sous Charles VII, 20, 22, 65.

HARCOURT (Jean d'), 307, 313.

HARCOURT (Jeanne d'), femme d'Amaury III de Meullent, 238.

HARCOURT (Louis d'Harcourt), évêque de Bayeux, patriarche de Jérusalem, 185, 193, 197, 306.

HARDOIN (Jean), trésorier de France. 93.

HARDOIN (Marie), fille du précédent. 93.

HASCHERUS de Cauda, chevalier. 238.

HAUCOURT (Lancelot de) 307.

HAVART (Georges), sire de la Rosière, conseiller de Charles VII, 22, 32, 33, 34, 158, 160, 257.

HELLEBONT (Jean), 121.

HENRI IV, roi de Castille, 137.

HENRI VI de Lancastre, roi d'Angleterre, 101. V. *Angleterre*.

HENRIQUEZ (Jeanne), 2e femme de Jean, roi d'Aragon, 116.

HENRIQUEZ de Custellâ (Martin), capitaine espagnol à la solde de Charles VII, créé sénéchal de Saintonge à la place de Guillaume Gouffier, 36, 69, 90.

HERMANVILLE (lieu d'), près N.-D. de la Délivrande, 181.

HERMENT (ville d'), en Auvergne, 197.

HERMITE (Jean l'), 160.

HERMITE (Guilh. de l'), XXVIIe prévôt de Saint-Junien, 274.

HERMITE (Tristan l'), prévôt des maréchaux sous Charles VII et Louis XI, 158, 160 259.

HESDIN (ville de), 174, 178.

HESSELIN (Germaine), femme de Jean Bureau, trésorier de France, 37.

HIRE (Etienne de Vignolles, dit la), maréchal de France, 28, 29.

HOLLANDE (Jean de Lannoy, gouverneur de), 42, 48, 58.

HONFLEUR (ville de), 164.

HONGRIE (le roi de), 47, 52, 53.

HONORÉ (la porte Saint-), 4.

HOUSSAYE (Jean Bureau, seigneur de la). V. *Bureau*

HUCHETTE (rue de la), à Paris, 276.

HUMIÈRES (Louis de Crevant, duc d'), maréchal de France, 284, 285.

HUMONT (Pierre de), fausse monnaie, 32.

HUNGERFORD (lord), 105, 106.

HUNTINGHAM (Robert), écuyer du duc de Somerset, 106.

HUOT (Françoise), 276.

HYÈRES (abbaye d'), près Senlis, 184.

I

ISLE-BOUCHARD (Catherine de l'), femme de Georges, sire de la Trémoïlle.

ISLE-BOUCHARD (ville de l'). 77.

ISLE-en-Flandre, 81, 160.

ISRAËL (Saint), fondateur du chapitre de Saint-Junien, 10.

ISSOIRE (ville d'), 161.

ISSOUDUN (ville d'). 193.

IVRY (Jacques d'Estouteville. seigneur d'), 350.

J

JAMES de Beuvron (Saint-), 164.

JAMIN (Etienne). l'un des Cent de Poitiers, 187, 188.

JAMINE (Louise). femme de Jean de Moulins, 187.

JARNAC (Renaud de Chabot. vicomte de). 11, 284.

JAULHAC (Maurice de), bourgeois de Limoges, 133.

JAVÉ (Jean), hôtelier à Montferrand, 300.

JEAN (maison de l'Image Saint-), sur le quai. à Paris, 350.

JEAN LE BON (roi de France), 3, 6.

JEAN-SANS-PEUR, duc de Bourgogne, 12, 78, 82, 134, 245, V. *Bourgogne.*

JÉRUSALEM (commanderie de Celles), en Auvergne, appartenant à l'ordre de Saint-Jean de). 92.

JÉRUSALEM (Guillaume de Pons, chevalier de Saint-Jean de), 92.

JÉRUSALEM (Louis de Harcourt, patriarche de), 307. V. *Harcourt.*

JÉRUSALEM (Pierre de Bresons, chevalier de Saint-Jean de), 92.

JOACHIM fils de Louis Dauphin 65

JOBERT (Pierre). trésorier du Languedoc, 150, 155, 235, 238, 254.

JOINVILLE (le grenier à sel de), 257, 270, 271.

JONGLET (Jean). procureur du comte de Saint-Pol, 230, 231.

JOUVENEL (Robert), sénéchal de Beaucaire, 154.

JUISNE (rivière de la), à Méréville, 10.

JULLIAN (Guillaume de), bourgeois de Limoges, 3.

JUMELIN (Pierre). canonnier du roi Charles VII. 71.

JUNIEN (chapitre de Saint-). 10. 273. 275, 281.

JUNIEN (Etienne le Fèvre, XXVIIIe prévôt de Saint-), 10, 13, 42, 90, 93. 98, 145, 146. V. *Fevre.*

JUNIEN (Etienne de Maignac, prévôt de Saint-) 6, V. *Maignac.*

JUNIEN (Jean Ier de Reilhac, évêque de Sarlat, XXXIe prévôt de Saint-), 283, 317.

JUNIEN (Jean II de Reilhac. XXXIIIe prévôt de Saint-), 283.

JUNIEN (Martial Formier, doyen de Saint-), 275, V. *Formier.*

JUNIEN (Nicolas de Reilhac, XXXIIIe prévôt de Saint-), 275, V. *Reilhac.*

JUNIEN (les reliques de Saint-), 148, 281.

JUNIEN (ville de saint), 1, 6, 145, 146, 147, 148. 149, 274. 281.

JUVÉNAL DES URSINS (Guillaume), chancelier de France. V. *Ursins.*

JUVÉNAL DES URSINS (Michel), bailli de Troyes. V. *Ursins.*

K

KERENRAI (Anne de), femme de J de Montauban. amiral de France. 106

KNORRE (le docteur), conseiller du duc Guillaume de Saxe, 76.

L

LABBÉ (Jean), seigneur de la Biche, 129, 130.
LACHON (Guillaume), maître des monnaies, 70.
LADISLAS, roi de Naples, dit le roi *Lancelot*, 74.
LADRIESCHE (Jean de la), ou de la Drisque, 201, 232, V. *Drisque.*
LAFOREST (Louis de Beaumont, sire de). V. *Beaumont.*
LAGNY-sur-Marne (ville de), 73, 230, 239, 251.
LALAING (Marie de), femme de Jean de Croy, 42.
LALAING (Simon de), chevalier, 47, 50.
LALLEMANT (Jean), trésorier de France, 342.
LAMBERTYE (les seigneurs de), 149.
LAMETH (Catherine de), femme d'Armand de Béthune, 260.
LANCELOT (le roi) de Naples, 51, 52, 74, 77, 95. V. *Ladislas.*
LANDE (Jean de la), de Périgueux, 68.
LANGEAC (le sire de), 193, 196.
LANGEAC (ville de), 161.
LANGEAIS (le château de), 200.
LANGRES (ville de) 345, 346.
LANGUEDOC (États du), 17.
LANGUEDOC (gouvernement du), 217, 218, 220.
LANGUEDOC (pays du), 139, 141, 142, 143, 145, 149, 155, 170, 182, 183, 184, 236, 290.
LANGUEDOC (trésorerie du), 40, 63, 115, 260, 342.
LANNES (sénéchaussée de), 90, 133, 222.
LANNOY (Jean de), gouverneur de Hollande, 41, 42, 48, 58, 244, 245, 246.
LAON (ville de), 111, 122, 345, 346.
LAONNAIS (pays du), 111, 112, 153.
LARCHEVÊQUE (Jean), seigneur de Parthenay, 186, 187.
LASSERAN (Hugues de), bâtard de Massencourt. V. *Massencourt.*
LASTIC (Jean de), 8.
LAU (Antoine de Châteauneuf, sire du), 98, 108, 111, 112, 114, 121, 122, 127, 133, 134, 139, 162, 163, 173, 193, 195, 196, 305, 307.
LAUTREC (vicomté de), 191.
LAVAL (André de), sire de Lohéac, maréchal de Bretagne, puis maréchal de France, 309.
LAVAL (Louis de), sire de Chastillon, gouverneur du Dauphiné, 23, 24.
LAVAL (ville de), 159, 254.
LAVAU (seigneurie de), 35.
LEBRUN (Jehannet), de Laon, 153.
LEHONS-en-Xanterre (pays de), 168.
LENONCOURT (cardinal de), 73).
LENONCOURT (Thierry), bailli de Vitry, 72, 73.
LEROY (Pierre), de la Queue-en-Brie, 314, 315.
LESCORCHÉ (Marie), 70.
LESCUN (Armand-Guilhem de), père du bâtard d'Armagnac, 159.
LESCUN (Marie de), femme d'Odet d'Aydie, l'aîné, 191.
LESCUN (Odet d'Aydie, sire de), 191.
LESCURE (Anne de), 311.
LESPINAI (Eustache de), ambassadeur du duc de Bretagne, 247 248.
LESTERPS (Abel de Reilhac), abbé de), 275.

LESTERPS (Clément de Brilhac, évêque de Tulle, et de Saint-Papoul abbé de), 275, 317, 318, 319.

LESTERPS (Jean de Reilhac, évêque de Sarlat, abbé de), 275, 283, 284.

LESTERPS (Martial Formier, abbé de Saint-Jean d'Angely et de), 275. 281.

LESTERPS (Nicolas de Reilhac, prieur de Périgueux, abbé de), 275, 283, 284.

LIÈGE (Louis de Bourbon, évêque de), 259.

LIÈGE (le pays de), 52, 258, 259.

LIÉNEAN (château fortifié de), en la sénéchaussée du Rouergue, 93.

LIGNE (Jeanne de), femme de Jean de Lannoy, 42.

LIGNY (Louis), bâtard de Bourbon. comte de), 161.

LILLE (château de), 170.

LILLE (ville de), 78.

LIMAGNE (pays de), 8.

LIMOGES (l'évêque de), 13, 133.

LIMOGES (ville de), 145, 146, 163.

LIMOSIN (le), homme d'armes de la retenue du maréchal de Saintrailles, 28, 29.

LIMOUSIN (pays du), 10, 16, 108, 134, 145, 146, 149, 150, 152, 153.

LINEY (seigneurie de), 228, 317.

LION (Gaston du), sénéchal de Saintonge, 158, 160.

LIRES (Artus de Vaudetar, seigneur de), 286.

LIS (du), examinateur au Châtelet de Paris, 288.

LISCOET (Roland), grand veneur. 254.

LISIEUX (diocèse de), 18, 152, 153.

LO (Saint-), 160.

LODÈVE (église de), 237.

LOERE (Jean de la), 131, 132, 170

LOHÉAC (le maréchal de), 309.

LONDRES (la Tour de).

LONDRES (ville de), 241.

LONGUEIL (Richard Olivier de), évêque de Coutances, 22, 36, 41, 43. V. *Coutances*.

LONGUEJOUE (Guillaume), de la cour des Aides, 84, 85.

LONGUEVAL (Artus de), officier de 18 archers, 162.

LONGUEVILLE (Jean d'Orléans, comte de Dunois et de), 21, 162, 207. V. *Dunois*.

LORRAINE (René d'Anjou, duc de), 59.

LORRAINE (René de Vaudemont, duc de), 257.

LORRAINE (pays de), 72.

LOUIS VI le Gros, roi de France, 240.

LOUIS XI, 5, 7, 8, 9, 14, 23, 30, 37, 43, 95, 97, 98, 99, 100, 101, 102, 103, 107, 108, 109, 111, 113, 115, 116, 117, 118, 119, 121, 123, 125, 127, 128, 131, 134, 138, 145, 146, 148, 149, 150, 155, 161, 164, 168, 169, 170, 173, 181, 182, 183, 184, 188, 191, 203, 204, 205, 209, 213, 216, 217, 218, 220, 224, 230, 235, 243, 244, 255, 257, 258, 264, 271, 274, 291, 294, 302, 304, 307, 321, 322, 323, 327, 340, 346, 347, 353.

LOUIS XII, roi de France, 14, 109, 277, 348.

LOUIS (les ordonnances de saint), 86, 87.

LOUIS (chapelle de saint), 135.

LOUVET (Guillaume), 220.

LOUVIERS (ville de), 230.

LOUVRE (château du), 50.

LUILLIER (Eustache), 314, 349.

LUILLIER (Jean), 337.

LUREAU (Colette), première femme de Pierre d'Oriolles, 129.

LUSSAC (lieu de), 160.

LUXEMBOURG (duché de), 40, 47, 72. 76, 77, 78. 80.
LUXEMBOURG (Louis de), comte de Saint-Pol, connétable de France, 173, 189. 201, 232.
LYON D'OR (auberge du), à Tours, 32.
LYON (François Royer, bailli de), 151, 152.
LYON-Tanneguy) Duchâtel, sénéchal de). 63, 71.
LYON (ville de), 15, 17. 18, 19, 20, 21, 52. 81. 150, 161. 182. 188. 192. 193. 194. 195. 197. 199, 200. 201. 254, 294, 302, 324. 348.
LYONNAIS (le pays du). 151, 152. 159. 184. 236.

M

MABIRE (Benoit), de l'Angoumois. 153.
MACON (le sénéchal de), 63.
MACON (Tanneguy-Duchâtel, bailli de), 71.
MACON (ville de), 252.
MAGELLE (seigneurie de), 133.
MAHOMET II, sultan des Turcs, 78.
MAIGNAC (Antoine de), chevalier, 7.
MAIGNAC (Aymeric de), évêque de Paris, 6, 148. 273, 274.
MAIGNAC (Etienne de), 6, 10.
MAIGNAC (Hugues de), évêque de Limoges, 7.
MAIGNAC (Jean de), cardinal d'Ostie, 6.
MAIGNAC (Perennelle de), femme de Clément I de Reilhac, 4. 6, 7, 148, 350.
MAIGNAC (Pierre de), damoiseau, secrétaire du roi Charles V, 6.
MAIGNELAIZ (Antoinette de), 39, 40, 94, 128.
MAIGNELAIZ (Catherine de), mère d'Agnès Sorel, 39.
MAIGNELAIZ (Jeanne de), 40.
MAIGNELAIZ (Tristan II de), 39.
MAILLY (Ferry de), 202, 202.
MAILLY (la maison de), 307.
MAINE (Charles d'Anjou, comte du), beau-frère de Charles VII, 41. 46, 58, 130, 140, 158, 159. 190. 198, 201, 202. 203. 205. 218. 219. 237. 296, 308.
MAINE (Madame du), 107.
MAINE (pays du), 93.
MAISTRE (Guillaume le), 255.
MAISTRE (Jean Le), 337.
MAÎTRE de France (Antoine de Chabannes, grand). V. *Chabannes*.
MAÎTRE de France (Charles de Melun, grand). V. *Melun*.
MAIXENT (Saint-), 160.
MALET (Pierre), de Vendôme, 68.
MALETTA (Albéric), confident du duc de Milan, 188.
MALEU, chanoine de Saint-Junien, 274.
MALO (les pirates de Saint-), 168. 169.
MANTES (le bailli de), 117.
MANTES (les célestins de), 269, 270. 273.
MANTOUE (concile de), 79, 81. 247, 287.
MANTOUE (Louis III, marquis de), dit le Turc, 78.
MARCEL (le bourg Saint-), pres Paris, 5.
MARCHE (comté de la), 35.
MARCHE (les habitants du pays de la), 18, 19, 152.
MARCHE (Jacques d'Armagnac, comte de la), 294.
MARCHE (Jean Barton, gouverneur de la), 12.
MARCHERET (le prieuré de), en Champagne, 108.
MARES (Charlot des), gouverneur de Dieppe, 104.

MARIGNY (seigneurie de), 109.

MARIMONT (Bernard de), gardien du Petit Scel de Montpellier, 185.

MARIMONT (Remy de), gouverneur de Montpellier, 185, 220.

MARINGES (lieu de), en Auvergne, 161.

MARLE (Arnauld de). chancelier de France, 98, 239, 245.

MARLE (Henri de), chancelier de France, 98. 239.

MARLE (Henri de). seigneur de Versigny. 32, 34, 35. 70. 71. 244. 245.

MARLE (le comte de). 202.

MARLY-la-Ville (Dreux Budé. seigneur de), 187.

MAROT (Clément). poète, 276. 280.

MARSAC (lieu de). 197.

MARTEL (ville de), 145.

MARTHE (Pierre de Sainte-), clerc de Jean Hardoin. trésorier de France. 93.

MARTIN (Arnou, sire de Saint-), 221.

MARTIN-lez-Pontoise (abbaye de Saint-), 221.

MARTONIE (Jean de la), président du Parlement de Bordeaux, 274.

MASSENCOURT (le bâtard de), 31.

MASSILLARGUES (seigneurie de), en Languedoc, 220.

MAUBERT (place), à Paris, 5, 273.

MAUDONNIER (Pierre). receveur pour l'Auvergne, 155. 192, 236.

MAULEVRIER (comté de), 106.

MAURE (Bonaventure de Sainte-), femme de François II de Reilhac, 282, 283, 284.

MAUREGARD (Andry de), 293.

MAUREPAS-lez-Mehun, en Berry, 94, 105.

MAUSSIADE (l'abbé de), 133.

MAYENCE (l'archevêque de), 75.

MEAUX (chapitre de). 324. 325. 326.

MEAUX (ville de), 221, 268, 269.

MÉDARD (l'église Saint-) à Paris, 350.

MÉDICIS (Jacques de). commis d'Otto Castellani. 68, 84.

MEHUN-sur-Yèvre, 93, 108, 110.

MELUN (Charles de), bailli de Sens, grand maitre de France, 108, 113, 127, 137, 150. 244, 247, 257.

MELUN (Philippe de), 247.

MELUN (ville de), 288.

MÉNART (Pierre), bailli de Loches, 67.

MENDE (église de), 237.

MENDE (l'évêque de), 237.

MENOU (Jean), commis à la Trésorerie de Nimes, 221.

MERCIER (Guyot), 18.

MÉRÉVILLE. V. *Mérinville*.

MÉRINVILLE (Bertrand de Reilhac, vicomte de), 282, 283, 284.

MÉRINVILLE (Etienne le Fèvre, vicomte de), 98, 273, 280, 282.

MÉRINVILLE (François Ier, de Reilhac vicomte de), 191, 282, 283.

MÉRINVILLE (Françoise de Reilhac, dame de), 282, 283, 284.

MÉRINVILLE (Jean de Reilhac, vicomte de), 282, 283, 284.

MÉRINVILLE (maison des Moustiers), 10, 11, 282, 283, 284.

MÉRINVILLE (Pierre V de Reilhac, vicomte de), 11, 282, 283, 284.

MÉRINVILLE (vicomté de), 10. 11. 14, 283, 284.

MERVIEUX (seigneurie de), en Dauphiné. 187.

MESMIN (seigneurie de Saint-), 349.

MESSIGNAC (courrier de Charles VII), 27.

METZ (l'évêque de), 73, 74.

MEULLENT (Amaury I de), seigneur de la Queue en Brie. 228. 240.

MEULLENT (Amaury III de), 238.
MEULLENT (Waleran II de), 238.
MEULLENT (Jeanne d'Harcourt, femme de Waleran de Meullent), 238.
MEURISSE (Létard), 121.
MEYRIEU (Pierre de Poisieu, seigneur de), 117.
MEZ (la seigneurie du), près Melun, 288.
MICHEL-en-Thiérache (l'abbé de Saint-), 89.
MICHEL (Jacques), 221.
MICHEL (Nicolas), 222.
MICHEL (ordre de Saint-), 161.
MILAN (le duc de), 59, 152, 155, 160, 188.
MILAN (voyage à), 323.
MILHAUD (ville de), 139.
MOLINS (le sire de), seigneur anglais, 102, 103, 104, 105, 106, 107.
MONACHI (Jean), maître de l'artillerie du roi d'Aragon, 21.
MONCOURT (seigneurie de), 281.
MONDOVILLE (prieuré de), en Beauce, 3, 282.
MONS-EN-PUELLE (bataille de), 286.
MONSIEUR, Frère du roi.
MONSTIERS (Eusèbe des), seigneur du Fraisse, 10, 11, 282, 283, 284.
MONSTIVILLIERS (seigneurie de), en Cotentin, 21, 163.
MONSTREUIL (Guillaume Cousinot, seigneur de), 195. V. *Cousinot.*
MONTAIGNE en Poitou (ville de), 160, 234, 251.
MONTAIGU (le sire de), 95, 197, 202.
MONTARGIS (ville de), 163, 234, 237.
MONTARGUES (Jean de), du Vivarais, 20.
MONTAUBAN (Guillaume de), 109.
MONTAUBAN (Jean de), amiral de France, 98, 108, 109, 111, 162, 163, 201.
MONTAULT (Pierre de), 92.
MONTBAS (Jean Barton de).
MONTBAS (Pierre Barton, vicomte de), 12.
MONTBAZON-en-Touraine (ville de), 32, 33, 34, 42, 58.
MONTBOISSIER (Guillaume de), conseiller au parlement, 114.
MONTBRON (Pierre de), évêque de Limoges, 274, 275.
MONTEBOURG (en Normandie), 163.
MONTEIL (Antoine d'Aubusson, sire du), 21, 24, 32, 35, 36, 71, 299.
MONTEJEAN (Jeanne de), 130.
MONTENDRE (Louis de la Rochefoucauld, baron de), 191.
MONTEROLLET (baronnie de), en Poitou, 1.
MONTESQUIN (Bertrand de), écuyer, 66.
MONTESQUIN (Jean de), frère du précédent, 66.
MONTFAUCON (Marguerite) femme de Jacques de Rochechouart, 284.
MONTFERMEIL (Gaspard Bureau, maître de l'artillerie, seigneur de), 37.
MONTFERRAND en Auvergne (ville de), 295, 296, 297, 298, 299, 300, 301, 304.
MONTFERRAND (Estévenot de Taubresse, bailli de), 295.
MONTFERRAND, près Bordeaux, 126, 127, 133.
MONTFORT, en Bretagne (comté de), 205.
MONTGASCON (Bertrand de la Tour d'Auvergne, sire de), 150, 151, 236.
MONTGLAT (Jean Bureau, sire de), 37, 127, 133.
MONTILZ-lez-Tours (château des), 91, 342.
MONTLHÉRY (bataille de), 199, 219, 219.

MONTLHÉRY (pays de), 36, 159, 163, 281.

MONTLUÇON (ville de), 193. 194, 195, 197, 198, 308.

MONTMORENCY (Catherine de), femme de Philippe d'Aunoy, 330.

MONTPELLIER (gouverneurs de). V. *Cousinot et Marimont.*

MONTPELLIER (ville de). 143. 144.

MONTPENSIER (comté de). 6. 7, 8. 194.

MONTPENSIER (Louis de Bourbon, dauphin d'Auvergne, comte de). 187. 189, 311. V. *Bourbon*.

MONTRÉAL (ville de). 159. 160.

MONTRÉSOR (Jean du Bueil, sire de). 130.

MONTREUIL (Didier de), chevalier. 74.

MONTREUILLOIS (le pays de), 171

MONTREUIL-sur-Mer (la ville de), frontière anglaise. 170. 171. 172. 173. 174, 181, 182.

MONTRICHARD (ville de), 159. 160.

MONTROND (forteresse de), en Berry, 192.

MONTROVAU (Jean de) trésorier d'Agen, 70.

MONTRY (Etienne de). sergent à cheval, 291, 292.

MONTRY (la Haute Maison de). 330.

MONTSOREAU (seigneur de), 78, 194.

MORAT (bataille de), 259.

MORTAGNE (pays de), 18.

MORTEMER (Anne de), 282. 283.

MORTEMER (Françoise de), femme de François I de Reilhac, vicomte de Mérinville. 191.

MORTEMER (Jacquette de), femme de Louis de la Rochefoucauld, baron de Montendre, 191.

MORVILLIERS (Pierre de), chancelier

MOTTE (Jean de la), du duché de Bretagne, 32.

MOTTE (ville de la). 232, 299.

MOUFFETARD (la rue). à Paris, 7.

MOULIHERNE en Anjou. 129, 130.

MOULINS, en Bourbonnais. 18, 197, 226, 227.

MOULINS (Jean de), 187.

MOULINS (Tristan l'Hermite, seigneur de). 160.

MOUY (Colart de), bailli de Vermandois. 205.

MOUY (le sire de), 202, 204, 205.

MOYNE (Antonius), 186.

MURAT. en Auvergne (ville de), 301.

MYOLANS (de), 341

N

NACAIRE (lieu de Saint-), 122.

NAILLAC (Jacques de), seigneur des Roches, 282

NANTERRE (Mathieu de), 98.

NANTERRE (Simon de), premier président du parlement. 98.

NANTES (l'évêque de). 38, 39, 128 129, 130.

NANTES (ville de). 68.

NANTEUIL (Marguerite de), comtesse de Dammartin, 109.

NANTEUIL-lez-Meaux (seigneurie de), 282.

NANTOUILLET (Charles de Melun, seigneur de). 108.

NANTOUILLET (Jeanne de), 257.

NAPLES (Ferdinand d'Aragon, roi de). 311.

NAPLES (Louis d'Anjou, roi de). 140. 237.

NAPLES (royaume de), 59. 60.

NAUX (Bertin des), 67.

NAVARRE (Charles IV roi de). 116.
NAVARRE (Gaston de Foix, prince de). 146.
NAVARRE (Jean II. roi de). 116.
NAVARRE (royaume de), 115, 116, 119. 120, 121. 125.
NÉBOUZAN (vicomte de). 140.
NEMOURS (Jacques d'Armagnac, duc de). 189, 190, 193, 195. 197. 198, 219. 219, 221, 294. 295. 296. 298, 302. 306, 308. 309, 310, 312. 313. 323.
NESLE (le sire de), 250.
NEUBOURG (Marguerite de). femme d'Amaury de Meullent, 238.
NEUFCHATEAU (ville de). 163.
NEUVILLE, près Arques. 161.
NEVERS (Jean de Bourgogne. comte de) 78.
NEWIL (Robert), 294.
NICOLAY (les présidents de). 200
NICOLLE (le Petit), 193.
NICOPOLIS (bataille de). 78
NIEULLE (le sire de), 283.
NIORT (ville de). 160.
NIMES (grenier à sel de). 238, 260.
NIMES (sénéchaussée de), 63, 115.
NIMES (trésorerie de), 115, 134. 141, 154. 173. 182. 185, 195. 222. 223. 237. 267, 291. 292.
NIVERNAIS (pays du). 236.
NOGENT (Gaspard Bureau, seigneur de), 37 V. *Bureau*.
NOGENT le-Roi, 160.
NOGENT (Simone de). femme du bailli de Chaumont. 160.
NOIR (Michel le).
NONNEVILLE (lieu de). 21.
NORMANDIE (Charles de France duc de), 205. V. *France*.
NORMANDIE (pays de), 21, 31, 43. 50, 51, 127, 163, 167, 169, 182, 183, 190, 201. 210, 212, 213. 214. 216. 217, 229. 232. 307.
NORMANDIE (Pierre de Brézé. sénéchal de), 170.
NORRI (François), marchand florentin établi à Lyon, 21.
NORTHAMPTON (bataille de).
NOUASTRE (Jean du Fou, seigneur de). 164.
NOVIANT (Etienne de). procureur du roi à la chambre des comptes. 71.
NOYON (ville de). 50

O

OCCOMMAILLE (Martin). à Rouen, 67.
OLMS (Bernard d'). sénéchal de Beaucaire, 134.
OMBRIE (Richard de Longueil, légat d'), 43.
OMER (ville de Saint-), 174. 178. 246
ORIOLLES (Pierre d'), chancelier de France, 34. 71. 129, 130, 195, 251. 305, 306, 307. 308. 317.
ORLÉANAIS (pays d'). 10, 281.
ORLEANS (Guillaume Chenu. gouverneur d'). 162.
ORLÉANS (Jean. batard d'), comte de Dunois, 13. 211. V. *Dunois*.
ORLÉANS (Jean d'). comte d'Angoulême. 34.
ORLÉANS (Louis d'), frère du roi Charles VI, 5, 207. 248.
ORLÉANS (Louis d'). depuis Louis XII. 331.
ORLÉANS (Marguerite d'), femme de Jean IV, duc de Bretagne, 169.
ORLÉANS (sejour d'). sis rue Saint-André-des-Arts. à Paris, 5, 13.
ORLEANS (ville d'), 163, 210. 212. 213, 215, 217, 218, 220, 221, 226, 227.
ORSAY (Gillette Raguier, dame d'), femme de Bureau Boucher, 98.

OSTEL-DIEU (le fief de l'), 316.

OZILLAC (François de Mortemer, seigneur d'), 191.

OZILLAC (Françoise de Mortemer, dame d'), femme de François de Reilhac. 283, 284.

OZILLAC (Francois II de Reilhac, seigneur d'), 284, 285.

P

PAILLEROT (André), 122.

PALLU (Louis de la). 237.

PANETIER de France (Abel de Buz). 283, 284.

PANETIER de France (Antoine de Chabannes), 109. V. *Chabannes*.

PANETIER de France (Louis de Crussol), 160. V. *Crussol*.

PAPES (le domaine des), 185.

PAPOUL (Clément de Brilhac, évêque de Saint-), 317, 318, 319.

PARDIAC (Bernard d'Armagnac, comte de), 294.

PARIS (l'évêque de), 314.

PARIS (Guillaume Chartier. évêque de), 284.

PARIS (Joachim Rouhaut, gouverneur de), 111. V. *Rouhaut*.

PARIS (le parlement de), 27, 37, 40, 47, 63, 173, 185, 327.

PARIS (traité de), 250.

PARIS (ville de). 12, 13. 30, 50. 85, 113, 116, 159. 161. 163, 182. 199, 201, 205, 208. 220, 221. 244, 245. 247, 267, 270, 271. 272. 276. 278.

PARISIENS (les). 219.

PARLOUER aux Bourgeois (le), 209.

PARMENTIÈRE (Jeannette la). 20.

PARTHENAY (la seigneurie de). 186. 187. 203.

PASQUIER (Andry), 351.

PAUL II, pape, 183.

PAUL (l'église Saint-) à Paris, 349.

PAVIE (bataille de), 191.

PELLETIER (Isabeau), 239.

PENTHIÈVRE (comté de). 202, 209

PÉ (Mr de Saint-). 255, 256.

PECQUIGNY (l'entrevue de), 292, 293.

PÉRÉ (Jean), seigneur de Lavau, 35.

PÉRIGNAC (au diocèse de Saintes), 275.

PÉRIGORD (pays du), 152.

PÉRIGUEUX (Nicolas de Reilhac, prieur de), 276. 284.

PÉRONNE (traité de). 266. 293.

PÉRONNE (ville de), 264.

PERRAULT (Barthélemy), 353.

PERROCT (Mathieu), de Normandie, 90.

PERSAN (Marguerite de Boilesve, dame de). 291.

PETIT (Etienne), trésorier du Languedoc, 39, 40. 90. 140, 144.

PEYTA (Jean de), de l'Agenais, 92.

PHELETIN (Géraut de), prévôt des exemptions d'Auvergne. 294. 297. 298. 299.

PHILIPPE le Bel. roi de France, 200, 286.

PHILIPPE le Bon. duc de Bourgogne, 75, 72, 131, 149, 243. 244, 245. V. *Bourgogne*

PHILIPPE VI de Valois, roi de France.

PICARDIE (pays de), 47, 49, 131, 145, 172. 173. 205. 236. 298, 309.

PICART (Gaulois le). seigneur de la Grange-en-Brie. 254.

PICART (Guillaume le), maître des comptes, 253, 254.

PICART (Jacques Le). 342.

PICART (Jean le), maître des comptes

PICART (Marie le), 254.
PICART (Martin I le), maître des comptes de Charles VII, 251, 321, 342.
PICART (Martin II, le), 322.
PICAULT (Jean), archer des ordonnances, 68.
PICCOLOMINI (Enéas Sylvius), 183.
PICHEREAU (Thomas), prêtre. 299, 300.
PIE II, pape, 30, 43, 183.
PIÉDEFERT (Robert), avocat au parlement, 323.
PIERRE (l'archiprêtre de Saint-). à Rome, 43.
PIERRE II, duc de Bretagne, 109.
PIERRE-en-Gévaudan (lieu de), 237.
PIERRE-Forade (lieu de), 161.
PIERRE (le sire de Saint-), 306.
PIERRE-le-Moustier (ville de Saint-), 63.
PLAISANCE (Nicolas de Reilhac dit monsieur de). 276. 280. 283.
PINET (capitainerie de) au Dauphiné. 223, 224.
PITE (Antoine de la), seigneur de Chauffour, 344.
PITE (Jean de la). maître des comptes. 342, 349.
PLESSIS (Jean Bourré. sire du). 206, 232, 265. 266, 307.
PLESSIS-lez-Tours (château du). 243.
PODIO (Antoine de), à Cognac. 70.
PODIO (Pons de). 70.
POILANT (seigneurie de). 133.
POINÇOT (Guillaume). avocat au parlement, 327, 329.
POISIEU (Aymar de) dit « Capdorat », 98, 117. 118, 119.
POISSY (ville de). 130.
POITIERS (l'évêque de), 129.
POITIERS (ville de), 5, 12.
POITOU (Louis de Crussol sénéchal du). 160. 184.
POIX (David de), seigneur de Verrières, 230, 231.
POIX (Jeanne de), femme de Jean de Lannoy, gouverneur de Hollande, 42.
POL (Louis de Luxembourg, comte de Saint-), connétable de France, 189, 201, 218, 220, 230, 306, 308, 309.
POLE-Suffolk (Marguerite de la), 162.
POMPADOUR (Antoine de), maître des comptes, 321.
PONS (Anne de). femme d'Odet d'Aydie. 191.
PONS (Guilhem). sire de Clermont-Lodève. 144, V. *Guilhem.*
PONS (Guillaume de), chevalier de Saint-Jean de Jérusalem. commandeur de Celles, 92.
PONS (Jacques de) 7.
PONT (Jean de), 125. 163.
PONT (Notre-Dame du).
PONT-Audemer. 164. 222.
PONTAULT (seigneurie de), en Brie. 238. 239. 344. 349. 353.
PONTCHEVRON (seigneurie de), 281.
PONT-de-l'Arche (ville de). 221.
PONT-l'Abbé (ville du), 162.
POPINCOURT (Jean de). avocat du roi, 5.
PORTE (Petit-Jean de la), attaché au comte de Charolais, 104.
PORTNEAU (Guillaume Chenu. seigneur de). 162.
PORTO (l'archevêque de), 43.
PORTONVILLE (seigneurie de), 281.
PORTUGAL (Jean. roi de), 245.
PORTUGAL (Isabelle de). 247. 259.
POUANCÉ (seigneurie de). 163.
POUILLY-le-Fort (seigneurie de). 244. 286.
POURÇAIN (Saint-), 161.
POURCHELET (Baudichon), 128.
PRÉCIGNY (Bertrand de Beauvau. seigneur de). 131. 132.

PRESLES (Jeanne de), 246.
PRESLES (Raoul de), 5.
PREUILLY (Jean Frottier, baron de). 283.
PREUILLY (Marguerite de), 307.
PRIME (Jean de Chanteprime, seigneur de la), 241.
PRIVAS (Saint-), en Vivarais, 20.
PROCUREUR général (le) du roi, 27. 47. 48.
PROVENCE (René d'Anjou, comte de), 235.
PRUNNELÉ (Guillaume de). 70.
PUIS (Mathelin du), capitaine des archers du Maine, 301.
PUJOLS (seigneurie de), 153.
PUY (Jean du), 297, 300.
PYRÉNÉES (les), 125.

Q

QUENEMENT (Etienne), de Mons, 22
QUENTIN (la paroisse de Saint-), en Limousin, 317.
QUERCY (pays du). 152.
QUEUE-en-Brie (la baronnie de la). 314. 315. 316. 349. 355.
QUOTIN (Pierre). procureur du roi en la sénechaussée de Nîmes. 266. 267.

R

RAGUIER (Antoine), trésorier des guerres. 192.
RAGUIER (Gillette). dame d'Orsay, 98.
RAGUIER (Jean). de la cour des Aides, 85
RAGUIER (Jean), maître des Comptes, 345, 346.
RAIS (André de Laval, seigneur de),
RAPIOUST (Jean), 85.
RASILLY (lieu de), en Touraine, 60, 62, 63, 64. 68, 70, 71, 81. 164.
RASTAULH, procureur du comte d'Armagnac. 229.
RÉ (ile de), 255.
RÉAUTE (Jean de la), 60, 69, 90.
REDOUTE (la), du château de Beaucaire. 135.
REILHAC (Abel de), abbé de Saint-Jean d'Angely. 276, 280. 284.
REILHAC (Alix de), 9.
REILHAC (Anne de). femme d'Abel de Buz, panetier de France, 282. 283, 284.
REILHAC (Bertrand de), vicomte de Mérinville. 275, 282, 283, 284. 317.
REILHAC (chapelle Notre-Dame de), fondée a Saint-Médard-lez-Paris, 5, 7. 350.
REILHAC (Clément I de). avocat du roi au Parlement. 4. 5. 6. 9. 14. 282.
REILHAC (Clément II de) chambrier de France. 7. 14.
REILHAC (Clément III de), seigneur de Brigueuil, 11. 14, 273, 274, 280.
REILHAC (François I de). vicomte de Mérinville, 276. 282, 283. 284.
REILHAC (François II de). seigneur de Brigueuil, 282. 283, 284.
REILHAC (Françoise de), dame de Mérinville, femme d'Eusèbe des Monstiers. 11. 282, 283, 284.
REILHAC (Guillaume I de), maître des comptes de Louis de Bourbon, dauphin d'Auvergne, 7. 8. 196, 305.
REILHAC (Guillaume II de). baron de la Queue-en-Brie, 350.
REILHAC (Guillemette de), femme de Guillaume du Claustre. conseiller au

REILHAC (Jacques de), seigneur de Villeneuve-sous-Dammartin, conseiller au Parlement. 7, 14. 113, 225, 226. 227.

REILHAC (Jacquette de), dame de Brigueil, femme de Louis de Crevant, seigneur de Cingé, 282. 283, 284.

REILHAC (Jean de), abbé de Saint-Jean-d'Angely. 280. 282. 283. 284.

REILHAC (Jean de). évêque de Sarlat. 275, 284.

REILHAC (Jean de), prieur de Mérinville. 282.

REILHAC (Jean de). vicomte de Brigueil. tué à la bataille de Saint-Denis. 282, 283, 284.

REILHAC (Louise de). dame de Preuilly et d'Azay-le-Féron. 275. 284.

REILHAC (Marie de). abbesse de Chelles, 353.

REILHAC (Marguerite de). 9. 12. 14.

REILHAC (Nicolas de). grand lecteur de madame Marguerite, 275, 283, 284.

REILHAC (Olive de). femme de Pierre de Sauveterre, chevalier. 9.

REILHAC (Philippe de), femme du sire de Nieulle, 284.

REILHAC (Pierre de). abbé de Brantôme, 2.

REILHAC (Pierre II de). avocat au Parlement. 3, 4, 14.

REILHAC (Pierre III de), conseiller du roi, 7, 14.

REILHAC (Pierre IV de), seigneur de Brigueil, tué à Verneuil, 9. 14.

REILHAC (Pierre V de), vicomte de Mérinville. grand échanson. 275, 280, 282, 283, 284.

REILHAC (Seguin de), chevalier, 2.

REILHAC (Tristan I de), seigneur de Pontault, 344, 349.

REIMS (ville de). 20. 103. 107. 211, 345, 346.

REMY (Jean le Fèvre, seigneur de Saint-), « dit Toison d'Or ». 9. 42, 72. V. *Toison d'Or*.

REYNAULT (Antoine), greffier du grand conseil, 194. 195.

RHIN (le Palatinat du). 74, 75, 76.

RIBÉRAC (Anne de Pons, dame de). 191. 284.

RIBÉRAC (Odet d'Aydie, vicomte de). 191.

RIBÉRAC (vicomté de), 282.

RICARVILLE (Guillaume de). maître de l'hôtel du roi. 163.

RICHEMONT (Artus de), connétable de France. puis duc de Bretagne. 49.

RICHEMONT (le prévôt de), 132

RICHIER (Perrotin), de Saintes, 69.

RIEUX (ville de). en Languedoc, 91.

RIOM (ville de), capitale du duché d'Auvergne. 193. 195. 197. 216. 295. 296, 297, 298, 299, 301, 302, 310. 311, 312.

RIVIERE (Gaspard de). 295.

RIVIÈRE (Poncet de). capitaine de cent lances, 158, 159.

ROBERDIÈRE (terre de la), en Bretagne. 63.

ROBERT (Jean), de Picardie. 153.

ROBINET (Martial). procureur, 299

ROCAMADOUR (lieu de). 145.

ROCHE-au-Duc (entrevue de la). 183.

ROCHECHOUART (François. vicomte de), 275.

ROCHECHOUART (Isabeau I de). dame de Brigueil, femme de Jean. vicomte de Villemur, 5, 282.

ROCHECHOUART (Isabeau II de). femme de Renaud de Chabot. vicomte de Jarnac, 282, 283.

ROCHECHOUART (Louis de). 282.

ROCHECHOUART (ville de), 1.

ROCHEFORT (la seigneurie de). 201. 203.

ROCHEFORT (le sire de), 39, 40.

ROCHEFOUCAULD (Anne de la), femme de Charles de Melun, 245.
ROCHEFOUCAULD (Jeanne de la), femme de Jean du Fou, 164.
ROCHEFOUCAULD (Louis de la), baron de Montendre, 191.
ROCHEFOUCAULD (le sire de la), 275.
ROCHEGUION (Marie de la), femme de Michel d'Estouteville, 273.
ROCHELLE (ville de la), 91, 122, 125, 129.
ROCHES (Robert des), conseiller au Parlement, 294, 302, 304.
ROCHE-Serrières (lieu de), 160.
ROCHE-Tranchelyon (lieu des), en Touraine, 69, 84, 90, 93.
RODENACH (le sire de), 77.
RODEZ (comté de), 18, 228.
ROUEN (ville de), 307.
RUELLES (le fief des Petites-), 343.

S

SABLÉ (seigneurie de), 202, 203.
SACIERGES (le sire de), 337.
SAGON, poète français, 274.
SAINT (Drouet de), 33.
SAINTONGE (Gaston du Lion, sénéchal de), 166. V. *Lion*.
SAINTONGE (Martin Henriquez, sénéchal de), 90. V. *Henriquez*.
SAINTONGE (pays de), 125, 134, 201, 203, 290.
SAINTRAILLES (Jean dit Poton, seigneur de), maréchal de France. V. *Xaintrailles*.
SALAMANQUE (Piètre de), archer espagnol, 90.
SALERS (seigneurie de), 311.
SALILFRGUES (Antoine de Villebœuf, seigneur de), 92.
SALLAZAR (Jean de), capitaine espagnol au service de Charles VII, 108, 111, 112, 133, 158, 161, 192, 219.
SALLE-LE-ROY, en Berry, 85, 86, 89.
SALOMON (Jean), canonnier du roi, 133.
SAMBOËR (lieu de), 90.
SANCERRE (Jean V de Bueil, comte de), amiral de France, 36, 128, 129.
SANSAC (Eustache de), 321, 342.
SARLAT (Guy de Chabot, évêque de), V. *Chabot*.
SARLAT (Jean de Reilhac, évêque de), 273, 284.
SARRE (Noël), du pays de Boulogne, 20.
SATURNIN (château de Saint-), 151.
SAULZAYE (seigneurie de la), 125.
SAUMUR (ville de), 181, 184, 188.
SAUSSE (Jean), du Laonnais, 69.
SAUVE (ville de), 162.
SAUVEUR-le-Vicomte (la dame de Saint-), 39.
SAVOIE (Charlotte de), 2e femme de Louis XI, 64, 117.
SAVOIE (duché de), 117.
SAVOIE (Marie de), 228, 229.
SAVONE (ville de), près Gênes, 71.
SAVONNIÈRE (Navarot d'Anglade, seigneur de), 111.
SAXE (Guillaume, duc de), 73, 74, 76, 77, 81.
SAXE-Fontaine (lieu de), 160.
SCEL de Montpellier (le petit), 185.
SCÉPEAUX (Yves de), président du parlement, 114, 117.
SECONDIGNÉ, près Parthenay (seigneurie de), 202, 203.
SEGRÉ (ville de), 163.
SEINE (rivière de), 232, 233.
SÉNÉCHAL (Jean le), au Châtelet de Paris, 353.

SENLIS (ville de). 121. 184, 185.
SENS (le bailliage de). 59, 60, 137, 243.
SENS (Charles de Melun, bailli de). 127, 132.
SENS (Regnauld du Châtelet, bailli de), 161.
SENS (ville de), 239.
SERCY (Antoine de), gentilhomme du Berry, 69.
SEVER (le prévôt de Saint-). 132.
SÉVERIN (église Saint-). à Paris. 274.
SFORZA (François), duc de Milan. 59. 60, 155, 184.
SICILE (Charles d'Anjou, roi de). 59.
SICILE (Charles VIII,roi de), 345.
SICILE (Louis II d'Anjou, roi de), 140. 183.
SICILE (René d'Anjou. roi de), 216. 218.
SIGONNEAU (Marguerite), mère de Tristan l'Hermite, 160.
SIMON (Albert de Saint-), conseiller au parlement, 114, 271.
SIMON (Jean), procureur du roi. 187. 202, 204.
SIMON (maison de Saint-). 173.
SOISSONS (ville de), 50.
SOLOGNE (pays de), 230.
SOMME (rivière de la), 247.
SOMME (les villes de la), 131. 134. 149, 200, 204, 205, 245, 256.
SOMMERSET (le duc de). 101. 102. 104, 105, 106, 107.
SORCY (seigneurie de), 161.
SOREL (Agnès), dame de Beauté, 28, 39, 94.
SOYECOURT (Charles de), bailli de Vermandois, seigneur de Mouy, 205.
SOYECOURT (Louis de), seigneur de Mouy, 205.
STUART (Jean), comte de Buchan. chef de la garde écossaise. puis connétable de France, 9.
SUCY en Brie (seigneurie de). 122, 270. 283, 285, 286, 314, 315, 163.
SUEUR (Jean le), paysan de Brie. 285. 287, 288.
SUFFOLK (le comte de), capitaine anglais, 238.
SUISSES (les), 292.
SULPICE (lieu de Saint-). 161.
SYMPHORIEN d'Ozon (Saint-), 23.

T

TAILLANDIER (Jacques), 348, 349.
TAILLEBOURG (baronnie de). 203.
TAILLEBOURG (Olivier de Coëtivi, seigneur de). 102, 289.
TAILLEFER (Guillaume de), chevalier, 34.
TAILLEFER (Yvette de), 34.
TALBOT (lord), capitaine anglais, 31.
TANNEGUY-Duchatel, bailli de Lyon. 257.
TARTAS (siège de) contre les Anglais. 186, 187.
TARTERON (famille de). au Languedoc, 135.
TAUPENS (Pierre de). seigneur de Favars, 31.
TERNAUT (le sire de), 50.
THIBOUST (Robert), premier président du Parlement de Paris, 114, 343, 344.
THIERRY-lez-Reims (l'abbaye de Saint-), 121, 159, 161. 164
THIERRY (Richard), 33.
THIERS en Auvergne (ville de), 161.
THIONVILLE (ville de), 72, 77.
THO (Guichard de), 20.

THO (Guichard. Catherine et Louis), enfants du précédent, 20.
THOMAS, écuyer, bailli de Caen. 158, 161.
THORY en Bourbonnais, 18. 19. 20. 22.
THOUARS (les cordeliers de). 111. 109.
THOUARS (la vicomté de), 255.
THOULERETTE ou Taulresse (Estévenot de). bailli de Montferrand. 158, 161.
THUCY en Touraine, 34.
TIFFAUGE (lieu de), 160.
TOIGNEL (Jean). bailli de Vitry, 35.
TOISON D'OR (Jean le Fèvre, seigneur de Saint-Remy, dit), 9. 42. 43. 58.
TONNELIER (Gobert le), receveur de la ville de Laon, 4.
TORCY (le sire de). grand maître des Arbalétriers. 35. 36. 201. 203. 204. 205.
TOULOUSE (parlement de). 10. 13. 84. 133. 171, 173. 201. 202. 229. 245.
TOULOUSE (sénéchaussée de). 63. 152.
TOULOUSE (ville de). 84. 138. 139. 141. 144. 152. 153. 158, 159. 160.
TOURAINE (Jean de Bar. bailli de). 199.
TOURAINE (pays de). 17, 18. 39. 84.
TOURAINE (le sénéchal de). 63. 64.
TOUR d'Auvergne Bertrand de la). 7. 93, 145. 150.
TOUR d'Auvergne (Gabrielle de la). 7.
TOUR d'Auvergne (Jeanne de la). 7.
TOURNAI (les eswardeurs de). 28. 66.
TOURNAI (l'évêque de). 245. 246
TOURNAI (privilèges de la ville de). 22. 65. 150.
TOURNAISIS (pays du), 121. 249.
TOURNON (Jeanne de), femme de Géraut Bastel, sire de Crussol, 134.
TOURS (l'archevêque de). 134. 237.
TOURS-sur-Marne (lieu de), 43.
TOURS (ville de), 20, 22. 24. 25, 27, 28, 31. 36, 66. 83, 117, 118, 121, 130, 163, 192, 200, 244, 256.
TOUSTAIN (Louis), clerc des comptes. 234, 251.
TOWNTON (bataille de), 101.
TRAIGNEL (Juvénal des Ursins. seigneur de), 98, 206.
TRAVESSE (Jean). médecin de Charles VII, 70.
TREMBLAY (Jean Le Clerc. sire du). 109, 349.
TRÉMOÏLLE (Catherine de l'Isle-Bouchard. dame de la). 64.
TRÉMOÏLLE (Georges de la). sire de la Trémoïlle. 64. 151.
TRÉMOÏLLE (Georges de la). seigneur de Craon, 63. 64.
TRÉMOÏLLE (Guy VI de la). 4.
TRÉMOÏLLE (Louis II de la) 331, 332.
TRÉMOÏLLE (Louise de la), femme de Bertrand de la Tour d'Auvergne. 151.
TRÈVES (l'archevêque de). 73. 74.
TRIE (Jeanne de), 2e femme d'Amaury de Meullent. 238.
TRIGAULT (Olivier). 120.
TRINITÉ (les célestins de la Sainte-). à Mantes. 267.
TROISELOU (Yvonnet), orfevre à Nevers. 122.
TROYES (le bailli de), 199.
TROYES (l'évêque de). 84. 85, 346
TROYES (Jean de), 302, 314.
TROYES (pays de), 108, 345, 346
TUDERT (Jean I), 134.
TUDERT (Jean II). président du Parlement de Bordeaux. 20. 32, 66, 69. 134.

TURC (Colette le), femme du bailli de Vitry, 35.
TURC (Guillaume le), 13, 35.
TURCS (croisade contre les), 53.
TURENNE (Odet d'Aydie, vicomte de), 191.
TURENNE (le vicomte de), 3.
TURPIN (Martine), femme de Jean du Bueil, 134.
TUSSEAU en Touraine, 35.

U

UNIVERSITÉ (les gens de l'), 84, 85 86.
URSINS (Guillaume Juvénal des), chancelier de France, 98, 134, 150, 201, 205, 206, 207, 239, 240, 264, 272.
URSINS (Jean Juvénal des), avocat du roi au parlement, 5.
URSINS (Michel Juvénal des), bailli de Troyes, 199, 200.
UTRECHT (ville d'), 32.
UXELLES (Hector d'), capitaine de cent lances, 162.

V

VACQUERIE (le président de la) 346
VALENCE (l'évêque de), 134.
VALENTINOIS (le pays du), 213, 214.
VALLÉE (Péan de la), parent du sire de la Trémoïlle, 64.
VALOIS (la dynastie des), 89.
VALOIS (Marie de), fille d'Agnès Sorel, 28, 29, 289.
VALÓRI (Baudoin de), 276.
VALPERGUE (Boniface de), 98, 108, 109, 111, 218.
VANDUEIL (château de), 230.
VANNES (seigneurie de), 201.
VARENNE (le sire de la), 36.
VARLET (Guillaume), sire de Brancecourt en Barrois, 35.
VARYE (Guillaume de), premier facteur de Jacques Cœur, 61, 62, 63, 139, 140, 141, 144, 150, 152, 170, 173, 186, 212, 215, 232, 233, 251, 252, 259, 260.
VAUDEMONT (René de), duc de Lorraine, 257, 268, 269.
VAUDENAY (Claude de), sénéchal du Berry, 101, 102, 104.
VAUDETAR (Artus de), seigneur de Boissettes, 286, 287.
VAUDETAR (Denise de), femme de Jacques Formier, sire de la Villatte, 280.
VAUDETAR (Pierre I de), chambellan du roi Charles V, 241, 280, 286.
VAUDETAR (Pierre II de), seigneur de Pouilly-le-Fort, 230
VAUVERT (le sire de), 71
VAUXVILLARS (Regnauld du Châtelet, sire de), 161.
VENDÔME (ville de), 28, 32, 33, 34, 35, 36, 37, 47, 48, 57.
VÉRAC (Marguerite de), femme de Jean de Chanteprime, 241
VÉRAC (Pierre de), prévôt de Paris, 240.
VERDE (la seigneurie de), en Dunois, 281.
VERMANDOIS (le bailli de), 205.
VERMANDOIS (comté de), 250, 258.
VERNADE (Charles de la), 337.
VERNEUIL (bataille de) contre les Anglais, 9, 14.
VERNEUIL (ville de), 145, 332.
VERNUSSE (domaine de la) en Berry, 95.
VEROIL (Jean de), lieutenant de Thierry de Lenoncourt, 73.

Verrières (David de Poix, seigneur de) 230, 231.

Versigny (Henri de Marle, seigneur de), 245.

Viana (don Carlos d'Aragon, prince de), 116.

Vic (Guillaume de), conseiller au parlement, 36.

Vidallot (Dominges de), 33.

Vienne (Claude de), 34.

Vienne (Guillaume de), seigneur de Sainte-Croix, 34.

Vienne (ville de), en Dauphiné, 18.

Vigneron (Nicolas Le), 306.

Vignoles (Etienne de Taulresse, seigneur de), 161.

Vignolles (Etienne de), dit la Hire. maréchal de France, 29.

Vignory (seigneurie de), 161.

Vigoureux (Jean le), archer, de Ferrières en Brie, 220.

Villandrando (Rodrigues de), capitaine espagnol au service de Charles VII, 108.

Villatte (Jacques Formier. sire de la), 280.

Villatte (le sire de la), 275.

Villebeuf (Antoine de), seigneur de Salilergues), 92.

Villedieu (lieu de), 160.

Villefranche de Rouergue, 145, 159.

Villemareuil en Brie, 282, 283, 284.

Villemonble (Gaspard Bureau, seigneur de), 37.

Villemur (Jean, vicomte de), 5.

Villeneuve-lez-Avignon, 115, 185.

Villeneuve-sous-Dammartin, 14, 114.

Villeprouvée (Yolande de), femme de Jacques Dauvet, 173.

Villequier (André de), 39.

laiz, dame de), 128. V. *Maignelaiz*

Villeroye en Picardie (lieu de), 153.

Villiers-sur-Marne (Dreux Budé, seigneur de), 187.

Villiers-sur-Orge (seigneurie de), près Montlhéry, 36.

Vire (ville de), en Normandie, 159.

Virieu (lieu de), 66.

Visconti (Bonne), femme de Guillaume de Montauban, 109.

Visconti (Philippe-Marie), duc de Milan, 59.

Viste (Jean le), 8.

Vitry (Guillemette de), femme de Pierre Blanchet. secrétaire de Charles V, 241.

Vitry (Jean Toignel, bailli de), 35.

Vitry (Marie de), femme de Jean Baillet, seigneur de Sceaux, 239.

Vitry (Thierry de Lenoncourt, bailli de). 72, 76

Vivarais (Guérin d'Apchier, bailli du), 233.

Vivarais (pays du), 133, 223.

Voimont (seigneurie de), en Dauphiné, 137.

Voirrier (Jehannin le), valet de Clément I de Reilhac. brûlé vif le 28 mars 1389, 4.

Volvire (Françoise de), femme du maréchal Joachim Rouhaut, 111.

Voulangis (la seigneurie de Saint-Martin-lez-) en Brie, 344.

Voyault, écuyer du comte de Dammartin, 108. 109, 110, 111, 112, 113.

Vysse (Guillaume), receveur de Nîmes, 266, 267.

X

Xaintrailles (Jean dit Poton, sire

XAINTES (ville de), 288.

Y

YONNE (rivière de l'), 234, 235.
YORK (Edouard d'), roi d'Angleterre, 293. V. *Angleterre.*
YORKISTES (les), 101, 107.

W

WALDECK (le comte de), 75.
WARWICK (le comte de), régent d'Angleterre, 243, 244, 246.
WASTRE (Arthur), archer écossais de la garde de Charles VII, 91.
WURTEMBERG (Ulrich de), 73, 74, 75.

TABLE DES MATIERES

I

Origines pres Saint-Junien sur la Vienne. — Pierre de Reilhac, abbé de Brantôme. — Ordonnance de Philippe de Valois contre les meurtriers de Séguin de Reilhac (1317), — Pierre de R., conseiller du roi Jean le Bon (1350-1360). — Clément I de R., avocat du Roi (1380-1399). Il rachete la seigneurie de Brigueil par droit de « retrait lignaigier » apres la mort d'Isabeau de Rochechouart (1397). — Fondation d'une chapelle et d'une sépulture à Saint-Médard-lez-Paris (1410-1411). — Pierre III de R., conseiller du roi Charles VI (1388-1403). — Guillaume I de R., attaché à Louis de Bourbon, dauphin d'Auvergne. — Pierre IV de R., seigneur de Brigueil, tué à la bataille de Verneuil (1424). — Marguerite de R., femme de Junien le Fèvre, premier président du Parlement. — Leurs deux fils, Etienne le Fèvre, prévôt de Saint-Junien, et Clément II dit de Reilhac, seigneur de Brigueil. — Jean le Fèvre, dit Toison d'Or. — Confiscation à la guerre des Anglais. — Libéralité de Charles VII. — Entrée de Jean de Reilhac comme secrétaire du Roi en octobre 1456.

II

ANNÉES 1456-1457

Débuts de J. de Reilhac en Limousin (1455). — Son entrée au service de Charles VII pendant le voyage de Lyon (octobre 1456). — Missions d'Etienne le Fevre, prevôt de Saint-Junien aupres du duc de Bourgogne et aux états du Languedoc. — Campagne du Roi contre le Dauphin. — Tentative infructueuse de Chabannes. — Sejour a Vienne et à Lyon — Retour par le Bourbonnais (1457). — Procès des officiers du pays de la Marche. — Premiers actes du conseil expediés par Reilhac. — Rémissions. — Légitimations. — Lettres de Noblesse. — Nominations. — Nouvelles mesures contre le Dauphin. — Lettres au sire de Chastillon.

III

ANNÉE 1458

Suite des dissentiments avec le Dauphin. — Privilèges à la ville de Tournai. — Mariage d'Olivier de Coetivi avec Marie de Valois, fille de Charles VII. — Confiscation des biens de Jean V, comte d'Armagnac. — Fraudes de l'administrateur. — Hugues de Lasseran, bâtard de Massencourt. — Faux monnayeurs. — Rivalites et haines regionales. — Principaux actes expediés durant l'année. — Lettres de rémission, de noblesse, de naturalisation. — Dame Colette le Turc. — Guillaume de Vic — Monopole aux fabricants de drap a Rouen. — Payements au canonnier du roi pour 1458. — Abus du pouvoir ecclésiastique. — Don a Antoinette de Maignelay, maîtresse du Roi. — Réponse a Toison d'Or et a Jean de Croy, ambassadeurs du Dauphin et du duc de Bourgogne. — Récompenses accordees a Reilhac pour les « francs et bons services qu'il a faits et fait chaque jour ».

Mariage de Marie de Valois 28
Affaire du comte d'Armagnac 31
Rémissions de l'annee. 33
Legitimations, anoblissements. 35
Protection à l'industrie. 36
Artillerie. 37
Abus du pouvoir ecclésiastique. 38
L'évêque de Nantes. 39
Antoinette de Maignelay. 40
Recriminations du Dauphin. 41
Reponse a Toison d'Or. 42
Reponse au sire de Chimay. 43
Le dauphin n'a qu'a revenir. 44
Le Roi gardera le Dauphiné. 45
Reponse au duc de Bourgogne 47
Mediocres services rendus par le duc. 49
Les alliances du Roi. 50
Danemark, Berne, Bohême. 51
Rapports avec la Hongrie, l'Allemagne et l'Angleterre. 53
Plaintes mal fondees. 54
Mariage de Marguerite d'Anjou. 55
Desobeissance au Parlement. 56
Le traite d'Arras mal observé. 57
Réponse finale aux ambassadeurs 58
Les Adorni et les Campofregosi. 59
Infidélités de François Sforza. 60

IV

ANNEE 1459

tration. — Lettre du Dauphin pour la naissance d'un fils. — Seche réponse du roi. — Visite aux Tournaisiens. — Rémissions de l'année. — Légitimations. — Privileges pour ville de Savone. — Affaires du Luxembourg. — Rivalite avec la maison de Bourgogne. — Thierry de Lenoncourt envoyé auprès des princes allemands. — Instructions qu'il reçoit relativement à l'archevêque de Metz, l'archevêque de Trèves, le duc d'Autriche, le marquis de Brandebourg, etc. — Croisade projetee contre les Turcs — Ambassade au concile de Mantoue. — Prudentes recommandations qui lui sont faites. — Fortifications de Rouen.

Jacques Cœur. 62
G. de la Trémoïlle, seigneur de Craon. 64
Nouveaux reproches au Dauphin. 65
Lettres de rémission. 66
Jacques Guyneuf. 68
Lettres de rémission. 69
Anoblissements, Légitimations. 70
Le canonnier du roi. 71
Affaires du Luxembourg. 72
L'évêque de Metz et l'archevêque de Treves 74
Le comte Palatin du Rhin. 75
Le duc Guillaume de Saxe. 76
Le margrave de Brandebourg. 77
Croisade contre les Turcs. 78
Concile de Mantoue. 79
Le chef de l'armée chrétienne 81
Fortifications de Rouen. 82

V

ANNÉES 1460-1461

Procès d'Otto Castellani, successeur de Jacques Cœur. — Prétentions abusives de l'Université de Paris pour éviter les impôts. — Excommunication des officiers des Aides. — Suppression des sermons. — Edit contre les Blasphemateurs. — Sévérite de la répression. — Endurance de Charles VII pour les injures personnelles. — Rémissions de l'année. — Guillaume de Pons assiégé dans la commanderie de Celles. — Amortissement pour Jean de Flavy. — Privileges aux vassaux du bailli de Chaumont. — Reglements concernant la ville de Vernon. — Le Roi se croit empoisonné et se laisse mourir de faim. — Derniers actes expédiés par Reilhac en juin — Mort de Charles VII (17 juillet.

Otto Castellani 84
Revolte de l'Université. 85
Menaces aux gens de l Université. 86
Les Blasphemateurs 87
Peines contre les Blasphemateurs. 89
Lettre de rémission. 91
Guillaume de Pons. 92
Naturalisations, permission. 93
Mort de Charles VII. 94
Gens à consulter. 95

VI

FIN DE 1461

Enterrement du feu Roi a Notre-Dame. — Incertitude des officiers de Charles VII compromis devant Louis XI. — Jean de Reilhac a Avesnes. — Accueil du nouveau Roi. — Confirmation dans ses offices. — Mission aupres du duc de Somerset. — Voyage a Eu — Surprise du duc a table. — Il le fait interner à Dieppe — Saisie et inventaire des papiers apportés d'Angleterre. — Affaire du comte de Dammartin. — Sa disgrâce. — Reilhac fait surseoir a la confiscation de ses biens. — L'ecuyer Voyault à Avesnes. — Sacre du Roi. — Retour a Paris. — Don de joyeux avènement. — Pardon au bailli de Cassel — Confirmation des serviteurs de l'Hôtel. — Viguerie de Nîmes. — Reilhac fermier de la Trésorerie de Nîmes et de Beaucaire. — Projets de Louis XI sur la Navarre. — Reilhac en Espagne. — Reception aux Etats de Barcelone.

VII

ANNÉE 1462

Premier voyage a Bordeaux (avril 1462). — Échange avec Jean de Pont. — Misere de la ville

VIII

ANNÉE 1463

IX

ANNÉE 1464

tions pour l'entretien et la discipline des gens de guerre. — Institution des commissaires royaux. — État des troupes du roi et de leur solde de l'annee 1464. — Piraterie des Bretons. - Reprimandes au duc de Bretagne. — Instructions à Pierre de Brézé, sénéchal de Normandie. — Mission a Montreuil-sur-Mer, pour rétablir les fortifications de la frontière avec les Anglais. — Sourd mecontentement des princes du sang — Brigandages du duc de Bourbon. — Detroussement de la dame de Crussol — Lettre au sire d'Esternay. — Ambassade de J. de Reilhac a Rome. — Mort du pape Pie II et election de Paul II. — Sejour a Milan. — Cession au duc de Milan des droits de la France sur Gênes. — Le petit scel de Montpellier. — Fortifications du pont de Villeneuve-lez-Avignon. — La seigneurie de Parthenay. — Dreux Budé. — Albéric Maletta.

Robert de Balsac. 156
Reglements militaires. 157
Etat de l'armee 158
Monstres et revues. 159
Commandement des lances 160
Noms des titulaires. 161
Autres lances au pays de Normandie 163
Entretien des gens de guerre. 164
Instructions pour les gens de guerre 165
Six commissaires royaux 166
Rapports trimestriels et punitions. 167
Piraterie des Bretons. 168
Reproches au duc de Bretagne. 169
Pierre de Brezé. 170
La frontiere anglaise. 171
Voyage à Montreuil-sur-Mer. 172
Mauvais etat de cette place. 173
Dette municipale 174
La ville ouverte aux Anglais. 175
Reduction a faire aux rentiers. 176
Creation de nouveaux impôts. 177
Réprimandes aux Echevins. 178
Les gens de petit etat. 179
Nouvelle municipalité. 180
Brigandages du duc de Bourbon. 181
Détroussement de la dame de Crussol. 182
Ambassade à Rome. 183
Séjour a Milan. 184
Fortifications du pont d'Avignon. 185
La seigneurie de Parthenay. 186
Dreux Budé. 187
Albéric Maletta. 188

X

ANNÉE 1465

La Ligue du Bien Public. — Deuxième voyage du Roi a Saint-Junien — Odet d'Aydie —

Voyage de Reilhac à Aigueperse. — Sa mission secrete à Riom. — Son emprisonnement. — Fausse situation vis-à-vis du duc de Bourbon. — Séjour du Roi chez Reilhac, à Aigueperse, du 21 au 30 juin. — Incident qui s'y produit. — Le traité d'Aigueperse. — Bataille de Montlhéry. — Don de la charge de Maître des Comptes — Traité de Conflans. — Le comte de Saint-Pol nommé connétable de France — Ambassade de Reilhac et du chancelier des Ursins aupres des ducs de Normandie et de Bretagne. — Proces-verbal de leur entrevue a Pontoise. — Protestation du roi. — Permission de battre monnaie au duc de Bretagne — Les dix sergents du « Parlouer aux Bourgeois ». — Louis XI envahit et reprend la Normandie.— Mission de Reilhac à Rouen. — Levée des impôts dans les provinces occupees. — Don d'une haquenée au roi. — Séjour à Orléans et a Montargis. — Rancunes du roi. — Enquêtes rétrospectives. — Instructions secretes touchant le duc du Maine — Rémissions diverses aux gens de guerre. — Comptes de la Tresorerie de Nîmes. — Robert de Grandmont bailli du Gevaudan. — Remi de Marimont, gouverneur de Montpellier. — Les frères mineurs de Saint-Louis a Marseille.

XI

ANNÉE 1466

Installation de J. de Reilhac à la Cour des Comptes. — Confiscation des biens d'Armagnac au

XII

ANNÉE 1467

XIII

ANNÉE 1468

Pension à Charles d'Amboise. — Les dettes de M. de Saint-Pé. — Réclamations de Michel Gaillard, fermier du quart de sel en Poitou. — Le roi à Meaux. — Concession du grenier à sel à René de Vaudemont. — Refus de Reilhac pour la ratifier. — Charles le Téméraire et les Liégeois. — Louis va à Péronne. — Séquestration du roi. — Il fait demander Reilhac. — Procès-verbal de l'entrevue des deux princes. — Lettre à M. du Plessis. — Signature du traité. — La croix de saint Charlemagne. — Voyage à Liège avec le roi et le duc de Bourgogne. — Compte de l'année 1467-1468. — Avances, gages et indemnités.

Charles d'Amboise. 256
Séjour à Meaux. 257
Voyage de Péronne. 258
Charles le Téméraire et Louis XI. 259
Gages et indemnités. 260
Documents perdus. 261

XIV

ANNÉES 1469-1472

Première disgrâce de Reilhac. — Malveillance qu'il rencontre dans l'entourage du roi. — Il est relégué à la Trésorerie. — Hostilité de Guillaume de Varye. — Lettre à Bourré. — Avances personnelles au comte de Foix. — Incertitudes pour leur remboursement. — Plaintes de René de Vaudemont — Hommage pour la Queue en-Brie. — Mort de Jacques de Reilhac, conseiller du Roi, seigneur de Villeneuve. — Mort d Etienne le Fevre, 28e prévôt de Saint-Junien, vicomte de Mérinville (1471). — Chapelle bâtie au bord de la Vienne. (1451-1454). — Les prévôts qui ont suivi : Barthon de Montbas, son neveu, 30e prévôt (1431). — Jean I de Reilhac, évêque de Sarlat, 31e prévôt. — Son élection en 1510. — Jean II de Reilhac, 33e prévôt (1530). — Nicolas de Reilhac, grand lecteur de Madame Marguerite de France, 34e prévôt (1547). — Épîtres et poésies de ce dernier. — Mort de Clément de Reilhac, seigneur de Brigueil (1469). — Son héritage. — Pierre V de Reilhac, vicomte de Mérinville, grand échanson du roi Louis XI.

Disgrâce de Reilhac. 264
Conseils de La Balue. 265
Lettre à M. du Plessis. 266
Retrait de la Trésorerie de Nîmes 267
Saisie des biens de Jean d'Estampes. 268
Plaintes de M. de Vaudemont. 269
Les célestins de Mantes. 270
Inventaire de leurs biens 271
Chambre des Comptes. 272
Mort de Jacques de Reilhac 273
Mort d'Etienne le Fevre. 274
Les prévôts de Saint-Junien. 275

L'évêque de Sarlat 276
M. de Plaisance 277
Les poésies de Nicolas de Reilhac, grand lecteur de Mme Marguerire 279
L'héritage d'Etienne le Fevre 280
Le vicomte de Mérinville 281
La dame de Villemareuil 282

XV

ANNÉES 1472-1475

Proces contre l'Evêque et le chapitre de Paris. — Requête d'Olivier de Coetivi. — Confiscation par forfaiture des terres sises en France et arrivées par voie d'héritage en la possession des Anglais. — Rentrée en faveur de Reilhac. — Il reçoit en don le fief du Grand-Gaigni-en-Brie tombé au pouvoir du roi, confisqué par le roi faute d'hommage. — Prorogation de délai pour les comptes de la Trésorerie de Nimes. — Voyage d'Etienne de Montry, sergent du châtelet à Beaucaire. — Difficulté de réunir les pieces comptables. — André de Maureregard, ancien trésorier du Dauphiné. — Voyage a Amiens. — Entrevue de Louis XI avec Edouard d'York (août 1476). — Le heraut d'Angleterre. — Séjour en Auvergne. — Arrestation du duc de Nemours. — Délations contre Reilhac. — Son remplacement intérimaire par Robert des Roches. — Voyage du roi à Lyon. — Les nouveaux soupçons qu'il conçoit.

La chastellenie de la Queue 286
Proces contre le chapitre de Paris 287
Revendication d'un prisonnier 288
Le sire de Taillebourg 289
Rentrée en grâce de Reilhac 290
Don du Grand-Gaigni en-Brie 291
Reddition des comptes de la Trésorerie de Nimes 292
L'entrevue d'Amiens avec les Anglais 293
Arrestation du duc de Nemours 294
L'affaire du héraut d'Angleterre 295

XVI

ANNÉE 1476

Enquête du bailli de Montferrand. — Déposition de Géraut de Pheletin, prévôt des exemptions d'Auvergne — de Thomas Pichereau — de Jean Javé — de Guillaume Amy, etc — Rien n'est prouvé contre Reilhac. — La Gigonne et la Passe-Fillon. — Complaisances de Louis XI. — Disgrâce finale de Reilhac et sa destitution. — Il va trouver le roi. — Derniere entrevue. — Interrogatoire du duc de Nemours à la Bastille sur le pretendu complot d'Aigueperse en 1465, pendant le séjour du roi chez Reilhac. — Les relations de Reilhac et du duc de Bourbon pendant la guerre du Bien public. — L'affaire de Riom en mai 1465.

Enquête contre Reilhac par le bailli de Montferrand 299

Les rancunes de Louis XI. 305
Questions posées au duc de Nemours. 306
Le prétendu complot d'Aigueperse durant le séjour du roi chez Reilhac. 304
Les révélations du duc de Nemours. 306
Autres enquêtes contre Reilhac. 307
Rapports de Reilhac avec M. de Bourbon. 308
Le chancelier compromis. 309

XVII

ANNÉES 1477-1482

Nouvelle réconciliation avec le roi. — Fabrication de boulets de fer pour l'artillerie. — Séjour aux forges de Creil. — Nouveau procès contre l'évêque de Paris pour la juridiction de la Queue-en-Brie. — Homicide de Créteil. — Procès contre Clément de Reilhac, évêque de Saint-Papoul. — Le bénéfice de Saint-Quentin en Limousin. — Issue douteuse de cette affaire.

Prétentions de l'évêque de Paris. 314
La haute justice de la Queue-en-Brie. 315
Revendication de biens en Limousin. 317
Procès contre l'évêque de Saint-Papoul. 318
Le bénéfice de Saint-Quentin. 319
Clément de Brilhac. 320

XVIII

ANNÉES 1483-1488

Mort de Louis XI. — Reilhac reintégré maître des comptes extraordinaires (24 oct. 1483). — Réaction contre le régime précédent. — Procès et usurpation de charge contre François Boursier. — Ingratitude de Louis XI. — Enumeration des services rendus. — Affaire du chapitre de Meaux. — La seigneurie de Ferrieres-en-Brie. — Proces contre Martin de Bellefaye. — Arrêt du Parlement. — Voyage en Bretagne (1487). — Lettres de la Trémoïlle à Charles VIII. — Reprise du procès devant le Conseil. — Réclamations subséquentes concernant différentes lettres.

Proces en usurpation de charge. 322
Enumération des services rendus. 323
Le cierge de la comtesse Marie. 325
Supplique du chapitre de Meaux. 326
La seigneurie de Ferrières-en-Brie. 327
Martin de Bellefaye. 329
Intervention de la Trémoïlle. 331
Lettre du roi aux gens du Conseil. 332
Réclamations concernant diverses lettres egarées dans un dossier. 333

XIX

ANNÉES 1489-1495

Mission dans les provinces du Nord. — Demande de subsides pour la guerre. — Les échevins de Beauvais et d'Amiens. — Lettre au roi Charles VIII. — Règlements pour la juridiction de la Cour des comptes (1491). — Réclamations au roi pour complément de traitement depuis 1483. — Ordonnance de Charles VIII y faisant droit en considération « de quarante ans » passés de services rendus. — Ratification par la Chambre des comptes. — Procès contre Robert Thiboust, premier président du Parlement, pour le fief des Petites-Ruelles près Crécy-en-Brie.

Les échevins d'Amiens et de Beauvais . . . 336
Règlement pour la Chambre des comptes . . . 337
Réclamations au roi . . . 339
Réponse de Charles VIII . . . 340
Quarante ans de services rendus . . . 341
Proces contre Robert Thiboust, premier président du Parlement de Paris . . . 342
Le fief des Petites-Ruelles . . . 344

XX

ANNEES 1495-1505

Emprunt forcé pour la guerre d'Italie (1495). — Seconde réclamation au roi pour insuffisance de traitement (1496). — Nouvelle ordonnance de Charles VIII. — Arbitrage de Reilhac dans l'affaire du contrôleur général Dubois (1496). — Sa mort en 1505. — Dons et libéralités aux eglises et aux monasteres. — Indulgences accordées par l'ordre des Franciscains.

Emprunt forcé pour la guerre d'Italie . . . 346
Nouvelle réclamation du roi . . . 347
Seconde lettre de Charles VIII . . . 348
Mort de Jean de Reilhac . . . 349
Le lieu de sa sépulture . . . 350
Indulgences et prières . . . 351
Libéralites aux ordres religieux . . . 352
Fondation diverses et obits . . . 353
Fin du premier volume . . . 354

Index des noms propres contenus dans ce volume . . . 355 à 389

Table des matières . . . 391 à 402

ERRATA DU PREMIER VOLUME

Page IX (de la Préface) — 4e ligne (des notes). — Prevôt de Marechaux. *Lisez :* Prévôt des Maréchaux.

Page XIX (de la Préface) — V. à l'Appendice. Cet appendice sera publié séparément du premier volume.

Pages 13. — 25e ligne : le renvoi à la note no *2* qui figure à cette ligne par erreur du typographe se rapporte non pas à Étienne mais à Junien le Fèvre, et doit être placé à la 13e ligne après ces mots : Junien le Fèvre se démet de ses fonctions.

— 18. — 27e — cette pièce comme la suivante est précédee de ces mots : Charles par la grâce de Dieu roi de France, etc.

— 19. — 24e — avant : de Reilhac. *Lisez :* Charles.

— 28. — 13e — (des notes) : par erreur typographique la signature du Roi est en petites capitales.

— 29. — 27e — même observation.

— 42. — 9e — (des notes) : page 8. *Lisez :* page 9.

— 59. — 12e — (des notes) : guillemets oubliés.

— 60. — 16e — (des notes) : même observation.

— 62. — 4e — (des notes) : même observation.

— 63. — 15e — pour cet argent. *Lisez :* pour obtenir cet argent.

— 63. — 17e — (des notes) : guillemets oubliés.

— 66. — 9e — (des notes : folio 50. *Lisez :* folio 56.

— 67. — 21e — quand un nommé Debedou. *Lisez :* quand arrive un nomme Debedou.

— 68. — 19e — J. de Reilhac. *Lisez :* Reilhac.

— 70. — 18e 21e et 24e ligne : même observation.

— 71. — 3e et 8e ligne : même observation.

— 71. — 15e ligne : qu'ils recevaient. *Lisez :* qu'il recevait.

— 75. — 4e — (des manchettes), *supprimez :* etc

— 77. — 1re — (des manchettes) : 1457. *Lisez :* 1459

— 78. — 7e — *supprimez :* alors.

— 82. — 4e et dernière ligne (de la note) : guillemets oublies.

— 82. — 4e ligne (des notes) : Charles VII, etc. *Lisez :* Charles, etc.

— 84. — 4e et 13e ligne (des notes) : guillemets oublies.

— 84. — 6e ligne : 1459. *Lisez :* 1460.

— 91. — 3e 5e et 9e ligne : J. de Reilhac. *Lisez :* Reilhac.

— 92. — 3e 5e 17e et 20e ligne : même observation.

— 93. — 1re, 12e, 14e et 16e ligne : même observation.

— 94. — 3e et 10e ligne : même observation.

— 95. — 22e ligne (des notes) : Reilhac. *Lisez :* Rilhac.

— 98. — 12e — (des notes) : page 8. *Lisez :* page 9.

— 110. — 2e — (des manchettes) : Voyaul. *Lisez :* Voyault.

— 115. — 15e — déficit. *Lisez :* deficits.

— 118. — 17e — (des notes) guillemets oubliés.

— 145. — 26e — reste en Languedoc. *Lisez :* mais reste en Languedoc.

— 151. — 6e — 1665. *Lisez :* 1465.

— 238. — 17e — (des notes) Waletran II. *Lisez :* Waleran II.

— 238. — 19e — (des notes) Jeanne de Trié. *Lisez :* Jeanne de Trie

Pages 231. — 13e ligne : J. de Reilhac. *Lisez* J. Reilhac.
— 239. — 24e — (des notes) par cette fenêtre. *Lisez* : par une fenêtre.
— 239. — 29e — (des notes) général de Finances. *Lisez* : général des Finances.
— 241. — 5e — ouy. *Lisez* : Souy.
— 244. — 2e — ayant assez à contenir. *Lisez* : ayant assez de contenir.
— 254. — 4e — pour notifier. *Lisez* : afin de notifier.
— 251. — — même observation en ce qui concerne l'appendice que celle déjà indiquée pour la page XIX de la Préface.
— 256. — 22e — sur les lieux mêmes. *Lisez* : aux lieux mêmes.
— 257 — 26e — Petit-Andely. *Lisez* : Petit-Andelys
— 271. — 3e — en voici l'intitulé clôture. *Lisez* : en voici l'intitulé et la clôture
— 272. — 10e — consensuit domini. *Lisez* : consensu dominorum.
— 273. — 4e — chargé à diverses reprises des affaires importantes. *Lisez* chargé à diverses reprises d'affaires importantes.
— 273. — 23 — et à enrichir l'Eglise. *Lisez* : et à en enrichir l'Eglise.
— 273. — 5e — (des notes) Petrenelle de Maignac. *Lisez* : Perennelle de Maignac
— 274. — 3e — cette célèbre chapelle. *Lisez* : la célèbre chapelle.
— 294 — 7e — ordinarii osidentis. *Lisez* : ordinarii possidentis.
— 304. — 22e — héraul. *Lisez* : hérault.
— 318. — 7e — similem. *Lisez* : civilem.
— 318. — 11e — justiciaris. *Lisez* : justiciariis.
— 318. — 15e — l'origine de cette pièce a été omise. C'est : Arch. X^{1A} 45.
— 326. — 5e — Videantur computi et recferatur usis computis antiquis et litteris comere hic affixis, continuetur solutio dicte cerri. *Lisez* : Videantur compoti et referatur visis compotis antiquis et litteris camere hic affixis, continuetur solutio dicti cerri.
— 327. — 16e — parisius. *Lisez* : parisiis.
— 328. — 13e — racione. *Lisez* rationes.
— 328. — 18e — contensionibus. *Lisez* : conclusionibus.
— 329. — 3e — earum. *Lisez* : eorum.
— 330. — 5e — pronunciata XXVIII^{a} Marti. *Lisez* : XXIV^{a} Martii.
— 344. — 29e — V. p. vii de l'Appendice. Même observation que page 251.
— 360. — 10e — vicomte de Carnac. *Lisez* : vicomte de Jarnac.
— 360. — 19e — Chambive. *Lisez* : Chambine.
— 369. — 31e — Rohant. *Lisez* : Nohant.
— 374. — 43e — après LONDRES (la tour de). *Lisez* : voir page 307.
— 375. — 10e — au lieu de Lyon-Tanneguy. *Lisez* : Tanneguy-Duchâtel, sénéchal de Lyon.
— 376. — 29e maison des Moustiers. *Lisez* : maison des Monstiers.
— 377. — 28e après MONSIEUR frère du roi. *Lisez* : V. à l'article *Berry*.

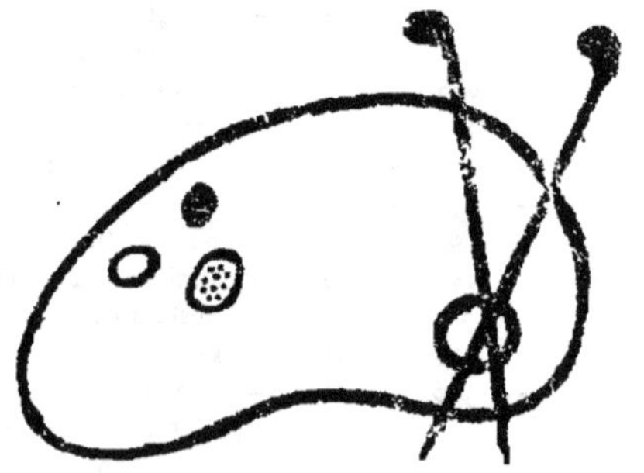

JEAN DE REILHAC

Secrétaire, Maître des comptes

Général des finances et Ambassadeur

des Rois

CHARLES VII, LOUIS XI & CHARLES VIII

Documents pour servir à l'Histoire de ces règnes

de 1455 à 1499

> « *En faveur de plusieurs bons et grands services qu'il nous a faiz et encore fait chacun jour.* »
> (Lettres pat. de Charles VII du 16 janv. 1458).
>
> « *Bien recors et mesmement consideré le temps comme de quarante ans et plus qu'il avoit bien et loyaulement servy feuz nos ayeux et père en grans charges et ambassades et autres affaires du royaume.* »
> (Lettres pat. de Charles VIII du 11 fév. 1496).

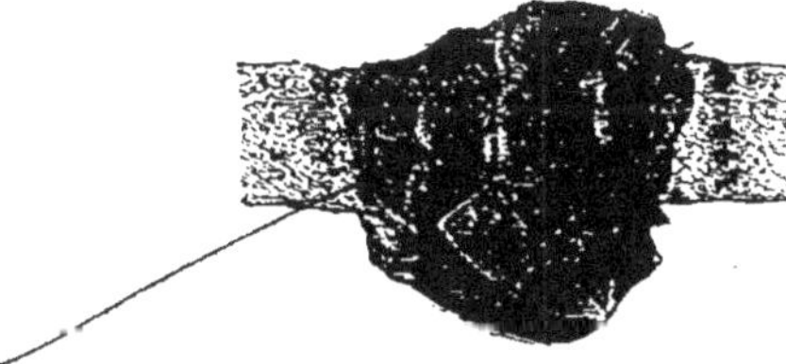

TOME DEUXIÈME

A PARIS,

Chez H. CHAMPION, Libr. spéc. de l'Hist. de France, Quai Malaquais.

M. DCCC. LXXXVII.

JEAN DE REILHAC

TOME DEUXIÈME

Le second volume de cet ouvrage a été tiré seulement à *cent exemplaires numérotés,* sur papier à la cuve.

LE CONSEIL DU ROI

d'après une miniature insérée en tête des Ordonnances de Charles VII *au* Livre Ferré de la Chambre des Comptes *et conservée au Musée*

JEAN DE REILHAC

Secrétaire, Maître des comptes

Général des finances et Ambassadeur

des Rois

CHARLES VII, LOUIS XI & CHARLES VIII

Documents pour servir à l'Histoire de ces règnes

de 1455 à 1499

> « *En faveur de plusieurs bons et grands services qu'il nous a faiz et encore fait chacun jour.* »
>
> (Lettres pat. de Charles VII du 16 janv 1458)
>
> « *Bien recors et mesmement consideré le temps comme de quarante ans et plus qu'il avoit bien et loyaulement servy feuz nos ayeux et père en grans charges et ambassades et autres affaires du royaume* »
>
> (Lettres pat de Charles VIII au 11 fev 1496)

TOME DEUXIÈME

A PARIS,

Chez H. CHAMPION, Libr. spéc. de l'Hist. de France, Quai Malaquais.

M. DCCC. LXXXVII.

JEAN DE REILHAC

SECRÉTAIRE, MAITRE DES COMPTES GÉNÉRAL DES FINANCES ET AMBASSADEUR

DES ROIS CHARLES VII, LOUIS XI ET CHARLES VIII

Les pièces qui portent la signature de Jean de Reilhac, réunies dans cette seconde partie du travail, ont été divisées en quatre groupes : *Commissions, Autorisations, Lettres* et *Ordonnances*. — *Légitimations, Naturalisations* et *lettres de Noblesse*. — *Abolitions* et *Rémissions*. — *Généralité des Finances*.

Les *Commissions, Autorisations* et *Ordonnances* comprennent une série de privilèges à différentes villes et abbayes, la plupart renouvelés de ceux accordés pendant les deux siècles précédents, une suite de nominations à divers emplois de sénéchaux, baillis, maître des eaux et forêts, etc.

Ce sont les dernières provinces arrachées à la domination anglaise, telles que la Normandie et la Guyenne qui en sont le principal objet. En Guyenne surtout et dans les Landes, la guerre de Cent ans, terminée par la campagne de 1445, laisse des traces sanglantes qu'il faut faire disparaître, et de tous côtés des ruines à relever.

La plupart des châteaux forts qui dominent le cours de la Dordogne ou de la Charente, démolis tour à tour par les Anglais et les Français, sont maintenant rétablis ; l'Agenois, le Condomois, le Limousin, le Quercy, les Landes se trouvent réunis en une nouvelle juridiction parlementaire dont le siège sera désormais à Bordeaux.

Les lettres de *Légitimation*, de *Noblesse* et de *Naturalisation* sont, le plus souvent, des récompenses accordées pour des services rendus aux guerres. Une naissance illégitime ou dans un pays étranger constituait alors une incapacité absolue à posséder et à tester. Les biens des personnes trouvées dans cette situation étaient confisqués sans merci et formaient, au profit de la couronne, ce qu'on appelait alors le *droit d'aubaine ;* aussi comprend-on aisément tout l'intérêt qui s'attachait à ces faveurs. Tout individu légitimé ou naturalisé devenait apte à posséder et à disposer de sa fortune, de même que la qualité de noble dispensait des charges accablantes qui écrasaient le peuple.

Le plus souvent on devait ces immunités à l'influence de

grand-maître de son artillerie, né en France. Jean d'Orléans, comte d'Angoulême, demande la légitimation de son fils bâtard. Claude de Vienne fait de même pour le sien. A la requête du Comte de Foix, Jean de Rochefort est déclaré noble, etc., etc. D'autrefois c'est le roi lui-même qui veut récompenser des services personnels : Jean le Damoisel, conseiller au Parlement, obtient la légitimation de sa fille Bénédicte; Jeannicotin le Bourguignon est légitimé en souvenir des services de son père. Jean Travesse, médecin de Charles VII, et Jean Guéydon, son avocat, sont anoblis.

Mais la partie la plus intéressante de ces documents, celle qui fait le mieux pénétrer dans la vie intime du XVe siècle, se trouve, sans contredit, dans les *Abolitions* et *Rémissions*.

En ce temps de justice rudimentaire, la vie humaine semble de peu de valeur, tant, pour celui qui va commettre un crime de propos délibéré, que pour le juge qui sera ensuite chargé de le punir. La peine de mort est à peu près la seule connue et appliquée aux gens du peuple. Elle devient aussi bien la conséquence d'un simple vol, que celle d'une série d'homicides.

Un aveu plus ou moins complet arraché au prévenu sur le grand ou le petit chevalet, à l'aide de la « petite » ou de la « grosse d'eau, » suffit pour être condamné à être pendu comme larron ou « ars » comme sorcier. En vain le prévenu, revenu à lui-même après la torture et « réchauffé à la cuisine », cherche-t-il à démentir ses aveux précédents, il n'en résultera pour lui qu'une nouvelle charge. On trouve la preuve de cette terrible justice à chaque page du registre criminel du Châtelet publié par la Société des Bibliophiles de France (1). Parfois même la cupidité et la jalousie avaient le premier rôle dans ces tristes procès ; les biens des condamnés étaient de droit confisqués et quelquefois donnés en récompense aux dénonciateurs eux-mêmes.

A côté de ces condamnations trop arbitraires, on rencontre des grâces qui, bien souvent, le paraissent aussi. Ces grâces s'obtenaient par la protection. On en distribuait un certain nombre à diverses époques de l'année, pendant la semaine sainte principalement, « en l'honneur de la Passion », ou bien encore à l'occasion de l'avènement d'un roi ou de sa première entrée dans une ville du royaume.

Parfois même elles constituaient un singulier privilège. Ainsi dès 1429, les filles avaient, au royaume de France, le droit de sauver du dernier supplice un criminel en l'épousant. Un jour, au moment où l'on allait pendre un jeune ribaut qui avait fait des pilleries autour de Paris, une jeune fille habitant les Halles vint hardiment le demander au bourreau, et d'après ce que racontent les historiens du temps, fit tant par son éloquence que le jeune gredin fut ramené au Châtelet, et le mariage conclu le lendemain.

La rémission était aussi la conséquence forcée du « Droit d'Asile », et, presque toujours en ce cas, elle servait uniquement à tirer d'affaire des criminels plus ou moins dangereux tout prêts à recommencer ensuite.

L'assassin réfugié sur une terre bénie, sur le domaine d'une abbaye, dans l'enceinte d'une église ne pouvait plus être appréhendé par la justice. Son asile était inviolable et

1. Imprimé par Lahure et Cie en 1861. — Ce registre va du 16 septembre 1389 au 18 mai 1392. On y voit les details horribles de la procedure criminelle usitée a cette epoque. Après chaque torture

le devoir de subvenir aux nécessités de son existence incombait aux gardiens qu'il s'était ainsi choisi, moines, curés, etc. — Là il attendait patiemment et en toute confiance qu'une lettre de grâce sollicitée le plus souvent par ceux-là même dont sa présence compromettait la sécurité, vînt le rendre non seulement à la liberté, mais encore « à sa bonne renommée et fame » (1).

Il y avait ainsi matière à toute une série de ruses entre les récidivistes et les sergents de la prévôté. Un scélérat, nommé Raymond Gaigni, coupable d'un nombre incalculable de vols et d'homicides, était en prison. Il persuade à son geôlier de nettoyer sa cellule. Profitant de cet instant, il s'échappe après avoir enfermé en son lieu et place ledit geôlier et sa femme et va incontinent se réfugier lui-même dans une église d'où une abolition vient bientôt lui permettre de sortir et de reprendre le cours de ses exploits le plus tranquillement du monde (2).

Un autre jour, un homme sur lequel pèsent de lourdes charges est saisi par ordre de la justice et dirigé sur la ville du Mans. La charrette qui le transporte va par hasard traverser un ancien cimetière. Déjà il a épié cet instant et dégagé brusquement de ses liens, il saisit la branche d'un arbre à sa portée en s'écriant : « Franchise ». De droit il était délivré (3).

Coups de dague ou de bâton, suivis presque toujours de mort, fausse monnaie importée d'Allemagne ou fabriquée en secret, vols, attentats à la pudeur, séduction de femmes

1. Du mot latin *fama*.
2. Rémission pour *Raymond Gaigni*. — V. page 245.
3. Rémission pour *Jean Heurtault*. — Voir au Tome III (mai 1461).

mariées, affaires de bestialité, tel est le coefficient général du répertoire criminel au XVe siècle.

Nobles et manants y sont poussés au crime par la misère. Les impôts variables et souvent exagérés qui, sous le nom de « tailles », pèsent sur le peuple amènent un grand nombre de vols. De pauvres gens poursuivis n'ont d'autre ressource pour les acquitter. Gentilshommes et chevaliers se débattent de leur côté contre l'usure. Parfois ils assoment leurs prêteurs (1) et préfèrent « battre » leurs fournisseurs plutôt que de les payer (2).

La présence de mercenaires étrangers, principalement espagnols et écossais, appelés durant les guerres et maintenant inactifs, devient aussi une occasion de fréquents désordres. Les gens du sénéchal de Saintonge, Martin Henriquez, ceux de Jean de Sallazar, campés au delà de la Loire, au milieu des timides populations du centre, les pillent, les rançonnent et rendent tout un pays inhabitable. Chaque nuit ils se livrent à de nouvelles incursions pendant des mois entiers. Les villages se dépeuplent, les paysans fous de terreur vivent cachés dans les marais (3).

On sait que la répression de ces brigandages armés fut précisément le point contre lequel l'administration royale concentra tous ses efforts durant les dernières années du règne de Charles VII. Mais elle n'empêcha pas davantage que de véritables petites guerres ne vînssent encore à éclater entre les seigneurs dans les provinces éloignées. Guillaume de Pons, chevalier de Saint-Jean de Jérusalem et

1 Remission pour *Sevestre de Carm*, chevalier breton. — V. page 272

commandeur de Celles en Auvergne, aidé de ses gens et de ceux que lui a amené son beau-frère, le seigneur de Salilergues, tient assiégé durant six semaines son rival, Pierre de Bresons, et prend enfin d'assaut la commanderie (1); Guérin d'Apchier se rend de la même façon maître du château de Saint-Albin, en Languedoc (2).

Mentionnons encore une autre classe « d'abolitions » toute différente des autres : celle des actes réparatoires, fruit de cuisants, mais trop tardifs remords, ayant pour but de rendre justice à un innocent qui n'est plus, ou à quelque malheureux dont les biens ont été confisqués. Telle fut, par exemple, la « rémission » accordée au bénéfice des enfants de Jacques Cœur, longtemps après la mort de l'argentier. Telle avait été aussi, quelques années plus tôt, la revision du procès de Jeanne d'Arc.

Et aussi celles qui se présentent comme des épisodes de l'histoire politique du temps, celle accordée au duc de Bourbon et à ses vassaux, après la révolte de 1465, au sire d'Albret, à divers capitaines, hommes d'armes, etc. ; même aux serviteurs du roi trop zélés, qui ne supportent pas qu'on parle mal de leur maître devant eux, comme il arriva un soir à Orléans, quelques jours après la bataille de Montlhéry (3).

Quant aux actes classés sous cette rubrique : *Généralité des Finances*, on y trouvera diverses donations, concessions de privilèges, des questions de fisc, greniers à sel, impôts de quart de sel, etc., des règlements financiers et monétaires.

1. Rémission pour *Guillaume de Pons*, chevalier de Rhodes, et *Antoine de Villebeuf*, son beau-frere — Voir au Tome III (mars 1460).

2. Rémission pour *Guérin d'Apchier*. — Voir *id.* Tome III (mars 1460)

3. Remission pour *Christophe Budes*, ordre des ordonnances. — Voir *id.* Tome III (fevrier 1465)

Enfin quelques documents omis au premier volume ont trouvé place ici, telles que lettres au duc d'Autriche, aux gens du roi de Sicile, négociations avec Georges de Bade, évêque de Metz, pour la châtellenie d'Epinal, pièces relatives à un voyage à Lyon, à un autre voyage en Auvergne, etc., etc. ; enfin une note assez curieuse qui semble avoir eu pour objet de dénoncer à Louis XI certains incidents relatifs à ce même séjour qu'il avait fait, en 1465, chez Jean de Reilhac, durant la guerre du Bien-Public.

A. DE R.

Paris, le 28 novembre 1857

Liste des Personnages

FAISANT PARTIE DU *GRAND CONSEIL*

et témoins aux documents contenus dans cet Ouvrage

AMBOISE (Pierre d'), sire de *Chaumont*.

ANJOU (Charles d'), comte du *Maine*, beau-frère de Charles VII.

ANJOU (Jean d'), duc de *Calabre* (neveu du précédent).

ARMAGNAC (Jean Bâtard d'), comte de *Comminges*, maréchal de France.

ARTOIS (Charles d'), comte d'Eu.

AUBUSSON (Antoine d'), sire du *Monteil-au-Vicomte*.

AYDIE (Odet d'), sire de *Lescun* (puis comte de *Comminges*. après le Bâtard d'Armagnac).

BEAUMONT (Louis de), sire de *la Forest*.

BOURBON (Jean II, duc de), *connétable de France.*

BRETAGNE (Artus de Richemont, duc de).

BRETAGNE (François II, duc de), après la mort du précédent en 1458.

BRÉZÉ (Pierre de), sire de la *Varenne.*

CHABANNES (Antoine de), comte de *Dammartin.*

CHATEL (Tanneguy du), chambellan du roi.

CRUSSOL (Géraut de), Évêque de *Tournon.*

CRUSSOL (Louis de), *Panetier de France.*

ESTOUTEVILLE (Jean d'), sire de *Torcy, Grand Maître des Arbalétriers.*

DAUVET (Jean), Sgr de Clagny, *Président du Parlement.*

FÈVRE (Étienne Le), Prévôt de *Saint-Junien*, Me des requêtes de *l'Hôtel du roi.*

FOIX (Gaston IV, comte de).

GAUCOURT (Louis de), sire de *Châteaubrun.*

HARCOURT (Louis d'), Archevêque de *Narbonne*, puis évêque de *Bayeux* et *Patriarche de Jérusalem.*

LAU (Antoine de Châteauneuf, sire du).

LAVAL (Louis de), sire de *Chastillon.*

LÉVIS (Jean de), sire de *Vauvert.*

MAILLY (Ferry, sire de).

MARLE (Henri de), Sgr de *Versigny.*

MONTGLAT (Jean Bureau, sire de), *trésorier de France.*

MONSTEREUL (Guillaume Cousinot, sire de).

MONTAUBAN (Jean de), *Amiral de France.*

MONTSOREAU (Jean de Chambes, sire de).

ORIOLLES (Pierre d'), *Chancelier de France.*

ORLÉANS (Jean Bâtard d'), comte de *Dunois, Chambellan de France.*

ORLÉANS (Louis duc d'), cousin du roi.

PENTHIÈVRE (Jean de *Brosses*, comte de).

PICART (Martin Le), Maître des Comptes.

RÉAULTE (Jean de la) ou de la Loyauté, conseiller du roi.

ROSIÈRE (Georges Havart, sire de la).

TRÉMOILLE (Georges de la), sire de *Craon.*

TUDERT (Jean), Président du Parlement établi à Bordeaux.

VARYE (Guillaume de), ancien premier commis de Jacques Cœur, puis *général des Finances.*

ITINÉRAIRE

DU ROI CHARLES VII ET DE SA COUR

DEPUIS LE MOIS DE JUILLET 1456 JUSQU'A SA MORT

(d'après M. Vallet de Viriville).

FIN DE L'ANNÉE 1456

Juillet	»	Chastellar (1).	Juillet	6	Gannat.
Juillet-Août	»	—	—	6	Chastelier.
Juillet	»	Gannat.	—	9	—
—	2	Chastellier.	—	»	Chastelar-en-Bourbonnais.
—	3	Paris.	—	9	—
—	5	Gannat.	—	15	Gannat.
—	5	—	—	16	Chastelar.
—	5	Chastelier.			

1 Le Châtelard pres Ebreuil (Allier) — Ce mot a été écrit successivement de diverses façons *Castellar*, *Chastelier*, *Chasteler*.

Juillet	19	Gannat.	Septembre	17	Chasteller.
—	21	—	—	20	Chastelier.
—	21	Changy-en-Rouannois.	—	20	Nades.
			—	21	—
—	22	Changy-en-Rouannois.	—	24	Chastellier.
			—	28	Breuil-d'Oyre.
—	30	Chastellar.	—	29	Souvigny.
—	31	Gannat.	—	30	Gannat.
Août	»	Paris (1).	Octobre	»	Paris (2).
—	»	Gannat.	—	»	Gannat.
—	»	Nades.	—	»	Vienne.
—	11	Gannat.	Octobre	»	Lyon.
—	13	Nades.	—	»	à La-Palice-en-Bourbonnais.
—	20	Chastelier.			
—	21	Chastellar.	—	»	Tassins.
—	30	Gannat.	—	4	Gannay.
Septembre	»	Chasteler.	—	14	Tassins.
—	»	Gannat.	—	18	Lyon.
—	6	—	—	18	—
—	7	Chastellier.	—	21	—
—	10	—	—	27	Vienne.
—	11	Chastellard.	Novembre	»	Paris (3).
—	»	—	—	»	St-Symphorien-d'Ozon.
—	12	Chasteller.			

1. Il est évident que l'indication de *Paris* qui revient presque successivement ici et plus loin, n'indique en aucune façon que le roi et sa cour s'y soient transportés chaque fois. La difficulté et la lenteur des voyages à cette époque y étaient un obstacle absolu. — Il y a simplement ce fait probable, que certaines ordonnances, bien que rédigées autre part, étaient ensuite envoyées à Paris pour y être promulguées et datées de cette dernière ville comme étant le siège du gouvernement royal.

2. Même observation.

3. Id.

Novembre	»	Lyon.
—	»	Amboise.
—	»	Vienne.
—	2	—
—	3	—
—	11	St-Symphorien-d'Ozon.
—	16	—
—	24	—
—	27 et 29	—
Décembre	»	Paris.
—	»	Lyon.
—	»	S-Symphorien.
—	»	Lyon.
—	4	St-Symphorien.
—	5	St-Symphorien.
—	9	—
—	11	—
—	15	—
—	16	Lyon.
—	18	St-Symphorien.
—	24	Saint-Priest-en-Dauphiné.
—	»	Lyon-Vienne.
Janvier	»	Saint-Priest.

Janvier	»	Lyon.
—	»	Paris.
—	»	Lyon.
—	»	Saint-Priest.
—	1	St-Pierre près Lyon.
—	1	Saint-Priest.
—	10	—
—	22	Saint-Priest.
—	31	Lyon.
Février	»	Saint-Priest.
—	»	Lyon.
—	»	Paris.
—	»	Lyon.
—	»	Saint-Priest.
—	25	—
—	26	—
Mars	»	Paris.
—	»	Lyon.
—	1	—
—	4	Saint-Priest.
—	7	—
—	7	Lyon.
—	12	Saint-Priest.
—	17	—
—	19	—
—	26	—
Avril	1 à 16	Lyon.
—	17	—

Avril	1 à 16	Saint-Priest.	Avril	8	St-Symphorien.
—	4	Mehun ?	—	10	—
—	6	St-Symphorien-d'Auzon.	—	13	Saint-Priest.
—	7	Lyon.	—	15	—

ANNÉE 1457

(Elle commence le 17 avril)

Avril ap. Pâq.	17	Paris (1).	Mai	6	Saint-Priest.
—	17	Lyon.	—	11	—
—	17 à 30	—	—	12	Lyon.
—	23	Saint-Priest.	—	12	Saint-Priest.
—	26	Lyon.	—	15	Lyon.
—	27	Saint-Priest.	—	20	—
—	28	—	—	24	—
—	29	—	—	27	—
—	30	Paris (2).	—	28	—
—	30	Saint-Priest.	—	30	—
Mai	»	—	Juin	»	Antin.
—	»	Paris (3).	—	»	Lyon.
—	»	Lyon.	—	»	Paris (4).
—	1	Saint-Priest.	—	»	Feurs-en-Forest.
—	5	—			
—	6	—	—	»	Montbrison.

1. Même observation que page 14.
2. Id
3. Id.
4. Id.

Juin	»	Yvort, près Lyon.
—	»	La Salle, près Feurs-en-Forest.
—	»	Yvort, près Lyon.
—	18	La Sale-en-Forest.
—	21	—
Juillet	»	Paris.
—	»	Chapelle-d'Augeron.
—	»	St-Pourçain.
—	»	Montbrison-en-Forest.
—	»	Changy.
—	1	Manoir de la Cour (1), près Feurs-en-Forest.
—	2	Montbrison.
—	5	Feurs-en-Forest.
—	8	La Sale-en-Forest.
—	11 ou 12	—
Juillet	16	Changy-en-Rouannois.
—	22	Bourges.
—	22	Changy.
—	23	—
—	23	Changy-en-Rouennois.
Août	»	St-Pourçain.
—	»	Thory, près Moulin.
—	»	St-Pourçain.
—	»	Paris.
—	»	Thury ou Thory.
—	»	Courtilles, près Souvigny.
—	3	La Ferté, près St-Pourçain.
—	5	Courtilles.
—	5	Courtilles, près Savoigny (*sic*).
—	5	Courtilles, près Souvigny (2).
—	6	St-Pourçain.
—	6	Thury-les-Moulins.

1. In manerio Aule prope Forum, fr. 4139, f° LXVII v°.
2. Alias Courcelles.

Mois	Jour	Lieu
Août	13	Thury-les-Moulins.
—	13	La Ferté, près St-Pourçain.
—	19	Thory.
—	26	Breuil-Dord?
—	26	Thury, près Moulins.
Septembre	»	Bourbon.
—	»	Paris.
—	»	St-Pourçain.
—	»	Bourges.
—	»	Avor - en - Bourbonnais.
—	7	St-Pourçain.
—	8	Tours.
—	24	Montorn? près Souvigny.
—	25	Bourbon-l'Archambault.
—	26	Souvigny.
—	»	Saint-Amand.
—	»	Chasteau-neuf (1).
—	»	La Chancère-en-Bourbonnais (2).
—	»	Paris.
Septembre	»	Bourbon-l'Archambault.
—	1	Bourbon.
—	3	In Castro Noneville.
—	15	La Chaucière-en-Bourbonnais.
—	20	Brecy-en-Berry.
Novembre	29	La Chaussière.
—	31	Bois-Sire-Amé
—	31	Chasteauneuf-sur-Cher.
Novembre	»	Bleré-sur-Cher
—	»	Chasteauneuf-sur-Cher.
—	»	Reuilly-en-Berry.
—	»	Romorantin.
—	»	Amboise.
—	»	Paris.
—	»	Villefranche-en Berry.
—	»	Commanderie, près Villefranche-en-Sologne.

1. *Châteauneuf-sur-Cher.*
2. *La Chaussière.*

Novembre	1	Bois-Sire-Amé	Janvier	22	Tours.
—	2	—	—	24	Montils-les-
—	»	Mehun-s.-Y.	—	24	Tours.
—	11	Vierzon.	—	»	—
—	16	Mehun-s -Y.	—	»	Paris.
—	23	Blere.	—	8	Montils-les-
—	24	Bourges.			Tours.
— (hiver)	»	Tours.	Janvier	9	Tours.
Décembre	»	Tours.	—	16	Montbason.
—	»	Paris.	—	23	Tours.
—	»	Montils-les-	Février	»	—
		Tours.	—	3	—
Décembre	»	Vençay-les-	—	4	—
		Tours.	—	7	—
—	»	Tours.	—	16	—
—	8	—	—	20	—
—	9	—	Mars	»	Montbason.
—	10	—	—	»	Paris.
—	18	Montils-les-	—	»	Montils.
		Tours.	—	»	Tours.
—	18	—	—	4	—
—	22	Tours.	—	24	—

ANNEE 1458

(Elle commence le 2 avril).

Avril	»	St-Jean-d'Angely ?	Mai	12	Tours.
—	»	Tours.	—	13	Montrichard.
—	»	—	—	22	—
—	10	—	—	23	—
—	10	—	—	24	—
—	14	—	Juin	»	Paris.
—	21	—	—	»	Beaugency.
—	21	Paris.	Juin et Juillet	»	—
—	22	Tours.	Juin ou Juillet	»	—
—	Pentecôte	—	Juin	7	—
—	27	—	—	25	—
Mai	»	Paris.	—	30	Mehun.
—	»	Montils.	Juillet	»	St-Laurent-des Eaux?
—	»	Gien-s.-Loire.	—	»	Mehun-sur-Loire.
—	»	Tours.	—	»	Montargis.
—	4	—	—	10	Beaugency.
—	5	—	—	14	—
—	11	—			

Juillet	16	Mehun-sur-Loire.
—	20	Beaugency.
—	25	—
—	26	—
—	31	Paris.
Août	»	Vendôme.
—	»	A l'Aumône de Cîteaux.
—	6	Vendôme.
—	7	Compiègne.
—	9	Tours.
—	21	Vendôme.
—	21	—
—	22	—
—	25 au 30	—
—	26	—
—	29	—
Septembre	»	Paris.
—	»	Vendôme.
—	11	—
—	20	—
—	23	—
—	26	—
Octobre	»	Paris.
—	3	Vendôme.
—	6	—
—	10	—
—	10	—
Octobre	10	Vendôme
—	14	—
—	18	—
—	18	—
—	20	—
—	22	—
—	24	—
Octobre	27	Vendôme.
—	28	—
—	30	—
—	31	—
—	31	—
Novembre	»	Vernon.
—	»	Chateaurenaut
—	»	St-Jean-d'Angely-La-Jallée
—	»	—
—	»	Tours.
—	»	Vendôme.
—	2	—
—	3	—
—	5	Villedieu-de-Combles.
—	10	Prépastour?
—	11	Paris.
—	15	Vendôme.
—	17	Chateauregnault.

Mois	Jour	Lieu
Novembre	17	Chateaurenault.
—	17 à 23	Vernon-en-Touraine.
Décembre	»	Tours.
—	»	Au château de Tusseau, près Tours.
—	15	—
—	31	Tours.
Janvier	»	—
—	6	—
—	7	—
—	9	—
—	11	—
—	19	Montbazon.
—	29	—
—	31	—
Février	»	—
—	*	Tours.
—	9	—
Février	12	Montbason.
Février	14	Paris.
—	17	Montbason.
—	19	Tours.
—	dernier (1)	Montbason.
Mars	1 à 25	Roches-Tranchelion.
—	2	Montbason.
—	6	—
—	7	—
—	9	—
—	11	Chinon.
—	11	Tours.
—	11	Montbason.
—	14	—
—	16	—
—	16	—
—	19	Roches-Tranchelion.
—	19	—
—	25	Tours.
— avant (2)	25	Montbason.

1. Dernier fevrier de 1458.
2. Avant Pâques.

ANNÉE 1459

(Elle commence le 25 mars).

Mars	25	Tours.	Mai	4	Rasilly.
—	27	Rasilly.	—	6	Chinon.
Avril	»	Paris.	—	11	Rasilly.
—	»	Rasilly.	—	12	—
—	»	Tours.	—	»	Tours.
—	»	Tranchelion-les-Roches.	—	18	Rasilly.
			—	20	—
—	»	Chinon.	—	22	—
—	2	—	—	29	—
—	6	L'îleBouchard.	Juin	»	Paris.
—	12	Tours.	—	1	Rasilly.
—	14	Roches-Tranchelyon.	—	»	Chinon.
			—	14	—
—	17	—	—	18	Chinon.
—	22	Rasilly.	—	20	Rasilly.
—	27	Chinon.	—	26	—
—	27	—	—	30	—
Mai	»	Paris.	Juillet	»	Au château de Champigné-en-Touraine (1).
—	»	Rasilly.			
—	»	Chinon.			

1 *Champagné.*

Juillet	»	Paris.
—	»	Chinon.
—	»	Couldray, près Chinon.
—	2	Chinon.
—	3	Couldray, près Chinon.
—	6	Chinon.
—	12	—
—	13	Champigny.
—	16	Montrichard.
—	27	Champigny.
—	31	—
Août	»	Chinon.
—	»	Champigny.
—	»	Paris.
—	3	Champigny.
—	7	Compiègne.
—	13	Chinon.
—	14	Champigny.
—	28	Au Rivaud, près Chinon.
—	31	Rivau, près Chinon.
Septembre	»	Paris.
—	»	Rasilly.
—	»	Chinon.
—	1	Au Rivau.
—	4	Chinon.
Septembre	7	Chinon.
—	11	Rasilly.
—	15	Chinon.
—	25	Rasilly.
Octobre	»	Paris.
—	»	Rasilly.
—	»	Chinon.
—	5	Rasilly.
—	12	—
—	19	—
—	20	—
—	27	Chinon.
—	30	Rasilly.
Novembre	»	Paris.
—	»	Chinon.
—	»	—
—	»	—
—	6	—
—	7	—
—	9	—
—	10	—
—	11	—
—	13	—
—	16	—
—	19	—
—	24	—
Décembre	»	Rasilly.
—	»	Paris.
—	»	Tours.

Decembre	«	Chauni.	Mars	»	Chinon.
—	1	Rasilly.	—	»	Tours.
—	7	Rasilly.	—	»	Chinon.
—	11	Chinon.	—	6	Paris.
—	13	—	—	8	Chinon.
—	21	—	—	10	—
—	24	—	—	11	—
—	27	—	—	11	—
Janvier	»	Montbason.	—	15	—
—	»	Paris.	—	15	—
—	»	Chinon.	—	15	Rasilly.
—	7	Rasilly.	—	19	Chinon.
—	11	Chinon.	—	24	—
—	16	Rasilly.	—	24	—
—	18	Montils-les-Tours.	—	27	Rasilly.
			—	31	Chinon.
—	21	Chinon.	Avril	1 à 13	Ile Bouchard.
—	21	Rasilly.	—	1 à 13	Tours.
—	23	Chinon.	—	1 à 13	Rasilly.
—	29	—	—	1 à 13	Paris.
Février	»	Chinon.	—	—	Chinon.
—	»	Paris.	—	1 à 13	Roche Tranchelion.
—	6	Chinon.			
Février	16	Chinon.	—	1	Chinon.
—	18	Rasilly.	—	2	—
—	20	Chinon.	—	3	Chinon.
Mars.	»	Paris.	—	4	—
—	»	Chinon.	—	12	Tours.

ANNEE 1460

(Elle commence le 13 avril).

Avril	13 à 30	Saint-Espain.
—	17	Roche-Tranchelion.
—	13 à 30	Tours.
—	17	Roche-Tranchelion.
—	21	—
—	26	—
—	28	Paris.
—	28	Tours.
Mai.	»	Paris.
—	»	Tours.
—	10	St-Cosme-les-Tours.
—	20	Tours.
Juin	»	Paris.
Juin	»	Bleré.
—	»	Tours.
—	5	—
—	6	—
—	7	Marmoutiers.
—	16	Tours.
—	18	—
—	20	—
—	26	Montrichard.
—	29	—
—	29	—
Juillet	»	Paris.
—	»	St-Aignen-en-Berry (1)
—	»	Romorantin.
—	»	Bleré.
—	»	Montr.chard.

1. *Saint-Aignan* (Loir et-Cher .

Juillet	»	Commanderie, près de Villefranche-en-Sologne.
—	9	Paris.
—	26	Villefranche (Berry).
—	28	Commanderie de Villefranche.
—	29	Romorantin.
—	31	—
Août	»	Paris.
—	»	Bourges.
—	»	Mehun-sur-Yevre.
—	9	—
—	16	—
—	20	Saint-Florent.
—	22	Bourges.
—	26	—
Septembre	»	—
—	»	Paris.
—	»	Salle-le-Roy-en-Berry.
—	2	Bourges.
—	8	—
—	16	—
—	17	La Salle-le-Roy.
Septembre	18	La Salle-le-Roy
—	18	Bourges.
—	18	Paris?
—	20	La Salle-le-Roi
—	22	—
—	24	—
—	27	— près Bourges.
Octobre	»	Paris.
—	»	Bourges.
—	6	—
—	8	La Salle-le-Roy
—	13	—
—	14	—
—	17	Bourges.
—	18	Bressy.
—	20	Brecy-en-Berry.
—	25	Bourges.
—	27	Brecy.
—	29	—
—	30	—
Novembre	»	Paris.
—	»	Chinon.
—	»	Bourges.
—	»	—
—	3	Brecy.
—	3	—

Novembre	10	Bourges.
—	13	—
—	15	—
—	23	—
—	24	—
—	26	—
—	29	—
Décembre	»	Paris.
—	»	—
—	»	—
—	»	Bourges.
—	3	—
—	6	—
—	9	—
—	10	—
—	11	—
—	18	—
—	19	—
—	23	—
—	24	—
(hiver)	»	—
Janvier	»	Bourges.
—	»	Paris.
—	10	Bourges.
—	19	—
—	26	—
—	29	—
Février	»	Paris.
—	»	Bourges.
Février	8	Bourges.
—	13	—
—	14	—
—	19	—
—	20	—
Février	21	Bourges.
—	22	—
—	23	—
—	25	—
—	27	—
—	27	—
Mars	»	Paris.
—	»	Bourges.
—	3	—
—	4	—
—	6	—
—	7	—
—	11	—
—	13	—
—	20	—
—	23	—
—	24	Maurepas.
—	27	—
Avril	1 à 4	Mehun-sur-Yèvre.
—	1 à 4	Bourges.
—	4	Mehun-sur-Yèvre.

ANNEE 1461

(Elle commence le 5 avril).

Avril	5 à 30	Bourges.
—	5 à 30	Mehun-sur-Evre.
—	5	—
—	11	Roches-Tranchelion.
—	21	La Vernuche près Mehun.
—	29	—
Mai	»	La Guerche.
—	»	Paris.
—	»	Bourges.
—	»	Mehun-sur-Evre.
—	5	—
—	29	—
Mai	31	Mehun-sur-Yèvre.
Juin	»	Paris.
—	»	Château La Vernusse.
—	»	Mehun-sur-Evre.
—	7	Bourges.
—	24 ou 30	Mehun.
Juillet	»	—
—	7	—
—	17	—
—	»	—
—	21	Paris.
—	22	Mehun-sur-Yèvre (y meurt.)

ITINÉRAIRE

DU ROI LOUIS XI ET DE SA COUR

DEPUIS SON AVÈNEMENT AU TRONE JUSQU'AU TRAITÉ DE PÉRONNE

(14 Octobre 1468)

(D'après la collection Legrand, les publications de M. Vaesen, etc., etc.

FIN DE L'ANNÉE 1461

Mois	Jour	Lieu
Juillet	30	Avesnes-en-Hainaut.
Août	»	Avesnes.
—	3	Étampes.
—	12	Saint-Thierry.
—	15	Reims.
—	19	Braisne-en-Tardenois.
—	19	La Ferté-Milon
—	23	Paris.
Août	28	Saint-Denis.
—	30	Paris.
Septembre	1	Paris.
—	2	—
—	8	—
—	9	—
—	10	—
—	14	—
—	15	—
—	16	—

Septembre	17	Paris.	Janvier	4	Tours
—	20	—	—	5	—
—	23	—	—	7	—
—	24	—	—	9	—
—	26	—	—	11	—
—	27	—	—	12	—
—	27	Estrechy.	—	13	—
—	28	Étampes.	—	14	—
Octobre	1	Tours.	—	»	Poitiers.
—	7	Amboise.	Février	5	St-Jean-d'Angely.
—	11	Tours.	—	6	—
—	12	—	—	8	—
—	26	—	—	11	—
Novembre	1	Amboise.	—	15	—
—	2	Tours.	—	16	—
—	3	Amboise.	—	19	Saintes.
—	9	Montrichard.	—	23	Blaye.
—	23	Montils-les-Tours.	—	24	—
—	25	Tours.	—	»	Saint-Macaire.
—	27	—	Mars	15	Bordeaux.
Décembre	8	—	—	17	—
—	14	—	—	22	—
—	15	Amboise.	—	dernier	—
—	18	Tours.	Avril	3	Bordeaux.
—	23	Mauléon.	—	7	—
—	30	Tours.	—	14	Saint-Macaire.
—	31	Tours.	—	15	—

ANNÉE 1462

(Elle commence le 18 Avril)

Mai	17	Bordeaux.	Juillet	22	Evreux.
—	19	Montferrand.	Août	6	Rouen.
—	30	Lusignan.	—	10	—
—	»	Lesigny.	—	12	—
—	»	Bayonne.	—	12	—
Juin	4	Chatellerault.	—	13	—
—	6	Chinon.	—	14	—
—	7	—	—	15	—
—	8	—	—	16	—
—	10	—	—	19	—
—	15	—	—	24	Bayeux.
—	22	Amboise.	—	»	Caen.
—	26	—	—	»	Mont-Saint-Michel.
—	30	Chinon.	—	26	Bayeux.
Juillet	8	Meslay, près Chartres.	Septembre		
—	14	Paris.	Octobre	7	Paris.
—	17	Chartres.	—	12	Moliherne.

Octobre	19	Moliherne.	Janvier	6	Tours.
—	20	Saint-Michau-sur-Loire.	—	13	—
			—	14	—
—	25	—	Décembre	24	Paris.
—	28	Moliherne.	—	6	Selles-en-Poitou.
—	29	Romans.			
—	»	Tours.	—	16	Bordeaux.
—	»	Saint-Florent, près Saumur	—	19	Castelnau-en-Medoc.
Novembre	3	Amboise.	—	21	—
—	4	—	—	26	Bordeaux.
—	8	—	Février	7	—
—	22	—	—	9	—
—	25	—	—	20	—
—	26	—	—	»	Dax.
—	28	—	Mars	8	—
—	29	—	—	15	Bordeaux.
—	»	Villers, près Montrésor.	—	17	—
			—	18	Dax.
Décembre	2	Tuderte (?)	—	28	Bayonne.
—	4	Tours	Avril	8	—

ANNÉE 1463

(Elle commence le 10 Avril)

Avril	23	Bayonne.	Juin	10	Toulouse.
—	30	Saint-Jean-de-Luz.	—	11	—
			—	13	—
Mai	3	—	—	14	—
—	11	—	—	15	—
—	14	Muret-en-Comminge.	—	20	Villefranche-en-Rouergue.
—	23	—	—	»	Busset.
—	24	—	—	»	Figeac.
—	25	—	—	»	Limoges.
—	26	—	Juillet	1	Toulouse.
—	27	Toulouse.	—	3	Saint-Junien.
—	30	—	—	13	Amboise.
Juin	2	—	—	20	Paris.
—	4	—	—	21	Amboise.
—	6	—	—	24	—
—	7	—	—	26	—
—	9	—	—	27	—

Août	4	Alluye-près-Bonneval.	Octobre	22	Rue.
—	5	Chartres.	—	23	Abbeville.
—	6	—	—	24	—
—	16	—	—	26	Neuchâtel-de-Nicourt.
—	19	Dourdan.	—	28	Abbeville.
—	19	Montlhery.	—	29	—
—	20	Paris.	—	30	—
—	25	—	Novembre	»	Eu.
Septembre	»	Pontoise.	—	»	Crecy.
—	»	Paris.	—	2	Neufchâtel-de-Nicourt.
—	»	Neufchâtel-Hesdin.	—	3	—
—	4	Le Plessis-Bouchard.	—	7	Abbeville.
			—	8	Dieppe.
—	11	Poissy.	—	12	Eu.
—	15	—	—	20	Abbeville.
—	17	Gisors.	—	21	—
—	21	Abbaye-de-Foucarmont.	—	22	—
			—	26	—
—	22	Blangy.	—	29	—
—	26	Eu.	—	30	—
—	27	Abbeville.	Décembre	»	Eu.
Octobre	6	Hesdin.	—	»	Crotoy.
—	12	—	—	16	Abbeville.
—	13	—	—	19	Saint-Riquier
—	14	—	—	21	Novion.
—	15	—	—	22	Abbeville.
—	17	—	—	23	Novion.

Décembre	24	Abbeville.
—	26	—
—	30	—
Janvier	»	Avesne-le-Comte.
—	»	Tournay.
—	»	Abbeville.
—	18	Doullens.
—	19	—
—	21	—
—	28	—
Février	»	Pont-Sainte-Maxence.
—	»	Chisoing.
—	»	Senlis.
Février	6	Tournay.
—	8	—
—	9	—
—	15	Paris.
—	17	Lille.
—	20	—
—	23	—
—	24	—
—	26	—
Mars	5	Chartres.
—	10	Paris.
—	19	Nogent-le-Roi
—	21	—
—	25	Chartres.

ANNÉE 1464

(Elle commence le 13 avril)

Avril	14	Chartres.	Juin	14	Aubeaulville.
—	21	Nogent-le-Roi.	—	17	Lucheux.
Mai	13	Amboise.	—	18	—
—	14	Nogent-le-Roi.	—	19	—
—	22	Paris.	—	20	—
—	27	—	—	21	Dourlens.
Juin	1	Senlis.	—	23	Hesdin.
—	3	Compiègne.	—	23	Saint-Pol.
—	5	Roye.	—	28	Dompierre.
—	6	Lihons-en-Santerre.	—	29	—
			—	Dernier	—
Juin	7	Lihons-en-Santerre.	Juillet	»	Corbie
			—	»	Hesdin
—	9	—	—	»	Hambie
—	9	Mauny.	—	1	Dompierre.
—	12	Amiens.	—	3	Abbeville
—	12	Aubeaulville(*sic*) en-Ponthieu.	Juillet	4	Abbeville
			—	15	Neuville.

Avril	11	Neuville.	Janvier	4	Tours.
Juillet	17	—	—	6	Paris.
—	23	Rouen	Janvier	7	Tours.
—	30	Mauny.	—	21	Chinon.
—	30	—	—	22	Razilly.
Août	»	Abbeville.	—	26	—
—	»	St-Valery.	Février	6	Razilly.
—	»	Novion.	—	7	—
—	»	Eu.	—	21	Poitiers.
—	4	Mauny.	—	2	—
—	6	—	Mars	»	Paris.
—	16	Hermanville.	—	»	Parthenay.
—	24	Nouvion.	—	3	Poitiers.
Septembre	»	Saumur.	—	6	—
—	10	Rue.	—	9	—
—	13	Novion.	—	13	Moulins.
—	17	Rue.	—	15	Thouars.
—	29	Abbeville.	—	16	—
Octobre	5	Abbeville.	—	17	—
—	10	—	Mars	20	Thouars.
—	12	Tours.	—	22	—
—	13	Rouen.	—	24	—
—	16	—	—	28	Saumur.
—	17	—	Avril	1	Saumur.
—	20	—	—	2	—
—	29	—	—	4	—
Novembre	»	Rouen.	—	5	—
—	»	Chartres.	—	6	—
—	17	Nogent-le-Roi.	—	8	—
—	19	—			

ANNÉE 1465

(Elle commence le 14 avril)

Avril	14	Saumur.	Mai	20	Montluçon.
—	16	—	—	21	—
—	17	—	—	22	—
—	20	—	—	24	—
—	21	—	—	25	—
—	22	—	—	26	—
—	24	—	—	28	—
—	26	Amboise.	—	29	St-Pourçain.
—	28	—	Juin	»	Culant.
—	28	Saint-Aignan .	—	»	Varenne-sur-Allier.
Mai	4	Issoudun.			
—	5	—	—	2	St-Pourçain.
—	6	—	—	11	—
—	9	Lignières.	—	26	Aiguepeise.
—	10	—	—	27	—
—	15	Montluçon.	—	29	—
—	16	—	—	30	—

Mois	Jour	Lieu
Juillet	17	Corbeil.
—	20	Paris.
—	23	—
—	26	—
—	27	—
—	26	—
—	31	—
Août	1	—
—	3	—
—	4	—
—	5	—
—	6	—
—	7	—
—	9	—
—	11	—
—	12	—
—	14	Rouen.
—	16	—
—	22	Évreux.
—	27	Mantes.
—	28	Paris.
—	29	—
Septembre	2	Issoudun.
—	10	Paris.
—	14	—
—	19	—
—	21	—
—	22	—
—	27	—
Septembre	29	Paris.
Octobre	1	—
—	2	—
—	5	—
—	8	—
—	11	—
—	13	—
—	14	—
—	15	—
—	21	—
—	24	—
—	26	—
—	27	—
—	28	—
—	29	—
—	30	Vincennes.
—	31	Paris.
Novembre	2	—
—	3	—
—	5	—
—	9	—
—	7	—
—	8	—
—	9	—
—	10	Villiers-le-Bel.
—	11	Paris.
—	12	—
—	19	Orléans.
—	23	Caen.

Décembre	2	Orléans.	Janvier	26	Pont-de-l'Arche.
—	15	Courville.	—	28	Rouen.
—	17	Argentan.	Février	10	—
Janvier	2	Louviers.	—	13	—
—	5	Rouen.	—	25	Orléans.
—	7	—	—	27	—
—	9	—	Mars	6	—
—	11	Pont-de-l'Arche.	—	12	—
—	12	—	—	15	Blois.
—	14	—	—	20	Orléans.
—	15	—	Avril	1	Nogent-le-Roi.
—	16	—	—	3	Jargeau.
—	21	—	—	4	Orléans.
—	22	—	—	5	—

ANNÉE 1466

(Elle commence le 6 avril)

Mois	Jour	Lieu
Avril	10	Chartres.
—	12	Montils-les-Tours.
—	17	Orléans.
—	18	—
—	30	Artenay.
—	dernier	—
Mai	5	Paris.
—	15	Mehun-sur-Loire.
Juin	5	Orléans.
—	14	Montargis.
—	21	—
Juillet	7	Moulin(?)
—	24	Montargis.
—	29	La Mothe-Desgry.
Août	1	La Mothe-Desgry
—	6	—
—	7	—
—	14	—
—	17	—
—	21	—
—	24	—
Septembre	3	Angerville.
—	5	Amboise(?)
—	24	Étampes.
Octobre	9	Orléans.
—	12	Mehun.
—	22	Orléans.
Novembre	»	La Ferté-Hubert.
—	2	Orléans.
Décembre	»	—

Décembre	»	Bourges.	Janvier	30	Bourges.
—	22	Mehun.	Février	3	—
Janvier	11	Bourges.	Mars	14	Moutier.
—	17	—	—	26	Montils-les-Tours.
—	28	—			
—	29	—			

ANNÉE 1467

(Elle commence le 29 mars)

Avril	»	Blois.	Juillet	7	Alluye.
—	»	Amboise.	—	9	—
—	12	Montils-les-Tours.	—	13	Meslay.
			—	24	Étampes.
Mai	16	Paris.	—	26	—
—	26	La Croix-St-Leufroy.	—	29	Paris.
			Août	19	Le Motte-Desgry.
—	27	Pont-de-l'Arche.			
			Septembre	12	Paris.
—	28	Rouen.	—	21	—
—	30	—	Octobre	1	—
Juin	5	La Boule (?)	—	4	—
—	9	Rouen.	—	7	—
—	10	—	—	16	—
—	13	—	—	18	—
—	24	Chartres.	—	20	—
—	26	—	—	21	—
—	30	—	—	26	Vernon.

Octobre	31	Paris.
Novembre	3	Chartres.
—	5	—
—	14	Vendôme.
—	19	Le Mans.
—	20	—
—	21	—
—	31	—
Décembre	5	Paris.
—	22	Le Mans.
Janvier	8	—
Janvier	13	Le Mans.
—	20	—
Février	6	Montils-les-Tours.
—	13	—
—	16	—
—	20	—
Mars	»	Tours.
—	7	Montils-les-Tours.
Avril	12	Tours.

ANNÉE 1468

(Elle commence le 17 avril)

Mai	27	Amboise.	Août	6	Compiègne.
—	»	—	—	10	—
Juin	6	—	—	14	Senlis.
—	20	Lugny.	—	20	—
—	21	—	—	21	—
—	24	Meaux.	—	22	—
Juillet	6	—	Septembre	»	Noyon.
—	7	Alluye.	—	18	Compiègne.
—	10	Creil.	Octobre	9	Péronne.
—	19	—	—	13	—
—	23	Compiègne.	—	14	—

TABLE DES PIÈCES

INSEREES DANS LE DEUXIÈME VOLUME

DOCUMENTS OMIS DANS LE TOME PREMIER

A. — Du 28 avril 1459. — A Sigismond, duc d'Autriche, *pour lui annoncer l'envoi d'une ambassade.* LXI

B. — Du 25 novembre 1459. — Remerciements aux gens du Conseil de René d'Anjou, roi de Sicile et duc de Lorraine, *pour avoir logé les troupes du roi.* LXIII

C. — Du 26 mai 1460. — Au Prince de Piémont concernant *les différends* à régler avec le duc de Bourbon. LXIV

D. — Du 18 octobre 1460. — Offre à Georges de Bade, évêque de Metz, de faire une *enquête contradictoire* pour établir à qui appartiennent les droits sur la ville d'Epinal LXVII

E. — Du 29 janvier 1461. — Suite des *négociations* avec l'évêque de Metz, pour la châtellenie d'Epinal. LXIX

F. — Du 16 janvier 1465. — Remboursement des frais du voyage fait en *Auvergne* au commencement de l'année 1464 *pour réglementer l'état des troupes cantonnées dans la province.* LXX

G. — Du 16 février 1467. — Lettre au Chapitre de Lyon. Commission à Jean de Reilhac, général des Finances, et à Pierre Burdelot de se rendre à Lyon pour y conférer avec ledit Chapitre *d'un emprunt à contracter pour le service du roi.* LXXII

H. — Du 3 avril 1467. — Assemblée des principaux habitants de Lyon pour *délibérer* sur le message remis au Chapitre. LXXIV

I. — Du 4 avril 1467. — *Procès-verbal* de la comparution des envoyés du roi devant le Chapitre. LXXVI

J. — Sans date (supposé de 1476). — Note remise pour Louis XI à monsieur le Général. — Propos qui auraient été tenus par Reilhac à Aigueperse *pendant le séjour du roi dans la maison de son père.* LXXV

LIVRE PREMIER

Commissions, Autorisations, Lettres et Ordonnances royales.

I. — 26 juillet 1457. — Commission au *Sire d'Esternay* et au *Rapporteur de la Chancellerie de France* pour se rendre à Tournay afin d'y ouïr les doléances des habitans. 6

II. — 19 août 1457. — Confirmation au profit de *Poncet de Beauville*, Sr de Castel Secrat, en vertu d'une donation du roi d'Angleterre . . . 9

III. — Septembre 1457. — Protection royale accordée à l'abbaye de la *Porte Saint Léon* dite du Charnier. 5

IV. — 26 septembre 1457. — Nomination du *bailli de Caen*. 12

V. — 30 octobre 1458. — Privilège des *drapiers de Rouen*. 13

VI. — Novembre 1458. — Permission d'établir des *garennes à lapins*. 17

VII. — 12 février 1458. — Nomination du *bailli d'Alençon* 19

VIII. — 11 mars 1459. — Nomination du *sénéchal de Saintonge*. . . . 20

IX. — 26 mai 1459. — Nomination du *bailli de Caux*. 21

X. — 12 juillet 1459. — Recette de la Sénéchaussée d'*Agenais & de Gascogne* 22

XI. — 16 juillet 1459. — Nomination du Maître des monnaies . . . 23

XII. — 16 novembre 1459. — Nomination du *Procureur du Roi* à la Chambre des Comptes. 24

XIII. — 20 février 1459. — *Tanneguy Duchâtel*, sénéchal de Lyon, à la place de *Guy de Blanchefort*. 25

XIV. — Mars 1459. — Privilèges pour la ville de *Savone*, renouvelés de Charles VI. 26

XV. — 10 avril 1460. — Permission de construire un château fortifié à *Gabriel du Cros* chevalier, Sr *de Liencan* 30

XVI. — 18 septembre 1460. — Confirmation pour les vassaux de *Geoffroy de Saint Belin*, bailli de Chaumont, seigneur de Boulogne-sur-Marne. 33

XVII. — Novembre 1460. — Permission au *sire de la Rochefoucauld* de réparer le *château de Verteuil* en Angoumois. 41

XVIII. — Novembre 1460. — Autorisation à *Jean de Mondon*, écuyer du *comte du Maine*, de fortifier sa terre des Cousteaux au pays de Poitou. 43

XIX. — 8 février 1460. — Règlements concernant la ville de *Vernon*. 45

XX. — 20 février 1460 — Autorisation à certains marchands de venir sur le marché de *Vernon*. Règlements pour la vente des denrées afin d'empêcher les fraudes 48

XXI. — Mars 1460. — Permission à *Guillaume Carbonnel, Sr d'Audreville*, de s'adonner à la chasse aux lapins dans ses terres de Normandie. . 53

XXIII. — Mai 1462. — Confirmations de privilèges pour l'abbaye de *Maussiade*. — Ratification de la convention passée autrefois entre *Girin de Amplepuits*, bailli de Vivarais, et *l'abbé Fulco* 57
XXIV. — Mai 1462. — Renouvellement des exemptions accordées à la ville de *Bayonne* et établissement de deux foires annuelles dans cette ville. 63
XXV. — Mai 1462. — Erection d'une baronnie en faveur d'*Armand de Poilbault*, seigneur dudit lieu, en la sénéchaussée des Lannes, en reconnaissance de ses services contre les Anglais 65
XXVI. — Juin 1462. — Exercice des droits seigneuriaux pour les *Evêques de Limoges*. — Juridiction partagée entre eux et le roi. 68
XXVII. — 7 février 1462. — Juridiction du Parlement créé à *Bordeaux*. — La province d'*Angoumois* fera partie du nouveau Parlement . . 70
XXVIII. — 7 février 1462. — Juridiction du Parlement créé à *Bordeaux*. — *Le Limousin et le Quercy* seront du ressort du nouveau Parlement. 72
XXIX. — 7 février 1462. — Juridiction du Parlement créé à *Bordeaux*. La Province de *Saintonge* sera comprise dans le ressort du nouveau Parlement. 74
XXX. — 7 février 1462. — Juridiction du Parlement créé à *Bordeaux*. — Les sénéchaussées *d'Agen* et de *Condom* seront du ressort du nouveau Parlement 76
XXXI. — 7 février 1462 — Juridiction du Parlement créé à *Bordeaux*. — La sénéchaussée des *Lannes* sera du ressort du nouveau Parlement. 79
XXXII. — 11 juin 1463. — Privilège au *Dauphinois*. — Exercice de la justice dans la province. — Nul ne pourra distraire les Dauphinois de leurs juges naturels. 82
XXXIII. — Juin 1463. — Franchise pour la ville de *Millaud* renouvelées de celles autrefois concédées par ordre de Charles VII. 84
XXXIV. — Juin 1463. — Privilèges pour la *ville d'Albi* renouvelés de *saint Louis* et de *Philippe le Bel*. 86
XXXV. — Juin 1463. — Permission à Bernard Angemin, *seigneur de Rozan*, de reconstruire diverses forteresses lui appartenant, sises en Guyenne et détruites par ordre du roi pendant la campagne contre les Anglais. 89
XXXVI. — 1er juin 1464. — Don fait aux religieux de l'abbaye d'*Hière* de toute la dîme du pain qui se consomme à la Cour du roi à Paris (déjà accordé précédemment à la même abbaye en l'an 1380). . 91
XXXVII. — 14 juin 1464. — Lettres aux *gens du Parlement de Paris* concernant le choix à faire entre ceux qui se présentent de la part du roi pour occuper le même office. 94
XXXVIII. — 3 avril 1465. — Règlement pour la circulation des *Monnaies étrangères* en France, écus de Savoie, florins d'Allemagne, etc. . . . 96
XXXIX. — 14 mai 1465. — Aux bourgeois de *Poitiers* pour leur recommander *Jean des Moulins*, marié à la filleule du roi, Loyse Jamine. . 99
XXXIX *bis*. — Droit concédé à *l'abbé de Cuxa* de nommer notaires et de chasser

perdrix sur les anciennes terres de l'abbaye, malgré la défense qui leur en a été faite par le trésorier du Roussillon. 101

XL. — 21 mai 1465. — Faveurs et privilèges aux *bourgeois d'Aigueperse*, en Bourbonnais, autorisés à placer les *armes de France* dans celles de la ville et à posséder des fiefs nobles 104

XLI. — Août 1465. — Amortissement en faveur de *Saint-Martin-lez-Pontoise* d'un petit fief dont l'abbé devait foi et hommage à *Charles d'Orgemont, seigneur de Méry-sur-Oise* 106

XLII. — Octobre 1465. — Confirmation à *Charles III, sire d'Albret, captal de Buch*, en compensation des pertes qu'il a subies dans les guerres contre les Anglais, de la ville de *Fleurance* et du comté de *Gavre* en Armagnac (ce don lui avait déjà été octroyé par Charles VII) . . 108

XLIII. — Novembre 1465. — En faveur des sergents du *Parlouer aux Bourgeois* de Paris et de ceux de la *Marchandise*, pour les récompenser des charges qu'ils ont eu à supporter durant les derniers troubles . . 111

XLIII *bis*. — 9 novembre 1465. — Pardon au *sire d'Albret* pour sa complicité dans la révolte des princes contre le roi, et promesse de ne pas lui nuire, ni dans sa personne, ni dans ses biens. 113

XLIII *ter*. — 7 février 1465. — Restitution du « Commun de paix » au *comte d'Armagnac*, dont il jouissait avant que ses biens aient été confisqués par ordre du roi Charles VII, malgré l'avis opposé par le Procureur du roi. 115

XLIV. — 25 mars 1465. — Don au *sire de Saint-Martin* des revenus du bailliage d'Assigny 117

XLV. — 18 avril 1466. — Nomination du *maître des Eaux et Forêts* pour la Brie et l'Ile-de-France. 118

LIVRE SECOND

Lettres de noblesse, de légitimation et de naturalisation.

XLVI. — Mai 1457. — Légitimation en faveur de *Jean de Montargues*, du Vivarais 121

XLVII. — 1er juillet 1457. — Anoblissement d'*Arnaud Dax* aîné et d'*Arnaud Dax* jeune, bourgeois de Carcassonne. 123

XLVIII. — Juillet 1457. Naturalisation en faveur de *François Norri, marchand florentin*, demeurant à Lyon depuis plusieurs années 126

XLIX. — 3 octobre 1457. — Anoblissement de *Jean Monachi, grand maître de l'artillerie* d'Alphonse V, roi d'Aragon 128

L. — Novembre 1457. — Légitimation en faveur de *Catherine Guichard et Louis de Tho*, fils et fille naturels de *Guichard de Tho* 130

LI. — Mars 1457. — Légitimation en faveur de *Jean Boucquart*, barbier et chirurgien, à Reims 132

LII. — 13 mai 1458. — Légitimation pour *Jean de Fresnes*, fils de noble homme Jean de Fresnes et d'une femme de mœurs légères, en recompense de ses services contre les Anglais 134

LIII. — Juin 1458. — Légitimation en faveur de *Jean d'Orléans*, fils de *Jean d'Orléans, comte d'Angoulême et de Périgord* 136

LIV. — Août 1458. — Légitimation pour *Yvette Taillefert*, fille de Guillaume Taillefert et de Jeanne Chambine. 139

LV. — 6 octobre 1458. — Naturalisation pour *Jean Tuchèvre* de la Franche-Comté de Bourgogne. 141

LVI. — Novembre 1458. — Anoblissement de *Jean Péré, seigneur de Lavau et de Blanzac*, en Limousin, en reconnaissance de ses services dans les guerres contre les Anglais. 142

LVII. — Novembre 1458. — Anoblissement de *Jean Cabriol*, du pays de Castres en Albigeois, également en récompense de ses services contre les Anglais. 144

LVIII. — Décembre 1458. — Légitimation pour *Claude de Vienne*, fils naturel de *Guillaume de Vienne, seigneur de Saint Georges*, et de *Marguerite de Sainte-Croix* 147

LIX. — Décembre 1458. — Anoblissement de *Jean de Rochefort*, juge du comté de Foix, à la demande du comte de Foix. 149

LX. — Décembre 1458. — Réponse à la supplique de *Jean Toignel, lieutenant du roi au bailliage de Vitry*, déclarant apte à lui succéder *Marguerite Toignel*, sa fille, née au duché de Bar, et femme de *Guillaume Varlet, sire de Brancecourt*. 151

LXI. — Mars 1458. — Légitimation pour *Jean Boiol*, fils de Guy Boiol et de Catherine Alle 154

LXII. — Mai 1459. — Légitimation pour *Antoine du Puy, seigneur de Caignac* en Albigeois. 156

LXIII. — Mai 1459. — Légitimation pour *Jean Garnier*, d'Orléans. . . 159

LXIV. — Septembre 1459. — Légitimation pour *Bénédicte la Damoiselle*, fille de *Jean le Damoisel*, conseiller du roi et de *Marie Lescorché*. . . . 160

LXV. — Décembre 1459. — Anoblissement de *Guillaume Travesse, médecin de Charles VII*, en considération de son grand talent et des services qu'il rend au roi 163

LXVI. — Avril 1460. — Légitimation pour *Jeannicotin le Bourguignon*, fils de feu *Guillaume le Bourguignon*, chevalier, et de la dame de Greignaulx. 165

LXVII. — Septembre 1460. — Légitimation pour *Marie Hardouin*, fille de

Jean Hardoin, Trésorier de France, et à la demande de ce dernier . 167

LXVIII. — Septembre 1460 — Naturalisation pour *Pierre de Sainte-Marthe*, étranger, établi dans le royaume depuis vingt ans et placé sous les ordres de *Jean Hardoin, Trésorier de France* 169

LXIX. — Bourges, 1460. — Anoblissement de *Laurent Gueydon, seigneur de Franqueville*, lieutenant général des bailliages du Cotentin et de Rouen. 171

LXX. — Juin 1461. — Anoblissement pour *Jean Bouchier*, surnommé *Jean d'Auvergne*, illustré par sa valeur durant la guerre contre les Anglais. 173

LXXI. — Mai 1462. — Anoblissement pour *Jean Salomon, canonnier du roi*. 175

LXXII. — Mai 1465. — Légitimation pour *Jacques Michel*, fils de défunt Nicolas Michel. 177

LIVRE TROISIÈME

Abolitions, Grâces et Rémissions.

1456 à 1465

LXXIII. — Octobre 1456. — Guet-apens tendu par un débiteur à son créancier. — Remission pour *Jean Raymond*, pauvre paysan du pays de Bourgogne. 181

LXXIV. — Octobre 1456. — Droit de terrage et dîme sur les récoltes. — Rémission pour *Guinot Mercier*, de Villeboys, en Angoumois, coupable d'homicide envers un prêtre 185

LXXV. — Novembre 1456. — Meurtre commis par le recteur de l'Université de Poitiers. — Rémission pour *Maître Jean de Châteaupers*, accusé d'avoir tué un clerc tonsuré attaché à la maison de son oncle, *Guillaume de Chateaupers*, écuyer. 188

LXXVI. — Février 1456. — Rémission pour *Jean Blanchart* de Mortagne, au diocèse de Lisieux. 191

LXXVII. — 1er Mars 1456. — Dévastation de récoltes sur pied. — Rémission pour *Phélipon Fourny*, habitant de Confolens 195

LXXVIII. — Mai 1456. — Rémission pour *Mathieu Copin*, habitant d'Estreillers et prisonnier à Saint-Quentin, coupable d'homicide envers un nommé

LXXIX. — Août 1457. — Espionnage sur la frontière anglaise. — Rémission pour *Noël Sarre*, demeurant au pays de Boulogne-sur-Mer. — Il a en outre cohabité à deux reprises differentes avec la veuve de la Salle, déjà fiancée à un nommé Pierre Félingue 200

LXXX. — Octobre 1457. — Séduction d'une femme mariée; flagrant délit, rixe et meurtre. — Rémission pour *Jean Delaunay*, natif d'Orléans et brigandinier du roi, accusé d'avoir mis à mort l'espinglier Jacquemin. 204

LXXXI. — Mars 1457. — Réquisition de gens de guerre chez les paysans Rémission pour *Guiot Carre, archer des ordonnances*. — Violences exercées en temps de paix contre les habitans des campagnes pour les obliger à fournir des fourrages et des vivres. 208

LXXXII. — Avril 1458. — Attaque d'une maison à main armée. — Paysans et employés de la gabelle. — Rémission pour *Thomas Cussart* de la ville de Candé. — Promesse de ne pas dénoncer un crime moyennant une certaine somme. 213

LXXXIII. — Avril 1458. — Tir à l'arbalète; meurtre par accident. — Rémission pour *Guillaume La Faurie*, habitant d'Annonay 218

LXXXIV. — Avril 1458. — Fausse accusation et vengeance. — Rémission pour *Thibault Aubertin*, maréchal ferrant à Tours-sur-Marne. 220

LXXXV. — Avril 1458. — Querelles entre paysans. — Rémission pour *Colin Bouchart*, maçon, demeurant à Quatreville près Coutances . . 224

LXXXVI. — Avril 1458. — Brigandages de guerre. — Rémission pour *Domenge de Vidallet*, du pays de Comminges, servant sous la charge de *Mathieu de Joix*, maréchal de France 227

LXXXVII. — Mai 1458. — Querelles entre nobles et villains. — Rémission pour *Hugues de Lasseran*, de la *maison de Montesquiou*, dit le *Bâtard de Massencome*, homme d'armes sous la charge de Poton de Xaintrailles maréchal de France, et coupable d'avoir tué d'un coup de dague l'un des consuls de la ville de Condom 230

LXXXVIII. — Juin 1458. — Occupation de la Guyenne par les Anglais. — Rémission pour *Pierre de Taupens, seigneur de Javars*, près Dax. Quoique personnellement il soit resté fidèle, néanmoins il a reçu chez lui de nombreux partisans des Anglais. 235

LXXXIX. — Août 1458. — Rémission pour *Pierre de Humont*, habitant de Troly, échappé de prisons de Coucy. 238

XC. — Août 1458. — Attaque nocturne. — Rémission pour *Drouet de Sainct*, pauvre compagnon. 242

XCI. — Août 1458. — Abus du droit d'asile dans les Eglises. — Voleurs incorrigibles et dangereux. — Rémission pour *Raymond Gaigni*, habitant de Muret, au comté de Comminges, coupable d'un grand nombre de vols et de crimes de tous genres. — Il s'est échappé en enfermant à son lieu et place le geôlier et sa femme dans la cellule qu'il occupait lui-même et attend réfugié sur une terre bénie. 245

XCII. — Novembre 1458. — Achat de fausse monnaie en Allemagne pour l'introduire en France. — Rémission pour *Guillaume de Beaufilz de Saint-Remy*, au comté du Maine, coupable de s'être mêlé à un achat de fausse monnaie fait à Sennheim (Alsace) 250

XCIII. — Novembre 1458. — Rémission pour *Raymond Clavier* de la sénéchaussée de Toulouse, qui a voulu sauver son père aux prises avec un étranger. 254

XCIV. — Février 1458. — Scènes des réjouissances du carnaval dans la ville de Saint-Maixent. — Rémission pour *Richard-Thierry, cousturier*, et ses compagnons, coupables d'avoir troublé le repos des habitants dans la nuit du mardi-gras, 6 février 1458. 257

XCV. — Mars 1458. — Rivalité entre Bretons et Angevins. — *Jean de la Motte* et ses compagnons étaient le 28 février 1458 à l'auberge du *Lion d'or* à Tours, quand il s'ensuivit une bataille entre eux et des Angevins. Intercession du duc de Bretagne en faveur de ses sujets. 261

XCVI. — Décembre 1458 — Affaire de fausse monnaie. — Rémission pour *Guillaume du Doit*, de la vicomté de Domfront, qui s'en est servi inconsciemment 264

XCVII. — Avril 1459. — Rixes entre gens de guerre et villageois — *Bertrand de Montesquiu*, capitaine des gens de guerre espagnols cantonnés dans la Saintonge sous la charge du sénechal Martin Henriquez, s'est rendu coupable d'un meurtre contre un maréchal ferrant qui se refusait d'obtempérer aux réquisitions 267

XCVIII. — Avril 1459. — Même affaire que la précédente. — Rémission pour *Jean de Montesquiu*, écuyer, cousin germain du précédent. 271

XCIX. — Mai 1459. — Gentilshommes exploités par des usuriers. — Le chevalier *Guy de Carné*, endetté envers un usurier de Nantes, se voit dépouillé par ce dernier de la terre de la Roberdière. Une bataille s'ensuit entre les gens de Carné et ceux amenés par l'usurier. Celui-ci est tué. 272

C. — Avril 1459. — Guet-apens et assassinat d'un tabellion. — *Raymonnet Desplains*, clerc, attire jusqu'à Marseille un nommé Pelletier tabellion, et le fait assassiner par un patron de galère. 279

CI. — Mai 1459. — Scènes de la vie des paysans du midi de la France. — Blessures et meurtres entre gens du pays d'Albigeois à propos de mauvais traitements exercés sur une jeune fille. 283

CII. — Juillet 1459. — Homicide commis par un prévôt dans l'exercice de ses fonctions. — Rémission pour *Pierre Ménart*, prévôt de Loches, qui, emporté par la colère, a tué d'un coup dague un nommé Bizoton,

CIII. — Août 1459. — Meurtre d'un sergent royal. — Rémission pour *Bertin de Naux*, gentilhomme du Bourbonnais, coupable d'avoir tué le sergent Pendet. — Il est gracié en considération de ses services pendant les guerres 289

CVI. — Août 1459. — Bataille entre un couturier et un gentilhomme. — *Guy de la Borde*, en garnison à Bordeaux, sous les ordres du duc de Bourbon, devait une certaine somme d'argent au couturier Demyer et refusait de solder ce compte autrement que par des coups. — Demyer a tué le gentilhomme dans une rixe. 293

CV. — Août 1459. — Affaire de séquestration. — Rémission pour *Georges de la Trémoïlle*, seigneur de Craon, coupable d'avoir emprisonné arbitrairement son parent, Péan de la Valée. 301

CVI. — Septembre 1459. — Querelles entre habitants de Béziers. — Rémission pour *Antoine Austre* qui a frappé mortellement Debedou, avec lequel il s'était pris de querelle en jouant aux quilles. . . . 309

CVII. — Septembre 1459. — Meurtre d'un sergent royal. — Rémission pour *Pierre de Gramont*, attaché à l'abbaye de Symorre. 313

CVIII. — Octobre 1459. — Combat entre les archers de Thouars, en garnison à Bordeaux, et l'équipage d'une nef marchande de Nantes. — Rémission pour *Jacques Guyneuf*, fils de Thomas Guyneuf, écuyer, capitaine des archers de Fontenay-le-Comte et de Thouars . . . 317

CIX. — Novembre 1459. — Suite de la précédente affaire — Rémission pour un groupe d'archers sous les ordres de *Guyneuf*, plus compromis que leurs compagnons dans le combat engagé contre les marins bretons 322

CX. — Décembre 1459. — Affaire de *Jacques de Médicis*, Italien, employé par le trésorier-général Otto Castellani ; coupable d'homicide, parjure et usurier, il est gracié comme son maître. 326

CXI. — Décembre 1459. — Rémission pour *Pierre Malet*, geôlier de la prison de Vendôme, coupable d'avoir tué un nommé Brisepierre. 329

CXII. — Décembre 1459. — Dévastation de propriétés. — Rémission pour *Michel le Noir* et *Jean Mourelat*, de Saint-Alyre en Bourbonnais. 333

CXIII. — Février 1459. — Un mari qui tue sa femme. — Rémission pour *Jean de la Lande*, du diocèse de Périgueux. 337

CXIV. — Février 1459. — Rémission pour *Pierre Faure*, de la châtellenie de Cognac, coupable d'avoir assommé son beau-frère. 347

CXV. — Mars 1459 (avant Pâques). — *Guilhem de Gramont*, de la sénéchaussée de Toulouse, se trouve compromis dans la même affaire que son oncle, Pierre de Gramont (Voir page 313), et gracié comme ce dernier. 343

CXVI. — Mars 1459. — Complicité au meurtre d'un prêtre. — Rémission pour une jeune fille à marier, *Jeanne de Dieppe*, coupable d'avoir prêté son concours à l'assassinat de Jacques Ase, prêtre demeurant à Bayeux. 347

CXVII. — Mars 1459. — Meurtre d'un jeune page dans la ville de Rouen. — Rémission pour *Martin Ocommaille*, au service de Pierre de Brézé, sénéchal de Normandie. 351

CXVIII. — Mars 1459. — Rémission pour *Helyot de Congotte*, de la ville de Sauveterre, accusé d'avoir mis à mort un voisin qui voulait mettre le feu à ses propriétés. 355

CXIX. — Mars 1459. — Homicide par imprudence. — *Jean Deudebat*, de Castelgeloux, chassant le chevreuil, a tué par méprise un habitant de cette paroisse 358

DOCUMENTS

ès années

1456 à 1467

PIÈCES OMISES AU TOME PREMIER

A

A Rasilly. — Du 28 avril 1459.

Au duc Sigismond d'Autriche (1).

SOMMAIRE

Pour lui annoncer la prochaine arrivée du sire de la Rosiere, de Jean de Rochechouart, de Bertrand Briconnet et de l'évêque de Coutances, délégués par le roi pour terminer les différents pendants entre lui et les Suisses.

SIGISMUNDO duci austriæ. Carolus, &c. Cariſſime fili & conſanguinee, plures numero litteras veſtras mareſcallus Lothoringie preceptorque de Yſenheim & Mouzon herauldus noſter ad nos priſcis his diebus detulerunt, per quas atque ex relatu dictorum mareſcalli & preceptoris didicimus quemadmodum ipſi ſe in veſtris prout optabamus utiliter geſſerunt negociis, credenciam quoque veſtram in eos, copioſe noſtro in conſpectu expoſue- 1459

1. Sigismond, duc d'Autriche, comte de Tyrol, dit *le Simple*, né en 1427, mort en 1496. Il avait été fiancé à Radegonde de France, fille de Charles VII, mais il épousa ensuite Éléonore d'Écosse.

1459 runt & profecto lite atque jocundæ intelleximus affiftenciam ac prefenciam eorum nomine noftro veftris rebus non parum acomodaffe extitife. Quum vero per veftras litteras poftulatis ut aliquos ex noftris diligemus qui (1) Conftanciam ad vicefimam quintam Maij proficifcantur pro extinguendis queftionibus atque differencijs inter vos & Suytenfes (2), nos perlibenter veftro faventes defiderio mittimus, dilectos & fideles confiliarios noftros epifcopum Vimarienfem (3), magiftros Georgium Havart (4) magiftrum requeftarum hofpicij noftri Johannem de Campedenario (5) preceptorem fancti Anthonij de Yfenheim & una fecum magiftrum Bertrandum Briconnet (6) notariem & fecretarium noftrum, qui ad diem & locum prenominatos interfint & coadjuvantu cariffimo noftro epifcopo Conftantienfi (7) cui ad hos fines in prefentiarum confcribimus, ad fedandas hujufmodi queftiones & differencias vices fuas interponant & quantum erit eis poffibile prorfus eas extinguere ftudeant & laborent in hac autem re tam tractabilem tam facilem tamque racionabilem fperamus vos exibiturum quod fi non inde fequatur defideratus effectus, cuncti per vos id non ftetiffe cognofcant.

Datum in caftro Razilliaci die XXVIIJ menfis *Aprilis* KAROLUS.

J DE REILHAC.

In tergo : Cariffimo filio & confanguineo noftro Sigifmundo duci Auftrie.

(Archives impériales d'Autriche à Vienne)

1. Constance, ville de Suisse.

2. Les Suisses.

3. *Sic.* Le copiste a fait évidemment une faute ici. Peut-être faut-il lire *Vivariensem* (du Vivarais)

4. Georges Havart, sire de la Rosiere.

5. Jean de Rochechouart, seigneur de Chandenier, chambellan du roi, capitaine de Tonnay-Charente en 1450, plus tard conservé dans son office par Louis XI

6. Richard de Longueil, evêque de Coutances. — V. Tome Ier, page 43.

7. Bertrand Briconnet, deuxieme fils de Jean Briconnet qui mourut en 1427 et fut enterré en l'église de Sainte-Croix à Tours (Pere Anselme. — Tome VI, page 427.)

B

A Rasilly. — Du 25 novembre 1459.

Remerciements aux gens du Conseil de René d'Anjou, roi de Sicile et duc de Lorraine, pour avoir gracieusement logé les troupes du roi.

(Orig. sur parchemin)

SOMMAIRE

Le roi espère qu'on facilitera a ses gens de guerre les moyens de pourvoir à leur propre subsistance en leur faisant vendre toutes denrées necessaires à bas prix.

HIERS & bons amys Nous avons ſceu par ce que nos bailliz de Chaumont (1) et de Victry (2) nous ont fait ſavoir comme 1459
en obtemperant au contenu des lettres que naguieres vous avons eſcriptes avez liberallement fait logier certain nombre de noz gens de guerre en aucuns lieux du pays de Barrois dont vous ſavons tres bon gré & vous en mercions. Si vous prions que touchant la proviſion des vivres qui ſeront néceſſaire a noſdits gens de guerre, vueillez mectre ordre et pris ſi raiſonable, que noſdits gens de guerre ſe puiſſent entretenir par dela pour le temps que leur avons

1. Geoffroy de Saint-Belin, chambellan du roi, seigneur de Saxefontaine et de Boulogne, l'un des lieutenants de Lahire dans la guerre contre les Anglais. Il avait succédé en 1456, à Robert de Baudricourt, son beau-père, qui l'était depuis 1438.

2. Thierry de Lenoncourt était alors bailli de Vitry (V. Tome I, page 73).

1459 ordonné. En quoy nous ferez agréable plaifir. Donné à Razilly le XXVe jour de novembre. CHARLES.

J. DE REILHAC.

(*Au dos.*)

A nos chiers & bons amys, les gens du Confeil de noftre très chier amé frère le Roy de Sicile (1) eftans à Bar (2).

(Bib. Nat. Collect. Lorraine, vol. 200, n° 31.)

1. *René d'Anjou*, duc d'Anjou, de Lorraine et de Bar, roi de Naples, de Sicile et de Jérusalem né à Angers, le 16 janvier 1409, mort à Aix, le 10 juillet 1480.
2. Bar-le-Duc.

C

A Saint-Cosne-lez-Tours. — Du 26 mai 1460

Au Prince de Piémont.

SOMMAIRE

Ambassade du sire de la Rosière et de Jean du Mesnil Symon chargés d'apaiser les dissentiments qui se sont éleves entre lui et le duc de Bourbon. Le roi espere que les deux adversaires vont d'ores et déjà cesser toutes hostilites.

E par le Roy.

Très chier & très amé filz & coufin, comme fauez, autresfois nous avons bien expreffément efcript le grant vouloir & defir que nous 1460
avions de nous employer à l'apaifement des différences meues entre vous & noftre beau filz & coufin le duc de Bourbon (1), & que notre entencion eftoit d'envoyer pour cefte caufe par delà aucuns de nos confeillers & ambaffadeurs. Et en enfuyant ce que nous avons efcript y envoyons prefentement nos amez & féaulx confeillers maiftre Georges Havart maiftre des requeftes ordinaires de noftre hoftel & Jehan du Mefnil Symon noftre premier valet trenchant & bailly de Berry (2).

1. Jean II duc de Bourbon (V. Tome I, p. 8.)

2. Jean du Mesnil Symon, écuyer tranchant du roi en 1437, capitaine de Tiffauges, puis bailli du Berry. Il fut souvent ambassadeur de Charles VII.

1460 Si vous le efcrivons afin que ce pendant veuillez faire ceffer toute voye de fait & de guerre de voftre part, ainfi que efperons que fera de la fienne noftre dict filz & coufin de Bourbon, auquel femblablement en efcripvons; & auffi que de bonne heure faict advertir noftre beau coufin de Savoye (1), voftre père, de la venue de nos ditz ambaffadeurs, ad ce que, eux arrivez par devers vous ils puiffent trouver les chofes en telle difpoficion & apaifement. Se y puiffe donner ainfi que le défirons.

Donné à Saint-Cofne-lez-Tours le X[e] jour de may. CHARLES.

J. DE REILHAC.

Sur la queue : a noftre très chier filz & coufin le prince de Piémont.

Au dos : Presentata fuit per Heraldum domini Vienne, hodie XXVI maï M IIII[c] LX.

(Arch. de Turin — Traltati con Franzia — Paquet 20, n° 2.)

1. Louis, duc de Savoie, fils d'Amédée VIII et de Marie de Bourgogne, succéda à son père en 1451 et fut le beau-pere de Louis XI.

D

A Bressy. — Du 18 octobre 1460.

Offre à l'Evêque de Metz de faire, d'accord avec lui, une enquête contradictoire pour établir à qui appartiennent les droits sur la ville d'Epinal.

SOMMAIRE

voudra bien s'entendre avec les delegués royaux et leur faire valoir ses prétentions, pour qu'ils puissent décider en tout etat de cause.

HARLES. &c. Très chier & amé coufin (1), nous avons receu les lettres que efcriptes nous avez faisans mencion du droit que vous prétendez en la ville d'Efpinal (2). Et pour ce que la dicte matière requert congnoiffance de caufe & qu'il eft befoing d'eftre informez de vos droits & euffy oyr les raifons que ceulx de ladite ville d'Espinal vouldront dire au contraire Nous avons ordonné envoyer aucuns de nos afficiers ou dit lieu d'Efpinal pour 1460

1. *Georges de Bade,* évêque de Metz, élu au mois d'août 1459, mort le 11 octobre 1484, fils de Jacques, marquis de Bade, comte de Spanheim, etc., et de Catherine de Lorraine.

2. Depuis la prise de possession d'Epinal au nom du roi, par Pierre de Brézé, le 24 août 1444, Charles VII, nommait le bailli et les quatre gouverneurs parmi lesquels se trouvait l'echevin C'etait ce droit que contestait l'évêque de Metz. (Imprimé dans les Annales de la Société d'Emulation des Vosges, ann. 1867, p.382.)

1460 eulx informer tant de vos droits que de ceulx des dits d'Efpinal, pour le tout nous rapporter & y pourveoir, & au furplus ainfi qu'il appartiendra. Si vous efcripvons ces choses afin que vueillez envoyer devers nofdits officiers quant ils feront par delà pour les informer de tout ce que vouldrez de noftre part & à leur retour envoyer aucuns de vos gens de par deça, afin que en ceste matière soit prinfe conclufion.

Donné a Breffy, le XVIII° jour d'octobre [1460]. CHARLES.

DE REILHAC.

(Arch. de la Meurthe Layette, Epinal n° 126, pièce 2.)

E

A Bourges. — Du 29 janvier 1461.

Suite des négociations avec l'Evêque de Metz pour la Châtellenie d'Epinal.

SOMMAIRE

Les ordres les plus précis ont été donnés aux delegués du roi pour qu'ils puissent se rendre au plus tôt à Epinal.

HARLES, &c. Tres chier & amé coufin (1), nous avons receu les lettres que par ce porteur nous avez envoiez, par lefquelles nous efcripvez que le plus brief que pourront vueillons envoier par delà aucuns de nos officiers, pour eulx informer du droit que pretendez avoir au lieu d'Efpinal, ainfi que le vous avons dernierement efcript. Sur quoy vous faifons favoir que ja pieça euffions envoyé par delà de nos dits officiers pour la dicte matiére fi ne feuft l'abfence de ceux que avons commis pour la dicte caufe. Mais nous avons prefentement ordonné a nos dits commis que le plus diligemment qu'ilz pourront ils s'en aillent par delà befoigner en ladite matiere, ainfi que autreffois le vous avons fait savoir. 1461

Donné à Bourges, le XXIX° jour de janvier [1461]. CHARLES.

DE REILHAC (1).

(Arch. de la Meurthe. Layette, I, n° 126, pièce 4.)

1. Georges de Bade, évêque de Metz, le même que précédemment.

2. Imprimé dans les annales de la Société d'Emulation des Vosges (année 1867, p. 382) — M. Duhamel a publié dans le même recueil une savante notice sur ce sujet intitulé *Négociations de Charles VII et de Louis XI avec les evêques de Metz pour la chatellerie d'Épinal.*

F

Du 16 janvier 1465.

Remboursement des frais de voyage fait en Auvergne au commencement de l'année 1464 pour régler l'Etat des troupes cantonnées dans la province.

(*Sur parchemin*)

1465

ES généraulx conseillers du Roy Notre sire sur le fait & gouvernement de ses finances ont fait recevoir par Pierre Jobert receveur général desdictes finances de Pierre Maudonier receveur de l'équivalent & payement des gens de guerre ou Bas-Pays d'Auvergne (1) sur ce qu'il peut devoir a cause de sa recepte dudit payement desdiz gens de guerre de l'année commencant le premier jour de janvier MCCCCLXIII & finissant le derrenier jour de decembre CCCCLXIIII, & dont ledit receveur general a pour ce baillé sa sedule au contreroleur de ladicte recepte generale & en ceste mis son signé, la somme de cent livres tournois par ledit Pierre Maudonier auquel le Roy notre dit sire la tauxée & ordonnée pour avoir esté lad. année en la compaignie de maistre *JEHAN DE REILHAC* & Alixandre Barry, escossoys (2) en plusieurs lieux dudit pays d'Auvergne pour mectre ordre sur le fait du logis & vivres des gens de guerre logez ilec, a prendre ladite somme de c l[ivres] t[ournois] sur ce qui a esté mis sus oud. pais pour ladite cause oultre & pardessus & principal & les frais ordinaires

1. Pierre Maudonier, receveur pour l'Auvergne (V. Tome I, p. 155).
2. Alexandre Barry, du pays d'Ecosse — Tome I, p. 236.

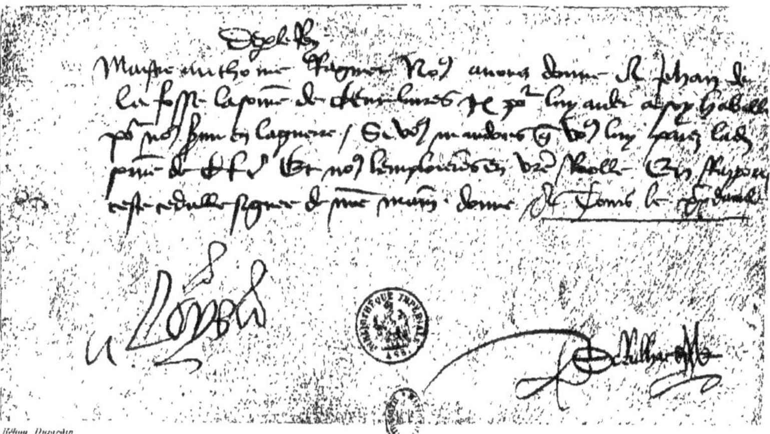

Héliog. Dujardin

GUERRE DU BIEN PUBLIC

Ordre au Trésorier des Guerres d'équiper Jean de la Fosse et ses hommes d'armes pour le service du roi (20 Avril 1465)

du payement desdites gens de guerre d'icelle année. Efcript le XVIe jour de janvier l'an mil CCCC soixante cinq. 1465

[Signé] : VARYE (1), JOBERT (2), GIRARD.

(Bib. Nat. Fr. 26,090, n° 452.)

1. *Guillaume de Varye*, ancien commis de Jacques Cœur et qui devint, sous Louis XI, général des Finances. (Voir Tome I. p. 61).
2. *Pierre Jobert*. (Voir Tome I, page 150.)

G

Aux Montilz-lez-Tours — Du 16 fevrier 1467.

Commission a Jehan de Reilhac & à Pierre Burdelot de se rendre a Lyon pour y conférer avec le Chapitre d'un emprunt à contracter pour le compte du Roi.

SOMMAIRE

Pour résister a la nouvelle ligue qui se forme contre le roi entre les grands vassaux de la couronne, il est nécessaire de remédier a l'epuisement du trésor. Le doyen et le chapitre de Lyon voudront bien prêter mille écus d'or.

De par le Roy,

1467 CHIERS & bien amez, pour résister aux entreprinses que font a present contre nous & noz bons & loyaulx subgects aucuns seigneurs de nostre royaume qui s'efforcent de usurper nostre seigneurie & aussi pour fournir aux grans despenses que pour ce faire nous conviendra (faire) nous avons par grant & meure délibération d'aucuns de nostre sang & gens de nostre conseil ordonné faire certains emprunes sur aucuns sur aucuns (*sic*) nos subges parceque les deniers de nos finances ne pourroient fournir a nosdictes affaires & que d'iceulx emprunez ils soient restituez des deniers de nosdictes finances de l'année prouchaine venant par le trésorier de nos guerres & pour besoigner en ceste matiére nous avons ordonné certains nos commissaires en chascun des pairs de nostre royaume & entre autres nostre amé & féal conseillier & maistre de nos comptes maistre *JEHAN DE REILHAC* GENERAL DE FRANCE & maistre Pierre Burdelot (1) nostre secrétaire ausquelz avons chargé de besoingner avec vous &

1. V. sur ce personnage. Tome I, p. 254.

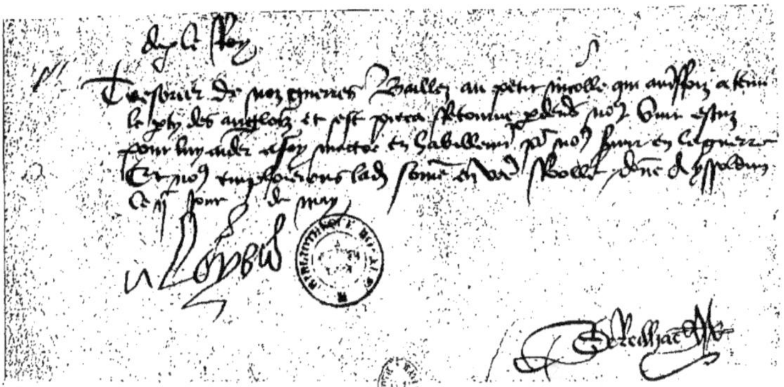

Héliog. Dujardin

GUERRE DU BIEN PUBLIC

Ordre au Trésorier des Guerres d'équiper le petit Nicole et ses hommes d'armes bien qu'ils aient autrefois tenu le parti des Anglais (11 Mai 1465)

Voir Tome I, Page 193

autres, & vous dire & declairé ſur ce noſtre vouloir & entencion, ſi les vueillez croire de ce qu'ilz vous en diront de par nous & nous preſter la ſomme de mille écus d'or ainſi qu'ilz le vous requerront de par nous ſur tout le plaiſir & ſervice que faire noz deſirez. & tellement y faictes que cognoiſſons par effect voſtre bon vouloir envers nous ; en quoy faiſant le recognoiſtrons en temps & en lieu envers vous & les voſtres & par rapportant ces préſentes ſignées de noſtre main avec la cedule de noſtre dit treſorier nous vous promectons de bonne foy & parolle de Roy vous en faire rembourſer de noſdictes finances de l'année prouchaine venant ſans aucune fautte comme dit eſt. Donnée aux Montilz-les-Tours le XVI[e] jour de février l'an mil IIII[c] soixante sept.

1467

LOYS — Bourre (1).

Au dos :

A nos chiers & bien amez le doyen & chappitre de l'égliſe cathédralle de lion (2).

(Arch. du Chap. de Lyon. Chap. de St-Jean, Reg. XIII, fol. CXLIII-CXLIIII.)

1. Jean Bourré, seigneur du Plessis en Anjou, contrôleur général. — Voir Tome I, page 232.

2. Ce chapitre possédait de grands biens. Les chanoines prenaient le titre de comtes de Lyon et devaient prouver quatre quartiers paternels et maternels Plusieurs souverains prirent cette qualite, entre autres Charles VII.

H

A Lyon. — Du 4 avril 1467

Assemblée des principaux habitants de Lyon pour delibérer sur le message que Jean de Reilhac, général des Finances, et Pierre Burdelot viennent également apporter de la part du Roi à certains habitants notables de Lyon.

SOMMAIRE

A la nouvelle de l'ordre apporté en même temps par les envoyés du roi afin d'imposer divers particuliers notables de Lyon, ceux-ci se rassemblent en l'hôtel de la ville le lundi 4 avril après vêpres, et decident, que, vu les charges qui pesent deja sur eux, ils enverront tout d'abord une delégation au roi pour lui exposer leur situation.

1467 Le lundi IIII jour d'avril mil IIII^{c} LXVII, en l'ostel de la ville, heure de vefpres.

Sus & touchant la venue de mons le général maiftre JEHAN DE RILHAC & de maiftre *Pierre Burdellot* fecrétaire du roy noftre fire, & commiffaires ordonnés de par led. s^{r} à fere certains empruncts fus aucuns particuliers de lad. ville, & pour advifer des termes & façons que l'on doit tenir avec lefd. commiffaires, furent mandez & affemblez aud. hostel, c'est affavoir premièrement maiftre Pierre Fornier, licencié en loys, Henry de Syvrieu, Pierre Brunier, Jacques Torvéon, Jehan de Bruyères, Denis Loupt, Jehan Roffellet, Guillaume Girard, Eftienne Godin, confeillers; item meffires Pierre Balarin, Laurens Paterin, Jehan Palmier, docteurs, maiftre Enemond Payen, licencié en loys, fire Humbert de Varey efleu, Ymbaud de Varey, Pierre Thomaffin, Franc Caillie, Pierre Offrey, Pierre de Villars, Jacques Caillie, Jehan Formond, Glaude Rochefort, Eftienne Coilliet,

Geoffroy de Saint Barthélemy. Jehan Buatier, Hugonin Clavel, Hugonin Bellièvre, Guillaume Parel, Rolin Guérin, Jehan Baronnet, Peronnet Sirodes, Durand de la Rue. Glaude Guerrier, Jehan Champier, Glaude Champier, Pierre Guérin. Fran. Mutin, Pierre Chaſtillion, Guilaume Slonner, Enemond Godin, Jehan Grollier, Philibert de Vitel, André Giraud, Anthoine Bailly, Jehan Domenguier, Anthoine Cathelin. Jehan Maiſtre, Tieven Dartièrez, Martin Guillaume. Anthoine de Solier, Pierre Girerd, Gillet de Chaveyrie, Aymé Veyſi & certains autres notables de lad. ville. Apprès ce que la matière de lad. venue deſd. commiſſaires & la manière du commencement de leur procéder à leurd. commiſſion à lever leſd. emprunćts furent ouvertes & récitées par la voix du deſſuſnommé maiſtre Pierre Fornier; a eſté dit, conclu & arreſté à la pluspart des oppinions des deſſus aſſemblez que leſd. conſeilliers ſe doyvent tirer par devers monſ. le bailly & luy remonſtrer les charges & afferes de lad. ville & luy prier qui ſe tranſporte avec eulx par devers leſd. commiſſaires pour aſſoupper & dilayer lad. commiſſion, ſe faire ſe puet, & ſe led. monſ. le bailly ne vouloit prandre d'en parler eſd. commiſſaires luy en demander ſon advis & conſeil, & après ce, que leſd. conſeilliers ſe tirent devers leſd. commiſſaires pour leur fere remonſtrance deſd. charges & leur requérir département ou au moins ſurçoyance de leurd. commiſſion, juſques à ce que l'un ait envoyé devers le roy & en ſceu ſon bon vouloir par y voir du tout & ou cas que leſd. commiſſaires ne vouldroient ſupercéder au ſurçoyer leurd. commiſſion, prandre partir & appoinćter avec eulx, le plus gracieuſement que fere ſe pourra, &c.

1467

Ledit jour en la butique Jaques Torvéon.

Les deſſuſnommez conſeilliers ont appoinćté avec Symon Colombier. préſent & prenons charge d'aler devers le roy & y pourter lettres avec ambaxadeurs illec tramis de par lad. ville, pour l'aſſemblée des troys eſtas, touchant la matière de lad. commiſſion deſd. emprunćts, au pris & ſolaire dud. Colombier, de XII S. VI D. N. pour chacun jour qu'il demoura aud. vouage & partira demain matin, &c

(Arch. de la ville de Lyon BB 336 v°-337 v°.)

I

A Lyon. — Du 4 avril 1467.

Procès-verbal de la comparution des envoyés du Roi devant le chapitre.

SOMMAIRE

Les chanoines réunis le jour de la Saint Ambroise chargent le chancelier du chapitre de s'entendre avec les commissaires du roi. Celui-ci transige avec la plus grande difficulté pour quatre cents écus d'or qui seront payés le lendemain, et le chapitre continue à délibérer comment il pourra réunir et payer semblable somme.

1467 IE lune festi Sancti Ambrosii quarta aprilis anno predicto in domo capitulari.

Fuerunt ibidem convocati & congregati domini C. de Sugeris precentor, Jo. Camerarius, de Chuvreyo magister chori, Jo. de Saconay, M. de Talaru & G. Dulliac canonici dicte ecclesie pro deliberacione habendâ super litteris domini nostri regis, die esterna ipsis dominis per magistrum PETRUM (*sic*) DE REILHAC GENERALEM FRANCIE & magistrum Petrum Burdelot, secretarium regium presentatis & traditis & quarum litterarum tenor sequitur & est talis (1) :

. . . .

Et inde ipsâ deliberatione per ipsos dominos cum dominis custodes sancte Crucis thesaurario sacrista sancte (*sic*) Stephani vice ecclesie ibidem presentibus & convocatis super eisdem licteris habita commiserunt dictos dominos camerarium & Dulhac ad tractandum cum ipsis commissariis super contento ipsarum litterarum.

1. V. page LXXII la lettre du roi datée du Montils-les-Tours le 16 février 1467.

Capitulum die martis quinta dicti menfis aprilis anno predicto millefimo IIII LX feptimo. 1467

Quâ die prefati domini camerarius & Dulhiac ibi retulerunt quod ipfi cum predictis dominis commiffariis regiis tractaverunt & concordaverunt fuper mutuo per dictum dominum noftrum regem fuper ecclefiâ predicta petito prout in dictis litteris regiis cavetur ad fommam quater centum fcutorum auri novorum cum magnâ difficultate quam fommam fibi folvi petiit in [con]tinenti & infra diem craftinam alias quod hujufmodi concordiam non tenebunt quare deliberetur, qualiter, ut unde poterit reperiri & folvi hujufmodi somma.

(Arch. du Chap. de Lyon G. 3005, fol. 143 et 144)

J

Sans date (supposé de 1476)

Guerre du Bien-Public.

Note remise pour Louis XI à monsieur le général. Propos qui auraient été tenus par Jean de Reilhac à Aigueperse pendant le séjour du roi dans la maison de son père.

(Sur papier)

1476 EMOYRE a mons[r]. le général de dire au Roy comme Jouffelin du du Boys (1) darnierement qu'il fut en Auvergne chargea M. (2) de f'encquerir de Meff. de la Queuile & de Florac foubs grant ferment : led. de la Queulle ne fut oncques prefens oudit pays led. Florac y a efté deux fois f'il femble aud. S[r]. que on y doiyt rien faire plaife lui mander fon bon plaisir.

Item lui fouviengne des parolles que led. M. lui a dictes de R. (3) lequel durant es brouillis dift à B. (4) a Aigueperfe qu'il penfoit a fayre dift : « ceft homme eft

1. *Josselin* ou *Jousselin du Boys.* M. Væsen a publie une notice sur ce personnage.

2. M. pourrait vouloir dire *Mandonier,* Receveur pour l'Auvergne, dont il a éte question à plusieurs reprises (V. Tome I, page 155.)

3. R. semble être *Reilhac,* chez qui le roi demeurait à ce moment-là même.

4. B. doit être le duc de *Bourbon,* ou encore *Bourré,* mais plutôt *Bourbon* avec lequel Reilhac était accusé d'entretenir des intelligences (Tome I, page 311).

Monseigneur [illegible] [illegible] [illegible] [illegible] [illegible] [illegible] [illegible]
[illegible] [illegible] [illegible] [illegible] [illegible] [illegible] [illegible] [illegible] [illegible]
[illegible] [illegible] de florins [illegible] [illegible] [illegible] [illegible]
[illegible] [illegible] [illegible] [illegible] [illegible] [illegible] de florins [illegible] [illegible] [illegible]
[illegible] [illegible] [illegible] [illegible] [illegible] [illegible] [illegible] [illegible] [illegible] [illegible]
place

[illegible] [illegible] [illegible] [illegible] [illegible] [illegible] [illegible] [illegible] [illegible]
[illegible] [illegible] [illegible] [illegible] [illegible] [illegible] [illegible] [illegible] [illegible]
[illegible] [illegible] [illegible] [illegible] [illegible] [illegible] [illegible] [illegible] [illegible]
[illegible] [illegible] [illegible] [illegible] [illegible] [illegible] [illegible] [illegible] [illegible]

[illegible] [illegible] [illegible] [illegible] [illegible] [illegible] [illegible] [illegible] [illegible]
[illegible] [illegible] [illegible] [illegible] [illegible] [illegible] [illegible] [illegible]

perdu. » Je vous ſere bien parler ſi vous veullez à (1) ou jardin de mon pere comme jay fais à Me P. (2) d, & le P. je des lettres que le Roy eſcrivoit aud. M. touchant l'apointement de B. leſquelles il a baille a R. ne peut les recouvrer. 1476

1. Ici l'initiale a été en partie déchirée, impossible de la reconstituer sérieusement. Cependant on croit y trouver le premier jambage d'un N, ce qui pourrait vouloir dire Nemours.

2. P. semble signifier Louis d'Harcourt, Patriarche de Jérusalem, qui était alors habituellement désigné sous le nom de « Monsr le Patriarche » (V. Tome I, page 307).

Est dit que lors le Roy estant a [illegible] durant
la commocion du bien publicque et que led. qui parle
estoit devers le Roy lors chez le pere de maistre
Jehan de Vielsar et messire pierre doriole a pour
chancellier qui lors n'estoit encores chancellier monsr
le patriarche ainsi que le dit [illegible] alerent ung soir
devers led. qui parle aud. lieu d'Aigueperse en Auvergne et parlerent ensemble de la matiere dud.
Lancelot de Harcourt ainsi qu'il lui qui parle a
messeigneurs depposé. Auquel logis led. maistre Jehan de
Vielsar les mena par devers led. qui parle et quant led.
qui parle et lesd. patriarche et doriolle parlerent
ensemble led. maistre Jehan de Vielsar estoit en
la chambre a coste sur le pie du lit/ et y demoura
jusques ad ce que monsr du plessis maistre Jehan
Bourre s'en vint pour parler de par le Roy a led. qui p[arle]
la venue duquel lesd. chancellier et patriarche
se retrahirent et s'en yssirent/ Et led. qui parle [illegible]

lui sembla que ledit maistre Jehan de Rilhac les donna
au bien ou il se messeroit et quant ledit Duplessis se
s'en fu allé devers monseigneur le chancellier et patriarche de
[illegible] devers lui par parole [illegible]
parachevement de [illegible] de la matiere et fu appoinctié
fait entendre que ledit Lancelot de [illegible] avoit parolles
[illegible] de sen et que les [illegible] parler a lui
par parole comme lui sembla. Et de ce se rapporte a ses
depposicions que [illegible] a faites par devant
maistre Pierre Chevalier lieutenant du gouverneur d'Orleans
et [illegible], maistre [illegible] juge de Touraine
[illegible] depposicions et s'en rapporte.

Interrogué se depuis il parla audit monseigneur de Lau
dist que oy.

Interrogué se audit Roy et monseigneur de Lau ne fut pas
touché des grandes la personne du Roy dont [illegible]
la personne du Roy [illegible] par paroles et aussi
ne trouva [illegible] monseigneur de Lau en voulenté par
aucune entremise de le faire mais bien vouldroient affin
de entreprendre toute l'auctorité et gouvernement d'entour
le Roy. Et [illegible] ledit seigneur de Lau de [illegible]
monseigneur d'Armignac lui par parole et [illegible] messire
Jehan d'Armignac pour avoir la grant [illegible] et auctorité
et empres du Roy et [illegible] monseigneur de Lau
demourast [illegible] empres de la personne
du Roy et monseigneur le patriarche et eulx [illegible]

le maniement des finances / et au regard dud. mons. le chancell. Ilz le voulsissent bien pour le maniement des finances. Et entendoient si led. mons. de Nevers [illegible] seroit plus souverain pres du Roy, mond. sr. du Maine aussi, quant il y vendroit, avoir logeis pres [illegible] au regard dud. messire Jehan d'Armignac ilz luy bailleroient des [illegible] sur les gens d'armes pour le fait de la guerre, pour [illegible] la guerre.

Interrogue se led. maistre Jehan de Stelhar avoit quelque entendement es d. matieres. Dit que c'est bien vray que led. maistre Jehan de Stelhar envoya les. mons. le chancellier et Pratange / mais se led. patriarche et chancellier luy communiquerent de la matiere il n'en scet riens, mais au regard de luy qui parle il ne luy en communiqua riens. Dit plus que c'est bien vray que led. maistre Jehan de Stelhar avoit entendement envers mons. de Bourbon car souvent maistre Jehan de Stelhar luy dist plusieurs fois qu'il estoit au Roy, mais toutesvoyes qu'il vouloit faire mons. de Bourbon et tout ce qu'il pourroit faire et tout ce qu'il pourroit faire qu'il le feroit / et avoit dit a luy qui parle qu'il advertissoit mons. de Bourbon de tout ce qu'il savoit. Et la cause qui le meut de le croire se est par les manieres que tint led. maistre Jehan de Stelhar puis qu'il fu pris a Bloys, car il s'en alla des premiers avec gens de la ville devers le Roy [illegible] ce qu'il avoit a faire. Et quelz gens de la ville le dessirent aud. feu messire Jehan d'Armignac et a mons. le grant maistre qui a present est.

Item mesmement luy qui parle que ledit maistre Johan de Salezar
en cest affaire a menassé ledit Archembault de la Borgue pour
bien dit luy qui parle que mons.r de Lauzher luy dist
que ledit de Salezar luy avoit osté toute la charge que
avoit pour le roy, et ordonne touchant de ladite ville de Sceon
et de Pontoguerre tant ses amys de mettre ladite ville en
obeissance du roy. Et dit oultre ledit de Lauzher a
luy qui parle a messire Johan d'Armignac et a mons.r
d'Albret, ambo estans ensemble que ledit de Salezar ne
luy avoit pas laissé en sa charge tout le pis que avoit
peu

Interrogé se ledit de Lauzher dist a luy qui parle que
ledit de Salezar luy eust dit que ne avoit pas fait tout
le pis que avoit peu, dit luy qui parle que ledit
de Lauzher ne luy en parla point, et est bien advisé
que se ledit de Salezar peust fair chose qui leur eust esté
prejudiciable, ilz ne laissassent pas si legierement d'aller
puis furent au moyen de luy qui parle venuz luy qui
parle n'avoit pas la plus grande partie de ladite ville

Interrogé qui sont touchant de ladite ville a nostre dit sire ledit de
Salezar de sommer ladite charge que avoit en ladite matiere
dit qu'il ne les avoit prouvée. Car je ne en congnoist
pas bien

LIVRE PREMIER

Commissions, Autorisations, Lettres et Ordonnances

Années 1457 à 1466

A Changy. — Du 26 juillet 1457.

Commission au Sire d'Esternay & au Rapporteur de la Chancellerie de France pour se rendre à Tournay afin d'y ouir les doleances des habitans.

SOMMAIRE

Un conflit de juridiction s'elevant constamment entre les officiers du Roi et la municipalité de la ville, l'évêque de Coutances, le sire d'Esternay et autres seront chargés de limiter en dernier ressort, les pouvoirs de chacuns.

harles, par la grace de Dieu, roi de France, à nos amez
et féaulx l'Evefque de Couftances (1), Jehan le Bourfier Chevalier, Sei- 1457
gneur de Sternay (2), & général de noz finances; Maiftre François
Halle, raporteur en noftre Chancellerie, noz confeilliers, falut &
dilection. Comme nous ayons éfte n'aguères advertis que à l'occafion de certaines Ordonnances faiɛ̃es par aucuns noz Commiffaires depuis fix ans en
ça fur le fait des bannières, port de harnois & d'armeures, & autres chofes touchans
& concernans les libertéz & privilèges de noftre ville de Tournay & de nos fujetz
et habitans en icelle, & auffi à l'occafion de certains appoinétemens n'aguères faiz

(1) *Richard de Longueil, évêque de Coutances*, v. Tome I, p. 43
(2) *Jehan le Boursier, sir d'Esternay*, v. Tome I, p. 182.

1457

par Nous ou les Gens de noſtre Grant-Conſeil, touchant la juridicion & autres droits de la dicte ville, y a & ſe meuvent chaſcun jour pluſieurs grans queſtions & débatz entre nos Bailly, Procureur & autres noz Officiers de la dicte ville et bailliage de Tournay & Tourneſiz, d'une part, & les Prévoſtz & Jurez, Majeur & Eſchevins, & Ewardeurs, Doyens & Sous-doyens, la commune & habitans de noſtre dicte ville, d'autre part; deſquelles queſtions & débats ſe pourroient ſourdre, mouvoir & enſuir pluſieurs grans inconvéniens à nous & à noſtre dicte ville de Tournay : auſquels déſirans bien obvier & pourveoir, & mettre & entretenir noſtre dicte ville en bonne paix, ordre & police, & bonne amour & union être tenue & gardée entre noz Officiers d'icelle noſtre ville & bailliage, & les diz habitans de noſtre dicte ville de Tournay, confians à pleins de vos ſens, prudence, loyaulté & bonne diligence, pour ces cauſes vous avons commis & députez, commettons & députons, & vous avons donné & donnons par ces présentes, et aux trois ou deux de vous, plein povoir & mandement eſpécial de vous tranſporter en noſtre dicte ville de Tournay, & illec oyr les plaintes & doléances que vous vouldront faire leſdiz Prévoſtz & Jurez, & autres de la loy & commune de la dicte ville, tant en général que en particulier, ſur le faict deſdictes ordonnances, appoinctements & privilèges d'icelle ville : & de oyr pareillement les réponſes que voudront sur ce faire noſdicts Bailly, Procureur & autres officiers dudict Bailliage, & de vous informer ſur les choſes deſſudictes, tant par dépoſitions de téſmoings, comme par l'inſpection & viſion de chartes, privileiges, regiſtres & autres enſeignements qui vous

Les commissaires se feront presenter les anciennes chartes de la ville.

ſeront produis & exhibez tant d'une part comme d'autre, & ſe meſtier eſt de faire convoquer & aſſembler les chiefs de la loy, ou la commune de la dicte ville, pour ſavoir & vous informer à plain deſdictes matieres & de leur intencion ſur ce; & vous, à plain informez ſur les choſes deſſuſdictes, de pourveoir & faire ſtatuz & Ordonnances ſur leſdictes plaintes & doléances, teles que verrez eſtre à faire pour le bien & utilité de noſtre dicte ville & de nos ſubgiets & habitans en icelle, en révoquant & adnulant, ſe voyez que bien ſoit telles autres Ordonnances précédentes à ce contraires, ou les corrigeant, diminuant, modérant ou interprétant autrement & ainſi que verrez êſtre à faire, & faiſans voſdictes ordonnances précédentes ſtatuz ou appoinctemens entretenir & garder à perpétuité, à temps ou autrement & contraignant a ce tous ceulx qui ſeront à contraindre, & pugniſſant les tranſgreſſeurs ou faiſans le contraire, de telles peines & multes que au cas appartendra, nonobſtans quelzconques appointements ou Ordonnances paravant faiz & faictes par nous ou par nos Commiſſaires, & oppoſitions & appellacions quelzconques. Mandons & commandons a tous nos justiciers, officiers et ſubgiets, que à vous & à vos commis et députez, en fe faifant, obéiffent & entendent diligemment. 1457

Donné à Changy, le vingt-fixiéfme jour de juillet, l'an de grâce mil quatre cens cinquante-fept, & de notre regne le trente cinquiefme. Ainfi foufbcriptes.

Par le Roy en fon Confeil.

J. DE REILHAC.

(Ordonn. roy., t. XIV, p. 451.)

II

A Avor-en-Bourbonnais. — Du 19 août 1457.

Confirmation au profit de Poncet de Beauville.

Sur parchemin

SOMMAIRE

Il avait possede, lui et ses peres, la terre de Castel Secrat au diocese d'Agen depuis 150 ans. Cette donation avait eté alors faite a son ancêtre par le duc de Guienne devenu depuis Edouard III, roi d'Angleterre

1457

DONATIO terre & caſtri Secrat in patria Agenenſi Poncio de Beauville & ſuis nepotibus maſculis ex filio primogenito. Charles, etc. Receue de nous humble ſupplicacion de noſtre bien amé Poncet de Beauuille eſcuier ſeigneur de chaſtel Secrat en noſtre pais d'Agenoiz contenant que long temps a par feu le Roy Eddouart Roy d'Angleterre lors eſtant duc de Guienne (1) fut par certaines grans cauſes a ce le mouuans faicte donnacion & tranſport à feu Gobert de Beauville ayeul dudit ſuppliant de la terre ſeigneurie & appartenances dudit lieu de Chaſtel Secrat pour en joyr pour lui & ſes hoirs maſles au moien duquel don ledit feu Gobertt a joy de ladicte ſeigneurie de Chaſtel Secrat juſques a ſon treſpas apres lequel Poncet de Beauille pere dudit ſuppliant a ſemblablement jov paiſiblement d'icelle

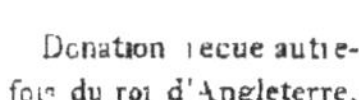

Donation recue autrefois du roi d'Angleterre.

(1) Edouard III, fils d'Edouard II et d'Isabelle, fille de Philippe le Bel, monta sur le trône d'Angleterre en 1327 et mourut en 1377.

1457

toute sa vie & apres sa mort probablement en a joy ledit suppliant plainement & paisiblement jusques a nagueres que aucuns de noz officiers audit pais d'Agenoiz lui ont mis empeschement en la joyssance d'icelle seigneurie de Chastel Secrat à la requeste des habitans dudit lieu parcequ'ilz maintiennent ledit lieu nous appartenir sans pouvoir jamais estre séparé de la Couronne et à ceste cause ont mis ledit suppliant en proces & fait saisir ladicte place en nostre main pour laquelle cause ledit suppliant se soit transporté par devers nous & nous ait fait apparoir des tiltres qu'il a d'icellé place & seigneurie tant par le moien dudit don qui en fut fait à son dit ayeul, comme par plusieurs confirmacions sur ce faictes au prouffit de ses prédecesseurs & de lui par plusieurs ducs de Guienne que ont esté depuis ledit temps et par autres lettres octroiées aux prédecesseurs dudit suppliant pour joyr d'icelle seigneurie comme il a fait apparoir par le vidimus d'iceulz dons & confirmacions en forme auttentique. En nous requérant humblement que attendu le longtemps que sesditz ayeul & pere & aussi lui ont joy de la dicte seigneurie de Chastel Secrat a bon & juste tiltre et que icelle seigneurie est advenue audit suppliant par droit de succession & que d'icelle ses ditz prédécesseurs ont joy l'espace de sept ou huit ans & ledit suppliant aussi depuis le trespas de son dit pere l'espace de XXX ans ou environ il nous plaise le faire joir de sa dicte terre & seigneurie de Chastel Secrat & d'icelle lui faire don de nouvel se mestier est & sur ce lui impartir nostre grace, pour quoy, nous, ce que dit est consideré mesmement le long temps que ledit suppliant & ses diz prédécesseurs ont joy de la dicte place & seigneurie de Chastel Secrat comme dessus est dit. Considérant aussi les seruices que ledit suppliant & ses ditz prédécesseurs nous ont faiz ou fait de noz guerres, sans auoir tenu parti à nous contraire. Et eu sur ce l'aduis & délibéracion des gens de nostre grand conseil audit Poncet de Beauuille suppliant pour les causes dessus dictes & autres à ce nous mouuans, avons cédé, quitté transporté & delaissé cédons, quittons, transportons & délaissons ladicte place terre seigneurie, revenues & appartenances de Chastel Secrat pour en joir par lui & son aisné filz & le survivant d'eux deux & aussi par les enfans masles de son dit aisné filz descendans de lui en loyal mariage comme de leur propre chose & héritage plainement & paisiblement en paiant les charges ordinaires & faisant les devoirs que font deuz a cause des dictes terre et seigneurie la ou il appartendra & imposons sur ce silence à nostre procureur. Si donnons en mandement par ces présentes à noz amez & feaulx gens de noz comptes & trésoriers, aux seneschaulx d'agenoiz de Thoulouse & des Lannes. Et à tous nos autres justiciers & officiers ou à leurs lieuxtenans présens & auenir & à cha-

Ce fief depuis a toujours été tenu en mouvance des ducs de Guyenne.

Poncet de Beauville a toujours été fidele au roi pendant les guerres.

1457 cun d'eux si comme à lui appartendra que de noz présens don, cession et transport facent, seuffrent & laissent ledit suppliant sondit aisne fils & le survivant d'eulx deux & aussi les enfans masles de son dit aisne filz descendant de lui en loyal mariage joir & user plainement & paisiblement en ostant & leuant nostre dicte main apposée sur ladicte place & seigneurie de Chastel Secrat & par rapportant ces présentes ou vidimus d'icelles faiz soulz seel royal pour une-foiz avec recognoissance sur ce souffisante. Nous voulons nostre Receueur ordinaire d'Agenoiz & tous autres qu'il appartendra estre de ce tenus quittes & déchargés par tout ou mestier sera. car ainsi nous plaist il estre fait & audit Poncet de Beauuille l'auons octroié & octroions de grace spécial par ces présentes, nonobstant quelz conques privilèges, mandemens ou deffenses a ce contraires. En tesmoing de ce nous avons fait mettre nostre seel a ces présentes.

Donné a Thory le XIXe jour d'aoust l'an de grace mil CCCC cinquante sept & de nostre règne le XXXVe. Ainsi signé.

Par Le Roy,

Les contes de Foix (1), de Dunoys (2). maistre Jehan Bureau (3), George Havard (4), Jehan Dauvet (5) & autres présens,

J. DE REILHAC.

(A. Nat Reg.. J J 187 fol. 160 r°)

1. *Gaston comte de Foix*, v. Tome I, p. 13.

2. *Jean d'Orléans comte de Dunois et de Longueville*, grand chambellan de France, v. Tome p. 207.

3. *Jean Bureau sire de Monglat*, Trésorier de France, v. Tome I, p. 37.

4. *George Havard sire de la Rosiere*, v. Tome I, p. 22.

5. *Jean Dauvet Sgr de Clagny*, Procureur général au Parlement v. Tome I, p. 173.

III

A Avor-en-Bourbonnais. — Septembre 1457.

Protection royale accordée à l'abbaye de la Porte Saint-Leon.

(Sur parchemin.)

SOMMAIRE

Ce monastere, dependant de l'abbe de Cluny et sis au diocese de Sens est declaré placé sous l'egide royale. — Le bailli de Sens est chargé d'y veiller.

ARDIA pro abbate & conventu Beate Marie de Porta Sancti Leonis Karolus, etc. Regiam decet prudentiam monafteria a fuis prede- 1457
ceſſoribus diue recommendacionis pia deuocione fundata magnificeque dotata & amplis priuilegiis communita tueri ac protegere, ut inibi Deo famulantes ſeruatis juribus ſuis ſecura pace letati pro ſuorum fundatorum precipue et aliorum fidelium viuorum & mortuorum ſalute Saluatorem noſtrum liberius valeant exorare, hinc eſt quod not ad ſupplicacionem Dilectorum noſtrorum Religioſorum prioris & Conventus beate Marie de porta Sancti Leonis dictidu Charnier prope Senonis membri deppendentis abbatice Cluniacenſis per ipſos anteceſſores noſtros fundati & eo ipſo in noſtris. ſalua ſpecialique gardia ac protectione exiſtentis Eoſdem exhabundanti pre-

1457

En toutes circonstances les religieux pourront demander le secours des officiers du Roi.

miſſos ob cauſas una cum eorum familia & hominibus de corpore, ſi quos juribus rebus & bonis ſuis uniuerſis ubicumque conſiſtentibus tam in capite quam in membris in & ſub ipſis noſtris ſalua ſpecialique gardia ac protectione ad ſuorum jurium conſeruacionem duntaxat ſuſcipimus & ponimus per preſentes et hiis de cauſis in gardiatorem & protectorem Bailliuum noſtrum Senonenſem ſeu eius locumtenentem preſentem & futurum eiſdem deputamus & concedimus ſpecialem. Cui committendo mandamus quatinus prefatos ſupplicantes ac eorum familiam & homines de corpore ſi quos habeant tam in capite quam in membris ubilibet, ut premiſſum eſt, conſiſtentibus in ſuis juſtis poſſeſſionibus & ſaiſinis, uſibus, juribus, juridicionibus, libertatibus franchiſiis &...... nitatibus in quibus ipſos eſſe ſuosque predeceſſores fuiſſe pacifice & ab antiquo inuenerit manuteneat et conſeruet. Et ab omnibus iniuriis, violentiis, gravaminibus, oppreſſionibus, moleſtationibus, inquietationibus vi armorum, potencia laicorum ac nouitatibus indebitis quibuscumque tueatur & defendat ſeu tueri & defendi faciat non permittentes eiſdem aut eorum alicui fieri ſeu inferri iniurias aut nouitates indebitas, quas ſi factas eſſe vel fuiſſe in noſtre ſaluegardie protectioniſque & dictorum ſupplicantium preiudicium inuenerit eas ad ſtatum priſtinum & debitum reduci ac nobis & parti emendam propter hoc condignam preſtari preſentemque noſtram ſaluamgardiam in locis & perſonis quibus expedierit publicari & intimari faciat inhibendo ex parte noſtra omnibus illis de quibus fuerit requiſitus ſub certis & magnis penis nobis applicandis ne eiſdem ſupplicantibus aut eorum familie hominibus de corpore, membris, rebus, ac bonis ſuis uniuerſis ubilibet conſiſtentibus quomodo libet fore facere preſumant. Et ſi in caſu nouitatis aliquod debatum oriatur inter ipſos racione bonorum ſuorum quorumcumque in regno noſtro exiſtentium & quaſcumque alias perſonnas dictum debatum & rem contencioſam ad manum noſtram tanquam ſuperiorem ponat locaque de ablatis reſſaiſiri faciat & per ipſum facta recredentia illis ex dictis partibus cui de jure fuer t facienda partes debatum facientes & etiam dicte ſaluegardie noſtre infractores. Et illos qui in eius preiudicium vel contemptum predicto gardiatori vel ab eo depputato officium gardiatoris exercendo iniuriam fecerit vel offenſam vel qui ei inobedientes fuerint ac quaſcumque alias perſonat de quibus pro parte dictorum ſupplicancium fuerit requiſitus, adiornet ſeu adiornari faciat coram ipſo Bailliuo Senonenſi ſeu eius Locumtenentem ſuper hoc proceſſuros, reſponſuroſque & facturos ulterius, ut juris fuerit et racionis, ſi vero dicti ſupplicantes aut eorum alteri vel aliqui de ſua familia vel hominibus de corpore aſſecuratum ab aliquibus habere petierint det ſeu dari faciat bonum & legitimum ſecundum patrie conſuetudinem prout

ſuerit racionabiliter faciendum ſolumus eciam quod dictus gardiator penoncellos
noſtros in & ſuper bonis, domibus & locis dictorum ſupplicancium in caſu emi- 1457
nentis periculi dumtaxat apponat ſeu apponi faciat & generaliter faciat ſeu facere
poſſit omnia & ſingula que ad gardiatoris officium poſſunt quomodolibet pertinere. Quod ut firmum & ſtabile perpetuo perſeueret, noſtrum preſentibus juſſi-
mus apponi ſigillum Noſtrum tamen in ceteris & alieno in omnibus juribus ſemper
ſaluo.

Datum in opido de Auorli in Bourbonio, in menſe Septembris Anno Domini M° CCCC° quinquageſimo ſeptimo Regni vero noſtri triceſimo quinto, ſic ſignatum

Per Regem.

Comite Dunenſi, Magiſtro Geraldo Bourſeru. Johanne Dauvet & aliis preſentibus

J DE RILHAC.

Visa contentor.
CHALIGANT.

(A. Nat, Reg., JJ, 187 fol. 41 V°.)

IV

A Souvigny. — Du 26 septembre 1457.

Nomination du Bailli de Caux

(Mention sur papier. — Le document est perdu.)

Jacques de Clermont esc[er] bailly de Caux au lieu de Jehan Havart auſſy eſcuier.
1457 Donné a Souvigny le XXVIe jour de ſeptembre mil CCCC cent cinquante ſept.

Par le roy,

Le comte de Dunois, l'archevêque de Narbonne et autres preſens.

DE RILIAC (1).

(Bib. Nat. Fr. 21.405 fol 130 v°.)

1. Extrait des mémoriaux de la Ch. des Comptes. 4e cahier — suite du 11e livre des mémoriaux, côte C, commencant l'an 1448 et finissant en 1460, f° VI[xx] XI v°

V

A Vendôme — Du 30 octobre 1458

Privilège des drapiers de Rouen.

(Sur parchemin)

SOMMAIRE

Ordre à tous autres fabricants du royaume de ne pas contrefaire la triple lisiere qui distingue les draps de Rouen. — Dans le delai d'un mois a partir de la presente tous les draps contrefaits devront être remis a la justice locale.

DÉFENSE de mettre aux draps fabriqués hors la ville de Rouen une même lisière que ceulx fabriqués dans cette ville Charles, etc. 1458
De la partie des Drappiers de la drapperie de noſtre bonne ville & cité de Rouen, nous a eſté expoſé que comme ils ayent accoutumé de faire en la dicte ville, draps de bon labeur & de loyalles laynes & taintures, ſans fraude ou déception, tellement que de preſent la bonne renommée de ladicte drapperie, eſt eſpandue & divulguée partout, tant en ce Royaume que dehors, à l'honneur de ladicte ville & au bien de la choſe publique de noſtre Royaume ; & pour éviter aux fraudes & abus qui se pourraient faire et commettre en ladicte drapperie, ayant accoutumé en outre les Drappiers & labourans en icelle, mettre & appoſer en chazcun deſdits draps, en ſigne & afin que on les puiſſe connoiſtre, une liſière qui eſt de trois fils de la couleur du drap, au bord dehors : & oultre, y a

1458

Description de la lisiere speciale aux draps fabriqués à Rouen

apres 4 fils doubles retuers différents de la couleur dudit drap, & audeffous trois fils fangles de la couleur d'iceluy drap, & apres, deux autres filz fangles de la couleur defdiz 4 filz retuers, a ce que toutes manieres de gens, tant marchands que autres, qui achetent lef draps de ladicte drapperie, ayent & puiffent avoir vraye connoiffance qu'ils ont éfté faits en la drapperie de Rouen, & que d'aucune faute eftoit trouvée en ladicte drapperie la chofe peuft être cognue & apperçue par le moyen de ladicte lifiere, pour fur ce eftre pourveu, & des délinquans faicte punicion felon le contenu es Ordonnance faictes touchant ladicte drapperie de Rouen, & à cette occafion & pour la bonne renommmée qui eft de ladicte drapperie, tant en noftre Royaume que en plufieurs autres lieux, pays & contrées, auffy tot que on voit en un drap ladicte lifiere, iceluy drap eft repute & tenu faict en ladicte ville de Rouen ; & combien que toutes autres drapperies deuffent par raifon mettre en leurs draps faiz hors icelle ville de *Rouen*, autres lifieres différentes l'une de l'autre, afin que chacun peut connoiftre en quelle drapperies les draps auroient efté fai et que auzcun marchand ou autre achpeteur d'iceux draps n'en feut fraude ou déceu, néantmoins lefdicts expofants ont eu cognoiffance que aucuns drappiers de noftre Royaume, pour donner cours & vente a leurs draps en plus grand prix qu'ils ne doivent, ont faict & font draps en plufieurs lieux, qui font de mauvaifes layes & teintures, frauduleux & déceptifs, a la marque de la dicte lifiere de la dicte drapperie de Rouen, ou contrefaçon d'icelle, afin que comme il eft vrayfemblablement a préfuppofer, ils puiffent, foubs couleur de ladicte lifiere ou contrefacon d'icelle, vendre leurs dits draps pour meilleurs qu'ils ne font, aux marchands & autres qui les acheptent en entencion & cuidans qu'ils foient de ladicte drapperie de Rouen, & à celle caufe, iceux achepteurs de draps font & pourroient eftre fouventes fois fraudez & abufez & deceuz en grand fcandale, vitupere et deshonneur de ladicte drapperie de Rouen, en diminucion du bon nom, loz & renommee d'icelle, & autre grand grief, préjudice & dommage defdits expofans & de toute la chofe publique, & plus pourroit eftre, fe provifion n'y eftoit par Nous donnee, comme les dicts expofans Nous ont faict remonftrer, requerans humblement icelle. Pourquoy, nous, confidéré ce que dict eft, voulant donner provifion aux chofes deffufdictes, & obvier aux fraudes & abus que en deffaute de ce pourroient eftre commis, par grande & meure délibéracion de Confeil, & tout veu & confidéré ce qui eftoit à voir & confidérer en cette partie, & eu fur ce l'advis & delibéracion des Gens de noftre Confeil, avons voulu & ordonné, voulons & ordonnons par cefdictes préfentes, que dorefenavant aucuns drappiers ou autres quelconques perfonnes faifans draps hors

Dommages causés aux marchands de Rouen par la contrefaçon

ladicte drapperie de Rouen, ne foient fi ofez ne hardiz de plus faire femblable lifiere à celle de la dicte ville de Rouen, foubs peine d'amende arbitraire envers nous; & auffy que ladicte lifiere foit encifée, coupée & mife hors d'iceux draps; touteffois & quantes qu'elle fera trouvée efdicts draps faiz autre part que en ladicte ville de Rouen. Si donnons en mandement par cefdictes préfentes, aux Bailliz de Rouen, Berry, Tourraine, des reffors & exempcions d'Anjou & du Maine, aux Sénefchaux de Poitou & de Xaintonge, & a tous nos autres jufticiers & officiers ou à leurs lieuxtenans, que en entretenant noftre dicte Ordonnance, & icelle faifant mettre a exécution, ils facent ou facent faire inhibicion & deffenfe de par nous & par cry publique fe meftier eft, & autrement tellement que on n'en puiffe pretendre caufe d'ignorance, èz villes & lieux où l'on faict & a accouftumé faire draps en noftre Royaume, qu'ils ne foient fi ofez ne hardis de plus faire ni contrefaire es draps qui feront faiz hors icelle ville de Rouen, foubs peine d'amende arbitraire envers nous, & de l'incifion & fracture de la lifiere qui auroit efté faicte aillieurs que en ladicte ville de Rouen. Et pour ce que, comme l'en dit, plufieurs marchands & autres, tant de ladicte ville de Rouen & ailleurs ont encore plufieurs draps faiz a ladicte lifiere de Rouen ou contrefaçon d'icelle, jaçoit ce qu'ils ayent ete faicts ailleurs, & à cefte caufe pourroient lefdicts marchands vendre lefdits draps pour draps de *Rouen*, & en ce faire plufieurs grands abbus ou grand préjudice & dommage de ceux qui achepteront lefdicts draps, & de la chofe publique: Nous, derechief donnons en mandement par ces dites préfentes, auxdicts Bailliz, Senefchaux, ou a leurs lieuxtenans & à chacun d'eulx; fur ce requis & comme à lui appartiendra, qu'ils facent ou facent faire expres commandement de par Nous, foubs les peines deffufdictes, à tous les Drappiers & marchands vendans draps en leurs Bailliages & Sénéfchauffées, que dedans un mois apres le commandement a eulx faict, ils apportent par devers la juftice des lieux ou lefdicts marchands feront demourans, tous les draps qu'ils auront par-devers eulx, faiz a ladicte lifiere de Rouen, autre part que en icelle ville, afin que par ladicte juftice soit efdits draps mife contremarque, ou autre enfeigne telle que par la dicte juftice fera advifé, en maniere que on puiffe connoiftre que iceux draps n'ont ete faicts en ladite ville de Rouen; en faifant auffy inhibicion & deffenfe de par nous auxdicts marchands, foubs les peines deffus dictes, qu'ils ne foient fi ofez ne hardiz de vendre iceux draps comme draps de Rouen; & à faire & accomplir toutes & chafcune les chofes deffufdictes, contraignent ou facent contraindre tous ceulx qu'il appartiendra, par la manière deffus dictes & par toutes autres voyes deues & raifonnables. Et pour ce que on pourra avoir afaire de ces préfentes

1458

Saisie sera faite de tous les draps contrefaits.

1458 en plusieurs & divers lieux, Nous voulons que au Vidimus d'icelles faict soubs séel royal, foy soit adjoutée comme à l'original. En tesmoing de ce, nous avons faict mectre nostre séel à ces présentes.

Donné à Vendôsme, le pénultiesme jour d'octobre, l'an de grâce MCCCCLVIII. & de nostre regne le XXXVIIIe. Ainsi signé.

Par le Roy en son Conseil.

J. DE REILHAC (1).

(A. Nat. Reg., JJ. 187 fol. 184.)

1. Imprimé dans les ordonn. des Rois de France. — Tome XIV, p. 473 et suiv.

VI

A Château-Renault. — Novembre 1458.

Permission d'établir des garennes à lapins.

(Sur parchemin)

SOMMAIRE

Guillaume de Vic, conseiller au Parlement, seigneur de Villiers-sur-Orge, demande et obtient l'autorisation d'affecter une portion de sa terre à l'élevage et l'entretien de lapins de Garenne dont la chasse lui serait reservée.

ACULTAS cunicularii ſeu garenne construende in loco de Villiers ſur Orge pro magiſtro Guilhermo de Vic domino dicti loci. 1458
Charles, etc. Nous avoir receue humble ſupplicacion de noſtre amé & féal conſeiller en noſtre court de parlement à Paris, maiſtre Guillaume de Vic, seigneur de Villiers sur Orge contenant que en ladicte terre & ſeigneurie de Villiers, ſituée & aſſiſe en la chaſtellenie de Montlehery a certain terrouer contenant cinq ou ſix arpens de terre ou environ appellé le terrouer des Boeſſieres eſtant en la cenſiue dudit lieu de Villiers, lequel eſt bien conuenable & propice à faire & conſtruire garenne à connilz & pour ceſte cauſe & auſſi pour la melioracion & decoracion de la dicte terre, noſtre dit conſeillier y feroit voulentiers conſtruire garenne a connilz, laquelle choſe il n'oſeroit

ne vouldroit faire fans avoir premierement fur ce noz lettres de congie & licence
1458 & octroy, fi comme il dit humblement requérant iceulx. Pourquoi nous, ces chofes confidérées & les bons continuelz & agréables fervices que noftre dit confeillicz nous a fait, fait & continue chacun jour, a icelluy qui fur ce nous a fait requérir, pour ces caufes & autres a ce nous mouuans avons donné & octroyé, donnons & octroyons, de grace fpécial par ces préfentes congié & licence que oudit terrouer de Boeffieres, en ladicte terre & feigneurie de Villiers il puiffe & lui loife conftruire une garenne à connilz, contenant lefdiz cinq ou fix arpens de terre & ilec faire faire *murgiers, foujfey, plefseys* & tous autres chofes neccesfaires & appartenant à garenne & en tel lieu qu'il verra eftre le plus propice & conuenable en la dicte terre & feigneurie & ilec avoir tout droit de garenne fans ce que dorefenauant aucun ou aucuns y puiffent chacer à chiens, furetz, paneaulx, fillez ne engins quelzconques fans le congié & licence dudit fuppliant fur les peines & amendes en tel cas requifes & appartenans pourueu toutes foyez que a ce fe contente le feigneur féodal & que ladicte garenne ne foit prejudiciable a nous ne à la chose publicque du pais ne a aucuns de noz autres vaffaulz & fubgez demourans à l'environ de ladicte terre & feigneurie de Villiers. Si donnons en mandement par ces préfentes au preuoft de Paris & à tous noz autres jufticiers ou à leurs lieuxtenans et a chacun d'eulx fi comme a luy appartendra que de noz préfens grace & congié faffent feuffrent & laiffent noftredit confeillier joir & ufer plainement & paifiblement fans luy faire ne donner ne fouffrir eftre fait ou donné aucun deftourbier ou empefchement au contraire & afin, &c., Sauf, &c.

Donné à Chafteaurenault au mois de novembre l'an de grace mil CCCC cinquante huit & de noftre règne le XXXVIe. Ainfi figné.

Par le Roy en fon confeil,

Auquel nous, le comte de Dunois, l'evefque de Couftances, maiftre Jehan Bureau & autres eftoient.

J. DE REILHAC.

Vifa contentor :
J. DU BAN.

(Arch Nat. Reg. JJ. 188, fol. 75.)

VII

A Montbazon. — Du 12 Février 1458.

Nomination du Bailly d'Alençon.

Mention sur papier. — Le document est perdu.)

Joannes du Pallais ſcutifer retentus in officio balinii Alenconii 1458
Datas a Montbazon XII februarii mil CCCC cinquante huit.

Par le Roy,

Le comte de Dunois, le sire de Torcy (1) preſens.

J DE RILHAC (2)

(Bib Nat 21 405 fol 133).

1. *Le sire de Torcy, grand maître des Arbaletriers,* V. Tome I p. 205.

2. Extraits des mémoriaux de la chambre des comptes. 4e cahier — suite du IIe livre des mémoriaux cote E commençant en l'an 1448 et finissant en 1460. fo VII ** XIII.

VIII

A Tours. — Du 11 Mars 1459.

Nommation du Sénéchal de Saintonge.

(Mention sur papier. — Le document est perdu.)

1459 Dominus Marenus *(sic)* Henriquez de Cuftella miles de Novo fenefcallus Xaintonienfis loco Guillelmi Gouffier efcuier (1).

Datas Turonis XI mars mil CCCC cinquante huit.

Par le Roy

Les comtes de Foix, de Dunois & de Sancerre (2); les fires de Torcy, de la Varenne et du Monteil (3), Me Jehan Bureau et autres prefens.

DE RILHAC (4).

(Bib. Nat. Fr. 21.405, fol. 131).

1. Guillaume Gouffier, baron de Rouannais et de Maulevrier, avait ete pourvu de l'office de senechal de Saintonge le 29 janvier 1450.

2. *Jean du Bueil, comte de Sancerre.* V. Tome I. p. 36.

3. *Antoine d'Aubusson, sire du Monteil,* V. Tome I. p. 36.

4. Même source originaire que le precédent. f° VII [xx] III V°.

IX

A Chinon — Du 26 Mai 1459.

Guillaume de Prunnellé, chambellan du roi, nommé Bailli.

(Mention sur papier. — Le document est perdu.)

Dominus Guillelmus Prunnellé (1) miles dominus de Herbaut inftitutus & receptus in officio balinii Calesi loco Jacobi de Clermont per I. Regis. 1459
Datas Caynone XXVI maii mil CCCC cinquante neuf.

Par le Roy.

DE RILHAC (2)

(Bib. Nat. Fr. 21405 fol. 131).

1. *Guillaume de Prunnelle*, chevalier, seigneur d'Herbaut, Beauverger. etc., conseiller, chambellan du roi, mort en 1461.

2. Même source originaire que le précédent.

X

A Chinon — Du 12 juillet 1459.

Recette de la Sénéchaussée d'Agenais & de Gascogne.

(Mention sur papier — Le document est perdu.)

1459 Guido Filloul Thefaurarius receptor ordinarius Senefcallie Agenenfis & Vafconie loco Joannis de Montrouvau.

Datas Caynone XII julii mil CCCC cinquante IX.

Par le Roy.

DE RILHAC (1)

(Bib. Nat. Fr. 21 405 fol. 133)

1. Même source originaire que le précédent

XI

A Montrichard. — Du 16 juillet 1459.

Nomination du maître des monnaies.

(Mention sur papier. — Le document est perdu.)

Guillelmus Lachonii civis parisiensis retentus in officio generalis magistri Monetarum loco Joannis Gencian (1). 1459

A Montrichart XVI julii mil CCCC cinquante neuf.

Par le Roy.

DE RILHAC (2)

(Bib. Nat. Fr. 20405 fol. 134.)

1. Il etait fils de *Jean Gencian*, général des monnaies sous Charles VII et descendait *Jean Gencian* qui sauva la vie à *Philippe le Bel* a la bataille de Mons en Puelle le 18 août 1304 (V. Tome I, p. 286).

2. Même source originaire que le precédent

XII

A Chinon. — Du 16 Novembre 1459.

Nomination du Procureur du Roi à la Chambre des comptes.

(Mention sur papier. — Le document est perdu.)

1459 Magister Joannis Egret retentus in officium procuratoris regis in ista camera loco defuncti Stephani de Noviant p. l. Regis.

Datas Caynone 16 novembre 1459.

Par le Roy,

Me Jehan Bureau, Estienne le Fevre (1), Pierre d'Oriolle (2) presens.

DE RILHAC (3).

(Bib. Nat. Fr. 20.405 fol. 134.)

1. *Etienne le Fevre. Prevôt de Saint-Junien, vicomte de Merinville.* Me des Requêtes de l'Hôtel du Roi. V. Tome I, p. 273.
2. *Pierre d'Oriolle*, plus tard chancelier de France, V. Tome I, p. 306
3. Même source originaire que le précédent.

XIII

A Rasilly. — Du 20 Fevrier 1459

Tanneguy Duchâtel, sénéchal de Lyon et bailli de Macon a la place de Guy de Blanchefort

(Mention sur papier — Le document est perdu.)

Tanguidus vicecomes de Jovienfe (1) cambellanus regis retentus balinius Matiscontis & fenefcallus Lugduni loco defuncti domini Guidonis de Blanchefort militis per L. d. 1459

A Rasilly. 20 février 1459

Par le Roy,

Le comte de Foix, les fires de Vauvert & de Monteil, Mr Henry de Marle (2) & autres prefens.

DE RILHAC (3).

(Bib. Nat. Fr. 21 405 fol. 134.)

1. *Tanneguy-Duchâtel*, vicomte de la Bellière, grand maître de l'écurie du roi, fit partie plus tard du conseil de Charles VIII.

2. *Henry de Marle, seigneur de Versigny*, V. Tome I, p. 245.

3. Même source originaire que le précédent.

XIV

A Rasilly. — Mars 1459.

Privilege pour la ville de Savone.

SOMMAIRE

Rappel et confirmation des lettres délivrées par Charles VI le 15 août 1402, au temps du maréchal de Boucicaut.

1459 AROLUS, Dei gratiâ, Francorum Rex & Janue dominus, ad perpetuam rei memoriam. Solet regia majeſtas, conceſſa à majoribus ſuis privilegia, indultaque, ſtatum proſperum ſubditorum ſuorum indulgentia, liberaliter confirmare. Notum igitur facimus univerſis preſentibus & futuris, nos viſo quodam originali privilegio continente :

Karolus, Dei gratia Francorum Rex & Janue Dominus, univerſis preſentes litteras inſpecturis, ſalutem. Notum facimus nos vidiſſe quamdam papiream cedulam, in inſtrumentis ſub articulorum ſuorum formam confectam ſigno ac ſubſcriptione Baptiſte Garancii, publici notarii, ut ibidem legitur. communitam. continencie ſubſequentis :

In nomine omnipotentis Dei patris, ejuſque benedicte matris Virginis glorioſe,

1459

Gouvernement de Jean le Meingre, dit le maréchal de Boucicaut, pour le roi Charles VII.

& totius curie cœleftis, amen. Infrafcripti cives, habitantes & diftrictuales civilis Saone & diftrictûs, conftituti in prefentia magnifici & potentis militis domini Petri de Villanteri, cambellani regis, & honorabilis Poteftatis civitatis Janue & diftrictûs, commiffarii & locum tenentis ad infrà fcripta fpecialiter depputati per illuftrem & excelfum dominum Johannem Le Meingre, dictum Boucicaut, marefcallum Francie, locumtenentem regium citra montes, & Januenfis gubernatorem pro fereniffimo rege Francorum, domino Janue, ut de commiffione apparet, per licteras credentie datas Janue & directas nobilibus & fapientibus dominis Poteftati, ancianis, confilio & communitati civitatis Saone, pro parte prefati domini Marefcalli & gubernatoris, &c. Juraverunt ad fancta Dei Evangelia, tactis & corporaliter fcripturis, & ad confirmationem hujus juramenti manum cum debita reverencia tetigerunt prefato domino locum tenenti & commiffario, & ad cautellam, eidem & michi Baptifte Garancio notario tanquam perfone publice recipienti, nomine & vice prefati fereniffimi domini Francorum Regis & fuccefforum fuorum in regno, & omnium quorum intereft, intererit vel intereffe poterit in futurum, fponte promiferunt perpetuo effe fideles prefato fereniffimo Regi & fuccefforibus fuis in regno, nec commictere aut tractare aliquid contra ftatum ipfius fereniffimi domini noftri Francorum Regis vel dominium quod in Januenfi & communie Janue nec, tractanti aut commicienti facere aut confentire; Ymo, quod priùs de eis noticiam habuerint, tractatus ipfos revelare eidem domino gubernatori, vel ejufdem locum tenenti in civitate Janue pro ipfo fereniffimo domino noftro Rege, ad ipfos turbare & impedire toto poffe, & omnia ea que effent feu effe poffent in dampnum, preiudicium vituperium, five dedecus, prefati fereniffimi domini noftri Regis & fui dominii five ftatûs in partibus iftis.

Item. Promiferunt & promictunt quod in cafu quod Januenfes fe rebellarent contra Regem & ftatum jam dictum, aut vellent fe fubtrahere & removere a fubjectione & dominio ipfius domini noftri Regis, tunc & eo cafu dicti cives habitantes in dicta civitate Saone & diftrictu ipfius, tenebunt, manutenebunt ftatum & dominum & partem & partitum ipfius domini noftri Regis, ita taliter qualiter & ficut fideles & legales fubditi debent & facere tenentur pro fuo vero domino, nonobftantibus quibufcumque contentis in pactis five conventionibus quas habent cum communia Janue, ità quòd, vigore ficut caufâ ipfius juramenti jam dictis civibus, habitantibus & diftrictualibus civitatis Saonenfis, non poffit aliquid peti, nec eis imponi alique impofitiones aut quidquid aliud, nifi tantummodo illud vel illa ad que ipfi tenebantur vel obligati effent ante dictum jura-

1409

mentum preftitum; ac etiam quòd ipfi Saonenfes non poffent aliquo modo trahi nec compelli in judicio pro aliquibus debitis vel delictis, nec aliquo modo, extra dictam civitatem Saonenfem, nec coram aliquo judice quam coram Poteftate dicte civitatis Saonenfis, vel coram illa vel illis quibus tenebantur ante preftationem dicti juramenti, refervatis ipfis Saonenfibus convencionibus, libertatibus & franchifiis fuis.

Item. Quòd fepefatus dominus nofter Rex ipfos cives & habitantes & diftrictuales civitatis Saonenfis habebit, tractabit & diffendet omnibus modis poffibilibus, ficut bonus dominus debet habere, tractare & deffendere fuos vaffalos & fubditos: & quod racione vel caufa jurium que idem dominus nofter Rex acquifivit aut acquifierit in & fuper dicta civitate Saonenfi & diftrictu ejus, pertinenciis & hominibus ipfius, ipfe dominus nofter Rex, non poffit ipfa, aliquo modo nec aliquo tempore tranfportare nec alienare ad quamcumque perfonam, nifi tantummodo ad fuum proprium & rectum heredem & fucceſſorem in regno; & fimiliter quod jam dicti Saonenfes non capient nec accipient, nec capere feu recipere conabuntur aliquo tempore, quâcumque caufâ vel occafione aliud dominium alicujus perfone feu dominii quam dominium ipfius domini noftri Francorum Regis & fuorum fucceſſorum in regnó.

Item. Quod prefatus marefcallus locumtenens regius promictit facere approbari, ratifficari & confirmari omnia & fingula fupradicta per fereniffimum dominum noftrum Regem & per fuas lictera fub fuo regali figillo confectas, infrà annum unum proxime venturum poft dictum juramentum preftitum.

Engagement pris au nom du roi par Boucicaut le 24 juin 1400.

Actum, lectum, teftatum & publicatum dictum fidelitatis juramentum in palatio communie Saonenfis habitationis domini Poteftatis Saone, per me Baptiftam Garancium, notarium publicum Januenfem, anno a nativitate Domini millefimo quadringentefimo indictione VIIII[a] fecundum curfum Januenfem, XXIIII[a] die Junii, prefentibus teftibus infra fcriptis, videlicet fapientibus viris dominis Tiriberto de Tortis, de Papiâ, Brio de Arezzo & Henrico de Tortis, legum doctoribus, advocatis & rogatis. Sic fignatum. Ego Baptifta Garancius, publicus Januenfis facra imperiali auctoritate notarius, hiis omnibus interfui & dictum juramentum fideliter fcripfi, teftavi & publicavi, de mandato domini commiffarii, & in publicam formam redègi, fignumque meorum inftrumentorum appofui confuetum in teftimonium premifforum.

Nos fiquidem actendentes in cedula preinferta, certis moti confiderationibus, eadem laudamus, ratifficamus, approbamus & confirmamus per prefentes, valereque volumis & teneri fecundum ipfius cedule feriem & tenorem. Quocirca gubernatori, ceterifque jufticiariis & officiariis noftris in jamdicta noftra Saonenfi ditione depputatis, depputandis, vel locatenentibus eorumdem, damus hiis prefentibus in mandatis, quatinus noftros prefatos fubditos Saonenfes noftris prefentibus ratifficatione ac confirmatione, modo & formâ prefcriptis, patiantur & facient gaudere, pacificèque potiri. In cujus rei teftimonium, figillum noftrum fecimus hiis apponi. Datum Parifiis, quinta decima die Augufti, anno Domini millefimo quadringentefimo fecundo, & XXII° regni noftri.

1459

Ratification du 15 août 1402.

Quas quidem licteras fuperius infertas, & in eifdem contenta, ratas & gratas habentes, volumus, laudamus, approbamus, ratifficamus & confirmamus per prefentes; earumdem tenore mandantes dilecto & fideli confiliario combellano noftre Reginaldo du Drefnay, militi, ad hoc per nos commiffario & depputato, ac ceteris jufticiariis & officiariis noftris in dicta Saonenfi ditione noftra depputatis & depputandis, aut eorum locatenentibus, prefentibus & futuris quatinus prefatos noftros Saonenfes fubditos noftris prefentibus approbacione, confirmacione & ratifficatione uti & gaudere pacifice & quiete paciantur & faciant, nil in contrarium actemptare permiciendo. Quod ut firmum & ftabile permaneat in futurum, prefentibus licteris noftrum fecimus apponi figillum.

Datum Razilliaci propè Caynonem in Turonia, menfe Martii, anno Domini millefimo CCCC quinquagefimo nono, & regni noftri tricefimo octavo. Sic fignatum.

Per Regem in fuo confilio,

J. DE REILHAC.

(Ordonn. roy. T. XV, p. 138.)

XV

A Saint-Cosme-lez-Tours. — Du 10 mai 1460.

Permission de construire un château fortifié.

(Sur parchemin)

SOMMAIRE

Gabriel du Cros, chevalier, Sgnr de Liénan en la sénéchaussée de Rouergue, demande et obtient la permission de terminer les fortifications qu'il avait commencées après la conquête de la Guienne sur les Anglais.

1460

ERMISSIO facta Gabrieli du Cros edificandi fortalitium in porachiâ de Liencani. Charles, &c. Nous auoir receue humble fupplicacion de noftre ame & féal Gabriel du Cros, chevalier. feigneur du lieu & parroiffe de Liencan en la fenefchaucie de Rouergue contenant que puis aucun temps en ça ceftaffauoir apres le recouurement de noftre pais & duchié de Guienne en noftre obeiffance ledit fuppliant commenca a ediffier en certain lieu dicelle parroiffe une place ou forterefſe, en entencion que f'il auenoit au temps auenir aucune hoftilité de guerre, que

1460

Dieu ne vueille, que luy & les habitans d'icelle paroiſſe ſe y peuſſent retraire eux & leurs biens, laquelle place & lediffice qu'il a entrepris de y faire il feroit voulentiers achever & parfaire, mais il doubte que ſans auoir ſur ce noz congié ou licence noſtre procureur ou autres noz officiers luy vueillent en ce donner trouble ou empeſchement & faire procéder à la démolicion & deſemparement d'icelle place, laquelle choſe feroit au très grant preiudice dudit ſuppliant, ſi comme il dit Requérant humblement que attendu ce que dit eſt, meſmement que ledit ſuppliant a fait & fait faire icelle place de fortereſſe pour le proffit & le bien utille de la dicte parroiſſe & obvier aux inconvéniens qui par cy deuant ſont aduenus en icelle par defaulte de ce qu'il n'en y auoit aucune, il nous plaiſe icelle fortifficacion & ediffice dicelle place j'a commencée auoir agréable & ſur ce luy impartir noſtre dicte grace; pourquoy, eu ſur ce conſidéracion & meſmement aux bons & agréables ſeruices que ledit ſuppliant nous a par long temps faiz tant au faict de nos guerres que autrement & eſpérons que plus face le temps auenir & pour autres cauſes a ce nous mouuans. Nous de grace eſpécial pleine puiſſance & auctorité royal ladicte fortifficacion ainſi faicte & encommencée par ledit ſuppliant en ladicte parroiſſe pour agréable & de plus ample grace luy auons octroyé & octroyons par ces préſentes qu'il puiſſe parachever ledit emparement & fortereſſe d'icelle place & en icelle faire pont leuys, tours, portaulx, eſchieffes, bouleuart, harſes, barrières, palliz, foſſés & tous autres emparemens & clouſtures neceſſeres & acouſtumées eſtre faictes en la dicte fortificacion de place que bon luy ſemblera & vera eſtre a faire & pourueu, toutesfoiz que ce ne tourne ou porte préiudice & dommage à la choſe publicque dudit pais & que nonobſtant icelle fortifficacion ceulx de la dicte paroiſſe ne laiſſent a faire guet & garde ou d'ancienneté par auant icelle fortifficacion ils eſtoient tenuz de le faire, ſinon toutes uoies que ce procédant du gré & conſent ment d'icelluy ou ceulx a qui la choſe touche ou pourroit toucher. Si donnons en mandement par ces préſentes au Seneſchal de Rouergue & a tous noz autres juſticiers ou a leurs lieuxtenans préſens & auenir & a chacun d'eulx ſi comme à luy appartendra, que appelé noſtre procureur il leur appert ladicte fortifficacion n'eſtre dommaigable a la choſe publicque du dit pais, ils facent, ſeuffrent & laiſſent de noſtre préſente grace & octroy ledit ſuppliant payer & uſer plainement & paiſiblement ſans luy faire mettre ou donner, ne ſouffrir eſtre fait mis ou donné ores ne pour le temps auenir aucun empeſchement ou deſtourbier au contraire en quelque manière que ce ſoit. Et afin, &c.... Sauf. &c.

L'absence de fortifications a eté un dommage pour le pays.

1460 Donné à Saint-Cofme-les-Tours le dixième jour de may l'an de grace mil CCCC foixante & de noftre régne le XXXVIII ^{me}. Ainfi figné.

Par le Roy,

Le fire du Monteil & maiftre Jehan de la Réaulte préfens,

J. DE REILHAC.

Vifa contentor.
CHALIGANT.

(Arch. Nat. J J. 190 fol. 56 V°.)

XVI

A la Salle-le-Roi-en-Berri. — Du 18 septembre 1460.

Confirmation pour les vassaux de Geoffroy de Saint Belin. bailli de Chaumont, Seigneur de Boulogne-ſur-Marne.

(Sur parchemin)

SOMMAIRE

Pour favoriser le repeuplement de la seigneurie de Boulogne-sur-Marne, ravagé par les Anglais, Geoffroy de Saint Belin, chambellan du roi avait affranchi les habitants de toutes tailles, redevances, à la condition de lui payer une certaine rente annuelle en deux termes. Il fait homologuer cet abandon par le conseil du Roi.

ONFIRMATIO cujuſdam manumiſſionis & aliarum conuencionu minitarum inter Gauffridum de Saint Bellain, dominum de Boulongne 1460
ſuper maternam & quoſdam. . . . . . dicti loci in terra nominatos. Charles, &c., de la partie de noſtre amé et féal eſcuier d'eſcurie Geoffroy de Saint Bellain, bailli de Chaumont & ſeigneur enpartie de Bouloigne ſur Marne, oudit bailliage de Chaumont, Nous a eſté expoſé que pour repopuler. augmenter & amender ſon dommaine de la dicte terre & ſeigneurie de Bouloigne qu'il tient en foy et hommaige de nous, laquelle par les guerres & diuiſions qui par cy deuant ont eſté en noſtre Royaume & autrement eſt tourné een grant ruyne &

1460

Par suite des guerres les habitants ont émigré.

demeure comme inhabitée & a ce que les hommes & fubgectz d'icelle terre que par lefdictes guerres ont delaiffez leurs domicilles, terres & poffeffions eftans en icelle & fe font retraictz en autres lieux & contrées de noftre Roiaume retournent demourer en leurs dits maifons. terres, heritaiges & poffeffions & les remettent fus a affranchir iceulx fes hommes & fubgietz de la dicte terre de Bouloigne de plufieurs feruitudes, cens, rentes, droiz, deuoirs qui lui en doyuent font tenus & ont acouftume de tout temps & autrement faire & paier illoyniant certaines moderacions compoficions & retenues par lui faictes fur eux & leurs dictes terres & poffeffions qui plus a plain font declairez es lettres fur ce faictes eft paffées et accordées. defquelles on dit la teneur eftre telle : A tous ceulx qui ces prefentes lettres verront & orront Geoffroy de Saint Bellain efcuier, feigneur de Saint Fontaine & en partie de Bouloigne fur Marne falut que comme Reincy Bonnevie Jehan fils Jehanne Jaquote fa fœur, Nicolas Jehanin macon, Lyebaut filz Aubry, Burier, Marguerite femme dudit Aubry Burier, Raoullet filz de Jehannot Leclerc fon père, Girard Denizot, Jehanninot filz, Guiyot Demeure, Perrinot Reincy Hueguenin filz Jehannin Huguenin, Jobart & Couliot filz Cuto de Rey nos hommes & femmes a caufe de noftre Seigneurie de Bouloigne, habitans & demourans illec pour eulx & leurs pofterites nez & a nectre foient fubgietz à & ennuers nous à caufe de noftre dicte Seigneurie de Bouloigne de plufieurs & diuerfes feruitutes les plufieurs d'eulx qui font d'une Seigneurie appellée la Seigneurie de Brueil taillables auec leurs héritages de taille abonnée montant à la fomme de dix liures tournois & cinquante bichotz d'auoine & auec ce chargez & tenuz de faucher fener & charrier en noftre hoftel oudit lieu de Bouloigne a leurs mifes & defpens au temps de fenoyffons fans l'erbe de deux pièces depré affifes ou finaige dudit Bouloigne, l'une contenant feize fauchées ou enuiron appellée le grant Breul & l'autre appellée le petit Breul. contenant environ deux fauchées & les autres en la moindre partie taillables de tailles a voulente raifonnable tout une fois l'an & aussi nous doivent tous les habitans de la difte feigneurie au trois faifons de l'an a chacune des dictes faifons les couees de leurs charrues & fi font tous de mortemain de meubles & d'heritaiges, de furmaraiges & d'autres condicions feruilles & que en ladicte ville fur les dits habitans nos hommes & femmes de corps fur leurs lieux heritaiges & tenemens & en tout lefmaige dudit Bouloigne, nous à caufe de noftre dicte feigneurie, ayons toute juftice haulte moyenne & baffe & nous compectent les amendes, efpaues et forfaictures, & auec ce ayons audit lieu noftre four bannal ou font tenuz de cuire par ban tous les manans & demourans lieu de Bouloigne foient noz fubgietz ou autres. & fi nous font deueus

1460

plufeurs cens, rentes tant par nof dis hommes que par autres, affifes & affignées fur plufieurs diuerfes pièces de heritaiges eftans en la ditte ville & furaige & ils foit ainfi que tant à l'occafion des guerres que ca en arries ont couru en ce royaume comme defdictes feruitutes & autrement plufeurs de nos gens hommes & fubgietz de noftre dicte feigneurie de Bouloigne ont desfuy et deflaiffé le lieu et n'y a demouré y faifans refidence que les deffus nommez habitans qui font en bien petit nombre, pouvres gens de labour qui bonnement ne pourroient fupporter & paier les dictes tailles abonnées & volontaires ne auffi faire et fournir les dictes coruées & autres charges anciennes & accouftumées ains leur fauldroit délaiffer ledit lieu & aller demourer en autre lieu, f'il n'auoient de nous aucun affranchiffement & moderacion des dictes feruitutes en nous requerant par nofdits hommes icelle modéracion, pourquoy favoir faifons que nous, pour nourir & entretenir en noftre dicte feigneurie audit Bouloigne nofdits hommes et fubgietz & autres qui f'en font abfentez et qui atraire fe vouldroient, recongnoiffons & & confeffons auoir pacifié & accordé & par la teneur de ces préfentes traictons paciffions & accordons auec iceulx nofdict hommes & fubgietz deffus nommez pour ceulx & les autres de noftre dicte feigneurie audit lieu de Bouloigne leur poftérité & ceulx qui defcendront d'eulx nez & a naiftre à toufiours & en la manière qui cenfuit, c'eft affauoir que nous ledit Geoffroy de Saint-Bellin, feigneur que deffus, eue confidéracion aux chofes deffus dictes & afin que noftre dicte feigneurie fe puiffe mieulx reformer & repopuler & que les natifs d'icelle qui l'ont deffuy efoient meuz a retourner a demourance en icelle & qu'elle fe puiffe meliorer & repupler, tant au prouffit du roy noftre fire dudit fief duquel elle est mouuant & tenue comme de nous, auons quittés, manumis & affranchiz & par ces dictes préfentes lettres manumettons & affranchiffons lefdeffufditz noz hommes & femmes pour eulx leurs hoirs & poftérité née & a naiftre en defcendant de hoirs en hoirs, habitans & demourans audit Bouloigne en noftre dicte feigneurie de toutes les ditz main morte formariaiges & tailles efbonnées & voulantaires & autres condicions feruilles, en quoy ilz eftoient fubgectz enuers nous a caufe de noftre dicte feigneurie par & foubz es condicions, modificacions qui cenfuiuent. Et premierement que pour & en lieu des dictes tailles efbonnées & voulentaires & affin que ladicte feigneurie foit d'une mefme condicion & nature chafcun homme & femme chiefz d'oftel manans & demourans en ladicte feigneurie & natifz ou acquif en icelle ou qui ou dit lieu de Bouloigne & ou finaige d'illec & auront & tiendront héritaiges & poffeflions eftans ou qui mis feront de la nature d'icelle feigneurie paierront dores en auant par maniere def chiefz par chafcun an a nous & a noz fucceffeurs feigneurs dudit

Pour faciliter le repeuplement de la seigneurie il est fait ici remise perpétuelle de toutes obligations serviles a ceux qui s'y établiront.

1460

A l'avenir les vassaux paieront une redevance en argent et en nature.

Bouloigne dix folz tournoiz a deux termes en l'an c'eft affauoir la moitié au jour de Pafques commencans & l'autre moitié au jour de fefte Saint Remy chief d'octobre & deux bichotin d'auoine mefure dudit lieu au terme de fefte Saint Martin diuer deux gelines au terme de la Natiuité Noftre Seigneur & les vefues femmes cinq folz tournois ung bichot d'auoyne & une geline aux dits termes sur peine de cinq folz tournoif d'amende pour chafcun terme que ung chafcun defdits habitants hommes ou femmes vefue tenant feu & lieu defauldront de paier lesdits six folz tournois pour homme & cinq folz tournois pour femme vefue de chetefz a nous & a nof hoirs & fucceffeurs, feigneurs de la dicte feigneurie en noftre certain commandement, laquelle amende nous pourrons leuer nous & nofdits fucceffeurs & ayans caufes faire execucion sur les deffaillans ou deffaillantes fe bon nous femble & contraindre lefdits deffaillans comme pour les propres debtes & dommances de noftre dicte feigneurie pour chacune charrue entree que nos dis hommes & fubgietz manans & demourans en icelle noftre feigneurie auront en la dicte ville & feigneurie de Bouloigne, ilz feront tenuz & demourerons chargez a toufiours enuers nous & nofdits fucceffeurs & ayans caufe de faire pour nous en noftre certain commandement trois corues de leurs dictes charrues en l'an. Ceft affuoir l'une en woym l'autre en trames & l'autre eft utistrotz, toutesfois que requis en feront audit lieu en faifant lefquelles coruées de charrues nous & nosdits fucceffeurs leur ferons adminiftrer leur viures raifonnables; item lefdits habitans & leurs hoirs & fucceffeurs fubgietz de ladicte feigneurie y demourans & qui y auront & tiendront héritaiges & poffeffions font, demoureront & demeurent a toufiours chargez ainfi que d'ancienneté eftoient les aucuns mefmement d'eus de ladicte feigneurie a faire du Breul. a faire pour nous & noz fucceffeurs coruées de leurs bras. C'eft affauoir a faucher a fener mettre enfemble et charrier par chafcun an au temps de fenoiffons l'erbe venant et croiffant efdictes deux pieces de prez appelées les Breulz et icelle herbe bien gouuernée mettre et entaffer en noftre grange dudit Bouloigne à leurs mifes & defpens, fors feulement que nous & nosdits fucceffeurs leurs feigneurs ung chargant & defchargant pour aider à charger defcharger & entaffer ledit foing en ladicte grange : item fe aucun soit homme foit femme vient demourer audit Bouloigne en noftre dicte feigneurie en payant a nous & a nofdits fucceffeurs feigneurs les redeuances coruées & autres chofes deffufdictes tant & fi longuement comme il les tiendra & f'il va de vie a trefpaffement auant que retourner en ladicte feigneurie fes prouchains héritiers ou heritier habbilles a lui fuccéder ou l'un deulx viennent dedans quatre mois apres ledit trefpas audit lieu de Bouloigne pour y faire demourance

1460

par an & par jour sur les mois pouruenuz qu'ils soient en bien qu'il soit venu à leur coignoissance prendre & appréhender comme faulces personnes & en franc lieu la succession immeuble estant en ladicte seigneurie demourées du deces iceulx heritiers en ce cas & non autrement perdront leur heritaige demouré dudit deces estant audit Bouloigne, lequel deffault nous sera des lors acquis pour le vendre a noz hommes ou en acquerir dommaines a l'augmentacion d'icelle nostre seigneurie & non autrement. Nous ledit escuier, ou noz hoirs Seigneurs dudit Bouloigne pourrons prendre & auoir ledit héritaige pour faire en ce que dit est sans contredit pour cause de ce que lesdits heritiers ou héritier dudit trespassé nous sursuyent & delaisseroient sans apprehendacion de ladicte succession immeuble dedans lesdits cinq mois par la maniere que dit est. Item & si ne pourront nosdits hommes & femmes de nostre dicte Seigneurie vendre, donner aliéner ou transporter ores ne pour le temps auenir leurs héritaiges ne aucune partie ou pourcion d'iceulx estans situez & assis en la dicte Seigneurie & autres personnes quelzconques fois que a noz hommes demourant en nostre dicte Seigneurie tant audit Bouloigne que en la terre de Saixefontaine, & incontinant que le contraire sera fait ledit heritaige sera acquis a nous & a nosdits successeurs se tant n'estoient que icellui ou ceulx auquels lesdits heritaiges seroient ainsi venduz donnez alienez ou transportez en eust le consentement ou congié de nous ou de noz successeurs seigneurs de nostre dicte Seigneurie et au surplus nosdits hommes & femmes présens & auenir demourans noz subgeitz eulx & leurs hoirs enuers nous nosdits successeurs & ayans cause doiueut auoir four banal dudit Bouloigne ainsi que d'ancienneté a esté fait pareillement, faire le guet au chastel dudit Saixefontaine et aussi a nous paier les censiues, lictes, cereuaiges, parges et amendes telles que accoustumées ont d'ancienneté audit lieu. Item et moyennant les choses dessusdictes nous auous permis et habandonné a nosdits hommes et subgietz présens & auenir demourans audit lieu de faire ung chascun d'eulx en leurs hostelz petits fours pour saicher poires & cuire paste non leuée pour ung chascun desquelx fours ceulx desdits habitans qui les auront nous paieront & a nosdits hoirs & successeurs ung bichot d'auoine, mesure dudit lieu au terme des Brandons par chascun an dores en auant. Item & si donnons a tousiours a nosdits hommes présens & auenir demourans audit Bouloigne leur usaige en tous noz bois que auons au finaige dudit Bouloigne ou lieu la Riuiere pour y prendre particulierement tous bois pour leurs affouages excepté le perier, le pommier ou le chesne, en poiant par ung chascun mesnaige tenant feu & lieu en nostredicte Seigneurie ung demy bichot d'auoyne mesure dudit lieu a paier

Four banal, guet, censives dus au châtelain de Saxefontaine.

Concession du droit d'affouage dans les bois du seigneur.

1460

Remise aux habitants de tous les arrérages qu'ils pouvaient devoir.

au dit jour de Brandons par chafcun an a caufe dudit affouaige & fi demoureront & demeurent fubgeitz et jufticiables hautx & bas enuers nous & noftre juftice en tous cas reellez & perfonnelz & comme de tout temps encien ont efté les hommes de noftre dicte Seigneurie, fans ce que lefdits hommes puiffent tenir & entreprendre pour attribuer à eulx aucune chofe qui retarde droit de Seigneurie fans à l'occafion & pour lefdictes quittances, manumiffions & affranchiffements prendre & leuer d'eulx aucune finance, en confideracion a ce que noftredicte Seigneurie fe pourueu n'y euffions, aloit en perdicion ou preiudice du Roy noftre Sire dont elle est tenue & mouuant, comme dit eft. & de nous qui fommes Seigneur utille feulement, & le tout foulz le bon plaifir d'icellui Seigneur & de fes gens & officiers qui a ce doiuent auoir regard & moyennant les dictes quit-manumiffion & affranchiffement nous auons quitté lefdits habitans de Bouloigne nofdits hommes & fubgietz de tout ce entièrement qu'ils nous pouoient deuoir à caufe des arreraiges defdictes tailles habonnées & voluntaires & auffi defdictes coruées non fuffifamment faictes et lefquelles ils nous auoient delaiffees à paier par plufieurs années et depuis que auons eue acquife ladicte Seigneurie de Saixe-fontaine difant quelles étoient a eulx infupportables pour ce que par auant ilz eftoient les ungs tenuz a ladicte taille habonnée & a faire lefdicles coruées & les autres à ladicte taille vouluntaire & ne fe pouoient joindre ne conuenir enfemble finon par le moyen defdits manumiffion & affranchiffement & toutes ces chofes nous confeffons auoir faictes traictées & accordées auec nofdits hommes & fubgietz prefens & auenir pour le bien & entrenement d'icelle noftre Seigneurie affin que icelle puiffe eftre dorefenauant conduite & démenée par ung moyen, promettant Nous ledit Geoffroy de Saint Belin. Seigneur que deffus par les foy & fermens de noftre corps & foubz l'obligacion de tous noz biens & de noz hoirs & fucceffeurs meubles & immeubles préfens & auenir tenir & auoir pour agréable fermes eftables & vallables lefdits manumiffion & affranchiffement desfdictes tailles minorité & fort mariaige & a toute chacune les chofes deffufdictes & ainfi qu'elles font cydeuant fpécifiées & déclairées de point en point à & enuers nofdits hommes et femmes de noftre dicte Seigneurie voulans affeoir par demourance audit lieu de Bouloigne leurfdits hommes fucceffeurs habitans illecques foubmettant ne venir encontre par nous ne par autres ores ne pour le temps auenir en requoy ne en..... Sur peine de rendre & reftituer tous couts dommaiges & intereftz qui ont deffaulte des chofes deffus dictes ou aucunes d'icelles faiz & encouruz feroient en foubmettant nous. nofdits biens nofdits hommes & fucceffeurs à la jurifdicion & contrainte du Roy noftredit Sire. de fes gens & de tous autres ainfi comme pour chofe recongneue & adiugee en droit Et auons renoncé & renonçons expreffément en ce mefme fait en tout ce que l'on pourrait dire & demander contre fes lettres & la teneur & mefmement au droit difant général renonciacion non valoir. En tefmoing de ce nous Geoffroy de Saint Bellin, Seigneur que deffus auons fignées ces préfentes lettres de noftre faing manuel et fcellées de noftre feel armoyé de noz armes. Ce fut fait le XIIIIe jour du mois de decembre l'an de grace mil IIIIe cinquante trois. Lesquelles chofes deffus déclairées ledit expofant doubte que ce n'eftoient par nous connues ou confenties. attendu que icelles terres & Seigneuries dudit Bouloigne font tenues & mouuans de nous. noftre procureur ou autres noz officiers les vueillent ou puiffent a préfent ou pour le temps auenir contredire & lui obicier ou fes héritiers & fucceffeurs apres son trefpas, qui ne pouoient eftre faiz fans fur ce auoir premierement noz congié & licence & par ce tendre à l'adnullacion d'iceulx ou en aucune amende contre lui & fes dits hommes & subgietz, qui feroit en fon tres grant grief préiudice & dommaige & auffi de fesdits hommes du dit Bouloigne & plus pourroit eftre fe par nous ne lui eftoit fur ce pourueu de noftre grace, ainfi qu'il nous a fait remonftrer, humblement requérant icelle.

1460

Les concessions ont ete faites par Geoffroy de Saint-Belin le 14 décembre 1453

Pourquoy nous, ces chofes confidérées, défirans l'augmentacion des droiz & feigneuries de nos fubgietz & vaffaulx iceulx affranchiffemens, manumiffions, quittance déclinatoire retencion & autres chofes deffufdictes, déclairées en faueur dudit expofant qui sur ce nous a fait fupplier & requérir & pour autres caufes & confidéracion à ce nous mouuans, auons confenties & agréées.

Ratification au nom du roi

Consentons & agréons & vaulons de grace efpécial par ces préfentes icelles eftre tenues & gardées & entretenues de point en point felon & ainfi qu'il eft accordé & contenu efdictes lettres deffus tranfcriptes, fans ce que foubz umbre de ce que dit eft ne autrement on en puiffe aucune chofe demander ou imputer audit expofant fes dits héritiers & fucceffeurs, hommes et fubgietz de la dicte terre de Bouloigne en quelque manière que ce foit. S'y donnons en mandement par ces mefmes prefentes a noz ames & féaulx gens de noz comptes & tréforiers et à tous noz autres jufticiers & officiers ou a leurs lieuxtenans préfens & auenir & a chafcun d'eulx, fi comme a luy appartiendra que de noftre préfente grace. quittance & octroy facent feuffrent & laiffent joir & ufer ledit expofant & fes dits hommes & fubgietz plainement & paifiblement, fans fur ce lui mettre ou donner ne à fefdits hommes & fubgietz aucun trouble ou empefchement au contraire, lequel fe fait, mis ou donné leur eftoit, le mettent ou facent mettre fans delay chacun en droit foy au premier eftat & deu. Car ainfi nous plaift il eftre fait. nonobftant quelzconques

ordonnances, mandemens ou deffences à ce contraire. En tesmoing de ce nous
1460 auons fait mettre noftre fceel à ces préfentes.

Donné à la falle le Roy en Berry, le XVIIIe jour de feptembre l'an de grace mil CCCC foixante & de noftre regne le XXXIXe.

Ainfi figné.

Par le Roy,

A la relacion du confeil auquel les gens des finances eftoient.

DE REILHAC.

(Arch. Nat., JJ. 190 fol. 100.)

XVII

A Bourges — Novembre 1460.

Permission de reparer le chateau de Verteuil en Angoumois.

(Sur parchemin)

SOMMAIRE

Le sire de la Rochefoucault, chambellan du Roi et sénéchal d'Angoumois, est autorisé a restaurer les defenses du château de Verteuil. Aucune ville ou place fortifiee ne devant être reparee sans une permission speciale.

ERMISSIO Caftellum de Verneuil (1) domino de la Roche fenefcallo Angolinenfi inftaurandi & fortificandi. — Charles, &c. Nous auoir receue humble fupplicacion de noftre ame & feal chevalier chambellan De la Roche, fenefchal d'Angolmois (2), contenant que au lieu de Verneuil (3) fitué & affis au paix d'Angolmois a lui puis aucun temps en ca venu & efcheu en certain partaige 'fouloit auoir ung tres bel chaftel & bien fortiffie,

1460

Le château tres important et tres fortifie a ete autrefois demoli par ordonnance du Roi pendant les guerres.

1. *Sic*, pour *Verteuil*.

2. *Jean I, seigneur de la Rochefoucauld, Verteuil Marsillac. Barbézieux*, etc., chevalier et chambellan des rois Charles VII et Louis XI, gouverneur de Bayonne en 1453, senéchal de Périgord, capitaine de 115 lances et de 160 Brigandiniers du ban et arriere ban des pays d'Angoumois et de Saintonge par lettres du 26 mars 1468 où le roi le qualifie « son ame et feal cousin ». Choisi comme le premier seigneur de l'Angoumois pour être gouverneur de Charles d'Orléans, comte d'Angoulême, et de ses états en 1467 Mort à Verteuil vers 1471 et enterré dans l'eglise des Cordeliers de Verteuil.

3 Le château de Verteuil appartient toujours a la maison de la Rochefoucauld.

1460

lequel durant les guerres & diuifions qui par cy deuant ont efté en noftre ordonnance demoli à laquelle caufe icellui fuppliant n'y a ofé ne ofe faire aucune réparacion ne fortificacion de ville ou place en noftre roiaume fans premierement auoir fur ce noz congie & licence & pour ce que icellui lieu eft comme l'on dit en bonne affiete & proprieté pour y faire une bonne place & forterefſe comme elle y a efté, nous & icellui fuppliant humblement fait fupplier & requérir qu'il nous plaife lui donner lefdis congié & licence de icellui lieu de Vertuel (*sic*) faire repparer & fortiffier & pour quoy nous, eu fur ce confidéracion & mefmement aux bons feruices que icelluy fuppliant nous a faiz tant au fait de noz guerres que autrement, a icelluy fuppliant auons octroyé & octroions de grace efpecial par ces préfentes congié & licence de fortiffier & emparer ledit lieu de Vertueil de foffez, murailles, tours, pailliz, barbacanes, boluers, efchiffes, portaulx, pons leuveiz, harfes, barrieres & autres cloftures & fortifficacions acouftumées à fortifficacions de places & qu'il verra néceffaires pour la feureté dudit lieu, pourueu toutefuoyes que ce ne peut porter dommaige ou preiudice à la chofe publique dudit pais & que a ce confente le Seigneur feodal. Si donnons en mandement par ces mefmes au fenechal de Xaintonge ou à fon lieutenant & a tous nos autres iufticiers ou à leurs lieuxtenans préfens & aueuir & a chacun d'eulx. Si comme il lui appartiendra que, fe appelle noftre procureur & autres qui feront appeller a leur appert ladicte fortifficacion n'eftre dommaigeable à la chofe publique du dit pais, il facent, feuffrent & laiffent ledit fuppliant joir & ufer plainement & paifiblement de noz préfens, grace, congié, licence & octroy fans lui faire mettre ou donner ne fouffrir eftre fait mis ou donné ores ne pour le temps auenir aucun deftourbier ou empefchement au contraire pourueu que a ce fe confente ledit Seigneur feodal, comme dit eft & que les habitans audit lieu de Vertuel feront tenuz de faire le guet & garde la ou ilz ont acouftume le faire d'ancienneté non obftant ladicte fortifficacion, & auffi que ledit fuppliant garde ou face garder ledit lieu bien & feurement en maniere que aucun inconuénient n'en auiengne à nous ne a noz fubgietz du pais d'enuiron. & afin que fe foit chofe ferme & eftable a toufiours nous auons fait mettre noftre fcel a ces préfentes. Sauf, &c... Donné a Bourges au mois de Nouembre l'an de grace Mil CCCC foixante & de noftre règne le XXXIXe.

Le sire de la Roche a combattu pour le Roi.

Ainfi figné :

Par le Roy en fon confeil.

DE REILLAC.

Vifa contentor :

CHALIGANT.

XVIII

A Bourges — Novembre 1460

Autorisation de fortifier la terre de Couſteaux au pays de Poitou

(Sur parchemin)

SOMMAIRE

Jean de Mondon, écuyer de Charles d'Anjou, comte du Maine, obtient de construire differentes fortifications sur sa terre de Cousteaux en reconnaissance des services rendus par lui.

ERMISSIO Johanni de Mondon ſortifficandi domum ſuam de Cous- 1460
teaulx. Charles, &c., Nous auons receue humble ſupplicacion de noſtre bien ame Jehan de Mondon eſcuier d'eſcurie de noſtre tres chier & tres ame frere & couſin le conte du Maine (1). contenant que a lui compecte & appartient le lieu, terre & Seigneurie des Couſteaux aſſis au pais de Poitou, auquel lieu il a commencé à faire certaine ſortifficacion & emparement en entencion de ſoy y retraire & ſes biens. laquelle fortifficacion il ſeroit voulentiers paracheuer, mais il doubte que ſans auoir ſur ce nos lettres de congie de ce faire noſtre procureur voulſiſt proceder a la demolicion & deſemparacion d'icelle place ou lui donner ſur ce aucun trouble ou empeſchement. laquelle ſe-

1. *Charles d'Anjou*, beau-frere de Charles VII (V. Tome I, p. 140).

1460

Le suppliant a fervi durant les guerres.

roit en fon tres grant grief préiudice & dommaige, ainfi qu'il nous a fait dire & remonftrer, requérant humblement que attendu ce que eft il nous plaife ledit amperement par lui ainfi fait faire auoir agreable & fur ce lui impartir noftre grace. Pour ce eft il que nous, ces chofes confidérées & les bons feruices que ledit expofant nous a faiz taut ou fait de noz guerres que autrement & pour certaines caufes a ce nous mouuans, Nous de grace efpécial, plaine puiffance & auctorité auons eu & auons ladicte fortifficacion ainfi faicte par ledit fuppliant audit lieu de Couftaux pour agréable. Et de plus ample grace lui auons octroié & octroions par ces préfentes qu'il puiffe par acheuer ledit emparement & fortifficacion & faire en icelle place ou fortereffe pons leueis. tours, efchiffes. barbacannes, palliz, foffez & tous autres emparemens & fortifficacions néceffaires & appartenans ou fait de fortifficacion que bon lui femblera. pourueu que nonobftant ladicte fortifficacion ceulx de ladicte place ne laiffent a faire guet & garde ou d'ancienneté & par auant icelle fortifficacion ilz eftoient tenuz ou auoient accouftume de le faire. finon toutes voies que ce procédaft du gré & confentement de cellui ou ceulx a qui la chofe touche. Si donnons en mandement par ces mefmes préfentes au Senefchal de Poitou ou a fon lieutenant & a tous noz autres jufticiers ou a leurs lieuxtenans préfens & auenir & a chacun d'eulx. Si, comme à lui appartiendra. que. fe appelle noftre procureur il leur appert ladicte fortifficacion n'eftre dommageable a la chofe publique du pais, ilz facent. fueffrent & laiffent ledit fuppliant joir & ufer plainement & paifiblement de noz préfens, grace, congié & licence, fans lui faire, mettre ou donner ne fouffrir eftre fait, mis ou donné ores ne pour le temps auenir aucun deftourbier ou empefchement au contraire, pourueu auffi que le Seigneur féodal dudit lieu de Couftaux a ce fe confente & que icellui fuppliant fera tenu de garder ou faire garder icelle place bien & feu rement en maniere que aucun inconuénient n'en auiengne a nous a nos fubgietz du pai d'enuiron. Et afin, &c .. Sauf, &c. Donné a Bourges au mois de Nouembre l'an de grace Mil IIIIe foixante & de noftre règne le XXXIXe. Ainfi figné.

Par le Roy,

DE REILHAC.

Vifa contentor :

CHALIGANT.

(Arch. Reg , JJ 190 fol. 110 V°.).

XIX

A Bourges. — Du 8 février 1460.

Réglements concernant la ville de Vernon

SOMMAIRE

Jean de Brissay, chambellan du Roi et bailli de Gisors, a réglementé ce qui concerne le commerce du blé et du vin en la ville de Vernon, afin d'empêcher les marchands d'abuser du peuple. Les habitants demandent la confirmation de ces reglements.

ONFIRMACIO ordinacionis facte per bailliuum Giforii fuper vendi- 1460
cione vinorum bladorum & aliarum rerum in villa Vernonis. Charles, &c. Receu auons humble fupplicacion de noz biens amez les gens d'églife, bourgeois, marchans & habitans de noftre ville de Vernon contenant que pour mettre régle, ordre, police, a ladicte villez au faicet de la marchandife des vins, bleds & autres denrées vendues ou amenées pour vendre en icelles, & éviter aux abus qui y eftoient ou pourroient eftre faictes. à la grande charge du povre peuple, certaines ordonnances ayent pris n'agaires efté fur ce faictes, du confentement & à la requefte & pourchas defdicts fuppliants, par noftre Bailly de Gifors ou fon Lieutenant, appellez à ce nos Advocats, Procureur & autres nos officiers, defquelles la teneur f'en fuit.

A tous ceux qui ces préfentes lettres verront ou orront, Henry Hellebont,

1460

Fraudes pratiquees par les marchands normands. Necessite d'y mettre un terme.

Lieutenant Général de noble homme Meffire Jean de Briffay, Chevalier, feigneur de la Thuardière & de Combonaing, Confeiller & Chambellan du Roy noftre Sire & fon Bailly de Gifors & des anciens refforts dudit Bailliage, falut. Comme à l'office de mondit feigneur le Bailly compettent & appartiennent pourvoir au faict de la place, eftat & gouvernement de fondit Bailliage, & en ce mettre régime, provifion & ordonnance pour le bien de la chofe publique, toutes & quantes fois que meftier eft & qu'il en requis; & il foit ainfy que puis n'agaires plufieurs gens d'églife, nobles bourgeois marchans & autres demourans paffant par cette ville de Vernon & vallée d'environ, ayant été plaintifs de plufieurs fraudes & abus que l'on faifait de jour en ladicte ville; tant en achat de grains comme de plufieurs autres denrées vendues & diftribuées en ladicte ville, en la grand charge deftruccion & dépopulation de ladite ville & pays, & contre & ou préjudice de la chofe publique; en nous réquérant lefdictes caufes & abus eftre oftez; & afin que nul n'en puiffe prétendre caufe d'ignorance, leur eftre fur ce faict ordonnance de Juftice & en ce mettre règle & gouvernement pour le temps à venir; pourquoy par délibéracion des Vicomtes, Advocats & Procureurs du Roy noftredict Sire, & autres Confeillers eftans en ladicte ville, a été advié pourveoir à ce, & faire ordonnance & articles ainfy que cy après era déclaré (1). Lefquelles Ordonnances deffus tranfcrites qui ont été & font faictes pour le bien & prouffit de la chofe publique de ladicte ville lefdicts fupplians Nous ont humblement fupplié & requis que icelles veuillions avoir agréables, & les confermer pour quoy, Nous, ces chofes confiderees, & eu fur ce l'advis & délibéracion des Gens de noftre Confeil, icelles Ordonnances deffus tranfcriptes & chacune d'icelles avons eu & avons agréables; & par ces préfentes, de noftre efpécial, plaine puiffance & authorite royal, les leur avons confermées & approuvées, confermons & approuvons, & voulons que elles foient gardées & entretenues dorefenavant en noftredicte ville; de poinct en poinct, felon leur forme & teneur; toutes voies Nous entendons que en tant que touche ledict braffaige defdits bieres & cervoifes, lefdicts habitans pourront, fe bon leur femble, braffer lefdictes bieres & cervoife pour leur ufaige, mais non pas pour vendre. Si donnons en mandement par ces mefmes préfentes, à noftre Bailly dudict Bailliage de Gifors, & à tous nos autres Jufticiers ou a leurs Lieutenans préfents & à venir & chafcun d'eulx, fi comme à lui appartiendra que en faifant lefdits fuppliants jouir & ufer de nos préfens grace,

1. Ici commencent les reglements qui ont éte imprimes et dont la suite se trouve dans les pièces suivantes.

aggréacion & confirmacion, ils entretiennent & gardent, ou facent entretenir & garder bien & deuement illes Ordonnances & chacune d'icelles, selon leur forme & teneur, & icelles facent crier & publier en nostre dicte ville & ailleurs ou mestier sera, comme il appartient; car ainsi nous plaist-il & voulons estre faict de nostre dicte grace, par cesdictes présentes, ausquellcs en tesmoing de ce, Nous avons faict meetre nostre séel. 1460

Donné à Bourges, le huictiesme jour de febvrier, l'an de grace mil quatre cens soixante, & de nostre regne le XXXIXe. Ainsi signé :

Par le Roy,

A la relacion des gens de son grand Conseil.

DE REILHAC.

(Ordonn. Roy, Tome XIV, p. 513.)

XX

A Bourges. – Du 20 fevrier 1460.

Autorisation à divers marchands de venir sur le marché de Vernon

(Sur parchemin)

SOMMAIRE

Tous marchands seront tenus d'apporter leurs marchandises à la place indiquee a cet effet. On ne pourra faire aucun commerce sinon en public. Les poissons seront vendus par une personne commissionnee specialement. Defense de vendre aucune biere ou cervoise afin de favoriser le développement du commerce des vins.

1460 ONFIRMATIO ordinacionis facte per Bailliuum Giforii fuper vendicione vinorum bladorum et aliarum rerum in villa Vernonis. Charles, &c. Receu avons humble fupplicacion de nos biens amez les gens d'églife, bourgeois marchands & habitans de noftre ville de Vernon, contenant que pour mettre regle, ordre & police ladicte ville au fait de la marchandife des vins, blez & autres denrées vendues ou amenées pour vendre en icelle & euiter aux abuz & fraudes qui y eftoient ou pourroient eftre faictes à la grant charge du poure peuple certaines ordonnances aient puis nagueres efté fur ce faictes du confentement & à la requefte & pourchas defdis fupplians par noftre bailly de Gifors ou fon lieutenant appellez a ce noz auocatz, procureur & autres noz officiers, defquelles la teneur cenfuit.

1460

A tous ceulx qui ces préfentes lettres verront ou orront Henry Hellebont lieutenant général de Noble Homme Meffire Jehan de Briffay, cheualier, Seigneur de la Thuardiere & de Conbonaing, confeiller & chambellan du Roy noftre Seigneur & fon bailly de Gifors & des anciens reffors dudit bailliaige falut. comme à l'officier de mondit feigneur le bailly compettent & appartiennent pourveoir au fait de la place eftat & gouuernement de fondit bailliaige & en ce mettre regime prouifion & ordonnance pour le bien de la chofe publique toutes & quantes fois que meftier eft & qu'il en eft requis, & il foit ainfi que puis nagueres plufeurs gens d'eglife nobles bourgois marchans & autres demourans paffans par cefte ville de Vernon & valée d'enuiron aient efté plaintiz de plufeurs fraudes & abuz que l'en faifoit de jour en jour en ladicte ville tant en achat de grains comme de plufeurs autres denrées vendues & diftribuées en ladicte ville en la grant charge deftruccion & de populacion de ladicte ville & pais & contre & ou préiudice de la chofe publique en nous requérant lefdictes faultes & abuz efte oftez & affin que nul n'en puiffe prétendre caufe d'ignorance leur eft fur ce fait ordonnance de juftice & en ce mettre regle & gouuernement pour le temps auenir. Pourquoy par la délibéracion des vicontez aduocatz & procureurs du Roy noftre dit Seigneur & autres confeillers eftans en ladicte ville a efté aduife pour veoir a ce & faire ordonnances & articles ainfi que fi apres il a déclairé & premièrement que tous marçhans & marchandes apportant denrées à jour de marché pour vendre en ladicte ville de Vernon les feront tenuz porter a la place ou places ou lefdis marchez fe réunient & sont tenuz pour ledit jour &, deffent l'en à tous que nul ne vende hors defdis lieux ne femblablement que nul ne fe ingère de les achapter hors iceulx lieux fur peine à ceulx qui feront trouuez en ces deffaillans de XII deniers par an d'amende pour la premiere foiz & pour la deuxieme foiz deux fous parifis & la troyfiefme de prifon auec ladicte amende appliquer moitié au Roy & moitié au dénonciateur. Item que nul ne nulle ne noife contre lefdis marchans ou marchandes à iceulx jours de marché achapter aux portes de ladicte ville ne hors icelle lefdictes danrées & marchandifes quelles qu'ilz foient fur peine de cinq fols parifis d'amende a appliquer comme deffus.

Nul ne pourra vendre en dehors des endroits designes dans la ville de Vernon.

Item que nul ne nulle ne vende ou apporte aufdis marchez aucunes danrées de viures & ilz ne font nouues &voyables comme de poiffon frez de bonnemort ne quelyconques autres viures fe ilz ne font dignes de eftre appliquez a corps humain. fur peine de perdre lefdictes danrées & d'amende a la difcretion de juftice.

Les vivres non frais seront confisques.

Item que nul ne nulle ne foit fi hardi de porter vendre efdis marchez aucunes

1460

poulailles, œufz, fromaiges letaiges ou fomtaiges (fic) qui viennent ou aient efté prins ou nourriz en l'ouftel de laidre ou mefel ou d'autre lieu que l'en congnoiffe vraiment eftre epidemie fur peine a iceulx qui le feront de vint folz parifis d'amande a appliquer moitié au Roy noftre dit Seigneur & moitié au denonciateur, de prifon & de perdre lefdictes danrées.

Nul ne pourra acheter sinon publiquement et au marché.

Item & pour ce que fouuentes foyes font faictes de grans fraudes & ventes des grains tant blez auoynes orges que autres grains que l'en amaine es jours d'iceulx marchez en ladicte ville par plufeurs perfonnes interpofez qui font bouter iceulx tout droit en leurs hoftelz afin de les grucer pour faire bierres & ceruoifes & par ce moien enchérir les grains quant len en boit pou en la halle ou len a couftume vendre iceulx grains, ordonné eft que nul ne foit déformais fi hardi de prendre ne arrefter lefdis grains en leurs hoftelz, mais laiffant aller en la falle & lieu acouftumé à iceulx vendre, fur peine à ceulx qui feront trouuez fur ce deffaillans de dix folz parifis d'amende a appliquer les deux pars au Roy noftre Seigneur & le tiers au dénonciateur.

Les ventes commenceront a onze heures.

Item & ne pourront iceulx marchands & vendeurs d iceulx grains deflier leurs poches pour mettre leurs dis grains ne vente plus toft que l'eure de unze heures, heure accouftumée d'ancienneté.

Afin d'épargner aux pêcheurs la fatigue de vendre leurs poissons eux-mêmes, une notable personne sera chargée de le faire pour leur compte.

Item & pour ce que au chartier ancien des franchifes & libertez d'icelle ville eft expreffément contenu qu'il ne peut ou doit auoir aucun reuendeur de poiffon de mer en icelle ville, mais font fubgietz par icelle chartre les marchans qui apportent ledit poiffon de mer foit friz ou sallé iceulx vendre en leurs perfonnes, & pour ce que depuis les chaffeurs de marée & marchans qui ont acouftume a admener de jour en jour vendre en ladicte ville icellui poiffon de mer dient eftre fort chargiez apres ce qu'ilz ont trauaille toute la nuyt à mener a grant peine & trauail ledit poiffon icellui vendre en leurs perfonnes, parquoy ont requis aufdis bourgois que par juftice foit commis & ordonné aucunes perfonnes & reuendre ledit poiffon afin qu'ilz puiffent eftre feurs de leur argent & retourner plus dilligemment a la mer pour la prouifion de ladicte ville; a efté & eft ordonné du confentement & accord defdis bourgois & habitans que déformais y aura aucune notable perfonne commis a faire icellui reuendaige pour déliurer lefdis marchans & pour le bien de la chofe publique & fans ce que ce torne au préiudice & aux priuilleges, libertez, & franchifes defdis bourgois, moiennant que les deniers qui y feront de cellui reuendaige rabatre le falaire d'icellui qui le fera & exercera ou a qui il sera baillé a faire exercer feront miz & emploiez es réparacions & fortifficacions de ladicte ville.

1460

Item & pour ce que iceulx habitansde la dicte ville& vallée nous ont remonftré que icelle ville & valée eft affife ou pais de vignon & n'y a que bien pou d'autres labeurs finon iceulx labours de vigne dont ilz donnent de grans rentes tant d'argent que de rentes en vins & par efpécial en donnent au Roy noftre Seigneur & a autres gens d'églife à qui icellui Seigneur les a aumofnez bien le nombre de tros cens muys de vin & plus fans les autres rentes & charges que ilz donnent a autres leurs créanciers, par quoy leur efconuient fouftenir grant peuple a faire leurdis labours & fi font leurs vins communes annees a tres bas pris & encores en vendent le pot de vin grant mefuré que ung blanc trois doubles, quatre doubles & le plus cher a deux blancs; parquoy ne leur eft meftier de braffer ne fouffrir eftre braffé aucunes bieres ne ceruoifes en ladicte ville & valée veu le petit pris dudit vin & la grant habondance qui en ceroit audit pais auec grant foifon de fildres & la charté de grains que ilz ont eu le temps paffé & encores ont & n'en cueillent que peu ou néant en ladicte ville, nous ont requis que déformais pour éviter aux inconuéniens qui f'en pourroient enfuir confidéré que ilz ne peuent auoir faulte de brimaiges ou pais tant vin que fildres comme dit eft, que nous uoulfiffions faire ordonnance que déformais il ne fut permis de braffer ne vendre en ladicte ville & valée de Vernon aucuns d'iceulx ceruoifes & bierres faictes defdis grains. Pourquoy nous eu fur ce aduis & délibéracion auec lefdis viconte aduocaz & procureurs d'icelluy Seigneur & du confentement & accord des gens d'églife, nobles communs manans & habitans de la dicte ville & valée pour éuitter a la chierté d'iceulx grains pour le temps auenir & en regard aux grains charges que portent lefdis habitans & le petit pris a quoy communes années ilz vendent leurs dis vins. Auons ordonné & déclairé que déformais ne fera fouffert braffer ne vendre lefdis bierres & ceruoifes en ladicte ville & valée fi fe n'eftoit ou eft par deffault de vins & autres brimaiges, ou quel cas il y feroit pourueu par juftice de l'accord & confentement defdis habitans d'icelle ville & valée, felon que le cas le requierra.

La vente de la bière ou cervoise sera prohibee afin de ne pas faire baisser le prix du vin, deja tres bon marche.

Item eft ordonné que tous les marchans & marchandes de tous viures pour corps humains eftallent leurs dictes danrées es marchez & lieux acouftumez deuant eulx & que nul ne nulle de quelque eftat ou condicion qu'il foit ne preigne lefdictes danrées ne mette en fes mains genous ne autre lieu ne hors de deuant les marchans &marchandes & qui vouldroient achepter ou marchander lefdictes denrées les marchandent fans emporter ne tenir jufques a ce que le marcher foit conclud par entre le vendeur & l'acheteur pour éuiter aux fraudes & pertes defdictes danrées qui font auenues le temps paffé fur peine..... folz parifis d'a-

Tout denonciateur recevra la moitie de l'amende

1460 mende que paiera cil ou celle qui fera trouué faifant le contraire a appliquer moitié au Roy noftre Seigneur & l'autre moitié au dénonciateur. Sy donnons en mandement à tous a qui il appartient que contre ne en preiudice de ladicte ordonnance ilz n'aptentent? ou... en aucune maniere fur les peines deffufdictes & oultre à tous & chacuns des fergens ou fous fergens dudit bailliaige que cefdictes préfentes ilz gardent & facent garder fans enfraindre. En tefmoing de ce, nous auons fcellé ces préfentes de noftre fcel & pour greigneur confirmacion noftre requeftey a efté mis le grant fcel aux caufes dudit baillaige. Se fut fait le douziefme iour d'octobre l'an de grace Mil CCCC foixante. Lefquelles ordonnances deffus tranfcriptes qui ont efté & font faictes pour le bien & prouffit de la chofe publique de ladicte ville lefdis fupplians nous ont humblement fupplié & requis que icelles vueillons auoir agréables & les confirmer. Pourquoy nous ces chofes confidérées & eu sur ce l'aduis & déliberacion des gens de noftre confeil, icelles ordonnances deffus tranfcriptes & chacune d'icelles auons agréables & par ces préfentes de noftre grace efpécial, plaine puiffance & auctorité royal les leur auons confirmées & approuuées, confirmons & voulons que elles foient gardées & entretenues dores en auant en noftre dicte ville de point en point felon leur forme & teneur toutefuoyes nous entendons que en tant que touche ledit braffaige defdictes bierres & cervoifes, lefdis habitans pourront fi bon leur semble braffer lefdictes bierres & ceruoifes pour leur ufaige, mais non pas pour vendre. Sy donnons en mandement par ces mefmes préfentes à noftre bailly dudit baillaige de Gifors & a tous nos autres jufticiers ou a leurs lieuxtenans préfens & auenir & a chacun d'eulx, fi comme a lui appartiendra que en faifant lefdis fupplians joir & ufer de noz préfens grace agreacion & confirmacion ilz entretiennent & gardent ou facent entretenir & garder bien & deuement icelles ordonnances & chacune d'elles felon leur forme & teneur & icelles facent crier & publier en noftre dicte ville & ailleurs, ou meftier fera & comme il appartient. Car ainfi nous plaift il & voulons eftre fait de noftre dicte grace par ces dictes prefentes auxquelles en tefmoing de ce nous auons fait mettre noftre fcel. Donné a Bourges le XVIIIe jour de feurier l'an de grace Mil CCCC foixante & de noftre régne le XXXIXe. Ainfi figné.

Les habitants pourront toutefois brasser de la cervoise pour leur usage personnel, mais non pas pour la vendre.

Par le Roy.

A la relacion des gens de fon grant confeil.

DE REILHAC.

(Arch. Nat, Reg J J 192 fol. 48.)

XXI

A Maurepas. — Mars 1460.

Permission au Seigneur d'Audreville de s'adonner à la chasse des lapins.

(Sur parchemin)

SOMMAIRE

Guillaume Carbonel escuier, seigneur d Audreville en Normandie a demande et obtenu la permission de consacrer une de ses terres a l élevage et a la reproduction des lapins de garenne sous la surveillance du Grand Maître des Eaux et Forêts.

ERM° fortificandi (1) pro Guilhelmo Carbonel. Charles. &c. Nous auoir receue humble fupplicacion de noftre bien amé Guillaume Carbonnel, efcuier, feigneur du fien lieu terre & feigneurie *Dauderuille* en noftre bailliaige de *Couftantin* contenant que audit lieu Dauderville qui tient noblement & a foy & hommaige du Seigneur de *Brenaut* & es appartenances d'icellui a lieu terrouer & place bien conuenables & propices a faire & conftruire *garenne a connilz* non preiudiciables aux autres manans & habitans dilec enuiron, pour laquelle caufe & mefmement pour la melioracion & deconracion de fadicte Seigneurie dudit lieu Dauderuille il y feroit voulentiers garenne en aucuns endroiz

1460

Cette seigneurie dépend du bailli du Cotentin.

1. Ce mot a été evidemment employe ici par erreur

1460

& appartenances dudit lieu, laquelle chofe il ne vouldroit ne oferoit faire fans fur ce auoir premierement noz lettres de congie fi comme il dit, requérant humblement iceulx. Pourquoy nous ces chofes confidérées & les bons feruices que ledit fuppliant nous a faiz & fait chacun jour au fait de noz guerres, & efpérons que encores plus face le temps avenir à icellui qui fur ce nous a fait requérir. & auons donné & octroié. donnons & octroions de grace efpécial par ces préfentes congié & licence de faire & conftruire en aucun lieu ou lieux de fadicte terre & Seigneurie ou il verra eftre le plus convenable & propice *une garenne terriers & repaire a connilz* contenant vint *cinq arpens de terre* ou enuiron à la mefure du dit lieu & icelle clourre a hayes foffez & autrement comme bon lui femblera en laquelle on ne chaffera & ne ofera chaffer fans le congie & licence dudit fuppliant ou de fes hoirs ou fucceffeurs ou temps auenir, pourueu que a ce fe confente le feigneur feodal & qu'il ny ait illec enuiron autre garenne a qui.....

La chasse des lapins appartiendra exclusivement au Seigneur d'Audreville.

preiudice. Sy donnons en mandement au Maiftre *de noz eaux & foreftz* en noftre pais de Normandie a noftre bailly de *Couftantin* & a touz noz autres jufticiers ou a leurs lieutenans préfens & auenir & a chacun d'eulz fi comme a lui appartiendra que de noz préfens grace, congié, licence & octroy facent. feuffrent & laiffent ledit fupplians, fes hoirs fucceffeurs & ayans caufe joir & ufer plainement & paifiblement fans fur ce leur donner ne fouffir eftre fait mis ou donné ores ne pour le temps auenir encore empefchement au deftourbier au contraire, lequel, se fait mis ou donné leur eftoit, réparent ou facent reparer & remettre tantoft & fans delay au premier eftat & deu ; & afin. &c.... Sauf, &c.... Donné a Maurepas ou mois de mars an de grace mil CCCC foixante & de noftre regne le XXXIXe. Ainsi figné :

Par le Roy en fon Confeil.

DE REILHAC.

(Arch Nat Reg. 192 fol. 64)

XXII

A Tours. — Decembre 1461.

Confirmation de privilèges pour l'abbaye de Bec-Helluyn.

(Sur parchemin)

SOMMAIRE

Rappel des lettres données au profit des religieux de cette abbaye, par le roi Philippe VI de Valois, à Saint Germain-en-Laye le 4 mai 1329. — Confirmation au nom de Charles VII de la protection royale en vertu de laquelle les biens de l'abbaye ne peuvent jamais être saisis.

1461

ONFIRMATIO exempcionis pro conuentu beate Marie de Becco Helluyn. Ludouicus, Dei gracia Francorum Rex, uniuerſis poſteris & modernis preſentes litteras inſpecturis ſalutem exhibitas pro parte dilectorum noſtrorum Religioſarum abbatis & conuentus Beate Marie de Becco Helluini, litteras predeceſſoris noſtri Philipi Regis Francorum vidimus ſub hac forma : Philippus Dei gracia Francorum Rex bailliuo Rothomagenſi vel eius locum tenentibus ſalutem cum per informacionem de mandato noſtro per te ſeu commiſſarium tuum ſeu a te deputatum factamque nobis ex parte tua miſſam quam inſpici diligenter fecimus nobis conſtat abbaciam ſeu monaſterium de Becco

Lettres de Philippe de Valois au bailli de Rouen.

1461

Les biens des religieux seront à l'abri de toute atteinte.

Helluini non effe nec fuiffe de fundacione regia nec ipfius gardia fpeciali nec alias ibidem perfonam aliquam jure regio fuiffe receptam. Mandamus tibi quatinus religiofos abbatem & conuentum dicti loci ad recipiendum aliquem in monofterio fuo feu abbacia jure noftro regio non compellas nec vel bona ipforum propter hoc capi faifiri vel detineri permittas & fi ob hoc capta fuerint aut faifita fibi eadem deliberes indilate vel facias plenarie liberari, non obftantibus quibuscumque litteris fubrepticis hactenus in contrarium impetratis aut in pofterum impetrandis. Datum apud fanctum germanum in Laya die quarta Maii anno Domini Millefimo CCC^{mo} vicefimo nono. Quafquidem litteras fuperius infertas eas ratas & gratas habentes, volumus. laudamus, approbamus & ratifficamus de noftra fpeciali gracia plenitudine que poteftatis & auctoritate regia, in quantum prefati Relligiofi Abbas & conuentus monafterii de Becco Helluini rite & debite, racionabiliter ufi funt confirmamus per prefentes, mandantes dilectis & fidelibus gentibus compotorum noftrorum & thefaurariis. bailliuo noftro Rothomagenfi ceterifque jufticiariis noftris vel eorum locatenentibus prefentibus & futuris & eorum cuilibet prout ad eum pertinuerit quatinus omnia & fingula in litteris preinfertis contenta teneant cuftodiant & adimpleant tenerique & cuftodiri de puncto in ponctum & adimpleri & inuiolabiliter obferuari faciant, facta in contrarium. fi que fint. ad ftatum priftinum & debitum reducendo aut reducifaci endo, indilate, vifis prefentibus. Quibus noftrum fecimus apponi Sigillum in teftimonium premifforum, noftro in aliis & alieno in omnibus iure femper faluo.

Datum Turonis in menfe decembris anno Domini Millefimo CCCC^{mo} Sexagefimo primo & regni noftri primo. Sic fignatum.

Per Regem ad relationem fui magni confilii.

J. DE REILHAC (1).

Visa contentor
CHALIGANT

(Arch. Nat. Reg. J J 198 fol. 75.)

(1) Imprimé dans les ordonn. Roy., Tom. XV, p. 489.

XXIII

A Montferrand, près Bordeaux. — Mai 1462.

Confirmation de privilèges pour l'abbaye de Maussiade.

(Sur parchemin)

SOMMAIRE

Lettre renouvelant une convention passée entre Fulco, abbé de Maussiade, et Girin de Amplepuits alors Sénéchal de Beaucaire au mois de janvier 1284, au temps du roi Philippe le Hardi au sujet de la « nova villa et Bastida de Berco » appartenant à ladite abbaye dans le diocèse du Vivarais

ONFIRMATIO convencionis ſuper nova villa & baſtida de Berco inter Regem & Abbatem Mauſſiade Vivarienſis dioceſis. Ludovicus. &c. 1462
Nos inclite recordationis domini Genitoris noſtri, cuius anima quieſcat cum beatis, vidiſſe litteras quarum tenor ſequitur et eſt talis : Karolus De gracia Francorum Rex notum facimus omnibus tam preſentibus quam futuris nos inclite recordacionis domini genitoris noſtri cujus anima quieſcat cum Beatis vidiſſe litteras in quibus alie littere patentes Regis Philippi quondam predeceſſoris noſtri ſunt ad plenum inſerte quarum tenores ſecuntur & ſunt talles : Karolus Die gracia Francorum Rex Notum facimus Uniuerſis preſentibus & futuris nos inclite recordacionis Philippi quondam Francorum Regis predeceſſoris noſtri vidiſſe

1462 litteras formam quc fequitur continentes : Philippus Dei gracia Francorum Rex Notum facimus Uniuerfis tam prefentibus quam futuris quod nos conuenciones, feu pactiones habitas inter fenefchallum noftrum Bellicadis, nomine noftro ex una parte & Abbatem & conuentum monafterii Maufiade cifterciensis ordinis vidimus in hec verba : In nomine Domini noftri Iefu Chrifti anno ab incarnacione ejufdem Millefimo ducentefimo octogefimo quarto, fcilicet octauo decimo kalendas decembris, domino Philippo Dei gracia illuftriffimo Rege Francorum regnante Nouerint Uniuerfi prefentes pariter & futuri quod caufa diu effet tractatum de noua villa feu baftida facienda & conftruenda feu edificanda in territorio de Boerco Viuarienfis diocefis, quod territorium immediate quoad proprietatem & omnimodo juridiccionem ad monafterium Maufiade. cifterciensis ordinis, nofcitur..... (1) inere inter venerabilem patrem dominum Fulconem Dei gracia abbatem predicti monafterii & gentes domini Regis in fenefcallia Bellicardi & Nemaufenfi nunc de nouo vifie & diligenter examinabis tam per dictum abbatem quam per Nobilem virum dominum Girinum de Amploputeo, militem, dominis Regis fenefcallum Bellicardi & Nemaufi omnibus tractatis & que poftmodum fuerunt tractata & ordinata per ipfos & precipue vifis monicionibus & oracionibus, preconifacionibus feu denunciacionibus publice factis per gentes domini Regis pluribus & diuerfis locis circum vicinis & aliis & diuerfis temporibus, quod fi aliquis diceret fe jus habere in dicto loco feu territorio veniret infra certum tempus coram domino fenefcallo feu judice domini noftri Regis in diocefi Anicienfi Vivarienfi & Valentinenfi propofiturus & oftenfurus de jure fuo infra certa tempora de quibus citacionibus & preconifacionibus & denunciacionibus conftat per publica inftrumenta & nullus infra dicta tempora legittime comparuerit oftendens aliquid de jure fuo tandem nos predicti fenefcallus & abbas vifa & confiderata utilitate domini Regis in predictis & monafterii predicti predicta die ad dictum locum feu territorium de Berco perfonaliter acceffimus pro dicta villa feu baftida concedenda & eciam incipienda & in dicto territorio in loco vocato al Perier dictam villam feu baftidam conceffimus fieri & eciam incepimus erectis per nos ibi duobus lapidibus in fignum incepcionis dicte ville feu baftide quam vocari volumus villam nouam de Berco juxta conuenciones tractatas inter nos & eciam ordinandas, acta funt hec in dicto loco del Perier in prefencia & teftimonio nobilium virorum domini Petri de Monte-Hauro prioris Lingonis (2). . . . . . .

. . . .

Rappel des lettres concédées aux religieux en l'an 1284.

Convention passée alors entre l'abbé Fulco et Girin de Amplepuits, Sénéchal de Beaucaire.

1 Effacé.

2 Suivent les témoins dont la liste est longue.

& mei magiſtri Gaucelmi Reillerii, notarii infraſcripti. Poſt hec anno quo supra & ſeptimo kalendas decembris, nos Girinus & abbas prediɛti ordinaciones ſuperius nominatas exprimere & informam publicam ad eternam rei memoriam redigi volentes unanimiter ſupra prediɛtis conuenimus in modum infra ſcriptum videlicet quod nos prefatus abbas nomine noſtro & monaſterii & conuentus noſtri Mauſiade donamus & concedimus domino Regi & verbis prediɛto domino ſeneſcallo nomine domini Regis recipientes medietatem loci deſignati in diɛto territorio de Berco prediɛta villa ſeu baſtida conſtruendam pro indiuiſo quoad proprietatem & omnimodam jurifdicionem ſub padis & conuencionibus infra ſcriptis(1). . 1462

. . . .

L'exercice de la justice devait rester indivis entre le roi et l'abbé.

Prediɛte autem conuenciones conceſſiones & retenciones ſunt quod diɛta villa ſeu baſtida & eius territorium quo ad jurifdicionem omnimodam & merum & mixtum imperium in diɛta villa ſeu baſtida & eius territorio tam de habitantibus quam extraneis fuit communia pro indiuiſo inter dominum Regem & abbatem & monaſterium Mauſiade ſubmodis & condicionibus inferius annotatis, primo quod abbas ſeu monaſterium ſede vacante . . . .

. . . .

Item ſi contingerit bona alicuius publicari ſeu confiſcari vel vacare propter delictum vel aliam cauſam bona publicata vel confiſcata & vacancia mobilia immobilia infra diɛtam villam exiſtencia & eciam mobilia extra villam prediɛtam in territorio diɛte ville diɛtis partibus equaliter acquirentur bona extra diɛtam villam in territorio diɛte ville cum fruɛtibus pendentibus in totum ſoli monaſterio applicentur. item quod loca que dabuntur ſeu acenſabuntur in diɛta villa ad edifficandum vel habitandum vel alium uſum concedantur & inueſtiantur communiter per diɛtas partes & quod inde prodiɛta conceſſione ſeu inueſtituto habebitur & cenſus impoſiti imponendi & laudimia ſint communia & percepta equaliter diuidantur inter diɛtas partes. . . . .

. . . .

Item quod diɛtus Rex & eius ſucceſſores ea que diɛta ſunt & conceſſa eidem ſuperius in diɛta villa grangia & territorio prediɛtum abbatem & conuentum ad manus ſuas proprias habere & tenere perpetuo teneantur nec ea poſſint ſub aliquo alienacionis vel conceſſionis cuiuſcunque titulo ſeu alio modo in totum vel in parte ad perſonam ſeu perſonas collegium ſeu collegia vel in alium quemcumque locum ſeu perſonam eccleſiaſticam vel ſecularem transferre ſeu

1. Description des limites qui occupe une page environ dans l'original.

alienare niſi ad eundem dominum Regem vel eius dem uniuerſales ſucceſſores in
1462 regno Francie poſſint ſe augmentare vel erexere aut aliquid ſibi acquirere per ſe vel per alium modo quocumque in dicta villa vel territorio ultra quam supradictum eſt expreſſum nec dictum abbatum qui nunc eſt nec eos qui pro tempore fuerunt vel monaſterium ſeu conuentum ad diuiſionem predictorum communaliter poſſint vel debeant prouocare vel compellere nec diuiſionem modo aliquo facere de predictis ſed ſemper communia pro indiuiſſo remaneant.

Item quod homines qui venient ad habitandum in dicta villa ſeu baſtida teneantur preſtare octauam partem & non bladi, vini, leguminum domino abbati & monaſterio predictis prouenientium ex terris quas in dicto territorio excolent & poſſint animalia ſua per totum territorium dicte ville depaſcere & ligna eis in locis incultis per totum dictum territorium ad uſum ſuum accipere, & dominus Rex nec dictum monaſterium poſſint nec debeant aliena animalia in dicto territorio immittere, item quod ſtatuta olim facta per illuſtrem dominum Regem inclite recordacionis dominum Ludouicum genitorem domini Philippi nunc Regis Francorum in dicta villa totaliter in omnibus obſeruentur que non ſint preiudiciabilia nec detrahant in aliquo ordinacioni predicte. Item quod ſeneſcallus Bellicardi & judices maiores qui pro tempore fuerunt in dicta Seneſcalia jurent & jurare debeant & teneantur infra duos menſes proxime continuos poſt introitum ſui regiminis ad requiſicionem abbatis Mauſiade qui pro tempore vel procuratoris dicti abbatis vel monaſterii omnia & ſingula capitula in preſenti ordinacione contenta tenere obſeruare & inuiolabiliter cuſtodire, & contra predicta per ſe aut per interpoſitam perſonam commune facere ſeu venire hec autem omnia & ſingula ſupradicta ſic conceſſa ut dictum eſt, adicto domino abbate & domino Rege & dicto domino ſeneſcalo, eius nomine recipienti acta ſunt hec ad Rippem Mauram. . . . . (1).

Statuts donnés par saint Louis.

. . . .

Nos autem conuenciones ſeu pacciones ſupradictas ratas & gratas habentes & eaſdem prout ſuperius ſunt expreſſe quantum in nobis eſt, volumus concedimus & eciam approbamus ſaluo in aliis jure noſtro & jure in omnibus quolibet alieno.

Approbation de l'Ordonnance du mois de janvier 1284 déjà donnée le 23 juin 1403.

Quod ut ratum. . . . . . . actum apud Bellinimontem ſuper yſairum anno domini Milleſimo ducenteſimo Octogeſimo quarto Menſe januarii. Quaſquidem litteras ſupra transcriptas, ac omnia & ſingula in eis contenta ratas

1. Nom des témoins.

habentes & gratas eas & ea volumus, laudamus, approbamus & de noftris auctoritate regia fpecialique gracia quathenus religiofi predicti nec non alii habitantes larem & domicilium in dicta villa noua de Berco fruentes & habentes ufi funt per prefentes confirmamus fenefcallo Bellicardi 1462

. . . .

mandantes quatinus conuenciones . . . . . . teneant tenerique faciant inuiolabiliter obferuari & ut perpetue ftabilitatis robur obtineant prefentes litteras figilli noftri impreffione fecimus communiri noftro in aliis & alieno in omnibus jure faluo. Datum Parifius anno domini Millefimo quadringentefimo tercio, Regni vero noftri vicefimo tercio Menfe Junii. Per regem ad relacionem confilii Freirii. Collatio fit contentor Fauiroy. Quafquidem litteras preuifectas ac omnia & fingula ine is contenta & gratas habentes eas & ea volumus laudamus, approbamus & de noftris auctoritate regia fpecialique gracia quatinus religiofi predicte nec non alii habitantes larem & domicilium in dicta villa noua de Berco,fouentes & habentes ufi funt rite & debite per prefentes confirmamus. Senefcallo Bellicardi bailliuoque & judici Viuarienfi & Valentinenfi ceterifque jufticiariis noftris prefentibus & futuris vel eorum locatenentibus & eorum cuilibet prout ad eum pertinuerit, mandantes quatinus conuenciones & pacciones in preinfertis litteris contentas modo pretacto teneant tenerique faciant ac inuiolabiliter obferuari, quod ut firmum & ftabile perfeueret in futurum figillum noftrum in abfencia magni ordinatum prefentibus litteris juffimus apponendum, noftro in aliis & alieno in omnibus jure faluo. Datum in Monte Peffulano Menfe aprilis, anno Domini Millefimo quadringentefimo tricefimo feptimo & regni noftri dicimo quinto. Sic fignatum per Regem ad relacionem Magni confilii N. de Triboys. Vifa collatio facta eft cum originali. N. de Tribois contentor P. le Picart. Quafquidem litteras preinfertas & fingula in eis contenta ratas & gratas habentes eas & ea volumus, laudamus & approbamus & de noftris auctoritate regia fpecialique gracia quatenus religiofi predicti nec non alii habitantes larem & domicilium in dicta villa noua de Berco fouentes & habentes ufi funt rite & debite confirmamus, fenefcallo Bellicardi bailliuoque & judici Viuarenfi & Valentinenfi, ceterifque jufticiariis noftris prefentibus & futuris vel eorum locatenentibus & eorum cuilibet ut ad eum pertinuerit, mandantes quatinus conuenciones & pacciones in prefentibus litteris contentas modo pertracto teneant tenerique faciant ac inuiolabiliter obferuari. Quod ut firmum & ftabille perfeueret in futurum figillum noftrum prefentibus litteris juffimus apponendum noftro in aliis & alieno in omnibus jure faluo.

Autre ratification donnée a Montpellier en avril 1437

1462 Datum in Monte Ferande, Menfe Maii, anno Domini Millefimo quadringentefimo fexagefimo fecundo, & regni noftri primo. Sic fignatum.

Per Regem,

Comite Commingarum, dominis du Lau, de Cruffolio, de Montglat & aliis prefentibus.

L. DE REILHAC.

A. Nat Reg JJ 198 fol 347.

XXIV

A Montferrand, près Bordeaux. — Mai 1462.

Renouvellement des exemptions accordées à la ville de Bayonne.

(Sur parchemin)

SOMMAIRE

Établissement de deux foires annuelles en franchise, l'une le premier dimanche de carême, l'autre le premier d'août.

1462

ONFIRMATIO pro habitantibus Bayone. Loys, &c. Nous avoir reçeue l'umble ſupplicacion de noz bien amez les maire bourgoys & habitans de noſtre ville & cité de Baionne, contenant comme noſtre dicte ville ſoit ſituée & aſſiſe en poure & maigre pais & enuironnée d'autres circonuoiſins ou ne ſoient que peu de biens, & tant a ceſte cauſe & pour les grans charges qu'elle a à ſupporter comme pour les guerres qui y ont eu cours le temps paſſé, mortalités, peſtilences & autres fortunes quy y ſont ſuruenues, la marchandiſe qui y ſouloit auoir grant cours tant par mer que par terre & par le moyen de laquelle y affluoient pluſieurs marchands de diuerſes nacions qui y auoient grant quantité de marchandiſes dont le peuple & les marchands d'icelle amendoient en pluſieurs et diuerſes manieres y eſt deslongtemps ceſſee & cheue en diſcontinuacion; & par ce, eſt tourne la dicte ville & les diz ſupplians & habitans en icelle en grant poureté, grant partie des maiſons & habitacions d'icelle tombées & cheues en ruyne & eſt en uoye de encores plus faire & venir, ſe noſtre grace & miſericorde ne leur eſt ſur ce impartie, en nous humblement requérant que atcendu ce que dit eſt il nous plaiſe en reuerente perpétuel de noſtre nouvelle entrée en noſtre dicte ville & cité & a ce qu'elle ſe puiſſe a trait de temps repparer, reſourdre & remectre ſus, leur octroyer a perpetuité des foires

La ville de Bayonne a cruellement ſouffert pendant les dernières années. Les guerres y ont détruit le commerce.

1462

Epoque fixée pour les deux foires annuelles.

franches de tous aides, impoſicions, impoſtz & de tous autres ſubſides quelxconques, dont l'une ſe tiendra le premier jour de kareſme & l'autre le premier jour d'aouſt durans les dictes franchiſes quinze jours entiers apres chacun deſdis premiers jours d'icelles foires & ſur ce leur impartir noſtre grace, pource eſt il que nous, ayans regard & conſidéracion à la povreté de noſtre dicte ville, dont nous ſommes bien informez & aux autres choſes deſſuſdictes, inclinans à l'umble ſupplicacion & requeſte a nous ſur ce faicte par leſdiz ſupplians leur avons octroyé & octroyons deux foires franches de toutes impoſitions, pour icelles eſtre tenues doreſenauant & a perpetuité aux jours & en la manière deſſus déclairez. Si donnons en mandement par ces dictes preſentes à noz amez & féaulx gens de noz comptes. tréſoriers & généraulx conſeilliers ſur le fait & gouvernement de toutes noz finances aux ſeneſchaux de Guienne & des Landes & a tous noz autres juſticiers ou a leurs lieuxtenans préſens & auenir & à chacun d'eulx ſi comme a luy appartiendra que de noz préſens grace, octroy & affranchiſſement facent. ſeuffrent & laiſſent noſtre dicte ville & cité de Bayonne les manans & habitans en icelle, & ceulx qui viendront auſdictes foires, joyr & uſer plainement & paiſiblement en faiſant crier & publier leſdictes foires auſdiz jours es lieux & villes de noſtre royaume ou meſtier ſera, & icelles sevir & tenir en noſtredicte ville es lieux & places les plus propres & conuenables que leſdiz ſupplians verront eſtre à faire pour le bien, prouffit & utilité d'icelle. ſans leur faire ou donner ne ſouffrir eſtre fait mis ou donné aucun deſtourbier ou empeſchement en quelque maniere que ce ſoit. Mais ce fait, mis ou donné leur eſtoit le mectent ou facent mectre ſans délay chacun en droit ſoy à plaine délivrance. Et afin que ce ſoit choſe ferme & eſtable à touſiours nous auons fait mectre noſtre ſcel à ces préſentes : ſauf en autres choſes noſtre droit & l'autruy en toutes.

Donné à Montferrant pres Bourdeaulx, ou moys de May l'an de grace mil CCCC ſoixante & ung *(sic)* & de noſtre Regne le premier (2). Ainſi ſigné.

Par le Roy.

En ſon conſeil auxquel vous le comte de Comminge les ſires du Lau & de Montglat, & autres eſtoient.

J. DE REILHAC (1).

Viſa contentor.
J. DU BAN.

(A. Nat. Reg. JJ. 198 fol. 384).

1. Imprime aux ordonn. Royales, tome XV, p. 469
2. C'est evidemment une erreur du copiste. Louis XI n'étant pas encore roi en 1461.

XXV

A Montferrand, près Bordeaux. — mai 1462.

Erection d'une baronnie en faveur d'Armand Poilhault, escuier.

(Sur parchemin.)

SOMMAIRE

Les terres de Poylhault, la Fontaine, Poix, Mayest, etc., etc., sises en la senéchaussee des Lannes (Landes) sont érigées en baronnie, en faveur d'Armand de Poylhault, Sgr dudit lieu, en reconnaissance de ses services dans les guerres contre les Anglais au temps du roi Charles VII.

RECTIO domani Aceftre de Poilhouaut cum aliquibus adiacentibus in baroniam pro Arnoldo (1) de Poilhouaut domini dićti loci in Senefchallia Lannarum, Loys, &c. Nous avoir receu humble fupplication que nous, ayans regard & confideracion aux bons louables & conuenables feruices que noftre bien amé Armand Poilhouault, efcuier, feigneur dudit lieu de Poilhouault a faiz tant a feu noftre tres chier Seigneur & pere, que Dieu abfoille, comme à nous ou fait des guerres & autrement en plufieurs manieres fait chacun jour & efpérons que encores plus face le temps auenir, voulans iceulx feruices 1462

1. Alias *Armand*

1462 recognoiſtre & remunerer audit Armand de Poylaut & pour ce le eriger & eſleure en priuilege & prérogatiue en accroiſſement & honneur & afin de mémoire perpétuel pour lui & ſes hoirs ou temps auenir pour ces cauſes & autres à ce nous mouuans, inclinans à l'umble ſupplicacion & requeſte a nous ſur ce faicte par ledit Armand de Poyloaut, auons de ſadicte terre & ſeigneurie de Poylaut & Cauſom de tout le lieu & paroiſſe de Sins toute la paroiſſe de Lafontaine, des paroiſſes de Poy & Mayeſt auec ſes hommes qu'il a es paroiſſes de Cheins & Goiba toutes ſituées & aſſiſes en la ſeneſchauſſée des Lannes & de leurs appartenances & appendances tenues de nous noblement & en foi & hommaige joinctes & unies enſemble, fait & crée, faiſons & créons baronnie de noſtre grace eſpécial plaine puiſſance & auctorité royal par ces préſentes, & lui auons donné & donnons en icelles terres en chacunes d'icelles en tant que ladicte baronnie ſe extendra toute juſtice, haulte, moyenne & baſſe auec tout droit & prérogatiue de haulte juſtice, reſerue toutefuoyes a nous & a noz ſucceſſeurs le foy et hommaige ſouueraineté & autres droiz & deuoirs qui nous eſtoient deuz a cauſe deſdictes terres par auant ladicte creacion, voulans icelle terre de Poyloaut auec ſes appartenances deſſus déclairés eſtre doreſenauant tenue nommée & repputée baronnie & que ledit Armand y puiſſe & lui loyſe commettre & eſtablir en tous les lieux d'icelles juges comme bailliz ſeneſchaulx & autres officiers comme a baronnie appartient & que tout baron & hault juſticier peut faire en ſa terre & ſeigneurie, qui congnoiſtront des cauſes, procès & matieres qui ſourdront & naiſtront entre les ſubgeſtz demourans en ladicte baronnie, deſquelles cauſes & procès voulans toutefuoyes que les appellacions qui ſe feront & interjeceront deſdis juges & officiers reſſortiſſent directement & ſoient releuées par devant noz bailliz ou ſeneſchaulx eſquelles ladicte baronnie eſt aſſiſe pour illec eſtre cognues, diſcutées & déterminées comme il appartient. Si donnons en mandement par ces meſmes préſentes à noz amez & féaulx gens de noſtre parlement à Bourdeaulx & de nos comptes à Paris, aux ſeneſchaulx de Guienne & des Lannes, prevoſt d'Aix & Saint Seuer & a tous nos autres juſticiers ou a leurs lieuxtenans préſens & auenir & a chacun d'eulx, Si comme a lui appartiendra, que de nos préſens grace, don, créacion & octroy facent, ſeuffrent & laiſſent ledit Armand de Poyloault & ſes hoirs & ſucceſſeurs joyr & uſer plainement & paiſiblement ſans lui faire ne ſouffrir eſtre fait aucun empeſchement au contraire, lequel ſe fait, mis ou donné leur eſtoit, le mettez ou faictes mettre ſans delay à plaine déliurance & afin que ce ſoit choſe ferme & eſtable à touſiours, nous auons fait mettre noſtre ſeel à ces préſentes, ſauf en autres choſes noſtre droit & l'autruy en toutes. Donné à Mont-

Le nouveau baron exercera la haute justice et ne relèvera que du Roi.

ferrant pres Bourdeaulx au moys de May l'an de grace mil CCCC foixante & deux & de noftre regne le premier. Ainfi figné. 1462

Par le Roy,

Le fire du Lau & autres préfens.

J. DE REILHAC (1).

Vifa contentor.
J. DU BAN.

(A. Nat. Reg. JJ. 198 fol. 350 V°.)

1. Cette piece se trouve mentionnée aux Mémoriaux de la Chambre des Comptes (Bib. Nat. Fr. 21.405 fol. 143.)

XXVI

A Amboise. — Juin 1462.

Exercice des droits seigneuriaux pour les Évêques de Limoges.

SOMMAIRE

Renouvellement de l'association formee entre les rois de France et les évêques de Limoges pour l'administration de la justice.

1462

Lettres donnees par Charles VII en faveur des evêques de Limoges.

RENOUVELLEMENT de l'affociation formée entre les Rois de France & les Evêques de Limoges pour l'exercice des droits feigneuriaux & l'administration de la juftice. Ludovicus, &c., *nos vidiffe litteras deffuncti cariffimi domini & progenitoris noftri, nobis pro parte dilecti & fidelis confiliarii noftri epifcopi Lemovicenfis exhibitas et prefentatas, hujus tenoris* : Karolus, &c... *Quas quidem litteras fuperius infertas, omnia et fingula in eis contenta & descripta, ratas & gratas habentes, eas & ea volumus, laudamus, approbamus & ratificamus, ac de noftra speciali gracia, plena poteftate et auctoritate regia, confirmavimus & confirmamus tenore prefencium; earum ferie, fenefcallo noftro Lemovicenfi, ceterifque jufticiariis noftris, aut eorum localenentibus, prefentibus & futuris, & eorum cuilibet prout ad eum fpectaverit, mandantes quatinus omnia & fingula in premffertis litteris contenta teneant & obfervent,*

tenerique & inviolabiliter obſervari faciant, nil in contrarium faciendo, ſeu fieri paciendo. Quod ut firmum & ſtabile perpetuo perſeveret, noſtrum preſentibus duximus apponi ſigillum, ſalvo in ceteris jure noſtro et quolibet alieno. Datum apud Ambaſiam menſe junii anno domini milleſimo CCCC^me^ ſexageſimo ſecundo.& regni noſtri ſecundo. *Sic ſignatum.* 1462

Per Regem.

Vobis, domino du Lau, magiſtro Georgio Havart & aliis preſentibus,

DE REILHAC.

Viſa contentor.

DU BAN.

(Ordonn. Roy. Tom. V, p 504.)

XXVII

A Bordeaux. — Du 7 fevrier 1462.

Juridiction du Parlement de Bordeaux.

SOMMAIRE

La province d'Angoumois sera comprise dans le ressort du nouveau Parlement, au lieu du Parlement de Paris dont elle dependait jusque-là.

1462 ÉCLARATION que l'Angoumois eſt compris dans le reſſort du parlement de Bordeaux. Loys &c., à nos amez & féaulx conſeillers les gens de noſtre parlement à *Paris*, au ſeneſchal de Xaintonge ou à ſon lieutenans. ſalut. Noſtre procureur en noſtre parlement à Bordeaux nous a fait remonſtrer que combien en eſtabliſſant nagueres noſtre court de parlement en noſtre ville de Bourdeaux, noſtre intention & volonté euſt eſté & ſoit y comprendre la ville d'Angouleſme & pays d'Angoumois, & que leſditz ville & pays ſoient reſſortiſſans en noſtre dit parlement de Bourdeaux, néanmoins noſtre dit procureur doubte que leſditz habitans, ſujetz & demourans eſdictz ville d'Angouleſme & pays d'Angoumois faſſent ou veuillent faire difficulté & reffus de reſſortir en noſtre dit parlement de Bourdeaux. qui ſeroit venir contre noſtredicte volonté & intention, ainſy que noſtredit procureur nous a fait remonſtrer. requerant ſur ce noſtre proviſion. Pourquoy, nous, ce que dit eſt conſidéré, & pour autres cauſes & conſidérations à ce nous mouvans, bien records des choſes deſſuſdiĉtes. avons voulu. ordonné & déclaré, voulons, ordonnons & déclarons, par ces préſentes que tous & chaſcun les habitans, ſubjeĉtz & demeurans eſditz ville & pays d'Angoumois reſſortiront & seront reſſortiſſans & pendans en noſtredit parlement de Bourdeaux. tout ainſi qu'ilz reſſortiſſoient & ſouloient reſſortir & pendre à noſtredit parlement de Paris. Si vous mandons & expreſſément enjoignons, & à chaſcun de vous ſi comme à luy appartiendra, que noſtre diĉte ordonnance, déclaration & volonté vous entreteniez & gardiez, & icelle faiĉtes entretenir & publier, tant en noſtredicte court qu'èsdiĉte ville & pays d'Angoumois, & ailleurs où il appartiendra, en deffendant ou faiſant deffendre à tous les ſubjeĉtz & habitans dudit Angoumois, que leurſdiĉtes cauſes & procez ils ne faſſent doreſenavant pourſuivre en noſtrediĉte court de parlement à Paris; & en outre, mandons & commandons, & expreſſément enjoignons à vous noſditz conſeillers tenant noſtredit parlement à Paris, que toutes & chaſcune les cauſes & procez deſdiz ville & pays d'Angoumois, qui à préſens ſont pendans pardevant vous en noſtrediĉte court de parlement, ſoit par oppoſition ou aultrement, réſervé ceux qui ſont receus pour juger, vous renvoyez pardevant les gens de noſtredit parlement à Bourdeaux, ſans plus en entreprendre aucune court ne cognoiſſance, laquelle vous avons interdiĉte & deffendue, interdiſons & deffendons, par ces préſentes. Et pour ce que d'icelles on pourra avoir à beſogner en divers lieux, voulons qu'au *vidimus* fait ſoubz ſcel royal, ſoy ſoit adjouſtée comme à ce préſent original : car ainſi nous plaiſt-il eſtre faiĉt. Donné à Bourdeaux le VII février mil quatre cent ſoixante-deux et de noſtre règne le ſecond. Ainſi ſigné. 1462

Par le Roy,

Les ſires de Chaumont & du Lau, Giraut de Cruſſol (1) autres preſens,

J. DE REILHAC

(Ordonnance Roy. T. XV, p. 610.)

1. *Girault Bastel, sire de Crussol*, V. tome I. p 134.

XXVIII

A Bordeaux. — Du 7 fevrier 1462.

Juridiction du Parlement de Bordeaux.

SOMMAIRE

Le Limousin et le Quercy seront du ressort du nouveau Parlement

DIT qui place le Limoufin & le Quercy dans le reffort du Parlement de Bordeaux. Loys. &. Receue avons l'humble fupplicacion de nos
1462 chers & bien-amez les gens d'églife, nobles, maires & jurats de noftre ville & cité de Bourdeaux. repréfentant que comme puis nagueres nous, pour certaines grandes caufes & confidérations à ce nous mouuans, ayons de nouvel eftabli une court de parlement & fouveraine feoir & eftre tenue en noftre dicte ville & cité de Bourdeaux, & ordonné qu'en icelle court reffortiroient certains pays circonvoifins, ainfi que plus à plain eft faicte mention èslettres de l'inftitution d'icelle cour; & depuis, nous eftant en noftre cité, de Bourdeaux, les dictz fuppliants nous ayent fait remonftrer & requérir qu'attendu que les pays du Limoufin & de Quercy font circonvoifins, fitués & affis près de noftre ville de Bourdeaux, il nous pleuft leur octroyer & ordonner qu'iceux pays de Limoufin & de Quercy foient reffortiffans reffortiffent audit parlement de Bourdeaux, & fur ce leur octroyer nos lettres dudict octroy. Pourquoy, vu ce que dit eft, mefmement

que ledict pays de Limoufin & de Quercy font plus prochains de noftre dit parlement de Bourdeaux que de celui de Paris auquel ils avoient accouftumé de reffortir; parquoy plus convenable & aifée chofe fera aux fubgectz d'iceux pays de reffortir audit Bourdeaux qu'ailleurs, & pour autres grandes caufes & confidérations à ce nous mouvans, avons voulu & ordonné, voulons & ordonnons par ces préfentes, que tout le pays de Limoufin, tant le haut que le bas, & femblablement le pays de Quercy, c'eft à fçavoir tout ce qui reffortit & a accouftumé reffortir audit parlement de Paris, reffortiront & dorefenavant feront reffortiffans audit parlement de Bourdeaux, fans ce que les fubjectz & habitans dudit pays puiffent ne foyent tenuz de plus rendre ne reffortir en aultre parlement qu'a celuy de Bourdeaux. Si donnons en mandement par ces dictes préfentes, a nos amez & féaux confeillers les gens tenans nos parlemens à Paris & Tholoze, aux fenefchaux de Limoufin & de Quercy, ou à leurs lieuxtenans, & à chafcun d'eux, que noftre préfente ordonnance & volonté ils publient & faffent publier partout ou il appartiendra, & icelle gardent & entretiennent, & facent garder & entretenir fans enfraindre ne venir encontre. En outre, mandons par ces dictes préfentes a nofditz confeillers defditz parlemens de Paris & Tholoze, que toutes & chafcune les caufes & procès pendans pardevant eux, defditz pays de Limoufin, tant le haut que le bas, & femblablement dudit pays de Quercy, c'eft à fçavoir tout ce qui a accoutufmé reffortir au parlement de Paris, réfervé les procès qui font receues pour juger, ils renvoyent pardevant nos amez & féaux confeillers les gens de noftre parlement de Bourdeaux, fans plus tenir court ne cognoiffance, laquelle leur avons interditte & deffendue, interdifons & deffendons par ces préfentes. Et pour ce que de ces préfentes on pourra avoir à befongner en divers lieux, voulons qu'au *vidimus* d'icelles foy foit adjouftée comme à ce préfent original, auquel en tefmoing de ce nous avons fait mectre noftre fcel. 1462

Donné à Bourdeaux, le feptiefme jour de Febvrier, mil CCCC foixante-deux, & de noftre regne le deuxiefme. Ainfi figné :

Par Le Roy.

Les fires de Chaumont & du Lau, Girault de Cruffol, Regnault Dufault & autres préfens,

J. DE REILHAC.

(Ordonnance Roy. T. XV, p. 612.)

XXIX

A Bordeaux. — Du 7 février 1462

Juridiction du Parlement de Bordeaux.

SOMMAIRE

La province de Saintonge sera comprise dans le ressort du nouveau parlement.

EDIT qui place la Saintonge dans le reffort du Parlement de Bordeaux.
1462 Loys, &c., à nos amez & féaulx confeillers les gens de noftre parlement à Paris, au fenefchal de Xaintonge, & gouverneur de la Rochelle, ou à leurs lieuxtenans, falut. Noftre procureur en noftre court de parlement à Bourdeaulx, nous a fait remontrer qu'en établiffant n'agueres noftre cour de parlement en noftre ville de Bourdeaux nous avons expreffément ordonné que le pays de Xaintonge & toutes les juftices & juridictions reffortiffans en icelluy, & qui en font dépendantes feroient & feront reffortiffans en noftre dict parlement de Bourdeaux; & combien qu'en faifant icelle inftitution noftre intention & volonté euft efté & foit y comprendre les villes & gouvernement de la Rochelle,& toutes & chafcune les caufes & procès defdiz ville & gouvernement, néanmoins lefdiz de la Rochelle ont fait & font difficulté & refus de reffortir en noftredit parlement de Bourdeaux, qui eft venir contre la teneur de nos dites

ordonnances & volonté, ainſy que noſtredit procureur nous a fait remontrer, requerant ſur ce noſtre proviſion. 1462

Pourquoy nous, ce que dit eſt conſidéré, & pour aultres conſidéracions, à ce nous mouvans, bien records des choſes deſſuſdiƈtes, avons voulu, ordonné & déclaré, voulons, ordonnons & déclarons par ces préſentes, que tous & chaſcun les habitans demeurans & ſubgeƈts eſditz ville & gouvernement de la Rochelle reſſortiront & feront reſſortiſſans & procedans en noſtredit parlement de Bourdeaux tout ainſi qu'ils reſſortiſſoient et ſouloient reſſortir & prendre en noſtre parlement de Paris. Si vous mandons & expreſſement enjoignons, & à chaſcun de vous ſi comme à luy appartiendre, que noſtrediƈte ordonnance, déclaration & volonté vous entretenez & gardez, & icelle faiƈtes entretenir & garder & publier, tant en noſtrediƈt cour qu'esditz ville & gouvernement de la Rochelle & ailleurs, où il appartiendra, en deffendant ou faiſant deffendre à tous nos ſubgeƈts & habitans deſditz ville & gouvernement de la Rochelle & ailleurs où il appartiendra, que de leurſdits cauſes & procés ils ne faſſent doreſenavant pourſuite en noſtrediƈte cour de parlement de Paris; & en oultre, mandons & commandons, & expreſſement enjoignons à vous nos conſeillers tenans noſtre diƈte cour de parlement à Paris, que toutes & chaſcune les cauſes & procès deſditz ville & gouvernement qui à préſent ſont pendans pardevant vous en noſtredit parlement ſoit par appellations ou autrement referve ceux qui sont receus pour juger, vous revoyez par devant les gens de noſtredit parlement à Bourdeaux, ſans plus en entreprendre aucune cour ne cognoiſſance laquelle vous avons interditte et deffendue, interdiſons & deffendons par ces preſentes. Et pour ce que d'icelles on pourra avoir à beſogner en pluſieurs & divers lieux, voulons qu'au vidimus fait ſoubs ſcel royal foy ſoit ajouſtée comme au préſent original car ainſi nous plaiſt-il & voulons eſtre faiƈt.

Donné à Bourdeaux, le VII fevrier mil CCCC ſoixante-deux, & de noſtre regne le ſecond. Ainſi ſigné :

Par le Roy,

Les ſires de Chaumont, du Lau, Girault de Cruſſol, Regnault Duſſault & autres preſens.

J. DE REILHAC

(Ordonn. roy., t. XV, p. 608.)

XXX

A Bordeaux. — Du 7 février 1462.

Juridiction du parlement de Bordeaux.

SOMMAIRE

Les sénéchaussées d'Agen et le pays de Condom seront du ressort du Parlement de Bordeaux, au lieu de celui de Toulouse dont ils dépendaient jusque-là.

1462

ESSORT du parlement de Bordeaux dans la fénéchauffée d'Agenois & de Condomois. Loys, &c.. au fenefchal d'Angennoys ou fon lieutenant. Noftre procureur général en noftre court de parlement à Bourdeaux nous a fait remonftrer que depuis noftre nouvel advenement à la couronne de France et à la requefte des bourgeoys & citoyens & des gens des troys eftatz de noftre ville & cité de Bourdeaulx & duché de Guienne, nous avons mis, ordonné & inftitué en noftre ville & cité de Bourdaulx ung parlement & court fouveraine pour la décifion & détermination des caufes tant defdictes cité & ville de Bourdeaulx que de voftre fenefchauffée & autres pays & fenefchauffées que nous avons voulu & voulons reffortir en icelle & en avons déffendue & interdict toute cognoiffance à nos cours de parlement de Paris & de Tholofe & à chafcune d'icelles; & combien que de ce vous & auffi les habitans & demeurans dedans

voſtre dicte ſeneſchauſſée & ailleurs audict païs de Guienne avez eſté ſouffiſemant certiffiés tellemant que vous ne eulx ne pouvés ou devés prétendre aucune igno- 1462
rance, toutteffoys depuis la dicte institution de noſtre dicte court de parlement aucuns habitans de voſtre dicte ſeneſchauſſée s'efforcent chacun jour mectre & introduire leurs cauſes d'appel & autres que avons ordonné reſſortir en ladicte court de parlement de Bourdeaulx en noſdictes cour de parlement de Paris & de Tholoſe en grant meſpris & contempt de nous & de noſdictes ordonnances & inſtitution dudit parlement de Bourdeaulx en entreprenant ſur noſdictes voulonté & ordonnances, vous donnez & octroyez voz lecttres de pareatis ou obeyſſance au moïen deſquelles leſdictz habitans & demourans dedans noſtre dicte ſeneſchauſſée ſont adjournés l'un l'autre en nos dictes cours de parlement de Paris & de Tholoſe, & contraigniés les parties à procider tout ainſi qu'ils faiſoient avant l'inſtitution de noſtre dicte court de parlement de Bourdeaulx qui eſt la totale entonacion & entierompement de noſtre dicte court de parlement & infraction d'icelle, ou tres grand comtempt & meſpris de nous & de noſtre dicte court: & pour ce nous à requis que ſur ce vueuillons pourveoir de nos remede & proviſion, pour ce eſt, & que nous, ces choſes conſidérées nous voulons noſtre dicte court de parlement de Bourdeaulx eſtre entretenu & gardé en ſes termes, fins & limites par nous ordonnés pour la conſervation de noſtre dict pays de Guienne, vous mandons & expreſſément enjoignons en comectre ſe meſtier eſt que vous faictes ou faictes faire expreſſes inhibitions & deffenſes de par nous, ſur certaines & graus peines a nous à appliquer à tous & chaſcuns les habitans de noſtre dicte ſeneſchauſſée, tant es ſièges & reſſors d'Agen que de Condom & de Condomoys & autres qu'il appartiendra & dont ſeres requis qu'ils, ne aucuns d'eulx, n'ayant atirer, faire, convenir, mectre ne tenir en procès l'ung l'autre ne aultre perſonne que ce ſoit eſdictes cours de parlement de Paris & de Tholoſe, pour les cauſes, plaideries, procès & queſtions des choſes ſituées & aſſiſes au dedans des fins & limites de noſtre court de parlement de Bourdeaulx & deſquelles avons ordonné la cognoiſſance leur appartenir & avec ce affin que au moyen de la dicte conceſſion des dictes lectres de pareatis ou obeiſſance que vous aves acouſtume ne faire & octroyer les habitans de voſtre dicte ſeneſchauſſée ne ſe puiſſent excuſer, nous vous déffendons expreſſement par ces preſentes que doreſnavant vous ne faictes ne octroyés aucune lectre de pareatis ou obeyſſance à aucuns habitans de noſtre dicte Séneſchauſſée ne autre perſonne pour adjourner ou faire adjourner, mectre ne tenir en procès aucune perſonne que ce ſoit es dictes cours de parlement de Paris & de Tholoſe pour leſdictes cauſes; & en oultre vous commandons que les

1462 procès qui par vous font ou feront jugés & dont les préfentes ou aucunes d'elles ont appelé ou appeleront envoyés en noftre dicte court de parlement de Bourdeaulx & non ailleurs; & afin que aucune perfonne de noftre dicte fenefchauffée n'en puiffe prétendre jufte caufe d'ignorance & n'ait occafion de venir, au coutraire nous vous mandons & commandons, & commandons en commectant fe meftier eft ques es lieux & villes plus notables de voftre dicte fenefchauffée au jour de marché, à fon de trompe & voy publique vous faictes faire lefdictes inhibitions & deffenfes & publier ces préfentes nos lectres affin que nul n'en puiffe prétendre jufte caufe d'ignorance & les faictes mectre & enregiftrer es regiftres de voftre court & de tout ce que fait aurés, faffiez certiffier deuement noftre dicte cour de parlement à Bourdaulx.

Donné à Bourdaulx, le feptiefme jour de février, l'an de grace mil CCCC foixante deux & de noftre régne le fecond. Ainfi figné.

Par le Roy.

Les feigneurs de Chaumont & du Lau, & autres préfents.

J. DE REILHAC.

(A. Dép. de la Gironde, B. 29, fol. 114.)

A Bordeaux. — Du 7 fevrier 1462.

Juridiction du Parlement de Bordeaux.

SOMMAIRE

La sénéchaussée des Lannes (Landes) sera du ressort du nouveau Parlement.

RESSORT du Parlement de Bordeaux dans la ſénéchauſſee des Lannes. 1462
Loys, &c., au ſeneſchal de Lannes ou ſon lieutenant, ſalut : Noſtre procureur général en noſtre court de parlement à Bourdeaulx nous a fait remonſtrer que depuis noſtre nouvel advenement à la couronne de France & à la requeſte des bourgeois & citoyens & gens des troys eſtatz de noſtre ville & cité de Bourdeaulx & duché de Guienne, nous avons mis & ordonné & inſtitué en noſtre ville & cité de Bourdeaulx ung parlement & court ſouveraine pour la déciſion & détermination des cauſes tant deſdiĉtes cité & ville de Bordeaulx que de voſtre ſeneſchauſſée & autres pays & ſeneſchauſſees que nous avons voullu & voullons reſſortir en icelle & en avons déffendue & interdiĉte toute congnoiſſance à noz courts de parlement de Paris & de Tholoſe & à chaſcunes d'icelles ; & combien que de ce vous & auſſi les habitans & demeurans dedans voſtre ſeneſchauſſée & ailleurs audiĉt pays de Guienne avez eſté ſouffi-

1462 famment certiffiez tellemant que vous ne eulz n'en povez ou devez prétendre aucune ignorance, touteffoys depuis ladicte inftitution de noftre dicte court de parlement aucuns habitans de voftre dicte fenefchauffée s'efforcent chacun jour mectre & introduyre leurs caufes d'appel & autres que avons ordonné reffortir en ladicte court de parlement de Bourdeaulz en nos dictes cours de parlement de Paris & de Tholofe en grant mefpris & contempt de nous & de nos dictes ordonnances & inftitution dudict parlement de Bourdeaulz en entreprenant fur nos dictes voulonté & ordonnances, vous donnez & octroyez vos lectres de pareatis ou obéiffance au moiien defquelles les dicts habitans & demourans dedans voftre dicte fenefchauffée font adjournés l'un l'autre en nos dictes cours de parlement de Paris & de Tholofe & contraignés les parties à procéder tout ainfi qu'ils faifoient avant l'inftitution de noftre dicte court de parlement de Bourdeaulz qui eft la totale entonacion & entierompement de noftre dicte court de parlement & infraction d'icelle ou très grand contempt & mefpris de nous & de noftre dicte court; & pour ce nous a requis que fur ce vueillons pourveoir de nos remede & provifion pour ce eft, & que nous, ces chofes confidérées nous voulons noftre dicte court de parlement de Bourdeaulx eftre entretenu & gardé en fes fins, termes & limites par nous ordonnés pour la confervation de noftre dict pays de Guïenne, vous mandons & expreffément enjoignons en comectre fe meftier eft, que vous faictes ou faictes faire inhibition & défenfe de par nous, fur certaines & grans peines à nous à applicquer, à tous & chafcuns les dicts habitans de voftre dicte fenefchauffée & autres qu'il appartiendra & donc eft requis qu'ils ne aucuns d'eulx n'ayent atirer, faire, convenir, mectre ne tenir en procès l'un l'autre ne aultre perfonne que ce foit efdictes cours de parlement de Paris & de Tholoze pour les caufes plaidoieries, procès, queftions des chofes fituées & affifes au dedans des fins & limites de noftre parlement de Bourdeaulx & defquelles avons ordonné la cougnoiffance leur appartenir & avec ce affin que au moien de ladicte conceffion des dictes lectres de pareatis & obéiffance que vous avés acouftumé de faire & octroyer les dicts habitans de voftre dicte fennefchauffée ne fe puiffent recufer nous vous deffendons expreffément par ces prefentes que dorefnavant vous faictes ne octroyes aucunes lectres de pareatis ou obéiffance à aucuns habitans de voftre dicte fenefchauffée ne autre perfonne pour adjourner ou faire adjourner, mectre ne tenir en procés aucune perfonne que ce foit efdictes cours de parlement de Paris & de Tholofe pour les dictes caufes; & en oultre vous recommandons que les procés qui par vous font ou feront jugés & dont les préfentes ou aucunes d'elles ont appelé ou appelleront envoyés en noftre dicte court de parlement de

Bourdeaulx & non ailleurs; & afin que aucune perfonne de voftre dicte fennefchauffée n'en puiffe prétendre caufe d'ignorance & n'ait occafion de venir au 1462
contraire. Nous vous mandons & commandons en commectant fe mefme eft que es lieux & villes plus notables de voftre dicte fenefchauffée à jour de marché, à fon de trompe & cry publique vous faictes faire les dictes inhibitions & déffences & publier ces préfentes nos lectres affin que nul n'en puiffe pretendre aucune jutte caufe d'ignorance & les faictes mectre & en regiftrer es regiftres de voftre court, & de tout ce que fait aurez faifiez certiffier deuement noftre dicte court de parlement de Bourdeaux. Ainfi figné.

Par le Roy,

Les feigneurs de Chaumont & du Lau & aultres préfents.

J. DE REILHAC.

(A. Dep. de la Gironde., VII. B. 29 fol. 125)

XXXII

A Toulouse. — Du 11 juin 1462.

Tribunaux compétents pour les habitants du Dauphiné

SOMMAIRE

Defense aux fermiers des droits de justice de faire citer les habitants du Dauphiné devant d'autres juges que leurs juges ordinaires, et au Parlement de Grenoble d'avoir egard a de tels ajournements.

1463 ETTRES patentes portant défenfe aux Fermiers des Droits de Juftice de faire ajourner les Habitants du Dauphiné par devant d'autres Juges que leurs juges ordinaires; & au Parlement de cette province, d'avoir aucun égard à de tels ajournemens. Loys, &. Daulphin de Viennoys; Comte de Valentinois & Dyois, au gouverneur ou fon lieutenant, & gens de noftre parlement à Grenoble, falut & dilection. Les Gens des trois eftats de noftre dit pays de Dauphiné, nous ont fait remonftrer que combien que chacun fubget foit tenu de plaider & refpondre. tant en demandant que en deffendant, par-devant fon Juge ordinaire & non ailleurs, & que raifonnablement, il ne doit, en première inftance. eftre traict ne convenu hors la jurifdiction ordinaire de laquelle il eft fubget. neanmoins plufieurs fermiers qui fouvent prennent à ferme les efpolis, & aultres droicts de juftice de plufieurs nos juridictions audit pays, non ayent aucun regard aux droits & jurifdictions des juftices ordinaires des gens d'efglife

& nobles dudit pays, ains font chacun jour convenir les fubgets dudit pays pardevant les officiers de nofdites juridictions, & les contraingnent à plaidoyer, en oftant totalement la juridiction defdites gens d'églife & nobles dudit pays, qui eft en leur grand grief, préjudice & dommaige, & plus feroit, fe par nous ne leur eftoit sur ce donné provifion comme ils dient, humblement requerant icelle. Pourquoy, nous, ces chofes confidérées, voulans à ung chacun fon droit & jurifdiction eftre gardé, vous mandons & expreffément enjoingnons que vous faictes ou faictes faire deffence de par nous, fur grans paines à nous appliquées, à tous les dits officiers ou fermiers denofdictes juridictions que d'ores en avant ils ne facent convenir fubgect defdictes Juftices ordinaires & fubalternes dudit pays, au moins en première Juftice, ailleurs que devant les juges ordinaires & fubalternes dudit pays, au moins en première juftice, ailleurs que devant les juges ordinaires des lieux où font fubgets; & fe aucuns adjornemens ont efté ou eftoyent faicts au contraire, fi les faites revoquer & mectre à néant par ceulx qu'il appartiendra, en faifant auffi inhibitions & deffenfes de par nous, à toutes les parties qui ont fait ou voudroient faire faire aucuns adjornement, ou tenir en procès aucunes perfonnes dudit pays, ailleurs que devant les Juges ordinaires, qu'ils s'en défiftent & defportent ; car tel eft noftre plaifir.

1463

Les ajournements faits devant d'autres juges que ceux ordinaires et naturels seront reputés nuls.

Donné à Touloufe, le onziéfme jour de Juin, l'an de grâce mil quatre cens foixante & trois, & de noftre règne le deuxiéfme. Ainfi figné :

Par Le Roy.

Le comte de Comminges & aultres préfens.

DE REILHAC.

(Ordonn Roy, T. XVI p. 3.)

XXXIII

A Toulouse — Juin 1463.

Franchises pour la ville de Millaud.

SOMMAIRE

Les consuls de la ville de Millaud sollicitent et obtiennent confirmation des privilèges que leur avait accordés Charles VII.

1463 ONFIRMATION des Libertés, Franchifes & Coutumes de la ville de Milhaud. Ludovicus. &c. Nobis, pro parte bene dilectorum noftrorum confulum & habitantium villæ noftræ de Amiliano, fenefcalliæ Ruthenæ. nobis porrectas extitiffe litteras, in forma chartæ, inclitæ memoriæ deffuncti chariffimi domini genitoris noftri, cujus animæ propicietur Deus, bus impendenti figillitas, hujufmodi fub tenore :

Karolus, Dei gratia, Francorum Rex, notum facimus univerfis prefentibus & ejus figillo, in abfentia magni, ordinato cum filis fericis, rubeis & virifuturis, nos quasdam litteras, &c...

Poft quarum quidem litterarum preinfertarum præfentationem & exhibitionem, ex parte dictorum confulum & habitantium prædictæ villæ noftræ Amiliani, nobis reverenter extitit fupplicatum quatenus litteras ipfas & contenta in eifdem approbare & confirmare dignaremur. Nos igitur, geftis laudabilibus predeceffforum noftrorum bonæ memoriæ inhærere volentes, & eorumdem fupplicantium petitioni tanquam juſte & rationi conſonæ benigniter annuentes, litteras prætranſcriptas, ac omnia & ſingula in eis contenta, ratas & gratas. atque rata & grata habentes. eas & ea volumus laudamus, ratificamus & approbamus. ac ex certa noſtra ſcientia, ſpeciali gratia, auctoritateque regia, per noſtri preſentis interpoſitionem decreti, quatenus eiſdem litteris & contentis in eis præfati ſupplicantes ritè & legitimè uſi ſunt, confirmavimus & confirmamus per præſentes. Quocircà per eaſdem mandamus ſeneſcallo Ruthenenſi ac Judici noſtro prædicti loci de Amiliano, necnon cæteris Juſticiariis & officiariis noſtris, aut eorum locatenentibus, preſentibus & futuris, & eorum cuilibet prout ad eum pertinuerit vel intereſſe poterit, quatenus ipſos conſules & habitantes loci de Amiliano jam dicti, & eorum quemlibet, noſtris preſentibus, ratificatione, confirmatione, indulto & gratia uti, frui & gaudere de cætero plenè & pacificè faciant, ſinant & permittant, abſque impedimento, difficultate vel objectione quibuſcumque. Quæ ut perpetuæ firmitatis robur obtineant, noſtrum his præſentibus ſigillum apponi fecimus; ſalvo in aliis jure noſtro, & in omnibus quolibet alieno. 1463

Datum Toloſæ, menſe junii, anno Domini milleſimo quadringenteſimo ſexageſimo tertio, & regni noſtri ſecundo. Sic ſignatum.

Per Regem,

Guilhelmo de Varye & aliis preſentibus.

DE REILHAC.

(Ordonn. Roy., T. XVI, p. 19.)

XXXIV

A Toulouse. — juin 1463.

Privileges pour la ville d'Albi.

SOMMAIRE

Rappel des lettres accordées par saint Louis au mois de décembre 1264, de celles données par Philippe le Bel en mars 1282 et confirmation au nom de Louis XI.

1463 ETTRES patentes relatives à la Juridiction & aux Droits de l'Evêque d'Alby, & de son Eglise. Ludovicus, &c. Nos vidisse licteras inclitarum recordacionum Ludovici & Philippi quondam Regum Francorum, predecessorum nostrorum, nobis pro parte dilecti & fidelis consiliarii nostri, episcopi Albiensis, exhibitas & presentas, formam quæ sequitur continentes :

Ludovicus Dei gratia Francorum Rex ; notum facimus tam presentibus quam futuris, quod cum orta esset materia quæstionis inter nos, ex una parte, & dilectum nostrum Bernardum, episcopum Albiensem ex altera, super jure & jurisdicione civitatis Albiensis, vel parte ejusdem, & specialliter, super eo quod pro parte nostra proponebatur, quod ratione jurisdicionis quam nos habemus in civitate Albiensi,

1463

incurrimenta herefum, & faidimentorum pertinebant, ad nos, epifcopo Albienfi in contrarium afferente & dicente dicta incurrimenta ad fe & Albienfem ecclefiam pertinere ratione jurifdicionis quam habet in civitate Albienfi, necnon super quibufdam occafione contencionis hujufmodi fufcitatis, & quibufdam aliis, tantem fuper dicta quæftione ad amicabilem compofitionem devenimus, prout inferius continetur :

Videlicet quod nos pro nobis & fucceffforibus noftris Regibus Francorum, volumus, concedimus & affentimur, quod epifcopus Albienfis & fucceffores ejus habeant, poffideant, vel quafi pacificè & quieti, tanquam fua, majorem jufticiam civitatis Albienfis, videlicet de criminibus fanguinis effufione, furtis & adulterium, & fidelitatem hominum ejufdem civitatis, & cuftodiam clavium portarum, dicte civitatis, & incurrimenta five commiffa hominum predictorum, & preconizare facere in civitate predicta. Nobis vero & epifcopo Albienfi communis remanet in dicta civitate jufticia clamorum dicte civitatis. Que fuit communis epifcopi Albienfis, erit communis nobis & fucceforibus noftris & dicto epifcopo Albienfi & fucceforibus fuis ; ità quod ille cognofcet de minoribus clamoribus, ad quem primo ibunt fuper hoc litigantes : Nam, fi primi ibunt ad epifcopum Albienfem vel bajulum fuum, epifcopus Albienfis cognofcet tantum vel bajulus fuus ; & è converfo, fi primo ad nos vel bajulum noftrum, nos tantum cognofcemus, vel bajulus nofter ; fi vero fimul ibunt ad epifcopum Albienfem, vel ejus bajulum, & ad nos vel bajulum noftrum, fimul cognofcemus, exceptis clamoribus quorumdam hominum qui tantum ad epifcopum Albiensem dicuntur pertinere, de quibus epifcopus Albienfis feu officialis fuus tantum cognofcet, de quibus inquiretur qui fint illi, ut fuper hoc certitudo aliqua habeatur. De qua jufticia minorum clamorum nos vel fucceffores noftri Reges Francorum non tenebimur aliquam recognitionem facere epifcopo Albienfi & fucceforibus fuis, quamdiù ad manum noftram nos vel fucceffores noftri Reges Francorum tenebimus eamdem ; fed fi contigerit nos vel fucceffores noftros reges Francorum prædicta jura quæ fuerunt incurrimentum in civitate Albienfi, ponere extra manum noftram vel fucceforum Regum Francorum, ille vel illi qui dicta jura poffideret, vel poffiderent, ea teneret vel tenerent ab epifcopo Albinenfi & fucceforibus fuis, & teneatur vel teneantur fibi facere homagium pro iifdem. Preterea interim bajulus nofter & fucceforum noftrorum qui pro nobis erit, pro nobis & fucceforibus noftris, in civitate Albienfi, veniens coram epifcopo Albienfi vel mandato fuo apud jurabit, Albiam, prefente ipfo epifcopo Albienfi vel mandato fuo, quod Jura epifcopi & ecclefie Albienfis non ufurpabit, nec diminuet contra jufticiam, nec per ullos de familia

La haute justice criminelle appartiendra à l'évêque seul, mais il partagera avec le roi l'administration de la ville.

1463 ſua diminui ſuſtinebit, ſalvo eciam dicto epiſcopo Albienſi & ſucceſſoribus ſuis, quod nos vel ſucceſſores noſtri non poſſimus recipere compenſacionem aliquam pro jure exercitùs civitatis Albienſis, vel ipſo exercitu per quem oneraretur civitas, vel homines Albienſes, in aliquibus redditibus perſolvendis, niſi de voluntate Albienſis epiſcopi vel ſucceſſorum ſuorum & conſenſu : nec propter hoc volumus & intelligimus aliquod novum jus nobis vel ſucceſſoribus noſtris ſuper dicto exercitu acquiſitum, nec nobis eſſe conceſſum dictum exercitum a dicto epiſcopo Albienſi, nec volumus eidem epiſcopo Albienſi in aliquo derogari ſuper hoc quod ipſe epiſcopus Albienſis habet & poſſidet, ut aſſerit, in civitate Albienſi exercitum, nec alii juri ſuo. . . . .

. . . .

Quas quidem licteras preinſertas, nec non privilegia, franchiſias, libertates, tractatus, compoſiciones, ceteraque omnia & ſingula in eiſdem contenta, prout & quemadmodum in ipſis licteris deſcripta ſunt & declarata, ſalvo tamen jure noſtro & quolibet alieno, ratas & gratas, rataque & grata habentes, eas & ea ex noſtre poteſtatis plenitudine, autoritate que regia ac ſpeciali gracia, laudamus, approbamus, rattificamus & confirmamus harum ſerie licterarum, earum tenore mandantes ſeneſcallis noſtris *Tholoſe* & *Carcaſſone*. viguerio Albienſi, ceteriſque juſticiariis & officiariis, aut eorum locatenentibus, preſentibus & futuris, & eorum cuilibet prout ad eum pertinuerit. quatenùs dictum Albepiſcopum ienſem, ſuoſve ſucceſſores, noſtris preſentibus gracia, approbatione, ratificatione et confirmatione uti & gaudere faciant perpetuo, pacificè & quietè, abſque diſturbio aut impedimento quocumque. Quod ut firmum & ſtabile perpetuo perduret, noſtrum preſentibus licteris fecimus apponi ſigillum.

Datum Tholoſe, menſe Jungnii, annò Domini milleſimo CCCC° LXIII° & regni noſtri tercio. Sic ſignatum :

Per Regem.

Comite de Comminges, domino du Lau & aliis preſentibus.

. DE REILHAC (1).

Visa
(laiſſé en blanc).

(A. Nat. Reg., J J. 199, fol. 199.)

1. Imprimé dans les Ordonn. Roy., T. XVI, p. 6.

XXXV

A Toulouse. — Juin 1463.

Permission de reconstruire diverses forteresses abattues devant les guerres des Anglais en Guienne.

(Sur parchemin)

SOMMAIRE

Bernard Angemin, chevalier, seigneur de Rosan, Pujols, Cuirat, etc., est autorisé à rebâtir et à fortifier les châteaux qu'il possédait sur la Dordogne, et qui, sur l'ordre du feu Roi Charles VII, avaient été démolis pendant les guerres de Guienne.

1463

CARTA fortifficandi pro Bernardo Angemino pro eius domaniis & locis de Pujolz & de Cuirat. Loys, &c. Nous auoir receu lumble ſupplicacion de noſtre amé & féal cheuallier Bernard Angemin, ſeigneur de Roſan, de Pujolz & de Cuirat, contenant que auſdis lieux de Pujolz & de Cuirat tenuz de nous en foy & homaige & auſquelz ledit ſuppliant a toute juſtice & juridicion haulte, moienne & baſſe, ſouloit & auoit acouſtumé le temps paſſé auoir de toute ancienneté chaſteaulx places & fortereſſes pour le retraict & demeure des ſeigneurs & des hommes & ſubgectz deſdis lieux & de leurs biens. & ſoit ainſi que depuis la derreniere redduction de noſtre pais & duchié de Guienne eſquelx leſdictes places & lieux ſitués & aſſiſes ladicte place de Pujolz par l'ordonnance de feu noſtre chier ſeigneur & pere, que Dieu abſoille, & de ſes gens aie eſté demolye & haba-

Le château de Pujols démoli par ordre de Charles VII.

1463

La place de Cuirat fut autrefois abattue par le Sgr de Rozan

tuee & la dicte place de Cuirat qui est assise sur la Dordoigne durant les guerres qui long temps ont eu cours vudit duchié de Guienne longtemps a semblablement fut abatue par le feu seigneur de Rosan pour certaines causes a ce le mouvans & tellement que a l'occasion desdictes démolicions lesdictes places de Pujolz sont demourées comme destruictes désemparées & inhabitées & à ceste cause ledit suppliant pour aucunement les remectre sus & afin que le temps aucun elles puissent estre seurement gardées & entretenues & ne tournent à totalle destruction, auoit & a entencion icelles places faire repparer & fortiffier ainsi qu'ilz souloient & auoient acoustumé estre de toute ancienneté ou autrement de telles repparacions qu'il aduiseroit ce qu'il n'ouseroit faire sans auoir sur ce noz congié & licence. humblement requérant iceulx; pourquoy nous ces choses considérées & pour autres causes a ce nous mouuans. audit sire de Rosan suppliant pour lui, ses hoirs & successeurs auons donné & octroyé de grace espécial plaine puissance & auctorité royal par ces présentes donnons & octroyons congié & licence de répares ou faire repparer. fortiffier & emparer lesdis lieux de Pujolz & de Cuirat de murailles tours, fousses. portes. pons leueiz. eschiffes barbecannes & de toutes autres reparacions & fortifficacions conuenables & nécessaires tout ainsi que bon lui semblera & qu'il verra estre affaire sans ce que il a ceste cause il ne ses dis successeurs encourent en aucune peine ou amende enuers nous ne que aucune choses leur en puisse estre supputée ne demandée ores ne pour le temps auenir en aucune manière si donnons en mandement par ces mesmes présentes au seneschal de Guienne & a tous noz autres justiciers ou a leurs lieutenans presens & auenir & a chacun d'eulx si comme a luy appartendra que de noz presens grace congié. licence & octroy facent souffrent & laissent joir & user plainement, sans, en ce lui mectre ou donner ne souffrir estre fait, mis ou donné aucun empeschement au contraire, & afin. &c.

Donné à Tholouse ou mois de juing l'an de grace mil IIIICXIII & de nostre regne le second. Ainsi signé (1).

Par le Roy.

Les sires du Lau, de Beaumont & autres presens,

RILHAC.

1. (Arch. Reg., JJ. 199, fol. 194.)

XXXVI

A Senlis. — Du 1er Juin 1464.

Don fait aux religieuses de l'abbaye d'Hyere.

SOMMAIRE

Les Religieuses auront le droit de recevoir la dixieme partie de tout le pain qui se consomme a la cour du roi a Paris, conformément aux privileges qui leur ont déja eté accordes en l'an 1380.

LETTRES confirmatives du Don fait aux religieuſes de l'abbaye d'Hyère(1). Ludovicus, &c., nos liĉteras cariſſimi domini avi noſtri, cui Deus parcat, vidiſſe, forme que ſequitur & tenoris : 1464

Karolus Dei gratia, Francorum Rex ; notum facimus univerſis, &c... nos liĉteras inclite memoriæ deffunĉti Ludovici, quodam predeceſſoris noſtri ſanas & integras, & nulla ſui parte vitiatas, vidiſſe. quarum tenor ſequitur in hæc verba :

In nomine ſanĉte individue Trinitatis :

Ludovicus Dei gratia, Rex Francorum & Dux Aquitanorum, omnibus Chriſti fidelibus in perpetuum. Quoniam Deo diſponente bonaque temporaliter agimus, & contra adverſarium noſtrum arma ſunt inexpugnabilia & eterne hereditatis indubitanter nobis acquirunt premia, ratio conſulit, neceſſitas exigit, ut, dum tempus habemus, bonum ad omnes, maximè autem ad domeſticos fidei operemur, ut pauperes ſpiritu, noſtre largitatis munificentiâ neceſſitatis ſue obtineant remedium, & noſtra fragilitas, eorum orationibus adjuta, in diſtriĉto examine Judicem ſibi inveniat miſericordem & propicium ; (suivent des conſidérations pieuses ſur la

1. Abbaye de l'ordre de Saint-Benoit, fondée vers 1122, par Eustachie, comtesse d'Étampes, sœur de Louis le Gros, situee sur le diocese de Paris. — *Yerres*, canton de Boissy-Saint-Leger, arrondist de Corbeil (Seine-et-Oise).

1464 nécessité de l'aumône.)... volumus & immobili lege statuimus ut panis qui ad curiam nostram & successorum nostrorum, quociens cumque Parisiis fuerimus, defertur, totus ex integro decimetur, atque eadem decima sanctimonialibus sancte Marie de Hedera, ob remedium animarum nostrarum, in perpetum prebeatur. Id etiam Regibus posteris nostris denunciamus, quatinus hanc eleemosinam nostram acceptam habeant, manuteneant, & in nullo unquam minui permictant. Quod ne valeat oblivione deleri, scripto commendavimus; & ne possit à posteris infirmari sigilli nostri auctoritate & nominis nostri caractere subter firmavimus Actum

Lettres données par Louis VIII en 1183 PARISIIS publice, anno incarnati Verbi millesimo centesimo, quadragesimo tertio, regni nostri septimo, astantibus in palatio nostro quorum nomina subtituiala sunt & signa I Radulphi Viromanduorum comitis (1) dapiferi nostri. S. Willelmi baticularii (2). S. Mathei camerarii (3) S. Mathei constabularii (4) & sic signantur in inferiori margine. Data per manum Cadurci, cancellarii (5).

Quas quidem lictteras suprascriptas, ratas habentes & gratas, vestigiisque predecessorum inherere volentes, eas laudamus, ratificamus, approbamus, & ex certa sciencia gracia speciali, auctoritateque nostra regia & nostre regie plenitudine potestatis, confirmavimus, donumque predictum es dicta nostra ampliori gratia declarantes ut bonorum & benefactorum ipsarum religiosarum & divini servitii quod quotidie in dicto suo monasterio celebratur, pro presenti & in futurum celebrabitur, efficiamur participes, domus nostras de Sancto-Paulo & alias quascumque habitationes in quibus infra muros novos Parisius nos transfere contigerit, sicuti qui sunt infra veteres de villa Parisiensi existere decernimus & declaramus per presentes, inibi panem nostrum sicuti & infra muros antiquos volumus decimari, & decimam dictis religiosis tradi & liberari, & hujusmodi nostram declarationem volumus pro temporibus presentibus & futuris pro declarata haberi & teneri, mandante dilectis & fidelibus nostris gentibus magistris nostri hospicii ac camere nostre & contrarotulatori ad denarios, ut dictum panem nostrum deciment decimam dictis religiosis persolvant, omni perturbatione cessante ac magistris camere compotorum nostrorum Parisius ut sic soluta in compotis quorum intererit allocent & de sua recepta deducant indilatè.

Quod ut firmum & stabile perseveret in futurum, sigillum nostrum licteris pre-

1. *Raoul de Péronne*, comte de Vermandois.

2. *Guillaume de Senlis*, seigneur de Chantilly, bouteiller de France.

3. *Mathieu Ier*, comte de Beaumont-sur-Oise, chambrier de France.

4. *Mathieu II de Montmorency*, seigneur d'Écouen, dit *le Grand*, connétable de France. C'est lui qui ajouta les 16 alerions aux armes de ses ancêtres, après la bataille de Bouvines.

5. *Cadurc*, chancelier de France, il était chapelain du roi et archidiacre de Bourges.

sentibus duximus apponendum ; salvo in aliis jure nostro, & in omnibus quolibet alieno. 1464

Datum Parisiis, mense Aprilis, anno Domini millesimo trecentesimo sexagesimo quarto, regni vero nostri primo.

Nos autem, dicti carissimi genitoris nostri vestigiis inherentes, & ut bonorum & orationum que in ecclesia de Hedera per sanctimoniales ipsius ecclesie cothidie fiunt efficiamur participes licteras supra scriptas, declarationem ac omnia & singula in eis contenta, quatinus sanctimoniales prefate eisdem use sunt, ratas habentes & gratas, &c .., (suit la formule ordinaire.)

Lettres de 1364

Actum & datum Parisiis, mense Decembris, anno Domini millesimo trecentesimo octuagesimo, & regni nostri primo.

Nos autem, dicti carissimi domini avi nostri vestigiis inherentes, & ut bonorum & orationum que in ecclesia de Hedera per sanctimoniales ipsius ecclesiæ quotidie fiunt efficiamur participes, licteras supra scriptas, declarationem, ac omnia & singula in eis contesta, quatinus sanctimoniales presate eisdem ritè & justè use sunt, ratas habentes & gratas, ea volumus, laudamus, ratificamus, approbamus, & de gracia speciali, auctoritate que nostra regia, tenore presentium confirmamus, mandantes dilectis & fidelibus nostris magistris hospicii nostri & camere nostre denariorum ac contrarotulatori eiusdem camere nostre, quatinùs sanctimoniales prefatas dono largitione & eleemosina decime panis, de quibus dicte lictere suprascripte faciunt mentionem, uti & gaudere faciant & permittant, & ipsam decimam eisdem persolvant, juxta dictarum supra insertarum licterarum seriem & tenorem, omni perturbatione cessante ; dilectisque & fidelibus nostris gentibus camere nostre compotorum nostrorum Parisius, ut quicquid ob hoc dictis sanctimonialibus solutum fuerit, in solventis compotis allocent sine difficultate quacumque & de sua recepta deducant indilatè.

Ratification donnée au nom de Louis XI

Datum Silvanecti, die prima junii, anno Domini millesimo quadringentesimo sexagesimo quarto & regni nostro tertio :

Per Regem,

Comite Convenarum (1), Patriarcha Jherosolimitano, Episcopo Baiocensi (2) domino de la Rosière (3) & aliis presentibus,

DE REILHAC.

(Ordonn. Roy., T. XVI, p. 207.)

1. Pour Comingarum
2. *Louis d'Harcourt*, à la fois évêque de Bayeux et Patriarche de Jérusalem (V. Tom. I, p. 307.)
3. *Georges Havart*, sire de la Rosière (V. Tome I, p. 22.)

XXXVII

A Amiens. — Du 14 Juin 1464.

Lettre aux gens du Parlement de Paris.

SOMMAIRE

Quand deux ou plusieurs personnes prétendront au même office, en vertu d'une donation royale, le Parlement devra toujours accorder la préférence aux plus anciens.

De par le Roy.

1464 oz amez & féaulx nous avons entendu que, à l'occafion de plufieurs dons d'offices par nous faicts par importunité de requerans ou autrement à plufieurs perfonnes, fe font meuz divers procès en noftre court de Parlement, par occafion de ce que les aucuns prétendent, que nonobftant les premiers dons d'offices, faicts à autres, leur en avons fait don; parquoy yceulx offices demeurent fans exercice, ou quoy que ce foit, ne font fi bien exercés qu'ilz deuffent eftre & par conféquent noz droicts diminuez en plufieurs endroits, ainfi que remonftré nous a efté. Et pour ce que nous voulons ceux aufqueulx avons premierement fait don defdicts offices en joyr & les pofféder fans avoir regard aux dons fubféquens, nous voulons & vous mandons que entre tous ceulx que vous trouverez qui auront don de nous d'aucuns offices, vous en faictes joyr ceulx qui auront les premiers dons de nous, sans les en tenir en aucun procès pour quelque don ou impetracion que l'on prétende avoir de nous : toutesuoies s'il y a aucuns offices dont nous ayons pourveu aucuns de noz officiers commensaulx ou de nostre très-chiere & très-amée compaigne la Royne, nous, voulons qu'avant que procediez contre eulx, nous en advertissiez, & en ce ne faictes faute. 1464

Donne a AMIENS, le 14e jour de Juing. Sic signatum, LOYS.

DE REILHAC.

Et in dorso erat scriptum : Registratum XX Junii, millesimo CCCC LXIIII°

(Ordonn. Roy., T. XVI, p. 212.)

XXXVIII

A Jargeau. — Du 3 avril 1465.

Règlement pour la circulation des monnaies étrangères en France.

SOMMAIRE

Les monnaies étrangères ecus de Savoye, florins d'Allemagne, florins d'Aragon, etc., n'auront plus desormais cours que pour la valeur determinée ci-contre.

1465

OLÉRANCE & diminution du cours de plusieurs monnaies d'or étrangères. Loys, &c. Comme de longtemps en nostre Royaulme plusieurs monnoies d'or étrangeres ayent eu & encore de present ayent cours pour plusieurs & divers pris, & la plupart d'icelles ayant esté & de presens soyent prinses & mises pour plus grant pris qu'elles ne vallent, eu regard à la bonté & valleur de la nostre, & par ce moyen nostredict royaulme fort peuplé d'icelles monnoies etrangeres & les deniers & matières d'or distraictes de nostredict royaulme & converties esdictes monnoyes estranges, tellement que de présent en nostre dict royaulme ne convient que cesdictes monnoyes estranges, au moins très-peu de nos-dictes monnoyes, & presque tout foiblaiges; par quoy nos monnoyes sont du tout tournées en chomaige, au grand préjudice & dommaige

1465

de nous, de tous nos fubgećts, & diminucion de nofdićtes monnoyes, & plus feroit au temps advenir fe furce n'eftoit par nous donnée briefve provifion : pourquoy nous, qui défirons de tout noftre cueur accroiftre & multiplier noftre royaulme, de noftre dićte monnoye, & que icelles nos monnoyes ne foyent tranfportées hors d'icelluy, au grant dommaige & perte de nofdićts fubjećtz, avons ordonné par manière de tolérance & jufques à noftre voulenté. à ce que nos fubgetz puiffent mieulx fubvenir à leurs affaires, marchandifes & néceffitez. que les monnoyes étranges cy-après déclarées, & non autres foyent prinfes & mifes pour les pris qui s'enfuivent. & non pour plus, fur peine de confifcacion defdićtes monnoyes & d'amende arbitraire à noftre voulenté ; c'eft affavoir, ducatz de poix. pour vingt-neuf folz deux deniers tournois falutz de poix pour vingt huit fols deux deniers ;nobles de Henry(1), de poix, pour cinquante-fix fols quatre deniers tournois; lyons(2) de poix, pour trente-trois folz neuf deniers tournois; royaulx (3) de poix pour trente fols tournois; riddes (4) de poix. pour vingt-huit folz neuf deniers tournois; efcus de Savoye (5) de poix, pour vingt-fix folz trois deniers tournois; florins d'Allemagne de poix, pour vingt-deux folz fix deniers tournois; florins d'Arragon de poix. pour vingt folz tournois; florins au chat de poix, pour quatorze folz fix deniers tournois ; & toutes les autres monnoyes foibles & qui ne feront du poix qu'elles doivent eftre, ne oyent prinfes ne mifes que felon leur bonté & valleur. Si donnons en mandement à nos amez & féaulx les generaulx maiftres de nez monnoyes, au Prévoft de Paris. à tous noz baillifs & fenefchaulx ou à leurs lieuxtenans, & à chafcun d'eulx fi comme à luy appartendra, que cefte préfente noftre ordonnance & voulenté ilz facent publier folempnellement chafcun en fon auditoire & par tous les lieux publiques & accouftuméz à faire criz & publicacions, que icelle noftre ordonnance facent garder & entretenir fans enfreindre, en commećtant & ordonnant, fe meftier eft, de par nous, ou verront eftre expédient, gens notables qui fe preingnent garde que nulz ne facent aucune chofe contre cefte noftre préfente ordonnance. lefquelz auront pour leur peine & fallaire de toutes les forfaićtures qui feront trouvées la quarte partie qui leur fera payée par les maiftres particuliers des

Valeur déterminee pour les Ducats de poix, nobles de Henry, lyons, royaux de poix, etc.

Ecus de Savoie, florins d'Allemagne, florins d'Aragon, etc.

1. Monnaie d'or fabriquée pendant l'occupation anglaise, ainsi appelée du nom d'Henri VI.

2. Ainsi nommée parce que le roi y était représenté ayant un lion sous ses pieds.

3. Tirait son nom de ce que le souverain y était représenté avec toutes ses attributions, sceptre, couronne et habits royaux.

4. Ridres, monnaie d'or de Flandre.

5. Toutes les pièces qui suivent sont étrangères et avaient cours en France. (Leblanc. *Traité des Monnaies*, in-4°, p. 308.)

1465 prouchaines monnoyes, ou par noftre receveur par nous a ce commis, lefquelles monnoyes ainfi prinfes, voulons eftre livrées aux plus prouchaines de noz monnoyes des lieux où icelles auront efté prinfes, aux maiftres particuliers d'icelles, qui en feront tenuz rendre compte ou il appartendra, en faifant pugnicion de tous ceux que l'en pourra trouver qui auront faift ou feront d'ores en avant faulte ou tranfgreffion es chofes des fufdictes, par telle manière que ce foit exemple à tous autres. Et pour ce que de ces préfentes on aura affaire, en plufieurs & divers lieux de noftre royaulme, voulons que au vidimus d'icelles, faict foulz fcel royal ou auctentique, foy foit adjouftée comme à ce préfent original. En tefmoing de ce nous avons faict mectre noftre fcel à cefdictes préfentes.

Donné à Gergueau (1), le troifiefme jour d'avril, l'an de grace mille quatre cent foifante cinq, avant Pafque, & de noftre règne le cinquiefme. Ainfi figné :

Par le Roy en fon Confeil,

DE REILHAC.

(Ordonn. Roy. T. XVI, p. 471.)

1, Jargeau, chef-lieu de canton, arrondissement d'Orleans (Loiret).

XXXIX

A Nogent-le-Roy. — Du 14 Mai 1465.

Aux bourgeois de Poitiers.

SOMMAIRE

Loyse Jamine, filleule du roi et fille d'Etienne Jamin, l'un des cent de la ville de Poitiers, a epousé Jean des Moulins. Le roi desire que ce dernier soit reçu l'un des cent de la ville au lieu et place de son beau-pere.

A noz chers & bien amez les maire, eſchevins (1) & bourgeois de noſtre ville de Poitiers.

De par le Roy,

HERS & bien amez, nous avons ſceu que noſtre cher & bien amé maiſtre Eſtienne Jamin, noſtre greffier des aſſiſes de Poitou et l'un des cent de noſtre ville de Poićtiers, eſt content & veult en faveur du mariage que nagueres avons fait de noſtre amé & féal notaire & ſecrétaire maiſtre Jehan de Moulins & de Loyſe Jamine noſtre fillolle, réſigner ſon lieu dudit nombre des cent de noſtre dićte ville audit Me Jehan de Moulins. Et pour ce que noſtre entencion eſt que ledit de Moulins face doreſnavant ſa princi-palle réſidence en noſtre dićte ville & que voulons qu'il ſoit dudit nombre des 1465

1. L'organisation municipale de Poitiers se composait de vingt cinq echevins et de soixante-quinze bourgeois, plus le maire à la nomination du roi.

1465 cent. nous envoions préfentement par devers vous noftre amé & feal notaire & fecrétaire maiftre Loys Jure pour fur ce vous dire plus à plain noftre vouloir & entencion. Si voulons & vous mandons tant expreffément que plus povons, que ledit maiftre Loys Jure vous croiez de ce qu'il vous dira fur ce de par nous, & que en la préfence dudit Jure vous recevez ledit Me Jehan de Moulins ou lieu dudit Me Eftienne Jamin on dit nombre des cent noftre dicte ville, & que par lui nous efcrivez ce que fait en aurez. Et gardez que en ce n'ait faulte, & nous en aurons les affaires de vous & de noftre dicte ville en plus grant recommandacion

Donné a Nogent le Roy le XIIIIe jour de may. Ainfi figné . LOYS.

J. DE REILHAC.

(Imprimé dans les Archives de Poitou, Vol. I, p. 149.)

XXXIX *bis*

A Tours. — Du 10 Avril 1465

Droit à l'abbé de Cuxa en Roussillon de nommer notaires et chasser perdrix sur d'anciennes terres concédées à l'abbaye.

Copie sur papier

SOMMAIRE

Les abbés de Cuxa avaient de tout temps le droit de nommer des notaires sur leurs terres et d'y chasser les perdrix quand le trésorier du Roussillon est venu leur en imposer la defense. Ce droit leur est de nouveau accordé

OYS, &c., au gouverneur de Roffillion & de Sardagne, baillis de Parpignan & de Puifardan, o a leurs lieutenans, falut. Noftre bien ame Joan abbé des Abbayes de Saint Miquel de Cuxa (1) & de Saint Martin de Canigo (2) nous ha fait remonftrer que combien que de toute ancienneté il ayt droit de créer notaires et autres perfonnes publiques pour recevoir cartes, teftaments & cloire inftruments & autres lettres d'autorité abbacialle, & iceulx offices faire exercer de dans les termes & jurifdiccions appartenens au dict abbé ne aumons (*fic*) foubs umbre de certaines defenfes faites au pourchas de Mayftre Pierre Granier, noftre thréforier audit pays de Rouffillion, il ha efté 1465

1. Abbaye fondée au XIe siècle, de l'ordre de saint Benoit, située sur la commune de Prades, chef-lieu d'arrondissement (Pyrénées Orientales). Elle jouissait des honneurs episcopaux et relevait des congrégations de Tarragone et de Valladolid

2. Saint-Martin de Canigou etait aussi de l'ordre de saint Benoit, fondée par Wifred, comte de Cerdagne, en 1007, située pres Vernet, canton et arrondissement de Prades (Pyrenees-Orientales)

1465

& eft empechez de plus faire & créer lefdits notaires & ceulx qu'il ha faits de long temps noferaient plus exercer lefdits notaires fans avoir fur ce noftre provifion : e oultre combien que l'expofant euft d'ancianneté hacouftumé de chaffer et faire chaffer aux pardis es metes (?) de fefdis abbayes ne autmons notre grand veneur au dy pais & parellement le dy Granier ont fait defenfe audi abbé de non chaffer ne faire plus chaffer aufdi perdris quelque part que cefdit ondi pays fans notre congié et licence, en nous requerant humblement iceulx, pourquoy nous voulans le di abbé expofant joir de fos droits, prérogatives & prééminences ainfi qu'il ha accouftumé d'ancienneté, vous mandons & a chacun de vous que s'il vous appert que ledit Abbé ayt acoftumé de donner les di offices notaires dont deffus eft faite mencion que iceulx notaires aient acoftume ufer desdis offices eft mettes les jurifdiccions defdi abbayes vous oudicas? permetez et feufrez audi abbé de donner les di notaires et aufdi notaires et perfonnes publiques de ufer desdi ainfi qu'ils ont accouftumé d'ancienneté, non obftant quelconques défenfes à eulx faites par ledi Granier ou autres au contraire. Et avec ce fil vous appert que ledi abbé ait le temps paffé acouftume de chaffer & faire chaffer aux dites perdriz es mettes de fesdictes abbayes vous mandons ondi cas lui permettez & foufrez chaffer par ledi grand veneur ainfi qu'il ha accouftumé d'ancienneté en obftant tout empefchament au contraire mis par ledi grand veneur. Car tel eft noftre bon plaifir.

Les abbés de Cuxa auront désormais le droit de nommer les notaires et de chasser les perdrix.

Donné à Tours le XIXme jour de avril l'an de grace mil CCCC foixante & cinq & de notre regne le quart. foubs notre feel ordonné en [l'abfence] du grant.

Par le Roy, le fire de la Rofière (1) & autres préfents,

DE REILHAC.

(Bib. Nat. Collect. de Camp. Vol. 61 fol. 326

(1) Georges Havart. V p. 8.

XL

A Montluçon. — Du 21 Mai 1465.

Faveurs & privilèges aux Bourgeois de la ville d'Aigueperse.

SOMMAIRE

En recompense de leur fidélite pendant la revolte du Bien Public, les bourgeois d'Aigueperse auront le droit de posséder des fiefs nobles, et la ville sera autorisee a mettre dans ses armes une fleur de lys d'or couronnée

OYS, &c. Nous avoir receue l'umble ſupplicacion de nos chers & bien amez les conſuls, bourgois & habitans de la ville d'Aygueperſe (1), contenant que en ladicte ville y a pluſieurs gens notables, tant bourgeois, officiers, marchans, que autres, qui ont & tiennent, tant à cauſe de leurs prédéceſſeurs, comme de leur acqueſt, pluſieurs héritages & poſſeſſions nobles & tenues noblement, pour occaſion deſquelles ils ſont ſouventesfois travaillez en diverſes manières, tant par les commiſſaires des Francs fiefs & nouveaulx acqueſt que aultres, pour ce que iceulx ſupplians ne ſont pas nobles, & les veut-on contraindre à mectre leurſdictes poſſeſſions nobles hors de leurs mains, & à ceſte cauſe leur ont eſté & ſont donnez pluſieurs moleſtes en leur très grant préjudice & dommage, comme ilz nous ont faict remonſtrer, en nous requerant humblement qu'il nous plaiſe leur donner ſur ce aucune proviſion & leur impartir noſtre grace. Pour ce eſt-il que nous, ces choſes conſidérées, & meſmement la bonne loyaulté et obeyſſance que leurs prédéceſſeurs & eux ont de tout temps eue envers nous & nos prédéceſſeurs Roys, en la couronne de France, ſans oncques avoir varié pour quelques temps ou adverſité qui ayt eſté & meſme- 1465

1. *Aigueperse*, chef-lieu de canton, arrondissement de Riom (Puy-de-Dôme). — V. tome I, p. 8.

1465

Infidélité de Louis de Bourbon, comte de Montpensier, adherent à la ligue contre le roi

ment, que durant les guerres & adversités nouvellement survenues en ceftuy noftre royaulme, au moyen d'aucuns des seigneurs de noftre sang qui se sont elevez & mis sus à l'encontre de nous, combien que le conte de Montpensier (1), leur seigneur naturel feuſt adherent avec les deſſusdicts, lesdicts supplians ont gardée ladicte ville pour & au nom de nous, & incontinent que nous leur avons faict ſçavoir noftre approchement, en ces marches, par nos amez & féaulx Merlin de Corbeuf sieur de Beauvergier, noftre escuyer d'escurie (2), maiftre JEHAN DE REILHAC, noftre notaire & secretaire & tréforier de Nysme & Antoine Reynault greffier de noftre grand conseil, que nous avons envoyez par devers eulx, sont venuz par devers nous, & nous en ont apportez l'obéyſſance comme bons & loyaulx subgectz sont tenuz & doivent fere à leur souverain seigneur; voulans en memoire & recognoiſſance des choses deſſusdictes leur donner aucun privillege especial, auſdicts bourgois, manans & habitans d'Aygueperse avons octroyé & octroyons, voulons & nous plaiſt que ès armes de ladicte ville, qui

Armoiries concedees à la ville d'Aigueperse.

sont gironnées d'argent & de gueules à ung chef de France dentelé de gueules à ung escu d'argent, parmy les girons ilz puiſſent avoir, mectre & porter ledict escu d'azur eſtant dedans lesdicts girons, & dedans icelluy escu une fleur-de-lys d'or couronnée. De mesme & de plus ample grace, leur avons octroyé &

Les habitants d'Aigueperse en recompense de leur fidélité pourront à l'avenir posseder des terres nobles.

octroyons qu'ilz & leurſdicts ſucceſſeurs demourans en ladicte ville puiſſent tenir tous les fiefs, terres & poſſeſſions nobles qu'ilz ont jà, & qui leur appartiennent, & tous ceulx qu'ilz pourront dores en avant acquérir, quelz qu'ilz soient, & iceulx poſſéder & exploicter à touſjours perpétuellement tout ainsi que s'ilz étoient nobles nez & extraitz de noble lignée; & quant à ce les avons habilitez & habilitons chaſcun d'eulx, de grace especiale, pleine puiſſance & auctorité royal, par ceſdictes préſentes sans ce qu'ilz ne leurſdicts ſucceſſeurs soient tenuz ne puiſſent eſtre contraints iceulx fiefs, terres & poſſeſſions nobles, qu'ilz ont ou auront ainſy acquises, mectre hors de leurs mains, ne pour ce payer aucune finance ne indempnité à nous, ne à noſdicts ſucceſſeurs, laquelle finance, nous, pour conſidéracion & recognoiſſance des habitans deſſuſdicts, nous leur avons donné & quicté, donnons & quictons entierement, de noſdictes grace & auctorité, par ces meſmes preſentes, par leſquelles nous donnons en mandement à nos amez & feaulx gens de nos comptes & tréforiers, au bailly de Saint-Pierre le Mouſtier, & des reſſorts & exemptions d'Auvergne, & à tous nos autres juſticiers, officiers

1. *Louis de Bourbon, comte de Montpensier, dauphin d'Auvergne.* — V. tome I, p. 8.

2. *Martin* ou *Merlin de Cordebeuf*, grand Ecuyer, fils de *Durand de Cordebeuf*.—V. tome I, p. 193.

& commiffaires ou a leurs lieuxtenants. préfens & advenir. & à chafcun d'eulx. fi comme à luy appartiendra, que lefdicts bourgois & habitans d'Aygueperfe. & leurfdicts fucceffeurs & chafcun d'eulx, ils facent, feuffrent & laiffent joyr & ufer plainement & pefiblement. de noftre prefente grace & octroy, fans leur fere ne fouffrir eftre faict, mis ou donné aucun deftourbier ou empefchement au contraire; ainçois, fe fait, mis ou donné eftoit. le levent incontinent. Et affin que ce foit chofe ferme & eftable à toufjours. nous avons faict mettre noftre fcel à ces prefentes; fauf en aultres chofes noftre droit. & l'autruy en toutes. 1465

Donné à Montluçon (1) le xxie jour de may. l'an de grace mil IIII^c LXV. & de noftre regne le IIIe. Signé Loys.

Par le Roy,

Le Patriarche de Jerufalem. le comte de Comminge. les fires du Lau. de Montforeau. de Monftereul (2), maiftre Pierre Doriole & autres préfens.

J. DE LA LOERE.

(Ordonn. Roy. T. XVI, p. 328.

1. *Montluçon*, departement de l'Allier. Cette lettre est donnee au plus fort de la guerre du Bien Public, six semaines avant la bataille de Montlhery.
2. *Guillaume Cousinot, seigneur de Montreuil.* — V. Tome I, p. 248.

XLI

A Paris. — Août 1465.

En faveur de l'abbaye de Saint-Martin-lez-Pontoise.

(Sur parchemin)

SOMMAIRE

Amortissement d'un petit fief détenu par les religieux de cette abbaye en foi et hommage de Charles d'Orgemont, seigneur de Mery-sur-Oise.

1465

RO Religiosis Sancti Martini prope Pontisarem. Loys &c., Nous avoir receue humble supplication de noz bien amez les religieux abbé & convent de l'abbaye & monastere de Saint-Martin-lez-Ponthoise (1), contenant que a eulx a certain vray juste tiltre leur compette & appartient ung petit fief assis audit lieu de Ponthoize & a l'environ, nommé le fief de Rieu, valent environ quatre livres par chacun an & avec ce la moitié de la grant disme de Berouville qui vault par an environ quatre muys de grain les deux pars blé & le tiers avoyne, icelle disme tenue en foy & hommage de Charles d'Orgemont, seigneur de Mery (2), lequel la leur a admortis en tant que a luy estoit. toutesvoyes lesdis supplians doubtent que ou temps avenir noz officiers ou autres les voulsissent contraindre à mettre les choses dessusdictes hors de leurs mains ou autrement les inquiéter pource qu'il ne [les ont] admorties de nous

Revenus du fief de Rieu dependant de la grande dime de Bérouville.

1 L'abbaye de Saint-Martin-les-Pontoise était de l'ordre de Saint-Benoit et avait été fondée en 1069. A l'origine elle portait le nom de Saint-Germain.

2 *Charles d'Orgemont*, seigneur de Mery-sur-Oise, Chantilly, etc., maître des Comptes et Trésorier de France, en novembre 1465, mort le 9 septembre 1511. Il avait épousé *Jeanne Dauvet*, fille du premier Président du Parlement de Paris.

1465

qui feroit en leur grant préiudice & dommage comme ilz dient. requérant humblement que attendu que la dicte disme a efté admortie par ledit d'Orgemont & que au furplus ledit fief eft de peu de reuenue, il nous plaife admortir les dictes chofes & fur ce leur impartir noftre grace. Pourquoy nous, ces chofes confidérées, qui défirons l'augmentacion & entretenement du diuin feruice, aufdiz fupplians, pour ces caufes & afin que foyons participans & prières & bienffaiz qui fe font & feront audit monaftere, auons octroyé que eulx & leurs fucceffeurs en ladicte églife & abbaye tiengnent & poffedent dorefenauant perpetuellement lefdiz fief & difme auec les cens rentes prouffiz & autres émolumens diceulx quelzconques, comme admortiz & a Dieu dediez, & lesquelz nous auons admortiz & admortiffons de grace efpécial, plaine puiffance & auctorité royal par ces préfentes, fans ce que lefdiz fupplians ne leur diz fucceffeurs en ladicte églife foient ne puiffent eftre contraintz à les mettre hors de leurs mains en quelque manière que ce foit en nous payant par eulx finance modérée pour une foiz feullement. Si donnons en mandement à noz amez & féaux gens de noz comptes & tréforiers, au bailly de Senliz & à tous noz autres jufticiers ou a leurs lieutenans préfens & auenir, & a chacun d'eulx fi comme a luy appartiendra que lefdits fupplians & leurs dits fucceffeurs en ladicte églife facent, feuffrent & laiffent joir & ufer plainement & à plain de noz prefens admortiffement & octroy, nonobftant quelzconques ordonnances mandemens ou deffences à ce contraires Et afin.&c... Sauf. &c...

Les cens et rentes seront prelevés pour subvenir aux frais du service divin.

Donné à Paris (1) ou mois d'aouft l'an de grace mil CCCCLXV & de noftre regne le Ve. Ainfi figné.

Par le Roy,

Le cônte d'Eu (2), l'admiral (3) & autres prefens,

Vifa contentor :
J. d'Orchère

J DE REILHAC.

(Arch. Reg. JJ 194, fol. 47 v°.)

1. Le roi est de retour a Paris depuis quelques jours.

2. *Charles, comte d'Eu*, alors octogenaire. Voir une note publiée sur ce personnage. — Tome I, page 103.

3. *Jean de Montauban* amiral de France — V. id. T. I, page 109.

XLII

A Paris. — Octobre 1465.

Don à Charles sire d'Albret.

(Sur parchemin)

SOMMAIRE

Charles, sire d'Albret, avait reçu, en 1425, du feu roi Charles VII, le don de la ville de Fleurance et du comté de Gavre au duché de Guienne, pour le dédommager des pertes subies durant les guerres contre les Anglais. Il reçoit ici la confirmation de ces dons.

1465

ATIFICATION du don fait par Charles VII de la ville de Florenco (1) & du comté de Gaure (2). Loys, par la grace de Dieu, Roy de France: favoir faifons à tous préfens & advenir, nous avoir receue l'humble fupplicacion de noftre très cher & amé coufin, Charles, Seigneur d'Albret (3), contenant que par feu noftre très-cher feigneur & père, que Dieu abfoille, lui furent données, cédées & tranfportées noftre ville de Florence & comté de Gaure, affis en noftre pays & duchié de Guyenne pour les caufes contenues ès lectres à luy fur ce octroyées, dont ont dict la teneur eftre telle :

(Suit le texte de la lettre de Charles VII datée d'Iffoudun, febvrier, 1425.)

Donation faite par Charles VII à Charles d'Albret en fevrier 1425.

Lefquelles lectres de don deffus tranfcriptes, noftredict coufin d'Albret nous ait requis & fupplié d'avoir pour agréables, & en tant que meftier feroit, icelles luy

1. *Fleurance*, chef-lieu de canton, arrondissement de Lectoure (Gers).

2. Gavre, situé dans l'Armagnac, avait quatre lieues carrées, et Fleurance en était la capitale. Ce comté fut réuni à la couronne avec tous les autres biens de la maison d'Albret.

3. *Charles II d'Albret*, captal de Buch, mort en 1471. — V. Tome I, p. 311.

1465

confirmer, & fur ce luy octroyer nos lectres patentes. Pourquoy, nous inclinans à la fupplicacion & requefte de noftre dit coufin, & à ce qu'il foit dores en avant plus enclin à foy employer à noftre fervice lefdictes lectres deffus tranfcriptes, & tout le contenu, en icelles nous avons eu & avons agréables, & les avons louez & confirmez, approuvez & ratifiez, louons, approuvons, confirmons & ratifions, de grace efpeciale, plaine puiffance & aucthorité royal, par ces préfentes, & ne voulons que ores ne ou temps advenir aucun empefchement luy foit mis ou donné au contraire. Si donnons en mandement à nos amez & féaulx les gens de noz parlements de Paris, Thouloufe & Bourdeaux, & aux gens de noz comptes & tréforiers, fenefchal de Thouloufe & a tous aultres jufticiers ou à leurs lieuxtenans préfens & advenir, & à chafcun d'eulx fi comme a luy appartendra, que de noz préfens confirmacion & octroy le facent, fouffrent & laiffent joyr & ufer plainement; car ainfy nous plaift-il eftre faict. Et afin que ce foit chofe ferme & ftable à toufjours, nous avons faict mectre noftre fcel à cefdictes prefentes, fauf en aultres chofes noftre droict, & l'autruy en toutes.

Ordre aux gens des Parlements de Paris, Toulouse et Bordeaux.

Donné à Paris; le vingt-huitième jour du mois d'octobre, l'an de grâce 1465(1), & de notre regne cinquiefme. Sic fignatum fuper plicam :

Par le Roy.

J. DE REILHAC (2).

Visa contentor :
DORCHERE.

Lecta, publicata & regiftrata Parifiis in Parlamento, nonâ die Novembris, anno Domini 1465. Sic fignatum Cheneteau : collacio facta eft cum originali.

(Arch. Reg. JJ. 194, fol. 49.)

1. Cette piece parait une suite du Traite de Conflans intervenu après la bataille de Montlhéry avec les princes revoltes. — V. Tome I, p. 221.
2. Imprimé dans les Ordonn. Roy. T. XVI, p. 389

XLIII

A Paris. — Novembre 1465.

En faveur des dix sergens du Parlouer aux Bourgeois.

(Sur parchemin.)

SOMMAIRE

Les sergents du Parlouer aux Bourgeois seront désormais admis aux mêmes franchises que les archers et les arbaletriers de la ville de Paris.

1465

RIVILÈGES des fergens du Parlouer aux bourgeois & de la marchandife. a Paris. Loys, &c., nous avoir receue l'umble fupplicacion des dix fergens tant du parlouer aux bourgeois (1) que de la marchandife (2) de noftre bonne ville de Paris, que à caufe de leurs dicts offices, ils font tenuz & aftraints, par les ordonnances & ftatutz, faire réfidence en l'oftel commun noftre dicte ville, pour faire & accomplir les exploitz, commandemens & exécucions à eulx ordonnez & enjointz par nos chiers & bien-amez les prevoft des marchands & efchevins de noftre ville de Paris, touchant les faictz de la garde

Les dix sergents sont tenus de résider à l'Hôtel de Ville à Paris.

1. *Le Parlouer aux Bourgeois* était l'ancien nom de la maison commune de Paris, ou autrement dit l'hôtel de ville. D'abord situé près le grand Châtelet, après 1357 il fut transféré à la place de Grève.

2. La municipalité de Paris, à l'origine se réunissait dans une maison dite de *la marchandise*, près le grand Châtelet dont elle avait conservé le nom avec le *Parlouer aux bourgeois*. On y traitait simultanément des affaires de la commune et commerciales.

1465

& autres affaires de la police & chose publique d'icelle nostre bonne ville, en quoy lesdicts sergens sont continuellement occupez, dont ilz ont très petits gaiges, c'est assavoir, lesdicts sergens du parlouer, ung denier tournois, & lesdicts sergens de la marchandise six deniers tournois par chascun jour, avec chascun une robe de cent solz, qui est une tres petite provision, dont bonnement ne se pourroient entretenir, ne continuer lès fraiz de leurs charges comme ilz dient, en nous requerant que actendu ce que dict est & qu'ilz sont occupez pour le bien publique de ladicte ville & les grans charges par eulx portées durant ces divisions dernières(1), il nous plaise les affranchir & faire tenir francs, comme sont les archers & arbalestriers de ladicte ville, & sur ce leur impartir nostre grace. Pourquoy, nous, ce considéré, & affin qu'ilz puissent mieulx entendre au faict du bien publique, & police d'icelle nostre bonne ville, à iceulx dix sergens, pour ces causes & autres à ce nous mouvans, avons octroyé & octroyons que d'ores en avant, eulx & leurs successeurs esdicts offices soyent & demeurent francs quictes & exempts, & joyssent & usent de telz & semblables privilèges, exempcions & franchises, tout ainsi & de la manière que sont les archers & arbalestriers de nostre ville de Paris, fors seulement pour les fortifications & reparacions de nostredicte ville, pour l'arrière-ban & pour la rançon de nous ou de nos successeurs, se occupez estions de noz ennemiz, que Dieu veuille, tant seulement, & de semblables exempcions & franchises dont sont exemptez & affranchiz lesdicts archers & arbalestriers, nous avons lesdicts supplians affranchiz, exemptez, affranchissons & exemptons & leursdicts successeurs esdicts offices, de grace especial, plaine puissance, & auctorité royal, par ces présentes. Si donnons en mandement à nos amez & féaulx conseillers les gens tenans ou qui tiendront nostre parlement, les gens de nos comptes & trésoriers, aux generaulx conseillers par nous ordonnez ou à ordonnez sur le faict & gouvernement de toutes noz finances, aux generaulx conseillers par nos ordonnez sur le faict de la justice des aydes à Paris, aux prévostz de Paris & des marchands & eschevins, & à tous noz autres justiciers ou à leurs lieuxtenans & à chascun d'eulx si comme à lui appartendra, que lesdicts sergens & leurs dicts successeurs esdicts offices facent, seuffrent & laissent joyr plainement & paisiblement de nosdits affranchissemens, exempcions & octroy, sans leur faire mectre ou donner, ne souffrir estre faict mis ou donné aucun destourbier ou empeschement, ainçois, se faict mis ou donné leur avoit esté ou estoit,

Pendant les dernieres guerres ils ont eu de grandes charges a supporter.

Desormais ils jouiront des memes franchises que les archers et les arbaletriers

1. La ville de Paris venait de rester fidele a la cause du roi pendant la guerre du Bien Public. Cette piece parait avoir pour objet de recompenser les parisiens de cette fidelité. (V. Tome I, p. 209

1465 si l'ostent & mectent, ou facent oster & mectre incontinent & sans délay à plaine delivrance. car ainsy nous plaist-il estre faict. nonobstant quelzconques ordonnances. mandemens ou deffenses à ce contraires. Et affin que ce soit chose ferme & estable à tousjours, nous avons faict mectre nostre scel à cesdictes présentes. sauf en autres choses nostre droict & l'autruy en toutes.

Donné à Paris, ou au mois de novembre, l'an de grace mil CCCC soixante-cinq & de nostre regne le cinquiesme. Ainsi signé sur le reply.

Par le Roy.

Monsieur le duc de Calabre (1), le comte de Penthièvre (2), maistre Henry de Marle & autre présens.

J. DE REILHAC (3).

(Arch. Reg. J J. 194. fol. 54 verso.

1. *Jean d'Anjou, duc de Calabre*, fils de Charles d'Anjou comte de Maine. — V. Tome I p. 235.

2. *Jean de Brosses, comte de Penthievre* par sa femme Nicole de Blois, qu'il avait épousee le 18 juin 1437, fille de Charles de Châtillon et d'Isabeau de Vivonne. Le duc de Bretagne lui confisqua le comte de Penthievre apres la guerre du Bien Public. en 1465 Jean de Brosses avait suivi le parti de Louis XI.

3. Imprimé dans les Ordonn. Roy. T. XVI, p. 441.

XLIII *bis*

Du 9 Novembre 1465.

Pardon a Charles, sire d'Albret, pour sa complicité dans la révolte des princes du sang contre le roi.

(Copie sur papier)

SOMMAIRE

Promesse à Charles, sire d'Albret, de ne lui faire aucun deplaisir ni en sa personne ni en ses biens, vassaux, ou serviteurs, quoiqu'il ait pris le parti du comte de Charolais et des princes rebelles contre le roi.

1465

ous, Loys, &c.. promeƈtons en noſtre bonne foy et parolle de Roy a noſtre trés cher & trés amé couſin le ſire de Lebret, comte de Dreux & de Gavre, captal de Bien (1) que pour quelconque choſe qu'il ait ou pourroit avoir fait par cy devant a noſtre deplaiſance (2) tant en ſoy adherant a noſtre frère Charles & autres ſeigneurs de noſtre Royaume à l'encontre de nous ne autrement fait choſe qui nous deut deſplaire juſque au jour preſent en quelque maniere que ce ſoit, nous ne luy ferons ne pourchafferons ne fairons faire pourchaſſer par nous ne par autre aucuns deſtourbiers, ne empeſchemens à l'encontre de luy & de ſes biens, terres, ſeigneuries, ſubjeƈts & ſervi-

Il avait suivi le parti de Charles de France, duc de Berry dans sa revolte contre le roi.

1. Il faut lire : *de Buch*. Il s'agit toujours ici *Charles II sire d'Albret captal* de Buch, compromis dans la Revolte du Bien Public. — V. page 108.

2. V. Tome I, p. 311

teurs, ainçois le preferverons es garderons de toute forte & (*fic*) violence que
1465 noftredit frère Charles en ...luy vouldroint faire ou faire faire & pourchaffer en quelque manière que ce foit & le tiendrons & traiterons toufjours comme noftre loyal parent fubgect & ferviteur & luy tiendrons à toufjours toutes les chofes que luy avons promifes & accordées contenues en nos letres patentes qu'il a devers luy données à Paris le neufviefme jour de novembre l'an de grace mil quatre cens foixante-cinq fans aucune mutation ou interruption & fe gouvernera dorefnavant envers nous tout bon & loyal fubject & parent, doit faire envers fon fouverain Seigneur et auffy qu'il ne face dorefnavant envers nous aucune chofe au contraire de l'hommage qu'il nous doit, & du feelle qu'il nous a baillé. Donné le cinquiefme de ce prefent mois & jufques a ce jour en toutes chofes fommes & nous tenons contens de luy (1) en tefmoing de ce nous avons fignées ces préfentes de noftre main, le neufviefme jour de novembre l'an de grace mil quatre cens foixante cinq et de noftre regne le cinquiefme. Signé LOYS.

DE RELHAC.

(Bib. Nat. Fonds Doat 221, fol. 259.

1. Les repetitions curieuses qui remplissent la fin de cette lettre indiquent clairement le moment troublé dans lequel elle est ecrite. — Cette piece peut être également consideree comme une suite du traite de Conflans (V. p. 109).

XLIII *ter*

A Pont-Audemer. — Du 7 Février 1465.

Restitution du « Commun de Paix » au comte d'Armagnac.

(Sur parchemin)

SOMMAIRE

Avant la confiscation de ses biens par ordre du roi Charles VII, le comte Jean V d'Armagnac jouissait du « Commun de Paix » pour son comte de Rodez et autres chatellenies. Mais depuis que lesdits biens lui ont été restitués, il n'a pu recouvrer la jouissance complete de ce « Commun de Paix » à cause de l'opposition faite par le procureur du roi.

LOYS par la grace de Dieu Roy de France a nos amez & feaulx conseillers l'evesque de Lavaur & maistres Jehan du Vergier president en notre court de Parlement a Thoulouse et Hebert Malenfant conseiller en ladite court salut et dilection. Notre très chier & amé cousin le comte d'Armignac (1) nous a fait remonstrer que feu notre cousin Jehan comte Darmignac son pere en son vivant & ou paravant la main mise faicte par feu notre tres chier seigneur & pere en ses terres seigneuries il joissoit du *Commun de la Paix* (2) tant en sa conté de Roddes & es quatre chastellenies de Rouergue es lieux de Sauveterre (3) Conques (4) & autres lieux & semblablement avoit fait paisiblement son ayeul & depuis lesdictes terres lui furent par notredit feu seigneur & pere 1465

1. *Jean V, comte d'Armagnac*, un des seigneurs les plus turbulents de cette époque, tué à Lectoure en 1473. — V. Tome I, p. 30.

2. Appelé aussi *Pezades*, droit de capitation ou taxe prélevée sur chaque habitant par le seigneur.

3. *Sauveterre*, chef-lieu de canton, arrondissement de Rodez (Aveyron).

4. *Conques*, chef-lieu de canton, arrondissement de Rodez (Aveyron).

1465

rendues & reftituées pour en joir comme il faifoit ouparavant ladićte main mife. Mais pour empefcher que notredit feu coufin ne joift dudit commun de paix en certaines terres & limites notre procureur le mift & conftitua en plufieurs & divers proces qui encores font pendans & indecis. Et cependant notredićt coufin na peu joir dudićt commun de paix parquoy il nous euft remonftré les chofes deffufdićtes nous eftans à Paris; & combien que lui euffions fur ce oćtroyées nos lettres par lefquelles eftoit mandé le remettre en fa poffeffion dudit commun de paix : neantmoins foubz couleur de certaine appellation de nouvel interjećtée par notre procureur de Villefranche, notredit coufin n'a peu avoir ladićte joiffance mefmement du commun de paix des terres de Conques, Sauveterre & autres lieux parquoy nofdites lettres lui feroient de nul effećt fe provifion n'y eftoit par nous donnee requerant icelle Pourquoy nous fe confidéré vous mandons & commećtons & aux deux de vous fur ce requis que vous tranfportiez oudit pays & appellé notre procureur & autres nos officiers qu'il appartiendra auffi les gens de notredit coufin d'Armagnac vous vous informez du droit & joiffance que que notredit coufin d'Armagnac pretend avoir oudit commun de paix efdits lieux de Conques. Sauveterre & autres qui vous feront declairez. Et f'il vous appert que defdits ayeul & père en joiffent paifiblement paravant ladite main mife, vous en ce cas remećtez notredićt coufin expofant en poffeffion dudićt commun de paix & l'en faićte joir paifiblement pendant lefdits procès & jufques a ce que par juftice en foit ordonne. Car tel eft notre plaifir non obftant ladite appellation intergećtee par notredit procureur & autres faites ou a faire & tous autres empefchemens par cy devant mis & quelconques lettres fubreptices impetrées ou a impetrer a ce contraires. Donne au Pont-Audemer (1) le VIIe. jour de fevrier l'an de grace mil CCCC foixante cinq (2) & de notre regne le cinquieme.

La commission du Parlement de Toulouse se transportera sur place pour retablir le « Commun de Paix » s'il y a lieu

Par le Roy.

Les fires de Chaftillon. de Cruffol (3) et autres prefens.

I. DE REILHAC.

(Bib. Nat. Collect Languedoc, vol. 198. n° 146.)

1. *Louis de Crussol*, grand pannetier de France. — V Tome I. p. 160

2. *Pont-Audemer*, chef-lieu d'arrondissement Eure).

3 Toujours suite des concessions faites par le Traite de Conflans aux Princes revoltés (V. page 109).

XLIV

A Orléans. — Du 25 Mars 1465

Don au sire de Saint-Martin.

Mention sur papier. — (Le Document est perdu.)

Don fait par le Roy a Arnou ſire de Saint Martin (1) du revenu, profit & émolument de la ſeigneurie & baillie d'Aſſingny en la ſénéchauſſée des Lanes. 1465

Donné à Orléans le 25 mars 1465.

Par le Roy.

DE REILHAC.

(Bib. Nat. Fr. 21405, fol. 157.)

1. Extrait des memoriaux de la Chambre des Comptes (Suite du XIIe livre des mémoriaux, cote M commençant le 19 juillet 1462 et finissant en 1467).

XLV

Du 18 Avril 1466.

Nomination du maître des eaux & forêts pour l'Isle de France & la Brie

Mention sur papier. — (Le Document est perdu.)

1466 Ludovicus de la Pallu ſcutifer confirmatus in officio magiſtri viſitatoris reformatus aquarum & foreſtarum in Inſula Franciæ & in patriis Campanice & Briæ 18 aprilis 1466.

Par le Roy.

M' le duc de Bourbon (1) autres preſens,

J. DE REILHAC (2).

Bib. Nat. Fr. 21405, fol. 158.)

1. Jean II, duc de Bourbon, connetable de France
2. Même source originaire que le precédent.

LIVRE SECOND

Lettres de noblesses

DE LÉGITIMATIONS & DE NATURALISATIONS

Années 1457 à 1462

XLVI

A Lyon — Mai 1457

Légitimation en faveur de Jean de Montaigues.

Sur parchemin

SOMMAIRE

Jean, fils naturel de Jean de Montargues et de Jeanne Germaine, fille elle-même de Raoul Germain, en la paroisse de Saint-Privat, au diocese du Vivarais, est déclaré légitime en considération de sa bonne conduite, et comme tel apte à posséder et à tester.

1457

EGITIMACIO pro Johanne de Montaigues. Karolus &c. Illegitime genitos quos vite decorat honeftas nature vicium minime decolorat. Nam decor virtutis abfcondit in prole maculam geniture & pudicitia morum pudor originis aboletur. Notum igitur facimus uniuerfis prefentibus & futuris quod licet Johannes de Montargues, filius naturalis Johannis de Montargues loci & parrochie Sancti Priuati (1) diocefis Vivarienfii & Johanne Germane filie Raoleti Germani ex illicita copula traxerit originem, talibus tamen virtutum dono & morum venuftate infignatur quod in ipfo fupplent merita & virtutes id quod ortus odiofus accedit adeo quod fuper deffectu natalium quem patitur graciam quam a nobis humilime poftulauit. merito debet obtinere. Hinc eft quod nos hiis attentis ipfum Johannem de Montargues de noftre regie poteftatis ple-

1. Canton d'Aubenas arrondt de Privas (Ardeche).

1457 nitudine, auctoritate que regia & gracia speciali legitimauimus & legitimacionis titulo decoramus per presentes, volentes ut ipse Johannes de Montargues deinceps in judicio & extra pro legitimo habeatur. Ac eidem concedentes & cum eo dispensantes ut licet ipse de coitu illicito traxerit originem bona mobilia temporalia quecumque & immobilia acquirrere & jam acquisita retinere & pacifice possidere valeat ac de eis disponere inter vivos vel in testamento ad sue libitum volontatis ad sucessionem que dictorium patris & matris ceterorum que parentum & amicorum carnalium suorum & aliorum quorumlibet ex testamento vel ab intestato dummodo de eorum processerit de voluntate & consensu & nisi foret jam jus quesitum & ad quoscumque honores officia & alios actus legitimos aductatur ac si esset de legitimo matrimonio procreatus quodque eciam sui liberi si quos in futurum habeat, totaque eius posteritas de legitimo matrimonio procreanda in bonis suis quibuscumque eidem jure hereditario succedant ac succedere valeant, nisi aliud que deffectus huiusmodi natalium repugnet predicto defectu quem prorsus abolemus jure, constitucione, statuto, edito, consuetudine, usu generali vel locali Regni nostri ad hec contrariis non obstantibus quibuscumque soluendo nobis hac vice financiam moderatam. Quocirca dilectis & fidelibus gentibus compotorum nostrorum & Thesaurariis Baillius Vivariensi (1) cetcrisque Justciariis & officiariis nostris aut eorum locatenentibus presentibus & futuris & eorum cuilibet, prout ad eum pertinuerit tenore presentium mandamus quatinus predictum Johannem de Montargues & eius posteros nostris presentibus legitimacione, concessione & gracia uti & gaudere pacifice faciant. . . . . indilate visis presentibus, Quibus, ut perpetue stabilitatis robur obtineant nostrum jussimus apponi sigillum Saluo in ceteris jure nostro & in omnibus quolibet alieno.

Ordre au Bailli du Vivarais.

Datum Lugduni super Rodanum (2) Mense maii, anno Domini M° CCCC° quinquagesimo septimo & regni nostri tricesimo quinto. Sic signatum.

Per Regem.

Magistris Giraldo le Boursier, Francisco Halle & aliis presentibus.

J. DE RILLAC.

Visa contentor.

. . . .

(Arch. J J. 187, 26 r°).

1 Le Vivarais faisait partie du Languedoc et se subdivisait en Haut Vivarais dont la capitale était Annonay, et en Bas-Vivarais, capitale Viviers.

2. Lyon (Rhône).

XLVII

Au manoir d'Aule près Feurs (1). — Du 1er Juillet 1457.

Noblesse en faveur des frères Dax

(Sur parchemin)

SOMMAIRE

Arnaud Dax aîné et Arnaud Dax jeune, son frere, habitants de la ville de Carcassonne, sont déclarés nobles, eux et leurs descendants, et appelés comme tels à jouir des privilèges attachés à cette qualité.

NOBILITATIO pro Arnoldo Dax & eius fratre. Karolus, &c. Ex noſtre regie maieſtatis plenitudine illos libenter proſequimur fauoribus graciofis quos ad id firmare noſcuntur merita probitatis ut & ipſi gaudeant virtutibus vacauiſſe dum propter hoc ſenſerunt comoditacionibus & honoribus ſe reffectos & alii eorum exemplo ad ea.... annuentur. Notum igitur facimus uniuerſis preſentibus pariter & futuris quod nos dilecti noſtri Arnaudi Dax ſenioris & Arnaudi Dax (2) junioris, eius fratris, ville noſtre Carcaſſonne intuentes 1457

1. Arrondissement de Montbrison (Loire).

2. Segnr. de Leuc, du Lyon, d'Axat et de Trevas qui eut un fils nommé Jean Dax, Viguier de Carcassonne, prevôt des maréchaux du Royaume de Sicile, marié le 22 août 1476 à Constance de Narbonne Taleyran, dont postérité.

1457 probitatem & merita virtutum quibus redduntur Nobis placibiles & graciosi Considerantes eciam bonam & notabilem famam qua concomitantur, ut a multorum fidedignorum fertur relacionibus attendentes insuper quod libere condicionis & legitimi ortus existunt, volentes propterea ipsos Arnaudum Dax seniorem & Arnaudum Dax juniorem, ad honoris, fastigium extollere, eosdem ac omnem eorum & cuiuslibet ipsorum posteritatem & prolem utriusque sexus in & de legitimo matrimonio procreatam & procreandam, de plenitudine nostre Regie potestatis & de gracia speciali per presentes Nobilitanimus Nobilesque facimus & habiles reddimus ad uniuersa & singula priuilegia quibus ceteri Nobiles regni nostri utuntur & uti debent & consueuerunt. Concedentes insuper eisdem Arnaudo Dax seniori & Arnaudo Dax juniori ut ipsi & eorum quilibet & cuiuslibet ipsorum & eorum jamdicta posteritas nata & nascitura nobilitacionis priuilegio, juribus, franchisiis & libertatibus in actibus judiciariis ecclesiasticis & secularibus & ceteris actibus quibuscumque libere perfruantur & ab omnibus ut Nobiles ubilibet habeantur possintque & valeant iidem Arnaudus Dax senior & Arnaudus Dax junior, & eorum quilibet ipsorumque & cuiuslibet eorum posteritas masculina & feminina de legitimo matrimonio procreata & procreanda quandocumque & a quouis milite voluerint cingulo militie decorari. Annuentes preterea ipsis Arnaudo Dax juniori & eorum cuilibet suisque & eorum cuiuslibet heredibus & successoribus & feuda, retrofeuda nobilia, aliasque res nobiles juridiciones & dominia quecumque acquirrere & jam acquirenda de cetero tenere & perpetuo possidere possint tanquam nobiles ac si ex utriusque nobilibus parentibus forent procreati absque hoc quod illas vel illa nunc aut in futurum extra manus suas occasione ignobilitatis ponere conatur usibus consuetudinibus lege obseruantia mandatis & inhibicionibus quibuscumque Soluendo nobis hac vice finantiam moderatam quocirca dilectis & fidelibus compotorum nostrorum Gentibus & Thesaurariis nostris parisiensibus senescallo Carcassonne & Bitterris (1) ceterisque justiciariis Nostris & eorum locatenentibus presentibus & futuris & eorum cuilibet prout ad eum pertinet

Ordre aux sénechaux de Carcassonne et de Béziers

Mandamus quatinus memoratos Arnaudum Dax, seniorem, & Arnaudum Dax, juniorem & eorum quemlibet eorumque ac cuiuslibet ipsorum posteritatem & predecessores predictis nostris presentibus gracia Nobilitate & voluntate uti & gaudere temporibus perpetuis faciant & permittant nichil in contrarium a quo... fieri siue attemptari permittentes, ymo si... in contrarium forent attemptata, ea reuocent & reparent seu reparari & reuocari faciant indilate. Quod ut

1. Beziers Herault.

firmum & ftabile perfeueret, figillum noftrum prefentibus Litteris juffimus apponendum, Saluo in aliis jure noftre & in omnibus quolibet alieno. 1457

Datum in manerio Aulę prope Forum (*sic*)... die prima Menfis Julii Anno Domini Millefimo CCCC° LVII° Et regni noftri tricefimo quinto fub figillo noftro in abfentia magni ordinato fic fignatum.

Per Regem.

Duce Borbonenfe, comitibus Fuxi & Dunenfe, magiftris Johanne Bureau, Stephano Fabri Johanne Dauvet & aliis prefentibus.

J. DE RILHAC.

Vifa contentor.
BRIÇONNET.

(Arch. J J 187, fol. 21 r°).

XLVIII

A Changy. — Juillet 1457.

Naturalisation en faveur de François Norri, marchand florentin demeurant à Lyon.

(Manuscrit sur parchemin)

SOMMAIRE

François Norri venu de Florence s'établir à Lyon, est autorisé à y acquérir des biens meubles et immeubles, comme bon lui semblera, et à en disposer ensuite soit par donation faite de son vivant, soit par testament.

1457 ACULTAS acquirendi in Regno ac teftandi pro Francifco Norry Charles, &c. Nous auoir receue humble fupplicacion de noftre bien amé Françoys Norry, marchant à préfent demourant en noftre ville de Lyon, natif de Florence. (1) contenant que puis certain temps en ça il f'en eft venu de mourer en ladicte ville de Lyon en laquelle il a fait fa demeure par certain temps & a entencion de foy du tout retraire en noftre Royaume & y acquerir des biens meubles & immeubles, mais il doubte qu'on lui veuille obicer qu'il ne le peut faire & auffi qu'il ne puiffe ordonner & difpofer de fes biens par lui acquis ou a acquérir pour ce qu'il n'eft pas natif de noftredit Royaume. f'il

1 Au XVe siecle nombre de familles italiennes étaient venues s'établir à Lyon. Charles V avait accordé, par ordonnance du mois de juillet 1366, certains privileges pour les marchands italiens qui habitaient la France.

1457

n'eſtait ſur ce par nous habilité comme il nous a fait remonſtrer, Requérant humblement noſtre grace lui eſtre ſur ce impartie pour ce eſt il que nous ces choſes conſidérées & autres conſidéracions à ce nous mouuans, audit ſuppliant auons oćtroyé & oćtroyons de grace eſpecial par ces préſentes qu'il puiſſe & lui loiſe acquérir en noſtre dit Royaume tant de biens meubles & immeubles qu'il pourra licitement acquérir en noſtredit Royaume & que d'iceulx & auſſi de ceulx qu'il a ja ſ'aucuns il en a acquis il puiſſe diſpoſer par teſtament ordonnance de derreniere volunté, donacion faićte entre vifz & autrement ainſi que bon lui ſemblera & que ſes femme & enſans ſ'aucuns en a le temps auenir & autrement ſes parens & amis puiſſent venir a ſa ſucceſſion tout ainſi comme ſ'il eſtait natif de noſtredit royaume. Et quant aux choſes deſſus dites auons ledit François ſuppliant habilité & habilitons de noſtre dićte grace eſpecial plaine puiſſance & aućtorité royal par ces préſentes en payant toutes uoies par lui finance modérée pour une foiz. Si donnons en mandement par ces meſmes préſentes a noz amez & feaulx gens de noz comptes & tréſoriers. au bailli de Maſcon, ſeneſchal de Lyon & a tous noz autres juſticiers & officiers ou a leur lieuxtenans & a chacun d'eulx ſi comme à lui appartiendra que ledit ſuppliant & ceulx qui de lui auront cauſe facent, ſouffrent & laiſſent joyr & uſer plainement & paiſiblement de noz préſens grace habilitacion & oćtroy ſans lui faire ne ſouffrir eſtre fait aucun empeſchement ou deſtourbier au contraire. Et affin, &c. Sauf, &c.

Ordre au bailli de Macon et au senechal de Lyon.

Donné à Changy (1) ou moys de juillet l'an de grace mil CCCC cinquante-ſept Et de noſtre regne le XXXVme. Ainſi ſigné :

Par le Roy.

Le conte de Dunois, maiſtres Jehan Bureau & autres preſens.

J. DE REILHAC.

Viſa contentor.

. . . .

(Arch. J J. 187, fol. 30 v°.)

1. Changy — Canton de la Pacaudiere, arrond^{t} de Roanne (Loire).

XLIX

Au camp de Nonneville. — Du 3 octobre 1457.

Noblesse en faveur du grand maître de l'artillerie du roi d'Aragon.

Manuscrit sur parchemin

SOMMAIRE

Guillaume Monachi, Français d'une naissance roturière, est devenu grand-maître de l'artillerie du roi d'Aragon. Lui et ses descendants sont declarés nobles, et, comme tels, appelés à jouir des privileges attachés à cette qualité

1457 OBILITACIO Magiſtria Guillelmi Monachi. Karolus. &c. Decens & juri conſonum arbitramur illos Nobilitatibus & aliis prerogatiuis muniri quos probos & fideles ac vita laudabili morum honeſtate aliiſque virtutum inſigniis decoratos. . . . . regia mageſtas ſanelicet delectus noſter Magiſter Guillermus Monachi magiſter artilleriarie altiſſimi & potentis principis dilectiſſimi & cariſſimi conſanguinei noſtri Regis arragonum (1) ex Regno noſtro oriundus libere condicionis & de ligitimo matrimonio ex innobilibus parentibus traxerit vel ſumpſerit originem Verumptamen vita laudabilis, morum honeſtas vera eciam erga nos ipſius fidelitas & alie virtutes quibus perſona eius inſignitur ipſum nobilem in ſuis actibus reddunt & nos inducunt ut erga eum reddamur ad graciam liberales Notum igitur facimus uniuerſis preſentibus & futuris quod premiſſorum conſideracione necnon ſeuiciorum per memoratum Magiſtrum Guillermum Monachi nobis multimode impenſorum Eumdem Magiſtrum Guillermum & eius poſteritatem ac prolem maſculinam & femininam in legitimo matrimonio natam & naſcituram Nobili-

1. Alphonse V, dit *le Sage*, monté sur le trône d'Aragon le 2 avril 1416, mort le 28 juin 1458.

tauimus & de gracia fpeciali ex noftra certa fciencia plena poteftate & auctoritate regia nobilitamus per prefentes & nobiles facimus & creamus expreffe concedentes ut ipfe & eius pofteritas nata & nafcitura predicta in omnibus fuis actibus in judicio & extra ab omnibus pro nobilibus habeantur & reputentur & habiles reddimus ut ipfi uniuerfis & fingulis priuilegiis libertatibus & aliis juribus quibus ceteri Nobiles regni noftri ex nobili genere procreati uti confueuerunt utantur, gaudeant & pacifice fruantur. ipfum Magiftrum Guillermum Monachi & eius pofteritatem predictam aliorum nobilium ex nobili profapia feu ftipite procreatorum numero & cetui aggregantes. licet ipfe magifter Guillermus ex nobili genere ortum non habuerit vel fumpferit originem, ut predictum eft, volentes infuper & concedentes ut idem magifter Guillermus & eius proles nata & nafcitura dum & quociens eifdem placuerit a quocumque milite cingulum milicie valeant adipifci & feoda & res nobiles a nobilibus & quibufcumque aliis acquirere & jam acquifitas ac eciam acquirendas retinere & poffidere perpetuo abfque eo quod ea vel eas nunc vel futuro tempore innobilitatis occafione extra manum fuam ponere vel allienare cogantur, foluendo tamen nobis una vice duntaxat financiam moderatam quocirca dilectis & fidelibus gentibus compotorum noftrorum & thefaurariis parifius. prepofito parifienfi ceterifque jufticiariis & officiariis noftris vel eorum locatenentibus prefentibus & futuris & ipforum cuilibet prout ad eum pertinuerit Damus in mandatis quatinus noftris prefentibus gracia & nobilitacione dictum Magiftrum Guillermum & eius pofteros utriufque fexus de legitimo matrimonio procreatos & procreandos uti & gaudere plenarie & pacifice faciant & promittant omni impedimento ceffante penitus & admoto. Quod ut firmum & ftabile perpetuo perfeueret noftrum prefentibus litteris fecimus apponi figillum Noftro in aliis & alieno in omnibus jure femper faluo.

1457

Ordre a la Chambre des comptes et au Prevôt de Paris.

Datum in Caftro Noneville (1) die tercia Menfis Octobris anno Domini Millefimo CCCCmo quinquagefimo feptimo. Et regni vero noftri tricefimo quinto. Sic fignatum.

Per Regem.

Comitibus Fuxi & Dunenfis, domino de Montily (2), Johanne Dauvet & pluribus aliis prefentibus.

J. DE REILHAC.

Vifa contentor,

J. DU BAN.

(Arch. J.J. 185, fol. 230).

1. Situé sur la commune d'Aulnoy-les-Bondy, canton de Gonesse (Seine-et-Oise).

2. Pour Monthilio (*Antoine d'Aubusson*, Sgr du Monteil, chambellan du roi. — V. Tome I, p. 36)

L

A Blere-sur-Cher. — Novembre 1457.

Légitimation en faveur de Catherine, Guichard & Louis de Tho.

(Manuscrit sur parchemin)

SOMMAIRE

Catherine, Guichard et Louis, fille et fils naturels de Guichard de Tho, et de Jeanne Taliere, sont declarés legitimes en considération de leur bonne conduite, et, comme tels, aptes à posséder et a tester.

1457 RO Katherina de Tho & duobus fratibus. Karolus, &c. Quos vite decorat honeſtas nature vicium minime decolorat, nam decor virtutis abſtergit in prole maculam geniture & pudicicia morum pudor originis aboletur. Natum igitur facimus uniuerſis preſentibus & facimus quod licet Katherina de Tho. filia, Guichardus & Ludouicus de Tho, fratres, filii naturales Magiſtri Guichardi de Tho, preſbyteri & Johannis Taliere tunc ſolute ex illicita copula traxerint originem talibus tamen virtutum donis & morum venuſtate coruſcant quod in ipſis ſupplent merita & virtutes id quod ortus odioſus adiecit ad eo quod ſuper deffectu natalium quem paciantur, graciam quam nobis humiliter poſtularunt a noſtra regia mageſtate meruerint obtinere, nos igitur hiis attentis, eorum ſupplicacione nobis ſuper hoc facte (*ſic*) Annuentes, dictos Katerinam, Guichardum & Ludovicum de Tho de noſtre regie poteſtatis plenitudine & auctoritate regia legitimauimus & legitimamus per preſentes ac legitimacionis titulo decoramus. ipſoſque in judicio & extra a modo pro legitimis

1457

reputari & cenferi volumus & haberi concedentes eifdem ac tenori prefencium cum ipfis difpenfantes ut ipfi quanquam de cohitu illicito traxerint originem bona mobilia temporalia & immobilia quecumque acquirere & jam acquifita poffidere valeant & tenere, & de eifdem inter viuos vel in teftamento difponere ad fue libitum voluntatis, ad fucceffionemque dictorum patris & matris ceterorumque amicorum Carnalium & aliorum quorumlibet ex teftamento. vel ab inteftato dummodo de eorum proceſſerit voluntate & nifi alteri foret jam jus quefitum.& ad quofcumque honores,officia & alios actus legitimos admittantur & fi effent de legitimo matrimonio procreati quodque vel eorum liberi si quos in futurum habeant totaque eorum pofteritas utriufque fexus de legitimo matrimonio procreanda in bonis fuis quibufcumque eifdem jure hereditaris fuccedant & fuccedere valeant. nifi aliud quod deffectus huiufmodi natalium repugnet. predicto deffectu quem prorfus abolemus jure conftitucione ftatuto, lege & confuetudine. ufu generali vel locali regni noftri ad hoc contrariis non obftantibus quibufcumque. foluendo nobis hac vice financiam moderatam quocirca dilectis & fidelibus noftris Gentibus Compotorum noftrorum & thefaurariis bailliuoque Biturie ceterifque jufticiariis & officiariis noftris & eorum locatenentibus prefentibus & futuris & ipforum cuilibet prout ad eum pertinnerit tenore prefencium mandamus quatinus noftras prefentes legitimacionem, conceffionem & graciam teneant & conferuent ac eidem obtemperent & de eadem predicta Katherinam, Guichardum & Ludouicum de Tho ipforum quemlibet & eorum fucceffores uti & gaudere pacifice paciantur & faciant non permittentes eofdem aut ab ipfis caufam habentes vel habituros inquietari, moleftari vel impediri quoquomodo nunc vel in futurum contra tenorem prefencium litterarum & ut premiffa perpetua ftabilitate perdurent prefentibus litteris noftrum juffimus apponi figillum, noftro in aliis & quolibet alieno in omnibus jure femper faluo.

Ordre au bailli de Bourges.

Datum apud Blere fupra Carum (1) in menfe nouembris anno Domini Millefimo quadringentefimo feptimo & regni noftri tricefimo fexto. Sic fignatum.

Per Regem.

Comite Fuxi dominis de Foreftâ (2) & de Montilio ac Magiftro Georgio Havart prefentibus.

J. DE REILHAC.

Vifa contentor.

J. DU BAN.

(Arch JJ. 189, fol. 62).

1. *Bléré-sur-Cher*, à quatre kilomètres d'Amboise, chef-lieu de canton, arrondissement de Tours (Indre-et-Loire).

2. *Louis de Beaumont* le sire *de la Forêt*. — V. Tome I, p. 234.

LI

A Tours. — Mars 1457.

Légitimation en faveur de Jean Boucquart.

(Manuscrit sur parchemin)

SOMMAIRE

Jean Boucquart, barbier de Reims, fils naturel de Jean et de défunte Jeanne la Parmentière, est déclaré legitime, en considération de sa bonne conduite, et, comme tel, appelé à posséder et à tester.

1457 EGITIMATIO pro Johanne Boucquart. Karolus,&c., quos vite decorat honeftas nature vicium minime decolorat nam decor virtutis abfcondit in prole maculam geniture & pudicicia morum pudor originis aboletur notum igitur facimus univerfis prefentibus & futuris quod licet Johannes Boucquart, barbitonfor (1), Remis commorans filius Johannis Boucquart & Jehannete La Parmentiere (2) deffuncte tunc folute ex illicita copula traxerit originem, talibus tamen virtutum dono & morum venuftate infignitur quod in ipfo fupplent merita & virtutes id quod ortus odiofus adiecit ad eo quod fuper deffectu natalium quem patitur graciam quam a nobis humilime poftulauit merito debet obtinere. Hinc eft quod nos hiis attentis ipfum Johannem Boucquart juniorem, de noftre Regie poteftatis plenitudine auctoritateque regia & gracia fpeciali legiti-

1. A cette époque les barbiers exerçaient aussi la charge de chirurgiens Placée sous le patronage de S. Cosme et de S. Damien, cette confrerie avait des statuts réglés par plusieurs ordonnances.
2. Surnom qu'on rencontre souvent alors qui signifie, couturiere, faiseuse de parements.

mauimus & legitimacionis titulo decoramus per prefentes volentes ut ipfe Johannes Boucquart deinceps in judicio & extra pro legitimo habeatur ac eidem concedentes & cum eo difpenfantes ut licet ipfe de cohitu illicito originem traxerit bona mobilia temporalia quecumque & immobilia acquirere & jam acquifita retinere & pacifice poffidere valeat ac de eis difponere interviuos vel in teftamento ad fue libitum voluntatis ad fucceffionemque dictorum patris & matris ceterorumque parentum & amicorum carnalium fuorum & aliorum quorumlibet ex teftamento vel ab inteftato dummodo de eorum proceffterit voluntate & confenfu & nifi alteri foret jus jam quefitum & ad quofcumque honores officia & alios actus legitimos admittatur ac fi effet de legitimo matrimonio procreatus quodque eciam fui liberi fi quos in futurum habeat totaque eius pofteritas de legitimo matrimonio procreanda in bonis fuis quibufcumque eidem jure hereditario fuccedant & fuccedere valeant nifi aliud quam deffectus huiufmodi natalium repugnet predicto deffectu quem prorfus abolemus jure conftitucione ftatuto edito confuetudine ufu generali vel locali regni noftri ad hoc contrariis non obftantibus quibufcumque foluendo nobis propter hoc hac vice financiam moderatam. Quo circa dilectis & fidelibus gentibus, Compotorum noftrorum & thefaurariis Baillivoque Viromendenfi ceterifque jufticiariis & officiariis noftris aut eorum locatenentibus prefentibus & futuris & eorum cuilibet prout ad eum pertinuerit tenore prefencium mandamus quatinus prefatum Johannem Boucquart & eius pofteros noftris prefentibus legitimacione conceffione & gratia uti & gaudere pacifice faciant & permittant abfque quouis impedimento quod fi illatum foret id reparent & ad ftatum priftinum & debitum reducant feu reduci faciant indilate vifis prefentibus. Quibus ut perpetue. &c. Saluo in ceteris jure noftro, &c.

1457

Ordre au bailli de Vermandois.

Datum Turonis menfe Marcii Anno Domini Millefimo CCCC^mo quinquagefimo feptimo & regni noftri xxvi^to. Sic fignatum

Per Regem,

Magiftris Johanne Tudart (1), Stephano Le Fevre (2) & Johanne Bureau prefentibus.

J. DE REILHAC.

Vifa contentor

. . . .

(Arch. J J. 188. fol. 1 v°).

1. *Jean Tudert*, qui fut plus tard sous Louis XI Président du Parlement créé à Bordeaux, en 1462. — V Tome I, p. 134.

2. *Étienne le Fèvre, Prévôt de Saint Junien, vicomte de Mérinville, baron de Rougemont.* — V. Tome I, p. 273.

LII

A Tours. — Du 13 Mai 1458.

Légitimation pour Jean de Fresnes

(Manuscrit sur parchemin)

SOMMAIRE

Jean de Fresnes *écuyer*, fils naturel de Jean de Fresnes et d'une jeune femme de mœurs légeres, ayant rendu de grands services pendant les guerres contre les Anglais, est déclaré légitime et apte comme tel à jouir des droits inhérents à cette qualité.

1458 RO Johanne de Fresnes. Karolus. &c. Illegitime genitos quos vite decorat honestas nature vicium minime decolorat, nam decor virtutis abscondit in prole maculam geniture & pudicicia morum pudor originis aboletur. Notum igitur facimus uniuersis presentibus & futuris quod licet Johannes de Fresne, scutiffer (1), oriundus de patria Francie, filius naturalis deffunctorum Johannis de Fresnes... iuuenis mulieris minime uxorate ex illicita copula traxerit originem, talibus tamen virtutem dono & morum venustate insignitur quam in ipso suppleant merita & virtute & quod ortus odiosus accedit ad eo quod super deffectu natalium quem patitur graciam quam a nobis humilime postulauit merito debet obtinere. Hinc est quod nos hiis attentis, nec non pluribus seruiciis per dictum Johannem de Fresnes nostris in gueris nobis multimodo impensis, ipsum

1. *Jean de Fresnes* Écuyer. — La maison *de Fresnes*, originaire de la localité qui porte ce nom dans l'Ile de France a fourni au XIVe et XVe siecles un grand nombre de personnages connus, parmi lesquels *Pierre de Fresnes Sgr de la Potheruve* pere de *Nicole* ou *Colette de Fresnes* femme de *Jean Baillet* Seigneur de Sceaux l'un des compères de Louis XI. — V. Tome I, p. 530. — Elle portait de sable a la croix d'argent accompagnée de 16 fleurs de lys.

1458

Johannem de nostre Regie poteſtatis plenitudine, auctoritateque regia & gracia ſpeciali legitimamus & legitimacionis titulo decoramus per preſentes volentes ut ipſe Johannes deinceps in judicio & extra pro legitimo habentur ac eidem concedentes & cum eo dispenſantes ut licet quamquam ipſe de cohitu illicito originem, traxerit bona mobilia temporalia quecumque & immobilia acquierrere & jam acquiſita retinere poſſidere valeat ac de eis diſponere inter viuos vel in teſtamento ad ſue libitum voluntatis ſucceſſionem que dictorum patris & matris ceterorumque. parentum & amicorum carnalium ſuorum & aliorum quorumlibet ex teſtamento & ab inteſtato dum modo de eorum proceſſerit voluntate & conſenſu & niſi alteri foret jus jam queſitum & ad quoſcumque honores officia & aliis actus legitimos admittatur ac ſi eſſet de legitimo matrimonio procreatus quodque eciam ſui liberi ſi quos in futurum habeat totaque eius poſteritas de legitimo matrimonio procreanda in bonis ſuis quibuſcumque eidem jure hereditario ſuccedant & ſuccedere valeant, niſi aliud quo deffectus huiuſmodi natalium repugnet predicto deffectu quam prorſus abolemus jure, conſtitucione ſtatuture, dicto, conſuetudine, uſu generali vel locali regni noſtri ad hoc contrariis, non obſtantibus quibuſcumque ſoluendo nobis propter hoc ac vice ſinanciam moderatam quocirca dilectibus & fidelibus gentibus compotorum noſtrorum & thesaurariis. prepoſito pariſienſi ceteriſque juſticiariis & officiariis noſtris aut eorum locatenentibus preſentibus & futuris & eorum cuilibet prout ad eum pertinuerit tenore preſencium mandamus quatinus predictum Johannem de Freſnez & eius poſteros noſtris preſentibus legitimacione, conceſſione & gradia uti & gaudere pacifice faciant & permittant abſque quouis impedimento, quod, ſi illatum foret. illut reparent & ad ſtatum priſtinum & debitum redducant ſeu redduci faciant & indilate viſis preſentibus quibus ut perpetue ſtabilitatis robur obtineant preſentibus ſigillum duximus apponendum. ſaluo in ceteris jure noſtro & in omnibus quolibet alieno.

Ordre au Prévôt de Paris.

Datum Turonis die XIII° menſis maii anno Domini M° CCCC° quinquageſimo octauo. Regni vero noſtri XXXVI°. Sic ſignatum.

Per Regem.

Magiſtris Stephano Le Fevre, Georgio Havart & aliis preſentibus,

J. DE REILHAC.

Viſa contentor.

CHALIGANT.

(Arch. J J. 187, fol. 125 v°).

LIII

A Beaugency. — Juin 1458.

Légitimation en faveur de Jean d'Orléans, fils naturel du comte d'Angoulême.

(Sur parchemin

SOMMAIRE

Jean d Orléans, comte d'Angoulême, cousin du roi demande et obtient la légitimation de Jean, son fils naturel, declaré apte, comme tel a jouir de tous les droits inherents a cette qualité.

1458

RO Johanne filio naturali comitis Angolifmenfis. Karolus, &c. Quos vite decorat honeftas nature vitium minime decolorat, nam decor virtutis abfcondit in prole maculam geniture et pu [di] cicia morum pudor originis aboletur. Notum igitur facimus uniuerfis prefentibus & futuris quod licet Johannes filius naturalis cariffimi confanguinei noftri comitis Angolifmenfis & (1) ex illicita copula traxerit originem, talibus tamen virtutum dono & morum venuftate infignitur quod in ipfo fuplent merita & virtutes id quod ortus odiofus accedit adeo quod fuper defectu natalium quem patitur, graciam quam a nobis humilime poftulauit merito debet obtinere. Hinc eft quod vos hiis attentis nec non pluribus feruiciis per dictum confanguineum noftrum nobis multimodo impenfis ipfum Johannem de noftre regie poteftatis plenitudine

1. *Jean d'Orleans*, comte d'Angoulême et de Périgord, fils puîné de Louis de France, duc d'Orléans, et de Valentine de Milan, né le 26 juin 1404, mort au château de Cognac le 30 avril 1467.

decoramus per prefentes volentes ut ipfe Johannes deinceps in judicio & extra pro legitimo habeatur ac eidem concedentes & cum eo difpenfantes ut licet quamquam ipfe Johannes de coitu illicito originem traxerit, bona mobilia temporalia quecumque & immobilia acquirere & jam acquifita retinere & pacifice poffidere valeat ac de eis difponere inter vivos vel in teftamento ad fue voluntatis libitum ad fucceffionemque dictorum patris & matris ceterorumque parentum & amicorum carnalium fuorum aliorum quorumlibet ex teftamento vel ab inteftato dummodo de eorum procefferit voluntate & confenfu & nifi alteri foret jus jam quefitum & ad quofcumque honores & alios actus legitime admittatur ac fi effet de legitimo matrimonio procreatus quod que eciam fui liberi fi quos in futurum habeat totaque eius pofteritas de legitimo matrimonio procreanda in nobis fuis quibufcumque eidem jure hereditario fuccedant & fuccedere valeant nifi aliud quam deffectus huiufmodi natalium repugnet predicto defectu quem prorfus abolemus jure conftitutione, ftatuto, edito confuetudine ufu generali vel locali regni noftri ad hoc contrariis non obftantibus quibufcumque foluendo nobis propter hoc ac vice financiam moderatam quocirca dilectis & fidelibus gentibus compotorum noftrorum & thefaurariis bailliuoque... .. ceterifque jufticiariis officiariis noftris aut eorum locatenentibus, prefentibus & futuris & eorum cuilibet prout ad eum pertinuerit tenore prefentium mandamus quatinus predictum Johannem & eius pofteros noftris prefentibus legitimatione conceffione & gratia uti & gaudere pacifice faciant & permittant abfque quouis impedimento quod fi illatum foret idem reparent & ad ftatum priftinum redducant feu redduci faciant indilate vis prefentibus quibus ut perpetue ftabilitatis robur obtineant, noftrum prefentibus figilum duximus aponendum faluo in ceteris jure noftro & in omnibus quolibet alieno. 1458

Datum apud Balgenciacum (1) Menfe junii anno Domini millefimo quadringentefimo quinquagefimo octauo & regni noftri tricefimo fexto. Ainfi figné.

Per Regem.

Magiftro Petro Doriole (2) & aliis prefentibus

DE REILHAC.

Visa,

. . . . . .

(Arch. Reg. J J 187, fol. 130 v°.)

1. Dans l'Orleanais, siege d'un comté aujourd'hui chef-lieu de canton, arrondissement d'Orléans (Loiret).

2. Pierre Doriole ou d'Oriolles fut plus tard chancelier de France sous Louis XI. — V. Tome I. p. 129.

LIV

A l'Aumônerie de Citeaux. — Août 1458.

Légitimation pour Yvette Taillefert.

(Sur parchemin)

SOMMAIRE

Yvette Taillefert, fille naturelle de défunt Guillaume Taillefert et de Jeanne Chambine, est déclarée légitime et apte à jouir des droits afférents à cette qualité.

1458 RO Yueta Taillefert. Karolus. &c. Illegitime procreatos quos vite decorat honeſtas nature vicium minime decolorat. nam decor virtutis abſcondit in prole maculam geniture & pudicicia morum pudor originis aboletur. Notum igitur facimus uniuerſis preſentibus & futuris quod licet Yueta Taillefert filia naturalis deffuncti Guillermy Taillefert quondam preſbiteri & Johanne Chanbine ſolute ex illicita copula traxerit originem, talibus tamen virtutum dono & morum venuſtate inſignitur quod in ipſa ſupplent merita & virtutes id quod ortus odioſus accedit adeo quod ſupper deffectu natalium quem patitur graciam quam a nobis humilime poſtulauit merito debet obtinere. Hinc eſt quod nos hiis attentis, ipſam yuonetam de noſtre regie poteſtatis plenitudine, auctoritate que regia & gracia ſpeciali legitimauimus & legitimacionis titulo decoramus per preſentes, volentes ut ipſa Yueta deinceps in judicio & extra pro legitima habeatur ac ei concedentes & cum ea diſpenſantes ut licet quamquam ipſa de cohitu illicito originem traxerit. bona mobilia temporalia quecumque & immobilia acquirere & jam acquiſita retinere & paciffice poſſidere valeat & de eis diſponere inter viuos vel in teſtamento ad ſue libitum voluntatis ad ſucceſſionemque dictorum patris & matris ceterorumque parentum & amicorum carnalium ſuorum & aliorum quorumlibet ex teſtamento vel ab inteſtato dum modo de eorum proceſſerit voluntate & conſenſu & in alteri foret jus jam queſitum & ad quoſcumque honores & alios actus legitimos admittatur ac ſi eſſet de legitimo matrimonio procreata quodque eciam ſui liberi ſi quos in futurum habeat lotaque eius poſteritas de legitimo procreanda in bonis ſuis quibuſcumque eidemque jure hereditario ſuccedant & ſuccedere valeant niſi aliud quam deffectus huiuſmodi natalium repugnet predicto deffectu quem prorſus abolemus jure conſtitucione ſtatuto. edito, conſuetudine uſu generali vel locali regni noſtri ad hoc contrariis non obſtantibus quibuſcumque ſoluendo nobis propter hoc hac vice financiam moderatum. Quocirca dilectis & fidelibus gentibus compotorum noſtrorum & theſaurariis ſeneſcallo aquitanenſi ceteriſque juſticiariis & officiariis noſtris aut eorum Locatenentibus preſentibus & futuris & eorum cuilibet prout ad eum pertinuerit tenore preſentium mandamus quatinus predictam Yuetam & eius poſteros noſtris preſentibus legitimacione, conceſſione & gracia uti & gaudere pacifice faciant & permitant abſque quouis impedimento quod ſi illatum foret illud reparent & ad ſtatum priſtinum & debitum reducant ſeu reduci faciant indilate viſis preſentibus quibus ut perpetue ſtabilitatis robur obtineant noſtrum preſentibus ſigillum duximus apponendum ſaluo in ceteris jure noſtro & in omnibus quolibet alieno.

1458

Ordre au Sénéchal d'Aquitaine

Datum apud helemoſinam ciſtellis (1) menſe auguſti anno Domini Milleſimo CCCC^mo quinquageſimo octavo & regni noſtri XXXVI°. Ainſi ſigné.

Per Regem.

Magiſtris Georgio Havart. Johanne Bureau & Petro Doriole preſentibus,

DE REILHAC.

Viſa contentor.

CHALIGANT.

(Arch. Reg. J J. 187. fol 168.)

1. Le plus grand nombre des actes signés par Charles VII durant le mois d'août 1458 sont datés de Vendôme, il ne peut être question ici que de l'*Aumône* (Eleemosina) ou du Petit-Citeaux, abbaye du diocese de Chartres, fondé en 1121 par Thibaut IV, comte de Blois, aujourd'hui commune de Conde. canton de Contres, arrondissement de Blois (Loir-et-Cher.)

LV

A Vendôme. — Du 6 Octobre 1458.

Naturalisation pour Jean Tuchievre

Sur parchemin

SOMMAIRE

Jean Tuchievre, de la Franche-Comté de Bourgogne, établi à Paris, est declaré apte à jouir des mêmes avantages que s'il était né à l'intérieur du royaume

1458 ATURALITAS & facultas teſtandi pro Johanne Tuchieure. Charles, &c. Nous avoir receue humble ſupplicacion de Jehan Tuchieure, natif de Franche-Conté de Bourgoigne (1). Contenant que ja pieca il ſe party de ladite Franche-Conté & ſe retray en noſtre ville de Paris ou il a par long temps demouré en laquelle ou ailleurs en noſtre Royaume il a entencion de ſoy du tout retraire & y acquérir des biens meubles & immeubles, mais il doubte que on lui veuille obicier qu'il ne ſe peut faire & qu'il ne puiſſe ordonner & diſpoſer de ſes biens quant il les auroit acquis pour ce qu'il n'eſt pas natif de noſtredit Royaume, s'il n'eſtoit ſur ce par nous habilité, comme il nous a fait dire & remonſtrer, Requerant humblement noſtre grace lui eſtre ſur ce impartie. Pourquoy nous, ces choſes conſiderees & autres cauſes a ce nous mouuans, voulans ledit Jehan

(1) Cette province appartenait alors à la maison de Bourgogne

Tuchieure auoir fa prouifion feure en noftredit Royaume, affin que par deffault de ce, il ne chée en neceffité quant il viendra fur fa vieilleffe, a icelui pour ces dictes 1458
caufes & confidéracions. Auons octroyé & octroyons de grace efpécial qu'il puiffe & lui loife acquérir en noftredit Royaume tant de biens meubles & immeubles licitement que bon lui femblera & d'iceulx & auffi de ceulx qu'il a ja, s'aucuns il en a acquis, il puiffe difpofer & ordonner par teftament & ordonnance de derreniere voulenté, donacion faicte entre vifs ou autrement ainfi qu'il voudra & que fes femmes & enfans, f'aucuns en a, & autrement fes parens puiffent venir à fa fucceffion tout ainfi que f'il eftoit natif de noftre dit Royaume & quand aux chofes deffufdites l'auons habilité & habilitons de noftre dite grace efpecial, plaine puiffance & auctorité royal par ces préfentes, en paiant toutefuoies finance moderé par lui pour une foiz. Si donnons en mandemant par ces mefmes préfentes à noz amez & leaulx gens de noz comptes & treforier, au preuoft de Paris & a tous noz autres Ordre au Prévôt de Paris
jufticiers & officiers ou a leurs lieuxtenans & a chacun d'eulx, fi comme a lui appartendra que ledit Jehan Tuchieure & ceulx qui de lui auront caufe facent, feuffrent & laiffent joir & ufer plainement & paifiblement de noftre préfente grace habilitation & octroy. Sans lui faire ne fouffrir eftre fait aucun empefchement ou deftourbier au contraire & afin, &c. Sauf, &c.

Donné à Vendofme (1) le VIme jour d'octobre l'an de grace mil CCCCLVIII & noftre regne le XXXIIIme. Ainfi figné.

Par le Roy,

Le fire du Monteil & autres prefens,

J. DE REILHAC.

Vifa.

. . . .

(Arch. Reg. JJ. 190, fol. 18 r°.)

1. Chef-lieu d'arrondissement (Loir-et-Cher). — La Cour séjournait alors dans cette ville pour le procès du duc d'Alençon (V. Tome I, p. 37), condamné à mort pour crime de lèse-majesté le 10 octobre 1458.

LVI

A Vendôme. — Novembre 1458.

Noblesse pour Jean Peré, Sgr de Lavau et de Blanzac.

Sur parchemin.

SOMMAIRE

Jean Peré, seigneur de Lavau, en considération de ses services pendant les guerres contre les Anglais, et sur la demande du comte de la Marche, est declaré noble, lui et ses descendants.

1458 OBILATIO pro Johanne Peré. Karolus, &c. Decens & juri confonum arbitramur Illos nobilitatibus & aliis prerogatiuis muniri quos probos & fideles, ac vita laudabili morum honeftate aliifque virtutum infigniis decoratos Regia mageftas fane licet delictus nofter Johannes Pere dominus de La Vau de Blanzac 1 libere condicionis & legitimo matrimonio procreatus ex plebeis parentibus traxerit vel fumpferit originem Verumptamen vitabilis morum honeftas, vera erga nos eciam ipfius fidelitas & alie virtudes quibus perfona eiud infignitur ipfum nobilem in fuis actibus reddunt & nos inducunt ut erga eum ad graciam reddamur liberales Notum igitur facimus Uniuerfis prefentibus & futuris quod premifforum. nec non feruiciorum per memoratum Johanem Pere noftris in guerris & alias multimodo impenforum confideracione, eciam fauorem

1. Canton et arrondissement de Bellac (Haute-Vienne). Famille du Limousin, qui portait d'*azur, à trois nassiers de mails d'argent 2 et 1.*

Cariſſimi & dilecti conſanguinei noſtri comitis Marchie (1) qui nos ſuper hoc requirere fecit Eumdem Johanem Pere & eius poſteritatem & prolem maſculinam & 1458
femininam in legitimo matrimonio natam & naſcituram Nobilitauimus & de gracia eſpeciali & noſtra certa ſciencia plena poteſtate & auctoritate regia, eos nobiles facimus & creamus. Expreſſe concedentes ut ipſe & tota eius poſteritas nata & naſcitura predicta in omnibus ſuis actis in judicio & extra ab omnibus pour nobilibus habeantur & reputentur & habiles eos reddimus ut ipſi uniuerſis & ſingulis priuilegiis prerogatiuis, libertatibus & aliis juribus quibus ceteri Nobiles regni noſtri ex nobili genere procreati uti conſueuerunt & utuntur gaudeant pacifice & fruantur. Ipſum Johannem Pere & eius poſteritatem predictam aliorum nobilium ex nobili proſapia ſeu ſtipite procreatorum noſtris aggregantes licet ipſe Johannes Pere ex nobili genere ortum non habuerit vel ſumpſerit originem, predictum eſt, volentes inſuper et concedentes ut idem Johannes & eius prole nata & naſcitura dum & quociens voluerit arquocumque milite & cingulum milicie valeant adhipiſci & feoda & res nobiles ac nobilibus & quibuſcumque & aliis acquirere & jam acquiſita ac eciam acquirenda retinere & poſſidere perpetuo abs que eo quod ea vel eas nunc vel futuro tempore ignobilitatis occaſione extra manum ſuam ponere vel alienare cogantur. Soluendo nobis propter hoc hac vice ſinanciam moderatam quocirca dilectis & fidelibus gentibus compotorum noſtrorum & theſaurariis, ſeneſcallo Lemouicenſi, ceteriſque juſticiariis & officiariis noſtris vel eorum locatenentibus & ipſorum cuilibet, prout ad eum pertinuerit, Damus in mandatis quatinus noſtris preſentibus gracia & conceſſione ac nobilitacione dictum Johannem Pere & eius poſteros maſculinos & femininos in legitimo matrimonio procreatos & procreandos uti & gaudere plenarie & pacifice faciant & permittant omni impedimento ceſſante ſeu amoto Ordinacionibus, Statutis, editis, inhibicionibus & mandatis in contrarium factis vel faciendis non obſtantibus quibuſcumque. Quod ut firmum, &c. Noſtro in aliis & alieno, &c.

Ordre au Sénéchal de Limoges.

Datum Vindocinii Menſe Nouembris Anno Domini milleſimo quadringenteſimo quinquageſimo octauo & Regni noſtri triceſimo ſeptimo. Sic ſignatum.

Per Regem,

Domino de Montilio & aliis preſentibus.

Viſa contentor, J. DE REILHAC.

J. DU BAN.

(Arch. Reg. J J. 188, fol. 13 v°.)

1. *Bernard d'Armagnac, comte de Pardiac* et de Castres, à qui Charles VII donna le comté de la Marche en 1434. Il laissa d'Eléonore de Bourbon, qu'il avait épousee en 1429, *Jacques d'Armagnac, duc de Nemours* (V. T. I, p. 306), et Jean qui fut évêque de Cahors.

LVII

A Vendôme — Novembre 1458.

Noblesse pour Jean Cabriol.

(Sur parchemin)

SOMMAIRE

En recompense de ses services durant les guerres contre les Anglais Jean Cabriol natif de Castres au pays d'Albigeois, est declaré noble lui et ses descenda

1458 OBILITACIO pro Johanne Cabriol. Karolus. &c. De [cens] & jure consonum arbitramur illos nobilitatibus & aliis prerogatiuis muniri quos probos & fideles ac vita laudabili morum honestate aliisque virtutum insignis decoratos ad. ...... regia Magestas sane licet dilectus noster Johannes Cabriol. ville de Castris (1) in Albigesio libere condicionis & de legitimo matrimonio procreatus & innobilibus parentibus traxerit vel sumpserit originem verumtamen vita laudabilis. morum honestas, vera eciam erga nos ipsius fidelitas et aliè virtutes quibus persona eius insignitur ipsum nobilem in suis actibus reddunt & nos inducunt ut erga eum reddamur ad graciam liberales. Notum igitur facimus universis presentibus & futuris quod premissorum necnon seruiciorum per memoratum Johannem Cabriol nobis in guerris & alias multimodo temporibus affluxis impensorum, consideracione, speramusque in futurum impendorum. Eumdem Johannem Cabriol & eius posteritatem &

1. Castres avait le titre de comte, aujourd'hui chef-lieu d'arrondissement (Tarn).

1458

prolem mafculinam & femininam in legitimo matrimonio natam & nafcituram nobilitauimus & de gracia fpeciali, ex noftra certa fciencia plena poteftate & auctoritate regia nobilitamus per prefentes & nobiles facimus & creamus eidem expreffe concedentes ut ipfe & eius pofteritas nata & nafcitura predicta in omnibus fuis actibus in judicio & extra ab omnibus pro nobilibus habeantur & reputentur & habiles reddimus ut ipfi univerfis & fingulis priuilegiis libertatibus & aliis juribus quibus ceteri nobiles Regni noftri ex nobili genere procreati uti confueuerunt, utantur, gaudeant pacifice & fruantur. Ipfum Johannem Cabriol & eius pofteritatem predictam aliorum nobilium ex nobili profapia feu ftipite procreatorum numero & cetui aggregantes licet ipfe Johannes ex nobili genere ortum non habuerit vel fumpfuerit originem ut predictum eft, volentes infuper & concedentes ut ipfe Johannes Cabriol & eius proles nata & nafcitura dum & quociens (*fic*) eifdem placuerit a quocumque milite cingulum milicie valeant adipifci. Et feodæ & res nobiles a nobilibus & quibufcumque aliis acquirrere & jam acquifitas ac eciam acquirendas retinere & poffidere perpetuo abfque eo quod ea vel eas nunc vel futuro tempore immobilitatis occafione extra manum fuam ponere vel alienare cogantur, foluendo tamen Nobis una vice dumtaxat financiam moderatam. Quocirca dilectis & fidelibus noftris gentibus compotorum noftrorum & thefaurariis Senefcallo Carcaffone ceterifque jufticiariis & officiariis noftris vel eorum locatenentibus prefentibus & futuris & ipforum cuilibet prout ad eum pertinuerit, damus in mandatis quatinus noftris prefentibus gracia & nobilitacione dictum Johanne Cabriol & eius pofteros, utriufque fexus de legitimo matrimonio procreatos & procreandos uti & gaudere plenarie & pacifice faciant & permittant, omni impedimento ceffante penitus & admoto. Quod ut firmum & ftabile perpetuo perfeueret noftris prefentibus litteris fecimus apponi figillum, noftro in aliis et alieno in omnibus jure femper faluo.

Ordre au Senechal de Carcassonne.

Datum Vindocini, menfe Nouembris anno Domini millefimo CCCC^{mo} quinquagefimo octavo & regni noftri XXXVII^{mo}. Sic fignatum.

Per Regem,

Comitibus Fuxi & Dunenfis, Dominis de Terciaco (1) & de Montilio ac Magiftro Johanne Dauvet & aliis prefentibus,

J. DE REILHAC.

Vifa.

. . . . . .

(Arch JJ 187, fol. 187 v°.)

1. Probablement pour *Torciaco* (Jean d'Estouteville, *sire de Torcy*, Grand Maître des Arbalétriers, sous Louis XI.)

LVIII

A Tusseau en Touraine. — Decembre 1458.

Légitimation pour Claude de Vienne.

(Sur parchemin)

SOMMAIRE

Claude de Vienne, écuyer, fils naturel de Guillaume de Vienne, et de Marguerite de Sainte-Croix est déclaré légitime en faveur de ses services.

1458

EGITIMACIO Claudii de Vienna. Karolus Dei gratiâ Francorum Rex ad perpetuam rei memoriam quos affidua affectione nobis probos & fideles noftrifque obfequiis et comoditatibus officiofos, moribus etiam & meritis & virtutibus infignibus decoratos comperimus noftre Regie mageftatis ad illos liberalitatem juftam arbitramur elargiri. Sane nobis expofitum extitit per dilectum & fidelem confanguineum noftrum Guillermum de Vienne (1) dominum Sancti Georgii & Sancte Crucis (2) quod licet Claudius de Vienne, fcutifer, eiufdem ac Margarite de Sancta Cruce naturalis filius ex illegitima copula & in lezo matrimonio eorumdem traxerit originem, tamen ad imi-

Le seigneur de Saint-Georges et de Sainte-Croix, cousin du roi.

1. Fils de *Guillaume de Vienne*, seigneur de Saint-Georges et de Marie Dauphine d'Auvergne. Il avait épousé Alix de Chalon d'Orange. Cette illustre maison éteinte depuis longtemps a fourni le célèbre amiral de France, *Jean de Vienne*.

2. Sainte Croix, ancienne baronnie, canton de Montpont, arrondissement de Louhans (Saône-et-Loire).

tandum proborum veſtigia & actus nobiles ac virtutum opera fit feruenter ſtudens eſt & intentus quod in ipſius geniture maculam probitatis decus abſtergit. Notum gitur facimus uniuerſis preſentibus & futuris quod nos premiſſorum intuitu et conſideracione nec non quam plurimis ſeruiciorum nobis per dictum dominum de Sancto Georgio diverſimodo (*ſic*) impenſorum ipſum Claudium de Vienne ſcutiffe-rum ad ſupplicacionem ipſius domino de Sancto Georgio (1) eius patris de gratia ſpeciali plenitudineque poteſtatis ac auctoritate regia legitimauimus & ad honores ſeculares actuſque legitimos quollibet quo ad temporalia legitimacionis titulo decoramus et huiumodi geniture maculam, quo ad premiſſa penitus abolemus, eidem Claudio concedentes & tenore dictarum preſencium cum eo diſpenſantes ut ipſe tanquam heres legitimus ſuccedere valeat & ſuccedat perſonis quibuſcumque ſi de ipſarum perſonnarum proceſſerit voluntate in omnibus bonis mobilibus & im-mobilibus in quibus ſuccederet conſuetudine de jure aut alias quouiſmodo, ac ſi eſſet de legitimo matrimonio procreatus in quibus tamen jus non eſt alteri vel aliis jam queſitum & ea tanquam legitimus valeat jure hereditario aut alias quouiſmodo venditore adipiſci retinere, ſeu poſſidere ac de ipſis diſponere tan-quam ſucceſſor ſeu heres legitimus, niſi aliud dumtaxat eidem qua deffectus pre-dictus natalium non repugnet predicto deffectu conſuetudine vel uſu generali vel locali regni noſtri ad hoc non obſtantibus quibuſcumque, inhibentes uniuerſis & ſingulis regni noſtri ſubditis, preſentibus & futuris ne quis eum cum prolem ſuam vel heredes ſucceſſores aut poſteros ejuſdem in bonis quibuſcumque acqui-ſitis & acquiſendis ſeu undequaque obuenientibus occaſione deffectus natalium predicti Claudii impedire, turbare, vel moleſtare quoquomodo perſumant (*ſic*), ſoluendo tamen nobis hac vice financiam moderatam. Quocirca dilectis & fideli-bus gentibus compotorum noſtrorum & theſaurariis. . . . .
ceteriſque juſticiariis & officiariis noſtris quibuſcumque, vel eorum locatenen-tibus, preſentibus & futuris & eorum cuilibet prout ad eum pertinuerit, tenore preſencium mandamus quatinus noſtras preſentes Legitimacionem conceſſionem & graciam teneant & conſeruant ac eiſdem obtemperant ipſumque jamdictum Claudium aut ab ipſo cauſam habentes et habituros inquietari moleſtari vel impe-diri nunc vel in futurum contra tenorem preſencium litterarum quoquomodo pre-ſumant, generalibus vel localibus ſtatutis. ſtilis. conſuetudinibus uſibus, lege,

1458

1. La seigneurie de *Saint-Georges*, appanage de la branche aînee de la maison de Vienne, a disparu. C'était un bourg, aux environs de la ville de Seurre (Côte-d'Or) que le duc de Guise fit en partie démolir en 1549. Les chevaliers de St-Georges y tenaient leur chapitre dans l'église des Augustins.

obſervantia, ac editis quibuſcumque ad hoc contrariis non obſtantibus. Quod ut
1458 firmum & ſtabile perpetuo duret, noſtrum preſentibus fecimus apponi ſigillum, noſtro in aliis & in omnibus quolibet alieno jure ſemper ſaluo.

Datum in domo Thuciacy in Turonia (1) menſe Decembris anno Domini milleſimo CCCC° quinquageſimo octauo & regni noſtri triceſimo ſeptimo. Sic ſignatum.

Per Regem.

Domino de Montilio, Magiſtris Henrico de Marle & Stephano Le Fevre preſentibus.

J. DE REILHAC.

Viſa contentor.

J. Du Ban.

(Arch. J J. 188, fol 5.)

1 Tusseau-en-Touraine aujourd'hui Thuisseau, commune de Montlouis, arrondissement et canton de Tours (Indre-et-Loire.)

LIX

Au château de Tusseau — Décembre 1458.

Noblesse pour Jean de Rochefort.

(Sur parchemin)

SOMMAIRE

A la demande du comte Gaston de Foix, Jean de Rochefort, juge de la Comté de Foix, homme célèbre par son intégrité et son savoir, est déclaré noble, lui et ses descendants.

OBILITACIO pro Johanne de Rupeforti. Karolus Dei gracia. .. genere non obſcuro morum & officiorum claritudinem non evadentes quibus preſertim cum ingenuis nature dotibus egregia ornamenta adiciunt artes & ſcientia conſpicuitatis inſignis preſtancus decet extollere ut ſuis pocius meritis comparatum ſublimacionis huiuſmodi nimis & gaudentis ſoboly ſue derelinquant & alii eorum exemplo ad virtuoſos actus feruencius concitantur, ſane eam dilectus noſter magiſter Johannes de Rupefort legum doctor, judex comitatus Fuxi pro cariſſimo conſanguineo noſtro comite Fuxi de legitimo thoro libera condicione & admodum honneſta domo ut vobis fuit relatum procreatus extiterit & celebros a natura ſibi profectos mores artum & ſcienciarum cumulo decorare & decoratos conſiis & virtuoſis opperibus effindere ſtuduerit, ſinceram erga nos & noſtram coronam & dulcis obſeruauerit & obſeruet fidelitatem, dignum & racionem concentaneum fore ſenſemus & ſic pro merenti & nobilitacionis titulum conferamus, notum igitur facimus univerſis preſentibus & futuris quod nos ipſum magiſtrum Johannem de Rupeforti eiuſque prolem & poſteritа 1458

tem maſculinam & femininam de legitimo matrimonio naſcituram de ſpeciali
1458 gracia noſtrarum auctoritate regie & poteſtatis plenitudine Nobilitamus & nobiles facimus ac aliorum nobilium regni noſtri nobilium ex nobili ſtirpe prouenientes numero pariter & conſortio agregamus per preſentes, volentes & concedentes eidem ut ex nunc in perpetuum in omnibus ſuis actibus in judicio & extra ab omnibus perſonis pro nobilibus reputentur & habeantur quodque fungantur, gaudeant & perfruantur licite & libere plene & pacifice omnibus & ſingulis honoribus & prerogatiuis, preheminencii priuilegiis libertatibus franchiſiis & juribus quibus ceteri nobiles Regni noſtri de nobili genere procreati potiri conſueverunt & pociuntur quod eciam ipſe magiſter Johannes de Rupeforti & dicta ſua proles & poſteritas maſculina legitima quotiens (*ſic*) voluerit a quocumque milite cingulum milicie adipiſci & recipere valeant, quod inſuper idem magiſter Johannes dicta ſuaque proles & poſteritas legitima utriuſque ſexus feoda & res nobilis a nobilibus & aliis perſonnis quibuſcumque acquirrere & jam acquiſitas ac eciam acquirendas retinere & poſſidere perpetuo poſite abſque eo quod ea vel eas in nobilitatis occaſione alienare vel extra manus ſuas ponere cogantur, ſeu compelli debeant, ſoluendo nobis hac vice financiam moderatam. Quocirca dilectis & fidelibus noſtris gentibus compotorum noſtrorum & theſaurariis ſeneſcalo ceteriſque juſticiariis & officiariis noſtris vel eorum locatenentibus preſentibus & futuris & ipſorum cuilibet, prout ad eum pertinuerit Damus in mandatis quatinus noſtris preſentibus gracia Nobilitacione & conceſſione prefatum Johannem de Rupeforti & eciam eius prolem & poſteritatem maſculinam & femininam in & de legitimo matrimonio natam & naſcituram uti & gaudere plenarie & pacifice perpetuo faciant, ſinant & permittant remotis & ceſſantibus quibuſcumque difficultate contradictione & impedimento. Et ut ea firma & ſtablila perpetuis temporibus perſeuerent noſtrum ſigillum preſentibus litteris duximus apponendum noſtro & in omnibus quolibet alieno jure ſemper ſaluo.

Datum in caſtro de Tuſſeau 1) prope Turonis menſe Decembris anno Domini milleſimo CCCC LVIII & regni noſtri XXXVIIe. Sic ſignatum.

Per Regem.

Domino de Caſtro (2) Bruno & aliis preſentibus,

J. DE REILHAC.

Viſa contentor,

J. DU BAN.

Regiſtrata.

(Arch J J. 190, fol 66 v°.

1. *Tusseau*, canton de Tours (Indre-et-Loire.)

2. *Charles de Gaucourt*, seigneur de Châteaubrun. d Argicourt, etc., conseiller et chambellan du.

LX

Au château de Tusseau. — Décembre 1458.

Reponse a la supplique du lieutenant pour le baillage de Vitry.

(Sur parchemin)

SOMMAIRE

Jean Toignel, lieutenant général pour le baillage de Vitry, ayant eu ses parents tués à la bataille d'Azincourt, s'était réfugie en Barrois avec sa femme Colette le Turc, fille de Guillaume le Turc, premier Président du Parlement de Paris, qu'il avait épousée en 1416. Là, ils ont eu une fille, Marguerite, mariée depuis à Guillaume Varlet, sire de Branccourt, sur leur demande. Elle est déclarée apte à leur succéder, bien que née sur la terre étrangere.

ITTERA naturalitatis ſive habitationis pro Margareta Toignel. Charles, &c. Nous auoir receue l'umble ſupplicacion de notre ame & feal conſeiller Maiſtre Jehan Toignel lieutenant géneral de noſtre bailly de Vitry & de Colette Letur damoiſelle, ſa femme fille de feu Maiſtre Guillaume Letur en ſon vivant noſtre conſeillier preſident en noſtre Court de parlement (1) contenant que en l'an *Mil CCCC & ſeize* ou enuiron ilz furent conjoinĉts enſemble par mariage en noſtre ville de Paris & que eulx & auſſi leurs parens & amis ont touſiours demouré & eſté en noſtre obeiſſance & ſeruice tant en fait & en exercice de la guerre ou pluſieurs de leurſdiz parens & amis ont finéleurs jours. Ceſt aſſauoir es batailles d'Azincourt (2) & de Barrois que autrement ſans jamais auoir varié ne tenu parti à nous contraire durant les guerres & divi- 1458

1. *Guillaume le Turc*, Président du Parlement de Paris, succéda à *Jumen le Fevre*.— Voir Tome I, p. 35.
2. La bataille d'Azincourt fut livrée et perdue le 15 octobre 1415

1458

Ils ont eu leurs biens confisques par les Anglais et sont restes fideles au parti du roi de France

Mariage de Marguerite Toignel avec le sire de Brancecourt.

fions que par cy deuant ont efté en noftre Royaume, mais en eulx demonftrant eftre noz bons & loyaux fubgez au temps que aucuns lors noz aduerfaires vindrent & entrerent en plufieurs villes & lieux de noftre Royaume & mefmement en noz villes de Chaalons & de Paris fe partirent de leurs domicilles & habandonnerent tous leurs heritaiges & poffeffions qu'ilz auoient en bonne fouffifance ou party & obeiffance defdiz aduerfaires et fe retrayrent au pais de Barroys par deuers feu Maiftre Girard Toignel pere dudit maiftre Jehan Toignel fuppliant qui lors eftoit chancellier & officier du Cardinal de Bar : Et mefmement en la ville de Verdun en l'abbaye de Saint Mor (1) dudit lieu, de laquelle une des feurs dudit fuppliant eftoit abbeffe, en laquelle Abbaye tantoft apres ladicte Collette fuppliant qui eftoit en faincte & groffe d'enfant quant ilz y vindrent demourer acoucha & une fille eut nommée Marguerite à prefent femme de Guillaume Varlet, efcuier, feigneur de Brancecourt & en icelle ville & abbaye demourerent par aucun temps & jufques a ce que ledit Maiftre Girard Toignel pere dudit fuppliant ala de vie à trefpaffement qu'ils f'en retournerent demourer fur leurs dictes terres & feigneuries ou pais de Champaigne. Ouquel apres ce que ladicte Marguerite leur fille a efté en aage ilz ont icelle mariée & conioincte par mariage auec ledit Guillaume Varlet, lefquelz depuis leur dit mariage n'ont encores eu aucune lignée Et foit ainfi que combien que lefdiz Guillaume & Marguerite foient nobles eftanz de nobles lignées & viuans noblement & qu'on ne puiffe de raifon dire icelle Marguerite eftre efpave foubz umbre de ce qu'elle a efté née audit lieu de Verdun hors de noftre Royaume, attendu mefmement que quant ladicte fuppliant fa mere y vint elle eftoit defia d'elle en faincte & bien fort groffe. Neanmoins lefdis fupplians doubtent que fe icelle Marguerite leur fille aloit de vie à trepaffement les collecteurs de mortes mains de Vermandois ou de Champaigne vueillent dire & maintenir que nous luy deuons fuccéder comme efpave foubz umbre & couleur de ce que dit eft & que par ce moien ceulx qui deuront fuccéder à ladicte Marguerite foient troublez & empefchez en fa fucceffion, qui feroit & qui pourroit eftre en leur tres grant grief preiudice & dommaige & de leurfdis héritiers comme ils nous ont fait remonftrer. En nous humblement requérant que attendu ce que dit eft & mefmement les grans feruices que lefdiz prédéceffeurs parens & amys nous ont faiz & que encores fait & coutume chacun jour ledit fuppliant en exercice de fondit office de lieutenant de noftre dit bailly de Vitry il nous plaife habiliter ladicte Marguerite leur fille a ce

(1) Abbaye des religieuses sous la regle de saint Benoit fondee au XIe siècle par Heimon, évêque de Verdun.

que elle & ses heritiers puissent a eulx succéder & venir à leur succession après leur trespas & qu'elle puisse testater & de ses biens & choses disposer & ordonner à son plaisir & aussi que lesdiz supplians & leurs héritiers puissent succéder à ladicte Marguerite apres son trespas & sur ce leur impartir nostre grace. Pourquoy nous en sur ce considéracion aux bons seruices que lesdiz supplians & autres de leur diz predécesseurs nous ont faiz en plusieurs manieres a iceulx suppliants & autres heritiers de ladicte Marguerite pour ces causes & autres à ce nous mouuans & par l'aduis & délibéracion des gens de nostre Conseil auons octroyé & octroyons de grace espécial par ces présentes que ilz puissent succéder à icelle Marguerite apres son trespas & aussi à ladicte Marguerite que elle puisse succéder & ses héritiers ausdis supplians apres leur trespas & de ses biens & choses disposer & ordonner par testament ou autrement a sa voulenté tout ainsi que si elle eust esté ou estoit natifue en nostredit Royaume : A quoy de nostre dicte grace espécial plaine puissance & auctorité Royal nous l'auons habilitée & habilitons par ces dictes présentes sans ce que a cause de ce ou autrement nostre procureur lesdiz collecteurs desdictes mortes mains & espaves ou autres nos officiers quelzconques luy en puissent aucune chose imputer ou demander au temps auenir en aucune maniere en paiant finance moderée. Si donnons en mandement par ces présentes à noz amez & feaulx gens de noz comptes & tresoriers aux baillis de Vittry (1) & de Vermandois & a tous noz autres justiciers & officiers ou a leurs lieuxtenans & a chacun d'eulx si comme a luy appartiendra que de nostre présente grace octroy habillitation facent, souffrent & laissent lesdiz supplians & aussi ladicte Marguerite & chacun d'eux & leurs hoirs joir & user plainement & paisiblement sans leur faire ne souffrir estre fait mis ou donné aucun destourbier ou empeschement au contraire lequel, se fait, mis ou donné leur estoit leur mettez ou faites mettre tantost & sans delay au premier estat & deu. Et afin, &c. Sauf, &c.

1458

Ordres aux baillis de Vermandois et de Vitry

Donné à Tuffeau, près Tours au mois de decembre l'an de grace mil CCCC cinquante huit & de nostre regne le XXXVIIe. Ainsi signé.

Par le Roy,

Maistre Henry de Marle & aultres présens,

J. DE REILHAC.

Visa contentor,

J. DU BAN.

(Arch. JJ. 188 fol. 41)

1. Vitry-en-Perthois, canton et arrondissement de Vitry-le-Français (Marne). Cette ville porte aussi le surnom de *Brulé*, parce qu'elle fut entièrement incendiée par les ordres de Charles-Quint.

LXI

A Montbazon. — Mars 1458.

Légitimation pour Jean Boiol.

(Sur parchemin)

SOMMAIRE

Jean Boiol, fils naturel de Guy Boiol et de Catherine Alle, est déclaré légitime et, comme tel, apte à jouir des droits inhérents à cette qualité.

1458 EGITIMACIO Johannis Boiol. Karolus, &c. Quos vite decorat honeſtas nature vicium minime decolorat nam decor virtutis abſcondit in prole maculam geniture & pudicicia morum pudor originis aboletur. Notum igitur facimus uniuerſis preſentes & futuris quod licet Johannes Boyol filius naturalis deffuncti Guynoti Boyol & Katherine Alle ex illegitima copula & extra matrimonium eorumdem traxerit originem, Talibus tamen virtutum dono & morum venuſtate inſignitur quod in ipſo ſupplent merita & virtutes id quod ortus odioſus accedit ad eo quod ſuper deffectu natalium quem patitur ipſe Johannes Boyol de noſtre regie poteſtatis plenitudine auctoritateque regia & gracia ſpeciali legitimauimus & legitimamus ac legitimacionis titulo decoramus per preſentes volentes ut ipſe Johannes Boyol deinceps in judicio & extra pro legitimo habeatur ac eidem concedentes & cum eo diſpenſantes ut

1458

quamquam ipſe Boyol de cohitu illicito traxerit originem, bona mobilia temporalia quecumque & immobilia quecumque acquirere & jam acquiſita retinere & paciffice poſſidere valeat ac de eis diſponere inter viuos vel in teſtamento ad ſue libitum voluntatis ad ſucceſſionemque dictorum patris & matris ceterorumque parentum & amicorum carnaliuum ſuorum & aliorum quorumlibet ex teſtamento vel ab inteſtato dummodo eorum de eorum proceſſerit voluntate & conſenſu & niſi alteri foret jus jam queſitum. Et ad quoſcumque actus, honores officia & alios actus legitimos admittatur ac ſi eſſet de legitimo matrimonio procreatus quodque etiam ſui liberi ſi quos in futurum habeat totaque eius poſteritas de legitimo matrimonio procreanda in bonis ſuis quibuſcumque eidem jure hereditario ſuccedant & ſuccedere valeant niſi aliud quam deffectus huiuſmodi natalium repugnet predicto deffectui quem prorſus abolemus jure, conſtitucione, ſtatuto. edito, conſuetudine, uſu generali ve locali regni noſtri ad hoc contrariis non obſtantibus quibuſcumque ſoluendo nobis tamen propter hoc hac vice financiam moderatam quocirca dilectis & fidelibus gentibus compotorum noſtrorum & theſaurariis, bailliuis ſancti Petri Monaſterii & de Monteferando ceteriſque juſticiariis & officiariis noſtris aut eorum locatenentibus preſentibus & futuris & eorum cuilibet prout ad eum pertinuerit tenore preſencium mandamus quatinus predictum Johannem Boyol & eius poſteros noſtris preſentibus legitimacione conceſſione & gracia uti & gaudere paciffice faciant & permittant abſque quouis impedimento, quod ſi illatum foret id reparent & ad ſtatum priſtinum & debitum reducant ſeu reduci faciant indilate viſis preſentibus Quibus ut perpetue ſtabilitatis robur obtineant, noſtrum fecimus apponi ſigillum ſaluo in ceteris jure noſtro & in omnibus quolibet alieno.

Ordres aux baillis de Saint-Pierre-le-Moustier et de Montferrand.

Datum in Montebaſonis (1) in menſe Marcii anno Domini milleſimo CCCC° quinquageſimo octavo & regni noſtri triceſimo ſeptimo. Sic ſignatum.

Per Regem.

Magiſtro Henrico de Marle & aliis preſentibus.

J. DE REILHAC.

Viſa contentor.

CHALIGANT.

(Arch. J J. 188 fol. 83 v°.)

1. *Montbazon*, canton et arrondissement de Tours (Indre-et-Loire).

LXII

A Razilly. — Mai 1459.

Legitimation pour Antoine du Puy.

(Sur parchemin)

SOMMAIRE

Antoine de Podio, fils naturel de Pons de Podio, seigneur de Caignac, et d'une femme nommée Agnes, est declaré légitime et, comme tel, apte a jouir des droits inhérents a cette qualite.

1459

EGITIMACIO Anthonii de Podio. Karolus, Illegitime genitos quos vite decorat honeftas nature vicium minime decolorat, nam decor virtutis abfcondit in prole maculam geniture & pudicicia morum pudor originis aboletur Notum igitur facimus uniuerfis prefentibus & futuris quod licet Anthonius de Podio (1) filius naturalis Poncii de Podio domini de Caignac & cuiufdam mulieris Agnes nuncupale & infra matrimonium dicte Agnetis ex illegitima copula traxerit originem, talibus tamen virtutum dono & morum venuftate infignitur quod in ipfo fupplent merita & virtutes id quod ortus odiofus adiecit ad eo quod fuper deffectu natalium quem patitur graciam quam a nobis humillime poftulauit merito debet obtinere, hinc eft quod nos premiffis attentis ipfum Anthonium de Podio de noftre regie poteftatis plenitudine auctoritateque regia & gracia fpeciali legitimauimus & legitimamus ac legitima-

1 Du Puy, nom de famille répandu dans le Midi.

1459

cionis titulo decoramus per presentes volentes ut ipse Anthonius deinceps in iudicio & extra pro legitimo habeatur ace idem concedentes & cum eo dispensentes ut licet ipse de cohitu illicito originem traxerit, bona mobilia temporalia quecumque & immobilia acquirere & jam acquisita retinere & pacifice possidere valeat ac de eis disponere inter viuos vel in testamento ad sue libitum voluntatis ad successionemqne dictctorum patris & matris ceterorumque parentum & amicorum carnalium suorum & aliorum quorumlibet ex testamento vel ab intestato dum modo de eorum processerit voluntate & consensu & nisi alteri foret jus jam quesitum. Et ad quoscumque honores officia & alios actus legitimos admittatur ac si esset de legitimo matrimonio procreatus Quodque eciam sui liberi, si quos in futurum habeat, totaque eius posteritas de legitimo matrimonio procreanda in bonis suis quibuscumque eidem jure hereditario succedant & succedere valeant, nisi aliud quam deffectus huiusmodi natalium repugnet predicto deffectu quem prorsus abolemus jure constitucione statuto edito consuetudine usu generali vel locali Regni nostri ad hoc contrariis, non obstantibus quibuscumque soluendo tamen nobis propter hoc hac vice financiam moderatam. Quocirca dilectis & fidelibus gentibus Compotorum nostrorum & thesaurariis senescallo ceterisque justiciariis officiariis & subditis nostris aut eorum locatenentibus presentibus & futuris & eorum cuilibet prout ad eum pertinuerit tenore presencium mandamus quatinus predictum Anthonium de Podio & eius posteros nostris presentibus legitimacione, concessione & gracia uti & gaudere pacifice faciant & permittant absque quovis impedimento. quod si illatum foret, id reparent & ad statum pristinum & debitum reducant seu redduci faciunt indilate visis presentibus Quibus ut perpetue stabilitatis robur obtineant, nostrum presentibus sigillum duximus apponendum.

Datum in castro Rasilliaci (1) in mense Maii Anno Domini millesimo quadringentesimo quinquagesimo nono & regni nostri XXXVII°. Sic signatum.

Per Regem,

Magistro Henrico de Marle & aliis presentibus,

J. DE REILHAC.

Visa contentor,
CHALIGANT.

(Arch. J J. 188, fol. 54.)

1. *Razilly*, commune de la Celle Guenant, canton de Fressigny-le-Grand, arrondissement de Loches (Indre-et-Loire).

LXIII

A Razilly. — Mai 1459.

Légitimation pour Jean Garnier.

(Sur parchemin.)

SOMMAIRE.

Jean Garnier, fils naturel de feu Jean Garnier, demeurant à Orléans, et de Jeanne Boilleaue, est déclaré légitime et, comme tel, apte à jouir de tous les droits attachés à cette qualité.

1459 EGITIMACIO pro Johanne Garnerii. Karolus, &c. Illegitime genitos quos vite decorat honeſtas nature vicium minime decolorat, nam decor virtutis abſcondit in prole maculam geniture & pudicicia morum pudor originis aboletur. Notum igitur facimus preſentibus & futuris quod licet Johannes Garnerii in villa Aurelianenſi commorans filius naturalis deffuncti Johannis Garnerii & Johannete Boilleaue & infra matrimonium dicte Johannete ex illegitima copula traxerit originem, talibus tamen virtutum dono & morum venuſtate corruſcat quod in ipſo ſupplent merita & virtutes id quod ortus odioſus adiecit adeo quod ſuper deffectu natalium quem patitur graciam quam a nobis humilime poſtulauit merito debet obtinere Nos igitur hiis attentis nec non pluribus ſeruiciis per dictum deffunctum Johannem Garnerii patrem noſtris in guerris multimode impenſis eumdem Johannem Garnerii de noſtre regie poteſ-

1459

tatis plenitudine certaque fciencia ac fpeciali gracia legitimauimus & legitimamus per prefentes ac legitimacionis titulo decoramus ipfumque in judicio & extra a modo pro legitimo reputari & cenferi volumus & haberi concedentes eidem ac cum eo difpenfantes ut ipfe quamquam de cohitu illicito traxerit originem bona mobilia temporalia quecumque & immobilia acquirere & jam acqufita retinere & paciffice poffidere valeat & tenere ac de eifdem inter viuos vel in teftamento difponere ad fue libitum voluntatis ad fucceffionemque dictorum patris & matris ceterorumque parentum & amicorum carnalium & aliorum quorumlibet ex teftamento vel ab inteftato dummodo de eorum proceflerit voluntate, & nifi aliis foret jus jam quefitum & ad quofcumque honores, officia & omnes actus legitimos admittatur ac fi effet de legitimo matrimonio procreatus quodque eciam fui liberi, fi quos in futurum habeat, totaque ejus pofteritas in legitimo matrimonio procreanda in bonis fuis quibufcumque eidem jure hereditario fuccedant ac succedere valeant nifi aliud quam deffectus huiufmodi natalium repugnet predicto deffectu quem prorfus abolemus jure conftitucione ftatuto, lege, edito & confuetudine, ufu generali vel locali Regni noftri ad hoc contrariis non obftantibus quibufcumque foluendo nobis propter hoc hac vice financiam moderatam Quocirca dilectis & fidelibus gentibus compotorum noftrorum & thefaurariis Baillivoque Montifargi & reffortorum & exempcionem Orelianenfium ceterifque jufticiariis & officiariis noftris aut eorum locatenentibus prefentis & futuris & eorum cuilibet prout ad eum pertinuerit tenore prefencium mandamus quatinus predictum Johannem Garnerii & eius pofteris noftris prefentibus legitimacione, conceffione & gracia plenarie uti & gaudere pacifice faciant & permittant abfque quouis impedimento, quod fi illatum foret, id repparent & ad ftatum priftinum & debitum reducant feu reduci faciant, indilate, vifis prefentibus quibus ut perpetue ftabilitatis robur obtineant, noftrum figillum duximus apponendum Saluo in ceteris jure noftro & in omnibus quolibet alieno.

Ordre au bailli de Montargis.

Datum Razilliaci (1) prope Caynonem in menfe Maii anno Domini Millefimo quadringentefimo quinquagefimo nono Et regni noftri tricefimo feptimo. Sic fignatum.

Per Regem,

Magiftro Henrico de Marle prefente,

J. DE REILHAC.

Vifa contentor,

CHALIGANT.

(Arch. J J. 188 fol. 40 r°)

1. V. page 157.

LXIV

A Chinon. — Septembre 1459.

Légitimation pour Bénedicte la Damoiselle.

(Sur parchemin)

SOMMAIRE

Benédicte la Damoiselle, fille naturelle de Jehan le Damoisel, chevalier, conseiller du Roi, et de Marie, fille de Jehan Lescorché, est déclarée légitime, et comme telle apte à jouir des droits attachés à cette qualité.

1459

EGITIMACIO Benedicte la Damoifelle. Karolus, &c Noftre benignitatis clemanciam ad illos libenter extendimus & ftatim eorum libero promouemus effectu qui virtutum adniti fuffragiis digne fibi vendicant premia meritorum. Notum itaque fecimus univerfis tam prefentibus quam futuris quod cum Benedicta La Damoiselle filia dilecti & fidelis confiliarii noftri in noftra Parlamenti curia parifius Johannis le Damoifel de Pruvino (1) militis (2), et Maria filia Johannis Lefcorche ex illegitima copula de foluto genita videlicet & foluta traxiffe dicatur originem Nos attendentes quod ipfa ad imi-

1. De *Provins* (Seine-et-Marne).

2. *Jean le Damoisel*, conseiller au Parlement de Paris. Il était déjà nommé parmi les conseillers du Parlement lorsque celui-ci fut transféré de Poitiers à Paris en 1436.

tanda proborum & probarum mulierum veſtigia ſic ſeruenter intendere ſtuduit & ſic de bono in melius ſemper ad virtutum opera eſt intenta quod in ipſa geniture maculam nititur abſtergere, prout didicimus multorum fide digna relacione. 1459

Hinc eſt quod nos eius ſupplicacionem annuentes, dictam Benedictam de copula predicta genitam, de noſtre regie poteſtatis plenitudine auctoritateque regia & gracia ſpeciali ad honores ſeculares actuſque legitimos quolibet quo ad temporalia tenore preſencium legitimacionis titulo decoramus & huiuſmodi geniture maculam quo ad premiſſa penitus abolemus concedentes eidem Benedicte ac cum ea diſpenſantes ut ipſa tamquam legitima ſuccedere valeat & ſuccedat perſonis quibus ſi de ipſarum perſonarum proceſſerit voluntatem omnibus bonis mobilibus & immobilibus in quibus ſuccedere de conſuetudine de jure aut alias quouis. modo, ac ſi eſſet de legitimo matrimonio procreata in quibus tamen jus non eſt alteri vel aliis jam acquiſitum & ea tamquam legitima valeat jure ſucceſſorio aut alias quouiſmodo vendicare retinere adipiſci & jure hereditario paciffice poſſidere & obtinere ac de ipſis diſponere tamquam ſuccedens ſeu heres legitima, Niſi eidem dumtaxat aliud quam deffectus predictus natalium repugnet huiuſmodi deffectu quem prorſus abolemus jure conſuetudine, ſtatuto, uſu generali vel locali Regni noſtri ad hoc contrariis non obſtantibus quibuſcumque. Inhibentes uniuerſis & ſingulis regni noſtri ſubditis preſentibus & futuris ne quis eam aut prolem ſuam vel heredes ſuos aut poſteros eiuſdem in bonis quibuſcumque acquiſitis vel acquirendis ſeu undequaque obuenientibus occaſione deffectus natalium predicte Benedicte impetere ſeu turbare, impedire vel moleſtare quoquomodo preſumant ſoluendo tamen nobis hac vice dumtaxat ſinanciam moderatam. Quocirca dilectis & fidelibus gentibus compotorum noſtrorum & theſaurariis, baillivo Meldenſi ceteriſque juſticiariis & officiariis noſtris aut eorum locatenentibus preſentibus & futuris & ipſorum cuilibet prout ad eum pertinuerit tenore preſencium mandamus quatinus noſtras preſentes legitimacionem, abolicionem conceſſionem & gratiam teneant & conſeruent & eiſdem obtemperent ipſiſque jam dictam Benedictam gaudere paciffice paciantur & faciant Non permittentes eamdem Benedictam aut ab ipſa cauſam habentes vel habituros inquietari vel perturbari quoquomodo nunc vel in futurum contra tenorem preſencium litterarum generalibus vel localibus ſtatutis ſtilis conſuetudinibus uſibus, lege & obſeruancia ac editis quibuſcumque non obſtantibus.

Ordre au bailli de Meaux.

Quod ut firmum & ſtabile perpetuo perſeueret, ſigillum noſtrum preſentibus litteris duximus apponendum Noſtro in aliis & alieno in omnibus jure ſemper ſaluo.

1459 Datum Caynone(1) menfe feptembris anno Domini millefimo quadringentefimo quinquagefimo et regni noftri XXXVII°. Sic fignatum.

Per Regem,

Comite Dunenfi & magiftro Stephano Le Fevre & aliis prefentibus,

J. DE REILHAC.

Visa.

. . . .

(Arch. J J. 188 fol. 100 r°.)

1. *Chinon* (Indre-et-Loire).

LXV

A Razilly. – Décembre 1459.

Noblesse pour Guillaume Travesse.

(Sur parchemin)

SOMMAIRE

Guillaume Travesse, médecin du roi Charles VIII, est déclaré noble lui et ses descendants en considération de son grand talent et en reconnaissance de ses services.

1459

OBILITATIO Magiſtri [Guillermi] Traueſſe. Karolus,&c.Regiam decet maieſtatem illos nobilitatis titulo inſignire quos ſuis aſciuit familiaribus obſequiis quoſque in arte ſua peritos, fidos expertos & prudentes ac virtutibus eximiis preditos fore nimirum cognouit. Sane licet dilectus ac fidelis conſiliarius & phiſicus noſtro magiſter Guillermus Traueſſe (1) libere condicionis & de legitimo matrimonio procreatus exiſtat, ex plebeis tamen ſeu immobilibus parentibus traxerit originem quemquidem eius actus virtuoſi & morum decor ac obſequioſa promptitudo merito commandabilem apud nos reddunt inducuntque ut erga eum ad graciam reddamur liberales. Notum igitur facimus Univerſis preſentibus & futuris quod nos his attentis eundem magiſtrum Guillermum Traue *(ſic)* ac eius poſteritatem et prolem maſculinam & femininem in & de legitimo matrimonio natam & naſcituram nobilitauimus & de gracia

1. *Guillaume Travesse*, médecin du roi Charles VII estimait beaucoup cette profession et tout ce qui s'y rattachait : physiciens, chirurgiens, apothicaires et astrologues.

1459 ſpeciali ex noſtra gracia certa ſciencia plena poteſtate & auctoritate regia nobilitamus & eos nobiles facimus & creamus. Expreſſe concedentes ut ipſe & tota eius poſteritas nata & naſcitura in omnibus ſuis actibus in judicio & extra ab omnibus pro nobilibus habeantur teneantur reputentur volentes ut uniuerſis & ſingulis priuilegiis, prerogatiuis, libertatibus & aliis juribus quibus ceteri nobiles regni noſtri ex nobili genere procreati uti conſueuerunt & utuntur, ipſi gaudeant & utantur plene ac pacifice. Eumdem Magiſtrum Guillermum Traueſſe eiuſdem eiuſque poſteros aliorum nobilium ex nobili genere ſeu ſtipite procreatorum numero & cetui aggregantes, licet ortum ex parentibus nobilibus minime traxerint. Volentes inſuper atque concedentes ut idem Traueſſe & eius poſteritas nata & naſcitura dum & quociens voluerit a quocumque milite cingulum milicie valeant adipiſci & feoda ac res nobiles a nobilibus & quibuſcumque aliis acquirere & jam acquiſita ac eciam acquirenda retinere & poſſidere perpetuo abſque eo quod ex vel eas nunc vel futuro tempore innobilitatis occaſione extra manum ſuam ponere vel alienare cogantur soluendo [hac] nobis vice financiam moderatam. Quocirca dilectis & fidelibus gentibus compotorum noſtrorum & theſaurariis pariſius Balliuo ceteriſque juſticiariis noſtris aut eorum locatenentibus preſentibus & futuris & eorum cuilibet, prout ad eum pertinuerit, tenore preſencium damus in mandatis quatinus noſtris preſentibus gracia conceſſione & nobilitacione prefatum magiſtrum Guillermum Traueſſe ac eius poſteros maſculinos & femininos in legitimo matrimonio procreatos & procreandos uti & gaudere plenarie ac pacifice faciant & permittant omni impedimento ceſſante penitus & amoto. Ordinacionibus, editis ſtatutis & mandatis in contrarium factis vel fiendis non obſtantibus quibuſcumque quod ut firmum & ſtabile perpetuo duret, noſtrum preſentibus litteris fecimus apponi ſigillum, noſtro in aliis & in omnibus quolibet alieno jure ſemper ſaluo.

Ordre au bailli de Paris.

Datum Razilhaci, in menſe Decembris, anno Domini milleſimo CCCC^mo^ quinquageſimo nono & regni noſtri XXXVIII^mo^. Sic ſignatum

Per Regem,
Magiſtro Stephano Le Fevre & aliis preſentibus,

J. DE REILHAC.

Viſa contentor,

. . . .

(Arch. J J. 188 fol. 108 r°).

LXVI

Aux Roches Tranchelyon. — Avril 1460.

Légitimation pour Jeannicotin le Bourguignen (1)

(Sur parchemin)

SOMMAIRE

Jeannicotin le Bourguignen, fils naturel de feu Guillaume le Bourguignen, chevalier, et de Marguerite dame de Greignaulx, est déclaré légitime et comme tel apte à jouir des droits inhérents à cette qualité.

PRO Johannicoto de Bourguinun. Karolus, &c. Licet Johannicotus de Bourguignen filius naturalis defuncti Guillermi de Bourguinen quondam militis & Maruesine de . . . . dum viueret domine de Greignaulx ex illicita copula traxerit originem, talibus tamen virtutum dono & morum venustate insignitur quod in ipso supplent merita & virtutes id quod ortus odiosus. accedit ad eo quod super deffectu natalium quem patitur graciam quam a nobis humilime postulauit merito debet obtinere, hinc est quod nos hiis attentis nec non pluribus seruiciis per dictum Johannicotum de Bourguignen nostris in guerris nobis multimode impensis ipsum Johannicotum de nostre regie potestatis plenitudine auctoritateque regia & gracia speciali legitimauimus & legitimamus ac legitimacionis titulo decoramus per presen- 1460

1. Sans doute corruption pour le *Bourguignon* Cette famille a fourni divers officiers au Parlement de Paris jusqu'au commencement du xviie siècle et possédait des terres près de Meaux

tes, volentes ut ipſe Johannicotus deinceps in judicio & extra pro legitimo habeatur
1460 ac eidem concedentes & cum eo diſpenſantes ut quanquam ipſe de cohitu illicito traxerit originem, bona mobilia temporalia quecumque & immobilia acquirere . . . . ad ſucceſſionemque dictorum patris & matris ceterorumque parentum & amicorum carnalium ſuorum & aliorum quorumlibet ex teſtamento vel ab inteſtato, dummodo . . . . & ad quoſcumque honores . . . . quodque eciam ſui liberi, ſi quos in futurum habeat totaque eius poſteritas de legitimo matrimonio procreanda in bonis ſuis quibuſcumque eidem jure hereditario ſuccedant & ſuccedere valeant, niſi aliud quam deffectus huiuſmodi natalium repugnet predicto deffectus. quem proiſus abolemus, ... Quocirca dilectis & fidelibus gentibus compotorum noſtrorum & theſaurariis . . . . ceteriſque juſticiariis & officiariis noſtris aut eorum locatenentibus preſentibus & futuris & eorum cuilibet prout ad eum pertinuerit, tenore preſencium mandamus quatenus predictum Johannicotum de Bourguignen & eius poſteros noſtris preſentibus legitimacione conceſſione & gracia uti & gaudere pacifice faciant & permittant abſque quouis impedimento, quod ſi illatum foret, id reparare & ad ſtatum priſtinum & debitum reducant ſeu reduci faciant indilate viſis preſentibus quibus. ut perpetue ſtabilitatis robur obtineant noſtrum ſigillum duximus apponendum ſaluo in ceteris jure noſtro & in omnibus quolibet alieno.

Datum apud Rupes Titilionis (1), menſe aprilis anno Domini milleſimo CCCC^{mo} ſexageſimo poſt Paſcha & regni noſtri triceſimo octauo. Sic ſignatum,

Per Regem.

Mareſcallo de Saintrailles (2) Magiſtro Stephano Le Fevre & aliis preſentibus,

J. DE REILHAC.

(Arch. JJ. 190 fol 23 v°.)

1. *Les Roches Trauchelyon*, près de Razilly commune de la Celle Guenant, canton de Prezigny-le-Grand, arrond. de Loches (Indre-et-Loire) La famille Tranchelion etait originaire du Limousin. Le conseiller de Charles VII de ce nom avait fait acquisition de la terre des Roches, en Touraine, de la son surnom.

2. *Jean*, dit *Poton*, *Seign. de Saintrailles, marechal de France* mort le 7 octobre 1461. — V. Tome I, p. 29.

LXVII

A Bourges. — Septembre 1460

Légitimation pour Marie Hardoin.

(Sur parchemin)

SOMMAIRE

Marie, fille naturelle de Jean Hardoin, tresorier de France, est déclarée légitime et, comme telle, apte a jouir des droits attachés a cette qualité.

RO Maria Hardoin. Karolus. &c. Illegitime genitos quos vite decorat honestas nature vicium minime decolorat nam decor virtutis abſcondit in prole maculam geniture & pudicicia morum pudor originis aboletur. Notum igitur facimus Uniuerſis preſentibus & futuris quod licet Maria filia naturalis dilecti & fidelis conſiliarii noſtri Johannis Hardion theſaurii Franci (1) ex illegitima copula traxerit originem, talibus tamen virtutum dono & morum venuſtate inſignitur quod in ipſa ſupplent merita & virtutes id quod ortus odioſus adiecit. adeo quod ſuper defectu natalium quem patitur graciam quam a nobis humilime poſtulauit merito debet obtinere hinc eſt quod noſtris premiſſis attentis, nec non pluribus ſerviciis nobis per dictum Johannem Hardoin multimodi impenſis ipſam Mariam in fauorem dicti Johannis Hardoin quod ſuper hoc nos requiriri fecit. de noſtre gracie poteſtate. plenitudine, auctoritate

1460

1. *Jean Hardoin*, tresorier de France avait une grande situation de fortune. C'est dans sa maison. a Tours, que furent logés. en 1453, Rene d'Anjou, roi de Sicile, Jean, duc de Calabre, son fils, et

1460

regia & gracia fpeciali, legitimauimus ac legitimacionis titulo decoramus per prefentes, volentes ut ipfa Maria deinceps in judicio & extra pro legitima habeatur ac eifdem conledentes & cum ea difpenfantes ut quanquam ipfa de cohitu illicito traxerit originem, bona mobilia temporalia quecumque immobilia acquirere & jam acquifita retinere & pacifice poffidere ac de eis difponere valeat inter vivos vel in teftamento ad fue libitum voluntatis ad fucceffionemque dictorum patris & matris, ceterorumque parentum & amicorum carnalium fuorum & aliorum quorumlibet ex teftamento vel ab inteftato dummodo de eorum proceflerit voluntate & confenfu & nifi altari foret jus jam quefitum & ad quofcumque honores & alios actus legitimos admittatur, ac fi effet de legitimo matrimonio procreata & quod eciam fui liberi fi quos in futurum habeat totaque eius pofteritas de legitimo matrimonio procreata & procreanda in bonis fuis quibufcumque eidem jure hereditario fuccedant & fuccedere valeant nifi aliud quod deffectus huiufmodi natalium repugnet predicto deffectu quem prorfus abolemus jure conftitucionis ftatuo edito confuetudine, ufu generali vel locali regni noftri ad hoc contrariis non obftantibus quibufcumque, foluendo nobis propter hoc hæc vice financiam moderatam. quocirca dilectis & fidelibus gentibus compotorum & thefaurariis bailliuo noftro Turonenfi ceterifque jufticiariis & officiariis noftris aut eorum locatenentibus prefentibus & futuris & eorum cuilibet prout ad eum pertinuerit mandamus quatenus dictam Mariam & eius pofteros noftris prefentibus legitimacione, conceffione & gracia uti & gaudere paciffice faciant & permittant abque quouis impedimento quod fi illatum foret, id repparent & ad ftatum priftinum & debitum reducant feu reduci faciant indilate vifis prefentibus quibus ut perpetue ftabilitatis robur obtineant noftrum prefentibus figillum duximus apponendum faluo in ceteris jure noftro & in omnibus quolibet alieno.

Ordre au bailli de Touraine.

Datum apud aulam Regis in Bituria menfe feptembris anno Domini millefimo quadringentifimo fexagefimo & regni noftri tricefimo octavo. Sic fignatum.

Per Regem,

Domino de Catrobruno (1) & aliis prefentibus,

DE REILHAC.

Vifa contentor.

CHALIGANT.

(Arch. J J. 190 fol. 87.)

1. Pour *Castrobruno* — *Charles de Gaucourt, sire de Châteaubrun.* — V. note de la page 150.

LXVIII

A la Salle-le-Roy en Berry. — Septembre 1460

Naturalisation pour Pierre de Sainte-Marthe.

(Sur parchemin)

SOMMAIRE

Pierre de Sainte-Marthe, né à l'étranger, est, depuis vingt ans, établi dans le royaume où il sert sous les ordres de Jean Hardoin, trésorier de France. Il est déclaré apte à posséder et à tester.

RO Petro de Sainte-Marthe. Charles, &c., auoir receue lumble fupplicacion de noftre amé Pierre de Sainte-Marthe (1) contenant que lui 1460
qui eft eftrangier & natif dehors noftre royaume, a, puis vint ans en ca & plus, commencé à fréquenter & conuerfer en noftre dit Royaume & y a demouré comme feruiteur & familier de noftre amé & féal confeiller Jehan Hardoin tréforier de France par bien longtemps & fait encores de préfent, & combien que ledit fuppliant au moien de fon feruice ait acquis en noftre dit royaume plufieurs grandes congnoiffances & bonnes amitiez, parquoy il ait bon vouloir de oy y retraire & a faire fa continuelle réfidance & demeure le demourant de fes jours, toutesfoiz il craint de ce faire pour ce quil n'eft pas de noftre dit royaume, comme dit eft, doubtant qu'il ne peuft difpofer de fes biens & que f'il aloit de vie a trefpas fes dits biens qui feroient à l'eure eu noftredit royaume feuffent à nous appartenant par aubanage ou autrement, requérant humblement que fur ce lui

1. Devait appartenir à la famille de ce nom qui a donné un grand nombre de savants historiens, entre autres les auteurs de la *Gallia Christiana* et de l'*Histoire de la maison de France*.

1460 vueillons impartir noftre grace, pour quoy nous actendu ce que dit eft. voulans icelluy atraire en noftre dit royaume en faueur des fervices qu'il a faiz a noftre dit confeiller et tréforier qui fur ce nous a fait requérir. audit Pierre de Sainte-Marthe fuppliant pour les caufes & confidéracions & autres à ce nous mouuans. auons octroyé & octroyons de grace efpécial, plaine puiffance & auctorité royal, par ces préfentes, que lui & les fiens puffent dorefnauant demourer & faire leur refidance eu noftre dit royaume & acquerir en icellui. biens, meubles & immeubles & iceulx tenir & poffider & en faire & difpofer par teftament ou ordonnance derniere voulenté ou autrement en quelque maniere que ce foit à leur plaifir, & que les enffans du dit de Sainte-Marthe fuppliant ou auftres parents abilles a lui fuccéder puiffent auoir la fucceffion & biens foit par mort. teftament ou autrement & joyffent dorefnavant de telles franchifes & libertez, comme fil eftoit natif de noftre dit royaume. fans ce que a caufe de ce qu'il eft eftrangier fes dis biens foient ne puiffent eftre deubz ou reputez aubains. ne que noftre royaume aucune chofe demander en quelque maniere que ce foit & quant a ce impofons filence perpétuel à noftre dit procureur. en nous paiant toutefuoyes pour ce par le dit fuppliant finance mondérée & raifonnable pour une fois. Sy donnons en mandement par ces dictes préfentes à noz amez & faulx gens de nos comptes & tréforiers au preuoft de Paris. baillis de Touraine & de Berry & a tous noz autres jufticiers & officiers ou a leur lieuxtenans préfens & auenir & a chacun d'eulx fi comme a lui appertendra que ledit fuppliant & fiens facent. feuffrent & laiffent lefdis fupplians joir & ufer plainement & paifiblement de noftre préfente grâce & octroy. fans leur faire mettre ou donner ne fouffrir eftre fait. mis ou donné ores ne pour le temps auenir à cefte caufe aucun deftourbier ou empefchement au contraire, en quelque maniere que ce foit, aincois fe fait. mis ou donné leur eftoit, ils l'oftent & facent ofter & mettre chacun en droit foy fans delay au premier eftat & deu. Et afin. &c. Sauf. &c.

Ordres du Prevôt de Paris, ainsi qu'au bailli et au Sénéchal de Touraine.

Donné à la Salle-le-Roy en Berry (1) ou mois de feptembre l'an grace mil CCCC foixante & de noftre regne le XXXVIIIe. Ainfi figné.

Par le Roy.

A la relacion du Confeil & autres prefens (*fic*).

DE REILHAC.

Vifa contentor.

CHALIGANT.

(Arch. JJ. 190, fol. 87 r°.)

1 Château sur la commune de Saint-Martin-d'Auxigny, arrondissement de Bourges (Cher).

LXIX

A Bourges. — Mars 1460.

Noblesse pour Laurent Gueydon, seigneur de Franqueville.

(Sur parchemin)

SOMMAIRE

Laurent Gueydon, avocat du roi au Parlement de Rouen, est déclaré noble en récompense de ses services.

OBILITACIO Laurencii Guedon. Karolus, etc., decens et conſonum juri arbitramur illis nobilitatibus & aliis prerogatiuis muniri quos probos & fideles ac vita laudabili morum honeſtate aliiſque virtutum inſignis decoratos adinuenit Regia Majeſtas. Sane licet bene dilectus conſiliarius noſter Laurentius Gueſdon, aduocatus noſter in villa Rothomagenſi (1) libere condicionis & de legitimo matrimonio procreatus ex plebeis ſine immobilibus parentibus traxerit vel ſumpcerit originem, verumptamen vita laudabilis, morum honeſtas, vera erga nos ipſius fidelitas & alie virtutes & merita quibus perſonna eius inſignitur ipſum nobilem in ſuis actibus reddunt & nos inducunt ut erga eum ad graciam reddamur liberale. Notum igitur facimus Uniuerſis preſentibus & futuris quod premiſſorum nec non ſeruiciorum nobis per dictum Laurencium Guedon tam in exerceſſio dicti ſui officii aduocati noſtri 1460

1. Rouen était le siège du Parlement de Normandie. Laurent Gueydon, seigneur de Franqueville et du Manoir, fut successivement lieutenant-général des baillis de Caux et de Rouen. Son fils était avocat général de l'Echiquier.

quam alias multi mode impenforum confideracione & intintu eumdem Laurencium
1460 Guedon & eius pofteritatem & prolem mafculinam & femininam natam & nafcituram nobilitamus & de gracia fpeciali ex noftra certa fcientia plena poteftate & auctoritate regia eos nobiles facimus & creamus expreffe concedentes ut ipfe Laurentius Guedon & tota eius pofteritas nata & nafcitura predicta in omnibus fuis actibus in judicio & extra ab omnibus pro nobilibus habeantur & reputentur et habilles eos reddimus ut ipfi uniuerfis & fingulis priuillegiis, prerogatiuis, libertatibus, juribus quibus ceteri Nobiles Regni noftri ex nobili genere procreati uti confueuerunt & utuntur, gaudeant paciffice & fruantur ipfum Guedon & eius pofteritatem predictam aliorum Nobilium ex Nobili profapia feu ftipite procreatorum numero & cetui aggregantur, licet ipfe Guedon ex nobili genere ortum nom habituerit vel fumpferit originem, ut predictum eft, volentes infuper & concedentes ut idem Laurencius Guedon & eius proles nata & nafcitura, dum & quociens voluerunta quocumque milite cingulum malicie valeant adiptifci. Et feoda & res nobiles a nobilibus & aliis quibufcumque acquirere & jam acquifita ac eciam acquirenda retinere & poffidere perpetuo valeant atque poffint abfque eo quod ea vel eas nunc vel in futuro tempore immobilitatis occafione extra manum fuam ponere vel alienare cogantur Soluendo tamen nobis ac vice financiam moderatam quocirca dilectis & fidelibus gentibus compotorum noftrorum & thefaurariis, balliuo Rothomagenfi ceterifque jufticiariis & officiariis noftris aut eorum locatenentibus prefentibus & futuris & eorum cuilibet prout ad eum pertinuerit tenore prefencium damus in (*fic*) mandamus quatinus noftris prefentibus gracia, conceffione ac nobilitacione dictum Laurencium Guedon & eius pofteros mafculinos & femininos in legitimo matrimonio procreatos uti & gaudere plenarie & paciffice faciant & permittant omni impedimento ceffante penitus & remoto, ordinacionibus, ftatutis, mandatis ve & deffenfionibus in contrarium non obftantibus quibufcumque. Quod ut firmum, &c. Noftro, &c.

Datum Bituris in mence marcii anno Domini millefimo quadringentefimo [fexagefimo] & Regni noftri tricefimo nono. Sic fignatum.

Per Regem,

Epifcopo Conftancienfis Johanne Bureau Johanne Hardouin & aliis prefentibus,

DE REILHAC.

Vifa contentor.

CHALIGANT.

(Arch. JJ. 192, fol. 1r°.)

LXX

In domo de la Vernusse. — Juin 1461.

Anoblissement pour Jean Bouchier

(Sur parchemin)

SOMMAIRE

Jean Bouchier, surnommé Jean d'Auvergne, a rendu de grands services à la cause du roi pendant la guerre contre les Anglais. En récompense il est déclaré noble, lui et ses descendants.

RO Johanne Bouchier, Karolus, &c. Decens & juri consonum arbi- 1461
tramur illos nobilitatibus & aliis prerogatiuis muniri quos probos & fideles vitaque laudabilli, morum honestate ac aliis virtutum insigniis decoratos adiuuerit regia majestas, sane licet dillectus noster Johannes Bouchier alias Dauuergne, libere condicionis & de legitimo matrimonio procreatus ex innobilitatibus parentibus traxerit vel sumpserit originem, verumptamen vita laudabilis morum honestas vera eciam erga nos ipsius fidelitas & alie virtutes quibus personna eius insignitur ipsum nobilem in suis actibus reddunt & nos inducunt ut erga eum ad graciam reddamur liberales. Notum igitur facimus uniuersis presentibus & futuris quod premissorum necnon plurimorum seruiciorum per memoratum Johannem Boucher alias Dauuergne nostris in guerris & alias multimode impensorum consideracione, eumdem Johannem Boucher & eius

1461 posteritatem & prolem masculinam & femininam in & de legitimo matrimonio natam & nascituram Nobilitauimus & de gracia speciali ex nostra certa sciencia plena potestate & auctoritate regia nobilitamus per presentes & eos nobiles facimus & creamus expresse concedentes ut ipse & eius posteritas nata & nascitura predicta in omnibus sint actibus in judicio & extra pro nobilibus habeantur & reputentur. & habiles reddimus ut ipsi uniuersis & singulis priuilegiis libertatibus & aliis juribus, quibus ceteris nobiles regni nostri & nobili genere procreati uti consueuerint utantur gaudeant paciffice & fruentur ipsum Johannem Boucher alias Dauuergne & eius posteritatem predictam aliorum nobilium ex nobili prosapia seu stipite procreatorum numero & cetui agregantes licet ipse Boucher ex nobili genere procreati ortum non habuerit vel sumpserit originem ut predictum est. volentes insuper & concedentes ut idem Johannes Boucher & eius proles nata & nascitura dum & quociens eisdem placuerit a quocumque milite cingulum militie valeant adipisci & feoda & res nobiles a mobilibus & quibuscumque aliis personis acquirere & jam acquisita & acquisitas ac eciam acquirendas retinere & possidere perpetuo, absque eo quod ea vel eas nunc vel futuro tempore in nobilitatis occasione extra manum suam ponere alienare cogantur, solvendo tamen nobis propter hoc hac vice duntaxat financiam moderatam. Quocirca dilectis & fidelibus gentibus compotorum nostrorum & thesaurariis ceterisque justiciariis & officiariis nostris vel eorum locatenentibus presentibus & futuris & ipsorum cuilibet, prout ad eum pertinuerit, tenore presencium damus in mandatis quatenus dictum Johannem Bouchier & eius posteros, utruisque Sexus... quod ut firmum ... nostro in aliis....

Datum in domo de la Vernusse (1) mense junii anno Domini millesimo CCCCLXI° primo & regni nostri XXXIXe. Sic signatum.

Per Regem.

Domino de Monte Acuto & aliis presentibus.

DE REILHAC.

Visa contentor.
CHALIGANT.

(Arch. JJ. 192, fol. 66, v°.)

1. Château près Mehun-sur-Yevre, arrondissement de Bourges (Cher).

LXXI

A Bordeaux. — Mai 1462.

Noblesse pour Jean Salomon

(Sur parchemin)

SOMMAIRE

Jean Salomon, artilleur et canonnier du Roi est déclaré noble lui et ses descendants, et comme tel jouira des exemptions attachées à la qualité de noble.

RO Johanne Salomonis. Ludovicus, &c. Decens & juri conſonum arbitramur illos nobilitatibus & aliis prerogatiuis muniri quos probos & fideles & vita laudabili morum honeſtate aliiſque virtutum inſigniis adiuuenit regia majeſtas, Sane licet dilectus noſter Johannes Salomonis, artillerie noſtre canonnerius libere condicionis & de legitimo matrimonio ex innobilibus parentibus traxerit originem, verumtamen vita laudabilis, morum honeſtas, vera etiam erga nos ipſius fidelitas & alie virtutes quibus perſona ejus inſignitur ipſum nobilem in ſuis actibus reddunt & nos inducunt ut erga eum ad graciam reddamur liberales. Notum igitur facimus uniuerſis preſentibus & futuris premiſſorum necnonque plurimorum ſeruiciorum nobis per memoratum Johannem Salomonis noſtris in guerris in antea diuerſimode impenſorumque dictum impedere non deſinit precipue nouiſſime in guerra & armata noſtra Cathalonie. Speramus quoque in poſterum plus impendi, eumdem Johan- 1462

1462 nem Salomonis & ejus pofteritatem mafculinam & feminam in legitimo [matrimonio] natam & nafcituram de noftra fpeciali gracia plena poteftate & auctoritate regia nobilitauimus & nobilitamus per prefentes & eos nobiles facimus & creamus, expreffe concedendo ut ipfe Johannes Salomonis & ejus pofteritas nata & nafcitura predicta in omnibus fuis actibus in judicio & extra ab omnibus pro nobilibus habeantur & reputentur & eos habiles reddimus ut ipfi uniuerfis & fingulis privillegiis libertatibus & aliis juribus quibus ceteri nobiles regni noftri ex nobili genere procreati uti confueuerunt utantur & gaudeant pacifficeque fruantur, ipfum Johannem Salomonis & eius pofteritatem predictam aliorum nobilium ex nobili profapia feu ftipite procreatorum numero & ceteri aggregantes licet eifdem Salomonis ex nobili genere ortum non habuerit vel fumpferit originem ut predictum eft, volentes infuper & concedentes ut ipfe Salomonis & ejus proles nata & nafcitura dum & quociens eifdem placuerit a quocumque militiam cingulum milicie valeant adipifci, & feoda & res nobiles a nobilibus quibufcumque & aliis acquireret jam acquifitas & etiam acquirendas retinere & poffidere perpetuo, abfque eo quod ea vel eas nunc vel in futuro tempore innobilitatis occafionem extra manum fuam ponere vel alienare cogantur, foluendo tamen nobis propter hac vice financiam moderatam, quocirca dilectis & fidelibus gentibus compotorum noftrorum & thefaurariis bailliuo Turonie ceterifque jufticiariis & officiariis noftris vel eorum locatenentibus prefentibus & futuris & ipforum cuibus prout ad eum pertinuerit damus in mandatis quatenus noftris prefentibus gracia & nobilitacione dictum Johannem Salomonis & eius pofteros utriufque fexus de legitimo matrimonio procreatos vel procreandos uti & gaudere plenarie & paciffice faciant & permittant omni impedimento ceffante penitus & amoto, & ut firmum & ftabile perpetuo perfeueret noftris prefentibus litteris fecimus apponi figillum, noftro in aliis & alieno in omnibus jure femper faluo.

Datum Burdegale, menfe maii anno Domini millefimo CCCC° fexagefimo fecundo & regni noftri fecundo. Sic fignatum.

Per Regem,
Domino du Lau & aliis prefentibus.

J. DE REILHAC

Vifa contentor,

J. DU BAN.

(Arch. JJ. 198, fol. 500 v°)

LXXII

A Orléans. — Mars 1465.

Légitimation pour Jacques Michel.

(Sur parchemin)

SOMMAIRE

Jacques Michel, fils naturel de Nicolas Michel du diocese de Langres et de la veuve de defunt Nicolas, est déclaré legitime, et comme tel apte a jouir des droits attaches a cette qualite.

RO Jacobo Michael. Ludovicus, &c Quos vite decorat honeſtas nature vicium minime decolorat, nam virtutis decor aſtergit in propagine 1465
labem geniture & morum pudicicia pudor originis aboletur ſane quanquam dilectus noſter Jacobus Michael, Lingonenſis diocefis, filius naturalis Nicolaï Michael preſbiteri & Catherine vidue deffuncti Nicolai mercatoris, ambobus tunc ſolutis, ex vetito cohitu traxerit originem tali tamen virtutum & meritorum ornatu dictatur & choruſcat & ſe Deo & hominibus vita & moribus gratum reddidit prout fide dignorum teſtatur relacio ut deffectum natalium quem patitur ſupplerent in eo merita probitatum, noſcat igitur preſens etas & poſteritas futura quod nos premiſſorum conſideracione predicti Jacobi humili ſupplicacione nobis porrecta noſtramque regiam benignitatem hac in parte benigne volentes extendere ipſum prefatum Jacobum de noſtre regie poteſtatis plenitudine

ex certa ſciencia & ſpeciali gracia legitimamus & per preſentes titulo legitimacionis
1465 decoramus & in eo deffectum natalium quem patitur prorſus & omnino abolemus, concedentes eidem ac cum eo diſpenſantes & decernentes de ſciencia pietate noſtra ſupra dictis ut ipſe in quibuſcumque bonis paternis & maternis paternique generis & materni & aliis tam mobilibus quam immobilibus in quibus de juris conſuetudine ſine uſu aut quauis obſeruancia ſuccederet ſeu ſuccedere deberet aut poſſet ab inicio legitimo matrimonio preter atque ſuccedere libere valeat & ſuccedat pro ſe & ſuis heredibus ſuis dum tamen in bonis illis non ſit alteri vel allis jus queſitum ex nunc & aliud quam deffectus natalium non repugnet. & quot bona ipſam tanquam legitimus vice ſucceſſoria valeat vendicare adipiſci poſſidere & pacifice retinere, & de ipſis inter viuos in teſtamento ſeu ultima voluntate ſuis diſponere tamquam ſucceſſor legitimus eorumdem & quo ad acquiſitionem & retencionem aliorum bonorum quorumcumque acquiſitorum hactenus & acquirendorum impoſterum, nec non ad officia quecumque ſtatus honores & actenus temporales & ciuiles ac ſi fuiſſet ab inicio in legitimo matrimonio natus ubilibet admittatur & quod pro legitimo deinceps ubicumque in judicio & extra judicium ut legitimus habeatur. quodque eciam ſui liberi ſi quos habeat mox vel futuro tempore ac ejus tota legitime nata poſteritas eidem ſuccedat niſi aliu obſtet quam predictus deffectus huiuſmodi natalium quem prorſus abolemus ſtatutis edictis legibus, conſuetudinibus nec non jure regni noſtri generali vel locali ad hoc contrariis non obſtantibus quibuſcumque, ſoluendo nobis propter hoc vice financiam moderatam. Quocirca dilectis & fidelibus gentibus, &c . . . .

Datum apud aurelianis num menſe marcii anno Domini m° CCCC° LXV° & regni noſtri quinto. Sic ſignatum.

Per Regem,

Domino duce Bourbonii, vobis Epiſcopo & duce Lingonenſi (1) & aliis preſentibus,

I. DE REILHAC.

Viſa contentor,

S. Dorcher.

(Arch. Reg. J J. 194. fol. 8 v°.)

1 Gui Bernard, neveu de l'archevêque de Tours, envoyé en 1448, a Rome avec Jacques Cœur et Tannegui Du Chatel Il etait abbe de Saint-Remi de Reims lorsqu'il fut nommé évêque de Langres en 1453, et mourut dans cette haute dignité le 28 avril 1481.

LIVRE TROISIÈME

Abolitions, Grâces

&

Rémissions

Années 1456 à 1465

LXXIII

A Lyon. — Octobre 1456

Guet-apens tendu par un débiteur à son créancier.

Rémission pour Jean Raymond, pauvre paysan du pays de Bourgogne.

(Sur parchemin)

SOMMAIRE

Le suppliant avait prêté cinq gros vielz (1) à Antoine Lecornée et réclamait son argent. Le débiteur s'exécuta de mauvaise grâce et attendit le soir Jean Raymond au détour d'un chemin pour l'assommer et le voler. Une fois guéri, Raymond rencontre Lecorné une rixe s'ensuit dans laquelle il tue son adversaire.

1456

EMISSIO pro Johanne Raymondi. Charles, &c. Nous auoir receue lumble ſupplicacion de Jehan Raymond poure homme de labour, natif du pais de Bourgoigne, chargé de femme & d'enfans, aagé de l'aage de trente cinq ans, ou environ, contenant que ja pieça ledit ſuppliant preſta à Anthoine Leſcorné la ſomme de cinq gros vielz (1), leſquelz il promiſt paier audit ſuppliant à ſa voulenté & à toutes les foiz qu'il l'en requerroit Et depuis en l'an quatre cens cinquante troys, ledit ſuppliant rencontra ledit Anthoine au lieu de Pareygny, auquel icellui ſuppliant demanda leſditz cinq gros, lequel Anthoine reſpondi audit ſuppliant *« qu'il ne les auoit point »* au moins

Prêt d'argent.

1. Monnaie d'argent, 15 deniers parisis, qui valaient en 1696 au prix du marc d'argent 6 livres 15 sols. (Le Blanc, *Traité des monnaies* in-4°.)

1456

tout & en difant ces paroles ung nommé Jehan Robin le jeune du lieu de la Treche fur Leic, qui eftoit bien amy dudit Anthoine Lefcorné & qui eftoit homme rioteux (1). dift audit fuppliant « *qu'il conuenoit qu'il attendift encores ledit Anthoine & qu'il lui donnaft plus long terme de paier,* » à quoy ledit fuppliant refpondy « *qu'il n'en feroit rien pour ledit Jehan Robin car il auoit affez creu ledit Anthoine.* » Desquelles parolles ledit Jehan Robin fut mal content, par quoy fe meurent entre lesdits fuppliant & Jehan Robin certaines parolles fonnans menaces, nonobftans lesquelles ledit Anthoine feift contenter ledit fuppliant defditz cinq gros par Phelippe Moillant, prebftre, apres lequel paiement icellui Jehan Raymond fuppliant enuiron foulail couchie (2) fe party dudit lieu de Pareygny pour f'en aler en fon hoftel & en foy en alant quant il fu en certain paffage appellé le grand rieu de Vaurette, vindrent à lui lefditz Anthoine Lefcorné & Jehan Robin. lequel Anthoine de prime face dift audit fuppliant certaines parolles rigoreufes & f'aproucha de lui tenant ung pal de boys (3) en fa main, faifant femblant d'en vouloir frapper ledit fuppliant. lequel fuppliant ofta audit Anthoine ledit pal afin qu'il ne l'en frappaft & lors ledit Jehan Robin couru fus audit fuppliant & lui donna d'un autre pal fur la tefte telement qu'il cheut à terre & lui eftant à terre, iceulx Anthoine & Robin batirent très fort icellui fuppliant tant par la tefte, braz & jambes que autres parties de fon corps jufques à grant effufion de fang, & tellement qu'ilz le cuidoient auoir laiffé mort & le laiffèrent fur la place tout eftendu & non contens de ce lefditz Anthoine & Robin oftèrent la bourfe dudit Jehan Raymond & prindrent lefditz cinq gros, que ledit fuppliant auoit receuz dudit Anthoine : apres laquelle bateure ledit fuppliant fe trayna au mieulx qu'il peut enuiron deux traiz d'arbalefte & cependant feuruindrent aucunes gens de ladicte parroiffe de Saint Agnin, lefquelz firent emporter fur une jument ledit fuppliant jufques en l'oftel de Jehan Voifin ou il fut toute celle nuyt. Et le lendemain il fut porté en fon hoftel. ouquel il demoura malade jufques long temps. apres lequel iceulx fuppliant & Jehan Robin en l'an mil CCCC cinquante troys. le vendredi après la fefte des Roys fe rencontrèrent enfemble fur le chemin en alant du lieu de la Treche à Tholon ou bois de la Boudeu, lefquelz eurent certaines paroles rigoreufes enfemble, à l'occafion defquelles ledit Jehan Raymond fuppliant voyant que ledit Jehan Robin continuoit *encores à lui vouloir faire defplaifir & ne lui auoit faite aucune réparacion de la bateure deffus dicte,* mais ufoit toufiours de groffes parolles fonnans menaces

Paroles de menaces.

Effusion de sang.

1. Querelleur. Le mot *riot* disparu aujourd hui du françois mais est resté en anglais.
2. Expression usuelle alors pour indiquer la fin de la journée.
3. Morceau de bois aiguisé, pieu.

contre la perfonne dudit fuppliant & doubtant que ledit Jehan Robin le voulant de rechief blecer & batre, icellui fuppliant donna d'un bafton ferré qu'il portoit fur la tefte dudit Jehan Robin du doz dudit baften & apres que ledit Jehan Robin ne peut réfifter contre ledit fuppliant. il luy donna plufieurs autres coups parmy les jambes afin qu'il ne fe peuft mouuoir de la place ne courir fus audit fuppliant : à l'occafion de laquelle bateure (1) ledit Jehan Robin ala tantoft après de vie à trefpas. Pour occafion duquei cas ledit Jehan Raymond fuppliant doubtant rigueur de juftice f'eft abfente du pais ouquel il n'oferoit jamais retourner conuerfer (2) & repairer (3), fe non grace & miféricorde ne lui eftoient fur ce imparties, humblement requérant que attendu la bateure deffus dicte faicte par ledit feu Jehan Robin auec ledit Lefcorné en la perfonne dudit fuppliant, que ledit feu Jehan Robin continuoit toufiours à ufer de groffes & rigoreufes parolles contre ledit fuppliant. mefmement à la rencontre deffus dictes. que ledit fuppliant n'auoit aucune intencion de le tuer. mais feulement de le batre, afin que ledit Jehan Robin ne lui peuft courir fus. comme il auoit par auant fait, comme dit eft, que par auant lefditz Lefcorné & ledit Jehan Robin auaient telement batu & nauré ledit fuppliant qu'ilz le laiffèrent fur la place & cuidoient qu'il en mouruft, par quoy ledit fuppliant eftoit meu de frapper ledit Jehan Robin. que en tous autres cas ledit fuppliant eft homme bien famé & renommé, fans jamais auoir efté attaint d'aucun autre villain cas. blafme ou reprouche, il nous plaife fur ce lui impartir nofdictes grâce & miféricorde. Pourquoy ce que dit eft confidéré, voulans miféricorde eftre préférée à rigueur de juftice, audit Jehan Raymond fuppliant auons au cas deffus dit quitté, remis & pardonné, quittons, remettons & pardonnons de grace efpecial, plaine puiffance & auctorité royal par ces préfentes le fait & cas deffus déclairés, auec toute peine, amende & offenfe corporelle, criminelle & ciuille, en quoy pour occafion dudit cas il porroit eftre encouru enuers nous & juftice, Et l'auons reftitué & reftituons à fes bons fame & renommée, au pais & a fes biens non confifquez; fatisfacion faicte à partie ciuillement tant feulement fe faicte n'eft. Et quant à ce impofons filence perpétuel à noftre procureur préfent & auenir. Si donnons en mandement par ces préfentes au bailli de Mafcon, fenefchal de Lion & a tous noz autres jufticiers, ou aux Lieuxtenans préfens & auenir & a chacun d'eulx fi comme il appartiendra que de nos prefens grace, quittance, remiffion & pardon facent. feuffrent & laiffent ledit

1456
Nouvelle discussion.

Fuite du coupable pour éviter la Justice.

Ordre au bailli de Macon et au Sénéchal de Lyon.

1. Qui signifie infortune, et non pas bataille.
2. Habiter. Du mot latin *conuertere* (retourner dans cet endroit pour y habiter de nouveau).
3. Même signification.

1456 fuppliant joyr & ufer plainement & paifiblement fans lui faire ne donner ne fouffrir eftre fait ou donné aucun deftourbier ou empefchement en corps ne en biens en aucune maniere, mais fe fon corps ou aucuns de fes biens font ou eftoient pour ce prins, faifis, arreftez ou autrement empefchez, fi les lui mettent ou facent mettre incontinent & fans délay à plaine déliurance & au premier eftat & deu. Et afin que ce foit chofe ferme & eftable a toufiours, nous auons fait meftre noftre feel à ces préfentes. fauf en autres chofes noftre droit & l'autruy en toutes.

Donné à Lyon, ou moys d'octobre l'an de grace mil quatre cens cinquante-fix & de noftre règne le XXXVe. Ainfi figné.

Par le Roy,
A la relacion du Confeil,

J. DE REILHAC

Vifa contentor,
CHALIGANT.

(Arch. JJ 187, fol 109.)

LXXIV

A Vienne en Dauphiné — Octobre 1456.

Droit de terrage & dîme sur les récoltes

Rémission pour Guinot Mercier de Villeboys en Angoumois.

(Sur parchemin)

SOMMAIRE

Guinot Mercier, clerc tonsuré, allait prendre son droit de terrage sur une piece de blé lui appartenant, quand il rencontra Philippe Boutin, curé de la paroisse celui-ci s'y opposa en prétendant qu'on lui volait ainsi sa dime De là injures et coups, puis excommunication du suppliant.

Quelque jours apres les deux adversaires en viennent encore aux mains et le curé Boutin meurt des blessures qu'il reçoit.

EMISSIO pro Guynoto Mercier. Charles, &c. Receu humble ſupplication de Guinot Mercier, jeune homme de l'aage vingt ans ou enuiron. 1456
naguères demourant auec le prieur de Peyrac ſon oncle, près Ville boys (1) ou pays d'Angolmoys, contenant que certain jour du temps de moyſſons derrenières paſſées ledit ſuppliant ſe party de l'oſtel dudit prieur du Peyrat ſon oncle & ſe tranſporta en certaine piece eſtant en la paroiſſe de Garde oudit pays d'Angolmoys pour ilec prendre & cueillir le droit de terrage qui lui appartenoit en icelle pièce de terre ainſi qu'il eſt accoutumé de faire ou dit pays & de fait en uſant de ſon droit commença à cueillir & ſayer pour le dit terrage du blé qui eſtoit en icelle piece de terre, ſurquoy ſuruint Phelippe Boutin, prebſtre,

1. Villebois-Lavalette, arrondissement d'Angoulême (Charente), chef lieu d'un Duché erigé au XVIIe siecle en faveur de la famille d'Epernon.

1456

Question de terrage.

chappelain de la dicte paroiffe de Garde, lequel comme tout efchauffé, demanda audit fuppliant *qu'il faifoit ilec*, a quoy ledit fuppliant refpondi *qu'il prenait fon terrage* & le dit feu Phelippe Boutin, prebftre, lui dift *qu'il mentoit mais prenoit fa dixme* & le dit fuppliant dift que *c'eftoit fon terrage & ne prenoit riens de fon droit*. Et lors ledit Phelipe Boutin commença à prendre les jauelles dudit blé que ledit fuppliant auait fayées pour fondit terrage & à les getter & efpendre parmy le champ, dont le dit fuppliant ne fut pas content, & lui remonftra que ce n'eftoit pas bien fait de ainfi meftre à perdicion ledit blé, furquoy fe meurent entre eulx plufieurs paroles & de fait f'entreprindrent au corps, mais pour ce que ledit fuppliant fe trouua le plus fort, il getta à terre le dit Phelipe Boutin fans lui faire autre mal, pour raifon duquel débat ledit Phelipe Boutin toutesfois qu'il trouuoit & pouoit veoir ledit fuppliant l'appeloit *excommenié* & difoit à tous ceulx qu'il congnoiffoit pour le vitupérer (1) & fcandalifer en fon honneur telles parolles ou femblables: « *Véez le là, l'excommenié, véez le là* » & en ce*c*te maniere continua lefdictes parolles, fans s'en vouloir ceffer ne déporter depuis ledit temps de moyeffons jufques le prouchain fabmedi deuant la fefte Saint Michel, que ainfi que ledit fuppliant f'en voulait aler au dit lieu du Peyrat, il rencontra ledit Phelipe Boutin qui f'en alloit audit lieu de Garde & lui demanda pourquoy il l'appelait toufiours ainfi publiquement excommenié & que fe en gardant fon droit de terrage qui lui appartenoit en ladicte terre il auoit réfifté à ce que ledit Phelipe ne l'empefchaft en fondit terrage, veu mefmement que ledit Phelipe Boutin vouloit auoir ledit blé que pourtant ne deuoit-il pas eftre excommenié & qu'il n'auoit fait que garder fa poffeffion & que ce n'eftoit pas bien fait de ainfi le publier excommenié. Mais ledit Boutin par maniere de defrifion & moquerie lui dist : « .... *pour toy ne plus ne moins* » à l'occafion defquelles chofes fe meut débat entre eulx tellement qu'ilz vindrent de paroles a voyes de fait & en eulx combattant enfemble fut ledit Boutin qui eftoit à cheval getté de deffus fon cheval par ledit fuppliant & mis à terre & en ce faifant lui donna plufieurs coups & colées (2) & ce fait f'en ala ledit fuppliant audit lieu du Peyrat & laiffa ledit Boutin en la place, lequel, comme depuis il a oy dire, ala deux ou troys heures apres de vie à trefpaffement. Pour occafion duquel cas ledit fuppliant doubtant rigueur de juftice f'eft abfenté du pays & n'y oferoit jamais feurement conuerfer ne repairer, fe noz grâces & mifericorde ne lui eftoient fur ce imparties comme il dit, en nous humblement requérant que attendu fon jeune aage & qu'il eft clerc tonfuré, auffi la manière du

Appellations injurieuses.

Voies de fait.

1. Injurier, offenser.

2. Coup donné sur le cou, d'où est venu le mot *accolade* des nouveaux chevaliers.

1456

cas aduenu qui a efté fait de chaude collère & par cas de fortune parce qu'il ne cuidoit pas le tuer & que du premier débat, dont f'eft enfuy ledit inconuénient ledit feu Boutin fut agreffeur en tant qu'il getta et efpendi parmi le champ de blé que ledit fuppliant auoit cueilli & fayé pour ledit droit de terrage, auffi & que bien dure chofe eftoit audit fuppliant d'être ainfi inceffamment par ledit feu Boutin publiquement appellé excommenié & de ce vitupéré & fcandalifé, dont il eftoit à cette caufe fort defhonnoré, que en tous autres il eft bien famé & renommé fans jamais auoir efté attaint ne conuaincu d'aucun autre villain cas, blafme ou reprouche, il nous plaife nofdictes grace & mifericorde lui impartir. Pourquoy nous, ces chofes confidérées, voulans en cefte partie miféricorde préférer à rigueur de juftice, audit fuppliant le fait & cas deffus déclairé, enfemble toute peine, amende & offenfe corporelle, criminelle & ciuile, en quoy pour occafion d'icellui il pourroit eftre encouru envers nouz & juftice, auons quitté, remis & pardonné, quittons remettons & pardonnons de grace efpecial plaine puiffance & auctorité royal & l'auons reftitué & reftituons à fes bonne fame & renommée au pais & à fes biens non confifquez. Satisfacion faicte a partie ciuilement tant feulement fe faicte n'eft. Et fur ce impofons filence perpétuel à noftre procureur préfent & auenir. Si donnons en mandement aux fenefchaulx de Xainctonge & de Perregort & à tous noz aultres jufticiers & officiers & à leurs lieuxtenans préfens & auenir & a chacun d'eulx comme à lui appartendra que de noftre préfente grace, quittance, rémiffion & pardon facent, feuffrent & laiffent ledit fuppliant joyr & ufer plainement & paifiblement fans pour occafion de ce lui mettre ou donner ne fouffrir être mis ou donné ores ne pour le temps auenir aucun arreft, deftourbier ou empefchement en corps ne en biens, en aucune maniere, mais ce fon corps ou aucuns de fes ditz biens font ou eftoient à cefte caufe prins, faifiz, arreftez ou empefchez, lui mettent ou facent mettre incontinant & fans délay à plaine délivrance & afin que ce foit ferme & eftable à toufiours, nous auons fait mettre noftre fcel à ces préfentes, fauf en autres chofes noftre droit & l'autruy en toutes.

Ordre aux sénéchaux de Saintonge et du Périgord

Donné à Vienne ou moys d'octobre l'an de grace mil IIII cinquante fix & de noftre règne le XXXVme. Ainfi figné.

Par le Roy,
A la relacion du Confeil.

J. DE REILHAC.

Vifa contentor,
CHALIGANT.

(Arch. J J. 187, fol. 106. v°.)

LXXV

A Vienne en Dauphine. -- Novembre 1456.

Meurtre commis par le Recteur de l'université de Poitiers.
Rémission pour Maistre Jean de Châteaupers

(Sur parchemin)

SOMMAIRE

Jean de Châteaupers recteur de l'université de Poitiers, était en visite chez son oncle Guillaume de Châteaupers, écuyer, lorsqu'il se prit de querelle avec un clerc tonsuré, nommé Jean Drades, à propos de la façon dont il fallait ranger des pommes, de là on passa aux coups et Dardes en mourut.

1456

EMISSIO pra Magiftro Johanne de Chafteaupers. Charles. &c. Auoir receu lumble fupplication de Maiftre *Jehan de Chafteaupers, licencié en loix & bachelier en décret*, aagé de vingt & fix ans ou enuiron, contenant que ledit fuppliant depuis fon jeune aage f'eft bien notablement & honnorablement gouuerné *es uniuerfitez de Paris & de Poictiers* ou fes parens & amis l'auoient mis & tenu à l'efcolle pour aprendre & auoir degré de fcience & telement a ledit fuppliant eftudié efdictes uniuerfitez & mefmement *en l'uniuerfité de Poictiers que il a efté licencié en lois & que il a efté par le congié* de tout le *college des docteurs de la dicte Uniuerfité commis & ordonné à ce* & depuis que ledit fuppliant a efté licencié pour fon bon gouuernement, *il a efté efleu par meure déli-*

Nomination comme recteur de l'Université de Poitiers.

1. L'université de Poitiers avait été établie par Charles VII en 1431. Elle se composait de quatre faculté : arts, théologie, droit et médecine.

béracion Recteur de la dicte Université : durant sa Rectorie, a esté bachelier en décret & depuis ce s'est departy de la dicte Université de Poictiers pour aler veoir ses amis & mesmement en l'ostel de *Guillaume de Chasteaupers, escuyer, son oncle,* ouquel hostel par l'espace d'un an & demi & plus il s'est gouuerné bien & honnestement jusques a ce que, ou moys de octobre derrenier passé, ung des varletz de la maison dudit de Chasteaupers, son oncle, nommé Jehan Dardes, clerc tonsuré, aagé de vingt six à vingt huit ans ou enuiron, du diocèse de Laon & ledit suppliant eurent parolles ensemble pour ce que ledit Dardes dist audit suppliant *qu'il estoit le plus fort à seruir du monde,* à l'occasion de ce que ledit lui auoitdit *qu'il ne mettoit pas bien à point des pommes qu'il estuyoit* (1) & vouloit qu'elles fussent mises ailleurs, car la tante dudit suppliant l'auoit enuoié *pour les fare estuier* & après ce que ledit suppliant lui eut dit « *qu'il meist bien à point les dictes pommes* » ledit Dardes lui dist « *qu'il n'en feroit riens pour lui* & *qu'il s'en alast au dyable* » & le dist par deux ou trois foiz; & adoncques ledit suppliant lui dist qu'il estoit deuenu trop orgueilleux & que quant ledit suppliant l'enuoia a son dit oncle pour estre son clerc, que il *n'estoit que ung paillart pouilleux,* lequel clerc lui dist alors qu'il n'en estoit riens & qu'il *auoit menti par la gorge* & lesdictes parolles réitéra par deux fois & qu'il ne l'oserait dire deuant son dit oncle & lors ledit suppliant fort esmeu & desplaisant des oultrages que lui a fait ledit Dardes & sans cause raisonnable, s'approucha du dit Dardes, lequel lui dist que s'il s'en approuchoit il le frapperoit & leua la main pour le cuyder frapper & lors ledit suppliant trouua ung baston de boys assez large, duquel à la chaulde (2) il frappa ledit Dardes sur le coul & incontinent ledit Dardes descendi du grenier ou fut fait ledit coup & s'en ala en sa chambre & getta beaucoup sang par la bouche & par le nez sans ce qu'il en gettast point par le lieu ou il fut frappé & telement perdy son sang par faulte de gouuernement ou autrement qu'il est alé de vie à trépassement : à l'occasion duquel cas ledit suppliant doubtant rigueur de justice, s'est absenté du pays ouquel il n'oserait jamais retourner ne repairer, se noz grace & misericorde ne lui estoient sur ce imparties comme il dit, humblement requérant que attendu ce que dit est & que ledit Dardes qui estoit simple seruiteur respondoit si durement audit suppliant en le injuriant & oultrageant, que par auant ilz n'avoient haine ne malueillance l'un contre l'autre, mais s'entramoientfort & en est ledit suppliant moult courroucé & desplaisant & que en tous autres cas il a esté & est homme de bonne vie, fame, renommée & honneste conuersacion, sans oncques mais auoir

1456

Service de la table par un clerc tonsuré.

Coups et blessures dont mort s'ensuit.

1. Pour serrer, conserver dans un coffre ou buffet.

2. Échauffé par la colere.

1456 efté attaint ne conuaincu d'aucun autre villain cas, blafme ou reprouche. il nous plaife fur ce lui impartir nofdictes grace & mifericorde, pour ce eft-il que Nous ce que dit eft confidéré & mefmement que ledit cas eft aduenu par chaude colle (1). . . . .

voulans en cefte partie mifericorde eftre préférée à rigueur de juftice audit Maiftre Jehan de Chafteaupers fuppliant auons ou cas deffus dit quitté, remis & pardonné, quittons, remettons & pardonnons de grace efpecial, plaine puiffance & auctorité Royal par ces préfentes le fait & cas deffus déclairé, auec toute peine amende & offenfe corporelle. criminelle et ciuille en quoy pour l'occafion deffus dicte il eft ou pourroit eftre encouru enuers nous & juftice & l'auons reftitué & reftituons par ces préfentes à fa bonne fame & renommée au pays & à fes biens non confifquez & fur ce impofons filence perpétuel à noftre procureur fatisfaction faite à partie ciuilement tant feulement fe faite n'eft. Si donnons en mandement par ces préfentes aux fenefchaulx de Poictou & de Xainctonge, au gouuerneur de La Rochelle & à tous noz autres jufticiers ou à leurs lieuxtenans & à chacun d'eulx fi comme a lui appartendra que de noz préfens grace, quittance, rémiffion & pardon facent, feuffrent & laiffent ledit fuppliant joir & ufer pleinement & paifiblement fans lui faire ne fouffrir eftre fait aucun empefchement ou deftourbier en corps ne en biens en aucune manière en quelque manière que ce foit, ainçois fe fait ou donné lui auoit efté ou eftoit ores ou pour le temps auenir, fi le mettent ou facent mettre fans délay au premier eftat & deu & afin que ce foit chofe ferme & eftable a toufiours, nous auons fait mettre noftre feel à ces préfentes fauf en autre chofes noftre droit & l'autruy en toutes.

Ordre aux sénechaux de Poitou et de Saintonge, et au gouverneur de la Rochelle.

Donné à Vienne ou mois de novembre l'an de grace mil quatre cent cinquante-fix & de noftre regne le XXXVme. Ainfi figné.

Par le Roy,
A la relacion du Confeil,

J. DE REILHAC.

Vifa.

. . . . .

(Arch Reg. JJ. 187, fol. 110 r°.)

LXXVI

A Lyon. — Février 1456.

Querelles & coups après boire à propos de femmes.
Rémission pour Jean Blanchard de Montagne du Diocèse de Lisieux.

(Sur parchemin)

SOMMAIRE

Le suppliant avait eu plusieurs débats avec un boulanger nommé Mannoy lequel courtisait une chambrière. Le 12 Juillet 1456, il assistait à un repas de noce quand on vint lui dire que son cheval s'étant échappé courait dans les prés après les juments. Sorti pour le reprendre il rencontre Mannoy. De la injures et coups dont le boulanger mourut.

1456

REMISSIO pro Johanne Blanchart. Charles, &c. receu lumble supplication de Jehan Blanchart de la ville de Mortaigne. ou diocese de Lisieux. archier de nostre ordonnance soulz la charge & compaignie de nostre ame & féal escuier d'escurie *Robert de Floques, bailly d'Eureux* (1), contenant que puis ung an ença s'est meu par plusieurs fois débat entre ledit suppliant d'une part & Jehan Mannay, boulengier de la parroisse de Saint-Germain oudit diocese de Lisieulx d'autre, à l'occasion de ce que ledit Mannay maintenoit & gouuernoit une jeune chamberiere dudit suppliant & ce contre le gré & voulenté d'icelluy suppliant, & afoit que ledit suppliant eust par plusieurs fois dit, audit Mannay *qu'il se depportast de non plus poursuir ne maintenir sa dicte chamberiere & que se il le y trouvoit conuersant, qu'il s'en repentiroit*, néanmoins icel-

Discussion entre un archer et un boulanger.

1. V. sur *Robert de Floques*, dit *Floquet*, la note du Tome I, page 163.

luy boulangier n'a tenu conte desdictes parolles, ains a tousiours perséuéré
1456 à maintenir ladicte chamberiere en disant audit suppliant *que pour luy il n'en perdroit rens y faire & que il ne le craignoit ne que s'il estoit mort*, & depuis aduint que
Suites d'un repas de noces. le XIIe jour de Juillet derrenier passé ledit suppliant estant en l'ostel d'un appellé le Peteux, ou l'on faisoit nopces, esquelles ledit Mannay estoit aussi venus fut dit audit suppliant que son cheval s'estoit eschappé & courroit parmy les champs après les jumens, & incontinent ledit suppliant se départi desdictes nopces & courut après son cheval moult desplaisant & courroucié de ce que son dit cheval se gastoit après lesdictes jumens, ensuivant lequel cheval, survint ledit Mannay boulengier qui passoit son chemin, auquel ledit suppliant dist telles parolles : « *Quant tu auras fait de ma chamberiere, au moins renuoye la moy* » lequel Mannay luy respondi : « *Je n'ay que faire de toi ne de ta chamberiere, mais j'ay oy dire que tu me menaces* » & lors ledit suppliant luy respondi *qu'il ne l'amoit point pour le desplaisir qu'il lui faisoit tousiours & qu'il lui donneroit ung coup, de quoy il se sentiroit & qu'il s'en alast d'ilec;* lequel Mannay ne s'en voult aler, ains dist derechief audit suppliant *qu'il ne le craignoit ne que s'il estoit mort, & que hardiment il alast quérir son arc & sa trousse*, lesquelles parolles ainsi oultrageuses oyes par ledit suppliant lequel estoit très desplaisant tant de son dit cheval qui se gastoit apres les jumens, comme de ce que ledit Mannay continuoit tousiours a irriter & faire desplaisir à icelluy suppliant, lequel estoit fortement eschauffé parce qu'il auoit fort beu & mengié es dictes nopces, vint contre ledit Mannay en luy disant : « *Ribault, deffens toy* » &
Coups d'épée. lors ledit Mannay qui tenoit en sa main une pierre, se baissa à terre pour prendre une autre pierre pour en vouloir frapper ledit suppliant lequel s'approicha dudit Mannay auquel il donna ung coup d'estoc (1) de son espee par le costé, après lequel coup s'acoubla (2) auec ledit suppliant lequel il gecta sur une haye, lequel Mannay eust étranglé ledit suppliant se n'eussent esté deux compaignons qui suruindrent lesquelz les despartirent. A l'occasion de laquelle bateure ledit Mannay est allé depuis de vie à trespassement. Parquoy ledit suppliant doubtant rigueur de justice s'est absenté du pays, ouquel il n'oseroit jamais conuerser ne repairer, se noz grace & misericorde ne lui estoient sur ce imparties, humblement requérant que attendu que ledit cas est auenu à chaulde colle parce que icelluy defunct oultrageoit ledit suppliant desdictes parolles en luy disant qu'il ne le craignoit ne mort ne vif, & que pour lui il ne cesseroit de faire ce qu'il faisoit; que lors ledit suppliant qui venait desdictes nopces ou il auoit fort beu & mangié, estoit meu &

1. Arme pointue.
2. [illegible]

1456

Bons antécédents du criminel.

eſchauffé de ce que ſondit cheual couroit après leſdictes jumens, & auſſi du déplaiſir qu'il auoit de ce que ledit deffunct maintenoit ſa dicte chamberière : que il n'auoit point entencion de tuer ledit deffunct, ains fut après moult eſbay & deſplaiſant de ce qu'il l'auoit ainſi frappé : que en tous autres cas il eſt homme bien famé ſans auoir eſté attaint ne conuaincu d'aucun autre villain cas, blaſme ou reprouche, il nous plaiſe lui impartir noz dictes grace & miſéricorde. Pourquoy nous, ce que dit eſt conſidéré & les ſeruices que ledit ſuppliant nous a faiz en noz guerres voulans miſéricorde eſtre préférée à rigueur de juſtice, à icelluy ſuppliant auons quitté, remis & pardonné, quittons, remettons & pardonnons de grace eſpécial, plaine puiſſance & auctorité royal par ces préſentes le fait & cas deſſus déclairé, auec toute peine, amende & offenſe corporelle, criminelle & ciuille, en quoy pour l'occaſion deſſus dicte il peut être encouru enuers nous & juſtice, & l'auons reſtitué & reſtituons par ces dictes préſentes à ſes bons fame & renommée, au pais & à ſes biens non confiſquez. Satisfacion faicte à partie ciuillement tant ſeulement, ſe faicte n'eſt, & quant a ce impoſons ſilence perpétuel à noſtre procureur préſent & auenir. Si donnons en mandement par ces préſentes au bailly(1) d'Eureux & à tous noz autres juſticiers ou à leurs lieuxtenans & à chacun d'eulx ſi comme à luy appartendra que de noz préſens grace, quittance rémiſſion & pardon facent, ſouffrent & laiſſent ledit ſuppliant joyr & uſer plainement & paiſiblement ſans lui faire ou donner, ne ſouffrir eſtre fait ou donné aucun deſtourbier.

Ordre au bailli d'Évreux.

Donné à Lyon ſur le Roſne, ou moys de feurier, l'an de grace mil CCCC cinquante-ſix & de notre règne le XXXVme. Ainſi ſigné.

Par le Roy,
A la relacion du Conſeil,

J. DE RILHAC.

Viſa contentor.
J DU BAN.

(Arch. Reg. JJ 191, fol 227 v°.)

1. Jean de Floques, qui était alors grand bailli d'Évreux depuis 1441

LXXVII

A Lyon. — Du 1er mars 1456.

Dévastation de récoltes sur pied.

Rémission pour Phélippon Fourny, habitant de Confolens.

(Sur parchemin)

SOMMAIRE

Vers l'an 1430, Philippe Fourny et Georges Ferrier, habitant alors dans la paroisse d'Aubeterre pres Chastillon en Berry, se prirent de querelle avec Jean Joubert, leur voisin, à propos des ravages opérés dans les récoltes de ce dernier par des animaux appartenant aux suppliants. Une rixe s'ensuivit dans laquelle Jean Joubert perdit la vie.

1456

EMISSIO pro Philippo Fourny. Charles, &c., avons lumble supplicacion de Phelippon Fourny & de Georges Ferier habitans du lieu de Confolant ou pais d'Angolmois contenant que trente-cinq ans & ou environ lesdits supplians lors demourans en la *paroisse d'Aubeterre* (1) *pres Chastillon au pais de Berry* aduint que à l'occasion de ce un *porcel* (2) appartenant audit George Ferier estoit entré ou champ de feu Jehan Joubert son voisin, icellui Joubert qui lors estoit oudit champ ouquel il semoit de l'auoyne fist courir sus & prendre ledit porcel par ses chiens & pour ce que icelluy Georget oy le cry que lesdits chiens faisoient il issy de son hostel & osta ledit porcel ausdits chiens afin

Poursuite de chiens contre un pourceau.

1. Obterre, canton de Mézières-en-Brenne, arrondissement du Blanc (Indre).
2. Pourceau

1456

que iceux chiens ne feiffent mal a fondit porcel; & quant ledit Joubert vit que ledit Georges oftait ledit porcel aufdits chiens il lui courut fus a tout ung bafton en la main & de fait le print au corps & getta par terre foubz lui fans ce que ledit Georges lui dift ne feift mal ne defplaifir ; & lors furuint ledit Phelippon Fourny, ferorge (1) dudit George Ferier, fuppliant, lequel les defpartit enfemble & ainfi comme il les départait femblablement furuint ung appelé Jacquet Moreau qui oy le bruit de fa maifon qui avoit despieca conceue haynne contre ledit Jobert comme l'on dit ; lequel Moreau incontinant qu'il arriva donna audit Joubert ung ou deux coups de bafton ; lefquelz fupplians ne le veirent ne oyrent aucunement pour ce qu'il eftoit presque nuyt. A l'occafion defquelz coups de bafton ainfi donnés par ledit Moreau audit Jobert icellui Jobert deux jours après ou environ ala de vie a trefpas, par occafion duquel cas icellui Moreau fut lors prins prifonnier par la juftice dudit lieu & après ce qu'il euft fatisfait à partie, il fe abfenta du pais, &c... (2).

Coups de bâton donnés.

Donné à Lyon le premier jour de mars l'an de grace mil CCCC LVI (3) & de noftre règne le XXXV°. Ainfi figné.

Par le Roy, a la relacion du Confeil.

J. DE REILHAC.

(Arch. Reg JJ. 191, fol 122.)

1. Beau-frère.
2. La suite a été omise dans l original
3. Lire 1457.

LXXVIII

A Lyon sur le Rhône. — Mai 1457.

Vengeance à coups de dague.

Rémission pour Mathieu Copin, habitant d'Etreillers & prisonnier à Saint-Quentin.

(Sur parchemin)

SOMMAIRE

Le suppliant a épousé, il y a trois ans, Jeannette La Pelletiere. Un nomme Fraillon, qui avait courtisé inutilement cette fille avant son mariage, se plaisait maintenant a tenir de mauvais propos sur elle. Mathieu Copin s'en est vengé en tuant ce dernier d'un coup de dague.

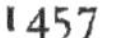

1457

REMISSIO pro Mattheo Coppin, Charles. &c. Nous avoir receu lumble ſupplication de Mathieu Coppin poure homme de laboureur, demourant en la ville Deſtrilliers (1), à préſent déténu priſonnier en noz priſons de Saint Quentin par priſon empruntée de noſtre ame Jacques d'Armeval, eſcuier, ſeigneur en partie de ladicte ville d'Eſtrilliers, contenant que icellui Mathieu ſuppliant s'eſt puis trois ans en ça ou enuiron marié avec une nommée Jehannete La Pelletiere, fille de Colart Le Pelletier (2), durant lequel mariage & par auant icellui dit ſuppliant & ladicte Jehannete ſa femme ſe ſont bien hon-

1. Etreillers, canton de Vermand, arrondissement de Saint-Quentin (Aisne), village érigé en paroisse dès 1124.

2. Surnom qui vient de *pelleterie* (occupation de préparer les fourrures).

1457

neftement & doulcement gouuernés enfemble & ont efté & font gens de bon fame, renommé & honnefte conuerfation en gangnant leur vie bien & honorablement. Mais ce non obftant foubz umbre de ce que ung nomme Jehan Fraillon, en fon vivant demourant audit lieu Deftreilliers n'avoit peu finer en mariage ladicte Jehannete Pelletiere, femme dudit fuppliant & en auoit efpoufée ung autre nommée Jehannete Mortecrefte par aynne, enuie ou autrement à tort & contre vérité. ledit Jehan Fraillon & fadicte femme ont dit & publie par plusieurs & diverfes foiz deuant plufieurs perfonnes : que « *ledit Jehan Fraillon auoit fait fa voulenté & cogneu charnellement ladicte Jehannete Pelletiere femme dudit fuppliant* » par autant qu'il l'euft efpofée. A l'occafion defquelles qui eftoint & font ou tres grant vitupere & deshonneur defdits fuppliant & fadicte femme. plufieurs noifes & débats fe font menés entre lefdits fuppliant & fa femme d'une part & ledit Jehan Fraillon d'autre. tant de fait comme de parolles. — Et combien que par le moien & interceffion du chapellain de ladite ville Deftrilliers & autres perfonnes voifines desdictes parties, aiant pitié & defplaifance de leur débat & mefmement de la noife que ledit fuppliant auoit auec fadicte femme à l'occafion desdictes parolles qui eftoient controuuées & non véritables, fachans que ladicte Jehannete eftoit & avoit efté tout fon temps bonne preude femme & de bonne renommée, ilz fe foient accordez & rapaifier (1) enfemble & crïez mercy l'un à l'autre. Néantmoins lefditz Fraillon & fa femme. & par efpécial la femme dudit Fraillon, a réitéré lefdictes parolles derechief tant & fi auant qu'elles font encores depuis leurdit accord venues à la notice & cognoiffance dudit fuppliant; lequel de ce courroucé & defplaifant plus qu'il n'auoit efté par auant, delibéra en foy de le remonftrer tout doucement audit Fraillon & à fadicte femme affin qu'elle f'en depportaft & ne continuaft plus efdictes parolles. Et depuis & le jeudi cinquiefme jour de ce préfent moys de may, ainfi que ledit fuppliant eftoit en fon jardin en faifant fon labour, il vift paffer ledit feu Jehan Fraillon par la rue pour aler en la maifon d'un nommé Neuelle le Nain, lequel fuppliant fuyvy ledit Fraillon en entencion de lui remontrer gracieufement le grand tort que lui & fadicte femme auoient de continuer lefdites parolles iniurieufes à l'encontre de la femme d'icellui fuppliant, afin que lui & fadicte femme f'en abfteinffent d'ilec en auant en enfuiuant leur dit accord. Et pour ce que ledit Fraillon n'arrefta gueres en la maifon dudit Nuelle & qu'il retourna affez toft, il rencontra en foy en retournant ledit fuppliant qui aloit deuers lui pour lui remonftrer ce que dit eft. Et ainfi que icellui fuppliant

Propos calomnieux tenus en public.

Crime commis le jeudi 5 mai 1457.

1. Qui veut dire *tranquillise*.
2. Commettre un meurtre

1457

s'efforçoit de nouuel de lui donner blafme en lui mettant fus qu'il le vouloit murdir (2) à quoy n'auoit lors penfé ledit fuppliant & n'en auoit voulenté, mais cuidoit parler audit Fraillon tout doulcement en lui remontrant lefdictes chofes, & lequel fuppliant n'avoit lors armure ne bafton pour aler à lui finon qu'il auoit acouftumé chafcun jour fa dague pendu à fa ceinture. Et a cefte caufe quant ledit fuppliant veit venir à lui ledit Fraillon, le fang lui mua & vint audit Fraillon & lui deift ces parolles ou femblables : « *Tu es bien mauuais garfon ne m'as tu pas affez villenié ma femme fe tu ne cries le meurtre fur moy.* » En difant lefquelles parolles ne fe peut ledit fuppliant abftenir que il lui fouuint du grant & long defplaifir qu'il auoit eu & encore auoit des chofes deffus dictes qu'il ne frappaft de fa dague fur la tefte dudit Fraillon un coup ou deux Et ce fait ledit Fraillon f'en retourna en fa maifon. Et ledit fuppliant à l'occafion defdits copz fut prins & conftitué prifonnier ainfi qu'il retournoit en fa maifon, par les officiers de la juftice dudit Jacques d'Armeual auquel il eft fubget & amené en nofdictes prifons audit lieu de Saint Quentin comme prifon empruntée, comme dit eft. Par le moyen duquel cop ou copz ledit feu Jehan Fraillon par mauuais gouuernement ou autrement ala dix ou XI jours après de vie à trefpaffement. Efquelles prifons ledit fuppliant eft en auenture de finer miférablement fes jours, fe noftre grace & miféricorde ne lui eft fur ce impartie, en nous humblement requérant que, attendu ce que dit eft, & le long defplaifir ou lefdit fuppliantz & fa femme ont efté à l'occafion defdictes parolles que eftoient & font deshonneftes lefquelles depuis ledit accord ledit feu Fraillon & fa femme ont publiées en pluficurs lieux & que de la mort dudit Fraillon ledit fuppliant eft courroucé & defplaifant; & que quand il alla vers ledit Fraillon il n'auoit pas entencion de le occire ne tuer, mais lui remonftrer doulcement lefdictes chofes. afin que lui & fadicte femme f'en abfteinffent & ne les continuaffent comme promis auoient en faifant leurdit accord, il nous plaife fur ce lui impartir noftre dicte grace & miféricorde. Pour quoy nous, ces chofes confidérées, voulans miféricorde préférer à rigueur de juftice audit fuppliant oudit cas auons quitté remis & pardonné & par la teneur de ces préfentes de notre grace efpécial plaine puiffance & auctorité royal quittons, remettons & pardonnons le fait & cas deffus ditz, auec toute peine amende & offence corporelle, criminelle & civile. En quoy pour occafion duditcas il peut & pourrait eftre encouru enuers nous & juftice. Et l'avons reftitué & reftituons à fes bon fame, renommée au pais & à fes biens non confifquez. Satisfaction faicte à partie ciuilement tant feulement fe faicte n'eft. Et fur ce impo-

Coups de dague donnés sur la tête.

Ordre au bailli de Saint-Quentin.

ment par ces mefmes préfentes au Bailli de Saint Quentin (1) & à tous nos autres jufticiers ou à leurs lieuxtenants préfens & auenir & à chacun d'eulx fi comme à lui appartiendra que notre préfente grace, quittance, remiffion & pardon, facent. feuffrent & laiffent ledit fuppliant joir & ufer plainement & paifiblement fans lui faire mettre ou donner ne fouffrir eftre fait mis ou donné, ores ne pour le temps auenir en corps ne en biens, à l'occafion dudit cas aucun deftorbier (2) ou empefchement. en aucune manière, lequel fe fait. mis ou donné lui auoit efté ou eftoit fi l'oftent ou facent ofter & meftre tantoft & fans delay à plaine déliurance. Et afin, &c. Sauf. &c. 1457

Donné à Lyon fur le Rofne, ou mois de May l'an de grace mil CCCC LVII et de noftre regne le XXXVe. Ainfi figné.

Par le Roy.

A la relacion du Confeil.

J. DE REILHAC.

Vifa contentor.
CHALIGANT.

(Arch. Reg. JJ. 187, fol. 25

1. Le bailliage de Saint-Quentin. démembrement de celui du Vermandois, l'un des plus anciens de France, dont le siège était à Laon.
2. Qui signifie *dérangement*.

LXXIX

A Thoiy — Août 1457.

Espionnage sur la frontière anglaise. — Compétition pour épouser une riche veuve.

Rémission pour Noël Sarre, demeurant au pays de Boulogne-sur-Mer.

(Sur parchemin)

SOMMAIRE

Noel Sarre habitant sur la frontiere anglaise entre Calais et Boulogne, accuse par les partisans des Anglais de favoriser les incursions des gens de guerre français sur le territoire anglais, avait eu de ce chef plusieurs querelles. Depuis lors s'etant retire dans la ville de Marquise, il y fut aimé de la veuve de Mathurin de la Salle. Mais celle ci étant déja fiancée à un nommé Pierre Felingue, Noel dut finalement se retirer. Un jour que la veuve se rendait à Therouanne avec son fiancé, Noel Sarre s'embusqua avec des amis sur le chemin et l'enleva. Elle cohabita de nouveau avec lui l'espace d'un mois, après quoi elle épousa enfin Pierre Félingue. Un prêtre qui s'était mêlé de cette affaire contre Sarre fut alors, par vengeance, assassiné par lui.

1457 RO Natali Sarre, Charles, &c. Nous auoir receue lumble fupplication des parens & amis charnelz de Noel Sarre, contenant que icellui Noel qui eftoit demeurant en noftre pais de Boullegnois aupres des mettes (1) des anglois anciens ennemis de noftre royaume vers Grafues & Calaiz fur la frontière de nofdits ennemis, eftans foupçonné de aucune foiz tenir compaignie à noz gens de guerre ordonnez en la conté de Eu ou de les foutenir &

1. Limites frontières de l'occupation anglaise.

1457

conforter quant ilz aloient courir vers Calaix & mectes desditz Angloiz de laquelle chose feu Pierre Testart, voisin & haynneux dudit Noel & aussi fort rigoreux & noiseux auoit baillé charge & renommée audit Noel pour le greuer & faire pugnir comme infracteur des treues estant oudit pays de Boullegnois entre nostre tres chier & tres ame frere & cousin le duc de Bourgongne & lesdits Anglois nos adversaires.— A laquelle occasion ledit Noel s'estoit trouué en grant dangier de sa personne trois ans a ou enuiron eut pour celle cause grosses parolles audit feu Pierre Testard. — Peu de temps apres lesquelles parolles, c'est assauoir le jour Saint-Berthelemy, ledit Noel a ung matin alant de pié vers la maison de sa mère, rencontra d'auanture ledit Pierre Testard embastonné d'une demie lance & monté sur son cheval en ung champ pres d'un lieu nommé le Carnoye & apres ce qu'ils eurent salué l'un l'autre entrerent de rechief en parolles du fait & charge dessusdits & tellement se eschafferent que ledit Testard sentant à cheual & embastonné & pour ce auoir auantage sur ledit Noel suppliant qui estoit a pie & sur ses caloches, voult iniurier & batre ledit Noel, lequel en soy reuenchant & en repellant force par force, se deffendit & fist tellement que ledit Pierre Testard demora mort en la place. — A l'occasion duquel cas ledit Noel se absenta & se rendit surtif & bonnement ne se sauoit ou tenir en nostre obeissance & frequenta depuis en *la ville de Marquise* (1) *qui est pres desditz Angloiz* en l'ostel de la vefue de feu Mathurin de la Salle, de laquelle il se accointa tellement qu'elle fut en volunté de le prandre a mariage.— Mais pour ce que par le conseil d'aucuns ses amis on traicta le mariage d'un autre nommé Pierre Felingue quelle auoit desia fiancé, il ne peut auoir à celle foiz & assez tost apres c'est assauoir à la Sainct Jehan Baptiste ensuiuant ainsi que ladicte vefue & ledit Felingue aloient à Theroane (2) pour parfaire ledit mariage acompaignez dudit Noel, icellui Noel, soy recordant des promesses que lui auoit faictes ladicte vefue & pour l'amour quil auoit a elle & affin de l'auoir en mariage. fit tellement que aucuns de ses amis & compagnons en alant se trouuerent sur le chemin auec lesditz veufue & Noel & quand ledit Pierre Felingue les vit, il s'en ala & laissa la compaignie. — Et lors ladicte vefue s'en ala auec icellui Noel auec lequel se tint l'espace d'un moys ou enuiron pendant lequel temps ledit Noel la mena en l'ostel d'elle, cuidant trouuer moyen deuers les officiers de la court espirituelle de Teroanne de eulx marier, ce qui ne se peut faire, obstant ce qu'elle auoit premier fiancé ledit Pierre Felingue & depuis la ramena, le tout du bon gré d'elle entre les amis dudit Noel, en apres la fit ramener en sondit hostel où elle demoura & peu de temps apres fut espose

Faux rapport d'espion.

Lutte armee.

Promesse de mariage avec une veuve.

1. Chef-lieu de canton de l'arrondissement de Boulogne-sur-Mer (Pas-de-Calais).
2. Canton d'Aire-sur-la-Lys, arrondissement de Saint-Omer (Pas-de-Calais).

1457

Conseils d'un prêtre.

audit Felingue. — Et pour ce que ladicte vefue eſtant à Wierrie lez Sarmet. eſ mains des amis dudit Noel où il la tenoit, feu Guillaume de Ledeue prebſtre. curé de ladicte ville auoit fort greué oudit mariage ledit Noel & desconſeillé ladicte vefue de prendre ledit Noel & meſmement auoit mandé gens tenus de nuyt en ſa maiſon pour greuer (1) ledit Noel, ainſi que on lui diſt certain temps apres, ledit Noel rencontra ſur les champs d'auanture ledit de Ledeue qui eſtoit à cheual & demanda ledit Noel audit de Ledeue « *pourquoy il le auoit ainſi greué & empeſché ou fait dudit mariage* ». Lequel de Ledeue reſpondi ilec tres arrogamment de groſſes parolles audit Noel diſant que « *ſe il l'auoit fait, que encores le feroit il* » & faiſoit ſemblant de vouloir courir ſus audit Noel.—Pour quoy ledit Noel, ſoy ſentant iniurié & greué par ledit Ledeue. ſoudainement meu de chaude colle & par temptacion de l'ennemy print & retourna ſon baſton & du bout ſans fer, le cuidant batre ſans tuer, le frappa pluſieurs cops ſur ſon corps, non voulant touteſuoies icellui tuer; mais d'auanture, il l'aſſena en la teſte & tellement que par faulte de médecin ou pour auoir mauuaiz gouuerrement (2) ou autrement quatre ou cinq jours apres il ala de vie à treſpaſſement; lequel de Ledeue auant ſon treſpas, cognoiſſant qu'il auoit eſté cauſe de ſon inconuéniant pardonna audit Noel ladicte offenſe, diſant qu'il en auoit bien eſté cauſe & autres ſemblables parolles en ſubſtance. — Depuis leſquelz cas ainſi auenuz ledit Noel s'eſt abſenté & a eſté vacabond de lieu en autre ſans oſer venir ne ſoy trouuer en noſtre obéiſſance & n'a ſceu ne ne ſcet ou ſe tenir tant à l'occaſion deſditz cas, comme d'auoir tenu et tenir compagnie à noſditz gens de guerre ſecretement ainſi que dit eſt & pareillement de ce que aucuns autres ſes haynneux, ſoubz umbre de ce que lui eſtant ainſi ſurtif il a trouué manière tan par belles parolles comme par crainte, d'auoir d'aucuns ſes parens & amis & autres aucunes petites ſommes de deniers pour ſoy viure & entretenir ſeulement ont voulu malicieuſement lui impoſer qu'il auoit par contrainte & par forme de pillage ou ranconnement eu & recouuré leſdictes ſommes dont il n'eſt riens & ne les a eues autrement que dit eſt. — Et par ainſi ledit Noel eſt en auanture de demourer abandonné & par déſeſpoir pour ſauuer ſa vie ſoy rendre de parti contraire comme doubtent leſditz ſuppliant, ſes parens & amis ou de autrement pourement & miſérablement finer ſes jours, ſe noſtre grace & miſéricorde ne lui eſt ſur ce impartie, humblement requérant que attendu ce que dit eſt meſmement que ledit Noel nous a ſeruy en nos guerres à l'encontre de noſditz

Discussion entre les deux prétendus.

Pardon de l'offense.

Secours d'argent.

Services de guerre.

1. Qui signifie : être hostile.

2. Mauvais soins donnés par le médecin.

1457

ennemis, qu'il eſt vaillant homme de ſon corps & eſt encores preſt & appareillé de nous ſeruir. auſſi qu'il a fait ſatisfacion auſdictes parties ou à la pluſpart d'icelles & a grant déſir de retourner demourer au pays ſoubz noſtre obéiſſance & meſmement pour ſubuenir & ayder à ſa poure mere qui eſt pour femme, veſue, maladive & impotente. il nous plaiſe noſdictes grace & miſéricorde lui impartir. — Pourquoy nous ces choſes conſidérées, voulant miſéricorde préférer à rigueur de juſtice, audit Noel Sarre auons quitté, remis & pardonné, & par la teneur de ces préſentes, de noſtre grace eſpécial plaine puiſſance & auctorité royal quittons, remettons & pardonnons les faitz cas & offenſe deſſuſdictes, auec toute peine, amende & offenſe corporelle, criminelle & ciuille enſemble tous deſſaulx bans & appeaulx en quoy il pourroit & peut eſtre encouru enuers nous & juſtice & l'auons reſtitué & reſtituons à ſa bonne fame & renommée, au pays & a ſes biens non confiſquez & quant a ce impoſons ſcillence perpétuel à noſtre procureur préſent & auenir & a tous autres satisfaction faite aux parties ciuilement tant ſeulement ſe faicte n'eſt. Si donnons en mandement par ces meſmes préſentes aux Bailliz d'Amyens & de Vermandoys preuoſt de Bauqueſne & tous noz autres juſticiers & officiers, ou à leurs lieuxtenans préſens & auenir & a chacun d'eulx. ſi comme à lui appartiendra, que de noz préſente grace, quittance, remiſſion & pardon ilz facent. ſeuffrent & laiſſent ledit Noel Sarre, ores & pour le temps auenir joir & uſer plainement & paiſiblement ſans pour ce lui faire mettre ou donner ne ſouffrir eſtre fait. mis ou donné ores & pour le temps auenir en corps ne en biens aucun arreſt, deſtourbier ou empeſchement en quelque manière que ce ſoit. mais ſe ſon corps ou aucuns de ſes biens ſont ou eſtoient pour ce prins. ſaiſiz. arreſtez ou aucunement empeſchez, qu'ils les lui mettent ou facent mettre incontinent & ſans délay à pleine déliurance & au premier eſtat & deu. Et afin que ce ſoit choſe ferme & eſtable à touſiours nous auons fait mettre noſtre ſeel à ces préſentes ſauf en autres choſes noſtre droit & l'autruy en toutes.

Ordre aux baillis d'Amiens et de Vermandois.

Donné à Thory (1) ou moys d'Aouſt l'an de grace mil CCCC cinquante & ſept & de noſtre regne le XXXVe.

Par le Roy.

Le comte de Dunoys, maiſtre Jehan Bureau, Jehan Dauvet & aultres preſens,

DE REILHAC.

Viſa.

. . . .

(Arch. Reg JJ. 187, fol. 33 v°)

1. Canton d'Ailly-sur-Noye, arrondissement de Montdidier (Somme).

LXXX

Octobre 1457. — A la Chaussière

Flagrant délit. — Rixe et meurtre.

Rémission pour Jean Delaunay, natif d'Orléans et brigandinier du Roi.

Sur parchemin)

SOMMAIRE

Pendant le séjour du Roi a Lyon en 1456, Jean Delaunay, brigandinier du Roi, avait été loge chez un espinglier natif de Picardie nomme Jacquemin, avec lequel il se lia d'amitié. Au depart du Roi Jacquemin quitta Lyon et se mit a la suite de la cour. Un soir, dans la ville de Feurs, il partageait lui et sa femme la même chambre que Delaunay, lorsque ce dernier s'étant introduit en troisieme dans le lit conjugal est saisi par le mari.

1457

RO Johanne Delaunay. Charles, &c. Nous avoir receue lumble fupplicacion de Jehan Daunay, brigandinier (1), natif de la ville d'Orléans, contenant que il eft bon ouurier de fon meftier, & a caufe de fon maiftre André Courfain noftre brigandinier luy a depuis ung an & demy en ça ou environ baillé toute la charge de fondit office de brigandinier & de faire tout ce qu'il fauldra touchant fondit meftier, tant pour noftre perfonne comme pour autres a qui il nous plaifoit. Et à cefte caufe a efté ledit Jehan Daunay depuis ledit temps logié par fourriers comme fe fondit maiftre y euft efte en perfonne, ainfi que raifon eft, & il fort ainfi que *un derrenier voyage par nous fait à Lyon l'un*

Brigandiniers suivant le roi dans ses voyages.

1. Ouvrier qui faisait les brigandines, cottes de maille.

1457

de nos fourriers le logea en ladicte ville de Lyon en la maiſon d'un eſpinglier nommé Jacquemin, natif de Picardie ou ilz ont demouré enſemble durant que auons demouré oudit pays de Lyonnois & ont acquis enſemble grant congnoiſſance & amictié. Et pour ce qu'il ſembloit audit Jacquemin eſpinglier qu'il faiſoit petitement ſon prouffit audit lieu de Lion & qu'il ne guengnoit riens & qu'il guengneroit plus à ſuiure la court, luy print voulenté de ſuivre ladicte court; mois doubtant qu'il ne trouvaſt pas logis quand nous ſerions logiez & noz gens en logis eſtroit, pria audit Jehan Daunay ſuppliant qu'il le logaſt auec luy, ſe le cas eſcheoit qu'il ne peuſt trouuer logis. Lequel Jehan Daunay luy reſpondi que tres voulentiers & de bon cuer le feroit. Et depuis leſdis eſpinglier ſa femme & Jehan Daunay ſuppliant ſ'en ſont venus en ladite ville de Feurs en Foreſtz (1) ou ilz ont logié enſemble, & de Feurs a Molins ou ilz ont pareillement logié enſemble.— Et durant ledit temps demouré bons amys jusques au lundi XVIIe jour de ce préſent mois d'octobre environ trois heures apres mynuit que leſdis eſpinglier & ſa femme eſtoient couchés en ung lit. ledit Jehan Daunay ſuppliant & Jehan Charbonnier ſon compaignon couchez en ung autre, tout en une chambre & ledit jour enuiron ladicte heure de trois heures après mynuit, ſe leua ledit Jehan Daunay de ſondit lit pour quérir l'urinal & luy eſtant de nu piez, demanda à haulte voix : *« quantes heures eſtoient,»* lors & la femme dudit eſpinglier reſpondit : *« qu'il eſtoit enuiron trois heures »* & après print ledit urinal & en fiſt ſon aiſément & depuis ſe ala coucher ou lit dudit Jacquemin eſpinglier, du coſté deuers ſa femme & parloient enſemble. Et ledit Jacquemin eſpinglier ſans dire mot eſtandit le bras & print ledit Daunay ſuppliant par la main, en luy diſant : *« Triſte ribault,* .... *vous ma femme »*. Et ledit Jehan Daunay ſuppliant tira ſon bras & lui eſchappa, & ſe leuerent tous deux & ala ledit Jacquemin en une chambre baſſe quérir du feu pour veoir acquérir & trouuer ledit ſuppliant : & pendant qu'il ſe abilloit, eut ledit Jacquemin pluſieurs parolles de menaſſes a ſa femme. & apres ce print icelluy Jacquemin unes grans tenailles peſant enuiron IIII liures de poix qui eſtoient en la chambre & ſans dire mot les gecta audit Jehan Daunay ſuppliant & pour ce que icelluy ſuppliant ſe remua & fouit au coq. paſſerent leſdictes tenailles oultre, ſans le toucher, fors que à la main gauche; & apres qu'il l'eut failly a le frapper. il print ſon couſtel en ſa main & ſe ala mettre audeuant de l'uis. Et ledit ſuppliant qui eſtoit en pourpoint, chauffé de chauſſes ſans attaches & ſans ſouliers tira ſa dague toute nue en diſant : *Oſte-toi de l'uis ou tu es*

L'eſpinglier Jacquemin demande à suivre la cour

Logis commun du brigandinier et de l'eſpinglier.

Flagrant delit.

Vengeance de mari

1. Chef-lieu de canton, arrondissement de Montbriſon (Loire).

1457

mort ; lequel Jacquemin fans dire mot fe recula et luy fift voye & apres qu'il luy euft fait voye il f'en fault fans riens dire & en foy deualant aueuglette & fans clarté, fi toft comme il euft tourné le dos pour f'en aler, ledit Jacquemin faillit fur luy jufques au pié du premier degré qui eft de bois, ou il y a VI ou VII degrez ou marches, & le print par l'épaule, fon couftel en fa main, & quant ledit fuppliant fe fentit prins, qui auoit fa dague en fa main, fe tourna cuidant fe depefcher de luy : en fe tournant rencontra d'aventure ledit Jacquemin par dague parmy le ventre, comme ont dit, ou ailleurs, ne fcet ou, pour ce qu'il n'y veoit comme dit eft. Et a cefte caufe ou autrement cheut ledit Jacquemin par entre l'efchelle & le tien main (1) de ladite efchelle jufques a terre, qui eft comme de la haulteur de la ou porroit toucher ung grant homme à la main : defquels coup ou cheute icelluy Jacquemin l'efpinglier eft allé de vie à trefpaffement, à l'occafion duquel cas, doubtant rigueur de juftice, ledit fuppliant f'eft mis en franchife dont il n'oferoit yffir, fe noz grace & miféricorde ne luy eftoient fur ce imparties, humblement requérant que, attendu ce que dit eft, que, alors que ledit deffunct le fuiuit fur lefdis degrez & qu'il le print par l'efpaule ayant fondit coftel en la main, ledit fuppliant ne veoit rien & ne tachoit que fe efchapper de luy & ne fcet bonnement f'il le frappa de fadicte dague ou non, ne en quelle part & eft plus a croire qu'il foit mort de ladicte cheute qu'il print que autrement & que jamais ne fut attaint ne conuaincu n'aucun villain cas, blafme ou reproche il nous plaife fur ce lui impartir noidictes grace & miféricorde pourquoy. Nous, ces chofes confidérées, voulans mifericorde préférer à rigueur de juftice, audit fuppliant ou cas deffusdit Auons quitté, remis & pardonné & par la teneur de ces préfentes de grace efpécial plaine puiffance & auctorité royal remettons, quittons & pardonnons le fait & cas deffufdit auec toute peine, offence & amende corporelle, criminelle & ciuille, en quoy pour occafion dudit cas il pourrait eftre encouru enuers nous & juftice, enfemble tous appeaulx (2), bans (3) deffauz, fi aucuns f'en eftaient enfuiz & l'auons reftitué & reftituons a fes bonne fame & renommée, au pais & a fes biens non confisquez, fatisfaccion faicte à partie ciuillement tant feulement, fe faicte n'eft & impofons fur ce filence à noftre procureur, préfent & auenir. Si donnons en mandement par ces dictes prefentes au bailly de Saint Pere le Mouftier (4) ou a fon lieutenant & a tous nos autres jufticiers & a leurs lieu-

Chute mortelle

Doute sur la cause du décès

Ordre au bailli de Saint-Pierre-le-Moutier.

1. Montant d'une échelle.
2. Droits seigneuriaux.
3. Convocation de vassaux.
4. Saint-Pierre-le-Moutier, arrondissement de Nevers (Nièvre).

tenants & a chacun d'eulx. ſi comme à luy appartiendra. que de noſtre préſente grace quittance, remiſſion & pardon ils facent, ſeufrent & laiſſent ledit ſuppliant joyr & uſer plainement & paiſiblement ſans pour ce luy mettre ou donner, ne souffrir eſtre mis ou donné, ores ne pour le temps auenir en corps ne en biens en aucune manière aucun deſtourbier ou empeſchement, lequel ſe fait mis ou donné eſtoit le mettent ou facent mettre ſans delay à plaine déliurance. Et afin, &c. Sauf, &c. 1457

Donné a la Chauſſiere le XIXe jour d'octobre l'an de grace mil CCCC cinquante ſept & de noſtre regne le XXXVIe. Ainſi ſigné.

Par le Roy,

Le comte de Foix, Maiſtres Pierre Doriole, Jehan Dauvet & aultres préſens,

DE REILHAC.

Viſa contentor,
J. du Ban.

(Arch. Reg. JJ. 189, fol. 61, v°)

LXXXI

A Tours. — Mars 1457 (avant Pâques).

Requisition faite par des gens de guerre chez les paysans.

Rémission pour Guillot Carré, archer des Ordonnances, prisonnier à Usson.

(Sur parchemin)

SOMMAIRE

Le suppliant et son compagnon, Rolin Martin, cherchaient de l'avoine pour leurs chevaux ; s'étant adressés à deux paysannes, on la leur refusa Ils allèrent alors en prendre de vive force en gerbes pour la battre eux-mêmes. Survint le mari d'une des femmes appelé Jean Clovis. De là rixe dans laquelle les archers blessèrent le paysan.

1457

Archer des ordonnances en prison.

EMISSIO pro Guillelmo Carre. Charles, &c. Nous auoir receu humble fupplicacion de Guillot Carré, natif du lieu de Menetou-fur-Cher (1), aagé de XXXVI ans ou enuiron, archier de noftre ordonnance foubz la charge de noftre amé efcuier d'écuierie *Efteuenot de Talaureffe, noftre bailly de Montferrant* (2), prifonnier en noz prifons d'Uffon, contenant que le famedi XXIII° jour du moys de juillet derrainement paffé ledit fuppliant & ung nomme Robin Martin auffi archier de noftre ordonnance foubz la dicte charge, alerent loger enfemble foubz & pres la place de la Nonnette & le lendemain treizième jour dudit moys s'en alerent loger en la paroiffe de Fleat &

1. Menetou-sur-Cher, arrondissement de Romorantin (Loir-et-Cher).

2. Estevénot de Talauresse ou de Taulresse, dit de Vignoles, fut seigneur d'Aussemont et sénéchal de Carcassonne. Il assistait au siege de Beauvais en 1472 et obtenait en don du roi la baronnie

chaftellenie de Divoys (1) en l'ouftel d'un nommé Durant Chaftel, laboureur. — Et le lendemain au matin lefditz Robin Martin & lui fe partirent dudit houftel & en alant oyr la meffe en l'églife parrochial dudit lieu en paffant par la cour de feu Jehan Clouis (2) laboureur trouvèrent en ladicte cour & en le chemin deux femmes auxquelles ils demandèrent « *fi elles leur donneroient deux picotin d'auoine pour leurs cheuaulx* » qui leur refpondirent « *soyl voluntiers quant leurs maris feroient a l'ouftel* ». — Et lors ilz pafferent oultre pour aller a ladicte églife & ladicte meffe par eulx oye f'en retournèrent en leur logis & la difnerent : & apres diner délibérèrent d'aller veoir un gentilhomme nommé Henrry Deufz homme d'armes de la dicte ordonnance en fon ouftel & logeiz pres d'illec. — Et menerent auecques eulx ung jeune filz nommé Eftienne, page dudit fuppliant & en y allent passerent par l'ouste dudit feu Clouis ouquel ils trouuerent lefdictes femmes & derechief leur demanderent l'auoiue que elle leur auoit promife de parauant lefquelles leur refpondirent que leurs mariz n'eftoient pas à l'ouftel. — Et lors ledit fuppliant dift à son dit page qu'il alaft quérir une braffée d'auoine qui encores eftoit en gerbe dedans une grange pres d'illec & l'apportaft dedans une autre grange auffi pres d'illec & pour icelle batre, luy mefme en fa perfonne ala quérir les fléaux en la maifon d'ung nommé Robert Chaftel auquel Robert il demanda de l'auoine donner, lequel luy refpondit qu'il auoit donné du foing à fon page ce jour & qu'il fuffifoit bien — Et en apportant lefditz fléaux en la dicte grange rencontra ledit feu Jehan Clouis lequel il falua difant « *Dieu te gard d'où viens-tu* » & ledit Clouis luy refpondit malgracieufement « *qu'il venoit de fes befoignes* » fur laquelle refponce ledit fuppliant luy repplicqua « *de queulx befoignes* » en difant « *je n'entens point cela* » & fur ce point f'en ala ledit fuppliant à .... en ladicte grange en laquelle furuint la mère d'icelluy feu Clouis qui tenait une fourche en fa main à laquelle ledit fupliant dift qu'elle luy baillaft icelle fourche laquelle maugracieufe & defpiteufe lui refpondit que non feroit & qu'elle eftoit fienne & en auoit à faire. — Pour lequel reffuz ledit fuppliant courroucié des manieres et rigueurs que luy tenoit ladicte femme lui ofta ladicte fourche & la getta fur ladicte auoine en difant telles parolles *que fi elle euft efté auffi bien homme comme femme qu'il l'euft tuée* & apres ces chofes fift icelluy fupliant la paillade de ladicte auoine pour icelle battre. — Sur lequel point arriua ledit feu Clouis en la dicte grange ouquel incontinant la dicte femme dift que c'eftoit de fon auoine que icelluy fupliant vouloit batre & lors ledit feu Clouis luy dift ces parolles en foy prenant par les

1457

Demande d'avoine

Menaces de coups de fourche.

1. Yvoy-le-Pré, canton de la Chapelle-d'Angillon, arrondissement de Sancerre (Cher).
2. Clovis.

1457

couftez « *Pourquoy il faifoit cela & que c'eftoit mal fait, car il eftoit bien payé de fes gaiges.* — Et adonc ledit fupliant luy fift refponce « *qu'il la y batroit & qu'il y auoit juftice pour lui faire raifon & auoir de l'argent affez pour la lui payer* » & tout efmeu efchauffé & courroucié de paroles deffus dictes, leua fon manteau fur fon efpaule, tira fa dague & print ledit feu Clouis par fa cheuefaille (1) en luy difant « *ha villain, vous fault il quaqueter* » faifant femblant de le frapper. — Et lors ledit Jehan Clouis fe partit & faillit de la dicte grange & print ung bafton en fa main & retourna encores vers ledit fupliant ouquel il bailla ung coup dudit bafton fur la main, fur quoy eut grant noife débat entre eulx pendant lequel ledit Robin Martin, compaignon dudit fupliant qui eftoit en ung jardin pres de ladicte grange ou il mengeoit des noizilles vint allencontre de ladicte grange & f'appuya à la porte d'icelle pour efcouter ledit débat. — Et lui eftant illec voyant que ledit feu Clouis & autres, ses alies & complices tant hommes comme femmes batoient & oultrageoient ledit fupliant fon compaignon cuyda entrer en icelle grange pour le deffendre & fecourir. — Mais incontinant qu'il cuyda entrer en icelle vindrent à lui aucuns defdits compaignons & complices dudit feu Clouis qui le batirent & luy baillèrent plufieurs coups d'ung leuier fur la tefte dont il cheut à terre & le blefferent jufques à grant effufion de fang. — Pour laquelle chofe ledit fupliant voyant fondit compaignon eftre ainfi oultragé, le voulu aler fecourir & deffendre, mais afin qu'il n'y allaft l'un d'iceulx hommes & complices dudit feu Clouis lui bailla d'un levier tel cop fur la tefte qu'il le fift cheoir & trembler. — Et adonc icelui fupliant & fondit compaignon fe recueillirent pour eulx en aler hors d'illec & en eulx reculant & retrayant lefditz hommes & femmes fe affemblèrent illec les pourfuirent fort & leur baillèrent plufeurs coux en diuerfes parties de leur corps. — Apres lefqueulx & que iceulx fupliant & fon compaignon furent efloingnes de eulx hommes & femmes & efchappez de leurs mains leur dirent que « *c'eftoit mal fait à eulx de les ainfi batre & oultraiger & qu'ilz eftoient airans* » & ces chofes ainfi faictes s'en allerent en leurs logiz fort courrouciez & efmeuz defdictes bateures fur eulx faictes par lefditz hommes & prindrent chacun fon arc & certaine quantité de flèches & bailla icelluy fupliant à fondit page. — Et tous enfemble & fans grant interualle de temps retournerent vers l'oftel defdits de Clouis ou ils virent en la rue pres dudit houftel certain nombre de gens embaftonnez lefquelx difoient ces paroles ou femblables « *laiffez les venir, nous les trouuerons bien* ». — Et quand ilz f'approucherent d'eulx ilz fe reculèrent dedans la court de l'oftel dudit Clouis & lors ledit fupliant & fondit compaignon les fuiuirent a grant hafte & entra icelluy fupliant en ung

Coups de bâton et bataille dans une grange.

Poursuite des habitants du village.

Siege d'une maison.

1457

jardin qui eſt joignant dudit houſtel & ledit compaignon paſſa de l'autre part leurs arcs bendez & tenduz lequel ſupliant eſtant oudit jardin tira deux traiz contre leſditz hommes dont de l'ung d'iceulx il frappa ledit feu Jehan Clouis par les rains luy eſtant au bout des degretz de ſondit houſtel & de l'autre trait frappa auſſi Pierre Clouis frere dudit Jehan par les rains ou par les cuiſſez lui eſtant aupré d'un paliz de bois faiſont la clouture dudit jardin. — Par le moyen deſqueulx coups ledit feu Jehan Clouis par faulte de bon gouuernement ou autrement aucuns jours apres ala de vie à treſpaſſement Et ledit Pierre eſt depuis guéry. — A l'occaſion duquel cas ledit ſuppliant a eſté prins & conſtitué priſonnier en noſdictes priſons d'Uſſon ou il eſt encores de preſent détenu en grant poureté & miſere en voye de y finir miſérablement ſes jours, ſe noz grace & miſericorde ne luy eſtoient ſur ce imparties en nous humblement requérant que attendu qu'il nous a des ſon jeune aage ſeruy au fait de noz guerres & eſt encores pres de ce faire que ledit cas eſt auenu de chault ſang & chaude colle & en ung meſme moment ſans grant interualle de temps les bateures & oultraiges que leſditz hommes leur firent & que en autres choſes iceluy ſupliant a touſiours eſté homme de bonne renommée & honneſte comiſeracion, il nous pleut luy impartyr noſdictes grace & miſericorde. —

Défense des gens de guerre.

Circonstances atténuantes accordées au coupable.

Pourquoy nous ces chouſes conſidérées voulans grace & miſericorde eſtre préferez a rigueur de juſtice audit Guillot Carré ſupliant es cas deſſus ditz tont pour lonneur & réuérence de la paſſion Notre Seigneur Jheſu-Chriſt qui a tel jour qu'il eſt aujourd'huy ſouffrit pour nous mort & paſſion (1) comme pour les ſeruices qu'il nous a fait ou fait de noz guerres, auons quitté, remis & pardonné & par la teneur de ces préſentes, de grace eſpecial plaine puiſſance & auctorité royal, quittons, remettons & pardonnons le fait & cas deſſus ditz auec toute peine, offenſe & amende corporelle, criminelle & ciuille en quoy pour occaſion dudit cas il pourroit eſtre encouru enuers vous & juſtice & l'auons reſtitué & reſtituons à ſes bonnes fame & renommée, au pays & à ſes biens non confiſquez. ſatisfaction faicte à partie ciuillement tant ſeulement ſi faicte n'eſt & ſur ce impoſons ſilence perpétuel à noſtre procureur. Si donnons en mandement par ces dictes préſentes au bailly de Saint-Pierre le-Mouſtier & à tous noz autres juſticiers ou a leurs lieuxtenans préſens & auenir & a chaſcun d'eux ſi comme à luy appartiendra que ledit Guillot Carré de noz préſens grace, quittance, remiſſion & pardon ilz facent, ſouffrent & laiſſe joyr & uſer plainement & paiſiblement ſans luy faire mettre ou donner ne ſourffir eſtre fait, mis, ordonné, ores ne pour le

Ordre au bailli de Saint Pierre-le-Moustier.

1. Il était d'usage d'accorder un certain nombre de rémissions pendant la semaine sainte en l'honneur de la Passion.

1457 temps auenir en corps ne en biens aucuns deſtourbier pu empeſchement au contraire, mais ſon corps pour ce prinz & détenu priſonnier & ſes biens s'aucuns eſttoient pour ce prinz, ſaiſiz, arrêtez ou empêchez, luy mettent ou ſacent mettre incontinant & ſans délay à plaine déliurance & au premier eſtat & afin que ce ſoit choſe ferme & eſtable à touſiours nous auons fait mettre ſcel à ces préſentes, ſauf en autres choſes noſtre droit & l'autruy en toutes.

Donné à Tours, au moys de mars, l'an de grace mil CCCC cinquante ſept & de noſtre règne le XXXVIme auant paſques. Ainſi ſigné.

Par le Roy. En ſes requêtes eſquelles vous, Maiſtre Jehan Tudert, Georges Havart, François Halle & pluſieurs autres eſtoient,

J. DE REILHAC.

Viſa contentor,
J. Du Ban.

(Arch. Reg. JJ. 187, fol. 10 v°)

LXXXII

A Tours. — Avril 1458.

Attaque d'une maison a main armée. — Paysans et employes de la gabelle.

Rémiffion pour Thomas Cuiffart de la ville de Condé.

(Sur parchemin)

SOMMAIRE

Le suppliant, blessé par un nommé Hervault, récidiviste, avait promis à ce dernier de ne pas le dénoncer moyennant une certaine somme. Hervault ne l'ayant pas payé intégralement, Cuissart le fit citer : mais pour toute réponse Hervault accompagné de trois compagnons Saulniers vient attaquer Cuissart chez son pere durant la nuit. Il s'en suit une mêlée générale dans laquelle Hervault est tué.

REMISSIO pro Thomas Cuiffart Charles &c. Nous auons receu lumble fupplicacion de Thomas Cuiffart aagé de XXV ans ou enuiron contenant que ung an & demi a, ou enuiron, ledit Cuiffart fuppliant & ung nommé Cohuau, venans de la maifon de Pierres André marefchal demorant en la ville de Candé (1) & ainfi qu'ilz f'en aloient couchier enfemble en la maifon de la mère dudit Cohuau enuiron dix heures de nuyt trouuerent & rencontrerent en leur chemin feu Jehan Heruault en la rue a trois ou quatre maifons pres de fa maifon, lequel en paffant il faluerent & il leur demanda « *qui eft la* » : a quoy il refpondirent « *amy* ». — Et incontinent ledit Heruault leur dift « *ou alez vous* » & lors ilz lui dirent « *nous alons a noftre befoingne* », fur lefquelles & langages, ledit Heruault dift audit fuppliant qu'il auoit oy parler parler de fes fineffes. Sur quoy ledit fuppliant refpondit que : fi auoit il oy parler des fiennes ; & lors ledit Heruault demanda

1458

Rencontre de nuit.

1. Arrondissement de Segré (Maine-et-Loire.)

1458 audit fuppliant « *que auez vous oy dire de moy* » lequel preftement lui refpondit qu'il auoit oy dire que « *il eftoit le plus fort ruffien* (1) *de la ville de Candé* ». De laquelle

Soufflet donné

chofe ledit Heruault fut mal content & dift audit fuppliant «*qu'il auoit menty* ». — Et ce difant frappa icellui fuppliant de la main en la joue : lequel fuppliant pour cuider (2) appaifer ledit Heruault lui dift qu'il ne vouloit pas maintenir qu'il fuft vray mais que c'eftoit la commune renommée du pais & tantoft apres ledit Heruault plain de mauuais courage cuida de rechief frapper ledit fuppliant d'une dague qu'il auoit. — Et de fait fe n'euft efté ledit Cohuau qui fe mift entre deux, l'euft blecié & ce fait lefdiz Cohuau & fuppliant f'en alerent & départirent d'ilec. — Pour occafion defquelles chofes pour ce que icellui feu Heruault fe vantoit & eftoit vanté en préfence de plufieurs perfonnes de la dicte ville de Candé qu'il auoit bien batu ledit fuppliant. icellui fuppliant fift denonciement contre ledit Heruault par Macé Chauier. foy difant fergent ordinaire de la juftice dudit lieu de Candé : après lequel dénonciement ainfi fait lefdiz feu Heruault & fuppliant eftans en la ville d'Angers en l'affife prouchaine d'ilecques enfuiuant, icellui feu Heruault doubtant eftre mis en

Craintes d'une condamnation plus sévère par un second vote

prifon pour le cas deffufdit & eftre pugny corporellement pour ce que autreffoiz il auoit efté mis efdictes prifons d'Angers pour plufieurs efferpillieres (3) qu'il auoit autreffoiz faictes dont lui & fes autres compaignons furent condampnez a eftre penduz par la gorge. Lequel cas à la requefte d'aucuns fes amis lui fut remis & conuerti en ciuil fina & compofa auec ledit fuppliant pour lefdictes bateures à certaines fommes de deniers que il lui promift paier es mains & en la préfence de Jehan Gaultier notaire & tabellion dudit lieu d'Angers lequel Heruault en conféquence ce ce que dit eft paia & bailla audit fuppliant ladicte fomme jufques à la fomme de cinq folz qui reftoient. — Pour laquelle fomme ledit fuppliant en la faifon d'aouft derrainement paffé fift citer ledit feu Heruault deuant le doyen de Candé. — Pour occafion de laquelle citation ledit Heruault conceut de rechief grant haynne contre ledit fuppliant & pour ce que ledit Heruault ne fe comparut aux jours & termes

Assignation devant le doyen de Candé.

de la prefentacion ledit fuppliant le fift citer à veoir tauxer les defpens au lundi apres la Saint-Julien d'aouft derrainement paffée : auquel jour de lundi icellui Heruault fe alya & acompaigna de deux ou trois compaignons qu'on difoit eftre faulniers lors eftans en ladicte ville de Candé aufquelz faulniers icellui Heruault requift *qu'ilz voulfiffent eftre préfens à lui veoir batre ung vilain nommé Thomas Cuiffart*, lequel l'auoit fait citer deuant le doyen de Candé pour V folz qu'il lui deuoit.

1. Qui veut dire : libertin, debauché.
2. Pour : pensant, croyant appaiser.
3. *Esserpilleres*, vols, action de dépouiller quelqu'un la nuit.

1458

— Et lefquelles parolles deffus dictes ledit Heruault dift & publia cellui jour en plufieurs lieux & pardeuant plufieurs perfonnes en ladicte ville de Candé. Apres lesquelles parolles ainfi dictes & proférées, comme dit eft, par ledit feu Heruault, ledit fuppliant en f'en alant de ladicte ville de Candé en fa maifon pres le bourg de Beaulieu (1) trouua & rencontra près fadicte maifon ung nommé Jehan Desbois coftурier fon voifin que lui dit & raconta les menaces que lui faifoit ledit feu Heruault & lefdiz faulniers ; pour laquelle caufe & pour efcheuer & fouir à plus grant débat, lefditz fuppliant & Defbois f'en alèrent enfemble veoir la vigne dudit Defbois a la garreliere & en retournant, pour ce qu'il eftoit tart pria icellui Defbois, ledit fuppliant de foupper en fa maifon ce que ne voult faire en lui difant qu'il foupperoit auecques Yuon Cuiffart fon père, lequel demoure près ledit bourg de Beaulieu ou chemin par lequel ilz venoient de veoir ladicte vigne. Auquel foir entre fept & huit heures ledit feu Heruault & l'un defditz faulniers, garniz de dagues & de chacun un grand bafton vindrent à la maifon dudit Yuon Cuiffart, pere dudit fuppliant & en y alant fut demandé audit Heruault par deux hommes & en deux lieux « *ou il aloit a cefte heure* ». Lequel Heruault leur dift « *qu'il aloit batre ledit fuppliant* » ce que lefdiz deux hommes cuiderent empefcher mais ilz ne peurent & pafsèrent oultre. — Et quant ilz furent pres la maifon dudit Cuiffart trouuèrent ung nomme Thomas Sillart cordoannier demorant audit bourg de Beaulieu & Denis Mayngnyau metayer du lieu de la Saulaye, auxquelz Sillart & Mayngnyau ledit feu Heruault dift cestes darolles : « *Que faictes vous cy, alez vous en de par le deable ou pour le fang Dieu, vous ferez les mieulx frotez que vous fuftes oncques* ». Lefquelz Moingnyau & Sillart, doubtans eftre batuz, fe partirent d'ilecques & lors ledit feu Heruault & ledit saunier vindrent a ladicte maifon dudit Yuon Cuiffart, père dudit fuppliant c'est affauoir ledit feu Heruault en ung petit jardin pres l'uys de deuant & ledit saunier à l'uys de derriere. — Et pour ce que en ladicte maifon y auoit une chienne qui abayoit. la femme dudit Yuon Cuiffart, mere dudit fuppliant, doubtant que ce fuffent larrons, f'en yffit à l'uys deuant ou elle trouua ledit feu Heruault auquel elle demanda qu'il querroit : & lors ledit fuppliant f'en yffi dehors, auquel ledit feu Heruault fi toft qu'il le vit, dift : *Deffens toy, ribault, ou tu es mort* & d'ung bafton que icellui feu Heruault tenoit en fa main, frappa icellui fuppliant tel cop qu'il le fift cheoir à terre. — Et lors ladicte mere dudit fuppliant pour les garder d'entre batre & que icellui feu Heruault ne frappaft fur ledit fuppliant fe mift entre eulx deux & lors ledit feu Heruault cuida de rechief frapper ledit fuppliant

Invitation a souper.

Menaces d'être battu

Intervention de mere et de la sœur

1. Beaulieu, hameau et château situé sur la commune de Candé, arrondissement de Segre (Maine-et-Loire).

dudit baſton, frappa ladicte mere tellement qu'elle cheut à terre. A laquelle cauſe
1457 une ſeur dudit ſuppliant nommée Thoinine que eſtoit préſente, quant ledit feu Hérуault auoit ainſi frappé ſa mere & ſon frere, comme courrocée & deſplaiſant de ce, donna d'un baſton qu'elle tenoit par les eſpaules & ce fait ledit ſuppliant ſe leua & d'un vouge (1) a plaiſſer les hayes, qu'il tenoit, donna & frappa ledit feu Heruault entour la teſte ung coup ou deux. — Aprez leſquels copz ainſi baillez ledit Heruault oſta audit ſuppliant ledit vouge & pour que ladicte mère doubtoit que ledit Heruault blecaſt ou endommagaſt ledit ſuppliant, print ledit feu Heruault aux jambes, lequel en cuida frapper dudit vouge ledit ſuppliant tomba & chey à terre. Sur lequel point ledit Saulnier que eſtoit à l'uys derriere, comme vint à eulx incontinent & lui arriué fort meu & eſchauffé, cuidant que ledit ſuppliant fuſt ainſi tombé & non pas ledit Heruault, laquelle choſe pour ce qu'il eſtoit nuyt, il ne pouoit pas cognoiſtre ne aduiſer & frapper ſur icellui ſuppliant, bailla audit feu Heruault lui eſtant ainſi tombé pluſieurs grans & diuers cops. En baillant leſquelz ledit feu Heruault diſt au dit Saulnier : *« ha, ribaut, tu faulx a frapper, tu me tues »*. — Et lors ledit Saulnier ſi toſt qu'il apparceut, cuida frapper ledit ſuppliant. lequel incontinent ſe retrahy oudit hoſtel & ferma l'us ſur lui & tantoſt apres ſ'en yſſi icellui ſuppliant hors de ladicte maiſon & ala audit lieu de Candé quérir Pierres Perier, barbier, pour *habiller* (2) ledit feu Heruault, lequel fut amené en ſa maiſon par ung nommé Souquet, clerc de Guillaume de Véant, & par ledit barbier & en le menant en ſadicte maiſon ledit feu Heruault diſt audit ſuppliant *« Hée, Thomas, Thomas, je ne ſuis pas mort, tu m'a bien batum, ais par le sang Dieu, je le te rendray bien »*. — Pour occaſion de laquelle bateure, ledit ſuppliant doubtant principallement que les autres ſaulniers compaignons & affins dudit feu Heruault veniſſent ſur lui pour le batre, ſe parti & abſenta de ſa maiſon & le lendemain au matin enuiron neuf heures. Ledit feu Heruault à l'occaſion deſdictes bateures & par faulte d'auoir eſté bien penſé & habillé par ledit barbier, ou autrement, ala de vie a treſpas. — Et combien que ledit cas ſoit aduenu par la faulte & coulpe dudit feu Héruault qui en ſon viuant eſtoit homme noyſeux (3) & mal renommé & ne querroit que noiſes debatz & lequel en ceſte partie auoit eſté & eſtoit aggreſſeur en tant que de propos délibéré & de guet appenſé, il venoit eſpier ledit ſuppliant en ladicte maiſon de ſondit père pour le batre & mutiller, & ſ'en eſt la

Bataille générale.

Chirurgien appelé pour soigner le blessé.

Mauvais antécédents du mort.

1. *Vouge*, espece de serpe ; cet instrument était aussi en usage dans l'armée, d'où le nom de *vougier* donné au soldat qui s'en servait.

2. Panser, soigner les blessures. Le barbier a cette époque remplissait les fonctions de chirurgien

3. Querelleur.

mort enfuye, plus par la coulpe & par les coups que ledit faulnier lui bailla, que par celle dudit fuppliant. Neantmoins icellui fuppliant doubtant rigueur de juftice & ledit cas ainfi auenu ne f'eft depuis ofé trouuer au pays & n'y oferoit jamais retourner ne conuerfer, mais eft en auanture que à l'occafion il lui conuiengne eftre toufiours furtif par le pais & en iceulz finer les jours miferablement, fe noftre grace & miféricorde ne lui font fur ce imparties, comme il nous a fait remonftrer humblement requérant que attendu ce que dit eft & que ledit cas eft aduenu par a faulte & coulpe dudit feu Heruault & qu'il a en cefte matière principal agreffeur, comme dit eft. & en autres cas ledit fuppliant a toufiours efté homme de bonne vie, renommée & honnefte conuerfacion, nous lui vueillons impartir nos dictes grace & miféricorde, pour quoy nous ces chofes confidérées, voulans toufiours grace & miféricorde eftre preferez a rigueur de juftice, audit Thomas Cuiffart es cas deffus ditz & pour les caufes deffus dictes auons quitté, remis & pardonné & par ces préfentes de noftre grace efpecial, plaine puiffance & auctorité royal, quittons, remettons & pardonnons le fait & cas deffus ditz auec toute peine, amende & offenfe corporelle, criminelle & ciuile. En quoy pour occafion dudit cas il pourroit eftre encouru enuers nous & juftice, enfemble tous appeaulx, deffaulx, proclamacions & euocacions quelzconques en quoy pour occafion de ce il pourroit eftre enfuy & le reftituons a fes bons fame & renommée, au pais & a fes biens non confifquez, fatisfacion faicte a partie ciuilement tant feulement, fe faicte n'eft. & fur ce impofons filence perpétuel à noftre procureur. Si donnons en mandement à noftre bailli de Touraine (1) & des refforts..... & exemptions d'Aniou & du Maine & a tous noz aultres jufticiers ou a leurs lieuxtenans & a chacun d'eulx fi comme a lui appartendra que de noftre préfente grace, quittance, remiffion & pardon facent, feuffrent & laiffent ledit fuppliant joir & ufer plainement & paifiblement fans lui faire ne fouffrir eftre fait ne mis ou donné ores ne pour le temps auenir en corps ne en biens aucun arreft, deftourbier ou empefchement, ains fe fondit corps ou aucuns de fefdits biens eftoient pour ce prins arreftez ou empefchez, lui mettent ou facent mettre fans delay a plaine delivrance. Et afin que. &c. Saui. &c.

1458

Le principal agresseur était la victime

Ordre au Senéchal de Touraine et à celui des ressorts d'Anjou et du Maine.

Donné à Tours ou moys d'Auril, l'an de grace mil CCCCLVIII & de noftre regne le XXXVIme apres pafques. Ainfi figné.

Par le Roy,

Vifa contentor, A la relacion du Confeil.

P. AUDE. J. DE REILHAC

(Arch. Reg. JJ. 187, fol. 129)

1. Antoine d'Aubusson, seigneur du Monteil et de Semblançai, qui avait alors cette charge importante depuis 1450. Il était le frère du grand maître de Rhodes et cardinal.

LXXXIII

A Tours. — Avril 1458.

Tir à l'arbalète. — Accident.

Rémission pour Guillaume de La Faurie, habitant d'Annonay.

(Sur parchemin)

SOMMAIRE

Le dimanche 5 mars 1457, divers habitants d'Annonay allèrent s'amuser à tirer à l'arbalete. C'etait au tour de Guillaume de La Faurie, quand un de ses amis, Antoine Mouton, étant venu à traverser la ligne des cibles, reçut une fleche dans la hanche.

1458

ÉMISSION d'un homicide fortuit. Charles, &c. Receue lumble fupplicacion de Guillaume de La Faurie aagé de XXV ans, demourant en la ville de Annonay (1) contenant que le Dimanche cinquieme jour du mois de Mars derrainement paſſe. enuiron ſoleil couché ledit ſupliant & autres habitans d'icelle ville ſe aſſemblerent pour tirer de l'arbalète aux butes qui ſont darriere le chaſtel d'icelle ville, eſquelles on a acouſtumé de jouer de l'arbalète ; & de fait les deſſuſditz firent leur entreprinſe & *ſe mirent à tirer contre le blanc desdites buttes* ainſi comme ledit ſuppliant tenoit ſon arbalète bandée & preſte à décocher pour tirer contre ledit blanc, ſuruint ung appelle Anthoine Mouton, habitant dudit lieu d'Annonay, lequel voult trauerſer au deuant d'icelle butte contre laquelle ledit ſuppliant & ainſi comme il paſſa au deuant d'icelle ledit ſuppliant deſſarra (2) ſadicte arbaleſte & du trait d'icelle frappa ledit Anthoine Mouton parmy le couſté aupres de la hanche tellement que ledit trait entra dedans bien quatre doiz. Aapres lequel cop icellui Mouton, qui eſtoit fort amy dudit ſuppliant, ſachant que luy meſme eſtoit cauſe de ſon mal &

Imprudence d'un des arbaletriers

1. Arrondissement de Tournon (Ardèche). Au siecle dernier, Annonay etait le chef-lieu d'un marquisat qui a passé de la maison de Levis-Ventadour dans celle de Rohan-Soubise.

2. Action de tendre l'arbalète avant de lancer la fleche.

que icelluy fuppliant ne tendoit point à tirer contre luy à fon effiant pardonna audit fuppliant ledit cas enfemble toute laction, iniure & amende qu'il pouoit auoir contre luy & depuis certain temps apres ledit Anthoine Mouton pour occafion dudit cop eft allé de vie à trefpas, pour laquelle caufe ledit fuppliant doubtant rigueur de juftice n'oferoit plus demourer au paiz, fe noz grace & mifericorde ne luy eftoient fur ce imparties. Humblement requérant que attendu que lefdicts deffunt & fuppliant eftoient bons amis enfemble & n'auoient jamais eu débat l'un à l'autre, que ledit cas eft auenu par fortune & non mie de guet a penfée. auffi que icellui deffunct a perdonné & quitté audit fuppliant l'injure & amende qu'il luy pouoit auoir faicte à ladicte caufe & que ledit fuppliant a efté et eft moult doulant & defplaifant dudit cas ainfi aduenu, il nous plaife fur ce luy impartir nofdictes grace & mifericorde pourquoy nous, ce que dit eft confidéré, voulans mifericorde préférer à rigueur de juftice, oudit fuppliant auons de noftre grace efpecial, plaine puiffance & auctorité royal quitté, remis & pardonné, quittons, remettons & pardonnons le fait & cas deffus déclairé auec toute peine, amende & offenfe corporelle, criminelle & ciuille, en quoy pour occafion dudit cas il peut eftre encouru enuers nous & juftice, fatisfacion faicte à partie tant feullement fi faicte n'eft et fur ce impofons fillence perpétuel à noftre procureur. Si donnons en mandement par ces préfentes au Bailly de Viuerois ou à fon lieutenant que de noz prefens grace, quittance, remiffion & pardon facent, fouffrent & laiffent ledit Guillaume de Lafaurie fuppliant joyr & ufer plainement & paifiblement fans luy faire donner ne fouffrir eftre fait mis ou donné aucun deftourbier ou empefchement au contraire en corps ne en bien en quelque maniere que ce foit, mais fe fon corps ou aucuns de fes biens font ou eftoient pour ce prins, faifiz, arreftez ou empefchez, fi les mettent ou facent mettre fans délay à pleine déliurance & au premier eftat & deu. Et afin que foit chofe ferme & eftable à toufiours, nous auons fait mettre feel à ces préfentes fauf en autres chofes noftre droit & l'autruy en toutes.

1458

Pardon donné par le mourant.

Ordre au bailli du Vivarais.

Donne à Tours au moys de Auril l'an de grace mil CCCC cinquante-huit apres Pafques & de noftre règne le XXXVIme. Ainfi figné.

Par le Roy,
A la relacion du Confeil,

Visa contentor,
CHALIGANT.

J. DE REILHAC.

(Arch Reg. J J. 187, fol. 85 v°.)

1 Le bailliage du Vivarois fut créé par Philippe-le-Bel en 1285.

LXXXIII

A Tours. — Avril 1458.

Tir à l'arbalète. — Accident.

Rémission pour Guillaume de La Faurie, habitant d'Annonay.

(Sur parchemin)

SOMMAIRE

Le dimanche 5 mars 1457, divers habitants d'Annonay allerent s'amuser à tirer à l'arbalete. C'était au tour de Guillaume de La Faurie, quand un de ses amis, Antoine Mouton, étant venu à traverser la ligne des cibles, reçut une fleche dans la hanche.

1458

ÉMISSION d'un homicide fortuit. Charles, &c. Receue lumble fupplicacion de Guillaume de La Faurie aagé de XXV ans, demourant en la ville de Annonay (1) contenant que le Dimanche cinquieme jour du mois de Mars derrainement paffé. enuiron foleil couché ledit fupliant & autres habitans d'icelle ville fe affemblerent pour tirer de l'arbalète aux butes qui font darriere le chaftel d'icelle ville, efquelles on a acouftumé de jouer de l'arbalète; & de fait les deffufditz firent leur entreprinfe *& fe mirent à tirer contre le blanc defdites buttes* ainfi comme ledit fuppliant tenoit fon arbalète bandée & prefte à décocher pour tirer contre ledit blanc, furuint ung appelle Anthoine Mouton, habitant dudit lieu d'Annonay, lequel voult trauerfer au deuant d'icelle butte contre laquelle ledit fuppliant & ainfi comme il paffa au deuant d'icelle ledit fuppliant deffarra (2) fadicte arbalefte & du trait d'icelle frappa ledit Anthoine Mouton parmy le coufté aupres de la hanche tellement que ledit trait entra dedans bien quatre doiz. Aapres lequel cop icellui Mouton, qui eftoit fort amy dudit fuppliant. fachant que luy mefme eftoit caufe de fon mal &

Imprudence d'un des arbaletriers

1. Arrondissement de Tournon (Ardèche). Au siecle dernier, Annonay était le chef-lieu d'un marquisat qui a passé de la maison de Levis-Ventadour dans celle de Rohan-Soubise.

2. Action de tendre l'arbalète avant de lancer la fleche.

LXXXIV

A Tours. — Avril 1458.

Fausse accusation. — Vengeance.

Rémission pour Thibault Aubertin, maréchal ferrant à Tours-sur-Marne.

(Sur parchemin)

SOMMAIRE

Le suppliant, accuse faussement par un nomme Perronnet Sousouef, d'avoir voulu pénetrer, durant la nuit, chez une femme mariee alors que c'était précisement Sousouef qui etait le vrai coupable, en conçut un profond ressentiment. Le soir de la fête de saint Jean-Baptiste, apres la danse, il y eut entre eux une rixe a la suite de laquelle perit Sousouef

1458 EMISSIO pro Theobaldo Aubertin. Charles, &c. Auoir receu lumble fuplication de Thibault Aubertin, natif du pays de Bryc aagé de XXIIII ans ou enuiron poure homme marefchal chargé de femme, a prefent demourant à *Tour sur Marne* (1) *au bailliage de Vermendois* contenant que huit ans a ou enuiron icelluy fupliant ala demourer audit lieu de Tour auquel il a toufiour depuis continuellement demeuré & illec a efte marie & vefquu bien & honneftement auec fadicte femme fans auoir commis ou perpetré aucun villain cas, blafme ou reprouche ; pendant lequel temps & enuiron le mois de may dernierement paffe la femme d'ung nomme Jehan Radelat, laboureur demourant en icelle ville de Tour fur Marne publia en icelle ville que peu de

1. Canton d'Ay, arrondissement de Reims (Marne).

1458

temps auoit en certaine nuyt il eftoit venu & entré en fondit houftel ung homme lequel eftoit allé jucques à fon lit auquel elle & une fienne fille eftoient couchées, qui s'eftoit efforcé de vouloir coucher auec fadicte fille, fe n'euft efté la réfiftance d'icelle mère laquelle print icellui homme par fon mantel en criant a haulte voix & commune renommée au pays. Lequel Perronnet Soufouef voyant qu'il eftoit foufpeconné à caufe d'icelluy cas pour foy en defcharger mift fus à icelluy fupliant a tort & fans caufe qu'il auoit fait & commis le cas deffufdit. Dont icelluy fupliant fut moult doulent (1) & courroucé & remonftra ou fift remonftrer par plufieurs & diuerfes foiz a icelluy Soufouef le tort qu'il auoit de lui impofer l'iniure & villenie deffufditz. Mais il n'en tint compte, ains perfeuera toufiours en fefdictes parolles & charges lefquelles icelluy fupliant a fouffertes & portées toufiours paciemment fans menaffer ou porter hayne à icelluy Soufouef & jucques au jour de la Natiuité Saint-Jehan-Baptifte derrainement paffé que icelluy jour au foir apres foupper, enuiron foleil couchant ledit fupliant fe tranfporta en la place du marché aux beftes d'icelle ville ouquel auoient grans affemblées de gens qui danffoient ou il fut par certain efpace de temps à regarder danffer & jucques a ce qu'il fut nuyt que lefdites gens ou la plufpart d'iceulx fe furent retraiz en leurs houftelz & domicilles & n'en demourèrent que cincq ou fix qui fe affirent illec fur une boife ou piece de boys deuifant les ungs aux autres entre lefquels eftoient ledit Soufouef & ledit fupliant qui fe deuifoit auec ung nommé Jehanin Haqueuiel. Et apres ce qu'ilz eurent eftez illec par aucune efpace de temps ledit Soufouef fe départit & f'en ala vers la maifon d'un nommé Jacques Legros bouchier & tantoft apres retourna en icellui marché tenant en l'une de fes mains deux pierres & en l'autre un bafton & vint paffer par deuant & affez pres d'icellui fupliant fans fonner mot, faifant femblant de l'inciter & efmouuoir à noife; ce que icellui fupliant monftra audit Hoqueuiel & pour cefte caufe & pour obuier à la mauluaife volunté que icelluy Soufouef monftroit auoir & intention de faire & voyant qu'il eftoit efmeut & fachant auffi qu'il eftoit homme mal renomme au pays qui longtemps auoit tenu une concubine en chambre, fedicieux, noifif & mal parlant fur autruy, fe partirent en entencion d'eulx en aller & retraire en l'oftel d'icelluy fupliant, mais auant qu'ilz penfent eftre audedans ilz apperceurent ledit Soufouef qui les pourfuiuoit bien afprement, garny defdites pierres & bafton parquoy iceulx fupliant & Hoqueuiel entreient en icelluy houftel & pour la doubte d'icelluy Soufouef ledit fupliant print ung efpieu auecques une dague qu'il auoit acouftume porter & ledit Hoqueuiel print ung bafton duquel on

Tentatives coupables de Perronnet Sousouef.

Bal sur la place du marché de Tours-sur-Marne.

Mauvaise conduite du calomniateur.

1. Tres affecte

1458

tenoit les pies des cheuaulx pour les ferrer derriere & incontinant y firent hors & assez pres du coing de la rue apperceurent icelluy Soufouef qui illec s'estoit arresté. Et lors ledit supliant doubtant que en ladicte nuyt ou autrement il voulsist faire sur luy autre chose que appoint (*sic*) se tira par deuers lui pour sauoir sa volonté & lui demanda qu'il faisoit illec & pourquoy il les auoit suiuiz & suiuoit portant en ses mains lesdites pierres & baston. A quoy iceluy Soufouef respondy par grant ire (1) de felon & de mauuaiz couraige monstrant estre fort esmeu de nuyre & faire desplaisir audit supliant qu'il en auoit a faire en disant telz motz ou semblables en substance: « *Par le sang Dieu s'il n'y auoit que nous deux je le te feroye assavoir* » & autres plusieurs parolles noiseuses & de mauuaise conséquance dont ledit supliant esmeu tant des inuasions dessusdites comme de ce qu'il le menacoit de batre & qu'il veoit clairement que iceluy Soufouef auoit volunté de luy faire desplaisir, de chaulde colle & sang esmeu. tempté de l'ennemy frappa ung cop ledit Soufouef de l'espieu qu'il portoit. duquel cop il cheut à terre & apres qu'il fut cheut de paour qu'il ne lui venist courir sus & le frappa plusieurs coups tant dudit espieu que de sa dite dague par les cuisses & jambes & ce fait iceulx supliant & Haqueuiel se partirent dudit lieu & illec laisserent ledit Saufouef lequel a l'occasion de ladite bateure & par deffault d'appareil ou autrement ala celle nuyt de vie a trespas. Pour occasion duquel cas ledit supliant doubtant rigueur de justice s'est absenté du pays ouquel ne ailleurs en nostre Royaulme il n'oseroit jamaiz conuerser ne demourer seurement, se nostre grace & miséricorde ne lui estoit sur ce préalablement impartie si comme il dit humblement requérant que attendu ce que dit est & mesmement que ledit Soufouef fut agresseur en tant que sans ce que ledit supliant lui eust fait desplaisir, il. . . . (2) esperant de les tuer ou en dommaiger du corps comme il estoit vraysemblable a doubter mesmement par les parolles & démonstrances qu'il en faisoit que ledit supliant a fait par chaude colle & sang esmeu; & pour icellui satisfait ou composé à la femme & autres parens & amis charnels dudit Soufouef qu'il a esté tousiours de bonne vie renommée & honneste conuersacion sans oncques auoir esté attaint ou conuaincu d'aucun autre villain cas, blasme ou reprouche, il nous plaise nostre dite grace & miséricorde luy impartir pourquoy nous ces choses considérées, voulans misericorde préferer à rigueur de justice, audit supliant en faueur & pour pitié de la dite femme auons quitté, remis & pardonné & par ces présentes. de grace espécial plaine puissance & auctorité royal, quittons, remettons & pardonnons le fait & cas dessusdit & déclairé auecques toute peine, amende &

Colere de Sousouef.

Coups d'épieu et de dague.

Thibaut Aubertin gracie a la demande de la femme et des parents de la victime.

1. Grande colère.
2. Mot illisible.

1458

offenſe corporelle, criminelle & ciuille en quoy pour occaſion de ce il peut & pourroit eſtre encouru enuers nous & juſtice enſemble tous appeaulx, bans & deffaulx s aucun s'en eſtoient contre lui enſuiz & l'auons reſtitué & reſtituons à ſa bonne ſame & renommée, au pays & à ſes biens non confiſquez. Et quant a ce impoſons ſillence perpétuel à noſtre procureur préſent & auenir & a tout autres ſatisfacion faicte à partie ciuillement ſe faicte n'eſt. Si donnons en mandement par ces meſmes preſentes [au bailli] de Vermendois & tous noz autres juſticiers ou a leurs lieuxtenans preſent & auenir & à chacun d'eulx ſi comme à lui appartiendra que de noſtre préſente grace, quittance, remiſſion & pardon ilz facent, ſouffrent & laiſſent ledit ſupliant joyr & uſer plainement & paiſiblement ſans lui faire ou donner ne ſouffrir eſtre fait mis ou doné ores ne pour le temps auenir aucun deſtourbier ou empeſchement en aucune maniere au contraire, ains ſe ſon corps ou aucuns de ſes biens meubles ou immeubles ſont ou eſtoient pour ce prins, ſaiſiz arreſtez ou aucunement empeſchez les lui mettent ou facent mettre tantoſt & ſans délay à plaine déliurance & afin que ce ſoit choſe ferme & eſtable a touſiours nous auons ſait mettre noſtre ſcel a ſes dictes préſentes ſauf en autres choſes noſtre droit & l'autruy en toutes.

Ordre au bailli de Vermandois.

Donné à Tours ou moys d'Auril l'an de grace mil IIII^c LVIII & de noſtre règne le XXXVIme. Ainſi ſigné.

Par le Roy,

A la relacion des gens de ſon Grand Conſeil,

J. DE RILHAC.

Viſa.

. . . . . .

(Arch. Reg. J J. 187, fol 12 r°.)

LXXXV

À Tours. — Avril 1458.

Querelles entre paysans.

Rémission pour Colin Bouchart, maçon, demeurant à Quatreville, près Coutances.

(Sur parchemin)

SOMMAIRE

Le suppliant, querellé depuis longtemps avec un nommé Jean Laurens, avait essayé de se réconcilier sans résultat. Le soir de la Saint-Blaise, ils s'en retournaient ensemble quand Laurens tomba sur Bouchart et périt des suites de cette rixe.

1458

EMISSIO pro Colino Bouchart. Charles, &c. Nous auoir receue humble fuplication de Colin Bouchart, poure homme, maçon, aagé de XL ans ou enuiron, chargé de femme & d'enfans, de la parroiffe de Quetreuille fur Cyenne (1) ou diocefe de Coutances, contenant que aucun jour auant la fefte de Saint-Blaife en l'an mil CCCC LVI ledit fuppliant & feu Jehan Laurens de ladicte parroiffe eurent enfemble aucun débat & parolles injurieufes tellement que ledit Laurens bailla audit fuppliant un cop de poing & depuis luy dift de grans injures & oultraiges & aduint que le jour de la fefte Saint-Blaife, iceluy fuppliant & ledit feu Jehan Laurens fe affemblerent en une tauerne pour faire accord & appoinctement entre eulx dudit débat lequel accord ilz ne peurent faire, mais après ce qu'ilz eurent bien beu fe départirent de la dicte

Tentative d'une réconciliation dans une taverne.

(1) Quatreville, canton de Montmartin-sur-Mer, arrondissement de Coutances (Manche).

1458

Propos injurieux tenus dans une auberge.

tauerne enuiron une heure ou deue de nuyt a grant difcort & eulx eftans un peu efloignez d'icelles eurent plufieurs parolles enfemble, efquelles ledit Jehan Laurens appella ledit fuppliant : « *avoultre* (1), *fils de...* » difant oultre ledit feu Jehan Laurens dudit fuppliant lequel eftoit fon compère d'un de fes enffans qu'il auoit tenu fur les fons & nommé Colin les parolles & langaiges qu'il euft eu plus cher & *euft mieulx vallu que ung chien euft nommé fondit fils* que ledit fupliant & fur ce eurent encores plufieurs & diuerfes parolles iniurieufes. Et aduint apres ces dictes parolles que en eulx en allant de ladicte tauerne. à l'eure deffus dicte ledit feu Jehan Laurens plain de felon couraige & de mauluaife volunté prinft une groffe pierre & s'approucha dudit fupliant & de tout fon effort lui gecta & rua ladicte pierre tellement que f'il l'euft ataincT & frappé. il l'euft tué ou très fort bleció. Laquelle chofe voyant ledit fuppliant & que iceluy feu Jehan Laurens lui couroit ainfi fus, faillit par deffus une haye & comme courroucié, indigné & defplaifant de ces chofes & chaut fang & de chaude collere print & *arracha ung pieu de la dicte haye* & vint audit feu Jehan Laurens: duquel pieu il lui bailla ung cop fur la tefte. dont il cheut & tumba à terre ; & apres lui eftant fort efmeu & efchauffé luy bailla encores plufieurs autres coups à l'occafion defqueulx coups. fault de bon gouuernement ou autrement. deux ou trois jours apres ou enuiron. il alla de vie à trefpaffement. Pour laquelle ledit fupliant doubtant rigueur de juftice c'eft abfenté de fa maifon où il n'oferoit jamais retourner ne conuerfer. mais eft en auenture de demeure toufiours furtif par le pays & de finer fes jours miférablement, fe noftre grace & mifericorde ne luy eftoient fur ce point imparties comme il nous a fait remonftrer, requérant que comme ledit cas foit auenu par les oultraiges & injures dudit feu Jehan Laurens, lequel fut premier agreffeur & de chalt fanc & de chaudecolle & que en autres chofes ledit fuppliant a toufiours efté homme de bonne vie, renommée & conuerfacion fans jamais auoir efté attaint ou conuaincu d'aucun autre villain cas, blafme ou reprouche. Nous veillons luy impartir noftre dicte grace & mifericorde pour ce eft-il que nous. ces choufes confidérées, voulans toufiours grace & mifericorde eftre préférée à rigueur de juftice, audit Colin Bouchart fupliant au cas deffus ditz & pour les caufes deffus dictes, auons quitté, remis & pardonné, & par ces préfentes, de grace efpécial. plaine puiffance & auctorité royal remettons, quittons & pardonnons par ces préfentes le cas & crime deffusditz auecques toute peine, offenfe, amende corporelle, criminelle & ciuille, bans, appeaulx, deffaulx & proclamacions & euocacions quelxconques en quoy il en

Coups d'épieu donnes dont mort s'ensuit

Bons antecedents du criminel

1 *Avoultre* (avultus) illégitime. enfant adultérin

1458 pourroit eftre encouru enuers nous & juftice & le reftituons & remettons à fa bonne fame & renommée, au pays & a fes biens non confifquez, fatisfacion faicte à partie ciuillement tant feulement, fi faicte n'eft & fur ce impofons fillence perpétuel à noftre procureur. Si donnons en mandement par ces dictes préfentes à Bailly de Couftantin & à tous noz autres jufticiers ou à leurs lieuxtenans préfens & auenir & à chacun d'eulx, fi comme à luy appartiendra, que de noftre préfente grace, remiffion & pardon, facent, fouffrent & laiffent ledit fupliant joyr & ufer plainement & paifiblement fans luy faire ou donner ne fouffrir eftre fait, mis ou donné aucun deftourbier ou empefchement au contraire. mais fe fon corps ou aucun de fes biens font ou eftoient pour ce prinz, faifiz, arreftez ou empefchez, les mettent ou facent mettre tantoft & fans délay à plaine déliurance. Et afin que ce foit chofe ferme & eftable à toufiours, nous auons faict mettre noftre fcel à ces préfentes. fauf en autres chofes noftre droit & l'autruy en toutes.

Ordre au bailli du Cotentin.

Donné à Tours ou moys d'Auril l'an de grace mil CCCC cinquante-huit & de noftre règne le XXXVIme. Ainfi figné.

Par le Roy,

A la relacion du Confeil,

Vifa contentor,
CHALIGANT.

J. DE REILHAC.

(Arch. Reg. J J. 187, fol. 88)

LXXXVI

A Tours. — Avril 1458.

Brigandages de guerre

Rémission pour Dominge de Vidalet du pays de Comminges.

(Sur parchemin)

SOMMAIRE

Dominge de Vidalet, enrôlé dans la compagnie du bourg de Leons, tenait garnison à Gensac, pour Mathieu de Foix, comte de Comminges, lors de l'expedition conduite par le Dauphin, en 1443. Il prit alors part au meurtre d'un nommé Deffis, lequel voulait s'opposer au pillage que lui et sa compagnie avaient coutume de pratiquer.

1458

REMISSIO pro Domenges de Vidalet. Charles. &c. Nous auoir receu lumble fuplicacion de Domenges de Vidalet du lieu de Jenfac (1) ou pays de Cominge(2) contenant que en l'an mil IIII^c XLII ou enuiron, il fe mift en la compaignie du *bourc de Leons*, lequel tenoit ledit lieu de Jenfac & autres pour & *ou nom de feu noftre coufin Mathieu de Foy en fon viuant conte de Cominge* (2) & aduint que en l'an mil CCCC XLIII que *noftre tres chier & tres amé filz le Dauphin fut par noftre ordonnance au pays d'Armignac pour mettre les terres de noftre coufin d'Armignac en noftre main* ledit de Vidallet fupliant & plufieurs aures des complices d'icellui bourc fachans que les habitans du pays de Manhoac qui

Conquête du pays d'Armagnac par le Dauphin.

1. Gensac, sur la commune de Condom, chef-lieu d'arrondissement (Gers).

2. Province aujourd'hui comprise dans le département du Gers. Marguerite, heritiere du comte de Comminges, fut mariée en 1419 a Mathieu de Foix mort vers 1453, où le Comminge etait reuni a la couronne. Charles VII le donna à la maison d'Armagnac.

3. « *Mathieu de Foix*, comte de Comminges, fils d'Archambaut de Grailly et d'Isabelle, héritiere du comte de Foix, fut un des grands partisans de la maison de Bourgogne. »

1458

Changement de garnison

Escarmouche entre les partisans du roi et les gens du comte d'Armagnac

font des terres dudit conte d'Armignac retiroient leur bien en la ville de Bouloigne (1) qui eft ville royale & fituée pres dudit pays de Cominge et de Manhoac le XVIII[e] jour de Januier ou dit an IIII[c] XLIII fe midrent ledit Vidalet & autres des complices deffufditz entre la ville de Termes de Maignoac & de Bouloigne pour ofter & reprendre lefditz biens que on retiroit dudit pays de Maignohac (2) audit Bouloigne. Et ainfi que ilz eurent prins plufieurs defditz biens meublez comme litz linceulx entenailles (fic) & autre mefnage & beftes & les emportoient & emmenoient audit lieu de Jenfac où ilz fe tenoient en garnifon, yffirent hors dudit lieu de Bouloigne ung appellé Arnault Daffis, marefchal & plufieurs autres habitans dudit lieu de Bouloigne pour fecourir aufditz habitans de Maignoac & ofter lefditz biens audit de Vidalet & fefditz compaignons & en faifant, tirèrent d'un coufté & d'autre plufieurs coups de reilhons (3) entre lefqueulx ledit Arnault fut frappé d'auenture d'un reilhon par le cofté tellement que à l'occafion de la dicte frappeure, certain temps apres par faulte de fon gouuernement ou autrement il ala de vie a trefpas & jaçoit ce que ledit fupliant n'euft tiré ledit reilhon contre ledit Arnault & n'euft commis ledit cas, neantmoings pour ce qu'il eftoit en la compaignie des deffufditz quant ledit cas aduint & fut commis, il doubte que a cefte caufe on lui voulfift aucune chofe imputer ou demander ores ou pour le temps auenir, pour laquelle caufe il s'eft abfenté du pays auquel il n'auferoit james conuerfer ne demourer, fe noz grace & miféricorde ne lui eftoient fur ce imparties. Humblement requérant que attendu qu'il n'a faft ne commis ledit cas & n'en eft point coulpable, fi non en tant qu'il eftoit en compaignie des deffufditz, quant ledit reilhon fut tiré combien qu'il tiraft aucuns reilhons maiz il n'en frappa ne bleffa perfonne & que en tous autres cas il eft homme bien famé & renommé fans james auoir efté attaint & convaincu d'aucun vilain cas blafme ou reprouche, il nous plaife fur ce luy impartir noz grace & miféricorde. Pourquoy nous ce que dit eft confidéré, voulons miféricorde préférer à rigueur de juftice, audit fupliant auons quitté, remis & pardonné, quittons, remettons & pardonnons de noftre grace efpecial, plaine puiffance & auctorité royal le fait & cas deffus déclaré, auec toute peine, offenfe & amende corporelle, criminelle & ciuille, en quoy pour occafion d'iceluy il peut eftre encouru enuers nous & juftice. Et l'auons reftitué & reftituons par ces prefentes à fes bonne fame & renommée au pays & a fes biens non confifquez

1. Boulogne-sur-Gesse, arrondissement de Saint-Gaudens (Haute-Garonne).

2. Petit pays de Gascogne dont le chef-lieu était Castelnau, diocèse et intendance d'Auch, Parlement de Toulouse, aujourd'hui Castelnau-Magnoac, arrondissement de Bagneres-de-Bigorre (Hautes-Pyrenees).

3. Fleche.

1458

Ordre au senechal de Toulouse

ſatisfacion faicte à partie ciuillement tant ſeullement ſi faicte n'eſt & elle y eſchet. Et quant ad ce impoſons ſillence perpétuel à noſtre procureur. Si donnons en mandement par ces dictes préſentes au Senneſchal de Thoulouſe juge de Riuiere & à tous noz autres Juſticiers ou à leurs lieux tenans & à chacun d'eux ſi comme à luy appartiendra que de non préſens grace, quittance, rémiſſion (*ſic*) quittance & pardon facent, ſeuffrent & laiſſent ledit ſupliant joyr & uſer plainement & paiſiblement ſans lui faire ou donner ne ſouffrir eſtre fait, mis ou donné aucun deſtourbier ou empeſchement au contraire en corps ne en biens, en aucune manière maiz ſe ſon corps ou aucuns de ſes biens ſont ou eſtoient pour ce prins, ſaiſiz, arreſtez ou empeſchez, ſi les mettent ou facent mectre à pleine déliurance & au premier eſtat & deu. Et afin que ce ſoit choſe ferme & eſtable a touſiours, nous auons fait mettre noſtre ſcel à ces preſentes, ſauf en autres choſes noſtre droit & l'autruy en toutes.

Donné à Tours ou moys d'Auril l'an de grace mil CCCC cinquante-huit & de noſtre règne le XXXVIe. Ainſi ſigné.

Par le Roy,
A la relacion du Conſeil,

J. DE REILHAC.

Viſa contentor,
CHALIGANT.

(Arch. Reg. J J. 187, fol 89.)

LXXXVII

A Tours. — Mai 1458.

Querelles entre nobles et vilains.

Rémission pour Hugues de Lasseran, dit le Bâtard de Massencomme, homme d'armes servant sous la charge de Poton de Xaintrailles, maréchal de France.

(Sur parchemin)

SOMMAIRE

En octobre 1457, Hugues de Lasseran, bâtard de Massencomme, etait appele a Condom pour être parrain Apres la ceremonie, il part pour la chasse. Chemin faisant, pendant qu'il s'arrête pour acheter des sonnettes a faucons, il se prend de querelle avec un des consuls de la ville et le tue d'un coup de dague.

1458

EMISSIO pro Hugone de Lafferan. Charles, &c. Sauoir, &c. Nous auoir receu lumble fuplication de *Hugues de Lafferan, dit le Baftard de Maffencome* (1) *en Fezenfac*, homme d'armes de noftre Ordonnance & a noz gaiges & foldes foubz la charge & compaignie de *noftre amé & feal Confeiller Poton feigneur de Sentrailles, marefchal de France* (2) contenant qu'il eft ex rait de noble lignée à caufe de fon pere, lequel de fon jeune aage & depuis qu'il a peu armes porter & cheual cheuaucher nous a feruy ou fait de noz guerres & autrement fans jamais varier en aucune manière & auffi ont fait ceulx de la maifon dudit lieu de Maffencome, dont il eft extrait qui notablement en noftre feruice fe font employez en armes, corps & biens, ainfi qu'il eft tout notoire & commune renommée. Lequel baftard de Maffencome fupliant qui eft homme vaillant, preux & hardy comme l'on dit, a été efleu en la vocacion de homme d'armes de noftre ordonnance foubz ladicte charge foubz laquelle il nous a bien

Certificat de noblesse.

1. Il appartenait a une branche de la maison de Montesquiou, seigneurs de Massencomme et de Montluc qui a donné plusieurs marechaux de France et dont le nom patronymique etait Lasseran.

2. Sur ce personnage, V. tome I, p. 29.

1458

Hugues de Lasseran prisonnier des Anglais.

& loyalement feruy en fadicte vocacion de homme d'armes & partout les lieux où fondit Cappitaine l'a voulu employer & *fut dernierement prifonnier à l'entrée que fift le feu feigneur de Talbot & autres Angloiz* (1), *nos aduerfaires à Bourdeaux & autresfoiz ou pays de Normandie durant l'occupacion dudit pays par lefdits aduerfaires* (2) & pour les bienueillances & renommées qui ont efté dictes & proferées de fa perfonne il a efté colloqué en mariage & prins à femme & efpouze en face de faincte Eglife Bernardine Regnarde, fille de Maiftre Pierre Regnard en fon viuant demourant en la ville & cité de Condom (3) femme de honneur & de bonne vie & honnefte. Or eft ainfi que puis naguères a ung jour de Mardy du moys d'Octobre dernier paffé ledit fupliant tint ung filleul fur fons pour luy donner baptefme & chreftienté. Et apres que ledit fon filleul euft efté fait chreftien fur les fons dudit lieu de Condom, mena à l'oftel de luy & de fadicte femme tous ceulx qui l'auoient acompaigné, ainfi qu'il eft de couftume & illecques les fift boire au moins ceulx qui vouloient boire & mengier. Et apres qu'il eut beu & mengé & fait bonne chere, ung homme d'eglife du lieu de la Romyeu, nommé Arnault Guilhamere prefta audit fupliant *ung chien de chace pour ce que ledit fupliant a acouftume de foi efbatre voluntiers a la chace des chiens et oyfeaulx.* Lequel chien icellui fupliant lya & atacha ou fift lier & atacher à une chayne de fer & le print & s'en ala a l'efbat par la ville, tout malade & mal difpofé. Et ainfi qu'il paffoit par la dicte ville de Condom & rue d'icelle, veftu d'une robbe longue de gens tenans ledit chien en fa main, il trouua près l'oftel d'un nommé Mathieu demourant en ladicte ville de Condom ung mercier eftrangier, lequel mercier auoit defployé & eftallé illecque fa marchandife & mercerie auecques lequel ledit fupliant s'arrefta & voult achapter de lui des fonnetes pour fon oyfeau & ainfi qu'il marchandoit auecques lui lefdictes fonnettes fouruindre les confulz de Monteral ou aucuns de ladicte ville, aufqueulx ledit fupliant demanda qu'ilz befoignoient en la ville & les aucuns d'eulx refpondirent qu'ilz auoient a befoigner fur le fait des lances, lequel fupliant en les aduertiffant ou autrement leur dift ces parolles ou femblables « *Gardez vous bien que ne foyez* deceu *car la demie lance on fait payer a vous & a moy & a efté payee une autresfoiz & icy en y a qui ont fait la baraterie* ». Et alors ung nommé Mathieu de la Porterie, marchant &

Repas de baptême à Condom le 18 octobre 1457.

Achat d'un chien de chasse.

Acquisition de lances pour les consuls de Condom.

1 Lord Talbot était entré à Bordeaux le 27 octobre 1452 et mourait peu de temps apres avec un de ses fils à la bataille de Castillon, le 17 juillet 1453.

2 La Normandie venait d'être reconquise par Charles VII, qui fit son entrée a Rouen le 10 novembre 1449.

3. Condom, chef-lieu d'arrondissement (Gers).

1458

demourant audit lieu, lequel auoit autresfoiz efté conful de ladicte ville combien que pour lors ne le feuft : combien qu'il eftoit du confeil & ferement d'icelle ville de Condon. dift à iceluy fupliant telles parolles ou femblables en fubftance : « *Baftard j'ay fait maiz de feruice de bien & de bonneur à la ville de Condom & au commun que vous n'auez ne bomme des voftres ne bomme de la.....* » Defquelles parolles ledit fupliant fe yra & fe courouça grandement & defplaifift d'icelles. refpondy qu'il pouoit & nous auoit acouftumé feruir & la chofe publicque auffy bien comme lui en luy difant qu'il prifoit bien peu ceulx de Condomoys & les mectoit bien au néant pour ce qu'il difoit qu'il auoit fait, feroit ou fauroit faire mieulx que tous les autres. Et fur ce eurent plufieurs parolles injurieufes enfemble & tellement que ledit Mathieu en virant & tournoyant fa main & doiz alencontre d'icelui fupliant commença à dire en le defpitant telles ou femblables parolles « *Faictes le pis que vous pougats* (1) ». voulant dire comme il femble que ne le creignoit riens. Apres lefquelles parolles ung nomme Bertrand de Puypardin qui eftoit illecques préfent dift audit Mathieu de La Porterie telles parolles ou femblables « Laiffez les langaiges ou parolles & dift audit fupliant : « *Alez-vous en, baftard par voftre foy,* » Et incontinant ledit fupliant tout courroucié fe print & retourna droit à fa main parlant à lui mefmes comme efmeu & courroucié des parolles injurieufes que ledit De la Porterie lui auoit dictes. Et quant fut cincq ou fix pas ou enuiron en s'en alant ouyt que ledit Mathieu murmuroit & le injurioit fort en difant en fon langaige femblables parolles « *Allez vous en, vous n'eftes que ung bralleu*. » Et à cefte occafion incontinent ledit fupliant plus courroucé que deuant, retourna deuers ledit Mathieu de Laporterie auquel par chaude colle & fang efmeu, defplaifant defdictes injures & chofes deffus dictes, il donna, en l'appellant « *barateur* (2) » ung cop de dague par l'eftomac duquel il cheut à terre & tantoft apres, par le moyen d'iceluy ala de vie a trefpaffement. Pour occafion duquel cas ledit fupliant doubtant rigueur de juftice, s'eft abfenté du pays auquel ne ailleurs en noftre Royaulme, il n'oferoit jamais retourner, conuerfer ne demeurer feurement, fe noz grace & miféricorde ne lui eftoient fur ce impartie. Requérant humblement que attendu ce que dit eft & mefmement les bons feruices que ledit fupliant & fefditz prédéceffeurs de l'ouftel dont il eft nous ont fait le temps paffé & fait ledit fupliant de jour en jour, ou fait de nofdites guerres & autrement & qu'il a efté toufiours de bonne vie, renommée & honnefte converfacion fans jamais auoir efté attaint ne conuaincu d'aucun autre villain cas, blafme ou reprouche & eft tres courroucé &

Discussion entre un homme d'armes et un consul.

Paroles injurieuses du consul de Condom.

Bons services de guerre rendus par Hugues de Lasseran.

1. Mot patois languedocien qui signifie : pouvez.

2. Pirates ou pillards.

1458

deplaifant dudit cas auenu lequel il a fait par chaude colle & fang efmeu, il nous plaife noftre dicte grace & miféricorde lui impartir. Pour ce eft il que nous ces chofes confidérées voulons miféricorde préferer à rigueur de juftice. audit fupliant en faveur & pour pitié & compaffion de fa dicte femme & auffi en faueur defditz feruices par lui & fes ditz prédeceffeurs a nous faiz comme dit eft. auons quitté, remis & pardonné, & par ces préfentes de grace efpécial, pleine puiffance & auctorite royal. quittons. remettons & pardonnons le fait & cas deffus dit & déclaré auecques toute peine offenfe & amende corporelle, criminelle & ciuille. en quoy pour occafion dudit cas il pourroit eftre encouru enuers nous & Juftice, enfemble tous appeaulx. adiournemens. declaracion & conftitucion de corps & de biens, proces, bans. appeaulx deffeaulx, proclamacions & euocacion quelxconques, s'aucuns s'en eftoient contre luy enfuys tant en noftre court de Parlement a Thouloufe que ailleurs. lefqueulx nous auons mis & mettons au néant de noftre dicte grace efpecial.Et le reftituons & remettons a fa boune fame & renommée au pays & à fes biens non confifquez fatisfacion faicte a partie ciuilement feulement fe faicte n'eft. Et fur ce impofons fillence perpétuel a noftre procureur prefent & auenir. Si donnons en mandement par ces mefmes préfentes aux Sennefchaulx de Guienne des Lanes, Bazades Agenois. Pierregort & à tous noz autres jufticiers ou à leurs lieuxtenants prefent & auenir & a chafcun d'eulx fi comme à luy appartiendra que de noftre préfente grace quittance, remiffion & pardon facent, fouffrent & laiffent ledit fupliant joyr & ufer pleinement & paifiblement. fans luy faire ou donner ne fouffrir eftre fait, mis ou donné ores ne pour le temps auenir aucun deftourbier ou empefchement en aucune manière, au contraire. maiz fe fon corps ou aucuns de fes biens meubles ou immeubles font ou eftoient pour ce prins faifiz arreftez ou aucunement empefchez. les lui mettent & facent mettre tantoft & fans delay à pleine délivrance. Et afin que ce foit ferme chofe & eftable a toufiours, nous auons fait mettre noftre fcel a ces prefentes. fauf noftre droit & l'autruy en toutes pourueu toutefuoyes que ledit fupliant fera tenu de payer & bailler promptement & auant l'entérinement de ces prefentes la fomme de 4 efcus d'or, c'eft affaucir les deux pars d'icelle fomme à l'églife de Condom en laquelle ledit deffunt a efté en fepulture & l'autre tierce partie à l'eglife des Carmes dudit lieu de Condom pour faire celébrer meffes & autres feruice diuin pour le remède du falut de l'ame d'icelui déffunt (1). Et oultre que incontinant après ledit entérinement de préfentes, icelui fupliant n'entrera ne n'aprouchera de ladicte ville de dix lieues pres jufques à fix ans prouchenement venans.

Motifs qui font obtenir la grâce du coupable

Ordre aux Senechaux de Guyenne et de Perigord

Condamnation du meurtrier a verser quatre ecus d'or aux eglises de Condom pour faire dire des messes en l'honneur du defunt.

1. Curieuse condamnation, qu'on appliquait fréquemment alors aux gentilshommes coupables d'homicide.

1458 Donné à Tours ou moys de May l'an de grace mil IIIIe LVIII & de noftre règne le XXXVIe. Ainfi figné.

Par le Roy,

A la relacion des gens de fon Grant Confeil,

J. DE REILHAC

Visa contentor.

. . . .

(Arch. Reg. J J. 187, fol. 13 v°)

LXXXVIII

A Beaugency. — Juin 1458.

Occupation de la Guyenne par les Anglais.

Remission pour Pierre de Taupent Sgr. de Favars, près Dax

(Sur parchemin)

SOMMAIRE

Le suppliant a toujours été personnellement fidele au roi, mais il a tenu caché chez lui son frere Guillaume qui a tenu le parti des Anglais. De plus il a reçu a sa table divers seigneurs qui rendaient de fréquentes visites a Lord Talbot, alors que ce dernier commandait la garnison anglaise de Bordeaux.

1458

EMISSIO pro Petro de Taupent. Charles, &c. Auoir receue lumble fupplicacion de *Pierre de Taupent feigneur de Favars*, contenant que long temps a & mefmement depuis la redducion de noftre ville & cité d'Ax (1) en noftre obéiffance il a efté & demouré en noftre dite obéiffance en fa maifon dudit lieu de Favars *fans auoir tenu autre party que le noftre* &, combien que, durant il ledit temps ne cuide (2) auoir fait aucune faulte enuers nous ne pourchaffé auec aucune perfonne chofe qui foit en noftre preiudice, & dont on luy puyffe ou doye donner charge ou reprouche, mais fe foit bien gouverné & nous ait feruy en noz guerres le mieulx qu'il a peu, neanmoins il doubte

Fidelité du Seigneur de Favars

1 Dax, chef-lieu d'arrondissement (Landes). Cette ville avait été assiégée par Charles VII et emportée d'assaut en 1441 par le Dauphin, qui fut plus tard Louis XI.

2. Pour : *pense* n'avoir fait.

1458

Accusé d'avoir reçu son frere, partisan des Anglais.

que sous umbre ou couleur de ce que de parauant la dite redducion de ladite ville d'Ax en nostre dite obéissance & depuis icelle il a par plusieurs foiz recueilly & recellé en sa dite maison *Guillaume de Favars, son frere lors tenant le party des Anglois* nos anciens ennemis & aduersaires : ce qu'il a fait pour l'amour charnelle & naturelle qu'il auoit a icelluy son frere, cognoissant & saichant qu'il n'y venoit pour aucune malice ou mauvestié. Et aussi de ce que, durant le temps que feu *sire de Talebot* (1) *entra derrenierement en nostre ville de Bourdeaux, le seigneur de Gestede, lequel venoit de deuers ledit sire de Talebot soubz le sauf conduitre de nostre tres chier & amé cousin le comte de Foix* (2) *vint en sa dicte maison de Fauars & y beut & mangea*, ledit suppliant estans présent. En quoy il ne pensoit à aucun mal, comme dit est : que on luy en puisse ou vueille imputer ou demander aucune chose & sur ce luy donner trouble ou empeschment en son corps ou en aucuns de ses biens, pour ce que, comme dit est, les dessusdits tenoient le party de nosdits ennemis, qui soit ou pourroit estre en son tres grant deshonneur, ainsi qu'il nous a fait remonstrer humblement Requérant que, attendu ce que dit est, & mesmement qu'il n'a fait ledit recellement de sondit frère pour aucune malice ou mauvestié, mais seulement pour icelluy garder de dangier & pour l'amour naturelle qu'il auoit en luy : il nous plaise luy quitter & pardonner toute la faulte & offence que en ce il peut & pourroit auoir commise & sur ce luy impartir nostre grace & misericorde Pourquoy nous, ces choses considérées, voulans misericorde préférer à rigueur de justice, audit Pierre de Taupent au cas dessus dit auons quitté, remis & pardonne, & par la teneur de ces préfentes de grace espécial, plaine puissance & auctorite royal, quittons, remettons & pardonnons tout le fait & cas dessusdit auecques toute peine, amende & offense corporelle, criminelle & ciuille en quoy, pour occasion dudit cas, il pourroit estre encouru enuers nous & justice, & l'auons restitué & restituons a ses bonne fame & renommée, au pais & a ses biens non confisquez & sur ce imposons silence perpétuel à nostre procureur. Si donnons en mandement par ces

Ordre aux Senechaux de la Guienne et des Lannes

préfentes aux Seneschaulx de Guienne & des Lannes & à tous nos autres justiciers ou à leurs lieuxtenans présents & auenir & à chacun d'eulx si comme à luy appartendra, que de noz préfentes graces, quittance, rémission & pardon facent, souffrent & laissent ledit suppliant joyr & user plainement & paisiblement sans le molester, trauailler ou empeschez, ne souffrir estre molesté ou empesché ores ne pour le temps auenir en corps ne en biens, en aucune maniere, mais se son corps ou aucun en de ses biens, sont ou estoient pour ce prinz, saisiz, arrestez ou empes-

1. Jean Talbot, comte de Shresbury, general anglais (V. p 231).

2. *Gaston, comte de Foix*, était resté fidele au parti du roi.

chez, les luy mettent ou facent mettre fans délay à plaine déliurance. Et afin, &c. Sauf, &c. 1458

Donné à Beaugency (1) ou mois de juing l'an de grace mil CCCC cinquante-huit & de noftre règne le XXXVIIe. Ainfi figne.

Par le Roy.

Maiftre Jehan Bureau & aultres préfents.

J DE REILHAC.

Vifa contentor,
CHALIGANT.

(Arch. Reg JJ. 188, fol 97)

1. Arrondissement d'Orléans (Loiret)

LXXXIX

A l'Aumônerie de Cîteaux — Août 1458

Fausse monnaie

Remission pour Pierre de Humont, habitant de Troly, échappé des prisons de Coucy

(Sur parchemin)

SOMMAIRE

Le suppliant etant alle a Espagny, rencontra un nomme Coquillete qui avait, disait-il, un secret pour gagner beaucoup d'argent. Il connaissait un marchand qui vendait a bon prix quantité de monnaie, blancs, doubles blancs, liards, etc., et donnait trois francs de cette monnaie pour un écu d'or. Pierre de Humont fit plusieurs fois cet echange et a mis de la fausse monnaie en circulation.

1458

Depart d'un boucher pour le marché d'Epagny

EMISSIO pro Petro de Humont. Charles, &c Auoir receu humble fupplicacion de Pierre de Humont poure homme bouchier demourant en la ville de Troly (1), chargié de fix petiz enfans, contenant que icellui fuppliant pour gagner la vie de lui & de fes diz enfants depuis certain temps en ça enuiron la mi karefme derrain paffee pour aler en marchandife fe parti dudit lieu de Troly pour aler a Efpaigny (2) lequel fuppliant en alant fon chemin fe acompaigna d'un nommé Jehan Coquillete demourant audit Troly & eulx eftans enfemble icellui Coquillete fe commença à diuifer dudit Humont fuppliant de plufieurs marchandifes & entre autres chofes lui dift que f'il vouloit, il lui feroit gaingner grant fomme d'argent & qu'il fauoit ung marchant lequel auoit grant

1458

nombre & quantité de monnoye. C'est assauoir de blancs doubles, petis blancs, liars de trois tournois de deniers & de petits tournois en lui disant que s'il vouloit bailler escuz d'or que ledit marchant lui bailleroit pour chacun escu trois francs d'icelle monnoye. A quoy ledit suppliant par l'induction & enortement (1) dudit Coquillete non pensant a aucun mal sinon a gangner & cuidant que ledit merchant ne voulsist tendre que a soy deffaire de sa dicte monnoye se y consenty & accorda & en ce faisant bailla lors audit Coquillete cinq escuz d'or pour porter & bailler audit marchant. Lequel Coquillete assez tost après rapporta audit suppliant ladicte somme de trois francs pour chacun escu & auec ce enuiron le jour de l'Ascension derrainement passée ledit marchant vint dudit lieu de Troly deuers ledit Coquillete auquel il apporta encores de ladicte monnoye; laquelle chose icellui suppliant notiffia & fist sauoir de rechief audit suppliant en lui disant qu'il lui bailleroit encores de ladicte monnoye comme il auoit fait parauant. C'est assauoir trois francs d'icelle monnoye pour chacun escu. Mais icellui suppliant qui par l'induction & ennortement dudit Coquillete estoit fort enclin a gangner pour soustenir & nourrir lui & ses enfans dont il en y a trois petis de six ans ou enuiron & l'autre a nourrice respondi en disant qu'il ne vouloit plus de sa petite monnoye & qu'il ne bailleroit audit marchant se pour chascun d'iceulx escuz il ne lui rendoit & déliuroit en monnoie de blans doubles deux escuz & demi, après lesquelles parolles ainsi dictes par le moien dudit Coquillete ledit marchant & ledit suppliant se assemblerent & tellement que ledit marchant & ledit suppliant conclurent qu'ilz yroient disner à Saint Aulbin. Ce qu'ilz firent. Ledit Coquillete estant avec eulx, & eulx estans ilec venuz a heure de disner en la maison du curé dudit lieu de Saint Aulbin (2) & apres qu'ilz eurent disné, le lendemain apres disner ou enuiron le dit marchant fist tant qu'il mena lesditz suppliant & Coquillete en ung buisson qui est entre ledit lieu de Troly & Loirry (3) soubz ung seffier ou cerisier ou quel lieu ledit suppliant eut aucunement paour & crainte. Lequel marchant bailla et deliura audit suppliant de ladicte monnoye ainsy qu'ilz auoient diuisé ensemble pour la somme de treize escuz que ledit marchant receut lors d'icellui suppliant; & auec ce ledit marchant lui bailla encores en garde pour trois escuz d'icelle monnoye. Depuis lesquelle choses ainsi faictes, ledit suppliant sachant & considérant aucunement que ladicte monnoye n'estoit pas bonne ne valable a baille & alloué d'icelle monnoye en

Echange de cinq ecus d'or contre de la fausse monnaie

Diner chez le Cure de Saint-Aubin

Bonne foi du boucher reconnue.

1. *Conseil, exhortation.*
2. Saint-Aubin, canton de Coucy, arrondissement de Laon (Aisne), comme Trosly, c'etait une dependance de la baronnie de Coucy.
3. Peut-être *Loire*, aujourd'hui ferme sur la commune de Trosly.

1458

Arrête et mis en prison a Coucy.

marchandise jusques a la somme de XXXIII escuz d'or & le résidu d'icelle monnoye le dit suppliant l'a deuers lui. Qui *pour ceste cause les gens de justice de Coucy pour nostre très chier & ame frère et cousin le duc d Orleans* (1) *l'ont fait prendre et constituer prisonnier es prisons audit lieu de Coucy* (2) esquelles prisons il a esté détenu par aucun temps en grant poureté & misere & d'icelles pour doubte de rigueur de justice a tant fait qu'il en est eschappé. Lequel de présent est absent & ne se oseroit bonnement trouuer au pais. par quoy lui & sesdiz poures enfans seroient en auanture d'estre du tout deseruiz & desers (3) se nostre grace & misericorde n'estoit sur ce imparties audit suppliant si comme il dit requérant humblement que ces choses considérées que ledit cas est auenu par l'instigacion & enuortement dudit

Mauvais conseils du faussaire.

Coquillete. que au temps qu'il se party dudit lieu de Troly pour aler a Espargny en marchandise. il ne pensoit aucunement a prendre ladicte monnoye dudit marchant ne au temps que du commancement qu'il l'a print *ne cuidoit que elle fust mauvaise*. Que tout le temps de sa vie il a tousiours esté homme de bonne vie. renommée & honneste conuersacion. sans jamais auoir este attaint ou conuaincu d'aucun autre vilain cas. blasme ou reprouche ; il nous plaise lui impartir sur ce nosdictes grace & misericorde. Pourquoy, nous attendues ces choses. audit suppliant ou cas dessus dit auons quitte. remis & par ces présentes, de nostre grace especial, plaine puissance & auctorité royal, quittons. remettons & pardonnons le fait & cas dessudiz auec toute peine. amende & offense corporolle, criminelle & ciuile. En quoy pour occasion dudit cas il pourroit estre encouru enuers nous & justice. ensemble tous appeaulx, bans. proclamations & euocacions quelzconques s'aucuns s'en estoient ensuiz & le restituons & remettons à sa bonne fame & renommée au pais & a ses biens non consisquez, satisfacion faicte à partie ciuilement tant seulement. se faicte n'est. Et sur ce imposons silence perpétuel a nostre procureur. Si donnons en mandement à nostre bailli de Vermendois, ou bailliage

Ordre au bailli du Vermandois

duquel ledit cas est auenu & à tous noz autres justiciers ou a leurs lieuxtenants & à chacun d'eulx, si comme a lui appartendra. que de noz presente grace, pardon. quittance & remission facent, seuffrent & laissent ledit suppliant joyr & user plainement & paisiblement sans lui faire ne souffrir estre fait mis ou donné ores ne pour le temps auenir en corps ne en biens aucun destourbier ou empeschement. asins se son dit corps, ou aucuns de ses diz biens ont esté pour ce prins arrestez ou

1. Charles, duc d'Orléans, sire de Coucy, né le 36 mai 1391. mort a Amboise, le 4 janvier 1465 C'etait le prince le plus spirituel de son temps Il a laisse des poesies fort estimées.

2. Coucy-le-Château, chef-lieu de canton, arrondissement de Laon Cette terre avait ete achetée par Louis, duc d'Orléans, a Marie de Guines, fille unique d'Enguerrand V. sire de Coucy.

3. Abandonne.

empefchez, lui mettent ou facent mettre fans délay à plaine déliurance. Et afin, &c. Sauf, &c. Pourueu toutes uoies que ledit fuppliant réintégrera lefdictes prifons & demourra en icelles fans y menger ne boire que pain & eaue jufques à trois moys.

1458
Condamne trois mois au pain et à l'eau.

Donné à l'Aumone de Citeaux(1) au moys d'aouft l'an de grace mil CCCCLVIII & de noftre règne le XXXme VI & figné :

Par le Roy.

L'Evefque de Couftance, maiftres Georges Havart, Jehan Bureau, Pierre Doriole & autres prefens.

J. DE RILHAC.

Vifa contentor.
CHALIGANT

(Arch. Reg. J J. 187, fol. 128 v°.)

1. V. page 139

XC

A l'Aumônerie de Citeaux. — Août 1458.

Attaque nocturne.

Remission pour Drouet de Sainct, pauvre compagnon.

(Sur parchemin)

SOMMAIRE

Le 22 juillet 1458, a neuf heures du soir, le suppliant et son camarade Girardin quittaient le château de Nogent-lez-Ambert pour aller coucher en ville. Deux hommes armés se presenterent chez Girardin pendant la nuit, et a la suite de diverses rixes, Drouet de Sainct blessa grievement l'un d'eux qui etait marechal ferrant.

1458

Divertissements des ouvriers à Nogent-le-Roi.

EMISSIO pro Drocono de Saint.Charles.&c. Auoir receu lumble fupplicacion de Drouet de Saint poure compaignon contenant que le XXIIe jour de juillet derrenier paffe ledit fuppliant & ung nommé Girardin Berle fe partirent enuiron neuf heures de nuyt du chafteau de Nogent les Ambert (1) & f'en allerent en la ville dudit lieu & la fe efbatirent jufques enuiron l'eure de XI heures emmy la rue & apres fe départirent pour aler couchier; & f'en ala ledit fuppliant couchier, & ledit Girardin demoura & entra en fon jardin : & quant il y eut efté ung peu d'efpace, furuint deux hommes, defquels icelluy Girardin n'eft recors comme il dit, mais bien apperceut que l'un eftoit marefchal & l'autre charretier & luy demanda ledit marefchal : « *qui ef la* ». Et ledit Girardin luy dift : *que c'eftoit il*. Et adonc dift ledit marefchal audit Girardin : « *il y a quelque un auec*

1. Corruption de Nogent-l Isembert ou l'Escmbert, *Nogentum Eremberti*, du XIIe siecle, aujourd'hui Nogent-le-Roi, arrondissement de Dreux (Eure-et-Loir) qui fut erige en comté au XVIIe siecle en faveur de Nicolas Bautru

1458

vous». A quoy ledit Girardin lui refpondi que *non auoit*. Et alors ledit marefchal lui dift ces parolles : « *Par le fang Dieu que fi auoit & qu'il entreroit oudit jardin pour fauoir qui s'eftoit.* » Et lors ledit Girardin luy dift *qu'il eftoit fol & qu'il s'en alaft couchier*. A quoy ledit marefchal luy refpondi *que non feroit & qu'il ne f'en yroit point mais que s'il luy difoit riens qu'il le batroit*. Et tantoft apres failly ledit Girardin dudit jardin pour foy aler couchier, non penfant plus a riens & en foy. En faillant (1) ledit marefchal luy donna d'un gros caillou par la tefte tellement qu'il le fift cheoir à terre comme mort & ne fceut que deuine ledit marefchal pour ce qu'il eftoit tout eftourdi dudit coup à luy donné, & certaine efpace de temps apres. fe leua & f'en ala au mieulx qu'il peut en fon logis & là trouua ledit Drouet. fuppliant. lequel incontinent luy demanda qu'il l'auoit blecié. Et a donc icelluy Girardin luy dift : que fe auoit efté ledit marefchal & que pour Dieu *il le menaft chez le barbier pour l'abiller* (2). Ce que ledit fuppliant fift et quant ils furent à l'uys (3) dudit barbier ledit Drouet fuppliant aduifa ledit marefchal qui eftoit deuant fon logis & adonc dift audit Girardin « *Veez la le ribault qui vous a blecié* » & incontinent courut iceulx Girardin & fuppliant apres; & quant iceluy marefchal les apperceut venir il vint droit a eulx & leur couru fus à force de pierres & bleça ledit fuppliant. Toutesfois ledit Girardin le print au collet & luy donna trois ou quatre coups de dague & puis le laifferent la & s'en ala ledit Girardin faire habiller au barbier: & pareillement f'en ala ledit marefchal & fe fift habiller auditbarbier. Lequel par plufieurs foiz dift audit fuppliant que icelluy marefchal n'eftoit point en dangier de mort à caufe de fa dicte bateure & que f'il fe gouvernoit (4) bien il feroit toft guery : lequel marefchal a qui ja eftoit fort amendé, le IIIIe jour enfuiuant f'en ala chez ung cordier, non cirurgien. ne medecin & quant il y eut efte une nuit on ala querir ledit barbier pour le venir habiller, lequel y vint & pource que icelluy barbier trouua que ledit cordier l'auoit habillé n'y voult mettre la main & f'en ala excufer a la juftice difant qu'il n'y mettroit plus remede. puifque ledit cordier y auoit mis la main. Et a cefte caufe icelluy marefchal *par faulte d'auoir efté bien penfe & habille* & de bon gouvernement & autrement huit jours apres ou enuiron ala de vie a trefpaffement. A l'occafion duquel cas ledit fuppliant f'eft rendu furtif par le pais & doubte que f'il eftoit pris ou apprehendé par juftice qu'il fuft en dangier de fa perfonne fe noz grace & mifericorde ne luy eftoient fur ce impartiz En nous humblement requerant, que attendu que ledit deffunct fut agreffeur &

Préliminaires de la bataille.

Pansage d'une blessure par le barbier

Mort du blessé faute de soins.

1. Sortant.
2. *Panser.*
3. Porte.
4. Soignait.

1458 que en autre cas il a toufiours efté homme de bonne vie, renommée & honnefte conuerfacion fans jamais auoir efté actaint d'aucun villain cas, blafme ou reprouche, il nous plaife nos dictes grace & miféricorde luy impartir. Pourquoy nous, ces chofes confidérées, voulans toufiours grace & mifericorde préférer à rigueur de juftice audit Drouet fuppliant, ou cas deffufdit auons quitté, remis & pardonné, & par la teneur de ces préfentes de grace efpecial, plaine puiffance & auctorité royal, quittons, remettons & pardonnons le fait & cas deffufdiz auec toute peine amende & offence corporelle, criminelle & ciuille en quoy pour occafion d icelluy il pourroit eftre encouru enuers nous & juftice en mettant au néant tous ban, appeaulx, deffaulx, proclamacions & euocacions quelzconques, s'aucuns f'en font ou eftoient enfuiz : Et l'auons reftitué & reftituons à fa bonne fame & renommée, au pais & a fes biens non confifquez fatisfacion faicte à partie ciuilement tant feulement fe faicte n'eft. Et fur ce impofons filence perpétuel à noftre procureur préfent & auenir. Si donnons en mandement par ces mefmes préfentes au bailly de Chartres (1) & à tous noz autres jufticiers & officiers ou a leurs lieuxtenans prefens & auenir & a chacun d'eulx fi comme à luy appartendra que de noz préfens grace, quittance, remiffion & pardon facent, feuffrent & laiffent ledit fuppliant joir & ufer plainement & paifiblement fans luy faire ou donner, ne fouffrir eftre fait mis ou donné, ores ne pour le temps auenir aucun arreft deftourbier ou empefchement en corps ne en biens, en aucune maniere, mais fe fon corps ou aucuns de fes diz biens font ou eftoient pour ce prins, faiftz arreftez ou empefchez les luy mettent ou facent mettre fans delay a plaine déliurance. Et afin &c. Sauf &c.

Ordre au bailli de Chartres

Donné à l'Aumofne de Cifteaulx ou mois d'aouft l'an de grace mil CCCC cinquante huit & de noftre regne le XXXVIe. Ainfi figné.

Par le Roy,

L'Evefque de Couftances, maiftre George Havart, Jehan Bureau & autres prefens,

J. DE REILHAC.

Vifa contentor.

. . . .

(Arch. Reg. J J. 188, fol. 29 v°.)

1. A cette epoque, c'était *Florent d'Illiers*, conseiller et chambellan du roi, neveu de l'évêque de Chartres qui fut employe dans diverses ambassades par Charles VII et Louis XI.

XCI

A Vendôme — Août 1458.

Abus du droit d'asile dans les églises. — Voleurs incorrigibles et dangereux

Remission pour Raymond Gaigni, habitant de Muret, au comte de Comminges

Sur parchemin

SOMMAIRE

Raymond Gagni a, depuis 25 ans, commis un nombre incalculable de vols aux environs de Toulouse de Grenade et de Muret, consistant surtout en chevaux, vins, pourceaux, etc., etc.

Emprisonne a Muret, il s'est echappe en enfermant sous clef le geôlier et sa femme, et est maintenant refugié, en vertu du droit d'asile, dans l'eglise des Freres Mineurs dudit lieu, ou il attend une lettre de rémission pour sortir

EMISSIO pro Raymondo Gagni. Charles. &c. Receu lumble fupplicacion de Raymon Gagni natif du lieu de Murel (1) en noftre conté de Comminge, homme de labour, aagé de cinquante ans, ou enuiron, chargé de femme & de quatre enfans, contenant que vingt cinq ans a ou enuiron, ledit fuppliant acheta l'erbe d'un pré appartenant à Léonard de Lobaton dit le gantinois dudit lieu de Murel : & ainfi qu'il eftoit ou dit pré pour faire emporter l'erbe d'icellui, y furuint ung nommé Bernard de Communge, demourant audit lieu de Murel, *lequel fe difoit auoir perdu une felle a cheual* & cuidant 1458

Reclamation d'une selle.

1. Muret, *Murellum*, siège de l'ancienne election de Comminges, aujourd'hui chef-lieu d'arrondissement (Haute-Garonne).

1458

que ledit ſuppliant lui euſt emblée (1) lui diſt en effect telles ou ſemblables parolles : « *Ribault, retourne moy ma ſelle,* » a quoy ledit ſuppliant luy reſpondit *qu'il ne l'auoit point eue* & ledit Commmunge lui diſt que ſi auoit. Et adont ledit ſuppliant courroucié de l'iniure qu'il lui diſoit lui diſt *qu'il en mentoit par ſa gorge*. Pour laquelle choſe ledit Bernard de Communge incontinant tira ung grant couſtel appellé poignal qu'il portoit & en frappa ledit ſuppliant ſur la bouche du plat dont il bleca fort & lors ledit ſuppliant qui eſtoit blécié, fort eſmeu & indigné de ce que ledit Bernart l'auoit ainſi oultragé, tira ung autre grand couſtel poignal qu'il portoit & lui en donna ung grant coup emprès l'oreille ſeneſtre, tellement que a cauſe dudit coup ledit Bernart tomba à terre. Mais tantoſt apres il ſe releua & derechief print ung ratel qui eſtoit oudit pre pour amaſſer l'erbe & vint contre ledit ſuppliant pour le frapper d'icellui ratel & en ſoy défendant par ledit ſuppliant de ſondit poignal en frappa ledit de Communge ſur la main & le bleca fort. Tellement que à l'occaſion d'iceulx coups & bateures par faulte de ſoy faire habiller & de bon gouuernement ou autrement enuiron ung moys apres ledit de Communge ala de vie à treſpaſſement & auec ce depuis ledit cas ainſi commis par ledit ſuppliant a encores faiz commis & perpetrez les autres cas crimes & deliz qui ſont cy apres declarez.

Coups de poignards donnes de part et d autre.

C'eſt aſſauoir que dix ou douze ans a ou enuiron, lui eſtant audit lieu de Murel auec ung nomme Pierre Cappelle dudit lieu icellui Cappelle & lui vindrent de nuyt deuant l'oſtel de Jehan Saige ou ilz trouuerent en la rue deux barricques plaines de vin appartenans audit Saige & en printrent l'une & l'emporterent en l'oſtel dudit ſuppliant & icellui vin vendirent. Et ce fait incontinant retournerent ladicte barricque toute vuide en ladicte rue ou lieu ou ilz l'auoient prinſe & depuis ledit Saige informé dudit cas & larrecin en accorderent & appointerent auecques ledit Saige.

Vol de vin adroite substitution de barriques vides a des barriques pleines.

Et auecques ce que dix ans a ou plus, ledit ſuppliant aiant *certaine quantité de pourceaulx* en une borde ou maiſon qu'il auoit louée de Guillaume de Couſſol dudit lieu ainſi que a ung matin il l'aloit querir ſeſdiz pourceaulx en ladicte borde en trouua XII ou enuiron qui appartenoient à Françoys de Périers dudit lieu de Murel leſquelz il print & emmena cuidant qu'ilz fuſſent des ſiens & les mena au matin enuiron heure de prime (2) en une ſienne eſtable & en tua & vendy ung à la boucherie & depuis apres ce que ledit de Periers en fut informé, ledit ſuppliant les reſtitua ou au moins en appointa auec ledit Françoys tellement qu'il en fut content.

Vol de pourceaux.

1. Dérobe.

2. Premiere messe du matin.

1458

Vol d'ustensiles de cuisine et autres.

Et oultre enuiron ledit temps pour ce que par deffault de paiement de certaine somme de deniers ou autres choses que ledit suppliant & ung nommé Guillaume de Saint Jehan deuoient au chappitre de l'église de Saint Estienne de Thoulouse à cause de certain arrentement ferme ou acense qu'ilz auoient prinse & afermée d'icellui chapitre dont ilz estoient en sentence d'excommeniment. Ledit suppliant qui n'auoit de quoy paier sa part de ladite ferme, voyant que ledit de Saint Jehan estoit plus riche que luy ala de nuyt en l'ostel dudit de Saint Jehan ou il trouua la porte ouuerte & pour ce qu'il ne trouua aucun monte hault en la salle & entra en une chambre qu'il trouua ouuerte & dedens ung coffre qui y estoit print *deux plaz troys ou quatre escuelles & une painte d'estain, deux nappes du pais & deux linceulx de toille*, lesquelles nappes il engaiga l'une à Jehan Danglade dit Palastrone pour la somme de cinq hardiz valans XV deniers tournois & le demourant il porta à Thoulouse & le fist vendre & du pris il en disposa à sa voulenté.

Excommunication lancee contre des voleurs par le chapitre de St-Etienne de Toulouse.

Vol d'un cheval bai

Et aussi enuiron ledit temps icellui suppliant a certain jour lui estant pres dudit lieu de Moyssac (1) trouua *ung cheual bayart* estant aux champs pour paistre lequel cheual sans sauoir a quil il estoit il print & l'emmena jusques au lieu Condon faignant qu'il fust sien & icellui vendit le pris & somme de quatre escuz.

Et derechief VI ans ou enuiron ledit suppliant ala de nuyt ores du lieu de Beaumont de Lomaingne (2) ou il print & roba en une petite cabane appelée Sot *huit pourceaulx* & les amena au lieu de Senareux ou il les bailla en garde à Arnault d'Aultun dudit lieu lequel les tint & gouuerna par aucun temps.

Vol d'un cheval noir.

Et encores en y a partie, aussi cinq ans a ou enuiron ledit suppliant acompaigné du fillatre (3) de Vidal de Bourgue dudit lieu de Murel print & roba de nuit *ung cheual de poil morel* estant en une estable au lieu de Caseres lequel cheual depuis il vendy a ung nommé Pierre de Ganz du lieu d'Angimy la somme de six moutons d'or.

Vol de vaisselle et de vêtements.

Et oultre icellui suppliant & ledit fillastre prindrent & roberent de nuyt illec mesmes d'un hostel *une certaine quantité de vaisselle d'estain, une robe a femme & une robe à homme* lesquelles robe & vaissellle ledit fillastre emporta en ung boys & depuis d'ilec audit lieu de Murel ou il les vendy comme bon lui sembla.

Vol d'une autre jument.

Et aussi en la compaignie dudit fillastre enuiron ledit temps ledit suppliant estant est lieux de Saint Fardos & de Borel en ung boys trouuerent *une jument paissant l'erbe* laquelle pareillement ilz prindrent & roberent & l'en amenerent & depuis

1. Moissac, chef lieu d arrondissement (Tarn-et-Garonne).
2. Arrondissement de Castel-Sarrasin (Tarn-et-Garonne).
3. Beau-fils, fils d'un autre lit ; se dit aussi po. r le gendre

1458

Nouveau vol de pourceaux

la changerent au lieu deCane pres de Salins au conté de Communge a ung cheual.

Et apres ce ledit fuppliant & ledit fillaftre enuiron ledit temps trouuerent aupres de la borde (1) de Jehan de Saulx dudit lieu de Murel *une truye auec trois ou quatre pourceaulx* appelez freffins. Lefquieulx truyes & pourceaulx ilz prindrent & roberent de nuyt & les amenerent au lieu de Villemur (2) ou ilz les vendirent a ung hoftellier le pris & fomme de trois moutons d'or qu'ilz en eurent.

Vol d'un cheval alezan.

Auffi peut auoir cinq ou fix ans ou enuiron que ledit fuppliant eftant en la compaignie d'aucuns gens de trait jufques au nombre de XL perfonnes ou enuiron qui aloient a Acs (3) *contre noz anciens ennemis les Anglois* & eulx eftans logiez au lieu de Leguebin (4) ledit fuppliant du confeil & consentement de fes autres compaignons print & roba en une borde ou eftable *ung cheual de poil fauuel* lequel eftoit a ung nommé Lefaure dudit lieu de Leguebin lequel ilz emmenerent & depuis parce que ledit Faure, a qui il eftoit les pourfuiuit, le reftituerent.

Vol d'un autre cheval.

Et en continuant & perfeuérant toufiours efdiz larrecins encores depuis deux mois ença ledit fuppliant eftant au lieu de Granade (5) rencontra ung nommé Lebreton auquel des longtemps il auoit prefté ung efcu & lui requift qu'il lui reftituat ledit efcu : lequel Breton luy refpondy en effect qu'il auoit ung cheval en une borde ou chemin alant à l'Ifle Jourdain (6) & qu'ilz le alaffent quérir & il lui bailleroit pour le pris de deux efcuz dont lui feroit pour fon paiement. A quoy ledit fuppliant s'accorda & alors s'en allerent enfemble vers ledit lieu de l'Ifle & la ledit Breton entra en une borde & en icelle *print un cheual* qu'il bailla & liura audit fuppliant lequel s'en ala auec ledit cheual routes uoies il doubtoit bien que ledit Breton l'euft emblé.

Le voleur pris et enfermé dans le château de Muret.

Il enferme le geôlier à son lieu et place dans la prison et va se refugier dans une église.

A l'occafion defquelles chofes, mefmement de ce que icellui fuppliant fut trouué faify d'icellui cheual à lui baillé par ledit Breton ou autrement il a efte puis certain temps en ça prins & par autorité & mandement de juftice mis & conftitué prifonnier en noz prifons du chaftel dudit Murel ; efquelles il a demouré par certain temps en grant poureté & mifere & jufques a ce que en nettoyant la place ou il eftoit detenu prifonnier a fa tres grant priere & requefte par ung nommé Eftienne, geollier defdictes prifons, que icellui fuppliant lequel fut mis hors d'icelles jufques a ce qu'ilz feuffent nettoyées. *enferma icellui geollier & sa femme dedans les*

1. *Borde*, petite ferme ou métairie.
2. Villemur-sur le-Tarn, arrondissement de Toulouse (Haute-Garonne).
3. Dax (Landes).
4. Leguevin, arrondissement de Toulouse.
5. Grenade-sur-Garonne, arrondissement de Toulouse.
6. L'Isle-en-Jourdain (Gers), à cinq lieues de Toulouse, puissante baronnie érigée en comté, en 1341.

dictes prifons & ce fait s'en yffit & s'en alla meftre en franchife en l'églife des freres Mineurs dudit lieu de Murel ou il est a prefent & n'en oferoit jamais yffir. Doubtant rigueur de juftice en auenture de y finer les jours miférablement fe noz grace & mifericorde ne lui eftoient fur ce imparties, en nous humblement requérant que attendu ce que dit eft que il eft fur fon aage & a bon vouloir de amender fa vie & fes faultes & eft chargié de femme de troys filles dont l'ainfnée a XV ans & eft prefte a marier; & que en autres cas il a efté homme de bonne vie & renommée Il nous plaife fur ce lui impartir noftre dicte grace & miféricorde pourquoy nous. ces chofes confidérées voulans toufiours grace & mifericorde eftre preferez à rigueur de juftice audit Raymon Gagni fuppliant ou cas deffufdit, auons quitté, remis & pardonné & par la teneur de ces préfentes de noftre grace efpecial plaine puiffance & auctorité royal quittons, remettons & pardonnons les cas. crimes & deliz deffus declairez auecques toute peine, amende & offenfe corporelle, criminelle & ciuile, en quoy pour occafion des chofes deffus dictes il pourroit eftre encouru enuers nous & juftice en mettant à néant tous appeaulx, deffaulx, proclamations & euocacions quelzconques s'aucuns s'en font ou eftoient enfuiz Et l'auons reftitué & reftituons à fes bonnes fame & renommée. au pais & à fes biens non confifquez. fatisfacion faicte à parties ciuilement tant feulement. fe faicte n'eft & fur ce impofons filence perpétuel à noftre procureur préfent & auenir. Si donnons en mandement par cefdictes prefentes au Senefchal de Thouloufe, juge de Comminge & a tous noz autres jufticiers & officiers ou a leurs lieuxtenans préfens & auenir & a chacun d'eulx fi comme a lui appartendra que de noz prefens grace, quittance remiffion & pardon facent, feuffrent et laiffent ledit fuppliant joir & ufer plainement & paifiblement fans lui faire ou donner ne fouffrir eftre fait mis ou donner ores ne pour le temps auenir aucun arreft, deftourbier ou empefchement en corps ne en biens en aucune maniere Mais fe fon corps ou aucuns de fes ditz biens font ou eftoient pour ce prins, faifiz, arreftez, emprifonnez ou autrement empefchiez. les lui mettent ou facent mettre chacun en droit foy à plaine déliurance, pourueu toutefuoyes que premièrement & auant tout euure il rentegrera lefdictes prifons. Et afin que ce foit chofe ferme & eftable à toufiours, nous auons fait mettre noftre fcel à ces prefentes. fauf en autres chofes notre droit et l'autruy en font.

1458

Ordre au senéchal de Toulouse et aux juges du comté de Comminges

Pardon accordé a condition de rentrer en prison.

Donné à Vendofme ou moys d'Aouft l'an de grace Mil CCCC cinquante & huit & de noftre Regne le XXXVIme. Ainfi figné.

Vifa. J. DE REILHAC.

. . . . . .

(Arch. Reg. JJ 187, fol 134.)

XCII

A Vendôme. — Novembre 1458.

Fausse monnaie.

Rémission pour Guillaume de Beaufilz de Saint-Rémy, au comté du Maine.

(Sur parchemin)

SOMMAIRE

Guillaume de Beaufils ayant perdu son avoir en mauvaises spéculations, consentit a s'associer a d'autres compagnons pour mettre en circulation de la fausse monnaie achetée a Cernay, en Allemagne.

1458

EMISSIO pro Guillaume de Beaufilz. Charles par la grace de Dieu, Roy de France, ſauoir faiſons à tous préſens & auenir nous auoir receu lumble ſupplicacion de Guillaume Beaufilz demourant en la parroiſſe de Saint-Remy du Plain (1) ou conté du Maine chargé de femme & de ſept enfans petiz enfans. contenant que depuis ung an en ça ledit ſuppliant ſe acompaigna & aſſocia en fait de marchandiſe de porceaulx & autre beſtail auec Lucas Fortin & Jamet Pichet. Apres lequel aſſociement de compaignie leſditz Fortin et Pichet menerent à Auranches (2) certain nombre de porceaulx leſquelz ilz vendirent & depuis icellui ſuppliant & les deſſus nommez acheterent d'un nommé Jehan Girart trente cinq pourceaulx leſquelz iceulx Fortin & Pichet menerent à Bayeux (3) ou ilz furent pareillement venduz; en laquelle marchandiſe ledit ſuppliant

Association de marchands du Maine pour vendre des pourceaux en Normandie.

1. Saint-Remy-du-Plain, canton et arrond. de Mamers (Sarthe).
2. Avranche, chef lieu d'arrond. (Manche.)
3. Bayeux (Calvados).

1458

auoit la tierce partie. Et au reuenir dudit Bayeux lesdiz Fortin & Pichet estans au lieu de Neufchastel oudit conté du Maine manderent querir icellui suppliant lequel y vint & quant il fut arriuez deuers eulx ilz lui dirent *qu'il n'y auoit que bien peu ou néant de gaing* & que lui et ledit Fortin ne se pourroient recouurer tant de certaine grant perte qu'ilz auoient faicte en l'achat d'un estang appartenant au seigneur de Prez en pail, de la marchandise dudit bestail, que aussi de la perte de la maison dudit suppliant qui ou precedent dudit achat auoit esté par fortune de feu arse (1) & brulée. Et a esté icellui suppliant contraint à icelle rédiffier a ses despens pour ce que entre ses freres & lui n'auoit esté fait aucun partage, mais qu'ilz sauoient bien comme ilz gangnoient de l'argent, lequel suppliant leur demanda la matière ; & ilz lui dirent que ce seroit en achat de faulse monnoye & il leur respondit *que ce feroit faulse marchandise*. Touteuoyes, ilz lui dirent qu'ilz en vouloient aler quérir & qu'ilz estoient contens qu'il fust leur parconnier (2) & compaignon, mais qu'il leur baillast sa porcion des deniers qu'ilz y mettroient & tant firent par leur enuortement que ledit suppliant qui est poure simple homme s'accorda d'estre leur compaignon. Et de fait fournirent tous ensemble de XXIX escuz en laquelle somme fut prins cinq escuz pour acheter ung cheual & le surplus fut baillé audit Lucas Fortin qui print la charge d'aler quérir la faulce monnoye. Et ce fait s'en partit icellui Fortin & s'en ala a Cernei en Allemaigne (3) où il employa XVII desdiz escus partie en monnoye de dix derniers & partie en mailles laquelle monnoye qui estoit faulse & contrefaicte a nostre coing & monnoye ledit Fortin aporta en nostre royaume ou elle a esté distribuée par lesdiz Fortin & Pichet, excepté quinze solz qu'ilz en baillerent audit suppliant lesquelz il a emploiez & distribuez en gardant certains porceaulx qui estoient en la forest de Champrot & autres. Et depuis lesdiz Fortin & Pichet retournèrent oudit pays d'Allemaigne & y porterent la somme de trente trois escuz qui estoient venuz & issus de la dicte faulse monnoye aportée par ledit Fortin ou premier voiage lesquelz XXXIII escuz ilz emploierent en icelle faulse monnoye tant en blans de X deniers que en mailles pour cent quinze escus qu'ilz apporterent en nostre dit Royaume. Et incontinant qu'ilz furent arriuez audit lieu de Neufchastel (4) ou tantost apres ilz enuoierent quérir ledit suppliant & lui déclarerent ce qu'ilz auoient fait en lui disant qu'il convenoit

Maison brûlée pendant l'absence de l'un des associés

Proposition de faire circuler de la fausse monnaie.

Fauxmonnayeurs d'argent français etablis en Allemagne.

Echange de fausse monnaie contre des bestiaux.

1. Du mot latin *ardere*.
2. *Parçonnier*, celui qui possède par partage.
3. Ne peut être que Cernay ou Sennheim dans l'ancien arrond. de Belfort (Haut-Rhin), aujourd'hui, province d'Alsace, annexe à l'empire d'Allemagne depuis 1870.
4. Neufchatel-en-Saonnois, canton de Chedouet, arrond. de Mamers (Sarthe.)

1458

qu'il diftribuaft partie de la dicte monnoye tant en achat de beftail que autrement ; lequel fuppliant voyant la dicte monnoye eftre belle & marquée à noftre coing, cuidant en ce non mefprendre en fut d'accord & de fait en print jufques à la fomme de XV liures ; laquelle fomme apres qu'ilz furent defpartiz d'enffemble ledit fuppliant non voulant icelle emploier par ce qu'elle n'eftoit pas bonne, l'aporta à la femme dudit Lucas Fortin & la lui bailla ; & apres icelle femme bailla audit fuppliant IIII^xx pièces de la dicte faulfe monnoye qu'elle difoit lui auoir efté chargée bailler audit fuppliant par lefditz Fortin & Pichet defquelz IIII^xx pièces ledit fuppliant enuoya enuiron XXX folz tournoiz dont il a recouuert XV folz & ainfy n'en a employé que XV folz (1). Et depuis lefditz Fortin & Pichet rapporterent ledit fuppliant auoir employé de la dicte faulfe monnoye jufques à la fomme de XVII efcuz dont il euft pour fa part deux efcuz en or. Et auffi depuis ces chofes ledit fuppliant a receu de la dicte faulfe monnoye la tierce partie de XXXIII liures tournois ou autre fomme que ung nommé Guillaume Lanfel auoit rendu de certaine fomme que lefdiz Fortin & Pichet lui auoient baillée pour diftribuer & emploier à l'occafion de laquelle faulfe monnoye aucuns des coulpables & qui l'ont emploiée & exécutez par juftice & les autres font encores détenuz prifonniers. Et a cefte caufe ledit fuppliant qui en a efté aduerty doubtant rigueur de juftice s'eft abfenté & a délaiffé & habandonné fes femme & enfens & n'y oferoit jamais retourner, fe noftre grace & mifericorde ne lui eftoient fur ce imparties fi comme il nous a fait humblement remonftrer en nous humblement requérant que attendu que ledit fuppliant n'a fait ou forgé ladicte faulfe monnoye ne l'a efté quérir audit pais d'Allemaigne & n'en a employé que deux francs & demi, dont il a depuis recouuert XV folz & qu'il fut induit à ce faire par lefdiz Fortin & Pichet ; & que en fous autres cas il s'eft bien & doulcement gouuerne, fans auoir fait ou commis ne efté attaint ou conuaincu d'aucun villain cas, blafme ou reproche & qu'il a entencion de foy gouuerner bien & deuement ou temps auenir avec fes diz femme & enfans dont il a grant charge comme dit eft, il nous plaife nos dictes grace & mifericorde lui impartir. Pourquoy, nous, ce que dit eft confidéré, voulans toufiours grace & mifericorde eftre préférez à rigueur de juftice audit fuppliant ou cas deffufdit & en faueur defdiz femme & enfens auons quitté, remis & pardonné & par la teneur de ces préfentes plaine puiffance & auctorité royal, quittons remettons & pardonnons le fait, crime & délit deffus déclairé auec toute peine, offenfe & amende corporelle, criminelle & ciuile, en quoy pour occafion

Partage des benefices obtenus par cette spéculation.

Le coupable abandonne sa femme et ses enfants.

1. Voir pour la valeur de ces monnaies, Leblanc, *Traité des monnaies*, in-4°, et l'ouvrage plus

1458

dudit cas il pourroit eftre encouru enuers nous & juftice, en mettant au néant tous appeaulx, ban, deffaulx, proclamacions & euocacions quelxconques s'aucuns eftoient pour ce enfuiz Et l'auons reftitué & reftituons à fes bonne fame & renommée au pais & à fes biens non confifquez, fatisfacion faicte aux parties ciuilement feulement s'elle y efchet. Et fur ce impofons filence perpétuel à noctre procureur. Si donnons en mandement par ces dictes préfentes au Bailly de Touraine & des reffors & exempcions d'Aniou & du Maine. . . . . (1) & a tous noz autres jufticiers qu'il appartendra ou a leurs lieuxtenans préfens & auenir que de noz préfens grace, quittance, rémiffion & pardon facent, feuffrent & laiffent ledit fuppliant joir & ufer plainement & paifiblement fans lui faire ou donner ne fouffrir, eftre fait ou donné pour ocafion de ce que dit eft ores ne pour le temps auenir aucun arreft detourbier ou empefchement en corps ne en biens en aucune maniere. Mais fe fon corps ou aucuns de fes diz biens font ou eftoient pour ce prins faifiz, arreftez, ou autrement empefchez les lui mettent ou facent mettre fans delay à plaine délivrance.

Ordre au bailli de Touraine.

Et afin que ce foit.&c. Sauf, &c Donné à Vendofme ou moys de novembre l'an de grace mil CCCC cinquante huit & de noftre regne le XXXVIIme. Ainfi figné.

Par le Roy.

Maiftre Henry de Marle, George Havart & autres prefens.

J. DE REILHAC.

(Arch. Reg. J J. 187, fol. 186.)

1. *En blanc*

XCIII

A Chasteau Renault — Novembre 1458.

Disputes et coups.

Rémission pour Raymond Clavier de la sénéchaussée de Toulouse.

(Sur parchemin)

SOMMAIRE

Raymond Clavier, voyant son pere aux prises avec un nomme Pleches, porta a ce dernier un coup de couteau dont il est mort.

1458

EMISSIO pro Raymondo Clauier. Charles, &c. Receu lumble supplicacion de Raymond Clauier filz de Domenge Clauier, poure jeune compaignon, aagé de XX ans ou enuiron du lieu & paroiffe de Montaigne en la jugerie de Riuiere (1) & fenefchaucée de Thouloze contenant que le famedi de pafques fleuries derrainement paffées fe meut certaine noife & débat contre ledit Domenge Clauier pere dudit fuppliant & ung nommé Sanfon de Pleches, a caufe de ce que icellui Domenge difoit que icellui Sanfon

Menace de soufflets.

auoit batuz & frappez fes enfens & tellement que ledit Domenge dift fes parolles ou femblables à icellui Sanfon : *Pourquoy as tu batu mes filz, je regnie Dieu, je te donneray deux fouffles.* A quoy ledit Sanfon lui refpondit : *Je n'ai pas batu voz filz ne filles & ne leur ai fait aucun mal & fuis content d'en eftre & m'en raporter a leur dit.* Et lors icellui Clauier père dudit fuppliant apres lefdictes parolles, ainfi

1. Aujourd'hui Riviere-Verdun, une des six judicatures anciennes de la sénéchaussee de Toulouse, qui faisait alors partie de la province du Languedoc, reunie, en 1469, à la Guyenne.

1458

dictes fort esmeu & courroucié entra dedans le courtil ou jardin de la maison de Arnault de Pleches, père d'icellui Sanson & fort esmeu & courroucié, comme dit est, print icellui Sanson au colet ou a la chenessaille & en eulx combattant & demenant l'un contre l'aultre ledit Domenge, en le menaçant de le batre, lui bailla ung cop de poing sur la teste & l'eust tres bien batu se n'eust esté que icellui Sanson en soy defendant le print par les bras & aussi que une nommée Marie de la Pouere, femme dudit Arnault de Pleches & marrastre (1) dudit Sanson suruint sur ledit débat, laquelle ayant & tenant en l'une de ses mains une pierre en voulant secourir & défendre ledit Sanson dist audit Raymon ces parolles « *Laissez estei* (2) *lenfant car il n'a aucun tort, & par dieu si tu ne le laisses je te frapperay de ceste pierre* » Sur lequel débat & en disant les dictes parolles & menaces suruint Pierre Clauier, filz dudit Dommenge & frere dudit suppliant pour aider & secourir à son dit pere ; & de fait print ladicte femme pour lui oster ladicte pierre afin qu'elle n'en bleçast aucun. Pour laquelle cause elle commença à craier a haulte voie « *Viseie*? . . *a mort à mort* ». Et adonc ledit Pierre Clauier frere dudit suppliant la print & fist cheoir à terre & pareillement chey à terre icellui Domenge & y eut très grant bruit, pendant & durant lequel. Si ainsi comme ilz se combatoient les ungs contre les autres vint & arriva ledit Arnault des Pleches, mary de ladicte femme & père dudit Sanson, fort esmeu & eschauffé tenant un petit cousteau en sa main. Et pareillement ledit suppliant quant il oyt ledit bruit y seuruint par derriere une borde estant oudit jardin atour un baston qu'il tenoit en sa main pour aller defendre ses diz pere & frere des dessusdiz des Pleches. Et pour ce qu'il veoit ledit Arnault tenir ledit cousteau en sa main & que sesdiz père & frère auoient esté & estoient fort foulez, desplaisant de ces choses & doubtant que icellui Arnault ne frapast sesditz pere & frere d'icellui cousteau fort esmeu & eschauffé & de chaulde colle frapa icelui Arnault dudit baston qu'il auoit sur la teste, tellement qu'il le fist cheoir & tomber à terre sans ce qu'il le frappast ne eust veulenté de le frapper d'aucun ferrement. Duquel coup & bateure par faulte de bon gouuernement ou autrement cinq ou six jours apres ou enuiron, il est alé de vie à trespassement A l'occasion duquel cas icellui suppliant & sesdiz pere & frere doubtans rigueur de justice se soient partiz & absentez du pais ou ilz n'oseroient jamais retourner ne conuerser, & mesmement ledit suppliant, se noz grace & misericorde ne lui estoient sur ce imparties humblement requérant que ledit cas est auenu de chault sang & chaulde colle en défendant par ledit suppliant

Coups de poings échangés.

Intervention de la belle-mère

Arrivée du beau-père.

Le fils a défendu ses parents.

1. Marastre, belle-mere.
2. En patois, *estei* pour *cet*.

1458

Le coupable, âgé de 20 ans, avait agi sans discernement.

fefdiz pere & frère, comme deffus eft dit, que il n'a frappé ledit deffunct d'aucun ferrement & n'auoit propos, vouloir ne entencion de le tuer & eft très dolent & courroucié & defplaifant de ce que mort s'en eft enfuye car oncques ledit deffunct & lui n'eurent ne n'auoient deparauant aucune noife ne difcord enfemble. Que ledit fuppliant eft jeune enfent de XX ans ou enuiron & a efté toufiours de bonne vie & renommée & de honnefte conuerfacion, fans jamais auoir efté attaint ne conuaincu d'aucun villain cas. blafme ou reproche. il nous plaife lui impartir nofdictes grace & mifericorde. Pourquoy nous ces chofes confidérées & mefmement que ledit cas eft aduenu de chault fang & de chaulde collere & comme par cas fortuit. voulans toufiours grace & mifericorde préférer à rigueur de juftice. audit Raymond Clauier ou cas deffus dit auons quitte, remis & pardonné & par la teneur de ces préfentes de noftre grace efpecial. plaine puiffance & auctorité royal, quittons. remettons & pardonnons le cas & delict deffus dict. auecques toute peine. amende & ofenfe corporelle. criminelle & ciuile en quoi il en pourroit eftre encouru enuers nous & juftice. En mettant au néant tous ban, appeaulx, défaulx. proclamacions & euocacions quelxconques, s'aucuns en font ou eftoient enfuiz. Et l'auont reftitue & reftituons à fes bonne fame & renommée & a fes biens non confifquez, fatisfacion faicte à partie ciuilement tant feulement, fe faicte n'eft. Et fur ce impofons filence perpétuel à noftre procureur. Si donnons en mandement par ces mefmes préfentes auec Senefchal de Tholouze & juge de Riuiere & à tous nos autres jufticiers & officiers ou a leurs lieuxtenants préfens & auenir & a chacun d'eulx fi comme à lui appartendra que remiffion & pardon, facent, feuffrent & laiffent ledit fuppliant joir & ufer plainement & paifiblement fans lui faire ou donner ne fouffrir eftre fait mis ou donné ores ne pour le temps auenir aucun arreft, deftourbier. ou empefchement en aucune manière. ainçois fe fon corps ou aucuns de fefdiz biens eftoient pour ce prins. faifiz, arreftez ou autrement empefchez les lui mettent ou facent mettre chacun en droit soy à plaine déliurance. Et afin que ce foit chofe ferme & eftable à toufiours nous auons fait mettre noftre fcel a ces préfentes. Sauf, etc.

Ordre au Sénéchal de Toulouse et au Juge de Rivière

Donné à Chafteau-Renault (1) au moysde Nouembre l'an de grace mil CCCC cinquante-huit & de noftre regne le XXXVIIme. Ainfi figné.

Par le Roy,

A la relacion du Confeil,

Vifa. J. DE REILHAC.

. . . . . .

(Arch. Reg. J J. 187, fol. 188 v°.)

1. Arrond. de Tours (Indre-et-Loire).

XCIV

Montbazon. — Fevrier 1458.

Réjouissances du carnaval.

Rémission pour Richard Thierry demeurant à Saint-Maixent

(Sur parchemin)

SOMMAIRE

Richard Thierry, cousturier, âgé de vingt ans, voulut s'amuser, avec d'autres jeunes gens de son etat, le mardi-gras 6 fevrier 1458. Apres souper, ils s'en furent réveiller tous les autres cousturiers de la ville, au son de la musique et en dansant à travers les rues.

L'un d'eux, ayant abandonné la partie pour s'aller coucher, les autres viennent assiéger sa maison à coups de couleuvrine. Il s'ensuit une rixe et un meurtre.

1458

Reunion de tailleurs dans une taverne le 6 fevrier 1458, jour de carnaval.

Pro Richardo Thierry. Charles, &c. Receue lumble fupplicacion de Richard Therry coufturier aagie de XIX ans ou enuiron demourant à Saint Maixent contenant que led t Richard *des enviions la fefte des Roys derreniere paffée jufques au jour du mardi gras* à befoigné de fon meftier de coufturier en l'oftel de Guiot Paloton coufturier demourant audit lieu de Saint-Maixent (1) en la compaignie de feu Jehan de Molieure auffi coufturier. Lequel Richart & ledit Molieure foupperent enfemble le mardi VIe jour de ce préfent mois de feurier en l'oftel dudit Guiot Paloton, auffi y fouppa ung jeune homme nomme Alexandre qui autreffoiz fut varlet dudit Paloton. Et apres qu'ilz eurent fouppé lefdiz Richart Moulieure & Alixandre fe rendirent à l'oftel de Mongin. . . . . Maignen ouquel eftoient Mathurin Gouraud père de la femme dudit Mougin; ledit Mongin fa femme, Perrotte Gouraude fille dudit Mathurin. Auffi fe rendirent oudit hoftel ung nommé Jehan de Caus varlet de Vincent Maille.

1. Arrondissement de Niort (Deux-Sevres).

1458

Deguisement des convives

Promenade et danse au son du violon.

Bal dans la rue de Châlon, à Saint-Maixent.

coufturier, ung nommé Jehan varlet de Sanfon Vincent barbier ; ung nommé Pierre Varlet de Jehan le Roux coufturier; ung nommé Pierre Varlet de Guillaume de Paupelie coufturier. Jehan de Celles filz de Jehan de Celles coufturier ; ung jeune enfant coufturier nommé Chaigneau. Auquel hoftel dudit Mougin ledit Richart & les deffus nommez fe rendirent à la Requefte dudit Alixandre. Et apres ce qu'ilz eurent ung peu demouré audit hoftel dudit Mougin les aucuns d'eulx changerent de robes par maniere deibat & yffirent dudit hoftel dudit Mougin & avec eulx eftoit ung nommé François Gouraud filz dudit Mathurin qui fonnoit d'une reberbe(1)& alerent danfant jufques a la maifon de Marfault Chalaphin couftu-rier en la rue Chaflon de la dicte ville. Lequel Marfault qui eftoit couchié fe leua de fon lit & leur fift très bonne chere & quant ilz eurent beu oudit hoftel ilz f'en alerent danfant & en leur compaignie ledit Marfault jufques a l'hoftel de Mery Dugué coufturier, lequel Dugué n'eftoit point en fon hoftel & ilz trouuèrent Jehan de Saint George, pere de la femme dudit Dugué lefquelz de Saint George & ladicte femme dudit Dugué les firent boire oudit hoftel & quant ilz eurent beu ilz s'en alerent d'ilec danfant jufques à l'hoftel de Vincent Maille ; & s'en ala auec eulx ung nommé Rolland varlet dudit Dugué ouquel hoftel ilz entrerent & trouuèrent ledit Vincent couchie en fon lit & aprez ce qu'ilz eurent beu & dancé oudit hoftel ilz s'en alerent en l'hoftel de Jehan ; Merceron auffi coufturier lequel Merceron ilz trouverent auffi couchie & le firent leuer du lit & dancèrent & burent oudit hoftel & d'ilec f'en alerent danfant au long de la grant rue Chaflon jufques au marchié. Et quant ilz furent deuant la maifon de Pierre Myuet bourgois & efleu de ladicte ville ilz trouuerent maiftre Thibault Gracien Michau & Guillaume Caffez & plufieurs autres & auec eulx ung nommé Bourguinion lequel eftoit crucifié & auoit ung trepié fur la tefte. Et d'ilec ilz f'en alerent à l'oftel de Ymbert Joufbaut coufturier demourant en la rue de la Croix de ladicte ville: & avec eulx f'eftoient affemblez en ladicte rue Chaflon. Jehan Jouffaut couftu rier Guillaume Ayraut, Guillaume Paupelye & ledit Ymfiert Joutbaut & fembla-blement eftoit auec eulx Jehan Pafquier gueyfnier ; & quant ilz furent oudit hoftel ilz danferent en icelluy & beurent. Et dudit hoftel dudit Ymbert f'en alerent à l'oftel de Jehan Dazay coufturier & dudit hoftel dudit Dazay à l'hoftel de Mathurin Gouraud coufturier & d'ilec f'en vindrent à l'oftel dudit Paloton leur maiftre & d'ilec f'en alerent a l'oftel de Guillaume Paupelye pres le marchié de ladicte ville. Es quelz hoftelz ilz burent & dancerent comme ilz auoient fait & autres lieux & d'ilec f'en alerent a la porte de Guillaume Ayraut pour ce qu'il f'eftoit

1. *Reberbe*, instrument de musique, sorte de violon.

amblé d'eulx & frappèrent à l'uys dudit hoftel mais ilz n'entrerent point en icelluy & a cefte caufe ilz chargerent ilec une petite couleurine que ledit Richart auoit ledit jour achattée & certaine quantité de pouldre de canon du xanotier (1) de ladicte. Et ville dedens ladicte couleurine mifdrent du papier & ladicte couleurine firent fonner & tirer par plufieurs foiz tant en ladicte rue de la Croix que ilec deuant l'uys dudit Ayraut & tint plufieurs foiz ledit Molieure ladicte couleurine pour icelle faire tirer: & *apres ce que ledit Molieure eut chargé ladicte couleurine de pouldre & mis par dedens ung tampon de bois & du papier* ledit Richart voulut empescher que ledit Molieure ne tiraft ladicte couleurine & luy dift quil alaft achapter des pouldres f'il la vouloit faire tirer & luy voult ledit Richart bailler la broche qu'il auoit. Et à cefte occafion fe meut parolles entre ledit Richart & ledit Molieure & commencèrent à caufer de parolles & a fe appeler l'un l'autre *paillart* & f'entreprendre aux colletz de leurs prepoins (2) Et ainfi qu'ilz fe tenoient l'un l'autre ledit Alexandre fe print à eulx pour les vouloir departir & frappa ledit Richart du poing fur la tefte & lors ledit Richart dift audit Alexandre que fe il ne fe oftoit d'ilec, qu'il le frapperoit & comme ledit Richart voulut tirer du fourreau une dague qu'il auoit ledit Alexandre luy ofta ladicte dague & apres qu'il luy euft ofté ladicte dague ledit Alexandre le frappa deux ou trois coups du poing en l'appelant « *paillart* » & ledit Molieure f'en aloit deuant eulx. Et apres qu'ilz furent au droit de la maifon de Laurens Paen ledit Richart fe print au corps dudit Molieure & lors ledit Alixandre print ledit Richart & le getta parterre & cheurent lefditz Alixandre & Molieure fur ledit Richard lequel Richard ledit Guillaume Paupelye leua de terre & le rufa (3) a part dudit Alixandre & auffi dudit Molieure; & quant ledit Richard fut leué de terre luy eftant efchauffé jura par grans feremens, n'eft recors (4) du ferement que f'ilz ne fe reculoient qu'il les frapperoit & tira ung coufteau qu'il auoit & lors ledit Pafquier qui eftoit en leur compaignie comme deffus eft dit, le print au colet de fon pourpoint en luy demandant qu'il vouloit faire. Auquel Pafquier ledit Richart dift qu'il le laiffaft efter ou autrement qu'il le blaifferoit. Et pour ce que ledit Pafquier ne le vouloit laiffer il fe efchappa de luy à force & apres ce, fe tira & addreca audit Molieure en courant apres luy lequel il ataigny & acouftent au droit de la maifon des Poictevins ou ilec pres en ladicte ville de Saint Maixant & le frappa ung feul coup dudid coufteau parmy

1458

Coup de canon tiré par les tailleurs en signe de réjouissance

Discussion au sujet de la poudre.

Rixe générale entre tailleurs.

Meurtre commis rue des Poitevins, dans la nuit du carraval 1458.

1. *Xanotier*, celui qui est charge du soin des canaux
2. Pourpoint, vêtement de l'epoque
3. *Le rusa*, le prit à part.
4. *Recors*, se souvenir.

1458

l'aine du coufté feneftre & lors ledit Molieure cria : « *au meurtre je fuis mort* » par le moien duquel coup, ledit Molieure ala le lendemain de vie à trefpaffement A l'occafion duquel cas ledit Richart a efté & eft encores détenu prifonnier par juftice & eft en voye de y finer miférablement fes jours, fe noftre grace & mifericorde ne luy font fur ce imparties. Humblement requérant, que attendu ce que dit eft & mefmement que ledit cas eft aduenu par fortune & chaulde colle & que parauant icelluy lefdiz Richart & Molierne eftoient bien amis, & n'auoient jamais eu débat enfemble & auoient longuement demouré & befoigné de leur meftier auec ung maiftre & que jamais ledit fuppliant ne fut attaint d'auoir commis aucun autre villain cas, blafme ou reprouche. Il nous plaife fur ce luy impartir nos dictes grace & mifericorde. Pourquoy nous, ce que dit eft confidéré, voulans miféricorde préferer à rigueur de juftice audit fuppliant auons remis, quitté & pardonné, quittons, remettons & pardonnons de grace efpecial plaine puiffance & auctorité royal par ces préfentes le fait & cas deffufdiz auec toute peine, amende & offence corporelle, criminelle & ciuil[le], en quoy pour occafion d'icelluy, il peut eftre encouru enuers nous & juftice. Et l'auons reftitué & reftituons à fa bonne fame & renommée, au pais & a fes biens non confifquez, fatisfacion faicte a partie ciuilement tant feulement, fe faicte n'eft. Et fur ce impofons filence perpétuel à noftre procureur. Si donnons en mandement par ces préfentes aux fennefchal de Poictou & à tous noz autres jufticiers & officiers ou à leurs lieuxtenans & à chacun d'eulx fi comme à luy appartendra que de noz préfens grace, quittance, remiffion & pardon facent, feuffrent & laiffent ledit fuppliant joyr & ufer plainement & paifiblement fans luy faire ou donner ne fouffrir eftre fait ou donné aucun arreft, deftourbier ou empefchement au contraire en corps ne en biens en aucune maniere. Mais fon corps pour ce prins & arrefté mettent ou facent mectre fans delay à plaine déliurance & au premier eftat & deu. Et affin, &c. Sauf, &c.

Le meurtrier, avant le crime, travaillait avec sa victime chez le même maitre tailleur.

Ordre au senechal du Poitou.

Donné à Montbafon (1) ou mois de feurier l'an de grace mil CCCC cinquante huit. Et de noftre règne le XXXVIIe. Ainfi figné.

Par le Roy.
A la relacion du Confeil.

Vifa contentor.
J. DU BAN.

J. DE REILHAC.

(Arch. Reg. J J. 188, fol. 21.)

1 Arrondissement de Tours (Indre-et-Loire).

XCV

A Montbazon. — Mars 1458.

Rivalité entre Bretons et Angevins.

Rémission par Jehan de la Motte, Jean Richard et Jean Trotin du duché de Bretagne.

(Sur parchemin)

SOMMAIRE.

Les susdits étant, le 28 févier 1458, à la taverne du Lion-d'Or, dans la ville de Tours, quand ils furent grossièrement plaisantés, en leur qualité de Bretons, par un Angevin nommé Guillaume Guymart. Après divers propos, on en vint aux coups, et Guymart fut tué. Le duc de Bretagne intercède pour les supplians.

REMISSIO pro Johanne de La Mothe & duobus aliis. Charles &c. Receue lumble fupplicacion de Jehan de La Mothe, Jehan Richart & Jehan Trotin 1458 contenant que le pénultime jour de feurier derrenier paffé les diz fupplians euffent efté en la tauerne *du Lion d'Or* en noftre ville de Tours pour ilec boire & parler d'aucunes chofes dont ilz auoient à befongner enfemble; & eulx arriuez en icelle tauerne difdrent à l'ofteffe : « *Baillez nous du vin* » laquelle leur refpondi : « *Vous en aurez très volentiers & de bien bon, mais je n'ay pas lieu bonnefte a vous mettre pour la grant preffe que vous voyez ceans;* » & lors dift une jeune fille qui eftoit préfente : « *Attendez ung peu & je voiz veoir fe je vous peuffe trouuer quelque bon lieu qui fuft bonnefte à vous mettre.* » Et a donc l'un d'eulx dift : « *Il nous fault auoir ung fagot car il fait tres grant froidure.* » Alors

1458

Discussion entre Bretons et Angevins.

ung nommé *Guillaume Guymart* de la *ville d'Angiers qui estoit* ilec leur dist ces parolles ou semblables : « *Estes vous assez gens de biens pour auoir ung feu au fort ou* (*sic*) *car Bretons sont gens il y en a de trois manieres les ung sont larrons, les autres ne se peuvent tenir d'embler* » & adonc ledit Jehan Richart luy dist : *on diz de rechief ce que tu as dit & je te donray ung soufflet sur la joue*, & lors ledit Guillaume commença à dire : « *Bretons sont gens Il y en a de trois manières les ung sont chevaliers, les autres escuiers & les autres gentilz hommes* ». A quoy ledit de la Mote luy dist : « *tu as fait que saige, car se tu eusses autrement dit ie te eusse frappé.* » Et adonc ledit Guillaume luy dist. « *Si vous auencez à me frapper, vous n'emporterez pas le peché gueres loing* » Laquelle chose oye ledit De la Mote le cuida frapper de la main seulement, mais ledit Guillaume mist la main au deuant & receut le coup & incontinent sorty en auant & d'un baston qu'il print, voult frapper icelluy de la Mote, lequel voyant que ledit Guillaume le vouloit frapper du dit baston, tira ung cousteau qu'il auoit duquel il ne le frappa point & s'en vouldrent aler & ainsy qu'ilz furent prestz d'eulx en yssir d'icelle tauerne, ledit Guillaume en tousiours continuant en ses premières parolles & en monstrant qu'il ne vouloit que noise & débat, dist de rechief. « *Il y a plus a faire a ces Bretonnailles qui ne sont que coquinailles qu'il n'y auoit de gens de biens* ». Et lors ledit Jehan Trotin, voiant les iniures que ledit Guillaume leur disoit, retourna & luy donna ung cop de la main seulement & le print aux oreilles & ainsi qu'ilz l'entretenoient ledit de la Mote, qui estoit retourne apres ledit Trotin luy donna pareillement ung coup de la main seulement & pour ce qu'il y auoit ung cousteau en celluy lieu qui estoit attaché à une chesne pour seruir en la cuisine que ledit Guillaume par semblant auoit désir de recouurer pour les en frapper a ceste cause ledit de la Mote le print & audit débat en frappa ung coup tant seulement ledit Guillaume par le derrière de la teste, dont il failly ung peu de sang, à l'occasion duquel coup ledit Guillaume le lendemain ensuiuant a la de vie à trespassement Et a ceste cause tantost apres iceulx supplians doubstant rigueur de justice se sont absenter du pais ou ilz n'oseroient bonnement conuerser ne repairer, se noz grace & misericorde ne leur estoient sur ce imparties. Humblement requérant que attendu que le ledit cas est aduenu par chaulde colle & que en autres choses lesdiz supplians sont de bonne vie, renommé & honneste conuersacion sans jamais auoir este attains ne convaincuz d'aucun vilain cas, blasme ou reprouche, il nous plaise sur ce leur impartir nosdictes grace & misericorde. Pourquoy nous, ces choses considérées, pourquoy nous ce que dit est considéré, voulans miséricorde préférer à rigueur de justice aussi *en faueur de nostre tres chier tres amé cousin le duc de Bre-*

Duel a coups de bâton et couteau.

Recit de l homicide.

1458

taigne (1) *qui fur ce nous a fait requérir*. A iceulx fupplians ou cas deffus dit auons quitté, remis & pardonné & par la teneur de ces préfentes de noftre grace plaine puiffance & auctorité royale, quittons, remettons & pardonnons le fait & cas deffufdiz auec toute peine, amende & offence corporelle criminelle & ciuille en quoy pour occafion dudit cas il peuent eftre encouruz euuers nous & juftice. Et les auons reftituer & reftituons à leurs bonnes fame & renommée au pais & a leurs biens non confifquez, fatisfaction faicte à partie ciuillement tant feulement, fe faicte n'eft. Et fur ce impofons filence perpétuel à noftre procureur préfent & auenir. Si donnons en mandement par ces préfentes au bailly de Touraine ou a fon lieutenant & a tous noz autres jufticiers & officiers ou à leurs lieuxtenans & a chacun d'eulx, fi comme à luy appartendra que de noz préfens grace, quittance, rémiffion & pardon facent, feuffrent & laiffent lefditz fupplians & chacun d'eulx, joir & ufer plainement & paifiblement fans leur faire ou donner ne fouffrir eftre fait ou donné ores ne pour le temps auenir aucun deftourbier ou empefchement au contraire, mais fe leurs corps ou aucuns de leurs biens font ou eftoient pour ce prins faifiz arreftez ou empefchez, fi les mettent ou facent mettre fans délay a plaine déliurance. Et affin, &c. Sauf, &c.

Intervention du duc de Bretagne.

Ordre au bailli de Touraine

Donné a Montbafon le XIIIIe jour de mars l'an de grace mil CCCC cinquante huit et de noftre régne le XXXVIIe. Ainfi figné.

Par le Roy.

Le Sire du Monteil, maiftre Jehan Tudert & autres préfens,

J. DE REILHAC.

Visa contentor,
ROLANT.

(Arch. Reg. J J. 188, fol. 30.)

1. François II, duc de Bretagne, né le 24 juin 1435, mort a Coiron le 9 septembre 1488.

XCVI

Tusseau-les-Tours. — Décembre 1458.

Fausse monnaie.

Rémission pour Guillaume du Doit de la vicomté de Domfront

(Sur parchemin)

SOMMAIRE

Le suppliant « poure simple homme » demeurant a Sept-Forges s'être servi inconsciemment de fausse monnaie à lui prêtee par Gillot « son compere ».

1458

EMISSIO pro Guillelmo du Doit. Charles, &c. Avoir receue lumble fupplicacion de Guillaume du Doit poure fimple homme chargé de femme & d'enfans, demourant en la parroiffe de Sept forges (1) en la viconté de Dampfront (2) contenant que puis certain temps en ça ledit poure fupliant pour aucune fes neceffitez & affaires fe tira par deuers ung nommé Jehan Gillot demourant en ladicte parroiffe de Sept forges fon compere, auquel Gillot il pria qu'il luy pleuft luy aider en fes neceffitez & affaires. Et lors ledit Gillot lui prefta liberalement la fomme de fix livres tournois en monnoye, laquelle fomme de fix livres tournois ledit fuppliant luy promift rendre & payer dedens certain temps enfuiuant, lors conuenu & accordé entre eulx, penfant que ladicte monnoye fuft bonne. De laquelle monnoye ledit fuppliant achapta d'un nommé Jehan Abatfour ung cheual pour le pris & fomme de quarante folz tournois

1 Canton de Juvigny-sous-Andaine, arrondissement de Domfront (Orne).

2. Domfront était une des plus forte place du duche de Normandie. Apres avoir appartenu successivement a Philippe-Auguste, Saint-Louis, elle vint au comte d'Alençon et ensuite a la maison d Orleans, apres la mort de la duchesse de Montpensier.

1458

laquelle fomme ledit fuppliant paia audit Abatfour de ladicte monnoye; & auffy bailla ledit fuppliant d'icelle monnoie a ung homme qui paffoit fon chemin par pais la fomme de trente folz tournois & luy bailla trente-quatre pièces pour ung efcu lequel il receut du confentement dudit Gillot & lequel efcu il bailla des lors audit Jehan Gillot en acquit & rabat defdictes fix liures que ledit Gillot luy auoit preftées Et le furplus de ladicte monnoye qui montoient cinquante foulz tournoiz ledit fuppliant emploia en plufieurs menues parties dont il n'eft recors (1). Apres laquelle monnoye ainfi diftribuée par ledit fuppliant il a fceu & a efté aduerty que ladicte monnoye eftoit faulfe & mauuaife fe tira incontinent par deuers ledit Jehan Abatfour auquel il auoit baillé ladicte fomme de XL folz tournois, reprint ladicte fomme de quarante fols qu'il luy auoit baillée pour la vendicion dudit cheual & icelle porta audit Gillot fon compere auquel femblablement la reprint & receut fans aucune chofe en dire ne faire fauoir à juftice. Et fift ledit fuppliant compte auec ledit Gillot fon compere de ce qui luy deuoit de refte de ladicte monnoye à la fomme de cinquante folz tournois, laquelle fomme il luy paia en bonne monnoye & depuis fut icelluy à l'occafion dudit cas & autres par luy perpétrez prins & efté exécuté par juftice. Lequel en la fin de fes jours a dit & confeffé qu'il fauoit bien que ladicte monnoye eftoit faulfe & qu'il avoit baillé d'icelle faulfe monnoie certaine fomme audit fuppliant : pour laquelle caufe iceluy fuppliant qui auoit par fimpleffe & ignorance, prinfe & empruntée ladicte fomme dudit Gillot fon compère, non penfant à aucun malice & cuidant qu'elle fuft bonne. Doubte que pour ce que il ne la réuéla à juftice, ains luy retourna ladicte fomme de quarante folz tournois & qu'il le recéla : que noftre procureur & autres vueillent contre luy procéder rigoureufement & s'eft abfenté du pais & n'y oferoit jamais retourner conuerfer ne repairer, fe noftre grace & mifericorde ne lui eftoient fur ce imparties, humblement requérant, que attendu ce que dit eft, que ledit fuppliant ignoroit que ladicte monnoie fuft faulfe & qu'il fe fioit audit Gillot qui eftoit fon compere, & qu'il ny penfoit en aucun mal. Que en tous autres cas il a efté & eft de bonne vie renommée & honnefte conuerfacion fans auoir efté attainct ne conuaincu d'aucun villain cas, blafme ou reprouche ; que oncques puis qu'il fut aduerti ladicte monnoye eftre faulfe il n'en ufa, il nous plaife lui impartir noftre dicte grace & mifericorde. Pourquoy nous, ces chofes confidérées, voulans miféricorde préférer à rigueur de juftice, audit fuppliant auons au cas deffufdit, par l'advis & délibéra-

Acquisition d'un cheval avec de la fausse monnaie.

Prêt d'argent par le faussaire.

Ignorance de Guillaume du Doit sur la qualite de la monnaie.

1. Pour : dont il n'a *souvenir*.

1458

cion de noftre Confeil (1) remis quitté & pardonné & par ces préfentes de grace efpecial plaine puiffance & auctorité royal, quittons, remettons & pardonnons le fait & cas deffus déclairé auec toute peine offence & amende corporelle, criminelle & ciuile en quoy pour occafion dudit cas il pourroit eftre encouru enuers nous & juftice. Et l'auons reftitué & reftituons à fes bons fame & renommée au pais & a fes biens non confifquez fatisfacion faicte à partie ciuillement tant feulement, fe faicte n'eft & elle y efchet. Et fur ce impofons filence perpétuel à noftre procureur. Si donnons en mandement par ces préfentes aux bailliz de Caen de Conftantin & d'Alençon et a tous noz autres jufticiers ou a leurs lieuxtenans préfens & auenir & a chacun d'eulx fi comme a luy appartendra que ledit fuppliant de noftre préfente grace, quittance, remiffion & pardon facent, feuffrent & laiffent joyr & ufer plainement & paifiblement fans lui faire mectre ou donner ne foufFrir eftre fait mis ou donné ores ne pour le temps auenir aucun deftourbier ou empefchement en corps ne en biens en aucune maniere. Et fe fon corps ou aucuns de fes biens font ou eftoient pour ce pris faifiz arreftez ou empefchez les luy mettent ou facent mettre fans delay à plaine déliurance. Et afin, &c. Sauf, &c.

Ordre aux baillis de Caen, du Cotentin et d'Alençon.

Donné à Tuffeau lez Tours ou moys de décembre l'an de grace mil CCCC cinquante-huit & de noftre regne le XXXVIIe. Ainfi figné.

Par le Roy,

Maiftre Henry de Marle & autres prefens,

J. DE REILHAC.

Vifa contentor,

J. DU BAN.

(Arch. Reg. J J. 188, fol. 4 v°.)

1. Dans le vol. XIV du *Recueil des ordonnances* se trouve la liste des membres du Conseil de Charles VII, par ordre alphabetique, entre 1450 et 1459.

XCVII

A Tours. — Avril 1459.

Rixes entre gens de guerre et villageois.

Rémission pour Bertrand de Montesquin, capitaine sous la charge de Martin Henriquez. sénéchal de Saintonge.

(Sur parchemin)

SOMMAIRE

Bertrand de Montesquin, étant allé avec d'autres requisitionner des vivres pour ses chevaux, aux environs de Saint Jean d'Angely, rencontra un maréchal ferrant qui refusa de lui en donner. Une dispute s'ensuivit dans laquelle le marechal ferrant reçut un-coup de dague et en mourut.

HARLES, &c. Nous auoir receue lumble fupplicacion de *Bertrand de Montefquin* (1), *efcuier*, homme de guerre eftant foubz la charge de noftre amé & féal chevalier, confeiller & chambellan *Martin Henricques fenefchal de Xaintonge* (2) contenant que ou moy de Décembre dernier paffé, enuiron la fefte de Sainte Katherine, ledit fuppliant, Jehan de Montefquin, fon coufin germain, Jehan Dafcon & Jehan Vigneron, tous de ladicte charge dudit 1459

1. On trouve une famille de ce nom établie dans la genéralité de Bordeaux au xvie et xviie siècle.

2. C'était un des capitaines espagnols venus en France sous Charles VII. Il fut creé sénéchal de Saintonge après Guillaume Gouffier (V. p. 20).

1459 fenefchal allerent & fe tranfporterent au lieu & village appelé Varefe pres de la ville de Saint Jehan d'Angely (1) pour quérir des foings & auoynes pour la prouifion de leurs cheuaulx. Auquel lieu & villaige ledit fuppliant & ledit Jehan Dalquin fe allerent logiers enfemble en certaine maifon & difrent entre eulx qu'ilz yroient en certaines autres maifons ilec circonvoyfines pourchaffer dudit foing et de l'avoyne et autres chofes a eulx neceffères, & ainfi le firent. Et f'en ala ledit fuppliant en une certaine maifon & ledit Dafcon en une autre & ce fait, tantoft apres vint ledit Dafcon deuers ledit fuppliant & lui dift que ung nommé Jehan Louateau marefchal demourant oudit villaige lui auoit efté & eftoit fort rebelle & ne lui vouloit aucune chofe donner, mais lui avoit cuidié faire dommage & rebellion. Requérant icellui fuppliant qu'il print fon efpée & f'en vint apres lui, ce que ledit fuppliant fift; & fuiuy ledit Dafcon piez nuz croyant qu'il feuft ainfi comme ledit Dafcon lui auoit dit, & non croyant que icellui Dafcon voulfift faire aucun mauvaiz fait. Et quant ledit fuppliant fut pres de ladicte maifon du fieur Louateau, vit icellui Louateau qui f'enfuyoit & ledit Dafcon qui le fuiuoit malicieufement & auffi deux femmes qui aloient apres; lequel Dafcon en fuyant, print ledit Louateau & le mena en fa maifon & quant il fut pres d'icelle lefdictes femmes commencerent à crier, & audit cry & débat vindrent & feuruindrent plufieurs perfonnes dudit lieu. & en ce faifant n'eftoit ledit fuppliant en la compaignie dudit Dafcon. mais en eftoit bien loing & arrière d'eulx, & vit que ledit Dafcon frappa ledit Louateau du poing ou il auoit ung ralhon (2) fur les machoères dicellui Louateau & comment la fille dudit Louateau, en aidant à fon dit père donna ung cop d'une pierre audit Dafcon par le front & auffi fa femme tenant ung bafton en fes mains le frappa & lui donna aucuns coups. Et adonc ledit Dafcon par force ofta ledit bafton des mains de ladicte femme & d'icellui la baty & auffi ladicte fille. Et apres ce icellui Dafcon tenant fon arbalefte en donna ung coup fur les machoeres de ladicte femme, & ce fait vit pareillement icellui fuppliant comment d'icelle arbalefte icellui Dafcon donna ung grant coup audit Louateau fur la tefte & tellement que d'icellui il cheut à terre comme mort. Et aprez ce vit oultre, ledit fuppliant que ledit Vigneron deffus nommé tira fa dague & en frappa ledit Louateau ung cop; & ces chofes ainfi faictes ledit fuppliant courroucié & defplaifant dudit cas ainfi aduenu lui & fes dis autres compaignons fe abfenterent pour doubte qu'ilz ne feuffent pour

Refus d'un maréchal ferrant de donner de l'avoine et du foin aux soldats

Intervention de femmes dans la rixe.

1. St-Jean-d'Angely (Charente-Inférieure).

2. Coup de flèche sur la mâchoire.

ce prins & f'en alerent en franchife en l'eglife dudit Saint Jehan d'Angely (1), en laquelle ledit fuppliant a efté par aucun temps, & aprez, pour ce qu'il a sceu que ledit Louateau eft mort à caufe de ladicte bateure f'eft abfenté & rendu fuytif par le pays & n'oferoit retourner ne foy tourner en fon ordonnance pour doubte de rigueur de juftice, combien qu'il n'en soit aucunement confentent ne coulpable, mais lui couuendra délaiffer fa dicte ordonnance & foy aler hors du Royaume, fe noz grace & miféricorde ne lui font fur ce imparties, ainfi qu'il nous a fait remonftrer. Requérant humblement que attendu ce que dit eft mefmement qu'il n'a aucunement frappé ledit deffunct ne efté confentent ne coulpable de la mort d'icellui, mais de tout fon pouoir a deffendu ledit cas, et que en autres cas il a toufiours efté homme de bonne vie renommée & honnefte conuerfacion, fans jamaiz auoir efté actaint d'aucun villain cas, blafme ou reprouche, il nous plaife nos dictes grace & mifericorde lui impartir. Pourquoy nous, ces chofes confidérées voulans grace & miféricorde préferer à rigueur de juftice, audit fuppliant ou cas deffufdit & *pour honneur & réuérence de la benoift paffion de Noftre Seigneur Jhefucrift*, auons quitté, remis & pardonné, & par la teneur de ces préfentes, de noftre grace efpecial, plaine puiffance & auctorité royal, remettons & pardonnons le fait & cas deffufdit auec toute peine, amende & offence corporelle, criminelle & ciuille, en quoy à l'occafion de ce il pourroit eftre encouru enuers nous & juftice, & l'auons reftitué & reftituons à fes bonne fame & renommée au pais & à fes biens non confifquez, en mettant au néant tous proces, bans, appeaulx, proclamacions & éuocacions quelzconques, f'aucuns eftoient fur ce enfuiz, fatisfacion faicte à partie ciuillement tant feulement, fe faicte n'eft & elle y chiet, & fur ce impofons filence perpétuel à noftre procureur. Si donnons en mandement par ces mefmes préfentes à (2) & à tous noz autres jufticiers ou à leurs lieuxtenans préfens & auenir, & à chacun d'eulx fi comme à lui appartendra que de nos préfentes grace, quittance, rémiffion & pardon, facent feuffrent & laiffent ledit fuppliant joyr & ufer plainement & paifiblement, fans lui faire ou donner, ne fouffrir eftre fait ou donné ores ne pour le temps auenir en corps ne en biens aucun arreft ou empefchement au contraire

1459

Les coupables se réfugient dans l'église de St-Jean-d'Angely pour ne pas être poursuivis par la justice.

Crainte que le coupable ne quitte l'armée et n'émigre a l'etranger.

Grâce accordee en l'honneur de la passion de Notre-Seigneur.

1. Sans doute l'église abbatiale démolie en 1568 par les calvinistes et qui jouissait de beaucoup d'immunités accordées par les rois de France à toutes les époques, depuis sa fondation qui datait de Pépin.

2. Le nom du bailli ou du Sénéchal a été laissé en blanc. Comme le coupable appartenait à la compagnie des ordonnances du Senéchal même de Saintonge, le rédacteur de la lettre de rémission n'a pas indiqué où le meurtrier était justiciable.

1459 plainement & paiſiblement, mais ſe lui ou aucuns de ſes dis biens ſont ou eſtoient pour ce prins, ſaiſiz. arreſtez, ou aucunement empeſchez, les lui mettent ou facent mettre tantoſt & ſans délay à plaine déliurance, & afin que ce ſoit choſe ferme & eſtable à touſiours, nous auons fait mettre noſtre ſcel à ces préſentes ſauf en autres choſes noſtre droit & l'autruy en toutes.

Donné à Tours, ou moys de Auril l'an de grace mil CCCC cinquante neuf auant Paſques & de noſtre regne le XXXVIIIe. Ainſi ſigné.

Par le Roy en ſes requeſtes,

Eſquelles Maiſtres Jehan Tudart, Jehan de la Réaute & autres eſtoient,

DE REILHAC.

Viſa contentor,
CHALIGANT.

(Arch. Reg. J J. 190, fol. 56 v°.)

XCVIII

A Tours. — Avril 1459.

Rixes entre gens de guerre & villageois.

Remission pour Jean de Montesquin, ecuyer.

(Sur parchemin)

SOMMAIRE

Jean de Montesquin, cousin germain de Bertrand, a été compromis dans la même affaire (V. piece précédente).

1459

EMISSIO pro Jehanne de Montefquin. Charles,&c. Nous auoir receue lumble fupplicacion de *Jehan de Montefquin, efcuier*, homme de guerre eftant foubz la charge de noftre amé & féal cheualier, confeiller & chambellan *Martin Henricques, Senefchal de Xaintonge*, contenant que ou moys de décembre derrenier paffé enuiron la fefte de fainte Katherine ledit fuppliant, Bertran de Montefquin, fon coufin germain, Jehan Dafcon & Jehan Vignaron, tous de la dicte charge dudit fenefchal alerent & fe tranfporterent ou lieu & villaige appellé Varefe pres de la ville de Saint Jehan Dangely quérir des foings & auoines pour la prouifion de leurs chevaulx auquel lieu & villaige ledit fuppliant & fefdis compaignons arriuez pour ce que le temps eftoit lors pluuieux fe deftendirent (1) pour repaiftre eulx & leurs cheuaulx & fe logea ledit fuppliant en certaine maifon & fe fait, f'en alla en une autre maifon pres de la, quérir du foing pour fon dit cheval & apres retourna en ladicte maifon ou il f'eftoit logé, en laquelle apres ce qu'il euft pencé fon dit cheual, dift à certaine femme de ladicte

Réquisition de foin et d'avoine par les gens de guerre.

1. S'arrêtèrent.

1459

Logement des soldats chez les habitants.

maiſon quelle miſt ung fagot de boys ou feu pour chauffer ſon oſtour (1), ce que ladicte femme fiſt, & apres ce diſt ledit ſuppliant & ung ſien compaignon nommé Vigneron qu'il alaſt en certaine maiſon quérir de l'auoine que lui auoient promiſe ceulx d'icelle maiſon lequel Vigneron incontinent y ala & tantoſt apres ce oyt ledit ſuppliant grant noiſe & debat audit lieu. Pour laquelle cauſe & ſauoir que c'eſtoit, iſſy hors de ladicte maiſon & incontinent vit ledit Vigneron lequel lui diſt que on crioyt en certain hoſtel ou maiſon pres de la : « *à la mort, à la mort* ». Oyes leſquelles choſes, ledit ſuppliant & Vigneron entrerent dedans la dicte maiſon ou ilz eſtoient logez & print icellui ſuppliant ung baſton en ſa main & ſ'en ala au lieu ou il auoit oy ladicte noiſe & quant il y fut vit de loing que ledit Jehan Daſquon donna a tout ſon arbaleſte d'acier qu'il portoit auecques lui ung grant cop ſur ou derrière la teſte de ung nommé Jehan Louateau, mareſchal, demourant audit villaige, tellement qu'il cheut à terre comme mort. Et apres ce vit auſſi comment le dit Vigneron tira ſa dague ſubitement & en frappa ung cop ledit Louateau, dont icellui ſuppliant fut moult deſplaiſant & voulu icellui Vigneron, non content de ce frapper ledit Louateau mais ledit ſuppliant len garda tellement qu'il ne le peut frapper. Et ces choſes ainſi faictes ledit ſuppliant auec ſes autres compaignons, doubtans que pour occaſion dudit cas ilz fuſſent prins & appréhendez ſe miſdrent & vindrent rendre en franchiſe en l'égliſe dudit Saint-Jean d'Angely en laquelle ledit ſuppliant a eſté par aucun temps & apres pour ce qu'il a entendu que ledit Louateau eſtoit mort à l'occaſion de ladicte bateure, combien qu'il n'en feuſt aucunement coulpable ou conſentant, pour doubte de rigueur de juſtice ſ'eſt abſenté & rendu fuitif par ledit pais & n'oſeroit reſtourner ne ſoy tenir en ſon ordonnance, mais lui conuiendra icelle délaiſſer & ſoy en aler hors de noſtre royaume, ſe noz grace & miſéricorde ne lui ſont ſur ce imparties, ainſi qu'il nous a fait remonſtrer. Requérant humblement que attendu ce que dit eſt, meſmement qu'il n'a aucunement frappé ledit deffunct ne eſté conſentant ne coulpable de la mort & bateure d'icellui, mais de tout ſon pouoir a deffendu que ledit Vigneron ne le frappaſt comme dit eſt deſſus, & en autres cas il a touſiours eſté homme de bonne uie, renommée & honneſte conuerſacion, ſans jamais auoir eſté attaint d'aucun villain cas, blaſme ou reprouche, il nous plaiſe nos dictes grace & miſéricorde lui impartir. Pourquoy nous ce que dit eſt conſidéré, voulans grace & miſéricorde préférer à rigueur de juſtice, audit ſuppliant ou cas deſſus dit & pour réuérence de la benoie paſſion de Noſtre Seigneur Jheſucriſt

Combat entre paysans et gens d'armes

Droit d'asile dans l'église de St-Jean-d'Angely.

Défense de sa personne.

1. *Ostour*, pour · se chauffer autour.

auons remis & pardonné & par la teneur de ces préfentes, de noftre grace efpécial, pleine puiffance & auctorité royal quittons, remectons & pardonnons toute l'offenfe peine & amende corporelle, criminelle & ciuile en quoy à l'occafion deffus dicte il pourroit eftre encouru enuers nous & juftice, & l'auons reftitué & reftituons à fes bonne fame & renommée, au pais & à fes biens non confifquez, en mectant au néant tous bans, appeaulx, deffaulx, proclamacions & éuocacions quelxconques, f'aucuns en eftoient enfuyz, fatisfacion faicte à partie ciuilement tant feulement, fe faicte n'eft & elle y chiet. Et fur ce impofons filence perpétuel à noftre procureur préfens & auenir. Sy donnons en mandement par ces mefmes préfentes a. . . . . et à tous nos autres jufticiers ou a leurs lieuxtenans, préfens & auenir, & a chacun d'eulx fi comme à lui appartendra, que de noz prefenz grace, pardon & remiffion facent feuffrent & laiffent ledit fuppliant joir & ufer plainement & paifiblement fans lui faire ou donner, ne fouffrir eftre fait ou donné aucun trouble ou empefchement en corps ne en biens, en aucune manière, & fe fon corps ou aucuns de fes dis biens eftoient pour ce print, faifiz, arreftez ou empefchez, les lui mettent ou facent mettre tantoft & fans délay à plaine déliurance. Et afin &c..... Sauf &c.

1459

Pardon accordé par le roi en faveur des bons antécédents du meurtrier

Donné à . . . . , ou moys d'auril l'an de grace mil CCCC cinquante neuf & de noftre regne le XXXVIIIe. Ainfi figné.

Par le Roy, en fes Requeftes,

Efquelles maiftres Jehan Tudart (1), Jehan de la Reaute & autres eftoient,

J. DE REILHAC.

Vifa contentor,
CHALIGANT.

(Arch. J J. 190, fol. 89 v°.)

1. Jean Tudert avait été créé conseiller lay au Parlement de Paris le 13 novembre 1437, puis maître des requêtes de l'hôtel le 10 décembre 1438, envoye aupres du duc de Savoie en 1453 et enfin nommé premier president au Parlement de Bordeaux le 12 juin 1462. Il mourut le 7 septembre 1473.

XCIX

A Razilly. — Mai 1459.

Gentilshommes exploités par les usuriers.

Rémission pour Guy de Carné, chevalier breton.

(Sur parchemin)

SOMMAIRE

Guy de Carné, chevalier breton, devait 1,500 saluts d'or à Guillaume Grangier. Faute d'un remboursement à date fixe, ce dernier devenait proprietaire de la terre de la Roberdiere que Guy de Carné avait dû hypothéquer pour sûreté de la dette. Pour faire face au paiement, ce dernier avait vendu au duc de Bretagne l'hôtel de la Marriere. Mais le duc n'ayant pas payé, Guy de Carné ne peut s'acquitter lui-même envers Grangier qui s'empare de la Roberdière. Une bataille s'ensuit dans laquelle le chevalier breton à deux doigts coupés et Grangier est blessé à mort.

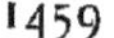

1459 EMISSIO pro Siluestro de Carne. Charles, &c. Nous auoir receue lumble supplicacion des parens & amys charnelz de *Seuestre de Carné* (1), natif du pais de Bretaigne contenant que quatre ou cinq ans a ou enuiron *Guy de Carné, cheualier*, frere dudit Seuestre fist certain appoinctement auec feu Guillaume Grangier en son viuant demourant à Nantes (2) par lequel ledit Guy de Carné demouroit tenu enuers ledit Grangier en la

1. Famille originaire de Bretagne alliée aux Goulaine, Rohan, Mello, et dont il existe encore des descendants.

2. *Nantes*, chef-lieu du departement de la Loire-Inférieure.

1459

somme de mil cinq cens salus d'or; sur laquelle somme de mil cinq cens salus d'or (1) fut dit par ledit appoinctement que paiement seroit fait de la somme de mil salus d'or dedens la feste de Noel prouchain ensuiuant & de ladicte somme de Vc qui en restoit dedens la feste de la Chandeleur apres ensuiuant. Et ou cas que ledit Guy de Carné seroit deffaillant de faire ledit paiement il vendoit des lors audit feu Grangier la terre & appartenances de la Roberdiere (2) située à trois lieues de Nantes ou enuiron & consentoit que d'icelle terre ledit terme eschu & passe a defaultc dudit paiement non fait ledit Grangier en print la possession Et soit ainsi que auant ledit terme eschu ledit Guy de Carné se tira par deuers *feu nostre cousin Pierre, en son viuant duc de Bretaigne* (3) & pour trouuer moien d'auoir argent pour paier & bailler audit Grangier ladicte somme aufdiz termes, luy vendi l'ostel & appartenances de la Marriere (4) pour certaine somme de deniers, laquelle ledit feu Duc luy promist paier & bailler dedens le terme que icelluy Guy de Carné estoit tenu de faire ledit paiement audit Grangier auant lequel terme, a ce que ledit Grangier n'eust cause de le troubler fut deuers ledit Duc & luy requist ou fist requerir qu'il luy pleust mectre remede en son cas & luy faire déliurer ses deniers ou autrement il perdoit ladicte terre de la Roberdiere. A quoy icelluy feu duc ou ses gens lui respondirent qu'ilz ne pouoient pas fournir lesdiz deniers. Et a ceste cause par défault du paiement de ladicte somme fut aduerty icelluy Seuestre que ledit Grangier non obstant que a cause de ce ilz feussent en proces à Nantes, estoit délibéré de aler le lendemain prandre possession de la dicte terre de La Roberdiere Parquoy ledit Seuestre delibera & fut conseillé de faire certain plegement (5) pour empescher ladicte possession dudit Grangier. Ce que ledit Seuestre délibéra de faire en faueur de sondit frere & enuoya ung sergent & ung notaire audit lieu de La Roberdiere, semblablement y ala ledit Seuestre sans espée ne autre habillement de guerre & auoit sa en sa compaignie ung paige, deulx varletz & ung marchant de Nantes nommé Jehan Gendron Et apres aloient lesdiz sergentz & notaire qui ne purent passer ensemble a ung port qui fault passer pour aler audit lieu de

Convention faite entre un gentilhomme et un prêteur sur gage.

Intervention du duc de Bretagne.

Procès à Nantes.

Le gentilhomme sans épée, suivi par ses pages.

1. Cette monnaie ne commença à circuler qu'après l'ordonnance du 11 août 1421, et avait cours pour 20 sols tournois. La valeur intrinseque de ces pièces serait de 14 fr. 50. (Voir Berry. *Études sur les monnaies de France*).

2. Sur la commune de Verton, chef-lieu de l'arrondissement de Nantes (Loire-Inférieure).

3. Pierre II qui succéda le 3 novembre 1450 à François 1er au duché de Bretagne, mort le 22 septembre 1457 au château de Nantes.

4. Terre située sur la paroisse Saint-Donatien, depuis reunie à la ville de Nantes. On peut ajouter ces deux terres inconnues à l'auteur du *Dictionnaire des terres et seigneuries de l'ancien comte Nantais* 1857 in-8) au nom de la famille de Carné.

5. Cautionnements sur des possessions.

1459

Prise de possession d'une seigneurie par le prêteur.

La Roberdiere. Et ainſi qu'il fut pres dudit lieu de la Roberdiere, oy ung cry que faiſoient les gens du pais diſans que ledit Grangier & ſes complices tuoient & batoient les gens dudit Guy de Carné frere dudit Seueſtre. Lequel de ce deſplaiſant pour l'amour naturelle qu'il auoit & a à ſon dit frere, ala audit lieu de La Roberdiere auec deulx varlez & ung paige qu'il auoit & trouua que ledit Grangier y eſtoit acompaignée de huit ou de dix perſonnes garniz d'armes inuaſibles (1) qui aſſailloient la maiſon dudit lieu de la Roberdière & auoient ja rompu l'uys d'icelle maiſon, batoient les gens d'icelle & uſoient de voye de fait, & non content de ce, comme les varles dudit Seueſtre arriuerent audit lieu de La Roberdiere vint ledit Grangier à l'encontre d'eulx leur courir ſus & tellement les aſſaillit, queen eulx combatant l'un contre l'autre, auant que ledit Seueſtre arriuaſt ilz ſ'entreſtoient (2) très énormément blecez & naurez. Et en leur débat avoit ledit Grangier fait une plaie ſur la teſte de l'un des varles dudit Seueſtre ung autre au bras, & le manton coppé juſques à la gorge; & a l'autre deſdiz varles le colet de ſon pourpoint coppé par derriere jusques a la char; & ſemblablement auoit icelluy Grangier une plaie en la teſte, une autre au bras pres la main & une autre en l'eſpaule ou en la poictrine. Et comme ilz ſe combatoient, arriua ledit Seueſtre qui leur diſt : « *Hola, hola, ce n'eſt pas bien fait* » cuidant departir (3) la noiſe. Mais ce nonobſtant icelluy Grangier laiſſa leſdiz varletz & vint audit Seueſtre lui courir ſus & tellement que comme icelluy Grangier le cuida (4) frapper ſur la teſte, ledit Seueſtre ſoy cuidant couurir de l'eſpée qui print dudit marchant qu'il auoit mené auec luy, ledit Grangier coppa deulx doiz de la main dudit Seueſtre, lequel bailla apres audit Grangier ung coup ou deulx; ne ſcet ſe ce fut d'eſtoc (5) ou autrement pour ce qu'il ſe ſentoit tellement troublé & blecié de ſeſdiz doiz, que bonnement il ne ſauoit auquel entendre & laiſſa tout pour ſoy faire habiller & joindre les pieces de ſeſdiz doiz, que ledit Grangier luy auoit coppez. Auquel débat yſſit l'un des ſeruiteurs dudit Guy de Carné, cheualier, frere dudit Seueſtre qui eſtoit au dedens de ſadicte maiſon dudit lieu de la Roberdiere & par derriere, d'un baſton qu'il auoit donna ung coup audit Grangier ſur la teſte pres ou à l'enuiron de l'oreille; tellement que du coup qu'il luy bailla, ledit Grangier cheut à terre & peu de temps apres par défaulte de bon gouuernement ou autrement ala de vie a treſpaſſement, pour les coups qui luy

Bataille entre noble et usurier.

Sevestre de Carné blessé à la main.

Coup de bâton donné par le domestique de Guy de Carné.

1. Offensives, propres pour l'attaque.
2. Peut-être pour : *s'entretuaient.*
3. Départir, croyant finir la rixe.
4. Pensait le frapper.
5. Du coup de pieu.

1459

Arrestation du gentilhomme.

furent donnez oudit débat duquel il fut agreffeur. Pour lequel cas l'un defdiz varles dudit Seueftre a efté exécuté par juftice & l'autre longuement détenu prifonnier & apres qu'il a efté eflargy defdictes prifons eft, comme en dit, décédé par la durté des prifons & gehaines (1) qu'il y auoit eues ; auffi a efté ledit Seueftre prins au corps & longuement détenu prifonnier en Bretaigne & ilec accufé dudit cas par le procureur général dudit feu duc Pierre & furent intenté procès contre luy, ouquel firent appeller la vefue, parens & amis dudit feu Grangier qui aucunement ne fe y font comparuz ne ilec fait parties contre luy. Et pour ce fut fur ce tellement procédé que par certains commiffaires fur ce ordonnez fentence fut donnée au prouffit dudit Seueftre par laquelle il a efté abfolz dudit cas. Mais ce nonobftant ladicte vefue dudit feu Grangier a encores contre ledit Seueftre de ce fait pourfuite en noftre court de Parlement & f'eft vantée que par arreft d'icelle noftre court a efté dit que ledit Seueftre compareftra en ladicte court en perfonne & auffi qu'elle y a obtenu contre luy ung ou deulx deffaulx & fur ledit default ou defaulx l'auoir fait de rechief adiourner a certain jour nagueres paffé. A l'occafion defquelles chofes ledit Seueftre doubtant rigueur de juftice f'eft abfenté du pais ouquel il n'oferoit jamais feurement conuerfer ne repairer fe noz grace & mifericorde ne luy eftoient fur ce imparties. Et pour ce nous ont, lefdiz parens & amis humblement fait fupplier & requérir que attendu la maniere du cas aduenu qui a efté de chaulde colle dont ledit Grangier fut premier agreffeur & inuafeur (2) par ce que à port d'armes par force & voye de fait il ala afaillir ledit lieu de la Roberdiére batre & oultraiger les gens du frere dudit Seueftre & auffi oultraigea & villena tres grandement icelluy Seueftre auquel il coppa deulx doiz & femblablement furent par icelluy Grangier & fes complices bleciez & fort naurez (3) & mutilez les varles dudit Seueftre & que pour ledit cas il a efté apréhendé en la juftice dudit pais de Bretaigne & y a obtenu fentence à fon prouffit il nous plaife fur ce impartir audit Seueftre nofdiz grace & miféricorde. Pourquoy, nous ces chofes confidérées voulans toufiours mifericorde eftre préférée à rigueur de juftice audit Seueftre de Carné ou cas deffufdit auons, quitté remis & pardonné, & par la teneur de ces préfentes, de grace efpecial, plaine puiffance & auctorité Royal, quittons, remettons & pardonnons le fait & cas deffufdiz auecques toute peine, amende & offence corporelle, criminelle & ciuille en quoy pour occafion d'icelluy car il pourroit eftre encouru enuers nous & juftice. En mettant au néant

Procédure et sentence données en faveur du coupable d'homicide.

L'agresseur était l'usurier qui avait envahi la seigneurie les armes à la main.

Blessures des serviteurs du gentilhomme.

1. Gehaine, torture, souffrance.
2. Pour *invasif*, offensif
3. Navré, ce mot a la même signification que le précédent . *blessé*.

1459

Sevestre de Carné, remis dans ses biens confisques

Ordre aux gens du Parlement de Paris.

tous bans appeaulx, deffaulx, proclamacions & euocacions quelzconques s'aucuns en eftoient enfuiz. Et l'avons reftitué & reftituons a fes bonne fame & renommée, au pais & a fes biens non confifquez fatisfacion faiƈte à partie ciuilement tant feulement fe faiƈte n'eft. Et fur ce impofons filence perpétuel à noftre procureur. Si donnons en mandement par ces mefures préfentes a noz amez & feaulx confeilliers les gens tenans noftre Parlement à Paris que de noz préfens grace, quittance, rémiffion & pardon facent, feuffrent & laiffent ledit Seueftre de Carné joir & ufer plainement & paifiblement fans lui faire ou donner ne fouffrir eftre fait ou donné ores ne pour le temps auenir en corps ne en biens aucun arreft deftourbier ou empefchement en aucune maniere, mais fe fondit corps ou aucuns de fefdiz biens, terres ou héritaiges font ou eftoient pour ce prins, faifiz, arreftez ou empefchez, les luy meƈtent ou facent meƈtre tantoft & fans délay à plaine déliurance. Et afin, &c. Sauf, &c.

Donné à Razille ou mois de May l'an de grace mil CCCC cinquante-neuf, & de noftre Règne le XXXVIIe. Ainfi figné.

Par le Roy en fon confeil,

J. DE REILHAC.

Vifa contentor,
J. DU BAN.

(Arch J J. 188, fol. 53.)

C

A Razilly. — Avril 1459.

Guet-apens et assassinat.

Rémission pour Raymonnet Desplaint et Pierre Grox, habitants de Montbrison.

(Sur parchemin)

SOMMAIRE

Raymonnet Desplaint, clerc de Jean Rabineau, avait été chargé, par ce dernier, de suivre un proces au moyen d'une procuration recusée ensuite pour fausse, par l'adversaire. Craignant d'être emprisonné lui-même, Raymonnet s'en va à Toulouse, a Avignon et à Marseille, accompagné d'un certain Pelletier, notaire, accusé d'avoir fait la fausse procuration. Là, il veut lui-même se debarrasser dudit Pelletier et le fait assommer par un patron de galère, nommé Odinet.

RO Raymundo Desplaint. Charles, &c. Nous auoir receue lumble ſupplicacion de Remonnet Deſplains, habitant de Virieu (1) & de Pierre Grox, habitant de Montbriſon (2), ledit Remonnet poure clerc chargié de femme & de petitz enfans & ledit Pierre Grox cordouennier contenant que en certain proces pendant deuant le conſeruateur des priuileges appoſtoliques de l'uniuersité de Paris (3) entre Thomas Fournier deman- 1459

Affaire devant le conservateur des privileges apostoliques.

1. Virieu-sur-la-Bourbre, arrondissement de la Tour-du-Pin (Isère).
2. Montbrison, chef-lieu d'arrondissement (Loire).
3. Chaque université avait deux conservateurs; l'un était chargé de défendre les privilèges royaux

1459

deur d'une part & Jehan Rabineau duquel ledit Remonnet ſuppliant eſt clerc, ſeruiteur & famillier deffendeur, d'autre part, icelluy Rabineau s'eſt aidé de certaine procuracion paſſée par Odoard Pelletier, notaire du ſeelle de Foreſtz laquelle procuracion ledit Fournier a depuis redarguée (1) de ſaulx & ſur ce fiſt pieça adiourner perſonnellement pardeuant noſtre preuoſt de Paris (2) leſdiz Rabineau & Pelletier a certain jour auquel ledit Pelletier ne comparut aucunement, mais ſe rendit fugitif; & ledit Rabineau y comparut par procureur, auec nos lettres de grace a plaider ou ladicte matiere fut ventillée (3) bien longuement entre leſditz Rabineau & Fournier : de la conduicte de laquelle matiere ledit Remonnet suppliant auoit ſa charge & en icelle fut tant occuppé pour obéir & ſeruir ſondit maiſtre qu'il luy a conuenu maintes foiz habandonner ſa femme & enfans & meſnaige & eſt advenue que durant ladicte fuicte d'icelluy Pelletier & meſmement ou mois de ſeptembre derrenier paſſé ledit Pelletier eſcripvit pluſieurs & diuerſes foiz au dit Remonnet ſuppliant en le priant & requérant qu'il l'alaſt acompaigner pour aler en pellerinaige a Saint Anthoine & ailleurs afin de obuier a la prinſe de ſa perſonne : ce que ledit Remonnet ſuppliant conſenti & accorda faire & atant ſe miſt au chemin & troua ledit Pelletier pres du Roſne & d'ilec alerent enſemble audit lieu de Saint Anthoine (4) & a Valence (5) & d'ilecques retournèrent audit lieu de Virieu hors lequel lieu ledit Remonnet qui auoit a faire ſes beſoignes ne voult lors plus accompaigner ledit Pelletier, mais luy bailla ung ſien parent qu'il le accompaigna juſques à Saint Glaude ; & d'ilecques s'en retournèrent audit lieu de Virieu ou ledit Pelletier demoura par ung jour & une nuit ou enuiron. Duquel lieu a la grant requeſte dudit Pelletier, iceulx Pelletier & Remonnet alerent enſemble a la Baulme a Marie Magdeleine durant lequel voiage ledit Remonnet manda audit Pierre Grox ſuppliant qu'il ſe tirait deuers eulx & *quant leſditz Remonnet & Pelletier furent à Tournon* (6), *ilz vendirent leurs chevaulx du conſeil dudit Remonnet & allerent par eaue en Auignon* ou ilz trouuerent ledit Pierre Grox ſuppliant qui ilecques eſtoit venu a eulx & d'ilecques alerent a Marſeille enſemble. Et en faiſant ledit voyage leſdiz ſupplians, voyans qu'ilz n'auoient que peine & travail pour ledit Pelletier meſmement ledit Remonnet, qui auoit tant eu de perdicion de temps pour ledit

Promesse d'abandonner femme et enfants pour accompagner son maître

Départ pour un pelerinage à la Saint-Baume.

Voyage par eau d'Avignon à Marseille.

accordés par les rois, et l'autre les privileges apostoliques données par les papes. Ce dernier ne connaissait que des matieres spirituelles, entre personnes ecclésiastiques, et il etait delegué par le pape.

1. *Redarguee*, qui veut dire reprochée.
2. Qui était alors Robert d'Estouteville, cinquieme fils du seigneur de Torcy: mort le 3 juin 1479.
3. *Ventilee*, examinée.
4. Arrondissement et canton de Saint-Marcellin (Isere).
5. Valence-sur-Rhône (Drôme).
6. Tournon-sur-Rhône (Ardèche).

1459

proces confiderèrent & aduifèrent enfemble que fe ilz pouoient faire mettre& transporter fur mer ledit Pelletier par aucun temps fuppofé que la dicte faulceté fuft vraye que on n'en pourroit auoir la congnoiffance ne ataindre le cas & que ce pendant, ladicte matière s'endormiroit & que en çe faifant ilz feroient defchargez defdiz proces peines & travaulx & pourroient fauluer ledit Rabineau en tant qu'il feroit confentant d'icelle faulseté. Et ce aduifé eulx, eftans audit lieu de Marfeille trouuerent moien de parler a ung nommé Pierre Audinet dudit lieu de Marfeille, patron de gallée, auquel ils difdrent & donnerent a entendre qu'ilz auoient auec eulx ung malfaicteur, parlâns dudit Odoard & qu'il auoit defrobé à fes pere & mere II^{m} efcus & auoit fait & commis plufieurs autres maléfices & luy promirent que fe il prenoit, qu'ilz luy porteroient defcharge de fes parens & XX efcus pour les defpens & atant fut ledit Odinet content de le prendre & aduiferent enfemble qu'ilz feroient entendant audit Odoard qu'il eftoit maigre & debiliet de fa perfonne & qu'ilz lui auoient pourchaffé ung cheual enuers ledit Odinet pour le porter & conduire & entreprindrent mener ledit Pelletier en l'eftable dudit Odinet ouquel icelluy Odinet les devoit attendre. Et ce fait lefdis fupplians fe tranfporterent pardeuers ledit Pelletier & luy firent entendant ce que dit eft & tant le prefcherent que le landemain a heure de midy ilz le conduifirent jufques audeuant d'icelluy eftable, dedens lequel lefdiz fupplians intrerent cuidans que ledit Pelletier y entraft, mais il n'y vouloit entrer. Toutes foiz ilz firent tant qu'il y entra & incontinent qu'il fut entré ledit ledit Odinet print ledit Pelletier malicieufement par la gorge & le frappa des poins tellement qu'il le fift tomber à terre & luy tumbé fe mift fur luy a deux genoulx & le frappa plufieurs foiz — Et incontinent enuoya quérir une paire de fers poifans de XV a XX liures par fes feruiteurs ilecques eftans, lefquelz fers il luy mift aux pies & luy lya les mains derriere le doz & luy eftoupa la bouche d'un drap linge afin qu'il ne criatt & luy ofta IX ou X efcus qu'il auoit fur luy & atant lefdiz fupplians f'en retournèrent en leurs maifons et laifferent ledit Pelletier audit Odinet : lequel, comme on dift, mift depuis ledit Pelletier aux feps a tout lesdiz fers & luy fuft fouffrir de grans peines & trauaulx de fa perfonne ou le tint par aucun temps & jufques a ce que ledit cas fut dénoncé à la juftice dudit lieu de Marfeille qui délivra ledit Pelletier des mains dudit Odinet. Pour occafion defquelz cas ainfi aduenuz lefdiz fupplians doubtans rigueur de juftice font fugitifz & abfentez du pais & ont abandonné leurs femmes & enfans & en icelluy n'oferoient retourner ne eulx trouuer, par quoy leurfdiz femmes & enfans font en voye de venir en grant mendicité fe noftre benigne grace & miféricorde ne leur eftoit fur ce imparties. Et pour ce nous ont humblement fupplié & requit que attendu ce que

Complot pour enlever un notaire.

Complicité du patron d'une galère.

Exécution du complot.

Le notaire les fers aux pieds et les mains attachées, comme un galérien

Dénonciation a la justice de Marseille.

1459

Les coupables ne voulaient pas attenter à la vie du notaire mais simplement le sequestrer.

dit eſt & que ce qu'ilz en firent n'eſtoit pas pour faire mourir ledit Pelletier fors ſeulement pour le mectre hors du pais par aucun temps comme dit eſt & que pour ce faire ilz n'ont eu loyer ne ſalaire, mois temptez de l'ennemy délibérèrent entre eulx le fait par la maniere deſſuſdicte : & que ledit Pelletier n'a receu mort ne mutilacion de ſon corps & que en tout aultre cas leſdiz ſupplians ſont bien ſamez & renommez nous leur vueillons ſur ce impartir noſtre grace & miſéricorde pourquoy nous ces choſes conſidérées voulons miſéricorde eſtre ſur ce préférée à rigueur de juſtice, audiz ſupplians & chacun d'eulx auons quitté, remis & pardonné, quittons, remettons & pardonnons par ces préſentes de noſtre grace eſpéciale plaine puiſſance & auctorité royal les cas & les deliz deſſuſdiz & chacun d'iceulx ainſi aduenuz comme dit eſt, enſemble toute peine, amende & offence corporelle, criminelle & ciuile en quoy pour raiſon deſdiz cas & déliz leſdiz ſupplians & chacun d'eulx peuent eſtre & ont encouruz enuers nous & juſtice & les auons reſtituez & reſtituons a leur bonne fame & renommée, au pais & a leur biens non confiſquez ſatisfacion faicte à partie ciuilement tant ſeulement ſe faicte n'eſt en mettant au néant tous proces a appeaulx, deffaulx, ban & exploiz pour ce enſuiz & ſur ce impoſons ſilence perpétuel a noſte procureur preſent & auenir. Si donnons en mandement par ces dictes préſentes au ſeneſchal de Beaucaire & de Nyſmes & a tous nos autres juſticiers ou a leurs lieuxtenans & a chacun d'eulx ſi comme a luy appartiendra que de noz preſens grace, quittance, remiſſion & pardon ilz facent, ſeuffrent & laiſſent leſdiz ſupplians & chacun d'eulx joir & uſer plainement & paiſiblement ſans pour ce leur faire mettre ou donner ne ſouffrir ſtre fait mis ou donné en corps ne biens ne biens aucun deſtourbier ou empeſchement ainçois ſe leurs diz corps ou biens ſont ou eſtoient pour ce prins, ſaiſiz arreſtez ou empeſchez les leur mettent ou facent mettre ſans delay a plaine déliurance & afin, &c. Sauf, &c.

Ordre au Sénechal de Nîmes et de Beaucaire.

Donné à Razilly ou mois d'auril l'an de grace mil CCCC cinquante neuf & de noſtre regne le XXXVIIe. Ainſi ſigné.

Par Le Roy.

J. DE REILHAC.

Viſa contentor,
J. DU BAN.

(Arch. JJ. 188, fol. 52 v°.)

CI

A Chinon. — Mai 1458.

Blessures et meurtres entre paysans du pays d'Albigeois.

Remission pour Guillaume Arnault.

(Sur parchemin)

SOMMAIRE

Un paysan de l'Albigeois, nommé Guillaume Arnault se prend de querelle avec un autre, nommé Bodas. à propos de sa fille, que le susdit Bodas menaçait de maltraiter. Une rixe s'ensuit au milieu de laquelle Arnault frappe de son couteau le pere de Bodas.

EMISSIO pour Guillelmo Arnault. Charles, &c. Receue lumble fupplicacion de Guillaume Arnault poure homme de labour, natif de Canhac en Albigeois (1), aagé de trente ans ou enuiron, chargié de femme & de fept enfans, contenant que le jour de la fefte de Penthecofte l'an mil CCCCLVIII ledit fuppliant eftant en la juridicion & juftice dudit lieu de Canhac (2) en ung certain champ communément appellé la Roquete c'eft a fauoir en un champ faffranier qui eftoit tout femé de faffran appartenant à Pons du Puy, 1458

1. L'Albigeois, territoire français de l'ancienne province du Languedoc, il comprenait les deux diocèses : d'Albi et de Castres.

2. Canhac, hameau sur la commune de Vazerac, canton de Molières, arrondissement de Montauban (Tarn-et-Garonne).

1458

Demande de prêt d'argent et de vin.

eſcuier, ſeigneur du dit lieu de Canhac (1) aſſis pres le chemin publicque gardant ſes beſtes cheualines, enuiron ſouleil couchant, ſuruint à lui Ramond Bodas, filz de Durant Bodas lequel incontinent de prime face, demanda audit Arnault ſuppliant *qu'il luy preſta argent ou certaine quantité de vin*. Lequel des deux ceſta ſauoir argent ou vin ledit ſuppliant n'eſt recors, mais bien eſt aſſeuré que l'un des deux ou argent ou vin. luy demanda a preſter. à l'auenture tous deux. Auquel Ramond Bedas ledit Arnault reſpondi les parolles qui s'enſuiuent ou en effect & ſubſtance en ſon langaige « *E digas, ribault, quoſſi me auſſas tu demanda re que ta me a jas cujade auſſire ma fille* ». Catherine de l'eage de XV ans ou enuiron : laquelle demouroit pour lors en ſeruice auec ung nomme Jehan Mellet, habitant du lieu Taix, confrontant a la paroiſſe dudit lieu de Canhac. Icelle fille gardant le beſtal dudit Mellet ſon maiſtre le ſoir deuant qui eſtoit veille de la dite feſte de Penthecoſte au pres certains blez vers dudit Bodas : icelluy Ramond Bodas prétendant que leſdites beſtes euſſent fait dommaige audit blé de prime face, par hayne & malueillance nulle parolle injurieuſe précédent courut ſus à la dite fille & icelle tres aigrement batit & frappa auec ung grant baſton appellé *aguillade* (2) & lui en donna trois grans coups frappant moult malicieuſement, tellement que a chacung coup ladite fille tomba à terre. ſi comme la femme dudit ſuppliant nommée Aſtugre, mère de la dite fille l'auoit relaté au dicte Arnault ſon mary.

Sujet de la rixe.

Paroles injurieuses

Auſquelles parolles deſſus déclairées par manière de reſponſe ainſi dites par ledit ſuppliant audit Ramond Bodas. icelluy Raymond reſpondit telles paroles ou ſemblables : « *Se jeu my metz jeu la doubarei* (3) *talamam que la cabra anar ſerquar am una fleſſada* » Voulans dire ſi comme le dit Arnault dit que le dit Raymond batroit tant ladite fille qu'il conuendroit par néceſſité qu'on la veniſt quérir auec une couuerte de liet. — A quoy le dit ſuppliant. père de la dite fille reſpondi telles parolles ou en effet ſemblables : « *Au te aviſas be ribault taquamb que no la toqueſſesgeſſe may per ton pro* (4) ». Et ainſi comme leſditz Arnault & Raymond Bodas en la manière deſſus dite alterquoient (5) & debatoient enſemble, ilecques ſuruint le deſſus nommé Durant Bodas père dudit Raymond, lequel incontinent de felon couraige & moult eſchauffe en ſa malice & malueillance contre ledit Guillaume Arnault, diſt tres malicieuſement audit ſuppliant les parolles qui s'enſuiuent ou en effect

1. *Pons du Puy*, seigneur de Caignac dont le fils *Antoine du Puy* (de Podio) fut légitimé en mai 1459. (V. p. 150).

2. Doit venir du mot *aguillon*, bâton ferré : pour faire avancer les bœufs.

3. *Dauber*, terme vulgaire qui signifie : rouer de coups.

4. La fin de cette phrase semble inintelligible et a dû être mal écrite par le copiste.

5. Du mot *altercari* (contester ou être opposé sur des choses de raisonnement).

ſemblables : « *E digas tu per que apelas tu ribault mon filz qumbas ribaldarias te del facha* » auquel Durant Bodas, père dudit Raymond, ledit Raymond Arnault ſuppliant reſpondi les parolles qui s'enſuivent : « *Per Diou el es ribault de auer batuda ma filha & mey vos loh que ſuffertatz* (1). » Et incontinent ledit Durant Bodas & Ramond Bodas ſon fils tous deux de tres felon couraige, lui d'un autre coſté & l'autre d'autre coururent ſus audit ſuppliant & tres malicieuſement le batirent avec leurs poins clos, en diſant telles parolles ou en effect ſemblables : « *Vos que te donne, vos que te donne* (2) ». Icelles parolles réitérant par deux foiz & touſiours de plus en plus leſdits Bodas pere & fils aprouchant & frappant ſur ledit ſuppliant & auſquelz Durant & Ramond père & filz lors ledit ſuppliant reſpondit telles parolles ou ſemblables : « *Non pas ne vols que me donnes an vos gardes be que no me toquetz & may per voſtre pro.* » Et incontinent qu'il eut dit leſdites parolles, & ainſi qu'il ſe trouua ayant le dos par deuers leſdits Bodas pere & filz & regardant ſeſdites beſtes cheualines qui tiroient vers ung champ ſemé de blé vert aſſez pres d'eulx, lors ledit Durant Bodas pere par derriere, à traiſon, frappa ledit Arnault ſupplian ung bien grant coup a toute puiſſance ſur ſon oreille deſtre auec ſon poing clos : par lequel coup, ledit Arnault tomba à terre, & adonc lui eſtant ainſi tombé, leſdits Bodas pere & filz faillirent ſur luy & ilec a toute leur force le frapperent chacun d'eulx auec leurs poins clos, & lors ledit ſuppliant reſiſtans audit Bodas le mieulx qu'il pouuoit avec ung de ſes piez chargea ledit Durant pere tellement qu'il le degecta (3) & ſepara de ſa perſonne aucunement & en le deiectant ainſi & ſéparant avec ſondit pié icelluy Durand Bodas ala tumber de ſon coup ſur une clauſure dudit champ ſafraner, & ainſi icelluy Arnault ſuppliant eſchappa des mains dudit Durant & ſe leua ſur ſes piez. — Et ce fait, non content ledit Durant Bodas de tout ce qu'il auoit fait, voulans plus auant procéder contre ledit Arnault de tres felon couraige de rechief courut auec ung grant pal (4) ſur ledit Arnault, lequelt pal il auoit prins & tiré de la clauſure dudit champ ſaffranier, duquel pal icelluy Bodas le frappa un grant coup ſur le col. Et encores non content icelluy Durant de ce qu'il auoit fait, retourna de rechief à toute puiſſance ledit pal par derriere pour donner un plus grant coup audit Arnault ſur eſpérance de plus griefuement le endommaiger de ſa perſonne & ainſi qu'il venoit auec ſon coup de toute ſa

1458

Coups de poing donnés par le père et fils.

Bataille a coups de pieu.

1. « Par Dieu, il est ribaut, parce qu'il a battu ma fille, et toi encore davantage qui l'as souffert ! »

2. « Voilà ce que je te donne ».

3. *Degecta*, pour : se debarrassa.

4 Pieu.

1458

force pour le frapper fur la tefte. laquelle chofe il euft faicte felon la demouftrance qu'il faifoit. — Icelluy Arnault qui n'auoit aucune chofe de quoy fe deffendre & réfifter contre icelluy coup auec fa main feneftre devya & foy garda dudit coup qu'il ne luy donnaft fur la tefte qui, fe ainfi ne l'euft fait. comme il eft vrayfemblable à préfumer il l'euft meurtry & occy tres villainement. Lequel pal en le déuyant & retournant, comme dit eft, icelluy Arnault fuppliant print auec fa main & le tenoit d'un coufté & ledit Durant Bodas d'autre; & ainfi comme ilz le tenoient l'un contre l'autre ledit Bodas en foy perforcant (1) de le recouurer entierement contre ledit Arnault & ledit Ramond qui d'autre cofté tenoit ledit Arnault à toute fa puiffance aidant & fecourant fondit pere pour endommaiger ledit Arnault a fa perfonne. Tan dans lefdits pere & fils de tout leur pouoir de faire (2) & jecter a terre icelluy Arnault pour mieulx & plus aifément le endommaiger. Icelluy Arnault a celle foiz eut moult grand doubte d'eftre tué & murtry, & eulx ainfi eftans, voyans ledit Arnault ainfi eftre tenu par lefditz Bodas pere & filz icelluy Arnault tenant ledit Ramond avec fon bras feneftre c'eft affavoir entre la tefte & les efpaules icelluy Arnault regardans derriere foy de tous couftez. fil euft peu veoir aucun bafton ou aucune chofe de quoy il euft peu foy deffendre defdits Bodas. icelluy Arnault ne vit riens de quoy il fe peuft aider ne deffendre & doubta eftre tué & murtry villainement; fachant & congnoiffant certainement que s'il euft défemparé ledit pere qu'il tenoit d'un cofté auec ledit pal & ledit fils qu'il tenoit auec fon bras feneftre entre fa tefte & efpaules certainement en la manière qu'ilz procédoient il euft efté tué & murtry, comme dit eft. Et aduint que toft apres ces chofes ainfi faictes a heure de nuit claufe voyant qu'il n'auoit aucun fecours & réfiftance contre eulx & autrement faire ne le pouoit, va aduifer ung coufteau qu'il auoit dont il fe fervoit à copper le pain, de la longueur de demy ou ung efpan (3) ou enuiron, lequel il auoit pendant à fa fainture & lors le tira de la guefne fur & entencion de frapper ledit Ramond qui le tenoit, tendant icelluy Ramond a toutes fins & puiffance de faire tumber icelluy Arnault à terre fur efpérance de le endommaiger au corps. Pour laquelle caufe icelluy Guillaume Arnault frappa ledit Ramond de fondit coufteau par le ventre, mais pour que icelluy Raimond vit qu'il auoit fondit coufteau en deffence contre luy, icelluy Ramond ne le tint plus, ains le laiffa & defempara en foy féparant de luy & en faultant arriere; & voyant ledit fuppliant que ledit Durant Bodas pere

Secours du fils.

Coups de couteau.

1. S'efforçant.
2. *Fraire*, férir, frapper.
3. Espan, mesure de longueur.

1458

dudit Ramond auec ledit pal qu'ilz tenoient encores ensemble se perforcoit a tout puissance de le frapper, icelluy Guillaume Arnault courut sus dudit cousteau audit Durant Bodas, pere dudit Ramond, lequel il frappa de la poincte dudit cousteau non mye sur entencion de le griefuement endommaiger au corps en maniere qu'il en deust valoir moins, mais sur ferme espérance de aucunement soy deffendre-comme dudit Raymond son filz & eschaper d'eulx. Et pour ce que icelluy Arnault suppliant en faisant ledit coup de cousteau estoit tellement troublé par les grant coups que lesdits Bodas pere & filz lui auoient faitz & donnez, il n'est records en quel lieu du corps il frappa ledit Durant Bodas, mais que qu'il soit icelluy Durant dudit coup de cousteau tumba à terre & bien tost apres ala de vie a trespassement si comme il a depuis oy dire. Et tantost apres icelluy Arnault oy dire a aucuns qu'il auoit frappé ledit coup de cousteau à la gorge dudit Durant. Pour occasion duquel cas lequel est aduenu de chault sang & chaulde colle & par la couppe desdits Bodas, ledit Arnault doubtant rigueur de justice s'est absenté du pais où il n'oseroit jamais seurement conuerser en auenture que par ce il luy conviengne finer ses jours & sesdites femme & enfans tourner a mendicité. se noz grace & misericorde ne luy sont sur ce imparties, en nous humblement requérant qu'attendu la maniere dudit cas & qu'il est aduenu de chault sang & chaulde colle & par la coulpe desdits Bodas qui furent premiers aggresseurs & avoient batu & villaine ledit Arnault suppliant, & que en autres cas icelluy suppliant a tousiours esté homme de bonne vie renommée & honneste conuersacion, sans jamais avoir esté attaint d'aucun villain cas il nous plaise nosdites grace & miséricorde luy impartir pourquoy nous, ces choses considérees voulans grace & misericorde estre sur ce préférée à rigueur de justice, audit Guillaume Arnault suppliant ou cas dessusdit & en pitié & compassion de sesdits femme & enfans, auons quitté, remis & pardonné & par la teneur de ces présentes de nostre grace especial, plaine puissance & auctorité royal quittons, remettons & pardonnons le fait & cas dessusdit auec toute peine, offence & amende corporelle, criminelle & ciuile, en quoy à l'occasion d'icelluy il pourroit estre encouru enuers nous & justice, en mettant au néant tous ban défaulx, proclamacions & éuocacions quelzconques s'aucuns en sont ou estoient ensuiz & l'auons restitué & restituons à sa bonne fame & renommée, au pais & a ses biens non confisquez, satisfacion faicte à partie ciuillement tant seulement, si faicte n'est & sur ce imposons silence perpetuel à nostre procureur. Si donnons en mandement par ces mesmes présentes a

Mort de Durant Bodas.

ou à son lieutenant & a tous noz autres justiciers & officiers ou a leurs lieutenants & a chacun d'eulx, si comme à luy appartendra que de nos présents grace,

1458 quittance, rémiſſion & pardon facent, ſeuffrent & laiſſent ledit Guillaume Arnault joir & uſer plainement & paiſiblement ſans lui faire ou donner ne ſouffrir eſtre fait ou donné, ores ne pour le temps auenir en corps ne en biens aucun arreſt, deſtourbier ou empeſchement, mais ſe ſondit corps ou aucuns de ſeſdits biens eſtoient pour ce prins, ſaiſiz, arreſtez ou empeſchez, les lui mettent ou facent mettre ſans délay à plaine déliurance Et afin, &c. Sauf, &c.

Donné a Chinon ou mois de May l'an de grace mil CCCC LIX & de noſtre règne le XXXVIIe. Ainſi ſigné.

Par le Roy,

A la relacion du Conſeil.

J. DE REILHAC.

(Arch. J J. 188, fol 54.)

CII

A Chinon. — Juillet 1459.

Homicide commis par un prévôt dans l'exercice de ses fonctions.

Rémission pour Pierre Ménart prévôt de Loches.

(Sur parchemin)

SOMMAIRE

Le vendredi 6 juillet 1459, le prévôt de Loches, Pierre Ménart, requis par un habitant de saisir des hevaux qui paissaient sur un héritage d'autrui les avait fait mettre en fourrière, sauf un lequel appartenait à un nommé Bizoton, cousin dudit prévôt. Mais ce dernier, loin d'en être reconnaissant, frappa le prévôt au visage. Celui-ci, tirant sa dague, tua Bizoton. — Le prévôt a été destitué et menacé de poursuites pour ce fait.

1459

Prévôté de Loches affermée pour trois ans.

EMISSIO pro Petro Menart. Charles, &c. Receue lumble fupplicacion de *Pierre Menart preuoft* (1), *fermier de la preuofté de Loches* (2) contenant que il a afferméladite preuofté pour trois ans commencans a la fefte de lafcencion Noftre Seigneur derreniere paffée l'an préfent mil CCCC cinquante neuf & finiffans a ladite fefte lan mil CCCC LXII prouchainement venant & que en exercant ledit office de preuoft le venredi fixiefme jour de ce préfent

1. Les prévôts connaissaient de toutes les matières civiles entre roturiers, a l'exception des causes réservées aux baillis et sénechaux.

2. Autrefois comté, siège d'une élection avec un bailliage.

1459

mois de Juillet deuers le matin ung nommé Cafin Robelin de ladite ville de Loches feuft venu deuers ledit fuppliant & luy euft requis qu'il alaft quérir certaines beftes qui eftoient ou pre d'un fien gendre nommé Jehan Moreau & qu'il les mift en noz prifons afin d'en eftre defdommaigié & qu'ilz en paiaffent l'amende audit fuppliant. Laquelle requefte oye par icelluy incontinent luy & fon fergent général alerent audit pré qui est pres de ladite ville de Loches auquel ilz trouuèrent deux cheuaulx, lefquelz ilz voulurent amener en noz prifons audit lieu de Loches Et en les amenant furuint ung nommé Michau Clémenceau, feruiteur d'un nommé Maiftre Pierre Bizoton, coufin dudit fuppliant qui luy deift bien rudement *qu'il n'emmeneroit point ung defdits cheuaulx en prifon pour ce qu'il eftoit à luy* & qu'il ne l'auoit point pris es prez. Et adonc ledit fuppliant pour éuiter adebat en faueur de fondit coufin fut content pour celle heure de lui laiffer fondit cheual ; mais il luy deffendi qu'il ne mift plus le cheual efdift prez ; lequel Michau n'en tint compte & ne s'en fift querire & moquer de chofe qu'il luy deift ; & des celle heure laiffa aller fondit cheual efdits prez en difant qu'il ne le pourroit prendre, comme fe par maiftrife fondit cheual deuft eftre efditz prez. Lequel fuppliant voyant & congnoiffant que icelluy Michau ne tenoit compte de chofe qu'il lui deift & qu'il auoit remis fondit cheual esdits prez par maniere de derrifion & moquerie de luy fe party d'ilec & commenca a dire ces parolles ou femblables en effect & fubftance : « *Par Dieu, je fuis bien fol de faire plaifir a ceft homme, car il ne m'en fcet gré, & encores fe farce de moy. & fe j'auoye perdu en ma ferme trente ou quarante efcus, il en feroit bien joyeulx.* » Et tantoft apres & ledit jour ledit fuppliant trouua derechief ledit Michau auquel il dift & remonftra que c'eftoit mal fait a luy de auoir laiffié & remis fondit cheual efdits prez & que s'il le y trouuoit plus, qu'il le feroit mettre en prifon & en paieroit l'amende & qu'il luy fembloit qu'il y deuoit eftre par maiftriffe & que encores ne fe faifoit que farcer (1) de luy & ne congnoiffoit point le plaifir qu'il luy faifoit. Sur quoy icelluy Meichau, qui quinze jours de parauant ou enuiron auoit prins noife dudit fuppliant & s'eftoit courroucié à luy à caufe de ce qu'il ne luy auoit voulu donner l'amende d'un default en quoy le mary de fa fœur eftoit encheu en la Court de la dite preuofté, refpondit & dift audit fuppliant *qu'il faifoit trop du maiftre* & *que depuis qu'il eftoit preuoft qu'on ne pouoit durer* (2) *a luy* & plufieurs autres parolles eurent enfemble. Ou contempt (3) defquelles & tant à l'occafion dudit cheual que auffi pour ce que ledit fuppliant n'auoit voulu donner audit Michau ledit default

Chevaux mis en fourriere.

Les ordres du prevot tournés en dérision

Cour de la prévôte.

1. *Farcer*, plaisanter, railler.
2. Vivre avec.
3. Contempt, mépris, indignation.

p_r le mary de fa dite fœur lefdits fuppliants et ledit Michau ont eu plufieurs autres groffes parolles; efquelles ledit Michau menacoit ledit fuppliant de le batre & depuis s'en eft venté par plufieurs foiz & en diuerfes places. en difant contre vérité que icelluy fuppliant auoit injurié fa feur en parolles & qu'il le luy remonftreroit. Et eft aduenu que le dimenche enfuiuant à l'occafion des chofes deffufdites comme enuiron une heure apres midy ledit fuppliant eftant en la grant rue dudit lieu de Loches & parlant a ung nommé Guillaume Tromoft qui f'en aloit à Cormery (1) & par lequel il enuoyoit a ung des fergens de ladite preuofté ung mémoire pour faire aucuns ajournemens aux prouchains plaiz enfuiuants de la dite preuofté. Et en prenant congié dudit Tromoft auquel il en chargoit qu'il fift fon meffaige audit fergent fans ce qu'il veift, fceuft ne apperceuft ledit Michau & fans ce qu'il penfaft qu'il luy vouliift aucun mal faire ledit Michau de propos délibéré & d'aguee apenfe (2). vint frapper ledit fuppliant d'un gros bafton fur la tefte & fur les efpaulles deux ou trois coups. Et adonc icelluy fuppliant soy voyant ainfi greué & foullé & qu'il ne fauoit quelle voulenté auoit ledit Michau & qu'il ne fe vouloit ceffer de frapper fur luy, icelluy fuppliant meu de chault fang, tira fa dague. de laquelle il frappa ledit Michau ung coup foubz l'effelle. A l'occasion duquel & par le mauuais gouuernement que a eu ledit Michau XV jours apres ou enuiron eft alé de vie a trefpas. Et combien que ledit feu Michau luy eftant malade durant lefdits XV jours. congnoiffans qu'il auoit efté le premier inuafeur & agreffeur ait pardonné ledit cas audit fuppliant, en difant & déclairant qu'il ne luy en vouloit aucun mal ne luy en demandoit riens & que par ce & mefmement que ledit cas eft aduenu de chault fang & chaulde colle & fur le corps deffendant dudit fuppliant on ne luy en doye aucune chofe demander ne mettre empefchement en fes biens; néanmoins noz procureur & autres noz officiers audit lieu de Loches, pour occafion dudit cas, ont ofté & mife hors des mains dudit fuppliant ladite preuofté dudit lieu, qui a efté & eft en fon très grant deshonneur, & doubte que encores a l'occafion d'icelluy cas noftre dit procureur ou autres noz officiers ou les parents & lignagiers dudit deffunct puiffent ou vueillent à préfent ou le temps auenir procéder par rigueur de juftice & tendre à l'encontre de luy à pugnicion corporelle & à autres grans peines & amendes & qu'il en feuft ou peuft eftre en aucun dangier de fa perfonne & de fes biens, fe noz grace & miféricorde ne luy eftoient fur ce imparties, humble

1459

Le prevot accusé d'avoir injurie une femme.

Sergent de la prevôté envoyé pour un ajournement.

Coup de dague donne par le prévôt.

Saisie des biens du prevôt et de sa charge.

1. Ancienne chatellenie de l'élection de Loches, canton de Montbazon, arrond. de Tours (Indre-et-Loire).

2. Guet-apens.

1459

Crime commis dans un moment de colere.

ment requérant que, attendu que ledit cas eſt ainſi aduenu de chaulde colle & ou corps défendant dudit ſuppliant que ledit [ſuppliant] (1) luy a pardonné ledit cas, comme dit eſt, & que en autres choses ledit ſuppliant a touſiours eſté homme de bonne vie & renommée & honneſte conuerſacion ſans auoir jamais eſté attaint ou conuaincu d'aucun autre villain cas, blaſme ou reprouche, il nous plaiſe noz dites grace & miſéricorde luy impartir. Pourquoy nous ces choſes conſidérées, voulans grace & miſéricorde eſtre préférez à rigueur de juſtice, audit Pierre Ménart ſuppliant, ou cas deſſuſdit, auons quitté, remis & pardonné & par la teneur de ces préſentes, de grace eſpecial, plaine puiſſance & auctorité royale quittons, remettons & pardonnons le cas et délit deſſuſdit auec toute peine amende & offence corporelle, criminelle & ciuille en quoy il en pourroit eſtre encouru enuers nous & juſtice, & l'auons reſtitué & reſtituons à ſa bonne fame & renommée au pais & à ſes biens non confiſquez, ſatisfacion faicte à partie ciuillement tant ſeulement, ſe faicte n'eſt, en mettant au néant tous appeaulx, deffaulx bans, proclamacions & euocacions quelzconques, s'aucunes en eſtoient enſuiz & ſur ce impoſons ſilence perpétuel à noſtre procureur. Si donnons en Mandement par ces meſmes préſentes au bailly de Touraine & des reſſors & exempcions d'Aniou & du Maine, & a tous noz autres juſticiers ou à leurs lieuxtenants préſens & auenir & a chacun d'eulx ſi comme à luy appartendra, que de noz préſens grace, quittance, remiſſion & pardon facent, ſeuffrent & laiſſent ledit ſuppliant joir & uſer plainement & paiſiblement ſans le moleſter, travailler ou empeſcher ne ſouffrir eſtre pour ce moleſté, trauaillé ou empeſché ores ne pour le temps auenir en corps ne en biens, en aucune manière, mais ſe ſon corps ou aucuns de ſes dits biens ſont ou eſtoient pour ce prins, ſaiſiz, arreſtez mis en noſtre main ou autrement empeſchez, les luy mettent ou facent mettre ſans délay à plaine déliurance. Et afin, &c. Sauf &c.

Mandement adresse au bailli de Touraine

Donné à Chinon, ou mois de Juillet l'an de grace mil CCCC cinquante neuf & de noſtre règne le XXXVIIe. Ainſi ſigné.

Par le Roy, a la relacion du Conſeil,

J. DE REILHAC.

Viſa contentor,
J. DU BAN.

(Arch. JJ. 188, fol. 65, v°.)

1. *Sic : sup.* et un blanc sans abréviation. Le copiste voyant sans doute qu'il faisait une faute se sera arrêté en route, mais sans mettre le mot exact.

CIII

A Chinon. — Août 1459.

Bataille entre un couturier et un gentilhomme qui refuse de payer.

Rémission pour Bernard Demyer couturier à Bordeaux.

(Sur parchemin)

SOMMAIRE

Bernard Demyer « cousturier » à Bordeaux avait fourni des vêtements à Guy de la Borde, gentilhomme de la retenue du duc de Bourbon, en garnison à Bordeaux, et celui-ci refusant de le payer, il l'ajourna devant la justice. Mais Guy de la Borde, ayant rencontré le couturier dans la rue Sainte-Catherine, en compagnie de deux de ses camarades, une bataille s'ensuivit; et Demyer, en se defendant, a tué le gentilhomme d'un coup de dague.

REMISSIO Bernardo Demyer, Charles. &c. Nous auoir receue lumble supplicacion de Bernard Demyer couſturier, demourant à préſent en noſtre 1459
ville de Bourdeaux, jeune homme de l'aage de trente ans ou enuiron, contenant qu'il a demouré en la dicte ville & cité la pluſpart du temps depuis la derreniere reduction d'icelle ville en noſtre obéiſſance (1) & en icelle a leue ouueroer (2) & bouticle de ſondicte meſtier & a preſté grant partie de ſon vaillant (3) & fait plai-

1. Le 13 juillet 1453.
2. Permission de tenir atelier.
3. Vaillant, qui signifie ici : *capital*. Sous ce nom on désignait aussi une monnaie.

1459

Réclamation de l'argent prête.

Menaces de Guy de la la Borde

Injures en presence du prévôt.

Rencontre dans la rue Sainte-Catherine.

ſir a pluſieurs gentilzhommes & aucuns de noſtre ordonnance eſtans loger en icelle ville & par expres a ung nommé *Guy de la Borde, eſcuier, homme d'armes de la retenue de noſtre très chier & tres ame filz & couſin le duc de Bourbonnois & d'Auvergne* (1) auquel il a preſté certaine ſomme de deniers; de partie de laquelle il appa-roit par compte fait ou par cedule & de l'autre non: laquelle comme icelluy ſuppliant a pluſieurs foiz demandée audit de la Borde, mais il n'a tenu compte de la paier. Parquoy icelluy ſuppliant donna aucun jour ja paſſe charge a ung ſergent de adjourner a ſa requeſte ledit de la Borde & le mercredi premier jour du preſent moys d'aouſt, icelluy de la Borde, enuiron heure de coucher ſe tranſporta en la maiſon de feu Fertir de Sauuiaz d'icelle ville, en laquelle il trouua ledit ſuppliant & ung nommé Francois Chauvet qui ſe vouloient coucher; leſquels eurent enſemble pluſieurs lengaiges & enſtre auſtres de compter enſemble & a tant vint que le dit ſuppliant monſtra audit de la Borde ſon compte; lequel compte veu, icelluy de la Borde deiſt qu'il ne deuoit pas ledit compte et ledit ſuppliant au contraire, & ſur ce eurent pluſieurs lengaiges enſemble. Et tellement que ledit ſuppliant deiſt audit de la Borde qu'il apperceuoit bien que ce qu'on diſoit de luy eſtoit vray, car il n'y auoit homme qui euſt a beſoigner audict de la Borde qui ne ſe paigny de luy de paiement & ce fait ledit de la Borde deiſt a icelluy ſuppliant pluſieurs lengaiges oultraigeux et le menaca de luy *creuer ung œil ou de luy coupper le bras dont il detailloit les draps*: lequel ſuppliant luy reſpondit qu'il n'oſeroit. Et atant ledit de la Borde ſe parti d'icelle maiſon & depuis le lendemain jeudi auquel jour eſcheut l'aſſignacion leſdites parties comparurent pardeuant ledit preuoſt a la porte Médoque ou enuiron ou ledit ſuppliant fit ſa demande & icelle faicte des deniers que icelluy de la Borde luy deuoit dont il n'apparoit pas de cedulle ou compte fait, en offrit croyre par ferement ledit de la Borde lequel il accepta & lui fut aſſignéjour our icelluy faire. Et ce fait ledit de la Borde indigné contre ledit ſuppliant lui deiſt en la préſence dudit preuoſt telz lengaiges ou ſemblables: « *Se je te tenoye en quelque lieu je te montreroye*, & guiha (2) la teſte & après appella ledit ſuppliant « *larron* » et icellui ſuppliant lui respondit que: *ſauf l'honneur de la compagnie il n'en eſtoit riens car il n'eſtoit pas larron*. Faicte laquelle reſponſe, ledit de la Borde s'efforca de le frapper & tellement que deux gens de guerre illec ſtans, le tindrent & en firent aler ledit ſuppliant; lequel print ſon chemin au long de la rue Saincte-Catherine, & lui eſtant à l'endroit de la maiſon ou

1. Jean II, duc de Bourbon et d'Auvergne, comte de Clermont, qui avait épousé en 1447 Jeanne de France, fille de Charles VII, mort connétable de France, le 1er avril 1488.

2. Du mot *Guer*, promettre avec serment devant le juge de ne point nuire à quelqu'un (De Cange

1459

demeure Perrennet de Villanies, veiſt ledit de la Borde qui venoit au long de ladicte rue auec Guerin le Groing & George de la Chaſtre, leſquelz il ſalua. Et en paſſant ledit de la Borde delaiſſa leſdits de Groing et de la Chaſtre & lui arreſte, illecques deiſt audit ſuppliant telz lengaiges ou ſemblables : « *Ribault, je te batray tant que je te feray morir* » Auquel icellui ſuppliant reſpondit pourquoy il le batroy : et lui demanda quel tort il lui tenoit. Et lors ledit de la Borde s'efforca de prandre ung fagot de bois qui eſtait aupres de lui, & ce voyant ledit ſuppliant de chault ſang tira ſa dague & ſe joignit audit de la Borde & de cas de melheur (1) le frappa de ladicte dague par le ventre; et le bleca tellement que apres qu'il a demeuré au lit huit ou neuf jours il eſt alé de vie a treſpas. Pour occaſion duquel cas ainſi auenu ledit

Le criminel se constitue prisonnier à la mairie de Bordeaux.

ſuppliant a eſte conſtitué priſonnier en la mayrie d'icelle noſtre ville de Bourdeaux (2) auquel lieu il eſt encores detenu tres eſtroictement en grant pourete & miſere; parquoy il eſt en voye de en brief miſerablement finer ſes jours, ſe noz grace & miſericorde ne luy ſont ſur ce imparties, comme il nous a fait remonſtrer, en nous humblement requerant : que attendu ce que dit eſt & que ledit cas a eſté et eſt aduenu par la maniere deſſus dicte & de chault ſang & chaude colle, & meſmement que a l'eure que ledit ſuppliant frappa ledit de la Borde, il le menaſſoit de le batre tant qu'il le feroit mourir, & s'efforca prendre ung fagot qui eſtoit

Cas de légitime défense.

aupres de luy. Et que en tous autres cas ledit ſuppliant eſt bien fame et renommé & ne fut oncques attainct, convaincu ne reprouché d'aucun villain cas, blaſme ou reprouche, il nous plaiſe nos dictes grace et miſericorde lui impartir, pour ce eſt il que, nous, ce que dit eſt conſidéré, voulans grace & miſericorde préférer à rigueur de juſtice audit Bernard ſuppliant ou cas deſſus dit, auons quitté, remis & pardonné & par la teneur de ces préſentes, de noſtre grace ſpecial, plaine puiſſance & autorité royal, quittons, remettons & pardonnons le cas, crime & delict deſſus dit auec toute peine, amende & offence corporelle, criminelle & ciuille en quoy il pourroit à l'occaſion dudit cas eſtre encouru enuers nous & juſtice ; &

Bernard Demyer rétabli dans ses biens.

l'auons reſtitué & reſtituons a ſon bon fame & renommée, au pays & a ſes biens non confiſquez, ſatiſfaction a partie ciuilement tant ſeulement, ſe faicte n'eſt, en mettant au néant tous appeaulx, bans et deffaulx, s'aucuns s'en ſont ou eſtoient enſuiz. Et ſur ce impoſons ſilence a noſtre procureur. Si donnons en mandement par ces meſmes preſentes aux Seneſchal de Guienne & juge des appeaulx du pais de Gaſcoigne, &c., & a tous noz autres juſticiers ou leurs lieuxtenants préſens &

Mandement au sénéchal de Guyenne.

1. Par malheur.
2. La mairie de Bordeaux avait été créée le 13 juillet 1235. Sa juridiction est bien definie dans les lettres de Philippe le Bel datees de novembre 1295.

auenir, & a chacun d'eulx, ſi comme a lui appartendra que de noſtre preſente grace
1459 quittance, rémiſſion & pardon facent, ſouffrent & laiſſent joyr & uſer pleinement & paiſiblement, ſans le moleſter, trauailler ou empeſcher ne ſouffrir eſtre travaillé moleſté ou empeſché ores ne pour le temps auenir, en corps ni en biens en aucune maniere, mais ſon corps ainſi détenu eſdictes priſons auec ſes biens, s'ilz eſtoient pour ce prinz, ſaiſiz, arreſtez ou empeſchez, le mettent ou facent mettre chacun en droit ſoy a plaine délivrance. Et afin que ce ſoit choſe ferme & eſtable à touſiours, nous auons fait mettre noſtre ſeel a ces préſentes, ſauf en autres choſes noſtre droit & l'autruy en toutes.

Donné à Chinon, au moys d'aouſt l'an de grace CCCC cinquante neuf & de notre regne le XXXVIIme. Ainſi ſigné.

Par le Roy,

A la relacion du Conseil,

REILHAC.

Viſa contentor,
J. DU BAN.

(Arch. J J. 188 fol. 76, v°)

CIV

A Chinon. — Août 1459.

Meurtre d'un sergent royal.

Rémission pour Bertin de Naux gentilhomme du Bourbonnais.

(Sur parchemin)

SOMMAIRE

Bertin de Naux, demeurant à Château-sur-Allier, avait prêté de l'argent à Piguier. N'étant pas remboursé, il fit vendre les biens de son débiteur par le ministère de Pendet, sergent royal. Pendant la vente, Piguier se répandait en injures contre Bertin de Naux et le sergent. Ce dernier, poussé par Bertin, a tué Pendet. Le suppliant est gracié en considération de sa fidélité à la cause du roi pendant les guerres.

EMISSIO pro Berthino des Naux. Charles, &c. Receue lumble fupplicacion de Berthin des Naux(1), aagié de XLV ans ou enuiron, demourant en la paroiffe de Chafteaulx fur Aillyer(2), contenant que pour auoir folucion & paiement par ledit fuppliant de la fomme de trois efcus d'or qu'il auoit preftez à ung nommé Jehan Piguier alias Rouffet, de la parroiffe d'Ancurdre (?) ou pais de Bourbonnois, lefquelz icelluy Piguier luy deuoit rendre & reftituer dedens certain temps & terme, icelluy fuppliant ledit terme efcheu enuoya executer ledit

1459

Exécution pour dettes par un sergent.

1. Peut-être de la famille de Noes, mentionnée dans l'*Armorial du Bourbonnais*.
2. Canton de Lurcy-Lévy, arrondissement de Moulins (Allier).

1459

Piguier par ung nommé Jehan Pendet fergent lequel print de fes biens & iceulx fift vendre a certain jour pourladicte fomme de trois efcus. Auquel jour efcheu & en faifant ladicte eftrouffe (1) & vendicion ledit Piguier eftant yure & enbeu (2) furuint, lequel quand il aperceut ledit fuppliant luy dift plufieurs grans injures ou contempt & a l'occafion de ladite exécucion qu'il faifoit faire fur luy & de ce qu'il l'auoit fait adjourner pour veoir la dite eftrouffe & vente de fes dits biens. Et apres ce addreca audit Jehan Pendet, lequel il auoit fait adjourner pardeuant le fenefchal de Bourbonnois en cas d'affencement & pareillement luy dift plufieurs grans injures en le menaçant de le batre & de le faire pendre en la préfence dudit fuppliant, lequel courroucie & indigné des parolles, oultraiges & injures que ledit Piguier qui eftoit yure leur difoit, dift à icelluy Pendet fergent : « *Tu es mefchant homme que tu ne le bas bien* ». A quoy icelluy Pendet luy refpondit : « *je n'oferoye, car la juftice eft fi pres trenant que merueilles* ». Et lors icelluy fuppliant tres fort courrouffié & defplaifant defdits injures que icelluy Piguier luy auoit dites non voulant le frapper ne batre à caufe de ce pour ce qu'il eftoit yure, dift a icelluy Pendet ; va le bien batre ; entendant que icelluy Pendet ne le tuaft, mais le batift pour luy monftrer qu'il ne les deuoit ainfi injurier. Et atant les dites parolles ainfi dites par ledit fuppliant audit Pendet fe départit de luy & f'en ala. Et aduint que ledit jour mefme qui eftoit le XXVIIe jour de juillet derrenierement paffe, certaine efpace de temps apres & comme enuiron le jour faillant, icelluy Pendet fergent trouua & rencontra ledit Piguier lequel il batit & luy donna plufieurs coups, & entre autrez luy donna ung coup d'efpieu fur la tefte ; duquel tantoft apres il ala de vie a trefpas. A l'occafion duquel cas ainfi aduenu duquel ledit fuppliant n'eft aucunement coupable, finon en tant qu'il dift audit Pendet fergent qu'il batift ledit deffunct & n'entendit oncques ne penfoit jamais que ledit Pendet le tuaft ; mais fi toft qu'il le fceut en fu, a efté & eft tres defplaifant & courroucié il a efté mis & conftitue prifonnier es prifons de Bourbon (3) ; efquelles il eft en auenture de finer fes jours pourement & miférablement, & doubte que on veuille procéder & tendre a lencontres de luy a pugnicion corporelle, fe noz grace & miféricorde ne luy font fur ce imparties, en nous humblement requérant : que attendu qu'il na fait ledit cas, mais a efté ledit Pendet fergent, *qu'il eft gentilhomme & nous a feruy toufiours en noz guerres ou il a frayé defpendu grandement du fien* & pareillement ont fait fes parens & amys lefquelz feroient moult reprouchiez pour ledit fuppliant

Vente de biens par autorité de justice.

Etat d'ivresse de Jean Piguier.

Le criminel se constitue prisonnier dans les prisons de Bourbon.

1. Vendre et délivrer au dernier enchérisseur les biens pris par exécution.
2. Enivré.
3. Bourbon-l'Archambault, arrondissement de Moulins (Allier).

1459

s'il eftoit pugni & exécuté par juftice pour ledit cas : & que en outres chofes il a toufiours efté homme de bonne vie, renommé & honnefte conuerfacion fans auoir jamais fait ne commis chofe digne de reprehencion, il nous plaife nofdites grace & miféricorde eftre préférée à rigueur de juftice audit fuppliant ou cas deffufdit auons quitté, remis & pardonné, quittons, remettons & pardonnons de grace efpécial, plaine puiffance & auctorité royal le fait & cas deffus dit auecques toute peine, amende & offence corporelle, criminelle & ciuille, en quoy pour occafion dudit cas il pourroit eftre encouru enuers nous & juftice. En mettant au néant tous ban, appeaulx, deffaulx, proclamacions quelzconques s'aucuns en font ou eftoient enfuiz, & l'auons reftitué & reftituons à fes bonne fame & renommée au pais & a fes biens non confifquez fatisfacion faicte a partie ciuillement tant feulement, fe faicte n'eft. Et fur ce impofons filence perpétuel à notre procureur & donnons en mandement par ces mefmes préfentes au bailly de Saint Pere le Mouftier & a tous noz autres jufticiers ou a leurs lieuxtenànts préfens & auenir & a chacun d'eulx, fi comme a luy appartendra que noz préfentes grace, quittance, pardon & remiffion facent, feuffrent & laiffent ledit fuppliant joyr & ufer plainement & paifiblement fans luy faire ou donner ne fouffrir eftre fait mis ou donné ores ne pour le temps auenir en corps ne en biens aucun deftourbier ou empefchement en aucune maniere au contraire, mais fon corps ainfi détenu prifonnier enfemble fes biens, fe pour ce font ou eftoient pris & mis en noftre main ou autrement empefchez luy mettent ou facent mettre fans delay à plaine déliurance. Et afin, &c. Sauf, &c.

Mandement au bailli de Saint-Pierre-le-Moutier.

Donné à Chinon ou mois d'aouft l'an de grace mil CCCC cinquante neuf & de noftre règne le XXXVIIe. Ainfi figné.

Par le Roy,
A la relacion du Confeil,

DE REILHAC.

Vifa contentor.
J. DU BAN.

(Arch. Reg. JJ. 188, fol. 74.)

CV

A Chinon. — Du 31 Août 1459.

Séquestration arbitraire.

Rémission pour Georges de la Trémoille, seigneur de Craon, coupable de séquestration envers Pean de La Valée.

(Sur parchemin)

SOMMAIRE

Georges de la Trémoille, sire de Craon, demeurait à l'Isle-Bouchard, dans la maison de la dame de la Tremoille, sa mere, avec Péan de La Valee, leur parent. Ce dernier contrariait fréquemment le sire de Craon et se plaisait à lui rendre la vie difficile Georges de la Trémoille, pour s'en débarrasser, l'a fait arrêter pendant une chasse au faucon et enfermer. Il est poursuivi pour cette sequestration.

1459

Péan de La Valée vient demeurer chez la dame de la Trémoille

EMISSION donnée de par le Roy au fire de Craon, pour l'arreftation & détention de Pean de la Vallée. Charles, &c. L'umble fupplication de *Georges de la Trémoïlle, feigneur de Craon*, auons receue, contenant que unze ans a ou environ. *Péan de la Valée* s'en vint demourer en la maifon de noftre chiere & amée coufine la dame de la Trémoille fa mère (1) ; ouquel temps le dit fuppliant & le

1. Catherine de l'Isle Bouchard, morte le 1er juillet 1474, veuve de Georges de La Tremoille, mort le 6 mai 1446.

1459

Usurpation d'autorite dans l'administration interieure d'une famille

fire de la Tremoille, fon frère ainfné (1), eftoient demourans avecques & ou bail & gouvernement de la dicte dame, leur mère. Et que pou apres que le dit Pean de la Valée s'en fut ainfi venu demourer en la maifon de la dame de la Tremoille, il entreprint fort le gouvernement d'icelle maifon & y vouloit prendre de lauctorité, & print de faict plus que nulz autres ferviteurs d'icelle, foubz couleur qu'il eftoit parent dicelle dame de la Tremoille. Et de lauctorité y print fi avant qu'il en debouta tous les anciens ferviteurs de la maifon qui pour icellui temps fervoient la dicte dame, & y demoura feul. quequefoit avec pou dautres jeunes gens eftans en la dicte maifon ; & qui plus eft, voulut tenir & de faict tint au fuppliant & au fire de la Tremoille, qui lors eftoient jeunes & au gouvernement de leur mère, très malgracieux, termes & ne vouloit fouffrir, au moins empefchoit a fon pouvoir qu'ilz ne fuffent veftuz & habillez felon leur eftat; & tellement qu'ilz eftoient & furent par aucun temps très mal habillez & traictez en la maifon de leur mère. Et a cefte occafion, & des malgracieux termes que le dit Pean tenoit au fuppliant & a fon frère de ce qu'ilz neftoient, par le moien du dit Pean, fe leur fembloit pas entretenuz en la maifon de leur mère comme enfans & comme il leur appartenoit. Ilz fe départient dicelle maifon, par le defpit (2) dicelui Pean, & s'en alèrent demourer en aucunes de leurs terres. Dont a cefte occafion la dame de la Tremoille, leur mere, au pourchas (3) du dit Pean, print proces & fut très indignée à l'encontre d'eulx, dont ilz ont fouftenu & porté de grans pertes & dommaiges, & tellement quilz ont vendu & engagié aucunes de leurs terres, et par le moien du dit département & des ditz procès, la maifon de la dame de la Tremoille, leur mère, & la leur, ont efté intéreffees & endommagees tres grandement, & tout par la caufe & moien du dit Péan.

Vêtements refusés aux enfants de la maison.

Procédures onereuses pour terminer les différends

Lequel, ou mois de May mil CCCCLVIII, fe tranfporta a Brucelles en Brebant ou lors eftoit le fuppliant, & tout mufféement (4) & embrunché (5) de fa cornete, vint au logis du fuppliant Auquel, après quil fut ainfi venu devers luy, icelui Pean dit & remonftra comment la dame de la Tremoille, fa mère, l'envoioit par devers luy, & *quelle avoit traicté par de ça le mariage de lui et de la fille de noftre fenefchal de Normandie* (6) & que nous voulions expreffement quil fe fift ; & que

Proposition de mariage entre Georges de la Tremoille et la fille du senechal de Normandie

1. Louis de La Tremoille, mort en 1483. Il avait epousé, a 14 ans, le 22 août 1446, Marguerite d'Amboise, morte en 1475.
2. Mépris
3. Conseil.
4. Secretement
5. Enveloppe
6. Pierre de Brézé eut deux filles : rien n'indique laquelle dont il s'agit ici

1459

ou dit mariage il auroit de noftre fenefchal cent mil efcuz, avec d'autres grans biens que ledit Pean le affeuroit que la dame (1) de la Tremoille luy feroit; & avec ce qu'il feroit *noftre premier chambellan, coucheroit devant nous & auroit quatre mil livres de penfion de nous chafcun an* & autres grans biens que le dit Pean donnoit entendre au fuppliant quil auroit par le moien du dit mariage, en lui difant que a cefte caufe, il convenoit & eftoit forcé qu'il fen venift par deça, autrement que fa mère feroit très mal contente de luy, & n'amenderoit jamais d'elle. Moiennant lefquelles grans promeffes & affurances du dit Pean, & auffi quil menacoit le fuppliant du dommage que fa mère luy feroit s'il ne fen venoit, & pour doubte de lui defplaire. cuidant que ce que le dit Pean luy difoit & affermoit fuft vérité, & pour la grant affection & défir quil avoit de eftre & venir en noftre fervice, ainfi que le dit Péan luy affeuroit qu'il feroit, il fe delibera de fon venir. & de faict fen vint avec ledit Pean, & perdit par ce moien fes terres & feigneuries de Jonvelle (2) & de Courfelles lefquelles ou temps de fon partement. il eftoit en parolles & fur le point de recouvrer, de noftre tres chier & très amé coufin le duc de Bourgongne, qui les tient & occupe; & prindrent le fuppliant & le dit Pean leur chemin a eulx en venir par le pays de Normendie. pour parler au dit fenefchal. & par Nogent (3), ou eftoit fa fille pour la ueoir; & de là sen vindrent à l'Ifle Bouchart (4), devers la dame de la Tremoille fa mère. Mais quant le fuppliant s'en fuft ainfi venu, il trouva tout le contraire de ce que ledit Pean lui avoit donné a entendre. & que de tout ce quil luy avoit raporté & affeuré il n'eftoit riens, ne du dit mariage nen avoit oncques efté riens efcript ne appoincté; mais eftoient encores tous les traictez & memoires à faire & la matière entière comme fe jamais nen euft efté parlé. Et en furent faictz les ditz mémoires & traictez tout de nouvel depuis la venue du fuppliant, & envoiez des uns aux autres; mais en effect le fenefchal tint tous autres termes au fuppliant que le dit Pean ne luy avoit rapporté, & fi ne trouva aucune entrée. par le moien du fenefchal ne autrement deftre noftre premier Chambellan, ne davoir aucune penfion de nous, ne dautre chofe que le dit Pean luy euft dict ne affeurée; dont il fut moult defplaifant. Et a cefte caufe, ledit fuppliant differa le dit mariage & fe tint par deça, tant devers nous & devers la dame de la Tremoille, fa mère,

Péan de La Valée engage Georges de la Tremoille à venir. Et ainsi ce dernier se trouva perdre les terres de Jonvelles et de Courcelles.

Découverte des fausses propositions de mariage

1. Dans cette pièce on a supprimé les tres nombreux *dicte* et *dit* qui ne sont pas utiles pour le sens du texte (Note du Chartier de Thouars).

2. Jonvelle, canton de Jussey, arrondissement de Vesoul (Haute-Saône).

3. Nogent-le-Roi, arrondissement de Dreux (Eure-et-Loir). Les Brezé étaient seigneurs de cette terre par lettres de don de Charles VII du mois de décembre 1444.

4. Isle Bouchard, arrondissement de Chinon (Indre-et-Loire). Cette ancienne baronnie avait pris son surnom, de Bouchard qui en était seigneur au xe siecle.

1459

que ailleurs es parties de Touraine & d'Anjou, jufques au moys de Decembre enfuivant & derrenier, paffé, l'an deffus dit mil CCCCLVIII.

Pendant lequel temps, & mefmement que le fuppliant refida au lieu de l'Iffe Bouchart en la maifon de la dame fa mère, le dit Pean, en haine de ce que le dit fuppliant avoit différé le dit mariage ou autrement commença à tenir fières manières & malgracieux termes envers le fuppliant, comme s'il ne fuft pas enfant de la maifon, & femblant quil luy depleuft de ce quil y eftoit. Auffi faifoit il pour ce quil luy cuida faire mettre fes chevaulx hors des eftables & livrée de la maifon de fa mere & les luy faire envoyer en hoftellerie; & plufieurs fois luy fift enfermer les chiens & oyfeaulx de la maifon de fa mère, a ce quil ne les menaft en gibier a fon efbat, & tint telz termes au fuppliant quil luy convint plufieurs fois envoyer en la ville acheter, a fes deniers, le pain a donner a fes chiens quil avoit neument à luy. Et quant le dit Pean rencontroit le fuppliant, il paffoit par devant luy tenant fes fières manières, fans le deigner faluer, ne parler à luy, ne au plus & moins que a ung bien petit homme. Et qui plus eft, ung jour *le fuppliant avoit ordonné à fon faulconnier mettre une perche a percher fes oyfeaulx en la fale baffe de l'Ifle* mais en la cuidant mettre a point, le dit Pean la fift ofter & mettre hors & ne voulu fouffrir quelle y fuft, en parlant outrageufement du fuppliant : jafoit quil y en euft une autre ou ledit Pean faifoit percher les fiens oyfeaulx. Et encores pour ce que la dame de la Tremoille avoit prefte au fuppliant une tapifferie qui avoit efté chargée en ung bateau fur la rivière au dit lieu de l'Ifle Bouchart pour la mener à Craon (1), à la réception des hommaiges de la baronnie de Craon. que le fupliant y avoit fait affigner ou mois de novembre derrenier paffé, le dit Pean, en demonftrant plus que devant la haine & envie quil avoit contre le fupliant cuida trouver moien envers la dame de la Tremoille fa mère, de faire demourer & defcharger la tapicerie & la garder de mener au dit lieu de Craon ; & en fift ce quil luy fut poffible pour cuider nuire & defplaire au fuppliant. Et encores depuis quil fuft alé au dit lieu de Craon, à la reception de fes hommaiges. pour ce que le dit Péan fceut que les habitants de la ville & baronnie de Craon vouloient donner au fupliant, à fa nouvelle venue, cent marcs dargent, le dit Pean efcripfi aux officiers du dit lieu de Craon, quequefoit au chaftelain quil empefchaft les habitans de faire le dit don au fupliant: ce quil fift, tellement que icellui fuppliant a perdu les ditz cent marcs d'argent.

Mauvaise conduite de Péan de La Valée.

Provision de pain pour les chiens achetee en ville.

Tapisseries menées au château de Craon

1. Arrond. de Château-Gontier (Mayenne). Cette terre était entrée dans la maison de la Trémoille par Marie de Sully, femme de Guy VI de la Trémoille.

1459

Mauvais propos tenus par Pean de La Valée.

Et pour ces caufes & plufieurs autres le fuppliant eftant defplaifant qu'il n'avoit peu entrer & eftre en noftre fervice, ainfi que ledit Pean l'avoit affeuré quil feroit & congnoiffant la haine & mauvaife envie que fans caufe, avoit contre luy, defplaifant des fières manières & malgracieux termes quil luy avoit tenus & tenoit chacun jour en toutes les manières quil povoit, & de quil lavoit ainfi trompé & deceu par l'en avoir fait venir, & par ce moien faire perdre fes dittes terres. Et confiderant auffi les grans maulx & dommaiges qui, à l'occafion du dit Pean avoient efté & eftoient furvenuz en la maifon de la dame de la Tremoille depuis quil y eftoit venu demourer, & qui encores doubtoit qui y peuffent feurvenir fi plus y demouroit, propofa & fe delibera le fuppliant de trouver manière den envoyer le dit Pean & mettre fil povoit, hors de la maifon de fa mère. Et pour ce que, apres fon retour de Craon a l'Ifle Bouchart, il congneut que bonnement il ne povoit trouver moien den envoier le dit Pean fans le faire prandre & tranfporter quelque part loing de là. le fuppliant fe delibera d'aler, & de fait ala voler aux champs le jour de Saint-Nicolas d'yver derrenier paffé, après diner, qui fu a ung jour de mercredi ; avecques lequel le dit Pean ala & avecques eulx Jehan Meron, Pierre Serpillon & autres ; & fe partirent de l'Ifle Bouchart environ deux heures après midy, & de là s'en alèrent par les champs, avecques leurs oyfeaulx contremont la rivière de Viene droit au village de Trogues (1). Et quant il furent outre l'Eglife du dit lieu de Trogues, à ung petit boucaige hors du grant chemin ou le dit Pean avoit fait voler fon oyfeau après une perdriz, que fon oyfeau y pourfuivit, le fupliant ala à luy & trois de fes ferviteurs en fa compagnie, c'eft à fcavoir Jaques Blanchart, Denifot Doré & un nommé Empireville, fon varlet de chevaulx. & fitoft que le fupliant arriva fur le dit Péan, qui eftoit ou dit boucaige, mift la main en iceluy Pean, lequel luy demanda pourquoy il le faifoit ; auquel le fupliant refpondy qu'il le luy diroit une autre foiz plus à loifir.

Projet d'enlèvement.

Chasse aux oiseaux.

Et après que le fupliant euft ainfi prins le dit Pean & fait defcendre de deffus fon cheval, il le bailla aux deffus nommez, Jaques Denifot & Empireville & leur chargea le mener à Belabre (2) fans luy faire aucun mal fil ne fefforçoit de foy efchaper, en leur difant que fil leur efchappoit quils fe gardaffent bien de retourner devers luy. Et delà quil eftoit prefque nuict les laiffa, le fupliant & s'en revint celuy foir mefme a l'Ifle Bouchart devers la dame de la Tremoille, fa mère, ou il demoura par trois ou quatre jours, & après s'en alla a Chafteau Guillaume (3) devers le feigneur de la Trimoille fon frère aîné ou il demoura ung jour. Et de la

Arrestation de Péan de La Valee

1. Commune du canton de l'Isle Bouchard, arrond. de Chinon (Indre-et-Loire).
2. Belabre, chef-lieu de canton, arrond. du Blanc (Indre).
3. Château Guillaume, commune de Lignac, arrond. du Blanc (Indre).

envoya ung fien ferviteur nommé Colas, au dit lieu de Belabre, devers les ditz Denizot & Empireville qui y eftoient demourez avec le dit Pean, & leur manda quilz l'en emmenaffent à Dracy Bourgongne (1), ou le fupliant s'en ala d'une autre part.

1459

Et quant il fuft au dit lieu de Dracy, il y trouva jà le dit Pean, lequel il fift venir devers luy & lui dict : « *Pean, je vous dys prins, que quant je vous diroie les caufes* « *pourquoy je le faifoys lefquelles font telles, premièrement, vous favez que venifles devers* « *moy à Brucelles & me diftes que eftiez venu devers moy pour mon grant bien : c'eft* « *affavoir que on avoit traicté le mariage de la fille du grant fénefchal & de moy, & que* « *moiennant iceluy mariage je en amenderoye de plus de cent mil efcuz; & en oultre que* « *feroye premier chambellan du Roy, coucheroy devant luy & auroye fi grant penfion de* « *luy que ce feroit merveilles; auffi que feriez envers Madame ma mère quelle me feroit* « *fi grant avancement, tant de fes biens meubles que de fes héritaiges que devroye eftre* « *content; & encores plus, que quant ferions en chemin en nous en alant, que me diriez* « *encores d'autres chofes que me feroient venir l'eau a la bouche. Et vous fcavez bien* « *que loing ne pres, vous ne me diftes chofes que ne m'euffiez dictes dès le commancement* « *& ne m'avez fait tenir chofes que m'euffiez promife.* »

Récit du voyage de Bruxelles.

A quoy le dit Pean refpondy au fuppliant *que le grant fenefchal & l'Admiral* (2) *le luy avoient fait faire.* Et avec ce dift le fuppliant au dit Pean qu'il fcavoit bien les mauvais termes quil luy avoit tenus, durant quil avoit efté en la maifon de la dame de la Tremoille fa mère A quoy refpondy le dit Pean qu'il fcavoit bien quil eftoit vray, en lui en requérant, tout de genoulz pardon, & en lui difant qu'il ne lui fauroitfaire tant de mal que plus n'en euft deffervy envers luy. Et combien que le fuppliant deuft à l'occafion des chofes deffus dictes, aucunement avoir en caufe de vouloir mal au dit Pean & de luy avoir fait defplaifir de fa perfonne néantmoins il ne l'a jamais voulu ne eu intencion de faire, ainçois la traicté gracieufement, fait boire & mangier avec luy & a fa table, & ne l'a fait battre ne ferir, ne faire aucun defplaifir à fa perfonne. Auffi ne tendoit il, ne onques, fois feulement a trouver ne tendy moien de l'en envoyer & mectre hors de la maifon de fa mère.

Pardon demande à genoux.

Et voyant iceluy fuppliant que le dit Pean fe repentoit des maulx & malgracieux termes qu'il luy auoit tenuz & de la tromperie qu'il luy avoit faicte, efpérant que plus ne fe trouvaft en la maifon de la dame de la Tremoille fa mère, fut

Repentir de Pean de La Valée.

1. Il existe plusieurs Dracy en Bourgogne dans les départements de la Côte-d'Or et de l'Yonne Aucun ne porte aujourd'hui ce surnom.

2. Jean V, de Bueil, comte de Sancerre, fils de Jean et de Marguerite de Clermont, mort au mois de juillet 1477.

1459

Serment prêté sur le corps de Notre-Seigneur.

esmeu de luy donner congié. Ce qu'il fist, après ce que préalablement il fist faire ſérement au dit Pean. ſur le corps de noſtre Seigneur, de luy eſtre dilec en avant bon & loyal & luy garder & pourchaſſer ſon bien & honneur, & de non a jamais. a l'occaſion de la dicte prinſe, luy porter ne faire faire aucun dommaige ne pourſuite, a luy ne a ſes gens qui l'avoient ainſi prins & mené, & que jamais ne ſe trouveroit à l'entour de la dame ſa mère, ne ne réſideroit au lieu dit de l'I[illegible], ne en aucunes des autres places de ſa mère, ne s'entremectroit de ſes beſongnes. Et en oultre pour ce que ledit ſuppliant ſcavoit que la dame ſa mère avoit engaigé ung braſſellet, il fiſt promettre au dit Pean de le faire deſgaiger par la dicte dame ſa mère, & (quil le) lui envoieroit ou feroit envoier par elle, avecques la ſomme de deux cents eſcuz, & une panne (1) de martres. Et ce faict, le ſuppliant donna congié au dit Pean, & luy envoya & bailla de l'argent. avecques le dit Empireville pour le conduire & accompaigner juſques au lieu de l'Iſle Bouchart, & depuis la dicte dame envoya au ſuppliant le braſſelet avec deux cens eſcuz, & le dit Pean luy envoya la panne de martres.

Péan renvoyé à l'Ile Bouchard.

A l'occaſion deſquelz cas, le dit Pean de la Valée & noſtre procureur au bailliage de Touraine, par vertu de certaines noz lettres par eulx obtenues & moyennant certaine informacion ont puis naguères fait adjourner, le dit Georges, ſuppliant à comparoir en perſonne. & a certaines peines, par devant noſtre amé & feal Conſeiller & Chambellan le bailli de Touraine (2) ou ſon lieutenant, à ſon ſiège de Chinon, a certain jour préfix, pour reſpondre a noſtre dit Procureur a telles fins & concluſions qu'il voudroit eslire ; & au dit Pean de la Valée à fin ciuile ſeulement. Auquel jour, obſtant certaine maladie intervenue au ſuppliant, il ne peut obéir & enuoya ſon exoine (3). Et depuis, par vertu du regiſtre prins de la dicte exoine, le dit Pean & noſtre dit Procureur ou dit baillage ont de rechief fait adjourner le ſuppliant, terme o jugement de main miſe, à comparoir en perſonne & aux peines que deſſus, par devant noſtre bailly de Touraine ou ſon lieutenant, à ſon ſiège de Chinon. à certain jour avenir, pour leur reſpondre comme deſſus & procéder en outre comme de raiſon. Et doubte le ſuppliant que, à l'occaſion des choſes deſſus dictes, & meſmement d'avoir tranſporté & fait tranſporter, le dit Pean de juriſdiction en autre, & auſſi de luy avoir fait faire ſerement ſur *Corpus*

Georges de la Trémoille cité à comparaître devant le bailli de Touraine.

Défense à Péan de La Valée de résider au château de la Trémoille.

1. *Panne*, fourrure.

2. Cette charge avait été créée dès le XIIe siècle et ces officiers rendirent la justice jusqu'au XVIe. Ils furent remplacés depuis par les grands baillis d'épée.

3. Raison qu'on allegue en justice pour s'excuser de n'avoir pas comparu à une assignation (Du Cange).

1459

Christi de jamais ne se tenir au tour de la dicte dame ne résider en aucunes de ses places, & de luy envoyer, & par elle, ung brassellet avec la somme de deux cens escuz & une panne de martres, lesquelz deux cens escuz & brassellet la dicte dame luy envoya après, & le dit Péan la dicte panne de martres — nostre procureur le voulsis tenir en grant involucion de procès & sur ce demander, imputer & tendre à l'encontre de luy a fin criminelle ou conclurre a grans amendes, se noz grace & pardon ne luy estoient sur ce impartiz, humblement requérant que attendu les choses dessus dictes, & les mauvais termes & dommaiges que ledit Péan luy avoit faiz faisoit & tenoit, aussi qu'il ne lay a fait ne avoit entencion de faire aucun mal de sa personne, mais seulement la mettre hors de la maison de sa mère, & que pour avoir prins & faire transporter la personne du dit Péan, il ne cuidoit (1) pas si griefvement mesprandre envers nous, que il a tousiours esté homme de bonne fame, renommée & honneste conversacion, sans avoir jamais fait chose digne de reprouche ou de reprehencion, il nous plaise luy octroyer nos grace & pardon des cas dessus ditz.

Rémission accordee pour arrestation illegale.

Pourquoy nous, les choses dessus dictes considerées, inclinans à la requeste qui sur ce nous a esté faicte par nostre cousine la dame de la Trimoille, mère du dit Georges de la Trémoille (2), a icelluy Georges suppliant, avons quicté & pardonné, & par ces présentes, de grace espécial, plaine puissance & auctorité royal quictons & pardonnons tous les cas, crimes & délits dessus declarez, aucques toutes les peines, amendes & offenses en quoy a l'occasion de ce il pourroit estre encouru envers nous & justice, & l'avons restitué & restituons à ses bonne fame & renommée au pays, & a ses biens & choses non confisquez satisfaction à partie civile tant seulement, si faicte n'est; & sur ce imposons silence perpétuel a nostre dict procureur ou dict bailliage de Touraine, présent & avenir, & à tous autres qu'il appartiendra.

Mandement au bailli de Touraine.

Si donnons en mandement par ces mesmes présentes, à nostre bailly de Touraine & des ressorts & exemptions d'Anjou & du Maine & a tous noz autres justiciers présens & à venir, ou leurs lieuxtenans & a chacun deulx si comme a luy appartendra que de nos presens grace quictance & pardon facent, seuffrent & laissent le dit suppliant joyr & user plainement & paisiblement sans luy mettre ne

1. Georges de la Trémoille fut plus tard celebre sous le nom de *Sire de Craon*. Nommé successivement par Louis XI, lieutenant géneral de Champagne et de Brie, gouverneur de Bourgogne, il épousa en 1464, Marie dame de Montauban, veuve de Louis de Rohan, qui mourut elle-même en 1497.

2. Cette derniere formule se trouve rarement dans les lettres de Chancellerie, attendu qu'el e ne pouvait s'appliquer alors qu'aux grands seigneurs du royaume.

donner, ne fouffrir eftre fait mis ou donne en corps ne en biens, aucun deftour-
1459 bier ou empefchement, ores ne pour le temps avenir, en quelque manière que ce foit.

Ainçois fe fon corps ou aucuns de fes biens eftoient pour en prins. faifiz arreftez ou empefchez, les luy mettent ou facent mettre tantoft & fans delay à plaine délivrance. En tefmoins de ce nous avons fait mettre notre feel à fes préfentes.

Donné au Rivau lez Chinon, le dernier jour d'aouft, l'an de grace mil CCCCLIX, & de noftre règne le XXXVIIe.

Par le Roy,

En fon Confeil.

J DE REILHAC.

(Arch. JJ. 188, fol. 83.)

CVI

A Chinon. — Septembre 1459.

Querelle au jeu de quilles suivie de meurtre.

Rémission pour Antoine Austre, de Béziers.

(Sur parchemin)

SOMMAIRE

Le dimanche 31 decembre 1458, Antoine Austre jouait aux quilles avec des amis en l'hôtel des Trois-Rois, aux environs de Beziers, quand survient Jean Debedou, qui l'injurie grossièrement et enlève une des quilles du jeu, malgre les reclamations des assistants Une rixe s'ensuit et Debedou est tue

1459

Partie de quilles a l'hôtel des Trois-Rois, a Béziers.

EMISSIO pro Anthonio Auftre. Charles, &c. Lumble fupplicacion de Anthoine Auftre, demourant à Béfiers (1) chargié de femme & de plufieurs enfans contenant que le dimenche derrenier jour de decembre derrenier paffé. icelluy fuppliant eftant en ung certain parquet (2) hors la dite ville de Béfiers *en l'oftel des trois Rois, auquel lieu les compaignons ont acouftume jouer aux quilles & autres jeuz aux jours de fefte pour foy efbatre* & jouant aux quilles avec certains compaignons qui ilec eftoient gracieufement & fans noifer & debatre, & non penfant a aucun mal, furuint fur leur dit jeu enuiron l'heure de

1 Chef-lieu d'arrond. (Hérault.)
2. Emplacement pour jouer.

1459 vefpres ung nommé Jehan Debedou aliás Darle, lequel incontinent qu'il fut ilec arriué de prime face & fans aucunes parolles, ainfi que ledit fuppliant vouloit getter la boulle contre les dites quilles vint & leua en fa main une des quilles que ledit fuppliant auoit ilec drecées pour jouer & du coufté qu'il vouloit jouer & jecter fa dite boule : laquelle chofe voyant ledit fuppliant & qu'il l'empefchait de jouer, dift audit Darle qu'il remeift & retournaft ladite quille en fon lieu ; lequel Darle refpondit *qu'il n'en feroit riens* : derechief ledit fuppliant luy dift qu'il laiffaft & retournaft fa dite quille en fon lieu & qu'il faifoit mal de l'ofter, car il pardoit fon argent & que s'il ne la laiffoit qu'il le yroit dire au viguier. Mais il ne la voult point laiffer jufques à ce que les gens qui ilec eftoient préfents pour les regarder jouer lui dirent qu'il faifoit mal d'ofter icelle quille & qu'il ne la remettoit en fon lieu, laquelle lors il laiffa cheoir à terre & commença à dire audit fuppliant telles parolles ou femblables en effect : « *Et que me poyras tu faire, cocuol* (1), *merdos, cornart, ne que poyros tu dire a monfieur le viguier* (2) ». Auquel ledit fuppliant refpondit qu'il luy diroit que ce n'eftoit pas fon office de ufer de office de maiftrife. Et lors ledit Darle lui dift & replicqua telz motz : « *Et jeu leueray une autre en defpit de ton vifaige, cocul, cornart, mefchant.* » Laquelle chofe voyant ledit fuppliant & que ledit Darle auoit voulenté de noyfer lui dift : *Je te pri, va faire tes befongnes & me laiffe efter, car je ne te demande riens*. Mais toutesfoiz icelluy Darle ne voult point ceffer de ce faire. ains leua une autre defdites quilles & auec icelle voulut courir fus audit fuppliant, lequel requift aux gens qui ilec eftoient, qu'ils oftaffent audit Darle ladite quille ce que les aucuns d'iceulx firent. Et ce voyant ledit Darle & que on luy auoit oftée ladite quille, incontinent tira de fa gueyne ung petit couteau appelé gainnete de la longueur d'une paulme (3) de laquelle femblablement il vouluft & f'esforça frapper ledit fuppliant ce qu'il ne peut faire pour la réfiftance & empefchement que lefdits gens qui ilec eftoient luy firent; & pour ce qu'il ne pouoit frapper icelluy fuppliant de coup print la dite gainnete par la pointe & s'efforça d'icelle tirer contre ledit fuppliant, de laquelle il l'euft peu tuer ou grandement blecier, car il eftoit bien ftile d'ainfi la tirer & a grant peine failloit de attaindre ce que contre quoy il tiroit, mais il fut empefché de ce faire par les gens qui ilec eftoient; ce que voyant ledit fuppliant pour foy deffendre tira une dague qu'il portoit, laquelle les gens qui ilec eftoient luy ofterent incontinent des mains.

Le jeu de quille interrompu.

Injures et rixes entre joueurs.

Intervention des témoins.

1 Cocuol, cucuol, mari complaisant.

2. Le viguier avait la surveillance des forteresses et commandait les troupes levées dans la viguerie il exécutait les jugements des consuls et recevait le serment de ces magistrats.

1459

Et lors il leur requift que femblablement ils oftaffent audit Darle fa dite gainnete, laquelle chofe ilz voulurent & s'efforcerent faire, mais ilz ne peurent pour la refistance qu'il fift à l'encontre d'eulx de la dite gainnete & derechief iniuria ledit fuppliant par plufieurs foiz, en difant : *Ha, ribault, cocuol, traydoux.* Lefquelle chofes oyes par ledit fuppliant courrouffé defdites parolles injurieufes, lefquelles icelluy Darle dift, relata & proféra par plufieurs foiz, dift & refpondit audit Darle ces parolles : « *Cap dé Diou, m'appelles tu cocuol tantas begades demoure to le te monstrety.* » Et en difant, fubitement tira fon efpée toute nue & s'approcha dudit Darle & s'efforça paffer entre les gens qui ilec eftoient en le voulant frapper du taillant d'icelle efpée. Ce qu'il ne peut faire pour la refiftence que les dites gens y firent : & ce voyant, icelluy Darle fe voult enfouyr & reculler, mais il ne put que quatre ou cinq pas obftant certains petiz buiffons qui font plantés en ladite place près le lieu ou ilz jouoient & à la riue de certain ruiffeau paffant ilec joingnant ; duquel buiffon ledit fuppliant s'approicha & paffa à l'entour des dites gens pour courir fus audit Darle & en icelluy buiffon ou joignant fort efmeu & de chault fang & chaulde colle frappa ledict Darle ung coup d'eftoc de fa dite efpée par le ventre lequel ainfi frappé s'écria à haulte voix difant : « *Helas je fuis mort;* » Pour lequel coup ainfi fait ledit fuppliant doubtant d'eftre prins & conftitué prifonnier incontinent s'enfouy & ala en franchife icelluy Darle en fa maifon : en laquelle le mardi enfuiuant il eft, à caufe dudit coup alé de vie a trefpaffement. Pour occafion duquel cas ainfi aduenu que dit eft, auquel ledit Darle tant de fait que de parolle a efté agreffeur & inuafeur, ledit fuppliant doulte que s'il eft prins ou appréhendé qu'il foit & puift eftre en auenture d'eftre exécuté par juftice, ou foy abfenter hors de noftre Royaume où il n'oferoit jamais retourner ne conuerfer, fe noz grace & miféricorde ne luy font fur ce imparties, fi comme il dit. En nous humblement requérant que, attendu ce que dit eft mefmement que ledit cas eft aduenu de chault fang & chaulde colle que ledit deffunct eftoit agreffeur tant de fait que de parolle & que le dit fuppliant en autres chofes a toufiours efté homme de bonne renommée & honnefte conuerfacion fans jamais auoir efté attaint ou conuaincu d'aucun villain cas, blafme ou reprouche, il nous plaife nos dites grace & miféricorde luy impartir. Pourquoy nous, ces chofes confidérées, voulans grace & miféricorde préférer à rigueur de juftice, audit Anthoine Auftre fuppliant ou cas deffus dit, auons quitté, remis & pardonné, & par la teneur de ces préfentes, de grace fpécial, plaine puiffance & auctorité royal, quittons, remettons & pardonnons le fait & cas deffus dit auecques toute peine, offence & amende, criminelle, corporelle & ciuille, en quoy pour occafion dudit cas il pourroit eftre encouru

Refus des combattants de se soumettre.

Poursuite à coups d'épée.

Fuite du meurtrier.

Antoine Austre pardonné et remis dans ses biens.

1459 enuers nous & juſtice, & l'auons reſtitué & reſtituons à ſa bonne ſemme & renommée, au pais & à ſes biens non confiſquez, faite à partie ciuillement tant ſeulement. ſe faicte n'eſt. & mettant au néant tous déffaulx bans & appeaulx. s'aucuns en eſtoient enſniz, en impoſant ſur ce ſilence perpétuel à noſtre procureur. Si donnons en mandement par ces préſentes aux ſenechaulx de Carcaſſonne (1) & juge de Beſiers & a tous noz autres juſticiers, ou a leurs lieuxtenants & a chacun d'eulx ſi comme à luy appartendra que de nos préſentes grace, quittance rémiſſion & pardon ils facent, ſeuffrent & laiſſent ledit ſuppliant joyr & uſer plainement & paiſiblement ſans luy mettre ou donner, ne ſouffrir eſtre fait, mis ou donné ores ne pour le temps auenir en corps ne en biens aucun arreſt, deſtourbier ou empeſchement: ainçois ſe ſon corps ou aucuns de ſes biens ſont ou eſtoient pour ce prins, ſaiſiz ou empeſchez, luy mettent ou facent mettre ſans delay à pleine déliurance & afin. &c .. Sauf, &c...

Donné a Chinon au mois de Septembre, l'an de grace mil CCCC cinquante neuf & de noſtre regne le XXXVIIe. Ainſi ſigné.

Par le Roy.

A la relacion du Conſeil.

Viſa contentor,
J. du Ban.

J. DE REILHAC.

(Arch JJ. 188, fol. 88 r°.)

1. Cette charge avait eté etablie par Simon de Montfort et maintenue par le roi saint Louis. Les senechaux administraient la justice et conduisaient en temps de guerre le Ban et l'arriere-Ban.

CVII

A Chinon. — Septembre 1459.

Attaque contre un sergent royal suivie de mort.

Rémission pour Pierre de Gramont de la sénéchaussée de Toulouse.

(Sur parchemin

SOMMAIRE

Pierre Gramont (*alias : de Gramont*) attaché au service de l'abbaye de Symorre, fut demandé par un moine dans une discussion que ce dernier avait avec un sergent royal. Il y alla avec son neveu, Guilhem de Gramont, lequel, s'etant pris de querelle avec le sergent, lui porta un coup mortel.

1459

EMISSIO pro Petro Gramont. Charles. &c., nous auoir receue lumble fupplicacion de Pierre Gramont. habitant de Molaines (?) en la senefchaucie de Thoulouſe & jurie de Riuière, contenant que comme en mois d'octobre derrenierement paffé mil CCCCLVIII Jehan de la Burguere lors baille de la ville de Symorre & Sans Daude fergent qui auoient fait certain exploit de juſtice en la dite ville de Symorre (1) eſtans en la maifon du curé d'icelle pour faire & mettre par efcript leurs exploiz, furuint débat & queſtion entre ledit baille & fergent en ce que ledit baille auoit faiĉte & donnée certaine affignacion

Proces entre bailli et sergent.

(1) Canton et arrond. de Lombez (Gers).

1459

Religieux de l'abbaye de Simorre.

que ledit fergent vouloit dire qu'il deuoit faire, & fur ces parolles ung nommé Jehan Fauyaulx, religieux de l'abbayedudit lieu de Symorre (1) qui eftoit en la dite maifon d'icelluy curé. dift au dit fergent que audit baille appartenoit & non audit Sergent de donner la dite affignacion. Dont icelluy fergent fut tres mal content & s'aproicha dudit religieux. tira fon efpée & en faifant femblant de le frapper, luy dift ces parolles en fubftance : *A, ribault moyne, vous meflez vous de mes befongues, je vous enferay aler en votre abbaye* ». Et apres ces chofes ainfi dites, tira & fift encores femblant de le frapper de fa dite. Lefpée equel religieux incontinent failly & fe party de ladite maifon dudit curé. Et ainfi qu'il s'en aloit. rencontra en la charriere (2) de la dite ville ledit fuppliant & fans Guilhon Gramont fon nepueu, auquel fuppliant il dift ces parolles ou femblables en fubftance « *A Gramonet, toy qui eft feruiteur de monfieur l'abbé de Simore. me laifferas tu occire.* » Et lors icelluy fuppliant luy refpondi : *Et comment qui vous veult tuer*. A quoy icelluy religieux luy replicqua. *Il y a ycy ung ribault qui m'a tiré trois ou quatre coups d'efpée en cefte maifon; venez vous en.* Et print icelluy fuppliant par la main & le mena dedens la dite maifon & auffi ledit Sans Guilhen fon nepueu. Et quant ilz furent dedens ladite maifon, icelluy fuppliant dift & propofa ces parolles ou femblables : « *Ou font ceulx qui ont voulu murtrir les officiers de monfeigneur l'abbé de Symorre* » & incontinent ces chofes ainfi dites, ledit Sans Daude fergent tira fon efpée contre ledit fuppliant & luy refpondi : *oy et feray toy mefmes*, & incontinent commença a luy jetter de grans coups d'eftoc de fa dite efpee de laquelle il le bleca & naura par le front jufques a grant effufion de fang, luy perfa fon manteau en plufieurs lieux & l'euft tres fort endommaigié de fon corps, fe n'euft eft qu'il fe deffendi tres fort de fa dague. Lefquelles chofes voyans icelluy fuppliant & que icelluy fergent ne ceffoit ou vouloit ceffer de luy bailler les dits eftocz, doubtant de fa perfonne. dits au dit fans Guilhen fon neueu qui ilec eftoit : « *A, ribault, me laiferas tu occire.* » Et a donc icelluy fon nepueu de chault fang frappa ledit sergent de fa dague par la poictrine, dont & du coup qu'il luy bailla il cheut & tomba à terre & dift en cheant audit Sans Guilhen : *hélas, tu m'as tué*. Pour lequel cas ledit fuppliant doubtant de la mort dudit fergent fe mift en franchife en la paroiffe dudit lieu de Simorre & fon dit nepueu fenfouy hors la dite ville ; duquel coup icelluy fergent fut aucun temps malade & apres guery par les cirurgiens & médecins, qui lui dirent & enchargerent que combien qu'il fuft guéry fi failloit-il qu'il fe

Plainte du religieux.

Coups d'epée.

Franchise de l'eglise de Simorre.

1. Abbaye d'hommes de l'ordre de Cîteaux, fondée au IXe siècle sous l'invocation de la Sainte-Vierge.

gouuernaſt bien & garda de faire aucun exces. Dont il ne fiſt riens. Mais comme ſoy ſentant guery, ſe miſt a aler par le pais & fit de grans exces, au moien deſquelz il cheut en une grant maladie. de laquelle apres ce qu'il ot veſqu par l'eſpace de quinze epmaines ou enuiron apres ledit coup, il ala de vie a treſpaſſement. Et combien que, attendu ce que dit eſt, & meſmement que icelluy deffunct n'eſt mort à l'occaſion dudit cas ; mais a eſté guéry & a veſqu longuement depuis icelluy adeuenu comme dit eſt. Qu'il eſt mort par ſa coulpe & mauuais gouuernement ; & que icelluy ſuppliant ne fiſt ledit coup en la perſonne du dit deffunct, ains fut ſondit nepueu. parquoy on ne luy en doye aucune choſe demander. Néanmoins il doubte que a l'occaſion d'icelluy noſtre procureur luy puiſſe ou vueille donner aucune vexacion en ſon corps ou en ſes biens & tendre ſur ce a l'encontre de luy a punicion corporelle. ſe noz grace & miſericorde ne luy ſont ſur ce imparties, ſi comme il dit, en nous humblement requérant que, attendu ce que dit eſt & que en autres choſes le dit ſuppliant a touſiours eſté homme de bonne vie, renommée & honneſte conuerſacion, ſans jamais auoir eſté attaint ou conuaincu d'aucun villain cas, blaſme ou reprouche il nous plaiſe nos dites grace & miſéricorde lui impartir. Pourquoy nous, les choſes deſſus dites conſidérées, uoulant miſéricorde préférer à rigueur de juſtice, au dit Pierre Gramond ou cas deſſus dit, auons quitté, remis & pardonné & par la teneur de ces préſentes, de grace eſpecial, plaine puiſſance & auctorité royal, quittons, remettons & pardonnons le fait & cas deſſus dit aueques toute peine, offence & amende corporelle, criminelle & ciuille, à quoy à l'occaſion d'icelluy il pourroit eſtre encouru enuers nous & juſtice, & l'auons reſtitué & reſtituons a ſa bonne fame & renommée, au pais & à ſes biens non confiſquez ; en mettant au néant tous appeaulx, ban, deffaulx, proclamacions & euocacions quelzconques. s'aucuns s'en ſont ou eſtaient enſuiz ſatisfacion faicte à partie ciuillement tant seulement, ſe elle y eſchet, & ſur ce impoſons ſilence perpétuel a notre procureur. Si donnons en mandement par ces meſmes préſentes aux Seneſchal de Thoulouſe & juge de Rivière & a tous noz autres juſticiers ou a leurs lieutenants préſens & auenir, & a chacun d'eulx, ſi comme à luy appartendra que de nos préſens grace, quittance, rémiſſion & pardon facent, ſeuffrent & laiſſent ledit ſuppliant joyr & uſer plainement & paiſiblement ſans le moleſter, trauailler ou empeſcher, ne ſouffrir eſtre trauaillé, moleſté ou empesché ores ne pour le temps auenir, en corps ne en biens, en aucune manière, mais ſe ſon corps ou aucuns de ſes biens ſont ou eſtoient pour ce prins, ſaiſiz, arreſtez ou empeſchez, les luy mettent ou faſſent mettre ſans délay à prochaine déliurance. & afin, &c. Sauf, &c.

1459

Excès de la victime.

Le meurtrier demande a être retabli dans ses biens.

Mandement au sénéchal de Toulouse et juge de Riviere.

1459 Donné à Chinon, au mois de septembre l'an de grace mil CCCC cinquante neuf & de noſtre règne le XXXVIIe. Ainſi ſigné :

Par le Roy,

A la relacion du Conſeil,

J. DE REILHAC.

Viſa contentor.
CHALIGANT.

(Arch. JJ. 188, fol 86, v°)

CVIII

A Chinon. — Octobre 1459.

Combat entre des archers et l'équipage d'une nef marchande.
Rémission pour Jacques Guyneuf, escuyer, capitaine des francs-archers de Fontenay-le-Comte et de Thouars

(Sur parchemin)

SOMMAIRE

Pendant que Colas Guyneuf, père du suppliant, tenait garnison à Bordeaux, avec 50 francs-archers, son fils Jacques logeait avec une escouade desdits archers au portail dit « de la Grave ».

Le 5 octobre 1459, à 5 heures du soir, divers bourgeois de Bordeaux vinrent le prier de ne pas faire fermer les portes la nuit suivante afin de faire entrer une gabarre à marée montante, ce qui leur fut accordée.

Mais tout à coup, après souper, en lisant, « Lancelot du Lac », le suppliant entendit un grand bruit. C'était une rixe entre les bourgeois et l'équipage d'un navire de Nantes. Il envoya un détachement d'archers au secours des bourgeois, et, dans la lutte, plusieurs des marchands qui montaient le navire ont perdu la vie.

EMISSIO pro Jacobo Guyneuf. Charles, &c. Nous auoir reçeue lumble fupplicacion de *Jacques Guyneuf, efcuier*, contenant que des les temps que noftre bien amé *Colas Guyneuf, efcuier*, père dudit fuppliant & *capitaine de par nous des francs-archers du fiége de Fontenay Leconte* (1) & *de Thouars* de par nous ordonné & eftably, fut de par nous ordonné & eftably de

1459
Capitaine des francs archers établis à Fontenay-le Comte.

1. Chef-lieu d'arrond. (Vendée.)

1459

demourer en noſtre ville & cité de Bourdeaulx auec IIIIxx diceulx francs archiers icelluy ſuppliant pour veoir & fréquenter les armes auec les chiefz de guerre y eſtans, ſ'eſt tenu en noſtre dite ville auec ſes dits francs archiers, *logié au portal appelé de la Graue* duquel il a eu l'une des clefz ou il ſ'eſt bien gouuerné & entretenu tout ainſi que gentil homme doit faire ſans auoir eſté attaint, conuaincu ne reprouché; & que le VIIe jour du préſent mois d'octobre, *enuiron l'eure de cinq heures de ſoir ou enuiron*, ung nommé Eſtienne Maqueuan, Bernard Mancamp, Peyrot de Bourdeaulx & Bizain de Saint Auid, bourgeois d'icelle ville de Bourdeaulx ſe tranſportèrent deuers ledit ſuppliant, diſant qu'ilz vouloient aler par eaue & de nuyt au lieu de Ryoms, le prians qu'il fiſt attendre de fermer ladite porte juſques qu'il fuſt bien tart, afin qu'ilz peuſſent yſſir de ladite ville & eulx mettre au dedens d'une gabarre ſur la riuière de Gironde pour ilec ſoupper; & puis eulx en aler audit lieux de la premiere marée montans. Ce que ledit ſuppliant pour leur cuider faire plaiſir leur accorda : lequel depuis ſ'en alla en ladite ville a ſes beſongnes & ſ'en retourna ſur le tart a ladite porte où il eſtoit logié, comme dit eſt, où il trouua que tous les deſſuſdits eſtoient ja hors icelle porte. excepté ledit Mancamp qui vouloit yſſir. Lequel icelluy ſuppliant pria de ſoupper auec luy; ce qu'il ne voult faire, mais ſailly hors d'icelle porte auec les autres deſſuſdits. & apres ſ'en ala a ſon logis où il ſouppa, & en ſa compaignie ung nommé Jehan Picault archier de noſtre ordonnance ſoubz la charge de noſtre amé & féal eſcuier d'eſcuierie Jouachin Rouault (1) & Jehan Charlot franc archier de la charge d'icelluy Colas Guyneuf. Et apres ſoupper en liſant le *liure de Lancelot du Lac* ledit ſuppliant entendit grant bruit ſur la greue de la dite riuière viz à viz d'icelle porte & que on y ruoys des pierres & y crioit on tres fort; & par ce fiſt regarder ſur la dite Graue par une feneſtre d'icelle tour par ung nommé Jehan Regnault auſſi franc archier, que c'eſtoit. Ce que ledit Regnault fiſt & rapporta audit ſuppliant que aucunes gens couroient les ungs apres les autres ſur la dite Graue qu'il ne congnoiſſoit. Et apres le dit rapport les dits Mancamp & aucuns autres des deſſus nommez que ledit Regnault ne congnoiſſoit encores vindrent à l'endroit de la dite feneſtre & appellerent ledit ſuppliant; auſquelz icelluy Regnault reſpondi & leur demanda qu'ilz vouloient; leſquelz reſpondirent que ceulx de la nef de Pierre Beuf qui eſtoit pres dudit portal ſur icelle riuière les vouloient tuer. Auquel Regnault ledit ſuppliant demanda que ſeſtoit & il luy reſpondi ce que dit eſt. Lequel ſuppliant

Garde d'une porte de la ville à Bordeaux.

Demande pour sortir du port.

Offre de souper refusee.

Course entre bourgeois de Bordeaux et marins.

1. Seigneur de Boismenart et de Gamaches, capitaine géneral des francs-archers et nomme marechal de France le 3 août 1461. V. Tome I, page 111.

1459

commença lors à penfer en foy que c'eftoit ledit Mancamp & les autres deffus nommez à qui on couroit fus & par ce, ala a la dite feneftre de laquelle il aperceut le dit Mancamp qui eftoit fur ladite Graue, auquel il demanda que c'eftoit. Lequel refpondi audit fuppliant que ceulx de la dite nef de Pierre Beuf leur auoient gecté des pierres en leur gabarre (1) & depuis eftoient defcenduz & l'auoient batu, rompu le mantel & ofté fon bonnet, le priant que pour Dieu il voulfift aider & recueillir car ceulx de ladite nef (2) les vouloient venir tuer. Et ce fait ledit fuppliant dift audit Mancamp *qu'il retournaft arrière & regardaft s'ilz le fuyuoient* : ce que le dit Mancamp fift & puis retourna & dift audit fuppliant qu'ilz arriuoient à terre. Semblablement les veift icelluy fuppliant arriver & defcendre a terre ; lequel fuppliant. véant ce que dit eft, doubtans qu'il y euft inconuénient entre eulx & pour obuier a ce, enuoya quérir par ung nommé Jehan Defcoffe la clef du crapault d'icelle porte que les couftumiers de la dite ville (3) gardoient afin de ouurir la dite porte pour recueillir les deffufdits & luy chargea qu'il appelaft cinq ou six autres francs archiers & les emmenaft embaftonnez (4) auec luy pour eftre accompaigné à ouurir la dite porte. Ce que ledit Defcoffe fift & cependant icelluy fuppliant oit que ceulx de la dite nef faifoient grant cry fur les deffufdits d'icelle ville; parquoy icelluy fuppliant, les dits Jehan Picault & Regnault defcendirent embaftonnez de vouges ou autres baftons, & apres que ladite porte fut ouuerte, ledit Mancamp & autres deffufdits furent ilec trouuez comme gens qui auoient efté chaffez ; tous lefquelz francs archiers commencerent à courir contre iceulx de la dite nef ; lefquelz, blafmez d'icelluy fuppliant fe retirerent vers la dite porte, excepté ledit Jehan Picault qui ne fe retira pas comme les autres & demoura derriere deux gectz de pierre ou enuiron. Lequel commenca dire à ung nommé Pierre le Feure dit le grant Pierre, natif de Bretaigne marcant de la dite nef qui eftoit sur la dite Graue a tout une lance : « *viens y, viens y* ». Lequel Pierre luy dift : « *attens moy, rans toy.* » Et ce difant, fe affemblerent l'un contre l'autre : entre lefquelz le dit fuppliant entendit grant bruit, durant lequel temps le dit fuppliant dift telles parolles ou femblables aufdits francs archiers & autres ilec eftans : « *Ils le tueront, chargez, mais gardez bien que ne tuez riens & qu'il n'y ait aucun murtre.* » Apres lefquelles parolles les dits francs archiers alerent droit enuers les dits Jehan & Pierre & ledit fuppliant qui fe doubtoit que iceulx francs archiers ne fe teniffent a ce qu'il leur auoit dit, ala apres eulx pour les garder de faire murtre,

Bataille entre marins et bourgeois.

Ruse des francs-archers.

Le Grand Pierre.

Paroles échangées entre soldats et marchands Bretons.

1. Gabarre, bateau plat, à voiles et à rames ; encore en usage dans la Gironde.
2. Nef, navire de charge et de transport.
3. Celui qui a droit de coutume.
4. Munis de bâton.

1459 leur priant toufiours & difant : « *Ribaulx, gardez que ne tuez riens* » Mais fi toft n'y peut eftre que le dit Picault ou autre des dits francs archiers n'euffent abatu le dit Pierre le Feure & luy donné ung coup de dague ou d'efpée ou d'autre bafton fous les aiffelles & plufieurs autres fur la tefte & ailleurs, & apres fuyuirent les autres d'icelle nef & blaifferent ung nommé Mathelin le Marefchal marcant auffi en ladite nef & ung autre tellement que ledit Pierre, la nuytée (1) & ledit Mathelin, six ou fept jours apres alèrent de vie a trefpas.

Morts à la suite de la rixe.

Pour occafion defquelz cas, doubtant rigueur de juftice, s'eft ledit fuppliant rendu furtif, ou en franchife & doubte que s'il eftoit pris ou appréhendé par juftice, qu'il en fuft ou peuft eftre en aucun dangier de fa perfonne, fe noz grace & miféricorde ne lui eftoient fur ce imparties. Humblement requérant que, attendu ce que dit eft, & que ledit fuppliant n'auoit faicte aucune confpiration de fa mort ne bateures deffus dit, mais defcendit & y ala ledit fuppliant, comme dit eft, cuidant bien faire & pour obuier au débat qui s'en pourroit enfuir, & que, fe ledit Jehan Picault & autres deffus dits ont fait les dites murtres, ce n'eft pas de fon adueu, mais le deffus dit & luy mefme y ala pour obiuer à ce, & que, fe il leur dift qu'ilz chargiffent, ce n'eftoit que pour garder que ledit Jehan Picault ne fuft tué, lequel icelluy Pierre chargeoit très fort, & leur deffendit qu'ilz ne tuaffent riens. Et ainfi de raifon il n'en doit eftre tenu, & qu'en tous autres cas ledit fuppliant eft bien famé & renommé nous luy vueillons noftre grace impartir. Pourquoy nous, ces chofes confidérées, voulans miféricorde préférer à rigueur de juftice, audit Jacques Guyneuf, ou cas deffus dit, auons quitté remis & pardonné &c., & par la teneur de ces préfentes, plaine puiffance & auctorité royal, quittons, remettons & pardonnons le fait & cas deffus dit auec toute peine, offence & amende corporelle, criminelle & ciuille, du dit cas il pourroit eftre encouru enuers nous & juftice, & l'auons reftitué & reftituons à fa bonne fame & renommée au pais & a fes biens non confifquez, fatisfacion faicte à partie ciuillement tant feulement, fe faicte n'eft, en mettant au néant tous deffaulx, bans & appeaulx, s'aucuns s'en ont ou eftoient pour ce enfuiz, & fur ce impofons filence perpétuel à noftre procureur. Si donnons en mandement par ces mefmes préfentes aux fenefchal de Guienne & juge ordinaire des appellacions de Gafcoigne & à tous nos autres jufticiers ou à leurs lieuxtenans, préfens & auenir, & a chacun d'eulx, fi comme à luy appartendra, que de noftre préfente grace, quittance, rémiffion & pardon facent, feuffrent & laiffent ledit fuppliant joyr & ufer plainement & paifiblement,

Blessures involontaires

Pardon accordé.

Mandement au sénéchal de Guyenne.

1 Passer la nuit

fans le molefter, trauailler ou empefcher, ne fouffrir eftre molefté, trauaillé ou empefché ores ne pour le temps auenir en corps ne en biens, en aucune manière, mais fi fon corps ou aucuns de fes biens font ou eftoient pour ce prins, faifiz, arreftez ou empefchez, luy mettent ou facent mettre fans délay à plaine déliurance, pourueu que le dit fuppliant ne entrera ne fera réfidence en noftre ville de Bourdeaux d'icy à deux ans prouchainement venant. Et afin, &c. Sauf, &c. 1459

Donné à Chinon ou mois d'octobre l'an de grace mil CCCC cinquante neuf & de noftre règne le XXXVIIe. Ainfi figne.

Par le Roy,

A la relacion des gens de fon Grand Confeil.

J. DE REILHAC

Vifa contentor
CHALIGANT.

(Arch. JJ. 188, fol 94, v°.

CIX

A Chinon. – Novembre 1459.

Suite du combat entre les Archers de Guyneuf et l'équipage du vaisseau de Nantes.

Rémission pour Jehan Picault, archier. & fes compagnons.

(Sur parchemin)

SOMMAIRE

Les suppliants ont, sur l'ordre de Jacques Guyneuf, couru au secours des bourgeois de Bordeaux attaqués par les Nantais, et tué ou blessé plusieurs de ces derniers.

1459

Les francs-archers à Bordeaux sous les ordres de Joachim Rouault.

EMISSIO pro Johanne Picault. Charles &c. & pluribus aliis. Receue humblement fupplicacion de Jehan Picault, archier de noftre ordonnance foubz la retenue de noftre aimé & feal efcuier d'efcuierie *Joachin Rouhault*, Jehan Charlot, Jehan Renault, Anthoine Alart, Jehan Barreau, Gillet Leclerc, Jehan Vontigon, Jehan Seruant & Guillaume Larchier tous noz francs archiers foubz la charge & retenue de *noftre amé Colas Guineuf*, eftant de préfent logiez en noftre ville de Bourdeaux, contenant que le VIIe jour du mois d'octobre derrenier paffé enuiron l'eure de cinq heures du foir, ung nommé Eftienne Maquenan, Bernard Maucan, Peyrot de Bourdeaux, & Bizan de Saint-Auid, bourgois d'icelle ville de Bourdeaux fe tranfporterent par deuers Jacques Guineuf filz dudit Colas lequel eftoit logié en la porte de la Graue d'icelle ville auec les francs archiers d'icelluy Colas, de laquelle porte icelluy Jacques a une clef; difans quilz vouloient aler par eaue & de nuit au lieu de Ryons, le priant qu'il fift attendre de fermer ladite porte jufques qu'il fuft bien tart afin qu'ilz puffent yffir de ladite ville & eulx mettre au dedens d'une gabarre fur la riuière de G[ironde] (1) pour aler foupper & puis eulx en aler dudit lieu de Rioms de la premiere marée montant ce que ledit Jacques Guyneuf pour leur cuider faire plaifir, leur accorda. Lequel depuis s'en ala à ladite ville a fes befongnes (2) & s'en retourna fur le tart a ladite porte ou il eftoit logié comme dit eft, & trouuoient que tous les deffufdits eftoient ja hors d'icelle porte excepté ledit Maneau qui voulait yffir : lequel icelluy Jacques pria de foupper auec luy, ce qu'il ne voult faire, mais failly hors d'icelle porte auec les autres deffus nommés, & après ce ledit Jacques s'en ala de fon logeis ou il fouppa & en fa compagnie lefdits Jehan Picault & Jehan Charlot & *apres foupper, en lifant par ledit Jacques le liure de Lancelot du Lac* (3) icelluy Jacques entend grant bruit fur la Graue de ladite ruiere vis auiz d'icelle porte & que on y ruoit des pierres & y crioit on tres fort. Et par ce fait regarder icelluy Jacques par une fenefre d'icelle tour par ledit Jehan Renault qui ce eftoit, ce que ledit Renault fift & rapporta audit Jacques que aucuns quilz ne congnoiffoient couroient les ungs apres les autres fur ladite Graue & peu apres ledit rapport lefdits Mancan & aucuns autres des deffus nommés lefquels encores ledit Renault ne congnoiffoit vindrent à l'endroit de ladite feneftre & appellerent ledit Jacques. Auxquels icelluy Renault respondi & leur demanda qu'ilz vouloient Lefquels refpondirent que ceulx de la nef de Pierre Beuf qui eftoient pres dudit portal fur icelle riuière les vouloient tuer. auquel Renault ledit Jacques demanda que c'eftoit & il luy refpond ce que dit eft Lequel Jacques commença lors a penfer en foy comme il drfoit que c'eftoit ledit Mancan & les autres deffus nommez & qui on couroit fus, & par ce ala a la dite feneftre de laquelle il aperceut ledit Mancan qui eftoit fur la dite Grave, auquel il demanda que c'eftoit, lequel refpondi audit Jacques que ceulx de la dite nef de Pierre Beuf leur avoient getté des pierres en leur bagarre & depuis eftoient descendus & l'auoient battu, luy rompu fon manteau & ofté fon bonnet, le priant que pour Dieu il les voulfift aider et recueillir, car ceulx de la dite nef les vouloient venir tuer, & ce fait ledit Jacques dift au dit Mancan qu'il retournaft arriere

1459

Garde de la Gironde.

Lecture après souper.

Bruit et rixe sur la greve entre marchands et marins.

1. Le reste du mot est pris dans la reliure.

2. A ses affaires.

3. Roman de chevalerie tres célébre au XVe siecle, contenant les merveilleux exploits du roi Artus et des compagnons de la Table ronde.

1459

& regardaſt s'ilz le ſuyuoient, ce que ledit Mancan fiſt & puis retourna & diſt a icelluy Jacques qu'ilz arriuoient à terre, leſquelz ſemblablement leſdits Jacques Picault & Charlot virent arriuer & deſcendre a terre; lequel Jacques voyant ce qui eſt, doubtant qu'il y euſt inconuénient entre eulx & pour obuier a : a ce enuoya par ung nommé Jehan Deſcoſſe la clef du crapault d'icelle porte que noz couſtumiers tiennent afin de ouurir ladite porte pour recueillir les deſſuſdits & le charga qu'il appelaſt cinq ou ſix autres francs archiers & les amenaſt embaſtonnez auec luy pour eſtre a compagnie a ouurir la dite porte. Ce que ledit Deſcoſſe fiſt : & cependant les dits Jacques Picault & Renault oyrent que ceux de la dite nef faiſoient grant cry ſur les deſſus dits, parquoy icelluy Jacques leſdits Picault & Renault deſcendirent embaſtonnez de vouges & autres baſtons : & eulx deſcenduz, ledit Jehan Deſcoſſe arriua a tout le clerc (1) deſditz couſtumiers qui auoient la dite clef, enſemble les deſſuſdits ſupplians auſſi embaſtonnez de vouges & autres baſtons & apres que ladite porte fuſt ouuerte ledit Mancan & autres desſus nommez d'icelle ville furent ilecques tournez comme gens qui auoit eſté chaſſez; tous leſquelz ſupplians commencèrent a courir contre iceulx de la dite nef : leſquelz blaſmez d'icelluy Jacques ſe retirèrent vers la dite porte, excepté ledit Jehan Picault qui ne ſe tira pas comme les autres & demoura derriere demy geċt de pierre ou enuiron, lequel commenca a dire a ung nommé Pierre Le Feure, dit *le Grand Pierre*, natif de Bretaigne, marcant de la dite nef, qui eſtoit ſur la dite graue a tout une lance : « *Viens y, viens y;* » lequel Pierre luy diſt : « *Attens moy, rens toy* » Et ce diſant raſſemblerent l'ung contre l'autre, entre leſquelz ledit Jacques & leſdits ſupplians alerent droit enuers les dits Jehan & Pierre, & ledit Jacques qui ſe doubtoit que leſditz ſupplians a la chaleur ne ſe tenſſent a ce que icelluy Jacques leur auoit dit, ala apres eulx pour les garder de faire mertre, leur criant touſiours & diſant: « *Ribaulx, gardez que ne tuez riens;* » Mais les dits ſupplians qui eſtoient eſchauffez oudit confliċt chargerent Pierre tellement qu'ilz l'abatirent & en l'abatant ou autrement ledit Jehan Picault luy donna ung coup d'une eſpée parmi les eſſelles dont il mourut & apres ſuyuirent les autres d'icelle nef & blecierent ung nommé Mathelin le Mareſchal marcant auſſi a la dite nef & deux autres, tellement que ledit Pierre la nuytée & ledit Mathelin dedens VI ou VI jours apres alerent de vie a trépas à l'occaſion deſquelz cas ainſi aduenuz noſtre procureur en la ſeneſchauſſee de Guienne a fait procéder contre leſdits ſupplians par déffaulx & procédures ſur cas de ban & contre eulx a obtenu pluſieurs deſſaulx & pour iceulx cas leſdits ſupplians doubtant rigueur de juſtice ſe ſont abſentez &

Arrivée de cinq francs-archers pour mettre l'ordre.

Marchand breton.

Bataille

Procédure contre les délinquants.

fouiz hors du pais & ont habandonnez femmes & enfans en ilz font en voye de miférablement finer leurs jours, fe noftre grace & mifericorde ne leur font fur ce imparties. En nous humblement requérant que, attendu que ce que dit eft & que lefdits cas font auffi auenuz de chault fang & chaulde colle, comme dit eft, & pour fecourir ledit Jehan Picault qui eftoit preffé & chargé dudit feu Pierre, & que en tous autres cas ils font bien famez & renommez; ils nous plaife fur ce nos dites grace & mifericorde leur impartir, pourquoy nous ces chofes confidérées, voulans mifericorde préférer à rigueur de juftice, audit fuppliant & a chacun d'eulx, auons au cas deffus dit quitté remis, & pardonné par ces préfentes de grace efpécial, plaine puiffance & auctorité royal, quittons, remettons & pardonnons le fait & cas deffus dits auecques toute peine, offence & amende corporelle, criminelle & ciuille, en quoy pour occafion dudit cas ils pourroient eftre encouruz enuers nous & juftice & les auons reftituez & reftituons à leur bonne fame & renommée, au pais & a leurs biens non confifquez fatisfacion faicte a partie tant feulement fe faicte n'eft en mettant au néant tous deffaulx bons & appeaulx s'aucuns s'en font ou eftoient enfuiz. Et fur ce impofons filence perpétuel a noftre procureur préfent & auenir. Si donnons en mandement à noftre amé & feal confeilher Maiftre Pierre Galoppin par nous commis & ordonné a congnoiftre defcider & déterminer des proces queftions, crimes & déliz de noz gens de guerre eftabliz en noftre ville & cité de Bourdeaux pour certain temps. Et à tous noz autres jufticiers ou a leurs lieuxtenans & a chacun d'eulx fi comme a luy appartendra que de noftre préfente grace, quittance, rémiffion & pardon facent, feuffrent & laiffent les dits fupplians & chacun d'eulx joir & ufer plainement & paifiblement fans pour ce leur mettre ou donner ne fouffrir eftre fait mis ou donné ores ne pour le temps auenir aucunz arreft, deftourbier ou empefchement en corps ne en biens en aucune manière, mais fe leurs corps ou aucuns de leurs biens ou de l'un d'eulx font ou eftoient pour ce prins, faifiz arreftez ou aucunement empefchez, les leur mettent ou facent mettre fans délay à plaine déliurance, &c. Afin, &c.

1459

Requête a la justice.

Pardon accordé.

Mandement au conseiller délégué a Bordeaux pour connaître les délits des gens de guerre.

Donné à Chinon ou moys de nouembre l'an de grace mil CCCC cinquante-neuf & de noftre règne le XXXVIIIe. Ainfi figné.

Par le Roy,

A la relacion des gens de fon grant Confeil,

J. DE REILHAC

Vifa contentor,

CHALIGANT.

(Arch. JJ. 188, fol 102 r°.)

CX

A Razilly. — Décembre 1459.

Italien meurtrier, parjure, et usurier.
Rémission pour Jacques de Médicis.

(Sur parchemin)

SOMMAIRE

Jacques de Medicis, Italien, etabli a Toulouse, avait été employe d'Otto Casteilani, autre Italien, qui avait succédé à Jacques Cœur dans la Trésorerie générale du Languedoc puis convaincu d'infidélité et néanmoins pardonné. Il bénéficie de la clemence du roi pour son ancien maître.

1459

Marchand italien etabli a Toulouse employe par l'argentier du roi.

BOLITIO & ampliatio alterius abolitionis pro Jacob de Medici. Charles.&c. Nous auoir receue lumble fupplicacion de *Jacob de Médici*, marchant, demourant en noftre ville de Thouloufe, (1) contenant que tout fon temps il s'eft employé au fait de marchandife & en ce faifant a eu charge audit fait de marchandife de par *Otto Caftellan nagueres noftre argentier* (2), duquel il a efté feruiteur & pour la continuacion dudit fait de fa dite marchandife s'eft tranfporté en plufieurs & diuers lieux tant en noftre dit Royaume que dehors & en fréquentacion auec plufieurs perfonnes de diuerfes nacions, marchans & autres auec

1. Ce Jacques de Médicis devait être de la famille de ce nom qui devint si puissante à Florence au siecle suivant.

2. Au moyen âge, on nommait *argentier* le banquier chargé de la garde et du maniement de argent nécessaire à l'entretien des maisons princieres.

1459

lesquelx ou aucuns d'eulx il a eu souuentesfoiz plusieurs débaz, noises & différances pendant ledit temps & a faiz & commis certains cas & crimes desquels il a obtenu comme il dit, noz autres lettres de grace & remission en laz de soye & cyre vert esquelles entre autres choses il a obmis de y mettre & declairez les troys cas cy apres declairez c'est assauoir. Le premier touchant certain meurtre & omicide commis par ledit suppliant dont esdictes lettres est faicte mencion, esquelles icellui suppliant a obmis qu'il eust commis ledit meurtre par le commandement & ordonnance dudit Otto ce qu'il fist. Le segond qu'il s'est par plusieurs foiz parjuré en jugement & dehors en deposant & portant témoignaige contre vérité à l'instance & faueur d'aucuns ses amis à l'encontre & préiudice d'autres ses hayneux & malueillans & par espécial a deppofé contre vérité & saichant le contraire de ce qu'il disoit ou proces qui a esté fait des crimes & délitz commis par ledit Otto Castellan & autres. Et le tiers qu'il a presté & baillé ou fait prester & bailler or & argent, marchandises ou autres choses a certaines personnes desquelles il a eu en attendant son paiement & en commettant usure certaines grans sommes de deniers oultre & par dessus son paiement principal. Au moyen desquelx cas & par faulte d'iceulx amplier ou joindre en nosdites lettres de pardon & remission sur par lui obtenues comme dit est icelles nos dites lettres de rémission lui seroient inutiles & de nulle valeur & effect ainsi qu'il nous a fait dire & remonstrer. En nous humblement requérant que attendu ce que dit est & que en autres choses il a ésté de bonne renommée & honneste conuersacion, il nous plaise faire amplier les dits troys cas dessus déclairé en ses dites autres lettres de remission sur ce par lui obtenues & iceulx lui remettre pardonner & quitter & impartir nostre grace & misericorde pourquoy nous, ces choses considérées voulans grace & misericorde préférer à rigueur de justice. Et eu sur l'aduis & délibéracion des gens de nostre Conseil a icelui suppliant ou cas dessus dit & pour causes & considéracions a ce nous mouuans, auons quitté, remis, pardonné & aboly & par la teneur de ces présentes de grace espécial plaine puissance & auctorité royal quittons remettons pardonnons & abolissons les cas, crimes & déliz dessus déclairez auec toute peine, amende & offence corporelle, criminelle & ciuille, en quoy icelui suppliant seroit ou pourroit estre encouru enuers nous & justice. Et de nostre plus ample grace lui auons octroyé & octroyons qu'il puisse sesdites présentes & l'effect d'icelles amplier en ses dites autres lettres de remission sur ce par lui obtenues, comme dit est, & soy en aider à l'entérinement d'icelles tout ainsi que si les troys cas dessusdits y estoient spécifiez & déclairez & l'auons restitué & restituons à ses bonne fame & renommée aux pays & a ses biens non confisquez satisfacion sur ce

Meurtre commis.

Faux témoignages.

Prêt à usure.

Grâce accordée par le roi

Jacques de Médicis restitué dans ses biens.

1459 faiſte aux parties qu'il appartiendra ciuilement tant ſeulement, ſe faiſte n'eſt. En mettant au néant tous bans, appeaulx, deffaulx, proclamacions & euocacions quelconques s'aucuns en ſont ou eſtoient enſuiz Et ſur ce impoſerons ſilence perpétuel a noſtre procureur. Si donnons en mandement par ces préſentes aux ſeneſchal de Thouloufe & viguier dudit lieu & a tous nos autres juſticiers, ou a leurs lieuxtenans, préſens & aduenir, & a chacun d'eulx ſi comme à lui appartiendra que de noſtre préſente grace quittance, remiſſion & pardon facent, ſeuffrent & laiſſent ledit ſuppliant joyr & uſer plainement & paiſiblement ſans le moleſter travailler ou empeſcher ne ſouffrir eſtre molleſté, trauaillé ou empeſché ores ne pour le temps auenir, en corps ne en biens, en aucune manière. Mais ſe ſon corps ou aucuns de ſes biens ſont ou eſtoient pour ce prins ſaiſis, arrreſtez ou empeſchez. Si les mettes ou faiſtes mettre incontinent & ſans délay à plaine déliurance. Et afin. &c. Sauf. &c

Mandement au senéchal de Toulouse.

Donné à Razilly ou moys de décembre l'an de grace mil CCCC cinquanteneuf & de noſtre règne le XXXVIIIe. Ainſi ſigne.

Par le Roy.

En ſon Conſeil,

J. DE REILHAC.

Viſa contentor,
CHALIGANT.

(Arch. JJ. 190, fol. 21 r°.)

CXI

A Razilly — Décembre 1459.

Réclamation d'animaux en fourrière.

Rémission pour Pierre Malet, geôlier de la prifon de Vendôme.

(Sur parchemin)

SOMMAIRE

Pierre Malet, geôlier des prisons de Vendôme, chargé de quatre enfants et d'une femme « prête a gesir » avait eu en garde un cheval appartenant à Brisepierre. Ce dernier fit redemander ledit cheval, mais refusa de payer le droit de geôlage. Une discussion s'ensuivit où Brisepierre tomba frappé mortellement. Malet est en prison.

REMISSIO pro Petro Malet, Charles Nous auoir receue humble fupplicacion de Pierre Malet, demeurant à Vendofmes (1), chargié de femme groffe prefte à géfir & de quatre enfans; contenant, que le jour de la conception de Noftre Dame, derriere paffee, qui eftoit jour de famedi feu Jehan Brifepierre lors eftant en l'oftel d'un nommé Geruaife Pouffin, enuoya dire audit fuppliant par ung nommé Guillot Hubert de la dite ville de Vendofme qu'il alaft parler a luy pour la déliurance d'un fien cheual qui auoit efté mis es prifons dudit Vendofme en l'oftel dudit fuppliant, à la requefte de certaine perfonne pour ce

1459

Cheval mis en fourrière à Vendôme.

1. Chef-lieu d'arrond. (Loir-et-Cher).

1459

Gardien de la fourrière.

qu'il auoit efté trouué endommaigé, efquelles prifon ledit cheual auoit ja efté par l'efpace de huit jours entiers, parce que ledit Brifepierre n'auoit encores point fait de diligence de le délivrer. Lequel fuppliant s'en partit de fon dit hoftel es prifons pour ce qu'il eft fermier & gardiatur des prifons dudit Vendofme & faifant l'office d'exécuteur des lettres obligatoires paffées entre les parties en la dicte chaftellenie & ala voulentiers parler audit Brifepierre eftant en la dite ville & eulx entretrouuerent affemblement en l'oftel dudit Geruaife Pouffin, houftellier & tauernier vendant vin, pres de l'abbaye dudit Vendofme, & eulx eftans audit hoftel fe meurent parolles entre eulx & mefmement par ledit Brifepierre pour auoir fondit cheual dudit fuppliant & luy demanda ledit Brifepierre qu'il lui bailleroit pour auoir fondit cheual ; & lors ledit fuppliant luy dift qu'il en auroit *fedt folz fix deniers tournois pour fa dépence ;* lequel Brifepierre tantoft apres ce emprunta de Guillot Habert cinq folz tournois & dudit Geruaife Poucin deux folz fix deniers tournoiz, lefquelz V folz & II folz fix deniers il bailla content audit fuppliant, qui les print en l'une de fes mains. Et ce fait icelluy fuppliant luy dift *qu'il n'auroit point fondit cheual s'il ne luy paioit oultre la dite fomme de* VII *fols* VI *deniers fon droit de geaulaige* lequel Brifepierre, qui tout fon temps a efté noifif, rioteux (1) & prenoit fouuentes foiz noyfes auec plufieurs perfonnes marchans & autres, tant de la dite ville de Vendofmes comme d'ailleurs du pais & eftoit couftumier de regnier & blafphémer le nom de Dieu, de la Vierge Marie & des Sains & Sainctes de Paradis. Et de ce a aucunes foiz efté reprins tant par la juftice féculiere comme de court d'églife de la dite ville de Vendofme & en a fait reparacion a juftice & eftoit ung homme deceptif & trompeur de gens en plufieurs chofes & par efpécial en fait de marchandife de cheuaux, dont il s'entremettoit fouuentes foiz de efchanger & uendre, & pour les caufes deffufdictes & autres eftoit icelluy Brifepierre fouuentesfoiz en fentence d'excommeniement publiée aux églifes & par efpécial à fon églife paroiffial dudit lieu de Vendofme (2) ; debatoit toufiours que ledit fuppliant n'en auroit plus & que c'eftoit affez, & pour ce icelluy fuppliant luy rendit les dits VII folz VI deniers, quoy que ce foit, les getta fur la table eu difant qu'il eftoit paié dudit Brifepierre pour ledit cheual au taux du juge & ledit Brifepierre luy difoit qu'il auoit menty. Et apres ce ledit Brifepierre defmenti par plufieurs & diuerfes foiz ledit fuppliant en luy difant ces motz : *tu as menty, tu es infame comme ung bourreau & pre que ung bourreau, car tu as baifé le bourreau & auffi ta femme l'a baifie* & ledit fuppliant luy difoit & refpondoit a ces parolles que

Discussion avec le geôlier au sujet de la nourriture du cheval.

Blasphèmes contre Dieu et la Sainte-Vierge.

Excommunication faite en l'église de Vendôme.

Injures adressées par Brisepierre.

1. Querelleur, hargneux.

2. Saint-Lubin, dans le château de Vendôme, église maintenant détruite.

1459

« ceſtoit il qui auoit menty » & autresfoiz ledit Briſepierre luy auoit dictes leſdites injures & parolles en la ville de Vendoſmes & en auoient eu débat enſemble a l'occaſion deſquelles parolles & iniures leſdits Briſepierre & ſuppliant furent fort lors eſmeuz enſemble & tellement que icelluy ſuppliant tira une dague qu'il auoit par une ou deux foiz ſur ledit Briſepierre & luy diſoit ledit Malet ſuppliant qu'il le fraperoit de ſa dite dague & s'entre deſmentirent par pluſieurs foiz. Et par le moien des gens qu'ilec eſtoient préſens ledit ſuppliant eſtuya (1) ſa dicte dague ſans pour celle heure en frapper aucunement ledit Briſepierre. & tantoſt apres ledit Briſepierre fiſt tirer une choppine de vin & ſe aſſit à l'un des boutz de la table, ou eſtoit ledit ſuppliant & autres pluſieurs qui ilec buuoient & fiſt ataindre un verre pour boire ſon vin & de rechief ledit Briſepierre appela ledit ſuppliant « *bourreau* » lequel lui diſt qu'il ne beuſt concques point à ſon verre. Pour leſquelles injures & motz de infamie ſe meurent de rechief pluſieurs débatz entre eulx eſtans encores à la table, ou ils buuoient comme dit eſt. ceſt a sauoir ledit ſuppliant à l'un des boutz dicelle table & ledit Briſepierre a l'autre deſdits boutz : lequel ſuppliant comme courroucié & deſplaiſant & eſchauffé desdictes injures, tira derechief ſa dite dague & lors ilz ſe leuerent de la dite table luy & ledit Briſepierre, &, en débatant enſemble : & eux leuez, icelluy ſuppliant frappa ledit Briſepierre de ſa dite dague un coup en l'eſtomac au droit du cuer, tellement que, à l'ocaſion d'icelluy coup ledit Briſepierre reculla en arriere & tantoſt apres ce. diſt à eulx qui ilec eſtoient qu'ils prenſiſſent ledit ſuppliant & qu'il eſtoit mort, & in continent apres ceſans que bien peu interuale de temps ledit Briſepierre cheut a terre tout mort. A l'occaſion duquel cas ledit ſuppliant a eſte mis & conſtitué priſonnier es priſons dudit lieu de Vendoſme (2), où il luy conuendroitſiner ſes jours miſérablement, ſe noz grace & miſericorde ne luy eſtoient ſur ce imparties, humblement requérant iceulx, pourquoy nous, ces choſes conſidérées, voulans miſericorde préférer à rigueur de juſtice audit Malet ſuppliant ou cas deſſus dits auous quitté, remis & pardonné & par la teneur de ces préſentes de grace eſpécial, plaine puiſſance & auctorité royal, quittons, remettons & pardonnons le fait & cas deſſuſdits auec toute peine, amende & offence corporelle, & criminelle & ciuille, en quoy pour occaſion du dit cas il pourroit eſtre encouru enuers nous & juſtice & l'auons reſtitué & reſtituons à ſa bonne fame & renommée. au pais & a ſes biens non confiſquez ſatiſfacion faicte à partie ciuillement tant ſeu-

Tentative de meurtre.

Coups de dague suivis de mort.

Le meurtrier se constitue prisonnier à Vendôme.

1. Remit au fourreau sa dague.
2. Prisons situées dans l'ancien château fort, dont l'origine remontait aux premiers comtes de Vendôme.

1459

Mandement au bailli de Touraine.

lement, se faicte n'est & imposons sur ce silence perpétuel à nostre procureur présent & auenir. Si donnons en mandement par ces dicts présentes au bailly de Touraine des ressorts & exempcions d'Anjou & du Maine & à tous noz autres justiciers & a leurs lieuxtenants & a chacun d'eulx, si comme à luy appartendra, que de nostre présente grace, quittance, rémission & pardon ilz facent, seuffrent & laissent ledit suppliant joyr & user plainement & paisiblement, sans pour ce luy mettre ou donner ne souffrir estre fait, mis ou donné ores ne pour le temps auenir en corps ne en biens en aucune maniere, ancois son corps ainsi détenu prisonnier comme dit est & ses biens, s'aucuns estoient pour ce prins, saisiz, arrestez ou empeschez luy mettent ou facent mettre sans délay a plaine déliurance. Et afin, &c. Sauf, &c.

Donné à Razilly ou mois de décembre l'an de grace mil CCCC cinquante-neuf & de nostre regne le xxxviiie. Ainsi signé

Par le Roy,

En son Conseil,

J. DE REILHAC.

Visa contentor.
G. DE THOUCY,

(Arch. JJ. 188. fol. 108, r°.)

CXII

A Bourges. — Décembre 1459.

Dévastation de propriétés.

Rémission pour Michel le Noir & Jean Mourelat, de Saint-Alyre en Bourbonnais.

(Sur parchemin)

SOMMAIRE

Michel le Noir et Jean Maurelat, prévenus qu'on avait mis le feu à des noyers qui bordaient un de leurs champs, se rendent sur place pour l'éteindre. Ils rencontrent là diverses personnes, et entre autres un nommé Guillaume Baudoin, supposé l'incendiaire, qui périt dans les flammes.

1459

Requête des parents de deux paroissiens de Saint-Alyre.

REMISSIO pro Michaele le Noir & Johanne Maurelat. Charles, &c. Nous auoir receue lumble fupplicacion des parens & amis charnels de Michel le Noir, aagé de vint deux ans ou enuiron, fils de Thomas Le Noir & de Jehan Mourelat, aagé de vint ans ou enuiron paroifchien de Saint Alyre es montaignes ou pais de Bourbonnois & diocefe de Clermont (1) auons receue, contenant que lefdis fupplians par cy deuant demouroient enfemble ou villaige appellé des Bardins, ouquel villaige y a trois feux tant feulement, & que le famedi auant la fefte Saint Simon & Jude dernierement paffée,

1. Aujourd'hui hameau, dépendant de la commune de Chaussat, canton de Varennes-sur-Allier, arrond. de la Palisse (Allier).

1459

Accusation d'incendie.

quant tous ceulx de l'hostel desdit suppliens furent arriuez ou la plupart en leur hostel, venans de leurs affaires & négoces & eulx estans au pres du feu aucuns des enffans dudit hostel dirent que aucunes gens auoient mis le feu en certains leurs leurs noyers estant pres & joingnans du chemin partant du grant chemin tendant de Cucy au puy guille & tirant aux vargiers distant de leur dit hostel de deux jectz de pierres : ou enuiron dont lesdis Michel le Noir & jehan Morelat & autres de leur dit hostel en tindrent parolles ensemble eulx & bayssans qui le pouoit auoir fait. Et se delibérèrent lesdis Michel le Noir & Jehan Morelat le landemain dimenche bien matin enuiron heures de huit heures que ja la plusspart des gens dudit villaige s'en estoient allés à la messe en l'eglise paroischial de Saint Ylaire d'aler veoir que c'estoit & esmorter le feu estant en ses dictes noiers & prist ledit Jehan Morlat (*sic*) en sa main une pelle ferrée que l'on appelle besche vulgairement ou pais en intencion d'icelle pelle esmorcir (1) ledit feu qui estoit au pré desdis noiers & le refcler & frotter. Et de fait se partirent ensemble de leur dit hostel sans riens estre esmeuz ne eschauffés, non ayant voulenté ne propos de mal faire. Et allerent vers lesdis noiers esquelz estoit ledit feu & illec trouuarent Anthoine Pauze leur voisin qui se chauffait au feu estant à l'un d'iceulx noiers estant en une terre semée de blé appartenant audit Jehan Morelat a Thomas le Noir pere dudit Michel, & dist ledit Michel de premiere venue audit Pauze telles parolles ou semblables : « *Vous vous galez bien de mettre le feu à noz noiers,* » lequel Pauze lui respondit : « *Vous dites que iceulx ay mis, mais il soit maudit qui l'y a mis.* » Et de rechief le dit Michel dist audit Pauze : « *Vous lui auez mis ou gens de vostre hostel.* » Ce que icellui Pauze lui nyoit tousiours. Et ledit Michel le Noir lui dist qu'il estoit pariure en disant qu'il ne l'en croiroit point & que la verité estoit *que lui ou autres de son houstel auoient mis ledit feu esdis noiers;* en disant lesquelles parolles icellui Anthoine Pauze prist en une cloison estant pres de lui ung baston autrement appellé rauarat, selon le languaige dudit pais, en sa main, & ledit Michel le Noir doubtant que icellui Pauze l'en voulust frapper, leua de terre une pierre en sa main & la rua audit Pauze & tellement qu'il l'en frappa seul l'eul & le naura tres fort & jusques a grant effusion de sang; à l'occasion duquel cop, ledit Anthoine Pauze se print à crier : « *A la mort, à l'aide,* » à haulte voiz, tellement qu'on le pouoit bien oir dudit villaige & de plus loings. Pour raison duquel cop ou autrement feu Guillaume Bardin. commun en biens auec ledit Pauze font mal meu & eschauffé, yssy dudit villaige & vint à celle part auec ung pal en ses mains & quant il fut pres

Feu dans des noyers.

Accusation sans preuves.

Rixe et coups de pierres.

1 Pour amoindrir, éteindre.

d'ilec, dift bout efchauffement qui l'a frappé; & jeune enffant appellé Pierre, filz de Dargghac, comperfonnier (1) defdits Pauze & Bardin illec eftant préfent, lui refpondit que ce auoit fait Michel. Et otant ledit Michel, qui eftoit lors tout malade de langueur & fieures qu'il auoit depuis la fefte Saint Jehan Babtifte en ca & qui eftoit fi poure que à peine fe pouoit fouftenir, doubtant la fureur dudit feu Guillaume, qui eftoit homme puiffant & en fa force & vertu comme en l'aage de trente ans ou enuiron, & lequel deux ans auant ou enuiron par fon oultraige (2) auoit baftu le pere dudit Michel & lui auoit tel cop donné fur la tefte d'un pal qu'il en demoura longtemps malade & en grant dangier de mort, doubtant qu'il vouloit faire autant comme il eftoit vrayfemblable adoubte ainfi qu'il monftra par effect dift icellui Michel audit Jehan Morelat eftant pres de lui ces motz : *Il nous tuera, baille moi la palle & va prendre ung pal* & de fait ledit Michel prift ladicte palle en fa main & icellui Morelat un pal, & lors ledit feu Guillaume s'aproucha d'eux en difant par plufieurs foiz : « *Ou eft le larron;* » & quant il fut pres d'eulx vint audit Michel lui refpondit « *Pour ce qu'il m'a oultraigé en difant : Ne te charge point fur nous.* » Et ledit feu Guillaume lui refpondit : « *Nous fommes fur les champs, en ait qui pourra,* » & print une pierre & la rua audit Jehan Morelat & le frappa au dos, & quant il euft frappé, il vint audit Michel & ramena le pal qu'il auoit en fes mains à bras renuerfez fur lui, le cuidant frapper à trauers de la tefte & l'affommer, mais obftant ce que ledit Michel eftoit de plus baffe ftature que ledit feu Guillaume il leua ledit pal qu'il auoit en fes mains & d'icelle rabatit le coup du pal d'icellui Guillaume colla ou laiffa ladicte pelle au long dudit pal tellement qu'il ataignyt d'icelle pelle en rabbatant le coup icellui feu Guillaume fur la tefte & lui fift une plaie bien efnorme & fendit la tefte, qu'il tumba à terre & cheuft fur ledit pal & en tumbant fur ledit pal ou autrement ledit feu Guillaume fe bleffa derechief & demoura illec en la place, & lefdis Michel le Noir & Morelat s'en allerent fans plus frapper ne toucher. Et peu apres par aucune mene en fondit hoftel fur fon pied & par certain laps de temps à l'occafion duquel coup ledit Guillaume Bardin fina fes jours le lendemain lundi enuiron l'eure de fept heures de matin. Pour raifon duquel cas ainfi auenu que dit eft, lefdis Michel le Noir & Morelat, doubtant rigueur de juftice fe font abfentez du pais & n'y oferoient retourner fe noftre grace & miféricorde ne leur eftoit fur ce impartie. Humblement requérant que, attendu ce que dit eft, & que le dit cas eft auenu de chaut fang & chaude colle, auffi icellui deffunct & lefdis Le Noir & Morelat n'auoient aucune hayne

1459

Suite de la bataille.

Lutte générale.

Chute mortelle.

1. Cohéritier, associé.
2. Outrage, affront.

1459 enſemble mes s'entremoient bien & que en autres choſes ilz ſont de bonne fame, renommée & honneſte conuerſacion, ſans jamais auoir eſté attains, reprins ou conuaincuz d'aucun villain cas, blaſme ou reprouche, il nous plaiſe noſdictes grace & miſéricorde leur impartir pourquoy nous attendu ce que dit eſt, voulans miſéricorde préférer à rigueur de juſtice, auſdis Michel le Noir & Jehan Morelat auons ou cas deſſus dit quitté, remis & pardonne, &c. Par la teneur de ces préſentes de noſtre grace eſpécial, pleigne puiſſanc, e&c., auctorité royal remettons, quittons & pardonnons le fait & cas deſſus dit auec toute peine, amende & offenſe corporelle. criminelle & ciuille, en quoy ilz & chacun d'eulx en pourroient encouruz enuers nous & juſtice, & les reſtituons à leur bonne fame renommée, au pais & à leurs biens non confiſquez, ſatisfacion faicte à partie ciuillement tant ſeulement, ſe faite n'eſt, en mettant au néant tous appeaulx, deffaulx, proclamacions, euocacions, s'aucuns eſtoient enſuiz. Et ſur ce impoſons ſilence perpétuel à noſtre procureur

Mandement au bailli de Saint-Pierre-le-Moustier.

Sy donnons en mandement par ces préſentes au bailly de Saint Pierre le Mouſtier, & à tous noz juſticiers & à leurs lieuxtenans préſens & auenir & a chacun d'eulx ſi comme a lui appartiendra que leſdis Michel le Noir & Jehan Morelat & chacun d'eulx de noſtre préſente grace, quittance, rémiſſion & pardon facent, ſeuffrent & laiſſent joir & uſer plainement & paiſiblement ſans les moleſter, trauailler ou empeſcher en corps ne en biens ores, ne pour le temps auenir en aucune maniere, mais ſe leur corps ou aucuns de leurs biens ſont ou eſtoient pour ce prins ſaiſiz, arreſtez ou aucunement empeſchez, mettez les lui ou faites mettre à plaine déliurance. Et afin, &c. Sauf, &c.

Donné à Bourges ou mois de Décembre l'an de grace Mil IIII_c cinquante neuf & de noſtre règne le XXXVIIIe. Ainſi ſigné.

Par le Roy,
A la relacion du Conſeil,

J. DE REILHAC.

Viſa contentor,
CHALIGANT.

(Arch JJ. 190. fol. 109, v°.)

CXIII

A Chinon. — Février 1459.

Un mari qui tue sa femme.

Remission pour Jean de la Lande, du diocèse de Périgueux.

(Sur parchemin)

SOMMAIRE

Jean de la Lande, demeurant à Sainte-Geline au diocese de Périgueux, habitait, il y a cinq ans, dans la paroisse de Saint-Portes-la-Marche, pres de Bourges. Un soir qu'il rentrait chez lui, sa femme lui chercha querelle et l'injuria gravement. Il riposta par un coup de bâton dont elle fut renversée. Dans la nuit suivante, elle expira des suites de ce coup.

REMISSIO pro Johanne de la Lande. Charles, &c. Receue lumble fupplicacion de Jehan de la Lande poure homme à prefent demourant en la paroiffe de Sainćte Gelıne (1) ou diocefe de Périgueux contenant que cinq ans ou enuiron luy eftant demourans lors auec fa feue femme & mefnaige en la paroiffe Sainćt Portes la Marche ou diocefe de Bourges, aduint que icellui fuppliant venant de dehors & comme il s'en arriua en fa mai- 1459

1. Sans doute *Chantegelines* : Au siecle dernier, on la trouve mentionnée dans le dénombrement des paroisses de l'évêché de Périgueux, comme faisant partie du territoire de Mensignac (canton de Saint-Astier, arrondissement de Perigueux) (Dordogne). Ce nom a disparu, comme également celui de Saint-Portes au diocese de Bourges.

1459

Injures d'une femme à son mari.

Coup de bâton donné par le mari.

Regrets du meurtrier.

Le mari se retire dans sa paroisse natale.

Pardonné et restitué dans ses biens.

ſon enuiron heure de ſouleil couchant ſa dicte feue femme print grant noiſe & débat auecques lui en l'appellant « *Truant, paillard, ribault, mauuais triſtot* » & lui diſant qu'il deſpendoit tout ce qu'ilz auoient mauuaiſtement (1) & pluſieurs autres grans villenies & hinjures Laquelle choſe voyant le dit ſuppliant indigne & deſplaiſant deſdictes hinjures, print ung baſton pour frapper ſa dicte famme & en la voulant, ſur les eſpaulles & non la cuidant tuer, ne luy faire choſe dont elle deuſt cheoir en inconueniant de ſa perſonne ſa dicte femme tourna la teſté acóſté telement que le cop dudit baſton luy vint cheoir ſur l'oreille, duquel elle cheut à terre, dont icelluy ſuppliant quant il la vit ainſi tombée fut moult eſbahy & courrocié & la leuoi de terre & miſt au lit & ſe coucha empres & ilec dormit toute la nuyt auec elle, cuidant que pour ledit cop n'en deuſt point moins valoir. Et le landemain ou matin ledit ſuppliant cuidant certainement que ſa dicte femme n'euſt aucun mal l'appella en lui diſant qu'elle ſe leuaſt laquelle ne lui reſpondit riens dont il fut moult eſbahy & eſmerueillé & adonc vint a elle & la traouua morte. De quoy il fut moult triſte & dolant & ſe print à plaurer, gémir & crier ladicte auenture qui eſtoit ainſi aduenue, telement que audit cry ſes voiſins vindrent & arriuerennt ilec & lui demanderent qu'il auoit ; auſquelz il diſt & raconta tout le dit caz en la manière comment il eſtoient auenu ; & a ceſte occaſion peu de temps apres icelluy ſuppliant ſe parti d'icelle parroiſſe de Saint Portes & s'en ala demourer en la dicte paroiſſe de Saincte Geline, ou il s'eſt depuis tenu ſans ce que pour ledit cas on lui ait aucune choſe demandée, juſques a puis naguères que il a eſté conſtitué priſonnier en noz priſons de Périgueux, eſquelles il a eſté queſtionné & a confeſſé ledit cas pour lequel il doubte combien qu'il ſoit auenu par cas fortuit qu'on vueille procéder à l'encontre de lui a pugnicion corporelle ſe noz grace & miſéricorde ne lui eſtoient ſur ce imparties. en nous humblement requérant que attendu, ledit cas ainſi auenu par cas ſortuit & que il ne frappa ſa dicte femme d'aucun ferment & n'auoit vouloir de l'atriſter & que en autres choſes il a touſiours eſté homme de bonne vie, renommée & honneſte conuerſacion il nous plaiſe noſdictes graces & miſericorde lui impartir pourquoy nous (2) . . . . . . audit ſuppliant ou cas deſſus dit auons quitté. . . . . Et l'auons reſtitué & reſtituons. . . . . . . Si donnons en mandement par ces meſmes préſentes à noſtre ſeneſchal de Périgort & a tous nos autres juſticiers ou à leurs lieuxtenans préſens & auenir. . . . . . que de noſtre préſente grace. . . . .

1. Lui reprochant de dépenser l'argent commun.
2. *Formule.*

mais fon corps pour ce détenu prifonnier enfemble fes biens fe pour ce eftoient prins, fe arreftez ou empefchez les mettent ou facent mettre tantoft & fans delay à pleine déliurance & afin. . . . 1459

Donné à Chinon ou mois de feurier l'an de grace mil CCCC cinquante neuf & de noftre règne le XXXVIIIme. Ainfi figné.

Par le Roy, à la relacion du Confeil,

J. DE RILHAC.

Vifa contentor,
J. DU BAN.

(Arch. Reg. JJ. 190, fol. 8 v°.)

CXIV

A Chinon. — Février 1459

Querelle entre beaux-frères.

Rémission pour Pierre Faure, de la châtellenie de Cognac.

(Sur parchemin)

SOMMAIRE

Pierre Faure et Estienne Boyn avaient epousé les deux sœurs et etaient restés voisins, mais en mauvaise intelligence, un jour Boyn étant venu couvrir de boue le laboratoire ou Faure fabriquait des pots en terre, une rixe s'en est suivie dans laquelle Boyn a eté tué.

1459

Supplique d'un potier de terre en Angoumois.

RO Petro Faure. Charles, &c. Nous auoir recue lumble fupplicacion de Pierre Faure, potier de terre, natif de Villebois (1). demourant à Boutiers (2) en la chaftellenie de Couignac & conté d'Angolmois, contenant que fept ans a ou enuiron ledit fuppliant vint demourer audit lieu de Boutiers, ou il a toufiours depuis demouré en ufant de fon métier, & depuis deux ans ou enuiron fe y eft marié auec Marion Moliniere dudit lieu de Boutiers, apres lequel fon mariage, il dreffa fon meftier de poterie en la part de l'héritaige de ladicte Marion fa femme. jouxte la part de Perrote Moliniere femme de feu Eftienne Boyn, fuer de fa dicte femme, pour laquelle caufe & mefmement

1. Villebois Lavalette, chef-lieu de canton, arrond. d'Angoulême (Charente).
2. Boutier-Saint-Troian, canton et arrond de Cognac (Charente).

1459

Étienne Boyn jette de la boue dans le battoir de Pierre Faure.

pour ledit héritaige de leurs dictes femmes icelluy feu Boyn qui eftoit en fon viuaut homme malicieux print par plufieurs foiz débat auec ledit fuppliant & en furent en proces en la court de Couignac, en laquelle icelluy feu Boyn en decheut dont il conceut encore plus grant hayne à l'encontre dudit fuppliant; & en mettant a exécucion icelle hayne le lundi matin prouchain apres la fefte de la Touffains derrenierement paffée, getta icelluy feu Boyn de fon héritaige joignant du baftouoir (1) de la poterie dudit fuppliant enuiron trois ou quatre palées de boue ou fanie. Et quand ledit fuppliant vint en fondit baftouoir & cougneut ladicte boue auoir efté gettée de fraiz en fon dit baftouoir de l'éritaige dudit Bouyn, fut moult courroucié contre icelluy Boyn & incontinent en voulant befongner de fondit meftier, print un *pannier* & une *bezoche* (2) pour aler quérir du fable pour fondit meftier en fa terre, eftant derrière la maifon dudit feu Boyn, en y alant, trouua icelluy feu Boyn qui labouroit en fon vergier, auquel il dift *qu'il auoit mal fait de luy auoir getté la boue en fon baftoer*, a quoy ledit Boyn luy refpondit *qu'il la y auoit getté pour ce que ledit fuppliant l'auoit parauant getté en fon héritaige*, lequel fuppliant luy fift refponfe que *non auoit*. Et lors incontinent icelluy Boyn commenca a defmentir ledit fuppliant & l'appeller *vilain gordin* (3) en jurant le *Sang Dieu* qu'il ne mourroit d'autres mains que des mains que des fiennes, & non content de ce, mais en continuant fa malice, courut fus audit fuppliant & d'une fourche de fer a deux broches qu'il tenoit, vint frapper ledit fuppliant à la poictrine, à la part droicte au deffoulz de la tetine, en regnyant Dieu qu'il le tueroit & dudit coup luy fift deux playes bien griefues & de rechief le frappa encores de ladicte fourche ung autre coup en ladicte poictrine pour le vouloir mettre à mort, & fi griefuement le naura qu'il en eft demouré en mains de barbiers enuiron ung mois. Et ainfi que icelluy Boyn bailla le fecond coup audit fuppliant, il mift fa main dextre audeuant de ladicte fourche & arriua de va mettre entre les deux brans d'icelle pour obuier à la mort, & de ladicte bezoche, laquelle il tenoit en fa main feneftre en frappa ung feul coup icelluy Boyn & le affena en la tefte audeffus de l'oreille dextre, non cuidant le naurer à mort. Duquel coup icelluy Boyn cheut à reuers & a la cheute frappa fa tefte fur ung mortier de terre, & à l'occafion de ce ledit jour, enuiron heure de vefpres, ala de vie a trefpaffement. Pour occafion duquel cas ainfi aduenu, ledit fuppliant doubtant rigeur de juftice f'eft abfanté du pais, délaiffé fadicte Marion Molinièr fa femme, de l'aage de. . . . . ans groffe d'en-

Injures entre les deux beaux-freres.

Coups de fourche dans la poitrine.

Chute de l'agresseur sur un mortier en terre qui occasionne la mort.

1. Battoir.
2. Pioche, houe, bêche (Du Cange).
3. Stupide, niais (Du C.).

1459

La victime avait été tout d'abord l'agresseur.

fant, laquelle depuis eſt acouchée d'une fille, & n'y oſeroit jamais retourner, ne conuerſer, mais eſt en auenture de finer ſes jours miſérablement. ſeſdictes femme & enfans tourner à mendicité, ſe noz grace & miſéricorde ne luy eſtoient ſur ce imparties. En nous humblement requérant que attendu ce que dit eſt, & que ledit deffunct a eſté aggreſſeur & premier invaſeur, tant de fait que de parolle & autres ment & que de parolle & que en autre cas ledit ſuppliant a touſiours eſté homme de bonne vie, renommée & honeſte conuerſacion, ſans jamais auoir eſté attaint ne conuaincu d'aucun villain cas, blaſme ou reprouche, il nous plaiſe noſdictes grace & miſéricorde luy impartir. Pourquoy nous les choſes deſſuſdictes conſidérées, voulans grace & miſéricorde préférer à rigueur de juſtice, audit Pierre Faure ſuppliant ou cas deſſuſdit, auons quitté, remis & pardonné & par la teneur de ces préſentes, de grace eſpécial, plaine puiſſance & auctorité royal quittons, & pardonnons le fait & cas deſſuſdit auec toute peine, amende, offence corporelle, criminelle & ciuile. en quoy pour occaſion il pourroit eſtre encouru enuers nous & juſtice. Et l'auons reſtitué & reſtituons à ſa bonne fame & renommée, au pai- & à ſes biens non confiſquez, ſatisfacion faicte à partie ciuilement tant ſeulement, se faicte n'eſt, en mettant au néant tous deffaulx. ban & appeaulx, s'aucuns s'en ſont ou eſtoient pour ce enfuiz. Et ſur ce impoſons ſilence perpétuel à noſtre procureur. Si donnons en mandement par ces préſentes à noſtre ſeneſchal de Xaintonge (1) & a tous nos autres juſticiers ou aleurs lieuxtenans préſens & auenir & a chacun d'eulx, ſi comme à luy appartendra, que de noſtre préſente grace, quittance, rémiſſion & pardon facent, ſeuffrent & laiſſent ledit ſuppliant joir & uſer plainement & paiſiblement ſans le moleſter, trauailler ou empeſcher, ne ſouffrir eſtre trauaillé, moleſter ou empeſché ores ne pour le temps auenir, en corps ne en biens quelzconques en aucune manière, mais ſe ſen corps ou aucuns de ſes biens ſont ou eſtoient pour ce prins, ſaiſiz. arreſtez ou empeſchez, les luy mettent ou facent mettre ſans delai à plaine déliurance. Et afin, &c.... Sauf, &c.....

Mandement au Sénéchal de Saintonge

Donné à Chinon ou mois de féurier l'an de grace mil CCCC cinquante neuf & de noſtre regne le XXXVIIIe. Ainſi ſigné.

Par le Roy,
A la relacion du Conſeil,

J. DE REILHAC.

Viſa contentor.

. . . . . .

(Arch. JJ. 190, fol. 3, v°.)

1. En Normandie, chef-lieu du département du Calvados.

CXV

A Chinon. — Mars 1459 (avant Pâques).

Meurtre d'un sergent royal.

Rémission pour Guilhem de Gramont, de la sénéchaussée de Toulouse.

(Sur parchemin)

SOMMAIRE

Cette affaire est la suite du no CVII. Guilhem de Gramont, de la ville de Symorre, en la sénéchaussée de Toulouse, est le neveu de Pierre de Gramont, et compromis encore plus gravement que lui dans le meurtre du sergent royal, puisque c'est Guilhem qui a frappé à mort l'officier du roi.

Remissio pro Sanſin Guilhen de Gramond. Charles, Receue lumble supplicacion de *Sanſin Guilhem de Gramond*, aagié de. . . (1) ou enuiron, de la ville de Symorre, en la ſeneſchaucée de Thouloſe contenant 1459
que en l'an mi CCCC cinquante huit ou mois d'octobre feu Sanſin Daudery en ſon viuant noſtre ſergent en la jugerie de Riuière (2) & un nommé Jehan de la Brugiere

1. En blanc. Peut-être appartenait-il à la maison de Gramont dont la généalogie a été donnée par le P. Anselme. T. IV, p. 105.

2. Cette jugerie fit partie du Languedoc jusqu'en 1469, année où Louis XI donna le duché de Guyenne a Charles, son frère, et attribua à ce duche la partie occidentale de la sénéchaussée de Toulouse. (Expilly, *Dictionnaire des Gaules* in-f°). Elle a formé depuis une élection de la province de Guyenne.

1459

Arrivee du bailli de Simorre chez le curé. Assignation du juge de Rivière.

lors baille dudit lieu de Simorre vindrent en la maifon de Jehan de Bron, prebftre, curé & recteur de l'églife parroiffialle dudit lieu de Simorre pour ilec faire efcripre par ledit curé certain exploict fait par eulx par vertu de certaines lettres émanées de la court dudit juge de Riuiere. En quoy faifant lefdits baille & fergent eurent queftion enfemble fur ce que ledit baille affigna ou voult affigner jour aux oppofans fur quoy ung nommé Jehan de Fanyau, moyne du monaftere dudit lieu de Symorre qui eftoit en ladite maifon dudit curé ayant leurdit débat, commença à entreprendre la parolle & dift audit fergent que au baille apportenoit donner l'affignacion de ladite oppoficion & non a luy. Dont ledit fergent fut mal content & pour cefte caufe s'adreca contre ledit moyne & tira fon efpée & fift femblant & maniere de le frapper en luy difant ces motz. *Et ribault moine, vous m'eftez vous de mes befongnes.* Je vous feray bien en aler en voftre abbaye & en ce difant getta & lanfa icelluy fergent contre ledit moine, plufieurs coups de fa dicte efpée toute nue & alors ledit moine faillit tout courant de fa dite maifon dudit curé & quant il fut en la charriere publique (1), trouua & rencontra Pierre Grandmond, oncle dudit fuppliant habitant de Molans (2), aufquelz & mefmement audit Pierre de Grammond il dift ces motz a Granmonet « *toi qui es feruiteur de Monfeigneur l'abbé me laifferas tu occires* » & lors ledit Grammonet luy refpondi « *Comment qui etre qui vous veult tuer* » Et ledit moine luy dift « *s'eft vng ribault qui eft ycy pres en une maifon qui m'a voulu frapper & affaillir.viens & je te y meneray* ». Et lors ledit moine print ledit Granmonet par la main & le mena en la dite maifon & le dit fuppliant les fuiuy. Et quant lefdits Granmonet & fuppliant furent au lieu ou eftoient les ditz baille & fergent ledit Pierre Granmonet leur dift & propofa telz motz ou femblables : « *Qui font ceulx qui vueillent tuer & murtrir les officiers de Monfeigneur l'abbé de Symorre* » & lors ledit fergent tira fon efpée contre ledit Grantmonet & luy dift « *Que en as tu a faire* ». Et incontinant commenca icelluy fergent. apres les dites parolles ainfi dictes, a getter de grans coupz & eftocz de fa dite efpée contre ledit Granmonet tellement qu'il le bleça au front jufques a grant effufion de fang & auec ce luy perfa fon manteau en plufieurs parties & l'euft très aigrement nauré & blecié s'il ne fe fuft deffendu de fa dague qu'il auoit, mais néanmoins inceffamment gettoit ledit fergent de grans eftocs contre ledit Granmonet lequel ce voyant & que nul de ceulx qui eftoient préfens ne le défendoient, dift telles parolles ou femblables au dit Sanfin Guilhen fuppliant fon neueu qui eftoit

Intervention d'un moine de Simorre.

Coups d'épée.

1. La voie publique.
2. Le *Dictionnaire des postes* ne mentionne aucun nom de lieu de Molans.

1459

Tentative d'assassinat sur un sergent.

ilec venu auec luy « *A ribault me laifferas-tu occire* » Et adonc icelluy fuppliant de chault fang frappa ledit Sanfin Dauderi de fa dague par la poitrine tellement que icelluy Daduery cheut a terre & lors dift icelluy Daudery ces motz a Sanfin Guilben : « *Tu m'as tué* » Laquelle chofe voyant ledit fuppliant doubtant qu'il ne fuft pris par juftice incontinent fe partit & enfouy de la dite maifon & ville de Simorre & pareillement fenfouyt ledit Pierre Granmonet en l'églife dudit Symorre

Immunités de l'église de Simorre.

Et foit auffi que apres ces chofes ainfi faictes & auenues ledit fergent euft par cirurgiens & médecins très bien fané (1) & guéry de la dite playe & bleceure a luy faicte & tellement que lefdits médecins & cirurgiens luy dirent quil eftoit guerry moiennant qu'il fe abltenift & gardaft d'aucunes chofes a luy contraires. Ce néanmoins icelluy Daudery en faifant le contraire de ce que lefdits médecins & cirurgiens luy auoient dit incontinent qu'il fe fenty guéry de fa dite playe, s'en ala par le pais & fit de grans & diuers exces comme on dit & à cefte caufe entra & enchey (2) en certaine grant maladie. Par le moien de laquelle le IIIe jour du mois de feurier en fuivant ou dit an il eft alé de vie à trefpaffement pour occafion duquel cas ledit fuppliant doubtant rigueur de juftice & que pour ce on le voulfift prendre & conftituer prifonnier s'eft abfenté de ladite ville & rendu furtif d'icelle, en laquelle il n'oferoit jamais feurement retourner ne conuerfer, fe noz grace & mifericorde ne luy eftoient fur ce imparties ainfi qu'il nous a fait remonftrer. Requérant humblement que, attendu ce que dit eft & mefmement que ledit fergent par fa faulte & coulpe eft ainfi alé de vie a trefpas & n'eft pas vrayfemblable que ce foit a l'occafion de la dite blecure car depuis icelle il a efté guéry l'efpace de XV fepmaines, auffi que icelluy fergent fut premier inuafeur & auoir nauré l'oncle dudit fuppliant & que en autres cas icelluy fuppliant a toufiours efté homme de bonne vie renommée & honnefte conuerfacion fans jamais auoir efté attainct d'autre villain cas blafme ou reprouche. Il nous plaife nofdites grace & mifericorde luy impartir. Pourquoy nous ces chofes confidérées, voulans miféricorde préférer à rigueur de juftice, audit fuppliant ou cas deffufdits auons le fait & cas deffus déclairé quitté, remis & pardonné & par fa teneur de ces préfentes de grace efpécial, plaine puiffance & auctorité royal quittons, remettons & pardonnons auec toute peine, amende & offence corporelle, criminelle & ciuille en quoy pour occafion dudit cas il pourroit eftre encouru enuers nous & juftice & l'auons reftitué & reftituons à fa bonne fame & renommé au pais & a fes biens non confifquez fatisfacion faicte à partie ciuillement tant feulement, fe faicte n'eft. En met-

Imprudence apres la guérison.

La mort du sergent attribuée aux excès.

1. *Sain*
2. Tombor.

1459

Mandement au Sénéchal de Toulouse.

tant au néant tous deffaulx bans & appeaulx, s'aucuns eftoient pour ce enfuiz. Si donnons en mandement par ces dites préfentes aux fenefchal de Thouloufe (1) & juge de Riuière & a tous nos autres jufticiers ou a leurs lieuxtenants & a chacun d'eulx fi comme a luy appartendra que de noftre prefente grace, quittance, rémiffion & pardon ilz facent, feuffrent & laiffent ledit fuppliant joir & ufer plainement & paifiblement fans pour ce luy mettre ou donner ne fouffrir eftre fait. mis ou donné ores ne pour le temps auenir en corps ne en biens aucun arreft deftourbier ou empefchement, aincois fe fon corps au aucuns de fes biens font ou eftoient pour ce prins, faifiz, arreftez ou empefchez les luy mettent ou facent mettre fans délay à plaine déliurance. Et afin, &c. Sauf. &c.

Donné à Chinon ou moys de mars l'an de grace mil CCCC cinquante-neuf auant pafques & de noftre règne le XXXVIIIe. Ainfi figné.

Par le Roy,

A la relacion du Confeil,

J. DE REILHAC.

Vifa contentor,

J. DU BAN.

(Arch. JJ 190, fol. 15. v°.)

1. Qui était alors Galaubias de Panassac, institue en 1442, mort le 25 juillet 1461.

CXVI

A Chinon. — Mars 1459.

Complicité involontaire au meurtre d'un prêtre.

Rémission pour Jeanne, fille de Georges de Dieppe, jeune fille à marier de vingt ans.

(Sur parchemin)

SOMMAIRE

Jeanne de Dieppe demeurait à Bayeux avec sa sœur, femme de Richard le Grant. Ce dernier ayant attiré chez lui Jacques Ase, prêtre, l'assassina à la suite d'une querelle. La suppliante, témoin malgré elle de ce meurtre, a été ensuite obligée par son beau-frère de porter avec lui dehors le cadavre et elle-même a dû même l'aider à s'emparer de ce que ledit prêtre avait de précieux chez lui, devenant ainsi elle-même complice de ce vol.

1459

Requête d'une jeune fille de 20 ans.

EMISSIO pro Johanna filia Georgii de Dieppe. Charles, &c. Nous auoir receue lumble fupplicacion de *Jehanne* fille *Georget de Dieppe jeune fille à marier de l'aage de vingt ans ou enuiron*, contenant que ladite fuppliante a demouré par aucun temps auec Richart Le Grant & fa femme demourans à Bayeulx (1) & eft fœur germaine de ladicte femme dudit Richart Le Grant; & eft aduenu que depuis ung an en ça ou enuiron icelle fuppliant

1. En Normandie, chef-lieu du département du Calvados.

1459

Arrivée du prêtre dans la maison.

Discussion suivie de meurtre.

Le meurtrier fait jurer à sa femme et à sa servante de ne pas divulguer le crime.

Vol d'argent dépensé à Caen.

demourant auec ledit Richart & fa dite feur a certain jour fur le foir icelluy Richart menda ou enuoya quérir ung nomme Jaques Afe & le fift venir en fa maifon lequel Jaques qui eftoit prebftre & chapellain en l'eglife dudit lieu de Bayeux, y vint & monta au follier (1) de la dite maifon ou eftoit ledit Richart & la dite fuppliant eftoit au deffoubz & en l'ouurouer (2) ou elle coufoit & faifoit fa befongne non faichant pour quelle caufe ledit prebftre eftoit venu en la dite maifon ne l'entencion que auoit ledit Richart. Et icelluy prebftre eftant oudit follier auec ledit Richart firent grant bruit & eurent grant noife enfemble & tellement que ledit Richart tua & murdry ledit prebftre & quant ladite fuppliant qui eftoit en l'ouurouer comme dit eft, oyt ledit bruit laiffa fa befongne & voulut monter oudit follier pour fauoir que c'eftoit. Mais ledit Richart l'en garda & vint au degré dudit follier & la bouta (3) en bas & tantoft apres que ledit Richart eut fait ledit meurtre defcendit dudit follier en bas & fift monter oudit follier fa femme & ladite fuppliant & quant ilz furent oudit follier, ledit Richart leur compta ledit cas & fift jurer ladite fuppliant que point ne l'encuferoit (4) ou qu'il la tueroit toute morte & lui fift de grans menaces. Lefquelles chofes voyant & oyant ladite fuppliant & mefmement qu'elle eftoit en la fubiection dudit Richart & pour doubte qu'elle auoit quil ne la tuaft, comme il euft peu faire, promift audit Richart qu'elle ne l'encuferoit & fe cela & tantoft apres ala icelle fuppliant quérir à boire audit Richart. Et ce fait & quant il fut nuyt ledit Richart dift à icelle fuppliant qu'elle lui aidaft a porter ledit prebftre ainfi murdry hors de la dite maifon, laquelle luy aida à porter jufques fur ung fumier affez loing dudit hoftel; & apres & icelle fuppliant non ofant défobeir a la voulenté dudit Richart ala auec luy en l'oftel dudit prebftre ouquel icelluy Richart print de la finance tant en or que en monnoye & des taffes d'argent, dont elle ne fcet le nombre & le tout aporterent en leur maifon. Et ces chofes ainfi faictes & ung jour ou deux apres ledit Richart fe party dudit lieu de Bayeux & s'en ala en noftre ville de Caen ou il achatta de la cire grant nombre ou il fut par certaines journées Pendant & durant lefquelles on commença a parler de l'aduenture dudit prebftre audit lieu de Bayeux & que on ne le veoit plus, & parloit on fort par fufpection de ladite maifon dudit Richart parce que fen luy auoit veu entrer. Lefquelles nouvelles ladite fuppliante rapporta audit Richart qui eftoit en certain lieu hors de la dite ville & peu de temps apres pour le dit foufpecon

1. Chambre haute, ou grenier.
2. *Ouvroir*, endroit où l'on travaillait en commun.
3. Action de pousser
4. Accuserait

1459

Bruit sur la disparition mystérieuse du prêtre.

& qu'on parloit de ladite maison en laquelle la justice dudit lieu de Bayeux ladite suppliant & sadite seur femme dudit Richart s'en alerent en franchise en une église ou ilz ont esté par aucun temps & jusques a ce que apres la vérité dudit cas sceue ilz ont esté bannyes par nostre justice dudit lieu de Bayeulx. A l'occasion duquel bannissement ladite suppliant qui est pour jeune fille a marier & laquelle n'est aucunement coulpable ne consentant dudit cas & que ce qu'elle en a fait a esté par doubte & crainte quelle auoit dudit Richart & de sa dite seur en la subiection desquelz elle estoit & ausquelz elle n'eust osé désobéir, n'oseroit jamais seurement retourner en la dite ville de Bayeulx, mais luy conuendrā soy absenter & aler demourer en autre contrée & habandonner tous ses parents & amys qui sont demourés audit lieu de Bayeulx. Et aceste cause doubte qu'elle soit en auenture d'estre deshonnourée & de finer sa vie pourement & miserablement, se noz grace & misericorde luy sont sur ce imparties ainsi qu'elle nous a fait remonstrer. Requérant humblement que attendu ce que dit est et quelle n'est coulpable ne consentant dudit cas & n'y a aucune coulpe (1) si non pource quelle l'a célé (2), ce quelle a fait par craincte & doubte comme dit est, quelle est jeune fille à marier, simple & ignorant & que en autres cas elle a tousiours esté de bonne renommée sans auoir esté attaint d'aucun villain cas, blasme ou reprouche, il nous (plaise) luy impartir icelles. Pourquoy nous, ces choses considérées, voulans grace & miséricorde préférer à rigueur de justice a ladite Jehanne suppliant ou cas dessus dit auons quitté, remis & pardonné & par la teneur de ces présentes de nostre grace espécial, plaine puissance & auctorité royal, quittons, remettons & pardonnons toute peine, offense & amende corporelle criminelle & ciuille, en quoy à l'occasion dudit celement (3) dudit cas & autrement elle pourroit estre encourue enuers nous & justice. Et l'auons restituée & restituons à sa bonne fame & renommée, au pais & a ses biens & choses non confisquez. En mettant au néant ledit bannissement pour ce fait & ensuy & touz autres bannissemens, proclamacions & euocacions quelzconques qui s'en pourroient ensuir, satisfacion faicte a partie ciuillement seulement. se faicte n'est & elle y eschet. Et sur ce imposons silence perpetuel à nostre procureur. Si donnons mandement par ces mesmes presentes à nostre bailly de (4)
& a tous noz autres justiciers & officiers ou a leurs lieuxtenans présens & avenir & a chacun d'eulx si comme a luy appartendra que de noz presens grace, quit-

Bannissement de la femme et de la servante.

Demande de grâce par Jeanne, complice involontaire.

Pardon accordé.

La peine du bannissement abolie pour avoir révélé le crime.

1. Faute.
2. Du latin *cella* (secret, caché).
3. Secret gardé.
4. Laissé en blanc, evidemment il s'agit ici du bailli de Bayeux.

1459 tance, pardon & remiffion, facent, feuffrent & laiffent ladite fuppliant joyr & ufer plainement & paifiblement fans luy faire ou donner, ne fouffrir eftre fait ou donné ores ne pour le temps auenir en corps ne en biens aucun arreft ou empefchement au contraire. Mais fe fon corps ou aucuns de fes dits biens eftoient pour ce prins, faifiz, arreftez, ou empefchez, les luy mettent ou facent mettre fans délay a plaine déliurance. Et afin, &c. Sauf, &c.

Donné à Chinon. ou moys de Mars l'an de grace mil CCCC cinquante neuf & de noftre règne le XXXVIIIe. Ainfi figné.

Par le Roy.

A la relacion du Confeil,

J. DE REILHAC

Visa contentor,
CHALIGANT.

Arch. JJ. 190, fol. 11 v°)

CXVII

A Chinon. — Mars 1459

Mort d'un jeune page.

Rémission pour Martin Ocommaille, taillandier du sire de la Varenne grand sénéchal de Normandie.

(Sur parchemin)

SOMMAIRE

Martin Ocomaille, couturier et taillandier à Rouen, fut mandé, un dimanche de février 1459, par un gentilhomme de la compagnie du sire de Lohéac, maréchal de France. Chemin faisant, il rencontre un page qui voulait battre un jeune garçon. En essayant de les séparer il blesse mortellement l'un d'eux.

1459

Taillandier du grand sénéchal de Normandie.

EMISSIO pro Martino Ocommaille. Charles, &c. Nous auoir receue humble fupplicacion de Martin Ocommaille, jeune compagnon coufturier de l'aage de vingt & troys ans ou enuiron, natif de noftre ville de Bourges, feruiteur & taillandier (1) de *noftre amé & feal chevalier confeilher & chambelan le fire de la Varenne, grant fenefchal de Normandie* (2) contenant que le dimenche (3) jour du moys de feurier derrenier paffé ledit fup-

1. Artisan qui taillait le fer des armes ou armures.
2. Pierre de Brezé, seigneur de la Varenne, de Brissac, baron d'Avet, Erual, Montchauvet, grand sénéchal et reformateur général de Normandie en 1451, mort à la bataille de Monthléry le 16 juillet 1465. — Voir Tome I, p. 170.
3. En blanc.

1459
Départ du château de Rouen.

plians eftans lors en Noftre ville de Rouen en la compaignie de fondit maiftre fe party du chaftel dudit lieu de Rouen apres ce qu'il y eut fouppé enuiron l'eure de entre fept & huit pour venir parler à ung gentil homme de la compaignie de noftre amé & feal coufin *le fire de Loheac, marefchal de France* (1), qui eftoit logé à l'enfeigne de la hurgne pres le pont dudit lieu de Rouen, lequel l'auoit mandé pour lui faire certains habillemens. Et en y venant aupres de l'efcu de France, rencontra un petit paige, dont il ne fcet le nom aagé d'enuiron dix ou douze ans, qui demeuroit pour lors auecques Jehan le Prince nagueres feruiteur & maiftre doftel dudit grant fenefchal : lequel page portoit en fa main une lanterne. Et ung autre jeune homme eftant illec en la rue demandoit audit paige a qui il eftoit, & le dit paige refpondy qu'il eftoit au prince. Par quoy ledit fuppliant s'arrefta quant il oyt nommer ledit Prince & lors entendy que ung autre jeune filz (2) que il ne congnoiffoit adonc ne jamais n'auoit congneu, fe débatoit auecques ledit petit paige & le vouloit batre : parquoy s'aproucha d'eulx ledit fuppliant & demanda à iceluy paige a qui il eftoit : lequel lui refpondy qu'il eftoit au Prince & pour ce pour l'amour dudit Prince & pour obuier à ce qu'il n'y euft aucun mal entreulx ledit fuppliant demanda audit paige qu'il auoit fait audit jeune filz : lequel lui refpondy que riens fort pour ce que *ledit jeune filz l'auoit appelé angloys, lone*, il l'auoit appelle *flamant, beurrier*. Et lors ledit fuppliant fe mit entre deux & print ledit paige par la manche & lui dift qu'il s'en alaft ; adonc ledit paige qui murmuroit & difoit toufiours certaines parolles oudit jeune filz dont ledit fuppliant n'eft recors commenca a s'en aler. Mais icelui jeune filz voult aler apres pour le batre. Parquoy icelui fuppliant fe mift de rechief audeuant & le print par le braz & le tint ferme tellement qu'il l'arrefta & lui commenca a dire telles parolles ou femblable « *Es-tu pas bien palliart de vouloir aler batre ce petit garfon* » Et le dit jeune filz dift « *Je ne fuis point palliart néant plus que vous* » en demandant « *Qui eftes vous je vous congnois bien* » Et ledit fuppliant lui refpondy « *Mais toi qui es tu* » Et il refpondy : « *Je fuis peletier* (3) *& vous eftes ung paillard coufturier breneux & aons aler crier je n'en feray riens pour vous* » Et lors icelui fuppliant fanis autre chofe dire haulfa le braz & luy bailla ung foufflet de la main fur la joue. Et ce fait ledit jeune filz frappa icelui fuppliant fur le braz & le print par la robe, mais ledit fuppliant fe commença a defbranler & fe recula ung peu arriere & non pourtant ledit jeune filz vint

Le maître d'hôtel du grand sénéchal Pierre de Brézé.

Qualification d'Anglais trouvée blessante.

Injures réciproques.

Soufflet donné.

1. André de Laval, seigneur de Lohéac et de Rais, maréchal de France à 28 ans en 1439, mort le 28 décembre 1485.

2. Que veut dire jeune garçon, ignorant, novice.

3. Qui fait la fourrure.

1459

apres & lui mift la main contre la poictrine & jufques à fa dagué qu'il print par le fourreau. Et ce voyant ledit fuppliant doubtant que il lui oftaft fa dite dague, la tira toute nue & lui en bailla fur la main qu'il auoit leuée fur lui & fe commenca a reculer pour foy en aler. Mais ledit jeune filz le fuiuiz de pres & fe getta de fa puiffance (1) fur ledit fuppliant qui encore tenoit fa dague en fa dite main de pointe deuant fon ventre en quoy faifant, ne fcet ledit fuppliant fe le ditz jeune filz fe bleca a fa dite dague, car il eftoit ja nuyt & faifoit fort trouble & obfcur. Et ce voyant icelui fuppliant & qu'il ne fe pouoit defmeler ne départir dudit jeune filz qui eftoit efchauffé fur lui & fe parforcoit (2) de fon pouoir de lui faire defplaifir, rebouta (3) icelui jeune filz de fa force & fen ala. Et quant il fut affez loing d'ilecledit Jeune filz perfiftant en fon dit couraige, vint par derriere icelui fuppliant & le print fur l'efpaule & adonc il fe retourna & dift a icelui jeune filz telles parolles : « *O yuroigne ne t'en iras tu ja* » & en ce difant lui bailla ung foufflet fur le vifaige & lors ledit jeune filz commença a dire qu'il crioit *haro* (4) fur ledit fuppliant, & de fait le cria par deux foiz en difant : « *Prenez le prenez le* ». Et atant s'en ala le dit fuppliant par deuers ledit gentilhomme qui l'auoit mandé. Et depuis ces chofes ainfi aduenues, a entendu ledit fuppliant que le mardi enfuiuant ledit jeune filz eft alé de vie a trefpaffement & que apres fondit trefpas on a trouué qu'il auoit ung pertuis (5) ou ventre, lequel ledit fuppliant ne lui cuide auoir fait fe non quant ledit jeune filz fe getta fur lui lors qu'il tenoit fa dite dague de poincte deuant lui & contre fon ventre. A l'occafion duquel cas ainfi aduenu icelui fuppliant inconti-nent apres le trefpas d'icelui jeune filz venu a fa congnoiffance, doubtant rigueur de juftice & que pour ce il ne fuft prins, fe bouta en franchife en l'églife. dudit lieu de Rouen ou il a efté par certains jours. Et depuis s'en eft party & abfenté & rendu furtif par le pais, en aduenture que par ce il lui conuiengne foy en aler hors de noftre Royaume & délaiffer le feruice de fondit maiftre & tous les autres parens & amis, fe noz grace & mifericorde ne lui eftoient fur ce impartiez en nous humblement requérant que attendu ledit cas ainfi auenu comme dit eft & mefmement que ledit fuppliant ne cuide auoir fait aucun mal audit jeune filz, pour lequel il deuft eftre mort & que s'il auoit aucun cop fur lui il le fe fift de lui mefmes de la dite dague dudit fuppliant qu'il tenoit deuant lui ainfi que deffus eft dit ; & que en autre cas icelui fuppliant a toufiours efté homme de bonne vie,

Coups de dague dans l'obscurité.

Mort du jeune homme.

Franchise obtenue en se réfugiant dans l'église de Rouen.

Circonstances atténuantes.

1. De toute sa force.
2. S'efforçait.
3. Rebouter, repousser.
4. Appel a l'assistance publique (Ste Palaye)
5. Trou.

1459

Pardon accordé.

renommée & honnefte conuerfacion fans jamais auoir efté attaint d'aucun villain cas blafme ou reprouche, il nous plaife fur ce nos dites grace & miféricorde lui impartir. Pourquoy nous ces chofes confidérées, voulans mifericorde préférer à rigueur de juftice, audit fuppliant ou cas deffus dit auons remis quitté & pardonné & par la teneur de ces préfentes de grace efpécial, plaine puiffance & auctorité royal remettons, quittons & pardonnons le fait & cas deffufdits, auecques toute peine, amende & offenfe corporelle, criminelle & ciuille, en quoy il pourroit à l'occafion dudit cas eftre encouru enuers nous & juftice & l'auons reftitué & reftituons à fon bon fame & renommée, au pais & à fes biens non confifquez fatisfaction faicte à partie ciuilement tant feullement fe faicte n'eft en mettant au néant tous deffaulx, banc & appaulx, fe aucun s'en font ou eftoient pour ce enfuiz. Et fur ce impofons filence perpétuel à noftre procureur. Si donnons en mandement par ces préfentes au bailli de Rouen(1) & a tous nos autres jufticiers ou a leurs lieux-tenants préfens & auenir & a chacun d'eulx fi comme a luy appartendra, que ledit fuppliant de noftre préfente grace, quittance, remiffion & pardon ilz facent feuffrent & laiffent joir & ufer plainement & paifiblement fans le molefter, travailler ou empefcher, ne fouffrir eftre molefter, trauaillé ou empefcher ores ne pour le temps auenir en corps ne en biens quelzconques en aucune maniere mais fe fon corps ou aucuns de fes biens font ou eftoient pour ce prins faifiz arreftez ou aucunement empefchez, mettez-les ou faictes mettre incontinent & fans délay à plaine déliurance. Et afin, &c. Sauf, &c.

Mandement au bailli de Rouen.

Donné à Chinon, le XVme jours de mars l'an de grace mil CCCCLIX & de noftre règne le XXXVIIIe. Ainfi figné :

Par le Roy,

A la relacion du Confeil,

J. DE REILHAC.

Visa contentor.

J. DU BAN.

(Arch. JJ. 186, fol. 13, r°.)

CXVIII

A Chinon. — Mars 1459.

Incendie d'une vigne et meurtre de l'incendiaire.

Rémission pour Helyot de Congotte demeurant à Sauveterre.

(Sur parchemin)

SOMMAIRE

Helyot de Congotte avait pour voisin Jean Gauchier. Ce dernier, sans raison connue, cherchait à lui nuire, et, quatre ans plus tôt, avait déja brûlé une partie de ses vignes. Ayant réitéré plus tard cette tentative méchante, il se trouve en presence d'Helyot de Congotte qui l'assomme d'un coup de cognée.

1459

EMISSIO pro Helioti de Congotte. Charles, &c. Receue lumble ſupplicacion de Helyot de Congotte, cordonnier du lieu de Sauueterre(1) en Bazades, chargé de femme & d'enffans, contenant que audit lieu de Sauueterre il a & tient ſon domicille & alentour de ladite ville a aucun peu d'éritaige & meſmement une vigne dont lui, ſon pere, femme, enffans & meſnaige ont accoutumé eulx aider à viure laquelle vigne eſt preſque joignant à certain héritaige appartenant à feu Jehan Gauchier en ſon viuant laboureur. Et combien que icelui ſuppliant ne feuſt en riens tenu & euſt aucune choſe, meffait

Cordonnier possédant une vigne près Sauveterre.

1. *Sauveterre*, petite ville de la Guyenne, diocese de Bazas, élection de Condom, actuellement chef-lieu d'arrondissement (Gironde).

1459 ne mefdit audit feu Jehan Gauchier, néantmoins icelui Gauchier quatre ans a ou enuiron meu de mauuais couraige & fans ce que icelui fuppliant lui euft aucune chofe meffait comme dit eft, mift le feu en une haye eftant autour de ladite vigne & tellement que il brûla partie d'icelle vigne. Laquelle chofe venue à la congnoiffance dudit fuppliant lui dift que s'il lui aduenoit jamais de ainfi bruler fadite vigne que il lui monftreroit qu'il lui defplairoit. Mais ce non obftant l'année enfuiuant ledit Gauchier de rechief (1) mift le feu en ladite vigne & tellement que il en fift bruler grant partie d'icelle. Et ainfi comme ledit fuppiant venoit de befongne en aucunes fes affaires & portoit une congnée en fa main, on lui vint dire comme ledit Gauchier auoit brulé fadite vigne; laquelle de ce defplaifant & mesmement que l'année précédente il la lui auoit femblablement brulée, vint en celle mefme heure deuers ledit Gauchier & luy demanda pourquoy il auoit de rechief brulé ladite vigne. A quoy icelui Gauchier refpondy fierement & maugracieufement en difant certaines parolles iniurieufes audit fuppliant, lequel voyant la mauuaife oftinacion d'icelui Gauchier qui eftoit renommé eftre homme iniurieux prift fa congnée & du baton d'icelle donna ung cop fur la tefte dudit Gauchier, duquel cop tantoft apres il ala de vie a trefpas. A l'occafion duquel cas ledit Helyot de Congotte, doubtant rigueur de juftice & que noftre procureur les parens & amis charnelz dudit feu Gauchier ou autres veulent tendre (2) contre luy a pugnicion corporelle & autres grans peines & amendes & fur ce le détenir & mettre en grant inuolucion (3) de procès, s'eft abfenté du pays auquel il n'oferoit jamais retourner fe noftre grace & miféricorde ne lui eftoient fur ce imparties. Humblement requérant que attendu le defplaifir que ledit deffunct auoit fait audit fuppliant parce que par deux foiz il lui auoit brule sa vigne comme dit eft que ledit cas eft auenu de chault fang & chaude colle, auffi que ledit fuppliant a fatisfait partie & oncques mais ne fut attaint ne conuaincu d'aucun vilain cas, blafme ou ou reproche, il nous plaife fur ce lui impartir icelles Pourquoy nous, voulans miféricorde préférer à rigueur de juftice audit Helyot de Congotte ou cas deffus dit auons remis, quitté & pardonne & par la teneur de ces préfentes de noftre grace efpécial, plaine puiffance et auctorité Royal. Remettons, quittons et pardonnons le fait & cas deffufdits auec toute peine, amende & offenfe corporelle, criminelle & ciuile, en quoy il pourroit à l'occafion dudit cas eftre encouru enuers nous & juftice. Et l'auons reftitué & reftituons à fa bonne fame & renommée, au

Dénonciation de l'incendiaire.

Coup de cognée suivi de mort.

Requête du criminel.

1. De nouveau.
2. Sont portés (a le faire punir).
3. Complication.

1459

pays & a fes biens non confifquez fatisfacion faicte à partie ciuilement tant feulement. fe faicte n'est. En mettant au néant tous deffaulx, ban & appaulx, feaucuns s'en font ou eftoient pour ce enfuiz. Et fur ce impofons filence perpétuel à noftre procureur. Si donnons en mandement par ces préfentes à noz fénéchaulx de Guienne (1) & de Bazades (2) & à tous noz autres jufticiers ou à leurs lieuxtenans préfens&avenir&à chacun d'eulx fi comme à lui appartendra que ledit Helyot de Congotte de noftre préfente grace, quittance, rémiffion& pardon facent. feuffrent & laiffent joir & ufer plainement & paifiblement fans le molefter trauailler ou empefcher ne fouffrir eftre molefté, trauaillé ou empefche, ores ne pour le temps auenir en corps ne en biens quelzconques en aucune manière. mais fe fon corps ou aucuns de fes biens font ou eftoient pour fe prins, faifiz, arreftez ou aucunement empefchez, mettez les lui ou faictes mettre incontinent & fans delay à plaine déliurance. Et afin, &c. Sauf, &c.

Mandement au sené-chal de Guyenne et de Bazadois.

Donné à Chinon ou moys de mars l'an de grace mil CCCC cinquante neuf. auant pasques & de noftre régne le XXXVIIIe. Ainfi figné.

Par Le Roy,
A la relacion du Confeil.

J. DE REILHAC

Vifa contentor,
J. Du Ban.

(Arch. JJ. 190, fol. 16, r°.)

1. Olivier de Coetiry, mort en 1479 qui avait épousé en 1458 Marie de Valois, fille naturelle de Charles VII et d'Agnès Sorel.

2. Le Bazadois, pays dont Bazas était la capitale. situé partie sur la Guyenne et partie sur a Gascogne, aujourd'hui département de la Gironde.

CXIX

A Chinon. — Mars 1459.

Accident de chasse. — Meurtre par méprise.
Rémiffion pour Jean Deudebat de la feigneurie de Caftelgeloux.

(Sur parchemin)

SOMMAIRE

Jean Deudebat allait un soir à la chasse avec son arbalète. Entendant du bruit dans un buisson, il croit y voir un chevreuil et tire. Son trait va frapper en pleine poitrine un nommé Guillemin qui y était caché.

1459

Chasse au chevreuil.

EMISSIO pro Johanne Deubedat. Charles, &c. Nous auoir receue lumble fupplicacion de Jehan Deubedat, habitant de la paroiffe d'Alou (1) en la feigneurie de Caftelgeloux (2), contenant que ou moys de mars l'an mil CCCC cinquante & fept ou enuiron a certain jour de dimenche de pafques flories ledit fuppliant fe party fur le foir de fa maifon *pour aler a la chaffe du cheureul a tout fon arbalefte tendue* & lui eftant à ladite chace, quant il fut près d'un buiffon vyt dedans icelui buiffon ung homme nommé Guillemin du Prat, habitant de ladite paroiffe, lequel Guillemin ledit fuppliant ne

1. Expilly, dans son *Dictionnaire des Gaules,* indique une seule paroisse du nom de Dalou, en Languedoc, diocese de Mirepoix, généralité de Toulouse.
2. Il existe plusieurs localités de ce nom en Languedoc.

1459

pouoit clerement veoir dedans ledit buiffon parceque ledit buiffon eftoit fort couuert de feuilles & qu'il eftoit fur le tart, parcequoy lui cuidant dudit Guillemin que fe feuft le derriere d'un cheureul defferra fadite arbalefte qu'il auoit tendue & frappa ledit Guillemin d'un railhon par l'eftomac lequel incontinent commenca a crier tres fort en difant : « *Alas je fuis mort* » Et lors ce oyant, ledit fuppliant fe tira deuers ledit Guillemin & ala veoir le cop & lui eftant illec à la requefte & prière d'icelui Guillemin lui ofta & tira ledit railhon & trait de l'eftomac, lequel tiré incontinent tomba à terre tout mort. Et apres ledit cas ainfi aduenu, fe tira ledit fuppliant en la maifon du curé de ladite paroiffe d'Alou & notifia ledit cas à icelui curé. Et apres pour doubte que a caufe d'icelui il ne feuft prins ou apprehendé par juftice, s'eft abfenté & rendu fugitif & ne s'eft depuis ozé ne oze tenir en fa maifon, & en auanture que a caufe de ce lui conuiengne du tout délaiffer & habandonner le pays & foy en aler hors de noftre Royaume fe noz grace & miféricorde ne lui font fur ce imparties, ainfi qu'il nous a fait remonftrer. Requérant humblement que aftendu que ledit cas eft aduenu d'auanture & par cas fortune (1) dont ledit fuppliant a efté moult doulent & courroucié & ne la fait de propos délibéré, fi non en temps qu'il cuidait (2) dudit Guilhem fe feuft le derriere d'un cheureul, qui ont accouftumé eulx tenir en telz buiffons comme celui ou eftoit icelui Guilhem Et que en outres cas il a toufiours efté homme de bonne vie, renommée & honnefte converfacion, fans jamais auoir efté attaint ne conuaincu d'aucun vilain cas blafme ou reprouche, il nous plaife lui impartir fur ce noftre dite grace & mifericorne pourquoy nous ces chofes confidérées, voulons grace & miféricorde préférer à rigueur de juftice, audit Jehan Deubedat fuppliant ou cas deffufdit auons quitté, remis & pardonné, &c., et par la teneur de ces préfentes, de noftre grace efpécial, plaine puiffance & auctorité royal, quittons, remettons & pardonnons le fait & cas deffufdits, auecques toute peine, amende et offenfe corporelle, criminelle & ciuile, en quoy il pourroit à l'occafion dudit cas eftre encouru enuers nous & juftice. Et l'auons reftitué & reftituons à fes bonne fame & renommée au pais & a fes biens non confifquez, fatisfacion faicte à partie ciuilement tant feullement, fe faicte n'eft. En mettant au néant tous deffaulx bans & appeaulx, fe aucuns s'en font ou eftoient pour ce enfuiz. Et fur ce impofons filence perpétuel à noftre procureur. Si donnons en mandement par ces mefmes préfentes au fenefchal et (3) a tous noz autres jufticiers & officiers ou a leurs lieuxtenans préfens & auenir & a

Accident mortel.

Refuge chez le curé d'Alou.

Récit de l'imprudence.

Mandement au sénéchal et à ses officiers

1. Par hasard.
2. Ne pensait pas.
3. Le sénéchal de Toulouse, déjà précédemment nommé.

1459 chacun d'eulx, ſi comme à lui appartendra, que ledit ſuppliant de noſtre grace, quittance, rémiſſion & pardon facent, ſeuffre & laiſſent joyr & uſer plainement, & paiſiblement ſans le moleſter, trauailler ou empeſcher, ne ſouffrir eſtre moleſté trauaillé ou empeſchée ores ne pour le temps auenir en corps ou aucuns de ſes biens ſont ou eſtoient pour ce cas prins, ſaiſiz, arreſtez ou aucunement empeſchez metes les lui ou faites mettre incontinent & ſans délay à plaine déliurance. Et afin, &c. Sauf, &c.

Donné à Chinon ou mois de mars l'an de grace mil CCCC cinquante neuf auant paſques. Et de noſtre règne le XXXVIIIe. Ainſi ſigné.

Par le Roy, a la relacion du Conſeil,

J. DE REILHAC.

Viſa contentor.

. . . .

(Arch. J J. 190, fol 17, v°.)

FIN DU DEUXIÈME VOLUME

INDEX

DES NOMS PROPRES ET DES NOMS DE LIEUX

MENTIONNÉS DANS CE VOLUME

A

ABATFOUR (Jean), de la vicomté de Domfront, 265.

AGEN (ville d') en Languedoc, 6, 22. 77.

AGENOIS (sénéchaussée d'). 233.

AGNES (femme de mœurs légères), 156.

AIGUEPERSE (les bourgeois d') durant la guerre du Bien-Public, 103, 105.

AIGUEPERSE (privilèges à la ville d'), 103. 104, 105.

AIGUEPERSE (séjour du roi à), LXXVIII.

AIX-EN-PROVENCE (ville d'), LXIV

ALBI (Bernard, évêque d'), 86. 87. 88.

ALBI (privilèges donnés par saint Louis à la ville d'), 86, 87, 88.

ALBIGEOIS (pays de l'), 144, 283, 284, 286, 287, 288.

ALBRET (Charles II, sire d'), Captal de Buch, 108, 109, 113, 114.

ALENÇON (nomination du bailli d'), 266.

ALENÇON (le duc d'), cousin du roi, 141.

ALLE (Catherine), 154.

ALLEMAGNE (florins d'), 96, 97.

ALLEMAGNE (pays d'), 96, 251.

ALOU (paroisse d'), en Languedoc, 358, 359.

ALPHONSE V, roi d'Aragon. V. *Aragon*.

ALSACE (pays d'). 251.

ALYRE (paroisse de Saint-), en Auvergne, 333. 334.

AMBOISE (Georges d'), sire de Chaumont. V. *Chaumont*.

AMBOISE (Marguerite d'), femme de Louis de la Trémoille, 301.

AMBOISE (ville d'), 68. 69. 131.

AMBROISE (fête de la St-), LXXVI.

AMIENS (ordre au bailli d'). 203.

AMIENS (ville d'), 93, 95.

AMIRAL de France (Jean V du Bueil), 305.

AMIRAL de France (Jean de Montauban). 107.

AMPLEPUIS (Girin de), sénechal de Beaucaire. 57. 58.

ANDREVILLE (Guillaume Carbonnel, seigneur d'). 53, 54.

ANGÉLY (ville de Saint-Jean-d'). 267, 271, 272.

ANGEMIN (Bernard), sire de Rozan, autorisé à construire une forteresse, 89, 90.

ANGERS (ville d'), LXIV, 214.

ANGEVINS (les), 261, 263.

ANGLADE (Jean d'), à Toulouse, 247.

ANGLAIS (les), 30, 33, 65. 89, 108, 134, 142, 152, 172, 235. 248.

ANGLAIS (les fiefs) en Guienne. Leur

confirmation par Charles VII après la conquête, 7.

Anglaise (la frontière), 200, 201.

Angleterre (royaume d'), 6.

Angoulême (Jean d'Orléans, comte d'), 136).

Angoulême (ville d'), 70, 340.

Angoumois (pays de l'), 41, 70, 71, 185.

Anjou (le bailli d'), 19, 217.

Anjou (Charles d'), comte du Maine, 43, 112.

Anjou (pays de l'), 253, 303, 307.

Anjou (René d'), comte de Provence et roi de Sicile, LXII, LXIV, 167.

Annonay au Vivarais (ville d'), 122, 218.

Antoine (Lieu de Saint-), en Dauphiné, 280.

Aquitaine (le sénéchal d'), 139.

Aragon (florins d'). Détermination de leur valeur en France, 97.

Aragon (Alphonse, roi d'), 127, 129.

Arbalétriers (Robert d'Estouteville, grand maître des), 19, 145.

Arbalétriers de Paris (privilèges aux), 110.

Archers (les francs-), 318, 321.

Archers de Paris (privilèges aux), 110.

Arezzo (Brio de), habitant notable de Savone, 28.

Argicourt (Charles de Gaucourt, seigneur d'), 150.

Armagnac (Bernard d'), comte de Pardiac, 143.

Armagnac (Jacques d'), duc de Nemours, 143.

Armagnac (Jean V, comte d'), 115, 116.

Armagnac (le bâtard d'), comte de Comminges. V. *Comminges*.

Armagnac (pays d'), 108.

Armeval (Jacques d'), seigneur d'Etreillers, 196, 000.

Arnault (Guillaume), de l'Albigeois, 283, 284, 285, 286, 287, 288.

Arnou, sire de Saint-Martin (don fait à), 117.

Artillerie (Guillaume Monachi, grand maître de l'), 129.

Ase (Jacques), prêtre, assassiné à Bayeux, 348.

Asile dans les églises (le droit d') au moyen âge. — Ses abus), 245, 247, 249.

Aubenas (ville d'), au Vivarais, 121

Aubertin (Thibaut), maréchal ferrant, 220, 222.

Aubeterre (ville d'), 194.

Aubusson (Antoine d'), sire du Monteil, conseiller du roi, 20, 129.

Auch (ville d'), 228.

Aulbin (lieu de Saint-), près Coucy, 239.

Aule (Manoir d'), en Foretz, 123, 125.

Aulnoy-lez-Bondy, 129.

Aumonerie de Citeaux. V. *Citeaux*.

Austre (Antoine), de Béziers 309, 310, 311.

Autriche (Sigismond duc d'), LXI, LXII.

Auvergne (Jean Bouchier, dit d'), homme de guerre illustre contre les Anglais, 173, 174.

Auvergne (Jean de Bourbon, comte d'), 294.

Auvergne (Marie Dauphine d'), 146.

Auvergne (pays d'), LXX, 104.

Avignon (ville d'), 279.

Avor-en-Bourbonnais, 6, 9, 11.

Avranches (ville d'), 250.

Axat (Jean Dax, seigneur d'), 123.

Ay (ville d'), en Champagne, 220.

AYDES (cour des), 111.
AYRE-sur-la-Lys (ville d'), 201.
AZINCOURT (bataille d'), 151.

B

BADE (Georges de), évêque de Metz, LXVIII, LXIX.
BADE (Jacques marquis de), LXVIII.
BAGNIÈRES-de-Bigorre (ville de), 228
BAY (J. du), greffier du Grand Conseil, 64, 67, 69, 129, 131, 143, 148, 150, 153, 193, 206, 212, 266, 278, 282, 292, 296, 299, 312, 339, 354, 357.
BAPTISTE (La Saint-Jean), 201, 220.
BAR (le cardinal de), 152.
BAR (pays de), LXIV.
BARATEURS (ou pillards de profession), 232.
BARBÉZIEUX (Jean de la Rochefoucauld, seigneur de), 41.
BARBIERS (les), médecins au moyen âge, 132, 243.
BARROIS (pays du), LXIV, 151.
BARRY (Alexandre), écossais, LXX.
BAUDRICOURT (Robert de), LXII.
BAUTRU (Nicolas), 242.
BAYEUX (Louis de Harcourt, évêque de), 93.
BAYEUX (ville de), en Normandie, 251, 349.
BAYONNE (ville de), 41, 63, 64.
BAZADES (Sénéchaussée de), 233, 355, 357.
BAZADOIS (pays de), 357.
BAZAS (ville de), 355, 357.
BEAUCAIRE (sénéchal de), 57, 58, 59, 67, 282.
BEAUFILZ (Guillaume de), 250.
BEAUGENCY (ville de), 136, 137, 235, 237.
BEAULIEU (pays de), au Maine, 215.
BEAUMONT (Le sire de), 90, 131.
BEAUMONT (lieu de), en Guienne, 247.
BEAUMONT-SUR-OISE (Mathieu, comte de), chambrier de France, 92.
BEAUQUESNE (Prévôté de), 202.
BEAUVERGER (Guillaume de Plunnelé, sire de), 21.
BEAUVERGIER (Merlin de Cordebeuf, sire de), 104.
BEAUVILLE (Gobert de), seigneur de Castelsecrat en Guienne, 6.
BEAUVILLE (Poncet de), seigneur de Castelsecrat, 6, 7.
BEC HELLUYN (l'abbaye de), 55, 56.
BELABRE (lieu de), 304.
BELFORT (ville de), 251.
BELIN (Geoffroy de Saint-), bailli de Chaumont, LXII, 34, 35, 36, 38 39.
BELLAC (ville de), en Limousin, 142.
BELLIERE (Tanneguy du Châtel, vicomte de la), maître de l'écurie du roi, 25.
BÉNÉDICTE (la Damoiselle). V. *Damoiselle.*
BENOIT (ordre de Saint-), 91, 101 106.
BERNARD, archevêque de Tours.
BERNARD (Guy), neveu du précédent, évêque de Langres en 1453.
BÉROUVILLE (les dîmes de), appartenant à Charles d'Orgemont, seigneur de Chantilly, 106.
BERRY (ordre au bailli du), LXV, 15.
BERRY (la Salle-le-Roi en) 33.
BEUF (Pierre), marin breton, 318, 319.
BÉZIERS (ordre au Sénéchal de), 124.
BÉZIERS (ville de), en Languedoc, 309, 312.
BIEN-PUBLIC (la Ligue du), 105, 111, 112.

BIÈRE (règlement concernant la prohibition de la), 50.

BIZOTON (Pierre), habitant de Loches 289, 290.

BLAISE (fête de la Saint-), 233.

BLANCHART (Jean), de Mortagne, 191.

BLANCHEFORT (Guy de), sénéchal de Lyon et bailli de Màcon, 25.

BLANZAC (Jean Péré, seigneur de), 142.

BLÉRÉ (ville de), en Touraine, 130, 131.

BLOIS (pays de), 139.

BLOIS (Nicole de), femme de Jean de Brosses, comte de Penthièvre.

BODAS (Durant), habitant de l'Albigeois, 283, 284, 285, 286, 287

BODAS (Raymond), fils du précédent, 283, 284, 285, 286, 287.

BOESSIERE (terre de la), a Guillaume de Vic, conseiller au Parlement, 17, 18.

BOILLEAUE (Jeanne), à Orléans, 158.

BOIOL (Guy), 154.

BOIOL (Jean), fils du précedent, 154.

BOISMENART (Joachim Rouhaut, sire de), maréchal de France, 318.

BOISSY (St-Léger), 91.

BONNEVIE (Remcy), habitant de Boulogne-sur-Marne, 34.

BORDE (Guy de la), gentilhomme sous les ordres du duc de Bourbon, 293, 294, 295.

BORDEAUX (parlement de), 76, 133.

BORDEAUX (les bourgeois de), 319.

BORDEAUX (ville de), 57, 63, 64, 65, 70, 71, 72, 73, 74, 75, 76, 77, 78, 79, 80, 81, 109, 182, 231, 235, 236, 293, 317, 321, 325.

BOUCHART (Colin), de Quatreville, pres Coutances, 223, 225, 226.

BOUCHIER (Jean), dit Jean d'Auvergne,

BOUCQUART (Jean), barbier et médecin à Reims, 132, 133.

BOUCICAUT (Jean le Meingre dit), maréchal de France, 26, 27 28.

BOULOGNE-sur-Gesse (en Guienne), 228.

BOULOGNE-sur Marne (Geoffroy de Saint Belin seigneur de), 33, 35, 36, 37, 38, 39.

BOULOGNE-sur-Mer, 200, 201.

BOURBON-l'Archambault (prisons de), 298.

BOURBON (Eléonore de), femme de Bernard d'Armagnac, 143.

BOURBON (Jean II, duc de), connétable de France, LXV, LXXVIIII, 18, 125, 178, 293, 294.

BOURBON (Louis de), comte de Montpensier.

BOURBONNAIS (pays du), 104, 297, 333.

BOURGES (ordre au bailli de), 131.

BOURGES (ville de), 41, 42, 43, 44, 45, 48, 131, 167, 168, 170, 171, 174, 333, 336, 337.

BOURGOGNE (Maison de), 227.

BOURGOGNE (pays de), 140, 181, 307

BOURGOGNE (Philippe, duc de), 302.

BOURGUIGNON (Guillaume le), chevalier illustre dans les guerres contre les Anglais, 165, 166.

BOURGUIGNON (Jeannicotin le), fils naturel du précédent, 165, 166.

BOURGUE (Vidal de), de Muret-en-Languedoc, 247.

BOURRÉ (Jean), contrôleur général), LXXIII, LXXVIII.

BOURSIER (Gérald le), conseiller du roi, 11, 122.

BOURSIER (Jean le), seigneur d'Esternay, 3.

BOUTIN (Philippe), curé de Villebois-

Bouvines (bataille de), 92.

Boys (Josselin du), LXXVII.

Boyn (Etienne), potier de terre, 340.

Brabant (pays du), 277.

Brancecourt (Guillaume Varlet, seigneur de), 151, 152.

Bretagne (François II, duc de), 112.

Bretagne (pays de), 277.

Bretagne (Pierre, duc de), 274, 275, 277, 261, 263.

Bretons (combat des), contre les Angevins, 261, 263.

Bretons (marins), à Bordeaux, 319.

Breuil (Seigneurie du), au bailli de Chaumont, 36.

Brevant (le seigneur de), en Normandie, 53.

Brézé (Pierre de), grand Sénéchal de Normandie, LXVIII, 301.

Briçonnet (Bertrand), LXII.

Briçonnet (Jean), 125,

Brie (pays de), 118, 220, 307.

Brigandiniers (les) du roi, 201, 204.

Brisepierre, habitant de Vendôme, 329, 330, 331.

Brissac (Pierre de Brézé, seigneur de). 350.

Brissay (Jean de), bailli de Gisors, 45, 46, 46.

Brosses (Jean de), comte de Penthièvre, 112.

Bruxelles (ville de), en Brabant, 301, 305.

Bueil (Jean V du), comte de Sancerre, amiral de France, 305.

Buch (Charles d'Albret, captal de), 108, 113.

Burdelot (Pierre), LXXII, LXXVI.

Bureau (Jean), sire de Montglat, trésorier de France, 20, 24, 125, 127, 139. 202. 237. 241. 244.

C

Cabriol (Jean), de l'Albigeois, guerrier illustré contre les Anglais, 144, 145.

Cadurc, archidiacre de Bourges et chancelier de France, 92.

Caen (ville de), en Normandie, 266, 248.

Cahors (Jean d'Armagnac, évêque de), 143.

Caignac (Pons du Puy, seigneur de), en Albigeois, 156, 283, 284.

Calabre (Jean d'Anjou, duc de), 112, 167.

Calais (ville de), frontière anglaise, 201.

Candé (ville de), en Anjou, 213, 214, 215.

Canforr (terre de), en la sénéchaussée des Lannes, 66.

Canhoac en Albigeois. V. *Caignac*.

Cane (Lieu de), au comté de Comminges, 248.

Carbonnel (Guillaume), seigneur d'Andreville-en-Normandie, 53.

Carcassonne (ordres au sénéchal de), 88, 124, 145, 312.

Carcassonne (Jean Dax viguier de), 123.

Carmes (Eglise des), à Condom, 233.

Carnaval (les réjouissances du), en l'année 1458, 259.

Carné (Guy de), seigneur de la Roberdière, chevalier breton, 274, 276, 278.

Carné (Sevestre de), frère du précédent, chevalier breton, 274, 275, 276, 277.

Carnoye (lieu du), près Calais, 201.

Carré (Guillot), archer des ordonnances sous les ordres du bailli de Montferrant, 210, 211, 212.

CASÈRES (ville de), au Languedoc, 247.
CASTELGELOUX (lieu de), près de Toulouse, 358.
CASTELLANI (Otto), successeur de Jacques-Cœur à la Trésorerie du Languedoc, 326, 327.
CASTELNAU-Magnoac (lieu de), 228.
CASTELSARRASIN (ville de), 247.
CASTILLON (bataille de), contre les Anglais, 231.
CASTRES (ville de), en Albigeois, 144.
CASTRES (Bernard d'Armagnac, comte de), 144.
CATALOGNE (la guerre de), 175.
CATHERINE (la sainte), 267.
CAUS (Jean de), 257.
CAUX (nomination de Jacques de Clermont, bailli de), 21.
CAUX (ordres au bailli de), 171.
CELLES-Guénant (lieu de la), 157, 166.
CERDAGNE (province de), 101.
CERNAY-en-Alsace (Sennheim), 250, 251.
CERVOISE (règlements pour la fabrication et la vente de la), 51.
CHALIGANT, greffier du Grand Conseil, 11, 32. 42, 44, 56. 139. 157, 159, 168. 170, 172, 174, 184, 187. 188, 198, 219, 226, 229, 231, 235, 237, 241, 242, 270, 273. 316, 321, 325, 328, 336.
CHALONS (ville de) en Champagne, 152.
CHAMBINE (Jeanne), 138.
CHAMPAGNE (province de), 34. 126, 127.
CHANGY (ville de), 34, 126, 127.
CHANDENIER (Jean de Rochechouart, seigneur de), LXII.
CHANDELEUR (la Fête de la), 275.
CHANTEGELINES (lieu de), 237.
CHANTILLY (Charles d'Orgemont sei-
CHAPELLE - d'Angillon-en-Berri (la), 109.
CHARLES V (roi de France), 126.
CHARLES VI (roi de France), 26, 61.
CHARLES VII (roi de France), LXI, LXII, LXIII, LXIX. LXV, LXVI, LXVII LXVIII, LXIX, 3, 6, 9, 11. 13, 17, 18, 20, 23, 34. 25. 27, 29, 30, 33, 40, 41, 42, 43, 45, 47, 52, 53, 54. 55, 57, 61. 65. 68, 89, 91, 108. 115. 121, 123. 126, 127. 129, 131, 132. 133, 134, 135. 136. 137, 138, 139, 140, 141, 142, 143. 144. 145, 146, 148, 149, 150, 153, 154, 155, 156. 157, 158, 159, 160, 162, 163, 164, 165, 156, 167, 169, 170, 171, 172, 174, 181, 184. 187, 190, 191, 193, 195, 196, 200. 204. 218, 223, 230, 250. 266, 270, 273, 278, 282, 288, 289, 292, 308, 309. 316, 328. 332, 333, 336, 340. 342. 343, 346, 350, 351, 354, 355. 357, 358. 360.
CHARLOT (Jean), archer de Colas Guyneuf, 318, 323
CHARNIER (N.-D. du), 9.
CHAROLAIS (Charles de Bourgogne, comte de), 113.
CHARTRES (Diocèse de), 139. 244.
CHARTRES (le baili de), 244.
CHASTEL (Durant), laboureur, 209.
CHASTILLON-en-Berri, 194.
CHASTILLON (Louis de Laval, sire de), 116.
CHATEAUBRUN (Charles de Gaucourt, sire de), conseiller du roi, 150, 168.
CHATEAU-GONTIER (ville de), 303.
CHATEAU-GUILLAUME (ville de), 304.
CHATEAUPERS (Guillaume de), gentilhomme poitevin, 188, 189.
CHATEAUPERS (Léon de), recteur de l'Université de Poitiers, 188, 189, 190.
CHATEAU-RENAULT (ville de), 17, 18,

CHATEAU-SUR-ALLIER (ville de), 297.
CHATELET (le Grand-), à Paris, 110.
CHATS de Poix (monnaie dite :). sa valeur réglementée par ordonnance, 97.
CHATEL (Tanneguy du), 178.
CHAUMONT (le bailli de), LXII, 33, 35, 40.
CHAUMONT (Georges d'Amboise, sire de), 71, 73, 75, 78.
CHAUSSAT (lieu de), en Bourbonnais. 333.
CHAUSSIERE (lieu de la), 204, 207.
CHEDOUET (lieu de), 251.
CHER (rivière du), 131.
CHINON (ville de), 21, 22, 24, 29, 159, 160, 162, 283, 288, 289, 292, 293, 296, 297, 299, 300, 302, 306, 309, 312, 313, 316, 317, 321, 322, 325, 337, 340, 342, 343, 346, 347, 348, 349, 355, 358, 360.
CITEAUX (Aumônerie de), 138, 139, 238, 241, 242, 244.
CITEAUX (ordre de), 314.
CITEAUX (le Petit), 139.
CLAGNY (Jean Dauvet, seigneur de), 8.
CLAVIER (Pierre), de la sénéchaussée de Toulouse, 254, 256.
CLAVIER (Raymond), frère du précédent, 255.
CLERMONT (Jacques de), bailli de Caux, 12.
CLERMONT (Marguerite de), femme de Jean de Bueil, comte de Sancerre, 305,
CLOVIS, laboureur du Berri, 209, 210.
CLUNY (l'abbé de), 9.
COËTIVI (Olivier de), sénéchal de Guienne, gendre du roi Charles VII, 357.
CŒUR (Jacques), argentier de Charles VII, 178, 326.
COGNAC (le château de), en Angoumois, 136, 340, 341.
COIRON (ville de), 263.
COMBONAING (Jean de Brissay, seigneur de), 49
COMMINGES (le bâtard d'Armagnac, comte de), 62, 64, 83, 88, 93, 105.
COMMINGES (Mathieu de Foix, comte de), 227.
COMMINGES (pays de), 227, 245.
COMMUN DE PAIX (impôt du), à prélever sur les terres confisquées au comte d'Armagnac, 115
COMPTES (les gens des), 12, 131, 135, 150, 157, 164.
COMTÉ DE BOURGOGNE (la Franche-), 140.
CONDÉ-EN-BLAISOIS (la ville de), 139.
CONDOM (élection de), 355.
CONDOMOIS (pays du). 76, 77, 232.
CONFLANS (traité de), 109
CONFOLENS (la ville de), 194.
CONGOTTE (Hélyot de), habitant de Sauveterre, 355, 356, 357.
CONNÉTABLE de France (Jean de Bourbon), 118, 294.
CONNÉTABLE de France (Mathieu de Montmorency), 92.
CONQUES (la seigneurie de), au comte d'Armagnac, 115, 116.
CONSEIL (le Grand) du roi, 4, 14, 16, 223, 224, 237, 266.
CONSTANCE (ville de), en Suisse, LXII.
CONTRES (ville de), en Blaisois, 139.
COPIN (Mathieu), habitant d'Etreillers, 196, 198.
COQUILLETTE (Jean), 238, 239.
CORDEBEUF (Durand de), seigneur de Beauvergier, 104.
CORDEBEUF (Merlin de), grand écuyer, 104.
CORMERY (le château de), 291.
COSME et DAMIEN (S. S.), 132.

Cosne-lez-Tours (Saint-), lxv, lxvi, 30, 32.

Cotentin (ordre au bailli du), 53, 54, 226, 260.

Courcelles (terre de), à la Maison de la Trémoïlle, 302.

Cousteaux (seigneurie de) à Jean de Mondon, écuyer du comte du Maine, 43 44.

Coutances (Richard de Longueil évêque de), lxii, 3, 18, 241, 244.

Coutances (ville de), 223.

Coucy (baronnie de), 238, 239.

Coucy (Enguerrand, sire de), 239.

Coucy-le-Chateau (ville de), 238, 239, 240.

Cousinot (Guillaume), seigneur de Montreuil, conseiller du roi, 354.

Craon (Georges de la Trémoïlle, seigneur de), 300, 303, 304, 307.

Craon (ville de),

Croix (baronnie de Sainte-), 146.

Croix (Marguerite de Sainte-), mère de Claude de Vienne, 146.

Croix (Guillaume de Vienne, seigneur de Sainte-), 146.

Croix (Claude de Vienne, seigneur de Sainte-), fils du précédent, 146.

Croix (la rue de la), à Saint-Maixent, 259.

Cros (Gabriel du), seigneur de Liencan-en-Rouergue, 30, 32.

Crussol (Géraut Bastel, sire de), conseiller du roi, 71, 73, 75.

Crussol (Louis de), pannetier de France, 116.

Cuirat (forteresse de), sur la Dordogne, 89, 90.

Cuissart (Thomas), de la ville de Condé, 213, 214, 215, 216, 217.

Custella (Martin Henriquez de), capitaine espagnol, créé sénéchal de Saintonge, 20.

Cuxa (l'abbé de), en Roussillon. — Privilèges qui lui sont accordés, 101, 102.

D

Damoisel (Jean le), conseiller au Parlement de Paris, 160.

Damoiselle (Bénédicte la), fille naturelle du précédent, 160, 161, 162.

Dardes (Jean), clerc tonsuré au service de Guillaume de Châteaupers, 189.

Dascon (Jean), homme d'armes sous la charge de Bertrand de Montesquin, 267, 268.

Dauphin (le), depuis Louis XI, 227, 235.

Dauphiné (privilèges pour les habitants du), 82, 83.

Dauvet (Jean), conseiller du roi, président du Parlement de Toulouse, 8, 11, 106, 125, 129, 202, 206.

Dax (Arnaud, l'aîné), bourgeois de Carcassonne, annobli par Charles VII, 123, 124, 125.

Dax (Arnaud, le jeune), frère du précédent, 123, 124, 125.

Dax (ville de), en la sénéchaussée des Lannes, 235, 248.

Dazay, cousturier à Saint-Maixent, 257.

Debedou (Jean), dit d'Arles, habitant de Béziers, 309, 310, 311.

Deffis (Anaut), maréchal ferrant à Boulogne-sur-Gesse, 227, 228.

Delaunay (Jean), brigandinier du roi, 204, 205, 206.

Denuyer (Bernard), cousturier à Bordeaux, 293, 295, 296.

Desplaint (Raimonnet), habitant de Montbrison, 279, 280, 281.

Deudebat (Jean), chasseur de chevreuils à Castelgeloux, 358, 359.

DIEPPE (Georges de), habitant de Bayeux, en Normandie 347.

DIEPPE (Jeanne de), fille du précédent. 347, 348, 350.

DIME du pain (consommé à la cour du roi), 92.

DIMES (le droit des), au profit des curés des paroisses, 187.

DIVOYS (château de) en Berri, 209.

DOIT (Guillaume du), de Domfront en Normandie, 265, 266.

DONATIEN (paroisse de Saint-), à Nantes, 275.

DORDOGNE (forteresses qui défendent le cours de la), 89.

DORIOLE (Pierre), conseiller du roi, 105, 137, 206, 241.

DRACY-en-Bourgogne (lieu de), 305.

DRESNAY (Reginald du), chambellan du roi, 29.

DREUX (Charles d'Albret), comte de), 108, 113.

DREUX (pays de), 242

DUCATS de Poix (valeur des), 97.

DUCHATEL (Tanneguy). V. *Châtel.*

DUNOIS (Jean d'Orléans, comte de), 8, 11, 12, 18, 19, 20, 125, 127, 129, 145, 162, 202.

DUSAULT (Regnault), 73. 75.

E

EAUX et forêts de Brie (Jean de la Pallu, maître des), 118.

ECHIQUIER (Jean Gueydon, avocat de l'), 171.

ECOSSE (Jean d'), archer écossais de la Compagnie de Guyneuf. 319, 324.

ECOUEN (Mathieu de Montmorency, seigneur d'), 92.

ECURIE (Le grand maître de l'). 25.

EDOUARD II, roi d'Angleterre, 6.

EDOUARD III, roi d'Angleterre, fils du précédent, 6.

EGRET (Jean), procureur à la Chambre des Comptes, 24.

EMPIREVILLE (valet de Georges de la Trémoïlle), 304.

EPERNON (maison d'). 185.

ESPAGNY (lieu d') en Normandie, 238, 239.

ESPINGLIER (l') du roi, 202. 205.

ESTERNAY (Jean le Boursier, sire d'), conseiller du roi, 3.

ESTOUTEVILLE (Jean d') grand-maître des arbalétriers, 146.

ESWARDEURS (les) de la ville de Tournai, 4.

ETAMPES (comté d'). 91.

ETATS (les gens des Trois-), 82.

ETIENNE (l'église de Saint-) à Toulouse, 247.

ETREILLERS (ville d'), en Picardie, 196, 197.

EU (le comte d'), 107.

EUSTACHIE, comtesse d'Etampes, 91.

EVREUX (le bailli d'), 191, 193.

F

FAUCON (chasse au), 304.

FAURE (Pierre), potier de l'Angoumois, 340, 341.

FAURIE (Guillaume la). habitant d'Annonay au Vivarais, 218, 219.

FAVARS (Guillaume de) partisan des Anglais, 236.

FAVARS (Pierre de Taupens, seigneur de), frère du précédent, 235, 236.

FÉLINGUE (Pierre) habitant la ville de Marquise, 200, 201, 202.

FERRIER (Georges). de Confolens, 194, 195.

FEURS-en-Foretz (ville de), 123, 125, 205.

FÈVRE (Etienne le). prévôt de Saint-Junien, conseiller du roi Charles VII, 24, 125, 135, 148, 162, 164 166.

FEVRE (Junien le), président du Parlement de Paris, 151.

FEZENSAC (pays du), 230.

FILLEUL (Guy), receveur de la sénéchaussée d'Agen, 22.

FLEURANCE (ville de), au comté de Gavre-en-Guienne, 108.

FLOQUES (Robert de) bailli d'Évreux 191, 193.

FLOQUET (Robert). V. *Floques*.

FLORENCE (république de), 326.

FLORENCE (ville de), 126.

FLORENTINS (les marchands), établis en France, 126.

FOIX (Gaston comte de), 8, 20, 25, 125, 129, 131, 145, 149, 206, 236.

FOIX (Isabelle de), femme d'Archambault de Grailly, 227.

FOIX (Mathieu de). comte de Comminges, maréchal de France, 227.

FONTAINE (Armand de Poilhault, seigneur de la), 65, 66.

FONTENAY-le-Comte (les archers de), 317.

FOREST (Louis de Beaumont, sire de la) conseiller de Charles VII, 131.

FOURNY (Phélippon), de Confolens, 194, 195.

FRAILLON (Jean), habitant d'Etreillers, 197, 198.

FRANCE (Charles de), duc de Berry, 343.

FRANCE (Isabelle de), reine d'Angleterre, 6.

FRANCE (Louis de), duc d'Orléans, 136.

FRANCE (Radegonde de) fille de Charles VII, 41.

FRANQUEVILLE (Laurent Gueydon, seigneur de), 171.

FRESNES (Colette de), dame de la Haute Maison de Montry, femme de

FRESNES (Jean de). chevalier, 134.

FRESNES (Jean de), fils du précédent, légitimé, 134, 135.

FRESSIGNY-le-Grand (lieu de), 157.

FULCO (l'abbé), à 57, 59.

G

GAIGNY (Raymond), du comté de Comminges, 245, 246, 249.

GALOPPIN (Pierre), conseiller du roi, 325.

GAMACHES (Joachim Rouhaut. sire de).

GANZ (Pierre de), 447.

GARANCE (Baptiste), tabellion à Savone, 28.

GARENNE à lapins (règlements concernant les), 18.

GARNIER (Jean), habitant d'Orléans, 158, 159.

GARNIER (Jean), fils du précédent, 158, 159.

GASCOGNE (ordre au sénéchal de), 22.

GASCOGNE (pays de), 295, 320, 357.

GAUCHIER (Jean), habitant de Sauveterre, 355, 356.

GAUCOURT (Charles de), sire de Châteaubrun, chambellan du roi, 150, 168.

GAUDENS (ville de Saint-), en Languedoc, 228.

GAVRE (comté de), en Guienne, 108, 113.

GÉLINE (paroisse de Sainte-). V. *Chantegelines*.

GENCIAN (Guillaume), maître des monnaies, 23.

GENCIAN (Jean), père du précédent, maître des monnaies, 23.

GENSAC (lieu de), au pays de Comminges, 227.

GENDRON (Jean), marchand de Nan-

GEORGES (les chevaliers de Saint-), 157.
GEORGES (Guillaume de Vienne, seigneur de Saint-), 146.
GERMAIN (l'abbaye de Saint-), près Pontoise, 106.
GERMAIN-en-Laye (ville de Saint-), 56
GERMAIN (Raoul), habitant de Saint-Privat, 121,
GERMAINE (Jeanne), fille du précédent, 121.
GIRONDE (rivière de), 318, 323.
GISORS (ordre au bailli de), 45, 46, 48, 49.
GONESSE (lieu de), près Paris, 129.
GOUFFIER (Guillaume), sénéchal de Saintonge, 20.
GOURAUD (François), habitant de Saint-Maixent.
GOURAUD (Paloton), habitant de Saint-Maixent.
GOULAINE (maison de), en Bretagne, 274.
GRAILLY (Archambault de), héritier de la comté de Foix, 227.
GRAMONT (Guilhem de), 313, 314, 343, 344, 345, 346.
GRAMONT (Pierre de). 313, 314, 315, 344.
GRANGIER (Guillaume), financier à Nantes, 274, 275, 276, 277.
GRANIER (Pierre), trésorier du Roussillon, 101.
GRAVE (Porte de la), à Bordeaux, 317, 318, 319, 323.
GRENADE-sur-Garonne (ville de), 248.
GRENOBLE (Parlement de), 82.
GRÈVE (place de), à Paris, 110.
GROING (Guérin Le), gentilhomme attaché au duc de Bourbon, 295.
GROX (Pierre), 279.
GUERRE (les gens de), 200, 229, 269, 273.
GUIENNE (duché de). 30, 64, 77, 79, 80, 89, 108.
GUIENNE (ordres au sénéchal de), 66, 233, 320, 324, 357.
GUIENNE (pays de), 235, 336, 237, 255, 295, 343.
GUILHAMERE (Arnault). 231.
GUINES (Marie de), fille d'Enguerrand de Coucy, 240.
GUEYDON (Laurent), seigneur de Franqueville. 171, 172.
GUYMART (Guillaume), de la province d'Anjou, 261.
GUYNEUF (Colas), capitaine des francs archers, 317, 318, 322, 325.
GUYNEUF (Jacques), fils du précédent, 317, 320, 322, 323.

H

HALLE (François), rapporteur de la Chancellerie de France, 3, 122, 212.
HACQUEVIEL (Jehannin), à Tours-sur-Marne, 221, 222.
HARDOIN (Jean), trésorier de France, 167, 168, 169, 172.
HARDOIN (Marie), fille du précédent, 167.
HAVART (Georges), seigneur de la Rosière, conseiller du roi, 61, 62, 65. 8, 69, 102, 131, 212, 241, 244, 253.
HEIMON, évêque de Verdun, 152.
HELLEBONT (Henry), lieutenant du bailliage de Gisors, 45, 49.
HENRI (nobles de), leur valeur, 97.
HENRI II, roi d'Angleterre, 97.
HENRIQUEZ (Martin) de Custella, capitaine espagnol, créé sénéchal de Saintonge, 20, 267, 271.
HERBAULT (Guillaume Prunnelé, chambellan du roi Charles VII, seigneur de), 21.

Hervault (Jean), récidiviste, 213, 214, 215.

Humont (Pierre de), accusé d'introduire de la fausse monnaie, 238, 240.

I

Isle-Bouchart. V. *Bouchart*.

Isle-de-France (Louis de la Pallu, maître des forêts de l'), 118.

Isle-en-Jourdain (baronnie de l') en Albigeois, 248.

Italiens (les marchands), établis en France, 126.

J

Jacquemin (L'espinglier), 205, 206

Jamin (Etienne), l'un des cent de la ville de Poitiers, 99.

Jamine (Loyse), fille du précédent et filleule du roi, 99.

Jargeau (ville de), dans l'Orléanais, 96, 98.

Jérusalem (Louis d'Harcourt), patriarche de), 105.

Jobert (Jean), habitant de Confolens, 194, 195.

Jonvelles (terre de) en Franche-Comté, réclamée par Georges de la Trémoïlle, 302.

Junien (Etienne le Fèvre, prévôt de Saint-). 24, 133.

Jure (Loys) à Poitiers, 100.

Jurez (les) de la ville de Tournai, 4.

Justice (Règlements pour la) en Dauphiné, 82.

L

Lande (Jean de la), de Périgueux. 337, 338.

Langres (diocèse de), 177.

Langres (l'évêque de), 178.

Languedoc (pays du). 122.

Lannes (sénéchaussée des), 64, 65, 66, 79, 80, 233, 236.

Laon (ville de), 199.

Lasseran (Hugues de), de la maison de Montesquieu à Condom. 230, 234.

Laurens (Jean), de Quatreville près Coutances, 224, 225.

Lau (Antoine de Châteauneuf, sire du), 62, 64, 67, 69, 71, 73, 75, 78, 81, 88, 90, 105, 176.

Laval (André de), sire de Lohéac. V. *Lohéac*.

Lavaur (l'évêque de), 115.

Lecorné (Antoine), paysan Bourguignon, 181, 182, 183.

Ledève (Guillaume), 202.

Lenoncourt (Thierry de), bailli de Vitry, 63.

Léon (l'abbaye de la Porte-Saint-). 9, 10.

Leons (Le bourc de), 227.

Leuc (Seigneurie de), 123.

Liencan (forteresse de) en la sénéchaussee de Rouergue, 30, 31.

Limoges (l'évêque de), 68, 69.

Limoges (ordre au sénéchal de), 143.

Limousin (pays du), 72, 73, 142. 166.

Lion d'Or (Auberge du), 261.

Loches (Pierre Ménart, prévôt de), 289, 290, 292.

Loches (La prévôté de), 289.

Loches (ville de), 157, 166.

Loère (Jean de la), 105.

Lohéac (André de Laval, sire de). maréchal de France, 351, 352.

Lombez-en-Albigeois, 313.

Coutances, conseiller du roi Charles VII. 3.

LONGUEVILLE (Jean, bâtard d'Orléans, comté de), 8.

LORRAINE (Ferry, duc de). 167.

LOUATEAU, maréchal ferrant, 268,

LOUHANS (pays de), 140.

LOUIS XI, 57, 64, 65, 67, 68. 69, 70, 71, 72, 73, 74, 75, 76, 79, 83, 84, 85, 86, 88, 89, 90, 95, 98, 99, 100, 101, 102, 103, 105, 107, 109, 110, 112, 113, 114, 115, 116, 117, 118, 133, 176, 177, 178, 235, 244, 307.

LOUIS (Saint-), roi de France, 60, 63, 86.

LYON (chapitre de), LXXIII, LXXIV, LXXV, LXXVI.

LYON (Tanneguy-Duchâtel, sénéchal de), 25, 127.

LYON (ville de), 122, 126. 181, 183, 184, 193, 194, 195, 196, 199, 203, 204.

LYONS de Poix (monnaie dite :), 97.

LYONNAIS (pays du), 205.

M

MACON (Tanneguy Duchâtel, sénéchal de), 25.

MACON (ordre au bailli de), 127, 183.

MAILLÉ (Vincent), tailleur, 257.

MAINE (ordre au bailli du), 15, 217.

MAINE (Charles d'Anjou comte du), 43, 112.

MAINE (pays du), 250, 253.

MAIXENT (ville de Saint-), 257, 259.

MALENFANT (Hébert), conseiller au Parlement de Toulouse, 115.

MALET (Pierre), geôlier de Vendôme, 329. 330, 331.

MANHOAC (pays de), en Comminges, 227, 228.

MAMERS (ville de), 251.

MANNOY, boulanger à Mortagne, 191, 192.

MANOIR (seigneurie du), près Rouen, 171.

MARCHE (Bernard d'Armagnac comte de la), 143.

MARÉCHAUX de Sicile (le prévôt des), 123.

MARLE (Henri de), seigneur de Versigny conseiller du roi, 25, 112, 148, 153, 155, 157, 253.

MARQUISE (ville de), 200, 201.

MARNIÈRE (l'hôtel de la), à Nantes, 274, 275.

MARSEILLE (ville de), 279.

MARSILLAC (La Rochefoucauld, seigneur de), en Engoumois, 41.

MARTHE (Pierre de Sainte-), étranger naturalisé, 169, 170.

MARTIN-lez-Pontoise (l'abbaye de Saint-), 106. 107.

MARTIN (Robin), archer, 208, 209, 210.

MARTIN (le sire de Saint-), 117.

MARTIN d'Auxigny (ville de Saint-), 170.

MASSENCOME (Hugues de Lasseran, dit le bâtard de). 230, 232.

MAULEVIER (Guillaume Gouffier, baron de), 20.

MAUREPAS (ville de), en Berri, 53, 54.

MAUSSIADE (l'abbaye de), 57, 58, 59,

MAYEST (terre de), dans la sénéchaussée des Lannes, 65, 66.

MEAUX (ordre au bailli de), 161.

MEAUX (ville de), 165.

MÉDICIS (Jacques de). 326, 327, 328.

MÉDICIS (maison de). 326.

MEHUN-sur-Yèvre (ville de), 174.

MEINGRE (Jean le), dit Boucicaut, maréchal de France, 27.

MÉMORIAUX (les), de la Chambre des Comptes. 19, 20, 67, 117.
MÉNART (Pierre), bailli de Loches, 289, 291.
MENETOU-sur-Cher (lieu de), 208.
MENSIGNAC (lieu de), en Périgord, 337.
MERCIER (Guinot), de l'Angoumois, 185, 186.
MÉRINVILLE (Étienne le Fèvre, vicomte de), 24, 133.
MESNIL-SYMON (Jean du), écuyer tranchant, bailly du Berry, LXV.
METZ (Georges de Bade, évêque de), LXV, LXVII.
MICHEL (Jacques), 177, 178.
MICHEL (Nicolas), frère du précédent, 178.
MILAN (Valentine de), duchesse d'Orléans, 136.
MILLAUD (privilège pour la ville de), 84, 85.
MINEURS (ordre des frères), 245.
MOISSAC (ville de). 247.
MOLIÈRES (lieu de), en Albigeois. 283.
MOLIEUVRE (Jean de), cousturier, 257, 260.
MONACHI (Guillaume). maître de l'artillerie d'Alphonse roi d'Aragon, 128, 129.
MONDON (Jean de). écuyer du comte du Maine. 43.
MONNAIE (fausse), 238, 239, 241, 251, 253, 265.
MONNAIES (réglement pour la circulation des), 96, 97, 98.
MONSTERAL (les consuls de), 231.
MONSTEREUL (Guillaume Cousinot, seigneur de), 105.
MONTARGIS (le bailli de), 159.
MONTARGUES (Jean de), à Saint-Privat
MONTARGUES (Jean de), fils naturel du précédent, 121, 122.
MONTAUBAN (Marie de), 307.
MONTAUBAN (Jean de), amiral de France. 307.
MONTAUBAN (ville de). 283.
MONTBAZON (ville de), en Touraine, 19, 155, 257, 261, 263. 291.
MONTBRISON (ville de), 123, 205, 279.
MONDIDIER (ville de), 203.
MONTAIGNE (paroisse de), en Languedoc, 25. 41.
MONTEIL (Antoine d'Aubusson sire du), 20, 25, 32, 129, 131, 143, 148, 263.
MONTESQUIN (Bertrand de), capitaine des gens de guerre espagnols, 267, 268, 270.
MONTESQUIN (Jean de), sous les ordres du précédent, 267, 271. 272.
MONTESQUIOU (maison de), au Fezensac. 230.
MONTFERRAND (Estévenot de Talauresse, bailli de), 155, 208.
MONTFERRANT (lieu de), près Bordeaux, 57, 62, 63, 64.
MONTFORT (Simon de). 312.
MONTGLAT (Jean Bureau, sire de), 8, 64.
MONTLHÉRY (bataille de), 105.
MONTLHÉRY (pays de), 17, 351.
MONTLUÇON (ville de), 103, 105.
MONTMARTIN-sur-mer (lieu de), 224.
MONTPELLIER (ville de), 61.
MONTPENSIER (Louis de Bourbon, comte de), 104.
MONTPONT (lieu de), en Mâconnais, 146.
MONTRICHARD (ville de), 23.
MONTROVEAU (Jean de). receveur de l'Agenais, 22.
MONTSOREAU (Jean de Chambes, sei-

MOREAU (Jean), habitant de Loches, 290.
MOREAU (Jacquet), de Confolens, 195.
MORTAGNE (pays de), 191, 192.
MORTECRESTE (Jehannette), paysanne d'Étreillers, 197.
MOTTE (Jean de la), sujet du duc de Bretagne, 261.
MOULINS-sur-Allier (ville de), 105.
MOULINS (Jean des), à Poitiers, 99. 100.
MOURELAT (Jean), de Sainte-Alyre, en Auvergne, 333, 334, 335.
MOUTON (Antoine). habitant d'Annonay, 218, 219.
MURET (ville de), au Languedoc, 245, 246, 247, 248, 249.

N

NANTES (château de), 275.
NANTES (les marins de), à Bordeaux, 322, 324.
NANTES (ville de), 274, 275.
NARBONNE (l'archevêque de), 12.
NARBONNE-Taleyran (Constance de), femme de Jean Dax, seigneur d'Axat, 123.
NAUX (Bertin des), 297, 299.
NEUFCHATEL (ville de), 251.
NEVELLE-le-Nain, paysan de Picardie, 197.
NEVERS (pays de), 206.
NICOLAS (la Saint-), 304.
NÎMES (ordre au sénéchal de), 282.
NÎMES (ville de), 58, 104.
NOËL (fête de la), 275.
NOËS (famille de), en Berri, 297.
NOGENT-lez-Amberts, 242.
NOGENT-le-Roi (ville de), 99, 100, 242, 302.
NONNEVILLE (camp de), 128, 129.
NOIR (Michel le), de Sainte-Alyre-en-Bourbonnais, 333, 334, 335, 336.
NORMANDIE (Parlement de), 171.
NORMANDIE (pays de), 231, 302, 342 347.
NORMANDIE (Pierre de Brézé, sénéchal de), 301, 351.
NORMANDS (les marchands), 49.
NORRI (François), marchand florentin établi à Lyon, 126.
NOVA VILLA de Berco (lieu de), 58, 61.

O

OCOMMAILLE (Martin), taillandier de Pierre de Brézé, sénéchal de Normandie, 351, 352.
ODINET, patron de galère à Marseille, 279, 281.
ODOARD, 279.
OMER (ville de Saint-), 201.
ORCHÈRES (P. d'), greffier du Conseil, 107, 109.
ORGEMONT (Charles d'), seigneur de Chantilly, 186, 107.
ORIOLLE (Pierre d'), conseiller du roi Charles VII, 25.
ORLÉANS (Jean d'), comte d'Angoulême. V. *Angoulême*.
ORLÉANS (Jean d'), comte de Dunois. V. *Dunois*.
ORLÉANS (ville d'), 117, 177, 204, 237.
ORLÉANAIS (pays d'), 137.

P

PACAUDIERE (lieu de la), 127.
PALISSE (ville de la), en Bourbonnais, 333.
PALLU (Louis de la), maître des eaux et forêts de Brie, 118.

PANETIER de France (Louis de Crussol), 116.
PAQUES (fête de), 208, 219, 270.
PARDIAC (Bernard d'Armagnac, comte de), 143.
PARIS (échevins de), 111.
PARIS (marchands de), 111.
PARIS (ordre au prévôt de), 97, 111, 134, 141, 170.
PARIS (Parlement de), 75, 76, 77, 79, 80, 95, 112, 151, 160, 164, 278.
PARIS (université de), 188.
PARIS (ville de), 29, 71, 73, 106, 107, 108, 109, 110, 150, 152.
PARLOUËR-aux-Bourgeois (le), à Paris, 110.
PARMENTIÈRE (Jeanne la), 132.
PAROGNY (lieu de), 182.
PASQUIER, tailleur, 259.
PASSION de N.-S. (la), 211, 269
PELLETIER (Colart le), 196, 197.
PELLETIER, tabellion à Montbrison, 279, 280.
PELLETIÈRE (Jeanne la), 196, 197.
PENDET, sergent royal, 297, 298.
PENTHIÈVRE (Jean de Brosses, comte de), 112.
PÉPIN-le-Bref (le roi), 259.
PERDRIX (chasse aux), 102.
PÉRÉ (Jean), seigneur de Lavau, 142, 143
PÉRIER (François de), 246.
PÉRIER (lieu du), 58.
PÉRIER (Pierre), 216.
PÉRIGORD (Jean d'Orléans, comte de),
PÉRIGORD (Jean de la Rochefoucauld, sénéchal du), 41, 338.
PÉRIGORD (pays du), 187, 233.
PÉRIGUEUX (diocèse de), 337, 338.
PEYRAC (le prieur de), en Angoumois, 185.
PEZADES ou impôt dit du « commun
PHILIPPE-le-Bel, roi de France, 6, 23, 86, 219, 295.
PHILIPPE-le-Hardi, roi de France, 60.
PHILIPPE VI de Valois, roi de France, 55.
PICAULT (Jean), archer, 320, 322, 323, 324, 325.
PIERRE (le Grand), marin breton, 319, 324.
PICART (P. Le), maître des comptes sous Charles VII, 61.
PIERRE-le-Moustier (le bailli de Saint-), 155, 206, 211, 299, 336.
PLÈCHES (Arnault de), 254, 255.
PLECHES (Samson de), 254, 255.
PIGUIER, habitant de Château-sur-Allier, 297.
POILHAULT (Armand de), 65, 66.
POILHAULT (la terre de), en la sénéchaussée des Lannes, 65, 66.
POITIERS (université de), 188.
POITIERS (ville de), 99, 160.
POITOU (pays du), 15, 43, 190.
POITOU (sénéchal du), 44.
PONT-AUDEMER (ville de), 115, 116.
PORTE Saint-Léon (abbaye de la), 9.
PORTERIE (Mathieu de la), consul de Condom, 231, 232
POTON (Jean), dit Saintrailles, maréchal de France, 166, 230.
POUSSIN (Gervais), tavernier à Vendôme, 330.
PRADES (ville de), en Roussillon, 101.
PRESSIGNY-le-Grand (lieu de).
PREZ (la seigneurie de), 151.
PRINCE (Jean le), maître d'hôtel du sire de Lohéac, 352.
PROVINS (ville de), 160.
PRUNNELÉ (Guillaume de), chambellan du roi, 21.
PUJOLS (seigneurie de), 89, 90.
PUY (Antoine du), seigneur de Cai-

PUYPARDIN (Bertrand de), habitant de Condom, 232.
PUYSARDAN (bailli de), 101.

Q

QUATREVILLE (lieu de), près Coutances, 224.
QUENTIN (ville de Saint-), 199.
QUERCY (pays du), 72, 73.
QUILLES (jeu de), 309.

R

ROBINEAU (Jean), homme de loi, 279, 280. 281
RAIZ (André de Laval, sire de), 352.
RAYMOND (Jean), paysan bourguignon, 181, 182, 184,
RAZILLY (lieu de), en Touraine. 25, 26, 29, 156, 157, 158, 159, 163, 164, 166, 274, 278, 279, 283, 326, 328, 329, 332.
RÉAULTE (Jean de la), 32, 270, 273.
REGNARD (Pierre), habitant de Condom-en-Albigeois, 231.
REGNARDE (Bernardine), fille du précédent, 231.
REILHAC (Guillaume de), LXXVIII.
REIMS (ville de), 132, 220.
REMI-du-Plain (Saint-), au pays du Maine, 250.
REMI-de-Reims (Saint-), 178.
REQUÊTES (le maitre des) de l'hôtel du roi, 24.
REYNAULT (Antoine), greffier du Conseil, 104.
RHODES (le grand maître de), 217.
RHÔNE (le), fleuve, 122.
RÏDRES de Flandre (monnaie dite des), 97.
RIEU (le fief de), 106.
RIOM (ville de), en Auvergne, 103.
RIVAU-lez-Chinon (lieu de, en Touraine, 308.
RIVIÈRE (Jugerie de la), au Languedoc, 229, 254, 256.
ROANNE (ville de), 127.
ROBERDIÈRE (terre de la), près Nantes, 274, 275, 276.
ROBIN (Jean), 182, 183.
ROCHEFORT (Jean de), 149, 150,
ROCHEFOUCAULD (Jean de la), seigneur de Verteuil, 41, 42.
ROCHELLE (ville de la), 74, 75.
RODEZ (comté de), 115.
RODEZ (ville de), 85.
ROHAULT (Joachim), sire de Gamaches, maréchal de France, 318.
ROLAUT, greffier du Conseil, 203
ROSAN (le seigneur de), 89, 90.
ROSIÈRE (Georges Havart, sire de la), conseiller du roi, 8, 102.
ROUANNAIS (baronnie du), 20
ROUAULT (Joachim), sire de Gamaches maréchal de France, 318.
ROUEN (le château de). 352 353.
ROUEN (ordre au bailli de), 55. 354.
ROUEN (les draps de), 13(
ROUEN (privilège aux drapiers de), 13, 14. 15.
ROUEN (ville de), 13, 15, 231.
ROUERGUE (pays du), 30, 31.
ROUERGUE (sénéchal du), 31.
ROUERGUE (les 4 châteaux du), 115.
ROUGEMONT (baronnie de), en Orléanais, 133.
ROUSSILLON (ordre au gouverneur du), 101.
RYOMS (lieu de), près Bordeaux, 318. 323.

S

SAINCT (Drouet de), 242, 243, 244.
SAINTONGE (pays de), 15, 75, 187, 190.

SAINTONGE (Guillaume Gouffier, sénéchal de), 20.

SAINTONGE (Martin Henriquez, sénéchal de), 42, 70. 74, 267 269, 342.

SAINTONGE (Jean de la Rochefoucauld, sénéchal de), 41.

SALINS en Comminges (lieu de), 248.

SALLE (Mathurin de la), habitant de Marquise, 200, 201.

SALLE-LE-ROY (lieu de la) en Berry, 33, 40, 169. 170.

SALOMON, canonnier du roi, 175, 176,

SALUZ d'or (monnaie dite des:), 97, 275.

SANCERRE (Jean du Buil, comte de), 20, 209. 305.

SARRE (Noël), 200, 201, 202, 203

SAULNIERS (employés de la gabelle), 216.

SAULX (Jean de), 248.

SAUVETERRE (ville de) en Roussillon, 15, 116, 355.

SAVOIE (le duc de), 273.

SAVOIE (écus de), 96, 97.

SAVOIE (Marguerite de), 95.

SAVONE (ville de), 26, 27, 28, 29.

SAXE-FONTAINE (Geoffroy de Saint-Belin, seigneur de), 34, 37.

SCHREWSBURY (lord Talbot, comte de), capitaine anglais, 236.

SECRAT (le château de Castel), sur la Dordogne, 6, 7.

SEMBLANÇAIS (Antoine d'Aubusson, seigneur de), 217.

SÉNÉCHAL (le grand) de Normandie, 305.

SENNHEIM en Alsace (ville de). V. *Cernay*.

SENS (le bailli de), 9, 10.

SERGENS (les dix), du Parlouër aux bourgeois de Paris, 110, 111, 112.

SICILE (le roi de), LXIII, LXIV.

SIGISMOND, duc d'Autriche, LXI.

SILLART (Thomas), 215.

SIMON (fête de la Saint-), 333.

SOISSONS (ville de), 238.

SOLS-Tournois (leur valeur), 97.

SOUSOUEF (Perronnet), 220. 221, 223.

SOUVIGNY (lieu de), 12.

STERNAY. V. *Esternay*.

SULLY (Marie de), 303.

SULPICE (Estévenot de Talauresse, baron de Saint-).

SYMORRE (l'abbaye de), au Languedoc, 313, 314, 343, 244.

T

TAILLEFER (Guillaume), 139.

TAILLEFER (Yvette), 138, 139.

TALAURESSE (Estévenot de), bailli de Montferrand, 208.

TALBOT (lord), 231, 235, 236. V. *Schrewsbury*.

TALIÈRE (Jeanne), 130.

TARRAGONE-en-Espagne (congrégation de), 101.

TAUPENS (Pierre de), seigneur de Favars, 235.

TERMES (ville de), 228.

TERRAGE (le droit de), 187.

TESTART (Pierre), 201.

THÉROUANNE (ville de), 201.

THIBAUT, comte de Blois, 139.

THIERRY (Richard), tailleur à Saint-Maixent), 257, 259.

THO (Catherine de), 130, 131.

THO (Guichard de), 130, 131.

THO (Guichard de), fils du précédent, 130, 131.

THO (Louis de), 130, 131.

THOININE (sœur), 216.

THORY (lieu de), en Picardie, 8, 200,

THOUARS (les archers de), 317.
THOUCY (G. de), greffier du Conseil.
THUARDIERE (Jean de Brissay, seigneur de la), 46, 49.
THUCY-en-Touraine (lieu de), 148.
TOIGNEL (Girard), chancelier du cardinal de Bar, 152.
TOIGNEL (Jean), lieutenant du bailliage de Vitry, 152, 152.
TOIGNEL (Marguerite), fille du précédent, 153.
TORCY (Jean d'Estouteville, sire de), 19, 20, 145.
TORTIS (Henri de), à Savone, 28.
TORTIS (Tribert de), à Savone, 28.
TOULOUSE (ordres au sénéchal de), 88, 229, 249, 254, 256, 315, 328, 343, 346, 359.
TOULOUSE (parlement de), 73, 76, 77, 79, 80, 109, 115.
TOULOUSE (ville de), 82, 83, 84, 85, 89, 90, 245, 248, 279, 313, 326.
TOURAINE (pays de), 29, 166, 263.
TOURNAI (ville de), 3, 4.
TOURAINE (bailli de), 168, 292, 303, 306, 307, 332.
TOURAINE (ordre au sénéchal de), 170, 217.
TOURNAISIS (pays de), 4.
TOURNON (ville de), 228.
TOURS (l'archevêque de), 178.
TOURS (ville de), 20, 55, 56, 101, 131, 133, 134, 135, 148, 150, 153, 155, 167, 176, 208, 212, 219, 220, 223, 224, 225, 227, 229, 230, 234, 256, 267, 270, 271, 291.
TOUSSAINT (fête de la), 341.
TRAVESSE (Jean), médecin du roi, 163, 164.
TRANCHELION (la famille), 166.
TRANCHELION (les Roches), 165, 166.
TRÈCHES (lieu de), en Bourgogne, 182.
TRÉMOILLE (Guy de la), 303.
TRÉMOILLE (Georges de la), seigneur de Craon, 300, 301, 303, 306, 307, 308.
TRÉMOILLE (la dame de la), 300. 301, 302, 303, 304, 305, 306, 307.
TRÉMOÏLLE (Louis de la), 301.
TREVAS (Armand Dax, seigneur de), 123.
TROIS-ROIS (hôtel des), à Béziers, 309.
TROLY (lieu de), 238, 239, 240.
TROSLY-LOIRE, près Coucy-le-Château, 238.
TROTIN (Jean), sujet du duc de Bretagne, 261.
TUCHIÈVRE (Jean), 140, 141.
TUDERT (Jean), conseiller du roi Charles VII, 133, 212, 263, 270, 273.
TURC (Colette le), 151.
TYROL (Sigismond comte de), LXI.
TURC (Guillaume le), président du Parlement de Paris en 1428, 151.
TUSSEAU, près Tours, 146, 148, 149, 150, 151, 153, 266.

U

USSON (prisons d'), 208.
USURIERS (les), 275. 277.

V

VALÉE (Péan de la), 300. 301, 302. 303, 304, 305, 306, 307.
VALENTINOIS (pays du), 58, 61.
VALLADOLID (congrégation de), en Espagne, 101.
VALOIS (Marie de), 357.
VARENNE (Pierre de Brézé, sire de la). 20.

VARENNE-sur-Allier (lieu de), 333.
VARLET (Guillaume), sire de Brancecourt, 153.
VARÈSE (village de), en Saintonge, 268.
VARYE (Guillaume de), ancien facteur de Jacques Cœur, LXXI, 85.
VAUVERT (Jean de Lévis, sire de), 25.
VAUX (Agnès de), femme de Charles de Gancourt, 150.
VAZERAC (lieu de), en Gascogne, 283.
VÉANT (Guillaume de), 216.
VENDOME (prisons de), 330, 331.
VENDOME (ville de), 13, 16, 139, 140, 141, 142, 144, 245, 249, 250, 253.
VERGIER (Jean du), Président du Parlement de Toulouse, 115.
VERMANDOIS (ordre au bailli de), 133, 199, 223, 240.
VERNET (lieu du), 101.
VERNON (ville de), en Normandie, 45, 46, 47, 48, 49, 51, 52.
VERNUSSE (maison de la), 173, 174.
VERSIGNY (Henri de Marle, seigneur de), 25.
VERTEUIL (château de), en Angoumois, 41.
VERTON, près Nantes, 275.
VIC-sur-Aisne (lieu de), 238.
VIC (Guillaume de), conseiller au Parlement de Paris, 17.
VIDALET (Dominge de), 227, 228.
VIENNE (Claude de), seigneur de Saint-Georges, 146, 147.
VIENNE (Guillaume de), 146
VIENNE (Jean de), amiral de France, 146.
VIENNE (ville de), en Dauphiné, 185, 187.
VIGNERON (Jean), archer, 267, 272.
VIGNOLES (seigneurie de), 208.
VILLANIES (Perennet de), habitant de Bordeaux, 295.
VILLEBOIS, en Angoumois, 185, 340.
VILLEFRANCHE-de-Rouergue, 116
VILLEMUR (lieu de), 248.
VILLIERS-sur-Orge (près Paris), 17.
VIRIEU-sur-la-Bourbre, en Dauphiné, 279.
VITRY (le bailli de), 151, 153.
VITRY-le-Brûlé (ville de), 153.
VITRY-en-Perthois (ville de), 153.
VIVARAIS (le Haut), 57, 58, 61, 122, 219.
VIVARAIS (le Bas-), 122.
VIVIERS (ville de), au Vivarais, 122.
VIVONNE (Isabeau de), 113.

X

XAINTRAILLES. V. *Saintrailles*.

Y

YSENHEIM (Jean de Rochechouart seigneur de Chandenier, prieur de), LXI, LXII.
YVOY-LE-PRÉ (lieu d'), 209.

W

WILFRID, comte de Cerdagne, 101.

TABLE DES MATIÈRES

PREFACE . . . . I a VIII

LISTE DES PERSONNAGES FAISANT PARTIE DU GRAND CONSEIL ET TEMOINS AUX DOCUMENTS CONTENUS DANS CE VOLUME . . . . IX à XII

ITINÉRAIRE DU ROI CHARLES VII ET DE SA COUR DEPUIS LE MOIS DE JUILLET 1456 JUSQU'A SA MORT XIII

Fin de l'année 1456 . . . . XIV à XVI

Annee 1457 . . . . XVII à XX

Année 1458 . . . . XXI à XXIII

Année 1459 . . . . XXIV à XVI

Année 1460 . . . . XXVII à XXIX

Année 1461 (jusqu'au 22 juillet) XXXI

ITINÉRAIRE DU ROI LOUIS XI ET DE SA COUR DEPUIS SON AVÈNEMENT AU TRÔNE JUSQU'AU TRAITE DE PERONNE XXX

Fin de l'année 1461 XXXII

Année 1462 . . . . XXXIII a XXXIV

Année 1463 . . . . XXXV a XXXVII

Année 1464 . . . . XXXVIII à XXXIX

Année 1465 . . . . XL a XLII

Année 1466 . . . . XLIII a XLIV

Année 1467 . . . . XLV à XLVI

Année 1468 XLVII

TABLE DES PIECES INSEREES DANS LE DEUXIEME VOLUME XIL

PIÈCES OMISES AU TOME PREMIER LX

Au duc Sigismond d'Autriche LXI

Aux gens du Conseil du roi René d'Anjou LXIII

Au prince de Piémont LXV

A Georges de Bade, évêque de Metz LXVII

Autre lettre au même pour la châtellenie d'Épinal LXIX

Remboursement des frais du voyage fait en Auvergne en 1464, pour reglementer le cantonnement des troupes LXX

Commission pour se rendre à Lyon et y contracter un emprunt pour le roi avec le chapitre de ladite ville LXXII

Procès-verbal de la délibération adoptée par les notables de la ville de Lyon. LXXIV
Députation lyonnaise envoyées vers Louis XI. LXXVI
Note confidentielle pour Louis XI. — Propos qui auraient été tenus par Jean de Reilhac pendant que le roi séjournait chez son père à Aigueperse, en juin 1465. LXXVIII

LIVRE PREMIER.

Commissions, autorisations, lettres et ordonnances. — Années 1457 à 1466. 1
Commission au sire d'Esternay et autres. 3
Ambassade à la ville de Tournai . . . . 4 à 5
Confirmation pour Poncet de Beauville 6
Les fiefs anglais en Guienne. 7
Protection a l'abbaye de la Porte Saint-Léon 9
N.-D. du Charnier 11
Nomination de Jacques de Clermont. 12
Privilege aux drapiers de Rouen. 13
Les drapiers de Rouen. . . . . 14 à 16
Guillaume de Vic, conseiller au Parlement 17
Garenne à lapins. 18
Nomination du bailli d'Alençon. 19
Nomination du sénéchal de Saintonge. 20
Guillaume de Prunnelé, chambellan du roi 21
Guy Filleul, receveur de l'Agenais. 22
Nomination du maître des monnaies. 23
Nomination du Procureur royal a la Chambre des comptes. 24
Tanneguy Duchâtel, sénéchal de Lyon. 25
Confirmation des lettres de Charles VI pour la ville de Savone. 26
Privilege pour la ville de Savone 27
Le maréchal de Boucicaut. . . . . 28 a 29
En faveur de Gabriel du Cros, chevalier. 30
Fortifications de Liencan. . . . . 31 à 32
En faveur de vassaux affranchis par le bailli de Chaumont. . . . . 33 à 35
Geoffroy de Saint-Belin, seigneur de Boulogne-sur-Marne. . . . . 36 à 37
Affranchissement des vassaux du bailli de Chaumont.. . . . . 38 a 39
En faveur de Jean de la Rochefoucauld, seigneur de Verteuil. 41
Fortifications de Verteuil 42
En faveur de Jean de Mondon, écuyer du comte du Maine 43
Fortifications des Cousteaux 44
A Jean de Brissay, bailli de Gisors. 45
Règlement pour la Normandie. 46
Autorisation pour le marché de Vernon. 48
Les marchands normands. 49
Vente du blé, avoine, etc 50
Prohibition de la biere 51
A Guillaume Carbonnel, seigneur d'Audreville, en Normandie 53
La chasse aux lapins 54
En faveur de l'abbaye de Bec-Helluyn 55
A l'abbé de Maussiade 57

Rappel des ordonnances de Philippe le Hardi 60
— des rois Charles VI et Charles VII 61
Foires annuelles à établir à Bayonne . . . . 63 à 64
En faveur d'Armand de Poilhault 65
Création d'une baronnie 67
Partage des droits seigneuriaux avec l'évêque de Limoges. . . . . 68 a 69
L'Angoumois rattaché au Parlement créé à Bordeaux. . . . . 70 à 71
Le Limousin et le Guercy — — . . . . 72 à 73
La province de Saintonge — — . . . . 74 à 75
L'Agenois et le Condomois — — . . . . 76 à 78
La senéchaussée des Lannes — — . . . . 79 à 81
En faveur des Dauphinois. 82
La justice en Dauphiné 83
En faveur des habitants de Millaud. 84 a 85
Privilèges pour la ville d'Albi 86
L'évêque d'Albi . . . . 87 à 88
A Bernard Angemin, seigneur de Rozan. 89
Permission de rétablir diverses forteresses qui défendent la Dordogne 90
Aux gens du Parlement 95
Règlement pour la circulation des monnaies étrangères 96
Cours de ces monnaies . . . . 97 à 98
Aux bourgeois de Poitiers 99
Loyse Jamine, filleule du roi. 100
A l'abbé de Cuxa en Roussillon 101
Droit de chasser les perdrix 102
Privilèges aux bourgeois d'Aigueperse. 103
Campagne du Bourbonnais. 104
En faveur de l'abbaye de Saint-Martin-lez-Pontoise. 106 à 107
Don au sire d'Albret . . . . 108 à 109
Aux sergents du Parlouer aux bourgeois 110
Les dix sergents du Parlouer . . . . 111 à 112
Au sire d'Albret 113
Pardon au sire d'Albret. 114
Au comte d'Armagnac. 115
Restitution du « Commun de paix » 116
Don au sire de Saint-Martin 117
Nomination du maître des eaux et forêts pour la Brie 118

LIVRE SECOND

Lettres de noblesse, de légitimations et de naturalisations.— Année 1457 à 1462. 119
En faveur de Jean de Montargues. 121 à 122
Noblesse pour les frères Dax. 123
Arnaud le Jeune et Arnaud l'aîné. 124 à 125
Naturalisation de François Norri. 126
Les marchands florentins 127
Anoblissement du grand maître de l'artillerie du roi d'Aragon 128
Guillaume Monachi 129
En faveur de Catherine, Guichard et Louis de Tho. 130 à 131
Légitimation de Jean Boucquart, barbier et médecin à Reims. . . . . 132 à 133

En faveur de Jean de Fresnes. . . . . 134 à 235
Légitimation de Jean d'Orléans, fils naturel du comte d'Angoulême. . . . . 136 à 137
Pour Yvette Taillefert. . . . . 138 à 139
Naturalisation pour Jean Tuchievre, sujet du duc de Bourgogne. . . . . 140 à 141
Noblesse pour le seigneur de Lavau 142
Jean Péré, seigneur de Lavau 143
En faveur de Jean Cabriol, pour services rendus contre les Anglais . . . . 144 à 145
Légitimation de Claude de Vienne. 146
Guillaume de Vienne 147
Noblesse pour Jean de Rochefort, juge de la comté de Foix. 149
Jean de Rochefort. 150
Réponse au lieutenant du bailli de Vitry 151
Jean Toignel. 152
Le lieutenant du bailli de Vitry. 153
Légitimation de Jean Boiol. . . . . 154 à 155
En faveur du seigneur de Caignac 156
Pons et Antoine du Puy. 157
Légitimation pour Jean Garnier . . . . 158 a 159
Légitimation pour Bénédicte la Damoiselle. 160
Bénédicte la Damoiselle. . . . . 161 à 162
Noblesse pour Guillaume Travesse 163
Le médecin du roi 164
Jeannicotin le Bourguignon 166
Légitimation de Marie Hardoin, fille du trésorier de France. 167
Jean Hardoin 168
Naturalisation de Pierre de Sainte-Marthe. 169
Noblesse pour l'avocat du roi 171
Laurent Gueydon 172
Anoblissement de Jean Bouchier. 173
Anoblissement de Jean Salomon 175
Le canonnier du roi 176
En faveur de Jacques Michel . . . . 177 à 178

LIVRE TROISIÈME

Abolitions, grâces et rémissions. — Années 1456 à 1465. 179
Jean Raymond, paysan de Bourgogne . . . . 181 à 182
Débiteur et créancier . . . . 183 à 184
Guinot Mercier . . . . 185 à 186
Dîme et droit de terrage 187
Jean de Châteaupers 189
Le recteur de l'Université de Poitiers 190
Jean Blanchart. . . . . 191 à 192
Philipon Fourny. 194
Récoltes dévastées. 195
Mathieu Copin. 196
Noël Sarre. 200
Espionnage sur la frontière anglaise . . . . 201 à 202
Jean Delaunay, brigandinier du roi. 204

Flagrant délit 207
Guillot Carré, archer des ordonnance 208
Réquisition des gens de guerre 209
Thomas Cuissart 213
Paysans et employes de la Gabelle . . . . 214 à 215
Attaque d'une habitation 217
Guillaume la Faurie 218
Tir à l'arbalete 219
Thibault Aubertin 220
Fausse accusation et vengeance . . . . 221 à 223
Querelles entre paysans 225
Colin Bouchart 226
Domingc de Vidalet 227
Brigandage des gens de guerre . . . . 228 a 229
Le Bâtard de Massencomme 230
Querelles entre nobles et vilains 333
Hughes de Lasseran . . . . 238 a 234
Le Seigneur de Favars 235
Occupation de la Guyenne par les Anglais . . . . 236 a 237
Pierre de Humont 238
Fausse monnaie . . . . 239 a 241
Drouet de Sainct 243
Attaque nocturne 244
Raymond Gaignix . . . . 245 a 246
Abus du droit d'asile dans les églises . . . . 247 a 249
Guillaume de Beaufils 250
Importation de fausse monnaie . . . . 231 a 253
Raymond Clavier 254
Disputes et coups . . . . 255 a 256
Richard Thierry 237
Réjouissances du carnaval . . . . 258 a 259
Jean de la Motte . . . . 261 a 262
Rivalité entre Bretons et Angevins 263
Guillaume du Doit 264
Fausse monnaie . . . . 265 a 266
Bertrand de Montesquin . . . . 267 à 268
Gens de guerre et paysans 269
Jean de Montesquin 271
Gens de guerre et paysans . . . . 272 a 273
Guy de Carné, chevalier breton 274
Gentilshommes et usuriers . . . . 275 a 278
Raymonet Desplaint 279
Faux, guet-apens et meurtre . . . . 280 à 282
Guillaume Arnault 283
Paysans de l'Albigeois . . . . 286 a 288
Pierre Menart 289
Le Prévôt de Loches . . . . 290 à 292
Bernard Demyer, couturier a Bordeaux 293
Guy de la Borde . . . . 294 a 296
Bertin des Naux, gentilhomme du Bourbonnais 297
Vente par autorité de justice . . . . 298 a 299
Georges de la Trémoille, seigneur de Craon . . . . 300 a 301

Péan de La Valée 302
Chasse au faucon 304
Voyage à Bruxelles. 305
La Dame de la Trémoille. . . . . 307 à 308
Antoine Austre . . . . . 309 à 310
Rixe entre joueurs de quilles. 311
Le Sénechal de Carcassonne 312
Pierre de Gramont. 313
Les religieux de l'abbaye de Symorre . . . . . 814 à 316
Jacques Guyneuf, capitaine des francs-archers . . . . . 317 à 318
Marins bretons et marchands ne Bordeaux 319
Jehan Picault. archer 322
Les archers de Guyneuf. 323
Affaire des marins de Nantes . . . . . 324 à 325
Jacques de Medicis . . . . . 326 à 328
Pierre Malet . . . . . 329 à 330
Le geôlier de Vendôme. . . . . 331 à 332
Michel Le Noir. . . . . 333 à 334
Incendies réitérés. . . . . 335 à 336
Jean de la Lande . . . . . 337 à 338
Un mari qui tue sa femme 339
Pierre Faure . . . . . 340 à 341
Meurtre d'un beau-frere 342
Guilhem de Gramond. 343
L'abbaye de Symorre . . . . . 344 à 346
Jeanne de Dieppe. . . . . 347 à 348
Martin Ocommaille. . . . . 351 à 352
Meurtre d'un jeune page. . . . . 353 à 354
Helyot de Congotte. 355
Incendiaires par vengeance. 356
Jean Deudebat 358
Meurtre par méprise. . . . . 358 à 360
INDEX DES NOMS PROPRES CONTENUS DANS CE VOLUME. . . . . 361 à 380
TABLE DES MATIÈRES . . . . . 381 à 386
ERRATA. 387

ERRATA DU DEUXIÈME VOLUME

Pages 8. — 2e ligne (des notes) : V. Tome. p. 207. *Lisez* : V. Tome I, p. 207.

— 21. — 1re — (des notes) : Guillaume de Prunnelle. *Lisez* : Guillaume de Prunnelé.

— 23 — 1re — (des notes) : et descendait Jean Gencian. *Lisez* : et descendait de Jean Gencian.

— 31. — 1re — fortification de Lienan. *Lisez* : fortification de Liencan.

— 33. — 2e — convencionu minitarum. *Lisez* . convencionum initarum (*sic*).

— 68. — 7e — ratas et fratas habentes. *Lisez* : ratas et gratas habentes.

— 101. — 2e — (des notes) : elle ouissait des honneurs. *Lisez* : elle jouissait des honneurs.

— 144. — 2e — (du sommaire) : lui et ses descenda. *Lisez* : lui et ses descendants.

— 151. — 4e — (du sommaire) : ils ont eu une fille Marguerite. mariée depuis à Guillaume Varlet sire de Brancecourt, sur leur demande. Elle est déclarée apte à leur succéder. etc. *Lisez* : mariée à Guillaume Varlet sire de Brancecourt Sur leur demande elle est déclarée apte, etc.

— 163. — 1re — (du sommaire) : Charles VIII. *Lisez* : Charles VII.

— 166. — 1re — (des notes) . Prezigny le Grand. *Lisez* : Pressigny le Grand.

— 186. — 1re — (titre de la page) : Fuinot Mercier. *Lisez* : Guinot Mercier.

— 191. — 3e — (du titre) : de Montagne du diocèse de Lisieux. *Lisez* : de Mortagne au diocese de Lizieux.

— 208. — 4e — (des notes) : De Vaissette. *Lisez* : D. Vaissette.

— 213. — 3e — (du titre) : ville de Condé. *Lisez* : ville de Candé.

— 236. — 1re — (des notes) : Talbot comte de Schresbury. *Lisez* : Schrewsbury.

— 264. — 1re — (du sommaire) : s'être servi. *Lisez* : s'est servi.

— 274. — 3e — (du sommaire) : pour faire face au paiement. ce dernier avait vendu, etc. *Lisez* : pour faire face au paiement, Guy de Carné avait vendu.

— 280. — 5e — (des manchettes) : Saint-Baume. *Lisez* : Sainte-Baume

Pages 285. — 2e ligne (des manchettes) : par le père et fils. *Lisez* : par le père et le fils.

— 289. — 7e — (du sommaire) : hevaux. *Lisez* : chevaux.

— 292. — 2e — : [suppliant]. *Lisez* : sup [pliant].

— 330. — 6e — (des manchettes) : asphêmes. *Lisez* : blasphêmes.

— 343. — 6e — (du sommaire) : Guihem. *Lisez* : Guilhem.

— 347. — 11e — (du sommaire) : devenant ainsi elle-même complice. *Lisez* : devenant ainsi complice.

— 351. — 7e — (du sommaire) : Martin Ocomaille. *Lisez*. Martin Ocommaille.

— 352. — 3e — (des notes) : que veut dire. *Lisez* : qui veut dire.

— 359. — 3e — (des notes) : partie sur a Gascogne. *Lisez* : partie sur la Gascogne.

Imp. de la Soc. de Typ. — Noizette, 8, r. Campagne 1re. Paris

PARIS

IMPRIMERIE DE LA SOCIÉTÉ DE TYPOGRAPHIE

NOIZETTE, DIRECTEUR

8, rue Campagne Première.

www.ingramcontent.com/pod-product-compliance
Lightning Source LLC
Chambersburg PA
CBHW071226300426
44116CB00008B/930

* 9 7 8 2 0 1 2 5 5 7 5 1 2 *